Peter Gemeinhardt

Die Filioque-Kontroverse zwischen
Ost- und Westkirche im Frühmittelalter

Arbeiten zur Kirchengeschichte

Begründet von
Karl Holl† und Hans Lietzmann†

herausgegeben von
Christoph Markschies und Gerhard Müller

Band 82

Walter de Gruyter · Berlin · New York
2002

Peter Gemeinhardt

Die Filioque-Kontroverse zwischen Ost- und Westkirche im Frühmittelalter

Walter de Gruyter · Berlin · New York
2002

Gedruckt mit Unterstützung der Deutschen Forschungsgemeinschaft
D 4

⊕ Gedruckt auf säurefreiem Papier,
das die US-ANSI-Norm über Haltbarkeit erfüllt.

Die Deutsche Bibliothek – *CIP-Einheitsaufnahme*

> Gemeinhardt, Peter:
> Die Filioque-Kontroverse zwischen Ost- und Westkirche im Frühmittelalter / Peter Gemeinhardt. – Berlin ; New York : de Gruyter, 2002
>   (Arbeiten zur Kirchengeschichte ; Bd. 82)
>   Zugl.: Marburg, Univ., Diss., 2001/2002
>   ISBN 3-11-017491-X

© Copyright 2002 by Walter de Gruyter GmbH & Co. KG, D-10785 Berlin

Dieses Werk einschließlich aller seiner Teile ist urheberrechtlich geschützt. Jede Verwertung außerhalb der engen Grenzen des Urheberrechtsgesetzes ist ohne Zustimmung des Verlages unzulässig und strafbar. Das gilt insbesondere für Vervielfältigungen, Übersetzungen, Mikroverfilmungen und die Einspeicherung und Verarbeitung in elektronischen Systemen.
Printed in Germany
Umschlaggestaltung: Christopher Schneider, Berlin

Meinen Eltern

Vorwort

> „Wenn die abendländische Kirche recht daran getan hat, in der Offenbarung keinen Geist als den Geist Christi als Heiligen Geist gelten zu lassen, und wenn sie recht daran getan hat, von dem ewigen Gott zu reden, wie er uns in seiner Offenbarung begegnet, dann werden wir uns gerade hinsichtlich des *Filioque* entschlossen auf ihren Boden stellen müssen."
>
> Karl Barth, KD I/2 (1938), 273

Aus dem ökumenischen Diskurs der letzten beiden Jahrzehnte ist die Filioque-Frage nicht wegzudenken. Ob der Heilige Geist „aus dem Vater hervorgeht" oder „aus dem Vater *und dem Sohn*" (*ex patre filioque*), mag auf den ersten Blick als marginales Problem erscheinen. Auf den zweiten Blick birgt diese Textdifferenz zwischen der griechischen und der lateinischen Fassung des Nizäno-Konstantinopolitanums jedoch eine Fülle von ökumenischem Streitpotential. Das Verhältnis von Schrift und Tradition, die Frage nach der normsetzenden Instanz in der Kirche, die Verantwortung des gegenwärtigen (trinitäts-)theologischen Redens vor der Tradition der Kirche(n) und ihrer Dogmen - das sind nur die wichtigsten Fragenkreise, die zwischen Ost und West anhand des Filioque aufbrechen.

Allerdings nötigt schon die Rede von „östlicher" (griechischer) und „westlicher" (lateinischer) Tradition zu Differenzierungen. Was Karl Barth seinerzeit mit großer Entschiedenheit behaupten konnte, ist seinen „abendländischen" Nachfolgern längst fraglich geworden: Hat die Kirche der westlich-lateinischen Tradition tatsächlich recht daran getan, ihre Trinitätstheologie seit dem frühen Mittelalter untrennbar mit dem Konzept des doppelten Hervorgangs des Geistes zu verbinden und in der Neuzeit daran festzuhalten? Sind die von Barth benannten zentralen trinitätstheologischen Einsichten - die Christusbestimmtheit des Geistes und die Entsprechung von ewigem Sein und geschichtlicher Offenbarung Gottes - durch das Filioque wirklich angemessen beschrieben? Oder muß heute der Boden dieses Denkmodells nicht vielmehr verlassen werden, um der Trinitätstheologie neue, fruchtbare Perspektiven zu eröffnen?

Ökumenischer Dialog und systematische Reflexion haben eine kaum noch zu überschauende Menge an dogmatischer und konfessionskundlicher Literatur hervorgebracht. Dennoch stand am Anfang der hier vorgelegten Untersuchung der Eindruck, daß gerade der Boden, auf den Barth sich entschlossen stellen zu müssen meinte und über dessen Tragfähigkeit heute debattiert wird, aus historischer Perspektive keineswegs hinreichend vermessen ist. Wie es überhaupt zu zwei unterschiedlichen Textfassungen desselben Bekenntnisses gekommen ist, welche theologischen Grundentscheidungen dahinterstehen und wie diese Differenzen zu einer Kontroverse führen konnten, wird meist als geklärt vorausgesetzt oder mit allzu groben Strichen umrissen. Die frühmittelalterliche Epoche, in der aus der multiformen Trinitätstheologie der Alten Kirche jene beiden Stränge erwuchsen, die landläufig als „lateinisch" und „griechisch" bezeichnet werden, verbleibt in ökumenischen Dokumenten und dogmatischen Traktaten oft in einem diffusen Dämmerlicht, aus dem später - gerne mit dem Jahr 1054 assoziiert - geradezu als monolithischer Block die „fertige" Filioque-Kontroverse hervortritt. Diesen Schleier vermittels einer kirchen- und dogmengeschichtlichen Untersuchung zu lüften und damit den gegenwärtigen Auseinandersetzungen um Sinnhaftigkeit und Legitimität des Filioque ein historisch-kritisches Korrektiv an die Hand zu geben ist das Ziel dieses Buches.

Die vorliegenden Untersuchungen zur „Filioque-Kontroverse zwischen Ost- und Westkirche im Frühmittelalter" wurden im Wintersemester 2001/02 vom Fachbereich Evangelische Theologie der Philipps-Universität Marburg als Dissertation angenommen; für den Druck wurden sie überarbeitet. Die Übersetzungen der lateinischen und griechischen Quellentexte verantwortet, wo nicht anders vermerkt, der Verfasser. Bis Ende 2001 erschienene Literatur wurde nach Möglichkeit berücksichtigt.

Am Ende eines langen Weges durch die Höhen und Tiefen mittelalterlicher Theologie ist es Selbstverständlichkeit und Freude zugleich, all jenen herzlichen Dank zu sagen, die mir ihre Begleitung zuteil werden ließen. Prof. Dr. Wolfgang Bienert hat meinen theologischen Weg seit dem kirchengeschichtlichen Proseminar mit beständigem Interesse verfolgt; unter seiner umsichtigen Betreuung ist auch die vorliegende Arbeit entstanden. Als meinem Doktorvater verdanke ich ihm neben vielfältigem sachbezogenem Rat vor allem die stetige Ermutigung zu dem Vorhaben, kirchengeschichtliches Arbeiten mit ökumenischen und systematisch-theologischen Perspektiven zu verbinden. Zu danken habe ich weiterhin Prof. Dr. Wolfgang Hage, in dessen Seminar ich im Sommersemester 1996 erstmals eine Skizze zu „Stationen der Filioque-Diskussion im Frühmittelalter" vorlegen konnte und der nun das Zweitgutachten zu der daraus erwachsenen Dissertation erstellt hat. Ebenso danken möchte ich Prof. Dr. Hans-Martin Barth, als dessen zeitweiliger Mitarbeiter im Fach Systematische Theologie ich die Gelegenheit hatte, den trinitätstheologischen „Sitz im Leben" meiner historischen Studien aus konfessionskundlicher und systematischer Perspektive zu reflektieren.

Freundschaftlicher Dank gilt Prof. Dr. Bernd Oberdorfer (Augsburg), der mir seine 1999 abgeschlossene Münchner Habilitationsschrift „Filioque - Erinnerung an ein Problem" (im Druck erschienen 2001) bereits als Manuskript zur Verfügung stellte und mir darüber hinaus zahlreiche hilfreiche Anregungen zukommen ließ. Meine Marburger Freunde und Kolleg/innen Dr. Elisabeth Hartlieb, Cornelia Richter, Karin Schmid und Thorsten Waap sowie Prof. Dr. Martin Parmentier (Bern) haben Teile dieser Arbeit gelesen und ihr Vorankommen mit kritischem Kommentar befördert; auch dafür sei herzlich gedankt. Daß die Drucklegung vergleichsweise zügig vonstatten gehen konnte, liegt nicht zuletzt an der Bereitschaft meiner Mutter, meines Bruders und meiner Frau zum Korrekturlesen; verbliebene Fehler gehen selbstverständlich zu Lasten des Verfassers.

Die Studienstiftung des deutschen Volkes hat die Arbeit an dieser Dissertation mit einem Stipendium finanziell unterstützt und mir darüber hinaus immer wieder Möglichkeiten eröffnet, lehrreiche Blicke über den Tellerrand meines eigenen wissenschaftlichen Arbeitens hinaus zu werfen. Prof. Dr. Christoph Markschies (Heidelberg) danke ich für die Aufnahme meiner Studie in die „Arbeiten zur Kirchengeschichte". Der Deutschen Forschungsgemeinschaft gebührt Dank für eine großzügige Druckbeihilfe.

Mein Bruder Alexander F. Gemeinhardt hat meinen wissenschaftlichen Weg und das Zustandekommen dieser Dissertation in produktiven und aufreibenden Zeiten mit ermutigendem und kritischem Beistand begleitet - für beides herzlichen Dank! Meine Frau Bettina hat mir während meiner Arbeit am Filioque (und darüber hinaus!) in allen Lebenslagen zur Seite gestanden. Ihrer Geduld, Gesprächsbereitschaft und tatkräftigen Hilfe verdanke ich weit mehr als nur den glücklichen Abschluß dieser Studien.

Meine Eltern, Monika und Wolfgang Gemeinhardt, haben meinen langjährigen theologischen Lern- und Lebensweg zu allen Zeiten mit Liebe und Verständnis begleitet und in jeder Hinsicht unterstützt. Ihnen sei dieses Buch in größter Dankbarkeit gewidmet.

Kirchhain, im Juli 2002 *Peter Gemeinhardt*

Inhaltsverzeichnis

A. Einleitung:
   Das Filioque im Spannungsfeld der gegenwärtigen Ökumene

1. Hinführung: Ein ökumenisches Skandalon - beseitigt? 1
2. Die ökumenische Diskussion über das Filioque im 20. Jahrhundert 3
2.1. Die „Klingenthaler Konsultationen" (1978/79) und ihr Umfeld 5
2.2. „Gemeinsam den einen Glauben bekennen" (1991) 13
2.3. Vatikanische „Klarstellung" (1995) und Wiener Studientagung (1998) 16
3. Das Filioque in der kirchen- und dogmengeschichtlichen Forschung 27
3.1. Offene Fragen an die Geschichte dieses Divergenzpunktes 27
3.2. Bemerkungen zum Forschungsstand 32
3.3. Grundriß der vorliegenden Untersuchung 38

B. Stationen der Filioque-Kontroverse im Frühmittelalter

I. Die Voraussetzungen der Kontroverse in der
   abendländischen Symboltradition

1. Beobachtungen zur lateinischen Textgeschichte des NC im Frühmittelalter 41
1.1. Eckdaten zur Rezeption des NC als Ausdruck der Orthodoxie 41
1.2. Lateinische Übersetzungen des NC in den Akten des Chalkedonense 46
2. Die theologische Einbindung des Filioque in die lateinische Symboltradition 49
2.1. Der Gebrauch von NC in der römischen und spanischen Tradition 49
2.2. Grundlagen der frühmittelalterlichen lateinischen Theologie: Augustin 56
3. Die Rezeption von Text und Tradition bei den karolingischen Theologen ... 65
3.1. Stichworte zur nachaugustinischen lateinischen Bekenntnistradition 65
3.2. Der nachmalige „Normtext" des NC bei Paulinus von Aquileia 69

II. Die karolingische Trinitätstheologie im Spannungsfeld
    von Bilderstreit und Adoptianismus

1. Theologie und Kirche im Reich Karls des Großen 76
1.1. Die Auseinandersetzung mit Byzanz 76
1.1.1. Vorspiel: Die Synode von Gentilly (767) 76
1.1.2. Die Reaktion auf Nizäa II (787): das Opus Caroli regis contra synodum ... 81
1.2. Der Streit um den spanischen Adoptianismus 90
1.2.1. Die Auseinandersetzung mit dem Adoptianismus vor und in Frankfurt 794 ... 90
1.2.2. Der Ausklang des adoptianistischen Streites 102

2. Das Filioque - ein Element karolingischer „Normaltheologie" 107
2.1. Das Filioque in der Auseinandersetzung mit Byzanz............................ 108
2.1.1. Das karolingische Capitulare adversus Synodum................................. 108
2.1.2. Das römische Hadrianum als Verteidigung von Nizäa 110
2.1.3. Das Opus Caroli regis contra synodum als Summe karolingischer Theologie....... 113
2.2. Das Filioque im adoptianistischen Streit 123
2.2.1. Die Traktate der Frankfurter Synode... 123
2.2.2. Paulinus von Aquileia und die Synode von Cividale del Friuli 127
2.2.3. Alkuin als Systematiker der karolingischen Trinitätstheologie............ 133
2.3. Das Filioque als Streitgegenstand: Jerusalem - Aachen - Rom 140
2.3.1. Die Epistola peregrinorum monachorum und die Reaktion Leos III. 141
2.3.2. Die Synode von Aachen 809 146
2.3.3. Das „römische Colloquium" (810) und der doppelte Ausgang des ersten Filioque-Streits 160

III. Die Kontroverse um das Filioque zur Zeit des Patriarchen Photius

1. Ost und West zur Zeit des ersten Patriarchats des Photius.................. 166
1.1. Die innerbyzantinischen Wirren um den Patriarchenthron seit 858..... 166
1.2. Patriarch Photius und das römische Papsttum 168
1.2.1. Die Synode von Konstantinopel 861 168
1.2.2. Die Reaktion Nikolaus' I. bis zur Synode von Rom 863 174
1.2.3. Die Bulgarienmission als neues Konfliktpotential............................... 179

2. Die Filioque-Kontroverse in den 860'er Jahren.................................... 188
2.1. Die Eskalation der antilateinischen Haltung in Konstantinopel 188
2.1.1. Die Enzyklika des Photius 189
2.1.2. Die Synode von Konstantinopel 867 197
2.2. Die lateinische Antwort auf die byzantinischen Vorwürfe 201
2.2.1. Die Synode von Worms 868 204
2.2.2. Ratramnus von Corbie, Contra Graecorum Opposita 210
2.2.3. Aeneas von Paris, Liber adversus Graecos 221
2.3. Der vorläufige Abschluß des „photianischen Schisma"....................... 227
2.3.1. Der Pontifikat Hadrians II. und die Synode von Rom 869................. 228
2.3.2. Die Synode von Konstantinopel 869/70 234

3. Die Filioque-Kontroverse im zweiten Patriarchat des Photius............ 244
3.1. Das Filioque auf der Synode von Konstantinopel 879/80 244
3.1.1. Rom, Byzanz und Bulgarien in den 870'er Jahren 244
3.1.2. Geschichte und Überlieferung der Synode 249
3.1.3. Das Dekret über den katholischen Glauben 260
3.2. Das Filioque im theologischen Spätwerk des Photius.......................... 270
3.2.1. Der Brief an den Erzbischof von Aquileia... 270
3.2.2. Die Mystagogia de Spiritu sancto.. 277
3.2.3. Photius und das Filioque: Versuch einer theologischen Summe......... 289

IV. Das Schisma des Jahres 1054 als Etappe der Filioque-Kontroverse

1. Von Photius zu Kerullarios 300
1.1. Die unmittelbare Nachgeschichte des „photianischen Schismas" 300
1.1.1. Kaiser Leon VI., „der Weise" 300
1.1.2. Die Capita syllogistica des Niketas von Byzanz 302
1.2. Fragiler Frieden: Byzanz und das Abendland im 10. Jahrhundert 306
1.2.1. Die Ottonenkaiser als neuer Machtfaktor 306
1.2.2. „Der Hort aller Häresien": Liutprand von Cremona in Byzanz 308
1.3. Unterwegs zum Schisma? 313
1.3.1. Die Aufnahme des NC in die römische Liturgie 313
1.3.2. Streichung des Papstes aus den byzantinischen Diptychen? 316

2. Rom und Byzanz in den 1050'er Jahren 322
2.1. Die politische Konstellation 322
2.1.1. Papst Leo IX. und die Normannen in Süditalien 322
2.1.2. Kaiser Konstantin Monomachos und Patriarch Michael Kerullarios 327
2.2. Der Briefwechsel zwischen Ost und West (1053/54) 329
2.2.1. Leon von Achrida: Die Eröffnung der Debatte 331
2.2.2. Leo IX. und Humbert: Libellus und Dialogus 333
2.2.3. Die „Versöhnungsbriefe" aus Konstantinopel und die römische Reaktion 342
2.3. Das Aufeinandertreffen in Konstantinopel (Juni/Juli 1054) 344
2.3.1. Die römisch-byzantinischen Verhandlungen und ihre Eskalation 344
2.3.2. Die römische Bannbulle und die Gegensynode des Patriarchen 353

3. Das Filioque im Epochenjahr 1054 359
3.1. Die lateinische Behauptung des Filioque 360
3.1.1. Humbert von Silva Candida, Rationes de processione Spiritus sancti ... 360
3.1.2. Ein anonymes fragmentum accusationis contra Graecos 367
3.1.3. Petrus Damiani: Auf dem Weg zu einer lateinischen „Normaltheologie" 370
3.2. Die griechische Verteidigung des Hervorganges des Geistes
ἐκ μόνου τοῦ πατρός 374
3.2.1. Michael Kerullarios und das Σημείωμα 374
3.2.2. Niketas Stethatos, Σύνθεσις κατὰ Λατίνων 378
3.2.3. Petrus von Antiochien im Dialog mit dem Westen 391

V. Anselm von Canterbury und das Konzil von Bari (1098)

1. Das Konzil von Bari in seinem politischen Spannungsfeld 400
1.1. Papsttum und Normannen: Die kirchliche Lage in Süditalien 400
1.2. Ost und West: Papst Urban II. und Kaiser Alexios I. Komnenos 407
1.2.1. Die Kreuzzugspläne Gregors VII. (1074/75) 407
1.2.2. Der erste Kontakt nach dem Amtsantritt Urbans II. (1089) 411
1.2.3. Die Synode von Piacenza (1095) und Urbans „Kreuzzugsidee" 419
1.3. Anselm von Canterbury und das Reformpapsttum 421
1.3.1. Aosta - Bec - Canterbury: Biographische Anmerkungen 421
1.3.2. Der englische Investiturstreit 423
1.3.3. Das Konzil von Bari (1098) 427

2. Anselm von Canterbury und die Neubegründung der „filioquistischen" Theologie ... 434
2.1. Anselms Stellung in der Theologie des 11. Jahrhunderts ... 434
2.1.1. Dialektik und Traditionsbindung: Berengar und Lanfranc ... 434
2.1.2. Anselms theologischer Neuansatz: Fides quaerens intellectum ... 439
2.1.3. Die Trinitätstheologie im Monologion und in De Incarnatione Verbi ... 447
2.2. Anselms Traktat De processione Spiritus sancti ... 463
2.2.1. Die theologische Notwendigkeit des Filioque: Das Relationsargument ... 464
2.2.2. Die exegetische und erfahrungstheologische Rechtfertigung des Filioque ... 471
2.2.3. Die ekklesiologische Legitimität des Filioque: Ökumenische Bekenntnishermeneutik ... 479
2.3. Anselms Rekonstruktion des Filioque im Kontext seiner Trinitätslehre ... 484
2.3.1. Die argumentative Methode ... 484
2.3.2. Die „ökumenische" Intention ... 486
2.3.3. Anselms Begründung des Filioque im Rahmen seines trinitarischen Entwurfs ... 488

3. Das Filioque zwischen Ost und West am Ende des 11. Jahrhunderts ... 495
3.1. Byzantinische „Normaltheologie": Theophylakt von Achrida ... 495
3.1.1. Die Proslalia - theologische Kritik und Verteidigung der Lateiner ... 495
3.1.2. Das Verhältnis von οἰκονομία und ἀκρίβεια hinsichtlich des Filioque ... 503
3.2. Ost und West - eine Positionsbestimmung um das Jahr 1100 ... 507

VI. Ausblick: Kontroverstheologie und Dialog im 12. Jahrhundert

1. Petrus Grossolano und Eustratios von Nizäa ... 512
2. Die Gesandtschaftsreisen des Anselm von Havelberg ... 518
2.1. Die Disputation mit Nechites von Nikomedien (1136) ... 518
2.2. Die Disputation mit Basilius von Achrida (1154) ... 529
3. Der Papst als letztgültige Autorität für das Filioque ... 531

C. Systematisierende Zusammenfassung

1. Die politische Dimension: ein Theologumenon im „römisch"-triadischen Kräftespiel ... 536
1.1. Das Zweikaiserproblem zwischen Ost und West seit Karl dem Großen ... 536
1.2. Das Filioque und die Frage nach dem päpstlichen Primat ... 538

2. Die rechtliche Dimension: die Autorität des Textes ... 541
2.1. Die rechtliche Fixierung der Tradition und der Fortschritt der theologischen Reflexion ... 541
2.2. Die doppelte Rezeptionsgeschichte des NC und das „Verbot eines anderen Glaubens" ... 545

3. Die theologische Dimension: divergierende Denk-Wege ... 548
3.1. Das NC als Grundbaustein lateinischer und griechischer Trinitätslehre ... 548
3.2. Das Filioque: „Notwendigkeit" versus „Unmöglichkeit" ... 553

Anhang

1. Textzeugen des NC im Frühmittelalter (seit 451) 557
2. Materialien zur Entstehung des „Normtextes" des NC 559
2.1. Griechische Textfassungen des NC auf dem Konzil von Chalkedon 559
2.2. Lateinische Textzeugen des NC im Frühmittelalter (Auswahl) 560
2.3. Textgeschichte des lateinischen NC bis zum „karolingischen Normtext" 562

Abkürzungsverzeichnis 563

Bibliographie 567

Register

1. Bibelstellen 599
2. Quellen 601
    a) Schriftsteller der Antike und des Mittelalters 601
    b) Synodaltexte und Rechtsquellen 624
3. Namen 629
4. Orte 636
5. Synoden 637
6. Moderne Autoren 639

A. Einleitung: Das Filioque im Spannungsfeld der gegenwärtigen Ökumene

1. Hinführung: Ein ökumenisches Skandalon - beseitigt?

„Heiliger Geist soll Kirchen in Zukunft nicht mehr trennen!", so titelte der KATHPRESS-Tagesdienst in seiner Ausgabe vom 20. Mai 1998 (Nr. 114). Und weiter im Untertitel: „Ökumenisch brisante 'Pro Oriente'-Tagung verabschiedet Empfehlungen zur künftigen Klärung einer tausend Jahre alten Streitfrage - In der Liturgie soll das 'Große Glaubensbekenntnis' ohne den katholischen 'Filioque'-Zusatz verwendet werden". Den neugierig gewordenen Leser/innen wird kundgetan, besagte Tagung habe eine „kirchenpolitisch sensationelle Empfehlung" verabschiedet: „Rund 50 katholische, orthodoxe, altorientalische und evangelische Theologen votierten dafür, das Glaubensbekenntnis des Ökumenischen Konzils von Konstantinopel (381) in Gottesdiensten in seiner Urfassung zu verwenden", d.h. ohne den „Filioque-Zusatz", der „tausend Jahre trennend zwischen Ost- und Westkirche" gestanden habe. Auf der Basis eines 1995 publizierten Dokuments des Päpstlichen Rates zur Förderung der Einheit der Christen sei der Durchbruch gelungen: „Die Theologen kamen in Wien überein, daß die 'östliche und die westliche Tradition über den Ausgang des Heiligen Geistes zwei berechtigte, einander ergänzende Sehweisen sind'." Die jeweiligen Interpretationen des Bekenntnisses seien Ausdruck eines legitimen Pluralismus, der „die Identität des Glaubens nicht gefährdet".

Nun ist im Verlauf der Kirchengeschichte kaum einmal ernsthaft behauptet worden, es sei der Heilige Geist selbst, der die Kirchen trenne - es waren und sind stets Menschen, besonders Theologen, in ihrem unweigerlich angefochtenen Bemühen, zwischen Rechtgläubigkeit und Häresie zu unterscheiden. Die Frage, die in Wien zur Debatte stand, darf aber durchaus als ökumenisch brisant gelten, stellt es doch eine gleichermaßen erstaunliche wie gravierende Paradoxie dar, daß das Bekenntnis zu demselben Geist, der die eine, heilige, katholische und apostolische Kirche konstituiert und immer neu beruft, zugleich den Anlaß dafür bietet, daß Kirchen der östlichen und der westlichen Tradition dieses Bekenntnis nicht zusammen sprechen können oder dies nur unter Vorbehalt tun. Es mag auf den ersten

Blick als dogmengeschichtliche Marginalie anmuten, daß die pneumatologische Prädikation des griechischen Nizäno-Konstantinopolitanums (NC) „der aus dem Vater hervorgeht" (ἐκ τοῦ πατρὸς ἐκπορευόμενον) im lateinischen Text durch „und aus dem Sohn" (qui ex Patre Filioque procedit) ergänzt wurde und in den meisten Kirchen des Westens bis heute wird. Auf den zweiten Blick verbirgt sich hinter dieser semantischen Differenz aber ein Geflecht von kontroversfähigen Implikationen, die in der Tat dazu geführt haben, daß „das Filioque" seit (mehr oder weniger) tausend Jahren zwischen Ost und West steht:

- *Liturgisch* bedeutet dies, daß im gemeinsamen Gottesdienst eine unüberhörbare Dissonanz im Bekennen des christlichen Glaubens begegnet.
- *Kanonisch* kritisieren die Orthodoxen Kirchen, daß Rom (und in dessen Gefolge auch die aus der Reformation hervorgegangenen Kirchen) eigenmächtig den durch ein ökumenisches Konzil sanktionierten Text verändert haben.
- *Theologisch* schließlich ist strittig, inwiefern diese Änderung tatsächlich eine nur dem Wortbestand, nicht aber dem dogmatischen Gehalt nach differierende Aussage beinhaltet, d.h. ob das Filioque nicht als heterodox oder gar als häretisch einzustufen sei.

Obwohl man aus dem Abstand von vier Jahren urteilen muß, daß die Wiener Studientagung in keiner der drei skizzierten Perspektiven eine „Lösung" des Filioque-Problems erbracht hat, so kann sie doch als wichtige Mahnung verstanden werden, diesen Komplex von kontroversen Fragen nicht aus dem ökumenisch geschärften Blick zu verlieren. Und wenn man auch die Wiener Empfehlungen kaum als „sensationell" einstufen kann, so erinnern sie doch an vorausgegangene Verständigungsversuche in den vergangenen zwei Jahrzehnten, angestoßen durch die „Klingenthaler Konsultationen" (1978/79) der „Kommission für Glauben und Kirchenverfassung" des Ökumenischen Rates der Kirchen, die noch ihrer Einlösung harren.

Allerdings weist der eingangs zitierte Artikel eine Merk-Würdigkeit auf, die nicht nur der publizistischen Gattung geschuldet ist, sondern ebenso die ökumenischen Verhandlungen über das NC in den letzten Jahrzehnten prägt: eine signifikante *historische Unbestimmtheit*. In welchem Sinne steht „das" Filioque „seit tausend Jahren" zwischen den Kirchen? Warum hat die westliche Kirche diesen Zusatz (der doch heute offenbar nicht mehr als unverzichtbar gelten kann) überhaupt in das verbindliche und verbindende Bekenntnis aufgenommen? In welcher Weise ist er „kirchenpolitisch instrumentalisiert" worden? Und woher kommen die unterschiedlichen „Sehweisen", die nun nicht mehr als kontradiktorisch anzusehen sind?

Diese Fragen zu klären ist notwendig, damit künftige Gespräche über das Filioque-Problem ihren Gegenstand in zureichender Tiefenschärfe in den Blick bekommen. Darin spricht sich nicht nur die Unverzichtbarkeit der dogmengeschichtlichen Fundierung für dogmatische Urteilsbildung aus, sondern vor allem die spezifische Dialektik von Traditionsverbundenheit und Gegenwartsbezug, welche die eine christliche Kirche und ihre geschichtlichen Gestaltwerdungen unausweichlich prägt. In der vorliegenden Untersuchung soll demzufolge *kirchen- und dogmengeschichtlich* gefragt werden, inwiefern die Filioque-Kontroverse als Katalysator eines umfassenden Divergenzprozesses verstanden werden kann, in dessen Verlauf sich ekklesiologische, bekenntnishermeneutische und theologische Strukturen erst herausbildeten, die heute ökumenische Verständigung belasten und zugleich nach ihr verlangen.

2. Die ökumenische Diskussion über das Filioque im 20. Jahrhundert

Die moderne Diskussion über den Hervorgang des Heiligen Geistes wird mit dem Ziel der Einheit der Christenheit in Glauben, Bekennen und gottesdienstlichem Feiern geführt - dabei verdanken sich ihre ersten Ansätze paradoxerweise einer Spaltung: Die Altkatholische Kirche, entstanden aus Protest gegen das I. Vatikanische Konzil (1869/70) und besonders gegen das Infallibilitätsdogma, wandte sich auf der Suche nach den authentischen Quellen *sensu stricto* „katholischen" Christentums den Orthodoxen Kirchen zu und trat bereits im Zuge der „Bonner Unionskonferenzen" (1874/75), an denen auch protestantische und anglikanische Theologen beteiligt waren, in einen intensiven Dialog mit der Orthodoxie über die Filioque-Frage ein. Zwar wurde weder hier noch im Zuge der Verhandlungen zwischen den Rotterdamer und Petersburger Kommissionen (1893-1913) eine förmliche Übereinkunft in trinitätstheologischen bzw. bekenntnishermeneutischen Fragen erzielt[1]; beharrliche Arbeit an den aufgeworfenen Sachproblemen führte jedoch schließlich zur offiziell proklamierten Anerkenntnis seitens der Altkatholiken (1970), daß das Filioque seinerzeit „unkanonisch" in das NC eingefügt worden sei und entsprechend wieder entfernt werden müsse. Darüber hinaus konstatierte die Gemischte Ortho-

---

[1] Dem letztgenannten Kontext entstammt die für die weitere Diskussion wichtige Unterscheidung von Dogma, Theologumenon und Privatmeinung (BOLOTOV 1898, 681f.). Cf. zum altkatholisch-orthodoxen Dialog STALDER 1981, 89-92; GAMILLSCHEG 1996, 43-63; OBERDORFER 2001, 296-349.

dox-Altkatholische Theologenkommission in einer „Gemeinsamen Erklärung" zur Trinitätslehre (1975) die Konvergenz beider Pneumatologien, wonach der Sohn keinesfalls als trinitarische Mit-Ursache des Geistes aufzufassen sei.² Ohne eine vergleichbare inhaltliche Klärung erreicht zu haben, sprach sich auch die Gemischte Orthodox-Anglikanische Dialogkommission in ihrer „Moskauer Erklärung" (1976) aus kanonischen Gründen gegen das Filioque im Wortlaut des NC aus, was die Lambeth-Konferenz 1978 dahingehend konkretisierte, daß „alle Gliedkirchen der Anglikanischen Gemeinschaft die Auslassung des *Filioque* im nizänischen Glaubensbekenntnis erwägen" sollten.³

Diese bilateralen Verhandlungen bildeten den Hintergrund für die Thematisierung der Filioque-Frage auf *multilateraler ökumenischer Ebene* anläßlich des 1600-Jahr-Jubiläums der Verabschiedung des NC im Jahr 1981.⁴ Insgesamt ist für die späten 70'er und frühen 80'er Jahre ein gesteigertes ökumenisches Interesse an der Pneumatologie zu verzeichnen, das sich - leicht phasenverschoben - auch in der akademischen Theologie niedergeschlagen hat.⁵ Im folgenden soll die jüngste Diskussion über das Filioque anhand schriftlicher Äußerungen von ökumenischen Kommissionen bzw. einzelnen Kirchen nachgezeichnet werden: Einen ersten Block bilden die Publikationen im Vorfeld des Jahres 1981 mit ihren Nachwirkungen bis

---

2   „Erklärung der Internationalen Altkatholischen Bischofskonferenz zur Filioque-Frage", in: IKZ 61 (1971), 69f.; „Gemeinsame Erklärung", in: H. MEYER ET AL. 1983, 26-28; cf. dazu OBERDORFER 2001, 346f.

3   Zit. n. ALLCHIN 1981, 80; zum Kontext der Entscheidung cf. aaO., 79-81; SCHULTZE 1984, 108-111; HANSON 1985, 279f.; STYLIANOPOULOS 1991, 266-268; OBERDORFER 2001, 526-532. Die Empfehlung wurde 1988 wiederholt (cf. CRAIG 1996, 420f.; aaO., 423-437, zur Geschichte der anglikanischen Auseinandersetzung mit der Filioque-Frage seit den „39 Artikeln" [1549]). Das NC wurde entsprechend bei der Amtseinführung des Erzbischofs von Canterbury, Robert Runcie, im April 1980 *ohne* Filioque gesprochen (SLENCZKA 1982, 83), ebenso während der Feier der „Lima-Liturgie" im Rahmen der ÖRK-Vollversammlung in Vancouver (1983); cf. H. MEYER 1984, 21.

4   H. MEYER 1984, 16f., nennt drei Motive für das wiedererwachte Interesse an der Filioque-Frage: „le problème d'un confession commune de la foi chrétienne"; „le dialogue oecuménique entre les Églises d'Occident et les Églises orthodoxes d'Orient"; „la redécouverte de l'Esprit"'. Cf. weiterhin die „Erklärung der christlichen Kirchen in der Bundesrepublik Deutschland anläßlich der 1600-Jahr-Feier der Verabschiedung des Glaubensbekenntnisses von Nizäa-Konstantinopel", in: LINK 1987, 236-238, hier 238: „Wie vor 1600 Jahren das Nizäische Bekenntnis die zerstrittene Christenheit einte, so sollte es auch für uns Anlaß sein, dafür zu beten und zu arbeiten, daß die noch vorhandenen Kirchentrennungen überwunden werden. Der dreieinige Gott will durch eine einige Christenheit geehrt sein."

5   Cf. katholischerseits die Monographien von CONGAR 1982, SCHÜTZ 1985 und HILBERATH 1994; protestantischerseits sind besonders MOLTMANN 1991 und WELKER 1992 zu erwähnen.

zur Mitte der 80'er Jahre (2.1.); sodann formulierte das „Faith and Order"-Dokument „Gemeinsam den einen Glauben bekennen" (1991) gleichsam eine erste „Summe" der Diskussion (2.2.); schließlich ist ein Blick auf Positionierungen des Vatikans (1995) und der VELKD (1997) sowie auf eine dem Filioque gewidmete PRO ORIENTE-Tagung (1998) zu werfen (2.3.).[6]

2.1. Die „Klingenthaler Konsultationen" (1978/79) und ihr Umfeld

a) Das Memorandum „Das Filioque in ökumenischer Sicht" (1979)

Dieses Dokument stellt erstmals in der Geschichte ein Positionspapier *aller an der Filioque-Kontroverse beteiligten Kirchen* dar und hat seitdem die Diskussion in Aufnahme und Abgrenzung bestimmt.[7] Ausgegangen wird von dem Faktum, daß das im ganzen *Orbis christianus* rezipierte NC durch den Streit über das Filioque „eher ein Symbol der Spaltung als der Einheit im gemeinsamen Glauben geworden" ist (9). Die Hoffnung auf Überwindung dieser Spaltung wird als Folgewirkung des „neuen ökumenischen Klimas" angesehen (10) - neben den o.g. bilateralen Dialogen ist besonders auf den Beitritt fast aller Orthodoxen Kirchen zum Ökumenischen Rat der Kirchen (1961) zu verweisen, der eine trinitarische Erweiterung der Basisformel des ÖRK mit sich brachte und so die Trinitätstheologie unübersehbar auf die ökumenische Tagesordnung setzte.

Die Argumentation des Memorandums basiert auf der grundsätzlichen Anerkenntnis des *griechischen Urtextes* als der auch heute *normativen Textfassung*, bemüht sich jedoch um die Verdeutlichung der lateinischen trinitarischen Logik und der darin aufgeworfenen Sachanliegen, die *vor* der mittelalterlichen Polemik zu verorten seien: „Was als '*Filioque*-Theologie' bezeichnet werden kann, ist... zutiefst in Herz und Sinn der Christen des Westens verankert" (11), zumal „während der ersten tausend Jahre des christlichen Zeitalters... dieser Unterschied die Einheit im Glauben und die eucharistische Gemeinschaft nicht [gesprengt]" habe (21; cf. 17). Freilich dürfe aus der zeit- und kontextgebundenen Angemessenheit des Filioque nicht auf seine *generelle* Akzeptabilität in einer ökumenisch verantworteten Trinitätslehre geschlossen werden (cf. 15), wobei dieser Kontext nur sehr

---

6   Zum folgenden cf. OBERDORFER 2001, 507-553, sowie DALEY 2001, 195-208.
7   KOMMISSION FÜR GLAUBEN UND KIRCHENVERFASSUNG 1979 (danach die Seitenangaben im Text); cf. STYLIANOPOULOS 1991, 272-275; STAATS 1996, 294f., sowie den präzisen Kommentar bei OBERDORFER 2001, 511-518. Die im selben ÖR-Beiheft abgedruckten Referate der Tagungen auf Schloß Klingenthal (26.-29.10. 1978 sowie 23.-27.5.1979) bilden das bis heute beste konfessionskundliche Kompendium, wobei neben den reformierten Theologen Alastair HERON und Jürgen MOLTMANN eine spezifisch *lutherische* Perspektive fehlt, wie STAATS 1981, 110 Anm. 9, moniert.

schwammig mit dem westlichen Arianismus benannt wird. Jedenfalls habe seinerzeit „keine ersichtliche Absicht, sich damit der Lehre der Ostkirche entgegenzusetzen" (11), bestanden.[8] Deshalb erscheint es möglich, bei der gemeinsamen *Doxologie* anzusetzen: „In der Anrufung des Vaters zeugen der Geist, der vom Vater ausgeht, und wir, die wir im Geist bitten, von Jesus Christus (Joh 15,26-27). Der Geist, *der vom Vater des Sohnes ausgeht*, ist der, den der auferstandene und erhöhte Christus sendet und durch dessen Empfang wir Gottes Kinder werden" (16; Hervorhebung P.G.).[9] Konstitutiv für die so zu formulierende Doxologie ist wiederum „die volle und beständige Wechselwirkung zwischen dem fleischgewordenen Wort und dem Heiligen Geist", die „als ein grundlegendes Prinzip der christlichen Theologie angesehen werden" muß (14).

Damit ist bereits der Weg angedeutet, der zu einer theologischen Verständigung führen soll: Im Anschluß an Joh 15,26 wird der Hervorgang des Geistes *allein dem Vater* zugeordnet - jedoch dezidiert *dem Vater Jesu Christi*, womit unmißverständlich dem orthodoxen Insistieren auf der väterlichen „Monarchie" Rechnung getragen[10], zugleich aber das westliche Anliegen wahrgenommen wird, daß mit dem Ausdruck Filioque mindestens eine *offene Frage* im NC bezeichnet wird, das sich über das Verhältnis von Sohn und Geist ausschweigt (19).[11] Das Memorandum greift die für die westliche Trinitätstheologie grundlegende Vorstellung einer *Entsprechung* zwischen ökonomischer und immanenter Trinität auf, verbindet sie jedoch mit einer *kategorialen Unterscheidung* zwischen Zeugung (γέννησις) und Hervorgang

---

[8] Zu diesem (wahrlich verwickelten!) historischen Problemkomplex cf. S. 51-56.

[9] Dieser Formulierungsvorschlag stammt offenbar von MOLTMANN 1981, 146f. (dazu KÖRTNER 1998, 87f.; OBERDORFER 2001, 395-399); ähnlich GARRIGUES 1981, 123.

[10] Die angeführten trinitätstheologischen Grundsätze atmen „photianischen" Geist (17f.): a) Die trinitarische Prinzipialität ist eine *hypostatische Eigenschaft* des Vaters, nicht der göttlichen Natur; b) die spezifischen hypostatischen Eigenschaften sind nur jeweils einer Person zuzuschreiben; c) den Sohn zusammen mit dem Vater als Ursprung des Geistes zu behaupten hieße, zwei Prinzipien einzuführen. Dies entspricht freilich der von STANILOAE 1981, 153, aufgestellten These, der Terminus „allein vom Vater" sei kein Theologumenon, sondern ein Glaubenssatz und insofern strikt verbindlich, wohingegen sich das Filioque „außerhalb der Grenze der Theologumena, im Bereich der Irrtümer", befinde (aaO., 154, gegen die Einordnung des ἐκ μόνου τοῦ πατρός als Theologumenon bei BOLOTOV 1898, 708).- Erstaunlicherweise wird in dem Memorandum der Hervorgang des Geistes aus dem Vater *durch den Sohn* (διὰ τοῦ υἱοῦ) nur als eine unter fünf „alternativen Formulierungen" zum „klassischen" Filioque thematisiert (20); cf. dazu die Kritik bei DE HALLEUX 1981, 66; GAMILLSCHEG 1996, 134.

[11] Analog faßt H. MEYER 1984, 25, den Stand der Diskussion zusammen: „Le Filioque renvoie à une vérité à laquelle on ne saurait renoncer mais dont il n'est pas encore lui-même la véritable expression."

(ἐκπόρευσις)[12]: „Das *Filioque* würde diesem Vorschlag zufolge gültige Bedeutung hinsichtlich der Beziehung der drei *Hypostasen* innerhalb der göttlichen Dreieinigkeit haben, aber nicht im Hinblick auf den Ausgang der vollständigen und vollkommenen *Hypostase* des Geistes vom Vater" (20). Auf der Grundlage dieser Sprachregelung basieren die konkreten „Empfehlungen" (22f.):

- Den einzelnen Kirchen werden „verstärkte Anstrengungen" darum anheimgestellt, „zu verstehen, wie man diesen Glauben im christlichen Gottesdienst, in den Strukturen der Kirche und im christlichen Leben ausdrücken müßte, so daß die Heilige Dreieinigkeit als Grundlage christlichen Lebens und christlicher Erfahrung erkannt werden kann". Die ermöglichte pneumatologische Konvergenz soll also *lebenspraktisch* relevant werden.[13]
- Weiterhin wird dafür plädiert, „daß die ursprüngliche Form des dritten Artikels des Glaubensbekenntnisses *ohne das Filioque* überall als normativ anerkannt und wiederhergestellt werden sollte" - damit wird das griechische NC von 381 als Grundlage aller weiteren Verstehensbemühungen postuliert.
- Das aber bedeutet, „daß die verschiedenen Kirchen auf diese Vorschläge in einer ihrer eigenen historischen und theologischen Situation angemessenen Weise antworten" müssen, was auf die zuvor geäußerte Einsicht zurückgreift, daß die Filioque-Frage auch die Kirchen tangiert, „die wenig (oder sogar keinen) Gebrauch vom Nizänischen Glaubensbekenntnis machen", insofern auch sie „Erben der westlichen Tradition sind und darum sowohl von den mit dem *Filioque* zusammenhängenden Streitpunkten als vor allem auch von dem Fortschritt der ökumenischen Bewegung mit betroffen sind" (12).

Damit wird abschließend die *gesamtökumenische Bedeutung* des Filioque unterstrichen: „Auf alle diese verschiedenen Weisen kann eine erneute Rezeption des Nizänischen Glaubensbekenntnisses eine hochwichtige Rolle spielen beim Zusammenwachsen der getrennten christlichen Traditionen in

---

[12] „*Erstens sollte man nicht sagen*, daß der Geist 'vom Vater und dem Sohn' ausgeht, denn das würde den Unterschied in der Beziehung zum Vater und zum Sohn verwischen. *Zweitens sollte man sagen*, daß der Ausgang des Geistes vom Vater die innerhalb der Trinität bestehende Beziehung zwischen dem Vater und dem Sohn voraussetzt, denn der Sohn ist ewig in und bei dem Vater, und der Vater ist nie ohne den Sohn" (20).

[13] Die Mahnung zur verstärkten gottesdienstlichen Verwendung des NC ist eine Konstante in den hier interessierenden Texten; allein von SUTTNER 1981, 325 Anm. 8, wird gefordert, das *Apostolicum* in den Vordergrund zu stellen, weil es nicht von der Filioque-Frage belastet sei.

die Einheit des Glaubens" (23). Mit der Lösung des Filioque-Problems wird also die Hoffnung auf einen großen Schritt hin zu sichtbarer - und „hörbarer"! - Einheit der Kirchen verbunden. Die Voraussetzung dafür stellt auf seiten der Kirchen des Westens die Anerkenntnis dar, daß das Filioque weder kanonisch noch theologisch zurecht in den Text des NC gelangt ist, wobei im Gegenzug der orthodoxen Seite zugemutet wird, das Verhältnis von Sohn und Geist zu explizieren - dies beinhaltet (freilich nur implizit) eine Kritik an der Beschränkung auf das photianische „aus dem Vater *allein*" (ἐκ μόνου τοῦ πατρός).[14] Die Verständigung auf einen gemeinsamen *Text* sollte also nach dem Klingenthaler Memorandum eine gemeinsame *Interpretation* des trinitarischen und pneumatologischen Dogmas angesichts der Herausforderungen der Gegenwart ermöglichen.

b) Die „Gemeinsame Erklärung des Arbeitskreises evangelischer und katholischer Theologen" (1981)

In zeitlicher Nähe zur Publikation des Klingenthaler Memorandums befaßte sich der „Arbeitskreis evangelischer und katholischer Theologen" mit dem Konzil von Konstantinopel (381) und seiner ökumenischen Bedeutung.[15] Wiewohl hier lediglich Vertreter westlich sozialisierter Kirchen zusammentrafen, soll doch auf der Basis dieses bilateralen Dialoges „in überraschender Weise auch ein gemeinsames Gespräch mit den Kirchen des Ostens möglich" werden (12). Das Glaubensbekenntnis von 381 stellt dabei die ökumenisch hochbedeutsamen Fragen nach den „Kriterien für die Ein-

---

[14] Das Memorandum greift hier ein in den flankierenden Aufsätzen mehrfach genanntes Junktim auf, so bei MOLTMANN 1981, 144: „Mit der Zurücknahme des *Filioque* kann ein kirchlicher Streit beendet, muß aber zugleich eine theologische Diskussion über die Trinitätslehre eröffnet werden". Cf. OBERDORFER 2001, 516, der auf innerorthodoxe Selbstkritik hinweist, die in dem Memorandum nicht berücksichtigt wird, z.B. bei BOBRINSKOY 1981, 119, der als Teilnehmer an den Klingenthaler Konsultationen „die gesamte orthodoxe Kirche zu einer tiefgreifenden Erneuerung ihrer theologischen Arbeit verpflichten" zu müssen meinte, „damit die katholische Kirche ihren Weg zur Einheit des Glaubens mit der Orthodoxie vollenden, damit das lateinische 'Dogma' vom Filioque in einem vollen theologischen und spirituellen Kontext neu situiert werden kann". Analog dazu postuliert DE HALLEUX 1981, 78, statt eines einseitigen Streichungsaktes ein wechselseitiges interpretatorisches Geschehen: „Die römischkatholische Kirche kann das Glaubensbekenntnis wiederherstellen und die Wahrheit des Monopatrismus anerkennen, *sobald* die orthodoxe Kirche die Authentizität des Filioque anerkennt, *falls* es im Sinne des traditionellen *di' Hyiou* verstanden wird" (Hervorhebungen P.G.).

[15] Die folgenden Seitenangaben im Text beziehen sich auf die „Gemeinsame Erklärung" über „Die ökumenische Bedeutung des ersten Konzils von Konstantinopel (381)", in: LEHMANN/PANNENBERG 1982, 120-125, sowie auf die Einführung der Herausgeber (aaO., 9-12). Cf. dazu OBERDORFER 2001, 520-525.

heit der Kirche" sowie nach der „Spannung [zwischen] historischem Text *und* ekklesial verpflichtender Realität" (10). Diese Spannung wird dahingehend präzisiert, daß gerade die historische Situierung des NC als „Ergebnis verbindlicher Konsensusbildung"[16] Modellcharakter dafür gewinnen kann, „wie gestörte Kirchengemeinschaft neu wachsen kann durch gemeinsame Verherrlichung des Heiligen Geistes" (121). Insofern leitet das NC dazu an, „den komplexen Zusammenhang von Bekenntnis, Verherrlichung und Gemeinschaft in den erforderlichen Konkretionen zu bedenken" (ebd.).

Das Filioque-Problem wird vierfach aspektuell differenziert (122)[17]:

- *Kanonisch* als „Verstoß gegen die Autorität eines ökumenischen Konzils und die darin zum Ausdruck kommende Gemeinschaft";
- *liturgisch* als Grund einer Dissonanz in der „'Homologia' des einen Glaubens";
- *sprachlich*, insofern das neutrische πνεῦμα den Geist eher „in seinem Wirken und Erscheinen", das maskuline *spiritus* dagegen „als Person und Subjekt" zeige;
- *pneumatisch*, da es zu den Konstitutionsbedingungen von Theologie gehöre, „daß das theologische Reden vom Geist mit dem Wirken des Geistes untrennbar verbunden ist".

Bemerkenswert ist - unabhängig von seiner dogmengeschichtlichen Verifizierbarkeit - der dritte Punkt, insofern hier der Tatsache Rechnung getragen wird, daß es sich bei dem Filioque nicht nur um eine theologische, sondern zunächst um eine *sprachliche* Differenz handelt, weshalb schon die Übersetzung eines griechischen Glaubensbekenntnisses ins Lateinische theologische Implikationen birgt.[18] Die „kanonische Irregularität der Veränderung des Symboltextes" (122) wird gleichwohl als nicht mehr bestreitbarer Konsens zwischen östlicher und westlicher Geschichtsforschung konstatiert, woraus sich - in implizitem Anschluß an Yves CONGAR[19] - zwei Folgerungen ergeben:

- Der Westen tendiere „zu einer Streichung des 'Filioque' aus dem Text des Konzils-Symbols unter der Voraussetzung, daß der nicht-häretische Charakter und das christologisch geforderte Anliegen der mit dem

---

[16] So die pointierte Formulierung von HAUSCHILD 1982, 13 u.ö.
[17] Die Einteilung stammt von SLENCZKA 1982, 81f.
[18] Cf. S. 46-49. Insbesondere wäre die von SLENCZKA 1982, 82, mit Bezug auf Thomas von Aquin (STh I 36, a. 1, ad 2) aufgeworfene Frage, wie sich das deutsche Maskulinum „Geist" zum griechischen Neutrum verhält, eingehender Untersuchung wert.
[19] CONGAR 1982, 451 (frz. Original: 1980!); cf. GANOCZY 1982, 78 mit Anm. 119.

'Filioque' gemeinten Lehre auf der orthodoxen Seite anerkannt werden" (122f.);
- zuvor müßten in Ost und West „die Gemeinden durch sorgfältige Unterrichtung auf solche Entscheidungen vorbereitet werden" (123).

Indem die Rücknahme des Filioque sachlich und zeitlich mit der Anerkenntnis des zugrundeliegenden Sachproblems verknüpft wird, die dann das Gespräch über die eigentlichen pneumatologischen Fragen erlaubte, begegnet hier als Forderung, was in Klingenthal faktisch schon ausgesprochen war.[20] Die Ermöglichung eines solchen Dialogs wird in der Neuorientierung der römischen Konzilstheorie verortet, konkret: in dem Brief Papst Pauls VI. an Kardinal Willebrands vom 5. Oktober 1974, der das II. Konzil von Lyon (1274) nicht mehr als „ökumenisch", sondern als *sextum inter Generales Synodos in Occidentali orbe celebratas*" bezeichnete.[21] Das seinerzeit verhängte Anathema gegen alle Leugner eines ewigen Hervorgangs des Geistes aus Vater *und* Sohn hätte demzufolge nicht mehr „ökumenischen", d.h. faktisch jeden Verständigungsversuch mit dem Osten unterlaufenden Status, so daß „das [römische] Lehramt früher getroffene Entscheidungen unter veränderten Bedingungen und in erweiterter Perspektive neu zur Diskussion stellen" könnte (124).[22] Interessanterweise wird hier eine Paral-

---

[20] Die von SLENCZKA 1982, 85, geäußerte Kritik, in dem Klingenthaler Memorandum würden lediglich die kanonische und die liturgische Dimension einer Klärung zugeführt, während „die pneumatologischen Differenzen jedoch... unter der Prämisse historischer Pluralität und Entwicklung nicht berücksichtigt oder sogar aufgehoben" würden, weshalb das Filioque „in erster Linie als ein historisches, nicht aber im tieferen Sinne als ein dogmatisches Problem" erscheine (ähnlich aaO., 97), muß insofern als überzeichnet gelten, als hier kein „Formelkompromiß" vorgelegt wird, sondern die (hermeneutisch unterstellte und durch den Hervorgang „aus dem Vater des Sohnes" zur Sprache gebrachte) Komplementarität der beiden Trinitätstheologien nicht als *Lösung* des Problems, sondern als *Ausgangspunkt* einer Klärung angesehen wird. Die Kritik (ähnlich PANNENBERG 1982, 138f.) trifft eher die Ansicht von STAATS 1981, 112, daß das Filioque-Problem zwar zur Zeit Karls des Großen von „kirchenpolitischer, kirchenrechtlicher und liturgischer Qualität" gewesen sei, heute aber „ohne zu hohe dogmatische Befrachtung" gelöst werden könne (cf. DERS. 1996, 201).

[21] AAS 66 (1974), 620-625, hier 620; dazu GANOCZY 1982, 65-71, bes. 70f.; PANNENBERG 1982, 133. Noch SATTLER 1997, 204, leitet von Paul VI. eine hoffnungsvolle Perspektive ab, ohne die spezifisch andere Pointierung der ihr bekannten (aaO., 190f. Anm. 6) vatikanischen „Klarstellung" zu berücksichtigen.

[22] Einen analogen Schritt vollzog die römisch-katholisch/orthodoxe Dialogkommission 1987 in Bari, als sie in dem Dokument „Glaube, Sakramente und die Einheit der Kirche" (in: H. MEYER ET AL. 1992, 542-551, hier 551) an „das 879/80 gemeinsam durch die beiden Kirchen gefeierte Konzil von Konstantinopel" erinnerte, wonach „jeder (Patriarchal-) Sitz... die alten Gewohnheiten seiner Überlieferung beibehalten" solle - damit wird faktisch die Ökumenizität dieses Konzils anerkannt und die der Versamm-

lele zur innerprotestantischen Einigung durch die Leuenberger Konkordie gezogen (ebd.) und damit der Weg vorgezeichnet, den das Studienprojekt „Lehrverurteilungen - kirchentrennend?" beschreiten sollte. Als Konsequenz wird abschließend benannt: „Als das einzige ökumenische Credo soll das Nicaeno-Constantinopolitanum in der Liturgie der Kirchen im deutschen Sprachgebiet seine alte und ihm gebührende Stellung durch häufigere Verwendung im Gottesdienst wiedererlangen" (125); eine Streichung des Filioque wird nicht explizit verlangt.

Die „Gemeinsame Erklärung" setzt also eine zureichende historische Rekonstruktion sowie die Möglichkeit einer Neubewertung der Unionskonzilien durch das römische Lehramt voraus und sieht auf dieser Grundlage die Chance zu einem produktiven theologischen Dialog mit der Orthodoxie. Trotz des offenkundig erreichten Konsenses über die Irregularität der Einfügung des Filioque in das NC wird aber nicht deutlich für dessen Streichung plädiert, sondern nur eine entsprechende „Tendenz" benannt, was auf die bestehende Unwilligkeit westlicher Kirchen zu einem solchen Schritt verweist.[23] Stattdessen wird eine *verbindliche Konsensusgemeinschaft* angestrebt, d.h. eine diskursive Klärung der gegenwärtigen theologischen Implikationen des trinitarischen Bekenntnisses am Leitfaden des Vorgehens des Konzils von Konstantinopel (381): „Im Dogma von 381 spricht sich der mühsam errungene Konsensus der Kirche aus, der sich als Basis der Gemeinschaft in der weiteren Geschichte bewährt hat"[24] und sich, so die Zielvorstellung, auch in Zukunft neu bewähren kann und soll.

c) „Unser Credo - Quelle der Hoffnung" (1984)

Wie nahe eine Verständigung über den apostolischen Glauben am Leitfaden des NC zu Beginn der 80'er Jahre schien, kann durch einen kurzen Blick auf die „Erklärung der Teilnehmer der Dritten Europäischen Ökumeni-

---

lung von 869/70 jedenfalls implizit in Frage gestellt; zu dieser Problematik s.u S. 257; summarisch GEMEINHARDT 2001b, 29 mit Anm. 54.

[23] OBERDORFER 2001, 523f., entdeckt darin eine „Verlegenheitslösung, durch die verdeckter, derzeit unaufhebbarer Dissens in dem Gremium durch Delegierung und Temporalisierung entspannt werden soll".

[24] HAUSCHILD 1982, 45f.; bei GANOCZY 1982, 53, wird erläuternd auf die Relevanz des *Rezeptionsvorgangs* hingewiesen, der „die rein rechtlichen Legitimitätsbedingungen" eines Konzils übersteigt. Es wäre gesondert zu fragen, inwieweit „die allgemein akzeptierte Verbindlichkeit des neuen Dogmas... nicht aus der Gewalt der staatlichen Unterdrückung anderer Positionen, sondern aus der Kraft der theologischen Argumentation der Nicaener" resultierte (so HAUSCHILD 1982, 31; ebenso PANNENBERG 1982, 129), da 381 ein Konsens ja nur unter den Teilnehmern des Konzils hergestellt wurde, verbunden mit scharfen Anathematismen!

schen Begegnung, 1984" in Riva del Garda bzw. Trient erläutert werden.[25] Am Ort desjenigen Konzils, das die Gegenreformation inaugurierte (257), soll ein machtvolles Zeichen der Einheit gesetzt werden: „Unser Glaube an den in Jesus Christus offenbaren dreieinen Gott [läßt uns] auch Europa nicht hoffnungslos sehen" (259; hier auch die folgenden Zitate). Über die bisher skizzierten Dialoge hinaus wird *indikativisch* formuliert: „Wir können unseren Glauben an den dreieinen Gott gemeinsam aussprechen" - *obwohl* es Unterschiede im Verständnis des Credos gibt. Das NC gilt dabei als „eine Mahnung zur vollen Verwirklichung der Einheit der Kirchen" und als „Band, das die getrennten Kirchen eint" - allerdings in nicht eigens thematisiertem Rückgriff auf eine Übersetzung aus dem griechischen Originaltext. Erst dadurch wird die Behauptung ermöglicht: „Der Heilige Geist ist, *wie wir im Credo gemeinsam bekennen*, gleich dem Vater und dem Sohn selbst göttliche Person. Er geht aus dem Vater hervor (Joh 15,26) und wird mit dem Vater und dem Sohne angebetet und verherrlicht" (265; Hervorhebung P.G.). Wenn auch hermeneutisch zu veranschlagen ist, daß die Teilnehmer Impulse für ein gemeinschaftliches Wirken aller Kirchen in und für Europa setzen wollten, ohne subtile trinitätstheologische Fragen zu thematisieren[26], so ist doch bemerkenswert, daß hier eine Rückkehr der westlichen Kirchen zum Originaltext des NC faktisch vorweggenommen wird, obwohl die Autoren selbst einschränkend anmerken, daß dies lediglich „einige westliche Kirchen *erwägen*" (265; Hervorhebung P.G.). Eine

---

[25] Unser Credo - Quelle der Hoffnung. Erklärung der Teilnehmer der Dritten Europäischen Ökumenischen Begegnung, 1984, in: LINK 1987, 256-268 (danach die Seitenzahlen im Text). Beteiligt waren durch die „Konferenz Europäischer Kirchen" (KEK) und den „Rat der Europäischen Bischofskonferenzen" (CCEE) die meisten orthodoxen und reformatorischen sowie die römisch-katholische Kirche.

[26] In christologischem Kontext heißt es: „Der Vater bejaht den Sohn als den von ihm Unterschiedenen und läßt den Heiligen Geist zur Gemeinschaft mit dem Sohn aus sich hervorgehen" (263), wobei später der Geist als innertrinitarische reziproke Liebe definiert wird: In ihm „haben Vater und Sohn lebendige Gemeinschaft" (265). Diese *prima facie* augustinisch anmutende These ist neuerdings auch von orthodoxer Seite vertreten worden, und zwar durch den eigenwilligen Gedanken bei STANILOAE 1985, 277-280, daß wahre Personalität nicht durch die Begegnung zweier Subjekte entsteht, sondern erst durch die Gemeinschaft mit einem dritten Subjekt, das „der Prüfstein der wahren Liebe unter zweien" (aaO., 279) ist, insofern nur durch den Bezug auf dieses dritte Subjekt der „Egoismus zu zweit" ausgeschlossen wird. Daher gilt für die trinitarischen Personen: „Allein in der reinen Liebe, d.h. der vollen Liebe unter den Dreien, ist eine Liebe enthalten, die alles umfaßt, die keine Eigensucht und keine mit Ungerechtigkeit verbundene Vorliebe unter dem Schatten einer Liebe zwischen Zweien verbirgt" (aaO., 162). OBERDORFER 2001, 478f., weist zurecht darauf hin, daß STANILOAE hier gegen einen breiten Strom der orthodoxen Theologie von der *Manifestations-* auf die *ontologische Ebene* schließt.

Verständigung über den Gehalt des NC, besonders über seine pneumatologische Pointe, wird nur postuliert - es ist kein Zufall, daß diese vorweggenommene Einigung über den NC-Text im Fortgang der Diskussion über das Filioque nicht bestätigt, sondern erneut problematisiert wurde.[27]

2.2. „Gemeinsam den einen Glauben bekennen" (1991)

Über den konkreten Anlaß der 1600-Jahr-Feier des NC hinaus führte ein Studienprojekt der Kommission für Glauben und Kirchenverfassung, mit dem die „raison d'être von 'Faith and Order', der Verständigung über den gemeinsamen Glauben zu dienen"[28], aufgegriffen wurde. So hatte bereits die Erste Weltkonferenz in Lausanne (1927) in ihrer Sektion „Das gemeinsame Glaubensbekenntnis der Kirche" festgestellt: „Ungeachtet der zwischen uns bestehenden Lehrunterschiede sind wir einig in dem gemeinsamen christlichen Glauben, wie er in der Heiligen Schrift verkündet wird, wie er in dem gemeinhin als Nizänum bezeichneten ökumenischen Bekenntnis sowie im Apostolikum bezeugt und bewahrt ist und wie er zu allen Zeiten in der geistlichen Erfahrung der Kirche Christi seine Bestätigung gefunden hat" - freilich mit der Einschränkung, „daß die Östlich-Orthodoxe Kirche das Nizänische Glaubensbekenntnis nur in seiner nicht interpolierten Gestalt, das heißt ohne den Zusatz des *filioque*, annehmen kann, und daß das Apostolikum zwar in den Formularen dieser Kirche keinen Platz hat, aber dennoch mit ihrer Lehre in Einklang steht."[29]

Chancen wie Grenzen dieses gemeinsamen Bekenntnisses verblieben vorerst im Hintergrund; erst ein halbes Jahrhundert später wandte sich die Kommission auf ihrer Sitzung in Bangalore (1978) wieder explizit der Frage nach der Möglichkeit gemeinsamen Bekennens des christlichen Glaubens zu.[30] Die Plenarsitzung in Lima (1982) initiierte schließlich das Studienprojekt „Auf dem Weg zu einem gemeinsamen Ausdruck des apostolischen Glaubens heute", das u.a. auf die Vorarbeiten der Klingenthaler Konsultationen zurückgriff, nicht zuletzt hinsichtlich der grundsätzlichen Entscheidung, sich auf das traditional autorisierte NC zu konzentrieren: „Es ist das eine gemeinsame Glaubensbekenntnis, das am weitgehendsten von den Kirchen überall als Formulierung des apostolischen Glaubens angenommen

---

[27] Reaktionen und Stellungnahmen der 80'er und 90'er Jahre bei HOFRICHTER 1998, 41.
[28] LINK 1998, 130.
[29] Das gemeinsame Glaubensbekenntnis der Kirche. Bericht der Sektion IV, in: LINK 1987, 96f., hier 97; cf. dazu LINK 1998, 139.
[30] LINK 1998, 134f.140-143. Dabei wurde eine neue Bekenntnisformel vorgelegt (in: LINK 1987, 127-130), die jedoch mangels Konsensfähigkeit zugunsten der Orientierung am NC zurücktreten mußte.

wird."³¹ Angepeilt wurde eine dreifache Übereinstimmung in Anerkenntnis, Auslegung und Bekenntnis des apostolischen Glaubens (64). Vorgeschlagen wurde von Anfang an das, was in Riva del Garda schon praktiziert wurde - die Rückkehr zum griechischen Urtext des NC als Grundlage der Auslegung, d.h. also zur pneumatologischen Aussage τὸ ἐκ τοῦ πατρὸς ἐκπορευόμενον - „der aus dem Vater hervorgeht" (70). Entsprechend wurde den beteiligten Kirchen angeraten, „für die Verwirklichung der Klingenthaler Empfehlungen zur Filioque-Formel einzutreten"³² und sich „für einen gemeinsamen Wortlaut des Nicänums in den verschiedenen Sprachen einzusetzen" (77). Hierin liege eine greifbare Verwirklichung der ökumenischen Zielvorstellung einer „Rückkehr zum Ursprung" (64), worin die einzige Möglichkeit eines „wahren Fortschritts unter den getrennten Kirchen auf dem Weg zu einem gemeinsamen Ausdruck des apostolischen Glaubens" verortet wurde - freilich nicht im Sinne einer Regression in eine paradiesische Frühzeit, sondern als „zweifache Bewegungsrichtung: auf die Einheit im Glauben mit der Alten Kirche zu und auf die Einheit in der Sendung mit der Kirche der Zukunft zu" (67).

Das Resultat dieses Studienprozesses liegt in dem 1991 publizierten Dokument „Gemeinsam den einen Glauben bekennen" vor, das sich als „Eine ökumenische Auslegung des apostolischen Glaubens, wie er im Glaubensbekenntnis von Nizäa-Konstantinopel (381) bekannt wird" versteht.³³ Signifikanterweise ist damit das Element der *Auslegung* vor das der *Anerkenntnis* der Gemeinsamkeit im apostolischen Glauben getreten (cf. 11) - die ein Jahrzehnt zuvor spürbare Freude an der Wiederentdeckung der gemeinsamen Wurzeln ist einer gewissen Ernüchterung darüber gewichen, daß diese Erkenntnis noch nicht zu einer wechselseitigen Anerkennung „als Kirchen, in denen der apostolische Glaube verkündigt und bekannt wird"

---

31 Bericht der Arbeitsgruppe: „Auf dem Weg zu einem gemeinsamen Ausdruck des apostolischen Glaubens heute" (Lima, 1982), in: LINK 1983, 64-79, hier 65; hiernach die Seitenangaben im Text.- Das Apostolicum spielte dagegen für den Fortgang der Diskussion keine Rolle, so daß sein Abdruck im unten zu besprechenden Studiendokument (KOMMISSION FÜR GLAUBEN UND KIRCHENVERFASSUNG 1991, 20) faktisch funktionslos bleibt (cf. OBERDORFER 2001, 519 Anm. 27).

32 Ebenso votierten die Teilnehmer einer Konsultation über „Die ökumenische Bedeutung des Nizäno-Konstantinopolitanums" (Odessa 1981; in: LINK 1987, 316-330, hier 329), freilich unter deutlicher Benennung der offenen bekenntnishermeneutischen und trinitätstheologischen Fragenkomplexe (326f.).

33 KOMMISSION FÜR GLAUBEN UND KIRCHENVERFASSUNG 1991; hiernach die Seitenangaben im Text. Cf. dazu den knappen Kommentar bei STYLIANOPOULOS 1991, 271f.; OBERDORFER 2001, 518-520.

(13) geführt hat.³⁴ Daher wird auch kein „Konvergenz- oder gar Konsensusdokument" vorgelegt, sondern lediglich ein „Werkzeug..., das den Kirchen helfen soll, sich gemeinsam auf den apostolischen Glauben zu konzentrieren und über ihn nachzudenken" (ebd.). Angestrebt wird keine „völlig identische Auslegung" dieses Glaubens, wohl aber „ein bestimmter Grad der Einmütigkeit" (10); von einem „verbindlichen Konsens" oder gar einem bereits ermöglichten „gemeinsamen Bekenntnis" ist keine Rede mehr.

Unter den „drängendsten Herausforderungen", denen sich speziell das Bekenntnis zum Heiligen Geist gegenübersieht, wird an erster Stelle das Filioque-Problem genannt (79).³⁵ Im Anschluß an Klingenthal wird der Hervorgang „aus dem Vater" präzisiert als aus dem Vater, „aus dem der Sohn gezeugt ist"; als konsensfähig gilt, „daß die enge Beziehung zwischen dem Sohn und dem Geist bekräftigt werden muß, ohne dabei den Eindruck zu erwecken, daß der Geist dem Sohn untergeordnet sei" (84; hier auch die folgenden Zitate). Daß „trotz" der Filioque-Kontroverse „westliche wie östliche Christen der Aussage des Bekenntnisses von Nizäa-Konstantinopel treu bleiben" wollten, „daß der Geist vom Vater ausgeht", trägt freilich weder zur historischen noch zur systematischen Transparenz bei; immerhin erlaube diese Einsicht „einer wachsenden Zahl von westlichen Kirchen, die Verwendung des Credo in seiner ursprünglichen Form zu erwägen". Dies sei das Resultat eines „Prozesses des Erläuterns und voneinander Lernens", als dessen Initiation das Memorandum von Klingenthal gilt - freilich wird die dortige differenzierte Wahrnehmung in dem neuen Dokument signifikant unterboten. Die kanonische Dimension, die noch um 1981 als geklärt gelten durfte (jedenfalls in ökumenischen Verlautbarungen!), wird hier als Implikation, nicht mehr als Prämisse der theologischen Dimension angesehen, indem aufgrund einer *theologischen* Interpretationsregel die *liturgische* Verwendung als ermöglicht angesehen wird.³⁶ An den Reaktionen

---

34   Diese Akzentverschiebung geht auf den Zwischenbericht „Der apostolische Glaube in der Schrift und in der Alten Kirche" (1983) zurück (in: LINK 1987, 331-344, hier 342f.).
35   Zum Kontext sei angemerkt, daß von orthodoxer Seite eine Verständigung hinsichtlich des NC als fundamentale Bedingung für weitere gemeinsame Positionierungen angesehen wird, wie die „Überlegungen orthodoxer Teilnehmer" zeigen, die der VII. Vollversammlung des ÖRK in Canberra (1991) vorgelegt wurden und die (unter Androhung einer Überprüfung der Mitgliedschaft!) die „Tendenz" kritisieren, „*einen privaten Geist, den Geist der Welt oder andere Geister an die Stelle des Heiligen Geistes zu setzen*, der vom Vater ausgeht und im Sohn bleibt" (in: MÜLLER-RÖMHELD 1991, 280-282, hier 281; Hervorhebung im Original).
36   OBERDORFER 2001, 520, urteilt zu undifferenziert, „daß die Ergebnisse von Klingenthal - Wiederherstellung des ursprünglichen NC, Relativierung des Filioque, Formulierung des innertrinitarischen Sohn-Geist-Verhältnisses - Eingang gefunden haben in weitergehende und eine breitere Rezeption anstrebende ökumenische Verständigungs-

einzelner Kirchen auf die Filioque-Diskussion der 80'er Jahre ist im folgenden zu zeigen, daß genau in dieser Akzentverschiebung das gegenwärtige Problem liegt, in dem letztlich eine traditionelle Ost-West-Differenz wieder aufbricht, nämlich anhand der Frage, ob *inhaltliche* Fortschritte *textuelle* Konsequenzen haben dürfen oder gar müssen. Darin erweist sich allerdings auch die grundsätzliche Differenz zwischen ökumenischen Dialogkommissionen und Kirchenleitungen; daß der *theologisch* erarbeitete Konsens über den als normativ zu betrachtenden Text *kirchlicherseits* auf Ablehnung gestoßen ist, zeigt die Beibehaltung des Filioque im „Evangelischen Gesangbuch" von 1994 (EG 805) - nur ein Jahr, nachdem die V. Weltkonferenz für Glauben und Kirchenverfassung in Santiago de Compostela nochmals gefordert hatte, „um der ökumenischen Gemeinschaft willen zum ursprünglichen Text des Bekenntnisses zurückzukehren, ohne spätere Hinzufügungen, die einseitig eingefügt worden sind."[37]

2.3. Vatikanische „Klarstellung" (1995) und Wiener Studientagung (1998)

a) „Die griechische und lateinische Überlieferung
über den Ausgang des Heiligen Geistes"

Die am 13. September 1995 vom Päpstlichen Rat zur Förderung der Einheit der Christen publizierte „Klarstellung"[38] markiert einen methodischen und inhaltlichen Einschnitt in der Diskussion über das Filioque: Zum einen wird dezidiert *keine liturgische Konsequenz* aus der unbestrittenen Sekundarität des lateinischen Zusatzes gezogen; zum anderen berufen sich die Verfasser auf den Wunsch von Papst Johannes Paul II., daß „die überlieferte Lehre des Filioque, das sich in der liturgischen Fassung des lateinischen Credo befindet", geklärt werden solle, „damit seine vollständige Übereinstimmung mit dem, was das Ökumenische Konzil von Konstantinopel im Jahr 381 in seinem Symbolum bekennt, ins Licht gerückt werden kann: der Vater als Quelle der ganzen Dreieinigkeit, einziger Ursprung sowohl des Sohnes als auch des Heiligen Geistes" (316 Anm.). Leitend für die Argumentation ist der 1993 veröffentlichte „Katechismus der Katholischen Kir-

---

prozesse"; daß das NC ein „normativer Ausdruck des wesentlichen Inhalts des apostolischen Glaubens" (11) sei, wird nur allgemein, jedoch nicht für das Filioque erklärt.

[37] Bericht Sektion II: „Gemeinsam den einen Glauben bekennen", in: KOMMISSION FÜR GLAUBEN UND KIRCHENVERFASSUNG 1994, 226-234, hier 227; cf. BIENERT 1994, 38f.

[38] Französisches Original: Les traditions grecque et latine concernant la procession du Saint-Esprit, in: Irén. 68 (1995), 356-368; deutsche Übersetzung in: US 50 (1995), 316-324 (danach die Seitenzahlen im Text).

che", demzufolge beide Fassungen als „berechtigte, einander ergänzende Sehweisen" (320) einzustufen sind - dann aber (so die nicht explizierte Konsequenz) ist auch keine textuelle Änderung notwendig. Daß das vatikanische Dokument „die konziliare, ökumenische, normative und unwiderrufliche Geltung" des *griechischen* NC behauptet und betont, daß „kein Glaubensbekenntnis, das einer besonderen liturgischen Überlieferung eigen sein mag..., diesem Ausdruck des Glaubens, wie ihn die ungeteilte Kirche gelehrt und bekannt hat, widersprechen" dürfe (316)[39], zugleich jedoch an der „filioquistischen" liturgischen Tradition festhalten will, macht seine spezifische Pointe wie auch seine systematische und ökumenische Schwäche aus.

Die „Klarstellung" geht zweistufig vor: In einem ersten Schritt wird dargelegt, in welchem Sinne die römisch-katholische Kirche das griechische „allein aus dem Vater" (ἐκ μόνου τοῦ πατρός) versteht, nämlich im Sinne eines Ursprungs aus dem Vater „auf eine grundsätzliche (prinzipielle), eigentümliche und unmittelbare Weise", die Augustin zur Sprache bringe, wenn er von der „*processio Spiritus sancti principaliter ex Patre*" spreche (316f.).[40] Dies impliziere die exklusive Verwendung des Begriffs ἐκπόρευσις für den Heiligen Geist seit Gregor von Nazianz, weswegen die entsprechende Prädikation des NC keiner Erweiterung durch καὶ ἐκ τοῦ υἱοῦ offenstehe. Dies schließe aber eine ewige Beziehung zwischen Sohn und Geist nicht aus, insofern dieser διὰ τοῦ υἱοῦ hervorgehe, wie mit Basilius von Caesarea, Maximus Confessor, Johannes von Damaskus und Tarasius

---

[39] Emphatisch fragt HRYNIEWICZ 1998, 56, „warum die Kontroverse über die Hinzufügung des Filioque mit diesen Worten noch nicht zu Ende geht"; zutreffend wird die „Klarstellung" ebd. als Versuch identifiziert, „den Schwerpunkt im Dialog zwischen der östlichen und der westlichen Christenheit zu verschieben".

[40] Im folgenden wird die Argumentation der „Klarstellung" nachgezeichnet, ohne auf die Angemessenheit der Kirchenväterbelege einzugehen; cf. als neueste Kommentare LIES 2000, 320-326; VANNIER 2001. Zum Zitat im Text cf. CONGAR 1982, 447: „Das Wort *ekporeuesthai* bedeutete für die Griechen den primären Ursprung und ließ sich nur auf den Vater anwenden. Man deckte diesen Sinn ab, wenn man auf lateinischer Seite zu *procedere* das *principaliter* Augustins hinzufügte. Dieses ist in *Filioque tanquam ab uno principio* wirklich enthalten, denn das einzige Prinzip ist der Vater und der Sohn nur in Abhängigkeit vom Vater. Dies wird jedoch nicht zum Ausdruck gebracht... Die Formel 'per Filium' wäre diesbezüglich befriedigender"; cf. auch schon HENRY 1975, 173f. SCHEFFCZYK 1986, 30, hat dagegen CONGARS Streichungsvotum als „unrealistisch und gerade der gegenwärtigen Situation der römischen Kirche unangemessen" kritisiert; außerdem bliebe „die lebendige Ursprungsbeziehung des Sohnes zum Geist... ohne seine [sc. des Filioque] Einführung unerhellt" (33); auch SCHULTZE 1984, 118, hat CONGAR entgegengehalten, daß „die katholische Kirche niemals eine seit Jahrhunderten verteidigte und mehrmals als Glaubenswahrheit definierte Lehre fallenlassen könnte und an ihr in allen ökumenischen Gesprächen festhalten müßte", so daß ein Verzicht auf das Wort im Bekenntnistext „aufs Ganze gesehen wenig helfen" würde.

von Konstantinopel belegt wird. Das westliche Filioque wolle daher dem „Monopatrismus" keinesfalls widerstreiten; es sei situiert „in einem theologischen und sprachlichen Zusammenhang, der verschieden ist von jenem der Bekräftigung der alleinigen Monarchie des Vaters, des einzigen Ursprungs des Sohnes und des Geistes" (318). Diese Rekonstruktion stelle die „autorisierte Interpretation" des NC dar (ebd.).[41]

Ein zweiter Teil versucht nun aber, das westliche Filioque gegenüber der Orthodoxie zu rechtfertigen, obwohl die Äquivokation von ἐκπόρευσις und *processio* selbst als „falsche Gleichwertigkeit" bezeichnet wird, die den lateinischen Theologen freilich nicht bewußt gewesen sei, so daß entgegen dem griechischen exklusiven Sinn in *„ex Patre procedentem"* das Filioque bereits *impliziert* gewesen sei (319). Drei Schritte sind zu unterscheiden:

- Bis zum 8. Jahrhundert habe das Filioque als Aussage lateinischer Theologie und als textlicher Bestandteil diverser Bekenntnisse existiert, ohne daß daraus ein theologisches Problem erwachsen sei; vielmehr zeige die Verteidigung des Urtextes des NC durch Papst Leo III. gegenüber Karl dem Großen, daß Rom sich stets bemüht habe, „die Einheit mit dem Osten im Bekenntnis des Glaubens zu wahren" (319). Ebenso habe Maximus Confessor - als „Sprachrohr Roms" (320) - gegenüber griechischen Kritikern die westliche Lehre gegen den Subordinatianismusvorwurf in Schutz genommen.

- Mit einem Exkurs zum IV. Laterankonzil (1215) wird dem Vorwurf begegnet, nach der lateinischen Lehre gehe der Geist aus dem Gemeinsamen von Vater und Sohn, d.h. aus dem Wesen der Gottheit hervor, was Wesen und Personen vermische; im Anschluß an das II. Konzil von Lyon (1274) wird vielmehr unterstrichen, „daß 'der Heilige Geist von Ewigkeit her aus dem Vater und dem Sohne hervorgeht, nicht als aus zwei Prinzipien, sondern als aus einem Prinzip (*tamquam ex uno principio*)'" (320). Mit dem „Katechismus der Katholischen Kirche" werden Lyon und Ferrara-Florenz kombiniert, so daß der Vater zugleich „der erste Ursprung des Geistes" sowie „als Vater des eingeborenen Sohnes zusammen mit diesem das 'eine Prinzip'" des Geistes sei (ebd.).[42]

---

[41] Zustimmend ALDENHOVEN 1998, 110.- Inwieweit und von wem diese „Klarstellung" autorisiert ist, verbleibt im Unklaren (cf. STIRNEMANN/WILFLINGER 1998, 219).

[42] Cf. DH 850; 1331, sowie VORSTER 1997, 84, und GARRIGUES 1995, 505: „C'est à la lumière de cette doctrine patristique, et non des justifications théologiques médiévales, que la *Clarification*, à la suite du *Catéchisme de l'Église catholique*, réinterprète les Conciles de Lyon et de Florence de manière à ce qu'ils ne puissent pas sembler contredire le dogme fondamental du IIe Concile oecuménique"; cf. DERS. 1996, 193f., zur hermeneutischen Bedeutung des römischen Weltkatechismus.- Dagegen vermerkt ZIZIOULAS 1998, 142f., kritisch, daß trotz der Definition des Lateranense „die kappadokische Idee

- Insofern als zentrales östliches Anliegen die Monarchie des Vaters, als westliches *proprium* aber die wesensgleiche Gemeinschaft zwischen Vater und Sohn hervorgehoben wird, soll *„filioque"* als gleichbedeutend mit „διὰ τοῦ υἱοῦ" erkannt werden - wie schon Thomas von Aquin im Blick auf Johannes von Damaskus behauptet hatte (324 Anm. 10).[43] Mit der Wendung *„qui ex Patre Filioque procedit"* soll also - insofern sich *procedere* (προϊέναι) lediglich auf die Wesensgleichheit der göttlichen Personen beziehe, was mit der „alexandrinischen" Tradition, besonders mit Kyrill, konvergiere (317) - faktisch gesagt sein: „Der Vater ist nur Vater des eingeborenen Sohnes, insofern er für ihn und durch ihn der Ursprung des Heiligen Geistes ist" (321).

Der argumentative Duktus läßt sich wie folgt nachzeichnen: Weil bis zum 7. Jahrhundert kein theologischer Dissens bestanden habe (wie Maximus Confessor bezeugt) und weil genau diese „orthodoxe" Lehre, d.h. ein *nicht ursprunghaftes* Verhältnis des Sohnes zum Geist, im 13. Jahrhundert dogmatisiert worden sei (also nichts der griechischen Lehre Widersprechendes), seien die unterschiedlichen Traditionen als komplementär und *sachidentisch* anzusehen. Was in Klingenthal als *Substitution* des Filioque verstanden wurde (der Hervorgang aus dem *Vater des Sohnes*), gerät hier zur Legitimationsinstanz des *beibehaltenen* Filioque; war damals unter dem Eindruck der Worte Pauls VI. eine Abkehr von den Anathematismen des Lugdunense angestrebt worden, so wird jetzt dessen Lehre explizit bestätigt - ohne Abstriche an seiner Ökumenizität und vor allem ohne Relativierung der Verdammungen! Daß „die liturgische Verwendung [des] originalen Textes... in der Katholische Kirche stets legitim" bleibe (321), bescheinigt diesem dann nur noch, *auch* gültig zu sein, jedoch keine *exklusive* Normativität. Selbst wenn man also die augustinische und die kappadozisch-damaszenische Tradition als *komplementäre* Zeugnisse des „fundamentalen trinitarischen Glaubens, wie ihn Ost und West zur Zeit der Väter zusammen bekannt haben" (318) erweisen könnte[44], ist mit Lyon II das massivste Zeugnis des mittelalterlichen Alleinentscheidungsanspruchs der Päpste in seiner vollen Dignität bewahrt, ja sogar als Eckstein der Komplementarität

---

der 'Ursache' [sc. αἰτία] in der lateinischen theologischen Tradition fast völlig zu fehlen scheint". Auch DE HALLEUX 1988, 12, hatte die Formel von Lyon noch als Verhüllung des (adäquaten) *principaliter* Augustins kritisiert.

[43] Kritisch zum Bezug auf STh. I qu. 36 a. 2 ad 4 votiert H.J. SCHULZ 1998b, 44.
[44] VORSTER 1997, 82, weist darauf hin, daß das Fundament künftiger katholisch-orthodoxer Dialoge „nicht im isolierten Text des Bekenntnisses von 381, sondern in dessen Interpretation durch die griechischen Väter bis hin zum 7. Ökumenischen Konzil von Nicäa (787)" verortet wird (im Original hervorgehoben).

proklamiert.⁴⁵ Das ist freilich nur dann konsistent, wenn sich die sprachlichen und theologischen Kontexte der griechischen und der lateinischen Formulierung signifikant unterscheiden, so daß „die lateinische Fassung des NC strenggenommen *ein anderes Bekenntnis* ist als die griechische Urversion".⁴⁶ Nur dann muß auch das Nebeneinander beider Texte kein Skandalon bleiben, sondern „die lateinische Überlieferung erscheint als eigenständige Entfaltung des nicänischen Glaubens"⁴⁷, als eines der eingangs erwähnten Bekenntnisse einer partikularen liturgischen Tradition, das weder der Theologie noch dem Text nach dem griechischen Pendant widerstreitet.⁴⁸

b) Die PRO ORIENTE-Studientagung über die römische „Klarstellung"

Auch wenn sich die „Klarstellung" durch ihren Entstehungskontext (der Besuch des Ökumenischen Patriarchen Bartholomäus I. in Rom im Juni 1995) und ihren Duktus als Gesprächsangebot an die Orthodoxie darstellt, wurde ihr doch auch von anderen Konfessionen Aufmerksamkeit zuteil. So wurde ihr eine Tagung der Stiftung PRO ORIENTE in Wien gewidmet, an der Theologen der altkatholischen, römisch-katholischen, lutherischen, reformierten, altorientalischen und orthodoxen Kirchen vertreten waren und die daher - auch wenn es sich nicht um offizielle Vertreter der jeweiligen Kirchen handelte - als multilaterale Bestandsaufnahme des Diskussionsstandes zwei Jahrzehnte nach Klingenthal gelten darf.⁴⁹

Allerdings vermittelt der Abschlußbericht den Eindruck, daß man über Klingenthal nicht wesentlich hinausgekommen, möglicherweise sogar dahinter zurückgefallen sei, insofern auf die seinerzeitigen Ergebnisse als mögliche „Grundlage für die weitere Reflexion" verwiesen wird (220). Der „konziliare, normative und ökumenische Charakter des Symbols von

---

[45] Dies ist insofern zu betonen, als im Pontifikat von Papst Johannes Paul II. an prominenten Stellen das NC tatsächlich *ohne* Filioque begegnet, angefangen bei den Feierlichkeiten zum Jubiläum des NC (AAS 73 [1981], 485-492, hier 485f.) und zuletzt in der Einleitung zur Erklärung der Glaubenskongregation „Dominus Iesus"! Aber auch schon in der „präökumenischen" Zeit der römisch-katholischen Kirche konnte z.B. Pius XI. bei einem nach griechischem Ritus zelebrierten Pontifikalamt am 25.11.1925 das NC *ohne* Filioque sprechen (SCHEFFCZYK 1986, 28f.).

[46] OBERDORFER 2001, 536; ähnlich argumentieren HOFRICHTER 1998, 40; CIOBOTEA 1998, 151, sowie G. LARENTZAKIS (in: STIRNEMANN/WILFLINGER 1998, 99).

[47] OBERDORFER 2001, 540.

[48] Daß selbst bei einer tatsächlichen Komplementarität die Beibehaltung des lateinischen Textes in der Liturgie keineswegs zwingend ist, betonen H.J. SCHULZ 1998a, 21, und OBERDORFER 2001, 541.

[49] Die Belege im Text beziehen sich auf den Abschlußbericht der Tagung (STIRNEMANN/WILFLINGER 1998, 217-221). Cf. dazu GEMEINHARDT 1998, 113f.; LIES 2000, 326-352; OBERDORFER 2001, 543-545.

Nizäa-Konstantinopel" (217) wird in Übereinstimmung mit der „Klarstellung" bekräftigt, faktisch aber auch auf die liturgische Verwendung und auf die Übersetzung in moderne Sprachen bezogen (cf. 220). Inhaltlich wird gewürdigt, daß die pneumatologischen Konzepte, die mit den Begriffen ἐκ μόνου τοῦ πατρός und *Filioque* konnotiert sind, gleichermaßen „den tieferen Sinn des gemeinsamen ökumenischen Bekenntnisses verdeutlichen möchten, dieses aber keinesfalls verändern" wollen und können, so daß jedenfalls die „*Möglichkeit* einander ergänzender und der Ergänzung durch andere bedürftiger Sehweisen" festgehalten wird, „weil das verbindliche und verbindende Bekenntnis der Kirche der Interpretation bedürftig ist, *keine einzelne Interpretation* aber den ganzen Reichtum des Bekenntnisses *erschöpfend und abschließend* erfassen und aussagen kann" (218; Hervorhebungen P.G.). Was das konkret für die zugrundeliegenden trinitätstheologischen Fragenkomplexe – das Verhältnis von immanenter und ökonomischer Trinität, die Zuordnung von Monarchie und Perichorese – bedeutet, wird lediglich als Problemanzeige notiert, wie auch die Heranziehung der Kirchenväter in der „Klarstellung" vor allem das diesbezügliche hermeneutische Desiderat markiere (219). All' dies impliziere jedoch grundsätzlich, daß der lateinische Text eben nicht als suffiziente und eigenständige, d.h. „authentische und autorisierte Interpretation" des gemeinsamen Glaubens verstanden werden könne, sondern nur als nicht-normative Entfaltung eines Aspekts, dessen Begründung mindestens eine offene Frage sei. Zu deren Klärung trage es jedenfalls nicht bei, mit dem Verweis auf die mittelalterlichen Unionskonzilien, die partikularen „Synoden des Westens", zu operieren (219)[50] und deren Lehre als mit dem griechischen Neunizänismus kompatible Reformulierung des augustinischen *„principaliter a Patre"* auszugeben (cf. 220).[51] Obwohl also weder eine Einigung in liturgischer Hinsicht (über die Irregularität der Hinzufügung bestand kein Dissens[52]) noch ein

---

[50] H.J. SCHULZ (in: STIRNEMANN/WILFLINGER 1998, 101): „Eine Aussage von oberster Seite, von seiten des Papstes wäre wünschenswert, keine falsch verstandene Treuepflicht gegenüber diesen Konzilien zu üben, weil sie für die Ökumene mehr kontraproduktiv denn hilfreich seien"; ähnlich G. LARENTZAKIS (aaO., 102).

[51] Entsprechende kritische Fragen stellt ZIZIOULAS 1998, 146 (auf der Basis einer allerdings spitzfindigen Differenz zwischen αἰτία einerseits, πηγή und ἀρχή andererseits, womit der souverän agierenden „Ursache" ein mehr natürlicher „Ursprung" gegenübergestellt werden soll [aaO., 142], wodurch das „substantiale" *principium*-Denken Augustins vom „personalen" kappadozischen Ansatz differiere). Ebenso entschieden votiert CIOBOTEA 1998, 156f., gegen die „augustinische" Interpretation von Lyon.

[52] HRYNIEWICZ 1998, 62, konstatiert, daß in der „Klarstellung" nicht nur dieser Sachverhalt übergangen wird, sondern auch die „Bereitschaft, die Schuld zu gestehen und um Verzeihung zu bitten", völlig fehlt! Die „politisch-geschichtliche Schuldfrage" zu stel-

verbindlicher und verbindender Interpretationsansatz der Lehre erarbeitet werden konnte, so wurde doch festgehalten, daß hinter theologischen und terminologischen Fragen ein fundamentaleres Problem lauert: „Die Unterscheidung zwischen der verwendeten, der Tradition entnommenen Begrifflichkeit und dem jeweiligen theologischen Sachanliegen gehört zu den methodischen Voraussetzungen einer ökumenischen Hermeneutik, die heute eine gemeinsame Aufgabe aller Kirchen ist" (221).

c) Die „Stellungnahme der Kirchenleitung der VELKD" (26. Juni 1997)

Zwischen die Veröffentlichung der „Klarstellung" und die Wiener Studientagung fällt eine Verlautbarung der Vereinigten Evangelisch-Lutherischen Kirche Deutschlands (VELKD)[53], die der Diskussion eine weitere Facette hinzufügte. Den Kontext bildeten Gespräche der Kirchen im deutschsprachigen Raum über die Möglichkeit, eine gemeinsame *deutsche* Textfassung des dritten Artikels des NC zu erarbeiten, wobei folgende Fragen auftraten:

- Soll das *filioque* beibehalten oder gestrichen werden?
- Läßt sich *procedere* mit „ausgehen" statt „hervorgehen" wiedergeben?[54]
- Kann man *catholicam* als „katholisch" übersetzen, ohne damit sogleich die Konnotation der *römisch*-katholischen Kirche zu provozieren?[55]

Die Stellungnahme der VELKD ist vor allem deshalb von Interesse, weil sie diese Fragen in den weiteren Themenkreis der lutherischen Bekenntnishermeneutik stellt. Denn Anfragen an das Filioque „berühren eines der Bekenntnisse unserer Kirchen. Das NC stellt darüber hinaus ein gemeinchristliches Bekenntnis dar, das auch in anderen Kirchen gilt" (265). Damit liegt hier eine „Bekenntnisfrage" in doppeltem Sinne vor: Nicht nur der *Text*, sondern auch die *Autorität* des Bekenntnisses und der authentischen Sammlung entsprechender Texte steht auf dem Spiel, weswegen auf die Notwendigkeit eines „magnus consensus in unseren Kirchen und mit unserer Tradition" (ebd.) hingewiesen wird. Damit wird das NC also nicht zuerst in seiner ökumenischen Dimension, sondern vornehmlich als Element

---

len, benennt auch KÖRTNER als ökumenisches Desiderat (in: STIRNEMANN/ WILFLINGER 1998, 212); cf. dazu schon BERRY 1968, 538.

53 VELKD 1998; danach die Seitenzahlen im Text.

54 Hierzu wird die grundsätzliche Möglichkeit einer Änderung konzediert, freilich unter der zutreffenden Einschränkung, daß damit „der eigentliche Grund der orthodoxen Einwände nicht erledigt" wäre (267).

55 Hier plädiert die VELKD für ein dezidiert konfessionelles Verständnis von „katholisch", das eine entsprechende Übersetzung verbiete. Cf. zu dieser Problematik auch LINK 1998, 36f., und bereits den Schluß der „Gemeinsamen Erklärung des Arbeitskreises evangelischer und katholischer Theologen" von 1981 (125).

der *lutherischen Bekenntnisschriften* verortet[56] - eine erstaunliche hermeneutische These, insofern im Konkordienbuch mit der Voranstellung der drei altkirchlichen Formeln gerade die Tradition der wahren (Alten) Kirche als *Horizont* der neuen Bekenntnisbildung deklariert wird![57]

Dieses Argument der VELKD verlöre freilich seine Validität, wenn das Filioque *theologisch* als unangemessen zu beurteilen wäre, zeigt sich doch an dieser Ergänzung selbst die - lutherischerseits stets betonte - *prinzipielle Revidierbarkeit* der Bekenntnisse auf der Grundlage vertiefter theologischer Erkenntnis. Auf diesem Hintergrund ist verständlich, warum im folgenden zu begründen versucht wird, daß der Fundamentalsatz christlicher Trinitätstheologie, nämlich „daß und wie die drei Personen der Trinität ursprünglich aufeinander bezogen sind", sich „ohne das 'filioque' für den Sohn und den Geist nicht aussagen" ließe (266). Zur Untermauerung dieser These wird eine genuin „anselmische" Trinitätslehre entfaltet[58]:

- Das Credo von 381 läßt das Verhältnis von Sohn und Geist offen (der Hervorgang aus dem Vater ist also *nicht exklusiv* zu deuten); als Seitenreferent wird die *Fides Athanasii* herangezogen, die mitsamt dem Filioque „Teil unserer Bekenntnisschriften" ist.[59]
- Dieser bekenntnishermeneutischen Feststellung tritt die Rekonstruktion des *biblischen Befundes* zur Seite: Es bestehe ein streng symmetrisches Entsprechungsverhältnis zwischen ökonomischen und trinitätsimmanenten Aussagen, so daß der „ewige Ursprung des Geistes" als „Voraussetzung und Hintergrund der zeitlichen Sendung", d.h. als „deren innergöttliche Tiefendimension", die Sendung selbst aber wiederum als zureichender Erkenntnisgrund des immanenten trinitarischen Beziehungsgeflechtes gelten dürfe.

---

[56] So OBERDORFER 2001, 547.
[57] Cf. etwa den lutherischen Kirchenhistoriker HAUSCHILD 1982, 48, der das Spezifikum seiner Kirche gerade darin verortet, „daß sie ihre Katholizität auch als geschichtliche Kontinuität und damit als Verpflichtung gegenüber den Lehrentscheidungen der Väter ernst nimmt". Zu dieser Kontinuität gehöre konstitutiv, „den Text des Dogmas von 381 (als Credo und als trinitarische Lehrformel) beizubehalten".
[58] Zur Trinitätstheologie Anselms von Canterbury cf. summarisch unten S. 488-495.
[59] Abgesehen davon, daß sich die Frage nach der Dignität des Athanasianums in der gegenwärtigen kirchlichen Praxis und theologischen Reflexion des Luthertums stellt (diese Bedeutung wird bei VORSTER 1997, 83, behauptet, aber nicht begründet), hinkt diese Parallele insofern, als mit der Streichung des Filioque ja eben noch nicht über dessen theologische Angemessenheit entschieden ist; solange die *Fides Athanasii* als partikularer, westlicher Text betrachtet wird, ist also kein zwangsläufiger Widerspruch zum griechischen („ökumenischen") NC zu verzeichnen.

- Schließlich sei *theologisch* darauf zu bestehen, daß „es der Homousie von Vater und Sohn entspricht, daß sie alles in der Einheit ihres Wesens tun, was nicht ihre jeweilige innertrinitarische Ursprungsbeziehung betrifft. So lassen Vater und Sohn den Geist in der Einheit ihres Gottseins 'wie aus einem Ursprung' (tamquam ex uno principio) hervorgehen." Ein „*ex patre solo*" verleihe dem Vater ein „innertrinitarisches Übergewicht"; zwischen Sohn und Geist sei dann nicht mehr zureichend zu unterscheiden, „da sie als trinitarische Personen in allem gleich sind außer in ihrer Ursprungsrelation".

Im Kontext der ökumenischen Diskussionslage wird man sagen müssen, daß die VELKD hiermit nicht nur hinter den Konsens von Klingenthal hinsichtlich des Bekenntnis*textes* zurückfällt[60], den immerhin die Kommission für Glauben und Kirchenverfassung sowie jüngst der Deutsche Ökumenische Studienausschuß[61] - jeweils unter lutherischer Beteiligung! - rezipiert haben. Vor allem ist dogmatisch zu fragen, ob man angesichts der trinitätstheologischen Diskussion im Protestantismus von Karl BARTH bis

---

[60] *De facto* wird damit auch der Resolution des Lutherischen Weltbundes in Curitiba (1990) widersprochen, die es für „angemessen" hält, „daß Kirchen, die bereits das Nizänum liturgisch verwenden, auch die Fassung von 381 gebrauchen können, zum Beispiel bei ökumenischen Gottesdiensten", und daß in Ländern „mit starkem orthodoxem Bevölkerungsanteil" auch eine gemeinsame landessprachliche Fassung des NC erstellt werden könne (in: Ich habe das Schreien meines Volkes gehört. Offizieller Bericht der achten Vollversammlung des Lutherischen Weltbundes [= LWB-Report 28/29], Genf 1990, 159; zur Vorgeschichte cf. STAATS 1996, 296-300). Die VELKD beruft sich zwar auf diese Resolution (267), führt aber die Restriktion ein, daß Lutheraner (nicht die lutherischen *Kirchen*!) in ökumenischen Gottesdiensten das NC ohne Filioque „mitbeten" dürften, insofern sie dieses „im Sinne einer offenen Formulierung" verstünden. Dagegen hat CHAPMAN 1991, 240, die *singuläre* Abweichung vom Text der Bekenntnisschriften als genuin lutherisches Verständnis von Ökumene interpretiert; von orthodoxer Seite wurde diese Haltung ausdrücklich gewürdigt (trotz scharfer Kritik an den Ausführungen von CHAPMAN selbst: STYLIANOPOULOS 1991, 262-266.278-280). Im übrigen wird die Haltung der VELKD von der nordamerikanischen ELCA kontrastiert, die mit den Orthodoxen Kirchen in den USA zeitgleich zu wegweisenden Übereinstimmungen in der Trinitätslehre gelangen konnte (www.elca.org; cf. dazu SAARINEN 2001, 230-232).

[61] Cf. BIENERT 1997b, bes. 12 mit Anm. 5 (Text); 62-68 (Kommentar zum dritten Artikel): Demnach wird der Hervorgang aus dem Vater dahingehend verstanden, daß der Geist „in einer unmittelbaren Beziehung zum Vater [steht], die anders ist als die des Sohnes" (63), wobei „niemals strittig" war, „daß er auch der Geist des Sohnes ist und von ihm gesandt wird" (64). Die Frage nach dem präzisen Verhältnis zum Sohn wird in beachtlicher Klarheit gestellt (67) - zumal sich der Text als Anregung für Gespräche in Gemeinden, also unter Nichtfachleuten versteht - und als Desiderat einer „befriedigenden Lösung" gekennzeichnet, „auch darüber, ob das 'filioque' nicht doch ein legitimer Ausdruck trinitarischer Theologie ist" (65).

Wolfhart PANNENBERG so massiv auf einer Theorie des Gegenüberstands in Ursprungsrelationen beharren kann.[62] Faktisch fällt die VELKD damit sogar noch hinter die vatikanische „Klarstellung" zurück, insofern die Formel von Lyon 1274 (*tamquam ex uno principio*) unter Rückbezug auf den Hervorgang des Geistes *aus dem gemeinsamen Wesen von Vater und Sohn* argumentativ ausgewertet wird, was das römische Papier klar zurückgewiesen hatte. Aufgrund dieser theologischen Konstruktion „widerspricht das, was 381 im NC ausgesprochen wurde, nämlich daß der Heilige Geist '*aus dem Vater hervorgeht*', unserem Bekenntnis nicht", „auch wenn gegenüber der ursprünglichen Fassung die Lehre des 'filioque' eine weiterführende Interpretationsleistung darstellt" (ebd.). Die lateinische Filioque-Theologie ist also nicht nur eine kontingente Denkentwicklung, sondern *notwendig* für das lutherische Verständnis von der Dreieinigkeit Gottes; anno 381 wurde zwar nichts Falsches, aber eben nicht alles Nötige formuliert.[63] Damit jedoch „macht die restriktive Konzentration auf die rigideste, der Orthodoxie fremdeste Deutung des Filioque das NC zu einem Instrument der konfessionellen Selbstabgrenzung und damit faktisch zu einem Dokument des Partikularismus."[64]

Versucht man, im Rückblick auf die Diskussionen um das Filioque in den vergangenen zwei Jahrzehnten vorsichtig zu typologisieren, so ergibt sich folgendes Bild: Im Raum steht nach wie vor die Forderung der orthodoxen Kirchen, daß der Westen das NC vom Filioque befreien muß, wenn ökumenische Gespräche überhaupt zielführend sein sollen. Wie dann das Verhältnis des Geistes zum Sohn inhaltlich zu rekonstruieren sei, dafür ergibt sich eine erstaunliche Variationsbreite von innerorthodoxen Denk-

---

[62] Zurecht sieht OBERDORFER 2001, 549, darin „eine Sequenz von Argumenten..., die einem Lehrbuch der römisch-katholischen Dogmatik aus weit vorkonziliarer Zeit entnommen zu sein scheint"; aaO., 552, wird vermerkt, daß „das Dokument die neueren Entwicklungen der westlichen Theologie selbst durchgängig ignoriert und damit keineswegs den gegenwärtigen Diskussionssstand auch in der lutherischen Theologie repräsentiert". Auch DEL COLLE 1997, 207, notiert die Unmöglichkeit eines heutigen „Photian/Anselmian standoff" für das Filioque. Dagegen insistiert HÄRLE 1995, 404, auf Legitimität und Notwendigkeit des Filioque, wobei er im NC eine *bewußte* Aussage des Hervorgangs aus dem Vater *allein* sieht, weshalb das Filioque nicht nur explikativ, sondern durchaus korrektiv aufzufassen sei.

[63] Dabei erhält die bekenntnishermeneutische Dimension dadurch eine besondere Pointe, daß in der gültigen und für die Ordination maßgeblichen Ausgabe der BSLK (1930¹, 1992¹¹) *beide* Textfassungen abgedruckt sind, die lateinische *mit*, die griechische *ohne* Filioque (aaO., 26f.)!

[64] OBERDORFER 2001, 550. Die „vorsichtige Offenheit", die HRYNIEWICZ 1998, 59, im Blick auf Curitiba konstatieren zu dürfen meinte (ebenso KÜHN 1998, 73f.), ist damit zurückgenommen.

möglichkeiten, ebenso im altkatholischen Bereich, wo die Streichung des Filioque vollzogen ist, verbunden mit einer scharfen Kritik an der traditionellen westlichen (augustinischen) Trinitätstheologie.[65] Für die anderen westlichen, am ökumenischen Gespräch beteiligten Kirchen existieren offensichtlich drei Optionen:

- Das NC wird in seiner ursprünglichen Form benutzt, die theologische Sachfrage bleibt der Klärung vorbehalten – diese um 1981 fast allgemein rezipierte Position (Klingenthal, „Gemeinsame Erklärung", Riva del Garda, Glauben und Kirchenverfassung, Bericht der Wiener Studientagung) bezieht seit 1978 prinzipiell die Anglikanische Kirche.
- Beide Fassungen des NC gelten nebeneinander, wobei die historische Priorität zugleich einen normativen Status impliziert; die entsprechenden Theologien werden als vereinbar und legitim angesehen. Dies behauptet die vatikanische „Klarstellung".
- Das NC mit Filioque bleibt unangetastet in Geltung, da es selbst normativen Status hat und inhaltlich eine theologische Notwendigkeit darstellt, die nicht aufzugeben ist, so die „Stellungnahme" der VELKD.

Wie das ökumenische Gespräch im dritten Jahrtausend weitergehen kann, ist offen. In jedem Fall besteht jedoch Klärungsbedarf darüber, wie im ersten und zu Beginn des zweiten Jahrtausends mit dem NC umgegangen wurde und wie es überhaupt zu der heutigen Problematik kam – diese Entwicklung ist jedenfalls ungeklärter, als es die einzelnen Rekonstruktionsversuche in ökumenischen Papieren suggerieren.[66] Solange nicht die geschichtliche Dynamik der Filioque-Kontroverse *in statu nascendi* samt ihrer theologischen Binnenlogik zureichend erhellt ist, scheint es mir unmöglich, den Gegenstand ökumenischer Verständigungsversuche in hinreichender

---

[65] Cf. ALDENHOVEN 1998, 117: „Die westlichen Kirchen und Theologen werden sich fragen müssen, ob sie die seit mehr als tausend Jahren im Westen übliche Fixierung auf augustinische Gedanken unbesehen weiterführen sollen. Augustin selbst war nicht so darauf fixiert."

[66] Das gilt auch für systematisch-theologische Positionierungen: So beansprucht GRÄB-SCHMIDT 2000b, 177, „das 'filioque'... ohne Einschränkungen in seiner ursprünglichen Bedeutung aufgefasst und interpretiert" zu haben, und präzisiert dies dahingehend: „Die Hinzufügung des 'filioque' wurde notwendig, als im Gefolge der Arianischen Lehre Irrlehren auftraten, die die Formel 'aus dem Vater' exklusiv interpretierten, nämlich im Sinne von 'nicht aus dem Sohn', die damit also die Gottheit Jesu und die Wesens- und Offenbarungseinheit von Vater, Sohn und Heiligem Geist bestritten." Hier wird eine jahrhundertelange Entwicklung dergestalt komprimiert, daß der *systematischen* Gedankenführung jedes *historische* Korrektiv fehlt! Zu dem in mancher Hinsicht lehrreichen Disput zwischen Bernd OBERDORFER (2000a/b) und Elisabeth GRÄB-SCHMIDT (2000a/b) cf. meine ausführliche Analyse in: MdKI 52 (2001), 19f.

Trennschärfe zu bestimmen und damit eine präzise Zielvorstellung für einschlägige Gespräche zu formulieren. Pointiert ausgedrückt: Das Terrain für eine angemessen spezifizierte ökumenische und systematische Auseinandersetzung um die Filioque-Frage muß durch eine Analyse des allgemeinhistorischen, kirchen- und dogmengeschichtlichen Werdens dieser Kontroverse bereitet werden. Dieser Fragestellung widmet sich die vorliegende Untersuchung, deren Ansatz und Grundriß im folgenden zu skizzieren ist.

3. Das Filioque in der kirchen- und dogmengeschichtlichen Forschung

3.1. Offene Fragen an die Geschichte dieses Divergenzpunktes

„Der unselige Filioque-Streit mit seinen kontroverstheologischen Weiterungen gehört in die Dogmengeschichte!"[67] Dies trifft zu, jedenfalls für den *Streit*; der *Dialog* über den Hervorgang des Heiligen Geistes steht, wie gesehen, keineswegs vor dem Abschluß. Daß jedoch „die dogmengeschichtlichen Gegebenheiten... erforscht und außer Streit gestellt sind"[68], trifft definitiv *nicht* zu - allzu viele historische Fragen bleiben offen, wenn man die ökumenischen Dokumente der letzten Jahrzehnte und die flankierenden theologischen Erzeugnisse betrachtet. Dies zeigt sich selbst in der beeindruckenden Pneumatologie Yves CONGARS, der den Abschnitt über die „Hinzufügung zum NC" mit den apodiktischen Worten einleitet: „Die Geschichte ist sehr bekannt" und erläutert: Das Filioque sei unter Karl dem Großen zur Abgrenzung gegen das II. Konzil von Nizäa (787) von der Frankfurter Synode (794) „proklamiert" worden, und zwar „unter Hinweis auf die Notwendigkeit, gegenüber den Häretikern [sic!] die volle Wesensgleichheit zu betonen."[69] Gegen welche Häretiker? Wieso tangierte die in Nizäa definierte Bilderverehrung die göttliche Homousie? Und in welchem Zeugnis des Frankfurter Konzils findet sich eine „Proklamation" des NC?[70]

---

[67] HOFRICHTER 1998, 40.
[68] HOFRICHTER 1998, 41. Nach GAMILLSCHEG 1996, 91f., sei „von seiten der theologischen Forschung alles getan worden, um die Filioque-Frage zu lösen", so daß es nur noch eine „pastorale Frage" darstelle, „das Erreichte in die Praxis umzusetzen"; auch nach KNAUER 2001, 235, könne die Orthodoxie keine inhaltlichen Bedenken mehr geltend machen.
[69] CONGAR 1982, 366f.; ebenso KELLY 1972, 356; DALEY 2001, 45.
[70] Entsprechend ist auch der Vorschlag von HOFRICHTER 1998, 40, dem (griechischen) NC ein (lateinisches) „Bekenntnis von Frankfurt" zur Seite zu stellen, in das Kuriositätenkabinett der Filioque-Kontroverse zu verweisen.

Die Unklarheiten beginnen schon mit der Abgrenzung des Streitgegenstandes: Der Zusatz *Filioque* im NC „war ja - und ist noch heute! - der einzige Stein des Anstoßes im sonst Ost und West verbindenden nizänischen Glaubensbekenntnis."[71] Dem widerspricht eine bislang weder theologisch noch ökumenisch zureichend beachtete Tatsache, nämlich die im lateinischen „Normtext" wie in der deutschen Übersetzung zu findende christologische Prädikation *„Deum ex Deo"* - „Gott von Gott", die im griechischen NC fehlt und aus dem Nizänum (N) von 325 stammt.[72] Dies gilt freilich keinesfalls für alle erhaltenen frühmittelalterlichen NC-Fassungen; vielmehr ergibt sich eine signifikante Inkonsistenz bis zur karolingischen Zeit. Die Unklarheit darüber, in welchen Text, wann und zu welchem Zweck das Filioque eingefügt wurde (und wo nicht), wirkt sich entsprechend als Unklarheit über die ursprünglich mit dem Filioque verbundenen *Intentionen* aus.[73] Kann unter diesen Umständen aber noch von einer „Einfügung" des Filioque gesprochen und analog dazu eine „Streichung" gefordert werden? Hans-Joachim SCHULZ hat zurecht darauf hingewiesen, daß mit dieser oft als „Zusatz" apostrophierten Prädikation „nicht eine Emanzipation vom authentischen Text des Jahres 381 intendiert, vielmehr das 'Filioque' in eine völlig freie Rezeption des *Constantinopolitanum* eingebunden ist", bei der es sich „eben nicht nur um eine Hinzufügung, sondern gleichzeitig um eine Interpretation handelte"[74]. Nach der historischen Verortung dieser Interpretation bzw. nach den Intentionen, die für das „Einsickern" leitend waren, wird zu fragen sein.[75] Damit ist aber auch die Frage nach der

---

[71] STAATS 1998, 7; ähnlich SCHULTZE 1984, 106.

[72] Diesen Unterschied zwischen N und NC hat freilich auch die patristische Forschung bislang vernachlässigt; cf. dazu unten S. 70f.

[73] Dies kommt z.B. bei SUTTNER 1989, 255f., zum Ausdruck, demzufolge „zu einem Zeitpunkt und unter Umständen, die noch immer nicht restlos geklärt sind, die filioque-Formel in die liturgisch gebräuchliche lateinische Übersetzung einsickerte. Mit Bedacht sprechen wir von 'einsickern'. Denn die textkritischen Unsicherheiten, vor denen wir stehen, machen zumindest klar, daß nie die Absicht bestanden haben konnte, das alte Glaubensbekenntnis förmlich zu ergänzen."

[74] H.J. SCHULZ 1998b, 48; cf. SLENCZKA 1981, 204: „Was im Rückblick als Veränderung des Symbols erscheint, ist im geschichtlichen Vorgang der Verbreitung und Aneignung eine Verteidigung des Symbols." Bereits ULLMANN 1970, 68f., betonte, daß es sich nicht um *eine Abweichung*, sondern um *zwei divergierende Trinitätstheologien* handelte; dagegen spricht K.Chr. FELMY (Art. „Filioque II. In der orthodoxen Theologie", in: RGG⁴ 3 [2000], 120) von der „ursprünglich naiven Einführung des F. in das NC".

[75] Zumeist finden sich pauschale Hinweise auf den Abwehrkampf der westgotischen Kirche in Spanien gegen den germanischen Arianismus (Klingenthal-Memorandum, 11; HENRY 1975, 171; FAHEY 1979, 505f.; SUTTNER 1981, 317f.; CONGAR 1982, 452; DE HALLEUX 1988, 6; DEL COLLE 1997, 205; VORSTER 1997, 83; BIENERT 1997b, 64), gegen den Priscillianismus („Gemeinsame Erklärung", 122; H. MEYER 1984, 14) oder ge-

„kanonischen Irregularität" dieses Vorgangs impliziert, konkret: nach der Grundlage des orthodoxen Arguments, wonach bereits das Konzil von Ephesus nicht nur einen anderen *Glauben*, sondern auch einen anderen *Text* verboten habe.[76] Die karolingischen Theologen und ihre Nachfolger waren jedenfalls der Meinung, von diesem Verbot nicht betroffen zu sein; zu fragen ist, seit wann das Ephesinum spezifisch „antifilioquistisch" interpretiert wurde.

Daß die lateinische Kirche schon seit dem späten 4. Jahrhundert in einer Vielzahl von Symbolformeln den Hervorgang des Geistes aus Vater und Sohn bekannte, hat jahrhundertelang nicht zu einer Kontroverse geführt; noch um 650 sah Maximus Confessor in dieser Lehre keinen Grund für eine theologisch motivierte Abgrenzung. Wie konnte es von dieser Einmütigkeit zur dogmatischen Kontroverse kommen? Die vatikanische „Klarstellung" springt von Maximus unmittelbar zum IV. Laterankonzil und zum II. Konzil von Lyon, deren Trinitätstheologie auf eine bereits ausdifferenzierte Dialogsituation reagiert. Damit wird die lehramtliche Tradition an den „*consensus septemsaecularis*" der oftmals beschworenen „einen ungeteilten Kirche" angekoppelt, gleichzeitig jedoch darauf verzichtet, das Auseinanderbrechen dieses Konsenses nachzuzeichnen, das mit der zu Maximus' Zeiten noch keineswegs abgeschlossenen Rezeptionsgeschichte des NC im Westen verbunden ist.[77] Erst nach 790 vertraten die Hoftheologen Karls des Großen nicht nur vehement die *Lehre* vom doppelten Hervorgang des Geistes als „Normaltheologie", sondern entwarfen auch einen präzisierten (bis

---

gen beides (SCHEFFCZYK 1986, 26; CHAPMAN 1991, 242; bes. SATTLER 1997, 195: „der dem Arianismus nahestehende Priszillianismus"; die gleiche Kombination bei SLENCZKA 1981, 202). Was aber „Arianismus" oder „Priscillianismus" exakt sein soll, wird kaum einmal expliziert (cf. HANSON 1985, 281f.).

[76] KARMIRIS 1959, 34f. Anm. 3, handelt die gesamte Kontroverse in einer ausführlichen Anmerkung ab und bezeichnet dabei das Filioque gleich dreimal als „antikanonisch"; dem „widersetzte sich der gesamte Orthodoxe Osten". Das NC sei von allen Konzilien seit Ephesus „unter ausdrücklichem Verbot, auch nur geringste Hinzufügungen oder Auslassungen vorzunehmen, als das kat'exochen formulierte Symbol bekräftigt worden". Der als Zeuge angerufene Basilius betont zwar, daß dem *Nizänum* nichts genommen werden dürfe, daß diesem jedoch *hinzuzufügen* sei, daß der Geist nicht als Geschöpf gelten dürfe (προσθεῖναι δὲ τῇ πίστει ἐκείνῃ καὶ τὸ μὴ χρῆναι λέγειν κτίσμα τὸ Πνεῦμα τὸ Ἅγιον [ep. 114 an Cyriacus von Tarsus: CUFr II; 19,33f. COURTONNE]). Das Ephesinum verbot m.E. analog dazu das Aufstellen einer ἑτέραν πίστιν (DH 265), woraus sich (umgekehrt wie bei KARMIRIS) die Integrität des *Gehaltes*, nicht des *Buchstabens* des Credos ergibt!

[77] Einen solchen Konsens (bis Photius!) sah orthodoxerseits schon BOLOTOV 1898, 711; an entsprechenden Belegen von katholischer Seite seien genannt: GARRIGUES 1972, 363f.; DERS. 1996, 190f.; CONGAR 1982, 452f.; PERI 1983, 163; SCHEFFCZYK 1986, 27; DE HALLEUX 1988, 6; DEL COLLE 1997, 205 Anm. 9.

heute als lateinischer Normtext geltenden) Bekenntnis*text* - sehr zum Ärger von Papst Leo III., so daß der erste Streit um das Filioque faktisch ein *innerwestlicher* Konflikt war.[78] In welchem Sinne hatte das „karolingische Filioque" dann aber die antibyzantinische Pointe, die ihm jüngst wieder Reinhart STAATS attestiert hat?[79] Gerade die um 800 zu beobachtende Dynamik in der Rivalität zweier Nachfolgeinstitutionen des *Imperium Romanum* samt dem zwischen den Stühlen lavierenden Papsttum ist hinsichtlich der Filioque-Kontroverse noch nicht hinreichend ausgeleuchtet, fallen doch hier die Grundentscheidungen in politischer, ekklesiologischer und theologischer Hinsicht, aufgrund derer sich für die kommenden Jahrhunderte erst von einem „Ost-West-Konflikt" sprechen läßt.[80]

Ebensowenig ist geklärt, wie aus diesem *consensus septemsaecularis* in theologischer Perspektive der nachmals unversöhnlich erscheinende Dualismus zwischen „Monopatrismus" und „Filioquismus" hervorgehen konnte. Wenn Jean-Miguel GARRIGUES in der vatikanischen „Klarstellung" ein „Filioque affranchi du Filioquisme" erblicken möchte[81], dann wird allzu bereitwillig ein breiter Strom der lateinischen Denkentwicklung preisgegeben, der auf der Grundlage der Theologie Augustins die Filioque-Theologie

---

[78] Dies hat zurecht ROMANIDES 1975, 285, betont, wobei seine Darlegungen ansonsten von unerträglicher Polemik gegen die angeblich gewalttätige Durchsetzung des Filioque gegen den heldenhaften Widerstand des römischen Papstes geprägt sind (aaO., 293.307; kritisch dazu GAMILLSCHEG 1996, 152-155). SATTLER 1997, 196, attestiert Leo III. einen „ja nicht immer schädlichen römischen Konservatismus".

[79] STAATS 1996, 198f.

[80] Dabei ist natürlich im Blick zu behalten, daß von der Filioque-Kontroverse keineswegs die *gesamte* Christenheit tangiert war und ist, sondern nur diejenigen Kirchen, die das NC als normatives Glaubensbekenntnis anerkennen. Dies betraf schon im Mittelalter östlicherseits nur die Kirchen im Einflußbereich des byzantinischen Patriarchats, nicht aber die altorientalischen orthodoxen Kirchen; dies betrifft in der Gegenwart ebensowenig die meisten Freikirchen („non-credal churches"). Wenn daher vereinfachend von „Ost" und „West" gesprochen wird, dann ist damit weder eine innere Differenziertheit der beiden Sphären der christlichen Welt ausgeschlossen noch behauptet, daß sich die Kirchengeschichte des Mittelalters auf einen simplen Dualismus reduzieren ließe; wohl aber wird davon ausgegangen, daß die hier interessierende Frage nach der Filioque-Kontroverse sich auf zwei große Ströme der Lehrtradition konzentrieren läßt, die wiederum als „griechisch" und „lateinisch" bezeichnet werden können, insofern mit dieser sprachlichen Differenz auch kulturelle, politische und theologische Divergenzen konnotiert sind. Das Beispiel der Bulgarienmission zur Zeit von Photius und Nikolaus I. (s.u. S. 179-188) zeigt, daß *de facto* nur der Anschluß an eine der beiden Traditionen, kein national(sprachlich)er Sonderweg, zur Disposition stand (cf. dazu MCCORMICK 1995, 371; ANGENENDT 1997, 369f.).

[81] GARRIGUES 1996, 189; dem „filioquisme polémique" eines Anselm oder Thomas bzw. des II. Konzils von Lyon wird „la thèse antifilioquiste" (Photius) opponiert (192-197.211). Cf. DE HALLEUX 1988, 10.

bis zur Kontroversfähigkeit weiterentwickelte. Wiewohl die Trinitätslehre des Westens nicht ohne die Vorarbeit Augustins zu verstehen ist, so muß doch auch hier ein *Rezeptionsprozeß* konstatiert werden, der es unmöglich macht, die sich im Hochmittelalter gegenüberstehenden Theologien auf ihre „augustinischen" bzw. „kappadozischen" Ursprünge zu reduzieren.[82] Denn genauso wie es im Westen eines vielschichtigen Denkprozesses von Alkuin über Ratramnus und Petrus Damiani bis zu Anselm von Canterbury und Thomas von Aquin bedurfte, um eine „filioquistische" Trinitätstheologie allererst zu entfalten, so kann auch für den östlichen Bereich keineswegs davon ausgegangen werden, daß mit der Kritik des Photius am Westen bereits eine gefestigte Kontroverstheologie vorgelegen habe. Vielmehr zeigen die Ereignisse des Jahres 1054, daß anderthalb Jahrhunderte *nach* Photius in Konstantinopel der Hervorgang des Geistes als Streitpunkt weitgehend vergessen zu sein schien; erst die *römische* Seite brachte ihn wieder ins Spiel! Die These, daß „mit den Karolingern und Photios... auf beiden Seiten die Fronten formiert" sind[83], wird in dieser Schärfe kaum aufrechtzuerhalten sein. Kurz: Diejenigen Positionen, die im Zuge der hoch- und spätmittelalterlichen Unionskonzilien versöhnt werden sollten und auch heute noch als (typologische) Kennzeichnung der dialogisch zu vermittelnden Traditionen dienen, sind erst zwischen dem späten 8. und dem frühen 12. Jahrhundert in ihrer kontroversträchtigen Form entstanden; das gilt für das westliche Entsprechungsmodell zwischen Heilsökonomie und immanenter Trinität ebenso wie für die östliche strikte Trennung zwischen beiden. Damit kann aber als übergreifende dogmengeschichtliche Perspektive die Frage nach der *Rezeptions- und Interpretationsgeschichte des altkirchlichen trinitarischen und pneumatologischen Dogmas* festgehalten werden, genauer: die erst unabhängig voneinander, dann in Wechselwirkung verlaufende Ausdifferenzierung des Neunizänismus lateinischer und griechischer Provenienz.

Es wird daher im folgenden als *Arbeitshypothese* unterstellt:

- daß die frühmittelalterliche Kontroverse um das Filioque in die allgemeine Entwicklung der (Trinitäts-) Theologie in der lateinischen und

---

[82] HENRY 1975, 176, hat zurecht vor einer Vermischung von Augustin mit seinen Rezipienten gewarnt. Dennoch wird dieser gerade von orthodoxer Seite fast durchgehend als „Hauptquelle der westlichen Filioque-Lehre" genannt (so neuerdings MARTZELOS 1999, 45), gelegentlich sogar als Ausnahme von den „orthodoxen" westlichen Vätern abgegrenzt; cf. ROMANIDES 1975, 308, und jüngst LARCHET 1998, 39-44 (cf. dazu meine Rezension in: ZKG 110 [1999], 407f.).

[83] So OBERDORFER 2001, 162.

griechischen Hemisphäre, d.h. in den Prozeß der Aneignung und Entfaltung der altkirchlichen Dogmen einzuzeichnen ist[84];
- daß die Erstellung und Verteidigung eines lateinischen NC-Textes mit den Wendungen „*Deum de Deo*" und „*qui ex Patre Filioque procedit*" sich der immanenten Logik der lateinischen Theologie verdankt, wobei diese „Theo-Logik" in Auseinandersetzung mit der griechischen Kritik problematisiert und dadurch erheblich modifiziert worden ist;
- daß nicht das *Wort* Filioque den Anlaß zum (eher rezeptionsgeschichtlich als historisch festzustellenden) „Schisma" von 1054 gegeben hat, daß sich aber aus dem theologischen und kanonischen *Problemfeld* „Filioque" Implikationen ergeben, welche die Kirchen erst zur *faktischen* Trennung, später zur Anerkenntnis eines „Schisma" führen konnten;
- daß die Filioque-Kontroverse im Kontext der ekklesiologischen Diskussionen des Frühmittelalters zu rekonstruieren ist, d.h. in der Perspektive eines emergenten Konflikts zwischen dem römischen Ideal einer petrinisch legitimierten Machtfülle einerseits, dem byzantinischen Insistieren auf der Pentarchie und dem Ökumenischen Konzil als höchster kirchlicher Entscheidungsinstanz andererseits;
- daß schließlich als äußerer Rahmen das diffizile Kräftespiel zwischen dem Kaisertum von Konstantinopel, seinem fränkischen Pendant und dem römischen Papsttum zu beachten ist, ebenso der Einfluß zeitweilig aufstrebender Staatsgebilde (Bulgarien; die Normannen in Süditalien und Sizilien), insofern Konsens und Konflikt in theologischen und kirchlichen Fragen nicht von politischen Konstellationen abzulösen sind.

3.2. Bemerkungen zum Forschungsstand

Im folgenden wird nicht eine „Geschichte der Erforschung der Filioque-Kontroverse" vorgelegt, sondern lediglich aufgewiesen, auf welche Vorarbeiten sich die vorliegende Untersuchung stützen kann und wo neue Wege zu gehen sind.[85] Voranzuschicken ist, daß Geschichte und Gegenwart der Kontroverse jüngst unter dem Titel „Filioque - Geschichte und Theologie eines ökumenischen Problems" von dem Augsburger Systematiker Bernd OBERDORFER eine umfassende monographische Würdigung erfahren ha-

---

[84] Cf. OBERDORFER 2001, 129: „Die Durchsetzung der Filioque-Doktrin bewirkte *in West und Ost* eine verstärkte Formalisierung oder genauer eine - sit venia verbo - 'Ver-Formelung' der Trinitätslehre."

[85] Ich konzentriere mich auf einschlägige Publikationen zum Thema „Filioque"; Hinweise zu Literatur und zum Forschungsstand aus Kirchen- und Dogmengeschichte, Mediävistik und Byzantinistik hinsichtlich der einzelnen Stationen der Kontroverse finden sich zu Beginn der jeweiligen Abschnitte.

ben, die neben der Rekonstruktion der biblischen und altkirchlichen Voraussetzungen die mittelalterliche Phase der Kontroverse ausführlich thematisiert und nach einem Durchgang durch die ökumenische Diskussion der letzten 125 Jahre in eine konzise Darlegung „trinitätstheologischer Knotenpunkte" einmündet.[86] Insofern hier in systematisch-theologischer Perspektive die Filioque-Kontroverse reflektiert und einer „Lösung" im Kontext der gegenwärtigen Trinitätstheologie nähergebracht werden soll, dafür jedoch ein ausführlicher historischer Anfahrtsweg gewählt wird, trifft sich dieser *systematische* Ansatz mit dem Fernziel meiner *historischen* Analyse, nämlich die Diskussion über das Filioque von dem Ballast traditional gewachsener Begrifflichkeiten, Vorurteile und Assoziationen zu befreien bzw. die Disputanten mindestens darüber aufzuklären. Freilich unterliegen die historischen Partien in OBERDORFERS Arbeit nicht nur der *pragmatischen* Beschränkung, die sich zwangsläufig aus der Weite des beackerten Feldes und der Angewiesenheit auf Sekundärliteratur ergibt; auch eine *thematische* Begrenztheit ist zu konstatieren, insofern sich die Auswahl der behandelten Quellen altkirchlicher und mittelalterlicher Autoren aus ihrer *Wirkungsgeschichte* ergibt: Zur Sprache kommen die „klassischen" Stationen der Filioque-Kontroverse und diejenigen Väter und Denker, die heute in ökumenischen Gesprächen eine dominierende Rolle spielen[87], nicht aber die griechischen und lateinischen Denkwege in ihrer Breite und Vielfalt, die sich mindestens bis ins beginnende 12. Jahrhundert erstreckt. Dennoch bietet OBERDORFER nicht nur die neueste, sondern auch die bislang beste systematische Gesamtdarstellung dieser komplexen Kontroverse.[88]

---

[86] Cf. dazu meine Rezension in: MdKI 52 (2001), 59.
[87] Cf. etwa die tabellarische Aufstellung bei RITSCHL 1981, 27-30.
[88] Einig bin ich mit OBERDORFER 2001, 21, im Urteil über die Untersuchung von Maria-Helene GAMILLSCHEG, die „historische Tiefenschärfe und systematische Prägnanz weithin vermissen läßt" (so seine Rezension in: ThLZ 123 [1998], 919-922); hier zeigt sich deutlich, daß eine Analyse der gegenwärtigen Diskussionen nicht von der historischen Rekonstruktion absehen kann, will man nicht jeden kritischen Maßstab aufgeben. So kann etwa die „Beobachtung mancher Meinungen und Stellungnahmen zu Ablauf und Ergebnissen der Konzile" von Lyon und Florenz (GAMILLSCHEG 1996, 27) nicht das Studium der Quellen ersetzen, das allein erhellen kann, warum mit der Definition von Lyon eben nicht „jedem Vorwurf dem Filioque gegenüber, daß es den doppelten Hervorgang des Geistes lehre, der Boden entzogen" ist! Inwieweit seit 1274 „die Monarchie des Vaters... durch das Filioque nicht bestritten" werde (217), wird von GAMILLSCHEG weder historisch noch systematisch-theologisch aufgewiesen. Die pauschale Kritik (aaO., 38-42) an der quellenmäßig vorbildlichen Arbeit von MARX 1977 bleibt so ohne angemessenes Fundament.- Dieser problematische Ansatz eines rein synchronen Lösungsversuchs für eine historisch gewachsene Differenz findet sich freilich schon bei dem Doktorvater der Autorin; cf. SUTTNER 1989, 257: „Nicht histo-

Beachtung fand die Filioque-Kontroverse freilich schon in den Anfängen der historischen Forschung, vor allem in dem umfangreichen Werk „De Ecclesiae occidentalis atque orientalis consensione perpetua" (1648) des griechischstämmigen römischen Theologen Leo ALLATIUS (1586-1669), nachmals Custos der vatikanischen Bibliothek, das vor allem aufgrund der Erstveröffentlichung zahlreicher wichtiger Quellen Beachtung verdient[89]; die dem Filioque gewidmeten Passagen wurden von ALLATIUS zur Förderung der gegenwärtigen Verständigung in griechischer Sprache als Ἐγχειρίδιον περὶ τῆς ἐκπορεύσεως τοῦ ἁγίου πνεύματος (Rom 1658) veröffentlicht. Erklärtes Ziel war dabei, die „consensio perpetua" zwischen beiden Kirchen aufzuweisen und das Schisma zwischen Ost und West primär persönlicher Streitlust und individuellen antirömischen Affekten, namentlich seitens Michael Kerullarios', zuzuschreiben; im Hintergrund steht das Modell, daß im ersten Jahrtausend griechische und lateinische Kirche in theologischer und ekklesiologischer Übereinstimmung existierten, bis sich ein Teil der Griechen bedauerlicherweise von Rom trennte und auch auf den Unionskonzilien - aus reiner Aversion! - die Versöhnung verweigerte. Weitgehend auf ALLATIUS' Materialien basierend, aber zurückhaltender im Urteil, publizierte der Jenaer Kirchenhistoriker Johann Georg WALCH (1693-1775) erstmals auf protestantischer Seite eine knappe „Historia controversiae Graecorum Latinorumque de processione Spiritus sancti" (1751), in der freilich die Verwobenheit der Filioque-Frage mit anderen Streitpunkten und politischen Rahmenbedingungen allzusehr in den Hintergrund tritt.[90] In origineller Weise deutete der französische Jesuit Louis MAIMBOURG 1678 das Schisma zwischen Ost und West als dunkle Folie für die vorbildliche Religionspolitik des „Sonnenkönigs" Ludwig XIV.: „J'espere que, par une juste opposition, je feray voir le bonheur de la France, où la religion triomphe par vos soins, en faisant connoître le malheur de la Grece causé par le Schisme."[91]

Der Dialog zwischen Orthodoxen, Altkatholiken und Anglikanern im letzten Viertel des 19. Jahrhunderts zeitigte bald kirchenhistorische Untersuchungen mit ökumenischer Abzielung, so etwa Henry B. SWETES „On the History of the Doctrine of the Procession of the Holy Spirit" (Cambridge 1876). Wie unterschiedlich die Sicht der Filioque-Frage aufgrund

---

risch-kritische Forschung liefert die [für den theologischen Dialog] erforderlichen Kriterien. Diese erfließen aus dem Leben der Kirchen, deren Freiheit groß ist."
[89] Zu ALLATIUS cf. H. OHME, in: RGG⁴ 1 (1998), 303.
[90] Zu WALCH cf. die Notizen bei C. SCHMITT, in: BBKL 13 (1998), 183-186.
[91] MAIMBOURG 1678, epître au Roy (A 5); cf. aaO., 17: „Il [sc. le Schisme] a eû pour principe l'incestueuse passion d'un Prince [sc. Michael III.], & l'extrême ambition d'un Courtisan [sc. Photius]."

konfessioneller Prägungen ausfallen kann, erhellt aus einem Vergleich der Darstellung der „Trinitarische[n] Lehrdifferenz zwischen der abendländischen und der morgenländischen Kirche" durch den Altkatholiken Joseph LANGEN (1876) mit den „In librum de Spiritus sancti mystagogia animadversiones historicae et theologicae ad operis illustrationem refutationemque pertinentes" (1857), die Joseph HERGENRÖTHER (1824-1890), Kirchenhistoriker in Würzburg und seit 1879 Kardinal und Präfekt der vatikanischen Archive, seiner Ausgabe der photianischen *Mystagogia* zur Seite stellte.[92] Kombiniert letzterer in prävatikanischem Geist die *Edition* der gegnerischen Schrift mit der *Widerlegung* derselben, so will ersterer im Nachgang zu den „Bonner Unionskonferenzen" (1874/75) zur „Lösung der in Rede stehenden Differenz" beitragen, welche „die unumgängliche Vorbedingung eines grossen kirchlichen Friedenswerkes" bilde.[93] Freilich wird diese Lösung erkauft durch die Beschränkung auf das, was oben *„consensus septemsaecularis"* genannt wurde: „Wenn Hadrian I das διὰ τοῦ υἱοῦ vertheidigte, und Leo III das filioque nicht im Symbolum haben wollte; anderseits aber Maximus der Bekenner an dem filioque keinen Anstoss nahm, weil es nur ein anderer Ausdruck sei für διὰ τοῦ υἱοῦ, und der Patriarch Tarasius von Konstantinopel das διὰ τοῦ υἱοῦ sogar in seinem Glaubensbekenntniss mit aufführte, so darf man auch nach tausendjährigem Streite der Hoffnung nicht entsagen auf eine endliche Verständigung."[94] Die lateinische Theologie seit der Karolingerzeit, die HERGENRÖTHER gegen ihr griechisches Pendant verteidigt, wird hier also programmatisch ausgeblendet, was der generellen Prägung der altkatholisch/orthodoxen Dialoge entspricht.

Die letzte und zugleich umfangreichste monographische Behandlung hat die Filioque-Kontroverse 1936 durch den französischen Byzantinisten Martin JUGIE (1878-1954) erfahren, dessen Werk seine Intention freilich schon im Titel „De processione spiritus sancti ex fontibus revelationis et secundum orientales dissidentes" ankündigt.[95] Das von Pius XI. in seiner Enzykli-

---

[92] PG 102, 399-542. HERGENRÖTHER hat sich auch in seinem monumentalen Werk über Photius materialreich mit der Filioque-Kontroverse beschäftigt (1867a, 684-710; 1867b, 633-650; 1869, 730-789). Zur Biographie cf. M. WEITLAUFF, in: LThK³ 4 (1995), 1437f.
[93] LANGEN 1876, III.
[94] LANGEN 1876, 127.
[95] Zur Biographie cf. U. HOFFACKER, in: BBKL 3 (1992), 777f. Schon vor dem zitierten Werk hatte JUGIE in seinem *Opus magnum* „Theologia dogmatica Christianorum Orientalium ab Ecclesia Catholica dissidentium" das Material zur Filioque-Kontroverse bis zum 19. Jahrhundert zusammengestellt (1926, 154-223; 245-263; 286-311; 354-372; 1933, 296-535). Demselben Kontext entstammen die Artikel zum Filioque von A. PALMIERI

ka „Mortalium animos" (1928) vorgestellte Ziel einer „Rückkehrökumene" wird hier hinsichtlich des Filioque durchgeführt, wobei - im Unterschied zu LANGEN - nicht das Filioque an dem griechischen Ausdruck διὰ τοῦ υἱοῦ gemessen, sondern letzterer als der lateinischen (sachlich zutreffenden und römisch approbierten) Pneumatologie entsprechend aufgewiesen wird. Wiewohl sich mit dem Namen JUGIES (und anderer französischer Ordensleute wie Vénance GRUMEL und Vitalien LAURENT) eine intensive byzantinistische Arbeit zwischen und nach den Weltkriegen verbindet, muß doch das umfassend dargebotene Material heute unter grundsätzlich anderen hermeneutischen Prämissen gesichtet werden.[96] Im katholischen Bereich selbst ist dies vor allem von Yves CONGAR im Rahmen seiner Gesamtdarstellung „Der Heilige Geist" (dt. 1982) unternommen worden, ebenso von Franz COURTH im Rahmen des „Handbuchs der Dogmengeschichte".[97]

Eine eingehende historische Spezialstudie, zumal aus dem protestantischen Bereich, fehlt, abgesehen von der systematisch-theologisch angelegten Arbeit von OBERDORFER; der in den letzten zwei Jahrzehnten meistzitierte Aufsatz stammt bezeichnenderweise ebenfalls von einem Systematiker, nämlich von Dietrich RITSCHL (1981).[98] Dem korrespondiert, daß die protestantische Dogmengeschichtsschreibung die Filioque-Kontroverse meist unter den Nachwehen der trinitarischen Streitigkeiten der Alten Kirche verbucht (Adolf von HARNACK) bzw. das (Früh-) Mittelalter in dogmengeschichtlicher Hinsicht schlechthin als Übergangszeit ohne eigene Prägekraft bewertet hat (so Karlmann BEYSCHLAG).[99] Übergreifende Darstellungen

---

(DThC V/2 [1913], 2309-2343) und M. LE GUILLOU (Cath. 4 [1956], 1279-1286) sowie von A. MICHEL zur Trinitätslehre (DThC XV/1 [1950], 1702-1855, bes. 1705-1711).

[96] Moderater im Urteil, aber mit vergleichbarer Zielsetzung argumentiert GORDILLO in seiner „Theologia orientalium cum latinorum comparata" (1960, bes. 118-125; 136-169; 202-225; 229-243).

[97] CONGAR 1982, 361-370; 383-395; COURTH 1988, 126-137; eine gute Zusammenfassung bietet jetzt DALEY 2001; cf. daneben die pneumatologischen Überblicksdarstellungen von SCHÜTZ 1985, 80-91, und HILBERATH 1994, 126-133. Hinzuweisen ist auch auf die Einordnung der Filioque-Problematik in die komplizierte Geschichte der mittelalterlichen Konzilien; cf. GANOCZY 1982; SIEBEN 1984, 279-314.

[98] Darauf basieren i. w. die Darstellungen in den neueren Lexika: A. HERON, in: EKL³ 1 (1986), 1299f.; G. PODSKALSKY, in: LMA 4 (1989), 449f.; B.J. HILBERATH/W. HRYNIEWICZ, in: LThK³ 3 (1995), 1279-1281; B. OBERDORFER/K.Chr. FELMY, in: RGG⁴ 3 (2000), 119-121. Die TRE hat kein eigenes Stichwort „Filioque", sondern behandelt die Kontroverse im Kontext der Pneumatologie bzw. des NC (HAUSCHILD 1984, 203f.; 1994, 451-454).

[99] Cf. das Urteil von BEYSCHLAG 2000, 129: „Die abendländische Epoche der DG hat zwei Schwerpunkte: Augustin und das Zeitalter der Reformation. Dagegen ist das zwischen diesen beiden Polen verlaufende Jahrtausend des MA in dgl Hinsicht nur Übergang und Vorbereitung, nicht Resultat." Entsprechend knapp wird das Filioque thema-

sind aus Untersuchungen zur Geschichte der Symbole und ihrer Erforschung erwachsen, vor allem in dem epochalen Werk von John N.D. KELLY über „Altchristliche Glaubensbekenntnisse" und jüngst in Reinhart STAATS' Studie zum NC, die freilich gerade hinsichtlich der Rezeptionsgeschichte des NC im lateinischen Bereich blaß bleibt.[100] Dies gilt - gewissermaßen naturgemäß - ebenso für Studien aus dem orthodoxen Bereich, wobei hier die historische Aufarbeitung der Kontroverse hermeneutischen Prämissen unterliegt, die mit dem Ethos protestantischer Kirchengeschichtsschreibung nur schwer vermittelbar sind. So ist die historische Rekonstruktion von demselben Merkmal orthodoxer Hermeneutik belastet wie die ökumenische Diskussion, nämlich von dem liturgisch integrierten Kontinuum der „Orthodoxen des Ostens aller Jahrhunderte", in deren Schriften sich nicht nur bereits die Antwort auf heute interessierende Fragen finde, sondern auch die dogmatische Terminologie exakt vorgeprägt sei.[101] Schließlich ist auf Beiträge aus dem Gebiet der Byzantinistik hinzuweisen (Hans-Georg BECK, Klaus WESSEL)[102] sowie auf die Untersuchung von Dorothea WENDEBOURG über die Entwicklung der griechischen Pneumatologie von den Kappadoziern bis zu Gregor Palamas, wo die Traktate gegen das Filioque systematisch aufgearbeitet werden, jedoch ohne die lateinische Seite zu thematisieren.[103]

Aus der vorstehenden Skizze erhellt, daß eine Untersuchung der Filioque-Kontroverse im Frühmittelalter als Desiderat zu bezeichnen ist.[104] Näherhin ist es notwendig, anhand der oben formulierten Arbeitshypothese in dezidiert *kirchen- und dogmengeschichtlicher* Perspektive die Synoden,

---

tisiert (aaO., 141f.); cf. HARNACK 1909, 307-314; SEEBERG 1930, 63-65. Allzu knappe Darstellungen bieten MÜHLENBERG 1982, 521-523, und BIENERT 1997a, 226-228.

[100] KELLY 1972, 352-361; STAATS 1996, 193-202. In jüngster Zeit hat die Sicht der altkirchlichen Symbolbildung insgesamt durch die die Forschung am *Apostolicum* mit Arbeiten von W. KINZIG und M. VINZENT neue Impulse erhalten (1999; cf. meine Rezension in: ZKG 112 [2001], 104-107); ihrer Kritik an der „klassischen" Theorie (z.B. KELLY 1972, 362-425) ist jüngst WESTRA 2002, 21-72, mit beachtlichen Gründen begegnet.

[101] KARMIRIS 1959, 32; zu diesem hermeneutischen Kontinuum von Schrift, Kirchenvätern und gegenwärtiger Liturgie cf. neuerdings NIKOLAKOPOULOS 1999, bes. 175-179.

[102] BECK 1959, 306-322; WESSEL 1982, 348-369.

[103] WENDEBOURG 1980, 65-125; cf. dazu die kritischen Bemerkungen bei SCHÖNBORN 1980 passim.- Vielerorts begegnen knappe Abrisse der Kontroversgeschichte (oder eines begrenzten Abschnitts), z.B. PELIKAN 1974, 183-198 (eine eigenwillige, aber sehr instruktive Darstellung); MARX 1977, 171-178; SLENCZKA 1981, 201-206; H. MEYER 1984, 14f.; BLUM 1985, 286-288; CHAPMAN 1991, 241-243; GRESHAKE 1997, 213f.; LINK 1998, 36; NAGEL 1998, 205-215; WILLJUNG 1998, 8-20; E. MAURER 1999, 180f.

[104] Dies gilt nicht in gleichem Maße für die Unionskonzilien des Hoch- und Spätmittelalters; vor allem das Konzil von Ferrara-Florenz ist hinsichtlich des Filioque gut erforscht (MARX 1977).

Theologen und Denksysteme auf ihre Genese, ihre traditionale Verankerung und ihre Weiterentwicklung in dialogischer Interaktion zu befragen. Dabei unterliegt die Analyse einer doppelten hermeneutischen Bestimmtheit, insofern sie mit *historisch-kritischer Methodik* arbeitet und von einem *protestantischen Theologen* vorgelegt wird; damit sei idealtypisch angedeutet, daß sowohl dem Spezifikum orthodoxer Geschichtsschau (der prinzipiellen *Gleichzeitigkeit* mit den Vätern der einen Kirche) als auch einem oft in katholischen Arbeiten zu beobachtenden Sachverhalt (der Rückprojektion einer strengen Primats- und Lehramtskonzeption in eine Zeit fließender ekklesiologischer Modelle) widerstanden werden soll.[105] Am Leitfaden der „klassischen" Stationen der Kontroverse soll in *induktiver Vorgehensweise* deren innere Dynamik und ihre Verwobenheit untereinander aufgespürt werden, um damit ein detailliertes Bild von „der" Filioque-Kontroverse im Frühmittelalter zu zeichnen.

3.3. Grundriß der vorliegenden Untersuchung

Der *terminus a quo* der Untersuchung ergibt sich daraus, daß auf lateinischer Seite erstmals zur Zeit Karls des Großen eine wirkliche *Kontroverse* und eine entsprechende Denkbewegung konstatiert werden kann, in deren Kontext erstmals auch der umstrittene NC-Text begegnet. Andererseits ist mit Anselm von Canterbury und Theophylakt von Achrida um das Jahr 1100 der Punkt erreicht, an dem gehaltvoll von *der* Filioque-Kontroverse gesprochen werden kann:

- Die im engeren Sinne *theologische* Problematik ist beiderseits wahrgenommen und sowohl intern als auch im Blick auf das Gegenüber formuliert; die Scholastik bzw. der Palamismus des Hochmittelalters führen zwar zu wichtigen Ausdifferenzierungen der jeweiligen Argumentationsstrukturen, fügen jedoch den konkreten Streitpunkten nichts substantiell Neues hinzu.[106] Vielmehr entstehen auf beiden Seiten systematische Kompendien der geltenden Lehre (Petrus Lombardus, Euthymios

---

[105] Auf protestantischer Seite hat BIENERT 1995, 467, für den ökumenischen Dialog „eine bessere *Hermeneutik der Geschichte*" gefordert, insofern die Kirchenväter zur „*gemeinsamen* kirchlichen Tradition" gehörten und somit als „Basis für eine gemeinsam verantwortete ökumenische Theologie" dienen könnten (aaO., 457).- Daß dieses hier in Anspruch genommene protestantische *proprium* keineswegs zwangsläufig zu einem historisch und systematisch ausgewogenen Urteil führen muß, beweist allerdings die oben analysierte „Stellungnahme" der Kirchenleitung der VELKD!

[106] So wird auf dem Florentinum trotz der unbestreitbaren theologischen Denkfortschritte bei Thomas von Aquin und in der Franziskanerschule (Alexander von Hales, Bonaventura, Johannes Duns Scotus) das anselmische Relationsargument als trinitätstheologische Sprachregel statuiert (DH 1330; cf. 1300f.).

Zigabenos, Niketas Choniates), die allen weiteren Diskussionen ein festgelegtes Kategoriensystem vorgeben.
- Auch in *kanonischer* Hinsicht sind die Fronten markiert: Anselm beharrt (wie schon Paulinus von Aquileia) auf dem Recht der lateinischen Kirche, das Bekenntnis ändern zu können, ohne damit die Kircheneinheit aufzukündigen; Theophylakt hält ihm das (antifilioquistisch pointierte) „Verbot eines anderen Glaubens" von Ephesus entgegen.
- Wohl aber wird das Filioque in den Kontext eines Streits gestellt, in dem die pneumatologische Frage dann tatsächlich „instrumentalisiert" werden konnte: im Streit um die Geltung des päpstlichen Primats und damit um die Autorität in der Kirche. Erst um 1120/50 begegnet das Wort σχίσμα zur Beschreibung des Verhältnisses zwischen Ost- und Westkirche. Unter der Prämisse dieser *ekklesiologischen* Differenz wäre die Geschichte der Filioque-Kontroverse im Hochmittelalter zu schreiben.

Innerhalb dieser Grenzen – womit in aller Vorläufigkeit auch ein Begriff von „Frühmittelalter" angedeutet sei – ist die Analyse in fünf großen Schritten und einem Ausblick voranzutreiben:

1. Die Filioque-Kontroverse hat ihre Grundlagen in der komplizierten Rezeptionsgeschichte des NC seit dem Konzil von Chalkedon (451). Das „Einsickern" des Filioque in den lateinischen Text ist als Frage nach der *Übersetzung* des griechischen NC zu thematisieren, verbunden mit der Frage nach den *theologischen Vorgaben dieser Interpretation*, mithin nach der lateinischen Pneumatologie der Spätantike und des Frühmittelalters, die den vielfältigen Variationen des NC im Westen zugrundeliegt.
2. Die Zeit Karls des Großen wird oftmals als von drei theologischen Kontroversen geprägt beschrieben: Bilderstreit, Adoptianismus und Filioque. Es ist allerdings zu zeigen, daß letzteres für die ersten beiden Streitpunkte eine organisierende Funktion einnimmt, insofern hier ein Strukturmerkmal „karolingischer Normaltheologie" erscheint, das zu Beginn des 9. Jahrhunderts erstmals gegen griechische Kritik, vor allem aber gegen den Widerstand Papst Leos III. gegen den karolingischen NC-Text verteidigt wird. Zugleich wird hier eine *triadische* Konstellation von politischen und theologischen Faktoren deutlich, weshalb nur *cum grano salis* von einer „Ost-West-Differenz" zu sprechen ist.
3. Die erste „offizielle" Kontroverse zwischen Ost und West ist untrennbar mit dem Namen Photius verbunden; freilich ist dessen wirkungsgeschichtlich hochbedeutsame Polemik gegen die lateinische Theologie nicht zu verstehen ohne den Kontext seiner innerbyzantinisch angefochtenen und von Rom vehement bestrittenen Stellung als Patriarch von Konstantinopel. Zugleich wird am Streit um Geltung und Ökumenizität

der Konzilien von 869/70 bzw. 879/80 deutlich, wie ekklesiologische Fragen die pneumatologische Dimension überlagern. Für die lateinische Seite ist schließlich eine Vielfalt von „augustinischen" Rekonstruktionen der Trinitätstheologie zu verzeichnen, die zeigen, daß sich nur allmählich eine einheitliche Wahrnehmung der Problematik entwickelte.

4. Oft wird übersehen, daß „von Photius bis Kerullarios" die Filioque-Kontroverse faktisch eingeschlafen war; freilich formierten sich in dieser Zeit die ekklesiologischen Grundlagen der späteren Auseinandersetzungen um Primat und Pentarchie. Neben der diffizilen Frage, ob es im *„saeculum obscurum"* bereits ein Schisma gegeben habe, sind eingehend die Voraussetzungen, der Verlauf und die Ergebnisse des „Epochenjahres" 1054 zu analysieren. Mittlerweile war in Rom nicht nur die Lehre, sondern auch der Text des NC mit Filioque rezipiert; in Byzanz ist dagegen im Zuge der Streitigkeiten durch Niketas Stethatos erstmals eine dezidiert polemische Photius-Rezeption zu verzeichnen.

5. Größe wie Grenze der frühmittelalterlichen Filioque-Kontroverse kommen schließlich am Konzil von Bari (1098) und seinem Umfeld zum Ausdruck, insofern Anselm von Canterbury auf westlicher Seite erstmals die augustinischen Grundlagen der Trinitätslehre mit dem „filioquistisch" interpolierten NC in systematisch tragfähiger Weise verband, während auf griechischer Seite Theophylakt von Achrida eine präzise Unterscheidung der verschiedenen Differenzpunkte unternahm und das Filioque dabei als einzigen kirchentrennenden Faktor beschrieb. Freilich wurden die Aussichten auf Verständigung vom Kontext der Kreuzzüge und der sich daraus ergebenden Veränderungen in der gegenseitigen Wahrnehmung neu konfiguriert, wie auch durch geistesgeschichtliche Prozesse, die hinsichtlich der Filioque-Kontroverse noch nicht aufgearbeitet sind (Beginn der Scholastik im Westen, Verurteilung der dialektischen Methodik im Osten).

6. An den Dialogen der Lateiner Petrus Grossolano bzw. Anselm von Havelberg mit den Griechen Eustratios von Nizäa, Nechites von Nikomedien und Basilius von Achrida ist abschließend der Stand der (nun beiderseits entfalteten) Filioque-Kontroverse im 12. Jahrhundert zu verdeutlichen und ein Ausblick darauf zu geben, in welche theologische, bekenntnishermeneutische und (kirchen)politische Richtung sich die Kontroverse auf dem Weg ins Hochmittelalter fortzuentwickeln begann.

B. Stationen der Filioque-Kontroverse im Frühmittelalter

I. Die Voraussetzungen der Kontroverse in der abendländischen Symboltradition

Der Streit zwischen Ost und West um das Filioque begann als solcher zwar erst in karolingischer Zeit, kam jedoch keinesfalls aus dem Nichts. Die Apologeten des Filioque im Frühmittelalter meinten stets, sich ihrer lateinischen Tradition verbunden fühlen zu dürfen und diese gegen griechischerseits vorgebrachte Kritik als rechtgläubig verteidigen zu müssen. Die historische Untersuchung der Kontroverse muß daher mit der Frage beginnen, ob dieser Anspruch begründet erhoben wurde, inwieweit also das Filioque im NC ein *notwendiges Interpretament der Übersetzung des nizänischen Glaubens in den lateinischen Sprachraum* darstellt. Das impliziert die Frage nach einem doppelten Rezeptionsprozeß von Theologie und Bekenntnis, ein Prozeß, dessen beide Komponenten nicht zu trennen, wohl aber sorgfältig zu unterscheiden sind. Im folgenden soll der Geschichte des NC in beiderlei Hinsicht nachgegangen werden, d.h. der Durchsetzung des *Textes* im Westen bis zum späten 8. Jahrhundert und seiner theologischen *Interpretation*. Denn erst durch die westliche Aneignung eines östlichen Bekenntnisses avancierte dieses zu dem ökumenisch verbindenden Credo, an das sich heute große Erwartungen knüpfen können.

1. Beobachtungen zur lateinischen Textgeschichte des NC im Frühmittelalter

1.1. Eckdaten zur Rezeption des NC als Ausdruck der Orthodoxie

Die Frage nach Herkunft, Verbreitung und Durchsetzung des trinitarischen Bekenntnisses von Nizäa-Konstantinopel als des grundlegenden Symbols des christlichen Glaubens ist eines der am wenigsten abschließbaren Themen der patristischen Forschung. Denn wenn auch heute als gesichert gelten kann, daß das NC tatsächlich mit dem Konzil von Konstantinopel (381) in Verbindung zu bringen ist[1], so bleibt doch das Problem bestehen, daß sich von ihm in den ersten siebzig Jahren nach seiner Entstehung keinerlei direkte Zitate finden, sondern höchstens indirekte Zeugnisse und Anspielungen erschließen lassen. Darin drückt sich der bedeutsame Sachverhalt aus, daß es innerhalb eines griechischen „neunizänischen" (*sit venia verbo*: „kappadozischen") Grundkonsenses weiterhin viele Spielarten in der konkreten theologischen Formulierung gab. „Nizänisch" ist somit im 4. und frühen 5. Jahrhundert als *intentionale* Bestimmung aufzufassen; man konnte sehr gut „Nizäner" sein, ohne explizit das Nizänum (N) zu zitieren! Und genauso konnten Bekenntnisse als „nizänisch" angesehen werden, ohne im Wortlaut mit N übereinzustimmen - wie eben das NC.[2]

Der erste *direkte* Beleg für die Existenz eines Bekenntnisses von Konstantinopel ist die Erwähnung des NC auf dem Konzil von Chalkedon 451, und dies stellt gleichzeitig den *terminus a quo* der Rezeption dieses Bekenntnisses im *lateinischen* Sprachraum dar.[3] Die ältesten erhaltenen Übersetzungen des Bekenntnisses begegnen dementsprechend in Sammlungen der Akten des Chalkedonense. Dieses Konzil proklamierte an zwei Stellen den Text des NC gemeinsam mit dem von N als Ausdruck des allgemein anerkannten katholischen *trinitarischen* Glaubens und präludierte damit Diskussion und Entscheidungsfindung zu den anstehenden *christologischen* Problemen: Zunächst wurden N und NC zu Beginn von actio III als Grundlage der aktuellen Verhandlungen präsentiert (**NC¹**), danach in actio V der *definitio fidei* als Ergebnis ebendieser Diskussionen vorangestellt (**NC²**). Allerdings weichen diese Textfassungen des griechischen NC signifikant voneinander ab:

- In den Prolegomena zur christologischen Definition in actio V (**NC²**) fehlt gegenüber dem Text aus actio III (**NC¹**) im zweiten Artikel φῶς ἐκ φωτός - (κατελθόντα) ἐκ τῶν οὐρανῶν - καὶ παθόντα - (ἀναστάντα) κατὰ τὰς γραφάς.

---

[1] Das derzeit gültige Paradigma setzte RITTER 1965, der gegen die lange Zeit dominierende Hypothese von HORT/HARNACK die Zugehörigkeit des NC zum Konzil von Konstantinopel 381 aufwies, was alsbald rezipiert (cf. etwa KELLY 1972, 323f.) und seitdem nicht mehr ernsthaft bestritten wurde. Die Frage, welcher Status dem Bekenntnis von dem Konzil selbst beigemessen wurde, kann hier auf sich beruhen (cf. DRECOLL 1996, 8f., sowie jüngst STAATS 1996, 143-179; RITTER 1999, 209-212).

[2] Cf. KELLY 1972, 340; zum griechischen Neunizänismus cf. BRENNECKE 1989; MARKSCHIES 1998a.

[3] STUDER 1984, 138; überpointiert redet STAATS 1996, 191, von dem „im Westen ganz offensichtlichen breiten Schweigen, das man sogar für ein Verschweigen halten muß".

- Im dritten Artikel steht προσκυνούμενον statt *συμπροσκυνούμενον*; es fehlt (εἰς μίαν) *ἁγίαν* (καθολικὴν καὶ ἀποστολικὴν ἐκκλησίαν).⁴

Es besteht also eine doppelte Unbestimmtheit - nicht nur werden zwei textuell differierende Formeln nebeneinandergestellt, auch zwischen den jeweiligen Textgestalten zeigen sich erhebliche Unterschiede.⁵ Daher bietet nicht das feierlich mit der christologischen Definition proklamierte NC², sondern das offenbar revisionsbedürftige NC¹ „die greifbar älteste Textfassung des NC, die als solche dann auch die Grundlage für den später offiziell in Liturgie und Reichsrecht benutzten Text bot"⁶ und seit dem Konstantinopolitaner Konzil von 680/81 als ökumenischer „Normtext" gelten kann!⁷ Im Anschluß an Eduard SCHWARTZ ist dieser Befund dahingehend zu erklären, daß in der vom Konzil verabschiedeten Glaubensdefinition der *eine* nizänische Glaube durch *zwei* möglichst gleichlautende Symbole ausgedrückt werden sollte, wobei die in NC² fehlenden Wendungen die Ausrichtung der gesamten *definitio fidei* konturieren: Es „treten in der Inkarnationslehre die Zusätze und Erläuterungen von C [sc. NC] um so schärfer hervor, als die kleineren Überschüsse von C (ἐκ τῶν οὐρανῶν und κατὰ τὰς γραφάς) sowie das ungeschickt nachhinkende καὶ παθόντα beseitigt sind."⁸ In den Vordergrund tritt dadurch die Aussage κατελθόντα καὶ σαρκωθέντα *ἐκ πνεύματος ἁγίου καὶ Μαρίας τῆς παρθένου*, also genau die christologische Prädikation, die Eutyches (freilich analog zu deren Feh-

---

4   Conc. Chalc. a. 451, actio III (ACO II 1,2, 80,3-16 SCHWARTZ); actio V (aaO., 128,2-14); auch in Anhang 2.1. (S. 559). Ein „monophysitisches" Florilegium (collectio Atheniensis 28; ACO I 1,7, 65,29-66,9) bietet eine Fassung von NC, die zwischen NC¹ und NC² steht, insofern sie auf dem ersten Text basiert, jedoch παθόντα im zweiten und ἁγίαν im dritten Artikel fehlen; cf. LEBON 1936, 810-812.861-870.
5   Bemerkenswert ist, daß weder gegen dieses Nebeneinander noch gegen die Modifikationen an NC das „Verbot eines anderen Glaubens" des Konzils von Ephesus (431) ins Feld geführt wurde (Conc. Ephes. actio VI; ACO I 1,7, 105,20-22 SCHWARTZ): ὥρισεν ἡ ἁγία σύνοδος ἑτέραν πίστιν μηδενὶ ἐξεῖναι προφέρειν ἢ γοῦν συγγράφειν ἢ συντιθέναι παρὰ τὴν ὁρισθεῖσαν παρὰ τῶν ἁγίων πατέρων τῶν ἐν τῇ Νικαέων συναχθέντων σὺν ἁγίῳ πνεύματι; cf. MARX 1977, 185f.199-202, und VOGT 1990, 240f., demzufolge das variierte N des Charisios in Ephesus approbiert wurde, nicht jedoch das Credo der Nestorianer - es ging also um den Geist, nicht um den Buchstaben! Die Forderung nach der unverzichtbaren Integrität des nizänischen *Glaubens* einte in Ephesus „Kyrillianer" und Antiochener (cf. Gesta Ephesena Orientalium: ACO I 1,5, 121,13-15; propositio des Johannes von Antiochien: ACO I 1,7, 146,24f. SCHWARTZ).
6   STAATS 1996, 120; auch DRECOLL 1996, 4-7, beachtet die Doppelung der Textfassungen nicht.
7   Conc. Const. III a. 680/81, actio XVIII (ACO² II 2, 770,22-35 RIEDINGER) = DH 150.
8   SCHWARTZ 1926, 80.

len in N) abgelehnt und sich damit als „Apollinarist" erwiesen habe.[9] Für den ersten Teil des christologischen Artikels gilt genau das Umgekehrte, insofern hier N nach NC ummodelliert wird: Statt der Präzisierung des Sohn-Gottes-Titels durch γεννηθέντα ἐκ τοῦ πατρὸς μονογενῆ, τουτέστιν ἐκ τῆς οὐσίας τοῦ πατρός, Θεὸν ἐκ Θεοῦ, φῶς ἐκ φωτός, Θεὸν ἀληθινὸν ἐκ Θεοῦ ἀληθινοῦ im originalen N (actio II) findet sich in der *definitio fidei* die Wortfolge aus NC τὸν μονογενῆ, τὸν ἐκ τοῦ πατρὸς γεννηθέντα πρὸ πάντων τῶν αἰώνων, Θεὸν ἀληθινὸν ἐκ Θεοῦ ἀληθινοῦ.[10] Mit der vorsichtigen Angleichung der Texte wurde demnach die Intention verfolgt, wie schon 381 in Konstantinopel trotz der Behauptung der alleinigen Suffizienz von N dessen Defizite durch die Proklamation eines mit der gleichen Autorität ausgestatteten Interpretamentes weitestmöglich abzufedern – eine Intention, die ein Jahrhundert später durch Justinian sogar reichsrechtlich sanktioniert wurde.[11] Umgekehrt kann davon ausgegangen werden, daß NC[1] den authentischen Text des Bekenntnisses von 381 darstellt; obgleich er nicht wortidentisch mit N ist, konnte er doch als *sachidentisch* aufgefaßt werden.

Die Mehrdeutigkeit dieses in Chalkedon approbierten NC-Textes reproduziert sich nun auch in dessen *lateinischer* Textgeschichte. Grundsätzlich ist davon auszugehen, daß das NC erst nach 451 im Westen zur Kenntnis genommen werden konnte. Zwar ist für das Jahrzehnt vor 381 ein reger Austausch zwischen Ost und West bezeugt; so legte Papst Damasus I. in seinem Brief „*Ea gratia*" von 374 an Basilius von Caesarea das westliche Bekenntnis zur (neu)nizänischen Theologie und erstmals auch zur Gottheit des Heiligen Geistes dar[12], worin sich gegenüber dem Brief „*Confidimus quidem*" von ca. 371 eine Annäherung der jeweiligen trinitätstheologischen Standpunkte abzeichnete.[13] Es scheint jedoch im Westen un-

---

[9] So votierte Diogenes von Kyzikos: Conc. Chalc. a. 451, actio I (ACO II 1,1, 91,21-30); dazu LEBON 1936, 854f.

[10] Cf. actio II (ACO II 1,2, 79,17-19 SCHWARTZ) mit actio V (aaO., 127,11-13). Zur Signifikanz der Auslassung der Zeugung des Sohnes „aus dem Wesen des Vaters" cf. S. 57-59.

[11] Die Väter von Konstantinopel hätten demnach den Glauben von Nizäa „interpretierend erläutert" (σαφηνίσαντες ἐτράνωσαν): Cod. Iust. I 1,7,11 (9,34f. KRÜGER); cf. KELLY 1972, 298f.

[12] DH 145 = SCHWARTZ 1936, 20,23-21,33, hier 21,16-18: „*spiritum quoque sanctum increatum atque unius maiestate, unius usiae, unius uirtutis cum deo patre et domino nostro Iesu Christo fateamur.*"

[13] SCHWARTZ 1936, 19,1-20,22, hier 19,23-25: „*ut patrem filium spiritumque sanctum unius deitatis, unius uirtutis, unius figurae, unius credere oportet substantiae*"; griechische Fassung nach Theodoret (h. e. II 22,7; 148,7-9): ὥστε τὸν πατέρα καὶ τὸν υἱὸν μιᾶς οὐσίας, μιᾶς θεότητος, μιᾶς ἀρετῆς, μιᾶς δυνάμεως καὶ ἑνὸς χαρακτῆρος πιστεύεσθαι χρῆναι, καὶ τῆς αὐτῆς ὑποστάσεως καὶ τὸ πνεῦμα τὸ ἅγιον.

ter den durch Nizäa und das Nizänum entfachten trinitarischen Streit nirgendwo ein - dem Konzil von Konstantinopel vergleichbarer - „offizieller" Schlußstrich gezogen worden zu sein; das antihomöische Konzil von Aquileia unter dem Vorsitz des Ambrosius von Mailand im Herbst 381 sah seine Aufgabe zwar in der Widerlegung und Absetzung der „Häretiker", nicht aber in der Formulierung eines eigenen Bekenntnisses. Ausdruck der Orthodoxie war und blieb N (wie auch im Osten)[14]; daß das NC in Konstantinopel als Ausdruck des spezifisch „neunizänischen" Glaubens definiert worden war, ging in den Auseinandersetzungen zwischen den Bischöfen beider Reichshälften in den Jahren 381/382 unter, die eine Rezeption der Beschlüsse des östlichen Konzils im Westen vorläufig verhinderten.[15] In Konstantinopel wurde zwar schon 382 der Anspruch erhoben, eine οἰκουμενικὴ σύνοδος abgehalten zu haben[16], was jedoch die Theologen um Ambrosius strikt zurückwiesen. Auf ein neues Symbol wurde in dem entsprechenden Briefwechsel gar nicht Bezug genommen. Der „Glaube der 150 Väter" wurde also nicht nur „im Okzident vor 451 offiziell nicht angenommen", sondern war nicht einmal Gegenstand von Diskussionen.[17]

MARKSCHIES 1997, 86f., nennt den Brief ein frühes, bemerkenswertes „Dokument von lateinischem 'Neunizänismus'"; cf. LIETZMANN 1953b, 12f.; PIÉTRI 1996, 433f.; VINZENT 1999, 186f.393f.

[14] Dies dokumentiert der *Tomus Damasi*, d.h. das Schreiben einer römischen Synode von 382 nach Konstantinopel (nach Theodoret, h. e. V 11,1; GCS N.F. 5, 297,12-302,15 PARMENTIER/HANSEN, hier 297,15-298,4 = EOMIA I/2,1, 284,1-285,8 TURNER): Ἐπειδὴ μετὰ τὴν ἐν Νικαίᾳ σύνοδον αὕτη ἡ πλάνη ἀνέκυψεν ὥστε τολμᾶν τινας βεβήλῳ στόματι εἰπεῖν τὸ πνεῦμα τὸ ἅγιον γεγενῆσθαι διὰ τοῦ υἱοῦ, ἀναθεματίζομεν τοὺς μὴ μετὰ πάσης ἐλευθερίας κηρύττοντας σὺν τῷ πατρὶ καὶ τῷ υἱῷ τῆς μίας καὶ τῆς αὐτῆς οὐσίας τε καὶ ἐξουσίας ὑπάρχειν τὸ ἅγιον πνεῦμα (lateinische Fassung: EOMIA I/2,1, 284,32-285,37 TURNER = DH 152f.); cf. dazu MARKSCHIES 1995, 158f. Zur Rezeption von N im Westen cf. ULRICH 1994; der Text begegnet erstmals bei Hilarius von Poitiers, Coll. antiar. Par. B II 10 (CSEL 65, 150,6-20 FEDER); syn. 84 (PL 10, 536A).

[15] Cf. RITTER 1999, 221, mit Verweis auf MARKSCHIES 1995, 197. Differenzen zeitigte nicht die Häretikerliste, sondern die Titulierung von Byzanz als *nova Roma* (can. III).

[16] Cf. den Synodalbrief an die römische Synode von 382 unter Papst Damasus bei Theodoret, h. e. V 9,13 (GCS N.F. 5, 293,8f. PARMENTIER/HANSEN).

[17] Gegen SCHWARTZ 1926, 65. Parallel zu dieser verzögerten Publikwerdung wurde das Konzil selbst im Westen erst spät den normativen Konzilien zugerechnet; die älteste Fassung des Decretum Gelasianum (IV 1,1-5; TU 38/4, 8,161-176 DOBSCHÜTZ) erwähnt es noch nicht. Nach SCHATZ 1991, 105, sind sowohl der Einschub des Konzils von 381 in diese Liste als auch die prinzipielle Dekretierung der *Vierzahl* (aaO., 8,164-166) auf Papst Hormisdas zurückzuführen, d.h. in der Phase der Wiederannäherung nach Beendigung des Akacianischen Schismas.

1.2. Lateinische Übersetzungen des NC in den Akten des Chalkedonense

Schon vor 100 Jahren postulierte Ferdinand KATTENBUSCH: „Man muß den verschiedenen lateinischen Übersetzungen [des NC] noch einmal eigens nachgehen."[18] Die frühen Zeugnisse für NC im lateinischen Sprachraum finden sich sämtlich in Übersetzungen der Konzilsakten von Chalkedon. Im folgenden müssen deren unterschiedlichen Textgestalten daraufhin befragt werden, ob sich bestimmte Charakteristika der lateinischen Übersetzungen herausfiltern lassen; erst anschließend soll die eigenständige Traditionsbildung im Westen in den Blick kommen, um die spezifische Kontextualisierung des NC herauszuarbeiten. Es existieren mehr als ein Dutzend verschiedener Übertragungen aus den Konzilstexten, deren textuelle Übereinstimmungen *theologisch und rezeptionsgeschichtlich* interpretiert werden müssen. Ich greife hierfür dankbar auf die Vorarbeiten von Guiseppe Luigi DOSSETTI zurück, der freilich aus seiner Analyse der Textgeschichte des NC gerade den nachmaligen „Normtext" ausklammert, der die materiale Voraussetzung der späteren Filioque-Kontroverse bildet.[19]

Eduard SCHWARTZ benennt als erstes greifbares Datum der Rezeption ein Regest des Bischofs Julian von Kos an Papst Leo I., der bald nach dem Konzil von 451 die vollständige Glaubensdefinition einschließlich der beiden Symbole in lateinischer Übersetzung nach Rom sandte.[20] Weitere Belege begegnen in den Akten von Chalkedon 451, deren wichtigste Versionen die *Versio antiqua* und die Übersetzung des Rusticus (um 564/65) sowie die *Collectio Vaticana* darstellen, auf die der pseudo-leonische *Codex Canonum et Constitutionum* zurückgreift, sowie das aus einer eigenständigen vatikanischen Sammlung stammende Zitat der chalkedonischen *definitio fidei* auf dem Konzil von 553. Obwohl strenggenommen nicht dazugehörig, taucht das NC bald auch in Übersetzungen der Dokumente des Konzils von 381 auf, so im Codex Veronensis LX, bei Dionysius Exiguus und in der *Collectio Hispana*. Gleich drei Versionen bieten die diversen Akteneditionen des Konzils von Konstantinopel (680/81):

---

[18] KATTENBUSCH 1900, 802 Anm. 68.
[19] Die Siglen für die lateinischen Varianten des NC folgen DOSSETTI 1967, 175-190; cf. Anhang 1 (S. 557f.).
[20] SCHWARTZ 1926, 52f.; der Text des NC trägt die Spezifika der *Collectio Vaticana*. WYRWA 1997, 160f. Anm. 42, weist auf eine wichtige Akzentverschiebung hin: Der *Tomus Leonis* von 449 beginnt mit dem römischen Glaubensbekenntnis (ACO II 2,1, 25,11f. SCHWARTZ [nur angedeutet]), der *Tomus II* (458) mit N (ACO II 4, 114,17-24) - nicht jedoch mit NC!

A² R²   Conc. Chalc. actio II/III (Versio antiqua: EOMIA II/3, 469; versio Rustici diaconi: ACO II 3,2, 265,24-266,6)
A⁵ R⁵   Conc. Chalc. actio V/VI (Antiqua: EOMIA II/3, 471 [= Conc. Const. II a. 553, ACO IV 2, 139,19-30]; Rusticus: ACO II 3,2, 395,3-15 = ACO II 3,2, 413,21-414,4)
Vat   Conc. Chalc. actio VI (Coll. Vaticana: EOMIA II/3, 470 = ACO II 2,2, 104,1-13)
O   Conc. Chalc. actio VI (Collectio Vaticana [Julian von Kos]: EOMIA II/3, 470 = ACO II 2,2, 108,13-24)
K^{ii} Conc. Const. II a. 553 (Zitat der *definitio fidei* von Chalkedon: ACO IV 1, 176,2-14)
K^{iii} Conc. Const. III, actio XVIII (Ausgabe durch Papst Sergius I.: ACO² II 2, 771,21-33)
S^{leo} Conc. Const. III, actio XVIII (Collectio Hispana: 185,1-186,18 DOSSETTI)
S^{xz} Conc. Const. III, actio XVIII (Ms. Vossianus lat. Q. 122/Montepessulanus 308: SCHWARTZ 1926, 63,4-17)
CC   Codex Canonum ecclesiasticorum et constitutionum s. s. apostolicae (PL 56, 532AB)
D   Conc. Const. I a. 381 (interpr. Dionysii Exigui: EOMIA II/3, 467 = HAHN § 145)
S   Conc. Const. I a. 381 (interpretatio sylloges Hispanae = Isidor Mercator: EOMIA II/3, 468 = SCHWARTZ 1926, 61,3-18 = ACO II 2,2, 84,17-28)
V   Conc. Const. I a. 381 (Cod.Veron. LX = Theodosius diaconus: EOMIA II/3, 468 = SCHWARTZ 1926, 68,4-17)

Will man eine Systematik in die Vielzahl der Versionen bringen, so bieten sich als Ausgangspunkt die beiden Fassungen des Nizäno-Konstantinopolitanums an, wie sie in den *griechischen* Konzilsakten vorliegen (NC¹ aus actio III bzw. NC² aus actio V und der *definitio fidei*). Folgende Spezifika *aller* lateinischen Übersetzungen gegenüber der Originalfassung NC¹ können vorab notiert werden:

a) Nach κατελθόντα/*descendit* fehlt die Präzisierung ἐκ τῶν οὐρανῶν/*de caelis* (außer V: *de caelo*).
b) Durchgehend wird κατὰ τὰς γραφάς/*secundum scripturas* ausgelassen.
c) Für συμπροσκυνούμενον steht *adorandum* o.ä. ohne das Präfix *co-* (außer R² K^{iii}).
d) Geglaubt wird *in unam catholicam et apostolicam ecclesiam* - ohne *sanctam* (so nur V).

Das bedeutet: *Alle* lateinischen NC-Texte in den Konzilsakten gehen auf die modifizierte Version (NC²) zurück - auch diejenigen, die eigentlich NC¹ wiedergeben sollten! Bemerkenswert ist die hohe Konstanz dieses Befundes trotz der parallel verlaufenden Fixierung von NC¹ als des authentischen *griechischen* Textes - ein Indiz dafür, daß offensichtlich im lateinischen Sprachraum die von der Synode selbst in die *definitio fidei* aufgenommene Version, nicht das Original von 381, als mit N übereinstimmende Formulierung der Orthodoxie aufgefaßt wurde. Mit dem Julian-Regest bildete also nicht ein „defizienter" Text die Grundlage der Rezeption des NC im Westen: Aufgrund der *definitio fidei* des Konzils von Chalkedon wirkte zunächst die kürzere Fassung des NC prägend für dessen lateinische Textgeschichte. Erst K[iii] bietet nach 230 Jahren eine getreue Wiedergabe von NC[1].

Die Textzeugen des Chalkedonense unterscheiden sich näherhin dadurch, daß sie z.T. über die Übersetzung von NC[2] hinaus abweichende Textteile bieten. Zum einen wird an Stelle der griechischen partizipialen Trias σταυρωθέντα - παθόντα - ταφέντα von NC[1] eine Variation des *crucifixus - sepultus* (O A[5] R[2] R[5] D) durch die Dyade *passus - sepultus* (A[2] S Vat) geboten, wobei *passus* eine Ergänzung von NC[2] aus N darstellt. Signifikant ist aber vor allem die Einfügung der Wendung *Deus de Deo, lumen de lumine* aus N vor *Deum verum de Deo vero* (A[2] R[2] L S K[ii]).[21] Daher sind diese Texte nichts anderes als die in Chalkedon autorisierte Kurzfassung NC[2] mit Ergänzungen aus dem in actio II zitierten N. Die Klassifikation der vorliegenden Texte ergibt folgendes Bild[22]:

- Zur Textgruppe NC[lat.1] rechne ich A[2] R[2] K[ii] S.
- Zur Textgruppe NC[lat.2] sind zu zählen: A[5] R[5] O CC D.
- Keiner dieser beiden Textgruppen eindeutig zuzuordnen sind folgende Versionen: **Vat V**, zudem die Übersetzungen des NC in den Akten des Konzils in Konstantinopel 680/81 (K[iii] S[leo] S[xz]) und das eigenwillig „nizänisierte" NC des Laterankonzils (649).[23]

Ein nicht auf die Differenz der griechischen Textfassungen zurückzuführendes, daher nicht unmittelbar kriteriologisch auszuwertendes Ergebnis liefert die Frage nach der Wiedergabe des ὁμοούσιος in den lateinischen Fassungen des NC: Die Texte aus NC[lat.1] transliterieren durchgehend das griechische Wort und fügen eine erläuternde Wendung bei: „*[h]omousion Patri, hoc est eiusdem cum Patre substantiae*", die offensichtlich aus N stammt und dort „*natum... de substantia Patris*" weiterführt. Aus NC[lat.2] dagegen läßt sich fast einheitlich die Wendung *consubstantialem Patri* erheben.[24] Von den Texten der dritten Gruppe stehen S[leo] S[xz] V daher der Gruppe NC[lat.1] näher, während die zwei Jahrhunderte jüngeren Konzilstexte wie NC[lat.2] *consubstantialem* bieten, was als Zeichen dafür aufgefaßt gel-

---

[21] Der einzige Text, in den lediglich *lumen de lumine* eingeschoben wird, ist R[5].- Bezeichnend für die Marginalisierung der Textgeschichte in der Dogmengeschichte ist die Beobachtung dieser Verbindung bei BEYSCHLAG 1988, 298, und STAATS 1996, 162, der jeweils keinerlei Interpretationsversuche folgen.

[22] Ich orientiere mich im folgenden grundsätzlich an DOSSETTI 1967, 264-268, fasse aber dessen Gruppen C-E zusammen.

[23] Conc. Lat. a. 649, secretarius V (ACO[2] I, 219,21-32 RIEDINGER); zitiert als L.

[24] **CC Vat** bieten *eiusdem substantiae qua Pater est* statt *consubstantialem Patri*. Nach SCHWARTZ 1926, 65, will diese Textfassung „beide [Symbole] ausgesprochenermaßen verschmelzen."

ten darf, daß in dieser Frage im lateinischen Sprachraum terminologische Einigkeit zu herrschen begann.

Deutlich ist, daß die Unterschiede der zwei divergierenden Fassungen des NC auf dem Konzil von Chalkedon im Zuge der unmittelbaren Übersetzung der Konzilsakten in signifikanter Weise reproduziert wurden: Die Interpreten verstanden das *kürzere*, vom Konzil modifizierte NC als grundlegend orthodoxe Formel; diese Kurzform wurde mit aus dem Nizänum stammenden Wendungen angereichert, wo in den Akten die längere Form gefordert war. Das läßt nun aber den Schluß zu, daß nicht nur - wie im Osten - die verschiedenen *Bekenntnisse* von Nizäa und Konstantinopel als inhaltlich übereinstimmend angesehen wurden, sondern daß im lateinischen Westen auch die jeweils divergierenden *Texte* dieser Formeln nicht als sakrosankt betrachtet wurden. Noch das Laterankonzil von 649 experimentierte mit einer NC-Version, die sowohl im griechischen wie auch im lateinischen Text spezifisch „nizänische" Wendungen aufweist. Offensichtlich verhinderte die aktenkundige Konstellation von Chalkedon selbst eine Nivellierung - der Text, der in actio II als Original verlesen wurde, war zwar ein anderer als der in die *definitio fidei* aufgenommene, aber eben auch das Werk eines rezipierten Konzils. Zwischen diesen beiden Texten mit ihren unübersehbaren Interdependenzen galt der Austausch von Formulierungen als unproblematisch.

2. Die theologische Einbindung des Filioque in die lateinische Symboltradition

2.1. Der Gebrauch von NC in der römischen und spanischen Tradition

Fragt man nach Zeugnissen für das NC im lateinischen Frühmittelalter, die keine direkte Verbindung zu den Akten des Chalkedonense aufweisen, so ist zunächst die literarische Gattung des *Sakramentars* in den Blick zu nehmen, insofern hier Spuren der einstigen Bilingualität der römischen Gemeinde vorliegen. Dies implizierte eine besondere Exaktheit der Übersetzung des NC, die durch ihre strukturelle Einbindung in die Taufzeremonie (genauer: in die *traditio symboli*) motiviert war. Folgende Texte liegen vor:

G^{las} Sacramentarium Gelasianum 312.314 (EOMIA II/3, 472 = RED.F IV, 48,31-49,38 [interlinear]; 50,6-22)
G^{lon} Sacrament. Gellonense n. 546.548 (CChr.SL 159, 68,1-69,19; 69,1-70,18 DUMAS)
G^{eng} Sacr. Engolismense n. 720.722 (CChr.SL 159C, 104,1-18; 104,1-105,17 SAINT-ROCH)
OR^{xi} Ordo Romanus de divinis officiis XI 62.65 (PL 78, 997D = II; 434,6; 435,4f. ANDRIEU [abgekürzt])
P^{rg} Pontificale romano-germanicum XCIX 146f. (II; 36,2-17; 36,25f. [latein. abgekürzt])

Das erstgenannte Sakramentar führt bis ins 6. Jahrhundert zurück und damit in eine Zeit, in der die Taufbewerber im byzantinisch beeinflußten Rom das Bekenntnis noch in griechischer Sprache sprechen konnten, was zur Verwendung eines von den Konzilstexten unabhängigen, originalen NC führte, dessen lateinische Fassung eine eigenständige, semantisch und syntaktisch höchst getreue Wiedergabe dieses „Normtextes" darstellt. Die einzige formale Abweichung vom Original ist der liturgischen Situation geschuldet, da es sich um ein individuelles Bekenntnis des Taufbewerbers handelt (*credo - confiteor - spero*).[25] Aus derselben Epoche stammt der *Ordo Romanus XI*, der in gleicher Weise NC als das - wahlweise in griechischer oder lateinischer Sprache - vom Täufling abzulegende individuelle Bekenntnis fungieren läßt; die Frage nach der Sprache des Konfessors gehört selbst zum festgelegten Ritus, ist also keineswegs nur eine Präliminarie, sondern drückt die sprachlichen Möglichkeiten des christlichen Bekennens in einer formalen Struktur aus.[26] Daraus läßt sich entnehmen, daß NC im Frühmittelalter das *römische Taufbekenntnis* war; als solches begegnet es im fränkischen G^{lon} aus dem späten 8. Jahrhundert, wo allerdings die - in karolingischer Zeit forcierte - Entwicklung zum Apostolicum als Taufsymbol nachzuvollziehen ist: Die *praefatio symboli ad electus* [sic!] wird zweisprachig gehalten, während im *ordo baptisterii* zwar auch nach der Sprache des zu Taufenden gefragt wird, als Antwort aber zweimal „*latina*" vorgegeben und ebenso zweimal das Apostolicum rezitiert wird - einmal für den (oder die) Jungen, ebenso einmal für das (oder die) Mädchen.[27] Dasselbe Neben-

---

[25] Auch der griechische Text von G^{las} bietet den Singular (πιστεύω - ὁμολογῶ - προσδοκῶ). Die Eigenständigkeit des lateinischen Textes wird vor allem an den Partizipialkonstruktionen im zweiten Artikel deutlich (*descendentem - resurgentem - ascendentem - sedentem - uenturum*). Singulär sind u.a. folgende Merkmale: (*qui cum Patre et Filio*) *simul adoratum* (= συμπροσκυνούμενον; hier findet sich erstmals der spätere lateinische Normtext!) *et conglorificatum*; (*in unam*) *sanctam* (*catholicam et apostolicam ecclesiam*). Cf. CASPARI 1875, 480-489; KATTENBUSCH 1894, 48-51; BERNARD 2001, 1091f.- Auch von N ist ein griechischer Text aus dem frühmittelalterlichen Rom erhalten (MELi I/2 [1913], CCIX); cf. dazu VINZENT 1999, 187 Anm. 670.

[26] Nach ANDRIEU 1960, 413, entstand dieser *ordo* wohl im 6. Jh.; in späterer Zeit wurde NC durch das Apostolicum ersetzt (aaO., 393f.). Welche Textfassung verwendet wurde, ist durch die Abkürzung in den Handschriften nicht zu eruieren; Ms. Wolfenbüttel 4175 (cf. aaO., 373f.377 sowie Apparat z. St.) bietet ein NC, das am ehesten mit S^{leo} verwandt zu sein scheint.

[27] Sacramentarium Gellonense, n. 546-548; 2281-2283 (CChr.SL 159, 68,1-70,18; 326,1-327,6 DUMAS [saec. VIII]). Der lateinische Text des NC ist keiner der o.g. Versionen zuzuordnen und weist grammatikalisch erhebliche Defekte auf. Cf. KATTENBUSCH 1900, 796.814 Anm. 82. In ähnlicher Weise bietet das Sakramentar von Angoulême (G^{eng}) bei der *Traditio symboli* den Text des NC in beiden Sprachen (n. 720.722; CChr.SL 159C, 104,1-18; 104,1-105,17 SAINT-ROCH; fast identisch mit G^{las}), die *Reddi-*

einander von traditioneller und neuer Form zeigt sich schließlich im *Pontificale romano-germanicum* aus dem 10. Jahrhundert, wo ebenfalls im *ordo scrutinii ad electos* NC in beiden Sprachen vorgesehen ist, bei der Tauffeier dagegen das Apostolicum sowie die altrömischen Tauffragen verwendet werden sollen.[28] Für die römische Bekenntnistradition ist also eine - wenn auch seit dem 7. Jahrhundert nur noch nominelle - Zweisprachigkeit zu veranschlagen, die große Treue zum Original implizierte.[29]

Daneben ist auf eine andere Region Europas hinzuweisen, wo das NC in signifikant anderer Weise eine wichtige Rolle als Bestandteil der Meßliturgie wie auch als strukturierende Grundlage umfangreicher dogmatischer Definitionen spielte, nämlich im *spanischen Westgotenreich*.[30] Deren Konversion zum nizänischen Glauben wurde 589 auf dem III. Reichskonzil von Toledo unter dem jungen König Rekkared durch das gleichzeitige Abschwören des Homöertums besiegelt, und zu diesem Zweck wurden in die Darlegung des königlichen Glaubens die dogmatischen Definitionen der vier Ökumenischen Konzilien (genauer: N, NC und der *tractatus Calcidonensis concilii*) eingefügt.[31] Der Text, der hier und im Bekenntnis der einstmals arianischen Gotenbischöfe zitiert wird, weist die typischen Merkmale von S auf und ist somit der Gruppe NC$^{lat.1}$ zuzurechnen, bietet also eine Anreicherung des kurzen NC mit nizänischen Elementen, vor allem mit

---

tio symboli dagegen eine erweiterte Form der altgelasianischen Tauffragen (cf. KINZIG 1999, 143), ähnlich wie das Missale von Bobbio (saec. VII/VIII), in dem bereits das Apostolicum als Taufcredo fungiert (n. 184; 591; HBS 20, 56,26-34; 181,27-39 LOWE).

[28] In P^{rg} wird allerdings der lateinische Text nicht ausgeschrieben; einzig der *Ordo Romanus antiquus* in der Ausgabe von HITTORP (s.u. S. 74 Anm. 111) bietet einen vollständigen Text, und zwar den des Paulinus (DH 150), was eine Entstehungszeit nicht vor dem 11. Jahrhundert impliziert. Das Apostolicum findet sich in XCIX 365 (II; 101,32-102,1 VOGEL/ELZE), die Tauffragen in XCIX 87a.373 (24,21-25,3; 105,39-106,10); CVII 3 (155,9-16); CX 29 (170,23-171,6); cf. KINZIG 1999, 153f. Den Übergang von NC zum Apostolicum (T) illustriert der in Rom befindliche Codex Sessorianus 52, dessen *traditio symboli* grundsätzlich OR^{xi} entspricht, jedoch das lateinische T bietet, während die *redditio symboli* weiterhin auf NC anspielt; cf. KELLY 1972, 419f.

[29] Cf. zur römischen Taufliturgie jetzt BERNARD 2001, 1098-1101.

[30] Zum westgotischen Homöertum und zur Religionspolitik Rekkareds und seiner Nachfolger cf. MICHEL 1946, 1179-1182; JUNGMANN 1947, 53-62; THOMPSON 1960, 23-28; STROHEKER 1963, 219f.; CLAUDE 1971, 55-91; EWIG 1975, 142-145; SCHÄFERDIEK 1978, 528f.; ORLANDIS/RAMOS-LISSÓN 1981, 95-103.

[31] Infolge des Drei-Kapitel-Streites wurde das II. Konstantinopolitanum von den maßgeblichen westgotischen Theologen abgelehnt, wie auch von den Afrikanern und den Norditalienern in Aquileia (cf. STROHEKER 1963, 217); eine Spätfolge davon stellt der Adoptianismusstreit der 790'er Jahre dar (s.u. S. 90-102).

der typischen Wendung *Deum ex Deo, lumen ex lumine*.³² Dieser Text wurde für den Gebrauch in der Meßliturgie vorgeschrieben - in Analogie zum Konstantinopolitaner Ritus während des eucharistischen Teils des Gottesdienstes vor dem Vaterunser.³³

Dieser Text begründete die erste eigenständige Tradition im lateinischen Sprachraum, bleibt doch die westgotische Bekenntnistradition im ganzen 7. Jahrhundert fast buchstäblich dem NC des III. Toletanums treu: Auf insgesamt sechs weiteren Konzilien bis 694 findet sich ein so gut wie wortidentischer Text.³⁴ Auch die sogenannte *Mozarabische Liturgie* belegt, daß NC$^{lat.1}$ sich in Spanien umfassend durchgesetzt hatte.³⁵ Daß keine neue Übersetzung angefertigt wurde, hängt mit der Isolation Spaniens zusammen, insofern man Rom respektvoll, aber distanziert begegnete und Konstantinopel als Feind betrachtete, dem die südspanische Küste erst mühsam entrissen worden war. Vor allem aber waren im 7. Jahrhundert außerhalb Roms selbst so hochgebildete Theologen wie Isidor von Sevilla nur mehr des Lateinischen mächtig, so daß der Originaltext des NC nicht als Korrektiv herangezogen werden konnte.

Mit der Frage, inwieweit hier nun von einer *Interpretation* zu sprechen ist, wird die Frage nach der theologischen Bedeutsamkeit der spezifisch westgotischen Abweichungen gegenüber der griechischen Fassung des NC berührt. Es handelt sich um drei typische Wendungen:

- die Beibehaltung des *Deum de Deo* zu Beginn des zweiten Artikels;

---

32 Conc. Tolet. III a. 589 (MHS.C V, 66,187-67,202; 90,464-480 MARTÍNEZ DÍEZ/ RODRÍGUEZ); s.u. Anhang 2.2. (S. 560).

33 Conc. Tolet. III a. 589, can. II (MHS.C V 110,739-745 MARTÍNEZ DÍEZ/RODRÍGUEZ): „*Ut per omnes ecclesias Spaniae, Galliae vel Gallaeciae secundum formam orientalium ecclesiarum, concilii Constantinopolitani hoc est centum quinquaginta episcoporum symbolum fidei recitetur, ut priusquam dominica dicatur oratio voce clara a populo praedicetur, quo et fides vera manifestum testimonium habeat et ad Christi corpus et sanguinem praelibandum pectora populorum fide purificata accedant.*" Diese Initiative geht wohl auf Johannes von Biclaro zurück, der lange als Exulant in Konstantinopel gelebt hatte (cf. STROHEKER 1963, 226.233f.; CLAUDE 1971, 78); er überträgt auch die byzantinische Konstantins-Ideologie auf Rekkared (chron. a. 590 n. 1; MGH.AA XI, 219,10-19 MOMMSEN).

34 Conc. Tolet. VIII a. 653 (MHS.C V 385,229-386,245 MARTÍNEZ DÍEZ/RODRÍGUEZ); Conc. Meridanum a. 666 (326 VIVES); Conc. Bracarense a. 675 (370f.); Conc. Tolet. XII a. 681 (385f.); Conc. Tolet. XIII a. 683 (415 [abgekürzt zitiert]); Conc. Tolet. XV a. 688 (425f.); Conc. Tolet. XVII a. 694 (527f.). Dabei wird auch der dritte Artikel mit *credimus (et in Spiritum sanctum)* eingeleitet.

35 Liturgia Mozarabica (PL 85, 557AB); cf. auch den Text des Beatus von Liébana und Heterius von Osma (ca. 785: adv. Elip. I 39; CChr.CM 59, 27,1006-1022 LÖFSTEDT).

- die Transliteration ὁμοούσιον zu „(h)omousion" samt der Ergänzung „hoc est eiusdem cum Patre substantiae";
- das Bekenntnis zum Heiligen Geist, „ex Patre Filioque procedentem".

Die zuerst genannte Wendung stammt aus N und präludiert das folgende *lumen de lumine, Deum verum de Deo vero*. Die knappe einleitende Wendung könnte demnach als Doppelung verstanden werden und konnte jedenfalls anno 381 in Konstantinopel wegfallen, was den Ton auf die Identität des Logos-Lichtes mit Gott als der Quelle des Lichtes legt (Joh 1,9; 8,12) sowie das Moment der „wahren" (nicht irgendwie abgeleiteten oder sekundären) Gottheit hervortreten läßt (ἀληθινὸς Θεός). Für die lateinische Rezeption des NC scheint das einfache *Deum de Deo* demgegenüber wichtig gewesen zu sein, weil sich von hier aus eine Interpretationshilfe für die sicher problematischste Formel des ganzen Bekenntnisses ergab – die Wesenseinheit von Vater und Sohn.

Daß die Schwierigkeiten bei der Übersetzung des Wortes ὁμοούσιος ins Lateinische Aufnahme in den Text des Bekenntnisses selbst fanden, muß als hochsignifikant bewertet werden, läßt dies doch erkennen, daß die Theologen des Westens die Unangemessenheit der wörtlichen Übersetzung zumindest ahnten.[36] Diese Unsicherheit reicht bis zu der ersten Übersetzung des *Nizänums* bei Hilarius von Poitiers zurück, in der es heißt: „*unius substantiae cum Patre, quod Graeci dicunt 'omousion'*".[37] Allerdings wurde in den lateinischen Versionen von N alsbald die Einheit der Substanz (*una substantia*) durch deren Selbigkeit (*eadem substantia*) ersetzt, wie sie auch in der westgotischen Tradition begegnet. Vergegenwärtigt man sich die diesbezüglich erstaunliche Übereinstimmung der Übersetzungen von N im 5. Jahrhundert, dann kann die Wendung „*(hoc est) eiusdem cum Patre substantiae*" als Beleg für eine schon durch die lateinische Tradition präfigurierte „Nizänisierung" des Konstantinopolitanums gewertet werden.[38]

Was nun aber keinesfalls von N nach NC „einsickern" konnte, war die pneumatologische Präzisierung „*ex patre et filio procedentem*", die für die westgotische Symboltradition seit 653 kennzeichnend ist. Der seit 1992

---

[36] Cf. schon Marius Victorinus, adv. Arrium II 9 (CSEL 83/1, 183f.,13f. HENRY/HADOT): „*Latine, inquiunt, dicatur. Quia difficile dicitur, ideo expetitis.*"

[37] Hilarius, Coll. antiar. Par. B II 10 (CSEL 65, 150,11 FEDER); ähnlich syn. 77.84 (PL 10, 530B; 536A), sowie Gregor von Elvira, fid. praef. 1 (CChr.SL 69, 221,5f. BULHART). Zu Hilarius' Nizäa-Rezeption cf. DOIGNON 1990, 250-253; zur Gesamtproblematik ULRICH 1994, 9 mit Anm. 22.

[38] Sämtliche Zeugen für N, die C.H. TURNER in EOMIA I/2,1, 106-111.174-177.252f. anführt, stimmen hier überein; die ältesten Belege entstammen schon vorchalkedonensischer Zeit, nämlich den Akten des Konzils von Karthago a. 419 sowie der Sammlung des Isidor Mercator (vor 451).

vorliegenden kritischen Ausgabe der Konzilsakten zufolge wurde diese Veränderung nicht schon 589 im Text des NC vorgenommen[39]; wurde hier noch interpretatorische Zurückhaltung bewahrt, so findet sich aber spätestens vom VIII. Toletanum (653) an das Filioque durchgehend in der konziliaren Fassung des NC.[40] Und ebenso dürfte es in dieser Zeit Eingang in die mozarabische Liturgie gefunden haben, so daß das Filioque als Element der „Normaltheologie" in allen Bereichen erscheint.[41] Diese *theologische* Dimension kommt aber auch schon im Jahre 589 trotz des noch unveränderten NC zum Vorschein[42]: Der Inhalt, den das Filioque ausdrücken sollte, war offensichtlich für die Intention des Königs und der Konzilsväter unabdingbar – das Filioque begegnet im Credo Rekkareds wie auch im dritten Anathematismus der Bischöfe.[43] Man wird also sagen müssen, daß das NC auch ohne die Einfügung der Zeichenkette „Filioque" in einen *interpretatorischen Rahmen* gestellt wurde, der eine Insuffizienz der Pneumatologie des Bekenntnisses implizierte und sie gleichzeitig behob, insofern die konkrete Gestalt des „germanischen Arianismus", gegen den Toledo III anging, eine im Grunde *pneumatomachische* Position darstellte: Rekkareds Vater und Vorgänger Leovigild (568-586) hatte – angesichts der konfliktträchtigen Konstellation von politischen, kulturellen und religiösen Divergenzen in seinem Reich – eine *„transductio Romanorum ad haeresim Arianam"* versucht; jedenfalls erleichterte Leovigild den Übertritt der Katholiken zum Arianismus.[44] Gregor von Tours zufolge bezog er eine „pneumatomachische" Position, die dem Sohn Gottes durchaus die Gleichheit

---

[39] MHS.C V, 67,198f.; 90,476 MARTÍNEZ DÍEZ/RODRÍGUEZ; cf. noch die Unsicherheit der Herausgeber nach ORLANDIS/RAMOS-LISSÓN 1981, 109f. Anm. 54. Ältere Meinungen können (und sollten!) nun anhand dieser Ausgabe korrigiert (*pars pro toto*: HAUGH 1975, 28) oder präzisiert werden (so BIENERT 1997a, 228).

[40] MHS.C V, 385,229-386,245; cf. SCHÄFERDIEK 1967, 212 Anm. 226; SIEBEN 1984, 278 Anm. 3.

[41] Zutreffend betont OBERDORFER 2001, 140, „daß das Filioque aufgrund eines *unpolemischen*, auch von keiner aktuellen innerwestlichen Streitigkeit veranlaßten *Harmonisierungsbedürfnisses* in das NC einwanderte".- Diese Eigenart der spanischen Theologie zeigt sich auch daran, daß in einem Brief des Papstes Hormisdas an Kaiser Justin I. (RPR[J] 857 vom 26.3.521), der in der *Collectio Hispana* überliefert wird, das Filioque als *proprium* des Heiligen Geistes begegnet, in der Version desselben Briefes der *Collectio Avellana* jedoch fehlt (Nr. 236,9; CSEL 35, 719,7-19 GÜNTHER [mit Apparat]).

[42] Cf. zum Folgenden RAMOS-LISSÓN 1984, 295f.

[43] Conc. Tolet. III, regis prof. fidei (MHS.C V, 55,71-73 MARTÍNEZ DÍEZ/RODRÍGUEZ): *„Spiritus aeque sanctus confitendus a nobis et praedicandus est a Patre et Filio procedere et cum Patre et Filio unius esse substantiae";* anath. III (79,350-352): *„Quicumque Spiritum sanctum non credet aut non crediderit a Patre et Filio procedere, eumque non dixerit coaeternum esse Patri et Filio et coessentialem, anathema sit."*

[44] Cf. STROHEKER 1939, 170-182; summarisch THOMPSON 1960, 21.

(*coaequalitas*) mit dem Vater konzedierte, dies aber nicht auf den Heiligen Geist ausweitete.⁴⁵ Hierin liegt der Grund für das redundante Insistieren des III. Toletanums auf dem Hervorgang des Geistes aus Vater *und* Sohn - das Sein des Geistes sollte damit engstmöglich mit der Gottheit der beiden anderen Personen verknüpft werden.⁴⁶ Daß zugleich die Synode von Rimini (359) verdammt wurde, markiert deutlich die Selbstverortung innerhalb der nizänischen Tradition⁴⁷ - aber eben in der Spur des *lateinischen Neunizänismus*, und dazu gehörte auch das Filioque, das eine lange Reihe von anathematisch gefaßten Definitionen über den Heiligen Geist einleitet (anath. III-XIV): das Bekenntnis zur Gleichewigkeit und Wesensidentität des Geistes mit Vater und Sohn, die Gleichheit (des Sohnes und) des Geistes mit dem Vater als Komplementärbestimmung zu seiner Nicht-Geschöpflichkeit, die Homousie samt ihren Implikaten („*unius substantiae,*

---

⁴⁵ Gregor von Tours, Franc. VI 18 (MGH.SRM I², 287,15f. KRUSCH/LEVISON): „*Manefeste cognovi, esse Christum filium Dei aequalem Patri; sed Spiritum sanctum Deum penitus esse non credo, eo quod in nullis legatur codicibus Deus esse*", cf. dazu auch Isidor von Sevilla, Goth. chron. 8 (MGH.AA XI, 270,21-271,12 MOMMSEN). Zum lateinischen Homöertum cf. den Forschungsüberblick bei WILES 1996, 40-51; zu Leovigild cf. JUNGMANN 1947, 59f.; THOMPSON 1960, 11-22. Daß er „Arianer" gewesen sei, betonte Gregor I. (dial. III 31,1.7; SC 260, 384,1-6; 388,54-59 DE VOGÜÉ/ANTIN), ebenso noch Hadrian I., ep. 2 cap. 51 (MGH.Epp. V, 38,34-40 HAMPE); auch in op. Car. III 3 (MGH.Conc. II/Suppl. I, 347,7 FREEMAN) wird die zitierte Formel als „arianisch" bezeichnet. Der oft als Zeugnis für diese Wahrnehmung der Gotenherrscher herangezogene Brief des Avitus von Vienne an den burgundischen König Gundobald (PL 59, 385CD) stellt dagegen nach SIEBEN 1999, 33, eine Fälschung aus dem 17. Jh. (!) dar.

⁴⁶ HANSON 1985, 281f., hat diese Deutung (die z.B. KELLY 1972, 355f., und BIENERT 1997a, 229, vorgetragen haben) bestritten, da nicht ersichtlich sei, welche argumentative Leistung das Filioque gegenüber dem Arianismus erbracht habe, zumal dieser durch die Subordination des Geistes als „erstes Geschöpf" ja sein eigenes „Filioque" aufweise (so auch RITTER 1999, 211f. Anm. 260, mit Verweis auf HARNACK 1909, 265). Festzuhalten ist aber, daß die „katholischen" Theologen anno 589 *meinten*, ihren Gegnern mit dieser Lehre entgegentreten zu können und zu müssen, die für sie keine Novität, sondern ein rezipiertes augustinisches Theologumenon darstellte (s.u. S. 63-65). Zurecht weist HANSON aber darauf hin, daß unsere Kenntnis des „germanischen Arianismus" kaum ausreicht, um gesicherte Urteile fällen zu können. Das gilt auch für den oft als Auslöser der Filioque-Kontroverse beschworenen *Priscillianismus*, dem das I. Toletanum (400) ebenfalls den doppelten Hervorgang des Heiligen Geistes entgegenhielt (regula fidei; MHS.C IV, 340,205-213; dazu MANGENOT 1906, 93-98; RAMOS-LISSÓN 1984, 289-293; STAATS 1996, 196f.). Nach KELLY 1964, 90 (ähnlich RAMOS-LISSÓN 1984, 290f.294), fügte erst Pastor von Palencia um 447 (unter dem Einfluß von Leo I., ep. 15,1; PL 54, 681A = DH 284) in dieses Credo das Filioque ein.

⁴⁷ Anath. XVII (MHS.C V, 82,387f.); cf. die professio fidei regis (aaO., 61,134-63,152); anath. XI (aaO., 82,387f.: Unhintergehbarkeit der *fides* der vier Ökumenischen Konzilien [ohne Conc. Const. II a. 553!]); anath. XXII (aaO., 85,407-409: dito); can. I: „*ut conciliorum statuta et praesulum Romanorum decreta custodiantur*" (aaO., 103,640f.).

omnipotentiae et aeternitatis") bis hin zur wahren Gottheit.[48] Es werden also die *christologischen* Bestimmungen des zweiten Artikels des NC auf die *Pneumatologie* übertragen, so daß quasi die 381 „zurückgehaltenen" Aussagen über den Geist nachgetragen werden - bis hin zur Homousie und Gottheit des Geistes, und zwar in einer Situation, in der einer konkreten „Häresie" entschieden entgegengetreten werden mußte.

Das III. Konzil von Toledo setzte damit ein Paradigma für die spanische Symboltradition, denn in *allen* weiteren Symbolformulierungen bis zum XVI. Toletanum (693) findet sich der doppelte Hervorgang des Heiligen Geistes, wie auch in allen weiteren Belegen für das NC. Freilich sucht man vergeblich nach einer *Begründung*, die auch im Rahmen von konziliaren Definitionen nicht erwartet werden kann; vielmehr wird die Homousie des Geistes *vorausgesetzt* und das Filioque damit zum theologischen Kennzeichen der Absage an das (faktisch nach 600 in der Bedeutungslosigkeit verschwundene) Homöertum umgewertet. Daraus ergibt sich, daß das trinitätstheologische Konzept des Filioque bereits *vor* der „offiziellen" Rezeption des NC im Westen eine wichtige theologische Funktion einnahm.[49] Bekenntnistext und theologische Tradition sind demnach in ihrer Interdependenz zu analysieren, insofern das Suchen nach *sprachlichen* Äquivalenten nur im Rahmen bestehender *theologischer* Diskurse möglich ist. Entsprechend ist nach *Grundentscheidungen der lateinischen Trinitätslehre* zu fragen, die *vor dem Bekanntwerden des NC* getroffen wurden.

2.2. Grundlagen der frühmittelalterlichen lateinischen Theologie: Augustin

Im Gang der Untersuchung wird sich immer wieder zeigen, daß die Kategorien und die Terminologie der frühmittelalterlichen lateinischen Trinitätslehre, mit denen das Filioque nach innen begründet und nach außen verteidigt wurde, weitestgehend auf den Schriften des Augustin von Hippo (354-430) basieren. Die Forschung hat ihr diesbezügliches Interesse allerdings zumeist auf die monumentalen *De trinitate libri XV* gerichtet, und hier auf die sogenannte „psychologische" Trinitätslehre, obwohl diese außerhalb des Trinitätswerks bei Augustin praktisch keine Rolle spielt; auch werden in den karolingischen Florilegien des 9. Jahrhunderts die

---

[48] Anath. IV-VI (MHS.C V, 79,353-80,361); anath. XI: *„verum Deum et omnipotentem"* (aaO., 81,370-373).

[49] Stark verkürzend, im Prinzip aber zutreffend bemerkt DALEY 2001, 46, daß bereits die römischen Gesandten in Chalkedon beim Verlesen des NC das Filioque „mithörten".

„psychologischen" Passagen gerade nicht zitiert.[50] Vielmehr wird hier der „antiarianische" und daher prononciert „nizänische" Augustin herangezogen, um eine Lehre zu verteidigen, die dem spezifischen Kontext des lateinischen Neunizänismus entstammt und sich von dessen griechischem Pendant deutlich unterscheidet. Die Plausibilität des Filioque ist daher nicht zu verstehen ohne Augustins Weg zu einer lateinisch-neunizänischen Trinitätstheologie, welche die Denkkategorien und Sprachmöglichkeiten für die Übersetzung des griechischen NC allererst bereitstellte.[51]

Zwischen den Formeln von Nizäa und Konstantinopel, die 451 für sachidentisch erklärt wurden, besteht eine textuelle Differenz, an der sich die theologische Weichenstellung zwischen griechisch-kappadozischem und lateinisch-augustinischem Neunizänismus aufweisen läßt. Das im vierten Jahrhunderts überaus umstrittene und erst spät einer konsistenten Interpretation zugeführte ὁμοούσιος bildet im Kontext der Formel von Nizäa selbst lediglich das letzte in einer Reihe von Interpretamenten der Kernaussage des christologischen Artikels, nämlich der Prädikation des Sohnes Gottes als γεννηθέντα ἐκ τοῦ πατρὸς μονογενῆ. Erläutert wird das „Eingeboren-Sein" durch die antiarianischen Präzisierungen τουτέστιν ἐκ τῆς οὐσίας τοῦ πατρός, Θεὸν ἐκ Θεοῦ, φῶς ἐκ φωτός, Θεὸν ἀληθινὸν ἐκ Θεοῦ ἀληθινοῦ, γεννηθέντα οὐ ποιηθέντα, ὁμοούσιον τῷ πατρί.[52] Christus ist demnach „eingeboren", weil er aus dem Wesen des Vaters gezeugt wird, und *deswegen* ist er wesenseins mit diesem. Insofern N zwischen οὐσία und ὑπόστασις nicht unterscheidet[53], läßt sich die wesensmäßige Zeugung des Sohnes aus dem Vater als hermeneutischer Schlüssel benennen, der die Begründung sowohl des *göttlichen Seins Christi* (als Einziggeborener) als auch seiner *innertrinitarischen Verortung* (als Sohn des Vaters) leisten soll.

Diese Argumentationsweise erfuhr scharfe Kritik durch Eunomius, der Gott als *wesensmäßig ungezeugt* (ἀγέννητος) definierte und ihn dadurch

---

[50] SCHMAUS 1976, 240f.; als zeitgenössische Vertreter des „klassischen" Zugangs seien NODES 1999, 6-8; OBERDORFER 2001, 107-128, und - aus orthodoxer Perspektive - MARTZELOS 1999, 37-44, genannt.

[51] Im folgenden greife ich auf meine andernorts vorgelegte Darstellung des augustinischen Neunizänismus zurück (GEMEINHARDT 1999; 2001a; dort finden sich jeweils ausführliche Literatur- und Quellenbelege).

[52] DH 125 = 228,3-230,6 DOSSETTI.

[53] Die Anathematismen identifizieren beide Begriffe ausdrücklich (DH 126 = 238,14-240,16 DOSSETTI): ἐξ ἑτέρας ὑποστάσεως ἢ οὐσίας φάσκοντας εἶναι... ἀναθεματίζει ἡ καθολικὴ ἐκκλησία.

von Christus als *wesensmäßig gezeugt* (γεννητός) unterschied.⁵⁴ Als Gezeugter könnte Christus demnach nicht wesensgleich mit Gott sein, dessen Wesen ja in seinem Ungezeugt-Sein besteht und der Christus *nicht aus seinem Wesen, sondern durch seinen Willen hervorbringt*. Darüber hinaus wurde die Plausibilität der nizänischen Terminologie an der Stelle angefragt, wo es um eine göttliche *Trinität* ging: Der Heilige Geist mußte - wenn die Zeugung mit dem göttlichen Wesen verknüpft war - entweder als zweiter Sohn erscheinen oder dem Sohn - als durch diesen geschaffen - subordiniert werden. Die kappadozischen Theologen akzeptierten diese Problemanzeige, suchten jedoch eine Lösung auf der Basis des von Eunomius attackierten ὁμοούσιος⁵⁵: Die drei wesensgleichen Hypostasen werden einander so zugeordnet, daß die Homousie nicht mehr im Hervorgehen von Sohn und Geist aus dem *Wesen* des Vaters begründet ist. Entsprechend fehlt auch im Text des NC die Prädikation ἐκ τῆς οὐσίας τοῦ πατρός, die der Einbeziehung des pneumatologischen Dogmas in die nizänische Orthodoxie zuvor entgegengestanden hatte.⁵⁶

Den Weg dahin ebnete der *Tomus ad Antiochenos* der Synode von Alexandrien (362), der eine wirkungsgeschichtlich hochbedeutsame Sprachregelung vorlegte, wonach das Bekenntnis von Nizäa (gegen sein eigenes Anathema!) mit der Unterscheidung von *einem* Wesen Gottes und *drei* Hypostasen interpretiert werden konnte - auf der Basis des ὁμοούσιος.⁵⁷ Dabei ist aber die andere Seite dieser Sprachregelung gleichermaßen zu beachten, die ganz auf der Linie des nizänischen Anathems die *Synonymie* von οὐσία und ὑπόστασις behauptet - „weil der Sohn aus der Usia des Vaters existiert."⁵⁸ Das dem *Tomus* angehängte Bekenntnis des antiochenischen Bi-

---

54 Cf. HANSON 1988, 623-626; KONG 1995, 89-141; summarisch GEMEINHARDT 1999, 157f. mit Anm. 39.
55 Von *der* „kappadozischen Trinitätstheologie" spreche ich insofern, als die Sprachregelung des *Tomus ad Antiochenos* von drei Hypostasen (s.u.) und somit die Abkehr von der Zeugung des Sohnes „aus dem Wesen des Vaters" die gemeinsame Grundlage der neunizänischen Theologien des Basilius von Caesarea, Gregor von Nazianz und Gregor von Nyssa darstellt (cf. GEMEINHARDT 2001a, 156 Anm. 9; so auch ZIZIOULAS 1995, 51f.).
56 Es handelt sich hier also nicht um eine „liturgische Glättung" (STAATS 1996, 22.162)!
57 Athanasius, tom. ad Ant. 5,4 (PG 26, 801B [= 324,5-12 OPITZ]).
58 Tom. ad Ant. 6,2 (PG 26, 801C [= 324,17-19 OPITZ]): ἀλλ' ὑπόστασιν μὲν λέγομεν ἡγούμενοι ταὐτὸν εἶναι εἰπεῖν ὑπόστασιν καὶ οὐσίαν, μίαν δὲ φρονοῦμεν *διὰ τὸ ἐκ τῆς οὐσίας τοῦ πατρὸς εἶναι τὸν υἱὸν* καὶ διὰ τὴν ταυτότητα τῆς φύσεως. Nur unter Beachtung dieser Differenz formuliert der *Tomus* tatsächlich „den theologischen Rahmen neunizänischer Theologie, innerhalb derer sich die kappadozische Trinitätslehre entfaltet, aber auch lateinische Theologen wie beispielsweise Ambrosius oder Augustinus" (MARKSCHIES 1998b, 176)!

schofs Paulinus rezipiert die Rede von drei Hypostasen bzw. von einer Hypostase und Usia und anathematisiert alle, „die den in Nizäa verkündeten Glauben geringschätzen und nicht sagen, daß der Sohn aus dem Wesen des Vaters existiert und ihm wesensgleich ist"[59].

Von dieser Dualität theologischer Sprachmöglichkeiten führt eine oft übersehene Spur zur trinitätstheologischen Argumentation Augustins. Denn für seine Theologie ist kennzeichnend, daß den Begriffen für die Einheit des Wesens Gottes[60] kein Äquivalent für die dreifache Individuation gegenübersteht, insofern *persona* mit der Vorstellung eines eigenständigen Subjekts konnotiert ist, die Wiedergabe von ὑπόστασις mit *substantia* dagegen der lateinischen *„loquendi consuetudo"* widerspricht.[61] Dieser Befund reproduziert genau die Problematik, die im Osten den Anstoß zur Herausbildung des Neunizänismus bildete: der synonyme Gebrauch von Usia und Hypostasis in N. Der lateinische Terminus *substantia* steht semantisch zwischen diesen griechischen Alternativen. Wo die Kappadozier gerade um der Bewahrung des nizänischen *Glaubens* willen bestimmte nizänische *Formulierungen* aufgaben, bildete für Augustins Trinitätstheologie aber gerade der Text des Nizänums - als von der alexandrinischen Synode erneut als suffizient bekräftigter Ausdruck des orthodoxen Glaubens - und

---

[59] Tom. ad Ant. 11,2 (PG 26, 809AB [= 329,3f.11f. OPITZ] = Epiphanius, haer. 77,21,2.7 [GCS Epiph. III; 434,35-435,2; 435,12-14 HOLL]): διὸ καὶ ἀποδέχομαι τὴν προγεγραμμένην ἑρμηνείαν περὶ τῶν τριῶν ὑποστάσεων καὶ τῆς μιᾶς ὑποστάσεως ἤτοι οὐσίας καὶ τοὺς φρονοῦντας οὕτως... ὅθεν ἀναθεματίζω τοὺς ἀθετοῦντας τὴν ἐν Νικαίᾳ ὁμολογηθεῖσαν πίστιν καὶ μὴ λέγοντας [Epiph.: ὁμολογοῦντας] ἐκ τῆς οὐσίας τοῦ πατρὸς καὶ ὁμοούσιον εἶναι τὸν υἱὸν τῷ πατρί.- Zur Rezeption des *Tomus* im Westen cf. GEMEINHARDT 1999, 160-162; zu den Meletianern ZACHHUBER 2000, 86-90.

[60] Augustin kann *substantia*, *essentia* und *natura* synonym verwenden; cf. haer. 49 (CChr.SL 46, 320,2-321,4 VANDER PLAETSE/BEUKERS); civ. XII 2 (CChr.SL 48, 357,11-16 DOMBART/KALB).

[61] Cf. trin. V 8,10-9,10 (CChr.SL 50A, 216,43-217,51 MOUNTAIN/GLORIE). Allerdings kann Augustin durchaus unbefangen von *tres personae* sprechen; cf. II 7,13 (97,20); II 18,35 (125,61-126,63); trin. XV 23,43 (520,6f.; 521,24-27); c. Maxim. II 10,2 (PL 42, 765); dazu GEMEINHARDT 2001a, 158 mit Anm. 20. Die terminologische Problematik dokumentiert Boethius, c. Eut. 3 (80,95-101 ELSÄSSER): *„Nisi enim tres in deo substantias ecclesiasticus loquendi usus excluderet, videretur idcirco de deo dici substantia, non quod ipse ceteris rebus quasi subiectum supponeretur, sed quod idem omnibus uti praeesset ita etiam quasi principium subesset rebus, dum eis omnibus οὐσιῶσθαι vel subsistere subministrat."* Zur Begriffsgeschichte der Trinitätstheologie im lateinischen Sprachraum cf. DE GHELLINCK 1942, bes. 95-98; zur Wiederaufnahme der Problematik bei Anselm von Canterbury cf. unten S. 451-453; 455-462.

daher auch die Zeugung des Sohnes *ex substantia patris* eine unhintergehbare Vorgabe.[62]

Augustin blickt auf die trinitätstheologischen Diskussionen des 4. Jahrhunderts zurück; als deren Quintessenz gilt ihm die Einsicht, „daß Vater und Sohn und Heiliger Geist in untrennbarer Gleichheit des einen und selben Wesens die göttliche Einheit offenbaren und dennoch nicht drei Götter sind, sondern ein Gott".[63] Unerläßliche Präzisierungen dieser trinitarischen Kernaussage, die zugleich die Bedeutung der Synode von Nizäa für seine - in einem spezifisch lateinischen Sinne - neunizänische Theologie erhellen, ergeben sich aus dem explizit *antiarianischen* Kontext der um 428 in Hippo gehaltenen Disputation mit dem homöischen Bischof Maximinus.[64] Dieser zieht sich auf die Synode von Rimini (359) und deren quasi „biblizistisch" inspiriertes Verbot der seinerzeit umstrittenen Begriffe Usia und Hypostasis zurück[65]; entsprechend fehlen ihm Begriffe für die göttliche Einheit von Vater und Sohn: Daß Christus als der Sohn Gottes dem Vater gleich (*aequalis*) sein könnte, ist für ihn ausgeschlossen, müßte dann Christus doch wie der Vater „ungeboren" (*innatus*) sein, wohingegen er dessen „Einziggeborener" (*unigenitus*) ist - was ihn wiederum vom Heiligen Geist

---

[62] Augustin kannte N (conc. Carthag. a. 419; CChr.SL 149, 93,134-136 MUNIER); das *Breviarium Hipponense* bietet drei leicht voneinander abweichende Fassungen (aaO., 30,3-6; 31,3-5; 31,3-6). SIEBEN 1979, 87f., weist darauf hin, daß Augustin das Bekenntnis zwar dem Inhalt nach rezipiert, jedoch niemals dem vollen Wortlaut nach zitiert hat; eine Vertrautheit mit der Formel von 381 kann aufgrund der Nichterwähnung, vor allem jedoch aufgrund von Augustins spezifischer Rezeption des Neunizänismus ausgeschlossen werden.- AYRES 2000, 40, lokalisiert die Grundlage von Augustins „nizänischer" Trinitätstheologie in „the pro-Nicene doctrine of the inseparable operation of the three persons". Obwohl es zutrifft, daß hiermit „a fundamental axiom of those theologies which provide the context for the council of Constantinople in 381 C.E." vorliegt (aaO., 48), ist damit der lateinische Neunizänismus m.E. unterbestimmt, insofern der Bezug zu N selbst nicht hinreichend deutlich wird, dessen Formulierungen doch gerade gegen die lateinischen Homöer aufgeboten werden (ein Kontext auf den AYRES, aaO., 82 u.ö., selbst hinweist!).

[63] Trin. I 4,7 (CChr.SL 50, 34,1-35,11 Mountain/Glorie): „*quod Pater et Filius et Spiritus sanctus, unius substantiae inseparabili aequalitate diuinam insinuent unitatem; ideoque non sint tres dii, sed unus Deus*"; ähnlich trin. I 2,4 (aaO., 31,3-6); cf. STUDER 1984, 133; DERS. 1999, 124f.; BIENERT 1997a, 199.

[64] Zu *Contra Maximinum* (CPL³ 699) cf. GEMEINHARDT 1999, 152-155.162-165 (Lit.); 2001a, 159f.; zum „antiarianischen" Augustin SCHMAUS 1927, 113-127. Diese Perspektive bleibt in OBERDORFERS Analyse von „Augustins Explikation des nicänischen Trinitätsdogmas" (2001, 110-118) leider unberücksichtigt.

[65] Coll. c. Maxim. 2 (PL 42, 710): „*Ego illam teneo fidem quae Arimini a trecentis et triginta episcopis non solum exposita, sed etiam subscriptionibus firmata est*"; cf. MARKSCHIES 1997, 94.

unterschiedet.⁶⁶ Zwischen Vater und Sohn besteht eine Gemeinschaft des *Willens*, nicht des *Wesens*.⁶⁷

Genau hier setzt aber Augustins Antwort an: Unaufgebbar ist zunächst die *Gleichheit (aequalitas) der göttlichen Personen*.⁶⁸ Wenn aber nun der Vater Gott ist und auch Christus Gott sein soll, beide aber zusammen ebenfalls nur als *ein* Gott anzusehen sind, dann ist dies terminologisch und theologisch nicht ohne einen Oberbegriff wie *substantia*, *essentia* oder *natura* zu bewerkstelligen. Hier wird der Begriff des *Wesens* Gottes für Augustin unabweisbar: Denn wenn für Christus gilt: „*non ex nihilo vel ex aliqua materia factus [est]*"⁶⁹, dann ergibt sich folgerichtig, daß Christus aus Gott geboren ist, und das heißt für Augustin präzise: *aus dem Wesen Gottes*, denn nur so läßt sich konsistent und in Übereinstimmung mit dem Nizänum behaupten, Christus sei „Gott von Gott".⁷⁰ Hier baut Augustin auf der Erkenntnis der Verteidiger des Nizänums um Athanasius auf, daß seit den 350'er Jahren die Frage nach dem Verhältnis von Vater und Sohn in ein Stadium getreten war, in dem sie ohne eine philosophisch verantwortete Terminologie nicht mehr sinnvoll zu diskutieren war.⁷¹ Damit rezipiert Augustin exakt die christologische Aussagenfolge von N: Die Bezeichnung Christi als „Einziggeborener" ist zu explizieren durch die Zeugung aus dem Wesen des

---

66 Coll. c. Maxim. 11.14 (PL 42, 714f.; 730).
67 Coll. c. Maxim. 20 (PL 42, 736): „*Consonans ergo et conveniens est Filii voluntas ad voluntatem Patri*"; cf. c. 22f. (aaO., 737f.); Augustin, c. Maxim. I 10 (PL 42, 751): „*conatus es ostendere quomodo Pater et Filius unum sint, non unitate naturae, sed voluntatis.*" Daß Maximinus dennoch Christus als „*Deus a Patre genitus*" (coll. c. Maxim. 8; PL 42, 726; ähnlich c. 7.15; aaO., 726.733: „*Deus Deum genuit*") bezeichnet, markiert die begriffliche Insuffizienz der homöischen Theologie.
68 C. Maxim. I 5 (PL 42, 748): „*Procul dubio si forma Filii formae Patris non est aequalis, non verus est Filius*"; cf. sermo 46,11 (CChr.SL 41, 538,257-259 LAMBOT); in euang. Joh. XVII 6 (CChr.SL 36, 179,25-30 WILLEMS); doctr. christ. I 5,5 (CChr.SL 32, 9,15-18 MARTIN); dazu STUDER 1999, 127.
69 C. Maxim. II 7 (PL 42, 762). Maximinus hatte im Anschluß an Rimini das nizänische Anathema akzeptiert (coll. c. Maxim. 13; PL 42, 730): „*Si quis ex nihilo Filium dicit, et non ex Deo Patre, anathema sit*".
70 C. Maxim. II 14,2 (PL 42, 771): „*Vos autem nec Filium de Patris substantia genitum vultis, et tamen eum nec ex nihilo, nec ex aliqua materia, sed ex Patre esse conceditis. Nec videtis quam necesse sit, ut qui non est ex nihilo, non est ex aliqua re alia, sed ex Deo, nisi ex Dei substantia esse non possit, et hoc esse quod Deus est de quo est, hoc est, Deus de Deo.*"
71 Cf. conc. Arim. a. 359 (nach Hieronymus, c. Lucif. 17; PL 23, 179B): „*natum autem unigenitum solum ex solo Patre, Deum ex Deo, similem genitori suo patri secundum scripturas*"; dagegen Augustin, c. Maxim. II 14,4 (PL 42, 773): „*Aut de aliqua substantia natus est Dei Filius aut de nulla. Si nulla, ergo de nihilo; quod vos nos dicere iam tenemus. Si aliqua, nec tamen de Patris, non verus est Filius. Si de Patris, unius eiusdemque substantiae sunt Pater et Filius.*" Zur Terminologie in den homöischen Glaubensbekenntnissen (besonders zu „*Deum de Deo*") cf. GEMEINHARDT 1999, 159f. mit Anm. 49-51.

Vaters, so daß Christus Gott von Gott und als solcher dem Vater wesensgleich ist. Dadurch können Einheit und Verschiedenheit von Vater und Sohn gleichermaßen ausgesagt werden - solange die Vater-Sohn-Beziehung als Zeichen der Unterschiedenheit innerhalb der gemeinsamen Gottheit bewahrt bleibt: Beide sind sie Quelle, Licht, Gott, nur eben jeweils eine Quelle von der anderen ausgehend, ein Licht vom anderen ausstrahlend, ein Gott vom anderen gezeugt.[72] Mit der Prädikation „*Deus de Deo*" erhält dabei ein weiterer semantischer Baustein des Nizänums großes Gewicht, der im synodalen Interpretament des griechischen Neunizänismus, dem NC, ausgelassen worden ist. Auf dieser Basis setzt sich Augustin andernorts mit Eunomius selbst auseinander: „Dieser konnte nicht verstehen und wollte nicht glauben, daß das einziggeborene Wort Gottes, durch das alles geschaffen ist, Sohn Gottes von Natur ist, das bedeutet: aus dem Wesen des Vaters gezeugt; und er behauptete, daß [das Wort] nicht der Natur oder der Substanz oder der Essenz nach Sohn sei, sondern Sohn gemäß dem Willen Gottes, sozusagen ein Akzidens Gottes, indem er den Willen als das hinstellte, durch welchen der Sohn gezeugt worden wäre."[73] Deutlich wird hieran, daß Augustin zwar die Kritik des Eunomius an der nizänischen Behauptung der Wesensgleichheit wahrnahm, anders aber als die Kappadozier nicht die Notwendigkeit einer Modifikation der trinitarischen Terminologie empfand.[74] Zu eindeutig stand für ihn fest, daß alles, was nicht die Relation von Vater und Sohn spezifiziert, beiden zukommt, und zwar qua gemeinsamem göttlichem Wesen.[75] Daher wird die Vater-Sohn-Beziehung prinzipiell von der wesensmäßigen Zeugung her beleuchtet, wodurch sich die adäquate Perspektive für die Relationsaussage *Deus de Deo* ergibt: „Das Wort Gottes des Vaters, der eingeborene Sohn, ist also dem Vater in allem ähnlich und gleich, Gott von Gott, Licht von Licht, Weisheit von Weis-

---

[72] C. Maxim. II 23,7 (PL 42, 801): „*Fons ergo de fonte, Filius de Patre, et simul ambo fons unus; lux de luce, Filius de Patre, et simul ambo lux una; sicut Deus de Deo, et simul ambo utique Deus unus.*"

[73] Trin. XV 20,38 (CChr.SL 50A, 515,2-7 MOUNTAIN/GLORIE): „*Qui cum non potuisset intellegere nec credere uoluisset unigenitum dei uerbum per quod facta sunt omnia filium dei esse natura, hoc est de substantia patris genitum, non naturae uel substantiae siue essentiae dixit esse filium sed filium uoluntatis dei, accidentem scilicet deo, uolens asserere uoluntatem qua gigneret filium.*".

[74] Zu Augustins marginalen Kenntnissen griechischer Theologie cf. LÖSSL 2000, 267-273.

[75] Zu diesem Axiom cf. civ. XI 9,10 (CChr.SL 48, 330,17-19 DOMBART/KALB); trin. V 5,6 (CChr.SL 50, 211,19-22 MOUNTAIN/GLORIE); V 11,12 (aaO., 218,1-4); dazu COURTH 1988, 198f.

heit, Wesen von Wesen, es ist also gänzlich das, was der Vater ist, und dennoch nicht Vater, weil dieser der Sohn ist, jener der Vater."[76]

Allerdings impliziert dies - wie schon ein halbes Jahrhundert zuvor im Osten - das Problem, wie die innertrinitarische Stellung des *Heiligen Geistes* zureichend beschrieben werden kann: Wenn der Sohn „*de patre est*" und der Geist „*de patre procedit*", warum handelt es sich dann nicht um zwei Söhne?[77] Für Augustins Antwort ist charakteristisch, daß er das Denkmodell der wesensmäßigen Zeugung nicht auf den Hervorgang des Geistes anwendet; auch die Prädikation *Deus de Deo* wird nur mit großer Zurückhaltung gebraucht.[78] Vielmehr wird der Geist primär nicht hinsichtlich seiner Ursprungsrelation, sondern als Ausdruck der göttlichen *Gemeinschaft* beschrieben, als „Band der Liebe" zwischen Vater und Sohn, d.h. als Verbindungsglied zwischen den beiden sich in einer logisch irreduziblen, jedoch hinsichtlich der Liebe *reziproken* Relation gegenüberstehenden trinitarischen Personen.[79] Während die Vater-Sohn-Relation ein eindeutiges *logisches* Gefälle hat, „gehört" der Geist gleichermaßen beiden und verbindet sie, gehört aber in voller Wesensgleichheit der Gottheit selbst an: „*Spiritus ergo sanctus commune aliquid est Patris et Filii, quidquid illud est, aut ipsa communio consubstantialis et coaeterna; quae si amicitia conuenienter dici potest, dicatur, sed aptius dicatur caritas; et haec quoque substantia quia Deus substantia et Deus caritas sicut scriptum est*"[80]. Damit wird der Geist zwar nicht in Analogie zur Zeugung des Sohnes, wohl aber durch die Auswei-

---

[76] Trin. XV 14,23 (CChr.SL 50A, 496,1-4 Mountain/Glorie): „*Verbum ergo dei patris unigenitus filius per omnia patri similis et aequalis, deus de deo, lumen de lumine, sapientia de sapientia, essentia de essentia, est hoc omnino quod pater, non tamen pater quia iste filius, ille pater.*"

[77] Cf. coll. c. Maxim. 14 (PL 42, 730); trin. II 3,5 (CChr.SL 50, 86,29-34 MOUNTAIN/GLORIE); dazu GEMEINHARDT 1999, 164-168.

[78] Nur gelegentlich wird der Heilige Geist als *deus* und *uerus deus* bezeichnet und gefolgert: „*Ergo patri et filio prorsus aequalis et in trinitatis unitate consubstantialis et coaeternus*" (trin. I 6,13; CChr.SL 50, 42,109-112 MOUNTAIN/GLORIE); cf. trin. XV 19,37 (CChr.SL 50A, 514,167-169); STUDER 1984, 147.

[79] Cf. coll. c. Maxim. 14 (PL 42, 722); trin. VI 5,7 (CChr.SL 50, 236,30-32 MOUNTAIN/GLORIE); fid. symb. IX 19 (CSEL 41, 23,13-15 ZYCHA): „*Hanc ergo deitatem, quam etiam dilectionem in se inuicem amborum caritatemque uolunt intelligi, Spiritum sanctum appellatum dicunt*"; cf. OBERDORFER 2001, 126. Die Liebe als substantielles Charakteristikum der Gottheit ist zugleich als Person zu denken, eben als *Spiritus sanctus*: „*Ergo Spiritus sanctus ineffabilis est quaedam Patris Filiique communio; et ideo fortasse sic appellatur, quia Patri et Filio potest eamdem appellatio conuenire. Nam hoc ipse proprie dicitur, quod illi communiter, quia et Pater spiritus et Filius spiritus, et Pater sanctus et Filius sanctus*" (trin. V 11,12; CChr.SL 50, 219,29-33 MOUNTAIN/GLORIE).

[80] Trin. VI 5,7 (CChr.SL 50, 235,16-20 MOUNTAIN/GLORIE); cf. fid. symb. VIII 16 (CSEL 41, 18,4-6 ZYCHA); gen. ad litt. imperf. 1 (CSEL 28/1, 459,17f. ZYCHA).

tung der Konsubstanzialität in die göttliche Trinität ein- und zugleich jegliche Subordination ausgeschlossen.

Damit ist jedoch das Dilemma weiterhin ungelöst, daß ein zweiter Ursprung im Wesen des Vaters einen zweiten Sohn und damit eine logische Unmöglichkeit produzieren würde (denn Christus ist *unigenitus filius*), daß jedoch ein nicht-substanzhafter Ursprung den Geist dem Sohn subordinieren würde. Auf der Suche nach einem Ausweg wendet sich Augustin in eine Richtung, die von derjenigen des griechischen Neunizänismus signifikant abweicht: Der Sohn wird in den Ursprung des Geistes eingebunden, ohne damit die Alleinursächlichkeit des Vaters beschneiden zu wollen. Denn wenn die biblische Rede vom Geist des Vaters (Röm 8,11) und des Sohnes (Röm 8,9) nicht *zwei Geister* implizieren soll, muß es *ein* Geist sein, der *beiden* zugeordnet ist. Beider *Sohn* kann er nicht sein, denn dann müßte er als „*de ambobus nasceretur*" beschrieben werden - „*amborum est ergo Spiritus, procedendo de ambobus*"[81]. Behauptet wird demnach eine abgeleitete Urheberschaft des Sohnes bezüglich der Existenz des Geistes im Anschluß an Joh 15,26 und 20,22: „Aus dem Vater ist der Sohn, aus dem Vater der Heilige Geist, aber jener gezeugt, dieser hervorgehend. Ebenso ist jener der Sohn des Vaters, aus dem er gezeugt ist, dieser aber der Geist von beiden, weil er aus beiden hervorgeht. Wenn aber nun der Sohn über ihn spricht, sagt er, daß er 'aus dem Vater hervorgeht' [Joh 15,26], weil der Vater der Urheber seines Hervorgangs ist, der auch den Sohn zeugt und ihm durch die Zeugung mitteilt, daß auch aus ihm der Heilige Geist hervorgeht. Denn wenn er nicht auch aus ihm hervorginge, würde er nicht zu seinen Jüngern sagen: 'Empfangt den Heiligen Geist' [Joh 20,22]; er gab ihnen [den Geist] durch das Anhauchen, um anzuzeigen, daß er auch aus ihm hervorgeht, und machte durch das Blasen offenkundig, was er durch das Hauchen insgeheim gab."[82] Dabei geht es freilich nicht um einen zweiten innertrinitarischen Ursprung der Gottheit, sondern um die Involviertheit des Sohnes in

---

[81] C. Maxim. II 14,1 (PL 42, 770).
[82] C. Maxim. II 14,1 (PL 42, 770): „*De Patre est Filius, de Patre est Spiritus sanctus; sed ille genitus, iste procedens; ideo ille Filius est Patris, de quo est genitus; iste autem Spiritus utriusque, quoniam de utroque procedit. Sed ideo cum de illo Filius loqueretur, ait, 'De Patre procedit'; quoniam Pater processionis ejus est auctor, qui talem Filium genuit, et gignendo ei dedit ut etiam de ipso procederet Spiritus sanctus. Nam nisi procederet et de ipso, non diceret discipulis, 'Accipite Spiritum sanctum'; eumque insufflando daret, ut a se quoque procedere significans, aperte ostenderet flando, quod spirando dabat occulte.*" Die für die Filioque-Kontroverse folgenreiche Verbindung der beiden Johannes-Zitate findet sich erstmals bei Markell von Ankyra, frg. 49 (SVigChr 37, 45,9-12 VINZENT): εἰ δὲ τὸ Εὐαγγέλιον <λέγει> ὅτι ἐμφυσήσας τοῖς μαθηταῖς „λάβετε πνεῦμα ἅγιον" ἔφη, δῆλον ὅτι ἐκ τοῦ λόγου τὸ πνεῦμα ἐξῆλθεν. πῶς οὖν, εἰ ἐκ τοῦ λόγου τὸ πνεῦμα προῆλθεν, πάλιν τὸ αὐτὸ ἐκ τοῦ πατρὸς ἐκπορεύεται;

das Ursprungshandeln des Vaters hinsichtlich des Heiligen Geistes zur Sicherstellung von dessen Göttlichkeit. Insofern nähert sich Augustin zwar *intentional* dem Grundanliegen des griechischen Neunizänismus an, aber aufgrund der „altnizänischen", d.h. auf N basierenden Vorstellung der Homousie.[83] Eine zureichende Antwort auf die Frage, wie es mit dem Verhältnis des Hervorgangs des Geistes zur Zeugung des Sohnes aus dem Wesen des Vaters steht, bleibt Augustin seinem Kontrahenten entsprechend schuldig: „Zwischen jener Zeugung und diesem Hervorgang unterscheiden kann und vermag ich nicht. Und in der Tat ist sowohl jene wie auch diese unaussprechlich; denn wie der Prophet über den Sohn sagt: 'Wer kann seine Zeugung ermessen?' [Jes 53,8], so sollte man angemessenerweise auch über den Geist sagen: 'Wer kann seinen Hervorgang ermessen?'"[84]

3. Die Rezeption von Text und Tradition bei den karolingischen Theologen

3.1. Stichworte zur nachaugustinischen lateinischen Bekenntnistradition

Der Frage nach der konkreten Entstehung des karolingischen „Normtextes" des NC seien einige Bemerkungen über die abendländische Symboltradition nach Augustin vorangestellt.[85] Für diese ist kennzeich-

---

[83] Daß hier die *internen* trinitarischen Beziehungen mit einem elaborierten Begriffsapparat reflektiert werden, unterscheidet Augustin von Hilarius von Poitiers und Ambrosius von Mailand, die lediglich in *heilsgeschichtlichem* Kontext Aussagen zum „Filioque" treffen (dazu MARKSCHIES 1997, 78-93); cf. Hilarius, trin. II 29 (CChr.SL 62, 64,3f. SMULDERS), wonach der Geist „*Patre et Filio auctoribus confitendus est*" (cf. c. Maxim. II 5; PL 42, 761), sowie Ambrosius (spir. I 120; CSEL 79, 67,44f. FALLER zu Joh 1,1; 14,10): „*Spiritus quoque sanctus, cum procedit a Patre et a Filio, non separatur. Non separatur a Patre, non separatur a Filio*". Eine systematische Unterscheidung zwischen ontologischer und manifestativer Dimension der Trinitätslehre ist damit freilich nicht angezielt; *processio* und *missio* werden vielmehr eng aufeinander bezogen, wie nicht zuletzt das Diktum Gregors des Großen („*missio eius est ipsa processio*"; in euang. II 26,2; CChr.SL 141, 220,45 ÉTAIX) zeigt, das die Pointe der augustinischen Trinitätstheologie für die frühmittelalterliche Filioque-Kontroverse zusammenfaßte.- Zur Rezeption der Formulierung *ex substantia Patris* cf. GEMEINHARDT 2001a, 167 mit Anm. 53, sowie unten S. 524 Anm. 46.
[84] C. Maxim. II 14,1 (PL 42, 770f.): „*Distinguere autem inter illam generationem et hanc processionem nescio, non valeo, non sufficio. Ac per hoc quia et illa et ista est ineffabilis, sicut propheta de Filio loquens ait, 'Generationem ejus quis enarrabit?' ita de Spiritu sancto verissime dicitur, 'Processionem ejus quis enarrabit?'*"
[85] Zum folgenden cf. die Skizzen bei RAMOS-LISSÓN 1984, 293-298; OBERDORFER 2001, 130-140.

nend, daß neben den eigentlichen Übersetzungen des NC eine Vielzahl von eigenständigen Glaubensformulierungen begegnet, was in zweifacher Weise begründet ist: Zum einen enthielt das NC nicht die christologische Lehrentscheidung von Chalkedon, so daß eine spezifische Lücke entstand, die durch die Fortschreibung bestehender Formulierungen gefüllt werden sollte[86]; zum anderen verlangten neue Herausforderungen auch neue Gattungen von Symbolen: Nach der konziliaren Festlegung des trinitarischen, pneumatologischen und christologischen Dogmas verlagerte sich der Akzent auf die Durchsetzung dieses Glaubens gegen den „germanischen Arianismus", d.h. gegen das vorwiegend homöische Bekenntnis der Ost- und Westgotenkönige, denen die „katholische" Kirche nach dem Auseinanderbrechen des weströmischen Reiches gegenüberstand. Zu diesem apologetischen Zweck entstanden seit dem 5. Jahrhundert systematische, quasi „abfragbare" Kompendien des Glaubens wie das Athanasianum, die sowohl die Abgrenzung nach außen wie auch die Konstitution der „katholischen" Identität nach innen zu leisten versprachen[87], daneben aber auch Symbole im Umfang kleinerer dogmatischer Traktate wie die Bekenntnisse der westgotischen Synodaltradition, deren konfessorische Rahmung nur mehr literarische Funktion besaß.

Kennzeichnend für diese Entwicklung ist vor allem, daß sich durchgängig drei Charakteristika finden, die bei Augustin das spezifische Profil seiner Trinitätslehre mitgestalteten und damit, wie das Athanasianum paradigmatisch zeigt, die westliche NC-Rezeption präfigurierten:

- Die trinitätstheologischen Distinktionen *ingenitus - genitus - procedens*;
- die Zeugung des Sohnes *ex substantia Patris*;
- der Hervorgang des Geistes *ex Patre et Filio*.

Dabei begegnet das letztgenannte Merkmal mit eindrucksvoller Konstanz in der Symbolgeschichte des lateinischen Frühmittelalters; eine geschlossene Partikulartradition bieten neben Texten aus Gallien und Afrika (nicht jedoch aus Rom!)[88] vor allem die Konzilien von Toledo.[89] Daß die Zeugung

---

[86] Cf. dazu W. MAURER 1939, 33. So nimmt etwa die römische Synode von 680 den Text des NC als Grundgerüst und schließt die christologische Lehrentwicklung daran an (RPR[J] 2110 = HAHN § 184), unter Beibehaltung des pneumatologischen Artikels: „*Et in Spiritum sanctum, dominum et vivificatorem, ex patre procedentem, cum patre et filio coadorandum et conglorificandum.*"

[87] DH 75f.; dazu KELLY 1964, 35-41; BIENERT 1997a, 227f.; zur Gattung: MCCLURE 1979.- Ob in der *Fides Damasi* (DH 71f.; 5. Jh.) das Filioque ursprünglich enthalten war (so bei HAHN § 200), ist umstritten.

[88] Dies gilt noch nicht für comm. Nic. II 3 (EOMIA I 2,1, 360,1-17 TURNER) und Ps.-Athanasius, trin. IX 3 (CChr.SL 9, 129,23-32 BULHART), aber schon für Boethius, brevis fidei complexio (PL 64, 1333C); Gregor I. (?), symbolum fidei (PL 77, 1327D);

des Sohnes aus dem Wesen des Vaters als notwendige Präzisierung des basalen Axioms des Neunizänismus - keine Aufspaltung der Gottheit, keine Trennung der Personen - für die lateinische Theologie wegweisend wurde und blieb, zeigt sich paradigmatisch an Fulgentius von Ruspe, dessen Augustin-Rezeption prägend für das lateinische Frühmittelalter geworden ist. Fulgentius spricht in Fortführung der Ansätze Augustins davon, daß der Heilige Geist „*de natura patris filiique procedit*"; hier findet sich auch erstmals der Terminus „*Filioque*".[90] Insgesamt ist für die Trinitätstheologie seit dem späten 5. Jahrhundert eine verengte, aber in sich durchaus konsistente Wahrnehmung der trinitarischen Denkkategorien Augustins zu veranschlagen, was eine Spielart des Neunizänismus indiziert, für deren Binnenlogik die *processio Spiritus sancti ab utroque* konstitutiv ist.

Dabei ist zu beobachten, daß vor allem in zweigliedrigen Bekenntnissen, die zuerst die Gottheit behandeln und die heilsgeschichtlich gefaßte Christologie von der Trinität absetzen, die nizänische Wendung *ex substantia Patris* in den *christologischen* Artikel überwechselt: „*Deus est ex substantia Patris ante saecula genitus, et homo est ex substantia matris in saeculo natus.*"[91]

---

anon. expositio fidei (CPL³ 1752 = PARMENTIER 1991, 358f.374); Gregor von Tours, Franc. praef. (MGH.SRM I², 4,7-16 KRUSCH/LEVISON); Ps.-Gennadius von Marseille (HAHN § 240); Fides s. Lulli (MGH.Conc. II/Suppl. II, 24,16f. WILLJUNG). Dagegen kannten Pelagius und sein Gefolgsmann Julian von Eclanum zwar die Zeugung des Sohnes *ex substantia Patris*, jedoch nicht den Hervorgang des Geistes aus Vater *und Sohn* (HAHN §§ 209; 211; Pelagius' Credo wurde unter Hieronymus' Namen im *Opus Caroli regis* rezipiert; s.u. S. 114). Victor von Vita, hist. III (MGH.AA III/1, 26,11f. HALM), bietet ebenfalls nur „*de Patre procedentem*". Auch Papst Pelagius I. (556-561) schloß noch nicht vom „*Spiritus Patris Filiique*" auf die „*processio ex Patre Filioque*" (DH 441 = HAHN § 229); cf. auch das Missale von Bobbio (n. 185; HBS 20, 57,35f. LOWE).- Eine interessante Variante bietet eine anonyme *expositio fidei* (6. Jh.; CPL³ 190 = CChr.SL 9, 347,13-15 HOSTE): „*Spiritus autem sanctus processit a Patre et accipit a Filio*". Die Liste ließe sich fortsetzen (cf. die in CPL³ 1744-1763 gesammelten Symbole, darunter etwa die *Sententiae sanctorum Patrum* [CPL³ 1754], bes. I 12; III 24; V 35 [PLS IV/2, 1499.1501.1504]).

[89] Conc. Tolet. I a. 400 (MHS.C IV, 340,205-213 MARTÍNEZ DÍEZ/RODRÍGUEZ); Conc. Tolet. IV, can. I (DH 485 = MHS.C V, 181,338-341); Conc. Tolet. VI (aaO., 298,51-299,60 = DH 490); Conc. Tolet. XI (348 VIVES = DH 527); Conc. Tolet. XVI (489f. VIVES = DH 568f.).

[90] Fid. I 4; II 7 (CChr.SL 91A, 714,99-102; 716,157-159); cf. c. Fab. VII frg. 25,4 (aaO., 802,46-803,55). Zum Prinzip „*nec personas confundere, nec substantiam separare*" cf. c. Arrian. X 1 (CChr.SL 91, 90,761 FRAIPONT); ähnlich V 2; X 9 (aaO., 82,454-461; 93,881f.); cf. ad Ferrand. 28 (aaO., 411,833-840; 420,1162-1177). Einen konzisen Abriß der Trinitätslehre bieten trin. II 1-3 (CChr.SL 91A, 634,69-635,105 FRAIPONT) und fid. I 6 (aaO., 715,138-716,149); cf. DIESNER 1966, 30-59.

[91] Fides Athanasii (DH 76,31); ähnlich Conc. Tolet. IV, can. I (DH 485 = MHS.C V, 181,341-346 MARTÍNEZ DÍEZ/RODRÍGUEZ), wobei dieses Bekenntnis stark „athana-

Das Symbol des XI. Toletanischen Konzils nimmt dabei eine Sonderstellung in der Symbolgeschichte des 7. Jahrhunderts ein, nicht zuletzt aufgrund der fast schon redundanten „Nizänisierung" des Glaubens.[92] Dabei ist nun zu beachten, daß in diesem Bekenntnis ein Sprachgebrauch des Paulinus von Aquileia aus dem späten 8. Jahrhundert antizipiert wird, der sich bei diesem in einer Paraphrase des NC in antiadoptianistischer Perspektive findet, wobei vor allem die *aktivische* Form („*Pater genuit*") eine Besonderheit darstellt:

> „Denn der Vater ist als wahrer Gott wahrhaftig und im eigentlichen Sinne Vater, der aus sich, d.h. aus seiner Substanz, zeitlos und ohne Anfang den wahren Sohn zeugte, der ihm gleich ewig, wesensgleich und gleichartig ist. Und der Sohn ist als wahrer Gott wahrhaftig und im eigentlichen Sinne Sohn, der vor allen Zeiten zeitlos und ohne jeglichen Anfang vom Vater gezeugt ist, Licht vom Licht, wahrer Gott vom wahren Gott."[93]

Aufgrund dieses Befundes läßt sich eine Wechselwirkung konstatieren – die bei Augustin als Kernbestand des katholischen, nizänischen Glaubens rezipierte trinitätstheologische Prädikation *genitus ex substantia Patris* tritt nach dem Bekanntwerden des NC im Westen zurück, behält jedoch ihre Relevanz in der Christologie und damit auch in der Auseinandersetzung der Karolinger mit dem spanischen Adoptianismus. Die Interdependenz zwischen konfessorischer Formulierung und theologischer Reflexion erhält

---

sianisch" beeinflußt ist (so MADOZ 1938a, 20; zur Vorgeschichte dieser für das Filioque wegweisenden Formel cf. Isidor von Sevilla, eccl. off. II 24,1-2; CChr.SL 113, 99,1-100,22 LAWSON); Conc. Tolet. XVI (DH 571 = 492 VIVES). Die Doppeldeutigkeit von *substantia* als Übersetzung sowohl für οὐσία als auch für ὑπόστασις wird hier faktisch reproduziert. Man könnte dies als Indiz für eine ähnliche „Geschlossenheit" der abendländischen Dogmenbildung bezüglich Trinitätslehre und Christologie deuten, wie sie MARKSCHIES 1998a, 92f., jüngst unter dem Paradigma der ἀσύγχυτος ἕνωσις für den griechischen Bereich hervorgehoben hat. In welchem Sinn die *Fides Athanasii* als Brücke zwischen griechischem und lateinischem Neunizänismus gelten könnte, wäre eine gesonderte Untersuchung wert; cf. einstweilen MARKSCHIES 1998b, 155f. KELLY 1964, 105-108, hat für das Athanasianum den Nestorianismus als (durch das neu situierte *ex substantia patris*) zu widerlegende Häresie identifiziert.

[92] Cf. das Bekenntnis zum Vater, „*qui de ineffabili substantia Filium ineffabiliter genuit*", sowie zum Sohn als „*de substantia Patris sine initio ante saecula natum*" und „*de Patris utero, id est, de substantia eius genitus vel natus*" (Conc. Tolet. XI; DH 525f. = 347 VIVES).

[93] Conc. Foroiul. (MGH.Conc. II/1, 187,31-35 WERMINGHOFF): „*Nam pater verus Deus, vere et propriae pater est, qui genuit ex se, id est ex sua substantia, intemporaliter et sine initio verum filium, coaeternum, consubstantialem et coaequalem sibi. Et filius verus Deus, vere et propriae est filius, qui ante saecula genitus est de patre, intemporaliter et absque ullo initio, lumen de lumine, Deus verus de Deo vero*" (Übers. DH 617). Eine passivische Fassung bietet Paulinus in c. Felic. II 1 (CChr.CM 95, 49,39-42 NORBERG). Zum Adoptianismus s.u. S. 90-94.

jedoch anstelle des *nizänischen* mit dem *nizänokonstantinopolitanischen* Text einen veränderten Bezugspunkt.

Das impliziert auch eine Ausdifferenzierung der Trinitätslehre im engeren Sinne in den hier heranzuziehenden Symbolen. Das Gewicht fällt zunehmend auf die Proprietäten der einzelnen Personen, wie das Athanasianum zeigt: *„Pater a nullo est factus nec creatus nec genitus; Filius a Patre solo est, non factus nec creatus, sed genitus; Spiritus Sanctus a Patre et Filio, non factus nec creatus nec genitus, sed procedens."*[94] Als pneumatologische Proprietät findet sich dabei in der gesamten spanischen Bekenntnistradition das Filioque (seit 653 auch als Bestandteil des NC).[95] Während also für Rom im 7. Jahrhundert zu konstatieren ist, daß dort zwar das *theologische Konzept*, nicht aber der Hervorgang des Heiligen Geistes aus dem Sohn im Symbol eine Rolle spielt[96], muß man für Spanien und Gallien eine deutliche „Filioque-Tradition" veranschlagen, wobei allerdings zunächst das NC allein im Westgotenreich auch Bestandteil der Liturgie war.[97] Hier reproduziert sich also die erwähnte Interdependenz zwischen dem konfessorischen und dem dogmatischen Element, waren doch die Symbole dem *Ordo de celebrando concilio* zufolge nichts anderes als die Summe des katholischen Glaubens, die zu Beginn einer Reichsversammlung der Bischöfe aufgestellt wurde, um den Verhandlungen einen theologischen Unterbau zu geben.[98]

3.2. Der nachmalige „Normtext" des NC bei Paulinus von Aquileia

Genau diese Interdependenz ist nun aber auch für die karolingischen „Hoftheologen" kennzeichnend und damit für den Kontext, in dem erst-

---

[94] Fides Athanasii (DH 75,21-23); Conc. Tolet. VI (DH 490 = MHS.C V, 298,51-299,60); Conc. Tolet. XI (DH 525-527 = 346-348 VIVES); cf. KELLY 1964, 75; HAUGH 1975, 27; R.J.H. COLLINS, Art. „Athanasianisches Symbol", in: TRE 4 (1979), 328-333, hier 331f.

[95] Cf. die Formeln aus Conc. Tolet. IV (DH 485 = MHS.C V, 181,341 MARTÍNEZ DÍEZ/RODRÍGUEZ); VI (DH 490 = aaO., 299,58); XI (DH 527 = 348 VIVES); XVI (DH 568f. = 489f. VIVES).

[96] Maximus Confessor verteidigte die Römer nur gegen den Verdacht *theologischen* Irrtums, nicht aber gegen den Vorwurf, das *Symbol* verändert zu haben; cf. dazu GARRIGUES 1976, 13f.; BERTHOLD 1985 passim; LOUTH 1997, 338 (zu den einschlägigen Belegen cf. unten S. 79f. Anm. 22).

[97] Dies gilt später auch für Irland, wo nach dem Missale von Stowe das NC in der Messe rezitiert wurde (cf. dazu KATTENBUSCH 1900, 793 Anm. 53; 803 Anm. 68). Das Antiphonar von Bangor bietet ein pneumatologisch erweitertes *Romanum* (DERS. 1894, 185): *„unam habentem substantiam cum Patre et Filio"*, das nach O'CALLAGHAN 1992, 275-277, eine antipriscillianistische (nicht antiarianische) Pointe besitzt.

[98] Cf. dazu SCHWÖBEL 1982, 133, sowie die westgotischen *ordines* 2 Nr. 8; 3 Nr. 16 (MGH Ordines de celebrando concilio, 180,67-69 = 214,148-152 SCHNEIDER).

mals der noch heute für das *Missale Romanum* wie für die lutherischen Bekenntnisschriften maßgebliche lateinische Text des NC begegnet. Obwohl auch in karolingischer Zeit noch neue Formulierungen des katholischen Glaubens aufgestellt wurden, läßt sich doch grundsätzlich eine verstärkte Besinnung auf NC als das eine ökumenische Bekenntnis (neben dem freilich die *Fides Athanasii* wie auch das Apostolicum eine wichtige Rolle spielten) konstatieren. Der historische und theologische Kontext, in dem dieses spezifisch westlich-lateinische NC 796/97 in Cividale del Friuli als Gegenstand der allgemeinen kirchlichen Katechese festgelegt wurde[99], soll im folgenden Kapitel expliziert werden; zur rein textlichen Profilierung der „paulinischen" Fassung dient zunächst ein Vergleich mit den vorliegenden lateinischen Texten des NC, wobei die römischen Fassungen (Sacramentarium Gelasianum, die Konzilstexte von 680/81 und die Testfassung Leos III., d.h. G^{leo}[100]) besondere Beachtung verdienen:

a) Wie in G^{las} wird der *Singular* verwendet (*credo - confiteor - expecto*);
b) Christus wird prädiziert als „*Deum de Deo, lumen de lumine, Deum verum de Deo vero*", also mit der „nizänischen" Tradition ($NC^{lat.1}$) gegen sämtliche römischen Referenztexte;
c) gegen $NC^{lat.1}$ wird ὁμοούσιος mit *consubstantialis* aus $NC^{lat.2}$ wiedergegeben, nicht mit der Paraphrase „*homousion Patri, hoc est eiusdem cum Patre substantiae*";
d) mit G^{las} und gegen die sonstigen römischen Formen gilt Christus als *de caelis* herabgestiegen - dies fehlte durchgehend in den früheren lateinischen Fassungen des NC[101];
e) mit allen römischen Referenztexten übereinstimmend findet sich die Trias *crucifixus - passus - sepultus*, gegen die Dyaden in den anderen frühmittelalterlichen Versionen;
f) nur G^{las} und Paulinus bieten „*secundum Scripturas*";
g) nur dieser benennt das Ziel der Himmelfahrt im Singular: *in caelum* (wie V und G^{leo});
h) singulär ist die Wendung „*qui cum Patre et Filio simul adoratur et conglorificatur*" - den Relativanschluß bieten **Vat O CC S^{leo}**, das *simul* G^{las};
i) mit **V** G^{las} G^{leo} tituliert Paulinus gegen alle weiteren Vorläufer die *ecclesia* als *sancta*.

---

[99] Im folgenden ohne Einzelbelege zitiert nach: MGH.Conc. II/1, 187,11-23 WERMINGHOFF (= DH 150).
[100] Diesen G^{las} weitgehend entsprechenden Text ließ Leo nach der Auseinandersetzung mit den Abgesandten Karls des Großen 810 zweisprachig auf Silberschilde gravieren (s.u. S. 163f.).
[101] L und G^{leo} bieten *e caelo*, ebenso wie die ältere Fassung in **V**.

Wenn man den NC-Text des Paulinus nach diesen Charakteristika klassifizieren will, ergibt sich folgender Befund: Im Grundzug folgt er $NC^{lat.1}$ - darauf verweisen die Wendungen *Deum de Deo* und *passus*. An sechs Stellen geht er jedoch gemeinsam mit dem Sacramentarium Gelasianum über diese Tradition hinaus, wobei fünf von diesen Wendungen *Annäherungen an den griechischen Textbestand* darstellen (von der konfessorischen Einzahl abgesehen, die in Analogie zu Ps.-Gelasius dem katechetischen „Sitz im Leben" zugerechnet werden kann):

- die Übersetzung des ὁμοούσιος τῷ πατρί mit *consubstantialem Patri* statt der Transliteration des griechischen Terminus samt *hoc est* etc.;
- die Herabkunft Christi *de caelis* (= ἐκ τῶν οὐρανῶν) sowie die Verbindung *crucifixus - passus - sepultus* (σταυρωθέντα - παθόντα - ταφέντα);
- die Auferstehung *secundum scripturas* (= κατὰ τὰς γραφάς);
- das *simul* als Wiedergabe von συμπροσκυνούμενον;
- die ekklesiologische Prädikation *sancta* (= ἁγία).

Allerdings besteht zu G^{las} der wichtige Unterschied, daß dieses die griechischen Partizipien im zweiten und dritten Artikel exakt nachzubilden versucht, während Paulinus (wiederum mit $NC^{lat.1}$) größtenteils finite Verbformen verwendet.[102] Insgesamt ist festzuhalten, daß sich der NC-Text von 796/97 einer semantisch identischen Übersetzung des griechischen Normtextes anzunähern scheint - wobei nicht die syntaktische Exaktheit einer interlinearen Wiedergabe, sondern die interpretatorische „Über-Setzung" in den Kontext lateinischen theologischen Denkens das Ziel darstellte.[103] Das

---

[102] Die gravierenden Unterschiede zwischen beiden Textfassungen werden bei KATTENBUSCH 1900, 830 Anm. 28, völlig verwischt.- Eine interessante Übereinstimmung ergibt sich schließlich zwischen dem karolingischen Text und V: In dieser eigentümlichen Wiedergabe des NC findet sich der Singular *ascendit in c[a]elum*, den auch Paulinus bietet und der durch ihn in den „Normtext" des NC eingegangen ist (so auch G^{leo}). Beide Referenztexte enthalten auch *vivificantem* sowie *in unam sanctam ecclesiam*; V stimmt allerdings ausgerechnet in den oben definierten Kriterien der westlichen Tradition nicht mit Paulinus überein (es fehlt nicht nur *Deum de Deo*, sondern sogar jegliches Äquivalent zu ὁμοούσιος wie auch das Bekenntnis zur sündenvergebenden Taufe), so daß hier keine direkte Verbindung konstruiert werden darf.

[103] Ein weiteres Charakteristikum besitzt dogmengeschichtliche Relevanz: Statt γεννηθέντα zweimal mit *natus* wiederzugeben, sagt Paulinus „*genitum non factum*" und stellt damit einen engeren Anschluß an *unigenitus* her; ebenso c. Felic. II 1 (CChr.CM 95, 49,41 NORBERG). Die spezifisch antiadoptianistische Wendung *et homo factus est* als Übersetzung von ἐνανθρωπήσαντα bieten schon in S A² Vat K^{ii}.- Der Text des Sacramentarium Augustodunense (G^{aug}; saec. VIII/IX) bietet bereits diese „paulinischen" Besonderheiten, ohne die grammatikalische Struktur konsequent umzubilden, wobei das Fehlen *jeglicher* Aussage über den Hervorgang des Geistes singulär ist: „*Et in*

bestätigt die differenziert zu betrachtende Nähe zu dem Credo Leos III., denn die *semantische Kongruenz* ist zwar angesichts der z.T. erheblichen Divergenzen der frühen Übersetzungen von NC bemerkenswert; die *grammatikalischen Differenzen* sprechen freilich gegen eine allzu direkte Beziehung beider Texte.

Abschließend muß jedoch genau diese Frage nach der möglichen Korrespondenz des 796/97 festgeschriebenen Textes mit anderen Textfassungen gestellt werden, und zwar unter der Prämisse, daß eine unmittelbare Übersetzung des Originals aufgrund der mangelnden Griechischkenntnisse des Patriarchen von Aquileia ausgeschlossen werden muß. So sind es eben zwei typische lateinische („nizänische") Charakteristika, die den Text des Paulinus mit der okzidentalen **NC**$^{lat.1}$-Tradition verbinden: die Wendung *Deum de Deo* und das Filioque, das hier erstmals außerhalb der westgotischen Tradition im NC begegnet.[104] Beides deutet darauf hin, daß Paulinus auf die in Spanien und Gallien beheimatete Symboltradition - und damit auf die trinitätstheologische Kategorientafel des Neunizänismus augustinischer Prägung - zurückgreift, fehlen doch gerade diese Merkmale der römischen Gruppe **NC**$^{lat.2}$.[105]

Ein spezifisches Bindeglied hinsichtlich des Filioque bietet schließlich eine Seitenlinie der spanischen NC-Tradition, in der sich zwar fast durchgehend die Formulierung *„ex Patre procedentem"* findet, der aber auch eine Übersetzung der Konzilsakten von 680/81 entstammt, die den Geist als *„qui ex Patre procedit"* bezeichnet.[106] Mit dieser Umformulierung der Parti-

---

Spiritum sanctum dominum et uiuificantem qui cum patre et filio simul adoratur et cunglorificatur" (n. 2030; CChr.SL 159B; 258,10-12 HEIMING)!

[104] CAPELLE 1951, 1019, hat darauf hingewiesen, daß Paulinus selbst den pneumatologischen Teil *ohne* Filioque als eine der „versions anciennes" zitiert (MGH.Conc. II/1, 182,16f. WERMINGHOFF: *„dominum et vivificatorem, ex patre procedentem, cum patre et filio adorandum et glorificandum"*; das doppelt fehlende *co-* bei gleichzeitiger Verwendung des Gerundivums ist singulär; entsprechende finite Verbformen bieten **Vat O CC**), wobei aus dem Kontext eindeutig hervorgeht, daß hier unmittelbar das Konzil von Konstantinopel 381 selbst angesprochen ist (aaO., 182,23: *„centum quinquaginta [sc. patres]"*).

[105] Leider beachtet CAPELLE in seinen ansonsten instruktiven Aufsätzen diese Frage nicht; daß die antiadoptianistischen Textvarianten von Paulinus selbst herzuleiten sind, erübrigt ja noch nicht die Frage, woher er das *Grundgerüst* seines Credos bezieht. Unter seinen acht Kriterien taucht *Deum de Deo* nicht auf (1929, 16f.); daß die o.g. fünf erst bei Paulinus in einem nichtrömischen Credotext auftauchenden Wendungen etwa bei Dionysius Exiguus fehlen, wird nicht berücksichtigt.

[106] Hg. von DOSSETTI 1967, 185,1-186,16 (= S^{leo}); enthalten in der Sammlung der Konzilsakten, die Papst Leo II. unmittelbar nach dem Konzil nach Spanien sandte und die das XIV. Konzil von Toledo (684) nach eingehender Prüfung - als fünftes [sic!] Ökumenisches Konzil (can. VII; 444f. VIVES) approbierte.

zipialkonstruktionen in G^{las} in finite Verbformen vollzieht Paulinus - angeleitet durch S^{leo} - den Schritt von einer Wiedergabe des griechischen NC hin zu einer sprachlich wie theologisch eigenständigen Rekonstruktion unter den spezifischen Prämissen lateinischer Trinitätstheologie. Für diesen Befund soll zunächst eine *traditionsgeschichtliche Hypothese* aufgestellt, die im folgenden Abschnitt anhand der *theologischen* Diskussionen zur Zeit Karls des Großen zu verifizieren sein wird: Die *spanische* Tradition war im Frankenreich vor allem durch Theodulf von Orléans personifiziert; die *römische* Tradition war seit der Zeit Pippins durch das *Sacramentarium Gelasianum* präsent, und zwar mit einer lateinischen Fassung des NC, die das Original syntaktisch getreu wiederzugeben versucht.[107] Paulinus verband nun beide Textversionen - präziser gesagt: das „römische" NC mit seiner engen semantischen Bindung an den griechischen Text und das „spanische" NC mit seinen augustinischen Charakteristika und seiner eigentümlichen Grammatik im dritten Artikel nach S^{leo} - in seiner konkreten Frontstellung gegen den Adoptianismus und in seiner Intention, eine einheitliche Textgestalt für die Unterweisung der Gläubigen zu schaffen. Letzteres dürfte auch der Grund dafür gewesen sein, die gräzisierenden Partizipien des Gelasianums in aktive Verben umzuwandeln und so die parataktische Komplexität in der Verknüpfung der einzelnen Bekenntnisaussagen erheblich zu reduzieren.[108] Insofern kann zurecht von einer „édition nouvelle - l'édition carolingienne - du Constantinopolitanum latin" gesprochen werden.[109]

Festzuhalten ist, daß sich anhand der Scharnierfunktion, die das Sacramentarium Gelasianum beim Zusammentreffen des griechischen NC-Textes mit seiner lateinischen Rezeptionsgeschichte gespielt hat, die These Rudolf SCHIEFFERS bestätigt, Karl der Große und der Kreis seiner Hoftheologen hätten unter dem Schlagwort „*redeamus ad fontem*" nach möglichst weitgehender Übereinstimmung mit Rom gesucht.[110] Es scheint sich jeden-

---

[107] Die Überlieferung dieses Sakramentars ist extrem kompliziert, so daß die verschiedenen Textausgaben oft nur eine Handschrift reproduzieren (hier den Cod. Vat. Reg. lat. 316, der jedenfalls noch vorkarolingischer Zeit entstammt; cf. KATTENBUSCH 1900, 796 Anm. 58; SCHIEFFER 1989, 49f.).

[108] Die Unterschiede zwischen G^{las} und Paulinus begegnen besonders im zweiten Teil des christologischen Artikels: *descendentem/descendit - incarnatum/incarnatus est - humanatum/homo factus est - passum et sepultum/passus et sepultus est - resurgentem/resurrexit - ascendentem/ascendit - sedentem/sedet - uenturum/venturus est*. Gleiches gilt für den Geist: *procedentem/procedit - adoratum et conglorificatum/adoratur et conglorificatur*.

[109] CAPELLE 1929, 17. Anhang 2.3. (S. 562) veranschaulicht diesen komplexen Traditionsvorgang.

[110] SCHIEFFER 1989, 46f. (mit einem Diktum des Johannes Diaconus, vita Gregorii magni II 9; PL 75, 91BC).

falls um den römischen Textbestand gehandelt zu haben, der im Frankenreich - in „paulinisch" modifizierter Form - für die Katechese rezipiert und in der Messe gesungen wurde.[111] Festzuhalten ist aber auch, daß mit der Aussage des Hervorgangs des Heiligen Geistes aus dem Vater *und* dem Sohn nach dreieinhalb Jahrhunderten ein für die lateinische Theologie und Symboltradition seit Augustin grundlegendes Theologumenon seinen textlichen Niederschlag in dem ökumenisch anerkannten Glaubensbekenntnis fand - aber eben im Zuge einer grundlegenden Textrevision, nicht als Aufnahme eines einzelnen Wortes. Nach den historischen und theologischen Gründen dafür wird im folgenden Abschnitt zu fragen sein.

---

[111] Um *diesen* Text entspann sich auch der spätere Streit mit der Ostkirche; im zweisprachigen Taufformular des *Ordo Romanus antiquus* (hg. von M. HITTORP, Köln 1568, 39) findet er sich sogar in direkter Konkurrenz zum griechischen NC. Allerdings begegnen vereinzelt lateinische NC-Texte anderer Provenienz mit Filioque (so nach Cod. Regii armamentarii Parisiensis, hg. von F.F. FLECK, Anecdota sacra, Leipzig 1837, 347f.). CASPARI 1866, 221 mit Anm. 9, weist auf zwei Meßformulare (Cod. Sangall. 339/340; saec. X) hin, die NC mit Filioque enthalten, vor allem aber auf Cod. Sangall. 338, wo als „*Symbolum apostolorum graece*" das NC in lateinischer Umschrift *mit Filioque* steht (aaO., 240f.: „*to ek tu patros keyio ek poreugomenon*"); nach GANZ 1995, 783, wurden hier im 9. Jh. Texte speziell für die Mission in Bulgarien hergestellt. Dasselbe Phänomen findet sich in einer aus Göttweig stammenden, 1495 in Venedig gedruckten Inkunabel (CASPARI 1866, 242) sowie in einem *Missale et Sacramentarium ad usum ecclesiae cujusdam Florentinae*, das nebeneinander die Transliteration „*ton haec tu patros keyo aecporeugomenon*" und „*qui ex Patre Filioque procedit*" (DERS. 1875, 486f. mit Anm. 26) bietet. Das schon im HITTORP'schen *Ordo Romanus* zu findende unverbundene Nebeneinander der Texte ohne bzw. mit Filioque hat CASPARI auch in einem *Rituale sive Ordo Romanus* aus dem römischen Cod. Ambros. 52 (saec. XI) identifiziert (aaO., 483f. Anm. 18; zu HITTORP cf. aaO., 482-484). Was aaO., 466-510, „über den gottesdienstlichen Gebrauch des Griechischen im Abendlande während des früheren Mittelalters" zusammengetragen worden ist, wäre noch gesondert auszuwerten.

II. Die karolingische Trinitätstheologie im Spannungsfeld von Bilderstreit und Adoptianismus

Die Regierungszeit Karls des Großen (768-814) wird oft als „karolingische Renaissance" gerühmt, was die Bemühungen um Bildung allgemein und um die neue Aneignung der Erkenntnisse der „Väter" im besonderen angeht.[1] Das gilt besonders für die „Glaubensväter", deren theologische Einsichten und Definitionen dazu herangezogen wurden, die Probleme und Konflikte der Gegenwart zu lösen: Der Streit um rechte dogmatische Einsicht wurde programmatisch als Streit um die Autorität der Väter ausgetragen. Diesem „patristisch" fundierten Glauben zu folgen oder ihm die Akzeptanz zu verweigern, war nicht nur eine persönliche Entscheidung jedes Christen, sondern auch (und zuerst) ein Rechtsakt, mit dem die Zugehörigkeit zur *communio sanctorum* öffentlich festgestellt wurde. Und die Validität eines solchen Rechtsaktes wiederum war auf die Verfügbarkeit konziser Formulierungen der *fides* angewiesen, die in karolingischer Zeit nicht zuerst ein „Bekenntnis" im Sinne persönlicher Glaubensverantwortung, sondern eine verbindliche Zustimmung zum Glauben der Kirche anzeigten.[2]

Die theologischen Probleme der karolingischen Zeit waren jedoch in den Kontext *politischer* Umwälzungen in Europa eingebettet, die mit der Ablösung des Papsttums vom byzantinischen Reich - als dem Rechtsnachfolger des spätantiken *Imperium Romanum* - und seiner Hinwendung zum Frankenreich begannen und ihren Kulminationspunkt mit der Kaiserkrönung des Jahres 800 erreichten, womit das sogenannte „Zweikaiserproblem" entstand, das in den folgenden Jahrhunderten das Verhältnis zwischen lateinischer und griechischer Hemisphäre prägen und belasten sollte.[3] Dieser Kontext ist mitzubedenken, wenn nach dem Filioque als Kontroversgegenstand gefragt wird. Gerade am Umgang mit dem Filioque lassen

---

[1] Zu den Grundzügen dieser Reformbewegung cf. ANGENENDT 1997, 38-42.
[2] Cf. das pointierte Urteil von BEYSCHLAG 2000, 145: „Wie keine zweite europäische Instanz vor und nach ihm hat Karl d. Gr. dem Prinzip der kirchlichen Rechtgläubigkeit die Bahn gebrochen."
[3] Zum triadischen Kräftespiel zwischen Konstantinopel, Rom und Aachen cf. als Wegweiser durch die Literaturflut MCCORMICK 1995, 360-368; VON PADBERG 1999, 26-31.

sich die Konflikte der Zeit und ihre Impulse für das theologische Denken der karolingischen Kirchenleute aufzeigen - unter der Leitfrage, inwieweit die „Re-Naissance" einen Neuaufbruch markierte und inwiefern man dabei der Vergangenheit verpflichtet und verhaftet blieb.

Am Beginn soll ein Überblick über die Herausforderungen der karolingischen Theologie[4] in den 790'er Jahren, d.h. über die Diskussionen um die Bilderfrage und den Adoptianismus, stehen (1.), bevor das Filioque als „Element karolingischer Normaltheologie" in den Blick genommen wird, und zwar gesondert nach seiner argumentativen Funktion in beiden Diskussionskontexten (2.1.-2.). Davon noch einmal zu unterscheiden ist der erste konkrete theologische Streit zwischen Vertretern und Gegnern des Filioque in Ost und West, der sich 807/808 in Jerusalem entzündete und vor allem zwischen karolingischen und römischen Theologen zu Miß- und Unverständnissen führte; hier ist besonders die Synode von Aachen 809 mit den ihr zuzuordnenden Traktaten und Florilegien zu betrachten (2.3.).

1. Theologie und Kirche im Reich Karls des Großen

1.1. Die Auseinandersetzung mit Byzanz

1.1.1. Vorspiel: Die Synode von Gentilly (767)

Die Kirchenversammlung, die kurz vor Ende der Lebens- und Herrschaftszeit des ersten Karolingerkönigs Pippin in Gentilly bei Paris stattfand[5], nimmt eine Sonderstellung in der Konziliengeschichte des Frühmittelalters ein: Erstmals ergriff ein Frankenherrscher die Initiative zur Einberufung einer kirchlichen Versammlung; erstmals überhaupt traten sich auf synodaler Ebene Byzantiner und Franken gegenüber, freilich unter Beteiligung des römischen Papstes; und erstmals fungierte die Trinitätslehre als Diskussionsgegenstand zwischen Ost und West. Nicht zufällig wird Gentilly in der Forschung durchgehend für die Vorgeschichte der theologischen Kontroversen zwischen Ost und West des 8. und 9. Jahrhunderts herangezogen.

---

4 „Karolingisch" bezeichnet im folgenden eine Theologie, deren Kraftzentrum am Hof Karls des Großen lag und deren Themenbestand nicht von dessen kirchenpolitischen Aktivitäten zu trennen ist. Dabei handelt es sich freilich um eine internationale Gelehrtenschar, insofern die führenden „fränkischen" Denker der Angelsachse Alkuin, der Westgote Theodulf und der Norditaliener Paulinus waren.
5 RI I/1,1 Nr. 104f. (Ostern 767); DÖLGER Nr. 326; cf. HARTMANN 1989, 81f. HAUCK 1912, 45 Anm. 2, datiert die Synode auf Januar/Februar 767, da Pippin schon „im März gegen Aquitanien zu Felde zog". Eine gründliche Analyse der Quellenlage zu Gentilly bietet MCCORMICK 1994, 113-131.

Diese Bedeutsamkeit steht freilich in einem nicht unbeträchtlichen Kontrast zu dem, was über die Versammlung tatsächlich bekannt ist; entsprechend vielfältig sind die Urteile: Fand hier „die erste Controverse mit den Morgenländern" statt?[6] War das Filioque „ausdrücklicher Gesprächsgegenstand"[7], oder muß gerade dies als „unbeweisbar"[8] abgelehnt werden?

Die annalistischen Zeugnisse bieten nur dürre Informationen. Die fränkischen Reichsannalen konstatieren eine Diskussion „*inter Romanos et Grecos de sancta Trinitate vel de sanctorum imaginibus*"[9]; die Einhardsannalen versuchen eine exaktere Zuordnung: „Weil zwischen der morgenländischen und der abendländischen Kirche, d.h. zwischen Römern und Griechen, ein Streit aufgebrochen war über die heilige Trinität und über die Bilder der Heiligen (*de sancta Trinitate et de sanctorum imaginibus*), hielt König Pippin, als sich der Hof in der Stadt Gentilly versammelt hatte, eine Synode über diese Frage ab."[10] Die entscheidende Frage ist dabei, in welchem Verhältnis die byzantinische Delegation, die päpstlichen Gesandten und der Frankenkönig mit seinem Gefolge standen. Zweifelsohne sind mit den „*Graeci*" die Überbringer der Antwort Konstantins V. auf eine Anfrage Pippins gemeint.[11] Ihre Aufgabe dürfte dahingehend gelautet haben, mit dem fränkischen König über die von den Franken den Langobarden entrissenen und dem Papst zugesprochenen Ländereien in Italien (das einstige Exarchat von Ravenna) zu verhandeln und sich zudem der Rückendeckung des Frankenkönigs im Bilderstreit zu versichern - zu einer Zeit, in der sich in Konstantinopel der Widerstand gegen die sogenannten Ikonoklasten zu radikalisieren begann.[12] Die „*Romani*" wären sodann als Mitglieder der Gesandtschaft zu identifizieren, die Papst und König *gemeinsam* nach Kon-

---

[6] HARNACK 1909, 310 Anm. 3.
[7] COURTH 1988, 131.
[8] CLASSEN 1988, 98 Anm. 371.
[9] Ann. r. Franc. a. 767 (MGH.SRG 6, 24,12-14 KURZE). Die aktive Rolle, die dem König zugeschrieben wird, korrespondiert mit der beherrschenden Stellung auch in dogmatischen Fragen, in die Karl der Große auf den Synoden von Regensburg (792) und Frankfurt (794) einrückt (HARTMANN 1998, 117).
[10] Ann. Einh. a. 767 (MGH.SRG 6, 25,7-11 KURZE).
[11] HARTMANN 1989, 81f. Nach MCCORMICK 1994, 130, ging es dabei hauptsächlich um die Verlobung einer Tochter Pippins mit einem Sohn Konstantins V. (cf. CLASSEN 1988, 26 Anm. 73).
[12] Nach OSTROGORSKY 1963, 145, erreichten die inneren Unruhen im November 767 ihren Höhepunkt, als der bilderfreundliche Abt Stephanos Neos auf offener Straße gelyncht wurde. Zu diesen komplexen, nicht nur auf die Bilderfrage zu reduzierenden Vorgängen cf. SCHREINER 1988, 353-359.

stantinopel geschickt hatten.[13] Aus dem Briefwechsel zwischen Pippin und Paul I. geht hervor, daß der Papst ängstlich bemüht war, dem fränkischen König seine Pflichten gegenüber dem römischen Stuhl einzuschärfen - unter mehrfachem Verweis auf die seinem Vorgänger Stephan II. geschworene Treue.[14] Daß sich Pippin in der Bilderfrage auf die Seite des ikonoklastischen Kaisers schlagen könnte, wurde in Rom offensichtlich als reale Bedrohung betrachtet. Entsprechend erleichtert klingt die Reaktion Pauls auf den für ihn vorteilhaften Ausgang der „antihäretischen" Verhandlungen Pippins mit Byzanz: „... *et tu, christianissimus regum, hereticorum schisma et auctores impii dogmatis respuisti.*"[15]

Dann stellt sich freilich die Frage nach der Diskussion *de sancta Trinitate*: wurde über das Filioque verhandelt, und wenn ja, warum? Aufgeworfen wird sie durch das Zeugnis Ados von Vienne: „Zu dieser Zeit wurde eine Synode abgehalten... und zwischen Griechen und Römern hinsichtlich der Trinität die Frage verhandelt, ob der Heilige Geist, wie er aus dem Vater hervorgeht, so auch aus dem Sohn hervorgeht, und hinsichtlich der Bilder der Heiligen, ob sie in den Kirchen hergestellt und gemalt werden sollten."[16] Hier liegt der einzige direkte Hinweis darauf vor, daß mit der trinitätstheologischen Thematik in Gentilly das Thema „Filioque" indiziert sein könnte.[17] Allerdings stammt dieses Zeugnis Ados (gest. 874) aus der Zeit

---

[13] Cod. Car. 37 (MGH.Epp. III, 549,1-4 GUNDLACH); cf. HARTMANN 1994, 484. SCHIEFFER 1995/96, 151, nimmt dagegen eine besondere römische Gesandtschaft an, „über deren Zusammensetzung nichts verlautet", und verweist darauf, „daß die römischen Legaten [im Frankenreich] das Feld der hohen Politik beackerten" (aaO., 150), und schon deshalb Interesse am Kontakt Pippins zu Konstantin V. haben mußten, weil dogmatische Fragen ein *novum* in der fränkischen Synodaltätigkeit darstellten.

[14] Cod. Car. 37 (MGH.Epp. III, 548,43f. GUNDLACH): „*Nulla nos rerum qualitas ab eadem caritatis confirmatione potens poterit separare*"; dazu AUZÉPY 1997, 285f.

[15] Cod. Car. 42 (MGH.Epp. III, 555,2f. GUNDLACH); cf. schon seine Mahnung in Cod. Car. 36 (aaO., 545,10-12): „*Et ita nobis placabilia existunt, sicut certe, non hoc humano consilio, sed Dei providentiae intuitu vos talia egisse ac respondisse, ambiguum non est.*" Die Verwendung der Worte *schisma* und *(impium) dogma* verweisen hier eindeutig auf die Bilderfrage, obwohl sonst die Griechen auch deswegen als „Häretiker" bezeichnet werden konnten, weil sie dem Papst das ihm von Pippin überlassene ehemalige Exarchat Ravenna streitig machten (cf. Cod. Car. 30; aaO., 536,7-537,5).

[16] Ado von Vienne, chron. a. 767 (PL 123, 125A): „*Facta est tunc temporis synodus..., et quaestio ventilata inter Graecos et Romanos de Trinitate, et utrum Spiritus sanctus sicut procedit a Patre, ita procedat a Filio, et de sanctorum imaginibus, utrumne fingendae, an pingendae essent in ecclesiis*"; cf. WATTENBACH/LÖWE 1973, 623f.

[17] Zustimmend votieren (ohne Anspruch auf Vollständigkeit): WALCH 1751, 15; LANGEN 1876, 120 Anm. 1; BRÉHIER 1899, 131; HAUCK 1912, 323; PALMIERI 1913b, 2313; JUGIE 1926, 161f.; HAENDLER 1958, 99; BECK 1959, 310; PELIKAN 1974, 183f.; HAUGH 1975, 41f.; DAHLHAUS-BERG 1975, 138; COURTH 1988, 131; GANZ 1995, 766;

des „Photianischen Schismas"[18], als dieses Theologumenon tatsächlich den Gegenstand theologischer Dispute zwischen Ost und West bildete.[19] Das darf aber nicht einfach für das späte 8. Jahrhundert unterstellt werden. Der Quellenwert der Notiz Ados ist daher von seiner Analogielosigkeit belastet; die karolingische Trinitätstheologie beruft sich in den trinitarischen Diskussionen nach 790 nirgendwo auf Gentilly als Paradigma für aktuelle Kontroversen.[20] Auch das römische Konzil von 769 bezieht sich in seiner Verurteilung der byzantinischen Kirche ausschließlich auf die Bilderverehrung und nicht auf trinitarische Fragen.[21] Es gibt demnach keinen Hinweis, daß die Franken um 767 bereits wußten, was für ein Problem sich hinter der pneumatologischen Klausel verbergen konnte - zumal der einzige vorausgehende Konflikt um das westliche Trinitätskonzept, der sich mit der Person des Maximus Confessor und dem historischen Kontext des monotheletischen Streites verbindet, auch auf griechischer Seite keine greifbaren Spuren hinterlassen hat.[22] Schließlich verteidigte noch 25 Jahre später der

---

NAGEL 1998, 168; OBERDORFER 2001, 143; E. MAURER 1999, 180; anders dagegen VON DEN STEINEN 1932, 228; AMANN 1941, 176; CLASSEN 1988, 98 Anm. 371; unentschieden HEATH 1972, 99; HARTMANN 1989, 81f.

[18] Dazu Kapitel III. passim, vor allem S. 204-227 zur lateinischen Kontroverstheologie.

[19] Cf. MCCORMICK 1994, 115 Anm. 36, wonach Ados Zeugnis über die Filioque-Frage „anachronique, mais tout à fait compréhensible vers 860" sei; cf. auch unten S. 228 Anm. 217. Das Interesse Ados an dogmatischen Irrlehren betont HARTMANN 1994, 489f. Sein Zeitgenosse Regino von Prüm (cf. WATTENBACH/LÖWE 1990, 901f.) zitiert lediglich die Reichsannalen (chron. a. 767; MGH.SRG 50, 47,24-26 KURZE), kennt also keinen Streit um das Filioque.

[20] Wie aus der unkritischen Rezeption der Notiz Ados eine erbitterte Kontroverse „rekonstruiert" werden kann, zeigt KELLY 1972, 357: „Die erste Runde des Kampfes [um das Filioque im Bekenntnis] scheint auf dem Konzil von Gentilly Ostern 767 ausgetragen worden zu sein... Offenbar beschuldigten die Delegierten des Westens die Gesandten des Kaisers Konstantin V. (Kopronymos) der Fahrlässigkeit in der Frage der Bilderverehrung, und diese revanchierten sich mit dem Tadel, daß es unziemlich sei, das Wort *filioque* in das Bekenntnis aufzunehmen. Es dauerte nicht lange, und der Streit, der fast beiläufig aufgeflammt war, entwickelte sich bald zu einer Feuersbrunst"; auch für HAUGH 1975, 43, ist das Faktum einer Diskussion über das Filioque „absolutely clear": „The Council of Gentilly was an ominous prelude to the Byzantine-Carolingian Triadological controversy." Cf. auch STAATS 1996, 197f.: Pippin habe 767 „auf einem Konzil zu Gentilly den Anspruch auf byzantinische Territorien mit dogmatischen Positionen in der Bilderfrage und in der 'Filioque'-Frage verknüpft"; Karl habe sich beider Themen „mit großem Eifer" angenommen.

[21] HARTMANN 1989, 86 (unter Verweis auf Lib. pont. I/2, 476,23-477,4 DUCHESNE); cf. CLASSEN 1988, 11.

[22] JUGIE 1926, 159, bemerkte, daß die „prima Graecorum contra Latinorum loquendi modum criminatio... non diu perduravit, sed sancti Maximi litteris sedata est." Zu Maximus' Leben und Werk cf. C. DE VOCHT, in: TRE 22 (1992), 298-304; seine Rolle in der Geschichte der Filioque-Kontroverse beleuchten BERTHOLD 1985 und LARCHET

Nachfolger desjenigen Papstes, der Pippin nach Gentilly einen rechtmäßigen Glauben attestiert hatte, den Patriarchen Tarasius gegen die Anklage aus dem Kreis um Pippins Sohn Karl, er lehre eine defiziente Pneumatologie; auch im *Opus Caroli regis* erinnert nichts daran, daß diese Frage von einer fränkischen Synode diskutiert worden sei.[23] Von einem „resurfacing of a long-standing tradition about the errors of Rome from the theologians of the Byzantine court"[24] kann also für Gentilly keine Rede sein.

1998, 11-75; cf. weiterhin GEANAKOPLOS 1969, 155f.; GARRIGUES 1972, 363-366; HAUGH 1975, 32f.; PELIKAN 1982, 399f.; LOUTH 1997, 338. Offensichtlich war im Umfeld des Laterankonzils von 649 griechischerseits Kritik an der Pneumatologie des Westens (ἐκπορεύεσθαι κἀκ τοῦ Υἱοῦ τὸ Πνεῦμα ἅγιον) lautgeworden. Maximus interpretierte dies dahingehend, daß der Geist ἐκ τοῦ πατρὸς οὐσιωδῶς, δι' Υἱοῦ γεννηθέντος, ἀφραστῶς ἐκπορευόμενον sei: Der Ursprung des Geistes aus dem Sohn beziehe sich nur auf die gemeinsam geteilte göttliche Wesenheit, nicht auf die Ursprungsrelation zum Vater, der einzigen Quelle der anderen göttlichen Hypostasen. Insofern der Sohn nur als Mittler am Ausgang des Geistes beteiligt sei (διὰ μέσου δὲ τοῦ Λόγου), erübrige sich der Verdacht, die Lateiner lehrten irrigerweise *zwei Prinzipien des Geistes* (ep. ad Marinum; PG 91, 136AB; cf. auch qu. Thal. 63; CChr.SG 22; 155,167-172 LAGA/STEELS; qu. dub. I 34; CChr.SG 10, 151,4-7 DECLERCK). Hier begegnet also erstmals der später „klassische" Konflikt um die Einheit des trinitarischen Ursprungs (*principium*, αἰτία), der durch Maximus eine wichtige Präzisierung erfährt, indem er zwischen ἐκπορεύεσθαι und προϊέναι dahingehend unterscheidet, daß ersteres allein für den ewigen Hervorgang des Geistes aus dem Vater, letzteres dagegen seine ewige und geschichtliche Manifestation durch den Sohn anzeigen soll (cf. LARCHET 1998, 52f., der zurecht darauf hinweist, daß diese Unterscheidung noch bei den Kappadoziern und Kyrill von Alexandrien im Fluß war). Durch Johannes von Damaskus (s.u. S. 109 Anm. 121) ist diese Differenzierung in den Grundbestand der griechischen Trinitätstheologie eingegangen.- Die Hypothese von A. ALEXAKIS, wonach sich Maximus in seinem Brief auf ein römisches, profilioquistisches Florilegium stütze, das im Cod. Par. graecus 1115 (1276) aufbewahrt sei, hat UTHEMANN 1999, 506-510, überzeugend widerlegt. Gerade in Rom war „das" Filioque im 7. Jh. noch gar kein Problem! Vertrautheit mit der Trinitätslehre des Maximus Confessor beweist in lateinischem Kontext erst um 874 (!) Anastasius Bibliothecarius (ep. 9; MGH.Epp. VII, 425,19-27 PERELS/LAEHR).

23 Cf. dazu MCCORMICK 1994, 115, sowie ausführlich unten S. 108-113.
24 LOUTH 1997, 338.- Auf der Synode von Hatfield (679; cf. dazu VOLLRATH 1985, 92-98) findet sich das Bekenntnis: „*glorificantes Deum Patrem sine initio, et Filium eius unigenitum ex Patre generatum ante saecula, et Spiritum Sanctum procedentem ex Patre et Filio inerrabiliter*" (Beda Venerabilis, h. e. IV 17; 370,12-14 SPITZBART; cf. KATTENBUSCH 1900, 818f.); das belegt, daß die augustinische Pneumatologie im angelsächsischen Raum fest eingebürgert war, erlaubt aber nicht die Ableitung einer spezifischen Frontstellung gegen den Osten (konkret: gegen das einberufene VI. Ökumenische Konzil). Immerhin war der Primas der englischen Kirche, Theodor von Canterbury, ein griechischer Mönch aus Tarsus, der als Exulant am Lateranum 649 teilgenommen hatte. CHADWICK 1993, 541-544, unterstellt einen innerenglischen Konflikt, in dem der griechische Bischof seine Loyalität zum lateinischen Glauben bekunden mußte.

Mit diesem negativen Befund verbleibt freilich die Frage nach dem tatsächlichen Gegenstand der Diskussionen ungelöst. Was verstand ein fränkischer Annalist des späten 8. Jahrhunderts unter *Trinitas* als Kontroversthema? Wenn in den Reichsannalen und bei Einhard davon gesprochen wird, daß es in Gentilly Verhandlungen „*de sancta Trinitate et de sanctorum imaginibus*" gegeben habe, ist zu beachten, daß der Bilderstreit und speziell die Frage, ob ein Bild Christi angebetet werden dürfe, als *trinitarische Frage* aufgefaßt wurde (s.u. S. 89f.). Könnte man - eingedenk der engen Verbindung von trinitarischem und christologischem Artikel in der abendländischen Symboltradition des Frühmittelalters - der Diskussion über die Heiligenbilder die Behandlung Christi als der einen menschgewordenen trinitarischen Person aus der heiligen Trinität gegenüberstellen, so ließe sich der Quellenbefund in die bekannten zeitgenössischen Daten integrieren, ohne der knappen Angabe „*de trinitate*" einen komplexen Diskussionsstand zwischen orientalischer und okzidentaler Kirche abzupressen.[25]

1.1.2. Die Reaktion auf Nizäa II (787): das *Opus Caroli regis contra synodum*

a) Das Konzil von Nizäa 787 - eine perspektivische Skizze

Die Differenzen zwischen östlicher und westlicher Kirche und Theologie begannen in den 790'er Jahren aktenkundig zu werden, als sich zwischen Papst Hadrian I. und Karl dem Großen ein - zunächst innerwestlicher - Streit erhob, inwiefern die Synode von Nizäa im Jahre 787 als ökumenisches Konzil zu rezipieren sei.[26] Dieser „Stein des Anstoßes" sei im folgenden kurz skizziert[27]: 787 beendete eine Synode in Nizäa (und Konstantinopel) unter dem Vorsitz der Kaiserin Irene und ihres Sohnes Konstantin VI. die Auseinandersetzung, die ein halbes Jahrhundert lang die byzantinische Kirche gespalten hatte, nämlich den Kampf der Kaiser Leon III. und Konstantin V. gegen die Verehrung von Heiligen- und besonders von Chri-

---

[25] H.B. MEYER 1959, 406, vermerkt die karolingische Identifizierung von *fides catholica* und *fides trinitatis*; so auch MCCORMICK 1994, 144, der die Redaktion der Gentilly-Notiz auf den Zeitraum 788-793 datiert.

[26] HEATH 1972, 104: „It is from the hotbed of the debate on images that the *Filioque* was to emerge, at Frankish insistence, as another liturgical point of conflict."

[27] Zu Nizäa cf. WESSEL 1982, 309-312; THÜMMEL 1991, 64-94; DÖPMANN 1991, 60-63; DAGRON 1994, 127-133; LILIE 1996, 48-70; WEITMANN 1997, 134-141; NAGEL 1998, 155-167. Zum Forschungsstand cf. den Überblick bei SCHREINER 1988; zur Rezeption im Frankenreich cf. SIEBEN 1979, 306-343; HARTMANN 1988; DAGRON 1994, 134-137; GANZ 1995, 773f.; THÜMMEL 1997.

stusbildern.²⁸ Höhepunkt dieser Politik war die Synode von Hiereia 754, die sich selbst in ihrer Ablehnung des Bilderkultes als „ökumenisch" klassifiziert hatte. Den Anspruch, in die Reihe der ökumenischen Synoden zu gehören, erhob nun auch das nizänische Konzil: Die Konzilsväter von Nizäa schufen vereint mit der Kaiserin ein getreues Spiegelbild der ikonoklastischen Versammlung, insofern wiederum auf Initiative des Herrscherhauses unter Berufung auf Schrift, Konzilien und Väter eine zuvor festgelegte theologische Lehre sanktioniert wurde:

> „Je häufiger sie [sc. die Bilder] nämlich durch eine bildliche Darstellung angeschaut werden, desto häufiger werden auch diejenigen, die sie betrachten, emporgerichtet zur Erinnerung an die Urbilder und zur Sehnsucht nach ihnen, und dazu, daß sie diesen einen Gruß und achtungsvolle Verehrung zuwenden, nicht jedoch die nach unserem Glauben wahre Anbetung, die allein der göttlichen Natur zukommt."²⁹

Dies stellt eine Konsequenz der praktischen Frömmigkeit aus der chalkedonensischen Christologie dar, insofern Christus als der Logos Gottes nicht nur in der Schrift zu *hören*, sondern aufgrund der Inkarnation auch zu *sehen* ist - dann mußte aber neben die Predigt des Wortes auch die Betrachtung des Bildes treten, dem entsprechende *Verehrung* (προσκύνησις) galt, freilich in strenger Abgrenzung zu der allein Gott gebührenden *Anbetung* (λατρεία).³⁰

---

28 Trotz aller politischen Implikationen ist dieser Streit in jüngster Zeit wieder als *theologische* Auseinandersetzung gewürdigt worden (THÜMMEL 1991, 29; SCHREINER 1994, 72; AUZÉPY 1997, 281-288).

29 Conc. Nic. II a. 787, actio VII (MANSI XIII, 377CD): ῎Οσῳ γὰρ συνεχῶς δι' εἰκονικῆς ἀνατυπώσεως ὁρῶνται, τοσοῦτον καὶ οἱ ταύτας θεώμενοι διανίστανται πρὸς τὴν τῶν πρωτοτύπων μνήμην τε καὶ ἐπιπόθησιν, καὶ ταύταις ἀσπασμὸν καὶ τιμητικὴν προσκύνησιν ἀπονέμειν, οὐ μὴν τὴν κατὰ πίστιν ἡμῶν ἀληθινὴν λατρείαν, ἣ πρέπει μόνῃ τῇ θείᾳ φύσει (Übers. DH 601). SIEBEN 1999, 48f., spricht vom Prototyp eines „vorfabrizierten Konzils"; cf. WESSEL 1982, 310.

30 Ob dies eine theologisch tragfähige Lösung des Bilderkonfliktes ist (kritisch z.B. BECK 1980, 80; WESSEL 1982, 311; THÜMMEL 1991, 89f.109), sei dahingestellt. Die orthodoxe Forschung neigt zu einem affirmativen Urteil (MEYENDORFF 1976, 46). Das Grundproblem liegt darin, daß die neuplatonisch inspirierte Urbild-Abbild-Lehre des Johannes von Damaskus (das Abbild partizipiere nicht φύσει, sondern ἐνεργείᾳ am Urbild, deswegen richte sich die Verehrung auf dieses und nicht eigentlich auf das Abbild selbst) zwar im Hintergrund der „ikonodulen" Position steht, jedoch nicht in voller Tragweite rezipiert wurde. Deswegen bot die nizänische Definition zu weiteren theologischen Disputen Anlaß (cf. DÖPMANN 1991, 64-73; DAGRON 1994, 141). Das auf Basilius von Caesarea zurückgehende Prinzip lautet: ἡ τῆς εἰκόνος τιμὴ ἐπὶ τὸ πρωτότυπον διαβαίνει (spir. XVIII 45; SC 17ᵇⁱˢ, 406,19f. PRUCHE). Tarasius selbst neigte dieser „mimetischen" Sicht zu, d.h. einer nur *relativen* Verehrung: ὁ προσκυνῶν τὸν εἰκόνα, προσκυνεῖ ἐν αὐτῷ τοῦ ἐγγραφομένου τὴν ὑπόστασιν (actio VII; MANSI XIII, 377E); cf. THÜMMEL 1997, 970.975.

Die *particula veri* der ikonoklastischen Theologie hat allerdings darin ihren Bestand, daß die Bilderfrage überhaupt erst dann von einer Frömmigkeitspraxis zum Gegenstand theologischer Reflexion avancierte, als sie mit guten Argumenten angegriffen wurde.[31] Umso wichtiger war es für die „Ikonodulen", die Ökumenizität des Zweiten Nizänums zu behaupten, zumal die meisten Konzilsteilnehmer - nach einem halben Jahrhundert entsprechender kaiserlicher Politik - ehemalige Ikonoklasten gewesen sein dürften.[32] Die konkreten Umstände deuteten freilich eher auf eine partikulare Synode hin[33]: Die strittige Frage war nur in Konstantinopel virulent, die östlichen Patriarchen waren aus politischen Gründen nicht persönlich anwesend, und der Papst ließ sich durch zweitrangige Kleriker vertreten.[34] Für den Patriarchen Tarasius und die Kaiserin Irene war jedoch die *formale* Repräsentation der Pentarchie entscheidend (d.h. der „horizontale Konsens"), nicht zuletzt durch die Gesandten Hadrians I., die (nominell) den Vorsitz bei dem Konzil führten.[35] Die dogmatische Definition zur Bilderfrage beanspruchte aber auch den „vertikalen Konsens", die Übereinstimmung mit der Schrift, der Tradition und den ersten sechs Konzilien.[36] Es war vor allem dieser - nach östlichen und römischen (!) konzilstheoretischen Kategorien unverzichtbare und legitime - Anspruch, an dem sich die vehemente Kritik im Westen entzünden sollte. An dieser Kritik wird deut-

---

[31] THÜMMEL 1991, 37f.: „Die Bilderverehrung war noch kein essentieller Bestandteil der Kirche, sie ist es erst durch den Bilderstreit, ja eigentlich erst durch Photios geworden"; zu Photius' Stellung zur Bilderfrage cf. DVORNIK 1953 sowie unten S. 166f.- Die erste kirchenamtliche Äußerung zur Bilderfrage stellt can. 82 des Konzils „in Trullo" 692 (132,21-30 LAUCHERT) dar, wo anstatt der gängigen Allegorisierung Christi als Lamm die Darstellung in menschlicher Gestalt vorgeschrieben wurde, um das inkarnatorische Handeln Gottes deutlicher zu machen (zitiert in Conc. Nic. II, actio III; MANSI XII, 1126AB); cf. DÖPMANN 1991, 39f.; NEIL 2000, 533f.

[32] BECK 1980, 79.

[33] Zur altkirchlichen Konzilsidee und -theorie cf. SIEBEN 1979, 307-324; speziell zu Nizäa DE VRIES 1967.

[34] Cf. SIEBEN 1979, 319; DAGRON 1994, 134; LILIE 1996, 69. Dieses Problem wird bei SCHATZ 1991, 114, der „ein klassisches Konzil der Pentarchie" konstatieren möchte, zu schnell abgetan.

[35] Daß dieser Vorsitz nur nominell bestand, geht daraus hervor, daß die Gesandten keine Einwände erhoben, als das Konzilsschreiben des Papstes nur selektiv rezipiert wurde (so wurde die Frage der Rückgabe der bislang Rom unterstehenden Gebiete im Illyricum und in Süditalien stillschweigend übergangen), obwohl Petrus, der Abt des *griechischen* Sabasklosters in Rom, zweifelsohne Griechisch verstand (BECK 1980, 79). Zur Übersetzungsproblematik cf. OSTROGORSKY 1933, 76-82; LANNE 1987, 219-224; NEIL 2000, 536-540. Dieselbe korrigierende Wiedergabe erfuhren die Papstbriefe in Konstantinopel 879/80 (s.u. S. 250-255).

[36] Zu dieser Terminologie cf. SIEBEN 1979, 312f.; H.J. SCHULZ 1996, 145 mit Anm. 74.

lich, „daß die Grenzlinie zwischen 'alter' und 'neuer' Konzilstheorie nicht zwischen Alt- und Neurom, nicht zwischen griechischer und lateinischer Kirche, sondern zwischen dem Frankenreich und der restlichen Christenheit verläuft!"[37]

b) Das *Opus Caroli regis* und die karolingische Konzilstheorie

Das „*Opus Caroli regis contra synodum*"[38] markiert einen Wendepunkt in der Geistesgeschichte des Abendlandes. Hinter der primären Intention - „to provide an antidote against the pestilential documents produced by the Greeks at the Second Nicene Council of 787"[39] - verbirgt sich eine entscheidende Weichenstellung für die Verortung des ja erst in zweiter Generation bestehenden karolingischen Königtums im Koordinatensystem des frühmittelalterlichen Europa zwischen dem römischen Papsttum und dem byzantinischen Nachfolger des *Imperium Romanum* - ein Anspruch, der anhand eines theologischen Themas vorgebracht wurde.[40]

Die Forschungsgeschichte zum *Opus Caroli regis* hat sich zuletzt in einigen wichtigen Punkten zu einem Konsens verdichtet[41]: Als theologischer Kopf des Verfasserteams hat der Westgote Theodulf, später Bischof von Orléans, zu gelten, nicht (wie lange angenommen) der Angelsachse Alkuin[42]. Eine erste Version des Konvolutes wurde 792 an Papst Hadrian I.

---

[37] SIEBEN 1979, 323f.; cf. DERS. 1996, 85-93. Zum „nizänisch-römischen" Verständnis von Ökumenizität und speziell zu Conc. Nic. II, actio VI (MANSI XIII, 208D-209C), cf. zusammenfassend GEMEINHARDT 2001b, 16-18.

[38] Die 1998 erschienene Ausgabe von A. FREEMAN und P. MEYVAERT (cf. dazu meine Rezension in: ZKG 111 [2000], 114-117) ersetzt diejenige von H. BASTGEN (1924 unter dem Titel *Libri Carolini*); die neue Edition basiert erstmals auf dem originalen Arbeitsexemplar der königlichen Kanzlei (Ms. Vat. lat. 7207).

[39] FREEMAN 1985, 65.

[40] Zu Karls Haltung gegenüber Byzanz cf. VON PADBERG 1999, 31-33.

[41] Cf. vor allem FREEMAN 1985 passim; DIES. 1998, 1-85 (unter Zusammenfassung älterer Vorstudien); daneben bes. VON DEN STEINEN 1932; HAENDLER 1958, 27-43.67-101; DAHLHAUS-BERG 1975, 169-216; summarisch MEYVAERT 1979, 56f.; HARTMANN 1988, 311f.; ANTON 1990, 102f.; BULLOUGH 1991, 182f. Aus diesem Konsens möchte SPECK 1998 dezidiert und mit völlig überzogener Polemik ausscheren und insbesondere mit dem „Ammenmärchen" der Authentizität von Ms. Vat. lat. 7207 aufräumen (260 Anm. 686); auf eine Begründung seiner abenteuerlichen Spätdatierungshypothese - zur Zeit Karls des Großen habe es keinerlei Diskussionen über die Bilderfrage gegeben, daher entstamme das *Opus Caroli* frühestens der Zeit Hinkmars von Reims (cf. die Zusammenfassung: 257-260) - verzichtet er aber wohlweislich.

[42] Theodulf als Autor nannte erstmals VON SCHUBERT 1921, 386; cf. FREEMAN 1998, 12-23. VON DEN STEINEN 1932, 232 Anm. 1, notiert, daß der Autor des *Opus Caroli regis* Westgote sei, da für ihn - anders als für die Franken und den Angelsachsen Alkuin - das Filioque zum *textus receptus* des NC gehört habe.

gesandt und von diesem mit einer ausführlichen Kritik bedacht, die freilich jenseits der Alpen nicht vor Ende 793 bekannt wurde; währenddessen wurde das Werk weiter aus- und umgearbeitet, jedoch angesichts des offenkundigen Dissenses mit Hadrian über die Beurteilung von Nizäa nicht mehr publiziert. Dennoch stellt das *Opus Caroli regis* ein konzises Kompendium karolingischer Theologie jener Zeit dar, wobei die Zustimmung des Königs selbst durch seine spontanen Kommentare, die als tironische Randnoten erhalten sind, belegt wird.[43]

Das *Opus Caroli regis* diskutiert einerseits die theologische Adäquanz der bilderfreundlichen Entscheidungen von Nizäa, bestreitet jedoch andererseits der byzantinischen Synode überhaupt das Attribut der Ökumenizität. Beide Ebenen bedingen einander: Nur eine ökumenische Synode kann verbindliche Definitionen des Glaubens aufstellen; und nur eine rechtgläubige Synode kann Anspruch auf Universalität erheben.[44] Der entscheidende Akzent liegt darauf, daß Universalität und Ökumenizität *qualitativ* gefaßt werden: Die *formal* ökumenische Beschickung von Nizäa ist genauso unnütz wie diejenige von Hiereia, wenn sich die Konzilsväter widersprüchlich zu Schrift und Tradition verhalten[45]; umgekehrt kann eine partikulare Synode Universalität beanspruchen, wenn sie *inhaltlich* universal ist, d.h. die authentische Lehre der Väter rezipiert. Im Hintergrund dieser Neufassung des synodalen Prinzips steht der Anspruch, daß die fränkische Kirche an dem Konzil hätte beteiligt werden müssen („horizontaler Dissens"); der naheliegende Einwand, daß der Westen ja via Rom zugegen war und zustimmte, wird durch einen neuen geographischen Universalitätsbegriff bestritten.[46] Der Verweis auf die mangelnde Übereinstimmung der Konzilsbeschlüsse mit Schrift und Tradition („vertikaler Dissens") formuliert gleichermaßen das Selbstbewußtsein einer mit Rom verbundenen, theologisch aber eigenständig urteilenden Kirche. Entsprechend firmiert die theologi-

---

[43] FREEMAN 1988, 162: „The work is not written in his name alone, but expresses opinions, convictions, and policies he resolutely maintained." BERNDT 1997b, 537, charakterisiert die Schrift als einen „fränkischen Grundkurs der Theologie".

[44] Cf. DAHLHAUS-BERG 1975, 188: „Der Ausschluß des Frankenherrschers von der Entscheidung in Nicäa bedeutete einen Angriff auf seine Führungsstellung in der Christenheit, der durch die Zuspitzung des dogmatischen Gegensatzes in der Bilderfrage beantwortet wurde."

[45] Op. Car. praef. (MGH.Conc. II/Suppl. I, 100,7-9 FREEMAN; im folgenden zitiert mit Seiten- und Zeilennumerierung): „*Haec enim, anathematizata et abominata cum suis auctoribus priore, imagines, quas prior nec etiam cernere permiserat, adorare conpellit.*"

[46] Cf. H.J. SCHULZ 1984, 80: „Der Pentarchie-Glaube [wurde] von der jungen fränkischen Kirche als altväterliche Bevormundung empfunden". Zur Analyse dieser doppelschichtigen Konzilsargumentation in Verbindung von synchroner und diachroner Kriteriologie cf. vor allem SIEBEN 1979, 326-336.

sche Entgegnung auf Nizäa unter dem Namen des fränkischen Königs.⁴⁷ Damit wird eine neue Gliederung der Universalkirche entworfen: Nicht mehr (nur) die längst islamisch besetzten traditionellen Patriarchate, sondern (auch) die *faktischen* Kraftzentren des gegenwärtigen Christentums seien zu konsultieren, wenn eine weitreichende Entscheidung anstehe. Genau dies habe Byzanz nicht getan, weshalb die Synode als *„sine conhibentia plurimarum catholicarum et Deo fidelium ecclesiarum adgregatam"*⁴⁸ einzustufen sei. Papst Hadrian I. wird durch seine Approbation faktisch auf die Seite der „Irrgläubigen" gerückt - ein Indiz dafür, daß den Karolingern seine Approbation von Nizäa zunächst unbekannt war.⁴⁹ Obwohl Rom von den Franken stets als „Hort authentischer Überlieferung" geachtet wurde, kommt im *Opus Caroli regis* der Anspruch Karls zum Ausdruck, *persönlich* Hüter des Glaubens zu sein.⁵⁰

Dabei ist eine werkimmanente Modifikation zu beobachten, durch welche nicht die Stoßrichtung, wohl aber die eigene Perspektive im Hinblick auf die Synode von Frankfurt verändert wurde: Der ursprüngliche Buchschluß (cap. IV 13) konstatierte apodiktisch, daß eine Erweiterung der als abgeschlossen geltenden Reihe von *sechs* ökumenischen Konzilien abzulehnen sei, „weil mit der Zahl sechs, die durchaus vollkommen ist, die Voll-

---

47 HAUCK 1912, 331; SCHATZ 1987, 269; AUZÉPY 1997, 297f. Zu diesem Legitimationsmodell cf. HEIL 1965, 126: „In intensiver Aneignung des Überkommenen wurde die politische Machtfülle auch geistig gestaltet aus dem verbindlichen Quell christlichen Glaubens heraus und auf dem Boden der Legitimation der karolingischen Könige durch die aus der Vollmacht Jesu handelnden Nachfolger St. Peters in Rom."
48 Op. Car. III 11 (377,25f.); cf. BULLOUGH 1991, 184-187; SCHATZ 1991, 115; AUZÉPY 1997, 289-299.
49 FREEMAN 1985, 77f.; cf. auch THÜMMEL 1997, 980. Daß Rom in allen Glaubensfragen als Autorität zu konsultieren sei (op. Car. I 6; 132,16-18), harmoniert nicht mit der *praefatio*, die sich allein auf die Schrift und die sechs Konzilien als normative Instanzen beruft (101,24-28; cf. FREEMAN 1998, 9f.41). Äußeres Zeichen dieser nachträglichen „Romanisierung" ist die Festlegung des *Decretum Gelasianum* als Kriterium der kanonischen Schriften und rezipierten Väter (I 6; 132,24-29); so wird der Brief Jesu an Abgar von Edessa als apokryph verworfen (IV 10; 511,12-17; cf. decr. Gelas. V 8; 13,328 VON DOBSCHÜTZ)
50 Die Rolle Roms als Instanz der Traditionsbewahrung und -vermittlung beleuchtet SCHIEFFER 1989, bes. 45-48; gerade hinsichtlich der Liturgie betonte Karl wiederholt sein Bestreben nach Orientierung am römischen Vorbild (KOTTJE 1965, 327f.). Dennoch können gerade die Jahre 790-794 als „Höhepunkt der Dominanz des fränkischen Herrschers über das Papsttum" gewertet werden (HARTMANN 1998, 115). Daß sich Karl in allen großen theologischen Auseinandersetzungen an den Papst gewandt habe, um Belehrung zu erhalten (NAGEL 1998, 102 Anm. 400), trifft nicht zu - er strebte nach Approbation des eigenen Urteils!

kommenheit der kirchlichen Verkündigung bezeichnet zu sein scheint".[51] In cap. IV 28, am tatsächlichen Schluß der Schrift, wird dagegen ein siebtes universales Konzil nicht kategorisch ausgeschlossen:

> „Wenn nun die kirchlichen Vorsteher aus zwei oder drei Provinzen zusammenkommen und, gestützt auf die alten Kanones, etwas in bezug auf die Verkündigung oder die Lehre festlegen, was dennoch von den Dogmen der alten Väter nicht abweicht, dann ist [die Synode], die sie abhalten, allgemein (*catholicum*), und kann wohl auch 'universal' genannt werden; denn obgleich sie nicht von den Vorstehern der Kirchen des ganzen Erdkreises besucht wird, weicht sie dennoch vom Glauben und der Überlieferung aller nicht ab... Wenn aber die kirchlichen Vorsteher aus zwei oder drei Provinzen zusammenkommen und etwas Neues festzulegen begehren, dann veranstalten sie ein 'Winkelkonzil' (*conventiculum*), weil sie es nicht mit der Kirche des ganzen Erdkreises halten, sondern von dieser mindestens teilweise abweichen, und daher ist es nicht allgemein, was sie tun, und kann keineswegs 'universal' genannt werden."[52]

Zu tadeln sind die Konzilsväter von Nizäa also deswegen, weil sie mit ihren „Neuerungen" ein „Schisma" innerhalb der Kirche provoziert haben.[53] Nizäa wird als Partikularsynode gezeichnet, die sich nicht nur mit überflüssigen Fragen beschäftigt, sondern sich auch von Schrift und Tradition abgewandt habe. Zu folgen sei vielmehr den *„divinae legis oraculis aut eorum doctorum, qui a catholica et apostolica ecclesiae recipiuntur, salutaribus monitis*

---

[51] Op. Car. IV 13 (521,21-23; cf. auch aaO., 521,5-8.18-21).
[52] Op. Car. IV 28 (557,22-26.30-33); cf. FREEMAN 1998, 44-47.
[53] Op. Car. praef. (101,6f.): *„Nam si novas institutiones ecclesiae ingerere iactantia est, scisma est, quod tamen in ecclesia non fieri debet."* Daß die Definition des Konzils zur Bilderverehrung von den Franken nicht einmal in ihrer Intention durchschaut wurde, ist ein Ergebnis der undifferenzierten Wiedergabe von προσκύνησις und λατρεία durch *adoratio* in der lateinischen Übersetzung der Konzilsakten, aber auch Resultat mangelnder Sensibilität für die verhandelten Fragen: *„Adgregata igitur synodo, si in ea ecclesiastico more egissent res necessarias et fidelibus profuturas pertractantes... et ea, quae necessario statuenda erant, prudenter statuerent, et quae dicenda, diligenter dicerent et spreto supervacuo et extraordinario anathemate res utiles perdocerent, res vero ambiguas aut certe inutiles silentio multarent, et nostrae partis sive ceterarum mundi partium ecclesiae eorum statutis parerent"* (op. Car. III 12; 379,2-24; 380,4-11); cf. SCHATZ 1991, 115; THÜMMEL 1997, 970-978.- Die Übersetzung der Konzilsakten, auf denen die Widerlegung im *Opus Caroli regis* basiert, entstand zwar in Rom (Lib. pont. I/2, 512,3-9 DUCHESNE), wurde aber nicht direkt vom Papst an den König gesandt, denn sonst hätte dieser die Position des Papstes kaum so falsch einschätzen können; zudem nahm Karl nach dem Zeugnis der Yorker Annalen (a. 792; MGH.SS XIII, 155,10-16 PAULI) an, daß er eine authentische Abschrift der Akten vom Verhandlungsort vor sich hatte: *„sinodalem librum... sibi a Constantinopoli* [sic!] *directum".* Cf. FREEMAN 1985, 78-81; anders THÜMMEL 1997, 968f.978, der den Franken attestiert, trotz der schlechten Übersetzung das Sachproblem (im Gegensatz zu Rom!) exakt erfaßt und eine adäquate Gegenposition entwickelt zu haben. Dagegen hat NEIL 2000, 548-550, jüngst wieder für ein schlechthinniges Mißverstehen seitens der Franken plädiert.

et luculentissimis documentis."⁵⁴ „Ökumenisch" kann eine Synode also nur dann sein, wenn sie in Übereinstimmung mit dem „consensus of patristic judgments" und der „universal confession of all orthodox believers"⁵⁵ urteilt. Ausgeschlossen ist dadurch aber auch eine unkritische Berufung auf die Autorität des römischen Stuhles, wie das Festhalten an der Verurteilung von Nizäa trotz des päpstlichen Widerstandes zeigt. Das Postulat der Übereinstimmung mit der rechtgläubigen Tradition impliziert einen spezifischen hermeneutischen Zirkel: „*Illud confirmat nova antiquitas et antiqua novitas, has plerumque corrumpit cariosa vetustas.*"⁵⁶ Damit ist aber auch schon für die Frage nach dem Filioque das Paradigma festgelegt: „Auch der vertikale Konsens schließt formale Autorität ein, und umgekehrt bezieht sich auch der horizontale Konsens notwendig auf einen Glaubensinhalt. Mittelbar jedoch kommt im Primat des vertikalen Konsenses über den horizontalen der Primat der inhaltlichen über die formale Autorität zum Ausdruck."⁵⁷

c) Der Bilderstreit auf der Frankfurter Synode

Während eines sechsmonatigen Aufenthaltes des königlichen Hofes in Frankfurt in der ersten Jahreshälfte 794 wurde im Rahmen einer allgemeinen Reichsversammlung „eine große Synode der Bischöfe Galliens, Germaniens und Italiens in der Gegenwart des Fürsten und der Gesandten des apostolischen Herrn Hadrian" abgehalten.⁵⁸ Gegenüber dem spanischen Adoptianismus scheint der Bilderstreit allerdings nur eine untergeordnete Rolle gespielt zu haben, was die zwischenzeitlich gewandelten Prioritäten der karolingischen Kirchenpolitik widerspiegelt. Die annalistischen Quellen erwähnen lediglich die Verurteilung der nizänischen Versammlung, die sich angemaßt habe, als siebte ökumenische Synode firmieren zu wollen.⁵⁹ Die Frontstellung gegen die Bilderverehrung begegnet nur in cap. II:

---

54 Op. Car. III 30 (480,11-14). Dazu gehört auch can. 82 des Quinisextum von 692 (cf .oben S. 83 Anm. 31): cap. II 18 (268,4-8).
55 MORRISON 1969, 186.
56 Op. Car. II 27 (295,1-3) zur Begründung, warum nur die Eucharistie, nicht jedoch die Bilder ein sichtbares Zeichen Christi seien, cf. HAENDLER 1958, 78.
57 SIEBEN 1979, 342.
58 Ann. r. Franc. a. 794 (MGH.SRG 6, 94,8-11 KURZE); cf. RI I/1,1 Nr. 324a; 325; 326; die verfügbaren Informationen sammelt HARTMANN 1989, 105-115; zur Quellenlage cf. DERS. 1997, 334f. Neben den theologischen Kontroversen waren disziplinäre Fragen thematisch; die Hauptquelle für das Kapitular ist die *admonitio generalis* von 789. Die bei BERNDT 1997a versammelten Aufsätze bieten eine erschöpfende Darstellung; cf. seitdem noch NAGEL 1998, 194-199; VON PADBERG 1999, 35-39.
59 Ann. r. Franc. a. 794 (MGH.SRG 6, 94,17-19 KURZE); Ann. Einh. a. 794 (95,21-26).

„Im Plenum wurde die Frage nach der Synode der Griechen aufgeworfen, welche sie neulich in Konstantinopel [sic!] über die Bilderverehrung abgehalten haben und in deren Beschluß es heißt, daß, wer den Bildern der Heiligen nicht wie der göttlichen Trinität Dienst und Verehrung erweist, dem Anathema verfällt; was unsere allerheiligsten Väter verurteilten, indem sie jede solche Verehrung und Diensterweis ablehnten, und die verurteilten, die ihnen [sc. den Griechen] zustimmen."[60]

Zwar wird die Synode von Nizäa als *„nova"* bezeichnet, ihr Anspruch auf Ökumenizität jedoch nicht explizit bestritten; hingegen wird eine theologische Position verurteilt, die in Nizäa gar nicht approbiert wurde, nämlich die Anbetung der Heiligendarstellungen *wie die Trinität selbst*. Denn selbst wenn man die undifferenzierte Verwendung von *adoratio* berücksichtigt, bieten doch die nizänischen Akten mit ihrer klaren Unterscheidung zwischen τιμητική προσκύνησις und ἀληθινή λατρεία keinen Anhalt für den Verdacht, daß letztere nicht nur der Trinität zukommen solle.[61] Dieser Befund läßt sich mit der schwierigen Diskussionslage erklären, die hinsichtlich der Bilderfrage herrschte, seit die päpstliche Approbation von Nizäa offensichtlich geworden war[62]; zudem hatte schon das römische Konzil von 769 die Bilderverehrung (*veneratio*) auch unter Zustimmung fränkischer Bischöfe als vorbildlich und geboten eingeschärft.[63] Wollte Karl (der *patri-*

---

[60] Conc. Franc., cap. II (MGH.Conc. II/1, 165,26-30): *„Allata est in medio questio de nova Graecorum synodo, quam de adorandis imaginibus Constantinopolim fecerunt, in qua scriptum habebatur, ut qui imagines sanctorum ita ut deificam trinitatem servitio aut adorationem non inpenderent, anathema iudicaverunt: qui supra sanctissimi patres nostri omnimodis adorationem et servitutem rennuentes contempserunt atque consentientes condempnaverunt"*; cf. HARTMANN 1997, 341f.; WEITMANN 1997, 202f.

[61] In op. Car. III 17 (414,5f.) attestieren die Franken selbst den Griechen: *„Aiunt enim: 'Non adoramus imagines ut Deum nec illis divini servitii cultum inpendimus'"*, kritisieren dies jedoch als vorgeschoben (414,9-13) und anderen Aussagen widersprechend (412,6-9); dies übersieht THÜMMEL 1997, 969.- Zum fränkischen Verständnis der Heiligenbilder cf. AUZÉPY 1997, 294-296.

[62] Theologisch waren grundsätzlich weder die Franken noch Hadrian für die inhaltliche Entscheidung von Nizäa zu gewinnen, beriefen sich doch beide Seiten auf die Autorität Gregors des Großen, der sich seinerzeit gegen den „Bilderstürmer" Serenus von Marseille *für* die Bilder ausgesprochen hatte - wenn auch nur zu pädagogischen Zwekken, nicht als Gegenstand von Verehrung (reg. XI 10; MGH.Epp. II, 270,13-20 HARTMANN; zitiert bereits im fränkischen *Capitulare*: MGH.Epp. V, 54,37-55,5 HAMPE), danach in op. Car. II 23 (278,29-279,10.17-280,6) angeführt; cf. dazu HARTMANN 1989, 314f. Auch Hadrian berief sich darauf (MGH.Epp. V, 42,33-43,4; 55,11-20.38-40 HAMPE). Cf. J.C. SCHMITT 1987, 273-276; WEITMANN 1997, 179-198 (zur karolingischen Bildertheologie); 198-202 (zum Hadrianum).

[63] HARTMANN 1988, 315; AUZÉPY 1997, 285.- Der entscheidende Passus lautet: *„Si quis sanctas imagines domini nostri Ihesu Christi et eius genitricis atque omnium sanctorum secundum sanctorum patrum statuta venerari noluit, anathema sit"* (MGH.Conc. II/1, 87,25-27 WERMINGHOFF); cf. dazu Hadrian in seinem Brief an Karl: Sein Vorgänger Stephan II. habe ein Konzil *„pro sacris imaginibus una cum diversis episcopis partibus*

cius Romanorum!) also nicht mit dem Papst brechen, dann konnte er sich nicht kategorisch gegen die nizänische Synode stellen, jedenfalls nicht in einem offiziellen Text, der unter seinem Namen firmierte (wie das *Opus Caroli regis*). Schließlich war der Bilderstreit eher in seiner politischen Dimension für die Franken interessant, insofern die subtilen Argumentationen gegen den Ikonoklasmus ja ohnehin als nutzlos eingestuft wurden, während das theologische Hauptgewicht in Frankfurt auf der Auseinandersetzung mit dem Adoptianismus lag - und hierbei war die Unterstützung des Papstes wichtig.[64] Der Focus am Kaiserhof richtete sich daher ganz auf diese geographisch näherliegende „Häresie", freilich ohne die Kritik an der Bilderverehrung gänzlich aufzugeben.[65] So wurde zwar nicht die „nizänische" Bildertheologie mit ihrem tatsächlichen Gehalt verurteilt, wohl aber durch ein prononciertes synodales Urteil der Anspruch auf eigene theologische Definitionsgewalt untermauert.

1.2. Der Streit um den spanischen Adoptianismus

1.2.1. Die Auseinandersetzung mit dem Adoptianismus vor und in Frankfurt 794

a) Der spanische Adoptianismus - eine perspektivische Skizze

Das Hauptziel der Frankfurter Synode war die Widerlegung der „adoptianistischen Häresie", die aus Spanien auf das Frankenreich übergegriffen hatte. Die Betonung des „universalen" Charakters der Synode als Zusammenkunft von Repräsentanten aller im Frankenreich lebenden Christen unter Beteiligung der päpstlichen Legaten sollte anzeigen, daß die Verurteilung Felix' von Urgel keine isolierte Initiative des fränkischen Königs darstellte, sondern den Konsens der universalen Kirche widerspiegel-

---

Francie seu Italiae" abgehalten, das jeden verdammt habe, *„[qui] non adorat* [sic!] *imaginem sive figuram domini nostri Iesu Christi"* (MGH.Epp. V, 11,25f. HAMPE).

[64] Allerdings gedachte auch Hadrian an die innerbyzantinischen Diskussionen um die Verehrung der Bilder kein Herzblut zu verschwenden, war er doch durchaus zu einer nachträglichen (und seiner 793/94 formulierten Position widersprechenden) Exkommunikation des Kaisers bereit, wenn dieser sich weigern sollte, die dem Papsttum von Kaiser Leon III. entrissenen unteritalienischen Bistümer zurückzugeben (cap. XXVa; MGH.Epp. V 57,4-23 HAMPE); cf. HARTMANN 1988, 315f.; NAGEL 1998, 181f.

[65] Daher wurde das *Opus Caroli regis* in Frankfurt nicht „presented and approved" (so aber HAUGH 1975, 52f.; cf. dagegen FREEMAN 1988, 165; BULLOUGH 1991, 184-187).

te.⁶⁶ Faktisch wurde die Autorität einer fränkischen Reichssynode über eine Kirche *außerhalb* des Frankenreiches proklamiert - reichte doch die politische Macht des fränkischen Königs nur bis zu Felix von Urgel, nicht aber zum geistigen Kopf des spanischen Adoptianismus, Elipandus von Toledo, im islamisch beherrschten Teil der iberischen Halbinsel.⁶⁷ In dem Anspruch, eine so weitreichende dogmatische Entscheidung fällen zu können, wird die im *Opus Caroli regis* entfaltete konziliare Theorie konkretisiert - im horizontalen Konsens mit dem Papst und der Christenheit könne prinzipiell jede Synode „ökumenisch" sein.

Das theologische Problem des sogenannten „Adoptianismus" entstand durch eine Interpretation des Dogmas von Chalkedon in den Bahnen der spezifisch abendländischen Christologie.⁶⁸ Nach Elipandus von Toledo ist (im Unterschied zur neuchalkedonensischen „Enhypostasis"-Vorstellung, die in Spanien niemals rezipiert worden war⁶⁹) in radikaler Strenge zwischen der zweiten trinitarischen Person und der angenommenen menschlichen Gestalt Christi zu unterscheiden. Die begriffliche Grundopposition entnahm er dem Credo des XI. Konzils von Toledo (675): *„Filius Dei natura est Filius, non adobtione."*⁷⁰ In Auseinandersetzung mit der eigenwilligen

---

⁶⁶ Ann. Einh. a. 794 (MGH.SRG 6, 95,11-20): *„Rex propter condemnendam heresim Felicianam aestatis initio, quando et generalem populi sui conventum habuit, concilium episcoporum ex omnibus regni sui provinciis in eadem villa congregavit. Adfuerunt etiam in eadem synodo et legati sanctae Romanae ecclesiae, Theophylactus ac Stephanus episcopi, vicem tenentes eius, a quo missi sunt, Adriani papae. In quo concilio et heresis memorata condemnata est et liber contra eam communi episcoporum auctoritate conpositus, in quo omnis propriis manibus subscripserunt."*

⁶⁷ Der Häresievorwurf wird quasi zum Interpretament dieser politischen Konstellation: *„ut manifestum sit, quales parentes habeatis, et ut notum sit omnibus, unde vos traditi sitis in manus infidelium"* (MGH.Conc. II/1, 145,26f. WERMINGHOFF). Cf. HAENDLER 1958, 99; SCHÄFERDIEK 1969/70, 415.

⁶⁸ Lit.: HAUCK 1912, 297-321; AMANN 1941, 129-152; HEIL 1965, 99-125; SCHÄFERDIEK 1969/70, 401-416; MÜHLENBERG 1982, 514-518; HAENDLER 1992, 94-96; GANZ 1995, 762-766; HAINTHALER 1997, 812-840; die ausführlichste Darstellung (der NAGEL 1998, 19-138, wenig Neues hinzufügen kann) legte CAVADINI 1993 vor, der gegen die „alkuinische" Optik der älteren Dogmengeschichtsschreibung den Adoptianismus als eine indigene, aus der altkirchlichen lateinischen Theologie erwachsene (und daher nicht in den Kategorien von Chalkedon zu beurteilende) Denkform zu beschreiben versucht; cf. etwa aaO., 37, wo als Quelle der Theologie des Elipandus das Credo des XI. Toletanums benannt wird, das auf Isidor von Sevilla fuße und über diesen auf Augustins Christologie zurückzuführen sei. Somit wirkte hier nicht der „spanische Arianismus" nach, sondern die Denkkategorien der einst *gegen* diesen entwickelten Argumentation (CAVADINI 1997, 800 Anm. 51).

⁶⁹ Zur Christologie des Konzils von Konstantinopel 553 cf. BEYSCHLAG 1991, 170-185.

⁷⁰ Conc. Tolet. XI, conf. fidei (347 VIVES). Cf. dazu SCHÄFERDIEK 1969/70, 398f. mit Anm. 80; HAINTHALER 1997, 814f. (mit Verweis auf MADOZ 1938b, 47).

Trinitätstheologie des Migetius, der offensichtlich den drei göttlichen Personen drei geschichtlich begegnende *personae assumptae* zuordnete[71], betonte der Metropolit von Toledo zugleich die Einzigartigkeit der Inkarnation und die Trennung der beiden Filiationsaspekte: Christus ist *adoptiver* Sohn Gottes seiner „angenommenen" Menschennatur nach, *naturhafter* Gottessohn dagegen entsprechend seiner göttlichen Natur. Gegen eine Vermischung von ewiger Trinität und zeitlicher Menschwerdung Christi insistierte Elipandus auf der geschichtlichen Kontinuität des Subjekts dieser Heils-Geschichte, deren Momente strikt auseinanderzuhalten seien. Diesem „Adoptianismus" eignete die soteriologische Pointe, daß Christus als *homo adoptivus* persönlich der Prototyp der im Heilsgeschehen von Gott „adoptierten" Menschen ist; akzentuiert wird seine Niedrigkeit und damit seine Nähe zu den erlösungsbedürftigen Menschen.[72] Die sukzessive Verdrängung des unbestimmt-flexiblen Begriffs *assumptio* durch den juristisch präzise definierten Terminus *adoptio* barg allerdings terminologische Probleme, da letzterer eine „naturgemäße" Zusammengehörigkeit von Adoptierendem und Adoptiertem semantisch auszuschließen schien.[73] Die untrennbare, wenn auch unvermischte Identität des Schöpfungsmittlers mit dem Prototyp der „adoptierten Heiligen" drohte in den Augen der Franken verlorenzugehen, wenn Christus seiner Menschheit nach „*non genere filius Dei, sed adoptione*"[74] sei.

In einem Brief „*ad episcopos Franciae*" legten die spanischen Bischöfe ein unzweideutiges Bekenntnis ab: „*Credimus igitur et confitemur unigenitum Dei filium sine tempore incorporeum et ineffabilem et invisibilem et sine adobtione; credimus eum in fine temporis primogenitum ex Marie virginis utero ineffabiliter et corporaliter egressum deitate exinanita in carnis adobtione*" (117,6-9)[75]. Diese strikte Unterscheidung zwischen *Einzig*geborenem und *Erst*geborenem als Interpretament der Differenz von Gottheit und

---

71 Cf. CAVADINI 1993, 15-20; das *assumptio*-Modell wird hier von Christus auf Vater und Geist ausgedehnt.
72 CAVADINI 1993, 31: „If our salvation is to be 'conformed' to Christ..., then we must have a Christ to whom we are conformable, a 'Christ' with whom we may be 'christs'." Cf. dazu die einschlägigen Passagen in Elipandus' Credo (Beatus/Heterius, adv. Elip. I 40f.; CChr.CM 59, 28,1065-29,1085 LÖFSTEDT).
73 SCHÄFERDIEK 1969/70, 401; HAINTHALER 1997, 827.
74 MGH.Conc. II/1, 112,6 WERMINGHOFF (hiernach im folgenden die Seiten- und Zeilenangaben im Text); cf. HAENDLER 1958, 97; HEIL 1965, 119; MÜHLENBERG 1982, 516f.; BERNDT 1997b, 530f.
75 Cf. auch 111,34-36: „*Deum Dei filium ante omnia tempora sine initio ex patre genitum, quoeternum et consimilem et consubstantialem non adobtione, sed genere, neque gratia sed natura*". Zu diesem Brief (wohl von 793) cf. CAVADINI 1993, 31-38; HAINTHALER 1997, 817-824; NAGEL 1998, 58-65.

Menschheit wird soteriologisch damit begründet, daß Christus den Menschen so nahe wie möglich gekommen ist, um sie Gott zuzuführen; am Ziel der Heilsgeschichte werden wir „*similes utique in carnis adobtione, non similes ei in divinitate*" (113,29f.) sein, wie nach 1 Joh 3,2 präzisiert wird. Die Differenz zwischen Christus und den Menschen bleibt daher bestehen: Die *plenitudo unctionis* durch den Geist erhält nur jener, ihnen wird sie *ad mensuram* (113,35f.) gegeben.[76]

Die spanischen Bischöfe wiesen auf zahlreiche Autoritäten hin, die das Stichwort *adoptatio* bzw. *adoptivus* benutzt hatten[77]; dabei ist zu beachten, daß im Westgotenreich das Konzil von Konstantinopel 553 ignoriert und das VI. Ökumenische Konzil dementsprechend direkt hinter Chalkedon eingeordnet wurde.[78] Stattdessen beriefen sie sich als Beleg für ihre Orthodoxie auf die „*precessores nostri Eugenius, Hildefonsus, Julianus, Toletane sedis antistites*" (113,10f.) sowie auf die mozarabische Liturgie, in der die *adoptio carnis* und die *passio adoptivi hominis* als Grundlage menschlicher Heilshoffnung genannt wird. Der theologische Grundkonflikt berührte also zutiefst den liturgischen Vollzug kirchlichen Lebens; umgekehrt reformulier-

---

[76] Ein strukturanaloges Argument bietet Fulgentius von Ruspe (ep. XIV 28; CChr.SL 91, 419,1129-420,1180 FRAIPONT): Die *Gottheit* Christi kann keinesfalls den Geist empfangen (Joh 3,34), denn dieser geht ja qua Gottheit auch vom Sohn aus; nur der *Menschheit* Christi kann der Geist gegeben werden, dann aber eben *non ad mensuram* (anders z.B. bei Elisa in 2 Kön 2,9). Fulgentius zitiert Augustin, retract. I 18 (aaO., 419,1135-39 = CSEL 36, 89,14-18 KNÖLL); cf. HAINTHALER 1997, 819 Anm. 45.

[77] 112,10-113,17 = Ambrosius, incarn. VIII 87; IX 104 (CSEL 79, 267,63-68; 275,144-155 FALLER); Hilarius, trin. II 27 (CChr.SL 62, 63,22-25 SMULDERS); Hieronymus (mit unsicheren Belegen); Augustin, enchir. X 35 (CChr.SL 46, 69,53-55 EVANS); in euang. Ioh. XXIX 8 (CChr.SL 36, 288,25-27 WILLEMS); Isidor, orig. VII 2,13 (PL 82, 265B); diff. II 33,127 (PL 83, 90A). Cf. HAINTHALER 1997, 832-840.

[78] Conc. Tolet. XIV, can. VII (444f. VIVES); cf. Conc. Tolet. XVI, conf. fidei (496 VIVES); dazu SCHATZ 1987, 270. Eine Reminiszenz an die spezifisch westgotische Theologie liegt auch vor, wo angeführt wird, „*ut in uno eodemque Dei et hominis filio in una persona, duabus quoque esse naturis plenis adque perfectis, Dei et hominis, Domini et servi, visibilis adque invisibilis, tribus quoque substantiis, verbi scilicet, anime et carnis*" (114,36-38; cf. dazu Conc. Tolet. XI, conf. fidei; 352 VIVES = DH 535): „*Idem Christus in his duabus naturis tribus exstat substantiis: Verbi, quod ad solius Dei essentiam referendum est, corporis et animae, quod ad verum hominem pertinet.*" Auch hier wird Augustin rezipiert (trin. XIII 17,22; CChr.SL 50A, 412,4-7 MOUNTAIN/GLORIE): „*Sic deo coniungi potuit humana natura ut ex duabus substantiis fieret una persona ac per hoc iam ex tribus, deo, anima et carne*". Zur Rezeption dieser trichotomischen Christologie bei Humbert von Silva Candida cf. unten S. 347 Anm. 196.- Elipandus' Gegenspieler Beatus von Liébana, der im Auftrag Karls gegen die Adoptianisten agitierte (HAUCK 1912, 305), bediente sich allerdings ebenso unbefangen dieser Terminologie (cf. SCHÄFERDIEK 1969/70, 404 mit Anm. 107); die weitgehende Übereinstimmung zwischen beiden spanischen Kontrahenten betont CAVADINI 1993, 47-52.

ten die karolingischen Theologen die *lex orandi* gerade in der Auseinandersetzung mit dem Adoptianismus am Leitfaden der *lex credendi*.[79]

b) Die karolingische(n) Position(en) auf der Frankfurter Synode

Der innerspanische Streit war in das Blickfeld der fränkischen Kirche gelangt, als sich Elipandus in der Auseinandersetzung mit seinem asturischen Gegner Beatus von Liébana nicht lange nach 790 an Felix von Urgel um Hilfe wandte. Als Bischof auf fränkischem Reichsgebiet unterlag dieser der königlichen Jurisdiktion und mußte vor der Synode von Regensburg 792 seiner adoptianistischen Lehre abschwören, ebenso in Rom vor Papst Hadrian I.[80] Die Schreiben des spanischen Episkopats an die fränkischen Bischöfe bzw. an ihren Herrscher machten eine erneute Verhandlung erforderlich, zumal Felix' Restitution gefordert und dies mit der Erinnerung an das „häretische" Ende des großen Konstantin versehen wurde.[81] Auch solle Karl die Aktivitäten des Beatus einschränken, der in der spanischen Kirche nur Unfrieden stifte und gegen den Konsens der Kirche verstoße: „*'Consilium multorum non contempseris unus', scilicet tantorum venerabilium patrum de adobtione carnis sententias ne reprobes solus*" (121,29f.). Stellung und Ton des Frankfurter Kapitels reagieren auf diese Postulate:

> „Begonnen wurde mit der gottlosen und verruchten Häresie des Bischofs Elipandus von Toledo und des Felix von Urgel und ihren Anhängern, die im falschen Glauben beim Sohn Gottes eine Adoption behaupteten. Ihr widersprachen alle obigen heiligen Väter in einstimmiger Ablehnung und beschlossen, daß diese Häresie von der heiligen Kirche gründlich mit der Wurzel ausgerissen werden müsse" (165,21-25; Übers. DH 615).

---

[79] RORDORF 1981, 289, hat beobachtet, „que la théologie 'filioquiste'... apparaît à peu près à l'époque où l'Epiclèse disparaît progressivement de la messe occidentale". Die Kongruenz von *lex orandi* und *lex credendi*, die sich gleichermaßen bei Basilius und in der *Traditio apostolica* (aber auch noch bei Fulgentius, ad Monim. II 10,1; CChr.SL 91, 44,433-437 FRAIPONT) konstatieren lasse, habe sich seit Ambrosius im Westen zur unilateralen Christozentrik, d.h. aber: zu Lasten des Geistes entwickelt (aaO., 296f.).

[80] Ann. Einh. a. 792 (MGH.SRG 6, 91,8-18 KURZE); Alkuin, adv. Elip. I 16 (PL 101, 251C-252B); cf. HARTMANN 1989, 104f.; NAGEL 1998, 55-58. Zu Beatus von Liébana cf. CAVADINI 1993, 45-70.

[81] Die konkrete Forderung (121,3-5) verbindet sich mit einer unverhüllten Drohung (121,5-10): „*Reminiscens et illud, quod omnipotens Deus a vobis longe efficiat, de Constantino imperatore. Qui dum esset idolatrie cultor, per beatum Silvestrum factus est Christianus, postea per serpentem, sororem suam, sanctorum trecentorum decem et octo sententiam refutans, in Arriano dogmate conversus est et ad infernum flenda ruina dimersus diem clausit extremum; de quo beatus Isidorus dicit: Eu, pro dolor! bono usus principio et fine malo*" (cf. Isidor, chron. a. 334; MGH.AA XI, 466,1-10 MOMMSEN). Allerdings galt am Hofe Karls weniger Konstantin als vielmehr David als königliches Ideal (cf. EWIG 1956, 103) - eine Ausnahme bildete bezeichnenderweise der Westgote Theodulf (FREEMAN 1994, 185f.)!

Über dieses Urteil hinaus existieren je ein Antwortschreiben des Papstes und des Königs sowie eine von Paulinus von Aquileia abgefaßte Stellungnahme der italienischen Bischöfe und ein Synodalschreiben der Konzilsväter, das wohl - wie der Brief Karls - aus der Feder Alkuins stammt.[82] Die *Epistola episcoporum Franciae* greift die Argumente aus dem Schreiben der Spanier der Reihe nach auf und setzt den Hauptkritikpunkt gleich an den Anfang: „Wir haben von neuerdings erdachten Lehrmeinungen gehört, die nicht mit den alten Überlieferungen der heiligen Lehrer übereinstimmen, sondern vielmehr mit euren neuerlichen Erfindungen begründet werden" (143,22-24).[83] Bestritten wird also, daß die Spanier in der Tradition der Väter stehen, und hierbei ist signifikant, *welche* Väter die normative Instanz darstellen. Für beide Seiten autoritativ waren Augustin, Ambrosius, Hieronymus und Hilarius als lateinische „Normaltheologen" der spätantiken Reichskirche; daß sich Elipandus jedoch auf die „*praecessores nostri... Toletanae sedis antistites*" (113,10) bezog, provozierte eine harsche Replik:

> „Besser sollte man dem Zeugnis Gottes des Vaters über seinen Sohn trauen als dem eures Ildefons, der euch derartige Bitten für die Messe zusammengeschrieben hat, wie sie die universale und heilige Kirche Gottes nicht kennt... Und wenn euer Ildefons in seinen Gebeten Christus als adoptiert bezeichnet, so versäumt doch unser Gregor, Bischof auf dem römischen Stuhl und berühmtester Lehrer im ganzen Erdkreis, in seinen Gebeten keinesfalls, ihn den Eingeborenen zu nennen" (145,35-40).[84]

Damit stellen sich die fränkischen Bischöfe unter die theologische Autorität desjenigen römischen Papstes, der einst von dem Spanier Isidor von Sevilla in höchsten Tönen gelobt worden war.[85] Der Autorität des toletanischen

---

[82] So HEIL 1965, 104; cf. BERNDT 1997b, 535f.; HAINTHALER 1997, 848-854; NAGEL 1998, 89-97.

[83] Cf. 156,25f.: „*Tenete vos intra terminos sanctorum patrum et nolite novas versari questiunculas.*"

[84] Cf. HAINTHALER 1997, 849f. Die spanischen Autoritäten seien Männer, „*quorum nomina sanctae et universali Dei ecclesiae ignota putamus hucusque remansisse, si huius erroris scisma per vos mundo ea non innotuisset*" (156,18f.). „*Patriarchae nescierunt, prophete non dixerunt, apostoli non praedicaverunt, sancti tractatores hoc nomen tacuerunt, doctores fidaei nostrae non docuerunt. Forte in tertium caelum raptus fuisti et tibi audisti archana verba, quae hucusque sanctae Dei ecclesiae ignota essent, si tu in tertium caelum raptus non esses*" (153,29-32; cf. 2 Kor 12,2). Daran zeigt sich nach CAVADINI 1993, 104f., die Fundamentaldifferenz: Die Karolinger empfanden die Väterzeit als ein deutlich abgegrenztes Gegenüber, die Spanier sahen sich in einem undurchbrochenen Kontinuum mit der (lateinischen) altkirchlichen Theologie stehen.

[85] Nach vir. ill. 40 (PL 83, 1102AB) war Gregor „*compunctione timoris Dei plenus et humanitate summus, tantoque per Spiritus sancti scientiae lumine praeditus, ut non modo illi in praesentibus temporibus quisquam doctorum, sed nec in praeteritis quidem par fuerit unquam.*" Gregor, dessen *Moralia in Iob* Leander von Sevilla gewidmet waren (cf. moral. ad Leandr.; CCHR.SL 143, 1,1-7,229 ADRIAEN), galt auch der spanischen Kirche als

Sitzes wird die des römischen entgegengestellt, der Beweiskraft der mozarabischen Liturgie die der römischen.⁸⁶ Auf dieser liturgisch verankerten Basis wird die zentrale theologische These formuliert:

> „Wir wissen nämlich, daß Gott als Sohn Gottes aus beiderlei Natur sowohl der Eingeborene (*unigenitus*) als auch der Erstgeborene (*primogenitus*) ist: der Eingeborene, weil er alleine ohne Anfang aus Gott dem Vater geboren und alleine von Anbeginn der Zeit aus der jungfräulichen Mutter geboren ist, also in beiderlei Natur der Eingeborene und auch ebenso der Erstgeborene, weil jeder Eingeborene der Erstgeborene ist, während doch gemäß der menschlichen Zeugung keineswegs jeder Erstgeborene ein Eingeborener ist" (146,11-16).

Die *Einheit von unigenitus und primogenitus* ist das zentrale Argument des Textes, aus dem die fundamentale Differenz der christologischen Ansätze erhellt: Während für die Spanier der einziggeborene Sohn Gottes der *Erstgeborene der Adoptierten* ist, sozusagen ihr Prototyp, ist für die Karolinger der Erstgeborene eben gerade *dieser göttliche Einziggeborene*, der deswegen keinesfalls auf der menschlichen Ebene adoptiert sein kann. Die kategoriale Differenz wird also streng zwischen Gott-Mensch und Menschen eingezogen, während sie für die Spanier präzise zwischen göttlichem Sohn und göttlichem Menschen liegt.⁸⁷ Von Gott selbst her sei die Möglichkeit zu

---

Autorität, wie das VIII. Toletanum bekundet: „*beatus papa Gregorius, et libris et meritis honorandus, atque in ethicis adsertionibus pene cunctis merito praeferendus*" (can. II; MHS.C V, 410,486-492 MARTÍNEZ DÍEZ/RODRÍGUEZ, mit einem Zitat aus moral. XXXII 20,38; CChr.SL 143B, 1657,70-1658,74).

⁸⁶ Zitiert wird das römische *Sacramentarium Gregorianum* (146,1-7 = LQ 3; 43f.67.92 LIETZMANN [n. 74,1; 76,1; 108,1; 159,1]). Cf. GANZ 1995, 764: „The heresy was both new and parochial."

⁸⁷ Im folgenden (149,16-33) wird die Rede von drei Substanzen in Christus (s.o. S. 93 Anm. 78) kritisiert, die der „*professio Niceni simboli*" widerspreche und durch die Rede von der einen *substantia humana*, die selbst aus zwei Substanzen (*anima* und *caro*) zusammengesetzt sei, nur Verwirrung stifte (wiewohl angesichts solcher Zeugen wie Leo I. [sermo 21,2; SC 22, 70,24-28 DOLLE] und Augustin [enchir. XI 36; CChr.SL 46, 69,8-70,13 EVANS] den Spaniern inhaltlich nichts angelastet werden könne). Diese Differenzierung sei nur gegen „Apollinaristen" (so implizit die italienischen Bischöfe: 137,25-27) anzuführen, nach denen der göttliche Logos ganz die Subjektivität Christi bestimme, dessen *anima rationalis* also völlig zurücktrete. Freilich spricht Alkuin selbst gelegentlich von drei Substanzen (fid. Trin. II 11; PL 101, 30D), ebenso das Credo des Pelagius (Ps.- Hieronymus [HAHN § 209], zitiert in op. Car. III 1; 337,17-19). Ansätze zur Lösung bietet der Brief der italienischen Bischöfe: Wohl könne die menschliche Natur als Seele und Leib verstanden werden, aber nach Gen 2,7 bilden beide den *einen* belebten Menschen. Das heißt nun aber bezüglich Christus: „*Unde et maiores nostri hac definitione sancita, quorum sagacissima capacitatis peritia longe valde a nostrae tarditatis distat ignavia, placuit eis, sancto adnuente Spiritu, duas in una Christi persona indubitanter profiteri naturas, divinam scilicet et humanam, quia anima et caro non sunt duo, sed unus homo*" (140,17-20).- Isidor gilt hier als spanische (!) Autorität gegen dieses Theologumenon (150,17f.).

bestreiten, Christus „*adoptivus*" zu nennen, denn der Vater habe ihn als *Filius* angeredet (Mt 17,5; Röm 8,32)[88], niemals aber als Adoptivsohn.

Der Synodalbrief ordnet die Spanier schließlich häresiologisch ein: „Ist nicht einst mit Nestorius genau dieselbe Häresie von der universalen heiligen Kirche widerlegt und verdammt worden?" (154,19f.). Sei doch Nestorius deswegen verurteilt worden, „*quia beatam Mariam semper virginem non Dei, sed hominis tantummodo credidit esse genetricem*" (154,22-24).[89] Unterstützend wird auf den *spiritus rector* des Neuchalkedonismus, Kyrill von Alexandrien, hingewiesen, demzufolge Nestorius faktisch sage: „Gott als das Wort wird Christus genannt, weil es eine Verbindung (*copulatio*) zu Christus hat, weshalb sollte man also dann nicht von zwei 'Christussen' sprechen, wenn doch Christus zu Christus in Verbindung steht wie ein [Mensch] zum anderen?" (154,26-29).[90] Was hier *copulatio* genannt werde, sei zweifelsohne *adoptio* - weshalb die Spanier von *zwei Gottessöhnen* zu reden schienen, was als „nestorianisch" abzulehnen sei.[91] Entsprechend wird ein weiteres Mal Gregor der Große herangezogen (154,37-155,2), der gegen heftigen Widerstand die kyrillische Interpretation des Chalkedonense

---

[88] Verwiesen wird auf Hilarius, trin. VI 23.45 (CChr.SL 62, 223,24-37; 250,7-9.14-251,26 SMULDERS); VIII 28 (CChr.SL 62A, 240,11-16); Ps.-Augustin (= Gennadius von Marseille), dogm. 2 (PL 58, 981B).

[89] Zwar fällt auf, daß in der Häretikerliste der Spanier (119,16-23) Nestorius fehlt, jedoch hatte schon Conc. Tolet. III (tractatus Calcidonensis concilii; anath. XI; XXI: MHS.C V, 67,204-71,247; 81,370-373; 85,405f. MARTÍNEZ DÍEZ/RODRÍGUEZ) explizit gegen Nestorius das Anathem ausgesprochen und das Ephesinum als glaubensverbindlich behauptet; cf. Conc. Tolet. VIII, can. I (aaO., 385,225f.) gegen den „*Arrii, Macidonii, Nestorii et Euticetis insanissimus error*"; ähnlich Conc. Tolet. XIV, can. X (446 VIVES).

[90] Kyrill von Alexandrien, ep. ad Eulogium (ACO I 3, 194,5-7.8-11 SCHWARTZ). Zu Kyrills Einfluß auf den fränkischen Antiadoptianismus - als spezifische Differenz zu Elipandus wie zu Beatus - cf. HARING 1950, 13. Für Alkuin galt er gar als „*fortissimus contra Nestorium*" (ep. 203; MGH.Epp. IV, 337,4 DÜMMLER; adv. Felic. praef.; PL 101, 128B). Dem entspricht die Bedeutung des Ephesinums - d.h. der Christologie Kyrills - für die karolingische Theologie (OTT 1957, 289-292; CAVADINI 1993, 79). Nach BEYSCHLAG 2000, 141, wurde „die altabendländische Christologie von der cyrillischen Interpretation des Chalcedonense langsam aber sicher überlagert."

[91] Cf. das pointierte Urteil HARNACKS (1922, 338): „Monophysiten und Nestorianer standen sich unter neuen Kappen gegenüber!" Zur faktischen Inadäquanz solcher „Ketzerhüte", konkret: zum spanischen „Nestorianismus" und zum fast zwangsläufigen Unverständnis der „Alexandriner" auf der Gegenseite cf. HEIL 1965, 123f., und schon HAUCK 1912, 304 Anm. 4, demzufolge der Adoptianismus keinesfalls ein wiederbelebter Nestorianismus sei (anders z.B. SEEBERG 1930, 58). Aber noch HEATH 1972, 105, schließt sich quasi dem Urteil der Karolinger an: „In opposition to a doctrine, flavoured with Nestorianism..., the defence of the orthodox doctrine was upheld."

im Westen verteidigt hatte.⁹² Auf diese Interpretation sollten auch die Spanier verpflichtet werden: „Es möge euch genügen..., beim Bekenntnis des katholischen Glaubens das zu sprechen, was die heiligen Väter sagten, und so das Symbol der kirchlichen Lehre zu bewahren, wie es die allerheiligsten Lehrer aufgestellt haben. Denn wir sind weit geringer als jene, wenn es um das Bedenken der dem apostolischen Glauben angemessenen Worte geht" (155,12-15). Es ging dabei nicht nur um die Orthodoxie des Bekenntnisses, sondern um dessen *rechtliche Dimension* - das Symbol zu bewahren wurde als formaler Rechtsakt begriffen, nicht als Zustimmung in einer offenen Diskussionslage.

Zusammenfassend läßt sich sagen, daß der Streit um die Berechtigung liturgischer Formeln im fränkischen Schreiben in eine Auseinandersetzung um die (patristischen) Autoritäten der wahren, universalen Kirche umgemünzt wird - im Anschluß an die Konzilstheorie des *Opus Caroli regis* wird aus der lateinischen nun eine *römisch-lateinische* Tradition, in der Gregor der Große eine zentrale Stellung einnimmt.⁹³ Dieses spezifisch römische Selbstbewußtsein stimmt mit dem *Brief Papst Hadrians I.* an die spanischen Bischöfe überein. Zum Begriff *adoptio* ist knapp zu sagen: „*Hoc catholica ecclesia numquam credidit, numquam docuit, numquam male credentibus adsensum praebuit*" (123,8f.).⁹⁴ Wichtiger jedoch ist die Verknüpfung des Petrusbekenntnisses mit der Legitimation des Primates durch Christus - gerade weil sich Petrus nicht zu einem Christus bekannt habe, „der um unseretwillen zum Menschensohn und in der Adoption auch zum Gottessohn gemacht worden ist" (124,16f.), sei ihm als orthodoxem Bekenner die Leitung der Kirche anvertraut worden. Daher beruft sich auch Hadrian auf seinen Vorgänger Gregor, den „*egregius doctor, sagacissimus verbi Dei indagator et venerabilis*" (125,28): „'Hast du achtgehabt auf meinen Knecht Hiob, dem niemand auf Erden gleichkommt?' [Hiob 1,8], das verstehen wir gemeinsam mit dem seligen Gregor sowohl als historisch über den heiligen Hiob als auch als allegorisch über Christus gesagt" (126,23-25).⁹⁵ Die Auto-

---

⁹² Reg. XI 52 an den hispanischen Bischof Quiricus (MGH.Epp. II, 326,27-30 HARTMANN): „*Non autem prius in utero virginis caro concepta est et postmodum divinitas venit in carnem, sed mox [ut] verbum venit in uterum, mox verbum servata propriae virtute naturae factum est caro, et perfectus homo, id est in veritate carnis et animae rationalis, natus est per uterum virginis filius Dei*"; cf. GRILLMEIER 1953, 833f.

⁹³ Gregor kann deshalb zurecht als „der große und eigentliche Vater der fränkischen und angelsächsischen Theologie und Exegese der Karolingerzeit" gelten (HEIL 1965, 143).

⁹⁴ RPR(J) 2482; dazu CAVADINI 1993, 73-77; BERNDT 1997b, 531-534; HAINTHALER 1997, 840-847; NAGEL 1998, 68-73.

⁹⁵ Cf. auch 125,34-36 = moral. II 23,42 (CChr.SL 143, 85,5-9 ADRIAEN): „*Quia omnis homo tantummodo homo est, ipse autem Deus et homo, in terra ei similis non est, quia, etsi*

rität seines Vorgängers ermöglicht die Aussage, daß Gott in Wahrheit *niemals* seinen Sohn als Knecht bezeichne[96], weil alle Erniedrigungsstellen im Licht der Erhöhung des Gekreuzigten und Auferweckten zu interpretieren seien, ausgehend von der unverhüllten Offenbarung des Gottessohnes (cf. Ps 8,7f.): „Den Herrn der Engel und aller Kreatur, unter dessen Füße alles unterworfen ist - den nennt ihr einen Knecht und adoptiert?" (127,30f.).

Legt also auch Hadrian den Akzent auf die Interpretation der Autoritäten, so befleißigt sich der *Libellus sacrosyllabus episcoporum Italiae* einer biblischen gestützten Argumentation.[97] Die Adoptianisten konnten Paulinus als „*deteriores Arrio et Eunomio et Maranatha anathemate Macedonio dignum*" (136,8) erscheinen[98], weil die Spanier in seinen Augen *adoptatus* mit *advocatus* gleichsetzten, um auszudrücken, daß eben gerade der Sohn Gottes der Fürsprecher beim Thron Gottes sei (1 Joh 2,1), was aber nach Paulinus dem präzisen juristischen Sinn der Adoption widersprach: „'Adoptiert' nennt man den, dem nichts vom adoptierenden Vater geschuldet wird, sondern dem dies aus Gnade zugestanden wird" (135,32f.). Die Identifikation des *aktiven* Fürsprechers mit dem *passiven* Adoptivsohn führe daher zur Gleichsetzung der zwei „Advokaten" und damit zu *zwei Gottessöhnen*, sei doch nach Joh 14,26 der Heilige Geist der *advocatus* der Menschen.[99] Wenn also nur der *adoptatus* als *advocatus* fungieren könne, ent-

---

adoptivus quisque filius ad percipiendam divinitatem proficit, nequaquam tamen, ut Deus naturaliter esset, accepit. " Weiterhin (124,29-125,10) beruft sich Hadrian auf Ps.-Athanasius (= Apollinaris von Laodizea, cf. CPG 3665), ep. Jov. (PG 28, 26A; 27D-30D [= 250,1-5; 253,3-14 LIETZMANN]); Gregor von Nazianz, ep. 101 ad Cledon. (SC 208, 44,3-10 GALLAY); Augustin, in euang. Joh. II 13; VII 4; XIV 11 (CChr.SL 36, 17,11-13; 69,3-5; 149,8-10 WILLEMS); cf. zu diesen patristischen Zeugnissen HAINTHALER 1997, 845f.

[96] MGH.Conc. II/1, 126,38-41 WERMINGHOFF: „*Postquam autem cessavit umbra veritatis et ipsa in prompto manifestata est veritas, quae sub allegoriae silva latebat, nusquam eum a patre servum vocatum legimus, sed filium et dilectum suum, nec filium eum dominum suum appellasse, sed patrem.*"

[97] HEIL 1965, 131, verweist darauf, daß es nach dem Drei-Kapitel-Schismas zwischen Norditalien und Rom nicht selbstverständlich war, daß gerade der Patriarch von Aquileia eine dezidiert *einheitschristologische* Position vertrat; cf. HAINTHALER 1997, 854-857; NAGEL 1998, 75-82; eine ältere Sicht bei GIANNONI 1896, 61-66.- CAPELLE 1929, 9, attestiert dem *Libellus* „une vigueur dialectique très supérieure".

[98] Nestorius begegnet in einer ähnlichen Liste in c. Felic. I 2 (CChr.CM 95, 8,21f. NORBERG; cf. I 8; III 25; aaO., 13,8-13; 115,11-16); dies übersieht CAVADINI 1997, 802. Cf. dazu auch HEIL 1965, 132 Anm. 336.

[99] MGH.Conc. II/1, 136,2-6: „*Quodsi iuxta vestra vesaniam hoc putatis advocatum esse quod et adoptatum, confitemini ergo, quod est deterius et omni blasphemia plenum, duos adoptivos, filium scilicet et Spiritum sanctum. Non enim negare valetis Spiritum sanctum paracletum esse. Quod enim Graece paraclytus, nos latine dicitur advocatus.*"

puppten sich die Spanier geradezu als „Pneumatomachen"! Damit ist ihre Position natürlich vollkommen verzeichnet; war Elipandus' Theologie aus der Frontstellung gegen die Trinitätslehre des Migetius erwachsen, so hält ihm Paulinus jetzt seinerseits eine dezidiert trinitätstheologische Argumentation entgegen: „Wer glaubt denn, daß er als Sohn adoptiert wurde, wo doch die ganze heilige Trinität in der Gebärmutter der Jungfrau den Menschen Christus bewirkt hat (*cum tota sancta trinitas hominem Christum in utero virginis operata sit*)?" (133,32f.). Zwischen beiden Parteien unstrittig war zwar die klassische Pointe lateinischer Trinitätstheologie: „*Unionem namque in essentia confitemur; trinitatem vero in personarum discretione praedicamus*" (136,31f.); als divergent erwiesen sich aber die *christologischen* Konsequenzen aus der „paulinischen" Fassung des Begriffs *consubstantialis*:

> „Mit unseren heiligen Vätern, katholischen und rechtgläubigen Männern, die den rechten Glauben sowohl im Herzen empfingen als auch mit unüberwindlichem Mund die Söhne der Kirche heilvoll lehrten, bekennen wir zwei Naturen in Christus, eine göttliche und eine menschliche, wahrer Gott und wahrer Mensch, in beiderlei [Natur] eigener, nicht adoptierter Sohn Gottes, ewig aus dem Vater, zeitlich aus der jungfräulichen Mutter geboren, im Seinen wesensgleich Gott dem Vater und dem Heiligen Geist, wesensgleich auch uns im Unsrigen (*duas in Christo naturas, divinam nimirum et humanam, verum Deum verumque hominem, in utraque proprium Dei filium, non adoptivum, sempiternum ex patre, temporaliter natum ex virgine matre, consubstantialem in sua Deo patri et Spiritui sancto, consubstantialem etiam nobis in nostra*)" (140,25-31).

Ein sachidentisches Symbol liegt in den Frankfurter Konzilsakten mit dem ausführlichen *Bekenntnis Karls des Großen* in seinem Brief an die Spanier vor.[100] Die zentrale christologische Passage lautet:

> „Wir glauben, daß aus dieser heiligen Trinität die Person des Sohnes für das Heil des Menschengeschlechts dergestalt aus dem Heiligen Geist und der Jungfrau Maria geschaffen worden ist, daß der, welcher hinsichtlich der Gottheit Sohn Gottes des Vaters war, hinsichtlich der Menschheit Sohn eines Menschen, der Mutter, wurde; vollkommener Gott in der Gottheit, vollkommener Mensch in der Menschheit; Gott vor aller Zeit; Mensch am Ende der Zeit; wahrer Sohn Gottes in beiderlei Substanz, nicht vermeintlich, sondern wahrhaftig, nicht durch Adoption, sondern durch sein eigenes Wesen (*verus in utraque substantia Dei filius, non putativus, sed verus, non adoptione, sed proprietate*); eine Person als Gott und Mensch, ein Mittler zwischen Gott und den Menschen; in der Gestalt Gottes dem Vater gleich, in der Knechtsgestalt geringer als der Vater; in der Gestalt Gottes Schöpfer, in der Knechtsgestalt Erlöser; in beidem ein eigener und vollkommener Sohn Gottes, der gelitten hat um der Austeilung des Heils an die Menschen willen mit wirklichem Leiden des Fleisches, der den wirklichen Tod seines Körpers gestorben ist; der ist auferstanden durch die wahrhaftige Auferstehung seines Fleisches und die wirkliche Aufnahme seiner Seele und mit demselben Körper, der gelitten hat, er ist auferstanden und aufgefahren in den Himmel; dort sitzt er zur Rechten

---

[100] Zu diesem Brief cf. HAINTHALER 1997, 857-859; NAGEL 1998, 97-110. Daß dieses Bekenntnis „in der Meßliturgie des Karlshofes seinen Sitz im Leben" hatte (aaO., 108), ist als unbeweisbar zu verneinen.

des Vaters und wird in derselben Gestalt, mit der er aufgefahren ist, wiederkommen, zu richten die Lebenden und die Toten; seiner Herrschaft wird kein Ende sein" (164,3-15).

Nicht zufällig steht hier am Ende die - aus NC entlehnte - Berufung auf den Herrscher Jesus Christus, der dem irdischen Königtum Karls eine willkommene Analogie bot; auch aus diesem Grund hielten die Franken so vehement an der *Einheit* der Person Christi als Entsprechung zur Einzigkeit des irdischen Potentaten fest.[101] Charakteristisch ist die mehrfache Berufung auf die von der Kirche festgehaltene Orthodoxie, der gegenüber menschliche Denkanstrengung versagen muß: „Bewahrt denselben Glauben, den uns die rechtgläubigen Väter in ihren Symbolen schriftlich hinterlassen haben, und wollt nicht 'mehr wissen, als sich zu wissen geziemt, sondern wisset maßvoll' [Röm 12,3]; und meint nicht, daß ihr durch Schlußfolgerungen des menschlichen Geistes (*ratiotinando humano ingenio*) die göttlichen Geheimnisse erforschen könnt, sondern ehrt vielmehr durch Glauben, was menschliche Vergänglichkeit durch wagemutiges Forschen nicht durchschauen kann" (161,27-31). Alle weiteren Diskussionen waren damit als überflüssig, ja sogar als schädlich anzusehen, insofern jenseits der *termini patrum* Verwirrung und Streit lauern, noch Schlimmeres sogar - die „*diabolica fraus*" (159,25), die jetzt schon ein Schisma innerhalb der einen Kirche bewirkt habe. Das geeignete Gegenmittel sei das gegenwärtige Konzil „*ex omnibus undique nostrae ditionis ecclesiis*" unter (nomineller) Leitung der römischen Kirche:

> „Was man in den Büchern derer liest, die mit Hilfe des Heiligen Geistes dem ganzen Erdkreis von Gott dem Christus als Lehrer gegeben sind, halte ich ohne Zweifeln fest und glaube, daß dies zum Heil meiner Seele hinreicht, was die Geschichte der allerheiligsten evangelischen Wahrheit verkündet, was die apostolische Autorität in ihren Briefen bekräftigt, was die berühmtesten Erklärer der Heiligen Schrift und die vornehmsten Lehrer des christlichen Glaubens zur fortwährenden Erinnerung der Späteren schriftlich hinterlassen haben" (160,25-30).

An die Spanier, die sich demnach als einzige dem einmütigen und konziliaren Konsens der (lateinischen) Kirche verweigern, wird also eine unverhohlene Rückkehrforderung ausgesprochen, die auf die Funktion des Symbols als Rechtsgegenstand rekurriert[102], vorgetragen mit dem Selbstbewußtsein, daß hier im Verein mit dem Papst die Bischöfe der christlichen Welt sprechen: „Ihr seid so wenige - weshalb glaubt ihr, etwas Wahreres herausfinden

---

101 Cf. HEIL 1965, 139; MORDEK 1997, 126f.
102 HEIL 1965, 147: „Jesus Christus, die Gottheit, wurde auch in der Gestalt des Glaubensbekenntnisses als abgeschlossen und unveränderlich angesehen, d.h. der Wortlaut war kanonisch geworden, eine von Rom ausgehende Tendenz, die sich jetzt im Frankenreich vollendete."

zu können als das, was die heilige und universale, im ganzen Erdkreis verbreitete Kirche glaubt?" (164,29-31).

1.2.2. Der Ausklang des adoptianistischen Streites

a) Die Synode von Cividale del Friuli 796/97

Die Dokumente des Frankfurter Konzils markieren den faktischen Schlußpunkt der Auseinandersetzung mit dem Adoptianismus in Spanien; die Synoden des nächsten halben Jahrzehnts konzentrierten sich auf Widerlegung und Verurteilung Felix' von Urgel, wozu Alkuin und Paulinus umfangreiche polemische Traktate beisteuerten.[103] Deren *cantus firmus* war die Betonung der Einheit des gottmenschlichen Erlösers, die Gleichrangigkeit beider Naturen in dem einen Christus unter Konzentration auf die *Göttlichkeit* auch aller Aktionen der *Menschheit* Christi. Die Anklage, die Adoptianisten würden wie ein *Arius redivivus* die Göttlichkeit des Erlösers herabmindern[104], zeigt, in welche Richtung die Verdächtigungen der Franken gingen: Wer quasi wie Nestorius die beiden Naturen Christi auseinanderreiße - gegen Chalkedon und Ephesus -, der komme letztlich nicht umhin, auch das göttliche Sein des Erlösers zu bestreiten - gegen Konstantinopel und Nizäa. Analog dazu sahen die führenden karolingischen Theologen das beste Kampfmittel gegen den Adoptianismus darin, das altbekannte NC zu neuen Ehren zu erheben. Auch hatte bereits das Frankfurter Konzil in Aufnahme der *Admonitio generalis* von 789 eingeschärft, „daß der katholische Glaube an die heilige Trinität und das Gebet des Herrn und das Symbol des Glaubens allen gepredigt und übergeben werden möge" (cap. 33; 169,25f.).[105]

---

[103] Cf. HARTMANN 1989, 116; CAVADINI 1993, 80-102; BERNDT 1997b, 537; NAGEL 1998, 111-113.130-134. HAUCK 1912, 314, konstatiert einen Paradigmenwechsel: „So trat die neue gelehrte Theologie in den Kampf gegen die letzten Ausläufer der alten schöpferischen ein." Zur Chronologie cf. HEIL 1970, 66-72.

[104] So etwa bei den fränkischen Bischöfen (155,6-8): „*Sicut enim Arrius filium separavit a patre dicendo: 'Erat, quando non erat Dei filius', ita per adoptionem vos separatis hominem Christum a Deo filio!*"

[105] Admonitio Generalis, c. XXXII (MGH.Cap. I, 56,13-15 BORETIUS): „*primo omnium ut fides sanctae Trinitatis et incarnationis Christi, passionis et resurrectionis et ascensionis in celos diligenter omnibus predicetur.*" ANGENENDT 1997, 40, identifiziert darin das „'volkserzieherische' Bemühen" der „karolingischen Renaissance". Schon die *praefatio* der *Admonitio generalis* von 789 hatte gewarnt, „*ne lupus insidians aliquem canonicas sanctiones transgredientem vel paternas traditiones universalium conciliorum excedentem, quod absit, inveniens devoret*" (aaO., 53,35-37 BORETIUS). Ebenso wurde in einem Kapitular von 802 gefordert, „*ut fides catholica ab episcopis et presbyteris diligenter legatur et omni populo praedicetur. Et dominicam orationem ipsi intelligant et omnibus praedicent*

Meilensteine des Streites um die *adoptio Christi* markieren die Synoden von Cividale del Friuli 796/97, Rom 798 und Aachen 799. Paulinus von Aquileia versuchte in Cividale, „die beiden großen Themen des Konzils von Frankfurt 794 an seine Suffragane weiterzugeben, nämlich den Kampf gegen den Adoptianismus und die Reform von Reich und Kirche"[106]. Dabei wurde das *symbolum fidei* als verbindlicher Lerngegenstand für alle Kleriker, aber auch für alle anderen Christenmenschen proklamiert:

> „Das Symbol aber und das Gebet des Herrn möge jeder Christ im Gedächtnis bewahren, in jedem Alter, beiderlei Geschlechts und in allen Lebensbedingungen: Männer, Frauen, Junge, Alte, Knechte, Freie, Kinder, Verheiratete und unverheiratete Mädchen, weil ohne diese Segnungen niemand am Reich der Himmel teilhaben kann. Wer aber dies beachtet und sich von bösen Werken fernhält, der wird sowohl in der Gegenwart geheilt sein als auch sich in Zukunft mit den Engeln freuen."[107]

Die Grundlage für diese angestrebte weite Verbreitung der fundamentalen Glaubensartikel soll durch das eifrige Studium der Geistlichen selbst gelegt werden (189,8-11). Dabei solle selbstverständlich nichts Neues gelehrt werden: „Aufgrund der verschiedenen Irrtümer von Häretikern und mancher Unsicherheiten bestimmter einfacher Gläubigen gilt es, nicht einen anderen Glauben zusammenzustellen oder zu lehren, sondern gerade das, was alle Jahrhunderte ernsthaft als von den heiligen Vätern überliefert anerkannt haben" (181,12-15). Die Tradition der Väter wurde demnach als abgeschlossen und suffizient angesehen, das Problem der Gegenwart war nun die *Vermittlung*, wozu ein adäquates Kompendium der Inhalte dieser Tradition bereitgestellt werden mußte.[108] Als Basis dieser Verkündigung wurde nicht ein jüngeres oder gar zeitgenössisches Symbol herangezogen, sondern ganz

---

intelligendam, ut quisque sciat quid petat a Deo" (Capitulare missorum speciale 29; aaO., 103,23-25), ebenso im *Capitulare de examinandis ecclesiasticis* (aaO., 109,3-36) und in den *Capitula de presbyteris admonendis* (809; cap. 3; aaO., 238,1-3); cf. weiterhin Walafrid Strabo, De exordiis et incrementis rerum ecclesiasticarum 23 (MGH.Cap. II, 499,32-500,9 BORETIUS/KRAUSE); dazu summarisch HARTMANN 1989, 103f.

[106] HARTMANN 1989, 117. Zu Paulinus' Leben und Werk cf. A. MÜSSIGBROD, in: BBKL 7 (1994), 25-27, sowie R. SCHIEFFER, in: LThK³ 7 (1998), 1489f. Die letzte monographische Behandlung stammt von GIANNONI 1896; eine Würdigung gerade der Trinitätstheologie des Patriarchen wäre ein dringendes Desiderat der Forschung.

[107] Conc. Foroiuliense (MGH.Conc. II/1, 189,18-23 WERMINGHOFF); hiernach die folgenden Stellenangaben im Text.

[108] Paulinus präsentierte hier die Ergebnisse einer „Auftragsarbeit"; cf. Alkuin, ep. 139 (von 798; MGH.Epp. IV, 220,26-31 DÜMMLER): *„Quam plurimis vero profuturum et pernecessarium fecistis opus in catholicae fidei taxatione, quod diu optavi, et saepius domno regi suasi, ut symbolum catholicae fidei planissimis sensibus et sermonibus luculentissimis in unam congereretur cartulam, et per singulas episcopalium regiminum parrochias omnibus daretur praesbiteris legenda memoriaeque commendanda, quatenus, licet lingua diversa loqueretur, una tamen fides ubique resonaret."*

bewußt das NC: So gerate man nicht in Versuchung, *„variis et peregrinis doctrinis"* zu folgen (181,26f.), und nur am Leitfaden dieses „ökumenischen" Symbols sei es möglich, *„secundum eorum [sc. sanctorum patrum] sensum recte sentire et exponendum eorum subtile supplere ingenium"* (181,29-182,1). Lehre doch das Symbol die Wesenseinheit der trinitarischen Personen, wie gegen die Adoptianisten betont wird: *„modo propter personarum discretionem distincte loquitur, modo vero indiscrete propter consubstantialem individuae deitatis unitatem"* (184,20f.), was jeden Subordinatianismus ausschließe (186,11-15). Damit wird von einer *trinitarischen* Argumentation der Bogen zur *christologischen* Pointe geschlagen, die sich an das augustinische Axiom *„inseparabilia sunt semper opera trinitatis"*[109] anschließt und darauf hinzielt, daß *einer aus der wesenseinen Trinität* Mensch geworden ist:

> „[Er ist] wesensgleich Gott, dem Vater, in seiner, d.h. der göttlichen, wesensgleich auch der Mutter, ohne den Schmutz der Sünde, in unserer, d.h. der menschlichen Natur. Und deshalb bekennen wir ihn in beiden Naturen als eigentlichen und nicht als Adoptivsohn Gottes, weil ein und derselbe nach der Annahme des Menschen unvermischbar und untrennbar Gottes- und Menschensohn ist" (*consubstantialis Deo patri in sua, id est divina, consubstantialis enim matri sine sorde peccati in nostra, id est humana, et ideo in utraque natura proprium eum et non adoptivum Dei filium confitemur, quia inconfusibiliter et inseparabiliter adsumpto homine unus idemque est Dei et hominis filius*: 188,23-28.29-33; Übers. DH 619).

Diesen Glauben sollten fortan die Geistlichen selbst lernen und den Gläubigen vermitteln. Damit wird eine Tendenz manifest, die die Theologie der karolingischen Zeit zutiefst prägt: die Rekonstruktion der Glaubenslehre aus der Perspektive der Trinität. Während die Spanier vom Heilswerk Christi her dachten und sich ihnen als zentrale soteriologische Frage aufdrängte, wie der Menschensohn uns *via adoptionis* mit in den Himmel nehmen könnte, vollzog sich in der karolingischen Theologie die umgekehrte Bewegung: „Die Menschheit entschwindet dem Blick; man sieht nur die Gottheit, in der der Sohn mit dem Vater eins ist."[110] Insofern wurde nicht zufällig das Symbol in den Vordergrund gerückt, das die *Einheit des Sohnes mit dem Vater* in unüberbietbarer Stringenz thematisiert.

---

[109] Das Axiom wird mehrfach zitiert: 182,37f.; 183,32f.; 188,1. Belege finden sich bei Augustin u.a. in enchir. XII 38 (CChr.SL 46, 71,21 EVANS); trin. I 4,7; II 1,3; II 5,9 (CChr.SL 50, 36,22-25; 83,46; 90,38; 91,70-72 MOUNTAIN/GLORIE); in euang. Joh. XX 3.7; XXI 11; XCV 1 (CChr.SL 36, 204,1f.; 207,1f.; 211,20-24; 565,34-37 WILLEMS); c. serm. Arian. 4 (CSEL 92, 53,14 SUDA).

[110] JUNGMANN 1947, 48; zur Rolle des NC für den Anti-Adoptianismus cf. auch schon CAPELLE 1929, 8.

b) Die Synoden von Rom 798 und Aachen 799

Die endgültige Verurteilung des Adoptianismus richtete sich persönlich gegen Felix von Urgel, nachdem die Synoden von Frankfurt und Cividale die inhaltliche Widerlegung des Adoptianismus insgesamt zementiert hatten. Nach 794 galten ausschließlich ihm die Streitschriften der karolingischen Theologen. Sein wortbrüchiges Verhalten anno 792 wurde zunächst in Rom als Grund dafür angeführt, daß sich mittlerweile *„peiores hereses et maiores blasfemias"*[111] gebildet hätten, was aber bei einem Protagonisten, der bereits dreimal widerrufen habe und jedesmal in seine Irrlehre zurückgefallen sei, nicht verwundern dürfe:

> „Aber er fürchtete nicht einmal jenes hohe und rechtgläubige Konzil, das im Angesicht des Herrn Karl, des hervorragenden und rechtgläubigen großen Königs, in dieser Sache abgehalten wurde und den rechten Glauben hinreichend darlegte; auch belegte es denselben Felix mit den Fesseln des Anathems und verdammte ihn, wenn er in seinem Irrtum verharren sollte, mit seinen Gefolgsleuten... Erbarmungswürdig ist jener Arme, indem er sich, weil er nicht aus seiner sündhaften Irrlehre zum wahren und katholischen, allheiligen und ursprünglichen Glauben zurückkehrte, selbst verdammte" (204,7-12.15-17).

Entsprechend wurde Felix ein weiteres Mal von der römischen Versammlung verdammt. Eine allerletzte Gelegenheit, seinem Irrglauben abzuschwören, wurde Felix auf dem Konzil geboten, das im Mai/Juni 799 *coram regi* in Aachen stattfand[112], zeitgleich mit der Endredaktion von Alkuins *„Contra Felicem Urgellitanum libri VII"*. Mehrere Tage dauerte die letzte große Disputation über den Adoptianismus, wobei die von Alkuin in den Mittelpunkt gestellte Frage sich darauf richtete, wie die Theologie des Felix mit dem kirchlichen Dogma und seinen Autoritäten zu vereinbaren sei. Nachdem ihm die Autorität Kyrills von Alexandrien und der Päpste Gregor I. und Leo I. sowie das Zeugnis „weiterer heiliger Väter, die uns bislang nicht bekannt waren", entgegengehalten wurden, kam Felix zu der Einsicht: „Durch deren Autorität wurden unsere früher geäußerten Lehrsätze widerlegt – nicht, wie es hieß, durch Gewalt, sondern durch Gründe der Wahrheit, wie es sich ziemt" (221,21f.27-29). Deshalb bleibe den Spaniern nur ein Weg offen:

> „Durch deren Autorität der Wahrheit und durch die Übereinstimmung der universalen Kirche überzeugt, deren Erkenntnisvermögen besser ist als unseres, dem wir früher ver-

---

[111] Conc. Rom. a. 798 (MGH.Conc. II/1, 203,24 WERMINGHOFF; danach im Text zitiert).
[112] Ausführlich dazu HEIL 1970, 20-54; summarisch HARTMANN 1989, 121f.; zur älteren Datierung auf 800 cf. HAUCK 1912, 317 Anm. 5. Quellen für dieses Konzil finden sich – neben dem Aktenfragment mit dem Widerruf des Felix (221,4-225,27) – in Alkuins epp. 199 und 207 (MGH.Epp. IV, 329,19-27; 344,23-27 DÜMMLER) und in Vita Alcuini X (MGH.SS XV, 190,31-191,7 ARNDT).

trauten, weichen wir als Besiegte und kehren dank Gottes Hilfe aus ganzem Herzen zur universalen Kirche zurück" (221,30-32).

Die inhaltliche Begründung dieses Schrittes erfolgt in positiver und negativer Wendung: Felix legt ein Bekenntnis zur kyrillisch orientierten Christologie ab, d.h. zu „unserem einen und selben Herrn Jesus Christus in beiderlei Natur, der Gottheit wie der Menschheit..., [zum] Eingeborenen des Vaters, dessen einzigem Sohn, dennoch unbeschadet der Eigentümlichkeiten der beiden Naturen" (222,3-6).[113] Dazu tritt die entschiedene Absage an die Häresie, mit der seit Frankfurt der Adoptianismus identifiziert wurde: Die Lehre von der Adoption Christi wird unter Anathem gestellt, *„ne cum Nestorii impietate concordantes, qui purum hominem Christum dominum credidit"* (222,36f.).[114] Hier drängt sich allerdings ein Vergleich mit dem antibyzantinischen Votum der Frankfurter Synode auf: Wie dort eine Extremposition der „Ikonodulen" verurteilt wurde, die in Nizäa 787 gar keine Rolle gespielt hatte, so wurde mit Felix hier zwar ein Hauptvertreter des Adoptianismus verurteilt, womit aber über die „kyrillische" oder „antiochenische" Interpretation des Chalkedonense noch gar nicht entschieden war; nur der Terminus *adoptio* wurde von weiterem Gebrauch ausgeschlossen. Als entscheidend galt vielmehr - und auch das stimmt mit der Tendenz von Frankfurt überein -, daß sich der Spanier der Autorität der in der Vätertradition repräsentierten Kirche beugte: *„Contra quas sententias patrum dissentiens qui aliter, quam illae nos informant, credere aut docere voluerit et adoptionem et nuncupationem in carne salvatoris credere vel predicare presumpserit - anathema sit!"* (224,5-8).[115]

---

[113] Die entscheidende Sentenz Kyrills, die - nach der Vita Alcuini - Felix überzeugt habe, ist allerdings weder verifizierbar noch überhaupt spezifisch antiadoptianistisch: *„Ea natura quae per diabolum vitiata est, super angelos exaltata est propter triumphum Christi atque ad dexteram Patris collocata"* (aaO., 190,45-47). Der Bischof von Urgel mußte sich dadurch gerade *nicht* widerlegt fühlen (so HAUCK 1912, 318).

[114] Es folgt das ausführliche Zitat eines Bekenntnisses des Nestorius (aaO., 222,38-223,27), in dem zwar häufig der Begriff *adoptio*, nicht aber das Schlagwort *purus homo* (ψιλὸς ἄνθρωπος) begegnet, das Nestorius seit dem christologischen Streit des 5. Jahrhunderts anhing (cf. BEYSCHLAG 1991, 59). Der entscheidende Passus ist der Schluß (223,23-27): *„Unum igitur filium dicimus et dominum Christum, per quem omnia facta sunt, principaliter quidem Deum verbum intellegentes, substantialiter filium Dei et dominum, conspicantes autem adsumptum Nazaret, quem unxit Deus spiritu et virtute sic in verbi Dei copulationem participantem et dominationis, qui et secundus Adam."*

[115] Herangezogen wird Kyrill von Alexandrien, epistola ad monachos Aegypti I 11.20.25f.27 (ACO I 3, 7,33-8,5.10f.; 13,2-8; 15,10-22; 16,5f. SCHWARTZ). Hier begegnet auch die Abwehr einer *homo purus*-Lehre (224,33.36). Verwiesen wird weiterhin auf Gregor I., *„quas quidem sententias prius non recte intellegamus"* (225,9), mit Zitaten aus moral. I 18,26; II 23,42; XXVII 2,3 (CChr.SL 143, 39,4-9; 85,5-9; CChr.SL 143B, 1332,9-14 ADRIAEN) - dieselben Stellen, die schon Hadrian I. in seinem Schreiben an

Das Aachener Konzil von 799 beendete offiziell die Auseinandersetzungen um den spanischen Adoptianismus im Frankenreich - unabhängig davon, wie sehr sich Felix im Lyoner Exil und Elipandus im unerreichbaren Toledo weiterhin im Recht fühlen mochten. Die fränkische Kirche ging gestärkt aus diesem Streit hervor, hatten sich doch die Strukturen der katechetischen Unterweisung wie auch die Inhalte der „Hoftheologie" im vergangenen Jahrzehnt gefestigt und verfeinert. Es wird im folgenden zu untersuchen sein, inwieweit das Filioque als spezifische theologische Pointe der „karolingischen Renaissance", und d.h.: als positives Gegenstück zur Negation von Bilderverehrung und Adoptianismus gelten kann.

2. Das Filioque - ein Element karolingischer „Normaltheologie"

Wenn die Filioque-Frage im Spannungsfeld von Bilderstreit und Adoptianismus thematisiert wird, setzt dies voraus, daß die Theologie der „karolingischen Renaissance" als Einheit anzusehen ist - im Gegensatz zu einer Tendenz in kirchengeschichtlichen Lehrbüchern, Bilderstreit, Adoptianismus und Filioque je für sich zu behandeln und dabei die organisierende Rolle zu übersehen, die das Filioque für die beiden anderen Themenkreise spielte.[116] Im Laufe der 790'er Jahre vollzog sich eine trinitätstheologische Denkbewegung, an deren Ende das Filioque als notwendiges Interpretament des katholischen Glaubens angesehen wurde. Dementsprechend wird zunächst nach der argumentativen Stellung des Filioque in der Auseinandersetzung mit Byzanz (2.1.) und mit dem Adoptianismus (2.2.) zu fragen sein, bevor schließlich die Pneumatologie selbst als Streitgegenstand zwischen Ost und West (resp. zwischen Jerusalem, Rom und Aachen) in den Blick kommt (2.3.).

---

die spanischen Bischöfe 794 angeführt hatte. Weiterhin finden sich Passagen aus den prächalkedonensischen Vätern Athanasius (= Apollinaris) und Gregor von Nazianz (zu beiden cf. oben S. 98f. Anm. 95), schließlich noch aus Leo I. (sermo 22,3; 25,3; SC 22, 80,28-32; 116,2-6 DOLLE).

[116] So etwa bei HAUCK 1912, 297-349; MÜHLENBERG 1982, 513-523; HAENDLER 1992, 89-97. HAUSCHILD 1995, 254f., notiert immerhin die „inhaltliche Verbindung", insofern es in allen drei Streitpunkten „um die Gotteslehre bzw. um eine Integration von Christologie und Trinitätslehre ging".

2.1. Das Filioque in der Auseinandersetzung mit Byzanz

2.1.1. Das karolingische *Capitulare adversus Synodum*

Das am Hofe Karls entstandene Kapitular, das die innerwestliche Auseinandersetzung um Nizäa eröffnete, ist nur durch seine detaillierte Zitation seitens Hadrians I. erhalten.[117] 792 von Bischof Angilbert von St. Riquier nach Rom gebracht[118], stellt das *Capitulare* einen Vorentwurf des *Opus Caroli regis* dar, wobei in einer ersten Reihe von 60 Kapiteln das letzte dem ursprünglichen Schluß (op. Car. IV 13) entspricht; die zweite Reihe von 25 Kapiteln scheint zusätzliches, noch nicht systematisch integriertes Material bereitzustellen. Bemerkenswert ist, daß das Kapitular die byzantinischen Bilderverehrer keineswegs zuerst auf die Ikonenfrage anspricht, sondern mit der Kritik anhebt, „daß Tarasius beim Vortrag seines Glaubens irrig lehrt, daß der Heilige Geist nicht aus dem Vater und dem Sohn - gemäß dem nizänischen Symbol des Glaubens! -, sondern aus dem Vater durch den Sohn (*ex Patre per Filium*) hervorgeht" (7,22-25). Der Ansatzpunkt der karolingischen Kritik war also nicht das neue Bilderdogma, sondern das gemeinsame Glaubensbekenntnis. Das entsprach der oben beschriebenen Konzilstheorie, wonach sich die Adäquanz einer Definition daran bemißt, ob dieses Konzil in Übereinstimmung mit der Tradition der Kirche lehrt (*vertikaler Konsens*). Daß durch die Nichtberücksichtigung der fränkischen Kirche der *horizontale Konsens* der gesamten Kirche faktisch nicht gegeben war, wurde also anhand dieses Dissenses hinsichtlich der gemeinsamen ekklesialen Tradition nur bestätigt.

Kritisiert wird eine Passage der Synodalakten von Nizäa, bei welcher der horizontale Konsens förmlich festgestellt wurde: Bischof Konstantin von Konstantia (Zypern) hatte im Verlauf der dritten Sitzung des Konzils verlangt, die Synodalschreiben der persönlich nicht anwesenden Patriarchen des Ostens zu verlesen, um deren Übereinstimmung mit dem Glauben des römischen Papstes und des konstantinopolitanischen Patriarchen feststellen zu können.[119] Vorangestellt wurde die Synodica des Tarasius an seine Amtskollegen. Dieses Synodalschreiben beginnt mit einer Paraphrase des Bekenntnisses von Konstantinopel (381):

---

[117] Zur Datierung und zum Verhältnis des *Capitulare* zum *Opus Caroli regis* s.o. S. 84f.; cf. FREEMAN 1985, 68f.73-75. Daß das Kapitular seiner „Anlage nach dialogisch und auf päpstliche Weisung bedacht" gewesen sei (NAGEL 1998, 171), ist m.E. auszuschließen.

[118] Hadrian I., ep. 2 (MGH.Epp. V, 7,4f. HAMPE); hiernach die folgenden Seiten- und Zeilenzahlen im Text.

[119] Conc. Nic. II, actio III (MANSI XII, 1119BC).

„Ich glaube an den einen Gott, den Vater, den Allmächtigen. Und an den einen Herrn Jesus Christus, den Sohn Gottes und unseren Gott, gezeugt aus dem Vater zeitlos und ewig. Und an den Heiligen Geist, der Herr ist und lebendig macht, der aus dem Vater durch den Sohn hervorgeht und der selbst Gott ist und [als solcher] erkannt wird" (Πιστεύω εἰς ἕνα Θεὸν πατέρα παντοκράτορα.- Καὶ εἰς ἕνα κύριον Ἰησοῦν Χριστὸν τὸν υἱὸν τοῦ Θεοῦ καὶ Θεὸν ἡμῶν, γεννηθέντα ἐκ τοῦ πατρὸς ἀχρόνως καὶ ἀϊδίως.- Καὶ εἰς τὸ πνεῦμα τὸ ἅγιον, τὸ κύριον καὶ ζωοποιοῦν, τὸ ἐκ τοῦ πατρὸς δι' υἱοῦ ἐκπορευόμενον, καὶ αὐτὸν Θεὸν ὄντε καὶ γνωριζόμενον).[120]

Dem Text des NC wird demnach das explizite Bekenntnis zur Gottheit des Geistes angefügt sowie die Aussage über sein Hervorgehen (ἐκπορεύεσθαι) *vom* (ἐκ) Vater mit *„durch* (διά) *den Sohn"* erweitert. Dadurch wird zwar der Vater als einzige Quelle der trinitarischen Hypostasen behauptet, dem Sohn jedoch eine Mittlerfunktion beim Hervorgang des Geistes zugebilligt. Mit diesem trinitarischen Denkmuster steht Tarasius in der Tradition des Maximus Confessor, vor allem aber des Johannes von Damaskus.[121] Wenn das karolingische Kapitular darauf insistiert, daß diese Aussagen über den Heiligen Geist nicht der *Nicaena fides* entsprechen, so zeigt sich, daß hier das Filioque ein selbstverständlicher theologischer (nicht notwendigerweise auch textlicher!) Bestandteil des Credos war und selbst als Kriterium dafür diente, ob ein anderes Bekenntnis authentisch war - anders als das *„per Filium"* des Tarasius, das den Kritikern vielmehr als *„credulitas"* galt.[122]

Die folgenden *capitula* untermauern diese Grundsatzkritik: Theodor von Jerusalem wird vorgeworfen, er habe versäumt, die Aussage, daß der ursprungslose Vater (*sine principio*) der *einzige* Ursprung (*principium*) des Sohnes ist, durch das Bekenntnis der Homousie im Sinne der *Gleichursprünglichkeit* zu explizieren - *„ex ipso substantiam habere"* könne auch ema-

---

[120] Conc. Nic. II, actio III (MANSI XII, 1119E-1127A, hier 1121CD).

[121] Zu Maximus s.o. S. 79f. Anm. 22. Johannes von Damaskus spricht vom Geist als (δύναμιν) ἐκ τοῦ πατρὸς προερχομένην καὶ ἐν τῷ λόγῳ ἀναπαυομένην καὶ αὐτοῦ οὖσαν ἐκφαντικήν (f. o. I 7; PTS 12, 16,18-17,21 KOTTER); er ist ἐκ τοῦ πατρὸς ἐκπορευόμενον καὶ δι' υἱοῦ μεταδιδόμενον (I 8; aaO., 26,182). Kann der Vater als λόγου γεννήτωρ καὶ διὰ λόγου προβολεὺς ἐκφαντορικοῦ πνεύματος beschrieben werden, so gilt: Τὸ δὲ πνεῦμα τὸ ἅγιον ἐκφαντικὴ τοῦ κρυφίου τῆς θεότητος δύναμις τοῦ πατρός, ἐκ πατρὸς μὲν δι' υἱοῦ ἐκπορευομένη, ὡς οἶδεν, οὐ γεννητῶς· διὸ καὶ πνεῦμα ἅγιον τὸ τελεσιουργὸν τῆς τῶν ἁπάντων ποιήσεως (I 12; aaO., 36,43f.47-49). Cf. auch trisag. 28 (PTS 22; 332,33-43 KOTTER); hom. 4 in sanctum sabbatum (PTS 29, 124,19-30 KOTTER).

[122] Cap. XLVIII verbindet die Kritik mit dem Seitenhieb, daß Nizäa II *„residente Tharasio Constantinopolitano neophito episcopo"* abgehalten worden sei (37,6f.). Tatsächlich war Tarasius am Weihnachtstag 784 aus dem Laienstand zum Patriarchen geweiht worden (cf. OSTROGORSKY 1963, 148; BECK 1980, 77f.).

natistisch aufgefaßt werden.¹²³ Ebenso habe Tarasius mit der Bezeichnung *contribulum* die „verwandtschaftliche" Beziehung zwischen Vater und Sohn, die der Geist stiften soll, überpointiert.¹²⁴ Die entscheidenden göttlichen Prädikate seien demgegenüber Gleichewigkeit sowie Gleichheit der Wesenheit, Beschaffenheit und Natur.

In den karolingischen *Capitula adversus synodum* kommt der Frage nach der Stellung des Heiligen Geistes innerhalb der Trinität demnach Priorität zu - als Frage nach dem gemeinsamen nizänischen Glauben, an dem sich die „Neuerung" der Bilderverehrung auszuweisen hat. Entsprechend wird an exponierter Stelle, nämlich in cap. LX (zum Abschluß der ersten Reihe von Kritikpunkten), wieder auf das Symbol des Glaubens rekurriert: „Daß diese Synode, die eigentlich gar nicht Synode genannt werden sollte, keinesfalls der Synode von Nizäa gleichgestellt werden darf, obgleich sie an demselben Ort abgehalten worden ist, besonders weil sie von jener nicht nur in Kleinigkeiten, sondern im Symbol abweicht!" (42,6-10).

2.1.2. Das römische *Hadrianum* als Verteidigung von Nizäa

Die Antwort aus Rom traf am Hofe Karls erst während der Endredaktion des *Opus Caroli regis* ein. Der Tenor war unerwartet: Hadrian I. nahm die nizänische Synode durchgehend gegen den Vorwurf in Schutz, von der Tradition nicht gedeckte Definitionen verabschiedet oder mit der Bilderverehrung gar eine neue kirchliche Praxis inauguriert zu haben. Aus der Sicht des Papstes konnte es freilich keine andere Reaktion auf die karolingische Anklageschrift geben, wenn nicht seine eigene Beteiligung an der Synode desavouiert werden sollte.¹²⁵

---

[123] Cap. II (11,8-11): „*Utrum Theodorus archiepiscopus Ierosolimorum recte sentiat, qui cum Patrem sine principio poenitus et sempiternum se credere dixit, Filium, nescio sub qua ambage verborum, non aliud principium quam Patrem agnoscentem et ex ipso substantiam habentem professus sit.*" Nach Conc. Nic. II, actio III (MANSI XII, 1136C), bezeichnete Theodor den Vater als ἄναρχος παντελῶς καὶ ἀΐδιος, den Sohn als τὸν ἀϊδίως καὶ ἀπαθῶς ἐξ αὐτοῦ γεννηθέντα τοῦ θεοῦ καὶ πατρός, καὶ οὐκ ἄλλην ἀρχὴν ἢ τὸν πατέρα γινώσκοντα, καὶ ἐξ αὐτοῦ τὴν ὑπόστασιν ἔχοντα. Die Kritik wird erst durch die Erläuterung in op. Car. III 4 (MGH.Conc. II/Suppl. I, 355,8-15 FREEMAN) recht verständlich.

[124] Cap. III (13,13-15): „*Quod idem Tharasius non recte Spiritum sanctum contribulum [Patri] et Filio dixerit, cum sufficeret dicere coaeternum, consubstantiale, eiusdemque essentiae et naturae.*" Nach Conc. Nic. II, actio III (MANSI XII, 1136D), wird der Geist in seinem Verhältnis zu Vater und Sohn von Theodor (nicht Tarasius!) als συναΐδιον, ὁμοούσιον, ὁμόφυλον τῆς αὐτῆς οὐσίας καὶ φύσεως bezeichnet.

[125] Hadrian, ep. 2 ad Carolum regem, praef. (7,15-19): „*Unde pro vestra melliflua regali dilectione per unumquemque capitulum responsum reddidimus, non qualibet, ut absit, hominem defendentes, sed olitana traditione sanctae catholicae et apostolicae Romanae eccle-*

Die Methode seiner Replik bestand darin, die *capitula* nacheinander zu zitieren und dagegen passende Autoritäten ins Feld zu führen.[126] Dabei dominieren bestimmte Traditionskomplexe: Neben den „klassischen" griechischen und lateinischen Kirchenvätern (von Athanasius bis Augustin) nimmt Gregor der Große eine hervorragende Stellung ein, ebenso das III. Konzil von Konstantinopel (680/81) und die Lateransynoden von 731 und 769. Somit berief sich Hadrian vor allem auf seine Vorgänger Gregor I., Gregor III. - der sich gegen den ikonoklastischen Kaiser Leon III. gewandt und dafür den Verlust seiner Jurisdiktion in Illyrien, Kalabrien und Sizilien erlitten hatte - und Stephan II., der gegen den radikalisierten Ikonoklasmus unter Konstantin V. am bilderfreundlichen Kurs festgehalten hatte. Mit der Kombination der beiden letztgenannten Elemente legte Hadrian seine Interpretation der byzantinisch-römischen Konzilsidee vor, wonach Rom allein während der ikonoklastischen Zeit die Orthodoxie der *ganzen* Kirche und d.h.: die Dignität der patristischen Tradition bewahrt habe.

Freilich kann die beeindruckende Fülle an Zeugen in cap. I nicht verdecken, daß der Hervorgang des Geistes „*ex Patre per Filium*" sich keineswegs „*per doctrinam sanctorum patrum*" (7,26) untermauern läßt. Zwar wird z.B. bei Ps.-Athanasius durchaus „*per*" als Bezeichnung für die Relation zwischen Sohn und Geist verwendet („*qui in Patre et Filium existens, qui a Patre emittitur, per Filium datur*"), ähnlich wie bei Kyrill von Alexandrien und Sophronius von Jerusalem.[127] Allerdings fügen sich ausgerechnet die lateinischen Gewährsleute nicht in diese Argumentation ein, insofern Augustin und Gregor I. mit der Verbindung von Joh 20,22 und 15,26 gerade nicht die „*processio Spiritus sancti per Filium*", sondern die „*processio ex Filio*" als traditionskongruent zu erweisen suchen.[128] Insofern zeigt dieser Traditionsbeweis konzise die trinitarische Leitdifferenz zwischen Ost und West als Hervorgang des Geistes *durch* den Sohn bzw. *aus* dem Sohn auf - entgegen Hadrians argumentativem Ziel!

---

siae tenentes, priscam praedecessorum nostrorum sanctorum pontificum sequemur doctrina, recte fidei traditione modis omnibus vindicantes."

[126] NAGEL 1998, 178, möchte das Hadrianum daher „mehr als Dokument diplomatischen Geschickes denn als fundierten theologischen Traktat" einstufen.

[127] (Ps.-) Athanasius, virg. 1 (8,12 = PG 28, 251A; cf. CPG 2248); ähnlich Basilius, spir. XVIII 47 (8,33f. = SC 17bis, 408,24f. PRUCHE): „*ipsum in unitatem dictum per Filium uno Patri coniunctum*"; Kyrill, ador. I (10,11f. = PG 68, 147A): „*Sicuti est Dei et Patris, simul et Filii substantialiter, ex utroque, videlicet ex Patre per Filium procedentem Spiritum*"; Sophronius von Jerusalem (11,5 = Conc. Const. III, actio XI; ACO² II 1, 461,18-20 RIEDINGER). Zu cap. II wird Sophronius' Bekenntnis zum Heiligen Geist zitiert, „*qui sempiterne a Deo et Patre procedit*" (13,11 = aaO., 419,6-12).

[128] Augustin, trin. XV 26,45 (9,33-36 = CChr.SL 50A, 525,13-18 MOUNTAIN/GLORIE); Gregor I., in euang. II 26,2.3 (10,27-32 = CChr.SL 141, 219,42-220,51 ÉTAIX).

Zum zweiten Kritikpunkt - ob das Bekenntnis des Theodor von Jerusalem nicht latent subordinatianisch sei - wird das Laterankonzil von 769 unter Stephan II. herangezogen, auf dem das ganze Abendland die Orthodoxie Theodors approbiert habe (11,14f.) und zugleich - unter Beteiligung der Franken! - die Bilderverehrung als unverzichtbarer Glaubensgehalt statuiert worden sei.[129] Gegen den karolingischen Verdacht des Subordinationismus bei Theodor von Jerusalem führt Hadrian ein Hilarius-Zitat an, wonach dieser das Geboren-Werden des Sohnes mit einer ewigen Geburt (*nativitas aeternitatis*) verbunden habe, weswegen der Sohn gerade qua Geburt dem ewig ursprungslosen Vater *coaeternus* sei.[130] Ebenso beweise die Übereinstimmung mit Gregor von Nazianz, daß Theodor im Gefolge der nizänischen Tradition stehe, für die die Ursprungsbeziehung des Sohnes seine wesensmäßige Gleichstellung mit dem Vater begründe.[131] Wenn anschließend mit Augustin argumentiert wird, daß der Sohn als *Deus de Deo* und *lumen de lumine* seinen Ursprung in der Gottheit des Vaters habe und ebenso wie dieser jenseits aller Zeit existiere[132], ist allerdings zu beachten, daß für Gregor der *Vater* der Ursprung des Sohnes und des Geistes ist, für Augustin jedoch die *Gottheit*, innerhalb derer die Ursprungsbeziehung durch die Differenzierung von Vater und Sohn präzisiert wird, was ebenso für den Geist - und so für die pneumatologische Differenz aus cap. I - gilt.[133]

---

[129] Conc. Rom. a. 769 (11,23-28 = MGH.Conc. II/1, 89,6-11 WERMINGHOFF): „*Si quis alium terminum fidei sive symbolum aut doctrinam habet praeter quod traditum est a sanctis magnis et universalibus sex synodis, et confirmatum est ab his sanctis patribus, qui in eis convenerunt, et non adorat imaginem sive figuram domini nostri Iesu Christi, neque humanationem eius confitetur, sicut qui descendit et incarnatus est propter genus humanum, talem impium anathematizamus, et alienum extraneumque deputamus sanctae catholicae et apostolicae ecclesiae*"; cf. dazu NAGEL 1998, 179. Für die Geschichte der Filioque-Kontroverse ist diese Passage insofern bedeutsam, als hier der Papst - ohne direkten Verweis - das „Verbot eines anderen Glaubens" des Konzils von Ephesus paraphrasiert, das zunächst von Leo III. (s.u. S. 161f.) und ein knappes Jahrhundert später durch Byzanz (dazu unten S. 263-267) dem fränkischen Insistieren auf dem Filioque als Bestandteil des NC entgegengehalten werden sollte.

[130] Trin. I 34 (11,31-33 = CChr.SL 62, 34,36-39 SMULDERS); XII 21 (12,1-7 = CChr.SL 62A, 595,2-11).

[131] Gregor von Nazianz, or. 23,8 (12,18-20 = SC 270, 296,1-3 MOSSAY); auch zitiert: or. 20,3 (aaO., 70,21f.); or. 39,12 (SC 358, 174,10-17 GALLAY); or. 38,13 (aaO., 132,14-19).

[132] Augustin, gen. ad litt. I 6 (12,26-13,3 = CSEL 28/1, 10,10-17 ZYCHA); in euang. Joh. XXXIX 1.2.4 (CChr.SL 36, 345,14-346,6; 347,33-35 WILLEMS); trin. VI 2,3 (CChr.SL 50, 231,40-43 MOUNTAIN/GLORIE).

[133] Cf. Gregor von Nazianz, or. 39,12 (12,11-13 = SC 358, 174,10-16 GALLAY): Πνεῦμα ἅγιον ἀληθῶς τὸ πνεῦμα, προϊὸν μὲν ἐκ τοῦ Πατρός, οὐχ υἱικῶς δέ, οὐδὲ γὰρ γεννητῶς, ἀλλ' ἐκπορευτῶς; zu Augustin s.o. S. 63f.

Gegen die Kritik an der Adäquanz des Adjektivs *contribulum* als Kennzeichnung des Verhältnisses des Geistes zu Vater und Sohn bietet Hadrian faktisch nur einen aussagekräftigen Beleg bei Sophronius, der den Geist als *„vere Patri et Filio consempiternum, consubstantialem atque contribulum, eiusdemque essentiae atque naturae, similiter et deitatis"* beschreiben und dadurch das Bekenntnis zur einen Trinität *„absque personali diffusione, et absque substantiali divisione"* ausdrücken möchte (13,18f.21f.).[134] Die Grunddifferenz zu den *capitula* wird nochmals manifest, wenn cap. LX gegen die unterstellte Diskrepanz der Synode von 787 mit dem nizänischen Symbol pauschal die gesamte patristische und konziliare Tradition anführt:

> „Schon vorhin haben wir betont, daß die göttlichen Dogmen dieser Synode als untadelig befunden werden, wie die Werke der vornehmsten heiligen Väter auf wunderbare Weise zeigen. Denn wenn jemand bekennt, daß er mit dem Symbol der vorgenannten Synode nicht übereinstimmt, dann scheint er vom Symbol der heiligen sechs Synoden abzuweichen, weil jene [sc. die Väter von 787] nicht aus sich heraus, sondern auf der Grundlage der heiligen Dogmen gesprochen haben" (42,11-15).

Das nizänische Symbol als Kriterium der Orthodoxie aller anderen Synoden und Väter versus die Tradition der Väter und Synoden als Kristallisation des einen Symbols des Glaubens - so läßt sich die Differenz zwischen Karolingern und Römern typologisieren. Für das Problem des Filioque bedeutet dies, daß sich aus der Perspektive Hadrians das karolingische Insistieren auf der augustinischen Interpretation des Bekenntnisses von 325 (bzw. 381) als unzulässige Verabsolutierung *eines* Bestandteils der Tradition ausnehmen mußte.[135] Nicht erst Leo III., bereits Hadrian I. stellte sich demnach auf die Seite der Griechen und d.h.: gegen die von den Karolingern gezogenen Konsequenzen der augustinischen Pneumatologie.

2.1.3. Das *Opus Caroli regis contra synodum* als Summe karolingischer Theologie

Die Filioque-Problematik nimmt auch im *Opus Caroli regis* eine Schlüsselstellung ein[136]: Nachdem in Buch I und II ausführlich die biblischen Beleg-

---

[134] Conc. Const. III, actio XI (ACO² II 1, 419,12-14 RIEDINGER). Augustin (trin. VII 6,11; VIII prooem. 1; CChr.SL 50, 261,9-262,15; 268,20-25 MOUNTAIN/GLORIE) bietet Synonyme: *amici, propinqui, vicini.*
[135] Cf. Conc. Const. III, actio XVIII (42,15-17 = ACO² II 2, 773,2f.): *„Sufficiebat quidem ad perfectam orthodoxe fidei cognitionem atque confirmationem pium atque orthodoxum hoc divine gratie symbolum."*
[136] Im *Opus Caroli regis* wird die ursprüngliche Anordnung der *Capitula* umgestellt; aus cap. XIXa, das als solches fehlt, wird das Bauprinzip für die Bücher I-III abgeleitet: *„Ut scientes nos faciant* [sc. die Konzilsväter von Nizäa], *ubi in veteri* [I] *vel novo testamento*

stellen zugunsten der Bilderverehrung diskutiert wurden, soll nun mit dem Glauben der Kirche selbst der Bilderideologie entgegengetreten werden.[137] Das Bekenntnis der Kirche ist gegen häretische Entwicklungen in ihrer eigenen Mitte zu schützen, wie sie in den Synoden von Hiereia 754 und Nizäa 787 vorliegen. Denn zwischen beiden bestehe kein kategorialer Unterschied: *„Quae tamen quamquam a priore distet voto, non tamen distet errore"* (praef.; 100,3) - gelangten doch beide aufgrund willkürlicher und gewaltsamer Interpretation der Schrift und der Väter zu Entscheidungen, denen gleichermaßen Schrift, Väter und Konzilien entgegenstünden (101,15-22). Dies illustriert die Diskrepanz zum kirchlichen Dogma von der heiligen Trinität. Cap. III 1 beinhaltet demgemäß eine *„confessio fidei catholicae, quam a sanctis patribus accepimus, tenemus et puro corde credimus"* (336,2-4). Es handelt sich dabei um ein Credo des zweigliedrigen westlichen Typs mit integrierten Anathematismen, das unter dem Namen des Hieronymus umlief (cf. 340,9-16), tatsächlich jedoch von Pelagius und damit gerade nicht von einem „heiligen" Vater stammt.[138] Bemerkenswerterweise findet sich darin *nicht* das Filioque: Der Geist wird geglaubt als *„Deum verum ex Patre procedentem, aequalem per omnia Patri et Filio voluntate, potestate, aeternitate, substantia"* (336,20f.). Der Bekenntnistext bietet eine ausführliche Entfaltung der Trinitätslehre, thematisiert aber nicht die individuellen Hervorgehensweisen von Sohn und Geist - genau darin widerspricht das Symbol, das doch das Fundament des Glaubens bilden soll, dessen späterer Entfaltung, wenn in cap. III 3 analog zum *Capitulare* das Filioque zum konstitutiven Bestandteil der Orthodoxie erklärt wird.

Diese fehlende Kohärenz mit der Argumentation der folgenden Kapitel hat Ann FREEMAN darauf zurückgeführt, daß im Zuge der antiadoptianistischen Überarbeitung des *Opus Caroli regis* unter Alkuin anstatt des ursprünglich hier befindlichen NC ein Bekenntnis gesucht wurde, das den Sohn als *„non factum aut adoptivum, sed genitum et unius cum Patre substantia"* (336,9f.) prädizierte.[139] Dies markiert einen sukzessiven Umschwung

---

[II] *aut in sex synodalibus conciliis* [III] *iubeatur imagines facere vel factas adorare"* (MGH.Epp. V, 49,20-22 HAMPE); cf. FREEMAN 1985, 88 mit Anm. 92; DIES. 1998, 3f.

[137] Op. Car. III praef. (MGH.Conc. II/Suppl. I, 328,26-329,1 FREEMAN); hiernach die Seitenzahlen im Text

[138] Der *libellus fidei* (CPL³ 731) kursierte unter dem Namen des Hieronymus (ep. 16; PL 30, 176B) bzw. Augustin (sermo 236,2; PL 39, 2181), gilt aber schon seit BARONIUS als pelagianisch (PL 48, 488D-491C = PL 45, 1716-1718 = HAHN § 209). Im Kontext der Aachener Synode von 809 zitiert ihn Arn von Salzburg (test. 66; MGH.Conc. II/Suppl. II, 282,27-283,3 WILLJUNG; cf. aaO., 139).

[139] Cf. ebenso op. Car. IV 1 (491,8-10): *„Cultus enim adorationis soli Deo et confessio Filii Dei illi soli, qui vere eius Filius coessentialis est, non adoptivus, exhiberi debet."* Nach FREEMAN 1988, 167f., wurde in einer ersten Redaktionsstufe das NC durch eine

der polemischen Spitze: Stand Anfang der 790'er Jahre die Auseinandersetzung mit der Synode von Nizäa im Vordergrund, so verlagerte sich der Akzent nach der Absendung der *capitula* unter Alkuins Einfluß auf die christologische Kontroverse mit den Spaniern. Das pelagianische Credo bot sich durch das Stichwort „*non adoptivum*" zur Widerlegung der spanischen Christologie an; da aber die alkuinische Überarbeitung sich weiterhin an den theodulfianischen Aufriß hielt, traten beide Angriffsziele des *Opus Caroli regis* zueinander in Konkurrenz.[140]

Diese Doppelstrategie wird deutlich, wenn man den Spannungsbogen in op. Car. III 1-3 unter hypothetischer Voranstellung des nizäno-konstantinopolitanischen Bekenntnisses betrachtet:

- Normativ für den christlichen Glauben ist das Bekenntnis von *Nizäa*.
- Die eilige Erhebung des Laien Tarasius auf den Thron des Patriarchen verstößt gegen can. II des Konzils von *Nizäa* (325).[141]
- Konsequenterweise vertritt dieser eine „*anti-nizänische*" Lehre: „Es ist kaum verwunderlich, daß einer nicht recht predigt, der nicht auf rechte Weise ins Predigtamt gelangt ist" (344,27-29).[142]

Sammlung anderer Bekenntnisse ersetzt (cf. „*sancti patres*" in der Kapitelüberschrift [336,2f.] sowie die Änderungen in III 3; 346,16), die dann während der Endredaktion wiederum dem pseudo-hieronymischen Credo weichen mußten. Daß nach der Absendung der *capitula* die Problematik der ursprünglichen Textgestalt des NC bewußt geworden wäre, so daß man sich für das Filioque nicht mehr auf das NC berufen konnte, vermutet DAHLHAUS-BERG 1975, 212 mit Anm. 121, erklärt damit aber nicht, wieso dasselbe Filioque in cap. III 3 weiterhin eingefordert werden kann. Theodulf - als Westgote - dürfte weniger mit dem Filioque Probleme gehabt haben als mit dem kompromißlosen, geradezu „hispanophoben" Antiadoptianismus Alkuins (so FREEMAN 1988, 169); in der frühesten Redaktionsstufe wurde vermutlich das NC aus der Hispana-Tradition verwendet (s.o. S. 72f.).

[140] FREEMAN 1988, 167 (cf. 1998, 44), weist darauf hin, daß in III 4 ein zunächst abgekürztes Augustin-Zitat (356,10-358,10 = trin. V 13,14; CChr.SL 50, 220,1-221,25; 222,31-34 MOUNTAIN/GLORIE; ebd. V 14,15; aaO. 222,1-223,18.30-37) nachträglich vervollständigt wurde, u.a. durch die Passage „*Exit enim [Spiritus sanctus] non quomodo natus, sed quomodo datus; et ideo non dicitur Filius, quia neque natus est sicut unigenitus neque factus, ut per gratiam in adoptionem nasceretur, sicut nos*" (357,25-28). Der Verzicht auf NC als alleinigen Maßstab der Orthodoxie spricht nach BULLOUGH 1991, 192, für Alkuin: „He never asserted as categorically as his friend Paulinus of Aquileia that the Niceno-Constantinopolitan creed was a unique touchstone and *fundamentum fidei*."

[141] Conc. Nic. I, can. II (COD³ 6,20-7,7).

[142] Cf. op. Car. III 2 (343,10-14): „*cum prohibitum sit popularem hominem sacerdotii magisterium adimplere debere, cuius nec officium tenuisse nec disciplinam creditur agnovisse, et eum ea docere posse, quae constat eum nequaquam antea didicisse.*" Karl selbst hat diese Ausführungen mit einem zustimmenden „*ecclesiastice*" bedacht (343,15).

Wenn also der Patriarch schon illegitim zu seinem Posten gekommen ist, kann ihm auch das Bilderdogma keine Legitimation gewähren.[143] Analog dazu darf das *zweite* „Nizänum" nicht als „ökumenisch" gelten, wenn sein Vorsitzender gegen Ordnung und Lehre des *ersten* Nizänums verstoßen hat. Unter diesen Prämissen wird die Heterodoxie des Tarasius - wie schon im Kapitular - an der Filioque-Frage demonstriert, wobei zwei Änderungen auffallen: Nicht mehr das apodiktische *quod*, sondern das vorsichtigere *utrum* leitet die Kritik ein; weiterhin wird - in Übereinstimmung mit der Ersetzung des NC durch das Pelagianum - nicht mehr ein Irrtum *„secundum Niceni symboli fidem"* beklagt, sondern *„secundum verissimam sanctae fidei regulam"* (III 3; 345,4-8). Diese *regula fidei* wird - im Gegensatz zum „Hadrianum" - nicht mit einer Vielzahl von patristischen Testimonien, sondern mit ungenannten Stichwortgebern ausgelegt. Mit einer Isidor-Paraphrase werden die entscheidenden Relationsbegriffe *donum* und *caritas* als proprietäre Bezeichnungen des Geistes eingeführt: Der Geist ist *Gabe*, weil er uns gegeben wird, obwohl er als Gott selbst Geber der göttlichen Gnade ist; und er ist *Liebe*, insofern er für den Zusammenhalt der Trinität und gleichzeitig für die Verbindung der Gläubigen mit Gott sorgt.[144] Beide Begriffe stellen ein Koordinatensystem dar, innerhalb dessen in Anlehnung an den pseudo-augustinischen *Dialogus quaestionum* die Frage nach der relationalen Stellung des Geistes zu Vater und Sohn thematisiert wird: Er ist *Geist des Vaters*, wie Mt 10,20 bezeugt; er ist *Geist Christi*, wie mit Röm 8,9 gesagt werden kann; er ist *„Spiritus amborum, quia ex Patre et Filio procedens unius probatur esse substantiae et naturae"* (350,16-19).[145] Damit wird der Gefahr gewehrt, von zwei *„patres ingeniti"* oder zwei *„filii geniti"* zu sprechen, wie mit einem ausführlichen Augustin-Zitat belegt wird:

> „Der Vater ist nämlich als einziger nicht aus einem anderen, deshalb wird allein er 'ungezeugt' genannt, zwar nicht in den Schriften, aber in der Gewohnheit derer, die darüber diskutierten und nach ihrem Vermögen eine Predigt vortrugen, zum Nutzen der Zeitgenossen und der Nachkommen. Der Sohn ist als einziger aus dem Vater geboren, deshalb wird allein er 'gezeugt' genannt. Der Heilige Geist geht als einziger aus dem Vater und dem Sohn hervor, deshalb wird allein er als 'Geist beider' bezeichnet. Er geht nämlich aus beiden hervor, aber nicht durch Geboren-Werden, so daß man ihn irgendjemandes Sohn nennen müßte. 'Sohn des Vaters und des Sohnes' würde man ihn

---

[143] Op. Car. III 2 (342,17-26): *„Et si ecclesiasticae ordinationis regula a sanctis patribus tradita intemerata servanda est, immo quia servanda est, omnino corrumpi non debet, et si omnino corrumpi non debet, nec pro utili quadam re corrumpi quidem debet; et si pro utili quadam re nullatenus corrumpi debet, multo ergo minus pro inutili corrumpi debet; cum videlicet utrumque, et imagines adorare et sine ordine graduum pontificalem cathedram subire, inutile sit"*; cf. HAUGH 1975, 47; OBERDORFER 2001, 147f.

[144] Op. Car. III 3 (349,26-350,12 = Isidor von Sevilla, orig. VII 3,16-20; PL 82, 269CD).

[145] Cf. Ps.-Augustin, dial. quaest. 2 (PL 40, 734D-735A).

aber nennen, wenn - was dem Denken aller Gläubigen fern sei! - sie ihn beide zeugten; daher ist er nicht von beiden gezeugt, sondern geht aus beiden als Geist beider hervor" (350,23-351,7).[146]

Bezeichnenderweise wird Augustins Text gerade dort interpoliert, wo eine Interpretation hinsichtlich des *per Filium* möglich wäre, sofern dem Sohn beim Hervorgehen des Geistes nicht die Ursprungs-, wohl aber eine konstitutive Vermittlungsfunktion zugeschrieben würde, indem der Geist *„de Patre principaliter, et ipso sine ullo interuallo temporis dante, communiter de utroque procedit"*[147]. Das *Opus Caroli regis* pointiert dagegen die *Gleichrangigkeit* von Vater und Sohn und setzt damit das Paradigma für die Interpretation der schon im Hadrianum diskutierten Stellen Joh 15,26 und 20,22, diesmal mit Ps.-Augustin (351,7-18). Anders als bei Hadrian werden diese Passagen für den Ausgang des Geistes *ex Filio* herangezogen: *„Qui nisi ab eo procederet, nequaquam cum insufflans discipulis daret"* (351,16f.).

Auf dieser patristisch fundamentierten Basis der Schriftauslegung kann die Frage beantwortet werden, die im Zentrum von cap. III 3 steht: „Da nun [der Geist] aufgrund dieser Zeugnisse sowohl als Schöpfer wie auch als Gott anerkannt wird und von der ganzen katholischen Kirche als aus dem Vater und dem Sohn hervorgehend geglaubt wird, ist zu fragen, ob es notwendig ist, ihn als 'durch den Sohn aus dem Vater' oder nicht vielmehr als 'aus dem Vater und dem Sohn hervorgehend' (*per Filium a Patre et non potius ex Patre et Filio procedere*) zu lehren, wenn doch eine derartige Lehre weder im Symbol der Väter von Nizäa noch von Chalkedon zu finden ist" (349,10-16). Gegenüber dem Kapitular zeigt sich also eine gesteigerte Sensibilität hinsichtlich der konziliaren Legitimation des Symbols, gerade im Blick auf dessen biblisch nicht gedeckte Ausdrucksweise.[148] Denn der vor-

---

[146] Augustin, trin. XV 26,47 (CChr.SL 50A, 528,110-112; 529,115-118 MOUNTAIN/GLORIE): *„Pater enim solus non est de alio, ideo solus appellatur ingenitus, non quidem in Scripturis, sed in consuetudine disputantium et de re tanta sermonem, qualem valuerint, [ad praesentium sive futurorum profectum] proferentium.* <u>*Filius solus de Patre est natus, ideo solus dicitur genitus. Spiritus sanctus solus de Patre et Filio procedit, ideo solus amborum nuncupatur Spiritus.*</u> *[Procedit enim ex utroque, non nascendo, ut alicuius filius dici possit.] Dicteretur autem filius Patris et Filii, si, quod abhorret ab omnium [fidelium] sensibus, eum ambo genuissent; non igitur ab utroque est genitus, sed procedit ab utroque amborum Spiritus"* (von Alkuin hinzugefügte Passagen in eckigen Klammern; Unterstreichung: Ergänzung aus Isidor, orig. VII 4,4; PL 82, 271B).

[147] Augustin, trin. XV 26,47 (CChr.SL 50A, 529,113-115 MOUNTAIN/GLORIE). Auch Hadrian zitiert trin. XV 26,45.46 (CChr.SL 50A, 525,13-18.24-26) zu cap. III, legt aber den Akzent auf Jesus als *Geber* des Geistes. Zu Augustins Pneumatologie s.o. S. 63-65.

[148] Das bedeutet allerdings nicht, daß den karolingischen Theologen schon jetzt die *textgeschichtliche* Problematik ihres Insistierens auf dem Filioque aufgegangen wäre. Zu diesem Umschwung cf. VON DEN STEINEN 1932, 229; DAHLHAUS-BERG 1975, 212; FREEMAN 1988, 167f.

angehende Schriftbeweis kann nur zeigen, daß der Geist an der Heilsgeschichte beteiligt ist[149], nicht aber die Filioque-Frage lösen, von der doch das ganze Werk abhängt. Dabei ist dem Glauben nicht mit einer unbestimmten Auskunft gedient, sondern nur mit einer „*definitio dilucida et perspicua et omni ambiguitate sive tortuositate carens*" (346,9-11). Diese aber muß lauten:

„Aus dem Vater und dem Sohn, nicht aus dem Vater durch den Sohn [hervorgehend] glaubt und bekennt man nämlich angemessenerweise den Heiligen Geist, weil er nicht durch den Sohn wie ein Geschöpf, das durch diesen gemacht wäre, noch gleichwie später der Zeit nach noch geringer der Macht nach oder von anderer Substanz hervorgeht, sondern aus Vater und Sohn als gleichewig, wesensgleich, gleichgeordnet hervorgehend, in gleicher Herrlichkeit, Macht und Göttlichkeit wie sie existierend wird er geglaubt. Denn die Präposition 'ex' hat einen anderen Inhalt als 'per'."[150]

Wenn man nicht in den Irrtum der „Arianer" zurückfallen und den Geist ein Geschöpf nennen wolle, so daß dann auch die Taufe nicht mehr auf den Namen der Dreieinigkeit, sondern „im Namen des Vaters durch den Sohn im Heiligen Geist" gespendet würde[151], dann seien derartige Zweideutigkeiten zu vermeiden - die altkirchlichen Konzilsväter hätten weise über das geschwiegen, was ihnen nicht aussagbar erschien, ohne an der Orthodoxie des *ex Filio* Zweifel zu hegen.[152] Mit der Präposition *per* könne demgegenüber impliziert sein, daß der Geist eine Hilfestellung beim Hervorgang aus

---

[149] Op. Car. III 3 (347,8-349,10): Der Geist ist kein Geschöpf, sondern selbst Schöpfer (Ps 32,6; Koh 1,9; Hi 33,4 u.a.); er wirkte schon bei der Inkarnation Christi mit (Mt 1,18.20) und begleitet die Apostel (Mt 28,19; Apg 10,19f.; 13,2); er brachte die prophetische Rede hervor (Ps 84,9) und fungierte als Lehrer der Gemeinde (Joh 14,26; Sach 7,11f.; Hebr 10,15f.); bei alledem ist er Gott und Herr (Apg 5,3f.; 1 Kor 12,4-6; Joh 4,24; 1 Kor 6,19f.; 2 Kor 3,17). Die Passage samt den Belegstellen stammt von Vigilius von Thapsus, c. Arrian. II 12-14 (PL 62, 176C-178B); cf. FREEMAN 1998, 66f.

[150] Op. Car. III 3 (346,14-23): „*Ex Patre enim et Filio Spiritum sanctum, non ex Patre per Filium recte creditur et usitate confitetur, quia non per Filium utpote creatura, quae per ipsum facta sit, neque quasi posterior tempore aut minor potestate aut alterius substantiae procedit, sed ex Patre et Filio ut coaeternus, ut consubstantialis, ut coaequalis, ut unius gloriae, potestatis atque divinitatis cum eis existens procedere creditur. Alteram namque vim habet 'ex' praepositio et alteram 'per'.*"

[151] Op. Car. III 3 (347,7); cf. Conc. Tolet. III, anath. XVI (MHS.C V, 82,382-83,386 MARTÍNEZ DÍEZ/RODRÍGUEZ) gegen die von Leovigild propagierte Taufformel (s. oben S. 54f.). „Arianer" bezeichnet hier auf eine „pneumatomachische" Position (JUGIE 1926, 162), wie sie z.T. noch den germanischen Arianismus kennzeichnete (cf. Isidors Bericht über den „*Arrianus episcopus Barbas*": chron. a. 393; MGH.AA XI, 474,1-5 MOMMSEN).

[152] Cf. op. Car. III 3 (345,22-24): „*qui, quamquam eum [sc. Spiritum sanctum] ex Filio procedere quodammodo tacuerint, tamen ex Patre et Filio procedentem omnino crediderunt*".

dem Vater benötigte, wohingegen er doch gewiß dem Vater und dem Sohn als dritte Person der Trinität an Macht und Wesenhaftigkeit gleichkomme.

Analog dazu sei auch bei Theodor von Jerusalem, der gewiß „*recte et catholice*" (354,26f.) glaube, zu fragen, ob nicht die Rede vom „ursprungslosen Vater", der seinerseits der „Ursprung des Sohnes" sei, eine gefährliche Konnotation der Subordination impliziere (III 4; 354,1-7). Dagegen sei festzuhalten: Der Vater ist *gignens* hinsichtlich des Sohnes, beide gemeinsam sind *dantes* hinsichtlich des Geistes, aber alle drei sind einander *consubstantiales et consempiternae* und *unum principium* der Schöpfung gegenüber. Diese Prädikationen werden nur *relative* recht verstanden, was freilich schon für Augustin ein terminologisches Problem barg: „*Utrum autem et ad Spiritum sanctum principium sit Pater, quoniam dictum est: 'De Patre procedit'* [Joh 15,26], *non parva quaestio est. Quia, si ita est, non iam principium ei tantum rei erit, quam gignit aut facit, sed etiam ei, quam dat.*"[153] Der Geist als Gabe muß demnach in seiner spezifischen Ursprungsrelation verstanden werden, die eine doppelte Ausrichtung hat: der Geist wird *von* Vater und Sohn gegeben, und er wird auch *an* die Menschen gegeben und von ihnen empfangen. Daher *hat* er einerseits Vater und Sohn als (ein einziges) *principium*, *ist* zugleich aber selbst *principium* der geschöpflichen Welt. Auch hier bietet also das Filioque den Schlüssel zu dem in Nizäa ungelösten Sachproblem.[154]

Wie schon im Kapitular, so wird auch im *Opus Caroli regis* Tarasius (tatsächlich Theodor) vorgeworfen, daß er den Geist „*contribulum Patri et Filio*" nenne (III 5; 358,11-14). Damit werde der Eindruck erweckt, als würden drei einander wesensverschiedene Entitäten nur dadurch zusammengehalten, daß sie demselben *tribus* zuzurechnen seien.[155] Die Analogie verdecke also ihr Referenzobjekt, für das die Prädikation *consubstantialis* entscheidend sei, was durch die Etymologie von *contribulus* ausgeschlossen werde.[156] Insofern sei es ausreichend, „den Heiligen Geist als dem Vater und dem Sohn gleichwesentlich, gleichewig, vollkommen gleich (*coessen-*

---

[153] Op. Car. III 4 (357,19-22 = Augustin, trin. V 14,15; CChr.SL 50, 222,3-6).

[154] Augustin, trin. V 14,15 (358,2-10 = CChr.SL 50, 223,30-37): „*Si ergo et quod datur, principium habet eum, a quo datur, quia non aliunde accepit illud, quod ab ipso procedit, fatendum est Patrem et Filium principium esse Spiritus sancti, non duo principia, sed sicut Pater et Filius unus Deus et ad creaturam relative unus creator et unus Dominus, sic relative ad Spiritum sanctum unum principium, ad creaturam vero Pater et Filius et Spiritus sanctus unum principium, sicut unus creator et unus Dominus.*"

[155] Op. Car. III 5 (359,15-19): „*In Deo autem, qui est summum bonum, unus apex, rerum singularum cacumen, unus in substantia, trinus in personis, nequaquam contribuli nomen inveniri potest, quia non alibi contribulus inveniri potest, nisi ubi invenitur et tribus.*"

[156] Cf. Isidor, orig. IX 4,7 (PL 82, 349B).

tialem, coaeternum, coaequalem), von derselben Macht und Herrlichkeit zu bezeichnen, so daß in den drei Personen die Einheit des Wesens, der Macht und der Herrlichkeit des höchsten Gottes (*unitas substantiae, potestatis et gloriae summi Dei*) geglaubt und von allen Katholischen bekannt wird" (359,27).[157] Deswegen wird eine weitere Auseinandersetzung über die Frage des Hervorganges des Heiligen Geistes dem anheimgestellt, „*quem occulta non fallunt*" (III 8; 370,27f.). Jedoch ergeht eine strenge Mahnung:

> „Wir wissen, daß sogar die sich nicht fern vom Irrtum bewegen, die sich, wenn sie ihn ablegen und angemessen über diese Dinge denken, ihm dennoch wieder annähern, weil sie, was sie angemessenerweise glauben, recht zu bekennen versäumen; was aber recht 'mit dem Herzen geglaubt wird zur Gerechtigkeit', das muß auch recht 'mit dem Mund' bekannt werden 'zum Heil' [cf. Röm 10,10]" (370,28-371,5).

Die Frage nach der *processio* des Heiligen Geistes ist zwar noch ein Theologumenon „en recherche", was die theologische Begründung angeht, aber schon ein unverrückbarer Markstein der Orthodoxie, was das Selbstbewußtsein der karolingischen Theologen und ihres königlichen Auftraggebers betrifft. Am ursprünglich konzipierten Schluß des *Opus Caroli regis* (IV 13) wird zur Dignität der Synode von Nizäa nochmals unmißverständlich festgestellt: „In ihrem Glaubensbekenntnis finden sich nämlich neue und ungebräuchliche Ausdrücke, welche von der nizänischen Synode keinesfalls im Symbol niedergelegt worden sind" (515,28f.). Auf diesem Gegensatz zum normgebenden Konzil von 325 basiert die grundsätzliche Kritik der Karolinger an Nizäa II:

> „Sehr weit, ja weiter, als man sagen kann, ist dieses [Konzil] von jenem entfernt, besonders weil jenes die katholische Kirche vom Irrtum befreit, dieses sie aber im Gegenteil zum Irrtum verleitet: Jenes bringt sie vom überaus gefährlichen Schiffbruch des Arius ab, dieses bedroht sie mit dem Schiffbruch der Bilderverehrung; jenes lehrt, daß der Sohn dem Vater wesensgleich und gleichewig sei, dieses behauptet, daß gefühllose Dinge anzubeten seien... Jenes urteilt in heilvoller Weise, daß in den drei einander gleichen, gleichwesentlichen und gleichewigen Personen das eine Wesen der göttlichen Majestät anzubeten sei, dieses nennt unvernünftigerweise die Bilder anbetungswürdig gemäß dem Dienst an der heiligen Trinität" (516,7-11.14-17).

Aus diesen Oppositionen erhellt, daß die Bilderfrage als *trinitarisches Problem* begriffen wurde - deswegen ist es konsequent, daß das Filioque-Problem im *Capitulare* und im *Opus Caroli regis* an exponierter Stelle begegnet, wird doch hier das Gegenüber des trinitarischen Dogmas von Nizäa

---

[157] Op. Car. III 5 (360,7-13): „*In quibus cum hoc nomen sanctae Trinitati aptatum minime repererit, id ei minime aptare praesumat, quoniam, si ullatenus sanctae fidei confessioni conveniret, tot disputationum silvas effugere nequiret, nec esset tam eloquentibus tamque Latinitatis peritia eruditis viris in disputando alienum, si errori esset extraneum.*" Andernorts kann Theodulf allerdings durchaus mit „*argumentis ex industria dialecticae artis venientibus*" operieren (IV 23; 550,4; mit kritischer Pointe: III 9; 373,11-20).

und dessen „arianischer" (homöischer) Bestreitung in Rimini (359) als Paradigma des Widerstreits von wahrer und häretischer Synode eingeführt.[158] Wer sich also mit der Tradition der sechs ökumenischen Konzilien nicht zufriedengebe, der negiere damit den Glauben der Kirche überhaupt, so daß die Irrlehre bezüglich der Bilder nur eine logische Konsequenz, nicht aber der eigentliche Streitpunkt ist. So avanciert das Filioque als Pointe der *trinitarischen* Lehrdifferenz zum Kristallisationspunkt der theologischen Kritik der Karolinger an Nizäa II - von hier aus erschließt sich diese Kritik nicht als Ausdruck machtpolitischer Abgrenzung oder gar böswilligen Nicht-Verstehens, sondern als Konsequenz eines diametral unterschiedenen Ansatzes theologischer Urteilsbildung im allgemeinen und zur Bilderfrage im besonderen, die im Rahmen des trinitarischen und pneumatologischen, nicht des christologischen Dogmas thematisiert wurde.[159] Das Spezifikum der karolingischen Argumentation gegenüber den Byzantinern und auch gegenüber Hadrian I. besteht also in der Zuspitzung der Rezeptionsproblematik auf die Adäquanz einer strittigen Lehre zum nizäno-konstantinopolitanischen, d.h. *antiarianischen* Symbol - und dazu gehört unausweichlich das Filioque als notwendiges Interpretament.

Entsprechend schroff wird am das Ende von cap. III 3 der Fragende auf seine kreatürliche Begrenztheit verwiesen, die es ihm unmöglich mache, die Geheimnisse der Trinität zu durchdringen: „Wenn wir schon die Geheimnisse der menschlichen Geburt Christi nicht erfassen, wie sollten wir dann das Mysterium seiner göttlichen Natur begreifen?"[160] Man wird dies als Anspielung auf den Adoptianismus mit seiner Betonung des vor den Menschen erschienenen Christus verstehen dürfen. Umso mehr gelte für das Mysterium der kirchlichen Tradition schlechthin:

---

[158] Op. Car. IV 13 (521,33-522,2): *„Iam vero quia tam ardenti desiderio suam synodum antiquis synodis cupiunt adsociare, adsociari hec quidem antiquae cuidam Ariminensium synodo atque adnumerari potest, quoniam sicut in illa homousion confessio abdicatur, ita in ista solius Dei cultores et veri adoratores exsecrantur; et sicut in illa diversarum in Trinitate substantiarum perniciosissimum dogma statuitur, ita in ista diversarum rerum cultus at adoratio soli Deo debita percensetur."* Die homöische Synode von Rimini galt schon Augustin als Symbol der antinizänischen Theologie (c. Maxim. II 14,3; PL 42, 772); cf. weiterhin decr. Gelas. V 1 (TU 38/4, 11,260-262 DOBSCHÜTZ); Conc. Tolet. III, anath. XVII (MHS.C V, 82,387f. RODRÍGUEZ/MARTÍNEZ DÍEZ).

[159] Die trinitarische Frage wurde dabei durchaus in ihrer soteriologischen Zuspitzung begriffen; cf. op. Car. II 24 (281,14-18): *„Quoniam quidem homines Deus, non imagines diligere iussit, propter homines Filium suum in mundum, non propter imagines missit; ab hominibus Pater vocari, non ab imaginibus voluit."*

[160] Isidor von Sevilla, diff. II 3,11 (352,6-8 = PL 83, 72A): *„Si enim humanae nativitatis Christi secreta non capimus, divinae naturae mysteria quomodo capiemus?"*

„Weil es aber tatsächlich in jener gleichewigen und gleichen und unkörperlichen und unaussprechlicherweise unveränderlichen und unteilbaren Trinität äußerst schwierig ist, die Zeugung vom Hervorgehen zu unterscheiden, möge dies zu glauben und fest zu bewahren und von ganzem Herzen zu bekennen hinreichen: Der Vater ist ungezeugt, der Sohn gezeugt, der Heilige Geist aber weder geschaffen noch gezeugt, sondern geht aus Vater und Sohn hervor; und nur so werden vom Bekenntnis des Glaubens alle Privatmeinungen und alle begrifflichen Neuerungen ferngehalten, und mit diesen Worten und Sätzen wird das Bekenntnis der Gläubigen bekräftigt, welches die heiligen und allgemeinen Synoden im Symbol festgehalten haben" (352,11-22).[161]

Aus der Handschrift Vat. lat. 7207 geht hervor, daß gerade diese letzte Mahnung vom König mit einem zustimmenden „*summe*" bedacht wurde.[162] Karl ließ sich offensichtlich schon über den Entstehungsprozeß des *Opus Caroli regis* auf dem Laufenden halten und erteilte gerade diesem Kapitel an sechs Stellen seine persönliche Approbation.[163] Dabei werden gerade diejenigen Aussagen bekräftigt, die auf die Normativität des Credos und seiner fundamentalen Aussagen abheben: die Gottheit des Geistes, seine Schöpfertätigkeit und die relationale Differenzierung der trinitarischen Personen. Dies korrespondiert mit der Streichung des ursprünglichen Schlußabschnitts, der nochmals die karolingische Position aus synodaler und patristischer Autorität heraus hatte begründen wollen.[164] „Dieser ausführliche Kapitelschluß entschied die Streitfrage nicht, er gab viel eher die Basis zu weiterer gelehrter Diskussion. Und grade das war nicht gewollt: das *Opus Caroli* sollte letzte, indiskutable Instanz sein."[165] Am Ende der systematischen und biblischen Reflexionen über das Filioque wird also die Trennlinie zwischen Glauben und denkerischem Nachvollziehen des Geglaubten scharf markiert. Als im Zuge der antiadoptianistischen Endredaktion des *Opus Caroli regis* das NC durch das Pelagianum ersetzt wurde, weil dessen

---

[161] Zu dieser Zurückhaltung cf. Augustin, trin. XV 27,49 (CChr.SL 50A, 531,60-64); fid. symb. IX 20 (CSEL 41, 26,22-24 ZYCHA); c. Maxim. II 14,1 (PL 42, 770).

[162] Zur Diskussion über die „tironischen Randnoten" cf. VON DEN STEINEN 1932, bes. 237; FREEMAN 1998, 48-50.- Die Mahnung erinnert an den Appell Karls des Großen in seinem Brief von 794 an die spanischen Bischöfe (s.o. S. 101f.).

[163] Cf. VON DEN STEINEN 1932, 232-235: „*catholice*" (346,20: der Geist geht hervor „*neque quasi posterior tempore aut minor potestate aut alterius substantiae*"); „*bene*" (347,11; 348,25: der Geist ist *creator* und *Deus*, Apg 5,3f.); „*catholice*" (349,10: der Geist wohnt dem menschlichen Körper ein, 1 Kor 6,20); „*perfecte*" (350,22: zu den trinitarischen Relationen *ingenitus - genitus - procedens*); „*summe*" (352,15).

[164] Op. Car. III 3 (353,29-42): „*Catholicae fidei professio... a sanctis patribus Hilario, Atanasio, Augustino, Ambrosio, Hieronimo, Gregorio vel ceteris huismodi, qui pene omnibus Latinis lectoribus noti sunt, prolata et ecclesiae tradita esse dinoscitur, qui et armis spiritalibus contra fidei hostes viriliter certaverunt et lampade divini verbi caliginosas ignorantiae tenebras a fidelium pectoribus depulere*".

[165] VON DEN STEINEN 1932, 235.

Terminologie als Waffe im Kampf gegen den Adoptianismus dienen konnte, nahmen die Autoren eine Inkonsistenz in Kauf, durch welche die „Summa dieses folgenreichen Kampfkapitels" an Eindeutigkeit verlor, ging es doch um „das schlichte Credo in der bei den Franken eingebürgerten Form, die Ablehnung alles Willkürlich-Neuen, die Nennung der höchsten Autorität, der Universalkonzilien".[166] Entsprechend durfte diesseits dieser Trennlinie keine Zweideutigkeit herrschen, worin sich bereits die Tendenz der nächsten Jahre andeutete, eine einzige Formel als orthodoxes Bekenntnis zu proklamieren.

2.2. Das Filioque im adoptianistischen Streit

2.2.1. Die Traktate der Frankfurter Synode

Das Spannungsfeld des Filioque zwischen Bilderstreit und Adoptianismus wird nirgendwo so deutlich wie auf der Frankfurter Synode von 794, insofern hier die Konzilsväter nach beiden Seiten dieselbe theologische Pointe ansteuern: Christusbilder zu verehren und Christus als Adoptivsohn Gottes zu bezeichnen, widerspricht eklatant der Tradition der Kirche, wie sie sich im Symbol von 381 manifestiert. In diesem Kontext erweist sich speziell das Filioque als „la risposta del concilio di Francoforte all' eresia adozionista".[167] Die einschlägigen Belege begegnen an Schaltstellen der Argumentation - in spezifischem Gegensatz zu den Briefen der spanischen Bischöfe, die weder eine trinitarische Reflexion ihrer Position unternehmen noch überhaupt mit Symbolformulierungen argumentieren.[168]

Der Brief der fränkischen Bischöfe hält den Spaniern entgegen, ihre Behauptung, in Christus fänden sich drei Substanzen, könne nicht anhand der *professio Niceni simboli* verifiziert werden, die doch mitsamt ihrer Entfaltung durch die *sanctissimi doctores* hinreichend zum Ausweis der persönlichen Rechtgläubigkeit sei.[169] Damit warfen die karolingischen Theologen -

---

[166] AaO., 236.

[167] FEDALTO 1997, 116. HAENDLER 1992, 97, konstatiert, „daß die Franken die adoptianische Christologie so hart angriffen, während sie gleichzeitig das ebenfalls aus Spanien stammende Wort 'filioque' ebenso hart durchsetzen wollten."

[168] Ihre innerspanischen Gegenspieler Beatus und Heterius rekurrieren dagegen auf das NC (adv. Elip. I 39; CChr.CM 59, 27,1006-1022 LÖFSTEDT) und zitieren daneben das Apostolicum als *„fides apostolica, in qua babtizati sumus, quam credimus et tenemus"* (I 23; aaO., 15,574f.). Allerdings argumentiert Elipandus gegen Migetius durchaus mit dem Filioque (ep. ad Mig. 5; CSM I, 72,5f.8f. GIL).

[169] Epist. episcoporum Franciae (MGH Conc. II/1, 155,12-15 WERMINGHOFF; hiernach die Angaben im Text); zum Postulat der Kohärenz mit dem Glauben der Väter cf. auch 143,25f.; 149,14-17; 156,25f.

in Übereinstimmung mit Rom - ihren spanischen Kollegen faktisch mangelnden Traditionalismus vor.[170] Mit gleicher Reserve gegenüber eigenständigen Denkanstrengungen erachtet auch König Karl selbst jene *fides* für erschöpfend, *„quam orthodoxi patres in suis nobis simbolis scribtam reliquerunt"* (161,28). Aus der angedeuteten Mehrzahl von Glaubensformeln wird ein - *ad hoc* formulierter? - Text zitiert, in dem das Filioque mit auffälliger Redundanz begegnet, weshalb er hier im Wotlaut wiedergegeben sei:

> „Credimus et in Spiritum sanctum, Deum verum, vivificatorem omnium, a patre et filio procedentem, cum patre et filio coadorandum et conglorificandum. Credimus eandem sanctam trinitatem, patrem et filium et Spiritum sanctum, unius esse substantiae, unius potentiae et unius essentiae, tres personas et singulam quamque in trinitate personam plenum Deum et tota tres personas unum Deum omnipotentem, patrem ingenitum, filium genitum, Spiritum sanctum procedentem ex patre et filio, nec patrem aliquando coepisse, sed sicut semper est Deus, ita semper et pater est, quia semper habuit filium. Aeternus pater, aeternus filius, aeternus et Spiritus sanctus ex patre filioque procedens, unus Deus omnipotens, pater et filius et Spiritus sanctus, ubique praesens, ubique totus, Deus aeternus, ineffabilis, incomprehensibilis. In qua sancta trinitate nulla est persona vel tempore posterior vel gradu inferior vel potestate minor, sed per omnia aequalis patri filius, aequalis patri et filio Spiritus sanctus divinitate, voluntate, operatione et gloria. Alius tantummodo in persona pater, alius in persona filius, alius in persona Spiritus sanctus. Non aliud, sed unum natura, potentia et essentia Deus pater et filius et Spiritus sanctus"* (163,24-164,3).

Daß der Hervorgang des Geistes *ex Patre et Filio* gleich dreimal erwähnt wird, weist auf die gesteigerte argumentative Bedeutung hin:

- Der Heilige Geist muß mit Vater und Sohn gemeinsam als wahrer Gott verehrt werden, weil auch er wahrer Gott ist, der von Gott (als Vater *und* Sohn) ausgeht;
- daher ist sein trinitarisches Spezifikum *procedens* untrennbar mit der Gottheit des Sohnes verbunden: *drei* Personen konstituieren *einen* allmächtigen und allwirksamen Gott;
- dies gilt von Ewigkeit her für *natura, potentia* und *essentia*, also bezüglich dessen, was die Gottheit der einzelnen Personen ausmacht. Wenn aber der Sohn als „adoptiert" bezeichnet würde, trüge man eine Asymmetrie in die unwandelbare Trinität ein.

Damit wird bereits in der trinitarischen Reflexion dem christologisch-inkarnatorischen Bekenntnis vorgearbeitet. Das Filioque erscheint wie im *Opus Caroli regis* nicht als ein klärungsbedürftiges *disputandum*, sondern als Eckstein jeder Glaubensäußerung. Signifikant sind dabei die Berührungen mit dem Athanasianum: *„Alia est enim persona Patris, alia Filii, alia Spiritus*

---

[170] HEIL 1965, 120: „Man sagte [dort] noch... sein eigenes Glaubensbekenntnis in Übereinstimmung mit der Tradition der Kirche, noch nicht das kanonische der Kirche als sein eigenes."

Sancti; sed Patris et Filii et Spiritus Sancti una est divinitas, aequalis gloria, coaeterna maiestas... Et in hac Trinitate nihil prius aut posterius, nihil maius aut minus, sed totae tres personae coaeternae sibi sunt et coaequales."[171] Damit reiht sich der König in die abendländische Symboltradition ein, ohne daß seinem Bekenntnis sonderliche theologische Originalität eignete; neu ist jedoch die „häresiomachische" Verwendung des Filioque in *antiadoptianistischem* (statt antiarianischem) Kontext.

Damit trifft sich der König intentional mit Papst Hadrian I., der den mit dem Fehlen des Filioque begründeten Vorwurf der Heterodoxie an Tarasius bestritten hatte, gegen die Spanier freilich genau damit argumentiert:

> „Auf wen, meint ihr denn, ist der Heilige Geist in Gestalt einer Taube herabgekommen, auf Gott oder auf den Menschen, oder - aufgrund der einen Person Christi - auf den Sohn Gottes und des Menschen? Wenn nämlich der Heilige Geist untrennbar der Geist beider ist, des Vaters und des Sohnes, und wesenhaft aus dem Vater und dem Sohn hervorgeht (*ex patre filioque essentialiter procedat*), wie kann man dann nur glauben, daß er auf Gott herabkam, von dem er sich niemals zurückgezogen hat und aus dem er auf unerforschliche Weise stets hervorgeht (*a quo numquam recesserat et a quo ineffabiliter semper procedit*)? Denn der Sohn Gottes sandte gemäß seinem göttlichen Sein mit dem Vater den Heiligen Geist, der auf unergründliche Weise niemals von ihm wich, und gemäß seinem menschlichen Sein empfing er den, der über ihn kam" (128,33-40).[172]

Hier dient das Filioque als Begründung dafür, daß Gottheit und Menschheit Christi nicht auseinandergerissen werden dürfen, da sonst die *innertrinitarische* Mitteilung des Geistes von der *heilsökonomischen* Sendung getrennt würde und die biblische Bezeichnung als „Geist des Sohnes" doppeldeutig würde - als wäre der sendende Sohn im Himmel ein anderer als der empfangende auf Erden. Damit wird Christus als Subjekt der Inkarnation in den Kategorien der „immanenten", relational strukturierten Trinität beschrieben, so daß die geschichtliche Gabe des Geistes bei der Taufe faktisch zu einem Reflex innergöttlicher Vorgänge wird. Gegen den Adoptianismus wird betont, daß der Begabte selbst an seiner Begabung beteiligt ist, also nichts anderes empfängt als das, was er selbst ist - nur dann kann im Umkehrschluß gefolgert werden, daß er auch immer schon ist, was er empfängt, also Gott von Natur her.

Den intensivsten trinitätstheologischen Impetus weist der *Sacrosyllabus* des Paulinus von Aquileia auf, der trotz aller Sorgfalt in Wortwahl und Beweisführung „kein gelehrter Traktat, sondern eine Streitschrift"[173] ist. Gegenüber der spanischen Trennungschristologie wird eine dezidierte Ein-

---

[171] Fides Athanasii (DH 75,5f.25f.).
[172] Zu diesem Argumentationsgang cf. PARMENTIER 1997, 44f.
[173] BRUNHÖLZL 1975, 252.

heitsvorstellung vertreten, worin der Zusammenhang von Sohn und Geist schon bei der Zeugung (nicht erst bei der Taufe) expliziert wird (s.o. S. 99f.). Den Einstieg in die spezifisch trinitarische Reflexion liefert Paulinus der von den Spaniern gebrauchte Begriff *advocatus*, der in 1 Joh 2,1 als Bezeichnung für Christus verwendet wird, im Lateinischen jedoch mit der juristischen Bedeutung „Rechtsbeistand" konnotiert ist. Zudem - und das führt zur Filioque-Problematik - wird damit die Unterscheidung zwischen Sohn und Geist völlig verwässert: „Was man nämlich auf griechisch 'Paraklet' nennt, das heißt im Lateinischen 'Advokat'. Insofern bekennt ihr auch, was über alles Übel hinausgeht und schrecklicher ist als alle Irrgläubigkeit: *zwei adoptierte Söhne*, nämlich das Wort und den Heiligen Geist, so daß ihr schlimmer seid als Arius und Eunomius und - Maranatha! - wie Mazedonius des Anathemas würdig!"[174] Gegen diese latent *pneumatomachische* Position bewahrt gerade die innertrinitarische Abgrenzung zwischen Sohn und Geist die jeweiligen Spezifika (als *mediator* und *advocatus*) und schließt gleichzeitig eine adoptianistische Christologie aus:

> „*Sancta autem catholica atque apostolica ecclesia... confitetur quin potius sanctam et ineffabilem trinitatem in unitate, salva scilicet inconfusibiliter proprietate personarum inseparabilem substantiam confitetur; ita sane, ut alius credatur pater, quia pater est, qui genuit coeternum sibi sine tempore et omni initio filium, et alius credatur filius, quia filius est, qui genitus est sine initio a patre non putative, sed vere, et alius credatur Spiritus sanctus, quia Spiritus sanctus est et a patre filioque procedit. Et non est aliud pater et aliud filius et aliud Spiritus sanctus, sed unum sunt inseparabiliter pater et filius et Spiritus sanctus; non unus, sed unum, quia alia est persona patris, alia filii, alia Spiritus sancti, sed una et aequalis et consubstantialis et coaeterna est patris filiique et Spiritus sancti inenarrabilis divinitatis maiestas, quia unus est Deus. Unionem namque in essentia confitemur; trinitatem vero in personarum discretione praedicamus*" (136,19.22-32).

Das bedeutet: Wer den Sohn als *advocatus* und deswegen als *adoptatus* bezeichnet, verwirrt das Grunddogma der Kirche mit seiner präzisen Relationierung von Sohn und Geist, denn nur aus einem wahren göttlichen Sohn kann der Heilige Geist hervorgehen, und nur dann konstituieren *drei* Personen die *eine* unteilbare Trinität, d.h. die Grundlage für das („kyrillische") Verständnis des christologischen Dogmas.[175] Gegenüber den flankierenden

---

[174] „*Quod enim Graece paraclytus, hoc Latine dicitur advocatus. Fatemini quin etiam, quod est super omne malum deterius, super omnem inpietatem scelestius, duos adoptivos filios, verbum scilicet et Spiritum sanctum, ut sitis deteriores Arrio et Eunomio et Maranatha anathemate Macedonio dignum*" (136,5-8).

[175] „Kyrillisch" implizierte für die Karolinger die doppelte Homousie (MGH Conc. II/1, 140,30f. WERMINGHOFF: „*Doctrinis variis et peregrinis non abducamur, sed confiteamur cum sanctis patribus nostris, catholicis orthodoxisque viris, qui rectam fidem et corde perceperunt et inviolabili ore ecclesiae filios salubriter docuerunt, duas in Christo naturas, divinam nimirum et humanam, verum Deum verumque hominem, in utraque proprium*

Traktaten, die sich vorrangig dem Streit um die Autoritäten widmen, sucht Paulinus also nach einer systematisch tragfähigen Lösung. Es ist dem *Sacrosyllabus* anzurechnen, die immanente Trinität als Argument in den adoptianistischen Streit eingebracht zu haben - und damit das Filioque als christologisch relevantes Interpretament der vom gesamten (!) Westen geteilten Lehrtradition.[176]

2.2.2. Paulinus von Aquileia und die Synode von Cividale del Friuli

Dieser trinitarische Ansatz zeitigte allerdings ein Folgeproblem - die Rechtfertigung des Filioque als Bestandteil des Nizäno-Konstantinopolitanums, an dessen Orthodoxie sich alle anderen Formeln messen lassen sollten und das bereits der fränkischen Konzilstheorie die inhaltliche Grundlage geliefert hatte. Durch diese bewußte Bindung an die altkirchliche konziliare Tradition wird auch verständlich, warum gerade das NC gegen die Heterodoxie der Spanier ins Feld geführt wurde, standen doch - etwa mit dem Athanasianum - traditionelle oder - z.B. mit dem Frankfurter Bekenntnis - *ad hoc* formulierte Texte zur Verfügung, die auf Chalkedon zurückblickten und daher den christologischen Fragen größeren Raum zubilligten. Bezeichnenderweise berief sich Paulinus auf eine Definition des von den Karolingern hochgeschätzten Konzils von Ephesus (431), die später zum *locus classicus* gegen das Filioque avancierte:

„Ich weiß, daß in den synodalen Dokumenten festgesetzt worden ist - tatsächlich um neue und zahlreiche Irrlehren zu widerlegen, besonders aufgrund der betrügerischen und erfundenen [Lehre] des Nestorius und Eutyches, falscher und pestilenter Männer, die ich nicht einmal Glauben, sondern Irrglauben nennen will -, daß es niemandem erlaubt sei, ein anderes Symbol des Glaubens zu lehren oder zu formulieren. Aber das sei ferne von uns und weitab von jedem gläubigen Herzen, ein anderes Symbol oder Glaubensbekenntnis aufzustellen oder anders zu lehren, als es jene [sc. die Väter von Nizäa] festgesetzt haben!"[177]

Dei filium, non adoptivum, sempiternum ex patre, temporaliter natum ex virgine matre, consubstantialem in sua Deo patri et Spiritui sancto, consubstantialem etiam nobis in nostra"), die aus der Unionsformel des Theodoret von Kyros von 433 (cf. BIENERT 1997a, 219) in die *definitio fidei* von Chalkedon übernommen wurde: τὸν κύριον ἡμῶν Ἰησοῦν Χριστὸν... ὁμοούσιον τῷ πατρὶ κατὰ τὴν θεότητα, καὶ ὁμοούσιον ἡμῖν τὸν αὐτὸν κατὰ τὴν ἀνθρωπότητα (ACO II 1,2, 129,23f.26f. SCHWARTZ). Daß Kyrills Briefe an Nestorius - die im Kontext des Konzils von Aachen 809 eine wichtige Rolle spielten (s.u. S. 150; 154) - mit der Unionsformel keineswegs problemlos vereinbar sind, war den Karolingern nicht bewußt und kann daher hier auf sich beruhen.

[176] Dasselbe Argument verwendet Paulinus 798/99 in seiner Auseinandersetzung mit Felix von Urgel (c. Felic. I 24; CChr.CM 95, 30,1-5.15-19 NORBERG).

[177] Conc. Foroiul. (MGH Conc. II/1, 181,15-20 WERMINGHOFF): „*Scio namque quibusdam in sinodalibus foliis esse sancitum, ad refellendas siquidem novas et multiplices hereses,*

Demzufolge ist gerade gegen eine neue Häresie nicht ein neues Bekenntnis zum Eckpfeiler der Orthodoxie zu erheben, sei es doch gerade das Kennzeichen der Häretiker, „sich ein greuliches Dogma zu erdichten, ja sich mehr von flatterhaften und unsteten als von den kirchlichen und geistlichen Lehren anziehen zu lassen (*perversum se dogma componere, quin potius peregrinis et variis quam aecclesiasticis ac spiritalibus habuti conantur doctrinis*)" (185,6-8). Vielmehr gelte es, das Bekenntnis der Väter zu adäquaten Ehren zu bringen, weshalb das NC durch die Synode in Cividale zum verbindlichen Glaubenswissen nicht nur für die Kleriker des Reiches, sondern für alle Gläubigen erklärt wird (s.o. S. 103f.). Allerdings ist der genaue Zeitpunkt, von dem an das NC in der Liturgie des Frankenreiches gesungen wurde, unbekannt. Da bereits ein Jahrzehnt später dieser Brauch weitab vom Frankenreich zu einem Konflikt führen konnte (s.u. S. 142-146), ist mit Bernard CAPELLE an das Konzil von Aachen 799 zu denken.[178] Die *dogmatische* Orthodoxie wurde somit an ihre *liturgische* Manifestation geknüpft; hierbei zeigt sich wiederum die spezifisch karolingische Modellierung der *lex orandi* nach der *lex credendi*. Dazu konnte aber nur das NC dienen, da anderen Credotexten der liturgische Charakter fehlte; das Athanasianum etwa gibt sich formal als Kompendium der heilsrelevanten Glaubensaussagen, nicht aber als gottesdienstliche Doxologie.[179]

---

praesertim propter fraudulentam fictamque Nestorii vel Euticis, falsidicorum pestilentiumque virorum, non fidem dicam, sed potius perfidiam, non licere cuiquam alterius fidei symbolum docere vel componere. Sed absit a nobis proculque sit ab omni corde fideli alterum vel aliter quam illi instituerunt symbolum vel fidem componere vel docere"; hiernach die folgenden Angaben im Text. Ebenso mahnte Alkuin die Bischöfe in Gothien eindringlich: „*symbolo catholicae fidei nova nomina nolite inserere*" (ep. 137; MGH.Epp. IV, 211,15 DÜMMLER); cf. mit gleichem Tenor adv. Elip. IV 14 (PL 101, 298A).

[178] CAPELLE 1951, 1017.1020; zur exakten Bestimmung der Textgestalt bei der Einfügung cf. DERS. 1934, 217; GANZ 1995, 760. Nach Walafrid Strabo ist das Symbol „*post deiectionem Felicis haeretici, sub gloriosissimo Carolo Francorum rectore damnati*" zum Bestandteil der Messe geworden (de rebus ecclesiasticis; PL 114, 947C). Felix wurde seit 792 zwar mehrfach zum Widerruf gezwungen, aber erst in Aachen endgültig seines Amtes enthoben, worauf Alkuin in seiner letzten antifelicianischen Schrift zurückblickt (adv. Felic. I 9 [PL 101, 134D]): „*Omnis catholica Ecclesia cantat, credit et praedicat, post confessionem paternae maiestatis, de Filio unico et unigenito huiusmodi verba in symbolo*". Möglicherweise wurde das nizänische Symbol auch schon vor der Auseinandersetzung mit Felix von Urgel gesungen, allerdings wohl während der Taufzeremonie, wie CAPELLE 1934, 215f., aus einem Brief Alkuins an Beatus von Liébana von ca. 796 erschließt (Madrid, Archivo Histórico Nacional, Ms. B. 1007, fol. 101ʳ-102ʳ: „*in simbolo catholice pacis cantare solemus*"); cf. weiterhin adv. Felic., ep. ad Fel. 3 (PL 101, 121B); I 9; I 16; I 17 (PL 101, 134D; 141C; 143A); adv. Elip. III 6 (PL 101, 274C); ad Fred. XXV (PL 101, 62C).

[179] Zum liturgischen Charakter des NC cf. H.J. SCHULZ 1996, 128f.305-312; BIENERT 1997a, 191: „Das Dogma erhält auf diese Weise die Gestalt einer feierlichen Doxologie

Paulinus stellte sich vor der Synode selbst die Aufgabe, „den Text des Symbols selbst, der von den Vätern in heilvoller Weise erstellt wurde, als Leitlinie richtungsweisend ohne Umschweife und recht maßvoll als Fundament des geistlichen Gebäudes nach innen und nach außen zu rechtfertigen, gleichwie gemäß jener Norm der Rechtheit als Schmiede unseres ganzen Werkes" (180,39-42). Dabei zeigte er - gerade im Vergleich mit dem *Capitulare adversus synodum* - große Sensibilität gegenüber dem Problem der ursprünglichen Textgestalt des Symbols: Als die 318 Väter den Glauben *„in sanctum Spiritum"* aussprachen, sei bereits impliziert gewesen, was die 150 Väter später ergänzten: *„dominum et vivificatorem, ex patre procedentem, cum patre et filio adorandum et glorificandum"* (182,10.16f.). Der dritte Schritt sei daher nur logisch gewesen:

> „Aber danach ist, aufgrund derjeniger Irrlehrer, die einflüstern, daß der Heilige Geist allein [der Geist] des Vaters sei und allein aus dem Vater hervorgehe, angefügt worden: 'der aus dem Vater *und dem Sohn* hervorgeht'. Und dennoch sind diese heiligen Väter nicht anzuklagen, als ob sie irgendwie den Glauben der 318 Väter erweitert oder vermindert hätten, weil sie nichts anderes als deren Sinn nachvollzogen und sich bemühten, ihr Verständnis mit heilsamen Wendungen zu ergänzen."[180]

Damit ergibt sich eine dreistufige Entfaltung des Glaubensinhaltes, die zugleich in sich konsistent und wesenhaft unabgeschlossen ist und die der *Textgeschichte* des NC im Westen - als fortschreitender begrifflicher Präzisierung des Symbols - eine *theologische* Begründung zuschreibt. Die Häretiker, gegen die Paulinus zufolge das Filioque Bestandteil des Credo wurde, haben offensichtlich den Ausgang des Geistes alleine auf den Vater zurückführen wollen, dürften also mit den gotischen Homöern zu identifizieren sein, zu denen auch die Langobarden zählten, unter denen der Bischof von Aquileia im 6. Jahrhundert zum Patriarchen avancierte.[181] Insofern in NC selbst das Verhältnis zwischen Geist und Sohn nur als „Homotimie" ausge-

---

für den gottesdienstlichen Gebrauch, ohne dabei seine Verbindlichkeit für den christlichen Glauben zu verlieren." Unzulässig ist freilich der Schluß *e silentio*, dies sei schon seit 381 kirchlicher Brauch gewesen (so STAATS 1996, 180-189).

[180] „*Sed... propter eos videlicet hereticos, qui susurrant sanctum Spiritum solius esse patris et a solo procedere patre, additum est: 'Qui ex patre filioque procedit'. Et tamen non sunt hi sancti patres culpandi, quasi addidissent aliquid vel minuissent de fide trecentorum decem et octo patrum, quia non contra eorum sensum diversa senserunt, sed inmaculatam eorum intellectum sanis moribus supplere studuerunt*" (182,18-23).

[181] STAATS 1996, 199, entdeckt hier eine *antibyzantinische* Spitze gegen die „monistische" Sichtweise des Tarasius; zu dessen vermittelnder trinitarischer Position s.o. S. 109.

sagt wird, Paulinus aber das Filioque aus der Konsubstantialität des Geistes mit Vater und Sohn herleitet[182], bewegt er sich in der Tradition Augustins:

> „Oftmals ist nämlich von uns und unseren Vorgängern unbezweifelbar definiert worden, daß die Werke der heiligen Dreieinigkeit stets untrennbar voneinander sind (*inseparabilia semper esse opera sanctae trinitatis*). Deswegen glaubt man, daß der Heilige Geist aus dem Sohn hervorgeht, wenn man nicht zweifelt, daß er aus dem Vater hervorgeht" (182,36-39).

Wenn die Werke der Dreifaltigkeit nicht voneinander zu trennen sind, muß der Geist nicht nur vom Vater, sondern auch vom Sohn ausgehen, da nur mit diesem hermeneutischen Schlüssel eine kohärente Schriftauslegung zu erreichen ist: Der Geist, der „*a Patre procedit*" (Joh 15,26), ist der Geist der Wahrheit - Christus selbst aber ist „der Weg, die Wahrheit und das Leben" (Joh 14,6)! Daher gilt für die Taufformeln in Apg 2,37f. und Mt 28,19:

> „Demnach sagt also der Herr richtigerweise durch die hohe und unaussprechliche Weisheit Gottes - um persönlich das Geheimnis der Trinität aufzuzeigen -: '[Tauft sie] auf den Namen des Vaters und des Sohnes und des Heiligen Geistes'; und um auf die wesenshaft untrennbare Einheit der unteilbaren Gottheit hinzuweisen, schickt er voraus: 'auf den Namen'. Er sagt nämlich nicht: 'auf die Namen', also auf mehrere, sondern 'auf den Namen', weil Gott drei und einer ist (*quia trinus et unus est Deus*). Denn er unterscheidet nicht die Natur, sondern die Personen. Wie glücklich lehrten aber die Apostel, mit dem Namen Jesu, d.h. des Erlösers, die ganze heilige und unaussprechliche Trinität zu verstehen! Wie katholisch lehrten auch die heiligen Väter im Rahmen dieses fest gegründeten Glaubens, daß der Heilige Geist aus dem Vater hervorgeht! Wie sehr sind aber jene zu preisen, die ihn als aus dem Vater und dem Sohn hervorgehend bekannten (*qui eum ex patre filioque procedere confitentur*)" (184,9-17).

Dabei ist freilich unübersehbar, daß hier das Filioque keinesfalls erklärt, sondern nur postuliert wird. Unbenannt bleibt die Verbindung von gemeinsamer Wirksamkeit *ad extra* und relationaler Differenzierung *ad intra*, die das Filioque vom Postulat zum notwendigen theologischen Interpretament werden läßt. Paulinus reproduziert somit zwar die Grundzüge der lateinischen Trinitätslehre des Frühmittelalters („*modo propter personarum discretionem distincte loquitur, modo vero indiscrete propter consubstantialem individuae deitatis unitatem*": 184,20f.), bleibt einen schlüssigen Beweis für die Adäquanz des Filioque jedoch schuldig.

Allerdings ging es Paulinus in Cividale primär um eine *antihäretische* Argumentation[183], deren Akzent auf der Hinführung zum NC liegt: Jeder

---

[182] Cf. 182,28-31: „*Si ergo... inseparabiliter et substantialiter est pater in filio et filius in patre* [cf. Joh 14,9f.]*, quo pacto credi potest, ut consubstantialis patri filioque Spiritus sanctus non a patre filioque essentialiter et inseparabiliter semper procedat?*"

[183] Häretiker seien generell diejenigen, „*qui de personarum discretione dubitant, qui ipsum putant esse patrem ipsumque filium, qui inferiorem filium et posteriorem mentiuntur esse patre, qui tria principia confitentur*" (186,36-38).

Christ bekennt „*unum principium, patrem et filium et Spiritum sanctum*" (186,39f.). Vaterschaft und Sohnschaft sind dabei keine geschichtlich kontingenten Prädikationen, sondern die ewigen Bezeichnungen der göttlichen Personen. Widersprochen wird daher denen, „die Christus, den Sohn Gottes, in zwei Söhne zu zerteilen scheinen, indem sie ihn als 'natürlichen' und 'adoptierten' [Sohn] anzusprechen wagen" (187,2f.). Dagegen sollen alle Gläubigen das grundlegende christliche Bekenntnis „auf den fleischlichen Tafeln des Herzens im Gedächtnis bewahren" (187,9f.), d.h. den im folgenden zitierten (neu redigierten) Text des NC (187,11-23).[184] Zwei Veränderungen im zweiten Artikel markieren den Antiadoptianismus: Paulinus übersetzt ἐνανθρωπήσαντα nicht mit *humanatum*, sondern mit *homo factus est*: „*Verbum caro factum est, hoc est Deus homo factus est.*"[185] Zudem wird die doppelte Verwendung von γεννηθέντα in NC, die sonst zweimal mit *natum* wiedergegeben wird, in *natum - genitum* differenziert, um das Christusprädikat *unigenitus* (μονογενής) zu verstärken.[186] Die substantielle Einheit von Vater und Sohn wird mit der Formel „*ex substantia patris*" aus N betont, die schon für Augustin die kategoriale Differenz zwischen dem Sohn Gottes und den Menschen begründete, an deren Sterblichkeit er gleichwohl partizipiert, um sie „*per adoptionem*" seiner Göttlichkeit teilhaftig werden zu lassen.[187] Möglicherweise ließ sich Alkuin in dieser Hinsicht von Paulinus inspirieren, insofern die wesensmäßige Zeugung erst in seiner

---

[184] Dieser Text wurde zum „Normtext" der karolingischen Reform (cf. CAPELLE 1929, 13-15). Seine rasch anwachsende Dignität beweist ein Kommentar zu NC aus dem späten 8. oder frühen 9. Jh., der sich exakt auf diese Textfassung bezieht (CPL³ 1752a) und den PARMENTIER 1996, 162, als „a homiletic explanation of C as it was used at baptism" anzusehen vorschlägt.

[185] C. Felic. II 8 (CChr.CM 95, 57,24 NORBERG); cf. auch I 14 (19,1f.); I 16 (22,22f.); II 1 (49,38f.); III 27 (116,24f.). Alkuin nimmt im NC-Text des irischen *Stowe Missal* (adv. Felicem I 9; PL 101, 134D-135A; cf. CAPELLE 1934, 219; 1951, 1011-1015; HEIL 1965, 135; BULLOUGH 1991, 167f.) ebenfalls antiadoptianistische Modifikationen vor, bietet aber als Wiedergabe von ἐνανθρωπήσαντα *homo natus est*.

[186] Auch nach dem Athanasianum ist der Sohn „*nec factus nec creatus, sed genitus*" (DH 75,22; cf. CAPELLE 1951, 1020, sowie c. Felic. II 17 [I 43]; CChr.CM 95, 66,6-9 NORBERG): „*Porro secundum diuinam ineffabilis gloriae maiestatem, inseparabilis cum Patre sanctoque cum Spiritu essentia, sed discretus persona, semper unigenitus et uerus Dei Filius, cessante prorsus omnino adoptiui uocabulo nominis.*"

[187] „*Nam pater verus Deus, vere et propriae pater est, qui genuit ex se, id est ex sua substantia, intemporaliter et sine initio verum filium, coaeternum, consubstantialem et coaequalem sibi. Et filius verus Deus, vere et propriae est filius, qui ante saecula genitus est de patre, intemporaliter et absque ullo initio, lumen de lumine, Deus verus de Deo vero*" (187,31-35); cf. Augustin, cons. euang. II 3,6 (CSEL 43, 86,16-23 WEIHRICH); c. Faust. III 3 (PL 42, 215f.); s.o. S. 67-69.

letzten antiadoptianistischen Streitschrift begegnet.[188] In jedem Fall operationalisierten die karolingischen Theologen die Tradition des augustinischen Neunizänismus und wendeten sie am Leitfaden des Filioque gegen den Adoptianismus: Wenn Christus aus Gott gezeugt ist und der Geist qua Gottheit auch von ihm ausgeht, dann kann es „nestorianisch" klingen, ihn der Menschheit nach als Erstling der Adoptivkinder Gottes anzusehen. Indem die *geschichtliche* Vater-Sohn-Relation in der *ewigen* trinitarischen Konsubstantialität verankert wird, ergibt sich erst der rechte Blick auf die Menschwerdung, wobei diese keinen Appendix der spekulativen Trinitätslehre, sondern das Ziel der Argumentation darstellt, ist es doch das Christuszeugnis der Heiligen Schrift, an dessen *soteriologischer* Deutung der Streit mit den Adoptianisten entbrennt und zu dessen präziser theologischer Verortung die trinitarische Reflexion dient:

> „Von dieser unaussprechlichen Trinität ist allein die Person des Wortes Gottes, d.h. der Sohn, in der Endzeit um uns und unseres Heiles willen entsprechend dem geheimnisvoll feststehenden Willen [Gottes] zur Rettung aus dem Himmel herabgestiegen, von wo er sich jedoch niemals entfernte."[189]

Die Trinitätslehre stellt also den Rahmen bereit, innerhalb dessen die Leidensgeschichte Jesu begriffen werden kann - wobei das Zeugnis des Apostels Paulus in einzigartiger Weise von der *„venerandi Nicaeni concilii inviolabilis symboli notissima omnium catholicorum regula"*[190] bestätigt wird. Diese Trinitätslehre muß entsprechend den Heiligen Geist einbeziehen:

---

[188] Alkuin, adv. Felic. I 13 (PL 101, 138C; 139A); III 7 (167A); VI 6 (206D) nach Ps.-Augustin, c. Felician. 7f. (PL 62, 338A; 338CD; 339B); Vigilius von Thapsus, c. Arrian. III 6 (PL 62, 202A).- Die Zeugung aus dem Wesen begegnet auch bei Beatus und Heterius (adv. Elip. II 2.4; CChr.CM 59, 105,53f.; 106,100-104 LÖFSTEDT) und in zeitgenössischen Bekenntnistexten: Fides s. Lulli archiepiscopi (MGH.Conc. II/Suppl. II, 24,12 WILLJUNG); Heito von Basel, expositio fidei (aaO., 393,15); Conc. Arelat. a. 813, cap. I (MGH.Conc. II/1, 250,1 WERMINGHOFF); Conc. Wormat. a. 868, prof. fidei (MGH.Conc. IV, 262,20 HARTMANN); cf. auch die anonyme *Catholica fides* (CPL³ 1752a = PARMENTIER 1996, 151).

[189] *„De hac autem ineffabili trinitate sola verbi Dei persona, id est filius, in ultimis diebus propter nos et propter nostram salutem secundum propositum secrete dispensationis arbitrium descendit de caelis, unde numquam recesserat"* (188,19-21).

[190] C. Felic. I 17 (CChr.CM 95, 23,39-41); cf. I 13 (aaO., 18,8-18): *„Nam quemadmodum in mysterio Trinitatis trium personarum discretio et unus eiusdemque essentialis gloriae inseparabili maiestate, non tres Dii, sed unus creditur Deus, ita e diuerso in dispensatione pii et magni sacramenti mediatoris Dei et hominum, hominis Christi Iesu, duarum veraciter distinctio naturarum, et unius personae professio ueritatis, non duos filios, uel duos Deos, aut duos Christos, sed unum eundemque Christum Jesum ex utraque et in utraque natura, unum et unigenitum Dei filium, uerum et omnipotentem Deum, apostolicae fidei regula et corde credi sinceriter instigat ad iustitiam, et ore profiteri salubriter incitat in salutem."*

"Der Heilige Geist ist nämlich als wahrer Gott wahrhaftig und im eigentlichen Sinne Heiliger Geist: Er ist nicht gezeugt noch geschaffen, sondern zeitlos und untrennbar aus dem Vater und dem Sohn hervorgehend. Er ist immer, war immer und wird immer wesensgleich, gleichewig und gleichartig mit dem Vater und dem Sohn sein."[191]

Warum der Geist auch *aus dem Sohn* hervorgeht, kann Paulinus allerdings auch jetzt nicht mit zureichender Begrifflichkeit fassen, trotz des deutlichen Bestrebens, die Personalität des Geistes damit zu begründen, daß er *aus beiden* hervorgeht.[192] Dem antiadoptianistischen Zug des Filioque wird letztlich keine positive Aussage gegenübergestellt. Dennoch muß Paulinus' Interpretation der Trinitätslehre in den innerlateinischen Auseinandersetzungen der 790'er Jahre als entscheidender Beitrag zur Klärung der karolingischen Theologie angesehen werden.[193]

2.2.3. Alkuin als Systematiker der karolingischen Trinitätstheologie

Der einflußreichste Streiter wider den Adoptianismus war zweifelsohne der *spiritus rector* der „karolingischen Renaissance" - der Angelsachse Alkuin

---

[191] „*Spiritus namque sanctus verus Deus, vere et proprie Spiritus sanctus est, non genitus, nec creatus, sed ex patre filioque intemporaliter et inseparabiliter procedens. Consubstantialis, coaeternus et aequalis patri filioque semper est, erat et erit*" (187,39-41; Übers. DH 617).

[192] Cf. 188,8-10: „*Spiritus quoque sanctus proprie spiritus est et non est personaliter pater vel filius, sed ex utroque procidit; et tamen non sunt tres dii, sed unus est Deus*" (cf. die Fides Athanasii; DH 75,16).

[193] Das ist der einseitigen Sichtweise bei STAATS 1996, 199 (mit 342 Anm. 67) entgegenzuhalten, wonach ein antiadoptianistisches Filioque „eine theologische Abwegigkeit" sei (zumal andernorts [aaO., 232] „eine adoptianische Christologie, wonach Christus der einzigartige Erwählte Gottes ist, [als] der nizänischen, so ganz ontologisch begriffenen Christologie fremd" eingestuft wird). Ganz unhaltbar ist die ältere Ansicht von W. MAURER 1939, 38f., Paulinus habe die „griechische [sic!] Trinitätslehre als Ketzerei" angesehen und mit der Einfügung des Filioque ins Meßbekenntnis die „feierliche sakramentale Verwerfung des dogmatischen Gegners" vollzogen. Eine differenziertere Analyse bieten PELIKAN 1974, 185f.; BLUM 1984, 287.- Die *Dicta Leonis episcopi*, eine antiadoptianistische Revision des *Tomus ad Flavianum* Leos I. (449), demonstrieren diesen Konnex, indem das Bekenntnis zum Geist „*ex patre filioque procedentem*" kombiniert wird mit dem zu Christus, „*[qui] non est adoptiuus, sed proprius dei filius unigenitus*" (n. 14.28 = PARMENTIER 1997, 38,3f.; 39,23f.). Bei aller Unklarheit über Ort, Zeit und Autor der *Dicta* (aaO., 47f.) ist doch deutlich, daß die Stichworte „*filioque*" und „*non adoptiuus*" gemeinsam als Widerlegung der „spanischen Häresie" fungieren, wie auch eine Passage bei Beatus und Heterius zeigt (adv. Elip. I 10; CChr.CM 59, 7,264-266 LÖFSTEDT): „*Et quia Spiritus sanctus de Patre Filioque procedet, ipsum Spiritum sanctum insufflans apostolis* [cf. Joh 20,22], *ut manifestius hostenderetur* [sic!], *quod ipse esset Filius Dei, a quo procedet Spiritus sanctus.*"

von York, seit 796 Abt von St. Martin in Tours.[194] Mit der Ausgestaltung der karolingischen Filioque-Theologie ist sein Name vor allem durch sein Werk *De fide sanctae et individuae Trinitatis* verbunden, in dem ein Jahrzehnt theologischer Reflexion in kompendienhafte Form gegossen wird. Das Werk wurde für die Aachener Synode von 802 abgefaßt und richtete sich an den Kaiser in seiner Rolle als *„dux, et doctor, et decus imperii"*.[195] Die Schrift ist in der Forschung nur selten beachtet worden, obwohl sie eine Sonderstellung in der oft als epigonenhaft abgestempelten Theologiegeschichte des Frühmittelalters einnimmt.[196] Immerhin stellt sie den Niederschlag der Selektionsprozesse dar, die auf neu auftauchenden Konfliktfeldern zu einer durchaus eigenständigen Urteilsbildung geführt haben.[197] Daher kann ein Vergleich etwa mit Augustins Trinitätswerk Alkuin kaum gerecht werden, vielmehr ist in synchroner Blickrichtung nach der abschließenden Formulierung der karolingischen Filioque-Lehre zu fragen.[198]

Methodisch setzt Alkuin seiner Darlegung der katholischen Lehre einen klaren hermeneutischen Rahmen: Der Glaubensinhalt ist vermittels der Dialektik und der *„subtilitas categoriarum"* zu rekonstruieren - so habe es bereits Augustin praktiziert, an den der Autor sich zu halten beabsich-

---

[194] WALLACE-HADRILL 1983, 207: „Alcuin was the schoolmaster of the central period of the Renaissance." Zu Alkuins Lebensdaten cf. W. HEIL, in: TRE 2 (1978), 266-276; W. HARTMANN, in: RGG⁴ 1 (1998), 301f.; cf. auch HEIL 1965; BULLOUGH 1991.

[195] Fid. trin., epistola nuncupatoria (PL 101, 14A = ep. 257, MGH.Epp. IV, 415,38 DÜMMLER; danach die Angaben im Text); zum Konzil cf. HARTMANN 1989, 124-126.

[196] In jüngerer Zeit haben sich die Urteile gewandelt; cf. BULLOUGH 1991, 203: „The *De fide* is the most substantial and effective work of its kind for many centuries!" BRUNHÖLZL 1975, 279f., spricht von der „Dogmatik der Karolingerzeit schlechthin"; es sei „ein Versuch der *Systematisierung* der Glaubenslehre in einer Zeit, deren wissenschaftliche Leistung vorwiegend im Sammeln bestand; erst die Scholastik ist hierin weitergegangen". WALLACE-HADRILL 1983, 211, wendet den programmatischen Traditionalismus ins Positive: Alkuin sei „a clear and persistent exponent of accepted dogma." Die letzte Spezialuntersuchung zur alkuinischen Trinitätslehre stammt allerdings von W. SCHULZ 1913 (bes. 20-35)!

[197] HEIL 1965, 140: „Alkuins eigenste Fähigkeit... war es, im Übernehmen doch nicht der Sklave des Übernommenen zu werden, sondern dabei die Dinge zu verwandeln und mit seinem Geiste zu prägen, der stark genug war, auch im gemeinsamen Handeln neben Karl zu bestehen."

[198] Die folgenden Hinweise auf Alkuins Benutzung der patristischen Literatur verdanken sich weitgehend der präzisen Aufstellung bei CAVADINI 1991, 142-146, der - als Vorarbeit zu der dringend benötigten kritischen Edition (cf. aaO., 125 Anm. 7) - gezeigt hat, wie Alkuin seinen Text als „Patchwork" (aaO., 123) gestaltet, das als solches wiederum eine eigenständige Handschrift trägt (aaO., 132). Zu den Einflüssen speziell des Marius Victorinus auf Alkuins *De fide* cf. HADOT 1954, bes. 5-13.- Nicht heranzuziehen ist die unter Alkuins *opuscula* edierte Testimoniensammlung, die im Umfeld des Aachener Konzils von 809 wohl von Arn von Salzburg zusammengestellt wurde (s.u. S. 147f.).

tigt.[199] In dem von der Trinität über die Christologie zur Heilsökonomie voranschreitenden Werk ist das trinitarische Dogma durchgehend Grund und Grenze aller theologischen Aussagen[200]; als Leitmotiv fungiert die Einheit Gottes in seiner dreifaltigen Manifestation. Insofern nimmt das augustinische Prinzip „*opera Trinitatis ad extra sunt inseparabilia*" eine zentrale Stellung ein - Alkuin findet dafür den Neologismus „*unipotens*" (II 18; 35C).[201] Ebenso wird die Unteilbarkeit *ad intra* verteidigt, worin die „einheitschristologische" Widerlegung des Adoptianismus nachwirkt. Hermeneutisch zentral ist cap. I 15 (22C-24B), in dem die zehn Kategorien (*praedicamenta*) des Aristoteles in ihrer Anwendbarkeit auf die Trinität dargelegt werden:

- *Proprie* werden *substantia, quantitas, qualitas* und *facere* ausgesagt;
- *relative* wird die Kategorie der *relatio* angewandt (*ad aliquid*);
- als *translative* werden *situs, habitus, loca, tempora* und *pati* behandelt.

Insofern von Gott nicht als einer Substanz gehandelt werden darf, der veränderliche Akzidentien zukommen[202], können die letzten fünf Kategorien von Gott nur uneigentlich ausgesagt werden. Entscheidend ist aber die Differenz von „proprietären" und „relationalen" Aussagen über Gott. Gegenüber der fast schon redundanten Betonung, daß die Trinität *substantialiter* ein einziger, wesenseiner Gott ist[203], erscheint es relativ unproblematisch, zwischen Vater und Sohn relational so zu unterscheiden, daß die Wesens-

---

[199] Cf. dazu HEIL 1965, 148: „Wir stehen hier... am Ende der alten Entwicklung im Denken ums Symbol, eine neue gelehrte Methode hat begonnen."

[200] Buch I thematisiert die Trinität in ihrer inneren Struktur, Buch II in ihrer Weltbeziehung (Christologie), Buch III das Heilswerk Gottes bis zur Eschatologie (zu Gliederungsvarianten cf. H.B. MEYER 1959, 406).

[201] Das Axiom begegnet z.B. in fid. trin. I 12 (20C); I 15 (23A); II 13 (31D); II 18 (35B); III 4 (40D); III 10 (44C); III 18 (49C); invocatio ad ss. Trinitatem (54D-56D); conf. fidei (58A); cf. SCHMAUS 1956, 50.

[202] Fid. trin. I 15 (24A): „*Deo autem ejusmodi aliquid accidere non potest, et ideo sola est incommutabilis substantia et essentia, quae Deus est.*" Cf. auch die konzise Definition in I 9 (19B): „*In Deo autem nihil quidem secundum accidens dicitur, quia nihil in eo mutabile est*"; dazu Augustin, trin. V 2,3 (CChr.SL 50, 208,7-12 MOUNTAIN/GLORIE); V 8,9 (215,23-216,24); V 10,11 (218,13-27); W. SCHULZ 1913, 28-33.

[203] Bemerkenswert ist dabei die Heranziehung einer Unterscheidung aus den trinitarischen Streitigkeiten nach 350 (fid. trin. II 3; 25B), wobei Alkuin des Griechischen nicht mächtig war: „*In Patre vero et Filio et Spiritu sancto, non est similis substantia substantiae, sed una aequalis per omnia, et ideo ὁμοούσιος, id est unius substantiae, non ὁμοιούσιον, id est, similis substantiae, sicut haeretici voluerunt*"; cf. W. SCHULZ 1913, 23f.

einheit gewahrt bleibt.²⁰⁴ Schwieriger zu erklären ist dagegen die Relation des Geistes zu den Vorgenannten:

> „Aber die Beziehung des Heiligen Geistes kann nicht in gleicher Weise durch Umkehrung eindeutig definiert werden, wie [die von] Vater und Sohn. Denn den Vater des Sohnes nennt man 'Vater', und den Sohn des Vaters nennt man 'Sohn'. Der Heilige Geist wird jedoch im Blick auf den Vater wie auf den Sohn gleichermaßen bezeichnet, weil er der Geist des Vaters und des Sohnes ist."²⁰⁵

Obwohl der Geist nicht in einer reziproken Relation steht, ist auf ihn die Kategorie der Relation anzuwenden: „Auf diese Namen findet die Regel der wechselseitigen Beziehung (*vicissim relationis regula*) Anwendung, indem wir sagen: 'der Geber der Gabe' und 'die Gabe des Gebers' (*donator doni et donum donatoris*), so daß diese Wörter ein Anwendungsfall der Kategorie '*ad aliquid*' sind" (I 4; 16D).²⁰⁶ Der Geist als *Gabe* bewirkt also die Gemeinschaft von Vater und Sohn und ist insofern auf seinen *doppelten* Geber in dessen Einheit bezogen. Zugleich ist der Geist *charitas*; diese Liebe beruht auf der Reziprozität von Liebendem und Geliebtem und garantiert so die Einheit der göttlichen Dreiheit.²⁰⁷ Denn anders als bei der Benennung als *donum* ist hier die Zusammengehörigkeit von Vater und Sohn eindeutig impliziert, und damit der Ausgang des Geistes von Vater *und* Sohn:

> „Also gehört diese Gabe Gottes, d.h. der Heilige Geist, der aus Vater und Sohn gleichermaßen hervorgeht, auf unaussprechliche Weise Vater und Sohn gemeinsam (*ineffabilis quaedam Patris Filiique communis est*). Deshalb wird seine Eigentümlichkeit damit angegeben, was von jenen gemeinsam zu sagen ist (*hoc ipse proprie dicitur, quod illi communiter dicuntur*): daß der Vater Geist und ebenso der Sohn Geist ist; und ebenso sagt man zurecht, daß der Vater heilig und der Sohn heilig ist. Also wird mit verbindenden Namen, die jeder Person einzeln zukommen, die Gemeinschaft von beiden auf eigentümliche Weise bezeichnet (*utriusque communio proprie significetur*) und Heiliger Geist genannt, welcher die dritte Person der heiligen Trinität ist, Vater und Sohn in al-

---

²⁰⁴ Fid. trin. I 3 (PL 101, 16A): „*Sciendum est quod quaedam de Deo substantialiter dicuntur, ut est, Deus magnus, omnipotens, [et] quidquid 'ad se' dicitur, id est, substantiam divinitatis significans. Quaedam itaque relative dicuntur, ut Pater ad Filium, et Filius ad Patrem, et Spiritus sanctus relative ad Patrem et Filium*"; cf. Augustin, in psalm. LXVIII 1,5 (CChr.SL 39, 905,10-906,43 DEKKERS/FRAIPONT).

²⁰⁵ Fid. trin. I 4 (PL 101, 16C): „*Sed ipsa relatio Spiritus sancti non ita reciproca ratione converti poterit, sicut Pater et Filius. Nam Pater Filii pater dicitur, et Filius Patris filius dicitur. Spiritus vero sanctus uniformiter dicitur ad Patrem et Filium, quia Patris et Filii Spiritus est.*"

²⁰⁶ Cf. Augustin, trin. V 11,12 (CChr.SL 50, 219,19-28); V 15,16 (aaO., 224,11-16).

²⁰⁷ Fid. trin. II 20 (36D): „*Et haec est summa charitas, qua genitus a gignente diligatur, genitoremque suum diligat, et ideo non amplius quam tria sunt: unus diligens eum, qui de illo est; et unus diligens eum, a quo est; et ipsa dilectio, de qua dicitur, quia 'Deus charitas est'. Et haec summa et ineffabilis Trinitas non unius Dei dici debet, sed unus Deus.*"

lem gleich, gleichewig und wesensgleich. Und diese Dreiheit ist ein Gott (*et haec trinitas unus est Deus*)" (I 5; 16D-17A).²⁰⁸

Allein die Ursprungsrelationen sorgen innerhalb der göttlichen Substanz für Differenzierung: Der Vater ist *„ingenitus"* als derjenige, *„qui ab alio non est"*, der Sohn hingegen ist *„ex Patre consubstantialiter et coessentialiter genitus"*, also *„ab alio"*. Für die dritte Person gilt: *„Spiritus sanctus itaque hoc habet proprium, quod ex Patre et Filio aequaliter procedit; et est amborum Spiritus, ejusdem substantiae et aeternitatis cum Patre et Filio"* (I 11; 20A). Unter Voraussetzung der wesenhaften *aequalitas* (*consubstantialitas, coessentialitas*) konstituieren diese Relationen die irreduziblen Individualitäten der Personen, so daß für den Geist gilt:

> „Den Heiligen Geist nennt man also weder ungezeugt noch irgendwie gezeugt, weil man, wenn er 'ungezeugt' hieße wie der Vater, zwei Väter in der heiligen Trinität annähme; wenn er hingegen 'gezeugt' hieße wie der Sohn, käme man auf den Gedanken, es gäbe zwei Söhne in der heiligen Trinität; daher ist um des Glaubens willen lediglich zu sagen, daß er aus Vater und Sohn hervorgeht."²⁰⁹

Damit ist auch das Prinzip der Einheit genannt, das die verschiedenen biblischen Namen für den Geist zu einem einheitlichen Konzept zusammenschweißt: Der „Geist Gottes, Geist Christi, Geist des Vaters, Geist-Paraklet oder Geist der Wahrheit bzw. Geist des Lebens" ist stets derselbe, der aus Vater und Sohn jeweils vollkommen hervorgeht und zugleich vollkommen in ihnen bleibt und mit ihnen verehrt wird.²¹⁰ Wird nun diese Zuweisung von Proprietäten von der gemeinsamen *aeternitas* umschlossen, die den entscheidenden Unterschied zur geschöpflichen Welt darstellt²¹¹, dann läßt sich - unter der Prämisse, daß die geschichtlichen Werke der Trinität tatsächlich *inseparabilia* sind - die heilsökonomische Gabe des Geistes wie folgt bestimmen: *„qui etiam a Patre et Filio aequaliter datur, imo a seipso da-*

---

[208] Das grammatikalisch ungewöhnliche *„est"* findet sich schon bei Augustin (Belege bei PARMENTIER 1991, 361 Anm. 45; ebenso in dem dort kommentierten anonymen Credo CPL³ 1752 = HAHN § 238).

[209] Fid. trin. I 14 (22B) *„Spiritus siquidem sanctus nec ingenitus, nec genitus alicubi dicitur: ne si ingenitus diceretur sicut Pater, duo Patres in sancta Trinitate intelligerentur; aut si genitur diceretur sicut Filius, duo itidem Filii in eadem aestimantur esse sancta Trinitate; sed tantummodo procedere de Patre et Filio, salva fide dicendus est"*; cf. Conc. Tolet. XI a. 675, prof. fidei (DH 527).

[210] Fid. trin. II 19 (35D-36A): *„[Spiritus itaque sanctus] qui a Patre et Filio aequaliter procedit, et cum Patre et Filio aequaliter adoratur, quia aequaliter est Deus, totus Patris et totus Filii Spiritus; quia unus naturaliter Spiritus est, et Patris, et Filii; proinde totus de Patre procedit, et totus de Filio; totus in Patre manet, et totus in Filio, quia sic manet ut procedat, sic procedit ut maneat"*; cf. Fulgentius, ep. XIV 28 (CChr.SL 91, 420,1167-1174).

[211] Fid. trin. II 9 (28C); cf. Fulgentius, fid. I 6 (CChr.SL 91A, 716,144-149 FRAIPONT).

tur" (II 19; 36A) - ein logisch konsistenter, sachlich freilich hochproblematischer Analogieschluß!

Das Bindeglied zwischen trinitarischer und christologischer Reflexion - im Kampf gegen den Adoptianismus der entscheidende Punkt für die allgemeine christliche Katechese - wird durch ein Theologumenon konstituiert, das in der lateinischen Tradition vor allem bei Fulgentius eine große Rolle gespielt hat[212]: War sich die Seele Christi ihrer Göttlichkeit voll bewußt? Wenn *via negationis* die wahre Menschheit (über)akzentuiert werden sollte, dann schiene der Schritt zur bekämpften Trennungschristologie nicht mehr weit.[213] Daher sei festzuhalten:

> „Den Menschen gibt Gott den Geist in Maßen; alleine dem Sohn gibt er ihn nicht in Maßen, weil in ihm die ganze Fülle der Gottheit wohnt... In Maßen gibt er [ihn] vielen Söhnen; aber er selbst empfing ihn nicht in Maßen, weil er der einzigartige Sohn ist, insofern er ebenso wesenhaft wahrer Mensch wie wesenhaft wahrer Gott ist. In Christus bekennen wir aber gemäß der Wahrheit des katholischen Glaubens in der Einheit der Person zugleich die Gottheit und die vernunftbegabte Seele und das Fleisch. Darin [sc. in der Einheit der Person] konnte jedoch die Gottheit nicht den Geist empfangen, weil gemäß der Gottheit Vater, Sohn und Heiliger Geist ein Gott sind. Also konnte die Gottheit des Sohnes nicht den Heiligen Geist empfangen, insofern derselbe Heilige Geist so aus dem Sohn hervorgeht, wie er auch aus dem Vater hervorgeht, und vom Sohn ebenso wie vom Vater gegeben wird."[214]

Das Filioque ist somit der Schlüssel zur Einbindung der Inkarnation in die Trinitätslehre. Durch diese Verortung ergibt sich eine tragfähige Basis für die Auseinandersetzung mit dem „nestorianisierenden" Denken des Adoptianismus. Im Gegenzug erweist sich die Göttlichkeit des Geistes, der als Gott aus Gott selbst hervorgeht, als ewige Gabe des ewigen Gottes:

---

212 Fulgentius, ep. XIV 28 (CChr.SL 91, 419,1129-420,1180); ähnlich c. Fab. VII frg. 25,4 (CChr.SL 91A, 802,46-803,55).

213 Allerdings dient genau dieses Argument bei Elipandus zur Begründung der Unterscheidung zwischen Christus und den Heiligen, denen Gott den Geist nicht vollkommen, sondern nur *ad mensuram* gibt (ep. ad episcopos Franciae; MGH Conc. II/1, 113,35f. WERMINGHOFF); cf. dazu S. 92f. mit Anm. 76.

214 Fid. trin. II 11 (30CD): *„Hominibus [Deus Spiritum] ad mensuram dat; unico Filio ad mensuram non dedit, quia omnis plenitudo divinitatis in eo habitat... Ad mensuram quippe dat multis filiis; sed non ad mensuram accepit, qui unicus est Filius, quia sic est naturaliter homo verus, ut idem sit naturaliter etiam Deus verus. In Christum autem secundum catholicae fidei veritatem, in unitate personae simul et deitatem fatemur, et animam rationalem et carnem. In quo tamen deitas Spiritum accipere non potuit, quia secundum deitatem Pater, et Filius, et Spiritus sanctus unus est Deus. Non ergo potuit Spiritum sanctum divinitas Filii accipere, cum ipse Spiritus sanctus sic procedat a Filio sicut procedit a Patre, et sic detur a Filio sicut datur a Patre."* Cf. dazu die Darlegungen bei Fulgentius, ep. XIV 27-29 (CChr.SL 91, 417,1075-422,1223 FRAIPONT).

„Diese Gabe Gottes, der Heilige Geist, ist dem Geber gleichewig und wesensgleich, so daß die Gabe 'gebbar' (*donabile*) werden konnte, obgleich es niemanden gibt, dem sie gegeben würde. Diese Gabe, d.h. der Heilige Geist, geht nicht in der Zeit, sondern in Ewigkeit hervor; aber weil sie so hervorging, daß sie 'gebbar' wurde, war sie schon Gabe, bevor es jemanden gab, dem sie gegeben würde. Man versteht nämlich etwas anderes unter 'Gabe' (*donum*) und unter 'Gegebenem' (*donatum*). Denn eine Gabe kann existieren, auch bevor sie gegeben wird; von etwas Gegebenem läßt sich dagegen nicht sprechen, ohne jemandem gegeben worden zu sein. Und deshalb war die Gabe Gottes von Ewigkeit her verborgen in Vater und Sohn und war erst zur angemessenen Zeit zur Erscheinung bestimmt, als die existierten, denen sie erscheinen sollte. Und diese Gabe, also der Heilige Geist, existierte in derselben Einheit des Wesens und Gleichheit mit Vater und Sohn. Er sei nämlich die Einheit von Beiden, die Heiligkeit, die Liebe; er sei die Einheit durch die Liebe oder die Liebe durch die Heiligkeit: In keinem Fall ist er in irgendetwas geringer als die, aus denen er hervorgeht" (II 20; 36CD).[215]

In der geradezu monotonen Engführung aller Glaubensfragen auf die *fides Trinitatis* liegt das Spezifikum der Theologie Alkuins.[216] Die Trinitätsschrift schließt mit einem ausführlichen Glaubensbekenntnis, in dem die Filioque-Problematik nochmals konzise formuliert wird:

- Der Glaube richtet sich grundsätzlich an die *sanctissima Trinitas*;
- geglaubt wird „*Patrem a seipso, non ab alio; Filium a Patre genitum, Deum verum de Deo vero, lumen verum de lumine vero: non tamen duo lumina, sed unum lumen. Spiritum sanctum a Patre et Filio aequalis procedentem; consubstantialem, coaeternum Patri et Filio. Pater plenus Deus in se, Filius plenus Deus a Patre genitus, Spiritus sanctus plenus Deus a Patre et Filio procedens*" (56D);
- der Geist fungiert als verbindendes Element der anderen Personen: „*in Patre aeternitas, in Filio aequalitas, in Spiritu sancto aeternitatis aequalitatisque connexio*" (57A);

---

[215] Analog dazu stellen die visuellen Manifestationen des Geistes bei der Taufe Christi und an Pfingsten (Mt 3,16; Apg 2,3) den Geist keineswegs als subordinierte Wirkkraft Gottes dar: „*Propter has igitur corporales formas, in quibus apparuit Spiritus sanctus, missus dicitur, non propter eas minor Patre dici potest, sicut Filius propter formam servi*" (III 8; 43A; cf. Augustin, trin. II 7,12 (CChr.SL 50, 96,66-73 MOUNTAIN/GLORIE). Auch hier reproduziert sich die Grundstruktur: „*Sicut enim a Patre Spiritus sanctus mittitur, ita et a Filio*" (III 5; 40D); cf. Augustin, trin. II 5,10 (CChr.SL 50, 93,118-120.125,131 MOUNTAIN/GLORIE). Cf. dazu auch W. SCHULZ 1913, 47-51.

[216] Dabei ist allerdings zu beachten, daß die dahinführende Entwicklung im lateinischen Westen (wie sie JUNGMANN 1947, 68-74 diagnostiziert hat) sich schon bei Gregor I. abzuzeichnen beginnt (in euang. II 24,4; CChr.SL 141, 200,86-89 ÉTAIX): „*Sed ille in hoc Spiritus operationem percipit, qui fidem Trinitatis agnoscit, ut et Patrem et Filium et eundem Spiritum sanctum unius virtutis credat, unius substantiae esse fateatur*" (cf. moral. XXXIII 10,18.20; CChr.SL 143B, 1689,16f.; 1690,47-50 ADRIAEN; in Ezech. II 4,11; CChr.SL 142, 266,329-267,339 ADRIAEN).

- das augustinische Bauprinzip der Trinitätslehre bleibt gewahrt: „Wie nämlich die heilige Trinität untrennbar ist im Wesen, so ist sie auch untrennbar in ihren Werken, auch wenn gewisse Werke Gottes bestimmten Personen in besonderer Weise zukommen (*sicut enim eadem sancta Trinitas inseparabilis est in substantia, ita inseparabilis est in operibus, quamvis quaedam opera Dei quibusdam personis specialiter conveniant*)... Dennoch hat zweifelsohne die ganze heilige Trinität [sc. bei der Taufe Christi] sowohl die Stimme als auch die Taube und die Menschheit Christi bewirkt, deren Werke untrennbar sind." (57C; 58A).[217]

In der Trinitätstheologie liegt für Alkuin also das Grundgerüst christlichen Glaubens und christlicher Theologie überhaupt - die *fides Trinitatis* ist es, die dem einfachen Prediger wie dem Kaiser selbst ans Herz gelegt wird. Im Anschluß an Augustin und mit den Mitteln der Dialektik wird hier die Summe eines zehnjährigen Ringens um die sachgerechte Ausdrucksform christlicher Theologie angesichts der adoptianistischen Herausforderung gezogen. Insofern die kommenden Generationen auch in konkreten Diskussionen über das Filioque nicht mehr hinter das hier Erreichte zurückgefallen sind, läßt sich zurecht - und mit positiver Akzentuierung! - vom „Anfang der mittelalterlichen Theologie"[218] sprechen.

2.3. Das Filioque als Streitgegenstand: Jerusalem - Aachen - Rom

Zum Bild der fränkischen „Normaltheologie" mit dem Filioque als spezifischem Eckstein gehört neben der Konfrontation mit der Bilderfrage und dem Adoptianismus schließlich die Verteidigung dieses Theologumenons gegenüber dem römischen Papsttum. Daß die Fronten nicht zwischen la-

---

[217] Unklar ist, ob das Bekenntnis ursprünglich an Fid. trin. angeschlossen war; daß Alkuin als Verfasser angesehen werden muß, hat CAPELLE 1954, 311-316, gezeigt und zugleich aufgewiesen, daß dieses Symbol in PL 129, 1260A-1262B als *Fides Leonis* firmiert (cf. unten S. 145f.; als „*opus Alcuini*" zitiert bei Aeneas von Paris, adv. Graec. 88 [PL 121, 720B]; dazu PARMENTIER 1991, 356 Anm. 20). Dies betrifft nicht den das Credo abschließenden Hymnus an die Trinität „mozarabischen oder irisch-keltischen Ursprung[s]" (H.B. MEYER 1959, 413).- Dasselbe Thema in komprimierter, didaktisch aufbereiteter Form bieten die *XXVIII quaestiones de Trinitate ad Fredegisum*; zum Verhältnis beider Schriften cf. CAVADINI 1991, 128f. Anm. 21. Die besondere Stellung des Heiligen Geistes innerhalb der Trinität ergibt sich hiernach daraus, daß ihm nicht - wie Vater und Sohn - eine *reziproke* Relation eignet: „*Recte dicere possumus Spiritum sanctum Patris et Filii Spiritus, sed converso ordine non possumus dicere Patrem Spiritus sancti, sicut dicimus Patrem Filii, ne duo Filii in sancta Trinitate aestimarentur. Item non possumus dicere Filium Spiritus sancti, sicut dicimus Filium Patris, ne duo Patres in sancta Trinitate intelligantur. Dicimus itaque Spiritum sanctum Patris et Filii, sine reciprocatione conversionis nominum relativorum*" (ad Fred. X; PL 101, 60AB).
[218] ANGENENDT 1997, 41.

teinischem und griechischem Sprachraum, sondern zunächst zwischen dem theologischen wie politischen Selbstbewußtsein Karls des Großen einerseits und der von ihm grundsätzlich anerkannten, faktisch aber eingeschränkten päpstlichen Autorität andererseits verliefen, zeigte sich bereits an den unterschiedlichen Konzilstheorien.[219] Im Streit zwischen den Franken und dem Papst um das Filioque stand in den Jahren 808-810 erstmals das NC selbst im Mittelpunkt des Interesses, konzentriert auf die Frage, in welchem Maße der *Wortlaut* dieses altkirchlichen Bekenntnisses verbindlich sei.[220]

2.3.1. Die *Epistola peregrinorum monachorum* und die Reaktion Leos III.

Der erste Ost-West-Konflikt um das Filioque im Glaubensbekenntnis entstand nicht in einem der Kraftzentren der christlichen Welt, sondern in Randlage des *orbis christianus* - in Jerusalem, also unter islamischer Herrschaft, wo auf dem Ölberg ein friedliches Miteinander christlicher Klöster mit Mönchen unterschiedlicher Muttersprache zu bestehen schien. Die Vermittlung zwischen Christen und Muslimen lief dabei über Karl den Großen, der gute Beziehungen zum Kalifen Harun al-Raschid unterhielt.[221] Jedoch ereignete sich gegen Ende seiner Regierungszeit „ein Umschlag der

---

[219] Cf. das populistische Urteil von ROMANIDES 1975, 293: „What we do have is a united West and East Roman nation in opposition to an upstart group of Germanic races who began teaching the Romans before they really learned anything themselves and of course German teachers could be very convincing on questions of dogma only by holding a knife to the throat"; demnach begann der *theologische* Streit um das Filioque mit der *politischen* Anmaßung Karls, sich zum römischen Kaiser neben dem rechtmäßigen Imperator aufzuschwingen. Angesichts der Akklamation Karls als βασιλεύς durch eine byzantinische Gesandtschaft 812 in Aachen (DÖLGER Nr. 385 = ann. r. Franc. a. 812; MGH.SRG 6, 136,11-16 KURZE; cf. VON PADBERG 1999, 99f.) wird man das entsprechende Streitpotential aber nicht überbewerten dürfen. Cf. aber noch PALMIERI 1913b, 2315, für die ältere römisch-katholische Forschung: „Ce fut l'intolérance de quelques moines grecs qui souleva de nouveau la question du *Filioque* et alluma le brandon de la discorde entre grecs et latins... Cette innovation [sc. des Filioque im NC] excita le fanatisme religieux et national des moines grecs de Saint-Sabas!"

[220] Cf. zum folgenden CAPELLE 1954; HEATH 1972, 106-109; BORGOLTE 1980; PERI 1987; WILLJUNG 1998, 20-29; für die ältere Forschung PALMIERI 1913b, 2315-2317; CASPAR 1935, 244-249.

[221] Die Rolle der Mönche für die Kommunikation zwischen Ost und West belegt eine Gesandtschaft des Kalifen nach Aachen, die Abt Georg begleitete (ann. r. Franc. a. 807; MGH.SRG 6, 123,16-23 KURZE). Nach BORGOLTE 1980, 425 Anm. 79, betrieb der Kaiser „die konsequenteste Politik eines westlichen Fürsten gegenüber dem Heiligen Land vor Beginn der Kreuzzüge". Zur Bedeutung des Klosters im Gesandtschaftsverkehr cf. DERS. 1976, 98f.; nach F. HEYER, Art. „Jerusalem V.", in: TRE 16 (1987), 624-635, hier 624, stammten die Mönche aus St. Gallen bzw. von der Reichenau.

bislang frankenfreundlichen Stimmung im Patriarchat".²²² Die lateinischsprechenden Mönche fränkischer Herkunft wandten sich Anfang 808 zur Klärung eines Nachbarschaftskonfliktes an Papst Leo III. Johannes, ein griechischer Mönch des St. Sabas-Klosters, hatte gegen die fränkische Mönche den Vorwurf der Häresie erhoben:

> „Jener erhob sich wider uns und behauptete, die Franken, die auf dem Ölberg lebten, seien Häretiker, und er sagte zu uns: 'Ihr Franken seid alle Häretiker!', und er schmähte unseren Glauben: 'Eine schlimmere Irrlehre gibt es nicht!'"²²³

Offensichtlich versuchte Johannes sogar, am Weihnachtstag die fränkischen Mönche mit Gewalt aus der Geburtsgrotte in Bethlehem zu entfernen.²²⁴ Die Anklage als Häretiker schien die Mönche zutiefst zu verwirren. Immerhin wurde bei einem Zusammentreffen mit Klerikern aus dem Stab des Patriarchen erst einmal die entscheidende liturgische Differenz benannt: „*In symbolo nos dicimus plus quam vos: 'qui ex Patre Filioque procedit'; unde dicit iste Joannes, inimicus animae suae, propter hunc sermonem, eo quod haeretici simus*" (65,17-19). Die Mönche waren sich zwar sicher, daß sie in voller Übereinstimmung mit dem römischen Papst und seiner Liturgie das

---

²²² BORGOLTE 1980, 407.
²²³ Leo III., ep. 7 (MGH.Epp. V, 64,29-31 HAMPE; hiernach die Seitenzahlen im Text). Das Aachener Konzil im November 809 bildet den *terminus ante quem*, die Gesandtschaft des Kalifen und des Jerusalemer Patriarchen, die 807 am Kaiserhof eintraf, den *terminus a quo* (cf. SCHMID 1974, 114-117; BORGOLTE 1976, 101-107). Der Brief ist die einzige Quelle über die Vorgänge in Jerusalem; er befand sich (zusammen mit dem Brief Leos an Karl und dem *Symbolum orthodoxae fidei*) auf den heute verlorenen letzten Seiten eines Manuskripts aus St. Martial in Limoges (jetzt: Ms. Berlin Phill. 1664 [saec. XI]; erstmals 1715 ediert von E. BALUZE; cf. CAPELLE 1954, 309 mit Anm. 2). Da das Symbol erkennbar nicht in diesen Kontext gehört (s.u. S. 145) und die Handschrift zahlreiche Werke des Adémar von Chabannes enthält, der für seine ausgefeilten literarhistorischen Fiktionen bekannt ist, hat CALLAHAN 1992 die These formuliert, die erhaltenen Schriftstücke seien Fälschungen des 11. Jh.s (cf. die Zusammenfassung: 130f.). Wenn auch die Übereinstimmung mit anderen Traktaten des Adémar zutreffen mag, so fragt sich doch gerade angesichts der aaO., 81-85, nachgewiesenen Nichterwähnung Jerusalems in den Florilegien zum Aachener Konzil und im *Colloquium romanum*, auf welcher Grundlage ein Konflikt erfunden wurde, den nicht nur Ado von Vienne (s.u. S. 146 Anm. 238), sondern mit der Vita des Michael Synkellos sogar eine griechische Quelle bezeugt. Auch stellte zur Zeit der Abfassung des Codex (um 1033) das Filioque keinen Streitpunkt zwischen Ost und West dar (cf. aaO., 110f.). Die inhaltlichen Parallelen Adémars zu den Briefen und zu Theodulf von Orléans dürften also eher durch Rezeption als durch eigenhändige Fiktion zu erklären sein.
²²⁴ 65,1-4: „*ut in die natalis Domini in sanctam Bethleem in sancto praesepio, ubi noster Dominus, redemptor humani generis, pro mundi salute nasci dignatus est, submitteret laicos homines, qui nos foras proicere vellent, dicendo: 'Quod haeretici estis; et libri, quos habetis, haeretici sunt'.*"

Filioque im NC sangen.²²⁵ Daß die *Ecclesia romana* dies praktizierte, hatten sie jedoch nicht dort, sondern *de facto* in der Aachener Pfalzkapelle gelernt:

> „Als ich, Leo, euer Knecht, auf euren heiligen Spuren und auf den frommen Spuren des allerfrömmsten Herrn Karl, des Kaisers und eures Sohnes, wandelte, hörten wir in seiner Kapelle im Symbol die Worte *'qui ex Patre Filioque procedit'*. Und in einer Homilie des heiligen Gregors zum Oktavtag nach Ostern, welcher uns euer Sohn, der Herr Kaiser Karl, gab, heißt es: *'Sed eius missio ipsa processio est, qui de Patre procedit et Filio.'* Und in der Regel des heiligen Benedikt, welche uns euer Sohn, der Herr Karl, gab, in der der Glaube an die heilige und untrennbare Trinität aufgeschrieben ist, heißt es: *'Credo Spiritum sanctum Deum verum ex Patre procedentem et Filio.'* Und in einem Dialog, welchen zu geben uns eure Heiligkeit gewürdigt hat, steht es ähnlich. Und in dem Glaubensbekenntnis des heiligen Athanasius wird ebenso gesprochen" (65,32-66,2).²²⁶

Die *„grandis confusio"*, die Johannes mit seiner Anklage auslöste, führte also zum besorgten Rekurs auf das, was an allerhöchster Stelle gezeigt, gesagt und gegeben wurde.²²⁷ Erstmals wurden die Auswirkungen der karolingischen Filioque-Theologie auf ein „ökumenisches" Miteinander der Christen greifbar, war doch der Affront gegen den Patriarchen Tarasius faktisch eine rein innerwestliche Angelegenheit geblieben. Aus der zeitgenössischen Vita des Michael Synkellos geht hervor, daß den lateinischen Autoritäten die Entscheidung des Konzils von Konstantinopel (381) vorgehalten wurde:

> „In jenen Tagen erhoben sich einige vom Volk der Franken, Priester und Mönche, und sprachen in dem göttlichen Symbol, das von den 150 heiligen Vätern aufgeschrieben wurde, die zur zweiten Synode gegen den gottlosen Makedonius, der den Heiligen Geist zu lästern wagte, zur Zeit des Kaisers Theodosius des Großen in Konstantinopel versammelt waren: 'Und an den Heiligen Geist, der Herr ist und lebendig macht, der aus dem Vater *und dem Sohn* hervorgeht' (τὸ ἐκ τοῦ Πατρὸς καὶ τοῦ Υἱοῦ ἐκπορευόμενον)."²²⁸

---

[225] Cf. ihre Beteuerung (65,26f.): *„et nos servi vestri anathematizavimus omnem haeresim et omnes, qui de sancta sede apostolica Romana dixerint haeresim."*

[226] Cf. Gregor, in euang. II 26,2 (zu Joh 20,19-31; CChr.SL 141, 220,45f. ÉTAIX); dial. II 38,4 (SC 260, 248,29-39 DE VOGÜÉ/ANTIN); Fides Athanasii (DH 75,23). In der *Regula Benedicti* fehlt das NC; hier mag traditionsgeschichtlich eine Vermischung mit der Vita Benedikts in Gregors *Dialogi* (s.o.) vorliegen. WILLJUNG 1998, 23-25, weist auf das Bekenntnis des Mainzer Bischofs Lull (um 779/80) hin.

[227] Angesichts der Autorität Gregors des Großen, wie sie auf dem Frankfurter Konzil (und durch das von Hadrian I. an Karl gesandte *Sacramentarium Gregorianum!*) sichtbar wurde, mußte es tatsächlich grundstürzend erscheinen, wenn ein Grieche behauptete: *„quod non sint recipiendi eius libri"* (66,6).- Inwieweit die Anklage des Johannes aus ehrlicher Betroffenheit über die Verfälschung des heiligen Symbols geschah, ist unklar; BORGOLTE 1980, 412 Anm. 30, unterstellt einen Racheakt für die Vertreibung griechischer Mönche aus dem Ölbergkloster durch Lateiner.

[228] Vita Michaelis Syncelli 6 (54,30-56,6 CUNNINGHAM). Zur Person cf. BECK 1959, 503f.512; D. STIERNON, in: DSp 10/2 (1980), 1193-1197; P. GEMEINHARDT, in: Metzler Lexikon christlicher Denker, hg. von M. VINZENT, Stuttgart - Weimar 2000, 476;

Die fränkischen Mönche wurden so neben den „Erzketzer" Mazedonius gerückt. Im Verweis auf die imperiale Autorität des Theodosius mag eine Kritik am Versuch des Frankenherrschers durchscheinen, den kaiserlich approbierten Glauben antasten zu wollen. So blieb den Mönchen nur der Ausweg, eine päpstlich autorisierte Weisung darüber zu erbitten, was die von der Tradition gedeckte Gestalt des christlichen Bekenntnisses sei.[229]

Die Reaktion Leos erfolgte prompt: Er antwortete einerseits den Mönchen in Jerusalem unter Einschluß eines „*symbolum orthodoxae fidei*" (66,39); zugleich gab er dem Hof in Aachen Kenntnis von den Vorgängen in Jerusalem, indem er den über Rom zu Karl reisenden Gesandten des Patriarchen ein ergänzendes Schreiben mitgab.[230] Der Patriarch und der Papst scheinen demnach dasselbe Ziel einer möglichst friedlichen Beilegung der Streitigkeiten verfolgt zu haben. Nach der Vita des Michael Synkellos habe der Papst sich standhaft geweigert, „irgendetwas hinzuzufügen, das nicht von den göttlichen Vätern gemeinsam in dem göttlichen Symbol ausgesprochen worden wäre" (προστεθῆναί τι, ὃ οὐκ ἐρρέθη παρὰ τῆς τῶν θείων πατέρων ὁμηγύρεως ἐν τῷ θείῳ συμβόλῳ: 56,7f.), und sogar um theologische Unterstützung aus dem Osten gebeten, um im Streit „um den Zusatz, den die Franken dem göttlichen Symbol hinzugefügt haben" (περὶ τῆς προσθήκης τῆς ἐν τῷ θείῳ συμβόλῳ προστεθείσης παρὰ τῶν Φράγγων: 56,8-14) bestehen zu können. Patriarch Thomas habe diesem Wunsch entsprochen und seinen Synkellos Michael mit dem Auftrag nach Rom beordert, „der Kirche Gottes beizustehen und die unreinen Münder der gottlosen Franken zu stopfen und sie zu lehren, sich an die Wahrheit zu halten und sich nicht über das hinaus zu versteigen, was man bewahren soll, und sich der reinen Lehre zu fügen, welche die heiligen Väter verkündigten über den [von Christus] ausgehauchten Heiligen Geist: 'der aus dem Vater hervorgeht, der mit dem Vater und dem Sohn gemeinsam angebetet und verherrlicht wird'."[231] Auch wenn die Gesandtschaft niemals nach

---

zum Quellenwert der *Vita* cf. CUNNINGHAM 1991, 7-30, bes. 10f.; zur Sache BORGOLTE 1980, 409.

[229] Cf. 66,9-11: „*ut digneris inquirere tam in Graeco quam in Latino de sanctis Patribus qui Symbolum composuerunt istum sermonem ubi dicitur 'ex Patre Filioque procedit'.*"

[230] Ep. 8 = RPR(J) 2520. Nach BORGOLTE 1980, 413-418, setzte der Patriarch die Gesandten in Marsch, bevor Leo den Mönchen geantwortet hatte, so daß erst durch ihre Mission Karl Kunde von den Vorgängen erhielt, wodurch sich Leo „für den zu erwartenden Konflikt mit Karl eine vorteilhafte Ausgangsposition" schuf (aaO., 417).

[231] 56,22-28: συγκροτῆσαι τὴν τοῦ Θεοῦ ἐκκλησίαν καὶ φιμῶσαι τὰ τῶν ἀθέων Φράγγων ἀπύλωτα στόματα καὶ διδάξαι τούτους ὀρθολεκτεῖν τὴν ἀλήθειαν καὶ μὴ ὑπερφρονεῖν, παρ' ὃ δεῖ φρονεῖν, καὶ ἕπεσθαι τῇ τῶν ἁγίων πατέρων ἀκριβεῖ διδασκαλίᾳ τῇ ἐκφωνηθείσῃ παρὰ τῆς τοῦ Ἁγίου ἐμπνεύσεως Πνεύματος. τὸ

Rom gelangte[232], so bleibt doch diese Episode bemerkenswert als Zeugnis einer östlichen Quelle für die Orthodoxie des westlichen Papstes - ein Beleg dafür, daß die Fraktionierungen der Christenheit sich um 800 nicht einfach nach Ost und West, Griechen und Lateinern schematisch aufteilen lassen.

Ein Problem wirft allerdings das Symbol auf, das dem päpstlichen Schreiben an Karl in der Überlieferung angefügt ist, wird doch gleich zweimal das kritische Filioque bekannt:

> „Credimus... Spiritum sanctum a Patre et a Filio aequaliter procedentem, consubstantialem coaeternum Patri et Filio. Pater plenus Deus in se. Filius plenus Deus a Patre genitus, Spiritus sanctus plenus Deus a Patre et Filio procedens."[233]

Da als Häretiker gelten solle, wer nicht diesem Glauben anhänge[234], scheint Leo dem Wunsch der Ölbergmönche entsprochen zu haben, das Filioque als autoritative Formulierung des Glaubens zu bekräftigen. Jedoch ist das zitierte Symbol textidentisch mit dem Bekenntnis Alkuins, wie Bernard CAPELLE nachgewiesen hat.[235] Daß Leo dieses „filioquistische" Credo nach Jerusalem gesandt hätte, ist angesichts seiner Haltung in der ganzen Auseinandersetzung unwahrscheinlich. Stattdessen sollte ein wichtiger Zusammenhang mehr als bisher beachtet werden: Wenn sich die griechische Kritik auf eine Modifikation des NC bezog, und wenn Leo - wie unten (S. 163f.) auszuführen sein wird - in Rom ostentativ den Text desselben Credos zweisprachig aushängen ließ, zudem dem karolingischen NC-Text vehement entgegentrat, legt sich m.E. nahe, daß der Papst das nizänokonstantinopolitanische Bekenntnis selbst nach Jerusalem geschickt hat - *ohne* das Filioque. Denn die ökumenische Gesinnung, die Leo von der Michael-Vita zugeschrieben wird[236], wäre kaum mit der Übersendung eines westlichen Partikularbekenntnisses zu vereinbaren. Insofern der Streit an einer *liturgischen* Frage aufgebrochen war, ließ er sich auch nur durch eine

---

Ἐκ Πατρὸς ἐκπορευόμενον, τὸ σὺν Πατρὶ καὶ Υἱῷ συμπροσκυνούμενον καὶ συνδοξαζόμενον'. Zu diesen Vorgängen cf. BORGOLTE 1980, 419-422.

[232] Cf. BORGOLTE 1980, 420f.; BECK 1980, 85f.: Michael und seine Gefährten erreichten Mitte 813 Konstantinopel und gerieten in die Wirren des seit 815 unter Leon V. wiederaufflammenden Ikonoklasmus.

[233] RPR(J) 2519 = Symbolum orthodoxae fidei Leonis papae (PL 129, 1260B).

[234] PL 129, 1262AB: „Qui secundum hanc fidem rectam non crediderit, hunc damnat sancta, catholica et apostolica Ecclesia, quae fundata est ab ipso Jesu Christo Domino nostro, cui est gloria in saecula...".

[235] CAPELLE 1954, 311f. Aufgrund der Aufnahme von zahlreichen Formulierungen aus *De Fide sanctae Trinitatis* darf der alkuinische Ursprung als gesichert gelten (aaO., 313-316; cf. HAUGH 1975, 68). PALMIERI 1913b, 2315f., und PELIKAN 1974, 187, nehmen dagegen ein persönliches Credo Leos an.

[236] Cf. dazu SATTLER 1997, 196; ähnlich KELLY 1972, 360; HEATH 1972, 109; ROMANIDES 1975, 292; BORGOLTE 1980, 426; PERI 1987, 13f.; STAATS 1996, 200.

Korrektur der liturgischen Praxis der fränkischen Mönche beilegen. Daher spricht einiges für die Hypothese, daß Leo das NC *ohne* Filioque als „*symbolum orthodoxae fidei*" nach Jerusalem schickte, konkret: den in der Taufliturgie des *Sacramentarium Gelasianum* verwendeten Text.[237]

2.3.2. Die Synode von Aachen 809

Die Reaktion des Kaisers auf die ihm angezeigten Probleme seiner monastischen Landsleute in Jerusalem vollzog sich analog zu den Auseinandersetzungen mit Byzanz und dem Adoptianismus: Eine Synode wurde einberufen, die das aufgebrochene Problem anhand vorbereiteter Gutachten diskutierte; weiterhin wurde eine diplomatische Gesandtschaft nach Rom vorbereitet.[238] Im folgenden wird zu fragen sein, auf welche Weise die karolingischen Hoftheologen die Filioque-Lehre mit Hilfe der „*regula et fides ecclesiastica*" zu untermauern suchten.

Ein definitiver Beschluß wurde in Aachen nicht gefaßt - ein Tatbestand, der sich daraus erklärt, daß „in Glaubensfragen dieser Größenordnung... in letzter Instanz selbst für Karl d. Gr. niemand anderer [zuständig war] als der römische Bischof"[239]. Gerätselt wurde jedoch bislang darüber, welches

---

[237] Cf. PERI 1983, 185; WILLJUNG 1998, 26 (allerdings jeweils ohne Begründung); anders noch JUGIE 1926, 168f.- Bei der im Osten kursierenden *Fides Leonis* (ein durch Passagen aus dem Athanasianum ergänztes NC [hg. von PERI 1970, 292-297]) handelt es sich dagegen um ein griechisches Produkt des 14. Jh.s.

[238] Ann. r. Franc. a. 809 (MGH.SRG 6, 129,7-13 KURZE); cf. HARTMANN 1989, 126f.; WILLJUNG 1998, 27-29. Ado von Vienne (chron. a. 809; PL 123, 132D-133A), bietet weitere Einzelheiten: „*Synodus magna Graniaquis congregatur..., in qua synodo de processione Spiritus sancti quaestio agitatur, utrum sicut procedit a Patre, ita procedat a Filio. Hanc quaestionem Joannes monachus Hierosolymitanus moverat, cum regula et fides ecclesiastica firmet Spiritum sanctum a Patre et Filio procedere, non creatum, non genitum, sed Patri et Filio coaeternum et consubstantialem. Nomen autem processionis a Patre et Filio in Apocalypsi [22,1] ita aperte est positum: 'Et ostendit mihi (haud dubium quin angelus) flumen aquae vitae splendidum tanquam crystallum, procedens de sede Dei et Agni.'*" Diese Etymologie des Begriffs *processio* findet sich tatsächlich in den Traktaten des Jahres 809 (Theodulf, proc. 16; 344,6-10; Adalwin, test. 28; 410,18-23 = Ambrosius, spir. III 20,153 [CSEL 79, 215,5-9 FALLER]); cf. dazu CALLAHAN 1992, 124f.- Das Dekret und die Florilegien werden nach MGH.Conc. II/Suppl. II mit Seiten- und Zeilenangabe zitiert. Zu den vorgesehenen Beschlüssen „*de statu ecclesiarum et conversatione eorum, qui in eis Deo servire dicuntur*" kam es nicht mehr, „*propter rerum magnitudinem*" (Ann. r. Franc. a. 809; MGH.SRG 6, 129,14-17 KURZE). Die 1835 von PERTZ edierten *capitula de presbyteris admonendis* (MGH.LL I, 160) sind daher nicht der Aachener Synode zuzuordnen (ohne Ortsangabe in MGH.Cap. I, 237f. BORETIUS; s.o. S. 102f. Anm. 105).

[239] WILLJUNG 1998, 28. Das Widmungsschreiben von Arns Testimoniensammlung unterstreicht allerdings die kaiserliche Funktion der Bewahrung und Vermittlung des rechten Glaubens (254,12-15.18-20): „*Ex diversis mundi partibus et generationibus vestra etiam, serenissime Auguste, pietate vocante innumerabiles ad vos cotidie concurrunt populi.*

der drei der Aachener Synode zugeordneten Gutachten - verfaßt von Theodulf von Orléans, von Smaragd von St. Mihiel und von einem Anonymus - sich der König zu eigen machte und seinen Gesandten zum Gespräch mit Papst Leo III. mitgab. Seit Caesar BARONIUS (1601) wurde immer wieder vermutet, Smaragd sei der Protokollant des *„Colloquium Romanum"* gewesen (s.u. S. 160-163) und habe daher zu Beginn desselben auf seine eigene Testimoniensammlung angespielt, die von der Aachener Synode approbiert worden sei; in der *editio princeps* durch Lukas HOLSTE (1662) firmiert diese Schrift sogar als Brief Karls des Großen an Leo III.[240] Ebenso ist unterstellt worden, die Synode habe Theodulfs Text offiziell „angenommen".[241] Über die *Testimonia ex sacris voluminibus collecta* (bzw. *Libellus de processione Spiritus sancti*) schließlich bestand nur Konsens, daß sie nicht (wie noch 1777 bei Froben FORSTER) Alkuin zuzuschreiben seien.

Diese Diskussion ist jüngst durch Harald WILLJUNG auf eine völlig neue Quellenbasis gestellt worden.[242] Seine These lautet, daß sich ein bereits bekannter, jedoch falsch datierter Text als das bislang lediglich unterstellte *„Decretum Aquisgranense"* identifizieren läßt und daß als dessen Vorlage der pseudo-alkuinische Text zu gelten hat, der mit einiger Wahrscheinlichkeit

---

Quos vestra regalis benignitas, latissimo et gloriosissimo sinu recipiens in spiritali et liberali erudire non cessat scientia... Omnes orthodoxi vestra luculentissima admonitione instructi sanctam catholicam et apostolicam sequendo ac defendendo fidem divino vocantur cultui." JUGIE 1926, 170, behauptet, das Filioque sei in Aachen offiziell approbiert worden („definite confirmata").- Eine gewisse Originalität besitzt der Vorschlag von LAUSBERG 1979, die Aachener Synode habe den Hymnus *„Veni Creator Spiritus"* als „Bitte um Erwirkung der kirchenamtlichen Anerkennung des Zusatzes 'Filioque' zum Glaubensbekenntnis" formuliert (42). Der hierfür herangezogene Textteil (*„te utriusque Spiritum / credamus omni tempore"* [212]) mag zwar der „inhaltliche Zielvers" sein, bietet aber gerade nicht die „augustinische Formulierung des 'Filioque'" (141). Jüngst hat KNAUER 2001, 234, diese These vorsichtig wieder aufgegriffen: „Der berühmte Hymnus 'Veni Creator Spiritus' ist, wahrscheinlich von Hrabanus Maurus, Erzbischof von Mainz im 9. Jahrhundert, um seiner vorletzten Strophe willen gedichtet worden, nämlich um den Heiligen Geist als von Vater und Sohn ausgehend darzustellen und dieses Verständnis zu verbreiten." Das Aachener Konzil unternahm aber große argumentative Anstrengungen, um allererst zu *begründen*, daß mit *„te utriusque etc."* das Filioque bereits impliziert sei - was im Übrigen auch Hrabanus Maurus selbst versuchte (cf. de institutione clericorum II 57; PL 107, 369C u.ö.).

[240] Cf. JUGIE 1926, 170; CAPELLE 1954, 317; HAUGH 1975, 79-81; HARTMANN 1989, 127. RÄDLE 1974, 61f., spricht Smaragds Epistel „den offiziellen Klang" ab, „den man für eine aus einem Konzil resultierende Verlautbarung des Kaisers an den Papst erwarten müßte". Zur Forschungsgeschichte cf. WILLJUNG 1998, 29-35.

[241] So STAATS 1996, 200 (im Anschluß an KELLY 1972, 359); ähnlich HAUGH 1975, 79.

[242] Zu seiner Dissertation, die als Supplement II der MGH-Konzilienausgabe erschienen ist, cf. meine ausführliche Rezension in: ZKG 111 (2000), 260-264, sowie G. HAENDLER, in: ThLZ 125 (2000), 459-462.

von Bischof Arn von Salzburg stammt.[243] Folgende Indizien stützen diese Rekonstruktion: Alle Zitate des *Decretum Aquisgranense* liegen auch in den *Testimonia* vor, wobei die Dubletten der *Testimonia* ausgeschieden und die Stücke neu angeordnet wurden. Im Umfeld des Aachener Konzils wird allein in dieser Sammlung mit *konziliaren* Belegen argumentiert, worauf das *Decretum* gerade den Akzent legt, insofern es als Glaubensgrundlage darlegen will, „*quae quondam a sanctis patribus et inreprehensibilibus doctoribus ecclesiae tradita et constituta sunt, qui praecipuis universalibusque IIII... conciliis interfuerunt*" (prooem.; 237,8-10). Im *Decretum* findet sich wie in den *Testimonia* die (verstärkte) Tendenz, die Rolle des Papsttums für die Feststellung der Orthodoxie zugunsten der Berufung auf die Definitionsgewalt der Synoden in den Hintergrund zu drängen: Die Päpste können nur deshalb als Zeugen der Orthodoxie gelten, weil ihre Aussagen von den Ökumenischen Konzilien rezipiert wurden.[244] Es ergibt sich daher folgendes Bild: Das Aachener Konzil wählte unter den verschiedenen vorliegenden Gutachten das von Arn von Salzburg kompilierte als Grundlage der eigenen Stellungnahme aus; das Ergebnis der Kürzungen, Umstellungen und Streichungen von Zitaten liegt im *Decretum Aquisgranense* vor. Mit diesem Text wurden drei Gesandte nach Rom zu Papst Leo III. geschickt - im Gepäck die erste systematische und väterhermeneutische Reflexion des Theologumenons vom Hervorgang des Geistes aus Vater und Sohn, mithin das erste literarische Erzeugnis der Filioque-*Kontroverse*.

---

[243] Cf. WILLJUNG 1998, 43-47, zur Identifizierung des Autors von Ms. Laon, Bibliothèque municipale 122bis; zum Nachweis, daß der schon 1833 von Angelo MAI edierte Text (Ms. Berlin, Hamilton 132; Paris, B.N. lat. 3846; Vat. Ottobon. vat. 312) das Aachener „Dekret" bietet, cf. aaO., 62-74. Die Edition stellt - ebenso wie die Neuausgabe des *Opus Caroli regis* durch Ann FREEMAN - nicht zuletzt aufgrund des akribischen Nachweises sämtlicher patristischer Quellen einen erheblichen Fortschritt dar, was vor allem im Blick auf die zahlreichen Pseudaugustiniana und -athanasiana hilfreich ist.

[244] WILLJUNG 1998, 81, mit Verweis auf Arn, test. 27 (268,16-19), und decr. Aquis. 13 (243,3-5); cf. auch das Zeugnis Leos III. (rat. rom. 1; 287,10): „*Ita sentio, ita teneo, ita cum his auctoribus et sacrae scripturae auctoritatibus*" (aaO., 88-90). Bei Caelestin I. (Nr. 6; 239,7-14) werden allerdings die Beschlüsse von Ephesus „*apostolica auctoritate*" bekräftigt. Die Berufung auf das *Decretum Gelasianum* (Nr. 25; 268,3-6 = IV 3,2; 9,196-200 DOBSCHÜTZ: „*Opuscula atque tractatus omnium Patrum orthodoxorum, qui in nullo a sanctae ecclesiae Romanae consortio deviaverunt, nec ab eius fide vel praedicatione sejuncti sunt... legendos decernimus*") fehlt jedoch im *Decretum* samt den entsprechenden Verweisen darauf in den knappen Einleitungssätzen zu Hilarius, Ambrosius und Augustin (Arn, test. 27.29.30; 268,16-18; 269,12-14; 270,10-12).

a) Das *Decretum Aquisgranense de processione Spiritus sancti a Patre et Filio*

Der Text besteht aus insgesamt 39 jeweils kurz eingeleiteten Einzelstücken, die einer klaren Anordnung folgen: In den ersten drei Kapiteln werden patristische Zitate den Ökumenischen Konzilien von Ephesus (431), Chalkedon (451) und Konstantinopel (553) zugeordnet, beginnend mit der *Fides Athanasii* sowie mit Zitaten aus den ephesinischen Akten, einschließlich der Voten von Kyrill von Alexandrien und Papst Coelestin I. (Nr. 1-6). Für Chalkedon wird auf Papst Leo I. verwiesen (Nr. 7-9), für Konstantinopel II zunächst auf Kyrill- und Leo-Zitate aus den Konzilsakten, sodann auf das Dekret des Konzils über die Väter, die als Garanten der Orthodoxie gelten dürfen (Nr. 10-12). Aus deren Kreis werden anschließend Hilarius von Poitiers, Ambrosius von Mailand, Augustin, Papst Gregor I., Gennadius von Marseille und Boethius herangezogen (Nr. 13-23). Die beiden letzten Abschnitte bieten unter thematischen Überschriften drei bzw. sieben Bibelzitate sowie drei bzw. zwei Väterexzerpte (Leo I. und Fulgentius bzw. Augustin); nachdem dargelegt wurde, „*quod spiritus sancti patris et filii spiritus in divinis voluminibus vocatur*" (Nr. 24-30; 247,7-9), wird „*de missione filii a patre et spiritus sancti ab utroque*" gehandelt (Nr. 31-39; 248,11). Das Ziel dieser Zusammenstellung benennt das Proömium: „Dies müssen alle Rechtgläubigen und Frommen über den Grund des katholischen Glaubens und über den Hervorgang des Heiligen Geistes aus Vater und Sohn mit großer Festigkeit glauben und mit reinem und ehrlichem Herzen ohne jeden Zweifel bekennen."[245]

Der Aufbau des *Decretum* macht deutlich, daß die Synodalen sich der Problematik bewußt waren, aus der Fülle möglicher patristischer Belegstellen solche mit hinreichender, d.h.: durch allgemeine Synoden begründeter Autorität anzuführen: Zitiert werden Athanasius, „*qui ipsi sancto et principali Niceno interfuit concilio*" (Nr. 1; 237,12), und Kyrill, dessen Briefe „*in conspectu totius Epheseni concilii lectae atque probatae sunt*" (Nr. 2; 238,4f.), ebenso die Zustimmung in Chalkedon zur Verlesung von Leos I. *tomus ad Flavianum* (Nr. 8; 240,7-11). Dem Dekret des II. Konstantinopolitanums über die zu rezipierenden Väter[246] entsprechen die folgenden Zitate aus

---

[245] „*Haec omnibus ortodoxis* [sic!] *et fidelibus de ratione catholicae fidei et de processione spiritus sancti a patre et filio firmiter credenda sunt, et puro et sincero corde sine ulla dubitatione profitenda*" (237,6-8). Cf. Arns Einleitung zu seinem cap. I (255,3-6): „*In verbis enim sancti evangelii et in sinodicis beatorum patrum epistolis et in multis eruditorum in spiritali scientia virorum libris manifeste declaratur, spiritus sanctus qui unus eiusdemque cum patre filioque substantiae quod ab utrisque procedit et mittitur.*"

[246] Conc. Const. a. 553, forma Iustiniani (Nr. 12; 242,18-22 = ACO IV 1, 13,5-9 STRAUB). Von den hier genannten griechischen Autoren werden allerdings nur (Ps.-) Athanasius

Hilarius, Ambrosius und Augustin, auf deren Approbation explizit hingewiesen wird (Nr. 13.14.15; 243,3f.15f.; 244,14-16) und denen Gregor I., Gennadius von Marseille und Boethius sowie Fulgentius als Exponenten der spezifisch lateinischen Tradition beigeordnet werden - aufgrund offensichtlicher inhaltlicher Konvergenz.[247]

Betrachtet man die Zitate freilich genauer, so bieten die Texte zu den Konzilien von Ephesus und Chalkedon neben der pseudepigraphen *Fides Athanasii* (Nr. 1; 238,2) nur zwei Stellen, an denen der Hervorgang des Geistes aus dem Sohn ausgesagt wird: In Kyrills drittem Brief an Nestorius heißt es, daß der Geist „*profluit ab eo* [sc. Christus] *sicut ex deo et patre*" (Nr. 4; 238,21; cf. Nr. 10; 241,16); Leo I. schreibt an Turribius von Astorga, daß der Geist „*de utroque processit*" (Nr. 9; 240,17).[248] Erst die 553 benannten *lateinischen* Väter bieten eine ausführliche Entfaltung der Lehre vom doppelten Hervorgang des Geistes[249], und erst durch die augustinische Deutung des „geistvollen Anhauchens" der Jünger durch Jesus (Joh 20,21-23: Nr. 36; 249,8-12) auf den Hervorgang des Geistes erhält das vorausgegangene Leo-Zitat (Nr. 7; 240,5f.) seine Beweiskraft.[250] Ebenso ist die biblische Bezeichnung des Geistes als „Geist Christi" bzw. „Geist des Sohnes" (Röm 8,9; Gal 4,6) erst auf dieser hermeneutischen Grundlage für den doppelten Hervorgang argumentativ verwertbar (cf. Nr. 24-26; 247,14-18)[251], zumal die Un-

---

und Kyrill zitiert; Gregor von Nazianz wird bei Arn herangezogen (Nr. 7.38.62), Proklus von Konstantinopel bei Theodulf (Nr. 62).

[247] Cf. die kompendienhafte Zusammenfassung bei Boethius (247,1f. = trin. V; 24,46-48 ELSÄSSER): „*Ita cogitemus processisse quidem ex deo patre filium deum, et ex utrisque spiritum sanctum.*" Nicht berücksichtigt wurden aus Arns Sammlung Isidor von Sevilla (Nr. 34.51), Faustus von Riez (Nr. 36) und Ps.-Athanasius (Vigilius von Thapsus; Nr. 65) sowie der pelagianische *Libellus fidei* (Nr. 66).

[248] Kyrill, ep. III ad Nest. 10 (ACO I 2, 50,1-4 = Conc. Const. III, actio VI; ACO IV 1, 164,19-27 STRAUB; griech.: πνεῦμα γὰρ ἀληθείας ὠνόμασται καὶ ἔστιν Χριστὸς ἡ ἀλήθεια καὶ προχεῖται παρ' αὐτοῦ καθάπερ ἀμέλει καὶ ἐκ θεοῦ καὶ πατρός [ACO I 1,1, 39,22f. SCHWARTZ]); Leo I., ep. 15,1 (RPR[J] 412 = PL 54, 680C-681A).

[249] Dabei ist zu beachten, daß Hilarius (Nr. 13; 243,5-14 = trin. VIII 20; 331,10-332,24 SMULDERS) und Ambrosius (Nr. 14; 243,18-21 = spir. I 11,119-121; CSEL 79, 66,29-67,53 FALLER) ihre pneumatologischen Aussagen lediglich auf heilsökonomische Zusammenhänge beschränken.

[250] Augustin, trin. IV 20,29 (Nr. 15; 244,17-245,2 = CChr.SL 50; 199,102-200,123 MOUNTAIN/GLORIE); trin. XV 26,45 (Nr. 16; 245,3-15 = 524,1-525,18); Leo I., RPR(J) 423 (ACO IV/1, 170-37-171,3 STRAUB). Gegenüber Arn weggefallen sind die Verweise auf Gregor von Nazianz (257,2-10 = or. 41,11,3-4 [transl. Rufini]; CSEL 46, 154,17-155,4 ENGELBRECHT) sowie auf Hieronymus (257,17-258,20 = ep. 120,9,1-4; CSEL 55, 492,23-494,22 HILBERG); cf. WILLJUNG 1998, 71.

[251] Dieses Argument wird erst aus den Augustin-Belegen bei Arn recht deutlich (bes. Nr. 49; 278,6-8 = in euang. Joh. XCIX 6f.; CChr.SL 36, 586,23-25; 586,7f. WILLEMS):

terscheidung zwischen (heilsgeschichtlicher) Sendung und (ewigem) Hervorgang mit einer der meistzitierten Belegstellen der Filioque-Kontroverse egalisiert wird: „*eius missio ipsa processio est, qua de patre procedit et filio*".[252] Anhand dieses Grundsatzes kann mit biblischen Aussagen über die *geschichtliche* Sendung des Geistes *durch* Christus (Joh 15,26; 16,7.12-15; 20,21-23; Lk 24,49; Apg 1,4f.; 2,4) für seinen *ewigen* Hervorgang *aus* dem Sohn argumentiert werden (Nr. 31-37; 248,12-249,14).

Bemerkenswert ist allerdings, daß an keiner Stelle des Dekrets auf das Bekenntnis selbst eingegangen wird, das doch in Jerusalem den Stein des Anstoßes bildete - die Autoren konzentrierten sich allein auf die inhaltliche Angemessenheit des Filioque und sahen mit deren Erweis - so wird man folgern dürfen - auch dessen Aufnahme in den Text des NC als gerechtfertigt an. Dies entsprach der von Paulinus von Aquileia vorgelegten Theorie einer sukzessiven Erweiterung des Symbols angesichts neuer häretischer Herausforderungen; dies traf jedoch nicht die Vorstellungen des gegenwärtigen Papstes, wie das *Colloquium Romanum* (s.u.) zeigen sollte. Die karolingischen Hoftheologen setzten also den ihnen (und ebenso den Ölbergmönchen!) vertrauten Bekenntnistext voraus und sammelten patristische Bestätigungen für den darin *via facti* sanktionierten Hervorgang des Geistes *ex Patre Filioque*. Bezeichnend für dieses Rezeptionsinteresse ist die Nichtbeachtung der augustinischen Differenz *principaliter/communiter* (wie schon im *Opus Caroli regis*), die zwar von Arn und Theodulf zitiert, nicht jedoch argumentativ ausgewertet wird und für die Redaktoren des *Decretum* gar als entbehrlich angesehen werden konnte.[253] Überhaupt beschränkt sich das Dekret gegenüber seiner Vorlage auf eine Aufzählung der Väterbelege - daß aus der biblischen Bezeichnung *spiritus patris et filii* auf das Filioque zu schließen ist und daß aus der geschichtlichen Sendung der ewige Hervorgang folgt, wird nicht eigens ausgeführt.[254] Das *Decretum Aquisgra-*

„*Multa sunt testimonia quibus evidenter ostenditur et Patris et Filii esse Spiritum, qui in Trinitate dicitur Spiritus sanctus. Cur ergo non credamus quod etiam de Filio procedat Spiritus sanctus, cum Filii quoque ipse sit Spiritus?*"

[252] Gregor I., in euang. II 26,2 (Nr. 21; 246,14f. = CChr.SL 141, 220,45f. ÉTAIX).

[253] Cf. decr. Aquis. 17f. (245,16-16) mit Arn (Nr. 30; 270,14-271,7) und Theodulf (Nr. 39; 359,7-362,2); zugrunde liegt Augustin, trin. XV 26,47 (CChr.SL 50A, 528,87-529,115 MOUNTAIN/GLORIE).

[254] Anders in der Vorlage, wo abschließend noch einmal die Intention zusammengefaßt wird (283,9-13): „*Hac igitur credulitate nec trinitas a nobis confunditur, nec substantialis unitas separatur, sed certam et immutabilem catholicae fidei confitemur et sequimur regulam, per quam beati apostoli et martires et omnes viri religiosi et sanctitate praediti gratiam meruerunt habere divinam et spem perennis adepti sunt vitae et caelestis regni beatitudinem sortiti sunt sempiternam.*"

nense ist somit als Anwendungsfall einer Väterhermeneutik anzusehen, deren Prämissen und Konklusionen nicht gesondert zu explizieren waren.

b) Die weiteren Traktate im Umfeld des Aachener Konzils

Auch wenn die literarische Verbindung zwischen dem Dekret und der Testimoniensammlung Arns als gesichert gelten darf, verdienen doch auch die anderen der Synode vorgelegten Gutachten Aufmerksamkeit, zumal sie - anders als das *Decretum* selbst - im Fortgang der Filioque-Kontroverse wiederholt rezipiert werden sollten: Theodulf diente besonders Aeneas von Paris, aber auch Ratramnus von Corbie in der Auseinandersetzung mit Photius (867/68) als unmittelbare Quelle; Petrus Damiani griff in seinem Schreiben an den Patriarchen Konstantin Lichoudes (ca. 1062) auf Smaragds Zitatensammlung zurück.[255]

Nach dem Tod Alkuins (804) war der Westgote Theodulf zum wichtigsten theologischen Berater Karls avanciert; sein *Liber de ordine baptismi* (813) gilt als zentraler Text der karolingischen Liturgiereform.[256] Daher kann es nicht erstaunen, daß Theodulf auf persönliche Intervention des Kaisers einen *Libellus de processione Spiritus sancti* für die Aachener Synode anfertigte, dessen Intention schon im Widmungsgedicht an den König zum Ausdruck kam: „*Quod patre procedat seu prole spiritus almus / adstruere studeo dogmatibus fidei.*"[257] Bei der Erfüllung dieser Aufgabe weiß sich Theodulf in bester Gesellschaft: „*Hoc euangelium, hoc promit apostolus auctor / hoc canit unanimi vox pia corde patrum.*"[258] Damit ist das Kriterium be-

---

[255] Zu Aeneas und Ratramnus cf. unten S. 210-227; zu Damiani s.u. S. 370-374.

[256] Cf. die Analyse dieses Werkes bei DAHLHAUS-BERG 1975, 92-168; zur karolingischen Liturgiereform HARTMANN 1989, 128-140; zur Biographie D. SCHALLER/P. BROMMER, in: VerLex 9 (1995), 764-772; A. KRÄNZLE, in: BBKL 11 (1996), 1003-1008.- Die hier gebotenen symbolhermeneutischen Reflexionen enthalten die antiadoptianistischen Stichworte „*non factum aut adoptivum, sed genitum*" und erinnert insgesamt an das im *Opus Caroli regis* enthaltene Pelagianum, mit einer wichtigen Modifikation im dritten Artikel: „*Credant 'et in Spiritum sanctum', Deum verum ex Patre Filioque procedentem, aequalem per omnia Patri et Filio voluntate, potestate, aeternitate, substantia; nec esse in hac sancta Trinitate ullos gradus quibus aliquis inferior superiorve dici possit*" (ord. bapt. 6; PL 105, 228A), womit ein fast wörtliches Zitat aus dem Bekenntnis des Pelagius vorliegt (HAHN § 209 = op. Car. III 1; MGH.Conc. II/Suppl. I, 336,19-23 FREEMAN). Das seit Cividale als Glaubensgrundlage proklamierte NC scheint also unter der theologischen Autorität Theodulfs eine inhaltliche Angleichung der diversen in Gebrauch befindlichen Bekenntnisse bewirkt zu haben.

[257] Carm. XXXVI (315,13f. = MGH.PL I, 528,11f. DÜMMLER). Literatur zu diesem Werk ist fast nicht existent (SCHMAUS 1976 fragt lediglich nach der spezifischen Augustinrezeption Theodulfs); cf. immerhin HAUGH 1975, 70f.

[258] Carm. XXXVI (317,5f. = MGH.PL I, 528,41f. DÜMMLER).

nannt, anhand dessen Theodulf die Literatur der Spätantike durchmustert. Es handelt sich dezidiert um die „*vox pia patrum*", nicht um Bibelzitate oder Konzilstexte. Der Zeitraum, dem die Belegstellen entstammen, erstreckt sich vom Beginn des arianischen Streites im 4. Jahrhundert (Athanasius) bis zum beginnenden 7. Jahrhundert (Isidor); der Schwerpunkt liegt im 5. und frühen 6. Jahrhundert (von Augustin bis zu Fulgentius). Die konstruktive Leistung des Theodulf besteht dabei ausschließlich in der Auswahl und Anordnung der Kirchenväter; interpretierende Texte fehlen, es liegt eine reine Materialsammlung vor. Die siebzehn verschiedenen Autoren lassen sich wie folgt gruppieren:

- alexandrinische Väter: Athanasius, Kyrill, Didymus (nach Hieronymus);
- lateinische antiarianische Theologen: Hilarius, Ambrosius, Augustin;
- römische Päpste: Hormisdas, Leo I., Gregor I. (sowie Proklus von Konstantinopel);
- „Augustinisten" des Frühmittelalters: Fulgentius von Ruspe, Isidor von Sevilla, Prosper von Aquitanien, Vigilius von Thapsus, Cassiodor, Prudentius, Agnellus von Ravenna.

Allerdings sind in dieser Aufstellung einige Korrekturen anzubringen[259]: Der große Augustin-Block reduziert sich auf die Belege aus *Contra Maximinum*, *De Trinitate*, *Tractatus in Johannem* und *De civitate Dei*; da *De fide ad Petrum* von Fulgentius stammt, liefert dieser faktisch die zweitmeisten Belege. Vor allem aber stammen sämtliche Athanasius-Belege tatsächlich nicht von dem Hauptvertreter der ersten Generation des Nizänismus.[260] Behandelt man schließlich die Didymus-Übertragung des Hieronymus mit angemessener Reserve, so bleibt *sensu stricto* als einziger griechischer Vater Kyrill von Alexandrien (vermittels der übersetzten Konzilsakten von Ephesus 431). Die „*vox pia patrum*" klingt also verdächtig lateinisch.[261]

---

[259] SCHMAUS 1976, 224f., verzichtet leider auf jegliche Differenzierung, obwohl etwa die Identifizierung der Pseudo-Augustiniana von entscheidender Relevanz für die Frage ist, ob diese Texte „für die Trinitätskonzeption Augustins, namentlich für seine Trinitätspsychologie charakteristisch sind" (aaO., 226).

[260] Die Entstehungsgeschichte der *De Trinitate libri XII* beginnt mit Euseb von Vercelli zwar im Umfeld des Athanasius, setzt sich jedoch im 5. Jh. fort und ist jedenfalls im lateinischen Bereich zu lokalisieren. Auch der letzte Beleg entstammt als Bestandteil der *Fides Athanasii* der gallisch-spanischen Tradition des 5./6. Jahrhunderts.- Bemerkenswert ist die pseudathanasianische These: „*fontem iterum spiritus instruimur esse Filium*" (Nr. 7; 334,8 = trin. XII 158; CChr.SL 9, 199,1244f. BULHART). Theodulf war gewiß mit dem Symbol des XI. Toletanums vertraut, das den Vater als (einzige) „*fons deitatis*" prädizierte (DH 525).

[261] Cf. bereits das Urteil von JUGIE 1926, 178: „Unum tantum Latinis deerat: accurata graecorum Patrum byzantinaeque theologiae notitia."

Das Interesse des Kompilators erweist sich in den kurzen Einleitungssätzen zu den einzelnen Väterzitaten, in denen Wendungen wie „*quod spiritus sanctus a patre filioque procedat*" begegnen - ohne daß spezifiziert würde,

- ob sich der jeweilige Autor auf das NC bezieht oder es auch nur kannte;
- ob es sich um Aussagen in heilsgeschichtlicher oder immanenter Perspektive handelt;
- ob der Ausdruck „*filioque*" oder sein Sachgehalt tatsächlich vorkommen.

So liegt das Interesse Kyrills nicht auf dem Ursprung des Geistes, sondern auf seiner Zugehörigkeit zum Sohn und dadurch auf der Göttlichkeit Christi, die durch den engen Zusammenhang mit der dritten Person der Trinität gestützt wird.[262] Hilarius von Poitiers konzentriert sich auf das Problem der *missio Spiritus*, woraus sich - entgegen der Intention Theodulfs! - eine spezifische Unterschiedenheit ergibt: „*A Patre enim procedit Spiritus veritatis, sed a Filio mittitur et a Patre.*"[263] Und ebenso versteht Ambrosius die nachmals „klassischen" Stellen Joh 14,26 und 15,26 nicht hinsichtlich der Hervorgehensweise des Geistes *ex Filio*, sondern als Erweis ihrer Gleichrangigkeit gegenüber dem Vater: „*Cum ergo Filius missus et datus sit, Spiritus quoque missus et datus sit, habent utique unitatem divinitatis, quia habent operis unitatem.*"[264] Bei Hieronymus' Didymus-Übersetzung ergibt sich schließlich der bezeichnende Befund, daß das Begriffsfeld *procedere/processio/procedens* überhaupt nicht begegnet.[265] Dessen Insistieren auf der Identi-

---

[262] Nr. 9 (335,14f. = ep. III ad Nestorium 10; ACO I 5, 241,28f. SCHWARTZ): „*Nam spiritus appellatus est veritatis, et veritas Christus est. Unde et ab isto similiter sicut ex deo patre procedit*"; cf. apol. Thdt. IX 64 (336,14f. = aaO., 274,6-20). In die gleiche (kyrillische) Richtung argumentiert auch Proklus von Konstantinopel (378,7-11 = ACO IV 2, 193,23-27 SCHWARTZ).- Man wird Kyrill generell nicht als Zeugen für das lateinische Filioque beanspruchen dürfen; cf. DE HALLEUX 1979, 597-625; BERTHOLD 1989, 145f.

[263] Nr. 11 (339,2f. = trin. VIII 20; CChr.SL 62A, 332,35f. SMULDERS). Ebenso wird bei Prudentius die Aussage „*Deus ex utroque missus*" mit dem Motiv der Hauchung verbunden: „*Qui noster dominus, qui tuus unicus / spirat de patrio corde paraclytum*" (Nr. 67f.; 382,5.14f. = cath. VI 8; V 159f.; CChr.SL 126, 29,8; 28,159f. CUNNINGHAM).

[264] Nr. 15 (343,20-22 = spir. III 2,10; CSEL 79, 154,24-26 FALLER).

[265] Den (von Theodulf nicht zitierten) Beleg für *procedere* aus spir. 36 (PL 23, 140C-141A) hat DOUTRELEAU in seiner Edition (hier gezählt als n. 159; SC 386, 290,1-3) als Interpolation ausgeschieden, da Joh 15,26 sonst bei Hieronymus mit „*egreditur*" übersetzt werde (bei Theodulf: Nr. 17f.; 345,9; 346,3; cf. spir. 110.114.116; SC 386, 248,7-9; 252,4f.; 254,1); *procedat* findet sich allerdings in c. 170 (298,4f.).- In den Euseb von Vercelli zuzuweisenden Passagen begegnet das Filioque ebenfalls nicht, wie die Auslegung von Ps 32,6 LXX zeigt: „*Cognosce hunc Verbum substantivum non aliunde quam de Patre proprie natum fuisse, et Spiritum oris ejus eum spiritum dixit, qui de ipsa unita substantia procidit, sicut cautum invenimus; non ex alia natura quam de ipsa; ac per hoc unita et Patris et Filii et sancti Spiritus substantia, quam Graeci dicunt homousion, sed et unita et*

fikation des Heiligen Geistes als Geist Christi lieferte wohl den Anlaß, diese Passage in das Florilegium zu übernehmen; dazu bedurfte es jedoch einer schon etablierten Plausibilitätsstruktur des Filioque.

Es ist kaum erstaunlich, daß Augustin die entsprechenden Kategorien bereitstellt, auf deren Basis die eben skizzierten Argumente auf das Filioque angewandt werden konnten und die signifikanterweise vor allem seinen im engeren Sinne antiarianischen Werken entnommen sind, womit sich auch das Auswahlprinzip für die (als augustinisch) herangezogenen Schriften des Fulgentius ergibt. Dabei sind als pneumatologische Akzente festzuhalten:

- Der Geist ist personspezifisch zu beschreiben als *„non ingenitum neque genitum, sed ex patre filioque procedens"*.[266]
- Er ist keine kontingente Wirkkraft, sondern gleichewig und göttlich.[267]
- Er ist gleichermaßen der Geist des Vaters und der Geist des Sohnes.[268]
- Mit Vater und Sohn ist er ein Gott und eine konsubstantiale Trinität.[269]
- Dabei hebt die gleichgeordnete Ursprungsbeziehung zum Sohn diejenige zum Vater nicht in eine wie auch immer vorzustellende Linearität auf.[270]

---

ejusdem Trinitatis operatio in factura" (Nr. 6; 328,4-8 = trin. VII 31; CChr.SL 9, 99,241-248 BULHART). Das deckt sich mit dem Befund, daß das Filioque, das einer erst durch das NC angestoßenen Diskussion entstammt, auch seine Wurzeln nicht bei Athanasius hat, der nirgendwo einen Ursprung des Geistes aus dem Sohn lehrt (so LAMINSKI 1969, 153f., zu ep. Serap. I 20; PG 26, 580A). Athanasius selbst spielte erst im 13. Jahrhundert für die Auseinandersetzung der byzantinischen Theologie mit dem lateinischen „Filioquismus" eine Rolle; cf. VAN ROSSUM 1997, 53-58.

[266] Nr. 25 (351,22, nach einem sonst nicht bezeugten *Liber de Incarnatione Domini*; nach WILLJUNG 1998, 202, stammt das Zitat aus Ms. Berlin, Philipps 1671, fol. 62ᵛᵃ⁻ᵇ); cf. Nr. 27 (352,11-18 = Fulgentius, fid. I 6; CChr.SL 91A, 715,138-716,147 FRAIPONT); Nr. 28 (353,1-5 = fid. II 7; aaO., 716,154-159); Nr. 35 (356,12-357,8 = Augustin, trin. IV 20,28f.; CChr.SL 50A, 199,91-200,114 MOUNTAIN/GLORIE).

[267] Nr. 26 (352,1-10 = Fulgentius, fid. I 4; CChr.SL 91A, 714,98-715,111 FRAIPONT); cf. Nr. 39 (360,6f. = Augustin, trin. XV 26,47; CChr.SL 50A, 528,105f. MOUNTAIN/GLORIE): *„sine ullo initio temporis, sine ulla mutabilitate naturae de utroque processio".*- Die pseudonyme *coll. c. Pasc.* verbindet das ewige ὁμοούσιον mit der Heilsgeschichte: *„ex Patre vel Filio sanctus credendus Spiritus non solum processisse, sed semper ad peragenda opera Trinitatis omnino procedere"* (Nr. 30; 354,8f. = PL 33, 1159f.).

[268] Nr. 24 (350,15f. = c. Maxim. II 14,1; PL 42, 771); Nr. 29 (353,6-16 = Fulgentius, fid. XI 54; CChr.SL 91A, 746,1054-747,1068 FRAIPONT); Nr. 32 (355,9-16 = trin. I 4,7; CChr.SL 50A, 34,1-35,11); Nr. 40 (362,3-363,13 = in euang. Joh. XCIX 6; CChr.SL 36, 585,1-587,22 WILLEMS).

[269] Nr. 31 (354,12-355,5 = Quodvultdeus, adversus quinque haereses 8,10; CChr.SL 60, 301,3-16 BRAUN); Nr. 41 (363,17-364,2 = Augustin, civ. XIII 24; CChr.SL 48, 410,59-69 DOMBART/KALB).

[270] Nr. 39 (361,5-8.15-17 = trin. XV 27,48; CChr.SL 50A, 529,16-530,19.28-32 MOUNTAIN/GLORIE): *„A quo autem habet Filius ut sit Deus, est enim Deus de Deo, ab il-*

Dagegen schenkt Theodulf der subtilen Differenzierung des Hervorgangs des Geistes „*principaliter a patre*" keine Aufmerksamkeit[271]; für ihn scheint in dieser Passage das Stichwort „*donum commune*" entscheidend zu sein, worin sich seine Selektionsmechanismen manifestieren. Dies liegt freilich auch an der Vermischung der augustinischen Theologie mit ihrer Rezeption durch Fulgentius: Erst bei ihm findet sich das Filioque in seiner „kanonischen" Formulierung, wobei der Akzent auf der göttlichen Einheit liegt: „*Filius de Patre natus exstitit, et Spiritus sanctus de Patre Filioque procedit.*"[272] Da der Geist in die Einheit von Vater und Sohn eingebunden ist, ergänzen sich die Aussagen über Sendung und Hervorgang wechselseitig: „*quia non de solo Patre, nec de solo Filio, sed simul de utroque procedit*"[273]. Insofern bei Fulgentius das Filioque als Interpretament der *unitas naturalis* verstanden wird, konvergiert die Intention mit Augustin, wobei sich der Rezipient bereits in einer festgefügten Systematik bewegt. Für das 5. und 6. Jahrhundert läßt sich eine signifikante Reduktion der komplexen augustinischen Theologie auf kurze, katechetisch und apologetisch handhabbare Formeln konstatieren; gehörte „das" Filioque bei Augustin noch in den Bereich der letzten, ungesicherten Spekulationen über das *mysterium Trinitatis*, so scheint es bei Fulgentius dagegen schon zur feststehenden Formel mutiert zu sein, die wiederum bei Theodulf als unhinterfragbarer Grundbaustein der Orthodoxie fungieren konnte.

In diese Traditionslinie werden auch die römischen Päpste eingezeichnet. Dabei handelt es sich - wie schon im *Decretum* - um den Brief Leos I. an Turribius von Astorga sowie um die Äquivokation von *missio* und *processio* bei Gregor I., daneben um einen Brief des Hormisdas an Kaiser Justin I.[274] Diese Passagen und die folgenden Belege des spanischen Enzy-

---

lo habet utique ut de illo etiam procedat Spiritus sanctus: ac per hoc Spiritus sanctus, ut etiam de Filio procedat sicut procedit de Patre, ab ipso habet Patre... Spiritus autem sanctus non de Patre procedit in Filium, et de Filio procedit ad sanctificandam creaturam, sed simul de utroque procedit, quamvis hoc Pater Filio dederit, ut quemadmodum de se, ita de illo quoque procedat."

[271] Nr. 37 (357,20-23 = trin. XV 17,29; CChr.SL 50A, 503,54-504,64 MOUNTAIN).
[272] Nr. 44 (365,15f. = c. Fab. VII fr. 25,4; CChr.SL 91A, 802,53-803,55 FRAIPONT). Der einzige literale Beleg bei Augustin (Nr. 41; 363,22-364,1 = civ. XIII 24; 410,67f. DOMBART/KALB: „*spiritum sanctum patri esse filioque communem*") thematisiert gerade nicht die trinitarischen Ursprungsbeziehungen!
[273] Nr. 45 (366,21 = c. Fab. VII fr. 27,7; CChr.SL 91A, 805,82-806,83 FRAIPONT); cf. auch ebd. (367,8-12 = c. Fab. VII fr. 27,8; CChr.SL 91A, 806,102-109 FRAIPONT). SCHMAUS 1976, 229.240f., weist darauf hin, daß eine Rezeption der augustinischen „Trinitätspsychologie" unterbleibt.
[274] Hormisdas bestimmte die innertrinitarischen Proprietäten wie folgt (Nr. 50; 370,6-8 = coll. Avell. 236,8f., CSEL 35, 719,17-19 GÜNTHER [bzw. PL 63, 514BC]; auch zitiert

klopädisten Isidor von Sevilla, des Aquitaniers Prosper Tiro (alias Julianus Pomerius), des Afrikaners Vigilius von Thapsus, der Italiener Agnellus von Ravenna und Cassiodor sowie des Spaniers Prudentius bieten ein Panoptikum der frühmittelalterlichen lateinischen Theologie unter den Prämissen des „Augustinismus"; argumentative Fortschritte sind diesen Zitaten nicht zu entnehmen, vielmehr wird die Selbstverständlichkeit beleuchtet, mit der ab dem späten 5. Jahrhundert das Filioque operationalisiert wurde.[275]

Insgesamt vermag Theodulf zwar eine durchaus beeindruckende Bandbreite von *dicta probantia* der nachaugustinischen Spätantike vorzulegen, deren argumentative Kraft jedoch divergiert. Bezeichnenderweise findet sich in einem Cassiodor-Zitat der Hinweis, daß zu den trinitätstheologischen Problemen die Schriften von Hilarius, Ambrosius, Augustin und Hieronymus zur Kenntnis zu nehmen seien.[276] Belegt ist damit aber die Einwanderung des Filioque in die auf diesen Autoritäten, besonders auf Augustin, fußende trinitätstheologische Lehrbildung, d.h. seine sukzessive Erhebung zum Bestandteil des elementaren Glaubenswissens. Theodulf durfte sich daher hinsichtlich des Filioque vollkommen auf dem Boden der Tradition stehend fühlen, was freilich einen hermeneutischen Zirkel implizierte, in dem griechische Theologen praktisch nicht vorkommen konnten, der in dieser Gestalt aber auch gewollt war, um den Verhandlungen mit dem Papst eine sichere theologische Grundlage zu bieten. Es zeigt sich daran die Eigendynamik der Diskussion um das Filioque, die mit der zunehmenden Fixierung des Glaubensgutes in katechetischer Zielsetzung einherging - anhand von theologischen Kategorien, die der lateinische Westen unabhängig von dem NC ausgebildet hatte, das erst nach 451 bekannt wurde und im späten 6. Jahrhundert in die westgotische Liturgie eingeführt wurde, als die meisten Gewährsleute Theodulfs schon gewirkt hatten.

Die *Epistola de processione Spiritus sancti* des Smaragd von St. Mihiel präsentiert sich in anderer Form als das Florilegium Theodulfs und das *Decre-*

---

bei Heito, proc. 2; 386,5-7): „*proprium est Patris generare Filium, proprium Filii Dei ut ex Patre Patri nasceretur aequalis, proprium Spiritus sancti ut de Patre et Filio procederet sub una substantia deitatis.*" Die Schlußwendung mitsamt dem Filioque begegnet dabei nur in der *Hispana*-Überlieferung (s.o. S. 51-56), aus der Theodulf schöpfte.

[275] Die typische trinitarische Aporie zeigt sich bei Isidor (Nr. 56; 374,10f. = orig. VII 3,8; PL 82, 268C): „*Hoc autem interest inter nascentem Filium, et procedentem Spiritum sanctum, quod Filius ex uno nascitur, Spiritus sanctus ex utroque procedit.*" Damit wird eine Frage nur scheinbar beantwortet, die Augustin bewußt offengelassen hatte (Nr. 24; 351,6-9 = c. Maxim. II 14,1; PL 42, 770f.). Bei Cassiodor findet sich die nachmals für die Filioque-Kontroverse hochbedeutsame Trinitätsanalogie sol - splendor - calor (Nr. 64; 380,6-13 = in psalm. 50,14; CChr.SL 97, 464,458-468 ADRIAEN; s.u. S. 475 Anm. 302), die Theodulf selbst aber nicht auswertet.

[276] Nr. 64 (380,28-381,2 = in psalm. 50,14; CChr.SL 97, 464,491-465,493 ADRIAEN).

tum: Sie ist zweigliedrig aufgebaut, wobei in einem erstem Abschnitt biblische Zeugnisse für das Filioque angeführt werden, nach denen ein illustrer Kreis von Vätern zu Worte kommt.[277] Liefert Theodulf eine erschöpfende Masse von Zeugnissen, ohne sich mit der Begründung ihrer Plausibilität aufzuhalten, so liegt bei Smaragd die hermeneutische Prämisse zugrunde, daß die Väter das in spezifischer Weise uneindeutige Zeugnis der Schrift erläutern und stützen, nicht aber ersetzen können. Denn obgleich die vorliegende Problematik längst gelöst sei, habe man sie doch wieder aufgeworfen, so daß sie nun von Grund auf neu angegangen werden müsse.[278]

Der Schriftbeweis vollzieht sich in vier Schritten: Zunächst wird die Identität des Geistes des Vaters mit dem des Sohnes erwiesen (Nr. 1-7; 304,10-305,12), und zwar durch Röm 8,9; Gal 4,6; 1 Petr 1,9-11 und natürlich vermittels Joh 15,26. Weiterhin wird das Zusammenwirken von Vater und Sohn bei der Gabe des Geistes an die Apostel betont (2 Kor 1,21f.; 1 Thess 4,7f.; 1 Joh 4,13: Nr. 8-10; 306,8-10), ebenso bei seiner Ausgießung (Tit 3,4-6; Apg 2,32f.; Joel 2,28-30: Nr. 11-13; 306,12-307,12). Der Geist ist im Munde des Vaters wie des Sohnes (Ps 32,6; Jes 11,4; 2 Thess 2,8: Nr. 14-16; 307,14-308,3). Es ist daher nur folgerichtig, daß der Geist, der nach Joh 15,26; 16,14 vom Vater ausgeht, dies auch vom Sohn tut - nach Hiob 37,2: „*Et audite auditionem in terrore vocis eius et sonum de ore illius procedentem*" (Nr. 18; 308,10f.).[279] Diese Herleitung des Filioque verdankt sich dem Hiobkommentar Gregors I., der freilich fortfährt: „*Sonus igitur de ore Domini procedit, cum consubstantialis eius Spiritus ad nos per filium [sic!] veniens surditatem nostrae insensibilitatis sumpsit*"[280] - das Hervorgehen wird also in einer Terminologie beschrieben, die das *Opus Caroli regis* kritisiert hatte!

Der sich anschließende Väterbeweis bietet durchweg Texte, die sich auch bei Theodulf finden, nämlich aus Ps.-Athanasius, Kyrill, Ambrosius, Ps.-Augustin (Fulgentius) sowie Augustin; die einzige Ausnahme bildet ein

---

[277] Zu Smaragdus cf. RÄDLE 1974, 13-21; zur *epistola* aaO., 60-62, sowie WILLJUNG 1998, 144-157.

[278] Prooemium (303,3-6): „*Quaestio, quae de Spiritus sancti processione est nuper exorta, iam dudum est diligentissime a sanctis patribus ventilata. Sed quia iam diu a quaerentibus neglecta iacebat, non quievit quasi antiquitus ventilata, sed quasi quaedam his temporibus nobis subito emersit occulta; quod divinum spiratum fideliter credens non dubito.*"

[279] Dieser in den hier verhandelten Traktaten singulär begegnende Schriftbeleg wird mit Apg 2,1-4 gestützt, wobei sich Smaragdus die Mehrdeutigkeit des Wortes *spiritus* (ähnlich dem griechischen πνοή) zunutze macht, wenn er „*de caelo sonus tanquam advenientis spiritus validissimi*" auf den Heiligen Geist bezieht, „*qui a filio procedens cum sonitu super apostolos in igne descendens apparuit*" (Nr. 19; 308,15-309,3).

[280] Nr. 20 (309,6-8 = moral. XXVII 17,34; CChr.SL 143B, 1356,50-1357,52 ADRIAEN).

Zitat aus einem dem Hieronymus zugeschriebenen Glaubensbekenntnis.[281] Möglicherweise ist die Väterbenutzung bei Smaragd sogar durch eine Benutzung von Theodulfs Florilegium zu erklären; das Gregor-Zitat würde dann als hermeneutisches Verbindungsglied zur eigenständigen Schriftargumentation fungieren. Die Pointe des Traktats liegt jedenfalls nicht im Väterbeweis, sondern in der biblischen Hinführung und in der argumentativen Prägnanz. Das Ziel, nämlich den Aufweis der Rationalität des Filioque, erreicht die *epistola* mit dem Selbstzitat im Trinitätswerk Augustins aus seinem Johanneskommentar, vorbereitet durch den Hinweis, daß der Sohn nirgends bestreitet, daß der Geist auch aus ihm hervorgeht: „*Est enim de Deo Deus, ab illo habet utique, ut etiam de illo procedat Spiritus sanctus; ac per hoc Spiritus sanctus, ut etiam de Filio procedat, sicut procedit de Patre, ab ipso habet Patre.*"[282] Damit schließt sich Smaragd an dieselbe lateinische Tradition an wie seine Seitenreferenten, wobei seine Schlußbemerkung den faktischen Ertrag der Aktivitäten in und vor Aachen benennt:

> „Diese Zeugnisse vieler der heiligen Schriften über den Hervorgang des Heiligen Geistes sind von uns mit Hilfe der höchsten göttlichen Gnade zusammengetragen worden, damit der Gegner, überwunden von den Sätzen der göttlichen Bücher und bedrängt von der Wolke so vieler rechtgläubiger Zeugen, der Wahrheit nicht zu widerstehen vermag, sondern vielmehr, von den katholischen Sätzen und wahrhaftigen Zeugnissen überzeugt, zurückkehrt in den schützenden Schoß der Kirche, um - dort gleichermaßen katholisch erzogen - einst mit den Kindern das ewige Reich zu erben" (312,6-11).[283]

---

[281] Nr. 24 (310,9-12 = CPL³ 1752; HAHN § 238). Nach PARMENTIER 1991, 378, dürfte dieses Credo aus dem 7. oder 8. Jahrhundert stammen; cf. WILLJUNG 1998, 155f.

[282] Nr. 28 (311,16-312,2 = trin. XV 27,48; CChr.SL 50A, 529,16-530,19 MOUNTAIN/GLORIE = in euang. Joh. XCIX 8; CChr.SL 36, 587,9-12 WILLEMS); ebenfalls zitiert in decr. Aquis. (Nr. 20); Arn (Nr. 37); Theodulf (Nr. 39); Adalwin (Nr. 15).

[283] Die beiden Traktate, die WILLJUNG ebenfalls dem Aachener Konzil zugeordnet und den Bischöfen Heito von Basel und Adalwin von Regensburg zugeschrieben hat (1998, 214f.224f. - beide Identifikationen sind aber *cum grano salis* zu betrachten; cf. dazu meine Rezension [wie S. 147 Anm. 242], 263), fügen sich in dieses Gesamtbild ein, wobei der Heito-Text aufgrund seiner Kenntnis der Werke Arns und Theodulfs und im Blick auf das antiadoptianistisch pointierte Glaubensbekenntnis (393,23-25) auch einem anderen Kontext entstammen könnte. Anders als bei Theodulf nimmt hier allerdings die Autorität der römischen Päpste großen Raum ein (Nr. 1-8: Leo I., Hormisdas, Gregor I.), daneben die *auctoritas Grecorum* (Nr. 9-13: Ps.-Athanasius, Kyrill, Didymus); als einziger lateinischer Kirchenvater begegnet Ambrosius (Nr. 14). Das angehängte Credo präzisiert das von den Autoritäten abgeleitete Ergebnis (393,9-13): „*Patrem a nullo factum vel genitum dicimus, Filium a Patre non factum, sed genitum adserimus, Spiritum vero sanctum nec creatum, quia Patri et Filio consubstantialis est, nec ingenitum, quia pater non est, nec genitum, quia filius non est, sed ex Patre, qui solus in sancta Trinitate pater est, et ex Filio, quia solus in sancta Trinitata filius est, procedentem esse fatemur.*"- Der Adalwin zugewiesene Traktat entnimmt zwei Drittel seiner Zitate den Werken Augustins (bzw. Quodvultdeus [Nr. 1], der *altercatio cum Pascentio* [Nr. 12] und des

2.3.3. Das „römische Colloquium" (810) und der doppelte Ausgang des ersten Filioque-Streits

Mit der Entscheidung der Aachener Synode war auch der Auftrag der Bischöfe Bernhard von Worms und Jesse von Amiens sowie des Abtes Adalhard von Corbie abgesteckt[284]: Die eingangs verlesenen „*testimonia*" (denen sich Leo rückhaltlos anschloß: „So meine, so halte ich es auch, eben so mit diesen Gewährsmännern und Belegstellen der Heiligen Schrift": Nr. 1; 287,10; Übers. 295,8f.) sollten den Papst von der Schrift- und Traditionsgemäßheit des Aachener Dekrets überzeugen. Der Gesprächsverlauf entwickelte sich freilich dahingehend, „daß man ihn eher als einen wirklichen Wortstreit statt eine Unterredung bezeichnen muß" (288,1f.; Übers. 295,17f.), wie der Protokollant vermerkt. Die Ergänzung des Credos wird von Leo als „*novissima definitio*" bezeichnet (288,4), wobei die Franken betonen, dies sei keineswegs ohne die Zustimmung des Papstes geschehen. Die Einführung des Filioque sei gleichermaßen nützlich wie notwendig gewesen: Das Symbol habe nicht nur eine *konfessorische*, sondern ebenso eine *katechetische* Funktion, es lehre die Gläubigen, was zur Erlangung der Seligkeit nötig sei, wozu auch das Filioque gehöre: „Hätten denn eben diese Autoren nicht gut daran getan, wenn sie durch Einfügung der nur vier Silben das so überaus wichtige Glaubensbekenntnis für alle Zeiten klar und deutlich gemacht hätten?"[285] Typisch für die Verbindung von Pädagogik und Liturgie ist die Frage, „*cur non licet cantare vel cantando docere?*" (288,18). Vielmehr sei eschatologische Eile geboten („*finis mundi appropinquat*": Nr. 12; 290,6), was keinen Aufschub für dieses Problem gestatte:

Fulgentius [Nr. 18-20]), vor allem aus Contra Maximinum (Nr. 2-11) und dem Johanneskommentar (Nr. 13-17) sowie aus De civitate Dei (Nr. 21), keines jedoch aus De trinitate. Zu Wort kommen weiterhin Ambrosius (Nr. 22-28), Hieronymus (Nr. 29.33), Isidor von Sevilla (Nr. 32) sowie die Päpste Damasus und Leo I. (Nr. 30f.). Singulär ist schließlich die Berufung auf das III. Konzil von Toledo (589; Nr. 34), mit dem das Werk schließt: „*Quicumque spiritum sanctum non credit aut non crediderit a patre et filio procedere, eumque non dixerit coaeternum esse patri et filio, et coessentialem, anathema sit*" (anath. III; 412,28-30 = MHS.C V, 79,350-352 MARTÍNEZ DÍEZ/ RODRÍGUEZ).

[284] Die folgende Darstellung basiert auf dem Protokoll der Verhandlungen (MGH.Conc. II/Suppl. II, 287-294 WILLJUNG; hiernach die Seitenangaben im Text); cf. vor allem PERI 1983, 180-192. Der Verfasser ist ungenannt, dürfte aber der päpstlichen Kanzlei angehören (so WILLJUNG 1998, 108-110, gegen die Vermutung von CAPELLE 1954, 317, es handle sich um Smaragd). Der Text gibt sich als Wortprotokoll der zwei Tage während Gespräche. Zu Bernharius und Adalhard cf. Leo III., ep. 9 = RPR(J) 2522 (MGH.Epp. V, 67,24-29; 68,3f. HAMPE); dazu WILLJUNG 1998, 88f.

[285] Nr. 10 (289,12-14):„*Numquid non bene idem tunc auctores fecissent, si quattuor tantum addendo syllabas tam pernecessarium fidei sacramentum cunctis deinceps saeculis perspicuum redderetur?*"; Übers. 296,27-29.

> „Weil wir das genannte Bekenntnis von gewissen Leuten so gesungen gefunden haben, und weil es mit dem kirchlichen Glauben übereinstimmt, so meinen wir, ja haben wir erkannt und sind der Auffassung, daß daher auch jetzt schon zahlreiche Gelehrte und ohne Ende bis zum Ende der Welt über ein so großes Mysterium, wenn man es so nennen möchte, aufgeklärt werden müssen, die in keiner Weise belehrt würden, würde nicht gesungen, schien es uns besser, durch Gesang so viele zu unterweisen, als sie durch Schweigen ungebildet zurückzulassen."[286]

Die Position des Papstes basiert dagegen auf einer Relativierung des Filioque: „Es gibt nämlich viele - wovon dieses eines ist - Mysterien und Sakramente des heiligen Glaubens, die höher und feiner sind, deren Verständnis zu erlangen viele in der Lage sind, viele aber sind dazu in Anbetracht ihres Alters oder wegen ihrer Intelligenz nicht fähig." (Nr. 5; 288,12-15; Übers. 296,2-5). Daher sei es durchaus fraglich, ob man *alle* Glaubensartikel, deren Kenntnis das Erlangen der Seligkeit voraussetze, in das Bekenntnis eintragen solle (Nr. 13; 290,17-21). Wo also die Gesandten eine Ergänzung des Symbols aus aktuellem Anlaß heraus für legitim und auch weiterhin für möglich halten, bestreitet Leo faktisch den Charakter des Bekenntnisses als suffizientes Kompendium christlichen Glaubens.[287]

Der zweite Teil der Verhandlungen entfaltet in langen Monologen des Papstes die Begründung dafür, warum man das, was als völlig übereinstimmend mit dem Glauben erkannt worden ist, dennoch nicht durch das Singen des Symbols proklamieren dürfe. Es bestehe die Gefahr, daß durch das forsche Reden über das Geheimnis der Trinität weniger den Starken genützt als vielmehr den Schwachen geschadet werde, weshalb auch die Väter nicht alle *disputanda* ins Symbol eingeführt hätten (cf. Nr. 20; 291,14-20). Stattdessen sei jetzt ein Präzedenzfall geschaffen worden, ohne die Folgen abzuschätzen, lade doch derjenige schwere Schuld auf sich, der ohne Not den Bereich der Lehr- und Glaubensgegenstände erweitere:

> „Wer das, was bislang in der Kirche Gottes sowohl jeder Weise bei sich wissen als auch ohne Gedanken an ein Vergehen einen Unwissenden lehren konnte, das kann nach und nach bereits, ich sage nicht nur kein Törichter lernen, sondern auch kein Weiser ohne Pflichtverletzung singen, oder wie Ihr durch Gesang jeden lehren wollt, und, indem ihr vielen auf einem anderen Pfad als dem euch zugewiesenen zu helfen gewählt habt, laßt

---

[286] Nr. 12 (290,9-14): *„Quia praefatum symbolum a quibusdam ita cantari repperimus, et quod id ecclesiasticae congruere fidei, sicut sentimus, utique cognovimus atque per hoc et nunc iam plurimos doctos et sine fine usque in finem saeculi de tanto mysterio, si ita teneatur, instruendos esse cognovimus, qui nequaquam instruerentur, nisi cantaretur, melius nobis visum fuit cantando tantos instruere quam tacendo indoctos relinquere"*; Übers. 297,9-16.

[287] Bezeichnend ist freilich seine Reaktion auf die Bitte der Franken, doch wenigstens einen der nicht im Credo enthaltenen Glaubenssätze zu nennen (Nr. 16; 290,25): Er könne dies „*abundanter*" tun (Nr. 17; 291,1) - genau an dieser Stelle wird das Gespräch aber unterbrochen und vertagt!

Ihr nämlich keinen in dem Gebiet zurück, dem Ihr, wenn er euch gefolgt ist, nicht Schaden zufügt." (Nr. 24; 292,19-24; Übers. 299,3-9).[288]

Falls man etwas zu lehren habe, sei dies nicht in liturgischem Kontext zu verankern, wobei die Franken an ihre Selbstbindung an den Papst erinnert werden: „Ich habe die Erlaubnis gegeben, zu singen, nicht aber durch das Singen irgendetwas hinzuzufügen, wegzunehmen oder zu ändern (*non autem cantando quippiam addendi, minuendi seu mutandi*), und, um es etwas deutlicher zu sagen, weil Ihr darauf drängt: So lange es Euch hierbei genug war, wie es die Heilige Römische Kirche mit den hochheiligen Mysterien durch solcher Art Singen oder Feiern hält, hatten wir es in keiner Weise nötig, uns mit diesen Fragen abzuplagen oder diese Beschäftigung auf andere abzuwälzen." (Nr. 26; 293,1-5; Übers. 299,21-26).[289]

Gegen die scheinbar unausweichliche Konsequenz, das Filioque aus dem Symbol zu entfernen, erheben die Gesandten aber einen gewichtigen Einwand: Gestehe man mit dieser Maßnahme nicht ein, zuvor einer Häresie verfallen zu sein? (Nr. 31; 293,22-24) Die in der Sache bestimmte, aber im Ton diplomatische Haltung Leos zeigt sich an seinem Lösungsvorschlag: Man möge einfach das Singen des Symbols in der Palastkapelle unterlassen: „Wenn Ihr Abstand davon nehmt, werden dies alle tun. Und so könnte vielleicht, sofern es möglich ist, beides nicht ohne Übereinstimmung geschehen, daß, was schon jetzt von jedem vorher Unwissenden richtig geglaubt wird, geglaubt werden möge, und dennoch die unzulässige Gewohnheit des Singens ohne Verletzung irgendjemandes Glauben aufzuheben" (Nr. 32; 294,7-10; Übers. 300,16-20). Diese diplomatische Position zielte darauf ab, nicht mit dem Kaiser als selbsternanntem Hüter der Orthodoxie aneinanderzugeraten; der entschiedene Widerspruch wurde daher in ein Konzept der Unabschließbarkeit von Glaubensformulierungen eingebettet, was das Filioque als einen zwar heilsnotwendigen, aber nicht allein entscheidenden Gehalt des katholischen Glaubens relativierte.[290] Angesichts der dogmatischen Relevanz, die das Filioque für die Hoftheologen Karls des Großen in den 790'er Jahren erlangt hatte, wird man freilich be-

---

[288] Cf. W. MAURER 1939, 40: Das Credo „dient nicht zur Belehrung des Volkes, sondern zur Anbetung Gottes."- Daß nur ein *ökumenisches* Konzil den Text ändern dürfte (so PERI 1983, 189), behauptet Leo nicht!

[289] Cf. Nr. 26 (293,7-11): „*Nos enim id ipsum non cantamus, sed legimus et legendo docere nec tamen legendo aut docendo addere quippiam eidem symbolo inserendo praesumimus. Quae vero praedictis symbolis fidei tantum non congruentia deesse cognoscimus, non, ut saepe dictum est, inserere praesumimus, sed locis temporibusve oportunis, quibus competit, ministrare curamus.*"

[290] ROMANIDES 1975, 292, übertreibt hier gewaltig: „Pope Leo III is actually telling the Franks in no unclear but diplomatic terms that the Filioque in the Creed is a heresy!"

achten müssen, daß die kaiserlichen Gesandten mit einem genuin katechetischen Impuls argumentierten. Daher darf die karolingische Initiative nicht nur als Machtprobe interpretiert werden, sondern als Konsequenz aus dem Bildungsbemühen der „karolingischen Renaissance".[291]

„Der Vorstoß der Sabasmönche in Jerusalem veranlaßte also erst den fälligen Klärungsprozeß um das Filioque im Westen"[292] - freilich war am Ende noch nichts zwischen Rom und Aachen geklärt, sondern nur der Dissens festgestellt. Im Frankenreich blieb das Filioque Bestandteil des NC und dieses Bestandteil der Meßliturgie - in Rom dagegen hielt man an der Textgestalt des NC *ohne* Filioque fest.[293] Dies kommt in einer Maßnahme Leos zum Ausdruck, von der Anastasius Bibliothecarius berichtet:

> „Dieser [sc. Leo] brachte um der Liebe und der Sorge um den rechten Glauben willen zwei Schilde aus Silber an, auf denen jeweils das Symbol aufgeschrieben war, auf dem einen in griechischen Buchstaben und auf dem anderen in lateinischen, rechts und links über dem Zugang zum Grab.[294]

Nach dem Zeugnis Abaelards enthielten diese Schilde das NC *ohne* Filioque, und zwar mit dem bilingualen Text der Taufliturgie des *Sacramentarium Gelasianum*.[295] Selbst Photius, gewiß der Latinophilie unverdächtig, lobte Leos Bemühungen um den rechten Glauben:

---

[291] HEATH 1972, 108, spitzt den Konflikt auf das Recht der Glaubensdefinition zu und übersieht dabei diesen frömmigkeitspraktischen Aspekt.

[292] BORGOLTE 1980, 411; cf. CAPELLE 1954, 319: „L'affaire était pratiquement classée. On eut soin à Aix de ne rien changer, et Rome, soucieuse de ne briser ni avec l'Occident ni avec l'Orient, n'insista plus." ANGENENDT 1997, 319, sieht dagegen ein Scheitern Karls an der römischen Autorität.

[293] Leo III. - vor allem durch die Kaiserkrönung Karls unauslöschlich in die Geschichte des Abendlandes eingegangen - hat aufgrund seiner Weigerung, das Filioque ins Bekenntnis aufzunehmen, eine gute Presse erlangt; cf. KATTENBUSCH 1900, 823; CAPELLE 1954, 320; DE HALLEUX 1981, 78; STAATS 1996, 200; SATTLER 1997, 196. BORGOLTE 1980, 426, rühmt seine „konsequent ökumenische Haltung"; HEATH 1972, 109, preist „the wisdom of his position". Zur älteren katholischen Forschung cf. PALMIERI 1913b, 2329-2331; dagegen PERI 1983, 181: „La figure du pape Léon III avec son somportement dans le cas du *Filioque* incarne aux yeux des Orthodoxes le modèle disparu d'un pontife romain idéal."

[294] Lib. pont. (II; 26,18-20 DUCHESNE): „*Hic vero pro amore et cautela orthodoxae fidei, fecit ubi supra scutos ex argento II, scriptos utrosque simbolo, unum quidem litteris grecis et alium latinis, sedentes dextra levaque super ingressu corporis.*" Neben diesen beiden Tafeln in St. Peter wurde eine weitere in St. Paul angebracht (aaO., 26,28f.); zur Aufstellung und Würdigung der Zeugnisse cf. WILLJUNG 1998, 117f. Auf eine vergleichbare Aktion Gregors III. weist MORDEK 1988, 128 Anm. 47, hin.

[295] Der lateinische Text wird zitiert in Sic et Non IV (PL 178, 1357AC); cf. intr. II 14 (aaO., 1075BC): „*... quod iuxta traditionem praedictorum conciliorum Leo tertius Romae transcriptum in tabula argentea posteris reliquit, pro amore, ut ipsemet dicit, et cautela orthodoxae fidei. In quo quidem symbolo ipse quoque in processione Spiritus solum comme-*

„[Dieser handelte] nicht allein durch Wort und Vorschrift, sondern er ließ auch Schilde an einigen Säulen anbringen und schrieb darauf und stellte sie allen vor Augen und brachte sie an den Türen der Kirche an, so daß es für alle leicht sei, die Rechtgläubigkeit unverfälscht zu bewahren."[296]

Mit Johannes Bekkos reiht sich ein weiterer Patriarch unter die Bewunderer Leos ein, und zwar dezidiert gegen den Antifilioquismus des Photius - ein Zeichen dafür, daß noch im 13. Jahrhundert die Fronten nicht so starr verliefen, wie bisweilen suggeriert wird.[297] Freilich ist diese Sichtweise des Bekkos anachronistisch - so energisch Leo III. das NC ohne Filioque verteidigte, so unerbittlich wurde dasselbe Filioque seit dem 12. Jahrhundert von seinen Nachfolgern vertreten. Im Jahre 810 jedoch wurde die Pneumatologie - wie schon in der Auseinandersetzung um Nizäa II - zum *schibboleth* nicht zwischen Ost und West, sondern zwischen fränkischem Königbzw. Kaisertum und römischem Papsttum. An dem Spannungsfeld zwischen Ökumene und Orthodoxie, zwischen Liturgie und Katechese, zwischen der Autorität der Väter und des Symbols wird die Komplexität der Frage nach „dem" Filioque erst deutlich. Daher gab es zunächst einen „doppelten Ausgang" in der Filioque-Frage - zu verschieden waren (noch) die Interessen innerhalb der „einen" lateinischen Christenheit.

---

morat Patrem" (auch in: expositio symboli; aaO., 629A; theol. christ. IV 122; CChr.CM 12, 326,1928-1935 BUYTAERT). Cf. Humbert, proc. 3,4 (I; 100,9f. MICHEL); Petrus Damiani, ep. 91 (MGH.B IV/3, 4,27-534 REINDEL); Petrus Lombardus, sent. I dist. XI c. 1 a. 3 (SpicBon IV, 115,15-22); dazu CASPARI 1866, 221f. Anm. 10; SATTLER 1997, 196.

[296] Photius, ep. 291,5 (III; 141,80-142,84 LAOURDAS/WESTERINK): Καὶ οὐ λόγῳ μόνον καὶ προστάγματι, ἀλλὰ καὶ θυρεοῖς τισι πεποιημένοις, ὥσπερ στήλαις τισὶν ἀναγραψάμενός τε καὶ εἰς ὄψιν ἁπάντων προθείς, κατὰ τὰς πύλας τῆς ἐκκλησίας προσέπηξεν· ὡς ἂν πᾶσιν εἴη ῥᾴδιόν τε καὶ ἀκαπήλευτον ἐκμανθάνειν τὴν εὐσήβειαν; s.u. S. 276.

[297] Johannes Bekkos, ref. spir. 32 (PG 141, 845B-848B): κρατεῖ γὰρ εἰς δεῦρο· καὶ αἱ ἀποτεθησαυρισμέναι ἐν τοῖς Πέτρου καὶ Παύλου θησαυροφυλακίοις καὶ χαλκοῦ πεποιημέναι ἀσπίδες, αἷς τὸ ἱερὸν τῆς πίστεως σύμβολον Ἑλληνιστὶ καὶ Ῥωμαϊστί, ἐκεῖ τῶν τόπων εἰσὶν, ὅπου ταύτας ὁ πάππας Λέων ἀπέταξε, καὶ τὸ σύμβολον καθ' ἑκατέραν διάλεκτον, ὡς οἱ κατὰ τόπους μαθόντες ἡμῖν πεπληροφορήκασιν, ἀπανταχοῦ τῶν Ῥωμαίων ἀναγινώσκεται.

III. Die Kontroverse um das Filioque zur Zeit des Patriarchen Photius

Die (Un-) Sitte von Kirchenhistorikern, dogmatische oder kirchenpolitische Streitigkeiten einseitig zu personalisieren, hat den Namen des Konstantinopolitaner Patriarchen Photius als Patron des „photianischen Schisma", d.h. von drei Jahrzehnten ost-westlicher Kontroversgeschichte, zu unauslöschlicher Bedeutsamkeit gebracht.[1] Dahinter verbirgt sich der erste offene Konflikt um das Filioque zwischen dem griechischen Osten und dem lateinischen Westen. Die Kontrahenten waren einerseits ein Papsttum, das in Mittel- und Westeuropa angesichts des Auseinanderfallens der einstigen karolingischen „Landeskirche" zur dominierenden theologischen und kirchenpolitischen Kraft avanciert war und primatiale Ansprüche erhob, und ein byzantinischer Patriarch, der gegen den Westen das Prinzip der Pentarchie verteidigte. Nur auf dem Hintergrund dieses allgemeinen Spannungsfeldes der zweiten Hälfte des 9. Jahrhunderts ist die Kontroverse zu verstehen, bei der erstmals das Filioque im Mittelpunkt des Interesses stand - als Indikator sprachlicher, kanonischer und dogmatischer Divergenzen. Das vielbeschworene „Schisma" ist daher als eskalierender Interaktionsprozeß zu begreifen, wobei zwischen 860 und 867 ein signifikanter Umschwung im Umgang des römischen Papstes mit dem byzantinischen Patriarchen und umgekehrt zu verzeichnen ist, der sich wiederum in der zweiten Amtszeit des Photius in einem veränderten politischen Kräftefeld und im Gegenüber zu einem anders agierenden Papst gänzlich neu gestalten konnte.[2]

Zunächst sind die Rahmenbedingungen der Filioque-Kontroverse aufzuzeigen, d.h. der innerbyzantinische Streit um den legitimen Inhaber des Patriarchenthrones und die Dynamik des Konflikts zwischen Photius und

---

[1] Cf. *pars pro toto* MICHEL 1930a, 2: Photius sei der „Vater des Schisma" zwischen Ost und West.

[2] Grundlegend für das Folgende ist DVORNIK 1948, der das „photianische Schisma" vorbildlich in „History and Legend" differenziert hat; cf. weiterhin die zahlreichen Untersuchungen von GRUMEL und JUGIE sowie HERGENRÖTHERS bis heute an Materialfülle unüberholtes Opus. Überblicke über Photius' Leben und Werk bieten STÉPHANOU 1984 und F. TINNEFELD, in: TRE 26 (1996), 586-589; zu seinem Patriarchat cf. BECK 1966a; 1980, 96-118; DAGRON 1994, 178-197.

Papst Nikolaus I. Speziell zum Filioque sind (2.) die Enzyklika des Patriarchen von 867 und die Reaktionen des Westens zu thematisieren sowie der vorläufige Abschluß der Kontroverse auf dem Konzil von Konstantinopel 869/70; anschließend (3.) ist die Stellung des Photius zum Filioque in seinem zweiten Patriarchat in den Blick zu nehmen. Erkenntnisleitend muß dabei die Frage sein, wie in Ost und West das Verhältnis zwischen dem theologischen Gehalt des Filioque und seiner Aufnahme in das NC rekonstruiert wird und welche ekklesiologischen bzw. „häresiologischen" Konsequenzen daraus gezogen werden.

1. Ost und West zur Zeit des ersten Patriarchats des Photius

1.1. Die innerbyzantinischen Wirren um den Patriarchenthron seit 858

Der byzantinische Bilderstreit des 8. und 9. Jahrhunderts hat Kirche und Gesellschaft in Byzanz über seinen „offiziellen" Abschluß (843) hinaus nachhaltig geprägt.[3] Mit der Absetzung des ikonoklastischen Patriarchen Johannes Grammatikos und der Erhebung des Methodius waren die Bilderstürmer auf den unteren Ebenen des Klerus keinesfalls schlagartig „bekehrt".[4] Daß die Konzilien der 860'er Jahre mehrfach den Ikonoklasmus verurteilten, läßt auf eine sublime Fortexistenz der Bilderfrage schließen; die Streitigkeiten seit 858 um den rechtmäßigen Patriarchen spiegeln die Dualität von unerbittlichen Bilderverehrern und von Anhängern der „Oikonomia" gegenüber konversionswilligen Ikonoklasten.[5] Freilich wechselten mit Ignatius (seit 847) und Photius (seit 858) keineswegs strikte Exponenten der zwei Richtungen einander ab; vielmehr waren es die Umschwünge der kaiserlichen Politik, die den Wechsel im Patriarchenamt evozierten: So galt Ignatius als Protegé der 856 verbannten Kaiserin Theodora und daher als Gegner ihres Sohnes Michaels III. (bzw. dessen Onkels Bardas); 867 war wiederum Photius der Leidtragende des Putsches durch Basilius I., ebenso bei der Thronbesteigung von dessen Sohn Leon VI. (886). Die Konstante bei all' diesen Wirren war das Bemühen der jeweiligen

---

[3] Paradigmatisch für die weitgehende Nichtbeachtung dieses Sachverhalts ist die Darstellung bei OSTROGORSKY 1963, bes. 175. Zur Rolle des Photius für die Durchsetzung der Bilderverehrung cf. THÜMMEL 1991, 115-126.

[4] OSTROGORSKY 1963, 182f.

[5] DVORNIK 1948, 1-38, schildert diese differenzierte Nachgeschichte des Bilderstreits plausibel, wenn auch bisweilen etwas schematisch; kritisch dazu STIERNON 1975, 15f. mit Anm. 11; STRATOUDAKI WHITE 1999, 343-346; zustimmend PERRONE 1993, 173f.

Machthaber, ihre Position durch eine Aussöhnung der streitenden Gruppen zu stärken - mit einem jeweils geeignet erscheinenden Patriarchen.

Das Grundproblem der Quelleninterpretation liegt darin, daß Berichte über die Erhebung des Photius fast nur von seinen Gegnern erhalten sind. Als gesichert darf gelten, daß Ignatius nicht einfach abgesetzt wurde, sondern selbst eine Abdankungsurkunde unterzeichnete.[6] Auch Photios selbst spricht nicht von einem Sturz, sondern von einer geregelten Amtsübergabe[7], allerdings unter dem Vorbehalt des Ignatius, daß der neue Patriarch seinen Vorgänger weiterhin als legitimen Amtsinhaber ansehen und in seinem Sinne handeln solle.[8] Diese Vereinbarung führte allerdings schon 859 zum Konflikt, als zunächst die Ignatius-Anhänger in der Irenenkirche eine Synode gegen Photius abhielten, der wiederum mit einer Synode in der Apostelkirche reagierte - offenbar hatte er die Anerkennung des Ignatius auf dessen *einstige* Legitimität bezogen und gedachte keineswegs als „Patriarchatsverweser" zu agieren.[9] Daß Photius mit dem Erzbischof von Syracus, Gregor Asbestas, einen erklärten Gegner seines Vorgängers zu seinem Konsekrator berief, hatten die Ignatianer als Kriegserklärung verstanden.[10] Die Situation eskalierte, als Ignatius festgenommen, inhaftiert und schließlich nach Mytilene deportiert wurde - auch wenn man Photius selbst wohl kaum die Schuld dafür zuweisen darf.[11] Die offene Bestreitung der Rechtmäßigkeit seiner Patriarchenwürde durch die Anhänger des Ignatius im Frühjahr 859 motivierte Photius' Abkehr vom Versöhnungskurs auf der Synode vom August 859 in der Blachernenkirche: Obwohl Ignatius

---

[6] Die unverhohlen parteiische *Vita Ignatii* des Niketas von Paphlagonien läßt eine Lücke zwischen den beiden Amtsinhabern, so daß die Erhebung des Photius wohl dem Amtsverzicht des Ignatius folgte (cf. DVORNIK 1948, 40f.; SIEBEN 1999, 21f.; STRATOUDAKI WHITE 1999, 347; STIERNON 1975, 13-30, votiert dagegen hier und auch sonst auf „ignatianischer" Linie).

[7] Ep. 288 (III; 116,46f. LAOURDAS/WESTERINK): Ἄρτι τοιγαροῦν τοῦ πρὸ ἡμῶν ἱερατεύειν λαχόντος τῆς τοιαύτης ὑπεξελθόντος ἀξίας; anders das ignatianische *Synodicon vetus* (Nr. 158; 134,1f. DUFFY/PARKER): παρὰ τοὺς θείους καὶ ἱεροὺς κανόνας τοῦ θρόνου ἐπιλαβόμενος.

[8] GRUMEL Nr. 456; cf. DVORNIK 1948, 48; BECK 1980, 99; DAGRON 1994, 180.

[9] GRUMEL Nr. 459; cf. DVORNIK 1948, 55.59; STÉPHANOU 1984, 1398.

[10] In der Forschung wird gerne eine enge Beziehung des Photius zu Gregor Asbestas unterstellt; cf. JUGIE 1941, 107: „*Schismatique, parjure, néophyte, intrus*: ces quatre épithètes tombaient sur lui le jour même de son ordination par Grégoire Asbestas." Allerdings hatte Leo IV. die ca. 852 erfolgte Verurteilung des Asbestas durch Ignatius - dem jener die Gefolgschaft verweigert hatte - nicht anerkannt; cf. GROTZ 1970, 55; STIERNON 1991, 674f.; HERBERS 1996, 303-306.

[11] DAGRON 1994, 181; ausführlich DVORNIK 1948, 56-61.

nicht selbst gegen seinen Nachfolger agitiert hatte[12], wurde er über seine schon erfolgte Abdankung hinaus *in absentia* verurteilt und abgesetzt.[13]

1.2. Patriarch Photius und das römische Papsttum

1.2.1. Die Synode von Konstantinopel 861

Der Konflikt war damit nur unterdrückt, nicht aber geklärt; allerdings saß Photius fest im patriarchalen Sattel, solange Kaiser Michael III. und dessen Onkel Bardas lebten, waren doch die erzwungene Abdankung des Ignatius wie auch die Berufung des Photius Schritte zur Konsolidierung ihrer eigenen Macht gewesen. Diese Konstellation illustriert eine 861 in Konstantinopel abgehaltene Synode, die die Bilderverehrung endgültig sanktionieren sollte. Zu diesem Zweck hatte Michael Papst Nikolaus I. um die Entsendung von Legaten gebeten. Während auf byzantinischer Seite die Absetzung des Ignatius als innerer Vorgang angesehen wurde, der seit Mitte 859 offiziell abgeschlossen war[14], verstand man in Rom diese Aufforderung als Versuch, eine unkanonische Aktion nachträglich mit päpstlichen Weihen zu versehen, worin die Sicht der nach Rom geflüchteten und dort intrigierenden Ignatianer zum Ausdruck kommt.[15]

Der Brief des Papstes an Michael III. vom 25. September 860 war eine geschickte Verquickung von Antwort und Forderung, insofern eine kurze dogmatische Antwort zur Bilderfrage mit dem Anspruch auf Revision der *causa Ignatii* und mit der Forderung nach der Rückgabe des Illyricums verbunden wurden.[16] Leitend war dabei der Gedanke, daß die „heiligen Väter"

---

[12] DVORNIK 1948, 61; anders JUGIE 1941, 108.

[13] GRUMEL Nr. 459. Das *Synodicon vetus* spricht von einem πονηρευμένων ἐν Βλαχέρναις συνέδριον (Nr. 158; 134,4f. DUFFY/PARKER). Bemerkenswert ist, daß hier Photius selbst (und nicht die Synode!) als Akteur begegnet: [Φώτιος] καθαιρεῖ μὴ παρόντα τὸν ἀδικούμενον· καὶ τοὺς ἀπαρνουμένους καθυπογράψαι τοῖς πονηροῖς αὐτοῦ νεύμασι καὶ τῆς κοινωνίας ἀντέχεσθαι (134,5-7).

[14] DÖLGER Nr. 457; cf. die Feststellung des Kaisers gleich zu Beginn des Konzils des Jahres 861 in actio I (Deusdedit, can. IV 431; 603,7f. GLANWELL): „*Oportuerat quidem de Ignatio nullam iam fieri questionem, qui pro manifestis culpis depositus est.*" Die antiikonoklastische Intention des Konzils belegen die verabschiedeten Kanones; dazu ROCHOW 1983, 99-101; DAGRON 1994, 182.

[15] Cf. Lib. pont. (II; 155,1-5 DUCHESNE). Das *Synodicon vetus* (Nr. 159; 134,3-5 DUFFY/PARKER) bemerkt zu der doppelten Intention des Patriarchen: καὶ πρὸς ἀποβολὴν τελείαν τῆς τῶν εἰκονομάχων αἱρέσεως τοποτηρητὰς πεμφθῆναι αὐτοῦ μεγάλως ἱκέτευσεν, Ἰγνατίῳ δόλῳ πραγματευόμενος τὴν κατάκρισιν; dazu DVORNIK 1948, 74f.

[16] RPR(J) 2682 = ep. 82 (MGH Epp. VI, 436,17f.38-40; 438,21-24 PERELS; im folgenden zitiert unter Angabe von Seiten- und Zeilennummern).

längst schon grundsätzlich festgestellt hätten, daß nichts Gravierendes ohne Zustimmung des römischen Stuhles entschieden werden dürfe[17] - womit für den Fall des Ignatius das Revisionsrecht beansprucht wurde. Nikolaus I. beanstandete, daß Ignatius „*sine Romani consultu pontificis*" (434,8f.) abgesetzt und mit Photius ein Laie an seine Stelle gerückt worden sei: „Ein solches Vorgehen ist nach der katholischen Weiheordnung verboten; unsere heilige römische Kirche hat eine solche Wahl immer durch den Mund unserer Vorgänger als Lehrer des katholischen Glaubens untersagt. Wir halten uns an ihre Weisung, da wir überzeugt sind, daß ihre Satzungen unverletzlich bleiben müssen."[18] Dies rekurriert auf die (im Osten niemals rezipierten) Kanones der Synode von Serdika (342/43) - explizit für die Kritik, daß Photius die Weihegrade in unzulässiger Eile durchlaufen habe[19], implizit für die Rolle Roms als Appellationsinstanz:

„Aus diesen kurzen Überlegungen erhellt, daß wir uns außerstande sehen, zur Weihe des vorgenannten Mannes [sc. Photius] unsere apostolische Zustimmung zu geben; vorher müssen wir durch unsere Legaten, die wir zu Euch senden, alles, was in der vorgenannten Stadt [Konstantinopel] hinsichtlich der kirchlichen Fragen oder Weihen geschehen soll, genau erfahren... Durch diese Untersuchung soll geklärt werden, ob die kanonischen Vorschriften [bei Ignatius' Absetzung] beachtet wurden oder nicht (*utrum canonicus tenor in eadem observatus fuerit vel non*). Wenn dann der Bericht an uns gelangt ist, werden wir mit apostolischer Autorität (*apostolica sanctione*) bestimmen, was weiterhin zu geschehen hat. Auf diese Weise soll Eure Kirche, die Tag für Tag von solchen Bedrängnissen geschüttelt wird, künftig unverletzt und unerschüttert bleiben."[20]

Nikolaus behauptete also, kraft seines apostolischen Amtes eine Untersuchung höherer Instanz einleiten und den daraus folgenden Urteilsspruch sich selbst vorbehalten zu dürfen - „*ut in omnibus rectus ordo servari queat*" (436,25f.). Die Berufung auf Serdika zur Herleitung dieses *rectus ordo* beruht allerdings auf einer Verallgemeinerung der Bestimmung in can. 3, wonach der Fall eines von seiner Provinzsynode verurteilten Bischofs nach Rom überwiesen werden dürfe, wo über Bestätigung oder Neueinleitung des Verfahrens zu entscheiden sei. Seinerzeit wollten damit die Gefolgsleute

---

[17] Ep. 82 (434,2-5): „*Ad cuius etenim, sicut ipsi scitis, integritatem observationis multitotiens conventus factus est sanctorum patrum, a quibus et deliberatum ac observatum extitit, qualiter absque Romanae sedis Romanique pontificis consensu nullius insurgentis deliberationis terminus daretur.*"

[18] Ep. 82 (435,3-6); Übers. STIERNON 1975, 290 (verändert).

[19] Conc. Sard., can. 13 (EOMIA I/2,3, 472,3-473,11 TURNER); dazu kommen Belege aus Pseudo-Isidor: Caelestin (RPR[J] 371 = decr. XXI; 561 HINSCHIUS); Leo I. (RPR[J] 411 = decr. XXXIII; aaO., 619); Gelasius I. (RPR[J] 636 = decr. III; aaO., 651). Als „Zeitgenosse" wird Hadrian I. (RPR[J] 2448 = MANSI XII, 1074A-1075C) herangezogen, mit Verweis auf dessen Brief an das Konzil von 787 (436,18-21).

[20] Ep. 82 (436,22-25.33-37); Übers. STIERNON 1975, 290f.; cf. GEMEINHARDT 2001c, 25f.

des Athanasius das Problem bewältigen, daß der Antiochener Synode von 328 zufolge gegen eine einmütig urteilende Provinzialsynode keine Berufung möglich sei, weshalb die Verurteilung des Athanasius 335 in Tyrus als bindend galt. Dagegen wurde die Möglichkeit einer Neuverhandlung konstruiert und Rom zu einer herausgehobenen Instanz im jurisdiktionellen Gefüge der universalen Kirche erklärt. In jedem Fall sollte die Appellation nach Rom retardierende Wirkung haben, was für Nikolaus einen Ansatzpunkt bot, die Entscheidung über die Rechtmäßigkeit der Ernennung des Photius in der Schwebe zu halten. Damit ging er allerdings über Serdika hinaus, wonach diese Entscheidung ausnahmslos vor Ort zu treffen war, sei es durch die Bischöfe der Nachbarprovinz, sei es durch römische Delegierte, die dann kraft der Autorität des Papstes sprachen.[21] Der *„canonicus tenor"* bedurfte also einer präzisierenden Interpretation, um im Sinne Nikolaus' seine Wirksamkeit zu entfalten.[22]

Aufgrund dieser Konstruktion sollten ein halbes Jahrtausend später die päpstlichen Apokrisiare die Absetzung des Ignatius und die Neuwahl des Photius wieder aufrollen dürfen - für die byzantinische Seite ein klarer Affront! Daher wurde dem päpstlichen Wunsch Rechnung getragen, ohne doch eine wirkliche Revision zuzulassen: Die Legaten Rodoald von Porto und Zacharias von Anagni erreichten, daß im Mai 861 in der Apostelkirche erneut über Ignatius verhandelt wurde und ihnen die Ratifizierung des zu fällenden Urteils vorbehalten war - nicht jedoch dem Papst.[23] Offensichtlich warf Michael III. seiner Mutter Theodora vor, nach dem Tod des Methodius keine Synode zusammengerufen, sondern autokratisch den neuen

---

[21] Can. 7 (EOMIA I/2,3, 461,10-462,27 TURNER): *„[Episcopus Romanus] scribere his episcopis dignetur qui in finitima et propinqua prouincia sunt, [ut] ipsi diligenter omnia requirant et iuxta fidem ueritatis definiant. quod si qui rogat causam suam iterum audiri et depraecatione sua mouerit episcopum Romanum ut e latere suo praesbyterum mittat, erit in potestate episcopi quid uelit aut quid aestimet: [et] si decreuerit mittendos esse qui praesentes cum episcopis iudicent habentes [eius] auctoritatem a quo destinati sunt, erit in suo arbitrio; si uero crediderit sufficere episcopos ut negotio termunum imponant, faciet quod sapientissimo consilio suo iudicauerit."*

[22] Das Quinisextum hatte Serdika zwar in die Reihe der normativen Synoden aufgenommen (can. 2; 101,19-21.30f. LAUCHERT); der griechische Text von can. 3 bezieht das Recht der Appellation jedoch konkret auf Julius von Rom (337-352; EOMIA I/2,3, 494,21f.); dazu DVORNIK 1948, 92 Anm. 2; HAUGH 1975, 94f.

[23] Das Bild dieser Synode wird freilich dadurch verdunkelt, daß ihre Akten nach dem Sturz des Photius von der Synode anno 869/70 verbrannt wurden (s.u. S. 237f.). Lediglich die siebzehn Disziplinarkanones und ein Aktenauszug des römischen Kanonisten Deusdedit (gest. 1098/99) sind erhalten (can. IV 428-431; 603-610 GLANWELL; im folgenden mit Seiten- und Zeilenangaben im Text zitiert). Zum Verlauf cf. STIERNON 1991, 679-689; zu den Disziplinarkanones (GRUMEL Nr. 468) cf. DVORNIK 1948, 85.

Patriarchen eingesetzt zu haben.[24] Ignatius hätte daher niemals Patriarch sein können![25] Der Schuldspruch über Ignatius wurde zwar mit päpstlicher Autorität bekräftigt (cf. can. IV 431; 609,3-9); die Diskussion zeigt allerdings, daß die byzantinische Seite aus der Rolle des Papsttums im Westen keinesfalls weiterreichende Rechte abzuleiten gedachte. Eine *causa Ignatii*, die zur Verhandlung anstünde, schien gar nicht zu existieren - dem Wunsch der römischen Apokrisiare werde nur „*propter honorem sancti P[etri] et sanctissimi et uniuersalis pape Nycolai*" entsprochen (can. IV 428; 603,12f.).[26] Die Gesandten wiederum stellten unter expliziter Berufung auf Serdika (603,14-16) dieser Ehre das von ihnen einklagbare Recht gegenüber: „Was wir tun, das tun wir aufgrund der kanonischen Autorisierung (*auctoritate canonica*)" (603,20f.).[27] *De facto* gab die Synode dem Anspruch des Papstes, eine schon entschiedene *causa* revidieren zu dürfen, statt - und die Legaten wandelten dabei exakt auf den Spuren von Serdika, indem sie vor Ort im Namen des Papstes ihr Urteil fällten (bzw. das von 859 bestätigten).[28] Am Ende dieses hochsymbolischen Vorgangs taucht erstmals der Name des nun auch von Rom anerkannten Patriarchen auf: „*Nicolao pape et Ph[otio] patriarche multos annos*" (can. IV 431; 610,4f.).

Mit dem Schuldspruch über Ignatius war freilich noch nicht die Kritik beseitigt, die Nikolaus vor allem in seinem kurzen Schreiben an Photius geäußert hatte: „Wir bedauern es, daß Ihr nicht die rechte Ordnung eingehalten habt. Ihr seid nicht auf dem kirchlichen Stufenweg (*per gradus ecclesiae*) aus dem Laienstand zu solch hoher Würde emporgestiegen. Dabei wäre es eine Forderung der Klugheit gewesen, erst einmal in entsprechender

---

[24] Can. IV 431 (608,34): „*sine electione intrauit in ecclesiam*". Nach dem *Synodicon vetus* (Nr. 159; 136,14-16 DUFFY/PARKER) sei gegen Ignatius can. app. 30 angeführt worden: Εἴ τις ἐπίσκοπος κοσμικαῖς ἄρχουσι χρησάμενος δι' αὐτῶν ἐγκρατὴς ἐκκλησίας ἐγένετο, καθαιρείσθω (SC 336, 282,99f. METZGER). Zu den Geschehnissen anno 847 cf. DVORNIK 1973, 33f.; BECK 1980, 96f.

[25] So etwa STÉPHANOU 1984, 1399: „Photius, dans la logique des événements, basait son droit au patriarcat non sur l'abdication d'Ignace mais sur la prétendue nullité légale du patriarcat de son prédécesseur."

[26] Gegen ESSER 1960, 30 Anm. 28, wurde hier keineswegs „die Anerkennung des Jurisdiktionsprimates an[geboten]" (ähnlich STIERNON 1975, 296 Anm. 7).

[27] Cf. z.B. den Wortwechsel nach can. IV 429 (606,24-28): Theodor von Laodizea betont: „*Ecclesia nostra alias consuetudines habet quam uestra. Set [sic!] imperator sanctus uoluntati uestre obsequitur*"; die Apokrisiare antworten: „*Nos iuxta consuetudinem nostram iudicare non uolumus set iuxta canonicam auctoritatem et constitutionem Romane ecclesie.*"

[28] Dies bezeugt auch Ignatius nach can. IV 428 (604,15-17): „*Nostis, quod omnes dampnati potestatem habent reuocare causam suam in conspectu pape, ut ille mittat, qui iudicet negotium illorum, et si iuste damnati sunt, ut maneant.*" Jedoch hatte der Verurteilte um diese Revision nicht gebeten: „*Ego non appelaui Romam, nec appello*" (can. IV 430; 607,12).

Weise nach kanonischer Ordnung im Klerikerstand zu leben, um dann in Übereinstimmung mit den Rechtssatzungen zu gegebener Zeit und auf dem vom Recht vorgesehenen Stufenweg zum Hirten der Kirche bestellt zu werden."[29] Im Brief an Michael III. wurde dies mit regelrechten Ausfällen gegen die Person des Patriarchen untermauert, der Lehrer sein wolle, ohne jemals Schüler gewesen zu sein.[30] Jedoch hatten es die päpstlichen Legaten nicht erreicht, die Ordination des Photius zum Gegenstand der synodalen Verhandlungen zu machen. Allerdings bestimmt can. XVI der Synode von 861, daß es fortan nicht erlaubt sein solle, einen neuen Bischof (resp. Patriarchen) zu installieren, solange sein Vorgänger noch lebe, nicht der Vernachlässigung seines Amtes überführt sei und auch nicht freiwillig abgedankt habe.[31] Der folgende Kanon schärft ein, „daß niemand aus dem Stand der Laien oder der Mönche zur Bischofswürde gelangen soll, sondern erst nachdem er die kirchlichen Weihestufen durchlaufen hat, soll er durch Handauflegung das Bischofsamt empfangen".[32] Damit wird intentional can. 13 von Serdika aufgenommen - freilich mit einer wichtigen Einschränkung, die exakt diejenige Ausnahme autorisierte, die Rom hatte bestreiten wollen:

> „Denn obwohl bis jetzt einige aus dem Laien- oder Mönchsstand unvermittelt die Würde des Bischofsamtes erlangt haben, wenn es die Situation erforderte - Männer, an Tugend hervorragend und die Kirche nach Vermögen erhebend -, wollen wir die Ausnahme nicht zum Gesetz der Kirche machen (τὸ σπάνιον οὐδαμοῦ νόμον τῆς ἐκκλησίας τιθέμενοι) und setzen deshalb fest, daß solches fortan nicht mehr geschehen soll."[33]

---

29 Ep. 83 (440,7-11); Übers. STIERNON 1975, 293f.
30 Ep. 82 (434,30-435,2): „*Verum iste Photius videlicet antea doctor prorupit quam doctus extiterit, prius magister videri cupit quam discipulus audiri, prius auditor esse debuit ac deinde institutor. Sed hic doctoris e contrario cathedram eligens docere prius elegit ac deinde coepit doceri, prius sanctificare curavit ac demum sanctificari, prius inluminare voluit et postmodum inluminari*"; cf. Conc. Sard., can. 13 (EOMIA I/2,3, 472,3-473,11 TURNER). Schon das karolingische *Capitulare adversus synodum* hatte den Patriarchen Tarasius als Neophyten bezeichnet (cap. XLVIII; MGH Epp. V, 37,6f. HAMPE; cf. oben S. 109 Anm. 122). Das *Opus Caroli regis* kritisierte Tarasius als „*repente ex laico conversus et ad episcopatum promotus*" (III 2; MGH Conc. II/Suppl. II, 341,1f. FREEMAN) und konstatiert: „*Nec mirandum est, si non recte praedicet, qui ad praedicationis officium non recte pervenit*" (344,27-29).
31 Conc. Const. a. 861, can. XVI (MANSI XVI, 548CD). Zu den Kanones cf. jetzt STRATOUDAKI WHITE 1999, 348-350.
32 Conc. Const. a. 861, can. XVII (MANSI XVI, 548E): μηδένα τῶν λαϊκῶν ἢ μοναχῶν εἰς τὸ τῆς ἐπισκοπῆς ὕψος ἀνάγεσθαι, ἀλλὰ τοῖς ἐκκλησιαστικοῖς βαθμοῖς ἐξεταζόμενον πρότερον, οὕτω τῆς ἐπισκοπῆς τὴν χειροτονίαν ὑποδέχεσθαι.
33 Conc. Const. a. 861, can. XVII (MANSI XVI, 548E-549A); cf. Conc. Const. a. 879/80, cap. II (MANSI XVII, 488E; s.u. S. 257).

Photius' Brief an den Papst - im Anschluß an die Synode als Apologie geschrieben[34] - darf als Kommentar zu diesem Kanon gewertet werden. Unversehens sei er aus allem herausgerissen worden, was er selbst als Ziel seines Lebens und Arbeitens angesehen habe; gewaltsam habe man seine Inthronisation vollzogen. Dann aber ändert sich der apologetische Tonfall:

> „Welches sind denn die Kanones, die verletzt sein sollen? Die Kirche von Konstantinopel hat sie bis zur Stunde nicht rezipiert. Nur dort kann es eine Verletzung von Kanones geben, wo ihre Beachtung überliefert ist. Wo es diese Überlieferung nicht gibt, kann die Nichtbeachtung auch keinen Vorwurf auf Gesetzesverletzung begründen (ἃ δὲ μὴ παρεδέδοται, οὐδὲ μὴ φυλασσόμενα παραβάσεως φέρει ἔγκλημα)."[35]

Die serdikensischen Bestimmungen seien demnach nur aus Respekt für den Papst rezipiert worden, nicht aber aus einer Verpflichtung heraus (und tatsächlich nur soweit, als sie für das zu lösende Problem nützlich waren). Schärfer wird Photius' Ton, wo das Andenken seiner Vorgänger Tarasius und Nikephorus bedroht ist, die ebenfalls „aus dem Laienstand zur Würde des Bischofsamtes emporstiegen" (129,156f.): Diese „strengen Wächter der Kanones" (τῶν κανόνων ἀκριβεῖς φύλακες: 129,169) seien nicht zu tadeln, da sie die Bestimmungen nicht kennen konnten, gegen die sie nach päpstlicher Logik verstoßen hätten. Dies impliziert eine scharfe Trennlinie zwischen dem, was alle Christen stets zu befolgen hätten, weil es durch allgemeine Festlegungen (οἰκουμενικαῖς καὶ κοιναῖς ψήφοις) statuiert worden sei, und dem, was einzelne Vätern oder Partikularsynoden geäußert hätten und was dementsprechend nicht allen Gemeinden des *orbis christianus* zur Pflicht gemacht werden dürfe (cf. 130,204-208). Zudem läßt sich eine Vorordnung des Glaubens vor den Ritus beobachten - nur von ersterem abzuweichen sei eine Todsünde (130,200-202).[36] Daher konnte Photius nicht nur Tarasius und Nikephorus als Zeugen der Legitimität seiner Erhebung anführen, sondern auch Ambrosius und den 381 zum Bischof von Konstantinopel ernannten Nektarius - beide waren nicht einmal getauft! Entsprechend wird es als Entgegenkommen gewertet, daß die Synode von 861 gemäß der römischen Praxis ausdrücklich verbot, „in Zukunft einen Laien oder Mönch zur bischöflichen Würde zu erheben, der nicht alle vori-

---

[34] Ep. 290 (III; 125,36f. LAOURDAS/WESTERINK [im folgenden mit Seiten- und Zeilenzahlen zitiert]): οὐκ ἀντιλογίαν γράφοντας, ἀλλ' ἀπολογίαν προΐσχοντας. Cf. dazu STIERNON 1991, 689-692.

[35] Ep. 290 (128,128-131); Übers. STIERNON 1975, 296.

[36] Die Synodica des Patriarchen war von Nikolaus inhaltlich nicht beanstandet worden: „*Nam ibi prudentiae vestrae utilitatem intelleximus ideoque multas gratias Deo omnipotenti retulimus, quia vestrum scire de catholico fonte manare experti sumus*" (ep. 83; 440,5-7). Ein Streit um die *causa fidei* entbrannte erst an der Verwendung des Filioque im NC durch die fränkischen Bulgarienmissionare.

gen Weihestufen durchlaufen hat" (εἰ μὴ διὰ τῶν ἐφεξῆς ἱερατικῶν βαθμῶν διοδεύσωσιν).[37] Photius war also - wie der Kaiser - auf gutes Einvernehmen mit Rom aus, dachte jedoch nicht daran, sich die Rücknahme gefällter Entscheidungen diktieren zu lassen.

1.2.2. Die Reaktion Nikolaus' I. bis zur Synode von Rom 863

Nikolaus I. nahm trotz des freundschaftlich gehaltenen Briefes des Patriarchen weiterhin keine formelle Gemeinschaft mit Photius auf; 862 folgte die kategorische Bestreitung seines Patriarchates und damit auch der Synode von 861, später ergänzt durch disziplinarische Maßnahmen gegen die für untreu befundenen Gesandten.[38] Die von ignatianischer Seite vorgebrachten Klagen über Verfolgungen und Repressionen lieferten dem Papst einen willkommenen Vorwand, um seine Zustimmung zu den Ergebnissen der Synode zu verweigern[39] und damit die erneute Forderung nach der Rückgabe des Illyricums zu verbinden, ungeachtet der Beteuerungen des Patriarchen, trotz guten Willens nicht in die Kompetenzen des Kaisers eingreifen zu können.[40] Genau darauf war aber die Taktik des Papstes, bis dato keinen der beiden Patriarchatsprätendenten anzuerkennen, ausgerichtet[41]: Ange-

---

[37] Ep. 290 (133,322-324); Übers. STIERNON 1975, 298.

[38] Bereits die ignatianischen Quellen - und ihnen folgend Anastasius Bibliothecarius - unterstellen, daß die römischen Legaten sich hätten bestechen lassen; cf. Lib. pont. (II; 158,28-30 DUCHESNE): „*Illi autem abeuntes, quod in mandatis acceperant contempnentes, non solum Photio neophyto contra sibi interdictam sententiam communicaverunt, sed etiam corrupti muneribus ipsi et consecrationi eius favendo, convocata generali synodo, eundem virum Ignatium patriarcham denuo deposuerunt*"; kritisch dazu DVORNIK 1948, 89f.; NEMEC 1966, 287; GROTZ 1970, 72; BECK 1980, 101f.; DAGRON 1994, 182.

[39] Nach dem Lib. pont. (II; 159,6f. DUCHESNE) schrieb Nikolaus an Michael und Photius (RPR[J] 2691; 2692), „*mandans nec in depositione Ignatii patriarchae nec in subrogatione Photii se fore consensurum, quousque veritate agnita coram se legitimum causa finem acciperet.*" Vor den Anhängern des abgesetzten Ignatius, die seit 859 in Rom gegen Photius Stimmung gemacht hatten (DVORNIK 1948, 96, nennt sie „the principal mischiefmakers in all the troubles that had divided the Byzantine Church"), warnte ihn Photius selbst (ep. 290; 137,445-454). Cf. dazu auch ESSER 1960, 31; NEMEC 1966, 288f.; STIERNON 1991, 692f.

[40] Ep. 290 (III; 136,404-406): ἀλλ' εἰ μὲν ἐν ἡμῖν τὸ τοῦ βουλήματος κῦρος ἔκειτο καὶ μὴ συνεμεμέριστο τῇ βασιλείᾳ ἡ πρᾶξις, οὐκ ἂν ἀπολογίας ἔδει, αὐτὸ δὲ τὸ ἔργον κρεῖττον ὂν τῆς ἀπολογίας ἐδείκνυτο.

[41] Auch Ignatius war weder von Leo IV. noch von Benedikt III. oder Nikolaus I. anerkannt worden. Der Grund dafür liegt in der Appellation des Gregor Asbestas gegen seine Verurteilung durch Ignatius an Papst Leo IV. (ca. 852/53), woraufhin dieser den Appellanten bis zu einer (niemals erfolgten) Entscheidung suspendierte, aber auch keine formelle Gemeinschaft mit dem byzantinischen Patriarchen aufnahm; cf. GROTZ 1970, 55; DVORNIK 1973, 37.

sichts des byzantinischen Bestrebens, die päpstliche Approbation zu erhalten, erschien das Illyricum als probates Druckmittel. Entsprechend beantwortete Nikolaus am 18. März 862 die Zusendung der Synodalakten mit Schreiben an Photius, Michael III. und „an alle Gläubigen".[42] Der Brief an den Patriarchen proklamiert den päpstlichen Primatsanspruch gegenüber einem renitenten Untergebenen:

> „Es steht nämlich fest, daß die römische Kirche durch den seligen Petrus, den Apostelfürsten, der es verdient hatte, aus dem Mund des Herrn den Primat über die Kirche zu erlangen, das Haupt aller Kirchen (*omnium ecclesiarum caput*) ist und von ihr in allen sittlichen und kirchlichen Belangen Recht und Ordnung, welches beides sie gemäß der kanonischen und synodalen Beschlüsse der heiligen Väter unverletzlich und unverbrüchlich bewahrt, zu erbitten und diesem Folge zu leisten. Und daraus folgt, daß, was von den Inhabern dieses Sitzes in Ausübung ihrer vollkommenen Autorität (*plena auctoritate*) festgelegt wird, keinesfalls unter dem Vorwand alter Gewohnheit, tatsächlich aber nur aus eigener Willkür verändert werden darf, sondern umso fester und unerschütterlich zu halten ist" (447,42-448,7).

Dem Autoritätsbeweis des Patriarchen wird also entgegnet, daß dieser „*temere atque inpudenter*" (448,10) zu seiner Würde aufgestiegen sei, während im Falle des Nektarius eine dringende Notwendigkeit vorgelegen habe, die aber ihrerseits keinesfalls ein Paradigma konstituieren könne: „Was sich aber aufgrund einer eingetretenen Notsituation als dienlich erwiesen hat, obwohl es den kanonischen Satzungen der Väter eigentlich widerspricht, darf nicht als Autorität bewahrt werden, sondern [das Geltende] ist, damit nicht ein weiteres Mal eine solche Notsituation eintritt, umso mehr zu beachten" (448,19-22). Wiederum wird das serdikensische Konzil bemüht, „das in Eurem Gebiet abgehalten wurde und das die ganze Kirche akzeptiert" (450,10f.), samt den päpstlichen Dekretalen, die Photius nur deswegen nicht kennen wolle, „weil sie Eure Ordination ins Unrecht setzen und [dem Begehren] widerstehen, mit einem Male aus dem Laienstand zum Gipfel des Patriarchates aufzufliegen" (*ex laico subito ad culmen patriarchatus transvolare resistunt*; 450,15f.). Die Pointe des Schreibens liegt jedoch darin, daß erstmals eine klare Option für einen der beiden Prätendenten getroffen wird: „Unter die Abgesetzten können wir jenen [sc. Ignatius] keinesfals zählen noch [ihn] verdammen... Und wie die römische Kirche ihn in seiner früheren Ehre achtet, solange ihm ein verdammungswürdiges Verbrechen nicht nachgewiesen ist, so akzeptiert sie Euch, da Ihr unbedacht und gegen die Traditionen der Väter erhoben worden seid, nicht im Range des Patriarchen und stimmt vor einer rechtmäßigen Verurteilung des

---

[42] RPR(J) 2691; 2692; 2690. Gegen HARTMANN 1989, 288 Anm. 5, bezeichnet die „*convocata tota, quae apud nos est, ecclesia*" (ep. 98; 555,13f.) nicht den „gesamten Westen", sondern die *römische* Kirche.

Ignatius Eurem Verbleiben im Priesterstand keineswegs zu" (450,24-29). Damit wird der Beschluß der Synode des Vorjahres schlichtweg umgedreht, womit Nikolaus die beiden Legaten vollständig desavouierte, die in seinem Namen agiert hatten.[43]

Am deutlichsten expliziert der Brief an den Kaiser den Anspruch des Papstes, ein synodal gefälltes Urteil zu suspendieren und die Entscheidung sich selbst vorzubehalten („*non in legatorum nostrorum, sed specialiter in nostro examine*": 443,27f.). Freilich war diese Forderung von Serdika *nicht* gedeckt; erst drei Jahre später wurde mit dem chalkedonensischen can. IX eine hinreichende Legitimationsgrundlage „entdeckt" (s.u. S. 181f.). Der Kaiser selbst wurde ermahnt, denen zu widerstehen, die es aufgrund angemaßter Macht wagten, einen Bischof abzusetzen. Nikolaus nahm hier nicht die Rolle des fordernden Kirchenfürsten, sondern des geistlichen Schutzherrn („*ut spiritalis pater spiritalem filium commonentes*": 446,18f.) ein:

> „Wenn sich etwas ereignet, woraus ein Schisma entstehen könnte, dann ist es ratsam, unsere Kirche zu Rate zu ziehen und nach ihrem Ermessen zu verfahren, damit, wie es auch schon in Sachen der heiligen Bilder geschehen ist, das, was richtig erwogen und beschlossen worden ist, durch die Autorität des Apostolischen Stuhles bekräftigt bleibe, das aber, was bloß aus persönlicher Willkür, aus Ehrgeiz und Streitsucht gegen die kanonischen Satzungen und die Beschlüsse der Synoden ohne Vorwissen der römischen Kirche ins Werk gesetzt wurde, durch den starken Arm Deiner frommen Gesinnung zurückgewiesen und in Schranken gehalten werde, damit nicht der Ruhm und die Herrlichkeit der heiligen Kirche Gottes sowie der Kaiserstadt unter Deiner Regierung irgendwie beeinträchtigt und verringert werde."[44]

Nikolaus hatte erkannt, daß die Synode des Vorjahres für seine Interessen einen Pyrrhussieg darstellte: Zwar war man der Forderung nach einer Neuverhandlung auf der Grundlage der serdikensischen Kanones nachgekommen, ebenso klar war aber auch der Forderung nach der Gebietsrückgabe eine Absage erteilt worden[45] - und auch das römische Recht auf Prüfung, Bestätigung oder Aufhebung von gefällten Urteilen war nur *ad hoc*, nicht aber grundsätzlich rezipiert worden. Die päpstliche Reaktion bestand

---

[43] Diese hätten lediglich die Gründe für die Absetzung des Ignatius erkunden sollen, seien aber durch die mangelnde Kooperation der Byzantiner daran gehindert worden (cf. 451,11-18; dazu NEMEC 1966, 288; STÉPHANOU 1984, 1399); cf. die wiederholte Gegenüberstellung: „*Photio invasore et Ignatio patriarcha*" (441,7; ähnlich 442,18f.: „*scelestissimo Photio - sanctissimum patriarcham Ignatium*"; 442,21: „*venerabilis Ignatii patriarchae sacerdotii recuperatione et Photii pervasoris expulsione*").

[44] Ep. 85 (445,33-40); Übers. STIERNON 1975, 301.

[45] Nikolaus ermahnte den Kaiser, sich noch einmal seinen Brief vom 25. September 860 vorlegen zu lassen, den man offensichtlich nur „flüchtig vorgelesen" bzw. „ausgelegt" habe (446,12-14), weswegen die Frage nach der Rückgabe des Illyricums nicht zur Sprache gekommen sei (cf. HERBERS 1993, 64f.).

darin, über die beanspruchte Letztentscheidung hinaus eindeutig Partei zu ergreifen. Nach mehr als einem Jahr berief Nikolaus I. eine Synode ein, die die Affäre um Photius und Ignatius endgültig entscheiden sollte.[46] Nach Anastasius Bibliothecarius habe die Synode beschlossen, „daß der Absetzung des Ignatius keineswegs zugestimmt werden könne und daß die Legaten diesbezüglich von ihrem Auftrag abgewichen seien".[47] Rodoald und Zacharias wurden zu Schuldigen an den „unkanonischen" Ergebnissen des Konzils von 861 erklärt, da sie ihre Kompetenzen überschritten und mit Photius Gemeinschaft aufgenommen hätten, statt seinen Fall lediglich zu untersuchen und die Entscheidung dem Papst zu überlassen.[48] Es wurde also offen für Ignatius Partei ergriffen, während Photius mit dem Epitheton *„adulter, ecclesiae invasor et neophytus"* (515,19 = 554,41f.) versehen wurde. Diese Gewichtung spiegeln auch die Kanones:

I. Photius wurde vorgeworfen, er sei ohne klerikale Karriere geweiht worden; sein Konsekrator Gregor Asbestas sei von Rom exkommuniziert worden. Zum Zeitpunkt seiner Ordination habe der rechtmäßige Bischof noch gelebt, daher sei er wie ein Räuber über die „Braut Christi" hergefallen.[49] Zudem habe er es gegen sein Versprechen gewagt, den Patriarchen abzusetzen und zu exkommunizieren (cf. 142,13-19). Die päpstlichen Gesandten habe er bestochen, die Anhänger des Ignatius verfolgt. Verfügt wird: „Weil [Photius] dies und ähnliches gegen die evangelischen, apostolischen, prophetischen und apostolischen Satzungen unternommen hat, sei er durch die Autorität des allmächtigen Gottes und

---

[46] Von dieser Synode sind nur die Kanones in den beiden Schreiben RPR(J) 2819 und 2821 vom 13.11.866 erhalten (zit. nach MGH.Conc. IV, 142-146 HARTMANN).

[47] Lib. pont. (II; 159,11f. DUCHESNE); cf. das *Synodicon vetus* (Nr. 160; 136,1-9 DUFFY/ PARKER).

[48] Nur in der Frage des Ikonoklasmus seien sie befugt gewesen, Entscheidungen zu treffen (513,38-514,8): *„Photii vero consecrationem non solum minime interim admittendam esse credidimus, verum etiam ipsis legatis nostris, ne cum illo nisi quasi cum laico usque ad notitiam nostram communicarent, frequenti ac omnimodo iussione praecipimus..., tantum eis de venerabilibus domini nostri Iesu Christi eiusque genitricis semper virginis Mariae et sanctorum ipsius imaginibus, quicquid quaestio afferret, iuste ac pie diffinire licentiam dantes."* Diese partielle Kompetenz kann das Verhalten der Legaten erklären, die guten Glaubens annahmen, ihre Befugnisse auf *alle* in Byzanz anstehenden Entscheidungen erweitern zu dürfen.

[49] Can. I (MGH.Conc. IV, 142,2-10 HARTMANN [danach die Seitenzahlen im Text]). Cf. den Lasterkatalog im Schreiben des Papstes an Photius selbst (ep. 92; 533,22-31), mit der Pointe: *„adversus apostolicos canones 'saecularibus potestatibus usus ecclesiam per eos obtinuisti'"* (533,31f.; cf. can. app. 30 [31]; EOMIA I/1, 20,1-21,4 TURNER). Hier wird die im *Synodicon vetus* referierte Anklage gegen Ignatius (s.o. S. 171 Anm. 24) auf Photius umgemünzt.

der heiligen Apostelfürsten Petrus und Paulus und zugleich aller heiligen und verehrungswürdigen sechs allgemeinen Konzilien und nicht zuletzt des Heiligen Geistes durch uns mit rechtskräftigem Urteil der priesterlichen Ehre und des Titels vollkommen entledigt und jedes Amtes im Klerus völlig enthoben, so daß, wenn er nach Kenntnisnahme dieses Beschlusses - welchen wir als göttlich eingegeben betrachten, insofern er zweifelsohne in Einmütigkeit und Eintracht der heiligen Synode verkündet worden ist - versuchen sollte, dem konstantinopolitanischen Stuhl vorzustehen oder den oft genannten ehrwürdigen Ignatius, unseren Mitbischof, weiter daran hindert, die ihm übergebene Kirche ohne irgendeine Störung zu leiten, oder wenn er fürderhin 'es wagen sollte, etwas zum heiligen Dienst Gehöriges' nach Priesterart 'anzurühren gemäß der geltenden Gewohnheit, dann sei ihm jede Hoffnung' auf Gemeinschaft 'oder die Gelegenheit zur Rechtfertigung zu verweigern', sondern er sei in den Bann getan, zusammen mit denen, die mit ihm Gemeinschaft haben und ihm anhängen, aufgrund des fortwährenden Ratschlusses Gottes durch unsere Mittelmäßigkeit; und er möge den heiligen Leib und das Blut unseres Herrn Jesus Christus nicht mehr empfangen, außer in absolut drängender Nähe des Todes" (143,10-24).[50]

II. Der „Schismatiker" Gregor Asbestas wird erneut exkommuniziert.

III. Alle von Photius erteilten Weihen seien als ungültig anzusehen.

IV. Das Urteil gegen Ignatius sei von Leuten gesprochen worden, „die keine Macht hatten, ihn zu richten, noch eine Autorisierung durch den apostolischen Stuhl" (144,32-145,1). Er sei daher wieder „in seine frühere Ehre, Würde und Position" einzusetzen, „mitsamt dem früheren patriarchalen Rang und den bischöflichen Ehrenzeichen und Ämtern" (145,6f.).

V. Gleiches gilt für die Ignatianer: „Sofern einer von ihnen nicht von anderen verklagt wird, legen wir fest, daß sie ihre früheren Positionen und den eigenen Rang zurückerhalten sollen; wir dulden aber nicht, daß sie verurteilt werden, außer vom römischen Stuhl. Wenn sie jedoch etwas Ungesetzliches getan zu haben scheinen, schreiben wir vor, daß ihre Verurteilung unserem Spruch vorbehalten sein soll, gemäß dem, was auch die heiligen Kanones vorsehen" (145,29-32).

VI. Die Bilder Christi, Mariens und der Heiligen sollten „unversehrt weiterbestehen und unverletzt bleiben (*illibata persistere atque intemerata manere*; 146,7).[51]

---

50 Zitiert wird can. IV der Synode von Antiochien (a. 328) in der Version der *Collectio Dionysio-Hadriana* (143,19-21 = EOMIA II/2, 247,3-249,9 TURNER).

51 Nach DAGRON 1994, 183, stellt dies „eine letzte Provokation" dar, weil „die orthodoxe Lehre über die Bilder ohne jegliche Anspielung auf das Zweite Konzil von Nikaia

In den Kanones der Synode von 863 spiegelt sich deutlich der angewachsene ignatianische Einfluß in Rom wider, vor allem in der Überzeugung, daß mit dem herrschenden Patriarchen kein Ausgleich in Sachen Illyricum möglich sein würde - anders möglicherweise mit Ignatius. Schließlich war die Synode von 863 bereits von einer anderen Streitfrage, nämlich von dem Taktieren um den Einfluß in *Bulgarien* geprägt; ein Jahrzehnt später bemerkte Papst Johannes VIII., daß Ignatius' Wiedereinsetzung an die Anerkennung der römischen Prärogative gebunden gewesen sei[52] - eine Strategie, die sich letztlich nicht auszahlen, sondern vielmehr zum Anlaß der ersten ost-westlichen Filioque-Kontroverse werden sollte.

1.2.3. Die Bulgarienmission als neues Konfliktpotential

Die Bedeutung der 860'er Jahre für die Kirchengeschichte liegt nicht zuletzt in der Entstehung der ersten europäischen „Nationalkirchen" seit dem Untergang der germanisch-„homöischen" Kirchen, diesmal im slawischen Bereich, die zwar von „lateinischen" und „byzantinischen" Gebieten aus missioniert wurden, jedoch jurisdiktionell weitgehende Entscheidungskompetenzen behielten.[53] Vor allem Bulgarien avancierte zum Feld des Aufeinandertreffens von östlichem und westlichem Christentum, besonders aufgrund seiner Lage zwischen den beiden ehemaligen Teilen des römischen Imperiums, womit das Bulgarenreich Teile des alten Illyricums umfaßte,

---

verkündet" wurde. Passend dazu ist von *sechs* ökumenischen Synoden die Rede (520,17; 558,18). Cf. dazu auch J.C. SCHMITT 1987, 280f.

[52] Johannes VIII., ep. (frg.) 37 (874/875; MGH Epp. VII, 294,33-36 CASPAR): „*Sub enim ea condicione Ignatius a nostris predecessoribus solutus est, ut, si per Bulgariam, quod neque Photius ille temptaverat, aliquid contra iura apostolica temptavisset, sub pristine dampnacionis sue sentencia nichilominus permaneret*"; s.u. S. 247.- Nikolaus baute das 861 *ad hoc* akzeptierte Appellationsrecht in seinem Brief an Photius vom 13.11.866 zum notwendigen Implikat der gesamtkirchlichen Stellung Roms aus: Gegen den Einwand, daß es (nach Röm 4,15) ohne Gesetz auch keine Gesetzesübertretung geben könne (ep. 92; 536,27-29; cf. Photius, ep. 290: III; 128,128-131), wird behauptet, es gehe auch ohne Gesetz zugrunde, wer ohne Gesetz sündigte (Röm 2,2). Die Folgerung lautet: „*Quam videlicet legem naturalem nunc a te non inconvenienter exigimus, qui gloriaris tantorum sanctorum pontificum edicta nullatenus accepisse*" (536,37-39), zumal die römischen Bischöfe immer schon nichts anderes definiert hätten, „*nisi quod naturalis, quod Mosaica et gratiae lex iussit... et quicquid in Sardicensi sancti patres concilio statuerunt*" (537,30-32). Am Kulminationspunkt der Kontroverse um den Patriarchenthron steht die Synode von Serdika neben dem Naturrecht, der Torah und der *lex gratiae*: „*Nam et audenter dicimus et veraciter profitemur, quoniam qui Sardicense concilium non recipit, nec Paulum apostolum recipit*" (538,14-16).

[53] Cf. dazu DÖPMANN 1991, 78-85. In Mähren entstand zudem erstmals eine volkssprachliche Liturgie.

dessen Rückgabe Nikolaus von Byzanz gefordert hatte.[54] Seit 864/65 wirkten byzantinische Missionare in Bulgarien, auch hatte Khan Boris I. sich nach östlichem Ritus taufen lassen und nach seinem kaiserlichen Paten den Namen Michael angenommen. Er strebte jedoch nach kirchlicher Unabhängigkeit seines Machtbereichs, konkret: nach einem „autokephalen" Patriarchen. Dieser Wunsch, der für Byzanz das partielle Aufgeben seines Einflusses bedeutet hätte, wurde von Photius ignoriert - ein schwerer Fehler, wie sich zeigen sollte.

Im Ton der Siegesgewißheit angesichts der griechischen Missionierung Bulgariens war auch der Brief abgefaßt, mit dem sich Michael III. erstmals seit 861 an den Papst wandte.[55] Die vom Rom beanspruchte Jurisdiktionskompetenz wurde rundheraus bestritten, zumal seit der VI. Ökumenischen Synode kein Papst mehr von Byzanz aus angerufen worden sei - was freilich für Nizäa II (787) nicht galt, wie Nikolaus I. in seinem ebenso scharfen Antwortbrief vom 28. September 865 treffsicher bemerkte.[56] Michael hatte von Rom die Auslieferung der ignatianischen Agitatoren gefordert (cf. 457,34; 477,21-24); die lateinische Sprache hatte er als „barbarisch und skythisch" beschimpft (459,6). Vor allem aber insistierte er auf der schon 859 erfolgten Exkommunikation des Ignatius; die Versammlung von 861 sei lediglich zur Klärung der Bilderfrage anberaumt worden (460,7f.23f.).

---

[54] Allerdings gehörte mit Thrakien auch ein traditionell byzantinisch geprägtes Gebiet zum bulgarischen Reich (DVORNIK 1958, 29), weswegen es auch hier nicht zu einer einheitlichen National- und Kirchensprache kam. Cf. zur Bulgarenmission GROTZ 1970, 76-81; 100-107; SANSTERRE 1982, bes. 377f.; BECK 1980, 103-105; DÖPMANN 1991, 86-91; DAGRON 1994, 184f.

[55] DÖLGER Nr. 464; der Inhalt ist aus den epp. 88 und 90 des Papstes zu rekonstruieren. Cf. DVORNIK 1948, 105: „This is the first time that we see Greek patriotism at odds with Roman and Latin nationalism."

[56] Ep. 88 (457,2-4.22-31): „*Dixistis enim, quod nullus antecessorum nostrorum a sexta synodo meruerit a vobis, quod nos meruisse dinoscimur... Quando vero [sc. imperatores] catholici fuerunt et pium dogma vel ecclesiasticum correctionem defendere voluerunt, nostrum praesidium quaesierunt, sicut synodus sub Constantino et Herena facta indicat, in cuius initio, id est in epistola beatae memoriae praesulis Hadriani, quantum idem pontifex illam praesumptionem, qua ex laicis quidam subito tonsorantur et in episcoporum numerum exacerbate prosiliunt, damnaverit, si diligenter inquisieritis, profecto invenietis - si tamen non falsata Graecorum more [sic!], sed sicut a sede missa est apostolica penes ecclesiam Constantinopolitanorum hactenus perseverat -, et epistolae diversae sanctissimis pontificibus, Leoni scilicet et Benedicto decessoribus nostris, missae testantur.*" Genau diese Passagen des Briefes wurden aber *nicht* öffentlich verlesen (RPR[J] 2448 = MANSI XII, 1074A-1075C)!

Rom sei überhaupt nur aufgrund des in Byzanz kursierenden Verdachts, mit den Ikonoklasten übereinzustimmen, beteiligt gewesen.[57]

Nikolaus' Antwort ist das eindrücklichste Dokument der neu erwachsenen päpstlichen Primatsanspruchs; der Brief war so sehr „von pseudoisidorischem Geist durchtränkt"[58], daß eine Verständigung auf dieser Basis aussichtslos sein mußte. Der kaiserliche Brief wurde als „voll von Gotteslästerung und Beleidigungen" bezeichnet: „Darum haben auch wir unseren Stil verändert und beabsichtigen, der offensichtlichen Wunde mit angemessenen Medikamenten zu begegnen" (*ostenso vulneri congrua adhibere medicamenta*; 454,33.35f.). Grundsätzlich gelte: „ Es kann nicht einer mit geringerer Autorität den, der größere Macht besitzt, mit seinen Urteilen belegen oder ihn den eigenen Festlegungen unterwerfen" (469,7f.).[59] Nicht die Einsetzung des Ignatius, sondern die unrechtmäßige Erhebung des Photius hätte der Untersuchung bedurft (476,22-25). Vor allem aber sei sowohl durch die Ökumenischen Konzilien als auch kraft der Entscheidungen der Päpste nicht nur die Möglichkeit, sondern auch die Notwendigkeit eines römischen Eingreifens in Konstantinopel *prinzipiell* gerechtfertigt. Die herangezogenen Präzedenzfälle begründen allerdings kein *römisches* Revisionsrecht: Can. VI von 381 eröffnet nur den Weg, die Anklage eines Bischofs *„ad maiorem synodum illius dioecesis episcoporum, pro causa convocatorum"*[60] zu bringen, was Nikolaus geflissentlich verschweigt. Die Absetzung des Ignatius 861 wird mit der „Räubersynode" von Ephesus (449) gleichgesetzt (469,17-20; 470,25f.). Niemals sei ein Patriarch unter einem rechtgläubigen Kaiser ohne Zustimmung Roms abgesetzt worden; die Schuld treffe daher den Kaiser selbst, „wenn sich Eure Herrschergewalt nicht mit der alltäglichen Pflege Eures Staatswesens zufriedengeben will und stattdessen erstrebt, was allein den Priestern des Herrn gebührt" (470,2-4).[61] Das folgenreichste Argument schließt sich an can. IX von Chalkedon an: „Hat ein

---

[57] Ep. 88 (472,22-24): *„Quod autem scripsistis vos idcirco quosdam nostrorum adesse voluisse, quoniam dicebamur cum expugnatoribus sacrarum imaginum concertare, nova profecto adinventio est."*

[58] GROTZ 1970, 100. Die Anwendung einer westlichen Konstruktion, der sog. Dekretalen des Isidor Mercator, mußte im Osten auf Unverständnis stoßen, da durch die Aufwertung der Papstentscheide die Stellung der ökumenischen Konzilien und damit der Ansatz byzantinischer Hermeneutik beeinträchtigt wurde; cf. HAENDLER 1992, 123f.

[59] Als Begründung dient die Verurteilung Dioskurs (451), der Leo I. exkommunizieren wollte (467,28-36).

[60] Conc. Const. a. 381 [tatsächlich 382], can. VI (COD³ 34,27-29).

[61] Nikolaus kommt nicht umhin, dem Kaiser zu attestieren, *„non vos studiose sacras regulas, non venerandarum synodorum actiones, non piorum imperatorum leges, non veraces probabilium virorum historias lectitasse"* (aaO., 474,21-23) - ein Bild, das Michael III. in der Forschung bis heute anhängt.

Kleriker einen Prozeß mit seinem eigenen oder einem anderen Bischof, so soll er durch die Synode der Provinz gerichtet werden. Hat ein Bischof oder Kleriker einen Prozeß mit dem Metropoliten seiner Provinz, so soll er damit den Exarchen der Diözese oder den Bischofsstuhl der Kaiserstadt Konstantinopel befassen und dort gerichtet werden."[62] Ursprünglich wurde mit diesem Kanon geklärt, daß die höchste Instanz des innerkirchlichen Klageweges normalerweise der Exarch (ἔξαρχος = *primas*) der Diözese sein sollte und daß nur der Stuhl von Konstantinopel aufgrund der Nähe zum Kaiser eine besondere Stellung einnehmen durfte. Die altkirchliche Kongruenz von staatlicher und kirchlicher Diözesanstruktur erklärt die Funktion eines *staatlichen* Titels im *kirchlichen* Jurisdiktionsbereich: Die Metropoliten der kleineren Diözesen Pontus, Asia und Thrakien galten als „Exarchen", in Analogie zum staatlichen Vorsteher ihrer Diözese.[63] In Chalkedon wurde das Verhältnis dieser drei „Exarchen" zu Konstantinopel dahingehend geklärt, daß dieses keine höhere, sondern eine konkurrierende Gerichtsinstanz darstellen sollte. Es wurde also dasselbe Problem wie in Serdika behandelt - für die östliche Reichshälfte.

Im Papstbrief wird dieser Kanon nun auf eine Kurzformel („*ad maiora semper esse properandum*": 471,11f.) gebracht und zum „papalistischen Prinzip" transformiert. Nikolaus übersetzte „ἔξαρχος" mit „*primas*" in spezifisch geistlichem Sinne und drehte damit die Reihenfolge der Appellation schlicht um: „Daß aber die heilige Synode jemand anderes als 'Primas der Diözese' bezeichnen sollte als den Stellvertreter des ersten Apostels, leuchtet keineswegs ein. Denn jener ist der Primas, weil er als Erster (*primus*) und Höchster (*summus*) gilt" (471,15-17)[64], wobei Konstantinopel nur für seine eigene Diözese, der Papst hingegen für *alle* Diözesen zuständig sein sollte (471,6-8). Die semantische Unschärfe stammt zwar schon aus der lateinischen Übertragung der chalkedonischen Kanones durch Dionysius Exiguus in der ersten Hälfte des 6. Jahrhunderts[65]; die Interpretation ist

---

62 Ep. 88 (470,30-471,3 = COD³ 91,21-39 [nach Dionysius Exiguus]; Übers.: P.-Th. CAMELOT, Ephesus und Chalcedon [= GÖK 2], Mainz 1963, 266): „*Si clericus habet causam adversus episcopum proprium vel adversus alterum, apud synodum provinciae iudicetur; quodsi adversus eiusdem provinciae metropolitanum episcopus vel clericus habet querelam, petat primatem dioceseos aut sedem regiae urbis Constantinopolitanae.*"

63 Cf. hierzu und auch zum folgenden HERMAN 1953, bes. 474-477.

64 GROTZ 1970, 86, hat erstmals auf diese Verdrehung hingewiesen; zustimmend DVORNIK 1973, 40. Zur Übersetzung von ἔξαρχος mit *primas* im lateinischen Mittelalter cf. FUHRMANN 1955, 116 Anm. 53.

65 Die Wiedergabe dieser Passage weist in den frühen Kanonsammlungen eine signifikante Inkonsistenz auf: „*Primatem dioceseos*" übersetzt auch die Collectio Meermano-Westreeniana (ACO II 2,2, 100,27 SCHWARTZ). Prisca bietet „*dioceseos primam sedem*" (aaO., 36,1); die Collectio Hispana übersetzt „*ipsius dioceseos metropolitum episcopum*"

jedoch eindeutig „nikolaisch": „Je mehr sich eine Beschwerde an das Urteil einer höheren Autorität richtet, desto mehr muß man sich an eine noch höhere Instanz wenden, bis man schließlich Schritt für Schritt zu dem Sitz gelangt, dessen Rechtsangelegenheit entweder von ihm selbst, wenn es die Bedeutung der Angelegenheit erfordert, zum Besseren verändert wird oder ohne Verhör allein dem Entscheid Gottes vorbehalten wird" (471,12-15; Übers. DH 639).[66] Eher beiläufig wird dabei ein Grundsatz aufgestellt, der aus diesem Instanzenweg die Konsequenzen zieht: „daß diejenigen [von den Synoden], die nicht die Zustimmung des römischen Bischofs erhalten, ihre Gültigkeit verlieren".[67] Im Verbund mit der Bestreitung, daß der Kaiser überhaupt das Recht habe, Synoden einzuberufen (470,4-7), wird deutlich, daß die einstige konzilshermeneutische Übereinstimmung zwischen Papst und byzantinischem Kaiser, die sich noch gegenüber den karolingischen Angriffen auf Nizäa II zeigte, geschwunden war. Schließlich wird auf die apostolische Qualität Roms hingewiesen[68]: Neben Petrus sei auch Paulus der Apostel der alten Kaiserstadt, wohingegen Konstantinopel nicht den traditionellen Apostelsitzen Alexandrien und Antiochien zur Seite treten könne, „denn von diesen drei herausragenden Kirchen erwartet der [Glaubens-] Eifer aller Kirchen zweifellos die Richtschnur der seligen Apostel Petrus und Paulus" (475,30f.).[69]

Nach alledem überrascht der abschließende Vorschlag des Papstes und läßt eine Ahnung erkennen, daß die Durchsetzung der geäußerten Ansprüche so nicht realisierbar sein dürfte: „Und weil wir im Blick auf Ignatius und Photius in aller Bescheidenheit und Milde sowie Sorge lediglich verlangen, als daß sie beide zur erneuten Untersuchung nach Rom kommen, wünschen wir dies in hohem Maße und ermahnen Euch in heilsamer Wei-

---

(aaO., 89,13); in Cod. Veron. LX findet sich „*principem dioceseos*" (aaO., 107,33), was auf den *weltlichen* Exarchen hindeutet. Pseudo-Isidor bietet die Fassung der Collectio Hispana: „*pergat aut ad ipsius dioceseos episcopos aut certe ad Constantinopolitanae regiae civitatis sedis*" (286 HINSCHIUS).

[66] Ebenso wurde 865 das Recht begründet, den Fall des Rothad von Soissons nach Rom zu holen; cf. FUHRMANN 1973, 257f. mit Anm. 55; GEMEINHARDT 2001b, 28.

[67] Ep. 88 (473,14f.): „*Unde quaedam eorum [sc. synodorum], quia consensum Romani pontificis non habuerunt, valitudinem perdiderunt.*" In verschärfter Form findet sich dieser Grundsatz bei Gregor VII., dictatus papae 16 (reg. II 55a; MGH.ES II/1, 205,6f. CASPAR): „*Quod nulla synodus absque praecepto eius debet generalis vocari*"; cf. BLUMENTHAL 2001, 143f.

[68] Ep. 88 (474,35-38): „*Cum ecclesiae Romanae privilegia Christi ore in beato Petro firmata, in ecclesia ipsa disposita, antiquitus observata et a sanctis universalibus synodis celebrata atque a cuncta ecclesia iugiter venerata nullatenus possint minui*"; cf. HERBERS 1993, 60f.

[69] Cf. Conc. Nic. I, can. VI (COD³ 8,38-9,18); decr. Gelas. III 2 (TU 38/4; 7,139-142 VON DOBSCHÜTZ).

se, daß Ihr uns dies ankündigt. Aber wir gestehen dies aus Duldsamkeit zu, keinesfalls erlauben wir, dies nach Gutdünken zu entscheiden!" (480,21-24). Diese Haltung, die kaum mit der Synode von 863 vereinbar ist[70], bietet ein Indiz dafür, daß Nikolaus I. die proklamierte Macht pragmatisch einzusetzen suchte: „Kein Gesetz und keine Gewohnheit belegt, daß ein einmal verkündeter Spruch des apostolischen Stuhls irgendwie abgeändert werden kann, solange er dies selbst nicht unternimmt... Denn der allmächtige Gott ist unser Zeuge, daß wir kein anderes Ziel oder Verlangen im Sinn haben, als sorgfältig zu untersuchen und herauszufinden, was die Billigkeit jedem Teil zugesteht und was dem gegenwärtigen und künftigen Wohl der Kirche dient. Denkt also nicht, daß wir entweder Ignatius unrechtmäßig begünstigen oder Photius bekämpfen wollen, soweit dem die Kanones nicht entgegenstehen" (483,22f.25-29). Am Ende stand eine versöhnliche Geste gegenüber dem triumphierenden Kaiser, die faktisch nur den Versuch darstellte, die eingeforderte Jurisdiktionskompetenz doch noch zu exekutieren.

Daß sich das bulgarische Blatt urplötzlich wieder wenden würde, hatten freilich weder Kaiser noch Papst einkalkulieren können. Enttäuscht von der byzantinischen Weigerung, ihm einen eigenen Patriarchen zu konzedieren, wandte sich Khan Boris im August 866 gleichzeitig an den ostfränkischen König Ludwig und nach Rom - jeweils mit reichen Geschenken und der Bitte um Entsendung von Missionspriestern.[71] Während Ludwig jedoch erst bei seinem königlichen Vetter Karl dem Kahlen um Unterstützung bitten mußte, bevor Ermenrich von Passau in seinem Auftrag nach Bulgarien ziehen konnte, hatte Nikolaus I. schon seinerseits Missionare in Marsch gesetzt, so daß die Franken unverrichteter Dinge wieder umkehren mußten.[72] Damit schien die Niederlage des Papsttums in der Illyricum-Frage in einen Sieg verwandelt zu sein, wie das umfangreiche Briefkonvolut vom 13.11.866 bezeugt, das an den Kaiser, an dessen Gemahlin Eudoxia und an seine Mutter Theodora, an den amtierenden Patriarchen Photius und an den abgesetzten Ignatius, an den (allerdings bereits am 21. April 866

---

[70] GROTZ 1970, 101, hält dies für „ein Eingeständnis eigener Unsicherheit". Ein „barmherziges Entgegenkommen" oder „die Hoffnung, daß neue Tatsachen zum Vorschein kommen werden, welche die getroffenen Entscheidungen zu ändern vermögen" (so STIERNON 1975, 66), wird man darin kaum sehen dürfen.

[71] Lib. pont. (II; 164,17-20 DUCHESNE); zum folgenden cf. SANSTERRE 1982, 380f. Die Annales Fuldenses betonen, daß die bulgarischen Gesandten König Ludwig gebeten hätten, „ut rex idoneos praedicatores christianae religionis ad eos mittere non differret" (a. 866; MGH.SRG 7, 65,26-28 KURZE).

[72] Ann. Bert. a. 866 (MGH.SRG 5, 85,21-86,18 WAITZ); cf. Ann. Fuld. a. 867 (MGH.SRG 7, 65,30-66,2). Harmonisierend berichtet Regino von Prüm, daß der Frankenkönig die päpstliche Mission unterstützt habe (chron. a. 868; MGH.SRG 50, 95,25-35 KURZE).

von dem späteren Kaiser Basilius I. ermordeten) Caesar Bardas, an den Klerus und an die Senatoren der Kaiserstadt und an die anderen orientalischen Kirchen versandt wurde. Jetzt erst wurden die Entscheidungen der Synode von 863 dem Osten mitgeteilt - als nachdrückliches Interpretament des Angebotes von Neuverhandlungen angesichts einer veränderten politischen Großwetterlage. Allerdings gelangten die päpstlichen Gesandten nur bis an die byzantinische Grenze und wurden dort vierzig Tage lang festgehalten, bis sie erfolglos nach Rom zurückkehren mußten.[73] Der Brief „Proposueramus" blieb also das letzte Wort Nikolaus' I. an den Osten.

Der bedeutendste Brief unter diesem Datum war die Antwort des Papstes auf eine Liste von 106 Anfragen des Khans Boris - durchweg rituelle und disziplinäre Probleme, die für die Durchführung der Christianisierung des bulgarischen Volkes zweifellos größere Relevanz besaßen als der Abriß der christlichen Lehre, den Photius zuvor an Boris gesandt hatte.[74] Die *Responsa ad consulta Bulgarorum* des Papstes lassen jedoch durchblicken, daß der Wechsel von der byzantinischen zur römischen Obödienz richtig und notwendig gewesen sei. Die *Responsa* sind nicht *antigriechisch*, insofern sie die Riten und Sitten der östlichen Kirchen nicht diffamieren; sie sind jedoch in einem spezifischen Sinn *antikonstantinopolitanisch*[75]: So wird der Fall eines Griechen, der sich fälschlich als Priester ausgegeben hatte, dahingehend erläutert, daß die vollzogenen Taufen Gültigkeit besäßen, „wenn sie im Namen der höchsten und ungeteilten Trinität getauft wurden (resp. XV; 575,37f.; Übers. DH 644). Jedoch folgt zur Begründung nicht zufällig der Verweis auf den „häretischen" und „schismatischen" Konstantinopolitaner Patriarchen Acacius und auf dessen Verurteilung durch Papst Anastasius II. - ein ost-westlicher Streit, der zeitgleich im Brief an Photius aufgegriffen

---

[73] Lib. pont. (II; 164,26-165,9 DUCHESNE); cf. ep. 100 an Hinkmar von Reims (RPR[J]) 2879 = 603,2-16); dazu DVORNIK 1958, 29, und DAGRON 1994, 185.

[74] RPR(J) 2812 = ep. 99 (568,17-600,33); einen ausführlichen Kommentar bietet HEISER 1979; cf. HERBERS 1993, 67-70. Man sollte die Themen, die Boris ansprach, nicht als „106 ziemlich wunderliche Fragen über die Religion" (so STIERNON 1975, 70) abtun - Fragen der Gerichtsbarkeit über Kleriker, der Fasten- und Speisevorschriften, der Rituale beim Feldzug oder des Kirchenasyls waren durchaus Lebensfragen! Cf. DENNIS 1958, 166: Boris „wanted to know which of the old pre-Christian customs were compatible with his new faith and which were not."

[75] Diese Unterscheidung ist gegen DENNIS 1958, 166, zu betonen, der das Konfliktpotential der *Responsa* allzusehr verharmlost: „It is extraneous to that conflict [between the Roman and Greek Churches then nearing its height] and does not form any part of the anti-Photian or anti-Greek polemics. It is simply a pastoral letter intended to deal with the questions and difficulties of the newly converted Bulgarians." Ebenso will HEISER 1979, 387f., die *Responsa* vom Streit mit Photius trennen; anders SANSTERRE 1982, 382.

wird.⁷⁶ Ebenso gibt sich die Beantwortung der Frage, ob es stimme, daß das Chrisam für die Salbung allein von Konstantinopel aus in die christliche Welt versandt werde, betont harmlos („*sed iam credimus, quod vestra sollertia, quam verum non sit, animadvertit*": resp. XCIV; 597,18f.) - tatsächlich wurden aber die Firmungen in Bulgarien wiederholt, weil das von den Byzantinern verwendete Chrisam von einem exkommunizierten Patriarchen geweiht worden sei.⁷⁷ Die korrekte Antwort auf die konkrete Frage steht also in einem *antiphotianischen Kontext*.

Die Kernfrage wird mit dem Verlangen nach einem Patriarchen für Bulgarien berührt, wobei Nikolaus hinhaltend argumentiert: Erst müsse das Christentum in Bulgarien Fuß fassen; bis dahin könne ein Bischof die bulgarische Kirche leiten, später ein Erzbischof, der volle Jurisdiktion in seinem Gebiet erhalten würde.⁷⁸ Damit verbunden war jedoch die Frage, von wem denn ein solcher Würdenträger zu ordinieren sei - die päpstliche Antwort konnte nicht überraschen, zumal in Bulgarien noch niemals ein „Oberbischof" gewesen sei: „Ob Ihr nun wollt, daß für euch ein Patriarch oder Erzbischof oder Bischof geweiht wird - in jedem Fall mögt ihr diesen angemessener Weise von niemand anderem erbitten als vom Bischof des Sitzes des heiligen Petrus, 'bei dem sowohl das Bischofs- als auch das Apostelamt seinen Anfang nimmt'" (resp. LXXIII; 593,7-10).⁷⁹ Der Frage wird also mit dem Anspruch begegnet, daß Rom Quelle der Bischofsgewalt und der apostolischen Tradition sei, was zugleich impliziert, daß Konstantinopel dies alles natürlich *nicht* sein könne. Gebe es doch überhaupt nur drei wahrhaftige Patriarchen: „Wahrhaftig als Patriarchen zu bezeichnen sind die, welche die apostolischen Sitze durch die Sukzession der Bischöfe innehaben, d.h. die jenen Kirchen vorstehen, welche sich als von den Aposteln gegründet erweisen, nämlich Rom, Alexandrien und Antiochien"

---

76 In ep. 92 (534,10f.) wird Photius vorgeworfen, er habe versucht, die apostolischen Legaten „*a nostris mandatis avertere more Acacii, quondam Constantinopolitani heretici patriarchae*" (= can. I von 863; 142,22f.); in ep. 90 erwähnt Nikolaus, daß der Patriarch seinerzeit vom Papst (und nicht vom Kaiser alleine) abgesetzt worden sei (502,27-32); cf. Anastasius II., RPR(J) 744 (MANSI VIII, 190E-192A).

77 Dies berichtet der Ignatianer Metrophanes, ep. ad Manuelem logothetam (MANSI XVI, 417BC): ἀπεδοκίμασαν τοῦ Φωτίου τὸ μῦρον, καὶ πάντας ἄρχοντάς τε καὶ ἀρχομένους τῆς Βουλγάρων χώρας διανεμύρωσαν; zum Hintergrund cf. Photius, ep. 2 (I; 42,80-43,100).

78 Resp. LXXII = ep. 99 (592,30-593,2). Möglicherweise machte sich der Papst hier das pseudoisidorische Konzept zunutze, daß *patriarcha* dasselbe wie *primas* sei, nur in einem nunmehr fest umrissenen juristischen Sinn als „Obermetropolit"; Bulgarien hätte dann einen „Erzbischof im Rang eines Primas" zu erwarten gehabt (cf. HEISER 1979, 344f.; zum Primat bei Pseudoisidor cf. FUHRMANN 1954, 31-34).

79 Zitat: Innozenz I., decr. VIII nach Dionysius Exiguus (RPR[J] 286 = 529 HINSCHIUS).

(resp. XCII; 596,32-35). Konstantinopel und Jerusalem würden zwar auch Patriarchate genannt, „aber nicht aufgrund solcher Autorität, wie sie den übergeordneten Sitzen eignet" - der Bischof der Kaiserstadt sei „mehr dank der Gunst der Fürsten als mit Gründen" (*favore principum potius quam ratione*) Patriarch geworden; der Bischof von Jerusalem trage den Titel lediglich ehren- und traditionshalber (596,41f.; 597,3.5f.).[80] Obwohl Nikolaus gegenüber dem Kaiser den chalkedonensischen can. IX zur Modellierung der universalkirchlichen Appellationshierarchie herangezogen hatte, schweigt er hier über can. XXVIII desselben Konzils, der die neue Kaiserstadt am Bosporus mit den gleichen Vorrechten wie das „alte" Rom ausstatten sollte.[81] Die seit Justinian definierte Pentarchie wurde in den *Responsa* also zwar formal durch die Erwähnung ihrer fünf Glieder anerkannt, *de facto* aber in eine sehr „unpentarchische" Hierarchie transformiert, mit dem römischen Primat an der Spitze.[82]

Insofern kann festgehalten werden, daß die Konfrontation mit dem Kaiser deutliche Spuren in den *Responsa* hinterlassen hat - zwar wurden die Riten der griechischen Kirche nicht pauschal verdammt, aber in Fragen der Hierarchie und der Jurisdiktion argumentierte Nikolaus ganz auf der Linie des päpstlichen Primatsanspruchs. Gerade das Votum *gegen* den kirchlichen Rang von Konstantinopel - und damit gegen die Entscheidung eines Ökumenischen Konzils! - bezieht seine Plausibilität aus der 865 aufgestellten Behauptung, Synodalbeschlüsse seien nur durch päpstliche Approbation gültig.[83] Für Konstantinopel mußte das Triumphieren des Papstes nach dem Verlust des als sicher geglaubten Einflusses ein doppelter Schlag sein -

---

[80] Cf. Conc. Nic. I, can. VII (COD³ 9,21-25); dazu GEMEINHARDT 2001b, 22f.- Ignatius hatte allerdings schon auf der Synode von 861 den Vertretern des „apostolischen Stuhles" entgegengehalten: *„Ego thronum habeo Iohannis apostoli et Andreae, qui primum vocatus est discipulus Christi"* (Deusdedit, can. IV 428; 603,28f. GLANWELL).

[81] Conc. Chalc., can. XXVIII (COD³, 99,27-100,38); cf. auch Conc. Const. I, can. III (aaO., 32,16-19); zu den zeitgenössischen Auseinandersetzungen cf. GEMEINHARDT 2001b, 19-23. DENNIS 1958, 173f., kommentiert den Rekurs des Papstes auf Chalkedon: „While this viewpoint may be considered unrealistic, it was legally justified [sic!]. The famous twenty-eighth canon of Chalcedon... had never been accepted or ratified by Rome"; zustimmend HEISER 1979, 337.397. H.J. SCHULZ 1984, 88f. Anm. 118, klassifiziert das Vorgehen des Papstes dagegen als „provozierend".

[82] HEISER 1979, 107f., behauptet vorschnell eine gegenseitige Anerkennung von Primat bzw. Pentarchie: Konstantinopel interpretierte den Papstprimat sehr eigenwillig, und Rom akzeptierte die Pentarchie formell erst 869/70 (s.u. S. 240f.).

[83] Cf. BECK 1980, 105: „In einem Generalangriff wird das gesamte Eigenleben und Selbstverständnis der Orthodoxie in Frage gestellt", und JUGIE 1941, 140: „La conversion des Bulgares vint justement faire revivre, au même moment, cette autre source de discorde que fut la constitution des patriarcats, avec leurs limites territoriales déterminées."

und der Nährboden, auf dem das Filioque erstmals in der (Kirchen-) Geschichte politische Relevanz gewinnen sollte.

2. Die Filioque-Kontroverse in den 860'er Jahren

2.1. Die Eskalation der antilateinischen Haltung in Konstantinopel

Für Konstantinopel war das Überlaufen der Bulgaren zum lateinischen Christentum ein Schock - wurde doch damit der westliche Einfluß bis fast vor die Tore der Stadt vorgeschoben. Dem Bulgarenfürsten ein eigenes Kirchenoberhaupt zu verweigern, hatte sich als fataler Fehler herausgestellt. Zudem hatte Photius' Stellung in Konstantinopel mittlerweile einen schweren Schlag erlitten - sein Förderer, der Caesar Bardas, war am 21. April 866 ermordet worden, und dafür rückte der Drahtzieher der Tat, der Mazedonier Basilius, an die Seite des führungsschwachen Kaisers Michael III.[84] Photius mußte befürchten, daß sich der neue starke Mann mit Bardas' Gegnern verbünden würde - und das waren auch des Patriarchen Feinde.[85] In dieser Situation verschärfte sich der Ost-West-Gegensatz[86] bis hin zum Bannspruch gegen den Papst, der sich der Aufnahme formeller Gemeinschaft so hartnäckig widersetzte. Das klassische Dokument dieser Entwicklung ist die Enzyklika aus dem Frühjahr 867, mit der Photius seine östlichen Kollegen zu einer Synode nach Konstantinopel rief und in der die entscheidenden Dissenspunkte konzise benannt wurden.[87] Vor einer Rekonstruktion der synodalen Vorgänge ist daher dieser Brief zu analysieren.

---

[84] DÖLGER Nr. 466 (Brief des Kaisers an den Patriarchen); GRUMEL Nr. 476 (Antwort des Photius = ep. 18: I; 68-70); cf. DVORNIK 1958, 30. OSTROGORSKY 1963, 193, und BECK 1966a, 204, datieren auf 865.

[85] BECK 1980, 106f.

[86] Die Enzyklika des Photius (GRUMEL Nr. 481) spart nicht mit Invektiven gegen die westlichen Missionare, die als ἄνδρες δυσσεβεῖς καὶ ἀποτρόπαιοι bzw. als ἄνδρες ἐκ σκότους ἀναδύντες - τῆς γὰρ ἑσπερίου μοίρας ὑπῆρχον γεννήματα tituliert werden (ep. 2: I; 42,55-58 [hiernach im folgenden die Stellenangaben im Text]). Cf. PALMIERI 1913b, 2317f.; DVORNIK 1958, 30; GROTZ 1970, 107; STIERNON 1991, 694f.

[87] Dies ist zugleich sein erstes Wort in eigener Sache seit der Apologie von 861 (cf. oben S. 173f.). JUGIE 1941, 113, sieht hierin „une véritable déclaration de guerre à l'Église romaine et à son chef le pape Nicolas." SPECK 2000, 353-357, betrachtet dagegen Photius' Enzyklika als späteres Kompilat; auch die ausführliche Auseinandersetzung mit dem Filioque (Z. 108-199) sei später eingefügt worden, wie die textliche Nähe zur *Mystagogia* sowie die Doppelung mit Z. 101-107 beweise, wobei letzteres später für nicht zureichend befunden und daher ergänzt worden sei. M.E. ist jedoch der umgekehrte Fall, daß nämlich Photius in der *Mystagogia* auf seinen früheren polemischen Entwurf zurückgriff, nicht weniger plausibel.

2.1.1. Die Enzyklika des Photius

Das Einladungsschreiben richtete sich an die apostolischen Stühle des Ostens - ein anachronistischer Vorgang, insofern schon 787 in Nizäa nur Vertreter der orientalischen Patriarchen, die längst unter fremder politischer Herrschaft standen, teilgenommen hatten. War die Synode von 861 eine Provinzialsynode zur Klärung der inneren Verhältnisse der Hauptstadt gewesen, so sollte nunmehr eine „heilige *und ökumenische* Synode im Herrn zusammentreten" (51,338f.), um den Frieden unter den Kirchen wiederherzustellen. Der Papst - als fünfter Pentarch - war nicht eingeladen, woraus hervorgeht, wer als Stifter dieses Unfriedens angesehen wurde.[88] Offenbar hatte bereits eine Lokalsynode im Frühjahr 867 die lateinischen Missionare und ihre Neuerungen verurteilt, und zwar allein durch Applikation der bestehenden synodalen Entscheidungen, wie Photius betonte.[89] Unklar ist, ob diese Synode die Lateiner aufgrund ihrer *theologischen* Irrtümer verurteilte, d.h. ob hier schon das Filioque thematisiert worden war.

Die neue Synode sollte - um weitere Nachhutgefechte um die Bilderfrage zu unterbinden - den Rang von Nizäa II (787) als siebte ökumenische Synode festschreiben.[90] Dabei werden als Kriterien der Ökumenizität genannt:

- Nizäa habe eine schwerwiegende Häresie besiegt (den Ikonoklasmus);
- Vertreter der vier anderen Patriarchate seien dabei anwesend gewesen.[91]

---

[88] Angeblich hatten sich italienische Christen bitter über den römischen Bischof und dessen „Tyrannis" beklagt (51,321-331). Nach SANSTERRE 1973, 200-208, ist der ebd. erwähnte Basilius derselbe, der später von der Synode von 869/70 als *falsus vicarius* (ψευδοτοποτηρητής) auf der Versammlung anno 867 angeklagt worden war (cf. HERGENRÖTHER 1867b, 111 Anm. 56); Hadrian II. forderte entsprechend 869 seine Überstellung (RPR[J] 2914 = ep. 40; MGH Epp. VI, 757,9-12 PERELS).- Die Enzyklika ist in der Forschung überaus umstritten: WESSEL 1982, 349, nennt sie „eine Meisterleistung der Rhetorik und Polemik". Kulturkampf-Stimmung versprüht die Darstellung von DRÄSEKE 1909, 399, wonach Photius „im Jahre 867 in einer öffentlichen Anklage gegen das gesamte Abendland das griechische Volkstum gegen den römischen Katholizismus zu Hilfe rief und der Trennung der Kirche des Morgenlandes von der des Abendlandes nicht nur den äußeren Anstoß, sondern zugleich auch die theologische Grundlage gab"; cf. bereits HERGENRÖTHER 1867a, 640.

[89] GRUMEL Nr. 480 (= ep. 2: I; 47,223-226): τούτους τοὺς ἀπατεῶνας καὶ θεομάχους συνοδικῇ καὶ θείᾳ κατεκρίναμεν ψήφῳ· οὐ νῦν αὐτῶν τὴν ἀπόφασιν καθορίζοντες, ἀλλ' ἐκ τῶν ἤδη συνόδων καὶ ἀποστολικῶν θεσμῶν τὴν προωρισμένην αὐτοῖς καταδίκην ὑπεκφαίνοντες καὶ πᾶσι ποιοῦντες ἐπίδηλον.

[90] Ep. 2 (I; 52,349-352.374f.; 53,383-386).- Schon in der Inthronistika von 860 an Nikolaus I. hatte Photius präzisiert: τὰς ἁγίας καὶ οἰκουμενικὰς *ἑπτὰ* συνόδους ἀποδέχομαι (ep. 288: III; 118,118f.). Zur römischen Rezeption der Siebenzahl cf. S. 268 Anm. 355.

[91] Ep. 2 (I; 52,358-360): καὶ γὰρ καὶ αὕτη μεγίστην καθεῖλεν δυσσέβειαν, συμπαρέδρους αὐτῇ καὶ συμψήφους τοὺς ἐκ τῶν τεσσάρων ἥκοντας

Die von der gesamten Kirche durch ihre höchsten Repräsentanten vorgenommene Bekräftigung und Verteidigung des Dogmas macht ein Konzil „ökumenisch" - daraus folgt, daß auch die Synode von 867 durch die Verurteilung des Filioque ökumenischen Rang haben sollte.[92] Dies prägt den Aufbau des Schreibens: Im allgemeinen Frieden seit der Verurteilung aller Häresien, der sogar zur Bekehrung der Armenier und Bulgaren geführt habe (5-51), seien „gottlose Wilde aus dem Westen" in Bulgarien eingefallen (52-64), die nicht nur rituelle Greuel wie das Sabbatfasten und den Priesterzölibat proklamierten (65-79), sondern auch die Myronsalbung wiederholten und damit die schon vollzogene Taufe herabwürdigten (80-100). Sie sprächen im Glaubensbekenntnis vom Hervorgang des Geistes aus dem Vater *und dem Sohn* (101-107) - was allen Autoritäten widerstreite (108-204). Der Information über die abgehaltene Synode (205-230) folgt die inhaltliche Bestreitung der disziplinären Neuerungen (231-276) und die Exposition des geplanten Konzils (277-348), das Nizäa II in den ökumenischen Rang erheben solle (349-387).

Die Filioque-Frage ist dabei die „κακῶν κορωνίς" (43,102), um die sich der Angriff auf die westlichen Missionare dreht; sie begegnet schon im Titel der Enzyklika: ὡς οὐ χρὴ λέγειν ἐκ τοῦ πατρὸς καὶ τοῦ υἱοῦ τὸ πνεῦμα προέρχεσθαι, ἀλλ' ἐκ τοῦ πατρὸς μόνον (40,3f.). Bereits hier begegnet die „photianische" Leitdifferenz: Der Geist gehe *allein aus dem Vater* hervor - der lateinischen Theologie wird ein dezidierter „Monopatrismus" entgegengehalten. Darauf zielt auch die zentrale, das ökumenische Konzil motivierende Passage der Enzyklika ab:

> „Das allerheiligste Symbol, welches durch alle synodalen und ökumenischen Beschlüsse unbestrittene Gültigkeit besitzt, haben sie mit falschen Gedanken und unrechtmäßig hineingeschriebenen Worten und mit einem Übermaß an Kühnheit angetastet (o was für Kunstgriffe des Bösen!), indem sie die Neuerung lehren, der Heilige Geist gehe nicht aus dem Vater allein, sondern auch aus dem Sohn hervor."[93]

ἀρχιερατικῶν θρόνων ἔχουσα. Cf. auch ep. 288 (III; 119,155-157); zu den Kriterien der Ökumenizität cf. SIEBEN 1996, bes. 85-93, sowie oben S. 83-88.

[92] DVORNIK 1958, 31: „The Council was meant to be oecumenical and, therefore, it had to rule on doctrinal matters"; cf. unten S. 260-263 zur entsprechenden Problematik auf der Synode von 879/80.

[93] Ep. 2 (43,103-107): τὸ ἱερὸν καὶ ἅγιον σύμβολον, ὃ πᾶσι τοῖς συνοδικοῖς καὶ οἰκουμενικοῖς ψηφίσμασιν ἄμαχον ἔχει τὴν ἰσχύν, νόθοις λογισμοῖς καὶ παρεγγράπτοις λόγοις καὶ θράσους ὑπερβολῇ κιβδηλεύειν ἐπεχείρησαν (ὢ τῶν τοῦ πονηροῦ μηχανημάτων), τὸ πνεῦμα τὸ ἅγιον οὐκ ἐκ τοῦ πατρὸς μόνον, ἀλλά γε καὶ ἐκ τοῦ υἱοῦ ἐκπορεύεσθαι καινολογήσαντες. Cf. 46,170: ἡ καινοτομία τοῦ πνεύματος.- Cf. zum folgenden SLIPYI 1921, 66-95; JUGIE 1939, 369-373; HAUGH 1975, 91-99; zum System der photianischen Trinitätstheologie cf. unten S. 289-298.

Der Vorwurf richtet sich also darauf, eine „Neuerung" im Nizäno-Konstantinopolitanum eingeführt zu haben. Ἐκπορεύεσθαι wird als exklusiver Terminus für den Ursprung des Geistes beansprucht (statt προέρχεσθαι). Allerdings sagt das NC nicht explizit, daß der Geist „allein aus dem Vater" hervorgeht; genau darin besteht aber für Photius die Differenz zwischen Ost und West.

Photius' Schriften aus den 860'er Jahren lassen eine pneumatologische Denkentwicklung erkennen. Das ominöse μόνον spielt in seinem Glaubensbekenntnis, das er bei Amtsantritt nach Rom und Antiochien sandte, noch keine Rolle - hier richtet sich das Interesse vorrangig auf die τριὰς παναγία, die ὑπερούσιος οὐσία[94], deren Gleichwesenhaftigkeit und deren Gleichursprünglichkeit jenseits aller innerweltlich-zeitlichen Vorgänge festgestellt werden soll: „Denn so ist die Dreiheit gleichermaßen im Blick auf die zeitliche Vorstellung wie auf das selbige Wesen gegründet im Vater, aus welchem der eine auf unerforschliche und unaussprechliche Weise gezeugt wird, der andere jedoch hervorgeht; so wird sie theologisch recht gepriesen."[95] Zentral ist das Wesen (οὐσία) des Vaters, dem Sohn und Geist zugeordnet werden, spezifiziert allein durch ihre Ursprungsweisen (γεννησία und ἐκπόρευσις). Eine spezifisch pneumatologische Passage begegnet nur innerhalb einer kursorischen Widerlegung aller „klassischen" Häresien, bezogen auf Mazedonius: „Dieser schämte sich nämlich nicht, den allheiligen und allwirkenden Geist unter die Geschöpfe einzuordnen und als Geschöpf zu verehren" (ἐν κτίσμασι γὰρ καὶ οὗτος τὸ πανάγιον καὶ παντουργὸν τιθεὶς πνεῦμα κτισματολατρεῖν οὐκ ᾐσχύνετο; 118,123-125). Auch hier steht also der Abstand zwischen schöpferischer Gottheit und Geschaffenem im Vordergrund.[96]

---

[94] GRUMEL Nr. 464 (= ep. 288: III; 117,88 [danach die Belege im Text]); Nr 465 (= PG 102, 1017-1024). Ähnliche Prädikationsreihen finden sich in ep. 2: παντοκρατορικὴ καὶ ὁμοούσιος καὶ ὑπερφυὴς τριάς (46,181f.); πανάγια καὶ ὁμοφυὴς καὶ ὑπερούσιος τριάς (46,194f.). Daher ist nicht erst mit der Enzyklika von 867 „the embryonic stage of Photius' triadological thought" erreicht (so HAUGH 1975, 97).

[95] Ep. 288 (117,85-88): οὕτω γὰρ καὶ τῆς χρονικῆς ἐννοίας ὁμοτίμως ἡ τριὰς ὑπεριδρυθήσεται καὶ τῆς αὐτῆς οὐσίας τῷ πατρί, ἐξ οὕπερ ὁ μὲν ἀρρεύστως καὶ ἀρρήτως γεγέννηται, τὸ δὲ ἐκπεπόρευται, θεολογικῶς ὑμνολογηθήσεται. Cf. auch den Briefschluß (120,183-185): ᾧ ἡ δόξα καὶ τὸ κράτος ἅμα τῷ πατρὶ καὶ τῷ ἁγίῳ πνεύματι, τῇ ζωαρχικῇ καὶ ὁμοουσίῳ τριάδι, νῦν καὶ ἀεὶ καὶ εἰς τοὺς αἰῶνας τῶν αἰώνων.

[96] Gleiches gilt für den Brief an den Katholikos der Armenier, Zacharias, von 862 (GRUMEL Nr. 473 = PG 102, 703-714), dessen Authentizität zweifelhaft ist (cf. zuletzt LAOURDAS/WESTERINK, Bd. III, XI). Die ausführlichste Analyse bietet HERGENRÖTHER 1867a, 478-493. Der armenischen Kirche soll in diesem Schreiben die Übereinstimmung der chalkedonensischen Orthodoxie mit den drei ersten Konzilien

In seinem Bekenntnis wendet Photius das Schema „Theologie - Ökonomie" an, das im Westen etwa im Athanasianum auftritt, d.h. die systematische Trennung von Trinitätslehre und Christologie, welche vor allem auf die Soteriologie fokussiert wird.[97] Diese präzisere Unterscheidung von Gottes überzeitlichem Wesen und seinem weltzugewandten Wirken führt dazu, in der eigentlichen „Theologie" die *Unterschiedenheit* Gottes von der Welt jenseits seiner Offenbarungswirklichkeit zu betonen - das pneumatologische Dogma hängt dadurch in der Luft, daß die einschlägigen Aussagereihen über den Geist „theologisch" und nicht „ökonomisch" verankert werden und dieser vor allem als trinitarische Hypostase, nicht als Lebensspender und Subjekt des gegenwärtigen Heilshandelns Gottes in und an der Kirche zu stehen kommt. Die redundante Verwendung von Adjektiven mit dem Präfix ὑπερ- weist auf die - von Ps.-Dionysius Areopagita inspirierte - Intention hin, die streng apophatisch gedachte Trinität vor aller „Profanierung" zu bewahren.[98] Der Schwerpunkt der Enzyklika liegt demnach auf der theologischen Unmöglichkeit dessen, was die lateinischen Missionare lehrten:

> „Wer von denen, die zu den Christen zählen, würde es jemals aushalten, in die heilige Dreiheit zwei Ursachen einzuführen, den Vater nämlich [als Ursache] des Sohnes und des Geistes, den Sohn aber wiederum für den Geist, und die Alleinursprünglichkeit in eine Zweigottheit aufzulösen und die Theologie der Christen als nichts geringeres als

---

verdeutlicht werden. Es besteht kein Unterschied zu Photius hinsichtlich der Strukturierung der Trinitätslehre (cf. PG 105, 709f.); daß die Unterschiedenheit von Sohn und Geist mit dem Beispiel von Eva und Abel, die beide aus Adam hervorgingen und dennoch keine Brüder waren, erklärt wird, hat eine Parallele in amph. 28 (IV; 106,37-51; cf. HERGENRÖTHER 1867a, 492 Anm. 118). Allerdings weist SLIPYI 1921, 76 mit Anm. 3-6, darauf hin, daß dieser Topos auch schon bei Gregor von Nazianz, Gregor von Nyssa, Ps.-Basilius und Johannes von Damaskus zu finden ist; DERS. 1920, 540 Anm. 2, lenkt die Aufmerksamkeit darauf, daß über den Geist gesagt wird: *„qui de illorum substantia accipiens"* (PG 102, 709f.), was eindeutig auf Vater *und* Sohn zu beziehen ist und mit can. 1 des armenischen Konzils von 862 übereinstimmt: *„Spiritus ab utriusque essentia existens"* (z.n. HERGENRÖTHER 1869, 404 Anm. 28). Gegen JUGIE 1936, 301, und WENDEBOURG 1980, 82f. Anm. 74 (deren Untersuchung streckenweise allzusehr auf JUGIE vertraut), ist der Brief nicht für die Argumentation des Photius auszuwerten.

[97] Dies gilt schon für das Bekenntnis des Tarasius auf dem II. Nizänum (MANSI XII, 1122C-1127A).

[98] Daß sich hier systematische Probleme auftun, die das NC nicht kennt, zeigt die Kritik des Photius, aufgrund des Filioque sei genausogut möglich, daß auch der Sohn aus Vater *und Geist* geboren würde (ep. 2: I; 44,118-121) - eine Position, die in einem heilsgeschichtlich strukturierten Credo natürlich absurd anmutet, im Rahmen der Spekulation über die „überwesenhafte" Trinität aber nicht *a priori* abzuweisen ist!

hellenistische Mythologie zu schmähen und gegen die Würde der überwesentlichen und durch einen einzigen Ursprung strukturierten Dreiheit zu freveln?"⁹⁹

Wenn Sohn und Geist nicht nur aus dem Vater hervorgingen, sondern dazu noch der Geist mit dem Sohn eine weitere Ursache besäße, dann wäre die *Monarchie* der Gottheit unmöglich zu bewahren. Das Dogma des in sich dreifach differenzierten Monotheismus beinhaltet für Sohn und Geist jeweils genau *eine* Bestimmtheit, durch die sie vom Vater (als αἴτιον) und voneinander (als αἰτιατά) unterschieden sind: γέννησις und ἐκπόρευσις¹⁰⁰; alles andere kommt der Dreiheit gleichermaßen κατ᾽ οὐσίαν zu, statt sie κατ᾽ ὑπόστασιν zu unterscheiden (cf. 44,132-138; 45,141-144). Es kann *nur eins oder drei* geben: „Wenn alles, was nicht der allmächtigen und wesensgleichen und übernatürlichen Dreiheit gemeinsam ist, allein einem von den dreien zukommt, das Hervorbringen des Geistes jedoch nicht den dreien gemeinsam ist, dann kommt dies folglich einem von den dreien zu."¹⁰¹ Aus dieser Definition stammt das photianische μόνος: Wenn der Hervorgang des Geistes nicht der Trinität gemeinsam zuzuweisen sei, nach lateinischer Auffassung aber auch nicht einer der trinitarischen Personen alleine zukomme, dann „gehört die Hervorbringung des Geistes also überhaupt nicht zu der lebenspendenden und allesdurchwaltenden Dreiheit" (46,198f.). Da dies absurd sei, müsse konsequenterweise gelten: „Der Hervorgang des Geistes aus dem Vater ist hinreichend für seinen Ursprung" (46,175f.).

Die rechte Unterscheidung zwischen dem Gemeinsamen und dem Individuellen stellt demnach das Kardinalproblem der Trinitätslehre dar - denn wenn der Hervorgang des Geistes aus dem Sohn derselbe ist wie der aus dem Vater, „wie sollten dann nicht die Eigentümlichkeiten vermischt werden (πῶς οὐ κοινοῦνται αἱ ἰδιότητες), durch welche allein die Drei als

---

⁹⁹ Ep. 2 (44,110-114): τίς ὅλως ἀνάσχοιτο τῶν ἐν Χριστιανοῖς τελούντων ἐπὶ τῆς ἁγίας τριάδος δύο εἰσάγειν αἴτια, υἱοῦ μὲν καὶ πνεύματος τὸν πατέρα, τοῦ πνεύματος δὲ πάλιν τὸν υἱόν, καὶ εἰς διθεΐαν τὴν μοναρχίαν λύειν καὶ μηδὲν ἧττον τῆς Ἑλληνικῆς μυθολογίας τὴν τῶν Χριστιανῶν σπαράττειν θεολογίαν, καὶ τῆς ὑπερουσίου καὶ μοναρχικῆς τριάδος ἐξυβρίζειν τὸ ἀξίωμα;

¹⁰⁰ Zur Differenz αἴτιον - αἰτιατόν cf. 44,137. Die pronocierte „Vollkommenheit" - τελεία δέ, ὅτι θεὸς τέλειος ἐκ θεοῦ τελείου (44,116) - überträgt das entscheidende *christologische* Gottesprädikat auch auf den Geist (cf. Conc. Chalc., def. fidei; ACO II 1,2, 129,24 SCHWARTZ: τέλειον τὸν αὐτὸν ἐν θεότητι).

¹⁰¹ Ep. 2 (46,181-184): εἰ πᾶν ὅπερ μή ἐστι κοινὸν τῆς παντοκρατορικῆς καὶ ὁμοουσίου καὶ ὑπερφυοῦς τριάδος ἑνός ἐστι μόνου τῶν τριῶν, οὐκ ἔστι δὲ ἡ τοῦ πνεύματος προβολὴ κοινὸν τῶν τριῶν, ἑνὸς ἄρα ἐστὶ μόνου τῶν τριῶν.

drei-seiend und verehrungswürdig ausgezeichnet werden?" (45,161f.).[102] Wenn das Dritte aus dem Zweiten hervorgegangen sei, könne auch etwas Viertes aus dem Dritten hervorgehen *ad infinitum*, woraus eine πολύαρχος ἀρχή (45,140) resultieren würde. Das Filioque rückte dann den Sohn näher an den Vater als den Geist und reproduzierte damit die Häresie der Pneumatomachen.[103] Es würde demnach die Autorität der Schrift, der ökumenischen Synoden und nicht zuletzt der „klassischen" Theologen bestritten, wenn man statt des Schriftwortes Joh 15,26 dem „Filioquismus" folgte.[104]

Aus der theologischen Unmöglichkeit des Filioque ergibt sich als logische Konsequenz auch die Kritik hinsichtlich der kirchlichen Disziplin, vor allem an der Sitte des Samstagsfastens. Tatsächlich hatte Nikolaus den Bulgaren mitgeteilt: „Am sechsten Tag jeder Woche und an jedem Tag vor einem Hochfest ist als Zeichen des Festes auf Fleisch zu verzichten und den Fastenregeln zu folgen."[105] Der von Photius herangezogene 64. Apostolische Kanon verbietet dagegen eindeutig, daß ein Kleriker oder Laie am Samstag oder Sonntag fasten dürfe, was bereits das Concilium Quinisextum in seinem 55. Kanon rezipierte - in dezidiert antirömischer Akzentuierung.[106] Gleiches gilt für die Frage des Priesterzölibates, die Nikolaus zwar vorsichtig, aber entschieden beantwortet hatte: Die Bulgaren sollten einen verheirateten Priester nicht fortschicken, denn auch Jesus habe den „Lügenapostel" Judas bei sich behalten; zudem sei es nicht Sache der Laien, über Priester zu urteilen.[107] Dagegen führt Photius den 692 rezipierten vierten Kanon von Gangra an: „Wenn jemand gegen einen verheirateten Prie-

---

[102] Würde man dagegen Vater und Sohn durch verschiedene Hervorgänge des Geistes in Gegensatz zueinander bringen, erwiese man sich damit als „Μάνεντες καὶ Μαρκίωνες" (45,163; cf. ORPHANOS 1981, 44).
[103] Ep. 2 (I; 44,128f.): ἐγγυτέρω ἂν εἴη τῆς πατρικῆς οὐσίας ὁ υἱὸς ἤπερ τὸ πνεῦμα. Zu den Pneumatomachen: ep. 1 (I; 6,138-145); ep. 288 (III; 118,123-125); BIENERT 1997a, 186f.; RITTER 1999, 194-198.
[104] Ep. 2 (I; 45,148-152): ὁ κύριος καὶ θεὸς ἡμῶν φησίν· 'τὸ πνεῦμα, ὃ παρὰ τοῦ πατρὸς ἐκπορεύεται'· οἱ δὲ τῆς καινῆς ταύτης δυσσεβείας πατέρες 'τὸ πνεῦμα', φασίν, 'ὃ παρὰ τοῦ υἱοῦ ἐκπορεύεται'. τίς οὐ κλείσει τὰ ὦτα πρὸς τὴν ὑπερβολὴν τῆς βλασφημίας ταύτης; Allein das Filioque genügte demnach zur Verhängung des Anathemas (48,273-276): Οὐ μὴν ἀλλὰ καὶ ἡ κατὰ τοῦ πνεύματος, μᾶλλον δὲ καθ' ὅλης τῆς ἁγίας τριάδος, ὑπερβολὴν οὐ λείπουσα βλασφημία... ἐξαρκεῖ καὶ μόνον μυρίοις αὐτοὺς ὑπαγαγεῖν ἀναθέμασιν.
[105] Resp. IV (571,9-11); cf. HERGENRÖTHER 1867a, 643 Anm. 13.
[106] Can. app. 64 (SC 336, 298,297-299 METZGER); cf. Conc. Quinisextum, can. 55 (124,15f. LAUCHERT): ἔδοξε τῇ ἁγίᾳ συνόδῳ, ὥστε κρατεῖν καὶ ἐπὶ τῇ Ῥωμαίων ἐκκλησίᾳ ἀπαρασαλεύτως τὸν κανόνα τὸν λέγοντα· κτλ. Gerade diese Tendenz provozierte den langen Streit um die Autorität des Quinisextum (cf. H.J. SCHULZ 1984, 75f.; ausführlich OHME 1990, 55-75).
[107] Resp. LXX (592,7-10).

ster urteilt, daß er nicht die Liturgie feiern und das Opfer darbringen darf, der sei verdammt."[108] Wie schon im Streit um Serdika prallten hier also zwei unabhängig voneinander ausdifferenzierte kanonische Traditionen aufeinander.

Umstritten ist allerdings, gegen welchen Gegner sich die theologische und kanonische Polemik des Photius gegen das Filioque und dessen Aufnahme ins NC richtete - wurde doch in Rom zu Nikolaus' Zeiten das Credo *ohne* Filioque gesprochen. In seinem Hilfeersuchen an Hinkmar von Reims spricht Nikolaus zwar davon, daß dieses Theologumenon von „manchen berühmten, vornehmlich lateinischen Theologen" behandelt worden sei, stellt es jedoch nicht als integralen Brauch der *Ecclesia romana* hin.[109] Auf der Konstantinopolitaner Synode von 879/80 wurde das NC *ohne* Filioque festgeschrieben, ohne daß die Emissäre Johannes' VIII. protestierten, so daß die römische Haltung sich seit Leo III. nicht geändert hatte: Zustimmung zur *Lehre*, aber keine Veränderung des *Symboltextes*.[110] Auch Photius selbst wurde von Nikolaus niemals persönlich als Urheber der Bekenntnisdifferenz kritisiert. Dann aber müssen die *fränkischen* Missionare das NC samt Filioque nach Bulgarien importiert haben, die schon vor den Byzantinern und parallel zu diesen in Bulgarien wirkten. So wenig auch über diese Kleriker bekannt ist, so darf doch vermutet werden, daß die Konkurrenzsituation auf beiden Seiten zu einer kaum gezügelten Polemik führte.[111] Dabei konnten auch mit dem Glaubensbekenntnis unterschei-

---

[108] Conc. Gangr., can. 4 (48,244-246 = 81,12-14 LAUCHERT); cf. Conc. Quinisextum, can. 13 (48,247-49,268 = 107,13-108,1); zu Gangra cf. LIETZMANN 1953b, 163f., sowie die Berichte bei Socrates, h. e. II 43,1-6 (GCS N.F. 1, 180,1-20 HANSEN), und Sozomenos, h. e. III 14,31-36; IV 24,9 (SC 418, 132-134; 324-328 BIDEZ/FESTUGIÈRE).

[109] Ep. 100 (605,16-19); cf. dazu unten S. 202-204.

[110] Cf. Anastasius Bibliothecarius zur Verteidigung der lateinischen Theologie durch Maximus Confessor (ep. 9; MGH.Epp. VII, 425,22-24 PERELS/LAEHR s.v. ep. ad Marinum; PG 91, 136AB): „*cum nos non causam vel principium Filium dicamus Spiritus sancti, ut [Greci] autumant, sed unitatem substantiae Patris ac Filii non nescientes, sicut procedit ex Patre, ita eum procedere fateamur ex Filio, missionem nimirum processionem intelligentes*", in Kenntnis der sprachlichen Inkompatibilität („*difficultatem exprimendi de alterius in alterius linguae proprietatem significans*": 425,26f.) und mit Rekurs auf Gregor I., in euang. II 26,2 (CChr.SL 141, 220,45 ÉTAIX). Diese Erwägungen zur Problematik der Übersetzung haben nur bei Johannes Scotus Eriugena eine zeitgenössische Parallele, demzufolge ὑπόστασις mit *subsistentia* wiederzugeben sei, und zwar im Sinne von *persona*, nicht von *substantia* (cf. Anastasius, ep. 6; 417,22f.29-32); dazu DE GHELLINCK 1942, 104f., sowie grundlegend BEIERWALTES 1994.

[111] SANSTERRE 1982, 379f.: „Les missionnaires [grecs et latins] faisaient parfois preuve d'un zèle excessif et malencontreux... Le fait qu'un tel personnage [sc. der falsche griechische Priester, s.o. resp. XV] a pu multiplier les baptêmes en Bulgarie, le fait aussi

dende Akzente gesetzt werden - was aber das Filioque als textuelle Gegebenheit impliziert. Es dürfte also ein den Missionaren aus der Heimat vertrauter Brauch vorliegen, wie ein halbes Jahrhundert zuvor bei den fränkischen Mönchen in Jerusalem. Das Filioque im NC war daher keine gezielt antigriechische Maßnahme, sondern entstammte der karolingischen Meßliturgie, die situativ zum Kennzeichen der Orthodoxie erhoben wurde.

Unwahrscheinlich ist dagegen, daß der Anstoß erregende Hervorgang des Geistes aus dem Sohn von den *römischen* Missionaren unter Formosus von Porto und Paulus von Populonia gelehrt wurde[112], wie auch die These, daß „die Forderung des in Rom nicht verwendeten 'filioque' eine Möglichkeit [bedeutete], die Bulgaren nicht nur jurisdiktionell, sondern auch von der Theologie her von Byzanz zu lösen und an die lateinische Christenheit zu binden"[113]. Zu berücksichtigen ist, daß Photius die Anklagen gegen den Westen pauschalisiert, ohne sich mit Unterscheidungen zwischen fränkischen und römischen Missionaren aufzuhalten. Zudem ist die Bindungsfähigkeit einer dogmatischen Detailfrage nicht überzubewerten: Das Wort „Filioque" ist weniger der Grund als ein Folgeproblem der Entscheidung, *lateinisches oder griechisches Christentum* anzunehmen, so daß die Rezeption des NC in lateinischer oder griechischer Textgestalt schlicht ein notwendiges Implikat der jeweiligen Sprache der Missionare war. Schließlich zeigen die *Responsa* des Papstes, daß theologische Fragen für Khan Boris keine Rolle spielten, den vor allem zwei Probleme beschäftigten: Wie ließen sich die vorchristlichen Sitten und Riten seines Volkes in die neue Religion integrieren - und wie war künftig die religiöse Hierarchie zu strukturieren?[114] Für theologische Subtilitäten - wie die Pneumatologie des NC oder die Autorität des Papstes gegenüber ökumenischen Konzilien - war demgegenüber keine Aufnahmebereitschaft vorhanden; die Frage der bulgarischen „Obödienz" war eine rein jurisdiktionelle. Daher ist davon auszugehen, daß die fränkischen Missionare den Symboltext verwendeten, der ihnen vertraut war, und daß das Filioque-Problem aus dieser Praxis resultierte,

---

que ni les Latins, ni les Grecs n'avaient à leur tête un évêque montrent que les missionnaires n'étaient guère encadrés."

[112] Formosus firmiert zwar in griechischen Traktaten über den Ursprung des Schismas als „Erzketzer" (cf. opusc. scism. III 13; 179,6-8 HERGENRÖTHER); nach DVORNIK 1948, 253, erwähnt jedoch Photius den portugiesischen Missionsbischof nirgendwo im Zusammenhang mit der pneumatologischen Häresie.

[113] DÖPMANN 1983, 208.

[114] Die Frage des *Fastens am Samstag* besaß daher weitaus größeres Gewicht als das Filioque im NC; möglicherweise wurde hierin schon von den fränkischen Missionaren eine bewußte Differenz zu Byzanz gesucht, auf die Photius in seiner Enzyklika reagierte und die Nikolaus in den *Responsa* entschärfen wollte.

die wohl auch dann fortbestand, als die Bulgaren den Missionaren Ludwigs II. die Einreise verwehrten. Dies erklärt die Verwendung eines fränkischen NC samt Filioque, für das es keinen römischen „Sitz im Leben" gab.[115]

Gelegentlich ist sogar bezweifelt worden, daß Photius überhaupt den „römischen [sic!] Zusatz *filioque* zum Symbolum kannte"[116], weshalb sich die Kritik an den καινολογήσαντες nur auf die *Lehre* bezogen hätte. Nach Martin JUGIE habe Photius mit παρέγγραπτοι λόγοι lediglich „explications orales" gemeint[117]; Vénance GRUMEL hat dagegen die fragliche Wendung mit „mots faussement intercalés ou interpolés" wiedergegeben.[118] Immerhin spricht Photius nicht nur von einer theologischen Häresie, sondern zitiert auch den kritisierten Text des NC: τὸ πνεῦμα τὸ ἅγιον οὐκ ἐκ τοῦ πατρὸς μόνον, ἀλλά γε καὶ ἐκ τοῦ υἱοῦ ἐκπορεύεσθαι (43,106f.). Wenn zutrifft, daß a) ein NC mit Filioque nur denkbar ist, wenn sich darin eine selbstverständliche Praxis der Missionare spiegelt, und daß b) theologische Subtilitäten vor Ort keine Rolle spielten, dann ist zu folgern, daß Photius hier gegen eine Gewohnheit der fränkischen Missionare polemisiert, die ihren aus der heimatlichen Meßliturgie vertrauten Text benutzten.

2.1.2. Die Synode von Konstantinopel 867

Der Sturz des Photius im Spätherbst 867 bewirkte, daß Anlaß und Planungen der Synode besser bekannt sind als ihr Verlauf und ihre Beschlüsse - wurden doch die Akten der Versammlung (zusammen mit den Aufzeichnungen der Synode von 861) zwei Jahre später feierlich verbrannt.[119] Immerhin kann als gesichert gelten, daß Photius in der Häretisierung des Papstes durch den Spruch einer allgemeinen Synode das letzte Mittel sah, um den Bulgarenfürsten zur Rückkehr zur konstantinopolitanischen „Mutter-

---

[115] SANSTERRE 1982, 382: „Toutefois, rien n'oblige à considérer qu'ils furent renvoyés en même temps que la mission d'Ermenrich de Passau; ils ont fort bien pu passer sous l'autorité des évêques envoyés par le pape."

[116] ROCHOW 1983, 113 Anm. 131.

[117] JUGIE 1939, 372; cf. DERS. 1941, 146: „Mais l'on sait que, suivant l'usage romain alors, ces missionnaires devaient réciter le symbole sans l'addition, et encore ne le récitaient-ils pas à la messe. Photius ne peut donc faire allusion qu'à des explications catéchistiques. C'est toujours la doctrine exprimée par le *Filioque*, et non le *Filioque* lui-même, qu'il vise dans ses écrits polémiques." Zustimmend DVORNIK 1958, 38 Anm. 131; PELIKAN 1974, 185; so auch schon HERGENRÖTHER 1867a, 709.

[118] GRUMEL 1947, 221.

[119] Cf. Lib. pont. (II; 179,26-31 DUCHESNE); Conc. Rom. a. 869, cap. I (MGH.Conc. IV, 347,28 HARTMANN); Conc. Const. a. 869/70, actio VIII (MANSI XVI, 136A); Niketas, v. Ign. (PG 105, 541D); cf. STIERNON 1975, 99.148f.

kirche" zu bewegen.[120] Die lateinische Christenheit insgesamt anzugreifen, war dagegen nicht seine Intention; selbst seine Gegner konzedierten, Photius habe allein Papst Nikolaus I. und seine Anhänger, nicht aber die Kirche des Westens als solche unter das Anathema stellen wollen.[121] Es existieren fast nur *antiphotianische* Zeugnisse über die Synode - auffallenderweise hat Photius selbst sich nie mehr dazu geäußert. Der Grund dürfte darin zu suchen sein, daß Kaiser Basilius I. (867-886) in Zeiten guter Beziehungen zu Rom vergessen lassen wollte, daß unter seiner Ägide einmal ein Papst verdammt worden war.[122] Folgende Elemente des Verlaufs lassen sich rekonstruieren:

1. Die Synode fand unter Beteiligung von Kaiser Michael III. statt; daß die Präsenz des Basilius nur von Metrophanes, nicht von den anderen ignatianischen Quellen erwähnt wird[123], belegt die Tendenz, die Beteiligung des Mitkaisers herunterzuspielen und dem kurz nach der Synode ermordeten Michael die Verantwortung zuzuschieben.[124]

---

[120] DVORNIK 1948, 119f.: „As the decisions of a local Council had failed to produce the desired effect [sc. to put increased pressure on Boris], perhaps those of a General Council would have a better chance, the more so as the Council was also to condemn Nicholas' line of conduct"; so auch DAGRON 1994, 186.

[121] Conc. Const. a. 869/70, epistola encyclica (MANSI XVI, 412A); actio X (aaO., 198B); Niketas, v. Ign. (PG 105, 537B); Metrophanes von Smyrna (MANSI XVI, 417D).

[122] MANGO 1958, 299. So nennt ihn die Predigt, die Photius am Ende der Verhandlungen, nach der Unterzeichnung der Beschlüsse durch die Kaiser, hielt (hom. XVIII, 311.314 MANGO; cf. DVORNIK 1958, 30).- An römischen und ignatianischen Quellen (cf. GRUMEL Nr. 482; im folgenden nur mit Seiten- und Kolumnenangaben zitiert) sind erhalten: Conc. Rom. a. 869, cap. I (MGH.Conc. IV, 347,19-30 HARTMANN); Conc. Const. a. 869/70 (MANSI XVI, 136AB; 198AB; 401D; 412A); Metrophanes von Smyrna, ep. ad Manuelem logothetam (MANSI XVI, 417C-E); Lib. pont. (II; 178,13-179,31 DUCHESNE); Anastasius Bibliothecarius, ep. 5 (MGH Epp. VII, 406,19-30 PERELS/LAEHR); v. Ign. (PG 105, 537B; 541C).- Daß die Synode stattgefunden hat, wies HERGENRÖTHER 1867a, 649, gegen früher geäußerte Zweifel nach. Eine eingehende Analyse der Quellenlage bietet DVORNIK 1948, 120-129; cf. BECK 1980, 105f.

[123] MANSI XVI, 417D: ὑπογραφὰς... τῶν δύο βασιλέων; dazu DVORNIK 1958, 31.

[124] Die Alleinverantwortung Michaels betont Conc. Rom. a. 869, cap. I (347,21f.: *Michahele tyrannice imperante*; der Synodalbrief des Konzils von 869/70 spricht allerdings von *imperatores*: 198B); ebenso v. Ign. (537B); Anastasius, ep. 5 (406,19); Lib. pont. (179,5f.): „*Nam et subscriptionem Basilii nostri imperatoris post subscriptionem Michaelis, quem ebriosissimum subscribere noctu suasit, falsissime continet*"; cf. das Synodicon vetus, Nr. 161 (138,2). Zurecht kritisch dazu äußert sich PERRONE 1993, 172.

2. Formal war die Synode „ökumenisch", insofern Vertreter der drei orientalischen Patriarchen anwesend waren, die jedoch in den Quellen als *„falsi vicarii"* eingestuft werden.[125]
3. Die *inhaltliche* Ökumenizität ergab sich daraus, daß Nizäa II feierlich zum siebten und ökumenischen Konzil erklärt wurde; in seiner Homilie gibt Photius der Versammlung den Anstrich einer synodalen „Anakephalaiosis": „No manner of impiety shall henceforth speak freely!"[126] Durch die spezifische Harmonie der Entscheidungen aller ökumenischen Konzilien wird das Filioque häresiologisch klassifiziert.[127]
4. Während sich die antiphotianischen Quellen über den dogmatischen Gehalt der Synode ausschweigen, stimmen sie darin überein, daß gegen Papst Nikolaus das Anathema ausgesprochen wurde, wie can. VI des Gegenkonzils von 869/70 referiert: „Gegen den seligen Papst Nikolaus hat er teuflische Anklagen mit dem Ziel seiner Absetzung zusammengetragen und verwegen den Bannfluch ausgesprochen gegen ihn selbst und alle, die mit ihm Gemeinschaft haben."[128] Dies sei - den Kritikern zufolge - tatsächlich das einzige Ziel der Synode gewesen.[129]
5. Auch sei eine Huldigung an Kaiser Ludwig II. ausgesprochen worden[130]: Der karolingische Kaiser, dessen Differenzen mit dem Papst bekannt waren, sollte den Spruch der konstantinopolitanischen Synode exekutie-

---

[125] Conc. Const. a. 869/70, actio X (198B); can. VI (401D); Synodicon vetus, Nr. 161 (138,3); Vita Ignatii (537B); Anastasius, ep. 5 (406,20); nach dem Lib. pont. (179,11-15) habe Photius zufällig anwesende Flüchtlinge zu Vertretern der orientalischen Stühle „gesalbt". Daß keine offiziellen Abgesandten der patriarchalen Stühle des Ostens - schon gar nicht „die weitaus größere Mehrzahl der Bischofsstühle des Ostens, soweit sie nicht in der Gewalt der Araber waren" (GROTZ 1970, 110) - anwesend waren, ist angesichts der schwierigen politischen Situation als überaus wahrscheinlich anzusehen. Die spärlichen Nachrichten über die Repräsentanten der Patriarchate verdanken sich dem inquisitorischen Bemühen des ignatianischen Konzils zwei Jahre später; cf. dazu SANSTERRE 1973, bes. 227f.

[126] Photius, hom. XVIII 3 (311 MANGO); cf. MANGO 1958, 302; DVORNIK 1958, 31: „The condemnation of the Pope was not the only, or even the main, subject of the deliberations... The preservation of the faith in all its purity is especially stressed. This had been achieved by the final victory of the Church over the last heresy - iconoclasm."

[127] Cf. zur Frühjahrssynode ep. 2 (I; 44,126-131); dazu MEIJER 1975, 30.

[128] Conc. Const. a. 869/70, can. VI; (401D; Übers.: STIERNON 1975, 324 [verändert]); cf. ep. encycl. (412A); v. Ign. (537B); Metrophanes (417D); Synodicon vetus, Nr. 161 (138,6f.); Anastasius, ep. 5 (406,22f.); Lib. pont. (178,14-25).

[129] Einzig Metrophanes notiert, daß Photius selbst den Papst verteidigt habe, insofern man keinen Abwesenden verurteilen dürfe, aber von den anwesenden Bischöfen überstimmt worden sei (417CD).

[130] V. Ign. (537BC); Metrophanes (417E). Ob schon im Frühjahr 867 zwischen Konstantinopel und Aachen Kontakte bestanden (so GRUMEL Nr. 479), ist nicht verifizierbar.

ren; wie seinem Vorgänger Karl wurde ihm dafür die Anerkennung seiner Kaiserwürde in Aussicht gestellt. Daher übersandte Photius ihm umgehend die Konzilsakten mitsamt dem Anathema gegen den Papst.[131]

6. Die Beschlüsse wurden angeblich nicht nur von den Kaisern und den Vertretern der Patriarchen, sondern auch von zahlreichen weiteren Klerikern und Senatoren unterzeichnet[132], was den Vorwurf der Fälschung evozierte: So nannte schon der byzantinische Gesandte Basilius 869 in Rom den Patriarchen einen „Lügenerfinder", „der in verstellter Schrift mit seinen wenigen Komplizen die Namen zahlreicher abwesender Bischöfe aufzuschreiben vermochte"[133]. Anastasius behauptete, Photius habe bis zu tausend Unterschriften selbst gefälscht, nachdem von den Teilnehmern seiner Versammlung lediglich einundzwanzig Bischöfe hätten unterzeichnen wollen.[134] Daß gar Photius eine Synode frei erfunden habe, wie das *Synodicon vetus* behauptet[135], trifft jedoch nicht zu; immerhin verweist die Häufigkeit und Heftigkeit der Bestreitungen der Authentizität auf die Faktizität der Synode, was durch das Konzil von 869/70 bestätigt wird, das angesichts der strengen römischen Inquisition in Konstantinopel kaum unbelastete „Antiphotianer" finden konnte.

7. Für die Gegner des Photius war diese Synode ein *„conciliabulum"*, nach Anastasius gar ein *„latrocinium"*.[136] Der römische Bibliothekar präzisiert, daß der Patriarch nicht nur als „Vorläufer des Antichristen, ja so-

---

[131] GRUMEL Nr. 483 = v. Ign. (537BC). Metrophanes bezeugt ein weiteres Schreiben an die Kaisergattin Ingelberge, die mit Pulcheria verglichen wird (GRUMEL Nr. 484 = 417DE). Die Anerkennung Ludwigs als Kaiser der *Franken* war freilich schon seit 812 für Byzanz prinzipiell denkbar (cf. OHNSORGE 1965, 295f.), insofern dem ῥὴξ Φραγγίας als βασιλεύς gehuldigt wurde. Erst der 869/70 erhobene Anspruch Ludwigs, *Imperator Romanorum* zu sein, beendete die Akzeptanz seines Kaisertums durch Byzanz (HIESTAND 1983, 1306).

[132] Conc. Const. a. 869/70, ep. encycl. (198B); v. Ign. (537C); Metrophanes (417D); Synodicon vetus, Nr. 161 (138,4f.).

[133] Lib. pont. (178,31; 179,8f.).

[134] Ep. 5 (406,26-30).

[135] Synodicon vetus, Nr. 161 (138,2f.): κρυφηδὸν συγγραψάμενος ψευδοσύνοδον. Metrophanes bestreitet ebenfalls die Subskriptionen (417D); der Vita Ignatii zufolge nahmen ausschließlich Gefolgsleute des Photius teil (537B).

[136] Lib. pont. (178,24.30; 179,25); Anastasius Bibliothecarius, ep. 5 (406,19); cf. Conc. Rom. a. 869, cap. I (347,21-24): *„conciliabulum vanitatis... utpote veritatis inimicum, et omni falsitate repletum... Ephesino latrocinio comparandum"*, ebenso resp. conc. prima (343,1f.): *„Ariminensi synodo vel Ephesino latrocinio sit modis omnibus comparandum"*; cf. STIERNON 1975, 205. Nach HARTMANN 1989, 291 Anm. 13, nannte zuerst Leo I. die Synode von Ephesus ein *latrocinium* (= σύνοδος ληστική in Anlehnung an Mt 21,13: RPR[J] 475 = ep. 95,2; ACO II 4, 51,4 SCHWARTZ: *„non iudicio sed latrocinio"*). Cf. dazu BEYSCHLAG 1991, 56 mit Anm. 97.

gar als Antichrist selbst" und als „Verehrer abscheulicher Lehren" (*perversorum dogmatum cultor*) bezeichnet wird, sondern auch als „zweiter Dioskur"[137]: Wie dieser auf der ephesinischen „Räubersynode" von 449 Papst Leo I. absetzen und sich somit zum Herrn der Kirche aufschwingen wollte, so habe auch Photius mit allen Mitteln versucht, die kirchliche Hierarchie auf den Kopf und sich selbst an ihre Spitze zu stellen – „*adversus apostolicae sedis reverentiam et privilegium*"[138]. Die Beschlüsse seien daher als ψευδοσύλλογος zu qualifizieren, die ganze Veranstaltung als ψευδοσύνοδος.[139]

Die Quellenlage erlaubt die summarische Feststellung, daß im Spätsommer 867 in Konstantinopel eine Synode stattfand, die einerseits die Ökumenizität des Konzils von Nizäa 787 proklamierte und andererseits gegen Papst Nikolaus I. das Anathema aussprach – nicht gegen die lateinische Kirche. Die Gegner des Photius bestritten die Gültigkeit der Beschlüsse nach Kräften, aber auch der Initiator selbst und der mitbeteiligte Kaiser Basilius haben später niemals versucht, die Ergebnisse gesamtkirchlich verbindlich zu machen. Damit kam der Streit zwischen Papst Nikolaus I. und Patriarch Photius um die Vorherrschaft in Bulgarien zur Eskalation – noch vor dem Bekanntwerden der Konzilsakten im Westen fühlte sich Nikolaus gezwungen, die gesamte lateinische Kirche zu Hilfe zu rufen. Daß nach dem 24. September 867 die Machtkonstellation völlig anders aussehen würde, hatte freilich keiner der Protagonisten einkalkulieren können.[140] Das „photianische" Schisma war daher faktisch beendet, noch bevor im Westen jemand genauere Kenntnis davon erlangt hatte und bevor im Osten daraus Konsequenzen gezogen werden konnten. Daß das Filioque dennoch in der Folgezeit erstmals zum Schibboleth zwischen östlicher und westlicher Theologie avancierte, lag an einem *innerlateinischen* Rezeptionsprozeß, der im folgenden nachzuzeichnen ist.

2.2. Die lateinische Antwort auf die byzantinischen Vorwürfe

Der Kurier, der die Bannsprüche an Kaiser Ludwig II., überbringen sollte, wurde von dem neuen Alleinherrscher Basilius I. umgehend zurückgerufen:

---

[137] Ep. 5 (406,31-34); Lib. pont. (178,31): „*inventor perversorum dogmatum*".
[138] Conc. Rom. a. 869, can. I (347,22f.).
[139] V. Ign. (537B); Synodicon vetus, Nr. 161 (138,3).
[140] Lib. pont. (165,28-31): „*Imperante autem Basilio in Constantinopoli, quoniam voluit Deus ipsius sancti pontificis iuges labores, quos pro sancta Constantinopolitana passus fuit ecclesia, cum fine boni operis consummare, sicut fama se habuit, Photius neophitus ac invasor ut mechus pellitur et iuxta decretum sedis apostolicae patriarcha Ignatius Constantinopolitano redditur throno.*"

Ein offener Affront gegen den Papst konnte der Konsolidierung seiner Macht nur abträglich sein. Die Wiedereinsetzung des Ignatius am 23. November 867 sollte demgegenüber ein Zeichen der Versöhnungsbereitschaft setzen - in Unkenntnis des Todes Nikolaus' I. zehn Tage zuvor. Dieser hatte noch am 23. Oktober 867 - schon schwer von Krankheit gezeichnet - Hinkmar von Reims um Hilfe gebeten. Die Liste der byzantinischen Vorwürfe, die er beifügte, hatten die Kaiser offenbar an den Bulgarenfürsten gesandt, welcher sie den Gesandten des Papstes mitgegeben hatte[141]:

> „Sie bemühen sich nämlich, einerseits besonders unsere Kirche wie auch generell jede Kirche lateinischer Sprache zu tadeln: [1] daß wir an Samstagen fasten; [2] daß wir sagen, der Heilige Geist gehe aus Vater und Sohn hervor, wohingegen sie selbst ihn lediglich als aus dem Vater hervorgehend bekennen (*quod spiritum sanctum ex patre filioque procedere dicamus, cum ipsi hunc tantum ex patre procedere fateantur*); [3] daß wir das Heiraten verabscheuen; [4] daß wir den Priestern untersagen, die Stirn der Getauften mit Chrisam zu salben; [5] sie meinen, daß wir das Chrisam betrügerisch aus Flußwasser herstellen; [6] daß wir nicht nach ihrer Weise in den acht Wochen vor Ostern auf den Genuß von Fleisch und sieben Wochen davor auf Käse und Eier verzichten; [7] daß wir nach jüdischer Art ein Lamm auf dem Altar zugleich mit dem Leib des Herrn segnen und darbringen; [8] daß fast alle unsere Kleriker unablässig ihre Bärte rasieren; [9] und daß bei uns ein Diakon, bevor er das Priesteramt innehatte, zum Bischof geweiht werden kann" (603,23-34).

Den Gesandten sei an der byzantinischen Grenze ein *libellus fidei* vorgelegt worden, mit dem sie diese Irrtümer verwerfen sollten; auch habe man von ihnen Empfehlungsschreiben an denjenigen verlangt, „welchen sie als ihren 'ökumenischen Patriarchen' bezeichnen" (604,3-7). Von der Enzyklika selbst scheint der Papst keine genauere Kenntnis gehabt zu haben, so daß dem bulgarischen Khan wohl nur die Einberufung eines ökumenischen Konzils mitgeteilt worden war - woraus Nikolaus folgerte, dabei könne es nur um den Streit der beiden Patriarchen gehen.[142]

Daß dieser Brief via Bulgarien an Nikolaus gelangte, belegt, daß es Photius primär darum ging, den Khan von seiner genuinen Zugehörigkeit zu Konstantinopel zu überzeugen. Entsprechend wurde die Liste der römischen Häresien gegenüber der Enzyklika noch ausgeweitet; vor allem die letzten drei Anklagen benennen sichtbare Kennzeichen, anhand derer die Bulgaren würden entscheiden können, wer die rechtmäßige Mutterkirche

---

[141] Nikolaus I., RPR(J) 2879 = ep. 100 (MGH.Epp. VI, 603,17-20 PERELS [im folgenden nur mit Seiten- und Zeilenangabe zitiert]).

[142] Cf. ep. 100 (608,7-12): „*Quamobrem fieri potest, ut haec sua venenosi graminis semina per alias mundi partes dispergant et simpliciorum quorumque fidelium corda suis inlicitis votis incurvent, adeo ut, sicut ipsi gloriantur, ad Alexandrinum et Hierosolimitanum patriarchas iam miserint, eos videlicet, ut in deictione Ignatii patriarchae et in promotione Photii sibi consentiant, adhortantes.*"

sei.¹⁴³ Dagegen wurde von Nikolaus die Übereinstimmung der römischen Kirche mit der Tradition der Kirche überhaupt proklamiert, „weshalb entweder falsch ist, dessen sie uns zu bezichtigen wagen, oder gewiß schon seit frühester Zeit ohne den Widerspruch von irgendjemandem in der römischen Kirche - und d.h. im ganzen Abendland - bewahrt wurde" (605,6-8). Bezeichnend ist die Kürze seiner Ausführungen zu dem Punkt, der seinem byzantinischen Kontrahenten als der zentrale erschienen war: „Des weiteren zum Hervorgang des Heiligen Geistes: Wer wüßte nicht, daß berühmte Männer, vornehmlich Lateiner, manches geschrieben haben, durch deren Autorität gestärkt wir mit einem kräftigen (Lehr-) Gebäude auf jene Unsinnigkeit antworten könnten, wenn es überhaupt Brauch wäre, daß jene uns tadeln dürften oder daß wir ihnen, die uns mit streitsüchtigem Maule anklaffen, Rechenschaft schuldig wären" (605,16-19); seine Konzentration gilt vielmehr dem römischen Primat und dessen vorgeblicher Bestreitung durch Photius:

> „Was Wunder, wenn diese sich solches anmaßen, da sie sich doch auch rühmen und behaupten, als die Kaiser aus der Stadt Rom nach Konstantinopel übersiedelten, sei auch der Primat des römischen Sitzes auf die konstantinopolitanische Kirche übergegangen, mit den königlichen Insignien seien also auch die Privilegien der römischen Kirche dorthin übertragen worden, weshalb sich auch der Eindringling in derselben Kirche, Photius, in seinen Schriften selbst Erzbischof und universaler Patriarch nennt."¹⁴⁴

Der Bedeutung Roms für den Glauben der Christenheit stünde demnach die Anmaßung Konstantinopels gegenüber, einen römischen Papst mit synodalem Anathem zu belegen, was ein Angriff auf die gesamte okzidentale Kirche sei¹⁴⁵; zum anderen wird der widerspenstige Episkopat des Westfrankenreiches mit seinem Wortführer Hinkmar daran „erinnert", daß wichtige Entscheidungen durch ein Konzil am Sitz des Papstes herbeizuführen seien - was auch in diesem Fall geschehen wäre, „wenn uns nicht die verschiedenen Übel der Welt und die alltägliche Bedrückung daran gehindert hätten" (606,31f.).

---

¹⁴³ Nikolaus erwähnt, daß die Häresien Nr. 7-9 „*per alia ipsorum [sc. imperatorum] conscripta indicatur*" (603,31). HERGENRÖTHER 1867a, 656 mit Anm. 73, benennt wohl zu Recht den *libellus*, den die päpstlichen Gesandten an der byzantinischen Grenze unterzeichnen sollten, als Quelle der Anschuldigungen.

¹⁴⁴ „*Sed quid mirum, si haec isti praetendunt, cum etiam glorientur atque perhibeant, quando de Romana urbe imperatores Constantinopolim sunt translati, tunc et primatum Romanae sedis ad Constantinopolitanam ecclesiam transmigrasse et cum dignitatibus regiis etiam ecclesiae Romanae privilegia translata fuisse, ita ut eiusdem invasor ecclesiae Photius etiam ipse se in scriptis suis archiepiscopum atque universalem patriarcham appellet*" (605,19-24).

¹⁴⁵ Zur einigenden „*lingua latina*" cf. 603,23f.; 604,10; 605,16f., und HERBERS 1993, 70f.73.

Allerdings erhob Photius keineswegs gegen den Okzident „in seiner Gesammtheit die schwere Anklage der Häresie"[146]; vielmehr weitete der Papst die gegen ihn persönlich gerichtete Verurteilung zum Affront gegen die gesamte lateinische Kirche aus, um sich die Unterstützung der Theologen des Westfrankenreiches zu sichern.[147] Karl den Kahlen wie auch seinen Bruder, Ludwig den Deutschen, forderte der Papst auf, ihre untergebenen Bischöfe gegen die Anklagen Stellung nehmen zu lassen.[148] So kamen die ostfränkischen Bischöfe 868 in Worms zu einer Synode zusammen, welche die „Häresien" der Griechen verurteilte (2.2.1.); im Westfrankenreich waren es Ratramnus von Corbie (2.2.2.) und Aeneas von Paris (2.2.3.), die *adversus Graecos* schrieben. Im folgenden ist zu fragen, wie der zur Zeit Karls des Großen erreichte Diskussionsstand in Sachen Filioque polemisch aktualisiert wurde.

2.2.1. Die Synode von Worms 868

Die Fuldaer Annalen vermerken für den Mai 868 eine Synode in Worms, „auf der die Bischöfe einige *capitula* zum Nutzen der Kirche aufstellten und den Albernheiten der Griechen eine passende Antwort gaben."[149] Was den

---

[146] HERGENRÖTHER 1867a, 655. STIERNON 1975, 79.81 spricht von einer „Kriegserklärung des Photius" und einer entsprechenden „Generalmobilmachung der Kirche des Abendlandes" und fährt fort: „Noch bevor Nikolaus I. starb, änderte eine Palastrevolution in Byzanz plötzlich den Lauf der Geschichte. Der totale Krieg zwischen Rom und Konstantinopel fand daher glücklicherweise nicht statt." Die mangelnde sprachliche Sensibilität führt den Übersetzer des Buches ins Deutsche gar dazu, von einem „Kreuzzugsaufruf des Papstes" zu sprechen (aaO., 81 Anm. 120).

[147] DVORNIK 1948, 123: „The opinion that the Council of 867 meant a declaration of war between the two Churches and a rupture between the Latins and the Greeks is due to Pope Nicholas' letter to Hincmar, for it was he who attached to the Bulgarian incident the significance attributed to it since."

[148] Ep. 101 ad Carolum Calvum = RPR(J) 2882 vom 24.10.867 (609,16-19); ep. 102 ad Ludovicum Germaniae regem = RPR(J) 2883 vom 30.10.867 (610,8-11). Dieselbe Aufforderung erging an Hinkmar selbst (ep. 100; 604,24-28), der Nikolaus' Brief am 13. Dezember 867 am königlichen Hof in Corbény erhielt (Flodoard von Reims, h. e. Rem. III 17; MGH.SS XXXVI, 508,11-27 STRATMANN; Ann. Bert. a. 867; MGH.SRG 5; 89,1-90,4 WAITZ) und entsprechend um die Jahreswende 867/868 an Odo von Beauvais, Johannes von Cambrai, Rothad von Soissons und Herard von Tours schrieb (MGH.Epp. VIII/1, 225-228); zu diesen Vorgängen cf. DEVISSE 1976, 628-630.

[149] Ann. Fuldenses a. 868 (MGH.SRG 7, 67,4-6 KURZE). Die Synodalen selbst bezeichneten ihre Zusammenkunft gar als „*generale concilium*" (Conc. Wormat. a. 868, praefatio; MGH.Conc. IV, 261,21 HARTMANN [im folgenden mit Seiten- und Zeilenzahlen im Text zitiert]). Die maßgebende Untersuchung stammt von HARTMANN 1977; zur Frage der Zahl und Identität der Teilnehmer cf. aaO., 92-106 (bes. 92 mit Anm. 209), sowie die knappe Zusammenfassung in: DERS. 1989, 301-309.

Umfang der disziplinären Gesetzgebung angeht, ist diese Synode zweifellos unter die bedeutendsten ihres Jahrhunderts zu rechnen; erstmals wurden im karolingischen Einflußbereich Dekrete zeitgenössischer Päpste (Gregor II.; Nikolaus I.) in die erlassenen Kanones eingebunden sowie spanische Rechtssätze in großem Stile rezipiert.[150] So wurde gerade gegen den Vorwurf des Photius hinsichtlich der Beschränkung der Firmgewalt auf den Bischof auf Entscheidungen des I. Konzils von Toledo (ca. 400) bzw. des II. Konzils von Sevilla (619) zurückgegriffen.[151] In der *Responsio contra Graecorum haeresim* hingegen wird auf diesen Vorwurf nicht eingegangen, aber auch nicht auf die von Nikolaus betonte Primatsfrage, während die Kanones das Gewicht der Ortsbischöfe unterstreichen - dies fällt im Vergleich mit Ratramnus' extensiver Verteidigung des römischen Primates auf.

Der ostfränkische Klerus unter Erzbischof Liutbert von Mainz kannte von den byzantinischen Anklagen nur die wenigen Stichworte des Papstbriefes. Nikolaus hatte an erster Stelle das Sabbatfasten und dann erst das Filioque genannt; die *Responsio* dreht die Reihenfolge um und legt den Akzent auf die Frage des Hervorgangs des Heiligen Geist. Hatte sich schon die *praefatio* westgotischer Vorbilder bedient[152], so stellt das Glaubensbekenntnis eine stark gekürzte Fassung des Bekenntnisses des XI. Konzils von Toledo (675) dar.[153] Die Quelle wird allerdings in den Konzilsakten nicht genannt; es mag hier noch die Reserve gegenüber den nur wenige Jahrzehnte zurückliegenden adoptianistischen Streitigkeiten mitschwingen.[154]

---

[150] Cf. bes. HARTMANN 1977, 78-83; Übersicht über die Kanones: DERS. 1989, 305-308.

[151] Can. XXXII (276,6-8) = Conc. Tolet. I, can. XX (MHS.C IV, 337,166-338,179); can. XLI (280,13-281,2) = Conc. Hispal. II, can. VII (167f. VIVES).

[152] Conc. Wormat., praef. (261,11-23); das Vorbild stellt die Vorrede der IV. Synode von Toledo (633) dar (MHS.C V, 179,309-181,333 MARTÍNEZ DÍEZ/RODRÍGUEZ). Cf. HARTMANN 1977, 26.

[153] Conc. Wormat., prof. fidei (= cap. I; 262,14-264,12); cf. Conc. Tolet. XI, conf. fidei (346-354 VIVES = DH 525-541). Nach ORLANDIS/RAMOS-LISSÓN 1981, 235, ist dieses Symbol „das bedeutendste unter den von den Konzilien von Toledo verfaßten"; zur Rezeption in Worms cf. bes. MADOZ 1938b, 148-153. Nach HARTMANN 1977, 27, hatte man „ein Glaubensbekenntnis gesucht, in dem die Frage nach dem Ausgang des hl. Geistes breit erörtert wird, um in der dogmatischen Streitfrage mit den Griechen, dem Filioque, Formulierungen aus der Tradition zur Verfügung zu haben." Am Schluß wird auf Worte des NC zurückgegriffen: „*Credimus et confitemur unum baptisma in remissionem omnium peccatorum*" (264,9f.). Auch Hinkmar von Reims hatte bei seiner Amtseinführung auf das XI. Toletanum zurückgegriffen, besonders auf die Wendungen (ep. 1; MGH.Epp. VIII/1, 1,9-11 PERELS): „*sanctam atque ineffabilem Trinitatem, Patrem et Filium et Spiritum Sanctum, unum Deum naturaliter esse unius substantiae, unius naturae, unius quoque maiestatis atque virtutis*".

[154] Immerhin wurde der Reizbegriff *adoptio* ebenso ausgelassen wie die problematische Rede von *tres substantiae* im inkarnierten Christus (DH 526.535 = 347.352 VIVES).

In der Filioque-Frage bot die westgotische Symboltradition jedoch ein allgemein rezipiertes Arsenal an Argumenten. Das Wormser Bekenntnis entnimmt dem spanischen Symbol vor allem die Betonung der göttlichen *Einheit*: Die Homousie („*unius substantiae*": 262,15) bildet die Basis, auf der die einzelnen Personen durch ihre Relationen beschrieben werden können. Spezifisch für dieses Bekenntnis ist die Prädikation des Vaters als „*fons et origo totius Trinitatis*" (262,17); obwohl - im Gefolge Augustins - der Sohn als „*de substantia Patris sine initio ante saecula natum*" gilt (262,20) und über den Geist zu sagen ist: „*nec tamen genitum vel creatum, sed a Patre Filioque procedentem, amborum esse Spiritum*" (262,27f.).[155] Dabei sind die Bezeichnungen Vater, Sohn und Geist als *relationale Strukturen* zu verstehen:

> „Gemäß den Worten, die die Beziehungen der Personen bezeichnen, steht der Vater zum Sohn, der Sohn zum Vater und der Heilige Geist zu beiden in Beziehung. Obwohl man im Blick auf die Beziehung von drei Personen spricht, glaubt man dennoch eine Natur und Wesenheit; daher verkündigen wir zwar drei Personen, aber nicht drei Wesenheiten, sondern eine Wesenheit, aber drei Personen."[156]

Dabei wird größter Wert auf die Symmetrie von Einheit und Dreiheit gelegt: „Die Personen unterscheiden wir nämlich, ohne die Natur der Gottheit zu zerteilen. Wie wir also jene drei Personen, die eine unteilbare Natur haben, nicht vermischen, so verkündigen wir sie keinesfalls als voneinander Trennbare" (*personas enim distinguimus, non naturam deitatis separamus. Tres ergo illas unius atque inseparabilis naturae personas sicut non confundimus, ita separabiles nullatenus praedicamus*: 263,15-17). Diese Unterscheidung sachgerecht zu treffen, ist die „Leistung" des Filioque: „Dem Vater ist nämlich die Ewigkeit ohne Gezeugtwerden zu eigen, dem Sohn die Ewigkeit mit Gezeugtwerden, dem Heiligen Geist aber die Ewigkeit des Hervorganges aus Vater und Sohn ohne Gezeugtwerden" (263,20-22). Nur so ist in dem hier angewandten Kategoriensystem der Geist vom Vater unterscheidbar, mit dem er die *aeternitas sine nativitate* teilt. Wie allerdings der Vater als „alleinige Quelle" mit dem Sohn als Mit-Ursprung des Geistes vermittelt werden kann, geht aus dem Text nicht hervor. Die vorliegende Glaubensdeklaration verfolgte freilich auch kein eigentlich argumentatives Ziel, sondern bot eine Summe der unbezweifelbaren Orthodoxie.

Diesen Aufweis verspricht die *Responsio contra Graecorum haeresim*, „eine kleine Abhandlung, die für das Konzil angefertigt worden sein dürf-

---

[155] Das Wort „*Filioque*" ist ein signifikanter Zusatz gegenüber dem Original (cf. MADOZ 1938b, 151).

[156] „*In relativis vero personarum nominibus Pater ad Filium, Filius ad Patrem, Spiritus Sanctus ad utrosque refertur. Quae cum relative tres personae dicantur, una tamen natura vel substantia creditur; nec sicut tres personas, ita tres substantias praedicamus; sed unam substantiam, tres autem personas*" (263,4-7).

te"[157] und deren Verfasser fast ausschließlich mit Augustin-Zitaten operiert.[158] Das Programm der *Responsio* lautet:

> „Weil die erwähnten Irrlehrer den Heiligen Geist als nicht aus dem Sohn, sondern alleine aus dem Vater hervorgehend zu bezeichnen wagen, muß also gezeigt werden, was [jeweils] das Eigene [der Personen] ist und was Vater und Sohn und Heiligem Geist in der unteilbaren Trinität gemeinsam zu eigen ist und auf welche Weise der Heilige Geist aus beiden wahrhaftig und ewig hervorgeht und auf welche Weise dieselbe heilige und untrennbare Trinität existiert. Zu zeigen ist auch, daß sie alles gemeinsam bewirkt und gleichewig ist, und daß Vater und Sohn, aus denen der Heilige Geist hervorgeht, das gleiche Wesen haben, und daß dieselbe heilige Trinität ein einziger und wahrer Gott ist, und daß der Heilige Geist dem Vater und dem Sohn gleichgeachtet wird und beider Geist ist und mit dem Wort 'Liebe' bezeichnet wird, und daß der Heilige Geist unbestreitbarerweise Gott ist und Gabe Gottes genannt wird; und auf welche Weise dieselbe heilige, weder vermischte noch getrennte Trinität weder räumlich einen begrenzten oder unendlichen Abstand enthält noch zeitlich weder nach begrenzter oder unbegrenzter Erstreckung variiert" (293,5-16).

Nach dieser treffenden Beschreibung der Komplexität der trinitätstheologischen Fragestellung wäre eine ausführliche Entfaltung der *professio fidei* in Traktatform zu erwarten. Der Verfasser beschränkt sich jedoch auf einzelne Punkte, zu denen ihm offensichtlich geeignete Augustin-Zitate vorlagen. Bezeichnenderweise begegnen kontroverse Wendungen wie *ex Patre Filioque procedit* oder *processio ab utroque* überhaupt nicht; die einzige Begründung des Filioque stammt aus Augustins *sermo* 71, wonach der Heilige Geist sowohl zum Vater wie auch zum Sohn in unumkehrbarer Verbindung steht: „Den Vater hält man nämlich keineswegs für einen Vater, der auf gemeinsame Weise aus Sohn und Heiligem Geist stammt, denn er ist nicht der Vater beider; und den Sohn hält man nicht für einen Sohn, der auf gemeinsame Weise aus Vater und Heiligem Geist stammt, denn er ist nicht der Sohn beider; der Heilige Geist aber wird als auf gemeinsame Weise aus Vater und Sohn stammend bezeichnet, weil er der eine Geist von beiden ist" (*Spiritus autem sanctus communiter habetur a Patre et Filio, quia*

---

[157] HARTMANN 1977, 28.
[158] Wahrscheinlich stand dem Verfasser gerade von Augustin ein geeignetes Floriled zur Verfügung; HARTMANN 1977, 32f. mit Anm. 65-68, verweist auf den *Liber Sententiarium* des Prosper von Aquitanien (PL 51, 427-496) sowie auf das Floriled des Eugippius (CSEL 9/1, ed. KNÖLL). Gegen die Benutzung von Originalschriften spricht der mangelhafte Quellennachweis (so wird De civitate Dei statt De Trinitate für den Abschnitt 296,11-35 als Vorlage angegeben, für 297,16-37 eine *epistola ad Consentium*), dem zuletzt HAUGH 1975, 120, erlegen ist: „It is noteworthy that there are no quotations from *De Trinitate*."

Spiritus est unus amborum).[159] Die Pointe liegt auf der *inseparabilis Trinitas* samt ihrer *inseparabilis operatio* (293,17), was im Rückgriff auf Augustins *sermo* 117 durch die Betonung ihrer Gleichewigkeit (*coaeternitas*) präzisiert wird.[160] Dies wird auch auf den Geist angewendet, *„qui Patri et Filio aequalis accipitur, et utriusque Spiritus dicitur, et caritatis nomine intelligitur, cum quaelibet in Trinitate persona sit caritas"* (297,13f.).[161] Die anklingende Struktur von Augustins Trinitätslehre wird freilich nicht bis zur Pointe durchgeführt, die das Filioque begründen könnte, sondern endet mit der Begriffsbestimmung der Liebe:

> „Die Liebe also [ist es], welche aus Gott stammt und Gott ist und auf eigentümliche Weise der Heilige Geist ist, durch welchen die Liebe Gottes in unsere Herzen ausgegossen wird, durch welchen uns die ganze Trinität innewohnt. Darum nennt man den Heiligen Geist, obwohl er selbst Gott ist, auch Gabe Gottes. Denn wie anders als Liebe sollte man angemessenerweise diese Gabe benennen, welche zu Gott führt und ohne die keine andere Gabe Gottes, was auch immer es sei, zu Gott führt?"[162]

An der exponierten Ursprungsrelation *Deus de Deo* wird deutlich, daß der Verfasser der *Responsio* hinter der Anklage der Griechen die Gefahr des Subordinatianismus lauern sah - im Zentrum der Apologie steht daher die Unteilbarkeit und Gleichheit der Trinität, nicht ihre durch die Ursprungsrelationen definierte Binnenstruktur. Das Theologumenon von der *processio ab utroque*, das doch eigentlich zur Disposition stand, wird so implizit vorausgesetzt, um die Doppelbelegung von *caritas* systematisch abzustützen und die biblische Redeweise vom Geist des Vaters *und* des Sohnes als Aussage über die immanente Trinität zu lesen. Von einer *„Responsio"* im eigentlichen Sinne kann also keine Rede sein; anstatt zu begründen, wie zwei

---

[159] 293,22-26 = Augustin, sermo 71,33 (zit. nach: Le sermon LXXI de saint Augustine sur le blasphème contre le Saint-Esprit, hg. von P. VERBRAKEN, in: RBén 75 [1965], 54-108, hier 102,764-768).

[160] Augustin, serm. 117,9 (296,2-5.8 = PL 38, 668). Demselben Ziel dienen auch die folgenden, falsch ausgegewiesenen Zitate (296,11-35 = trin. I 6,9-10; CChr.SL 50, 38,6-26; 39,27-29; 39,44-40,53 MOUNTAIN/GLORIE), die aus der Disjunktion *substantia facta - substantia Dei* schließen, daß der Sohn, „durch den alles geschaffen ist" (Joh 1,3), keinesfalls auf die Seite der Kreatur gehören kann.

[161] Hier wird auf Formulierungen aus Augustin, trin. VI 9,10 (CChr.SL 50, 240,47-52 MOUNTAIN/GLORIE), zurückgegriffen.

[162] Augustin, trin. XV 18,32 (297,28-32 = CChr.SL 50, 508,26-32 MOUNTAIN/GLORIE): *„Dilectio igitur, quae ex Deo est et Deus est et proprie Spiritus sanctus est, per quem diffunditur in cordibus nostris Dei caritas, per quem nos tota inhabitat Trinitas. Quocirca rectissime Spiritus sanctus, cum sit Deus, vocatur etiam donum Dei. Quod donum proprie quid, nisi caritas, intellegenda est, quae perducit ad Deum et sine qua quodlibet aliud Dei donum non perducit ad Deum?"*

göttliche Personen gemeinsam die dritte hervorbringen können, wird dargelegt, wie diese drei Personen dennoch *ein Gott* sind.

Diese argumentative Defizienz prägt auch die anderen apologetischen Ausführungen der *Responsio*. In der Frage des Sabbatfastens beruft sich der Verfasser auf Augustins Brief an Casulanus, wonach es letztlich keine für alle Kirchen verbindlichen Fastenvorschriften gebe, folgten doch nicht einmal die Kirchen des Westens überall demselben Brauch[163]; die einzigen Fastenzeiten, „die von Christus aus dem Gesetz und den Propheten den Christen zu bewahren aufgegeben wurden" (300,14f.) seien die vierzig Fastentage direkt vor Ostern, die „*typice*" (301,14) begründet seien, denn Mose, Elia und Christus selbst hätten je vierzig Tage lang in der Wüste gefastet.[164] Mit zahlreichen Autoritäten wird dagegen das Verbot der Priesterehe begründet, „weil wir die Grenzen, die unsere Väter gezogen haben, nicht überschreiten wollen, sondern gemäß den Satzungen der heiligen Kanones die Reinheit von Seele und Leib durch den Dienst für Gott bewahren wollen" (305,7-9).[165] Während die Beschränkung der Firmgewalt auf die Bischöfe unthematisch bleibt und nur der obskure Vorwurf zurückgewiesen wird, das Chrisam werde aus Flußwasser hergestellt, antwortet der Verfasser auf die Anklage, Diakone würden unmittelbar zum Bischof geweiht, mit einem Gegenvorwurf: „Bei uns ist solches niemals geschehen, vielmehr werden die Ordnung und Weise der Weihe rechtmäßig und kanonisch eingehalten, welche jene ohne irgendeine Notwendigkeit zu übertreten pflegen" (306,27f.). Zur Untermauerung der eigenen Orthodoxie wird auf can. 13 von Serdika zurückgegriffen - ein bekanntes Motiv im Streit zwischen Papst und Patriarch.[166]

---

[163] Augustin, ep. 36 (298,18-300,12 = CSEL 34/2, 32,4-17 [1,2]; 33,22-34,1 [2,4]; 34,12f.; 35,13-16 [3,5]; 36,1-8 [3,6]; 41,5-9 [5,12]; 55,7-21 [11,26]; 51,10-13 [9,21]; 52,6-11 [9,22]; 54,21-55,2 [11,25]; 59,18-26; 60,16-18 [13,30]; 60,19-61,6 [13,31]; 62,3.9f.13-22 [14,32] GOLDBACHER).

[164] Augustin, ep. 55,15,28 (300,13-301,24 = CSEL 34/2, 200,19-201,20 GOLDBACHER); divers. quaest. 81 (CChr.SL 44, 240,32-241,5 MUTZENBECHER); Gregor I., in euang. I 16 (CChr.SL 141, 113,98-114,104 ÉTAIX); Amalarius von Metz, liber officialis I 4,4f. (II; 45,33-46,5 HANSSENS).

[165] Die Belege stammen vor allem aus der *Collectio canonum* des Cresconius; cf. HARTMANN 1977, 34-36.

[166] Conc. Sard., can. 13 (306,31-307,4 = EOMIA I/2,3, 472,3-474,26 TURNER). In Nikolaus' Brief wird zwar ausführlich der Streit mit Konstantinopel um die Autorität des Papstes geschildert, aber nicht auf die vergebliche Berufung auf die Kanones von Serdika bezug genommen (ep. 100; 601,30-602,9).- Nur kurz abgehandelt werden das angebliche Opfer eines Lammes auf dem Altar („*more Judaeorum*") und die Frage, ob Kleriker Bärte tragen müssen (307,5-9); der Spruch „*si sanctitas est in barba, nullus sanctior est hirco*" stammt nicht von Hieronymus, sondern von Eugenius von Toledo (307,9 = sent. VII; PL 87, 394A; cf. HARTMANN 1977, 36 Anm. 76).

Die Verteidigungsschrift gegen die Griechen macht einen disparaten Eindruck; Vertrautheit mit der Materie beweist der Verfasser am ehesten in der Fastenthematik, während der Hervorgang des Heiligen Geistes in kaum sachgerechter Weise abgehandelt wird und die übrigen Anklagepunkte teils sehr formal, teils nur aphoristisch abgewiesen werden. Die *Responsio* spiegelt damit freilich das zeittypische Unverständnis für Photius' *monita* und generell die kulturelle Entfremdung; gerade an der Frage des Filioque zeigt sich, daß die Pointe der griechischen Anklage nicht zureichend erfaßt und daher auch nicht adäquat beantwortet wurde.

2.2.2. Ratramnus von Corbie, *Contra Graecorum Opposita*

Komplementär zu der Wormser Synode entstanden auch im Westfrankenreich um 868 zwei Schriften „gegen die Vorwürfe der Griechen" (Ratramnus von Corbie) bzw. direkt „gegen die Griechen" (Aeneas von Paris; dazu unten S. 221-227).[167] Seit 825 oder 830 Mönch im Kloster Corbie, war Ratramnus einer der vielseitigsten und scharfsinnigsten Theologen im Reich Karls des Kahlen. Das schloß nicht aus, daß seine Theologie vehementen Widerstand bei seinen Zeitgenossen hervorrief, vor allem das wirkungsgeschichtlich bedeutende Werk *De corpore et sanguine Domini*, die Frucht einer scharfen Kontroverse mit seinem einstigen Lehrer Paschasius Radbertus.[168] Ebenso stieß die Parteinahme für die Trinitätslehre seines ehemaligen Schülers Gottschalk bei Hinkmar von Reims auf erbitterten Widerstand.[169]

Daß Ratramnus dennoch unbehelligt in Corbie wirken konnte, verdankte er vor allem Bischof Odo von Beauvais, der ihn als theologischen

---

[167] Eine kritische Edition beider Traktate hat WILLJUNG 1998, 211 Anm. 285, angekündigt.- Zu Ratramnus' Biographie cf. H. PELTIER, in: DThC 13/2 (1937), 1780-1787; K.G. WESSELING, in: BBKL 7 (1994), 1382-1385; H. JORISSEN, in: LThK³ 8 (1999), 840f.; zum Schrifttum BRUNHÖLZL 1975, 379-383; speziell zu den *contra Graecorum opposita* HERGENRÖTHER 1867a, 675-682; DRÄSEKE 1909, 408-412; HAUGH 1975, 107-120; BOUHOT 1976, 60-67; SIEBEN 1984, 288-292.

[168] Dazu SEEBERG 1930, 81f.; MÜHLENBERG 1982, 530-534; GANZ 1995, 767-773; BEYSCHLAG 2000, 150f.

[169] Cf. Hinkmar, una deit. prol. (PL 125, 475A) Zur Kontroverse um die Trinitätslehre Gottschalks samt der karolingischen Trinitätstheologie des 9. Jahrhunderts als ihrem Kontext hoffe ich demnächst eine detaillierte Analyse vorlegen zu können, zumal dieser Bereich in den klassischen Dogmengeschichten fast durchweg ausgespart wird (cf. zuletzt [!] W. SCHULZ 1913, 35-47.53-57). Dabei wäre auch nach dem trinitarischen Denkweg des Johannes Scotus Eriugena zu fragen, der als einziger Lateiner seiner Zeit hinreichende Sensibilität und Sprachkompetenz für die subtilen Charakteristika der östlichen Trinitätslehre aufbrachte und den JUGIE 1936, 312, aufgrund seiner Rezeption griechischer Denkmuster sogar einen „Photianus bonae fidei ante Photium" nannte!

Gutachter schätzte. Wahrscheinlich beauftragte auch Odo den Mönch mit der Abfassung einer Schrift gegen die Vorwürfe der Griechen - sind doch aus der Diözese Beauvais gleich zwei solche Schriften bezeugt, von denen nur die von Ratramnus *textlich* (in zwei anonymen Handschriften) erhalten ist, während allein diejenige von Odo *annalistisch* erwähnt wird.[170] Da aus inneren Gründen zweifelsfrei die Autorschaft des Ratramnus an Contra Graecorum opposita hervorgeht, ist mit Jean-Paul BOUHOT zu vermuten, daß der Mönch seine Schrift (= Paris, B.N. lat. 2863) an Odo schickte, der sie an Hinkmar weiterleitete; dieser erbat einige Korrekturen, die Odo selbst in einem zweiten Exemplar ausführte (= Vat. Reg. lat. 151).[171] Dies erklärt den Umstand, daß dem Pariser Exemplar jegliche Rahmung fehlt und Autor wie Adressat unerwähnt bleiben. Somit schrieb der Bischof von Beauvais nicht selbst *adversus Graecos*, sein Briefwechsel mit dem Metropoliten von Reims bezieht sich vielmehr auf die Schrift des Ratramnus.[172]

Der Traktat richtet sich an die „*Graecorum imperatores*", deren „Anklagen, mit denen sie die römische Kirche zu verleumden wagen, ganz offensichtlich als falsch oder häretisch oder hybride oder unreligiös zu erkennen sind".[173] Dabei wird - anders als in Nikolaus' Brief und bei Aeneas - der Schwerpunkt auf die Frage nach dem Hervorgang des Geistes gelegt; lediglich Buch IV widmet sich den anderen vermeintlichen Irrlehren der lateinischen Kirche, wobei nur Fragen der kirchlichen Hierarchie wirklich zu den gravierenden, einer Apologie würdigen Problemen gezählt werden. Hinsichtlich der disziplinären Fragen beschränkt sich Ratramnus auf den

---

[170] DEVISSE 1976, 630 mit Anm. 428, bietet eine gute Zusammenstellung der einschlägigen Zeugnisse: Hinkmar schrieb am 29. Dezember 867 an Odo (MGH.Epp. VIII/1, 225,19-226,21 PERELS). Der Bischof von Beauvais antwortete umgehend mit einer Entgegnung auf die Vorwürfe der Griechen (cf. Flodoard, h. e. Rem. III 23; MGH.SS XXXI, 308,1f. STRATMANN); Hinkmar zeigte sich mit dem Ergebnis nach flüchtiger Durchsicht hochzufrieden (Regest bei Flodoard, aaO., 310,3-11; Text bei C. LAMBOT, L'homélie du Pseudo-Jérôme sur l'assomption et l'évangile de la nativité de Marie d'après une lettre inédite d'Hincmar, in: RBén 46 [1934], 256-282, hier 270,44-50): „*Libellum denique mihi a te datum contra obiectiones Graecorum antea propter multimodas, immo continuas mihi occupationes tibi notissimas, non licet legere. Nunc autem transcucurri eum sub oculis et, sicut petisti, in quibus locis mihi aliter uisum fuit, adnotare curaui, ponens uiritim signa in marginalibus paginarum et secundum eadem signa haec scedula quae mihi uisa sunt tuae dilectioni scripsi. Quae si ita et tibi uisa fuerint, retractabis.*"
[171] BOUHOT 1976, 60.62f. mit Anm. 79.
[172] Die Identifizierung beider Traktate wird aber schon bei WALCH 1751, 36, referiert: „*Alii tamen dubitant, Odonem ipsum operam suam ad graecos, speciatim Photium, confutandos adhibuisse, ac credibile esse, sibi persuadent, quod rogauerit Ratramnum, ut negotium hoc expediendum in se susciperet.*"
[173] C. Graec. I 1 (PL 121, 225D); im folgenden im Text unter Angabe von Buch- und Kapitelnummer sowie Kolumne zitiert.

Nachweis, daß es schon immer verschiedene Gebräuche in der Kirche gegeben habe, ohne daß man sich gegenseitig der Irrlehre bezichtigt hätte (IV 1; 303C). Sind die Kaiser hier also nur zu tadeln, weil sie Adiaphora zu Constitutiva erklären, so tritt ihnen der Verfasser da mit Entschiedenheit entgegen, wo es um die Frage des Bischofsamtes und besonders um die Stellung des Papstes in der universalen Kirche geht. Das gilt für den Zölibat, der mit umfangreichem Quellenmaterial gerechtfertigt wird (IV 6; 324D-332A)[174], besonders aber für die Firmung: Aufgrund der Gabe des Geistes durch Christus an die Jünger (Joh 20,22) wird die Firmgewalt den Bischöfen als deren Nachfolgern reserviert - bezeichnend für westliches Denken, wird hier doch der Kardinalbeleg der Filioque-Frage operationalisiert.

Das Achtergewicht des Traktats dominiert die Primatsfrage: „Tatsächlich haben alle Kirchen des Ostens gemeinsam mit denen des Westens stets den Bischof der Stadt Rom als Haupt der Bischöfe verehrt und sind dessen Spruch gefolgt und haben im Zweifelsfall sein Urteil unterstützt, was auch immer er entschieden hat, und haben seinen Dekreten gehorcht. Welche Konzilien durch seinen Spruch bekräftigt wurden, die blieben gültig; welche er aber verdammte, wurden für nichts geachtet und konnten keinerlei Autorität beanspruchen" (IV 8; 337B). Damit wird der „nikolaische" Anspruch der harschen Kritik der Kaiser an der lateinischen Kirche und dem sich darin aussprechenden Selbstbewußtsein gegenübergestellt[175]: Wie das Konzil von Chalkedon nach den Anweisungen Leos I. abgelaufen sei[176], so könne kein Zweifel daran bestehen, daß die Päpste immer schon den Vorrang unter den Bischöfen und Patriarchen innegehabt hätten. Daher bestreitet Ratramnus kategorisch alle Autoritäten, die seine Gegner in Anspruch nehmen könnten:

> „Woher nehmen aber die Fürsten der Griechen die Macht, den Bischof von Konstantinopel allen Kirchen vorzuziehen? Da hilft ihnen keine alte Tradition, kein Beschluß einer Synode, kein Erlaß eines Kaisers, und wenn sie auch irgendetwas anführen könnten, würde dem doch ohne die Zustimmung des römischen Bischofs kein autoritatives

---

[174] Zitiert werden - nach Dionysius Exiguus - can. III des Konzils von Nizäa (EOMIA I/2, 257,1-8 TURNER) und can. I der Synode von Neocaesarea (aaO., II/1, 119,1-5) daneben reg. eccl. Carthag. excerpta 70 (CChr.SL 149, 201,651-655 MUNIER); novell. Iust. 6,1,3f.; 123,29 (CIC III, 36,36-37,6; 615,26-616,10 SCHOELL/KROLL).

[175] Cf. I 2 (228A): *„De sacris dogmatibus, de ecclesiastico ritu, non imperatorum, sed episcoporum fuerat disputare. Discendum illis, non docendum, in Ecclesia ministerium commissum est."*

[176] Cf. Leo I., ep. 43 ad Anatolium patriarcham (IV 8; 339C-340A = RPR[J] 465; ACO II 4, 44,19-26.29-45,10.13-15 SCHWARTZ); ep. 52 an das Konzil (340C-341B = RPR[J] 473; aaO., 51,31-52,12.19-27); Schreiben der Kaiser Marcian und Valentinian an Leo (337C-338B = epp. ante gesta collectio 27.28; ACO II 3,1, 17,19-27; 18,3-16 SCHWARTZ); zu den kanonistischen Zitaten cf. KENNEDY 1983, 107.

Gewicht zukommen: Das Recht zu einer solchen Machtausübung bleibt so, wie es auch die alte Tradition bezeugt, daß ohne Ermächtigung durch dessen [sc. des Papstes] Erlaubnis weder Konstantinopel noch eine andere Stadt des Ostens oder des Westens die Vorrechte der Macht beanspruchen kann, wenn sie nicht vom römischen Bischof zugestanden oder bestätigt wurden. Ihm selbst aber verbleiben Macht und Sorge für alle Kirchen, um ihnen zuzugestehen oder zuzuweisen, was zum kirchlichen Nutzen zu erhalten sie sich gemäß den kirchlichen Regeln verdient haben. Und dies wird durch viele Schriftstücke erhärtet, die der römische Bischof an alle Kirchen gerichtet hat."[177]

Mit dieser Sicht der universalkirchlichen Hierarchie wird die Argumentation in Sachen Filioque untermauert - den Kaisern komme kein Urteil in Lehrfragen zu, und die byzantinische Kirche habe kein Recht, den Römern ihren Glauben vorzuschreiben: „Die römische Kirche darf nicht leichtfertig dafür getadelt werden, daß sie den Satzungen ihrer Vorgänger dient und nicht in allen Dingen den Satzungen der Griechen folgt; denn was sie bewahrt und übt, sei es im Blick auf die heilige Trinität oder irgendeine religiöse Sitte, das fließt aus der Quelle der Jünger Christi. Und es widerstreitet nicht den heiligen Schriften oder ist ihnen unangemessen, was sie glaubt, lehrt und befolgt" (II 1; 244D). Der Traktat bietet faktisch kein Argument *gegen* die griechische Theologie, sondern nur *für* die lateinische Position, soll also die positive Traditionalität des Hervorgangs des Geistes vom Sohn nachweisen.[178] Die Kenntnis der Gegenposition beschränkt sich offensichtlich darauf, daß nach den Griechen der Geist „*tantum ex Patre*"

---

[177] „*Unde autem auctoritatem Graecorum principes accipiunt, ut Constantinopolitanum episcopum omnibus Ecclesiis praeferant? Antiquitas eis nulla suffragatur, synodorum decreta nulla, imperatorum pragmatica nulla, quae licet etsi aliqua monstrarentur, auctoritatis pondus obtinere nequirent sine Romani pontificis astipulatione: cujus tantae manet antiquitate tribuente potestatis jus, ut sine permissionis illius auctoritate nec Constantinopolis, nec ulla civitas Orientalis vel Occidentalis obtinere privilegia valeat potestatis, nisi quae fuerant a Romano pontifice vel concessa vel roborata: ipsi vero maneat potestas atque sollicitudo omnium Ecclesiarum, concedendi, vel disponendi quaecunque ecclesiasticis utilitatibus secundum ecclesiasticas regulas probata fuerint deservire. Quod multis approbatur Scripturarum monumentis, per universas Ecclesias a Romano pontifice destinatis*" (IV 8; 344B). Vielmehr stützten alle diese Kriterien den Anspruch des Papsttums, sowohl kaiserliche Edikte (334BC; 344A = novell. Iust. 131,2; CIC III, 655,9-14 SCHOELL/KROLL) als auch Kirchenhistoriker (336A; 344B = Socrates, h. e. IV 9,4; IX 13,7 nach Cassiodors *historia tripartita* [CSEL 71, 165,17-21; 509,18-20 HANSLIK]; 336D-337A = Ps.-Euseb, Vita Silvestri [CPL³ 2235]) und die Synode von Serdika (336BC = can. 7 rec. Dionysii Exigui; 55,28-56,26 LAUCHERT); cf. dazu KENNEDY 1983, 111.
[178] Cap. I 2 (228BC): „*Quod de Spiritu sancto senserunt, hoc sentimus. Perceperunt illi ab apostolis, apostoli a Christo acceperunt. In eadem fide tam Orientalis quam Occidentalis semper remansit Ecclesia.*"

hervorgehe, ohne die Begründung für diese Opposition zu kennen[179]; der Vorwurf der *duo principia* wird nicht erwähnt. Das Ziel der Argumentation liegt für Ratramnus in der Feststellung: „Wenn sie nämlich leugnen wollen, daß der Heilige Geist aus dem Sohn hervorgeht, dann können sie weder einen Grund noch eine Autorität (*nullam vel ratiocinationem vel auctoritatem*) anführen, um ihre Behauptung zu belegen" (III 6; 303B).

Ratramnus entfaltet vier systematische Argumente (I 3; 229A-232A):

- Zwischen *missio* und *processio* des Geistes aus dem Sohn besteht kein Unterschied;
- der Geist ist sowohl der Geist des Vaters als auch der Geist des Sohnes, was nur gedacht werden kann, wenn er aus letzterem wie aus ersterem hervorgeht;
- zugleich ist der Geist die Liebe, die beide verbindet, wofür dasselbe gilt;
- schließlich zeigt Christus in Joh 20,22 deutlich an, daß der Geist *substantialiter* aus ihm hervorgeht - wie auch der Sohn *substantialiter* aus dem Vater geboren ist.[180]

Demnach akzentuiert er die *Konsubstantialität* der trinitarischen Personen bei den Hervorgängen, so daß das „Anhauchen" der Jünger (Joh 20,22) als *processio ex Filio* erkennbar wird:

„Auf diese Weise wollte er [sc. Jesus] uns aber belehren, daß der Heilige Geist aus ihm selbst hervorgeht und daß auch das Wesen des Heiligen Geistes aus dem Wesen des Sohnes stammt. Wie der Vater, da er zeigen wollte, daß die Geburt des Sohnes aus seinem Wesen vonstatten ging und der Sohn ihm dadurch völlig wesensgleich ist, im Psalm zu demselben Sohn sprach: 'Aus dem Mutterleib habe ich dich gezeugt vor der Morgenröte' [Ps 109,3] - nicht daß Gott der Vater einen Mutterleib hätte, aus dem er

---

[179] In II 2 wird die Position der Griechen nahe an den Arianismus gerückt (246B): „*Fortassis vel Arium, vel Macedonium resuscitare tentatis, et eorum pravi dogmatis cinere olim sopitos in Ecclesiam introducere*"; cf. auch I 3 (229B).

[180] Einen in der Filioque-Apologetik originären Beitrag liefert Ratramnus in I 7 (238D-239A), wo er Apk 5,6 kommentiert: „*Hic agnus Dei immolatus est propter peccata mundi, et resurrexit propter justificationem mundi. Hic agnus habere dicitur oculos septem, quibus septem Dei spiritus, Joanne docente, significantur: non quia septem sint personarum enumerationes, cum sit unus Spiritus sanctus in sanctae Trinitatis comprehensione: septem autem dicuntur, propter septenariam donorum distributionem; nam substantialiter unus est. Ergo manifestum, cum dicit oculos agnum habere septem, quod Christum fateatur habere Spiritum sanctum, non quasi membrum aliquod, vel partem corporis aliquam, sed quod substantialiter in ipso sit, a quo substantialiter procedit.*" STAATS 1998, 25 (mit 51 Anm. 30), hat - ohne Kenntnis der Ratramnus-Stelle - das frömmigkeitsgeschichtliche Äquivalent zur Filioque-Lehre mit der Tradition der siebenfachen Gaben des Heiligen Geistes (nach Jes 11,1-3 Vulgata) identifiziert, wie das Pfingstbild im Evangeliar Heinrichs des Löwen zeige. Diese Denkfigur basiert auf Augustin, doctr. christ. II 7,9-11 (CChr.SL 32, 36,1-38,63 MARTIN) und Gregor I., moral. II 49,77 (CChr.SL 143, 106,34-45 ADRIAEN).

den Sohn vor aller Zeit gezeugt hätte; vielmehr wird dadurch bezeugt, daß er den Sohn nicht aus nichts und nicht aus einer anderen Wesenheit, sondern aus seiner eigenen Natur und Wesenheit zeugte. So zeigte auch der Sohn, indem er den Aposteln durch die Anhauchung den Heiligen Geist gab, daß aus seiner Wesenheit hervorging, was er ihnen durch solches Anhauchen geben wollte."[181]

Das zweite und das vierte Argument werden demnach in engem Konnex gesehen, wobei die Aussage, der Heilige Geist sei der Geist Christi, bei Ratramnus gerade als Implikat des Hervorgehens fungiert: „Wenn der Heilige Geist nicht aus Christus hervorgeht, wieso nennt man ihn dann den Geist Christi? Also geht er aus Christus hervor, nicht weil er aus etwas diesem Untergebenem oder als aus einem Teil von ihm bezeichnet wird, sondern weil er wesensmäßig aus dessen Wesenheit hervorgeht."[182] Nur eine wesensmäßige („substantielle") Verbindung zwischen Sohn und Geist kann demnach die Zusammengehörigkeit („Konsubstantialität") garantieren; dagegen spielt der Begriff der *relatio* nur eine untergeordnete Rolle, wie auch der „psychologische" Zugangsweg zur Trinität. Nur dort wird mit der Struktur der innertrinitarischen Relationen argumentiert, wo auch die immanente Trias *memoria - intelligentia - dilectio* begegnet:

> „Denn nicht so, wie das Bild dieser Trinität jene drei besitzt: Gedächtnis, Verstehen und Liebe, und deswegen in einer Person die Trinität ist, nicht weil ein Mensch eine Dreiheit wäre, sondern weil in einem Menschen jene drei sind, verhält sich das so in der höchsten Trinität. Sondern die drei Personen sind der Vater und der Sohn und der Heilige Geist, und diese drei sind ein Gott, und deswegen ist die Trinität ein Gott. Ein solches Miteinander der drei Personen und eine solche Wesensgleichheit gibt es da, daß

---

[181] „*Verum tali nos modo voluit edocere, Spiritum sanctum ex seipso [sc. Filio] procedere, et de substantia Filii Spiritus quoque sancti substantiam manare. Sicut Pater Filii nativitatem de sua substantia volens ostendere propagatam, ac per hoc Filium sibi fore consubstantialem, loquitur in Psalmo eidem Filio: 'Ex utero ante luciferum genui te'. Non quod uterum Deus Pater habuerit, de quo Filium ante saecula genuerit; sed quo testificatus fuerit, quod Filium non de nihilo, non alterius de rei subsistentia, sed propria de natura substantiaque genuerit. Sic et Filius insufflando dans Spiritum sanctum apostolis, ostendit de sua substantia procedere, quem tali insufflatione voluit donare*" (I 3; 231D).

[182] „*Ergo si Spiritus sanctus non procedit a Christo, quomodo Spiritus dicitur esse Christi? procedit igitur a Christo, quia non ex subjectione, nec ex particulari sectione dicitur ejus esse, sed quod ejus de substantia substantialiter procedat*" (I 7; 238B). Konzise findet sich dieses Argument auch in III 4 (291A) als Kommentar zu Augustin, c. Maxim. II 14,1 (290CD = PL 42, 770): „*At vero Spiritus sanctus, quanquam sit de substantia Patris, non est tamen Filius, quia non est genitus. Procedit autem de substantia Filii, quoniam est utriusque Spiritus, et consubstantialis amborum.*" Cf. den Rekurs auf 2 Thess 2,8 (c. Graec. II 4; PL 121, 257D, im Anschluß an ein Zitat aus Ambrosius, spir. III 7,44; CSEL 79, 167,4-168,8 FALLER) mit einer Anspielung auf den „filioquistischen" *locus classicus* Ps 32,6 LXX: „*clarissime monstratur Spiritus sanctus procedere ex ore Domini Jesu, non quod secundum divinitatem os habeat, sed quod de substantia illius procedat; quemadmodum dicitur Spiritus oris Domini, quoniam procedit de Patris substantia*"; cf. HAUGH 1975, 111.

drei eins sind und der eine Gott von dreien ausgesagt wird. Getrennt sind sie aber allein durch die Beziehung, vereint durch die Wesenheit. Denn der Vater steht in Beziehung zum Sohn, der Sohn in Beziehung zum Vater; der Heilige Geist hat aber eine Beziehung zum Vater und zum Sohn, woraus erhellt, daß er aus beiden hervorgeht."[183]

Wenn der Geist auch aus der Substanz des Vaters hervorgeht[184], *substantia* also nicht als lexikalisches Pendant von ὑπόστασις, sondern als theologisch bedeutsames Äquivalent für οὐσία aufgefaßt wird, wird die Fundamentaldifferenz zu Photius erkennbar, hatte dieser doch gerade die Wesensbestimmungen aus der Frage der Hervorgänge ausklammern wollen. Ratramnus rekonstruiert dagegen von diesem substanzontologischen Prinzip her die Existenzform des Heiligen Geistes: „Mit alledem wird deutlich gezeigt, daß der Hervorgang des Heiligen Geistes nicht weniger dem Sohn zukommt als dem Vater; wenn jemand dies bestreiten wollte, würde er zugleich die eigenständige Existenz des Heiligen Geistes bestreiten, insofern dieser nicht bestehen kann, wenn er nicht seine Wesenheit von dem empfängt, von dem her er durch das Hervorgehen existiert" (*quoniam non potest subsistere, nisi essentiam accipiat ab illo de quo procedendo subsistit*; III 5; 296D).[185] Eine Unterscheidung von immanenter und ökonomischer Trinität in griechischem Sinne liegt nicht im Gesichtsfeld des Mönches aus Corbie; vielmehr folgert er aus dem Diktum Gregors I. zur Identität von *missio* und *processio*: „Was er aber über den Hervorgang des Heiligen Geistes sagt, beweist er kraft der Vernunft, indem er sagt, daß der Tröster vom Sohn

---

[183] „Nec enim quemadmodum imago Trinitatis hujus habet illa tria, id est memoriam, intelligentiam, dilectionem, et propterea in una persona Trinitas est, non quod unus homo sit trinitas, sed quod in uno homine sint illa tria; ita est in illa summa Trinitate: sed tres personae sunt Pater et Filius et Spiritus sanctus, sed haec tria unus Deus, et propterea Trinitas unus Deus. Tanta societas est trium personarum, tanta consubstantialitas, ut tres unum sint, et unus Deus de tribus praedicetur: separantur autem relatione tantum, substantia vero copulantur. Nam Pater relativum est Filii, Filius relativum est Patris, Spiritus autem sanctus Patrem et Filium habet relationem, unde convincitur ab utroque procedere" (III 3; 283CD). Cf. Augustin, trin. XV 23,43 (CChr.SL 50A, 520,1-7 MOUNTAIN/GLORIE); diese Passage wird bei SCHMAUS 1956, 52f., überbewertet. Im Zitat aus Gregor von Nazianz, or. 41,9,2 (II 3; 251BC = CSEL 46, 153,4f. ENGELBRECHT) fehlt auffälligerweise die Wendung *spiritus adoptionis* (153,10; so schon bei Arn von Salzburg, test. 38; MGH.Conc. II/Suppl. II, 274,23 WILLJUNG).

[184] Cf. weiterhin II 4; II 6; III 4 (257D; 270B; 291A).- Wie Augustin benutzt Ratramnus *substantia* nicht exklusiv, sondern synonym zu *deitas, natura* und *divinitas*; cf. III 6 (298AD): „*de deitate Patris et Filii*"; „*de natura Patris et Filii*"; I 7 (241A): „*Spiritus sanctus est de Christi divinitate sumptus*" (zu Apk 8,5).

[185] Daß die Begriffe austauschbar sind, belegt die sachidentische Aussage mit anderer Wortbelegung (III 6; 301CD): „*Accepit tamen de substantia Filii propriam existentiam, quoniam est una sanctae Trinitatis persona*", als Notiz zu Ps.-Athanasius, trin. XII 150f. (301BC = CChr.SL 9, 197,1169-1178 BULHART).

gesandt werde, heiße nicht anderes als aus ihm hervorzugehen (*non aliud esse mitti paraclitum a Filio quam procedere*); wie man ja auch, wenn man den Sohn als vom Vater gesandt benennt, dessen Geburt andeutet."[186] Die Begriffe *missio* und *processio* bilden also einen (sachidentischen) Oberbegriff, unter den dann auch *nativitas* bzw. *generatio* und *processio* in pneumatologischem Sinn fallen. Daher kann Ratramnus sogar den Vater als „*fons divinitatis*" bezeichnen, aus dem aber der Sohn mit der *generatio* auch die Beteiligung am Hervorgang des Geistes empfängt.[187] Daß die *missio* durch Vater und Sohn eine analoge *processio* impliziert, belegt für Ratramnus die augustinische *generalis sanctae Trinitatis regula*: „*dicens de singulis dici quod omnium est, 'propter inseparabilem operationem unius ejusdemque substantiae'*" (III 3; 278D).[188]

Maßgebend für Ratramnus ist Augustin; die anderen Autoritäten werden im Sinne augustinischer Trinitätslehre interpretiert, so etwa Ambrosius, der den vom Vater ausgehenden Geist als Geist des Vaters und als Geist des Sohnes prädizierte. Daraus aber folgert Ratramnus: „Wenn ihr es nämlich vermeidet, den Geist als aus dem Sohn hervorgehend zu lehren, dann vermeidet ihr auch gleichermaßen, ihn den Geist des Sohnes zu nennen; denn wenn er nicht aus jenem hervorgeht, nennt man ihn unzutreffenderweise dessen Geist" (II 2; 254A).[189] Wie die Differenzierung zwischen ewiger und heilsgeschichtlicher Trinität unterlaufen wird, zeigt der Umgang mit dem „profilioquistischen" Zitat aus Ambrosius: „*Neque cum [Filius] de Patre exit, de loco recedit, et quasi corpus a corpore separantur. Neque cum est cum Patre, tanquam in corpore corpus includitur: Spiritus quoque sanctus cum*

---

[186] Cap. III 2 (274D); cf. Gregor I., in euang. II 26,2 (CChr.SL 141, 219,39-220,47 ÉTAIX).

[187] C. Graec. III 2 (275D-276A, als Kommentar zu Augustin, in euang. Joh. XCIX 8; CChr.SL 36, 587,9-12 WILLEMS). Es ist aber übertrieben, „griechische Züge" in dem Traktat des Ratramnus festzustellen (so SCHMAUS 1956, 54 mit Anm. 2), zumal das dafür angeführte „*principaliter*" in c. Graec. I 3 nur im Kontext von unmittelbaren Augustin-Zitaten begegnet (III 3; PL 121, 282A; 287CD; III 4; 288C-289B = trin. XV 17,29; 26,47; CChr.SL 50A, 503,51-504,62; 528,106-529,118; 529,16-530,19 MOUNTAIN/ GLORIE).

[188] Cf. auch III 4 (294D); dazu trin. I 12,25 (CChr.SL 50, 64,54-64 MOUNTAIN/GLORIE); Ps.-Augustin, coll. c. Pasc. 15 (PL 33, 1160). Dieselbe Stoßrichtung hat auch das Zitat aus Paschasius (Faustus von Reji: II 6; 269D = spir. I 13; CSEL 21, 127,19-128,2 ENGELBRECHT) mit der Pointe: „*[Spiritus sanctus] mitti a Patre et Filio dicitur, et de ipsorum substantia procedere, et unum cum eis opus agere dignoscitur.*"

[189] Cf. Ambrosius, spir. I 3,44 (CSEL 79, 33,63-70 FALLER).- Ähnlich geht Ratramnus mit dem Begriff *accipere* um, wenn er Ambrosius paraphrasiert (spir. II 12,134; aaO., 138,35-139,43): „*Quae habet Pater, Filii sunt; quae habet Filius, accepit et Spiritus*" und dann selbst kommentiert: „*Haec sancti Ambrosii verba planissime testantur Spiritum sanctum a Filio substantialiter processisse*" (II 4; 255D).

procedit a Patre et Filio, non separatur a Patre, non separatur a Filio."[190] Während im ursprünglichen Kontext das Problem verhandelt wird, daß der wesensgleiche Sohn sich im Zuge der Inkarnation nicht irgendwie „räumlich" vom Vater als seinem Ursprung trennt und dasselbe dann eben auch für den Geist im Zuge seines heiligenden Wirkens gelten soll, sieht Ratramnus hier - unter Verwendung von Anleihen aus dem Text des NC - einen Beleg für trinitätsimmanente Vorgänge: „Dieser hervorragende Lehrer und allerberühmteste Bekenner Christi sagte, daß der Heilige Geist aus dem Vater und aus dem Sohn hervorgeht, und entzog damit den Arianern, gegen die er vorging, eine Gelegenheit zur Gotteslästerung, damit nicht die, welche ihn [den Geist] einfach ein Geschöpf nannten und geringer nicht nur als der Vater, sondern auch als der Sohn, die Palme des Sieges davontrügen; wer aber hört, daß er aus beiden hervorgeht, der möge ihn als wesensgleich mit dem Vater und dem Sohn anerkennen und als mit beiden gleichermaßen anzubeten und zu verherrlichen".[191] Die Undifferenziertheit des lateinischen Begriffs *processio* kehrt den Sinn des Zitates faktisch um, so daß Ambrosius von Augustin her interpretiert wird: Während Ambrosius - in Aufnahme des griechischen Neunizänismus - die Einheit der drei göttlichen Personen, besonders die Beziehung zwischen Sohn und Geist verhandelt, setzt Ratramnus dies bereits als gelöst voraus und schließt von der heilsgeschichtlichen Beziehung zwischen Sohn und Geist auf eine spezifische Ursprungsrelation.

Angestrebt wird der Nachweis, daß diese Relation mit dem Zeugnis von Schrift, Konzilien und Vätern übereinstimmt. Daß 381 nichts über die Beziehung des Sohnes zum Geist ausgesagt wurde, wird als bewußte Lücke angesehen, die zu der vorgelegten Interpretation paßt:

> „Die heilige Synode von Konstantinopel nannte, um den Irrsinn der Arianer zu widerlegen und zu verdammen, den Sohn wesensgleich mit dem Vater, den Heiligen Geist aber aus dem Vater hervorgehend. Hat sie jemals geleugnet, daß er aus dem Sohn hervorgeht? Oder ist es etwa folgerichtig, daß er, weil er aus dem Vater hervorgeht, nicht aus dem Sohn hervorgeht? Wenn ihr Söhne der Kirche sein und der Lehre der Väter folgen wollt, erkennt ihr besser, daß das heilige, zu Konstantinopel versammelte Konzil durch die Aussage, der Heilige Geist gehe aus dem Vater hervor, nicht seinen Hervorgang aus dem Sohn leugnete; sondern wenn die ganze Trinität wesensgleich ist und der

---

[190] Ambrosius, spir. I 11,120 (II 4; 254D = CSEL 79, 67,41-45 FALLER); cf. MARKSCHIES 1997, 88-90.

[191] „*Praecipuus iste doctor, et clarissimus Christi confessor, dicens procedere Spiritum sanctum a Patre, procedere et a Filio, Arianis adversus quos agebat, blasphemandi sustulit occasionem, ne qui dicebant eum fore creaturam, et minorem non solum Patre, verum etiam Filio, victoriae palmam referent: verum audientes eum ex utroque procedentem, cognoscerent Patris Filiique consubstantialem, ac pariter cum eis coadorandum et conglorificandum*" (II 2; 254D).

Sohn aus dem Vater geboren wird und der Heilige Geist die Liebe von beiden ist, dann kann niemand leugnen, daß der Heilige Geist aus dem Sohn hervorgeht, ohne dadurch zu bestreiten, daß der Sohn die Liebe hat, durch welche er den Vater liebt. Weil das aber irrsinnig ist, muß man vollkommen bewahren und glaubensstark lehren, daß der Vater den Sohn liebt und der Sohn den Vater, und diese Liebe, mit der der Vater den Sohn liebt, geht nichtsdestoweniger aus dem Sohn hervor. Diese Liebe ist aber der Heilige Geist" (I 8; 242D-244A).

Diese Interpretationsoffenheit für die augustinische Trinitätslehre wird von Ratramnus gegen die Reduktion auf den „Urtext" verteidigt. Denn, so das Argument, das Paulinus von Aquileia zum Paten hat: Was die Fortschreibung von N zu NC im Jahre 381 begründete („*propter futuras haereticorum quaestiones secundum sanctarum auctoritatem Scripturarum*": II 2; 245C), muß auch der *Ecclesia Romana* erlaubt sein. Wie das *Symbolum apostolorum* zeige, sei bis Nizäa die Konsubstantialität von Vater und Sohn nicht hinterfragt worden; gegen Arius habe man dann das „*homousion*" definiert, gegen die Häresie der Pneumatomachen das NC formuliert.

„Als dann aber der Irrsinn der Arianer wiederauflebte und beweisen wollte, daß es nicht rechtgläubig sei, daß der Heilige Geist aus dem Vater hervorgehe, weil dies eine Gotteslästerung zu sein schien, indem man einen Vater von beiden lehrte, des Sohnes wie des Heiligen Geistes - da entschieden die Lehrer der Kirche, um auch diese Gotteslästerung abzuwehren, dem Symbol hinzuzufügen, daß der Heilige Geist auch aus dem Sohn hervorgeht."[192]

Wenn Ratramnus unterschwellig polemisch, sachlich aber zutreffend fragt: „Wußten denn etwa eure Vorgänger nicht, was die römische Kirche vom Heiligen Geist lehrt? Dennoch haben sie nicht die Gemeinschaft mit dem römischen Stuhl verweigert, wußten sie doch, daß er allein die Wahrheit des Glaubens bewahrt und verkündet, und daß es nicht verdient hat, getadelt zu werden, was mit der Autorität der Heiligen Schriften übereinstimmt" (II 2; 246B), dann zeigt sich freilich eine spezifische Begrenzung seines Horizontes: In Rom wurde bis dato das NC in einer streng nach dem griechischen Wortlaut übersetzten Form *ohne Filioque* verwendet.

Das *argumentum ex conciliis* begründet die Möglichkeit des Filioque; seine dogmatische Notwendigkeit soll durch die Berufung auf *griechische* Kir-

---

[192] „*Dein Ariana repullulante vesania, volenteque confirmare non esse rectae fidei Spiritum sanctum dicere de Patre procedere, hoc quia videretur esse blasphemum, quoniam duorum profiteretur Pater esse, id est Filii, seu Spiritus sancti: hanc quoque blasphemiam propellendam, decernentes Ecclesiae doctores, superaddere symbolo Spiritum sanctum de Filio quoque procedere*" (II 2; 247AB). Ratramnus bietet hier wie Paulinus eine „theology of interpolation" (HAUGH 1975, 116; zur Synode von Cividale s.o. S. 129).

chenväter untermauert werden.¹⁹³ Ratramnus zieht vor allem Athanasius als Kronzeugen für den wesensmäßigen Hervorgang des Geistes heran: „Der selige Athanasius sagt, daß er [sc. der Heilige Geist] nicht aus einer anderen Natur ist als der Vater und aus der einigen Wesenheit des Vaters und des Sohnes hervorgeht *(de unita substantia Patris Filiique processisse).* Und dadurch wird bezeugt, daß es eine einige Wesenheit des Vaters und des Sohnes und des Heiligen Geistes gibt, welche die Griechen οὐσία nennen, und eine einige Wirkweise derselben Trinität" (III 6; 299CD).¹⁹⁴ Hier offenbart sich freilich das Hauptproblem dieses Argumentationsgangs: Alle herangezogenen Zitate stammen aus pseudathanasianischen Schriften, d.h. aus dem *Symbolum quicunque,* aus dem auf Euseb von Vercelli zurückgehenden Konvolut De Trinitate und aus Vigilius von Thapsus.¹⁹⁵ Die neunizänischen Theologen Gregor von Nazianz und Didymus von Alexandrien kannte Ratramnus lediglich in den Übersetzungen des Rufin bzw. des Hieronymus.¹⁹⁶ Das Ziel, den lateinischen Trinitätsglauben aus der Zeit des Konzils von Nizäa herzuleiten, ist also mit spezifischen Hindernissen belastet: Während Gregor von Nazianz zutreffend paraphrasiert wird: *„Pater est fons et origo prima universorum"* (II 3; 249A), zieht Ratramnus daraus eine mit dem Original kaum zu vereinbarende Folgerung: *„Cum [Spiritus sanctus] sit utriusque substantiae, Patris scilicet et Filii, nec possit esse de substantia utriusque, nisi procedat ab utroque"* (248B)¹⁹⁷ - damit wird in augusti-

---

¹⁹³ PELIKAN 1974, 189, hebt dies als Charakteristikum der lateinischen Filioque-Apologeten hervor: „The compilers of the florilegia... took special pains to draw in evidence from Greek theologians too."

¹⁹⁴ Cf. Ps.- Athanasius (= Euseb von Vercelli), trin. VII 31 (CChr.SL 9, 99,239-245 BULHART).

¹⁹⁵ Zitiert wird die Fides Athanasii (II 3; 247CD = DH 75,21-23) sowie in III 6 (297B-302A): Euseb von Vercelli, trin. II 22 (CChr.SL 9, 25,209-217 BULHART); VII 8-9 (94,64-71); VII 11 (95,96-99); VII 12 (95,99-106); VII 31 (99,239-245); Libellus fidei = trin. VIII 9.15 (116,68-117,73; 118,115-117); Libellus fidei synodi 2-3 (129,13-26); Ps.-Athanasius, trin. XII 61-62; 150-151 (178, 483-486; 197,1169-1178); Vigilius von Thapsus, c. Arrian. II 35 (PL 62, 220D-221A). Cf. BOUHOT 1976, 66 mit Anm. 91.

¹⁹⁶ In den Didymus-Belegen (II 5; 259A-266D) ist nirgendwo vom Hervorgang des Geistes aus dem Sohn die Rede ist; dennoch meint Ratramnus daraus folgern zu dürfen: *„prolatio Filii substantia est Spiritus"* (aaO., 263B).- Irrtümlich wird *„Gennadius, Constantinopolitanus episcopus"* (gest. 471: III 5; 294D) mit dem südgallischen Historiker und Theologen Gennadius von Marseille verwechselt (dogm. 1; 295A = PL 58, 979C-981A). Der zweite Gennadius hat allerdings den ersten in seine Fortschreibung von Hieronymus' Prosopographie (vir. ill. 90; PL 58, 1113B-1114A) aufgenommen.

¹⁹⁷ Cf. Gregor von Nazianz, or. 41,9-12 (II 3; 248B-253A = CSEL 46, 152,15-157,12 ENGELBRECHT). Nicht überzeugen können m.E. die Bemühungen, „Konvergenzlinien zum Filioque" schon bei Gregor von Nazianz nachzuweisen, durch SCHULTZE 1981, 20-46, bes. 35-38 (zu der bei Ratramnus zitierten oratio 41).

nischer Manier die innere Struktur der wesenseinen Trinität auf ihre Hervorgänge reduziert, was der Pointe griechischer Theologie eklatant widerspricht. Das Argument der *antiquitas* gelangt also gerade bei den griechischen Vätern an seine Grenze: „Jener verehrungswürdige Lehrer lebte nun zur Zeit der Kaiser Gratian und Theodosius des Älteren; seitdem sind bis zu unserer Zeit mehr als fünfhundert Jahre vergangen, und niemals wurde der Hervorgang des Heiligen Geistes aus dem Sohn geleugnet, noch was das unter den Katholiken überhaupt einmal fraglich, außer jetzt zu euren Zeiten; aber immer existierte ein und dasselbe Bekenntnis des Glaubens an den Heiligen Geist in der Kirche des Ostens und des Westens" (II 3; 253BC). Letztlich ist zu sagen, daß Ratramnus zwar dem Appell von Nikolaus I. entsprach, damit aber vollkommen im innerlateinischen Diskurs über die Trinitätslehre verblieb. So ist es symptomatisch, daß seine Behandlung des Filioque mit einem Appell an die griechischen Kaiser endet:

> „Sie mögen die Lehren der katholischen Väter studieren und daraus entnehmen, wie sie ihren Irrtum korrigieren können, und die Überhebung der Torheit ablegen, durch die sie meinen, mehr sich selbst als der Wahrheit glauben und die Autorität der Vorfahren ihrem Irrwitz nachordnen zu müssen; sie mögen zunächst lernen, bevor sie zu lehren begehren, damit sie sich nicht mit ihrer Unerfahrenheit als höchster Weisheit brüsten und jenem gleichen, der, nachdem er hoch erhoben wurde, sich als töricht erwies, wie Salomo sagt" (III 6; 304AB; vgl. Prv 18,13 u.ö.).

2.2.3. Aeneas von Paris, *Liber adversus Graecos*

Wenn Ratramnus als einer der kreativsten theologischen Köpfe im Westfrankenreich gelten darf, so kann ähnliches von Aeneas von Paris kaum gesagt werden.[198] Über seinen *Liber adversus Graecos* sind zumeist harsche Urteile gefällt worden.[199] Wie bei Ratramnus steht die Frage des Hervorgangs des Heiligen Geistes am Anfang des Traktats, nimmt allerdings nur knapp die Hälfte des Textbestandes ein (cc. 1-94). Weitere 75 Kapitel (95-169) befassen sich mit dem als disziplinärer Kernfrage aufgefaßten Zölibat; cc. 187-209 sind dem Primat gewidmet, während die anderen Anklagepunkte sehr knapp abgehandelt werden. Anders als bei Ratramnus begeg-

---

[198] Zur Biographie cf. B. HEURTEBIZE, in: DThC V/1 (1913), 25; R. SCHIEFFER, in: LThK³ 1 (1993), 184. Aeneas war seit 842/43 Kanzleibeamter am Hof Karls des Kahlen sowie von 856 bis zu seinem Tod am 27.12.870 Bischof von Paris (HARTMANN 1989, 260). Cf. HERGENRÖTHER 1867a, 675; DRÄSEKE 1909, 407f.; HAUGH 1975, 103-107.

[199] Cf. DRÄSEKE 1909, 407f.: „Wäre es [sc. das Werk des Aeneas] je den Griechen bekannt geworden, sie würden mit Recht über die geistige Armseligkeit der Barbaren gespottet haben"; ähnlich SLIPYI 1921, 396. Im folgenden wird der *Liber adversus Graecos* lediglich unter Angabe der MIGNE-Kolumne zitiert, die *praefatio* nach der kritischen Edition DÜMMLERS (MGH.Epp. VI, 171-175).

nen fast ausschließlich Zitate mit kurzen Quellenangaben; außerhalb der *praefatio* sucht man eine verknüpfende Argumentation vergeblich.

Aeneas erachtet wie Ratramnus das Zeugnis der *griechischen* Väter für besonders aussagekräftig: „Wie nämlich Eisen durch Eisen geschärft wird, ist es angemessen, daß die griechische Sprache nicht von dem Wahren abweicht, in welchem die lateinische die Norm des katholischen Glaubens unauflöslich festhält" (174,38-40). Damit ist vorausgesetzt, daß die Kongruenz mit Schrift, Konzilien und Vätern auf Seiten der lateinischen Kirche zu stehen kommt, die Devianz bei den Griechen - Aeneas streitet nicht wie Ratramnus gegen die Kaiser, sondern pauschal *adversus Graecos*. So begegnen Photius und Ignatius dort, wo *materialiter* über den Jurisdiktionsprimat des römischen Papstes gehandelt wird, d.h. in knappen Kommentaren zu den Kanones von Serdika: „Wenn nun ein Verurteilter an den römischen Bischof appelliert, wie es jüngst Ignatius, der Bischof von Konstantinopel, tat, der unrechtmäßig abgesetzt wurde, wie es heißt, dann ist das zu beachten, was jener entscheidet... Und niemand darf den Sitz des angeklagten Bischofs an sich reißen, wie es mit dem Sitz des Ignatius jüngst Photius tat, der Neophyt und Eindringling auf dem konstantinopolitanischen Stuhl" (c. 193-194; 750CD).[200] Nicht der Amtswechsel in Konstantinopel wird als eigentliches Problem zwischen Rom und Byzanz dargestellt; Aeneas bietet eher eine Geschichte der päpstlichen Ansprüche auf den gesamtkirchlichen Primat.[201] Dagegen sei die griechische Sphäre, „die

---

[200] Im zweiten Satz wird z.T. wörtlich auf Nikolaus' ep. 100 (MGH.Epp. VI, 601,18f. PERELS) zurückgegriffen. Herangezogen werden can. III und IV von Serdika (rec. Dionysii Exigui; 52,25-54,10 LAUCHERT).

[201] Nach KENNEDY 1983, 109, wird hier der Primat *jurisdiktionell* verstanden, nicht als universales *Lehramt*. Bemerkenswert ist dabei das „genealogische" Argument, mit dem der Verfasser sich selbst als den legitimen Bischof des Pariser Stuhles identifiziert, *„quo primus praesedit S. Dionysius, a Paulo apostolo Atheniensium consecratus archiepiscopus, sed a sancto Clemente totius Galliae constitutus apostolus"* (171,32-34). Damit wird auf die „Jugend" des Konstantinopolitaner Episkopats angespielt, wie auch mit der Beschreibung des Athanasius als *„Alexandrinae sedis episcopus, Graecae linguae experientissimus, ubi beatus Marcus evangelista praesedit; quae sedes secunda est a prima Romana, ut Canonum statuta decernunt"* (c. 1; 689D), womit das Zitat des can. VI von Nizäa (325) präludiert wird (c. 190; 749D = COD³ 7,38-8,6). Aeneas übersieht freilich, daß die gleich darauf angeführten can. II und III von 381 (c. 192; 750AB = COD³ 31,22-32,20) die Festlegung von Nizäa korrigieren, indem sie Konstantinopel den Ehrenprimat nach Rom zusprechen.- Spezifische Bedeutung hat die Kompilation des Aeneas dadurch erlangt, daß hier erstmals die sog. „Konstantinische Schenkung" zur Begründung des päpstlichen Primates herangezogen wird; cf. FUHRMANN 1966, 99; DERS. 1973, 381f. Anm. 71 (mit Verweis auf zeitgleiche Anspielungen auf das *Constitutum Constantini* bei Ado von Vienne, chron. a. 306; PL 123, 92B; Hinkmar von Reims, de ord. pal. IV

beansprucht, Mutter der Sprachen und Erzeugerin der Philosophen und Beschützerin aller freien Künste genannt zu werden" (172,24-26), wiederholt von „Häresiarchen" (*„rectores haereticos"*) okkupiert worden, wohingegen Rom davon verschont geblieben sei - *„rectore Deo"* (173,16.18).[202]

Bei der Analyse der für Aeneas maßgeblichen Väter ist besonders auf die Zitate aus Athanasius zu achten, denn hinsichtlich des Filioque findet sich hier ein großer Teil seines „Sondergutes", das er weder mit Ratramnus noch mit Theodulf von Orléans teilt.[203] Grundsätzlich bezieht der Pariser Bischof das Material für seine Filioque-Apologie aus dem Florilegium, das Theodulf im Auftrag Karls des Großen für die Synode von Aachen 809 anfertigte.[204] Bis auf wenige Passagen übernimmt Aeneas den Textbestand seiner Quellen komplett[205] und fügt auch nur wenige Autoritäten hinzu[206]; einen Schriftbeweis unternimmt er gar nicht. Das einzige „konziliare" Argument ist der Text des NC selbst, den Aeneas am Ende seiner Ausführungen über das Filioque zitiert - als *fides catholica*, „welche am Tag des Herrn

---

13; MGH.F 3, 56,232-240 GROSS/SCHIEFFER). Zur Rezeption im 11. Jh. bei Leo IX. bzw. Humbert cf. unten S. 337-340.

[202] Allerdings wird - im Anschluß an Theodulf - mit dem Patriarchen Proklus (434-446) ein Inhaber dieses Stuhles als Autorität herangezogen (c. 75; 717CD = tomus ad Armenios 27; ACO IV/2, 204,7-11 STRAUB). Dagegen wird der 681 als Häretiker verurteilte Papst Honorius übersehen; cf. HAUGH 1975, 105 Anm. 16.

[203] Die Übereinstimmung in den Zitaten mit Ratramnus ist nur gering, so daß nicht auf literarische Abhängigkeit geschlossen werden kann. Von beiden werden als Belegstellen für das Filioque herangezogen: Ambrosius, spir. I 11,119.120 (CSEL 79, 66,29-31; 67,41-45 FALLER); Didymus von Alexandrien, spir. 186-190 (SC 386, 310,1-314,8 DOUTRELEAU); Gregor I., in euang. II 26,2 (FC 28/2, 474,20-476,2 FIEDROWICZ); Augustin, in euang. Joh XCIX 6; 8-9 (CChr.SL 36, 585,1-586,9; 587,1-18 WILLEMS [= trin. XV 27,48; CChr.SL 50A, 529,1-530,36 MOUNTAIN/GLORIE]); trin. I 4,7; XV 17,29; XV 26,45; XV 26,47 (CChr.SL 50, 35,6-14; 50A, 503,51-504,62; 524,1-5; 527,76-529,118 M./GL.); c. Maxim. II 14,1; 17,4 (PL 42, 770f.; 784f.); Quodvultdeus, adv. quinque haer. 8,10 (CChr.SL 60, 301,3-16 BRAUN); coll. c. Pasc. 15 (PL 33, 1159f.); Fides Athanasii (DH 75,21-23); Ps.-Athanasius [Euseb von Vercelli], trin. II 22; VIII 9; XII 150-151 (CChr.SL 9, 25,209-217; 116,68-117,73; 197,1169-1178 BULHART). Mit den Stellen aus trin. II und VIII liegen „minor agreements" mit Ratramnus gegen Theodulf vor.

[204] Cf. WILLJUNG 1998, 211f.; eine ausführliche Analyse findet sich oben S. 152-157.

[205] Bei den Ausnahmen handelt es sich um Ps.-Athanasius, trin. XI 18-19.22-23 (proc. 1f.; MGH.Conc. II/Suppl. II, 232,2-15 WILLJUNG = CChr.SL 9, 151,118-152,129; 152,138-151 BULHART).

[206] Bei Ambrosius, spir. III 1,7-8 (CSEL 79, 152,51-58; 153,64-69 FALLER) liegt dabei eine Paraphrase vor, der er die Schriftstellen Jes 48,12-16 und Joh 14,26 entnimmt; exakt zitiert wird Isidor von Sevilla, eccl. off. II 24,1; ord. creat. I 3-4 (PL 83, 817AB; 915B-916A), aber ohne neue Akzente gegenüber Theodulf. In die auch von diesem (proc. 5; aaO., 326,10-327,7) zitierte Passage aus Euseb von Vercelli, trin. IV 5.7-9.11 (CChr.SL 9, 58,43f.58-76; 59,94-100 BULHART) wird n. 10 (aaO., 59,77-93) eingefügt.

in der Meßliturgie der ganzen Kirche Galliens gesungen wird" (c. 93; 721A), wobei exakt der Text zitiert wird, den Paulinus von Aquileia 796/97 redigiert hatte.[207] Dessen Sensibilität für die differierenden Textfassungen vermißt man bei Aeneas freilich völlig.

Originalität zeigt sich hingegen dort, wo das pseudathanasianische, auf Euseb von Vercelli zurückgehende Schriftenkonvolut *De trinitate* für die Apologie des Filioque auswertet wird. Anzunehmen ist, daß Aeneas ein Exemplar dieser Schrift vor sich hatte, die eine protoaugustinische Trinitätslehre bietet, für die das Stichwort *unita deitas* charakteristisch ist:

> „Der Vater ist der eine Gott, und der Sohn ist der eingeborene Gott, und der Heilige Geist ist der in Vater und Sohn einige Gott... Denn daß 'eins' von beiden ausgesagt wird [1 Joh 5,7], wie anders soll man das verstehen, als daß der Vater als derselbe Gott benannt wird in der Natur der Göttlichkeit und als Herr, und ebenso derselbe Geist ist; und daß der Sohn Gott ist und derselbe in der Göttlichkeit und Herr und derselbe Geist ist? So daß auch der Geist, der Tröster, Gott und ebenso auch Herr in der Natur der Göttlichkeit und genauso Geist ist? Du siehst, in der Gottheit und in der Wesenheit der Fülle sind sie in allem eins, und in allem, was die Personen betrifft, sind sie drei."[208]

Allerdings verlautet nichts von einem immanenten Hervorgang des Geistes aus dem Sohn; vielmehr wird wie bei Ambrosius die Beziehung zwischen Sohn und Geist eindeutig in heilsökonomischen Kategorien rekonstruiert: „Der Geist ist der vornehmste Tröster aus Vater und Sohn, der an Pfingsten über die Apostel ausgegossen wurde."[209] Wo nach der systematischen Zielsetzung des Aeneas eigentlich der Ausgang des Geistes aus dem Sohn stehen müßte, wird der Ausgang aus der gemeinsamen göttlichen Natur herangezogen: „Bedenke, daß der Geist, der Tröster, ein anderer ist als Person, aber kein anderer in der Göttlichkeit. Ebenso unterscheidet sich einer vom anderen als Person, nicht aber in der Gottheit des Wesens (*ideo alter ab altero in persona tantum differt, et non in deitate* οὐσίας). Daher ist der Vater ein anderer in der Person, die zeugt, und ein anderer der Sohn, der

---

[207] Cf. oben S. 72f. und S. 129.

[208] C. 2f. (692AB) = Euseb von Vercelli, trin. I 25.51f. (CChr.SL 9, 9,210-212; 15,421-429 BULHART): „*Pater unus Deus est, et Filius unigenitus Deus est, et Spiritus sanctus unitus in Patre et Filio Deus est... Nam 'unum' quod dixit de utrisque, quid aliud intellegitur quam quod Deus Pater in natura divinitatis idem ipse dicatur et Dominus, idem ipse sit et Spiritus: et Filius Deus, idemque sit in divinitate et Dominus, idemque sit et Spiritus? sed et Spiritus paraclitus Deus, idemque sit et Dominus in natura deitatis, idemque sit et Spiritus? Vides quia in deitate et in substantia plenitudinis per omnia unum sunt, et in omnibus [orig.: nominibus!] personarum tres sunt.*" Zu Euseb cf. neuerdings MARKSCHIES 1997, 78-81, der ihn als „ersten lateinischen Neunizäner" ansprechen möchte, da Euseb dem alexandrinischen Kompromiß περὶ τῶν ὑποστάσεων zugestimmt habe; cf. dazu auch GEMEINHARDT 1999, 160f.; 2001a, 153f. Anm. 2.

[209] C. 6 (694A = trin. II 22; CChr.SL 9, 25,215-217 BULHART): „*Spiritus [est] hic principalis paraclitus a Patre et Filio, qui in Pentecoste in apostolos effusus est.*"

aus ihm gezeugt wird, und ein anderer der Tröster-Geist, der aus der einigen Natur (*de unita natura*) stammt."[210] Offensichtlich fehlt hier die Begrifflichkeit, um neben der Vater-Sohn-Beziehung eine dritte Größe zu integrieren - eine Beobachtung, die aufzeigt, wie Aeneas seine „Lösung" des Filioque-Problems schon voraussetzen muß, um seine Autoritäten auswerten zu können.[211] Erst die letzte pseudathanasianische Stelle sorgt für Eindeutigkeit - ein Zitat aus dem Athanasianum: „*Spiritus sanctus a Patre et Filio, non factus, non creatus, nec genitus, sed procedens.*"[212] Die Absicht, den alexandrinischen Bischof zum Kronzeugen der zu verteidigenden westlichen Trinitätslehre zu erheben, wird daher nicht eingelöst. Für die weitere Sammlung von Väterzitaten gilt daher dasselbe Urteil wie schon für Theodulf: Der Zusammenhang der Stellen ergibt sich aus der vorausgesetzten Logik, und diese wiederum findet sich in den Augustin-Zitaten, von dem her die „Zeugen" interpretiert werden, die vor ihm bzw. unabhängig von ihm wirkten; die westlichen Trinitätstheologen der Spätantike griffen ohnehin auf seine Ansätze zurück. Aufmerksamkeit verdient freilich die Auswertung der Werke Alkuins, d.h. einer innerfränkischen Traditionslinie.[213] Die zehn Zitate aus *De fide sanctae et individuae Trinitatis* werden abgeschlossen von der prägnanten Passage aus der Schrift an Fredegisus:

> „Die Eigentümlichkeit des Vaters ist es, alleine Vater zu sein und aus niemandem herzustammen, außer aus sich selbst. Die Eigentümlichkeit des Sohnes ist es, aus dem Vater gezeugt zu sein, alleine gezeugt von diesem allein als Gleichewiger und Wesensgleicher. Die Eigentümlichkeit des Heiligen Geistes ist es, daß er weder gezeugt noch ungezeugt ist, sondern aus Vater und Sohn gleichermaßen hervorgeht."[214]

---

[210] C. 10 (696AB = trin. IV 10f.; CChr.SL 9, 59,87-97 BULHART).

[211] Cf. auch c. 13 (697AB = trin. VI 8-9; CChr.SL 9, 83,86-110 BULHART), wo explizit die christologischen Prädikationen von N rezipiert, aber nicht auf den Geist angewandt werden; die Zitate aus N entsprechen dem Text bei Hilarius (Coll. Ant. Paris. B II 10; CSEL 65, 150,9-11 FEDER). Bezeichnend ist das Zitat in c. 1 (691C = trin. XI 74; aaO., 160,476-479): „*Manifestissimis igitur testimoniis probatur, quod Spiritus sanctus, Spiritus paraclitus, Spiritus qui a Patre procedit, Spiritus sit Filii, Spiritus Christi, Spiritus Jesu.*"

[212] C. 19 (701A = DH 75,23). Die *Fides Athanasii* wird als „*fides catholica*" eingeführt (cf. c. 93; 721A).

[213] Zu Alkuins Trinitätslehre s.o. S. 133-140.

[214] C. 89 (720BC) = ad Fred. II (PL 101, 59AB): „*Proprium est Patris, quod solus est Pater, et quod ab alio non est nisi a se. Proprium est Filii, quod a Patre genitus est, solus a solo coaeternus et consubstantialis genitus* [orig.: *genitori*]. *Proprius est Spiritus sancti, quod [non genitus] nec ingenitus est, sed a Patre et Filio aequaliter procedens*"; zitiert wird weiterhin das Glaubensbekenntnis am Schluß des Trinitätswerks (c. 88 = fid. trin. III, conf. fidei; PL 101, 57A). Aeneas bezeugt damit die Autorschaft Alkuins (s.o. S. 140 Anm. 217).

En passant wird hier eine folgenreiche Grundentscheidung rezipiert, über deren Tragweite sich Aeneas kaum Gedanken gemacht haben dürfte: Der theologische „Kopf" des antiadoptianistischen Kampfes nahm - im Gegensatz zu Aeneas und auch zu Ratramnus - die augustinische Unterscheidung zwischen *Substanz und Relation* überaus ernst und betonte die Funktion des Heiligen Geistes als *donum Dei* bzw. *communio Patris Filiique* innerhalb der unteilbaren, gemeinsam wirkenden Trinität. Dies implizierte ein *relationales* Trinitätskonzept:

> „Wie also mit verbindenden Namen, die jeder der beiden Personen einzeln zukommen, in eigentümlicher Weise die Gemeinschaft von beiden angezeigt wird, so wird der Heiliger Geist genannt, der die dritte Person in der heiligen Trinität ist, dem Vater und dem Sohn in allem gleich, gleichewig und wesensgleich. Und diese Trinität ist ein Gott, alleine gut, groß, ewig, allmächtig. Dieser ist in sich selbst Einheit, Gottheit, Größe, Güte, Allmacht und was immer von ihm wesensmäßig ausgesagt wird. In Beziehungsworten ist das nicht so zu verstehen oder auszudrücken, weil man nicht sagen kann, der Vater sei für sich selbst Vater oder der Sohn für sich Sohn, oder der Heilige Geist für sich Heiliger Geist; sondern diese Beziehungsworte müssen zweifelsohne auf die Bindung an eine andere Person angewandt werden."[215]

Insofern reproduziert Aeneas eine Trinitätslehre, die sich von derjenigen des Ratramnus signifikant unterscheidet: Die Beziehung des Geistes zu Vater und Sohn wird *relative* aufgefaßt, nicht *substantialiter*. Daher kann man die Alkuin-Rezeption des Aeneas als genuine „Leistung" auffassen, mit der die Relevanz und Unaufgebbarkeit des Filioque für die frühmittelalterliche lateinische Trinitätstheologie eindrucksvoll unterstrichen wird. Insgesamt setzt das Werk des Aeneas allein schon durch seinen Aufbau sehr viel entschiedener als das des Ratramnus auf die Selbstevidenz der Tradition. Gerade daran zeigt sich aber die Aporie dieser Herangehensweise an das gestellte Problem, wird doch die westliche Trinitätslehre mit dem für sie konstitutiven Filioque nur fortgeschrieben und untermauert. Freilich ist beiden Autoren zugutezuhalten, daß ihnen von den Vorwürfen des Photius nicht mehr bekannt war, als Nikolaus I. in seinem Hilfegesuch schrieb - gefordert war die Affirmation des Geltenden, d.h. aber: die Trinitätstheologie Augustins und das in den gültigen Bekenntnissen - im NC wie auch

---

[215] C. 79 (718D-719B) = fid. trin. I 5 (PL 101, 16D-17A): „*Ergo ut nominibus junctis, quae separatim utriusque* [orig.: utrique] *personae conveniunt, utriusque communio proprie significetur, vocatus sanctus Spiritus, qui est tertia in sancta Trinitate persona, Patri et Filio per omnia aequalis, coaeternus et consubstantialis. Et haec Trinitas unus est Deus, solus bonus, magnus, aeternus, omnipotens. Ipse sibi unitas, deitas, magnitudo, bonitas, omnipotentia, et quidquid a se substantialiter dicitur. Non ita in relativis vocabulis intelligendum est vel dicendum; quia dici non potest, Pater sibi Pater, vel Filius sibi Filius, vel Spiritus sanctus sibi Spiritus sanctus, sed haec relativa vocabula ad aliam procul dubio personam referri debent.*"

im Athanasianum - befindliche Filioque. Vollends unbekannt war ihnen der schon um 810 von Thomas von Jerusalem erhobene Vorwurf, den Text des NC verändert zu haben; erst das Konzil von Konstantinopel 879/80 sollte den lateinischen Westen damit konfrontieren.

2.3. Der vorläufige Abschluß des „photianischen Schisma"

Das Jahr 867 brachte eine von Grund auf neukonfigurierte Konstellation: Ein neuer Papst (Hadrian II.), ein neuer Alleinherrscher (Basilius I.) und ein neuer, alter Patriarch (Ignatius) bemühten sich um die Normalisierung der Beziehungen zwischen Ost und West. Das „photianische Schisma" umfaßte demnach nur den Zeitraum zwischen dem Bekanntwerden der byzantinischen Vorwürfe in Rom und dem Tod Nikolaus' I. am 23. November 867; die fränkischen Apologien des Filioque hatten dagegen keinen erkennbaren Einfluß auf die ost-westliche Kommunikation im 9. Jahrhundert. Generell spielte die pneumatologische und bekenntnishermeneutische Fragestellung zunächst auf beiden Seiten keine Rolle mehr; vielmehr wurden fortan die beiden Synoden des Jahres 867 auf ihre *kanonische* Dimension, d.h. auf den Angriff des Patriarchen auf Nikolaus I. enggeführt, was der Wahrnehmung des verstorbenen Papstes entsprach, der Photius zwar als *„inventor perversorum dogmatum"* bezeichnet hatte, ohne jedoch selbst eine dogmatische Auseinandersetzung zu führen.

Sein Nachfolger Hadrian II. (867-872) nahm diese Tradition bewußt auf, indem er bald nach seiner Weihe (am 14. Dezember 867) an die Teilnehmer der westfränkischen Reichssynode von Troyes schrieb:

> „Den griechischen Fürsten wie auch allen anderen, selbst denen im Stand der Kleriker, möget ihr mannhaft entgegentreten und unüberwindlich widerstehen, wenn sie es unternehmen, irgend etwas gegen die Person [Nikolaus' I.] oder seine Dekrete zu tun oder zu beschließen, sei es in Wort oder Schrift; denn was auch immer gegen seine Person oder Dekrete unternommen wird - keinesfalls werde ich meine Zustimmung geben!"[216]

Bei aller versöhnlichen Rhetorik steuerte Hadrian gegenüber dem Osten einen kompromißlosen Kurs, während er in den Auseinandersetzungen zwischen Rom und dem westfränkischen Episkopat eher bereit war, die verhärteten Fronten zu entschärfen. Als Voraussetzung dafür sollte aber die Autorität des römischen Papstes grundlegende und unhinterfragbare Geltung in allen Kirchen besitzen - in kanonischer wie dogmatischer Hinsicht:

---

[216] RPR(J) 2894 = ep. 3 (MGH Epp. VI, 700,4-9 PERELS; im folgenden im Text mit Seiten- und Zeilenangaben zitiert); dazu HARTMANN 1989, 320f. Zu diesem Zeitpunkt wußte Hadrian noch nichts vom doppelten Machtwechsel in Byzanz, wie die Notiz des Lib. pont. (II; 176,18-20 DUCHESNE) über ein Treffen mit griechischen Mönchen am 20.2.868 belegt (DVORNIK 1948, 131; STÉPHANOU 1973, 364 Anm. 1).

„Wenn man meint, den Vorsteher des apostolischen Stuhls oder seine Dekrete ablehnen oder leugnen zu dürfen, dann kein keiner eurer Titel oder Ämter fest und sicher bestehen bleiben. Umso mehr darf den Dogmen, welche die Vorsteher des apostolischen Stuhls betreffend die heilige und unteilbare Trinität verkündet haben, kein Eintrag geschehen, wenn die Satzungen unserer Vorgänger und besonders der Bischöfe des ersten Sitzes nicht entweder - was zu sagen schändlich und schon zu hören erschreckend ist - von irgendwelchen Nachkömmlingen, meist von geringerer Würde, der Absage oder Verdammung unterworfen oder durch das Wagnis unseliger Leichtfertigkeit schlicht der Aufhebung preisgegeben werden sollen!" (700,20-27).

Daran wird sichtbar, wie die dogmatischen Auseinandersetzungen mit den Griechen wie auch mit den fränkischen Bischöfen auf die Autoritätsproblematik hin zugespitzt werden sollten. Dagegen wurde die Filioque-Frage bewußt vernachlässigt; weder die römische Synode von 869 noch das Konzil in der Kaiserstadt 869/70 hielten sich damit auf. Die Anklagen der Enzyklika gegen die lateinische Pneumatologie verhallten unbeantwortet.[217]

2.3.1. Der Pontifikat Hadrians II. und die Synode von Rom 869

Der neue Papst und der neue Kaiser begannen ihre Amtszeit unter erheblichem äußerem Druck: Während in Rom die Ignatianer auf die Fortführung der harten Linie gegenüber Byzanz drängten[218], mußte Basilius nach Unterstützung für seinen durch Mord erworbenen Machtanspruch suchen. Die neuerliche Einsetzung des Ignatius verhieß eine Verständigung mit Rom und damit eine Stärkung der eigenen Machtbasis *ab extra*.[219] Daher sandte Basilius schon bald den *spatharius* Euthymius mit einem (heute verlorenen) Schreiben nach Rom[220]; auf diesen Brief antwortete Hadrian im August

---

[217] Es könnte freilich sein, daß sich Ado von Vienne, dessen Chronik bereits für die Synode von Gentilly 767 Diskussionen über den Hervorgang des Heiligen Geistes notiert (cf. S. 78f.), auf die Bemerkungen Hadrians über die heilige Trinität bezieht (falls er Kenntnis von dem Brief an die Synode von Troyes hatte, an der er selbst nicht teilnahm; cf. HARTMANN 1989, 320 Anm. 23).

[218] So DVORNIK 1973, 45. Nach dem Lib. pont. zeigte Hadrian sich gegenüber den Griechen sehr gastfreundlich: „*quod nullum pontificum ante se fecisse noverat... cum illis discubuit*" (II; 176,21f. DUCHESNE).

[219] Photius dankte zwar unter dem Druck der Umstände, aber freiwillig ab (so Anastasius Bibliothecarius, ep. 5, in: MGH Epp. VII, 407,26-38 PERELS/LAEHR [im folgenden nur mit Seiten- und Zeilenangaben zitiert]); cf. DVORNIK 1948, 136f. Nach der *Vita Ignatii* war Photius und allen von ihm ordinierten Priestern schon im September 867 die Zelebration verboten worden (GRUMEL Nr. 498 = PG 105, 544B).

[220] Auf dieses Schreiben nimmt der Kaiser in seinem zweiten Brief (DÖLGER Nr. 474 = MANSI XVI, 46A) bezug; der Lib. pont. schweigt von der Gesandtschaft (II; 178,3-7 DUCHESNE), während Hadrian Euthymius in seinem Schreiben an Ignatius als „Freudenboten" bezeichnet (RPR[J] 2909 = ep. 38; 749,35-38).

868.²²¹ Dem ersten Brief ließ Basilius unterdessen eine zweite, in drängendem Tonfall gehaltene Botschaft folgen, ohne die Rückkehr seines Gesandten abgewartet zu haben, denn auch dieses Schreiben vom 11. Dezember 868 war noch an Nikolaus I. gerichtet, wie auch Ignatius' Brief an den Papst.²²² Mit dem Apokrisiar Basilius reisten Repräsentanten des Ignatius (Johannes von Sylaion, Petrus von Troas) und des Photius (Petrus von Sardes) nach Rom; letzterer kam allerdings auf der Reise um.²²³

Dieser zweite Brief des Kaisers akzeptierte die seit 862 von Rom erhobenen Ansprüche. Denn Basilius hatte nicht nur Photius von seinem Stuhl entfernt und Ignatius „gemäß des Urteils und dessen Begründung, wie wir es in euren verschiedenen Briefen lesen", wieder eingesetzt; alle weiteren Entscheidungen - vor allem die diffizile Problematik des Umgangs mit dem „photianischen" Klerus - wurden der Weisheit des Papstes anheimgestellt.²²⁴ Zu Lasten des toten Michael III. wurde eine Verschwörungstheorie konstruiert, derzufolge die Briefe Nikolaus' I. „durch unsere Vorgänger in der Regierung" in ihrem Gehalt verfälscht worden seien.²²⁵ Nun aber seien gemäß den römischen Forderungen Legaten beider Parteien im Gefolge des kaiserlichen Apokrisiars unterwegs: „Wir bitten, daß eure Heiligkeit sie aufnimmt und im Angesicht der von beiden Parteien gesandten Bischöfe

---

²²¹ RPR(J) 2908 = ep. 37 an Basilius I. (747,10-748,23).

²²² DÖLGER Nr. 474 (MANSI XVI, 46A-47C); GRUMEL Nr. 499 (MANSI XVI, 325A-328A; übers.: 47D-49D).

²²³ DÖLGER datiert diese Gesandtschaft auf 867, so daß Basilius schon nach sechs Wochen einen weiteren Brief nachgeschickt hätte, obwohl mit einer Antwort keinesfalls vor dem Frühjahr gerechnet werden konnte; diese zweite Gesandtschaft wäre dann aber erst nach der Abreise des Euthymius im August 868, d.h. nach einem Dreivierteljahr, in Rom eingetroffen. Zudem hätte es fast ein Jahr gedauert, bis im Juni 869 die römische Synode zusammengetreten wäre, obwohl Hadrian angeordnet hatte, die mitgebrachten Akten der Synode vom August 867 „per aliquot dierum" zu studieren und „omnia quae in eo continebantur coram synodo fideliter propalari" (Lib. pont.: II; 179,20f. DUCHESNE). Die Abreise der zweiten Gesandtschaft nach dem 11. Dezember 868 erklärt sich dagegen mit der wachsenden Unruhe ob der Nachrichtenflaute aus dem Westen; der zweite Brief des Kaisers spricht explizit von der Sorge, ob die frühere Gesandtschaft überhaupt wohlbehalten in Rom eingetroffen sei (MANSI XVI, 46A). Die zweite Gesandtschaft verließ also Konstantinopel wohl im Dezember 868 und erreichte entsprechend im Frühjahr 869 Rom; cf. DVORNIK 1948, 138-140; DERS. 1958, 32 Anm. 107; zustimmend GROTZ 1970, 182-185. Die traditionelle Variante bekräftigt dagegen STIERNON 1967, 155-173.

²²⁴ MANSI XVI, 46C.- Mit der Anrede *spiritalis pater* (47A) war für lateinische Ohren mehr Autorität verbunden, als Basilius intendiert hatte; entsprechend antwortete Hadrian seinem „*spiritalis et dilectissime fili*" (747,17; 748,22f.).

²²⁵ MANSI XVI, 46C; cf. Anastasius Bibliothecarius, ep. 5 (407,34f.); Übers. dieses und des folgenden Zitats: STIERNON 1975, 303f.

das, was euch recht dünkt, kraft der kirchlichen Gesetzen und Kanones über die Bischöfe und Priester festlegt. Sendet zusammen mit ihnen hochwürdige Legaten zu uns, damit unsere heilige Kirche auf genauere und zuverlässigere Weise den Willen eurer Heiligkeit hinsichtlich der beiden Parteien erfährt."[226] Dieser Verzicht auf eigene Entscheidungskompetenzen läßt sich als geschickter politischer Schachzug begreifen – der Wechsel auf dem Patriarchenthron war ja immer von Rom gefordert worden, so daß Basilius sich seinen Kritikern gegenüber auf die römische Autorität berufen und zudem hier die Verantwortung für den Umgang mit Photius' Gefolgsleuten abladen konnte.

Analog dazu hatte Hadrian in seinem Schreiben vom 1. August 868 angekündigt: „Denn von den Beschlüssen, die mein großer Vorgänger seligen Angedenkens, Papst Nikolaus, veröffentlicht hat hinsichtlich der Absetzung des Photius und der Wiedereinsetzung meines Bruders und Mitbischofs Ignatius, werde ich nie und nimmer abweichen. Wir wollen mit demselben Nachdruck in Übereinstimmung mit seinen Dekreten bleiben, mit dem er bei ihrer Abfassung mit den Geboten Gottes in Übereinstimmung zu bleiben getrachtet hat."[227] Als äußeres Zeichen mahnte er den Kaiser, „daß die, welche fliehen mußten, von eurer Kaisermacht empfangen und die Bedauernswerten gesammelt werden" (748,4f.).[228] Basilius wurde zwar gelobt: „Du hast der Kirche von Konstantinopel ihren eigenen Hirten zurückgegeben und den Ehebrecher verjagt" (747,13f.); freilich habe er die Reform seiner Kirche noch nicht zu Ende geführt. Die anfangs schwache Beteiligung des Episkopats am Konzil von 869/70 spricht tatsächlich dafür, daß Basilius und Ignatius in den zwei Jahren seit der Absetzung des Photius keine Anhänger gewonnen, eher viele von ihnen verloren haben dürften.

Entsprechend ungeduldig wartete Basilius auf die Rückkehr seiner Gesandten, die mit päpstlichem *Placet* den Amtsverzicht des Photius ebenso wie die milde Behandlung seiner Getreuen legitimieren sollten.[229] Hadrian II. empfing die Legaten feierlich in der Kirche Santa Maria Maggiore, wobei freilich der beklagte Photius weder selbst anwesend noch zureichend vertreten war und sich nicht gegen den Vorwurf verteidigen konnte, daß in

---

[226] MANSI XVI, 47A; DVORNIK 1948, 140: „The fate of the Photian bishops is left entirely to the Pope's discretion: all that was asked for was magnanimity in the verdict".

[227] Ep. 37 (747,18-22); Übers. STIERNON 1975, 305.

[228] Der Lib. pont. (II; 180,11f. DUCHESNE) erwähnt den Higoumenen Theognostus, „*qui Rome apud sanctissimum papam Nicolaum pro restituendo Ignatio sedulus intercessor* [sic!] *extiterat*".

[229] Daher insistierte der *spatharius* Basilius während seines Romaufenthaltes 869 auf der Möglichkeit einer unverzüglichen Wiederaufnahme der „photianischen" Kleriker; cf. RPR(J) 2914 = ep. 40 (756,11-15).

seinem Archiv „ein mit höchster Fälscherkunst erstelltes Buch gegen die heilige römische Kirche und den allerheiligsten Papst Nikolaus" entdeckt worden sei.[230] Da der Kaiser offiziell die Jurisdiktionsautorität des Papstes - und damit auch die Sentenz der römischen Synode von 863 - anerkannt hatte, konnte Hadrian verkünden: „Photius ist vom apostolischen Stuhl zweimal verurteilt und zweimal verdammt worden... So ordnen wir eine Untersuchung des Buches über dieses Pseudokonzil (*conciliabulum*) an, damit sein Verfasser ein drittes Mal als Erzeuger von Lügen und Erfinder schändlicher Dogmen (*fabricator mendacii et inventor perversorum dogmatum*) verurteilt werde."[231] Anfang Juni war die Prüfung der Akten abgeschlossen; eine Synode unterwarf Photius dem Anathem und gab sein synodales Machwerk der Zerstörung durch Feuer preis, wobei das antipäpstliche Konvolut trotz einsetzendem Regen lichterloh gebrannt habe![232]

Die Sprengkraft dieser Vorgänge zeigen die Konzilsakten, die nur innerhalb der Aufzeichnungen über das Konstantinopolitaner Konzil erhalten sind.[233] In seiner eröffnenden *allocutio* wiederholte Hadrian die römischen Vorwürfe gegen Photius: er sei zur Patriarchenwürde „*non gradatim vel sensim*" aufgestiegen; daher gelte: „Er selbst hat sich der Gemeinschaft mit jenem allerseligsten Vorsteher [sc. Ignatius] entzogen, und dadurch hat er sich die Ausstoßung aus der ganzen Kirche, welche mit diesem allerseligsten Patriarchen in Gemeinschaft steht, zugezogen und hat sich zweifelsohne unter die Schismatiker eingereiht, denn gegen die heiligen apostolischen Kanones hat er mit Hilfe weltlicher Macht die konstantinopolitanische Kirche mit tyrannischer und ehebrecherischer Waghalsigkeit überfallen" (340,15f.17-21). Trotz vielfacher Ermahnungen habe er sich dazu verstiegen, „häufig Konventikel der Böswilligen (*conventicula malignorum*) zu versammeln, denen er als Fürst der Räuber (*princeps latronum*) selbst vorstand" (341,8f.). Das ekklesiologische und traditionale Fundament der Verurteilung liegt in der Gleichsetzung der Konstantinopolitaner Synode vom August 867 mit der „Räubersynode" von Ephesus (449): Denn da Photius

---

[230] Lib. pont. (II; 178,18f. DUCHESNE); cf. zu diesen Vorgängen GROTZ 1970, 185-189.

[231] Lib. pont. (II; 178,27.30f. DUCHESNE). Um die in den Akten an prominenter Stelle enthaltene Unterschrift des mittlerweile amtierenden Kaisers zu entschuldigen, wurde die angebliche Verschwörung des Photius mit Michael III. dargelegt (179,5f.). Aus dem Bericht von dem Saufgelage, bei dem Basilius unbewußt die Synodalakten unterschrieben habe, rekrutiert sich das Bild Michaels als eines unkontrollierten Lebemannes (so besonders bei STIERNON 1975, 330 Anm. 41: „Michael III. der Trinker").

[232] Lib. pont. (II; 179,22-29 DUCHESNE).

[233] Conc. Const. a. 869/70, actio VII (MANSI XVI, 122C-131C = MGH.Conc. IV, 340-351 HARTMANN; hiernach die Angaben im Text). Cf. DVORNIK 1948, 142f.; HARTMANN 1989, 290-292; PERRONE 1993, 180f.; ausführlich STIERNON 1975, 96-101.

nicht legitimiert gewesen sei, überhaupt eine Synode einzuberufen[234], könne dem Papst nur empfohlen werden:

> „Das Pseudokonzil, welches in Konstantinopel neulich gegen den apostolischen Stuhl gegen die Wahrheit unter der kaiserlichen Tyrannei Michaels zusammengekommen ist, möge mitsamt seinen Akten durch die Sense eures Spruches derart abgehauen werden, daß keine Erinnerung und keine Spur davon übrigbleibt, daß es also im Blick auf seine Verdammung und Auslöschung vielmehr der Synode von Rimini oder dem Räuberkonzil von Ephesus in jeder Hinsicht vergleichbar ist" (342,36-343,2).[235]

Das Ergebnis der Verhandlungen bilden fünf Kanones (347,19-349,12):

1. Das photianische *conciliabulum* wurde analog zur „Räubersynode" von Ephesus für null und nichtig erklärt.
2. Gleiches sollte für die *conventicula* des Photius gegen seinen Vorgänger Ignatius gelten, also auch für die Synode von 861, an der römische Legaten teilgenommen hatten.
3. Photius selbst wurde zum dritten Mal verdammt; sollte er sich reumütig zeigen, so könne ihm gegebenenfalls der Zugang zur Laienkommunion (!) zugestanden werden.
4. Wer sich von ihm lossagte, sollte jedoch volle eucharistische Gemeinschaft genießen dürfen. Kaiser Basilius I., „dessen Name fälschlich unter die Akten jenes gottlosen Pseudokonzils gesetzt worden ist" (348,29-31), wurde von jeder Schuld reingewaschen.

---

[234] Responsio concilii prima (342,17f.): *„depositus et anathematizatus existit, concilium convocare non potuit, et damnatus alios damnare nequivit."* Bemerkenswerterweise geht Hadrian vor der Synode auf die Verurteilung eines römischen Papstes durch ein Konzil ein (allocutio tertia pontificis; 344,11-18): *„Siquidem Romanum pontificem de omnium ecclesiarum praesulibus iudicasse legimus; de eo vero quenquam iudicasse non legimus: licet enim Honorio ab orientalibus post mortem anathema sit dictum, sciendum tamen est, quia super heresi fuerat accusatus, propter quam solam licitum est minoribus maiorum suorum motibus resistendi vel pravos sensus libere respuendi; quamvis et ibi nec patriarcharum nec ceterorum antistitum quispiam de eo quamlibet fas fuerit proferendi sententiam, nisi eiusdem primae sedis pontificis consensus praecessisset auctoritas."* Zur *causa Honorii* cf. Conc. Const. III a. 680/81, actio XIII (ACO² II 2, 581,4-7 RIEDINGER); dazu BECK 1980, 60f.; HAUSCHILD 1995, 196-198; RITTER 1999, 280.

[235] In can. I (347,21-30) wird die Anspielung auf das Konzil von Rimini nicht wiederholt, jedoch in Hadrians ep. 40 an Basilius (756,28f.). Ebenso habe sich Johannes von Antiochien in Ephesus 431 selbst unter den Bannfluch gestellt, *„quia Cyrillum anterioris* [sic!], *id est Alexandrinae sedis antistitem damnare non metuit"*, wobei das Ephesinum selbst Papst Coelestin die Urteilsfindung überlassen habe (343,13-16 = ACO I 2, 88,2-7 SCHWARTZ). In der *allocutio secunda pontificis* wird der Verweis auf Ephesus noch dadurch verstärkt, daß Photius nach der Art aller Häretiker und Schismatiker die Beschlüsse seines *conciliabulum* im vorliegenden Codex höchstpersönlich gefälscht habe – *„Dioscorum in hoc imitante"* (343,28).

5. Wer diese zweite „Räubersynode" verteidigte, sollte dem Anathem verfallen, „was nicht nur für die Gläubigen in Konstantinopel, sondern auch für die in Alexandrien, Antiochien, Jerusalem und überhaupt für alle Gläubigen gelten" soll (349,10-12).

Der folgenreichste Beschluß des römischen Konzils verbirgt sich in der ersten *responsio* der Synodalen: Die byzantinischen Kleriker, welche an dem photianischen Konzil teilgenommen hatten, sollten ebenso wie der Ex-Patriarch mit den „*vincula anathematis*" belegt werden – „wenn sie nicht mit eigener Stimme und Unterschrift alles, was auf ebendiesem Räuberkonzil von übelriechenden Mäulern ausgeworfen worden ist, verdammen" (*nisi propria voce ac subscriptione illa, quae in eodem latrocinio foetidis a faucibus eructata sunt, anathematizarint*; 343,4-6). Der hier vorgesehene *libellus satisfactionis* sollte für Verlauf und Rezeption des bald in Konstantinopel zusammentretenden Konzils fatale Folgen haben. Der Brief, in dem Hadrian über die Synode an den Kaiser berichtete, warf schon die Schatten des drohenden Konflikts voraus: Zwar wollte der Papst Milde walten lassen, aber erst nach eingehender Prüfung der Sachlage vor Ort und auch dann keinesfalls mit pauschal salvierenden Urteilen.[236] Trotz inständiger Bitten des Gesandten Basilius behielt sich Hadrian den endgültigen Spruch persönlich vor – „*post reversionem missorum nostrorum*" (756,16). Grundlage sollten die soeben in Rom erlassenen Kanones sein: „Besonders ermahnen wir dich mit aller Eindringlichkeit, deine kaiserliche Autorität dafür einzusetzen, daß die *capitula*, die wir auf der Synode, die in der Kirche Gottes, in der der heilige Leib des Apostelfürsten Petrus ruht, abgehalten wurde, in aller Einstimmigkeit veröffentlicht haben, auf der bei euch abzuhaltenden Synode von allen unterschrieben und in den Archiven der einzelnen Kirchen sorgfältig aufbewahrt werden."[237] Damit wurde das völlige Unverständnis Nikolaus' I. für die Eigenart byzantinischer Entscheidungsprozesse prolongiert – weder hatte der Kaiser lange Verhandlungen über Schuld und Vergebung intendiert, noch wollte er den Römern den Vorsitz einer Synode konzedieren. Daß Hadrian dem Ignatius die Briefe Nikolaus' zur eingehenden Lektüre anempfahl und ihn daran erinnerte, daß er selbst „nach Art des Dioskur" auf die Anfragen Benedikts III. nicht reagiert hatte

---

[236] RPR(J) 2914 = ep. 40 (755,21-24); cf. RPR(J) 2913 = ep. 39 an Ignatius (752,37-753,3). Nur Photius selbst solle von jeder Milde ausgenommen sein: „*Neque enim inter Photium moechum et Maximum Cynicum a synodo secunda damnatum vel inter ordinationes huius et illius distinctionis aliquid esse conicimus*" (756,4f.; cf. 751,20f.). Nach Conc. Const. a. 381, can. IV (COD³ 32,23-30) waren alle Ordinationen des unkanonisch zum Bischof von Konstantinopel geweihten Maximus ungültig. Cf. LIETZMANN 1953b, 30f.; RITTER 1965, 50-52; STAATS 1996, 41.
[237] Ep. 40 (757,3-8 = ep. 39; 753,19-23); Übers.: STIERNON 1975, 310.

(cf. 753,12-15), war ebenfalls nicht geeignet, das Mißtrauen der Byzantiner zu zerstreuen. Daß mit dem *libellus satisfactionis* sogar die Ignatianer dem Photius abschwören sollten, mußte schließlich als offener Affront aufgefaßt werden.[238] Die Unsensibilität des päpstlichen Vorgehens brachte somit die Verständigung zwischen Kaiser, Patriarch und Papst von vornherein an den Rand des Scheiterns.[239]

2.3.2. Die Synode von Konstantinopel 869/70

Am 5. Oktober 869 begann eine Synode, die als Wendepunkt der Ost-West-Beziehungen gelten darf: Initiiert als Abschluß einer Phase des Streits, endete sie zwar formal mit der Wiederherstellung guten Einvernehmens zwischen Rom und Byzanz, offenbarte aber strukturelle und inhaltliche Divergenzen, die für die folgenden Jahrhunderten prägend werden sollten. Die Synode, die sich selbst zu den „acht heiligen und allgemeinen Konzilien" rechnete[240], eröffnet die Reihe der vierzehn Synoden, die allein von der römisch-katholischen Kirche als „ökumenisch" gezählt werden, während in Byzanz schon bald eine Revision geplant wurde, was in dem 879/80 abgehaltenen Konzil sein Resultat fand. Im folgenden sollen die Vorgehensweise der Synode, ihre Ergebnisse und die dabei zu Tage tretenden Spannungen zwischen der kaiserlich-patriarchalen und der römisch-päpstlichen Parteien kurz beleuchtet werden[241]; mit Blick auf die Filioque-Problematik ist zu

---

[238] Der Lib. pont. (II; 180,3-7 DUCHESNE) bestätigt den Auftrag der Gesandten Donatus von Ostia, Marinus und Stephan von Nepi, „*ut omnem scandalum aecclesiae Constantinopolitanae sollerter sopirent, consecratis a Methodio et Ignatio sub satisfactione libelli, quem de scrinio susceperant, proprias aecclesias redderent, Photianis vero sub eadem ac districtiori satisfactione communicarent quidem, sed sacerdotum usque recidivam apostolicae sedis sententiam, manente sanctissimi papae Nicolai iudicio, protelarent.*"

[239] Cf. DVORNIK 1948, 143f.; PERRONE 1993, 181.

[240] Conc. Const. a. 869/70, actio X (MANSI XVI, 186A [im folgenden ohne Bandangabe zitiert]); cf. actio VI (92B; 353D); Anastasius, ep. 5 (403,28: „*sancta universalis et magna synodus octava*"; ähnlich 410,13); Johannes VIII., RPR(J) 3012 = ep. (frg.) 53 (MGH Epp. VII, 307,13 PERELS): „*sancta synodus octava*". Dies setzt die Anerkennung von Nizäa II als *siebtes* Ökumenisches Konzil voraus: „*Nam nulla ratione octava dicitur vel teneri poterit, ubi septima non habetur*" (Anastasius, ep. 6; 416,17f.). Auch Hadrian sprach schon 871 von dem „*nuper gestum universale concilium*" (RPR(J) 2943 = ep. 41; 761,8; RPR(J) 2944 = ep. 42; 762,20); ebenso Ann. Bert. a. 872 (MGH.SRG 5, 120,15 WAITZ).

[241] Die Quellen bestehen aus den lateinischen, von Anastasius Bibliothecarius übersetzten Konzilsakten (MANSI XVI, 1-209); der Horos und die Kanones sind in einer kritischen Ausgabe (COD³ 160-186; z.T. in DH 650-664) zu benutzen. Einen dezidiert „ignatianischen" Bericht liefert das Synodicon vetus (Nr. 162; 138,1-140,19 DUFFY/PARKER). Der Lib. pont. widmet den monatelangen konziliaren Verhandlungen nur wenige Zeilen (II; 181,13-18 DUCHESNE): „*In hac synodo Photius ille pervasor de multis criminibus perpetratis rationem redditurus adducitur, omnes aepistolae sanctae Romanae*

fragen, warum die in der Enzyklika aufgeworfenen theologischen Fragen wie schon in Rom keine eigenständige Rolle spielten.[242]

a) Der Streit um den *Libellus satisfactionis* (actiones I-IV)

Das Konzil begann am 5. Oktober 869, wobei die Zahl der Teilnehmer die apostolische Zwölfzahl nicht überschritt: Der ignatianische Klerus bestand zu diesem Zeitpunkt offensichtlich nur aus fünf Metropoliten und sieben Bischöfen. Vor die Reintegration der dem Photius verbundenen Bischöfe hatte die römische Synode freilich die Unterzeichnung des *Libellus satisfactionis* gesetzt, weshalb es Monate dauerte, bis die Versammlung halbwegs „ökumenische" Dimensionen angenommen hatte; zuletzt unterzeichneten 103 kirchliche Funktionsträger die Konzilsakten. Daß die Synodalen von 867 sich wehrten, das Konzil zu verdammen, an dem sie selbst teilgenommen hatten, ist verständlich - denn mit dem *Libellus* wurde nicht nur ein vernichtendes Urteil über Photius und Gregor Asbestas ausgesprochen, „weil sie Vatermörder (*patricidas*) sind, da sie sich nicht gescheut haben, ihren geistlichen Vater mit ihrer Zunge zu töten"[243], vor allem mußte der jeweilige Bischof sich selbst zu den *„perseverantes in schismate sequaces eorum"* zählen - „und wenn jemand mit ihnen Gemeinschaft hält, dann verdient er dasselbe Urteil".[244] Schon vor dem eigentlichen Sitzungsbeginn hatten Kaiser und Patriarch die Subskriptionsforderung als *„novum et inauditum"* bezeichnet[245]; nur nach längerem Sträuben gaben sie ihre Einwilli-

---

aecclesiae contra eum prolate leguntur, et depositionis ac anathematis sententia, dudum apostolica sede prolata, in eum ab omnibus identidem iaculatur, inque eius conspectum nefandissimi conciliabuli profanata volumina quibus contra sanctissimum papam Nicolaum susurra fauce latraverat, igne combusta, veritatis innocentiaeque kampas emicuit." Grundlegend ist die Studie von STIERNON 1975, 82-196 (cf. DERS. 1991, 697-699); cf. weiterhin DVORNIK 1948, 145-155; BECK 1966a, 206-208; GROTZ 1970, 207-235; PERRONE 1993, 181-187; DAGRON 1994, 188-190. Zur Ekklesiologie: DE VRIES 1968; STÉPHANOU 1973, 363-388; LEONARDI 1978.

[242] Nur BECK 1959, 310; 1966a, 214, und OBERDORFER 2001, 155, schenkten bislang diesem Sachverhalt Aufmerksamkeit.

[243] MANSI XVI, 28B; Übers.: STIERNON 1975, 312.

[244] Ebd. Die Selbstbezichtigung bezog sich auf alle „*sinagogas malignantium, immo speluncam latronum, et conventicula sanguinum, et fabricatorum mendacii, atque inventorum perversorum dogmatum*" (28C), d.h. auf die 859 und 861 gegen Ignatius und 867 gegen Nikolaus abgehaltenen Synoden.- Der *Libellus* (actio I; 27D-28E) schließt sich in seiner Struktur, z.T. auch wortgetreu dem *Libellus Hormisdae* an, durch dessen Unterzeichnung 519 das Akazianische Schisma beigelegt wurde (RPR[J] 788; DH 363-365 = Coll. Avell. ep. 116b; CSEL 35, 520,28-522,5 GÜNTHER). Cf. BECK 1980, 18f.; zur Rezeption cf. JUGIE 1941, 116f.; DE VRIES 1968, 24f.; STÉPHANOU 1973, 373.

[245] Lib. pont. (II; 181,10 DUCHESNE).

gung. Dagegen stellten sich die Vertreter der orientalischen Patriarchen an die Seite Roms und dekretierten, „daß alle Menschen in jeder Hinsicht die Definitionen und Dekrete des allerseligsten Papstes Nikolaus befolgen und ihnen gehorchen müssen" (31C); als der Konzilsvorsitzende, der Patricius Baanes, tadelte, daß Photius *in absentia* verurteilt worden sei (cf. 34AB), nahmen die Orientalen das Argument der Legaten vorweg, das diese schließlich in actio IV vorbrachten: „Es sei ferne, daß der allerseligste Nikolaus jemals Photius in der heiligen römischen Kirche oder auch nur einen Tag lang im Kollegium der Priester empfangen hätte" (57B; cf. 332A).[246] Ihr Votum konnte jedoch nicht verhindern, daß die kaiserliche Partei beschloß, das Verfahren gegen Photius mit seiner Anhörung fortzusetzen - zu spärlich erfolgte die Rezeption des römischen *Libellus*, zu berechtigt erschien mittlerweile die Weigerung der photianischen Bischöfe.

b) Das Verfahren gegen Photius und seine Anhänger (actiones V-VIII)

Photius verweigerte allerdings zunächst jede Aussage und reagierte erst auf die Bezichtigung als *„praevaricator et adulter"* durch die Legaten: „Gott hört meine Stimme, auch wenn ich schweige!" (77B). Auf eine Verteidigung verzichtete er, auf Joh 18,36 anspielend: „Meine Rechtfertigung ist nicht von dieser Welt" (80D). Dieser Auftritt war ein Signal an seine Anhängerschaft, wie sich in der sechsten Sitzung zeigte. Der Photianer Zacharias von Chalkedon stellte rundheraus die Legitimität des römischen Urteils in Frage:

> „Auch für Papst Nikolaus und die übrigen Patriarchen muß der Kanon an erster Stelle stehen (*canon princeps est*), und wenn sie diesem entsprechend handeln, tun sie nichts als das, was sie lehren. Wenn sie aber anders handeln, sei es Papst Nikolaus, sei es jemand anderes, geben wir uns damit nicht zufrieden... Wenn also all dies von Nikolaus gemäß dem Kanon getan wurde, folgen wir ihm und stimmen überein und bekräftigen es und wollen nichts Gegenteiliges kennen; wenn es aber gegen den Kanon geschehen ist, dann schelten oder verwerfen nicht wir es, sondern der Kanon selbst; und so meine ich, daß auch mit doppelter Mühe, welche man gegen den Patriarchen aufwendet, der uns geweiht hat, niemand, der recht befördert wurde, verdammt werden kann" (87A-C).[247]

In der siebten Sitzung faßten die photianischen Bischöfe ihre Haltung in dem konfessorischen Satz zusammen: „*Qui anathematizat summum sacerdotem istum [sc. Photium], sit anathema*" (99A). Vergeblich hatten zuvor Baa-

---

[246] Zu diesem Votum der Orientalen (ebenso 73B-74A; 337CD) cf. STIERNON 1975, 116; STÉPHANOU 1973, 368. Can. IV (COD³ 169,8-37) setzte diese Sichtweise später als verbindlich fest.

[247] Cf. 348DE: οἱ κανόνες ἄρχουσι καὶ τῶν πατριαρχῶν. εἰ γοῦν ἔξω τῶν κανόνων ποιοῦσιν, οὐ στοιχοῦμεν αὐτοῖς... καὶ νῦν εἰ ἐγένετο τὰ γενόμενα κατὰ κανόνας, στοιχοῦμεν αὐτοῖς. So sei Markell von Ankyra einst von Julius von Rom verteidigt worden, gelte aber dennoch als Ketzer (87B).

nes und sogar Basilius selbst versucht, die Photianer davon zu überzeugen, daß sie sich vergeblich gegen das Urteil aller fünf Patriarchen stemmten (98CD).[248] Jedoch waren es die Legaten des Papstes, die mit ihrem Insistieren auf der strikten Ausführung der römischen Beschlüsse jede mögliche Verständigung gründlich desavouierten:

> „Es weiß nämlich die ganze heilige und allgemeine Synode, die durch Gottes Gnade in dieser Kirche versammelt ist, daß die heilige römische Kirche und mit ihr die westlichen Bischöfe in der Kirche des seligen Petrus, wo dessen Tugenden blühen und er selbst ruht, auf Betreiben des allerseligsten Papstes Nikolaus den Eindringling Photius zusammen mit allen seinen Gefolgsleuten anklagte und verdammte und ausstieß. Der Nachfolger von jenem, Hadrian, nach göttlichem Ratschluß Bischof von Rom, hat wiederum wie jener festgelegt und vorgeschrieben und verkündet und uns, seine unwürdigen Knechte geschickt, um diese Stadt für Gott zu retten, zur Veröffentlichung und Bekräftigung des wahren und gerechten Urteils jener [Bischöfe] (*ad manifestationem et certitudinem veri et justi judicii ipsorum*) im Angesicht eurer gerechten kaiserlichen Macht und dieser heiligen und großen allgemeinen Synode. Dagegen gibt es keine Möglichkeit des Ausweichens oder der Appellation, sondern wer bereits gerichtet und ausgestoßen ist, bleibe dies in Ewigkeit. Die Kirchen des Ostens denken - Gott sei Dank - wie wir und bekräftigen es, verdammen und verfluchen gleichermaßen bis zum Ende der Zeiten" (92B-D; cf. 353D).[249]

Zur Bekräftigung dieser Position wurden die Papstbriefe vom 13. November 866 bzw. vom 1. August 868 und, gleichsam als Höhepunkt, die Akten der römischen Synode verlesen. Auf eine Ansprache des Ignatius, der sich hier erstmals in die Verhandlungen einschaltete, folgten die Anathematismen über Photius und seine Anhänger:

> „*Photio curiali et invasori, saeculari et forensi, neophyto et tyranno, schismatico et damnato, moecho et parricidae, fabricatori mendaciorum, inventori perversorum dogmatum, novo Maximo Cynico, novo Dioscoro, novo Judae, omnibus sequentibus et fautoribus ejus anathema.*"[250]

Man findet in dieser Liste gleichsam das Kompendium all' der Epitheta, mit denen Photius seit 862 in Rom bedacht worden war. Eine Woche später

---

[248] Zu Basilius' *Epanagnostikon* (92D-95C; cf. 353E-357A) meint STIERNON 1975, 143, süffisant: „Der Usurpator Basilius, der einstige Stallknecht, der Mörder an Bardas und Michael, zeigt darin das Zartgefühl und die Gesinnung eines Seelenhirten."

[249] Das Konzil sollte nach DE VRIES 1968, 10, nur als „Lautverstärker für die römischen Dekrete" fungieren.

[250] Actio VII (133B; griech.: 381C): Φωτίῳ τῷ βουλευτικῷ καὶ ἐπιβήτορι κοσμικῷ καὶ ἀγοραίῳ νεοφύτῳ καὶ τυράννῳ σχισματικῷ καὶ κατακεκριμένῳ μοιχῷ καὶ πατροκτόνῳ τέκτονι τῶν ψευσμάτων νέῳ Διοσκόρῳ νέῳ Ἰούδᾳ πᾶσι τοῖς ὀπαδοῖς αὐτοῦ καὶ ὑπασπισταῖς ἀνάθημα. Interessanterweise fehlt hier der Vergleich mit Maximus Cynicus und die Anklage der Erfindung schändlicher Lehren; allerdings wird später in can. XI die angebliche Zwei-Seelen-Lehre des Photius verdammt (COD³ 175,4-27).

wurden, wiederum in Analogie zu der römischen Synode, die Akten der beiden photianischen Synoden von 861 und 867 öffentlich verbrannt (136AB) - unter Anführung der Strafbestimmungen des Laterankonzils von 649, das speziell das Fälschen von kirchlichen und synodalen Schriftstücken samt dem Aufbieten falscher Repräsentanten verboten hatte.[251] Zugleich wurde freilich mit der Zustimmung zu can. VI des römischen Konzils von 863, der den Ikonoklasmus verdammt, die Hauptintention der Synode von 867 approbiert - unter Photius waren also Fakten geschaffen worden, hinter die auch Ignatius keinesfalls wieder zurückfallen wollte. Die nachfolgende Unterbrechung der Tagungen für volle drei Monate verweist freilich darauf, daß die vordergründige Einmütigkeit durch das Aufreißen kaum zu überbrückender Gräben erkauft worden war.

c) Abschluß und Ergebnisse des Konzils (actiones IX-X)

Erst am 12. Februar 870 nahm die Synode wieder ihre Arbeit auf. Die päpstliche Gesandtschaft ließ sich freilich auch jetzt - trotz der spürbar ansteigenden Antipathie des Kaisers - nicht zu einer Änderung ihrer Strategie bewegen, und Basilius I. war innenpolitisch zu sehr auf die Rückendeckung Roms angewiesen, um das Konzilsprojekt alleine zu Ende zu führen; der „allgemeinen" Synode von 867 mußte eine ebensolche entgegengesetzt werden, wie einst Nizäa II die angemessene Reaktion auf Hiereia (754) dargestellt hatte. Die beharrlichen Verhöre durch die römischen Legaten werfen ein Schlaglicht darauf, wie gering der Streitwert der Filioque-Frage zu diesem Zeitpunkt eingestuft wurde. An der Synode von 861 hatte ein gewisser Leo teilgenommen, dessen Aussage vor den Gesandten wie folgt lautete:

Vicarii: *Anathematizas Photium, et omnes quos synodus anathematizavit?*
Leo: *Quis ego, ut anathematizem? Anathematismus in causa fidei fit: at vero Photius orthodoxus est, et ut quid anathematizabo eum?*
Vicarii: *Opera ejus pejora sunt omni haeresi, quia diaboli operarius est.*
Leo: *Cum vos judicetis fieri et excepta haeresi anathematismum, anathematizo et ego cunctos quos anathematizavit sancta haec et universalis synodus* (151D).

Offensichtlich waren sich die Legaten darüber klargeworden, daß sie nicht auch noch dogmatische Vorwürfe gegen den ob seiner Gelehrsamkeit berühmten Expatriarchen erheben durften. Andererseits wird hieraus ersichtlich, wie unbedeutend sich in den Augen Roms offenbar der Vorwurf einer häretischen Trinitätslehre ausnahm; es bestätigt sich die Vermutung, daß - genauso wie Photius nicht mehr wußte, als daß im pneumatologischen Artikel des NC „*qui ex Patre Filioque procedit*" gesagt wurde - von dessen Kri-

---

[251] Actio VIII (138BC; 385E) = Conc. Lat. a. 649, can. XX (ACO² I, 386,9-37 bzw. 387,9-33 RIEDINGER).

tik nur Schlagworte in den Westen gelangt waren, die den Machtpolitiker Nikolaus ebensowenig interessiert hatten wie seinen Nachfolger Hadrian.

Am 28. Februar 870 fand in Anwesenheit des Kaisers und der Gesandten Kaiser Ludwigs II. und Fürst Boris' von Bulgarien die Schlußsitzung des Konzils statt.[252] 27 Kanones bilden den Ertrag der Verhandlungen[253]:

- Festgestellt wird die Normativität der Kanones, „die der heiligen, katholischen und apostolischen Kirche sowohl von den heiligen, hochgerühmten Aposteln als auch von den allgemeinen wie auch lokalen Synoden der Rechtgläubigen oder auch von einem beliebigen aus Gott redenden Vater und Kirchenlehrer überliefert wurden" (can. I; 167,1-4). Im Anschluß an Ps.-Dionysius Areopagita gelten sie als *„secunda eloquia"* (166,24).[254] In diesen Rahmen wird die Autorität der Päpste Nikolaus und Hadrian eingezeichnet: „Alles, was von ihnen zusammen mit ihrer Synode zu verschiedenen Zeiten beschlossen und veröffentlicht worden ist, sowohl zum Schutz und zur Sicherung der Kirche von Konstantinopel und ihres Oberhauptes, des hochheiligen Patriarchen Ignatius, wie zur Vertreibung und Verurteilung des Eindringlings, des Neophyten Photius, soll, zusammen mit den Lehrkapiteln, allezeit unverletzt und ungekürzt bewahrt und beobachtet werden" (can. II; 167,26-36).
- Photius selbst sei zu keiner Zeit kanonisch geweihter und rechtmäßiger Bischof gewesen und habe daher weder gültige Ordinationen noch Kirchen- und Altarweihen vornehmen können (can. IV; 169,17-22). Wer weiter zu Photius halte, solle aller priesterlichen Rechte verlustig gehen

---

[252] Mit der kaiserlichen Delegation war Anastasius Bibliothecarius nach Konstantinopel gelangt (cf. PERRONE 1993, 184), der später im Besitz eines kompletten Aktenkonvoluts nach Rom zurückkehrte - im Gegensatz zu den päpstlichen Gesandten, die überfallen, gefangengenommen und ihrer Schriftstücke fast gänzlich beraubt wurde (Lib. pont.; II; 184,24-185,3 DUCHESNE; Anastasius, ep. 5; 410,32-411,1; Hadrian II., RPR[J] 2943 = ep. 41; 759,27-29). Daß man die Legaten früher zurückerwartet hatte, zeigt die Einberufung einer Synode nach Rom zum 1.3.870 (Ann. Bert. a. 869; MGH.SRG 5, 100,26-28.34-37 WAITZ).

[253] Die Belege im Text folgen der Edition in COD³; die Übersetzungen folgen DH 650-664 (can. I; III; XI; XII; XVII; XXI), ansonsten STIERNON 1975, 320-340.- Die Liste der Kanones ist nur lateinisch vollständig; in griechischer Fassung liegen lediglich can. I-VIII; X; XI; XIV; XVII (teilweise); XXI und XXVII vor.

[254] Ps.-Dionysius wird nur im lateinischen Text zitiert (166,23-27; cf. e. h. I 4; PTS 36, 67,6-15 HEIL). Zur Betonung der Traditionsverbundenheit cf. Conc. Chalc., can. I (COD³ 87,25-28); Conc. Quinisextum, can. II (101,4-102,23 LAUCHERT); Conc. Nic. II, can. I (COD³ 138,6-139,23).

(can. XXV; 184,29-41). Die von „zweifelhaften Subjekten" beglaubigten Synodalbeschlüsse gegen Nikolaus I. seien nichtig (can. VI; 171,25-37).[255]
- Die Bilder Christi sowie der Gottesmutter und der Heiligen seien „*secundum congruentiam rationis, et antiquissimam traditionem*" zu verehren (can. III; 168,23-25).[256]
- Zum Verhältnis zwischen Bischöfen und Klerikern innerhalb einer Diözese wird definiert, daß erstere keine schriftlichen Loyalitätserklärungen einfordern dürfen; letzteren dagegen wurde untersagt, sich von der Gemeinschaft mit dem vorgesetzten Bischof zu lösen, „solange nicht eine synodale Untersuchung und Verurteilung ergangen ist" (can. X; 174,21f.). Wie ein Kleriker gegen seinen Bischof an den zuständigen Metropoliten appellieren dürfe, so könne sich der Bischof gegen den Metropoliten an den Patriarchen wenden. Eine Reaktion auf das von Rom reklamierte Revisionsrecht ist die Bestimmung: „Kein Metropolit darf von den benachbarten Metropoliten seiner Provinz abgeurteilt werden, wenn sich herausstellt, daß er irgendwelche Delikte begangen hat; vielmehr liegt das Urteil einzig beim eigenen Patriarchen. Dessen Urteil soll, so bestimmen wir, begründet, gerecht und unparteiisch sein. Denn um ihn versammeln sich gerade die ehrenwertesten Leute. Darum soll das Urteil, das er fällt, absolut gültig und unerschütterlich sein" (can. XXVI; 185,18-24).
- Unter Berufung auf can. VI von Nizäa (325) wird hinsichtlich der Zuordnung der Metropolien zu den einzelnen Patriarchaten erneut definiert, „daß in Alt- und Neu-Rom wie auch in Antiochien und Jerusalem in allen Stücken der alte Brauch beibehalten werden soll. Die Inhaber dieser Sitze sollen die Jurisdiktion über alle Metropoliten haben, die sie

---

[255] Auch can. V richtet sich implizit gegen Photius, wonach niemand Bischof werden dürfe, der nicht die vorgeschriebene Zeit in den verschiedenen Weihegraden zugebracht hat (170,6-171,12); untersagt wird auch eine angeblich von seinen Studenten verlangte Loyalitätserklärung (can. IX; 173,30-35) und die ihm zugeschriebene Lehre, daß der Mensch zwei Seelen habe (can. XI [X]; 175,6-27 = DH 657f.). Nach Anastasius Bibliothecarius wollte Photius damit zeigen, daß Ignatius seiner Aufgabe intellektuell keineswegs gewachsen sei, „*si suo tempore quaelibet heresis per syllogismos philosophorum exorta patesceret, qui scilicet viros exterioris sapientiae reppulisset*" (ep. 5; 407,15f.; cf. summarisch DVORNIK 1948, 33f., und neuerdings TREADGOLD 2002, 15).

[256] Bezeichnenderweise wird „verehren" mit dem lateinischen *adorari* wiedergegeben, was die Spezifik des griechischen προσκυνεῖσθαι gegenüber λατρεία („Anbetung") verwischt. Cf. das kritische Urteil der Ann. Bert. a. 872 (MGH.SRG 5, 120,18-23 WAITZ): „*In qua synodo de imaginibus adorandis aliter quam ortodoxi doctores antea diffinierant [statuerunt] et pro favore Romani pontificis, qui eorum votis de imaginibus adorandis annuit, et quaedam contra antiquos canones, sed et contra suam ipsam synodum constituerunt, sicut qui eandem synodum legerit patenter inveniet*"; cf. HARTMANN 1998, 123.

zu Bischöfen erheben... Kraft dieser Oberhoheit haben sie das Recht, diese ihre Bischöfe aus gegebenem Anlaß zur Synode zu versammeln oder auch zu einem gerichtlichen Verfahren zu zitieren."²⁵⁷ Besonders gegen den Patriarchen von Alt-Rom dürfe keinesfalls auf der Basis erfundener Vorwürfe vorgegangen werden, „was erst neulich Photius tat und viel früher schon Dioskur"; auch eine allgemeine Synode solle „mit gebührender Ehrfurcht" vorgehen, statt „gegen die Päpste von Alt-Rom in leichtfertiger Weise ein Urteil zu fällen" (can. XXI; 182,14f.33-36).²⁵⁸ Der römische Primat wurde also im Rahmen der Pentarchie rekonstruiert, was faktisch den Stuhl von Konstantinopel aufwertete.²⁵⁹

- Eine auf kaiserlichen Einfluß oder gar Druck zustandegekommene Bischofswahl sei ungültig; vielmehr verdienten die Bischöfe den Respekt der weltlichen Würdenträger.²⁶⁰ Zudem wird die irrige Meinung bestritten, „daß eine Synode ohne die Anwesenheit des Fürsten nicht gefeiert werden könne (*non posse synodum absque principali praesentia celebrari*); denn nirgends haben die heiligen Kanones bestimmt, daß weltliche Fürsten auf den Synoden zusammenkommen, sondern allein die Bischöfe" (can. XVII; 179,41-180,2).

Die einzige dogmatische Definition richtet sich gegen den Ikonoklasmus²⁶¹; weder die Orthodoxie des Photius noch die von ihm aufgeworfene pneumatologische Streitfrage wurde berührt. Vielmehr ist überall das Bemühen spürbar, die nach dem zweiten Bilderstreit nie gänzlich zur Ruhe gekommene byzantinische Kirche zu befrieden und klare Strukturen im Verhält-

---

²⁵⁷ Can. XVII (179,6-12): „*tam in seniori et nova Roma, quam in sede Antiochiae et Hierosolymorum, priscam consuetudinem in omnibus conservari, ita ut earum praesules universorum metropolitanorum, qui ab ipsis promoventur... habeant potestatem: videlicet ad convocandum eos, urgente necessitate, ad synodalem conventum, vel etiam ad coercendum illos et corrigendum.*"

²⁵⁸ Cf. PERRONE 1993, 180: Es sollte „sowohl zur Bejahung des römischen Primats als auch zur kraftvollen Anerkennung der Pentarchie" kommen.

²⁵⁹ Vorbilder für diesen Kanon bieten Conc. Const. I, can. III (COD³ 31,16-20) und Conc. Chalc., can. XXVIII (99,29-100,38). Gegenläufige Beschlüsse von westlichen Synoden nennt STIERNON 1975, 168 Anm. 13: Leo IX., ep. Cerul. I 13.28 (72a,15-22; 80a,34-b,22 WILL); Conc. Lat. IV, cap. V (COD³ 236,9-24 = DH 811); Conc. Flor. (COD³ 528,15-43 = DH 1307f.). Cf. DVORNIK 1973, 47: „The doctrine of the Pentarchy was eleborated upon and clearly defined. It did not deny the primacy of Rome, but the concept was certainly not 'Nicholaite'"; cf. DE VRIES 1968, 34f.; DÖPMANN 1991, 92f.

²⁶⁰ Can. XII; XIV [XI] (175,30-37; 176,26-177,16); cf. can. XXII (182,38-183,15).

²⁶¹ Personifiziert durch Theodor Krithinios, vormals Erzbischof von Syracus („ein unverbesserlicher Ikonoklast": DAGRON 1994, 189), der in actio VIII neben Photius verurteilt wurde (141C-142D; 388E-389B); cf. die Enzyklika des Konzils (196A-200D; 409C-412D) sowie den Brief an Papst Hadrian II. (200E-202B; 412E-413C).

nis der kirchlichen Funktionsträger untereinander wie auch gegenüber weltlichen Würdenträgern zu setzen.[262] Auch der Horos des Konzils gibt keinen weiteren Aufschluß in Sachen Filioque, sondern liefert eine ausführliche Darlegung der konziliaren dogmatischen Definitionen, verschränkt mit einer Häresiologie in traditionellen Bahnen; der Hervorgang des Heiligen Geistes wird nicht einmal erwähnt.[263] Insofern ist die *„diffinitio rectae fidei et catholicae ac paternae traditionis"*, die Hadrian II. dem Konzil attestiert, als Wiederaufnahme der Tradition der Väter zu verstehen, nicht im Sinn der Auseinandersetzung mit einer konkreten Häresie.[264] Der Akzent liegt durchweg auf der Übereinstimmung zwischen den Päpsten einerseits und der Synode andererseits im Umgang mit Photius, „der mit derartiger Anstrengung und Leichtfertigkeit die ganze heilige katholische und apostolische Kirche in Verwirrung stürzte und erschütterte und davon absolut nicht ablassen oder bereuen wollte und es ablehnte, sich dem Beschluß und Urteil der heiligen Patriarchatssitze zu unterwerfen, weshalb ihn schon vor langem der allerseligsten Papst Nikolaus verurteilte, wie auch dessen Nachfolger, der hochheilige Papst Hadrian, so wie ihn auch diese heilige und allgemeine Synode tadelte und schließlich mit dem Bannfluch belegte."[265]

---

[262] Eine Durchsicht der Kanones in dieser Perspektive widerspricht der Vermutung STIERNONS, die Bestimmungen seien in Rom formuliert worden (1975, 165 Anm. 5).

[263] Actio X (160,43-161,4.9f.16-20): „*Credimus in unum Deum, in tribus consubstantialibus et divinis ac principalibus personis utputa quemadmodum tribus solibus invicem indissimilibus, vel in totidem splendoribus unam luminis intuemur naturam; unum quidem et singularem Deum secundum rationem substantiae, trinum autem vel tria, si eum secundum rationem personarum praedicamus... [Christum] Lumen de lumine, Deum verum, Filium de Deo vero Patre... anathematizamus Macedonium, neque in personarum discretione differentiam substantiae Patris et Filii et divini et principalis Spiritus iuxta praedictos haeresiarches [sc. Arium] recipientes, neque in una eademque substantia personas secundum amentissimum Sabellium confundentes...*". Die Verurteilung des Honorius als Häretiker wird ausdrücklich wiederholt (162,2); die griechische Version skizziert nur kurz die behandelten Themen (MANSI XVI, 407A).

[264] Hadrian II., ep. 41 (759,18f.); cf. DE VRIES 1968, 22f.

[265] Terminus synodi (COD³, 166,1-7): „*... talibus ac tot conatibus et temeritatibus turbavit et concussit totam sanctam catholicam et apostolicam ecclesiam, et nullatenus converti ac poenitere voluit, neque subdi decreto et iudicio sanctarum patriarchalium sedium consensit, ut eum et multo ante anathematizavit beatissimus papa Nicolaus, ac deinde successor eius sanctissimus Adrianus papa, ita et sancta haec et universalis synodus reprobavit et anathemati magis ac magis mandavit.*" STIERNON 1975, 187, urteilt aus dezidiert römischer Perspektive: „Am Ende der Schlußsitzung konnten sich die Legaten mit Recht ihre Zufriedenheit eingestehen. Die Dinge hatten einen besseren Verlauf genommen, als vorauszusehen war. Die von Methodius und Ignatius konsekrierten Bischöfe waren insgesamt zurückgekehrt, ohne daß das Ansehen der päpstlichen Anweisungen Schaden erlitten hätte... Vorbei war der durch Photius ausgelöste lange Alptraum. Die christliche Einheit war wieder hergestellt. Rom hatte gesiegt." Differenzierter DE

Ein letztes Mal wurden die Differenzen zwischen der römischen und der byzantinischen Zielvorstellung offenbar, als die Legaten ihre Unterschriften mit der Klausel „*usque ad voluntatem ejusdem eximii praesulis [sc. Hadriani]*" versahen (189E-190A). Auf welchem Tiefstand die byzantinische Wertschätzung des römischen Papstes angelangt war, zeigt eine Episode, die sich drei Tage nach Abschluß der Synode zutrug und in der Anastasius Bibliothecarius ein Symptom der griechischen Verschlagenheit wiederzuerkennen meinte: die Angewohnheit, nach dem offiziellen Ende der Synodalsitzungen die wichtigsten Fragen in kleinem Kreis zu entscheiden.[266] Bei einer kurzfristig anberaumten Zusammenkunft mit Ignatius und den orientalischen Vikaren konfrontierte der Kaiser die päpstlichen Legaten mit einer diffizilen Frage, welche die vor kurzem in Konstantinopel eingetroffene bulgarische Delegation aufgeworfen hatte: „Welcher Kirche wir uns zu unterstellen haben, begehren wir von den Vertretern der höchsten Patriarchen zu wissen."[267] Der Hintergrund dieser Frage war offenbar die Absicht, erneut die Seiten zu wechseln, um nun doch von Ignatius endlich das ersehnte Oberhaupt der eigenen, faktisch autonomen Kirche zu erhalten, nachdem Rom sich über Jahre hinweg nicht zu einer Nominierung hatte durchringen können: Der nachmalige Papst Formosus durfte ebensowenig Metropolit werden wie der Diakon Marinus (der ebenfalls später Papst wurde und dem Gespräch beiwohnte). Die Legaten verwiesen - eingedenk des Schicksals ihrer unglücklichen Vorgänger anno 861 - darauf, für Bulgarien kein Mandat zu haben (182,32-183,3). Daß in Bulgarien faktisch römische Priester wirkten, ließen die orientalische Vikare nicht gelten, da die Bulgaren bereits bei ihrer Eroberung dort griechische Priester vorgefunden hätten (183,5-8). Dabei machten sich die in den Konzilsmonaten aufgestauten Emotionen Luft: „Es ist reichlich unangemessen, daß ihr, die ihr Verträge mit den Franken schließt, die das Reich der Griechen bedrohen, euch im Reich unseres Fürsten die Ordinationsrechte vorbehalten wollt. Darum befinden wir, daß das Land der Bulgaren einst zum Machtbereich der Grie-

---

VRIES 1968, 20, sowie STÉPHANOU 1984, 1401: „Loin de rétablir l'union, le concile avait consommé la division par les mesures prises contre le clergé d'ordination photienne." Ähnlich BECK 1980, 108f.: „Das Vertrauen in Rom und das Ansehen Roms in der byzantinischen Gesellschaft erhielt mit dieser Synode einen nicht wiedergutzumachenden Stoß. Es kam ein Konzil zum Abschluß, das dem Frieden zwischen den Kirchen wenig dienlich war."

[266] Anastasius, ep. 5 (414,16-415,6) unter Verweis auf Papst Zosimus (RPR[J] 339 = decr. I; 553 HINSCHIUS): „*familiaris est ista praesumptio*"; cf. dieselbe Kritik bei Nikolaus, ep. 90 (496,5); dazu HERBERS 1993, 65 Anm. 64.

[267] Lib. pont. (II; 182, 23f. DUCHESNE; hiernach die Zitate im Text); cf. zu diesem Bericht DVORNIK 1948, 151-154; GROTZ 1970, 224-229; BECK 1980, 109.

chen gehörte und griechische Priester haben soll. Wir urteilen, daß es der heiligen konstantinopolitanischen Kirche, von der es durch das Heidentum abgefallen ist, nun durch das Christentum wieder zufallen möge" (184,7-11). Die Legaten fanden ihre Zuflucht bei dem schweigend dabeisitzenden Patriarchen Ignatius: Er solle Sorge tragen, daß in Bulgarien keine unerlaubten Ordinationen vorgenommen würden, „damit nicht der heilige apostolische Stuhl, der dir das Deine wieder verschafft hat, durch dich das Seine verliert!" (184,17f.).[268] Das so oft beschworene gute Einvernehmen erwies sich schon an diesem Punkt als nicht mehr hinreichend - spätestens jetzt mußte den römischen Legaten klar werden, daß das hintergründige Ziel der päpstlichen Option für Ignatius nicht zu erreichen war.[269] Die eigene Entscheidungsunfähigkeit und die byzantinische Zielstrebigkeit setzten den Plänen Nikolaus' I., Bulgarien dem westlichen Patriarchat einzuverleiben, eine unüberwindliche Grenze - und damit den römischen Primatsansprüchen überhaupt.

3. Die Filioque-Kontroverse im zweiten Patriarchat des Photius

3.1. Das Filioque auf der Synode von Konstantinopel 879/80

3.1.1. Rom, Byzanz und Bulgarien in den 870'er Jahren

Das Konzil von 869/70 konnte das interne „photianische Schisma" in Konstantinopel nicht nachhaltig beenden. Der Wille des Kaisers zur Versöhnung der streitenden Parteien und die Einsicht des Ignatius, auf Dauer nicht

---

[268] Ignatius freilich begnügte sich mit der trockenen Antwort: *„Absit a me ut ego his presumptionibus contra decorem sedis apostolicae implicer, qui nec ita iuveniliter ago ut mihi subripi valeat, nec ita seniliter deliro, ut quod in aliis reprehendere debeo ipse admittimus"* (184,21f.); cf. dazu DE VRIES 1968, 27.

[269] Hadrians Beschwerde an Basilius I. vom 10. November 871, *„quia favore vestro frater et coepiscopus noster Ignatius in Vulgarum regione consecrare praesumpsit antistitem"* (RPR(J) 2943 = ep. 41; 760,14f.), spiegelt die byzantinische Absicht, auf römische Empfindlichkeiten keine Rücksicht mehr zu nehmen. Alsbald wurden „photianisch" ordinierte Priester als Missionare nach Bulgarien gesandt, offensichtlich aus dem durch den *Libellus satisfactionis* verursachten Personalmangel heraus. Das auf ein verlorenes Schreiben des Ignatius (GRUMEL Nr. 505) antwortende, nur griechisch erhaltene Brieffragment Hadrians RPR(J) 2944 enthält eine kaum verhohlene Warnung an Ignatius, sich an die jüngst veranstaltete Synode zu halten, um nicht das Schicksal des Photius zu erleiden (ep. 42; 762,18-21). Entsprechend weigerte sich Hadrian noch Ende 871 gegenüber dem Kaiser, der Bitte um Erleichterungen bei der Resozialisierung des photianischen Klerus nachzukommen (ep. 41; 761,4-7). Cf. DVORNIK 1958, 33; MEIJER 1975, 32f.; DAGRON 1994, 190f.; MCCORMICK 1995, 362.

ohne ein Arrangement mit seinem Konkurrenten die kirchlichen Verhältnisse stabilisieren zu können, brachten Photius schon 873 an den kaiserlichen Hof zurück.[270] Als Ignatius am 23. Oktober 877 starb, bewegte der Kaiser Photius zur Rückkehr auf den Patriarchenthron - als Symbol der wiederhergestellten Einheit der byzantinischen Kirche.[271] Die Gesandten Johannes' VIII., Eugen von Ostia und Paul von Ancona, die im Sommer 878 in Konstantinopel eintrafen, wurden von der Situation überrascht und baten vorsichtshalber um neue Instruktionen aus Rom, während sie sich von Photius zunächst fernhielten. Sie hatten Bulgarien endlich für den römischen Stuhl zurückgewinnen sollen, weshalb der Papst Ignatius gegenüber zwar Freude über die neue Einigkeit in Konstantinopel ausdrückte - „von der wir glaubten, daß sie durch die zahllosen Mühen des apostolischen Stuhles schon erreicht worden wäre" (64,19f.) -, zugleich aber hervorhob, daß diese Einheit nur dann auch *mit* Rom bestehen könne, wenn sie *durch* Rom begründet werde:

> „Weil es aber schon bei Jeremia über unser Amt heißt: 'Siehe, heute bist du über Völker und Königreiche gesetzt, daß du ausreißen und einreißen, zerstören und verderben sollst und bauen und pflanzen' [Jer 1,10], und weil eure Frömmigkeit von unserem Apostelamt dazu Personen anfordert, siehe, darum senden wir entschlossene Männer aus unserem Umfeld, welche, nachdem sie das Übel durch eine sorgfältige Untersuchung aufgespürt und gemäß dem Gebot des Herrn mit Stumpf und Stiel ausgerissen und eingerissen, zerstört und verdorben haben, Frieden, Einheit und Liebe in angemessener Weise neu erbauen und auch pflanzen sollen. Denn wie können die Liebe haben, welche die Einheit zerteilen?" (64,23-30).

Plötzlich saß nun aber Photius wieder auf dem Stuhl, den er nach römischer Lesart illegitim eingenommen hatte, und zugleich meldete der Kaiser die Einberufung eines Konzils, das dieses *fait accompli* feierlich bekräftigen,

---

[270] Dem Ignatianer Stylianus von Neocaesarea zufolge habe sich der Patriarch sogar in Rom für Photius verwendet - was in Wirklichkeit aber eine Fälschung des gerissenen Expatriarchen gewesen sei (GRUMEL Nr. 506 = MANSI XVI, 432B). Entsprechend berichtet das Synodicon vetus (Nr. 163; 140,3f. DUFFY/PARKER), daß sich Ignatius gerade mit Berufung auf Rom einer Aussöhnung widersetzt habe: εἰ μὴ αὐτὸν οἱ Ῥωμαῖοι προσδέξονται, πρὸς οὓς ἐποίησε τὴν παροινίαν, ἐγὼ ἐξουσίαν οὐκ ἔχω δοῦναι τὴν ἄφεσιν. Jedenfalls bemühte sich der Kaiser schon zu Lebzeiten des Ignatius in Rom um Hilfe bei der inneren Befriedung (DÖLGER Nr. 496; cf. Johannes' VIII. Antwort vom April 878: RPR[J] 3135 = ep. 69; MGH.Epp. VII, 64,11-13 CASPAR [im folgenden mit Seiten- und Zeilenzahlen im Text zitiert]).

[271] Im Schreiben an den Papst (GRUMEL Nr. 513, bezeugt in RPR[J] 3273 = ep. 209; 181,31-34) und ebenso vor dem Konzilsplenum (Conc. Const. a. 879/80, actio II; MANSI XVII, 397C; 424BC) schildert Photius seine gewaltsame Wiedereinsetzung. Die *Vita Ignatii* berichtet, Photius habe Theodor von Patras nach Rom gesandt, um klarzustellen, ὅτι βίᾳ πολλῇ τῆς ἐκκλησίας ὅλης καὶ τῆς πολιτείας ἀναγκασθεὶς ἐπὶ τὸν θρόνον ἀνῆλθε καὶ μὴ βουλόμενος (PG 105, 572CD).

die Parteien in Byzanz versöhnen und die Einheit der Kirche in Ost und West proklamieren sollte[272], unter Aufhebung der Entscheidung von 869/70, Photius und die Photianer unter das Anathema zu stellen. Diese Beschlüsse waren jedoch von Rom in der Hoffnung auf eine Lösung der Streitfrage der Bulgarienmission längst rezipiert worden.[273] Der Nachfolger Hadrians II. versuchte, gegenüber dem Khan aus einer Position der Stärke heraus aufzutreten[274]:

- Bulgarien bzw. das Illyricum habe schon immer und unwiderruflich zum Jurisdiktionsbereich Roms gehört, „wie uralte Schriftstücke bezeugen".[275] Wer dort widerrechtlich als Priester wirke oder Ordinationen vornehme, mache sich dementsprechend einer Mißachtung nicht nur der heiligen Kanones der Väter, sondern auch der „unter dem Vorsitz des Sitzes des seligen Apostelfürsten Petrus abgehaltenen Synoden" (ep. 71; 66,19f.) schuldig[276], zumal Petri Option für Rom zweifelsfrei feststehe:

---

[272] DÖLGER Nr. 497; cf. Johannes VIII., RPR(J) 3271 (= ep. 207; 168,30-41); dazu JUGIE 1941, 120.

[273] Nach PERRONE 1993, 187, ist RPR(J) 2943 als formelle Rezeption anzusehen (so auch DE VRIES 1968, 23); die Briefe Johannes' VIII. vom August 879 zeigen deutlich das Ringen mit formell anerkannten Konzilsbeschlüssen (cf. ep. 207; 171,15-38).

[274] RPR(J) 3130-3134 (epp. 66; 67; 70; 71) vom 16.4.878 an Boris, dessen Bruder, den Grafen Petrus und an den Episkopat Bulgariens; RPR(J) 3246-3248 (epp. 182-184) vom 2.5.879 an Boris, die bulgarischen Optimaten und gesondert an Sedesclavus; RPR(J) 3261 (ep. 192) vom 8.6.879 an Boris; cf. auch noch RPR(J) 3360; 3379 (epp. 298; 308) von 882 an denselben.- Das Register Johannes' VIII. ist nur für den Zeitraum von 876 bis 882 vollständig erhalten (cf. summarisch MEIJER 1975, 45f.); frühere Briefe sind z.T. nur fragmentarisch überliefert.

[275] RPR(J) 2962 = ep. (frg.) 7 (277,31). Dafür wird in RPR(J) 3133 (= ep. 68; 62,26-31) eine lange Liste von Zeugen produziert, die bis zu Papst Damasus (366-384) zurückreicht. Dies bezieht sich auf eine ca. 371 in Rom abgehaltene Synode, deren Schreiben „Confidimus quidem" (RPR[J] 232) die Verbindlichkeit der in Nizäa getroffenen trinitarischen Definitionen auch für das Illyricum proklamierte (cf. LIETZMANN 1953b, 12f.). Das Synodalschreiben hat allerdings eine verschlungene Überlieferungsgeschichte hinter sich (cf. zuletzt MARKSCHIES 1995, 73f.): Dem griechischen Text bei Theodoret, h. e. II 22,3-12 (GCS N.F. 5, 147,1-150,8 PARMENTIER/HANSEN) entspricht die lateinische Fassung im Florilegium des Eutyches (n. 10; ACO II 2,1, 40,38-41,28 SCHWARTZ), gerichtet an die *Bischöfe des Illyricums* (so auch bei Pseudoisidor [519f. HINSCHIUS] und Deusdedit, can. I 100 [81]; 79,20-26 GLANWELL). Die davon abweichende lateinische Fassung aus Cod. Veron. LX (SCHWARTZ 1936, 19,1-20,22) richtet sich an die *orientalischen Bischöfe*, was die ursprüngliche Adresse sei (aaO., 18; anders LIETZMANN 1953b, 13 Anm. 1). MARKSCHIES 1995, 75f., unterscheidet zwei von vornherein unterschiedliche Versionen, so daß gegenüber dem Illyricum die „serdikensische" Orthodoxie betont wurde, während sich die Orient-Fassung „neunizänischer" gab.

[276] Cf. RPR(J) 3262 = ep. 196 an die Bischöfe Dalmatiens (157,24-27); 3265 = ep. 198 an Boris (159,21-23).

„Denn zu der Stadt Rom eilte Petrus wie zur Herrin der Welt, nachdem er in Antiochien, das er auf der Durchreise besuchte [sic!], die Gemeinde begründet hatte."[277] Auch Bulgarien habe seine christliche Existenz von der „*sancta mater Romana ecclesia*" empfangen, „welche dich [sc. Boris] aus religiösem Mutterleib gezegt hat (*que te religioso utero genuit*) und durch die du auf Geheiß unseres heiligen Vorgängers Nikolaus du die Gestalt jeglicher Religion und Rechtsprechung empfangen hast, die auch die Herrschaft über alle Völker innehat und bei der sich die Völker der ganzen Welt wie bei einer Mutter und bei einem Haupt versammeln" (ep. 198; 159,15-19).

- Ignatius habe seine Würde überhaupt nur durch die Tatkraft Roms wiedererlangt[278] - sein Verbleib auf dem Patriarchenstuhl sei daher ebenfalls von Roms Zustimmung abhängig. Die Rückgabe Bulgariens an Rom wird geradezu als Voraussetzung der römischen Parteinahme geschildert.[279] Zuvor schon hatte der Papst den Kaiser erfolglos ermahnt, den Patriarchen zum Verhör nach Rom zu überstellen.[280]
- Nur in der römischen Kirche sei schließlich die Gewißheit zu erlangen, in der rechten Tradition der Kirche zu stehen - im Unterschied zu den Griechen, die von einer Häresie in die andere fielen: „Ihr solltet deren Lügen und ihre Gesellschaft fliehen, damit ihr, worin sie irren, nicht auch selbst fehlgeht und, wenn jene sich der Gotteslästerung hingeben, nicht auch ihr als Lästerer des rechten Glaubens (*fidei recte blasphematores*) überführt werdet!" (ep. 66; 59,8f.).[281] Die Blasphemie wird häresiologisch präzisiert: „Sage also, liebster Sohn, ich frage dich, was ihr, du oder dein Volk, tätet, wenn ihr zur Zeit gelebt hättet, als der Pneumatomache Makedonius Bischof von Konstantinopel war und der unfromme Konstantius dort herrschte, und deren Gesellschaft genossen hättet - wäret ihr nicht auch mit jenem seinem gotteslästerlichen Dogma

---

[277] „*Ad hanc quippe Romanam urbem post Antiochie, quam in transitu visitavit, fundatam ecclesiam tamquam ad mundi dominam properavit*" (ep. 67; 61,27-29).

[278] So an Domagoi: RPR(J) 2964 = ep. (frg.) 9 (278,15) und an Ignatius selbst (ep. 68; 62,23f.; 63,33).

[279] Cf. ep. (frg.) 7 (277,31-34): „*quia patriarcham Ignatium, qui sedis nostre favore tronum recepit, denuo depositioni tamquam violentum et temerarium submittemus et episcopos ac presbiteros Grecorum, qui illic inveniuntur, non solum depositioni, verum etiam anathemati subiugemus*"; ep. [frg.] 37 (294,33-36).

[280] RPR(J) 2999 = ep. (frg.) 40 (296,32-34). Gegenüber dem bulgarischen Optimaten Domagoi wird behauptet, Ignatius sei „*frequenter excommunicatus*" (ep. [frg.] 9; 278,15f.).

[281] Cf. ebd. (59,1f.): „*[Greci] in diversos hereses et scismata solito more ceciderint*" (cf. ep. 182; 146,21f.), sowie die einschlägigen Invektiven wie etwa „*Grecorum perfidia*" (ep. [frg.] 7; 277,30); „*Greca falsitas*" (ep. [frg.] 9; 278,14); „*perversi dogmatis suasiones*" (ep. 183; 147,11); cf. HERGENRÖTHER 1867b, 303.

gegen den Heiligen Geist gefolgt?"[282] Es kann - eingedenk Nikolaus' I. Hilferuf an die fränkischen Bischöfe - kaum Zufall sein, daß eine *pneumatologische* Irrlehre gegen die Griechen in Anschlag gebracht wird, zumal mit dem warnenden Beispiel der Goten fortgefahren wird; schließlich wurden diese seit ihrer Missionierung durch Wulfila mit häretischen Ansichten über den Heiligen Geist assoziiert.[283] Es ist demnach nicht unwahrscheinlich, daß Johannes VIII. das Filioque-Problem und dessen Implikationen genauer als seine Vorgänger erfaßt hatte.

Die Kritik an Ignatius und die Anklage der notorischen Häresieverfallenheit demonstrieren die argumentative Strategie Roms in der Auseinandersetzung mit Byzanz um den Einfluß auf dem Balkan. So setzte der Papst seinem Amtsbruder eine dreißigtägige Frist, nach deren Ablauf „kein Bischof und überhaupt kein Kleriker, der von dir ordiniert oder vielmehr widerrechtlich ordiniert wurde (*qui tue ordinationis, immo inordinationis* [sic!] *sunt*), sich in den Grenzen Bulgariens befinden darf. Keinesfalls werden wir die dulden, welche du dort unrechtmäßig eingesetzt hast und die dank Gottes Hilfe längst als vom apostolischen Stuhl exkommuniziert anzusehen sind, da sie durch den Irrtum ihrer Sünde die Herzen der neuen Schüler Gottes infizieren" (ep. 68; 63,17-21 = ep. 71; 66,33-37). Die päpstlichen Gesandten sollten selbst nach Bulgarien reisen und die Missionare zur Heimkehr bewegen, nicht nur mit Drohungen, sondern auch mit dem Versprechen, sie würden in frühere Positionen wiedereingesetzt bzw. vakante Bistümer erhalten (cf. 66,37-67,3) - was kaum gegen den Willen des Patriarchen durchzusetzen sein würde.

Dabei war Johannes selbst dringend auf die Hilfe des byzantinischen Kaisers gegen die in Süditalien vordringenden Sarazenen angewiesen. Die Zustimmung zu den Synodalplänen des Kaisers war also ein *quid pro quo*: Im Oktober 879 brachte die byzantinische Flotte den Sarazenen vor Neapel eine schwere Niederlage bei und kam schließlich im August 880 Rom selbst

---

[282] „*Dic itaque, rogo, karissime fili, quid faceres tu vel populus tuus, si tempore pneumatomachi Macedonii Constantinopolitani antistitis, quando et impius illic imperabat Constantius, essetis eorum societate fruentes, nonne dogma eius contra Spiritum sanctum blasphemans cum illi sequeremini?*" (59,29-32).

[283] Ep. 66 (60,1-5): „*ne forte vobis, quod genti contigit Gothorum, contingat, que, cum a paganorum errore cuperet liberari Christique fidei sociari, episcopum incidit formam pietatis habentem, virtutem autem eius abnegantem, qui eos, dum a paganismo liberat, Arrii blasphemias implicat; sicqui illi, dum incaute querunt errorem fugere, in errorem incidunt et cecum ducem sequentes cum illo ceci facti in Arriane pravitatis precipitia dilabuntur.*" Cf. dazu oben S. 54f. mit Anm. 45.

zu Hilfe.[284] Dafür tolerierte Johannes, daß der Kaiser kurz zuvor erneut in die Besetzung des Patriarchenstuhles eingegriffen und dabei - wieder einmal - nicht nach der Meinung des Papstes gefragt hatte. Das Insistieren auf den Prärogativen des römischen Stuhles und der Druck, einen politischen Verbündeten nicht verlieren zu dürfen, bildeten also den spannungsreichen Kontext, in dem Johannes VIII. seine Zustimmung zu der nach Konstantinopel einberufenen Synode gab.

3.1.2. Geschichte und Überlieferung der Synode

a) Das Briefkonvolut Johannes' VIII. vom August 879

Die veränderte Konstellation in Konstantinopel erforderte eine Umorientierung der päpstlichen Politik: Statt Druck auf Ignatius, den Patriarchen von Roms Gnaden, ausüben zu können, galt es, nachträglich die Unerläßlichkeit der Mitwirkung Roms hinsichtlich der Wiedereinsetzung des Photius zu betonen. Johannes VIII. schickte im August 879 durch den Kardinalpriester Petrus von San Crisogono Briefe an den Kaiser, an Photius, an die schon versammelten orientalischen Vertreter, an führende Persönlichkeiten der Ignatianer sowie an die römischen Legaten Eugen von Ostia und Paul von Ancona einschließlich eines *Commonitorium* mit detaillierten Anweisungen.[285] Anders als 861 sollten diese sich strikt an die Vorgaben halten; anders als 869/70 war mit Petrus aber auch jemand zur Stelle, der die Intention der Papstbriefe kannte und nötigenfalls als „Hermeneut" wirken konnte.[286]

---

[284] Cf. HERGENRÖTHER 1867b, 382; BECK 1966a, 209-211; STIERNON 1975, 233f.; cf. RPR[J] 3303 an den *spatharius* Gregorius (ep. 245; 214,13-31) sowie RPR(J) 3323 an Basilius I. (ep. 259; 229,26f.).

[285] Vorausgegangen war eine Lokalsynode zwischen Mai und August 879 (RPR[J] 3322 = ep. 258; 227,9-11; cf. STIERNON 1975, 213f.), von der nur die Unterschriftenliste erhalten ist (MANSI XVII, 362D-363A).

[286] Das Konzil von 879/80 wird oft nur als Appendix zu dem von 869/70 behandelt (cf. BECK 1966a, 208-212; DERS. 1980, 111-114; PERRONE 1993, 187-192; DAGRON 1994, 191-194); ausführlich JUGIE 1941, 120-130; DVORNIK 1948, 159-201; STIERNON 1975, 197-237. Die umfassendste Darstellung (seit HERGENRÖTHER 1867b, 379-578) hat es durch MEIJER 1975 erfahren, bei dem hinter der minutiösen Analyse gelegentlich ein allzu irenisches Interesse aufscheint (cf. aaO., 211: „Perhaps East and West are closer to each other than they think"; dazu die Rezension von B. SCHULTZE, in: OCP 43 [1977], 225-229). Dem ekklesiologischen Aspekt widmen sich besonders DVORNIK 1966b, 130-136, und STÉPHANOU 1973, 388-407.- Die Quellen sind nach MANSI XVII, 373-524, zu benutzen (Kanones und Horos auch bei MEIJER 1975, 267-270); die Briefe und das Commonitorium des Papstes vom August 879 liegen in einer kritischen Edition vor (RPR[J] 3271-3276 = epp. 207-211a; MGH.Epp. VII, 166-190 CASPAR, im folgenden

Die Briefe des Papstes wurden in der zweiten Sitzung verlesen, waren allerdings beim Übersetzen ins Griechische durch Photius bzw. seine Kanzlei mindestens stark interpretiert, wenn nicht verfälscht worden.[287] Strittig ist in der Forschung, ob die Briefe unbemerkt von den Legaten verändert wurden oder ob diese selbst an der Modifikation beteiligt waren, d.h. ob sie anders als ihre Vorgänger nicht auf der „akribeia" insistierten, sondern die „oikonomia" des Papstes fortschrieben.[288] Gerade an der Überarbeitung wird die unterschiedliche ekklesiologische Hermeneutik erkennbar[289]:

- Nach Johannes VIII. habe Rom das Recht, die Entscheidungen eines Konzils aufzuheben, aber auch die Pflicht, mit einem reuigen Sünder barmherzig umzugehen.[290] Daher sei das begonnene Einigungswerk „mit der Zustimmung und nach dem Willen des apostolischen Stuhles gemäß apostolischem Recht zu vollenden" (168,18-20).[291] Immerhin stand die

---

lediglich zitiert mit der Nummer des Briefes und der Seiten- und Zeilenangabe; danach die synoptische Wiedergabe bei MEIJER 1975, 215-266). Lateinische Auszüge der ersten fünf Sitzungen bietet Deusdedit (can. IV 432-437; 610-617 GLANWELL). JUGIE 1941, 128-130, unterstellt, daß man in Rom nur einen gekürzten Aktenauszug erhalten habe; nach DVORNIK 1958, 39 Anm. 133, hatten Deusdedit und Ivo von Chartres jedoch die Originalakten vor Augen (cf. HOFMANN 1948, 130f.).

[287] Conc. Const. a. 879/80, actio II (MANSI XVII, 396B-408D / ep. 207 ad Basilium; 167,1-176,30; 412C-417A / ep. 209 ad Photium; 181,26-186,22); actio III (449E-456A / ep. 208 ad patriarchas orientales; 177,1-181,15; 468C-472C / ep. 211a [Commonitorium]). Nicht verlesen wurde der Brief an die Ignatianer, deren Angelegenheit nicht *coram publico* behandelt wurde (MEIJER 1975, 121f.), so daß hier nur das Original vorliegt (ep. 210; 186,29-187,35); das Commonitorium hingegen wurde entweder nicht in Rom registriert oder von den Kopisten des 11. Jh.s ausgelassen (der lateinischer Text in MANSI XVII, 361B-362C = 467C-471C, ist eine Rückübertragung aus dem Griechischen).

[288] Mit diesem Begriffspaar charakterisiert STIERNON 1975, 214, die Haltung Johannes' VIII., wobei er jedoch von einer „Fälschung" der Papstbriefe ausgeht (aaO., 221.223); schon HERGENRÖTHER 1867b, 396, sprach von der „photianischen Censur" und konstatierte: „An Ausmerzung unbequemer Stellen war man in Byzanz längst gewöhnt!" Ähnlich kritisch STÉPHANOU 1984, 1402, und bereits SLIPYI 1921, 394; anders DVORNIK 1966b, 132f., demzufolge die Betonung des Primats nach Mt 16,19 nicht nur beibehalten, sondern sogar mit Jer 1,10 amplifiziert worden sei (MANSI XVII, 400D: καὶ κατὰ τὸν προφήτην Ἰερεμίαν ἐκριζοῦν καὶ καταφυτεύειν), was für die Mitwirkung der Legaten spreche.

[289] Die folgenden Belege stellen nur eine Auswahl dar; eine detaillierte Analyse bietet MEIJER 1975, 74-122.

[290] Ep. 207 (169,2-9). Übersetzt wird daraus ein Vorwurf an den Kaiser (397C): εἰ καὶ ἡ ὑμετέρα εὐσέβεια τὸν ἄνδρα ἐκβιασαμένη ἔφθασεν ἀποκαταστήσασα καὶ πρὸ ἡμῶν, ἤτοι πρὸ τοῦ παραγενέσθαι τοὺς ἡμετέρους τοποτηρητὰς ἐν τοῖς αὐτόθι.

[291] Seit jeher seien exkommunizierte Bischöfe von den Päpsten wieder in die Gemeinschaft der Kirche aufgenommen worden; die Präzedenzfälle (169,22-170,9) entstammen sämtlich dem *Codex Canonum Ecclesiae* des Dionysius Exiguus, z.T. auch aufgenom-

Glaubwürdigkeit seiner Vorgänger und ihres Widerstandes gegen Photius auf dem Spiel: „Diesen Patriarchen, gemeinsam mit allen Bischöfen, Priestern und anderen Klerikern und allen Laien, über die der Urteilsspruch verhängt wurde, lösen wir von jeder Fessel der kirchlichen Strafe."[292] Entsprechend habe die Inkraftsetzung der Beschlüsse von 869/70 an seiner Bestätigung gelegen.[293] Wenn Photius vor der Synode Abbitte leiste - dies wird als *conditio sine qua non* formuliert (184,2-4.41f.) -, sollten die Legaten ihm gnädig Absolution gewähren und ihn wieder in seine Rechte als Patriarch einsetzen - aufgrund der besonderen Situation und der Übereinstimmung der ganzen versammelten Kirche. Besonders sollte der alte und neue Patriarch dafür Sorge tragen, daß fortan auch in Konstantinopel die Kanones beachtet würden, die die Erhebung eines Laien zum Patriarchen verboten (172,27-36); schließlich galt ihm die strenge Ermahnung, Bulgarien wieder der römischen Kirche zuzuführen, statt durch weitere Ordinationen gegenläufige Fakten zu schaffen.[294] - Die griechische Version der Briefe läßt erkennen, daß in Konstantinopel zwar die Mitwirkung Roms an der Wiederherstellung der kirchlichen Einheit gewünscht wurde, daß aber Rom selbst in diesen Einigungsprozeß einbezogen sein sollte, statt ihn von oben herab zu moderieren.[295] Von einer Absolution, die der Papst dem Patriarchen erteilen könne, war keine Rede, denn zurückerhalten habe Photius nur τὸν θρόνον..., ὃς ἦν ἴδιός σου (413B). Die Wiederbesetzung des Patriarchenstuhles sei längst erfolgt, wohingegen es nun gelte, auch die weiterhin renitenten Bischöfe und Kleriker zu versöhnen. Zugleich wurde der imperative

---

men in die pseudoisidorische Sammlung: Conc. Nic. I, can. II (COD³ 6,20-7,7); Gelasius I. (RPR[J] 636; 650 HINSCHIUS); Leo I. (RPR[J] 536, cap. III; 620); Felix II. (RPR[J] 609, cap. I; 633); Innozenz I. (RPR[J] 299, cap. LV; 549); Conc. afric. can. XXXV (Conc. Carthag. a. 401, can. II = registri ecclesiae Carthaginensis excerptum 68; CChr.SL 149, 200,601-626 MUNIER); cf. HERGENRÖTHER 1867b, 393. Bei Deusdedit wird die Passage *in extenso* wiedergegeben (can. IV 434; 612,27-614,4 GLANWELL).

[292] *"Hunc ipsum patriarcham cum omnibus sive episcopis sive presbyteris seu ceteris clericis et omnibus laicis, in quos iudicii fuerat censura prolata, ab omni ecclesiasticae sanctionis vinculo absolvimus"* (170,35-39).

[293] Ep. 207 (171,15-20) mit Verweis auf Conc. Const. a. 869/70, actio X (MANSI XVI, 189E-190A). Als Beispiele werden die Rehabilitationen des Athanasius, des Kyrill von Alexandrien und des Johannes Chrysostomus durch Rom angeführt (171,32-38).

[294] Ep. 207 (173,32-174,5); cf. ep. 209 mit Androhung scharfer Strafen bei Zuwiderhandlung (185,41-186,2). Photius beteuerte freilich, keine diesbezüglichen Ordinationen vorgenommen zu haben (actio II; 417D).

[295] Photius wird durchgehend als ἀδελφὸς καὶ συλλειτουργός apostrophiert (405E; 408B; 453B u.ö.); der Anspruch auf *Genehmigung* der Wiedereinsetzung (ep. 208; 177,37: *consentiamus*) wird dahingehend modifiziert, daß der Papst sich dem bestehenden Konsens *anschließt* (452B: συναποδεξώμεθα).

Ton der Papstbriefe betreffend Bulgariens bzw. der Laienpromotion entscheidend abgeschwächt.[296] Vor allem aber sollte nicht eine einzelne Entscheidung, sondern das gesamte Konzil von 869/70 (und mit ihm die römische Synode von 869) für ungültig erklärt werden.[297] Für beide ἄδικοι σύνοδοι sollte gelten: „Es wird nicht anerkannt, was von ihnen gegen den heiligen Photius unternommen wurde... Alles wird beseitigt und verstoßen, alles gegen ihn wird entkräftet und nutzlos gemacht."[298] Darin liegt die Pointe der photianischen Interpretation der Papstbriefe: Das damalige Konzil war allein gegen Photius zusammengetreten und mußte daher feierlich annulliert werden; da päpstliche Legaten dabei maßgeblich beteiligt gewesen waren, erschien Rom als Teil des Problems, nicht als Garant der Lösung, zumal Photius darauf insistierte, daß er unschuldig abgesetzt worden sei und sich stets als treuer Anhänger der Orthodoxie erwiesen habe.[299] Beide Briefversionen stimmen in der Berufung auf das Beispiel des Tarasius überein, dessen schneller Aufstieg zum Patriarchat seiner Orthodoxie nicht abträglich gewesen sei[300], wenn

---

[296] Charakteristisch ist die Wiedergabe von „*decernimus*" mit παραινοῦμεν (ep. 207; 172,29; 404D), ebenso ἀξιοῦμεν (405B) für „*iubemus*" (ep. 207; 173,33). Von einer Rückführung aller griechischen Kleriker ist hier keine Rede, Ordinationen sollen erst ἀπὸ τοῦ νῦν nicht mehr vorgenommen werden (405C). Zugunsten des Photius wird der Fall des Tarasius, den Hadrian I. trotz kanonischer Bedenken als Patriarchen akzeptiert habe, ins Feld geführt: τὰ γὰρ σπάνια ἀγαθὰ οὐ δύναται νόμος εἶναι τοῖς πολλοῖς (405B; cf. 453B, sowie die Berufung auf Conc. Nic. II can. II [416D = MANSI XIII, 420B-D]). Hadrians I. Brief an das Konzil von Nizäa (MANSI XII, 1074D-1075B; zit. in ep. 208 [178,12-17]) erlitt freilich seinerzeit dasselbe Schicksal wie das Konvolut Johannes' VIII.: Er wurde nach den Bedürfnissen der byzantinischen Kirchenpolitik modifiziert, wobei ausgerechnet die primatialen Passagen ausgelassen wurden.

[297] Johannes VIII. hatte sich auf can. XXXV eines *Concilium africanum* (s.o. S. 250f. Anm. 291) bezogen, das die Entscheidung einer Vorgängersynode zur Wiederaufnahme von Donatisten korrigiert hatte (cf. KRIEGBAUM 1983, 19) - „*non ut concilium, quod in transmarinis partibus de hac re factum est, dissolvatur*" (ep. 207; 170,40-171,2). Der griechische Text besagt dagegen: καὶ σύνοδος ὁρᾶται σύνοδον λύουσα διὰ τὴν ἕνωσιν καὶ ὁμόνοιαν τῆς ἐκκλησίας (actio II; 397E). Deusdedit bietet daher die Rückübersetzung dieser Fassung: „*Synodus etiam synodum soluit propter unitatem et pacem ecclesiae*" (can. IV 434; 613,13f. GLANWELL).

[298] Οὐ γὰρ ἀπεδείχθησαν παρ' αὐτῶν τὰ κατὰ τοῦ ἁγιωτάτου Φωτίου τυρευθέντα... Πάντα γὰρ πέπαυται καὶ ἐξωστράκισται· πάντα τὰ κατ' αὐτοῦ ἠκύρωται καὶ ἠχρείωται (401C).

[299] Immerhin wurde versucht, Rom nicht über Gebühr zu brüskieren - Papst Hadrian II. habe gar nicht persönlich die Akten der zu verwerfenden Synode unterschrieben (416E).- Auch der rechte Glaube des Kaisers wird hervorgehoben, allein fünfmal im einleitenden Abschnitt des Briefes an Basilius (396B-E).

[300] Einhellig betonen ep. 208 (178,15-17) und die Übersetzung (452D) die Untadeligkeit des Tarasius „*tam de confessione rectae fidei eius quam dogmatum sanctarum sex synodo-*

er auch gegen die heiligen Kanones verstoßen habe - gegen „*unsere*" Kanones, wie Photius den Papst sagen läßt (ep. 208; 178,18-22; 452D). Nur im Blick auf die ignatianischen Bischöfe wurden die Aussagen über den Primat beibehalten, um dem Appell an die σχισματικοί (413CD) zur Versöhnung zusätzliche Dringlichkeit zu verleihen.[301]
- Ein spezielles Interpretationsproblem stellt das *Commonitorium* dar, dessen Original verloren ist.[302] Analog zu den Papstbriefen darf vermutet werden, daß auch hier die Forderung einer Bitte um Vergebung *coram synodo* ausgelassen wurde und stattdessen das Erscheinen des Photius vor dem Plenum dazu dienen sollte, „daß die ganze Kirche ihn anerkenne gemäß der Anordnung in unseren Briefen" (c. IV; 469A). Auch die pragmatische Lösung der Doppelbesetzung von Bischofsstühlen - die Ignatianer des ersten Patriarchates sollten ihre Ämter zurückerhalten, diejenigen der zweiten Amtszeit des Ignatius jedoch nicht (c. V; 469B) - wurde wohl vor Ort entworfen, zumal sie dem Versprechen des Papstes an die bulgarischen Kleriker widersprach. Immerhin bewahrte c. IX die Ermahnung an Photius, fortan keine Ordinationen für Bulgarien vorzunehmen (469E-472A). C. X dekretiert freilich ganz auf byzantinischer Linie, „daß die Synode, die gegen den vorgenannten Patriarchen Photius zur Zeit des heiligen Papstes Hadrian zusammengetreten ist, in Rom wie in Konstantinopel von nun an abgetan sei, nicht rechtskräftig und entkräftet, und daß sie nicht zu den heiligen Synoden gerechnet werden darf."[303] Während das Original nur von einer Rücknahme der Sentenz gegen Photius gesprochen haben dürfte, zeigt die spontane Reaktion der Konzilsväter das spezifisch byzantinische Sentiment: „Wie könnte auch 'Synode' genannt werden, die die Kirche mit zahllosen Spaltungen er-

---

rum et venerandarum immaginum ovantes". Nur die griechische Version zieht allerdings die Parallele zur gegenwärtigen Situation (453B).

[301] Während Johannes VIII. mit Leo I. auf die päpstliche *moderatio* im Umgang mit Sündern und Reumütigen verwiesen hatte (ep. 209; 183,35-39; cf. RPR[J] 425; 571 HINSCHIUS), verschärfte Photius die Richterfunktion Roms (413E): Τοὺς μὲν ζητοῦντας ταπεινωθῆναι ἐνώπιον τοῦ θεοῦ καὶ ὁμόνοιαν ζητοῦντας πρὸς ἡμᾶς δεχώμεθα, πρὸς δὲ τοὺς σκληρυνομένους τῇ καρδίᾳ σκληρυνώμεθα.

[302] Dieses Schreiben lehnt sich an den *Indiculus* an, den Hormisdas 515 seinen Gesandten an Kaiser Anastasius I. mitgab (RPR[J] 774 = coll. Avell. 116; CSEL 35/2, 513,16-519,20 GÜNTHER); cf. das *Commonitorium* für Paul von Ancona anläßlich seiner Gesandtschaft zu Ludwig dem Deutschen (ep. [frg.] 21; RPR[J] 2976 = 284,1-285,28) auf.

[303] ἵνα ἡ σύνοδος ἡ γεγονυῖα κατὰ τοῦ προρρηθέντος πατριάρχου Φωτίου ἐν τοῖς καιροῖς τοῦ Ἀδριανοῦ τοῦ ἁγιωτάτου πάπα ἐν τῇ Ῥώμῃ καὶ ἐν Κωνσταντινουπόλει ἀπὸ τοῦ παρόντος ᾖ ἐξωστρακισμένη καὶ ἄκυρος καὶ ἀβέβαιος καὶ μὴ συναριθμῆται αὕτη μεθ᾽ ἑτέρας ἁγίας συνόδου (472A). Auf ἀπὸ τοῦ παρόντος als Indikator der Redaktion verweist DVORNIK 1958, 36f. Anm. 125.

füllt hat?" (καὶ πῶς γὰρ ἂν σύνοδος ῥηθείη ἡ μυρίων σχισμάτων ἐκκλησίαν πληρώσασα; actio III; 472B).

Papst Johannes VIII. wollte also durch seine Legaten die Einheit in Konstantinopel wiederherstellen und den designierten Patriarchen offiziell (wieder) einsetzen, auf der Grundlage seines primatialen Anspruchs, konziliare Entscheidungen revidieren und reuige Sünder begnadigen zu können[304]; Photius dagegen war an einer Proklamation der bereits erfolgten Einigung gelegen, die seine Person umfassend rehabilitieren und die verbleibenden Gegner zur Aufgabe ihres Widerstandes bewegen sollte. Während der Papst also seine Initiative als Einsatz für die *Einheit der Kirche* in Ost und West begriff, war Photius in erster Linie an der *Einheit seines Patriarchates* gelegen.[305] Gerade dafür war die Autorität Roms hilfreich - unter der Prämisse, daß das Konzil von 869/70 vollständig annulliert wurde. Damit werden zwei divergierende Ekklesiologien erkennbar: der in der Petrusverheißung begründete, über den Entscheidungen einzelner Synoden stehende päpstliche Primat sowie die kollegiale Pentarchie mit der ökumenischen Synode als höchstem Entscheidungsorgan. Der römische Primat wurde in Byzanz nicht negiert[306], wohl aber „pentarchisch" integriert: als *primus inter pares*, der selbst dem Konsens der allgemeinen Kirchenversammlung unterworfen war. Insofern damit dem Konzilsplenum eine byzantinisch interpretierte Primatstheorie vorgetragen wurde, die für den konkreten Streitfall anschlußfähig war, sollte m.E. nicht von einer „Fälschung" gesprochen werden: Obwohl Photius seinen Fall durchgehend als Geschichte ungerechten Leidens schilderte und dem Papst deutlich mehr in den Mund legte, als dieser hatte sagen wollen, kann ihm nicht vorgeworfen werden, die Autorität des Papstes mißbraucht zu haben, hatte dieser doch selbst schon der veränderten Situation Rechnung getragen. Vielmehr ist die Überarbeitung der Briefe - zumal des nur für die römische Delegation bestimmten *Commonitorium* - nur unter Mitwirkung der Legaten zu erklären, die „oikonomia" walten ließen: Die Einheit der Kirche *insgesamt*

---

[304] Auch im Schreiben des Papstes an die Ignatianer (ep. 210) wird auf die Binde- und Lösegewalt des Petrusnachfolgers verwiesen - *„cuncta solvuntur vincula"* - und mit Gelasius I. betont: *„nullum est vinculum insolubile, nisi circa eos, qui in errore persistunt"* (187,27.29; cf. den *Tomus de anathematis vinculo*: RPR[J] 700; MANSI VIII, 88A-95B).

[305] Cf. MEIJER 1975, 91.100f.; ein sprechendes Indiz findet sich ep. 207 (173,15-20), dessen griechische Fassung die Spaltungen ἐν τῇ καθ' ὑμᾶς ἐκκλησίᾳ betont (405A).

[306] Cf. den mit Joh 21,17 begründeten Anspruch, *„caput omnium ecclesiarum Dei"* zu sein (ep. 207; 167,36); die griechische Version interpretiert: ἢ δῆλον ἐκ τοῦ κορυφαίου τῶν ἀποστόλων Πέτρου, ὃν κεφαλὴν πασῶν τῶν ἐκκλησιῶν τέθεικεν ὁ κύριος εἰπών· Ποίμαινε τὰ πρόβατά μου (396D).

setzte die Herstellung der Einheit *vor Ort* voraus - und dazu gehörte die Erklärung der Invalidität der ganzen antiphotianischen Synode.[307]

b) Ost und West im Widerstreit

Die „Übersetzung" der Papstbriefe erreichte ihr Ziel: Die Synode von 879/80 verlief in den vorgezeichneten Bahnen; die angestrebte Einheit wurde erreicht, ohne daß es - wie zehn Jahre zuvor - über prozedurale oder inhaltliche Fragen zu Verwerfungen gekommen wäre.[308] Dennoch sind deutliche Spannungen wahrzunehmen: Einerseits wurde betont, wie wichtig die Anwesenheit der päpstlichen Legaten für das Gelingen der Synode sei[309]; andererseits wurde aber von Anfang an jeder Versuch der Römer vereitelt, das Heft der Verhandlungen in die Hand zu nehmen. Dies zeigte sich bereits in der ersten Sitzung (Anfang November 879), als der Kardinalpriester Petrus das Anliegen des Papstes formulierte, woraufhin Metropolit Johannes von Heraklea die byzantinische Ansicht darlegte:

> [P.] „Der Papst möchte, daß die ganze heilige Kirche Gottes geeint werde und eine Herde mit einem Hirten sei."- [J.] „Durch seine heiligen Gebete ist bereits eine Herde geworden. Und wir haben einen wahren, heiligen und trefflichen Hirten, nämlich Photius, unseren Herrn, den ökumenischen Patriarchen."[310]

In dieser Opposition wird erkennbar, daß der Klerus der Kaiserstadt die Absetzung des Photius als ungerecht und seine Behandlung auf der Synode von 869/70 als demütigend empfunden hatte[311]; die Präsenz von 383 kirch-

---

[307] Cf. STIERNON 1967, 180.

[308] Cf. MEIJER 1975, 123: „What happened? Nothing!... The importance of this synod does not lie in facts, or in events but in the synod itself, in the very fact of its taking place and in the atmosphere which prevailed." Neben der kursorischen Analyse der Konzilsakten aaO., 124-168, cf. HERGENRÖTHER 1867b, 463-528; DVORNIK 1948, 189-201; STIERNON 1975, 219-232.

[309] Ein Indiz für die betonte Harmonie ist in der Bezeichnung des Photius als ἀδελφὸς καὶ συλλειτουργός durch die Legaten zu sehen (actio I; 380D; s.o. S. 251 Anm. 295); der Papst wurde von den Byzantinern als πνευματικὸς ἀδελφὸς καὶ πατήρ angesprochen (ebd.; actio II; 417E; 441A; actio V; 505C u.ö.; dazu cf. oben. S. 229 Anm. 224).

[310] βουλόμενος [sc. πάπα] πᾶσαν τὴν ἁγίαν τοῦ Θεοῦ ἐκκλησίαν ἑνωθῆναι καὶ γενέσθαι μίαν ποίμνην καὶ ἕνα ποιμένα.- εὐχαῖς ἁγίαις αὐτοῦ *προεγένετο μία ποίμνη.* καὶ *ἔχομεν ἕνα ἀληθῆ ποιμένα ὅσιον καὶ ἄκακον*, Φώτιον τὸν ἁγιώτατον ἡμῶν δεσπότην καὶ οἰκουμενικὸν πατριάρχην (384A). Cf. zur östlichen Perspektive auch actio II (408D); actio III (456B); zum römischen Anspruch actio III (473A). Der Titel des „ökumenischen" Patriarchen war kein Streitgegenstand, wobei die Römer die Ökumenizität für den Papst beanspruchten und durch Apostolizität ergänzten (actio I; 380D; actio V; 501B).

[311] Cf. das Votum in actio I (385D): ἡμεῖς τῷ ἁγιωτάτῳ ἡμῶν δεσπότῃ καὶ οἰκουμενικῷ πατριάρχῃ *οἱ μὲν ἀπ' ἀρχῆς ὄντες ἑνώμενοι, οὐδέποτε διέστημεν*.

lichen Würdenträger wirft ein Licht zurück auf die kümmerliche Beteiligung an der Vorgängersynode, von deren zuletzt 126 Teilnehmern nur 16 den Weg in die Hagia Sophia gefunden hatten.

Die Aufgabe der römischen Delegation wurde byzantinischerseits darin gesehen, die Ignatianer zur Versöhnung zu bewegen, die sich immer noch auf die Entscheidungen der Päpste Nikolaus I. und Hadrian II. beriefen, ohne das Einlenken Johannes' VIII. anzuerkennen.[312] Statt einer „Visite" in Konstantinopel - ἐπισκέπτεται ὑμᾶς ὁ ἅγιος Πέτρος (380C) - sollte Rom die schon bestehende Einheit anerkennen und sich als letzte (!) Stimme, noch nach den orientalischen Patriarchen, in den wiedervereinigten Chor der heiligen Kirche einreihen: So unterstrich Elias von Jerusalem, daß Photius seinen Stuhl im Einvernehmen mit den drei orientalischen Patriarchen, unter dem Drängen des Kaisers und nach dem Willen der gesamten konstantinopolitanischen Kirche eingenommen habe (actio II; 420DE). Daß die Vertreter der östlichen Stühle ununterbrochen mit Photius in Gemeinschaft gestanden hätten[313], ließ sich freilich nur damit rechtfertigen, daß anno 870 angeblich illegitime Gesandte (ψευδοαποκρισιάριοι) die Konzilsakten unterzeichnet hätten (actio II; 432AB; 436E): So bekannte der damalige Legat Antiochiens, Thomas von Tyrus, in einem *libellus paenitentiae*, von den Einflüsterungen der falschen Orientalen getäuscht worden zu sein, und wurde von Photius begnadigt - gegen den Willen der Römer, die sich diese Entscheidung selbst hatten vorbehalten wollen (437E-441A). Es wurde also dasselbe Argument verwendet wie zehn Jahre zuvor hinsichtlich der Synode von 867[314], was freilich auch die *päpstlichen* Legaten von 869/70 desavouieren mußte. Daß deren Nachfolger dagegen keinen Wider-

---

[312] Explizit in actio II (409C; cf. 412A); angedeutet bei Zacharias von Chalkedon und Prokop von Caesarea (actio I; 385E-388B; 388D; 392D). Die paränetische Funktion wurde von den Legaten tatsächlich gegenüber Metrophanes von Smyrna ausgeübt (actio V; 496C-497C): Die Macht zur Aufnahme der Sünder sei dem Patriarchen vom Papst verliehen worden (501B): ὁ οἰκουμενικὸς καὶ ἀποστολικὸς πάπας Ἰωάννης, ταύτην τὴν ἐξουσίαν ἐκ τοῦ κορυφαίου τῶν ἀποστόλων Πέτρου εἰληφώς, δέδωκε καὶ τῷ ἁγιωτάτῳ πατριάρχῃ Φωτίῳ τὴν αὐτὴν ἐξουσίαν δεσμεῖν καὶ λύειν. Dieser Satz weckte natürlich das Interesse der späteren Kanonisten (cf. Deusdedit, can. IV 437; 617,1-3 GLANWELL).

[313] Cf. Elias' Votum (actio I; 388E-389A) ἀλλ' ἀεὶ καὶ διαπαντός, ἀφ' οὗ ὁ ἁγιώτατος ἡμῶν δεσπότης Φώτιος τοῦ ἀρχιερατικοῦ τούτου θρόνου ἐκράτησε... ἡμωμένοι αὐτοῦ καὶ ἀδιάσπαστοι μέχρι τοῦ νῦν μεμενήκαμεν; cf. seine naive Freude darüber, daß sich alle Welt diesen Standpunkt Jerusalems zu eigen gemacht habe (actio II; 409A)! Im Hintergrund stand auch hier das dringende Bedürfnis nach militärischer und politischer Unterstützung durch den byzantinischen Kaiser (cf. MEIJER 1975, 149f.).

[314] STIERNON 1975, 226, spricht von einer „gelungenen Wiederholung von Konstantinopel IV".

spruch einlegten, erklärt sich aus dem vordringlichen Ziel, mit der byzantinischen Kirche Frieden zu schließen und damit den Kaiser zum Beistand für Rom gegen die Sarazenen zu motivieren. Kriterium des Erfolgs sollte die Durchsetzung des *Commonitorium* sein, dessen Gehalt immerhin in der dritten Sitzung als Prüfstein der Zugehörigkeit zur Kirche definiert wurde (472D). Die Legaten bewiesen damit das Fingerspitzengefühl, das ihren Vorgängern 861 bzw. 869/70 fehlte, insofern sie sowohl die Toleranzgrenze ihres römischen Herrn als auch die Intention ihrer byzantinischer Gesprächspartner richtig einzuschätzen wußten und daher das Ziel aufgaben, die Einheit der Kirche Konstantinopels „von oben herab" zu dekretieren.[315]

c) Die Ergebnisse der Synode von 879/80

In der vierten Sitzung am 24. Dezember 879 wurden folgende fünf *capitula* verabschiedet[316]:

1. In Bulgarien sollte Byzanz fortan keine Ordinationen vornehmen (488AB); allerdings wurde die Frage nach der exakten Abgrenzung der Diözesen an den Kaiser verwiesen.[317]
2. Keine Laienpromotion sollte mehr in Konstantinopel vorgenommen werden - ergänzt durch eine Klausel, die *ex post* die Legitimität der Erhebungen des Tarasius und des Photius sicherte: „Was nämlich selten passiert ist, selbst wenn es damals gut war, darf nicht für später zum Gesetz gemacht werden" (τὰ γὰρ γινόμενα σπάνια, εἰ καὶ λίαν ἀγαθὰ εἴη, νόμος τοῖς μετέπειτα καθίστασθαι οὐ δύναται; 488E).[318] Die Synode setzte hinzu, jede Kirche habe ihren eigenen Regeln zu folgen, über die man nicht streiten müsse.[319]
3. Der gleiche Vorbehalt wurde gegenüber der Festlegung geltend gemacht, daß niemand zum Patriarchen erhoben werden solle außer einem Mitglied des Konstantinopolitaner Klerus; im Bedarfsfall dürfe auch unter den Suffraganen gesucht werden (489C).
4. Bei cap. IV handelt es sich um c. X des (byzantinisch interpretierten) *Commonitorium*: Die Synode, die in Rom gegen den heiligen Patriar-

---

[315] Actio III (460D); cf. MEIJER 1975, 142.- Für das starke Einheitsstreben der römischen Legaten spricht auch ihr versöhnlicher Vorschlag, gemeinsam das Weihnachtsfest zu begehen (actio IV; 492E; Deusdedit, can. IV 436; 616,25-28 GLANWELL).
[316] Cf. dazu HERGENRÖTHER 1867b, 497-500, bes. 497f. mit Anm. 32.
[317] Actio II (412BC); actio III (456C); actio IV (488B).
[318] Fast wörtlich zit. nach ep. 207 (405B); cf. auch can. XVII der Synode von 861 (MANSI XVI, 548E-549A).
[319] Actio IV (489B): ἕκαστος θρόνος ἔσχεν ἀρχαῖά τινα παραδεδομένα ἔθη. καὶ οὐ χρὴ περὶ τούτων πρὸς ἀλλήλους διαφιλονεικεῖν καὶ ἐρίζειν.

chen Photius unter dem seligen Papst Hadrian stattfand, und die Synode, die in Konstantinopel gegen den heiligen Patriarchen Photius durchgeführt wurde, erklären wir rundheraus für abgetan und öffentlich widerrufen; keinesfalls dürfen sie zu den heiligen Synoden gezählt werden oder mit diesen genannt werden; noch sind sie überhaupt Synoden zu nennen oder so zu bezeichnen."[320] Damit wurde das materiale Hindernis beseitigt, um Photius als rechtmäßigen Inhaber des Patriarchenstuhles anerkennen zu können.

5. Abschließend wurde die Gemeinschaft mit Photius als unverzichtbares Kriterium der Zugehörigkeit zur wahren Kirche beschrieben (492CD).

Für die römischen Legaten war dies nur ein halber Sieg: Zwar hatte sich die Synode wohlwollend zu den römischen Ansprüchen in Bulgarien geäußert; wohl war im Grundsatz die Laienpromotion untersagt worden; auch hatte man einen kanonisch vertretbaren Weg beschritten, um die Entscheidung von 869/70 aufzuheben. Nur basierte all' das auf den Kategorien byzantinischen Rechts: Die Bulgarienfrage war dem Gutdünken des Kaisers anheimgestellt; die römische Rechtsauffassung bezüglich der Erhebung der Laien war nur in ihrem partikularen Wert anerkannt worden; und statt der Revision eines Beschlusses war eine ganze Synode annulliert worden. Im ständigen Rekurs auf die Briefe und das *Commonitorium* des Papstes drückt sich freilich das Bestreben auch der griechischen und orientalischen Bischöfe aus, eine wirklich ökumenische Synode abzuhalten.[321]

Zu den *capitula* traten in der fünften Sitzung am 26. Januar 880 weitere drei Kanones, deren erster dekretierte, daß Johannes VIII. und Photius fortan die jeweils vom Gegenüber verhängten Verurteilungen oder Anathemata anerkennen sollten.[322] Darin spiegelte sich das unheilvolle Wirken der Ignatianer in Rom, das als Grund für die antiphotianische Politik Nikolaus' I. und Hadrians II. angesehen wurde. Zudem sollten trotz der Wech-

---

[320] Τὴν γενομένην σύνοδον κατὰ Φωτίου τοῦ ἁγιωτάτου πατριάρχου ἐν Ῥώμῃ ἐπὶ Ἀδριανοῦ τοῦ μακαριωτάτου πάπα, καὶ τὴν γενομένην σύνοδον ἐν Κωνσταντινουπόλει κατὰ τοῦ αὐτοῦ ἁγιωτάτου Φωτίου, ὁρίζομεν παντελῶς ἐξωστρακισμένην καὶ ἀποκεκηρυγμένην εἶναι, καὶ μήτε μετὰ ἁγίων συνόδων συναριθμεῖσθαι, ἢ συγκαταλέγεσθαι· μήτε μὴν σύνοδον ὅλως καλεῖσθαι, ἢ ὀνομάζεσθαι (489E = 472A).

[321] Cf. die Kriterien der Ökumenizität (496BC) bei der Verhandlung über den Status von Nizäa II (787); zum Standpunkt speziell des Photius cf. MEIJER 1975, 161.

[322] Can. I (GRUMEL Nr. 521 = 497DE); in gekürzter Form auch bei Deusdedit (can. IV 437; 616,31-617,13). Die orientalischen Patriarchen wurden dabei implizit als „Unterpatriarchen des Photius" (HERGENRÖTHER 1867b, 506) definiert.

selseitigkeit die alten Privilegien Roms bestehen bleiben[323]; wohl deshalb zogen die Legaten ein positives Fazit: „Durch die allgemeine Übereinstimmung und Friedfertigkeit führte alles, was von der heiligen und ökumenischen Synode begonnen und durchgeführt wurde, zum guten Ziel" (500BC). Eine Entscheidung von bleibender Bedeutung war schließlich die Aufnahme des II. Konzils von Nizäa (787) in die Reihe der ökumenischen Konzilien - der zweite Anlauf nach der annullierten Definition von 867, die 869/70 nicht wiederholt worden war. Mit der Proklamation der Ökumenizität der Bildersynode sahen die Konzilsväter ihr Einigungswerk gekrönt:

> „Angemessen ist es, daß wir nach der Wiederherstellung und Einigung der Kirche der Römer durch die Vermittlung unseres heiligen Patriarchen Photius auch in dieser Hauptfrage übereinstimmen, so daß auch hierin keine Zwietracht unter uns herrsche. Wer also anders denkt und nicht die zweite heilige und ökumenische Synode in Nizäa als siebte bezeichnet, wie es auch der gottgelehrte Kardinalpriester [sc. Petrus] ausgesprochen hat, der sei verdammt."[324]

Auch hier hatte Photius also sein Ziel erreicht, nämlich die Proklamation von Nizäa II als unübersehbaren Schlußpunkt des Bilderstreits; der Sache nach ergibt sich hier eine Kontinuitätslinie zu der annullierten Vorgängersynode, die ja mit Theodor Krithinios einen der letzten noch lebenden prominenten „Bilderstürmer" verurteilt hatte. Daß die päpstlichen Legaten am Ende der fünften Sitzung die Synodalakten unterzeichneten, rundete diesen Erfolg ab - wenn auch mit einer Approbationsklausel: Ihr Votum gelte nur vorbehaltlich der Zustimmung des „heiligen und apostolischen und ökumenischen Papstes Johannes" (508B). Dennoch verdammten sie die Synode von 869/70 und setzten das Konzil der Hagia Sophia an ihre Stelle:

> „Ich verwerfe und verdamme die gegen ihn [sc. Photius] zusammengetretene Synode in der heiligen Kirche der Konstantinopolitaner; und ebenso vernichte, verdamme und verwerfe ich alles, was gegen ihn getan wurde zur Zeit des früheren römischen Papstes

---

[323] Can. I (497E): μηδὲν τῶν πρεσβείων τῶν προσόντων τῷ ἁγιωτάτῳ θρόνῳ τῆς Ῥωμαίων ἐκκλησίας, μὴ δὲ τῷ ταύτης προέδρῳ τὸ σύνολον καινοτομουμένων.

[324] πρέπον ἐστὶ μετὰ πάσης τῆς γενομένης ἀποδοχῆς καὶ ἑνώσεως τῆς τῶν Ῥωμαίων ἐκκλησίας διὰ μεσιτείας τοῦ ἁγιωτάτου ἡμῶν πατριάρχου Φωτίου, καὶ ἐπὶ τῇ ὑποθέσει ταύτῃ συμφωνῆσαι ἡμῖν, ὡς ἂν μηδὲ ἐν τούτῳ εἴη ἐν ἡμῖν διαφωνία. καὶ ὁ μὴ οὕτω φρονῶν καὶ ὀνομάζων τὴν ἁγίαν καὶ οἰκουμενικὴν ἐν Νικαίᾳ τὸ β'. ἑβδόμην σύνοδον, ὡς καὶ ὁ θεοσεβέστατος πρεσβύτερος καὶ καρδινάλις προεῖπεν, ἔστω ἀνάθεμα (493E-496A). In Nizäa seien - so die Begründung - die Bischöfe der Region (d.h. aus dem Patriarchat Konstantinopel) sowie die Legaten der übrigen Pentarchen zusammengekommen - καὶ τὰ δόγματα αὐτῆς συγγενῆ καὶ οἰκεῖα καὶ ὀρθόδοξα τῆς οἰκουμενικῶν ἓξ συνόδων ὕπερχον (496C).

Hadrian, seligen Angedenkens, gemäß dem Kapitel des *Commonitorium*; und jene [Synode] darf keinesfalls in die Reihe der Synoden aufgenommen werden."³²⁵

3.1.3. Das Dekret über den katholischen Glauben

a) Die Frage der Authentizität von actio VI und VII

In der vorletzten Sitzung verurteilten die päpstlichen Legaten mit ihrer Unterschrift unter den dogmatischen Horos des Konzils jede Veränderung in der *Textgestalt* und jede Abweichung von der *Lehre* des NC - in Anwesenheit des Kaisers und mit Berufung auf das Kerygma der sieben ökumenischen Konzilien.³²⁶ Demnach hätte Photius durchgesetzt, was er bereits 867 in Angriff genommen hatte, nämlich die Verurteilung von NC-Text und Theologie der lateinischen Missionare; die Legaten hätten mit ihrer Zustimmung eine im Westen verbreitete liturgische Praxis sowie den Mainstream der augustinischen Pneumatologie desavouiert. Dieser Textbefund hat zu divergierenden Thesen geführt, die mit den Namen dreier Byzantinisten verbunden sind:

- Die letzten beiden Konzilssitzungen seien - so Vénance GRUMEL - nachträgliche Zufügungen. Tatsächlich seien die Verhandlungen schon nach actio V beendet gewesen, ohne daß der Kaiser daran teilgenommen habe; ein „antilateinisches" Glaubensdekret sei nicht verabschiedet worden. Die Verurteilung jeder Hinzufügung zum NC spiegele vielmehr die

---

³²⁵ ἀποβάλλομαι δὲ καὶ ἀναθεματίζω τὴν κατ' αὐτοῦ συστᾶσαν σύνοδον ἐν τῇ τῶν Κωνσταντινουπολιτῶν ἁγίᾳ ἐκκλησίᾳ· ὡσαύτως καὶ ἅπαντα τὰ πραχθέντα κατ' αὐτοῦ ἐν τοῖς καιροῖς τοῦ ἐν εὐσεβεῖ τῇ μνήμῃ Ἀδριανοῦ τοῦ πάλαι πάπα Ῥώμης, κατὰ τοῦ κεφάλαιον τοῦ κομμονιτορίου καταργῶ, ἀναθεματίζω, καὶ ἀποβάλλομαι, καὶ ἐν ἀριθμῷ συνόδων οὐδαμῶς ταύτην καταψηφίζω (508BC). Auffallend ist, daß nicht auf die Synoden von 861 und 867 zurückgegriffen wurde, auf denen ja z.B. die Frage nach dem Status von Nizäa II oder das Problem der Laienpromotion diskutiert worden waren. Ob man dies damit erklären kann, daß ihre Bedeutung „has been greatly overrated by both historians and theologians" (so MEIJER 1975, 166), erscheint mir fraglich; immerhin beschäftigte sich das Konzil von 869/70 eingehend mit dem Vorwurf gegen Photius, einen Papst anathematisiert zu haben. Die Folgerung: „Perhaps this judgement upon Nicholas was not more than the disapproval of his Bulgarian policy and an answer to the complaints from the West to which Photius had referred in his Encyclical" (ebd.) verharmlost die Situation.- DVORNIK 1958, 37 Anm. 126, findet eine Reminiszenz an die Synode von 867 in der Einleitung der Kanones (549A): πᾶσαν σχισματικὴν καὶ αἱρετικὴν πλάνην ἀπελασάσα (cf. Photius, hom. XVIII 3; 310 MANGO: „All error and tedious nonsense are driven away!").

³²⁶ GRUMEL Nr. 521 (= actio VI; 516AB).

Diskussionslage des 13. und 14. Jahrhunderts, als der Name Photius zum Symbol der Abwehr von lateinischen Machtansprüchen reifte.[327]
- Dagegen hielt Martin JUGIE die Akten durchaus für authentisch, sah aber darin eine andere Pointe: Nicht speziell das lateinische Filioque, sondern allgemein jede Ergänzung des Symbols sei verboten worden; der Horos habe sich damit in die Tradition der ökumenischen Synoden seit Ephesus (431) gestellt, den nizänischen Glauben zu bekräftigen und per neuerlichem Dekret vor Alterationen zu schützen. Die Legaten hätten also reinen Gewissens das Dekret unterschreiben können.[328]
- Nach Francis DVORNIK schließlich hätten die Legaten durchaus gewußt, was sie taten, als sie ihre Zustimmung zu dem Verbot gaben; die Verdammung jeder Hinzufügung zum NC sei authentisch, jedoch für Rom völlig unproblematisch, habe man doch hier ein mit dem griechischen Original wortidentisches Bekenntnis benutzt. Die polemische Konnotation dieser Bestimmung sei erst in späteren Kontroversen entstanden.[329]

Zunächst ist zu fragen, ob die Akten der letzten beiden Konzilsversammlungen als authentisch angesehen werden können. GRUMEL meinte, den Text von actio VI erst bei den antilateinischen Polemikern in der Mitte des 13. Jahrhunderts nachweisen zu können.[330] Zwar habe schon Patriarch Michael III. Anchialos (1170-1178) Photius gegen den zeitgenössischen Vorwurf in Schutz genommen, die Lateiner erst der Häresie angeklagt und sich dann umstandslos mit ihnen versöhnt zu haben[331], wohingegen er ihnen tatsächlich zur Bedingung gemacht habe, das Symbol des Glaubens fortan nicht mehr zu verändern.[332] Begründet habe Michael dies aber nicht mit

---

[327] GRUMEL 1930a; 1938; 1947, 224-232. Zur älteren Forschung seit ALLATIUS - der die Existenz der Synode als solcher bestritten hatte! - cf. HERGENRÖTHER 1867b, 528-539.
[328] JUGIE 1939, 375-382; 1941, 124-128.
[329] DVORNIK 1948, 194-196; 1958, 38f. Anm. 131; ebenso NEMEC 1966, 292.
[330] GRUMEL 1930a, 258. Die erste Bestreitung der Authentizität hat ein unbekannter Abschreiber aus dem Umfeld des Demetrius Kydones im 15. Jh. unternommen (cf. die Randglosse in Cod. Vat. graec. 1115, dem ältesten Textzeugen der Akten von 879/80: MANSI XVII, 512 Anm.; dazu JUGIE 1939, 376 Anm. 1).
[331] Zit. n. GRUMEL 1930a, 259,18-20: καὶ τοῦτον αὐτὸν [sc. Φώτιον] καλὸν διαιρέτην καὶ κακὸν συναφέα τινὲς εἰπεῖν οὐκ ἠδέσθησαν. Zu Michael III. Anchialos cf. BECK 1959, 627; nach DEMS. 1980, 155f. mit Anm. 22, stammt die Schrift allerdings aus dem Kontext der Union von Lyon (1274; ebenso DARROUZÈS 1965, 79-82). Den Vorwurf einer billigen Versöhnung erhob schon Niketas von Nizäa (de schismatibus 14; PG 120, 717C); dazu MICHEL 1933, 137f.
[332] Zit. n. GRUMEL 1930a, 259,31-34: καὶ οὕτω πιστεύειν ἀνωμολόγησαν καὶ μηδὲν προστιθέναι ἢ ἀφαιρεῖν, τὸν δὲ τοιοῦτον τολμῶντα μετὰ τῆς μερίδος τῶν τῆς ἀληθείας ἐχθρῶν καὶ τῆς ψευδοῦς πλάνης προτατῶν τίθεσθαι.

dem Horos von 879/80, sondern mit can. I dieses Konzils.³³³ Demnach seien die letzten beiden Sitzungen und somit auch die Unterzeichnung des NC *ohne* Filioque Michael Anchialos unbekannt gewesen³³⁴; erst 100 Jahre später habe Job Jasites die umstrittenen Akten zitiert.³³⁵

Aber schon Photius selbst bezeugt die Unterzeichnung durch die Legaten³³⁶; daß er die - in den ersten fünf Sitzungen nicht vermerkte - Unterschrift unter das Bekenntnis mit can. I in Verbindung gebracht und letzteren dadurch doktrinär aufgeladen habe, kann m.E. nicht überzeugen, zumal dies voraussetzt, daß Michael Anchialos die Akten - wären sie ihm zugänglich gewesen - hätte zitieren *müssen*. Schließlich hat DVORNIK anhand eines Traktates des Patriarchen Euthymius (907-912) über die sieben ökumenischen Konzilien gezeigt, daß in Konstantinopel nur wenige Jahre nach der Unionssynode die Akten *einschließlich der actiones VI und VII* bekannt waren.³³⁷ Dann ist freilich zu fragen: Warum fanden diese beiden Sitzungen statt? Die bisherigen Verhandlungen waren ohne Beteiligung des Kaisers abgelaufen, der sich ob des Todes seines Sohnes Konstantin in Trauer befand.³³⁸ Zudem war noch nicht eigentlich vom Glauben die Rede gewesen. Um den Grad an Verbindlichkeit zu erlangen, der für die Rehabilitation des Photius wie für die Erhebung von Nizäa II zum Ökumenischen Konzil notwendig schien, war aber beides erforderlich: Gerade weil Basilius I. der Initiator des annullierten Konzils von 869/70 gewesen war, mußte sich Photius seiner offiziellen Zustimmung versichern³³⁹, weshalb am 3. März

---

333 GRUMEL 1930a, 260,6-12 (mit Verweis auf MANSI XVII, 497DE).
334 GRUMEL 1930a, 263.
335 GRUMEL 1938, 365 (mit Verweis auf Cod. Vindob. theol. graec. 172 [saec. XIV]); cf. BECK 1980, 198.
336 Ep. 291 (III; 150,372-151,378); myst. 89 (PG 120, 380B-381A).
337 Ediert bei DVORNIK 1948, 457,1-38 (nach Ms. Arundel 528 [saec. XV] des British Museum, London); cf. die Erläuterungen aaO., 383-385, sowie die Entgegnung zu der These GRUMELS, es handele sich um Euthymius *II.* (1410-16): DERS. 1958, 38f. Anm. 131. Diese ausführliche Paraphrase bezieht sowohl das Bekenntnis zur Unveränderlichkeit des Glaubenssymbols als auch die Androhung des Anathema gegen Zuwiderhandelnde ein (457,6-10), vor allem aber die vierfache feierliche Selbstverpflichtung der Synode (457,28-33 = MANSI XVII, 516C): τὸν ἄνωθεν ἐκ πατέρων καὶ μέχρι ἡμῶν κατεληλυτότα τῆς ἀκραιφνεστάτης τῶν χριστιανῶν πίστεως ὅρον, καὶ διανοίᾳ καὶ γλώσσῃ στέργομέν τε καὶ πᾶσι τρόποις διαπρυσίως παραγγέλλομεν, οὐδὲν ἀφαιροῦντες, οὐδὲν προστιθέντες κατὰ διάνοιαν ἢ λέξιν, οὐδὲν ἀμείβοντες, οὐδὲν κιβδηλεύοντες. Cf. auch schon HERGENRÖTHER 1867b, 535; seit DVORNIK ist m.W. die Zahl von sieben Sitzungen nicht mehr bestritten worden (zum gegenwärtigen Forschungsstand cf. PERRONE 1993, 192; DAGRON 1994, 193f.).
338 MEIJER 1975, 57; BECK 1980, 112.
339 Dieser Zusammenhang gerät bei MEIJER 1975, 132, aus dem Blick, wenn die Wendung aus der kaiserlichen Rede συναποδεξάμενοί τε καὶ συνεπικύρων (actio VI; 513D) als

880 eine Sitzung im Kaiserpalast stattfand, die nur von den 25 höchsten Repräsentanten des Konzils besucht wurde.[340] Ihr einziges Thema war die Verabschiedung des erwähnten Horos; der Vorschlag dazu kam vom Kaiser selbst, der somit seine traditionelle Rolle als Schirmherr der synodalen Orthodoxie einnahm. Entsprechend konnte Photius zu Beginn der siebten und letzten Sitzung tatsächlich die Ergebnisse - die dogmatische Definition und die Unterschrift des Kaisers - als Kennzeichen der Ökumenizität dem Plenum unterbreiten.[341] Die Annullierung der Vorgängersynode und die Rehabilitation des Patriarchen war durch eine gleichrangige Versammlung geschehen, so daß nun wieder von „einem Leib und einer Herde unter einem Hirten" (521E) geredet werden konnte. Zehn Jahre nach seiner Verurteilung konnte Photius aus dem Mund der römischen Legaten hören: „Wenn jemand ihn nicht als heiligen Patriarchen anerkennt und nicht die Gemeinschaft mit ihm aufnimmt, dann gebührt ihm das Los des Judas, und er möge überhaupt nicht zu den Christen gerechnet werden!"[342]

b) Der Horos und das „Verbot eines anderen Glaubens"

Der Ansatz bei den innerbyzantinischen Diskussionen unter Manuel I. Komnenos wirft freilich eine andere Frage auf: Wenn die Akten bekannt waren - läßt sich ein Grund angeben, weshalb sich Michael Anchialos *nicht* auf sie berief? Nach JUGIE ließ dieser Text die Lateiner in Sachen Filioque in einem so vorteilhaften Licht erscheinen, daß er von den späteren Polemikern nur mit Zögern rezipiert wurde.[343] Der Horos habe nicht eine zeit-

---

Indiz der „independence of a synod" gewertet wird; angemessener wäre von einer *Interdependenz* von Kaiser und Synode zu sprechen.
[340] Actio VI (512B-520B). Die These, daß die allgemeine Validität der Synode die Beteiligung des Kaisers und die Verkündigung einer Glaubensdefinition erfordere, hat JUGIE 1939, 381, vertreten; ähnlich DVORNIK 1948, 194f.; MEIJER 1975, 54.135; BECK 1980, 112; kritisch dazu GRUMEL 1947, 225: Die Definition des Status von Nizäa sei ausreichend für die eigene Dignität.
[341] Actio VII (520D): εὔκαιρόν ἐστιν, ὡς οἶμαι, καὶ τὸν χθὲς ἐκπεφωνημένον ὅρον παρὰ τῆς ἁγίας ταύτης καὶ οἰκουμενικῆς συνόδου, ἅμα δὲ καὶ τὰς βασιλικὰς ὑποσημειώσεις, αἳ τὰς συνοδικὰς ἐπικυροῦσι πράξεις εἰς μέσον προαχθῆναι, καὶ εἰς τὰς ἁπάντων ἀκοὰς ὑπαναγνωσθῆναι.
[342] εἴ τις αὐτὸν οὐκ ἔχει πατριάρχην ἅγιον, καὶ τὴν μετ' αὐτοῦ κοινωνίαν οὐκ ἀσπάζεται, ἔστω ἡ μερὶς αὐτοῦ μετὰ τοῦ Ἰούδα, καὶ μὴ συγκαταταγείη ὅλως μετὰ χριστιανῶν (actio VII; 524C).
[343] JUGIE 1939, 380; dagegen GRUMEL 1938, 361: „La portée antilatine de celui-ci ne saurait faire de doute." DERS. 1947, 230 Anm. 1, verweist auf den Prolog der Konzilsakten im Cod. Paris. graec. 1291: πᾶσαν προσθήκην καὶ πάντα τὰ ἐν τῇ Ῥώμῃ ξένα καὶ νόθα δόγματα λαληθέντα ὡς ἀλλότρια τῆς τοῦ Θεοῦ ἐκκλησίας ἀναθεματίσαντες.

genössische Häresie bekämpft, sondern nach dem Vorbild aller ökumenischen Synoden den Glauben von Nizäa als verbindlich bestätigt. Weder ein Zusatz zum NC noch dessen Pneumatologie sei thematisch gewesen; eine Ergänzung des Symbols sei nicht prinzipiell ausgeschlossen worden.[344]

Gemäß der Initiative des Kaisers zur Formulierung des Horos sollte die wiedergewonnene Einheit durch das Bekenntnis des einigenden Glaubens bekräftigt werden, und zwar nicht durch eine *neue Formel*, sondern durch die *neuerliche Rezeption* des Credos von Nizäa (-Konstantinopel). Damit stellten sich die Konzilsväter in die Tradition der ökumenischen Konzilien:

> „So bedenken und verkündigen wir diese und anerkennen mit Verstand und Zunge die seit jeher von den Vätern bis zu uns überlieferte Richtschnur (ὅρος) des unversehrten Glaubens der Christen und verkünden sie mit weithin vernehmlicher Stimme, wobei wir nichts wegnehmen, nichts hinzusetzen, nichts vertauschen und nichts verfälschen. Denn Wegnehmen oder Hinzufügen ohne eine von den Machenschaften des Teufels motivierte Irrlehre führt zur Geringschätzung des hoch zu Achtenden und zu unentschuldbarem Hochmut gegenüber den Vätern."[345]

Mit dem Glauben der Väter ist das NC gemeint, das anschließend zitiert und vor dessen mutwilliger Verfälschung strengstens gewarnt wird:

> „Wenn aber jemand eine andere Glaubensformel (ἔκθεσις) neben diesem heiligen Symbol, welches von Anfang an von unseren seligen und heiligen Vätern bis zu uns weitergegeben worden ist, zusammenzuschreiben und als Richtschnur des Glaubens zu bezeichnen wagt und damit die Würde des Bekenntnisses jener göttlichen Männer entehrt und mit den Fündlein des eigenen Erfindungsreichtums begründet und dies den Gläubigen oder jenen, die sich gerade von einer Irrlehre abgewandt haben, als allgemeine Lehre vorschreibt, und mit schändlichen Reden oder Zusätzen oder Wegnahmen die Ursprünglichkeit dieser heiligen und gepriesenen Richtschnur zu verfälschen sich erkühnt (gemäß dem schon vor uns verkündeten Beschluß der heiligen und ökumenischen Synoden) - wenn es jemand aus dem Priesterstand ist, verurteilen wir ihn, aus die-

---

[344] JUGIE 1939, 382, faßt seine Untersuchungen dahingehend zusammen, „que les procès-verbaux de la sixième et de septième session du synode de Sainte-Sophie de 879-880 sont bien authentiques et qu'ils ne vise *intentionnellement* ni l'addition du *Filioque* au symbole ni la doctrine que ce mot exprime; qu'ils renferment, au contraire, une clause tout à l'avantage de la théologie latine et opposée à la polémique byzantine postérieure contre les additions au symbole de Nicée-Constantinople".

[345] Οὕτω περὶ τούτων φρονοῦντές τε καὶ κηρύττοντες, τὸν ἄνωθεν ἐκ πατέρων καὶ μέχρι ἡμῶν κατεληλυτότα τῆς ἀκραιφνεστάτης τῶν χριστιανῶν πίστεως ὅρον καὶ διανοίᾳ καὶ γλώσσῃ στέργομέν τε καὶ πᾶσι διαπρυσίῳ τῇ φωνῇ περιαγγέλλομεν, οὐδὲν ἀφαιροῦντες, οὐδὲν προστιθέντες, οὐδὲν ἀμείβοντες, οὐδὲν κιβδηλεύοντες. Ἡ μὲν γὰρ ἀφαίρεσις καὶ ἡ πρόσθεσις, μηδεμιᾶς ὑπὸ τῶν τοῦ πονηροῦ τεχνασμάτων ἀνακινουμένης αἱρέσεως, κατάγνωσιν εἰσάγει τῶν ἀκαταγνώστων καὶ ὕβριν τῶν πατέρων ἀναπολόγητον (516C).

sem endgültig ausgeschlossen zu werden; wenn es aber ein Laie ist, unterwerfen wir ihn dem Bannfluch."[346]

Eindeutig ist hier ein *formuliertes Glaubensbekenntnis* im Blick, eine ἔκθεσις wie diejenige von 325 bzw. 381 oder ein ὅρος wie der vorliegende, worauf das Verb ἀναγράψεσθαι anwendbar ist. Die normative Darlegung des Glaubens ist das NC *als formulierter Text* - in diesem Punkt geht der Horos über seinen Archetyp hinaus, denn in der entsprechenden Definition des Konzils von Ephesus war nur von einer ἑτέρα πίστις die Rede, was den Textgehalt, nicht aber den Buchstabenbestand bezeichnen sollte[347]; erst Chalkedon (451) untersagte konkrete Änderungen bzw. Hinzufügungen im Σύμβολον, aber noch Konstantinopel III (680/81) zitierte N und NC nebeneinander als *sach*identische Texte.[348] Diese „Fündlein" (εὑρεσιολόγιαι) werden im Horos in Anlehnung an die Enzyklika des Photius von 867 beschrieben, wo den Lateinern vorgeworfen wurde, das Symbol „mit falschen Gedanken und unrechtmäßig hineingeschriebenen Worten und mit einem Übermaß an Kühnheit zu verfälschen" (νόθοις λογισμοῖς καὶ παρεγγράπτοις λόγοις καὶ θράσους ὑπερβολῇ κιβδηλεύειν). Daher wurden hier nicht allgemeine Ermahnungen ausgesprochen, sondern die theologischen *monita* von 867 als Schlußpunkt der Unionssynode von 879/80 verkündet. Und diese Mahnung bezog sich eindeutig auf den *Text*

---

[346] Εἰ δέ τις ἑτέραν ἔκθεσιν, παρὰ τοῦτο δὴ τὸ ἱερὸν Σύμβολον, τὸ ἄνωθεν ἐκ τῶν μακαρίων καὶ ἱερῶν πατέρων ἡμῶν μέχρις ἡμῶν διαφοιτῆσαν, τολμήσειεν ἀναγράψεσθαι καὶ ὅρον πίστεως ὀνομάσαι, συλῆσαι τὸ ἀξίωμα τῆς τῶν θεσπεσίων ἐκείνων ἀνδρῶν ὁμολογίας, καὶ ταῖς ἰδίαις εὑρεσιολογίαις τοῦτο περιάψαι, κοινόν τε μάθημα τοῦτο προθεῖναι πιστοῖς, ἢ καὶ τοῖς ἐξ αἱρέσεως τινος ἐπιστρέφουσι, καὶ ῥήμασι νόθοις ἢ προσθήκαις ἢ ἀφαιρέσεσι τὴν ἀρχαιότητα τοῦ ἱεροῦ τούτου καὶ σεβασμίου ὅρου κατακιβδηλεῦσαι ἀποθρασυνθείη, κατὰ τὴν ἤδη καὶ πρὸ ἡμῶν ἐκφωνηθεῖσαν ψῆφον ὑπὸ τῶν ἁγίων καὶ οἰκουμενικῶν Συνόδων - εἰ μὲν τῶν ἱερωμένων εἴη τις, παντελεῖ καθαιρέσει τοῦτον καθυποβάλλομεν, εἰ δὲ τῶν λαϊκῶν, τῷ ἀναθέματι παραπέμπομεν (516E-517A).

[347] Conc. Ephes., actio VI (DH 265 = ACO I 1,7, 105,20-22 SCHWARTZ); dazu oben S. 43 Anm. 5.

[348] Schon Conc. Chalc. a. 451, actio V (ACO II 1,2, 130,4-11 SCHWARTZ) verbot: παραδιδόναι ἕτερον σύμβολον (zit. in Conc. Const. III a. 680/81; ACO² II 2, 776,20-27 RIEDINGER; ähnlich Maximus Confessor, tomus dogmaticus ad Marinum: PG 91, 260BC; expositio recta confessionis: aaO., 465D-468D); cf. Conc. Const. II a. 553 (ACO IV 1, 209,28-35 STRAUB); Conc. Quinisextum, can. I (100,29-101,3 LAUCHERT); Conc. Nic. II a. 787, actio VII/VIII (MANSI XIII, 376C; 412E; 416A). GRUMEL 1947, 227, differenziert zu systematisch zwischen dem „symbole de foi" und dem „ensemble des doctrines définies" bzw. zwischen καινοφωνία und καινοτομία (DERS. 1938, 363). HERGENRÖTHER 1867b, 527f., weist auf ein Zitat des Eulogius von Alexandrien in der *Bibliothek* des Photius hin (cod. 230: V; 31,5-32,33 HENRY), demzufolge das ephesinische Verbot gültig sei, ohne Konstantinopel I oder Chalkedon verdammen zu müssen.

des NC, so daß gegen JUGIE davon auszugehen ist, daß hier die in Bulgarien aufgebrochene Filioque-Kontroverse über die Textintegrität des gemeinsamen Glaubensbekenntnisses zur Sprache kam.[349] Dann handelt es sich aber bei dem Horos tatsächlich um ein *antilateinisches* Manifest, wenn auch nicht um ein spezifisch *antirömisches* - denn die Legaten konnten guten Gewissens diesen Beschluß unterzeichnen, insofern in Rom das NC *ohne* Filioque benutzt wurde.[350] Die Frage nach der *dogmatischen* Legitimität der lateinischen Pneumatologie spielte dagegen auf dem Konzil von 879/80 keine Rolle.[351]

Ein letztes Problem bietet der Horos mit der Parenthese μηδεμιᾶς ὑπὸ τῶν τοῦ πονηροῦ τεχνασμάτων ἀνακινουμένης αἱρέσεως (516C): Wird damit eine Ausnahmeregelung definiert, durch die eben doch eine Ergänzung oder Kürzung des NC möglich sein könnte? Nach JUGIE hätte sich Photius damit selbst einen Freibrief ausgestellt, seine schon 867 vorgetragene pneumatologische Präzisierung - der Geist gehe ἐκ μόνου τοῦ πατρός hervor - im NC-Text zu verankern, wenn sich die lateinische Lehre als

---

[349] So auch BECK 1966a, 211; MEIJER 1975, 185; HAUGH 1975, 126; SIEBEN 1984, 281 Anm. 18; PERRONE 1993, 192. JUGIE 1939, 379, meint dagegen zur konziliaren Praxis des Verbots einer ἑτέρα πίστις: „On n'y trouvera rien de plus et rien de moins, rien qui suggère une arrière-pensée de frapper d'une manière toute spéciale l'addition du *Filioque* au symbole." Anders GRUMEL 1938, 365: „À quelle 'parole fausse' ont pu penser les membres du synode, sinon, bien qu'il ne soit pas nommé, au Filioque, puisqu'il n'y en a pas d'autre qui ait été ajoutée au Symbole, et que déjà il y avait controverse à ce sujet entre Grecs et Latins?" Das kategorische Urteil JUGIES, die Ereignisse im Jerusalemer Ölbergkloster anno 808/809 „ne laissèrent pas de trace dans la littérature théologique byzantine du IXe siècle" (aaO., 383), ist möglicherweise zu differenzieren; immerhin war der damalige Gesandte des Patriarchen, Michael Synkellos, auf seinem Weg nach Rom in Sachen Filioque im Jahr 813 nach Konstantinopel gelangt und dort bis zu seinem Tod am 4.1.846 geblieben (s.o. S. 144f.). Es ist also mindestens denkbar, wenn auch hypothetisch, daß sich Michael und Photius - beide entschiedene Vertreter der Bilderverehrung - begegnet sind.

[350] Gegen GRUMEL 1947, 233, weisen alle Bemerkungen aus dem römischen Kontext darauf hin, daß dort noch dieselbe Linie verfolgt wurde wie zur Zeit Leos III. (so auch HEATH 1972, 111f.; MEIJER 1975, 185f.).

[351] So bereits HERGENRÖTHER 1867b, 516: „Vom Dogma ward in der ganzen Synode geschwiegen"; unzutreffenderweise erklärt neuerdings wieder STRATOUDAKI WHITE 1999, 352: „This was a great victory of Patriarch Photios who fought violently the new heresy of the Double Procession of the Holy Spirit." Auch DRAGAS 1999, 363, unterläuft mit der Behauptung einer dezidiert dogmatischen Verurteilung des Filioque seine eigene Differenzierung „canonical - theological" (360). Gegen MEIJER 1975, 200f., sollte nicht auf „more agreement than we can deduce from the Acts" geschlossen werden: Eine inhaltliche Auseinandersetzung über das Filioque ist nicht nachzuweisen, ebensowenig informelle Diskussionen vor Konzilsbeginn (so aber HAUGH 1975, 138).

hartnäckige Gefährdung des Glaubens entpuppen sollte.[352] Mir scheint jedoch eine andere Lesart wahrscheinlicher: Es war die Hybris der fränkischen Missionare in Bulgarien, die Tradition der Väter zu alterieren, *ohne daß eine „von den Machenschaften des Teufels motivierte Irrlehre" existierte.* Demnach lautet der (implizite) Vorwurf dahingehend, daß es keinen theologischen Grund gab, das überlieferte Symbol zu ändern - im Gegensatz zur Erweiterung von N angesichts der um 381 virulenten pneumatomachischen Herausforderung. M.E. ist diese Erklärung des fraglichen Halbsatzes konsistent mit dem apodiktischen Verbot jeglicher Änderungen am Textbestand, die 879/80 im Anschluß an die Verlesung des Symbols ausgesprochen wird, während die von JUGIE vorgetragene Deutung eher dem römisch-katholischen Konzept einer sukzessiven Dogmenentwicklung entspricht.

c) Die Rezeption der Konzilsentscheidungen durch Johannes VIII.

Der Papst erfuhr durch seine Legaten sowie durch Briefe des Kaisers und des Patriarchen von den Ergebnissen des Konzils.[353] Johannes zeigte sich erstaunt, wie frei mit seinen exakten Anweisungen umgegangen worden sei: „Obwohl wir doch in Schrift und Wort vorgeschrieben haben, wie besonders mit dir barmherzigerweise umgegangen werden sollte, ist es sehr verwunderlich, warum vieles, was wir befohlen hatten, entweder anders erfolgt oder verändert worden zu sein scheint; durch wessen Bemühen oder Nachlässigkeit, wissen wir nicht" (ep. 258; 227,22-228,2). Entsprechend erteilte der Papst seine Zustimmung nur unter Vorbehalt: „Wenn sich erweisen sollte, daß unsere Legaten auf dieser Synode gegen die apostolische Vorschrift gehandelt haben, werden wir diese nicht akzeptieren und müssen ihr jegliche Bestätigung verweigern" (228,15f.). Diese Klausel ist m.E. aber weniger als konkrete Drohung denn als Selbstschutz gegen innerrömische Kritiker anzusehen, denn aus dem Brief an den Kaiser spricht deutlich die Befriedigung über das Erreichte - die Militärhilfe gegen die Sarazenen, die Rückgabe des konstantinopolitanischen St. Sergius-Klosters, vor allem aber, daß „ihr das Bistum der Bulgaren zu unserer Freude dem heiligen Petrus erstattet habt, wie es auch recht war" (229,30f.).[354] Daher konnte es kaum fraglich sein, auch die Wiedereinsetzung des Photius zu akzeptieren,

---

[352] JUGIE 1939, 380.
[353] DÖLGER Nr. 502; GRUMEL Nr. 522; cf. RPR[J] 3322; 3323 (epp. 258; 259; 227,4-228,16; 229,4-230,8).
[354] Daß die römischen Ansprüche in Bulgarien letztlich scheiterten, lag nicht primär an Byzanz, sondern an der Politik der bulgarischen Khans, die beharrlich ihre „Autokephalie" anstrebten und 918 einen Patriarchen installierten, den Konstantinopel 927 anerkannte (DVORNIK 1948, 214; DÖPMANN 1991, 103).

wenn auch nicht ohne eine letzte Spitze gegen den Rivalen: „Wenn du dich bemühst, der heiligen römischen Kirche und unserer Wenigkeit die schuldige Ehrerbietung und Treue zu erweisen, wollen wir dich als Bruder umarmen und als geliebtesten Nächsten achten" (228,11-13). Bis zu Photius' zweiter Abdankung im Jahr 886 gab es keine neuen Verwerfungen zwischen der alten und der neuen Kaiserstadt.[355]

Allerdings existiert ein Schriftstück, in dem Johannes VIII. die Einführung des Filioque in das NC ausdrücklich verurteilt und damit Photius faktisch das Stichwort für dessen Polemik in der *Mystagogia de Spiritu sancto* liefert. Der fragliche, nur auf griechisch erhaltene Brief „Οὐκ ἀγνοεῖν" richtet sich an Photius als Patriarchen und wäre demnach zwischen 880 und 882 geschrieben. Es wird bestätigt, daß die römische Kirche das Symbol unversehrt bewahrt habe[356], auch wenn zuzugeben sei, daß einige Bischöfe sich nicht so streng an die kanonischen Vorschriften hielten (228,32-34). Festzuhalten sei aber unzweifelhafterweise,

> „daß über diesen Artikel, durch welchen das Ärgernis inmitten der Kirchen Gottes entstanden ist, bei uns Übereinstimmung herrscht, daß man nicht nur nicht so reden darf, sondern daß wir auch diejenigen, welche dies in ihrer Tollheit zuerst zu tun wagten, als von den göttlichen Reden Abgefallene beurteilen und als Verfälscher der Gottlehre des

---

[355] GRUMEL Nr. 536; cf. SCHATZ 1991, 116f. mit Anm. 58; GEMEINHARDT 2001b, 29f., und bereits DVORNIK 1966a, 321: „Even the Roman curia had accepted the decisions of the council which had restored Photius, and which continued to recognize as ecumenical councils binding all Christians, only the seven primitive synods." Erst seit dem 11. Jh. wurde das Konzil von 869/70 in Rom als *achte* ökumenische Synode gezählt (cf. STIERNON 1975, 212; DVORNIK 1948, 309-330; 1966a, 321-327): Die Kanonisten der gregorianischen Epoche stießen bei der Suche nach Argumenten für die Unabhängigkeit der binnenkirchlichen Pfründenvergabe auf die Synoden des „photianischen Schismas" und besonders auf can. XXII, der das Eingreifen weltlicher Machthaber bei der Bischofswahl untersagte (s.o. S. 241). Um der Rezeption dieses Kanons Nachdruck zu verleihen, besann man sich auf die „Ökumenizität" der Synode.- Daß es ein zweites „photianisches Schisma" gegeben habe, hat DVORNIK 1948, 216-236, als Legende erwiesen, die der sogenannten „antiphotianischen Sammlung" (MANSI XVI, 409-457) entstammt, welche unter dem Pontifikat des Formosus (891-896) kompiliert wurde: Danach soll Johannes VIII. erneut den Bann gegen Photius ausgesprochen haben, ebenso seine Nachfolger Marinus (882-884), Hadrian III. (884/85) und Stephan V. (885-891), so daß das Schisma bis zur endgültigen Beilegung der Streitigkeiten im Jahre 899 unter Johannes IX. bestanden habe. Tatsächlich spiegeln sich in der antiphotianischen Sammlung aber die *innerbyzantinischen* Auseinandersetzungen, die immer noch zu Polarisierungen führten (zustimmend BECK 1980, 114; PERRONE 1993, 193).

[356] RPR(J) 3369 = ep. 258a (227,37-40): Καὶ γὰρ ἡ σὴ ἀδελφότης ἐπίσταται ὡς, ὅτε παρεγένετο πρὸς ὑμᾶς ὁ μικρῷ πρότερον ἀποσταλεὶς παρ' αὐτῆς, περὶ τοῦ ἁγίου συμβόλου ἡμᾶς ἐδοκίμασεν, εὗρεν ἀπαράτρωτον, καθὼς ἀρχῆθεν παρεδόθη ἡμῖν διατηροῦντας καὶ μήτε προστιθέντας τι ἢ ἀφαιροῦντας, ἀκριβῶς εἰδότας, ὡς τοῖς τὰ τοιαῦτα τολμῶσι βαρεῖα καταδίκη ἀναμένουσα ἀπόκειται.

Herrn Christus und der Apostel und der übrigen Väter, die nach synodalem Brauch zusammenkamen und das heilige Symbol überlieferten; und jene stellen wir dem Judas gleich, weil sie Vergleichbares wie dieser gewagt haben: Zwar haben sie nicht den Leib des Herrn dem Tod überantwortet, aber die Gläubigen, die wie die Glieder seines Körpers sind, haben sie gespalten und voneinander getrennt und so in den ewigen Tod getrieben, vor allem aber sich selbst, wie es jener falsch redende Jünger tat, der sich erhängte" (227,41-228,24).

Jegliche Verantwortung für den „neuen Artikel" wird also vehement zurückgewiesen; alle, die so reden, hätten als Schismatiker zu gelten. Der Papst verspricht seinem Amtsbruder: „So gut ich kann, will ich mich bemühen, die Münder dieser böswilligen Männer zu stopfen" (227,34)[357] - es sei aber schwierig, seine Amtsbrüder von der Verwerflichkeit ihres Tuns zu überzeugen, und so müsse er mit Fingerspitzengefühl (μετὰ ἐπιεικείας καὶ οἰκονομίας: 228,29f.) vorgehen.

Die Echtheit dieses Briefes ist allerdings aus äußeren wie aus inneren Gründen bezweifelt worden: So findet er sich nicht im Register Johannes' VIII., sondern nur in den Akten der Synode von 879/80; zudem zitiert ihn kein griechischer Polemiker vor dem 14. Jahrhundert.[358] Daß der Zusatz erst vor wenigen Jahren eingeführt worden sei (228,27f.), trifft zwar zu; gegen die *Lehre* des Filioque hatte sich aber keiner seiner Vorgänger gewandt. Vor allem aber bezeugt Photius zwar die Unterzeichnung des Symbols durch die Legaten - deren Unterschrift könne Gültigkeit besitzen, „als ob jener [sc. Johannes] selbst zugegen gewesen wäre" (ὡς αὐτοῦ παρόντος ἐκείνου) -, nicht aber einen solchen Brief.[359] Daß ihm in Sachen Filioque ein eigenes Schreiben des Papstes zugegangen ist, ist damit m.E. auszuschließen. Es ist vielmehr eine Fälschung aus späterer Zeit zu unterstellen, derzufolge die Ergänzung des Symbols die Abkehr von den heiligen Vätern bedeute (227,44), so daß einem Papst die explizite Verurteilung der Interpolatoren in den Mund gelegt wird. Diese Entschiedenheit geht über den *status quo* der frühen 880'er Jahre hinaus; die ausdifferenzierte Filioque-Kontroverse, die der fingierte Brief voraussetzt, war gerade erst als theologisches Problem aufgeblitzt.

---

[357] Diese Formulierung erinnert an den Auftrag des Jerusalemer Patriarchen an Michael Synkellos bei dessen Fahrt nach Rom (s.o. S. 144).

[358] Erst Markus von Ephesus machte auf dem Florentiner Konzil argumentativen Gebrauch davon (HERGENRÖTHER 1867b, 542 mit Anm. 92; zur Kritik an der Echtheit cf. aaO., 541-551; ebenso PALMIERI 1913b, 2318). Zugunsten der Echtheit äußerte sich zuletzt HAUGH 1975, 128-130.

[359] Ep. 291,25 (III; 151,374f.); cf. myst. 89 (PG 102, 380B-381A).

3.2. Das Filioque im theologischen Spätwerk des Photius

3.2.1. Der Brief an den Erzbischof von Aquileia

Das Filioque-Problem war auf dem Konzil von 879/80 zwar hinsichtlich des NC-Textes auf höchster Ebene thematisiert, theologisch jedoch noch keineswegs gelöst worden. Daß Photius anderthalb Jahrzehnte nach der Enzyklika das Thema des Hervorgangs des Heiligen Geistes wieder aufnahm, bezeugt ein Brief von ca. 883/84 an den Patriarchen von Aquileia.[360] Ein Gesandter dieses Bischofs war in Konstantinopel mit Photius zusammengetroffen und hatte dem Patriarchen berichtet, daß im Westen nach wie vor der Ausgang des Heiligen Geistes aus Vater *und* Sohn behauptet wurde.[361] Die Formulierung des Tatbestandes entsprach sachidentisch der Klage von 867, nämlich „daß einige aus dem Westen heimlich einführen, der göttliche und allheilige Geist gehe nicht allein aus Gott dem Vater, sondern auch aus dem Sohn hervor."[362] Diese „Pseudotheologen", die schon

---

[360] Zu diesem Brief (im folgenden lediglich mit Angabe der Seiten- und Zeilenzahl zitiert) cf. HERGENRÖTHER 1867b, 634-643; JUGIE 1939, 373-375; HAUGH 1975, 131-139. Die Urteile divergieren stark; cf. HERGENRÖTHER 1867b, 643: „Die Argumentation ist ebenso schlecht geordnet wie spitzfindig" und erweise den „stolzen Lehrton des Byzantiners, der sich für das Seelenheil der Abendländer besorgt zeigen will"; ähnlich JUGIE 1936, 300: „Illam autem non ex divinae Revelationis fontibus, sed potius, ex humano ratiocinio et dialecticae ope examinans ac perpendens, in conceptum haereticum mysterii Trinitatis sensim delapsus est, eo facilius quod tunc theologia graeca"; dagegen STRATOUDAKI WHITE 1981, 93: „The letter is a monument to Photios and to his extensive knowledge of Christian theology and beliefs." Zur Datierung: Johannes VIII. ist bereits verstorben (151,374: τοῦ ἐν ἁγίοις Ἰωάννου πάπα); Hadrian III. wird nicht erwähnt (anders myst. 89; s.u. S. 278 Anm. 384), so daß der Brief zur Zeit des Marinus (882-884) entstanden ist. Der Adressat ist nicht mehr sicher zu ermitteln, da es seit dem 6. Jahrhundert zwei „Patriarchate" von Aquileia gab; einiges spricht für Walpert von Aquileia, der in Cividale residierte, weniger dagegen für Palladius von Grado (dazu HERGENRÖTHER 1867b, 640f.; HAUGH 1975, 131 Anm. 2).

[361] Gelegentlich ist ventiliert worden, ob Photius' Argumentation hier und in der *Mystagogia* auf der Kenntnis der Traktate des Ratramnus und des Aeneas basiert: HERGENRÖTHER 1867b, 643, erwägt dies als Möglichkeit, DRÄSEKE 1909, 414, sieht die Kenntnis der Argumentation des Ratramnus für gesichert an, insofern Photius „*dieselben Schriftstellen*, welche auf griechischer Seite bisher kaum erwähnt, *Ratramnus* zum Beweis für die abendländische Lehre herangezogen, in seiner Art berücksichtigte"; bereits HERGENRÖTHER 1867b, 642-644. Nach HAUGH 1975, 121, wären *alle* lateinischen Apologien im Osten bekannt gewesen (sogar das [nichtexistente!] Buch Odos). Wie die kursorische Analyse zeigen wird, liegen jedoch keine Hinweise auf eine Vertrautheit mit der lateinischen Theologie vor, die über dogmatische Schlagworte und klassische pneumatologische Bibelstellen hinausginge.

[362] ὡς τινες τῶν ἀνὰ τὴν δύσιν τὸ θεῖόν τε καὶ πανάγιον πνεῦμα οὐ μόνον ἐκ τοῦ θεοῦ καὶ πατρός, ἀλλὰ καὶ ἐκ τοῦ υἱοῦ ἐκπορεύεσθαι παρεισάγουσι (140,45-47);

große Verwirrung unter den Gläubigen angerichtet hätten, gingen sehenden Auges dem Gericht entgegen, „weil sie den Geist erniedrigen, indem sie tatsächlich als Dogma behaupten, er gehe aus dem Sohn hervor, und durch diesen zweiten Hervorgang gegen ihn freveln und damit auch den einen Hervorgang verspotten."[363] Damit lassen sich drei theologische Aspekte der Anklage gegen die westlichen Theologen unterscheiden: Diese lästern den göttlichen Geist,

- insofern sie ihn dem Sohn subordinieren,
- indem sie das allein dem Vater vorbehaltene Bewirken der ἐκπόρευσις dem Sohn zusprechen (und dies als verbindliches Dogma definieren[364]),
- womit sie die genuine Ursprungsweise des Geistes verdoppeln.

Wenn die „Verfälschung" und „Neuerung" näherhin darin besteht, „den Sohn neben dem Vater als zweite Ursache für den in gleicher Herrlichkeit mit dem geborenen Sohn aus dem Vater hervorgehenden Geist einzuführen" (δεύτερον αἴτιον εἰσάγειν παρὰ τὸν πατέρα τὸν υἱὸν τοῦ ὁμοτίμως τῷ γεννηθέντι υἱῷ ἐκ τοῦ πατρὸς ἐκπορευομένου πνεύματος; 142,86f.), dann erweist vor allem das Stichwort der Homotimie das NC als impliziten Kanon der Orthodoxie, werden doch hier Sohn und Geist durch ihre Ursprungsweisen *aus dem Vater* charakterisiert, d.h. durch γέννησις respektive ἐκπόρευσις, die untereinander in keiner - formulierten - Beziehung stehen.[365] Damit wird bei Photius aus einer *nicht thematisierten* auf eine *nicht existente* Relation geschlossen. Unter dieser hermeneutischen Prämisse gewinnen die biblischen Belegstellen erst ihre „antifilioquistische" Logik[366]: Wenn nach Gal 4,6 Gott „den Geist seines Sohnes in unsere Her-

---

cf. ep. 2 (I; 43,106f.). Das berühmt-berüchtigte „photianische μόνος" begegnet im Brief nach Aquileia nur hier, wo die Enzyklika fast wörtlich zitiert wird. Ein buchstäbliches Äquivalent aus patristischer Zeit bietet - in christologischem Kontext - die 4. Sirmische Formel von 359 (Athanasius, syn. 8,4; Werke II/6, 236,28f. OPITZ); ähnlich Conc. Arim. (bei Hieronymus, c. Lucif. 17; PL 23, 179B): *„ex solo Patre"*; cf. GEMEINHARDT 1999, 159 mit Anm. 49. Ἐκ τοῦ θεοῦ καὶ πατρός (so z.B. bei Kyrill von Alexandrien, ep. III 10 ad Nestorium; ACO I 1,1, 39,23 SCHWARTZ) fungiert in der Übersetzung *ex deo et patre* (ACO I 2, 50,4 nach der *Coll. Salzburgensis*) bzw. *ex deo patre* (ACO I 5, 241,29 nach Dionysius Exiguus) im Umfeld des Konzils von Aachen 809 gerade als Argument *für* das Filioque: decr. Aquis. 4 (MGH.Conc. II/Suppl. II, 238,21); Arn, test. 16 (262,9); Smaragd, proc. 22 (310,5); Theodulf, proc. 9 (335,15); Heito, proc. 11 (390,8).

[363] ὡς ταπεινοῦντες τὸ πνεῦμα, οἷα δὴ ἐκ τοῦ υἱοῦ δογματίζοντες ἐκπορεύεσθαι, καὶ δευτέρᾳ προόδῳ αὐτὸ μὲν ἐνυβρίζοντες, χλευάζοντες δὲ καὶ τὴν μίαν ἐκπόρευσιν (141,59-62).

[364] Zum Verb δογματίζειν cf. 141,60; 143,120.134; 144,174f. u.ö.

[365] So auch OBERDORFER 2001, 160.

[366] Cf. ep. 291,8 (142,108-110) zu Joh 15,26: Πρῶτον μὲν γάρ, ὡς εἴρηται, τὴν κυριακὴν ἔχει φωνὴν λαμπροτέραν πάσης λαμπηδόνος ἐξαστράπτουσαν τὴν ἐκ τοῦ

zen sandte", dann sei damit die innertrinitarische Zusammengehörigkeit von Sohn und Geist angesprochen, deren einzige Differenz in der Weise des Hervorgehens liege:

> ἔστι γὰρ τὸ πνεῦμα τοῦ υἱοῦ, ἐπεὶ μηδ' ἀλλότριον μηδ' ἀντιφθεγγόμενον αὐτῷ μηδ' ἀντινομοθετοῦν ὤφθη ποτέ, ἀλλ' ὥσπερ τῆς αὐτῆς οὐσίας καὶ δυνάμεως, οὕτω καὶ τῆς βουλῆς καὶ γνώμης καὶ τῆς αὐτῆς ὁμοίως πρὸς τὸ ἕν, ἐξ οὗ τὸ μὲν γεγέννηται, τὸ δὲ ἐξεπορεύθη, συννεύσεως (144,166-169).

Geist des Sohnes zu sein bedeute daher nicht, auch aus dem Sohn hervorzugehen, sonst könne man einer doppelten Absurdität nicht entrinnen: Analog dazu müsse auch der „Vater des Sohnes" aus diesem hervorgehen (144,174f.); andererseits gebe es zahllose Hervorbringer des Geistes, der auch als σοφίας πνεῦμα καὶ γνώσεως καὶ συνέσεως καὶ δυνάμεως (144,177f.) tituliert werde. Entsprechend wird Joh 16,14: „Jener wird von dem Meinen nehmen" als Explikation von Joh 15,26 interpretiert, so daß der Vater als Ursprung dessen, was des Sohnes ist und was der Geist von diesem empfängt, prädiziert wird: „Er sagt nämlich nicht: 'von mir' (ἐξ ἐμοῦ), sondern: 'von dem Meinen' (ἐκ τοῦ ἐμοῦ) und meint damit: [von dem] des Vaters; daher sollten sie nicht wollen, daß etwas anderes neben dem Vater und dem Geist sei und des Sohnes genannt werde" (146,221-224).

Das systematische Argument entfaltet diesen singulären innertrinitarischen Ursprung: Wenn der Heilige Geist aus dem Vater hervorgeht, kann er *nicht auch aus dem Sohn* hervorgehen – sonst gäbe es *zwei Ursachen* in der Trinität, was absurde Denkkonstrukte implizierte:

- *Zerteilung der Monarchie:* Die Ordnung von „eins" und „zwei" würde umgekehrt – statt einem Anfang gäbe es deren zwei, aber nur ein „Resultat" und damit nicht mehr den einen Urgrund der Dreieinigkeit (ἡ ἐν τῇ τριάδι μοναρχία: 143,120f.).[367]
- *Zuschreibung einer Unvollkommenheit:* Der Hervorgang des Geistes aus dem Vater wäre nicht vollkommen, sondern bedürfte der Unterstützung durch den Sohn (143,124-126). Damit würde der göttlichen Trinität etwas Unvollkommenes zugeschrieben; zudem ginge der Geist aus zwei Unvollkommenen hervor und müsse selbst als unvollkommen gelten.[368]

πατρὸς τοῦ πνεύματος ἐκπόρευσιν. JUGIE 1939, 373, beschreibt dieses Verfahren zutreffend: „C'est sa tactique, en effet, de considérer comme partisan de sa doctrine de la procession du Saint-Esprit du Père seul quiconque affirme simplement, à la suite du symbole, que le Saint-Esprit procède du Père."

[367] Ep. 291,8 (143,121-123): δύο γὰρ φανερῶς τοῖς οὕτω λέγουσι τὰ αἴτια συνανακηρύσσεται, ἐξ ὧν καὶ ἡ μία ἀρχὴ εἰς δύο ἀρχὰς... συνδιασχίζεται.

[368] Ep. 291,9 (143,128f.): ἔπειτα δὲ καὶ ἐκ δύο πάλιν ἀτελῶν τὸ τελειοποιὸν πνεῦμα συγκατεσκεύασεν, ναὶ δὴ καὶ σύνθετον ἀπετέλεσεν ὡς ἐκ δύο τινῶν αἰτίων.

- *Genetische Linearität:* In die Trinität würde eine Ordnung eingeführt, die drei „Generationen" umfasse, insofern der Geist als Hervorbringung des Gezeugten, d.h. als Nachkomme des Sohnes und als Enkel (υἱώνος) des Vaters aufzufassen sei (143,132-136).
- *Temporale Subordination:* Zwischen Zeugung und Hervorgang könne es keinen zeitlichen Abstand geben - alle drei göttlichen Personen seien gleichewig (145,184f.). Durch das Filioque könne aber zwischen den Hervorgehensweisen nicht mehr sinnvoll differenziert werden, so daß der Geist als gezeugt betrachtet werden müsse, wolle man nicht seine temporale Subordination unter den Sohn behaupten (πάντως τὸ πνεῦμα νεώτερον τῆς τοῦ υἱοῦ γεννήσεως ἀναγκάσει ὑποστήσασθαι: 144,149f.).
- *Duplizität der Geister:* Wenn der Geist zugleich aus Vater und Sohn hervorgehe, dann sei er analog zu den hervorbringenden Hypostasen zu bestimmen, „und statt einem gäbe es für sie zwei Geister (καὶ δύο ἀνθ' ἑνὸς αὐτοῖς ἔσται τὸ πνεῦμα), deren einer aus dem Vater, deren anderer aber aus dem Sohn hervorgeht" (145,187f.).[369]

Die Vorgehensweise besteht demnach in einer *reductio ad absurdum* - ausgehend von einer kontradiktorischen Disjunktion zwischen Zeugung des Sohnes und Hervorbringung des Geistes auf der Basis der Monarchie des Vaters wird die gegnerische Position zu Extremformulierungen zugespitzt, die offensichtlich widersinnig erscheinen, philosophischen Axiomen widersprechen oder bekannte Häresien implizieren. Leitend ist die *terminologische* Engführung von ἐκπόρευσις, dessen Intension in Joh 16,14 scharf von λαμβάνειν abgegrenzt und ausschließlich auf die Existenzform der individuellen Hypostasen bezogen wird: ἄλλο γάρ ἐστι τὸ λαμβάνειν καὶ ἀπαρύεσθαι ἀφ' ἑτέρας ὑποστάσεως ἑτέραν ὑπόστασιν καὶ ἄλλο τὸ πρὸς οὐσίωσίν τε καὶ ὑπόστασιν ἐκπορεύεσθαι (146,238-240).

Neben die theologische Diskussion trat beim Gegner offenbar die Berufung auf die Väter:

> „Freilich sagen sie: Auch der große Ambrosius und Augustinus und Hieronymus und manche, die diesen ebenbürtig sind und ihnen gleichkommen, die einen berühmten Namen haben gemäß ihrer Tugend und der Vorbildlichkeit des Lebens, haben in ihren vielen Schriften dargelegt, daß der Geist aus dem Sohn hervorgeht; und man muß diesen vertrauen und ebenso reden und denken und nicht die Väter entwürdigen, als wären sie einer häretischen Meinung verfallen" (146,245-147,249).

---

[369] Cf. ep. 291,12 (145,190-193); ebenso gelte für die Wirklichkeit Gottes (c. 13; 145,201-203): καὶ ἐπὶ τῶν παντελῶς δὲ κεχωρισμένην λαχόντων τὴν ὑπόστασιν ὁ αὐτὸς εἱρμὸς τῆς θεωρίας διασῴζεται.

Für Photius' Väterhermeneutik ergeben sich damit zwei Problemkreise, die auf der Vorstellung der *einen* Tradition der Kirche, d.h. einer gemeinsamen „Wolke der Zeugen", basieren:

a) *Sind die (lateinischen) Väter theologischen Irrlehren erlegen?*
Zunächst betont Photius: Nur wenige Väter hätten dies gesagt - unzählige (μυρίοι) seien dagegen den ökumenischen Synoden und deren Dekreten gefolgt.[370] Das synodale Argument nimmt eine wichtige Rolle ein: „Die Beschlüsse der heiligen Synoden widerlegen diejenigen, die anderes als die Lehre des Herrn behaupten" (150,347f.). Obwohl also einige Väter den Hervorgang des Geistes aus dem Sohn lehrten, wäre es ein Trugschluß, zu glauben, man würde *ohne* das Filioque gegen die Väter freveln. Vielmehr werde der Frevel durch die pneumatologische Häresie noch vergrößert, denn die Väter hätten diese nie vorgeschrieben.[371] Daher seien nicht sie als Häretiker anzusehen, sondern die, die sich in ihrem Namen gegen Christi Lehre stellten (147,262-265).

b) *Wie ist mit offenkundigen Irrtümern im Schrifttum der Väter umzugehen?*
Photius' Argument läuft darauf hinaus, im Lichte der Verdienste der Väter über singuläre Verfehlungen hinwegzusehen. Die Lateiner erwiesen sich als „Schüler Hams", indem sie die Blöße ihrer Väter aufdeckten (cf. Gen 9,22f.). Dagegen gelte: „Welche aber von der Kirche genährt wurden und die heiligen Lehren nicht vergessen haben, die bemühen sich, wie Sem und Japhet die väterliche Blöße zu bedecken" (147,275-277). Da jene Väter lange verstorben seien, könnten sie sich gegen die Anklage nicht mehr verteidigen[372]; vor allem aber hätten sie sich in der Freimütigkeit ihres Redens zu Spitzenaussagen verstiegen, „was uns weder zu sagen noch zu tun erlaubt ist" (148,290f.). Denn man könne im Denken irren oder etwas um der Liebe (οἰκονομία) willen sagen, man könne Zwängen durch die Ungläubigen unterliegen oder einfach von menschlicher Unkenntnis (ἀγνοία) mißgeleitet werden.[373] Aufgabe der

---

[370] Ep. 291,16 (147,250-255).- STRATOUDAKI WHITE 1981, 93, hebt Photius' „broad knowledge of the Scriptures, and Western theology" hervor; tatsächlich begegnet jedoch kein einziges Zitat eines westlichen Kirchenvaters!

[371] Ep. 291,16 (147,259f.): οὐ γὰρ οὑμενοῦν οὐδαμοῦ τοῦτο φθέγξασθαι κατεδέξαντο.

[372] Ep. 291,22 (149,339-150,344). Mit diesem Grundsatz verteidigte Photius 867 - nach Metrophanes - den abwesenden Papst Nikolaus I., eine Behandlung, die ihm selbst von Rom nicht zuteil wurde (cf. MANSI XVI, 34AB). Allerdings wurde schon von Konstantinopel II (553) ausdrücklich die Möglichkeit erwogen und konzediert, einen Häretiker auch *post mortem* zu verurteilen (actio V; ACO IV 1, 100,32-104,28 STRAUB).

[373] Nicht zuletzt sei das Beispiel des Paulus maßgebend, der um seines Missionsauftrages willen sich reinigte und sich scheren ließ (Apg 18,18; 21,21-24) und die neugegründete Gemeinde „mit Milch, nicht mit Brot ernährte" (1 Kor 3,2; cf. ep. 291,19; 148,291-293).

Gegenwart sei es, hier sorgfältig zu unterscheiden und nicht das, was zu bestimmten Zeiten nützlich gewesen sein mochte, als allgemeines Dogma zu behaupten (148,295-300).[374] So müsse auch mit den Vätern im Geiste der οἰκονομία verfahren werden, die „aus irgendeinem uns jetzt unbekannten Grund" das Filioque vertraten: Wenn sie zu Lebzeiten nicht angeklagt und verurteilt worden seien, dann mögen sie „aufgrund der Strahlkraft ihres Lebens und der Ehrfurcht vor der Tugend sowie der Untadeligkeit ihrer Frömmigkeit" (148, 305f.309f.) im Kreis der Väter memoriert werden, ohne daß man ihren irrigen Meinungen folgte.[375]

Maßgebend für diese milde Vorgehensweise ist „der Chor gotterfüllter Männer, der jede Zählung übersteigt, von denen auch die oben erwähnten Bischöfe Roms gelehrt wurden und [von denen diese] durch die entfaltete Lehre des heiligen Glaubens das unveränderliche Dogma von der triadischen Wesensgleichheit empfangen haben, so daß sie [dies] allen im Westen weitergegeben haben" (150,355-359). Rom wird also in die Wolke patristischer Zeugen eingeordnet. Hervorgehoben wird besonders Leo I. mit seinem *Tomus ad Flavianum*, „in welchem er auch verkündete, daß der Heilige Geist gemäß den vorhergehenden synodalen Beschlüssen aus dem Vater, nicht aber ebenso aus dem Sohn hervorgehe" (141,73-75).[376] Maßgeblich ist

---

[374] Hier klingt der Grundsatz nach, mit dem die „außerordentliche" Legitimität des Patriarchates des Photius auf der Synode von 879/80 begründet wurde (s.o. S. 257).

[375] Cf. auch ep. 291,20 (149,315-320): Ἡμεῖς δέ, ἐπεὶ καὶ ἄλλους τινὰς τῶν μακαρίων ἡμῶν πατέρων καὶ διδασκάλων ἐν πολλοῖς πολλάκις τῆς ἀκριβείας τῶν ὀρθῶν δογμάτων παρενεχθέντας καταλαμβάνοντες, τὸ μὲν παρενεχθὲν οὐ προσιέμεθα, τοὺς ἄνδρας δὲ ἀσπαζόμεθα, οὕτω καὶ τοὺς εἴ τινες ὑπενέχθησαν εἰπεῖν τὸ πνεῦμα ἐκ τοῦ υἱοῦ ἐκπορεύεσθαι, τὸ μὲν παρὰ τὴν δεσποτικὴν φωνὴν οὐ δεχόμεθα, ἐκείνους δὲ τῆς τῶν πατέρων ἀγέλης οὐκ ἀποκρίνομεν.- Als Beispiel (149,321-326) wird Dionysius von Alexandrien angeführt, dem vorgeworfen wurde, das ὁμοούσιος geleugnet zu haben (cf. Athanasius, decr. Nic. syn. 26,2-7 [Werke II/1, 22,1-23,16 OPITZ]; dazu LIETZMANN 1953a, 80-85; BIENERT 1997a, 148-150), weiterhin der Origenist Methodius von Olympus (cf. bibl. cod. 234-237; V, 83,2-141,17 HENRY; dazu BEYSCHLAG 1988, 253f.; RITTER 1999, 135f.), Irenäus von Lyon (cod. 120; II, 94,32-95,22 HENRY) und Papias von Hierapolis, den Euseb von Caesarea als „Kleingeist" titulierte (σφόδρα γάρ τοι σμικρὸς ὢν τὸν νοῦν; h. e. III 39,13 [GCS Euseb I, 290,11 SCHWARTZ]). Die Genannten gelten nach Photius als ἄνδρας ὄντας ἀποστολικοὺς καὶ τοῖς τοῦ βίου τρόποις τὸ θαυμάσιον ἐξαστράπτοντας - ἀλλ᾿ οὖν ἐν οἷς γε τῆς ἀληθείας ὠλιγώρησαν καὶ παρηνέχθησαν φθέγξασθαι ἀπ᾿ ἐναντίας τοῦ κοινοῦ καὶ ἐκκλησιαστικοῦ δόγματος, ἐν τούτοις μὲν οὐχ ἑπόμεθα, τῆς πατρικῆς δὲ τιμῆς καὶ δόξης οὐμενοῦν αὐτῶν περικόπτομεν (149,327-331).

[376] Cf. Conc. Chalc. a. 451 (coll. epp. B 20; ACO II 1,2, 62,14-18 SCHWARTZ). Die Akklamation in actio III (aaO., 81,24-30), mit der die Synode auf die Verlesung des *Tomus ad Flavianum* reagierte, steht im Hintergrund, wenn Photius den Papst als ὁ κατὰ τὴν τετάρτην καὶ οἰκουμενικὴν ἁγίαν σύνοδον ἐκλάμψας Λέων (150,359f.) anspricht

also seine Übereinstimmung mit den schon bestehenden Synodalbeschlüssen - eine römische Definitionsgewalt ist keinesfalls impliziert. Dem entspricht der Hinweis auf Leo III., der „den Christen des Westens auftrug, die heilige Trinität *ausschließlich in griechischer Sprache* zu bekennen und theologisch zu reflektieren, damit der unbefleckte Gegenstand der Rechtgläubigkeit niemals in irgendeiner Weise durch die Sprache der Barbaren verfälscht würde"[377]. Die von ihm angebrachten Silberschilde mit dem Text des NC stünden allen Christen als Warnung vor Augen, den überlieferten Glauben nicht eigenmächtig zu verändern.[378] Wenn auch in Rom das Symbol keineswegs in griechischer Sprache rezitiert wurde, so kommt hier doch Photius' Bewußtsein zum Ausdruck, die Autorität der Päpste in Anspruch nehmen zu können. „die dasselbe dachten wie die katholische und apostolische Kirche und die heiligen Bischöfen vor ihnen und die apostolischen Zeugen."[379]

In diese „Wolke der Zeugen" wird Hadrian I. eingeschlossen, „der sich als weise und umsichtig denkend erwies, daß der Heilige Geist aus dem Vater, nicht aber aus dem Sohn hervorgeht" (150,364f.).[380] Allerdings unterschlägt Photius die von Tarasius *coram synodo* bezeugte - und von Hadrian gegen die Karolinger verteidigte! - Denkmöglichkeit der *Beteiligung des Sohnes am Hervorgang des Geistes* (δι' υἱοῦ), was gegenüber der scharfen Disjunktion zwischen beiden Hervorgehensweisen bei Photius eine vermittelnde Position darstellen würde.[381] Die Rechtgläubigkeit Roms erwiesen schließlich die päpstlichen Gesandtschaften nach Konstantinopel; jedesmal habe sich völlige Übereinstimmung in der Pneumatologie gezeigt, vor allem anläßlich der jüngsten Unionssynode:

(cf. GEMEINHARDT 2001b, 18f.). Diese Passage wird nach der Fassung des Rusticus (actio II; ACO II 3,2, 15,1-6 SCHWARTZ) in den Akten des Konzils von Aachen 809 *zugunsten* des Filioque zitiert: Arn von Salzburg, test. 20 (MGH.Conc. II/Suppl. II, 264,11-16 WILLJUNG); danach auch in decr. Aquis. 8 (240,7-11).

[377] Ep. 291,5 (141,77-80): ὡς ἂν κατὰ μηδένα τρόπον μηδαμῶς παραχαράττοιτο βαρβάρῳ γλώσσῃ τὸ ἄχραντον ἡμῶν τῆς εὐσεβείας μάθημα, Ἑλληνίδι φωνῇ, ὥσπερ δὴ καὶ κατ' ἀρχὰς εἴρηται, τοῖς ἐν τῇ δύσει δι' αὐτοῦ δοξολογεῖν καὶ θεολογεῖν τὴν ἁγίαν τριάδα παραδέδωκεν. Diese Behauptung verbindet Photius in myst. 87 (PG 102, 376A-377A) mit Leo IV. (s.u. S. 288).

[378] Ep. 291,5 (141,80-142,87); zu diesen Tafeln s.o. S. 163f.

[379] (τὰ αὐτὰ φρονοῦντες τῇ καθολικῇ καὶ ἀποστολικῇ ἐκκλησίᾳ καὶ τοῖς πρὸ αὐτῶν ἁγίοις ἀρχιερεῦσι καὶ τοῖς ἀποστολικοῖς θεσπίσμασιν; 141,68f.). Cf. BECK 1966a, 214: „Rom wird zum Eideshelfer des Photios."

[380] Cf. MANSI XII, 1078E. Hadrian und Tarasius hatten auch Johannes VIII. als Bild des versöhnten Miteinanders gedient (ep. 208: MGH.Epp. VII; 178,12-17 CASPAR; positive Rezeption: MANSI XVII, 405B).

[381] Darauf weisen zurecht ESSER 1960, 45, und BECK 1966a, 215, hin.

„Als eine Synode wegen einiger kirchlicher Fragen zusammenkam, haben die von dort [sc. aus Rom] durch den unter den Heiligen befindlichen Johannes entsandten Stellvertreter - als ob jener selbst anwesend gewesen wäre und mit uns die Rechtgläubigkeit bedacht hätte! - das Symbol des Glaubens, das von allen ökumenischen Synoden gemäß der Lehre des Herrn sowohl verkündigt als auch bekräftigt wurde, wie völlig Gleichdenkende in Stimme und Zunge mit eigenhändiger Schrift unterzeichnet."[382]

Da die römische Kirche mit den anderen vier Patriarchaten übereinstimme, solle sie - und besonders der Erzbischof von Aquileia - im Westen die Irrenden zum Glauben leiten und sie mit der „Stimme des Herrn" (δεσποτικὴ φωνή) vertraut machen „als Erkenntnisweg und Richtschnur des Glaubens" (ὡς γνώμονι καὶ κανόνι τῆς πίστεως; 151,387f.). Für die Argumentation des Photius läßt sich damit vorläufig festhalten:

- *Theologisch* führt die Lehrmeinung der anonymen Lateiner zu einer Verdoppelung des innertrinitarischen Ursprungs, womit die Monarchie Gottes des Vaters bestritten wird.
- *Kanonisch* wird damit die Autorität der Synoden angegriffen, die - wie zuletzt 879/80 - weder die Lehre sanktionierten noch eine Änderung des Glaubenssymbols zuließen.
- *Ekklesiologisch* ist das einmütige Zeugnis der Kirche zu beachten, als deren Repräsentanten im lateinischen Westen die rechtgläubigen römischen Päpste fungieren.
- „*Patrologisch*" wird schließlich die Fülle der „antifilioquistischen" Väter gegen die wenigen Autoritäten angeführt, in deren Schriften sich das Filioque findet. Die Väterhermeneutik weist dabei eine doppelte Spitze auf: Ihnen mag *ex post* konzediert werden, in Einzelfällen zugunsten der οἰκονομία die ἀκρίβεια hintangestellt zu haben, was aber den Nachgeborenen nicht mehr erlaubt sei; Mit ihnen sei poimenisch umzugehen: Über ihre Irrtümer solle man schweigen, anstatt sie bloßzustellen.

3.2.2. Die *Mystagogia de Spiritu sancto*

Der „Λόγος περὶ τῆς τοῦ ἁγίου πνεύματος μυσταγωγίας"[383] entstand wohl einige Zeit nach dem Brief an den Erzbischof von Aquileia, mögli-

---

[382] ἀλλὰ γὰρ καὶ συνόδου συγκροτηθείσης ἐπί τισιν ἐκκλησιαστικοῖς κεφαλαίοις, οἱ ἐκεῖθεν ἀπεσταλμένοι τοῦ ἐν ἁγίοις Ἰωάννου τοποτηρηταί, ὡς αὐτοῦ παρόντος ἐκείνου καὶ συνθεολογοῦντος ἡμῖν τὴν εὐσέβειαν, τῷ συμβόλῳ τῆς πίστεως τῷ διὰ πασῶν τῶν οἰκουμενικῶν συνόδων κατὰ τὴν δεσποτικὴν φωνὴν καὶ κηρυσσομένῳ καὶ κρατουμένῳ ὡς ὁμόφρονες καὶ φωνῇ καὶ γλώσσῃ καὶ ἰδιοχείρῳ γραφῇ καθυπεσημήναντο (150,372-151,378). Cf. Conc. Const. a. 879/80, actio VI: Horos (MANSI XVII, 516C); dazu oben S. 266f.

[383] Im folgenden nur mit Kolumnenangabe zitiert.- Die Zuschreibung der *Epitome* an Photius (Κατὰ τῆς παλαιᾶς Ῥώμης, PG 102, 392B-400A) ist ungewiß (BECK 1959,

cherweise erst nach Photius' Abdankung 886.[384] Die Argumente werden amplifiziert und die historischen Beispiele vermehrt, womit die *Mystagogia* zur Fundgrube für die Polemiker des griechischen Mittelalters avancierte.[385] Die Gegner, deren Irrlehre Photius bekämpfen will, werden allerdings nur schemenhaft als νέοι πνευματομάχοι identifiziert - Lateiner, die den Hervorgang des Heiligen Geistes aus dem Sohn lehrten und meinten, dabei sowohl die Schrift als auch die Väter und Konzilien auf ihrer Seite zu haben. Die Indizien sind - wie schon im Brief nach Aquileia - zu spärlich, als daß man einen bekannten Namen oder eine konkrete Schrift damit verbinden dürfte (s.o. S. 270f.). Wichtiger ist die präzise inhaltliche Bestimmung des Dissenses, der sich allein auf „das Ausgehen des heiligen Geistes, nicht die Lehre von seiner Persönlichkeit und Divinität"[386] richtet: Daß letztere in Mitleidenschaft gezogen werde, wenn man ersteres verfälsche, ist der *cantus firmus* des gesamten Werkes, das sich über weite Strecken als Entwicklung von immer eindringlicheren Fragen präsentiert, deren „filioquistische" Beantwortung zu immer absurderen theologischen Konsequenzen führt. Folgende Gliederung veranschaulicht die Binnenlogik des Werkes:

I. *Einleitung* (c. 1)

II. *Hauptteil I:* Argumente aus der Schrift und aus der theologischen Vernunft
1. Theologische Reflexion I: Die pneumatomachische Häresie der Gegner (cc. 2-19)
   Biblische Reflexion I: Empfangen vs. Hervorgehen - Joh 16,14 (cc. 20-30)
2. Theologische Reflexion II: Das orthodoxe Konzept der Trinität (cc. 31-47)
   Biblische Reflexion II: Der Geist des Sohnes - Gal 4,6 (cc. 48-56)
3. Theologische Reflexion III: Gaben und trinitarische Stellung des Geistes (cc. 57-65)

III. *Hauptteil II:* Argumente aus der Tradition
1. Das Zeugnis der Väter und der Umgang mit ihren Irrtümern (cc. 66-77)
2. Das Zeugnis der römischen Päpste bis zur Gegenwart (cc. 78-89)

IV. *Zusammenfassung:* Die Absurdität eines doppelten Hervorgangs (cc. 90-94)

V. *Schluß* (cc. 95f.)

---

522). HERGENRÖTHER 1869, 160-165, will cc. 1-13 (392B-396B) als „geistiges Eigenthum" des Patriarchen gelten lassen; ebenso PODSKALSKY 1977, 107f.; SIEBEN 1984, 281 Anm. 16.- Lit. zur *Mystagogia*: HERGENRÖTHER 1867b, 644-650; DERS. 1869, 154-160; GORDILLO 1960, 158-167; HAUGH 1975, 141-157; OBERDORFER 2001, 156-161.

[384] GRUMEL Nr. 536. Myst. 89 (381A) verweist auf Hadrian III. (Marinus wird übergangen), der von April/Mai 884 bis August/September 885 amtierte; seine Synodica (RPR[J] 3399) ist nur durch diese Erwähnung bezeugt. Für die „Exilsdatierung" votiert HERGENRÖTHER 1867b, 714 mit Anm. 7; zustimmend DVORNIK 1948, 249; BECK 1959, 521; HAUGH 1975, 141.

[385] Cf. HERGENRÖTHER 1867b, 644: „Die Doktrin, daß der Geist vom Vater allein ausgehe, ist so mit Recht das *photianische Dogma* genannt worden"; ähnlich ROCHOW 1983, 115; OBERDORFER 2001, 155.

[386] HERGENRÖTHER 1869, 156.

Zerlegt man den ersten Hauptteil in seine thematischen Bestandteile, dann ergeben sich - analog zu den Problemhorizonten von ep. 291 - vier Fragenkreise, denen sich Photius widmet:

- die Trinitätstheologie im engeren Sinne;
- ihre biblische Begründung;
- die Entfaltung dieser Lehre durch die Väter;
- die stützende Funktion der Päpste für die Orthodoxie.

a) Der Ansatz der Trinitätslehre

Im Zentrum der Reflexion steht die Frage nach Ursache und Verursachtem in der Trinität, d.h. nach der Extension der Begriffe αἰτία und αἴτιος in ihrer Anwendung auf die Beziehungen von Vater, Sohn und Heiligem Geist. Gehandelt wird also ausschließlich von der *immanenten* Trinität, wie sich an der einleitenden Interpretation von Joh 15,26 zeigt, die - als hermeneutischer Kanon[387] - den Akzent ganz darauf legt, daß der Geist aus dem Vater hervorgehe (dies sei die wahre μυσταγωγία), keinesfalls aber aus Christus selbst (dies wäre μυθολογία: c. 2; 280B-281A).[388] Die *heilsökonomische Sendung* des Geistes *durch den Sohn* wird programmatisch vernachlässigt; alle Reflexionen in der *Mystagogia* beziehen sich auf τὸ πρὸς οὐσίωσιν ἐκπορεύεσθαι (c. 21; 300C).[389] Hinsichtlich der ewigen trinitarischen Gemeinschaft gebe es grundsätzlich zwei Propositionen, welche die Struktur der Dreipersonalität festlegen, die Zeugung und das Hervorgehen: „Durch den Hervorgang des Geistes aus dem Vater erkennt man seine Eigentümlichkeit, wie auch die des Sohnes durch seine Zeugung".[390]

Die Trinität ist weiterhin durch zwei Leitdifferenzen strukturiert, nämlich durch die Unterscheidung von φύσις und ὑπόστασις und durch die entsprechende Disjunktion von „eins" und „drei": Was über Gott ausgesagt werden könne, müsse entweder der *einen* göttlichen Wesenheit oder *genau*

---

[387] Cf. OBERDORFER 2001, 157, und bereits JUGIE 1926, 205.

[388] Die Opposition von μυθολογία und θεολογία findet sich bereits in ep. 2 (I; 44,110-114), der Begriff μυσταγωγία erstmals in der Synodica (ep. 288: III; 117,92f.); cf. myst. 20; 300A), wo von Christus bezüglich Joh 16,14 gesagt wird: θεολογεῖσθαι μυσταγωγεῖ; in c. 67 (345B) wird beklagt, die Häretiker veränderten gewaltsam τῆς Δεσποτικῆς φωνῆς μαρτυρίαν καὶ τὴν θαυμάστην ἐκείνην μυσταγωγίαν, δι' ἧς θεολογοῦμεν τὸ Πνεῦμα τοῦ Πατρὸς ἐκπορεύεσθαι; cf. auch c. 36.44 (317A.321C).

[389] Cf. c. 28 (309B): ἡ ἐξ ἀϊδίου πρόοδος ἐκ τοῦ Πατρὸς; dazu PALMIERI 1913a, 770.

[390] ἐν ᾧ τοῦ Πατρὸς ἐκπορεύεται τὸ Πνεῦμα, ἡ ἰδιότης ἐπιγινώσκεται αὐτοῦ, ὡσαύτως δὲ καὶ ἐν ᾧ γεννᾶται ὁ Υἱός, ἡ τοῦ Υἱοῦ (c. 32; 313A) Hier liegt ein wörtliches Zitat aus ep. 2 vor (I; 44,122-124); cf. dazu HAUGH 1975, 142-147.

einer der drei Hypostasen zukommen.[391] Daß im trinitarischen Beziehungsgeflecht zwei Personen bewirkend der einen anderen gegenüberstehen könnten, ist nach Photius undenkbar - sei doch dem Sohn und dem Geist gegenüber dem Vater gemeinsam, „bewirkt" (αἰτιατόν) zu sein. Wenn die Ursächlichkeit sich aber auf die Hypostasen beziehe und demnach nur *einer* der drei Personen zu applizieren sei, betreffe dies zweifelsohne den Vater:

> Εἰ δ' αἴτιος ὁ Πατὴρ τῶν ἐξ αὐτοῦ, οὐ τῷ λόγῳ τῆς φύσεως, τῷ δὲ λόγῳ τῆς ὑποστάσεως... οὔμενουν οὐκ ἂν εἴη οὐδενὶ τρόπῳ οὐδενὸς τῶν ἐν τῇ Τριάδι αἴτιος ὁ Υἱός (c. 15; 293AB).[392]

Daher wäre der Ursprung des Geistes, wenn er nicht ein ausschließlich *väterliches* Attribut darstellte, auch dem Sohn nicht zuzusprechen (und schon gar nicht dem Geist selbst[393]), d.h. letztlich käme die ἐκπόρευσις keiner der drei Hypostasen zu (c. 17; 296C-297A). Sie könne aber - gemäß der anderen Leitdifferenz - auch nicht der göttlichen Natur angehören, denn der Vater sei Ursprung gemäß seiner hypostatischen Existenz - die Hervorgänge der Natur zuzuweisen hieße, „die Hypostase des Vaters völlig in die [göttliche] Natur aufzulösen und den Ursprung der gottentspringenden Hypostasen ganz aufzuheben".[394] Wenn der Geist auf *zwei* Ursachen zurückgeführt würde, wäre er zudem eine zusammengesetzte Wesenheit und dem Sohn als seinem zweiten Hervorbringer untergeordnet, was die Einfachheit in der Trinität zerstörte (c. 4; 284A), woraus zwangsläufig Sabellianismus oder Polytheismus folgte: Entweder würden die Hypostasen des Vaters und des Sohnes hinsichtlich der gemeinsamen Wirksamkeit gegenüber dem Geist zu einer Person, zu einem „τέρας ἡμισαβέλλειον" kontrahiert, oder die göttliche Monarchie würde in Vielgötterei aufgelöst.[395] Denn wenn es Ursache und Verursachtes in *einer* Hypostase zugleich gäbe,

---

[391] Myst. 36 (316A) = ep. 2 (I; 46,181-184): εἰ πᾶν ὃ μή ἐστι κοινὸν τῆς παντοκρατορικῆς καὶ ὁμοουσίου καὶ ὑπερφυοῦς Τριάδος, ἑνός ἐστι μόνου τῶν τριῶν· οὐκ ἔστι δὲ ἡ τοῦ Πνεύματος προβολὴ κοινὴ τῶν τριῶν, ἑνὸς ἄρα καὶ μόνου ἐπὶ τῶν τριῶν; cf. dazu PELIKAN 1974, 194.197.

[392] Cf. c. 20 (300A): ἐκεῖνον [sc. Πατέρα] αἴτιον μόνον; dazu ORPHANOS 1981, 43.

[393] Der Geist wäre dann αἴτιος und αἰτιατόν zugleich (myst. 6; 288B; cf. epit. 7; 392D).

[394] τοῦ Πατρὸς καὶ αὐτήν γε παντελῶς τὴν ὑπόστασιν εἰς φύσιν ἀναλῦσαι καὶ τὸ αἴτιον ὅλως περιελεῖν τῶν θεαρχικῶν ὑποστάσεων (c. 19; 297C). Ebenso myst. 34 (313BC) = ep. 2 (I; 45,141-144): Ἔτι δὲ εἰ ἐν οἷς Πατρὶ καὶ Υἱῷ κοινωνίαν οἱ πάντα θρασεῖς ἐκαινούργησαν, τὸ Πνεῦμα τούτοις ἀποτειχίζουσι· Πατὴρ δὲ κατ' οὐσίαν Υἱῷ, ἀλλ' οὐ κατά τι τῶν ἰδιωμάτων εἰς κοινωνίαν συνάπτεται, τῆς κατ' οὐσίαν ἄρα πατρικῆς συγγενείας τὸ ὁμοούσιον Πνεῦμα ὑπερορίζουσι.

[395] Cf. Myst. 9 (289B): εἰς ἓν πρόσωπον τῶν δύο συναλειφομένων θεαρχικῶν ὑποστάσεων; sowie epit. 1 (392B); cf. c. 10f. (289B-292B) sowie c. 33 (313B): τὸ εἰς πολύαρχον ἀναφέρεσθαι ἀρχήν.

könnte man einer Ausweitung der Ursprünglichkeit nicht mehr wehren; die Trinität würde zur Quaternität.³⁹⁶

Zwischen Sohn und Geist herrsche vielmehr strenge Symmetrie, insofern vom Geist zu sagen sei: τὸ ἰσότιμον ἔχον καὶ ἐκ τῆς αὐτῆς ὁμοταγῶς τε καὶ ὁμοτιμῶς προεληλυθὸς οὐσίας (c. 38; 317B). Daß beide aus dem Vater als dem Träger und Vermittler des göttlichen Wesens hervorgingen, prädiziere diesen als *Koinzidenz von Wesen und hypostatischer Existenz*. Entsprechend dürfe vom Sohn nicht gesagt werden, er empfinge durch die Zeugung auch die Fähigkeit, den Geist aus sich hervorgehen zu lassen (ebd.).³⁹⁷ Vielmehr sei das Gezeugt-Werden streng auf die Mitteilung der hypostatischen Existenz bezogen:

> ἕκαστον μὲν πρόσωπον τῆς ὁμοουσίου καὶ θεαρχικῆς Τριάδος ἀφράστῳ λόγῳ εἰς κοινωνίαν μὲν ἀδιάστατον συνάπτονται τῇ φύσει, κατὰ δὲ τὸν τῆς ὑποστάσεως λόγον ἀμετάβλητον φυλάττουσιν ἀλλήλαις τὸν τῶν ἰδιωμάτων χαρακτῆρα· οὐ γὰρ χώραν δίδωσιν ἐν αὐτοῖς τὸ συγκεχυμένον ἐπελθεῖν ἡ διάκρισις· ἄπαγε· ἀλλ' ὥσπερ οὐδένα μερισμὸν ἢ διαίρεσιν ἡ κατὰ φύσιν κοινωνία παραδέχεται, οὕτως οὐδὲ τὰ ἐξ ὧν ἑκάστη τῶν τριῶν χαρακτηρίζεται, οὐμενοῦν εἰς οὐδεμίαν σύγχυσιν οὐδαμοῦ ἀναφύρεται (c. 46; 324B).

Es geht also um ein unvermischtes Beieinander, eine ἀσύγχυτος ἕνωσις der drei Hypostasen.³⁹⁸ Basis dieser Einheit ist die Konsubstantialität, die Photius dahingehend präzisiert, daß sie das Verbindungsglied zwischen den zwei unterschiedlichen innertrinitarischen Relationen darstelle:

> ὁμοούσιον μέν ἐστι ἅτὸ Πνεῦμαα τῷ Πατρί, διότι ἐξ αὐτοῦ ἐκπορεύεται· ὁμοούσιον δὲ τῷ Υἱῷ, οὐκ ὅτι ἐκπορεύεται (ἄπαγε· ἐπεὶ μηδὲ κἀκεῖνος αὐτῷ διὰ τὴν γέννησιν) ἀλλ' ὅτι ἐξ ἑνὸς καὶ ἀμερίστου αἰτίου πρὸ αἰώνων τε καὶ ὁμοταγῶς ἑκατέρῳ ἡ πρόοδος (c. 53; 332A).³⁹⁹

---

³⁹⁶ Myst. 43 (321AB): τὸ μὲν ἐκ τοῦ Πατρὸς καὶ ὡς ἀληθῶς καὶ πρώτως αἰτίου προϊόν (ἀναίτιος γάρ)· τὸ δὲ ἐκ τοῦ δευτέρου καὶ αἰτιατοῦ (οὐκ ἀναίτιον γάρ)· καὶ οὕτως δ' οὐ τάξει μόνῃ καὶ σχέσει καὶ αἰτίᾳ τὴν τοῦ Πνεύματος ἑτερότητα καὶ παραλλαγὴν ἡ αἵρεσις δραματουργεῖ, ἀλλὰ καὶ εἰς τετράδα ἀντὶ Τριάδος τὸ σέβας ἡμῶν ἀπωθεῖσθαι τολμᾷ. Cf. auch c. 37 (317AB).

³⁹⁷ Augustin - und in seinem Gefolge Ratramnus - betonen exakt diese Mitteilung des Hervorgehen-Lassens an den Sohn (s.o. S. 216f. mit Anm. 187). Im Gefolge Theodulfs bietet auch Aeneas von Paris die Augustinzitate (s.o. S. 223 Anm. 203). Ungeklärt ist, ob Photius diese Meinung kannte: Nach ALTANER 1951, 74f., schöpfte er in cod. 54 (I; 42,33-44,28 HENRY) aus Augustins *De gestis Pelagii* (CPL³ 348); sonst findet sich „keine Spur einer Kenntnis irgendeiner anderen Schrift des Kirchenvaters" (aaO., 95; cf. FÜRST 1999, 301f.).

³⁹⁸ Zu diesem Konstitutivum der kappadozischen Trinitätslehre cf. MARKSCHIES 1998a, bes. 90-93.

³⁹⁹ Cf. c. 36 (316A); c. 82 (365C); c. 94 (389A).

Was völlig ausfällt, ist eine Verbindung zwischen Sohn und Geist selbst, deren Wesensgleichheit sozusagen nur syllogistisch erschlossen wird, während sie unverbunden durch (Ursprungs-) Beziehungen nebeneinander stehen. Dies entspricht dem Denken in Kategorien der *Kausalität*, wonach axiomatisch ein Resultat nur eine Wirkursache haben dürfe:

> Εἰ προσεχὲς μέν ἐστιν αἴτιον τοῦ Πνεύματος ὁ Πατήρ, ὥσπερ καὶ τοῦ Υἱοῦ· λέγει δὲ τῶν ἀσεβῶν ὁ λῆρος ἐκπορεύεσθαι τὸ Πνεῦμα καὶ ἐκ τοῦ Υἱοῦ, τὸ αὐτὸ ἂν αἴτιον ὁ Πατὴρ καὶ πόρρω καὶ προσεχὲς αἴτιον εἶναι τοῦ αὐτοῦ ἀναρρηθείη, ὅπερ οὐδὲ ἐπὶ τῆς ῥεούσης καὶ ἀλλοιουμένης φύσεως ἔστιν ἐπινοεῖν (c. 62; 340B-341A).

Diese strikte Kausalitätsbeziehung verbietet nicht nur *temporale* Differenzen in der Trinität (τὸ γὰρ πρότερον καὶ ὕστερον τῆς ἀϊδίου Τριάδος ἀλλότριον: c. 63; 341A), sondern auch eine *ursprungslogische* Zuordnung von Sohn und Geist: Würde dieser aus jenem hervorgehen, wäre er zugleich „Mitgeborener" (συγγενώμενον) und Hervorgebrachter (ἐκπορευόμενον).[400] Darin liege die Konsequenz der Häresie der Lateiner, die damit in Aporien und Absurditäten und im Frevel gegen die Heilige Schrift und gegen die Väter endeten.[401]

b) Exegetische Reflexion

Mit den biblischen Belegstellen, die Photius ausführlich diskutiert (Joh 16,14 und Gal 4,6), verbinden sich zwei Reflexionsansätze, an denen die hermeneutische Zirkularität der Filioque-Kontroverse deutlich wird. Thema ist zunächst das *Empfangen des Geistes vom Sohn*, dann die Prädikation des Geistes als *Geist des Sohnes* und *Geist Christi*.[402]

- Nach *Joh 16,14* („Jener wird mich verherrlichen, denn von dem Meinen wird er nehmen und euch verkündigen") werde gelehrt: τὸ Πνεῦμα ἐκπορεύεσθαι τοῦ Πατρός, οὐδαμῶς προστιθείς, ὅτι καὶ ἐξ αὐτοῦ, ἀλλ' ἐκεῖνον αἴτιον μόνον, ὥσπερ τῆς ἑαυτοῦ γεννήσεως, οὕτω καὶ τῆς τοῦ Πνεύματος ἐκπορεύσεως (c. 20; 300A). Demnach sei „Empfangen" (λαμβάνειν) nicht mit „wesenhaftem Hervorgehen" (τὸ πρὸς οὐσίωσιν ἐκπορεύεσθαι) zu identifizieren (c. 21; 300C); außerdem sei zwischen dem Empfangen „von mir" und „von dem Meinen" zu trennen, da letzteres neben dem Sprechenden einen Dritten impliziere,

---

[400] Myst. 64 (344A); zur Konsequenz, daß der Geist zum Enkel (υἱωνός) des Vaters würde, cf. c. 61 (340B) und oben S. 273.
[401] Cf. die Charakteristik der Häresie der Lateiner (myst. 23; 304AB): εἰπεῖν ὃ μὴ εἶπε, μὴ εἰπεῖν ὅπερ εἶπε, καὶ νοῦν ἐκδιδάσκειν, ὃν οὐ μόνον οὐκ ἐδήλωσε τῇ φωνῇ, ἀλλὰ καὶ τοὐναντίον τῇ μυσταγωγίᾳ τῇ αὐτοῦ μαχόμενον ἔστι σαφῶς καθορᾶν.
[402] Cf. dazu PALMIERI 1913a, 766; ORPHANOS 1981, 45; HAUGH 1975, 147-151.

von dem Christus selbst erst empfange - den Vater (c. 22; 301AB). Daher sei zu „übersetzen": „Zur Person des Vaters geleitet er und lehrt auf göttliche Weise, daß er den Heiligen Geist gleichwie die Energie der Gnadengaben (ὡς τὴν τῶν χαρισμάτων ἐνέργειαν) vom Vater als Ursache empfängt" (c. 30; 312B). Insofern werde hier allein die Wesensgleichheit und der Ursprung aus dem ewigen Vater gelehrt (c. 28; 309BC).

- In *Gal 4,6* („Gott hat den Geist seines Sohnes in unsere Herzen gesandt") spreche Paulus nur vom Modus der wesensmäßigen Verwandtschaft des Geistes mit Christus, nicht aber von einem Hervorgang aus diesem (c. 49; 328C-329A). Dabei liegt die Leitdifferenz von Wesen und Hypostase zugrunde: Paulus „lehrt die Unveränderlichkeit der Natur, setzt dieser aber nicht die Ursache des Hervorgangs gleich; und ebenso bringt er keinesfalls die Einheit gemäß des Wesens mit der naturgleichen Hervorbringung der Hypostase zusammen und lehrt jenes nicht als Ursache."[403] Daß der Geist der Geist Christi ist, thematisiert also nur ihr gemeinsames Wesen, zumal der Geist auch mit anderen Genitivattributen versehen werde, nämlich mit den Charismen, deren Quelle und Mitteilungsinstanz (πηγὴ καὶ χορηγός) er sei, ohne aus ihnen hervorzugehen.[404]

c) Die Lehre der Väter und Konzilien

Die Väterhermeneutik basiert - wie schon im Schreiben nach Aquileia - auf dem Grundsatz: Was die Väter aus Schwäche oder Irrtum sagten, darf nicht als allgemeines Gesetz proklamiert werden.[405] Denn wer aus wenigen schwer deutbaren Sätzen grundlegende theologische Prinzipien deduzieren wolle, frevele vierfach - gegen die Lehren des Herrn selbst, gegen die Verkündigung seiner Jünger, gegen die Ökumenischen Synoden und gegen die in der ganzen „Ökumene" verkündete Rechtgläubigkeit (c. 69; 349B), zumal Väter wie Synoden keinen Zweifel daran gelassen hätten, daß der Heilige Geist aus dem Vater hervorgehe, nicht aber aus dem Sohn:

> „Von den ökumenischen und heiligen sieben Synoden setzte die zweite als Dogma fest, daß der Heilige Geist aus dem Vater hervorgehe, dies rezipierte die dritte, die vierte be-

---

[403] τῆς φύσεως μὲν ἐδιδάσκει τὸ ἀπαράλλακτον, τὴν δὲ αἰτίαν οὐδαμοῦ συνεισάγει τὴν ἐκπορεύσεως· καὶ τὴν μὲν κατ' οὐσίαν οἶδεν ἑνότητα, τὸν δ' ὁμοφυῶς προαγαγόντα τὴν ὑπόστασιν οὐμενοῦν οὐδαμῶς συνανακηρύττει, οὐδὲ τὸν αἴτιον ὑποδείκνυσι (c. 51; 329B).
[404] Myst. 58 (336C-337A); cf. auch c. 57 (333B-336C). Abzulehnen sei also der Satz: ἐπεὶ γὰρ τοῦ Πνεύματος λέγεται τὰ χαρίσματα, ὁ δὲ καινὸς αὐτοῖς ἐπιτάσσει νόμος, ἐκεῖθεν προϊέναι κηρύσσειν τὸ Πνεῦμα, οὗ καὶ εἶναι λέγεται (c. 59; 337AB).
[405] Myst. 66 (344C); cf. c. 68 (348AB); c. 72 (352C-353A); ep. 291,17 (III; 147,266-268); epit. 9 (393AB); s.o. S. 274f.

kräftigte es, gleichlautend votierte die fünfte und verkündigte die sechste, leuchtend vor Eifer besiegelte es die siebte; gemäß jeder von ihnen ist die freimütig verkündete Rechtgläubigkeit offenkundig einsehbar, die den Heiligen Geist aus dem Vater, nicht aber aus dem Sohn hervorgehend zu verstehen lehrt" (c. 5; 285AB).[406]

Eine differenzierte inhaltliche Auseinandersetzung sucht man allerdings vergeblich; es wird lediglich die seelsorgerliche Umgehensweise mit den irrenden Vätern dargelegt:

- Wer bei seinen Vorgängern häretische Meinungen vorfinde, der möge dies nicht in alle Welt hinausrufen, sondern wie die treuen Söhne Noahs „die Blöße des Vaters bedecken" (c. 70; 349C-352B). Als neues Argument kommt hinzu, daß nach so langer Zeit nicht auszuschließen sei, daß die Schriften lateinischer Väter *gefälscht* worden sein könnten (c. 71; 352B).
- Weiterhin wird die Unterscheidung zwischen *Leben* und *Lehre* mancher Väter wieder aufgegriffen: „In vielem bewunderswerte Männer sind nicht rundheraus zu verstoßen, auch wenn einigen ihrer Worte die rechte Sorgfalt fehlt" (c. 75; 357A). Neben die bereits oben genannten Dionysius von Alexandrien, Methodius und Irenäus - Papias von Hierapolis fehlt - treten Hippolyt sowie die alexandrinischen Väter Pantänus, Clemens, Pierius, Pamphilus und Theognostus.[407] Zudem weist Photius (was schon auf cc. 78-89 vorausdeutet) auf Clemens Romanus hin, „und was von diesem die Bezeichnung empfangen hat, die 'Klementinischen Schriften' (um das Geschriebene nicht, wie eine alte Überlieferung behauptet, als Anordnung, die gemäß dem vornehmsten Petrus erfolgte, zu bezeichnen" [c. 75; 356B]).[408]

Insgesamt wird Zurückhaltung gegenüber den Vätern anempfohlen, um nicht im Eifer des Gefechts zu Vatermördern zu werden (c. 76; 357B). Photius verweist am Ende der Argumentation auf den großen Basilius von Caesarea, der - obgleich er vor Eifer der Verkündigung brannte - doch geschwiegen habe, bis eine Zeit herankäme, die dem jetzt noch zu Verschwei-

---

[406] Cf. PELIKAN 1974, 190: „The *Mystagogy*... may be taken as a representative statement of the Eastern contention that 'the perpetual and constant confession both of the Oriental and of the Occidental Church' did not support the case for the Filioque."

[407] Sie begegnen sämtlich in Photius' *Bibliothek*: Hippolyt (cod. 121: II; 95,24-96,43 HENRY); Theognost (cod. 106; 72,28-74,33); Clemens (cod. 109-111; 79,6-82,3; zu Pantänus cf. 80,39-81,40); Pamphilus (cod. 118; 90,41-92,29); Pierius (cod. 119; 92,31-94,30).

[408] Hier dringt mitten in der Polemik der akribische Philologe durch! Zum ps.-clementinischen Schrifttum cf. cod. 112-113 (II; 82,5-84,17 HENRY); cod. 126 (98,18-99,3).

genden eine angemessene Aufnahme gewährleisten könne.[409] Dagegen zu verstoßen, impliziere die Selbstexkommunikation:

> „Wenn aber jemand solches der Kirche als Gesetze und Dogmen der Kirche aufzuzwingen versuchte, wäre er selbst als Feind der Heiligen anzusehen, als Feind der Wahrheit und als Verderber der Frömmigkeit, und wir verurteilen ihn gemäß den Rechten, denen er aus eigenem Verschulden sich unterworfen hat" (c. 77; 360B).

d) Die Orthodoxie der römischen Päpste

Der letzte Argumentationsschritt nimmt eine Autorität in den Blick, der sich die lateinischen Gegner kaum würden verschließen können: das römische Papsttum. Einzelne Kirchenväter könnten irren - die Päpste aber seien stets dem Glauben der einen Kirche treu geblieben, wie immer wieder von den Ökumenischen Synoden bestätigt worden sei. Entsprechend bemühen sich die cc. 78-89, die Übereinstimmung der Konzilien mit den Päpsten ihrer Zeit zu demonstrieren:

- Die Reihe der Glaubenszeugen beginnt mit Damasus I. (366-382): „Dieser anerkannte mit der zweiten Synode, deren Dogmen die äußersten Winkel der Ökumene lieben, in lichtvoller Weise, daß der Geist aus dem Vater hervorgeht" (c. 78; 360B).[410] Das gilt auch für seinen Nachfolger Coelestin I. (422-432), dessen Orthodoxie die ephesinische Versammlung approbierte[411], freilich ohne daß das NC schon zum normativen Ausdruck des Glaubens erhoben noch die lateinische Pneumatologie systematisch entfaltet worden war.

- Die Ausbreitung dieses Glaubensbekenntnisses im Westen habe vor allem Papst Leo I. (440-461) gefördert und „den Lichtstrahl der Rechtgläubigkeit nicht nur überall im Westen, sondern auch in den Ländern des Ostens aufstrahlen lassen, indem er weithin vernehmlich lehrte, daß der allheilige Geist aus dem Vater hervorgeht."[412] Zwar rezipierte Leo tat-

---

[409] Myst. 77 (357C-360A). Zur basilianischen Unterscheidung von κήρυγμα und δόγμα cf. spir. XXVII 66 (SC 17bis, 478-486 PRUCHE, bes. 482,33-35), sowie BIENERT 1997a, 202-204; RITTER 1999, 204.

[410] Möglicherweise wird hier auf den *Tomus Damasi* angespielt; dazu oben S. 45 Anm. 14.

[411] Cf. Conc. Ephes. (ACO I 1,3, 57,24-27 SCHWARTZ).

[412] τὴν αὐτὴν τῆς ὀρθοδοξίας φωτοχυσίαν εἰς πᾶσαν οὐ τὴν Δύσιν μόνον, ἀλλὰ καὶ τὰ τῆς Ἀνατολῆς ἀπαυγάζων ὅρια, τὸ πανάγιον Πνεῦμα διαπρυσίως ἐκ τοῦ Πατρὸς ἐκπορεύεσθαι ἀναδιδάσκει (c. 79; 361A). Cf. den *Tomus ad Flavianum* (= ep. 28; ACO II 1,1, 10,19-20,5 SCHWARTZ), bes. das Anathema (aaO., 19,8-13). Tatsächlich findet sich im Schrifttum Leos nur einmal (ep. 15,1 an Turribius von Astorga) der Ausdruck „*ab utroque processit*" (DH 284 = PL 54, 680C-681A), was freilich nicht einfach als „composée par un faussaire après le concile de Braga (563)" erklärt werden kann (so LARCHET 1998, 16f. Anm. 14; cf. aaO., 33 mit Anm. 62). Nach HER-

sächlich die Beschlüsse des Konzils, also auch das zusammen mit der christologischen Definition proklamierte NC (s.o. S. 46), nur wurde damit kein exklusivierendes Präjudiz hinsichtlich der Lehre vom Heiligen Geist gesetzt. Das aber gilt auch für das Konzil selbst, das nach Photius das Symbol zur ἐντελῆ τῆς εὐσεβείας ἐπίγνωσιν καὶ βεβαίωσιν erklärt habe, und zwar mit bewußter Wortwahl: „Vollständig (ἐντελῆ) sagen sie, nicht mangelhaft (ἐλλιπῆ) oder gar einer Hinzufügung oder Wegnahme bedürftig" (οὐδὲ προσθήκης δεομένην ἢ ἀφαιρέσεως; c. 80; 364A).[413] Auch habe Chalkedon die Synode von 381 bestätigt, die gegen die zeitgenössischen Pneumatomachen die traditionelle Lehre über das Wesen des Heiligen Geistes bekräftigt habe[414], so daß Photius den „Pneumatomachen" seiner Gegenwart entgegenhalten kann: Καὶ πῶς ἐκύρωσαν οὗτοι τὴν τοῦ Πνεύματος οὐσίαν; Ἢ δῆλον εἰπόντες τὸ Πνεῦμα ἐκ τοῦ Πατρὸς ἐκπορεύεσθαι (c. 80; 364B). Zudem habe das Konzil verboten, einen „anderen Glauben" zu verkünden.[415] Genau darauf zielt aber die Pointe des Leo-Exkurses: „Dies verkündete die Synode mit vielstimmigem und geistbewegtem Spruch, und der allweise Leo stimmte darin ein und bekräftigte alle Beschlüsse" (ebd.). Die Autorität der Päpste ist also durch eine Rezeptionsleistung bestimmt - im Verein mit den Ökumenischen Konzilien sind sie nicht nur Väter unter anderen, sondern Πατέρες Πατέρων (c. 81; 365C).[416]

- Auch Vigilius (537-555) und Agatho (678-681) wird parallel zu den Konzilien von 553 bzw. 680/81 attestiert, die Lehre vom Hervorgang des Geistes allein aus dem Vater unverändert bewahrt zu haben.[417] Von Vigilius ist allerdings keine explizite Äußerung zum NC bekannt[418]; Agatho sandte im Vorfeld des III. Ökumenischen Konzils in der Tat ein Be-

---

GENRÖTHER 1869, 412 berufe sich Photius „auf den großen Leo, ohne auch nur zu ahnen, daß die Schriften dieses Papstes seiner Lehre geradezu entgegen sind"; Leos ebd. Anm. 67 angeführte Pfingsthomilien (sermo 62,3; 63,2.5; 64,6: SC 74, 146,24f.; 150,10; 153,10f.; 161,16-22 DOLLE) stützen aber keineswegs das Filioque!

[413] Cf. Conc. Chalc. actio V (ACO II 1,2, 128,15 SCHWARTZ).
[414] Conc. Chalc. actio V (myst. 80; 364B = ACO II 1,2, 129,3f. SCHWARTZ).
[415] Conc. Chalc. actio V (myst. 80; 364C-365A = ACO II 1,2, 130,4-11 SCHWARTZ).
[416] Cf. dazu HERGENRÖTHER 1867b, 650; PERI 1983, 178f.; OBERDORFER 2001, 157f.
[417] Myst. 82 (365C-368A); c. 83 (368AB); cf. Conc. Const. II a. 553 (ACO IV 1, 209,28-35 STRAUB); Conc. Const. III a. 680/81 (ACO² II 2, 776,20-27 RIEDINGER).
[418] In seinem Credo in der *Epistula encyclica ad universam ecclesiam* vom 5. Februar 552 (RPR[J] 931; PL 69, 53B-59B = DH 412-415) und der *Epistula decretalis ad confirmationem concilii* vom 8. Dezember 553 (RPR[J] 936 = ACO IV 1, 245,9-247,39 STRAUB) bekennt er sich zu den vier allgemeinen Konzilien (PL 69, 56BC; ACO IV 1, 245,23-246,1); zur Trinität heißt es: „*Totum ergo quod Trinitas est permanet consubstantialis et indiscreta divinitas*" (PL 69, 57D); die *processio* des Geistes wird nicht erwähnt.

kenntnis nach Konstantinopel, in dem der dritte Artikel des NC paraphrasiert wurde, unter Beibehaltung des „*ex Patre procedentem*".[419]
- Höchst bedeutsam ist der Exkurs zu Gregor I. (590-604) und Zacharias (741-752), dem letzten griechischen Papst und Übersetzer der *Dialogi* des ersteren. Im zweiten Buch der Dialoge sieht Photius ein Dokument der vollkommenen Orthodoxie der Päpste auch außerhalb der Konzilien, und zwar bei der Auslegung von Joh 16,7: „Jener erörterte es, wie er eben sprach, auf Latein, dieser aber in griechischer Übersetzung, in Übereinstimmung mit allen früheren Entscheidungen, und fügte nach wenigem hinzu: 'Der Geist, der Tröster, kommt aus dem Vater und ruht im Sohn'" (Τὸ παράκλητον [τὸ] Πνεῦμα [ἐκ] τοῦ Πατρὸς προέρχεται καὶ ἐν τῷ Υἱῷ διαμένει; c. 84; 369B).[420] Allerdings lautet diese Passage im lateinischen Original: „*Cum enim constet quia Paracletus Spiritus a Patre semper procedat et Filio*".[421] Woher diese Diskrepanz stammt, ist unklar[422]; der Annahme einer bewußten Fälschung durch Photius stehen nicht nur seine eigenen hermeneutischen Prinzipien entgegen, sondern auch ein schon vor 876 niedergeschriebener Vermerk des Johannes Diaconus zu Zacharias' Übersetzung.[423] Photius meinte jedenfalls, daß ihm gleich zwei römische Päpste das Stichwort für die Taufe Jesu und das Ruhen des herabkommenden Geistes auf dem Täufling gaben, woraus sich eine wichtige Differenzierung zu Gal 4,6 ergibt: „Womit lehrt die apostolische Autorität wohl ihn als Näheren zu verstehen, wenn der Geist im Sohn bleibt oder aus dem Sohn hervorgeht?"[424]
- Schließlich wendet sich Photius den Päpsten der Gegenwart zu, vor allem Leo IV. (847-855), an den Gregor Asbestas gegen Ignatius appelliert

---

[419] RPR(J) 2110 = DH 546; s.o. S. 66 Anm. 86.

[420] Nach ALTANER 1951, 96 Anm. 3, liegt hier „das einzige Zitat eines Lateiners" in den Schriften des Photius vor.

[421] Gregor I., dial. II 38,4 (SC 260, 248,30-32 DE VOGÜÉ/ANTIN; griechische Übersetzung: PL 66, 204B).

[422] Sowohl der griechische als auch der lateinische Text sind gut bezeugt (cf. HERGENRÖTHER 1869, 427).

[423] Johannes Diaconus, vita Gregorii Magni IV 75 (PL 75, 225AB): „*Quos libros [sc. Dialogorum] Zacharias, sanctae ecclesiae Romanae episcopus, Graeco Latinoque sermone doctissimus, temporibus Constantini imperatoris post annos ferme centum septuaginta quinque in graecam linguam convertens, Orientalibus ecclesiis divulgavit, quamvis astuta Graecorum perversitas, in commemoratione Spiritus sancti a Patre procedentis, nomen Filii suaptim radens abstulerit.*" Cf. Hugo Etherianus, sanct. imm. III 21 (PL 202, 393D-394A): „*in capitulo quodam, cuius non est fidelis apud Graecos interpretatio*".

[424] ποῖον γὰρ ἐγγύτερον ἡ ἀποστολικὴ χρῆσις χαρίζεται νοεῖν, τὸ Πνεῦμα μένειν ἐν τῷ Υἱῷ, ἢ ἐκπορεύεσθαι τοῦ Υἱοῦ; (c. 85; 373A).

hatte.[425] Dieser habe aufgrund der begrenzten Möglichkeiten der lateinischen Sprache (c. 87; 376A) einen radikalen Ausweg gewählt: „Deshalb erließ dieser in der Stadt Rom nicht nur eine schriftliche Erklärung und Verfügung, daß gemäß der mystischen Lehre unser heiliges Symbol des Glaubens - entsprechend der Weise, die schon bei den Alten in den syndalen Voten und Beschlüssen festgelegt wurde - in griechischer Sprache auch bei jenen Römern verkündet werden sollte, sondern auch überall in den Metropolien, welche das römische Bischofsamt und seine Macht aus Frömmigkeit bewahren, sollte dasselbe gedacht und getan werden, und er suchte die Unveränderlichkeit des Glaubens durch Gebete zu sichern und schickte synodale Sprüche und Briefe" (377A). Ein solches Dekret ist freilich nicht bezeugt; es ließe sich ein Reflex darauf vermuten, daß im römischen Taufritus das NC auch griechisch gesprochen werden konnte. Wahrscheinlich liegt eine Verwechslung mit Leo III. vor, über dessen Handlungsweise Photius unzureichend informiert war, wie seine Bemerkung zu den Silberschilden zeigt: „In griechischen Buchstaben und Worten las man die vielmals ausgesprochene heilige Definition unseres Glaubens (γράμμασί τε καὶ ῥήμασιν Ἑλληνικοῖς ἔλεγον τὴν πολλάκις εἰρημένην ἱερὰν τῆς ἡμῶν πίστεως ἔκθεσιν; c. 88; 380A). Nach den römischen Zeugnissen wurden hingegen griechischer *und* lateinischer Text öffentlich ausgestellt.

- Den krönenden Abschluß der Papstliste bis in die Gegenwart von Autor und Adressaten macht - unter Absehung von Hadrian II., dem Papst der Synode von 869/70! - ὁ Ἰωάννης ἡμέτερος, Johannes VIII. (872-882): „Dieser begnadete Bischof von Rom anerkannte durch seine gottgelehrten und rechtschaffenen Legaten, die der bei uns stattfindenden Synode beiwohnten, wie die katholische Kirche Gottes und wie die Bischöfe Roms vor ihm das Symbol des Glaubens und unterzeichnete und besiegelte es mit Einsicht und Zunge und den heiligen Händen dieser genannten hervorragenden und bewundernswerten Männer" (c. 89; 380B-381A). Von dessen Einmütigkeit mit den übrigen Patriarchen wird der Bogen zurück zu Damasus geschlagen - wie sollten die neuen Pneumatomachen gegen die auftreten, die „in diesem Bekenntnis in das ewige Leben hineingelangt sind"? (c. 89; 384A).

Die *Mystagogia* folgt insgesamt dem Aufriß des Briefes nach Aquileia: Das Filioque ist Ketzerwerk - es führt zu theologischen Irrationalitäten und zu

---

[425] Photius meint eindeutig Leo IV., da Benedikt III. (855-858) als ὁ μετ' ἐκεῖνον τοῦ ἀρχιερατικοῦ διάδοχος identifiziert wird (myst. 88; 377B); cf. JUGIE 1926, 175f.; zu Leo IV.: HERBERS 1996, bes. 301-312. Diese Uneindeutigkeit prägt schon ep. 291,4f. (III; 141,67; 150,360f.); cf. epit. 12 (396A).

altbekannten Häresien; es ist nicht am Zeugnis der Schrift zu verifizieren; es kann sich nur auf wenige Väter berufen, denen eine Fülle gottgelehrter und geisterfüllter Lehrer widerspricht; es versündigt sich aber vor allem gegen die Ökumenischen Konzilien, die die Unveränderlichkeit des NC wiederholt dekretiert und bekräftigt haben; und es wendet sich zudem gegen die eigenen „Väter der Väter", nämlich gegen die römischen Päpste, die im Einklang mit der östlichen Christenheit als Garanten der westlichen Befolgung der orthodoxen Lehren stehen. Die theologische Diskussionslage im Westen und besonders die ambivalente, zwischen Text und Theologie des Bekenntnisses unterscheidende Haltung der Päpste waren Photius nicht bewußt.[426] Eine direkte Auseinandersetzung mit einer konkreten lateinischen Position führt der Patriarch nicht. So ist die *Mystagogia* vor allem als Dokument der Theologie des Photius selbst zu würdigen - einer Theologie, die im Fortgang der Filioque-Kontroverse zum authentischen griechischen Interpretament des trinitarischen Dogmas avancieren sollte.

3.2.3. Photius und das Filioque: Versuch einer theologischen Summe

Abschließend ist nach den systematischen Leitlinien der photianischen Theologie zu fragen, die - oftmals unbenannt - im Hintergrund der Streitschriften stehen.[427] Dabei muß neben dem Brief an den Erzbischof von Aquileia und der *Mystagogia* sowie der *Epistola encyclica* von 867 das Augenmerk auf die *Amphilochia* gerichtet werden, wo Photius in Form konzentrierter Exkurse grundlegende Einzelfragen abhandelt.[428] Auf dieser

---

[426] Reichlich überspitzt urteilt JUGIE 1939, 375: „Au moment où il le [sc. die *Mystagogia*] compose, le vieux Byzantin n'a pas encore appris que presque toutes les Églises d'Occident, à l'exception de l'Église romaine et de quelques autres, ont ajouté depuis assez longtemps, le '*Filioque*' au symbole".

[427] Eine Gesamtdarstellung der Trinitätstheologie des Photius wäre ein dringendes Desiderat; maßgebend sind immer noch HERGENRÖTHER 1869, 369-427; SLIPYI 1920/21; JUGIE 1926, 179-223; 1936, 284-312; cf. daneben jetzt WENDEBOURG 1980, 78-84.106-110. Die Urteile gehen weit auseinander; cf. exemplarisch JUGIE 1926, 179: „Sine ulla controversia Photius verae novitatis in fide auctor fuit, et tam a grecorum, quam a latinorum Patrum doctrina in quaestione proposita recessit"; dagegen STRATOUDAKI WHITE 1981, 97: „Patriarch Photios of Constantinople was one of the most, if not the most, highly cultivated writers of the ninth century. His extensive knowledge in secular, as well as in theological literature, is evidenced by his numerous references to the various authors and sources of all ages."

[428] Briefe und Amphilochien werden nach LAOURDAS/WESTERINK mit Band-, Seiten- und Zeilennummer zitiert, *Mystagogia* und *Epitome* mit Kolumnenangabe. In Überblicksdarstellungen findet die unpolemische Trinitätslehre des Photius nur selten Erwähnung: cf. (sehr knapp) CONGAR 1982, 369f.; SCHÜTZ 1985, 83f.; HILBERATH 1994, 129; aus orthodoxer Perspektive ORPHANOS 1981, 43-46; in übergreifender theologiegeschichtlicher Perspektive PELIKAN 1974, 183-198; WENDEBOURG 1980, 65-125.

Textbasis sollen die drei zentralen Aspekte der photianischen Trinitätslehre summarisch beleuchtet werden, die zugleich die wesentlichen Differenzpunkte der Filioque-Kontroverse überhaupt berühren: die Monarchie des Vaters; die Hervorgänge von Sohn und Geist; das Verhältnis von Logos und Pneuma.[429]

a) Die eine Gottheit und der Vater als ihre Quelle

Gott ist einer – diese Erkenntnis ist zwar grundsätzlich allen Menschen zugänglich[430], bezieht sich aber zugleich auf etwas, was mit menschlichen Begriffen nur unzureichend beschrieben werden kann. Daraus erklärt sich Photius' Interesse, für die Gottheit Neologismen mit dem Präfix ὑπερ- zu konstruieren: „Aus dem Gesagten ist deutlich, welche Gotteserkenntnis man anstreben kann, nämlich daß Gott ist und daß er überwesensmäßig eins ist und ein Ursprung jenseits aller Ursprünge und eine Güte, die über alle Güte hinausgeht, gleichwie eine Quelle der Güte."[431] Damit ist der Ansatz der immanenten wie der ökonomischen Relationalität Gottes fundamentiert: Für die Schöpfung wie für das interne Beziehungsgeflecht gibt es genau eine ἄναρχος καὶ ὑπεράρχιος ἀρχή.[432]

In der Schöpfung agieren alle trinitarischen Personen gemeinsam: „Alles Schaffen und alles Handeln, was man durch eine der gottursprünglichen Hypostasen bewirkt nennt, ist auch ein gemeinsames Werk von allen, soweit es sich auf die gleiche Voraussicht erstreckt und auf die Unveränder-

---

[429] Den „Königsweg" der trinitätstheologischen Denkbewegung beschreibt Photius in ep. 33 (= amph. 173: I; 86,2-7): Ἡ τῆς τριάδος σύγχυσις ἀναίρεσιν τῶν προσώπων ποιεῖ, ἡ δὲ τῆς οὐσίας διαίρεσις ἀλλοτρίωσιν καὶ κατατομὴ ἐπινοεῖ τῆς θεότητος. φεῦγε τὸν παρ' ἡκάτερα τῆς βασιλικῆς ὁδοῦ κρημνόν, καὶ κατὰ τοὺς ἐκκλησιαστικοὺς ὅρους τε καὶ θεσμοὺς μίαν οὐσίαν καὶ θεότητα ἐν ὑποστάσεσι καὶ προσώποις τρισὶν λατρεύων καὶ προσκυνῶν τὴν τῶν Χριστιανῶν θεολογίαν τούτοις συγκεφαλαιούμενος ἀνακήρυττε.

[430] Amph. 180 (V; 232,22-233,25); amph. 183 (V; 241,16f.); amph. 189 (V; 252,15-22).

[431] Amph. 180 (V; 234,67-69): Ἐκ τοίνυν τῶν εἰρημένων φανερόν ἐστιν δυνατὸν εἶναι θεωρίαν θηρᾶσαί τινα, ὅτι τε ἐστιν θεός, καὶ οὗτος ὑπερούσιον ἓν καὶ ὑπεράρχιος ἀρχὴ καὶ ὑπεράγαθος ἀγαθότης ὡς πήγη ἀγαθότητος; cf. amph. 189 (V; 252,3): ἡ ὑπεράρχιος καὶ ὑπέρθεος τῶν θεαρχικῶν ὑποστάσεων θεότης; amph. 315 (VI/1; 120,75): ἡ ὑπὲρ ἔννοιαν τριάς; hier tritt der Einfluß des Ps.-Dionysius Areopagita hervor, den Photius in amph. 182 (V; 240,27f.) als ὁ τῶν ἀπορρήτων μύστης ὑπὸ τοῦ τὰ ἀνέκραστα μυσταγωγοῦντος ὁ μέγας μυηθείς bezeichnet; cf. d. n. I 4 (PTS 33,112,10-113,2 SUCHLA); myst. 5 (PTS 36, 149,8 RITTER). Zur Sache cf. HERGENRÖTHER 1869, 388 Anm. 8.

[432] Myst. 12 (292B); cf. ep. 161 = amph. 88 (II; 15,15-19).

lichkeit der Vollmacht und Güte und die Einheit des Willens."⁴³³ Wenn also auch die Schöpfertätigkeit dem Sohn als Mittler zuzusprechen ist, so handelt er doch in der Gemeinschaft mit Vater und Geist als θεαρχικὴ καὶ παντοκρατορικὴ τριάς, die in ihrer Weltzuwendung einheitlich ist: μία τῶν τριῶν ἡ βουλή, τὸ κράτος ἕν, οὐχ ἡτέρα ἡ ἐνέργεια, ἡ βασιλεία μία.⁴³⁴ Auch wenn heilsökonomisch eine der drei Personen von den anderen beiden „gesandt" wird, begründet dies keine wesenhafte Unterordnung; vielmehr zeigt sich in der *allen dreien* zukommenden Sendungstätigkeit die Gleichrangigkeit der Gottheit, ohne daß die Stellung des Vaters als Ursprung dadurch gemindert würde.⁴³⁵ Die Frage: „Weshalb wird, wenn man die gemäß der Natur und der Würde gleiche Dreiheit verkündigt, gesagt, daß der eine Vater ist, weil er den Sohn und den Geist erzeugt, und nicht andersherum?"⁴³⁶ ist also falsch gestellt; zwischen heilsgeschichtlicher und trinitarischer Ordnung kann kein Widerspruch bestehen.

Die innergöttliche Einheit ist daher grundsätzlich als τριαδικὴ μοναρχία zu denken.⁴³⁷ Unter der Prämisse der Einheit wird nach sprachlichen Möglichkeiten gesucht, die Dreiheit auszusagen: Wie kann die *eine*

---

⁴³³ Amph. 192 (V; 262,2-5): Πᾶσα μὲν δημιουργία καὶ πᾶσα πρᾶξις ἢν ἐνεργεῖν λέγεται μία τῶν ὑποστάσεων τῶν θεαρχικῶν κοινὸν ἔργον ἐστὶ καὶ τῶν ἄλλων, ὅσα γε εἰς τὴν ὁμοίαν πρόνοιαν ἧκεν καὶ τὸ τῆς ἐξουσίας καὶ ἀγαθότητος ἀπαράλλακτον καὶ ἐνιαῖον τῆς βουλῆς; cf. amph. 190 (V; 253,15f.); amph. 315 (VI/1; 119,43f.).- Die Einheit des Wirkens illustriert die Deutung des über dem Urmeer schwebenden Geistes Gottes in Gen 1,2 als Windhauch (τὸ ἀέριον πνεῦμα) in amph. 16 (IV; 59,25-60,33), eine patristische Denkfigur, die sich bei Basilius von Caesarea (hex. II 6; SC 26, 168,14-170,4 GIET) und Theodoret von Kyros (qu. 8 in Gen.; PG 80, 89A) findet; cf. PELIKAN 1974, 196: „Whether this exegesis was the source of the East's doctrine of the Holy Spirit or its result, it shows that the Filioque was a question not only of procedure but also of substance."
⁴³⁴ Amph. 187 (V; 245,11-14). Dabei liegt die Zuordnung unumkehrbar fest; cf. amph. 190 (V; 256,113f.): οὔτε γὰρ τὸν υἱὸν οὔτε γὰρ τὸ πνεῦμα διὰ τοῦ πατρὸς ἐνεργεῖν μυσταγωγούμεθα δογματίζειν.
⁴³⁵ Amph. 188 (V; 250,29-31). Im Anschluß an Jes 48,16 (καὶ νῦν κύριος ἀπέστειλέν [LXX: ἀπέσταλκέν] με καὶ τὸ πνεῦμα αὐτοῦ konzediert Photius eine Reversibilität der göttlichen Sendungen, solange nicht die Ursächlichkeit in der Trinität verwischt wird (aaO., 250,60f.; 251,63; dazu WENDEBOURG 1980, 80f.).
⁴³⁶ Amph. 188 (V; 249,1f.): Διὰ τί, ὁμοφυοῦς καὶ ἰσοτίμου τῆς τριάδος κηρυττομένης, ὁ μὲν πατὴρ λέγεται διὰ τοῦ υἱοῦ καὶ διὰ τοῦ πνεύματος δημιουργεῖν, οὐκ ἔμπαλιν δέ; zum doppelten διά cf. amph. 190 (V; 256,111-113); c. Manichaeos III 17 (PG 102, 168B). Gegen WENDEBOURG 1980, 78, ist nicht von einer *ontologischen* „Zusammenhangslosigkeit" von Ökonomie und Immanenz zu sprechen, wohl aber von einem tiefen *erkenntnistheoretischen* Graben.
⁴³⁷ Amph. 181 (V; 237,101); cf. ep. 291,8 (III; 143,120-123); myst. 11 (292AB) und ep. 288 an Nikolaus I. (III; 120,183-185). Die Ursünde aller Häretiker sei es, τὸ εἰς πολύαρχον ἀναφέρεσθαι ἀρχήν (myst. 33; 313B); cf. SLIPYI 1921, 66f.

Gottheit bewahrt werden, wenn doch Vater, Sohn und Geist auch jeweils Gott zu nennen sind?[438] Die große Gefahr der Trinitätstheologie ist nämlich die διαίρεσις, die Zerteilung Gottes, die ihn zum Geschöpf machen würde, für das die Zweiheit (δυάς), Vereinigung aus Materie und Form (ὕλη καὶ εἶδος) und daher latente Spaltung, kennzeichnend ist, während die Dreiheit (τριάς) schlechthin unteilbar ist.[439] Insofern wird von einer „Trias" nur uneigentlich gesprochen, da sie nicht dem menschlichen Zahlenverständnis entspricht; in ihrem Hervortreten in die Welt enthüllt sie ihr Mysterium nur menschlichem Fassungsvermögen gemäß.[440] Deswegen muß man sich davor hüten, von einer τριὰς θεῶν oder gar von τρεῖς θεοί zu sprechen[441], wohingegen die Wendung τὰ τρία θεός das unenthüllbare Geheimnis der Trinität symbolisiert[442], wie auch der Ausdruck τρισυπόστατος [καὶ ἐνιαία] θεότης.[443]

b) Die trinitarische Unterscheidung von Vater, Sohn und Geist

In den Schriften des Photius begegnet das Wortfeld αἰτία/αἴτιος in Applikation auf den Vater geradezu redundant; ebenso unzweifelhaft wird das allein Unterscheidende zwischen beiden mit Zeugung und Hervorgang benannt.[444] Um diesen Grundsatz präzise zu rekonstruieren, bedarf es der Differenzierung zwischen Natur und Wesen (φύσις - οὐσία) einerseits sowie Person und Hypostase (πρόσωπον - ὑπόστασις) andererseits bzw. zwischen Gemeinsamem (κοινόν) und Eigentümlichem (ἴδιον): αἴτιος ὁ

---

[438] Ep. 161 (= amph. 88: II; 15,23-26). Vorauszusetzen ist die Gemeinschaft des *Willens* - dies nicht zu tun, war der Fehler der Manichäer und Markioniten (cf. amph. 188: V; 251,79-84; ep. 2: I; 45,163f.; myst. 35; 316A).

[439] Amph. 181 (V; 237,103-105; cf. 238,114-116.124-131).- Photius rezipiert zwar den doppelten Wesensbegriff des Aristoteles (cat. 2a11-19; dazu HUNGER 1978, 31), holt die Unterscheidung von konkretem Einzelwesen (πρώτη [μερικὴ] οὐσία) und gattungsmäßigem Wesen (ἡ καθόλου [δευτέρα] οὐσία) aber nicht trinitätstheologisch ein (amph. 138: V; 145-150, bes. 150,188-190); cf. dazu SLIPYI 1920, 542f.; GEMEINHARDT 2001c, 525f. mit Anm. 75.

[440] Amph. 182 (V; 239,11-13); dazu WENDEBOURG 1980, 107-109.

[441] Amph. 182 (V; 240,46f.).

[442] Ep. 161 = amph. 88 (II; 15,26). Zur Differenz von θεότης und θεός cf. amph. 27 (IV; 104,147-155) und Augustins Wendung: „*haec trinitas unus est Deus*" (s.o. S. 136f.).

[443] Amph. 315 (VI/1; 120,68.80).

[444] Amph. 190 (V; 254,18-21): ὁ πατὴρ αἴτιος τῶν ἐξ αὐτοῦ πεφυκότων, τοῦ μὲν κατὰ τὴν γέννησιν, τοῦ δὲ κατὰ τὴν ἐκπόρευσιν εἰς αὐτὸν ὡς εἰς ἀρχὴν συμφύους τε καὶ συνανάρχου προαγωγῆς ἀναφερομένων; cf. aaO., 258,163f.; amph. 188 (V; 250,58-251,72); amph. 315 (VI/1; 119,28); ep. 288 (III; 117,84-88); ep. 291,11 (III; 144,166-169); myst. 15; 91 (293AB; 385A-C). Für Sohn und Geist gilt: οὔμενουν οὐκ ἂν εἴη οὐδενὶ τρόπῳ οὐδενὸς τῶν ἐν τῇ Τριάδι αἴτιος ὁ Υἱός (myst. 15; 293B).

Πατὴρ τῶν ἐξ αὐτοῦ, *οὐ τῷ λόγῳ τῆς φύσεως, τῷ δὲ λόγῳ τῆς ὑποστάσεως*.[445] Die binnentrinitarischen Unterscheidungen sind allein Sache der personalen Eigentümlichkeiten, die stets nur einer Person zukommen können, niemals zwei Personen gleichzeitig. Das bedeutet für Sohn und Geist: „Darin, daß der Geist aus dem Vater hervorgeht, erkennt man seine Eigentümlichkeit, wie auch diejenige des Sohnes darin, daß der Sohn gezeugt wird."[446] Hier liegt der hermeneutische Schlüssel für die Trinitätslehre des Photius, in der so weit wie möglich die Einheit der Gottheit gewahrt bleiben soll: „Gemeinsam ist die Natur, gemeinsam die Gottheit, gemeinsam das Wesen, die Gemeinschaft [der Personen] macht aber auch alles andere, was Gott gebührt, zu gemeinsamen und unteilbaren Würdenamen."[447] Dieser Gemeinschaft stehen allein die ἰδιότητες ἀκίνητοι gegenüber, die auf der Basis der Homousie innerhalb der Trinität personale Oppositionen konstituieren.[448] Die Auszeichnung der Personen durch Idiomata gestattet es, die Gottheit *triadisch und monadisch zugleich* zu denken, und zwar durch das Modell der Perichorese.[449]

Hervorgang und Gezeugtsein sind allerdings die *einzigen* Idiomata, die Sohn und Geist vom Vater scheiden. Beide Weisen, vom Vater hervorgebracht zu werden, sind in sich vollkommen und keiner Ergänzung bedürftig, so daß ein doppelter Hervorgang des Geistes tatsächlich das ganze System zum Kollaps brächte: „Wie sollten dann nicht die Eigentümlichkeiten allen gemeinsam zugesprochen werden, durch die doch allein die Dreiheit als eine existierende und zu verehrende Dreiheit beschrieben wird?"[450] Da-

---

[445] Myst. 15 (293AB); ep. 288 (III; 117,79-81): οὐ κατατέμνων τῇ τῶν ὑποστάσεων ἑτερότητι καὶ τὴν φύσιν..., ἀλλὰ τῇ ταυτότητι τῆς φύσεως τὴν τῶν ὑποστάσεων διαφορὰν δοξάζω.
[446] Myst. 32 (313A) = ep. 2 (I; 44,122-124): ἐν ᾧ τοῦ Πατρὸς ἐκπορεύεται τὸ Πνεῦμα, ἡ ἰδιότης ἐπιγινώσκεται αὐτοῦ, ὡσαύτως δὲ καὶ ἐν ᾧ γεννᾶται ὁ Υἱός, ἡ τοῦ Υἱοῦ; cf. c. 20 (297C-300B); amph. 28 (IV; 105,13-16).
[447] Amph. 114 = ep. 228 (II; 145,215f.): κοινὸν ἡ φύσις, κοινὸν ἡ θεότης, κοινὸν ἡ οὐσία, τούτων δὲ ἡ κοινωνία καὶ τὰ ἄλλα θεοπρεπῆ ἀξιώματα κοινὰ ποιεῖ καὶ ἀδιαίρετα; cf. HILBERATH 1994, 129.
[448] Amph. 182 (V; 240,47-49): πάλιν τὰ ἐν τῇ ὑπεραγίᾳ καὶ ὁμοουσίῳ τριάδι λαμβανόμενα πρόσωπα φανερὸν ὡς δι᾽ ἀλλήλων τὰς ἰδιότητας ἀχράντους καὶ ἀκηράτους διασῴζοντα χωρεῖ.
[449] Cf. amph. 314 (VI/1; 117,27-30): ἔστι μὲν ἡ ὑπόστασις ὅλη ἐν ὅλῃ περιχωροῦσα, οὐκ ἀναχέουσα δὲ τὸ ἰδίωμα τῷ ἰδιώματι, οὐ συνθλίβουσα καὶ διωθουμένη, οὐ τοῖς ἰδιώμασι τὴν περιχώρησιν καινοτομοῦσα; cf. amph. 181 (V; 237,89-92): καὶ τριαδικῷ μὲν ἰδιώματι τὸ κατὰ τὰς ὑποστάσεις διάφορον ἐπιδείκνυται, μία δὲ τούτων ἐστὶν καὶ ἡ κρίσις καὶ ἡ ἐνέργεια, καὶ ταύτη τριαδικὴν ἐν ἑαυτῷ καὶ μοναδικὴν θεωρίαν εἰκονίζει.
[450] Ep. 2 (I; 45,161f.): πῶς οὐ κοινωνοῦνται αἱ ἰδιότητες, αἷς καὶ μόναις ἡ τριὰς τριὰς εἶναι καὶ προσκυνεῖσθαι χαρακτηρίζεται; Die gleiche Logik liegt dem Argument

bei geht es gerade in der antilateinischen Polemik ausschließlich um die ewige, immanente Trinität, um ἡ ἐξ ἀϊδίου πρόοδος ἐκ τοῦ πατρός.[451] Anhand der heilsökonomischen Sendungen läßt sich keine wesensmäßige Unterscheidung vornehmen: Geschichtliche Aktionen der göttlichen Personen werden entweder primär als Handlungen der *gesamten Gottheit* und erst sekundär als Aktion *einer Person* verstanden, oder sie dienen nur als Untermauerung dessen, was für die ewige Trinität als gültig angesehen wird.[452] Zur trinitätsimmanenten Unterscheidung verbleiben allein die idiomatischem Prädikationen γεννήτωρ - γέννημα - πνεῦμα oder λόγος - πνεῦμα - τὸ ἐξ οὗ ταῦτα πρόεισι.[453] Die Betonung der Einheit und die präzise Bestimmung der Unterscheidung erhellt aus einem Zitat des Mönches Job, dessen in der *Bibliothek* referierten Trinitätslehre Photius viel verdankt. Für die Seraphim in Jes 6,3 konstatiert Job: καὶ τὸ μὲν μέσον ἀναλογεῖν τῷ πατρί, τὰ δ' ἄκρα τῷ υἱῷ καὶ τῷ πνεύματι.[454] Im Anschluß daran definiert Photius das innertrinitarische Ursprungsgeschehen:

> „So also gehen sie aus diesem Ursprung gemäß der Fülle und der gleichen Würde hervor, haben aber nicht dieselbe Art des Hervorgangs; in der Gemeinschaft des Ursprungs liegt vielmehr auch der Unterschied der Eigentümlichkeiten, und so unterscheidet sich in unvermischter und ungewandelter Weise der eine vom anderen."[455]

---

zugrunde, das Filioque würde den Geist weiter vom Vater entfernen als den Sohn (44,122-129 = myst. 32; 313AB; s.o. S. 194f. mit Anm. 103).

[451] Myst. 28 (309B).

[452] Cf. amph. 188 (V; 251,68-72). Eine Verbindung beider Perspektiven bietet in Photius' *Bibliothek* Eulogius von Alexandrien; cf. cod. 230 (Bd. V; 42,28-33 HENRY): ἑνὰς καὶ μονὰς θεολογούμενον, υἱὸς ἐν πατρὶ καὶ πατὴρ ἐν υἱῷ γινωσκόμενον, πνεῦμα ἅγιον ἐκπορευόμενον ἐκ πατρός, ἀρχὴν μὲν ἔχον τὸν πατέρα, δι' υἱοῦ δὲ εἰς κτίσιν ἐπ' εὐεργεσίᾳ τῶν δεχομένων ἐρχόμενον, οὐ καθ' ὕφεσιν γινωσκομένης τῆς γεννήσεως, οὐ κατὰ τομὴν θεωρουμένης τῆς ἐκπορεύσεως.

[453] Amph. 181 (V; 236,72.69). In diesem Text begegnen zahlreiche weitere Triaden: ἀρχὴ - μεσότης - τελειότης, οὐσία - δύναμις - ἐνέργεια oder νοῦς - νοητόν - νόησις (aaO., 235,17.24f.; 236,68f.); cf. Amph. 114 = ep. 228 (II; 144,209-211; 145,220-222); dazu HERGENRÖTHER 1869, 395f.

[454] Cod. 222 (III; 177,31f. HENRY); cf. SLIPYI 1921, 81-87; JUGIE 1936, 299, sowie die Auslegung von Jes 6,3 in amph. 181 (V; 235,9-11): ὁ μυστικὸς καὶ ἀσίγητος ὕμνος τῶν χερουβὶμ διὰ τῆς τριαδικῆς ἁγιότητος εἰς μίαν συναγόμενος κυριότητα τὴν τριαδικὴν τῆς θεαρχίας ὑπογράφει τελειότητα.

[455] Amph. 28 (IV; 105,32-106,36): οὕτω γοῦν ἐκ τοῦ αὐτοῦ αἰτίου κατά γε τὸ πλεῖστον ἅμα μὲν καὶ ὁμοτίμως προερχόμενα, οὐ κατὰ τὸν αὐτὸν δὲ τρόπον τὴν πρόοδον ἔχοντα, ἐν τῇ κοινωνίᾳ τῆς ὑπάρξεως καὶ τὸ διάφορον τῶν ἰδιωμάτων ἑκάτερον ἀσυγχύτως καὶ ἀμεταβλήτως συνδιασῴζει πρὸς ἑκάτερον; cf. myst. 46f. (324B.325C); dazu WENDEBOURG 1980, 79 mit Anm. 51.

c) Das Verhältnis von Logos und Pneuma

In den Schriften ohne unmittelbare polemische Intention spielt der Hervorgang des Geistes aus dem Sohn keine hervorstechende Rolle; dennoch wird gerade hier über systematische Optionen entschieden, die den Kontroversschriften des Spätwerks den theologischen Boden bereiten. Die Interpretation der Flügelwesen von Jes 6,3 hinsichtlich des Sohnes und des Geistes als die beiden Flügel schließt eine Verbindung der Hervorgehensweisen untereinander aus:

> ἴσμεν δ' ὅτι ὁμοούσιον μέν ἐστι τῷ Πατρί, διότι ἐξ αὐτοῦ ἐκπορεύεται· ὁμοούσιον δὲ τῷ Υἱῷ, οὐκ ὅτι ἐκπορεύεται (ἄπαγε· ἐπεὶ μηδὲ κἀκεῖνος αὐτῷ διὰ τὴν γέννησιν) ἀλλ' ὅτι ἐξ ἑνὸς καὶ ἀμερίστου αἰτίου πρὸ αἰώνων τε καὶ ὁμοταγῶς ἑκατέρῳ ἡ πρόοδος.[456]

Daß beide zusammengehören und auf derselben göttlichen Stufe stehen, liegt daran, daß sie aus demselben Ursprung ewig hervorgehen - und zwar streng gesondert. Eine Beziehung (σχέσις) zwischen beiden wird von Photius strikt abgelehnt, so daß selbst die Gabe des Geistes an die Jünger *durch den Sohn* - nach Joh 15,26 - auf den Vater zurückgeführt wird:

> „So versteht man aber auch das Gesandtwerden des Geistes vom Sohn so, daß der Sohn lehrte, jener werde aus dem Vater gesandt und nicht aus ihm selbst, insofern ihm auch die Sendung des Geistes zugeeignet wurde, als er selbst gesandt wurde und das Senden empfing."[457]

Insofern die Heilsökonomie nicht für die ewigen trinitarischen Beziehungen hermeneutisch ausgewertet werden kann, wird jede Deutung von Joh 15,26 im Sinne einer Beteiligung des Sohnes am Ursprung des Geistes abgewiesen: „Und wir haben nun einmal diese göttliche Lehre über den Heiligen Geist vom Sohn gelernt: daß jener nämlich aus dem Vater hervorgeht und zum gleichen Rang (πρὸς ὁμοταγῆ τάξιν) mit Vater und Sohn geführt wird."[458] Entsprechend zeigt auch die Sendung des Geistes *durch den Sohn* nur die Wesensgleichheit der beiden Hypostasen.[459] Damit nimmt Photius allerdings eine Engführung vor, für die er sich nur bedingt auf die griechische Patristik berufen kann; gerade dem in der *Mystagogia* zitierten Basilius von Caesarea zufolge fungiert sowohl für den Aufstieg der menschlichen Erkenntnis zu Gott wie auch für die gütige Herablassung Gottes zu den

---

[456] Myst. 53 (332A).
[457] Amph. 188 (250,46-49): ἐννοεῖ δὲ ὡς καὶ τὸ ἀποστέλλεσθαι τὸ πνεῦμα παρὰ τοῦ υἱοῦ, ἡνίκα ἐδίδασκεν ὁ σωτὴρ ἐκ τοῦ πατρὸς αὐτὸν ἀπεστάλθαι καὶ μηδὲ ἀφ' ἑαυτοῦ λέγειν, τηνικαῦτα καὶ τὴν ἀποστολὴν οἰκειοῦται τοῦ πνεύματος, ὅτε αὐτὸς ἀπεστέλλετο καὶ τὸ ἀποστέλλειν ἀνεδέχετο.
[458] Amph. 190 (258,155-157).
[459] Amph. 190 (257,150-258,154); cf. WENDEBOURG 1980, 79f.

Menschen jeweils der Sohn als mittlere und vermittelnde Instanz.[460] Für Basilius präsentiert sich die innertrinitarische Ordnung also *linear*, ebenso für Johannes von Damaskus: „Durch den Heiligen Geist erkennen wir also Christus als den Sohn Gottes, und Gott sehen wir im Sohn als Vater."[461] Photius wiederum trägt in diese doppelte Bildhaftigkeit eine bezeichnende Modifikation ein: Der Sohn heißt nicht nur deshalb Bild des Vaters, weil er diesen den Menschen offenbart (Joh 14,9), sondern weil von dieser Beziehung gilt: πρὸς αὐτὸν κατ' αἰτίαν ἀναφερόμενος. Das aber trifft auf die Relation zwischen Sohn und Geist eben nicht zu: „Das Bild des Sohnes ist aber der Geist, nicht so, daß er auf seinen Ursprung verwiese - bewahre! -, sondern weil den Sohn Gottes niemand von anderswo her erkennt, wenn er nicht den allheiligen, erkenntnisleitend wirkenden Geist empfangen hat."[462] Photius legt also bei seiner Fortschreibung der kappadozisch-damaszenischen Theologie mit seinem Gewährsmann Job den Akzent darauf, daß die beiden Hervorgänge aus dem Vater keinesfalls zu einer dritten Beziehung führen können: „Weil nun der Sohn und der Geist in gleicher Würde aus dem Vater hervorkommen, nennt man den einen Sohn, den anderen Geist, jedoch wird nicht beiden das Los der Sohnschaft zuteil, wie auch nicht die Beziehung."[463]

Angesichts dieser radikalen Beziehungslosigkeit von Sohn und Geist wird aber fraglich, warum die beiden nicht Brüder sind und der Geist nicht

---

[460] Basilius, spir. XVII 27 (SC 17bis, 412,17-21 PRUCHE): Ἡ τοίνυν ὁδὸς τῆς θεογνωσίας ἐστὶν ἀπὸ ἑνὸς Πνεύματος, διὰ τοῦ ἑνὸς Υἱοῦ, ἐπὶ τὸν ἕνα Πατέρα. Καὶ ἀνάπαλιν, ἡ φυσικὴ ἀγαθότης, καὶ ὁ κατὰ φύσιν ἁγιασμός, καὶ τὸ βασιλικὸν ἀξίωμα, ἐκ Πατρός, διὰ τοῦ Μονογενοῦς, ἐπὶ τὸ Πνεῦμα διήκει; cf. auch ep. 226,3 (CUFr III, 27,34-36 COURTONNE); dazu HOLL 1904, 149; MARKSCHIES 1998a, 58-60.- Von einer μεσιτεία τοῦ υἱοῦ spricht Gregor von Nyssa (tres dii; GNO III/1, 56,5-10 MÜLLER); andernorts beschreibt er den Vater als ἀγέννητος, den Sohn als μονογενής und den Geist als διὰ τοῦ υἱοῦ (Eun. I 278-280; GNO I, 107,25; 108,3-5; 108,18-109,1 JAEGER); cf. HOLL 1904, 212-214; MARKSCHIES 1998a, 74-76. Weiter kann auf Athanasius (ep. serap. III 1; PG 26, 625B) verwiesen werden; cf. LAMINSKI 1969, 153; SLIPYI 1920, 551f. Kritisch zur Vernachlässigung des διὰ τοῦ υἱοῦ: ORPHANOS 1981, 46.

[461] Johannes von Damaskus, imag. III 18 (PTS 17; 127,25-27 KOTTER): Διὰ πνεύματος οὖν ἁγίου γινώσκομεν τὸν Χριστὸν υἱὸν τοῦ θεοῦ καὶ θεὸν καὶ ἐν τῷ υἱῷ καθορῶμεν τὸν πατέρα.

[462] Amph. 235 (VI/1; 18,3-8): εἰκὼν δὲ τοῦ υἱοῦ τὸ πνεῦμα, οὐχ ὡς εἰς αἰτίαν ἀναφερόμενον, ἄπαγε, ἀλλ' ὅτι μὴ οἷόν τε γνωρίσαι τὸν υἱὸν ἑτέρωθεν, εἰ μὴ τὸν πανάγιον πρὸς τὴν χειραγωγίαν συνεργὸν λαβόντα πνεῦμα; ebenso myst. 53 (332A). Nach CONGAR 1982, 370, hat Photius damit „die Theologie der Väter und des Johannes von Damaskus eingeengt und verhärtet."

[463] Cod. 222 (III; 202,36-39 HENRY): Διὰ τί τοῦ υἱοῦ καὶ τοῦ πνεύματος ὁμοτιμῶς ἐκ τοῦ πατρὸς προϊόντων ὁ μὲν λέγεται υἱός, τὸ δὲ πνεῦμα, καὶ οὐκ ἄμφω τὴν τῆς υἱότητος διασῴζουσι κλῆσιν, ὥσπερ οὐδὲ τὴν σχέσιν.

auch Sohn heißt, wenn er doch ebenfalls aus der Hypostase des Vaters hervorgeht? Gegen die drohende Vermischung der Hypostasen und ihrer Eigentümlichkeiten betont Photius die Idiome, die die präzise Unterscheidung der Hervorgehensweisen garantieren:

> ἐκ τοῦ αὐτοῦ μὲν γὰρ ἄμφω, ἀλλ' οὐχ ὡσαύτως οὐδὲ κατὰ τὴν ἰδιότητα τὴν αὐτὴν ἡ ἑκατέρου πρόοδος· καὶ γὰρ ὁ μὲν υἱὸς τοῦ πατρὸς προῆλθε διὰ γεννήσεως, τὸ πνεῦμα δὲ δι' ἐκπορεύσεως. ὥσπερ οὖν αἱ σχέσεις καθ' ἃς ἡ πρόοδος ἑκατέρου διαφέρουσιν (οὐ γάρ ἐστιν, οὐκ ἔστιν οὔτε ἡ γέννησις τὸ τῆς κυρίως ἐκπορεύσεως οἰκειουμένη ἰδίωμα, ἀλλ' οὐδὲ ἡ ἐκπόρευσις τὸν τῆς γεννήσεως χαρακτῆρα ἐναρμόζεται), οὕτω δὴ οὕτω καὶ ἃ κατὰ τὰς διαφόρους σχέσεις ἱερολογεῖται τοῦ πατρὸς προέρχεσθαι διάφορον ἔχουσι καὶ τὴν κλῆσιν καὶ τὴν ἐν ταῖς ὑποστάσεσιν ἰδιότητα, ἃς αὐτοῖς τὸ τῶν σχέσεων ἀφώρισεν ἰδιότροπον.[464]

Dies beantwortet freilich nicht die Frage, wie sich der Geist zu der Vater-Sohn-Beziehung verhält, die für eine dritte Person zunächst keine Analogie bietet.[465] Es finden sich gelegentlich Hinweise, daß Photius diesem Einwand Rechnung trägt, indem er die Hypostase des Vaters aspektuell in sich differenziert: Er ist γεννήτωρ καὶ προβολεὺς καὶ τῶν ἐξ αὐτοῦ προϊόντων αἴτιος.[466] Anhand der Frage, inwieweit Vater und Sohn gleichermaßen als νοῦς bezeichnet werden können, wird die Zuordnung von Wesensgleichheit und Hervorgängen revidiert, wonach letztere nur differenzierende, nicht positiv qualifizierende Funktion haben:

> „Den Vater nennt man nämlich 'Verstand', weil er die Beziehung zum Wort und zum Geist verstehen lehrt, wie 'Vater' die [Beziehung] zum Sohn und 'Hervorbringer' die zum Geist; und während die Bezeichnung als Vater diese Beziehung sowohl als Erzeuger und als Hervorbringer ungetrennt bewahrt, führen der Verstand und der Ursprung die Ursache diese unvermischt zusammen."[467]

Auch wenn dieses Schema von Photius in der *Mystagogia* nicht systematisch durchgeführt wird, ließe sich hierin doch der Ansatz eines Auswegs aus dem Dilemma sehen, in das ihn das Insistieren auf der Beziehungslosigkeit

---

[464] Amph. 28 (IV; 105,13-22); hier wird deutlich, wie Photius den *terminus technicus* ἐκπόρευσις gegen das weitergefaßte Begriffsfeld πρόοδος/προέρχεσθαι abgrenzt.

[465] Von einem Hervorgang des Geistes aus der πατρικὴ ὑπόστασις spricht Photius gelegentlich (myst. 32; 313AB) im Anschluß an (Ps.-) Didymus von Alexandrien, trin. III 38 (PG 39, 976A), der Joh 15,26 mit der Pointe interpretiert: ὡς ἀνάρχως καὶ ὁμοουσίως ἐκ τῆς πατρικῆς ὑποστάσεως ἐξεφάνη.

[466] Amph. 315 (VI/1; 119,28; cf. aaO., 119,58f.; 120,60f.77-79.93f.).

[467] Amph. 315 (VI/1; 121,122-126): καὶ γὰρ νοῦς ὁ πατὴρ λέγεται, τὴν πρὸς τὸν λόγον σχέσιν καὶ τὸ πνεῦμα διδοὺς ἐννοεῖσθαι, ὥσπερ πατὴρ τὴν πρὸς τὸν υἱόν, καὶ προβολεὺς τὴν πρὸς τὸ πνεῦμα· καὶ ἣν σχέσιν ἡ τοῦ πατρὸς φωνὴ καὶ τοῦ γεννήτορος καὶ τοῦ προβολέως ἀδιαρέτως διαμένει, ταύτην ὁ νοῦς καὶ ἡ ἀρχὴ καὶ τὸ αἴτιον ἀσυγχύτως συνάγει.

und damit Ununterschiedenheit von Sohn und Geist gebracht hat.[468] Das würde allerdings gefährlich nahe an eine Unterscheidung in der göttlichen Monarchie selbst heranführen, insofern „das Verhältnis der beiden Eigentümlichkeiten der πατρότης und der προβολή in dem photianischen λόγῳ τῆς ὑποστάσεως unerklärt und unbegründet" bliebe.[469] Letztlich bildet daher das trinitätstheologische Modell des Photius einen Winkel, dessen beide Spitzen in keiner Hinsicht miteinander verbunden sind - außer durch das gemeinsame Wesen, das den Differenzierungen in Gott vorausliegt und alles umfaßt, was nicht unmittelbar zur Unterscheidung der Hypostasen dient. Eine Leerstelle bleibt freilich dort, wo man eine positive inhaltliche Qualifizierung dieser Unterschiede vermuten könnte[470]; das Augenmerk wird ausschließlich darauf gerichtet, eine Verbindung zwischen Sohn und Geist zu *negieren*, so daß deren Zusammengehörigkeit letztlich in den Vater als Träger des gemeinsamen Wesens zurückverlegt werden muß.[471] Ob sich dann freilich das Axiom: τὸ γὰρ πρότερον καὶ ὕστερον τῆς ἀϊδίου Τριάδος ἀλλότριον[472] konsistent bewahren läßt, erscheint mir fraglich. Denn was den Lateinern vorgeworfen wird - nämlich in die Trinität eine unzulässige temporale Abstufung einzutragen -, kann auch gegen Photius selbst gewendet werden, dessen Trinitätslehre den Eindruck erweckt, als würde sich eine im Vater subsistierende Gottheit erst sekundär ausdifferenzieren, wobei erschwerend hinzukommt, daß jeder Analogieschluß aus den heilsgeschichtlichen Handlungen der drei Personen *a limine* verwehrt wird. Woher dann allerdings die scharf herausgearbeiteten Unterschiede in der Trinität *erkannt* werden können, stellt m.E. die gewichtigste Anfrage an Photius' Trinitätstheologie dar.

---

[468] Cf. myst. 36 (316A-317A), wo das Wortfeld προβολή/προβολεύς argumentativ entfaltet wird; ähnlich schon in ep. 2 (I; 46,181-199), während in ep. 291,11 (III; 144,175f.) polemisch von πολλοὺς προβολέας καὶ αἰτία τοῦ πνεύματος gesprochen wird; ähnlich in epit. 3 (392BC).

[469] SLIPYI 1921, 90.

[470] HILBERATH 1994, 129: „Bei Photius bleibt das Verhältnis von Logos und Pneuma letztlich ungeklärt; das Wirken des Geistes kann kaum als das Wirken des Geistes Christi charakterisiert werden."

[471] Cf. JUGIE 1936, 301: „mediationem Filii in productione Spiritus sancti in obscuro relinquebat, illud 'διὰ τοῦ Υἱοῦ' non explicans et nomen *causae* seu *principii* Patri reservans."

[472] Myst. 63 (341A).

IV. Das Schisma des Jahres 1054 als Etappe der Filioque-Kontroverse

Das Jahr 1054 hat als Jahr des großen Schismas zwischen Ost- und Westkirche traurige Berühmtheit in der Kirchengeschichte erlangt. Die Aufhebung der wechselseitigen Bannsprüche nach über 900 Jahren am Ende des II. Vatikanischen Konzils bestätigt nur, wie tief sich dieses Datum in das Gedächtnis der Kirche(n) eingeprägt hat.[1] Dabei ist freilich im Blick zu behalten, daß dieser Rückschau (und ihrer breiten Rezeption in kirchen- und dogmengeschichtlichen Standardwerken) ein signifikant mageres Echo in der zeitlich nahestehenden Historiographie korrespondiert; von einem „endgültigen" Bruch zwischen östlicher Orthodoxie und lateinischem Abendland ist bei den Zeitgenossen nichts zu spüren. So hat auch der ökumenisch bedeutsame Akt von 1965 Fragen offengelassen: Wie konnten sich beiderseitige Ressentiments und tief eingewurzeltes Mißtrauen bis zur wechselseitigen Verfluchung steigern? Welche juristische Bedeutung hatten die ausgesprochenen Urteile tatsächlich? Und welche Rolle spielte dabei das Filioque, das oft genug als „Ursache des Schismas" benannt wird?

In drei Schritten soll eine Antwort auf diese Fragen versucht werden. Zunächst ist an einigen Stationen das Verhältnis zwischen Byzanz und dem Abendland in der Zeit nach der zweiten Absetzung des Photius (886) zu beleuchten (1.); auch die Frage nach einem Schisma *vor* 1054 muß gestellt werden. Sodann ist das Jahr 1054 in den Blick zu nehmen (2.), konzentriert auf den Verlauf der inhaltlichen und disziplinären Auseinandersetzungen im Vorfeld der gegenseitigen Bannsprüche. Auf dieser Grundlage ist schließlich (3.) nach der Rolle des Filioque in dieser Entwicklung zu fragen.

---

[1] Papst Paul VI. und Patriarch Athenagoras I., „Pénétrés de reconnaissance" (7.12.1965; DH 4430-4435).

1. Von Photius zu Kerullarios

1.1. Die unmittelbare Nachgeschichte des „photianischen Schisma"

1.1.1. Kaiser Leon VI., „der Weise"

Das zeitlich nahestehendste Zeugnis für eine „photianische" Pneumatologie bietet ausgerechnet Kaiser Leon VI., genannt „der Weise", der die erneute Absetzung seines Lehrers Photius verfügte.[2] Dieser als Staatsmann wie als Gesetzgeber bedeutende Kaiser hat mehrere Homilien hinterlassen, an denen sich paradigmatisch die byzantinische „Normaltheologie" des frühen 10. Jahrhunderts ablesen läßt. So steht am Beginn der *oratio XIII* des Kaisers eine konfessorische Passage: Εἷς Θεὸς ἐν Πατρὶ καὶ Υἱῷ καὶ ἁγίῳ Πνεύματι, ὑποστάσεων Τριὰς εἰς ἓν συνιοῦσα, μονάδι φύσεως, αὐτοτελής, ὑπερπλήρης, ἀεὶ οὖσα, καὶ τοῖς οὖσι τὸ εἶναι παραχοῦσα.[3] Der Akzent der Predigt liegt auf der Gleichrangigkeit des Geistes mit Vater und Sohn; als Koordinationsmodell wird das Bild einer Wurzel (ῥίζα) mit zwei Trieben (βλαστοί) herangezogen (136B).[4] Gegen die Bezeichnung des Geistes als Geschöpf wird pointiert gefordert: „Ehret also in gleicher Weise den Heiligen Geist, gleich in der Wirkkraft (τὸ ἴσον τῇ ἐνεργείᾳ) und dadurch gleich im Wesen" (ἴσον καὶ τῇ οὐσίᾳ; 137A). Gegen nicht näher spezifizierte „Pneumatomachen" wird argumentiert, daß ein Geist, der Vater und Sohn subordiniert wäre, dem erlösungsbedürftigen Menschen nicht die heilschaffende göttliche Gnade vermitteln könnte.[5] Wirkkraft und Wesenheit des Geistes werden daher in beständigem Rückgriff auf die „Homotimie" und „Homodoxie" des NC dargelegt.[6] Joh 16,15 ([τὸ Πνεῦμα] ἐκ τοῦ ἐμοῦ λαμβάνει) belege daher gerade nicht, daß der Geist dem Sohn entstamme, was die „neu entstandene" Irrlehre behaupte:

> „Keinesfalls bedeuten diese Worte, was die jetzt aufgetretene Neuerung derer will, die einen neuen Ursprung des Geistes einführen, nämlich daß der Geist aus dem Sohn her-

---

[2] Zu Leon cf. BECK 1959, 546f.; 1980, 118-124; OSTROGORSKY 1963, 201-205.215f.; DÖPMANN 1991, 99f.

[3] Leon VI., or. XIII (PG 107, 136AB; im Text mit Kolumnenangabe zitiert).

[4] Zu dieser Trinitätsanalogie cf. unten S. 363 Anm. 257.

[5] Cf. dazu or. XIII (141A): Εἰ μὴ Θεός, πῶς θεϊκῆς χάριτος μεταδίδωσιν; ... Εἰ μὴ συμφυές, πῶς δι' αὐτοῦ σύμφυτοι Θεοῦ καθιστάμεθα;

[6] Cf. die konzise Formulierung (140C): οὕτω δοξάζομεν, ὡς ἐδιδάχθημεν· οὕτω τιμῶμεν, ὡς προστετάγμεθα, [τὸ Πνεῦμα] Πατρὶ καὶ Υἱῷ συντεταγμένον εἰδότες καὶ συμπροσκυνούμενον· ἐξ ἀϊδίου συνόν, οὐχὶ νεώτερον εἰς τὴν σύνταξιν προελθόν. Οὐ κεχωρισμένον τῆς ἐξουσίας, οὐκ ἠλλοτριωμένον τῆς συμφυΐας, οὐκ ἀπόκληρον τῶν ὅσα κοινῇ Πατρὸς γνωρίζεται καὶ Υἱοῦ, ὁμόθρονον, ὁμόδοξον ὄν, συνδημιουργοῦν, συμβασιλεῦον.

vorgebracht wird. Denn dadurch versuchen sie überlweise, den einen Ursprung in eine Vielursprünglichkeit (πολυαρχία) zu verwandeln" (145B).

Hier wird der Vorwurf aufgegriffen, den Photius erstmals in seiner Enzyklika erhoben und in seinen Spätschriften ausführlich begründet hatte: Wenn dem Empfangen vom Sohn auch ein Hervorgehen aus demselben korrespondiert, wird die göttliche Monarchie zerstört, indem einer der beiden Triebe zur zweiten Wurzel (συναίτιος) gemacht wird. Grundlegend ist die photianische These, daß jede Person in der Trinität durch genau eine Proprietät definiert sei, weshalb das Filioque diese subtile Symmetrie nachhaltig zerstöre: „Insofern der Vater nur darin größer ist als der Sohn, weil er Ursprung seines Seins ist, dann wäre auch der Sohn größer als der Geist, falls er Ursprung von dessen Sein wäre. Wie sollte dann aber nicht die Hypostase des Geistes geringgeschätzt werden, wenn doch der Sohn von einer Ursache herstammt, der Geist aber aus zwei Ursachen?" (148BC). Konsequent weitergedacht nähme der Geist seinen Hervorgang allein aus dem Sohn, nicht mehr aus dem Vater, so daß paradoxerweise der Sohn μόνος τοῦ Πνεύματος αἴτιος wäre (149B).

Der Prediger bezeichnet die Widerlegung der Häresie freilich als πάρεργον ὁδοῦ (152A), als Negativfolie für die intendierte Paränese. Denn die Würde des Geistes liegt in seiner Funktion als Vollender der Schöpfung. Durch den Geist komme das Heilswerk des Sohnes zum Ziel:

> „Dieser sitzt nach seinem Sieg [über den Tod] neben dem väterlichen Thron, von dem er nicht getrennt war, und sendet den mit ihm thronenden Geist; zusammen verkünden sie die Herrlichkeit [des Vaters], zusammen führen sie die Schöpfung an ihr Ziel; und wie die widergöttliche Finsternis ihren Raum hat innerhalb des Glanzes des Vaters, so erglänzen in seinem wesensgleichen und erleuchtenden Geist schon jetzt die, die im Finstern sind" (ἤδη καὶ ἐν τῷ ὁμοουσίῳ αὐτοῦ φωτιστικῷ Πνεύματι καταυγασθῶσιν οἱ ἀλαμπεῖς; 152CD).

Mit dem Denkmodell des „Abglanzes" kommt zum Ausdruck, daß die Konsubstantialität des Geistes mit Vater und Sohn auch ohne den Hervorgang aus letzterem festgehalten werden kann, ja muß. Leon VI. bietet insofern eine konzise Zusammenstellung der zeitgenössischen Pneumatologie, ohne daß ein konkreter Anlaß seiner Polemik konjiziert werden dürfte.[7] Der Hervorgang des Geistes war vielmehr in das antihäretische Arsenal der griechischen Homiletik eingegangen - ein Topos, der allerdings erst 150 Jahre später wieder in einer Situation direkter Konfrontation zur Geltung kommen sollte.[8]

---

[7] JUGIE 1936, 313: „doctrinam photianam... in Ecclesia byzantina, nemine reclamante, civitatem mox consecutam fuisse et ab omnibus receptam."

[8] Die spärlichen Erwähnungen des Photius in der *lateinischen* Literatur zwischen 880 und 1054 hat DVORNIK 1948, 279-288, zusammengetragen; cf. *pars pro toto* Erchem-

1.1.2. Die *Capita syllogistica* des Niketas von Byzanz

Zur selben Zeit wie Kaiser Leon VI., jedoch im Rahmen einer anderen literarischen Gattung, begegnet der photianische Ansatz der Pneumatologie bei Niketas von Byzanz in 24 Syllogismen „gegen die, welche schändlich und gottlos in dem göttlichen Symbol des rechten Glaubens aller Christen über den allheiligen und lebensstiftenden göttlichen Geist hinzusetzen und sagen und verkünden, daß [wir glauben] 'an den Heiligen Geist, der Herr ist und lebendig macht, der aus dem Vater und dem Sohn hervorgeht', also gerade nicht: 'aus dem Vater allein' (ἐκ τοῦ πατρὸς μόνου), wie es das Herrenwort lehrt und die weltumspannende katholische und apostolische rechtgläubige Kirche ausdrücklich verkündigt und bekennt."[9] Niketas setzt bei der Veränderung des *Bekenntnistextes* an, konzentriert sich aber weitgehend auf die *Theologie* des Glaubensbekenntnisses, die er mit syllogistischer Methode einer notwendigen Klärung zuführen will, und zwar auf der Basis von Schrift, Symbol und Synoden, da die angegriffenen Häretiker (die lediglich als περὶ τὰ ἑσπέρια μέρη spezifiziert werden: inc.; 85,15) nicht nur dem allgemein anerkannten Dogma der Kirche, sondern damit auch dessen Begründungsinstanzen widersprächen (cap. 24; 137,18-138,3).

In Überblicksdarstellungen wird meist übersehen, daß nicht schon Photius selbst, sondern erst die *Capita syllogistica* ein pneumatologisches „System" mit dem „photianischen μόνος" als integralem Interpretament vorlegen.[10] Als Leitmotiv fungiert die These, daß in der Trinität eine Aus-

---

bert, historia Langobardorum Beneventanorum 52 (MGH.SRL, 256,28-30 WAITZ). Eine Singularität stellt der Appell des Konzils von Trosly (909) gegen die „photianische Häresie" dar: „*Sane quia innotuit nobis sancta sedes apostolica, adhuc errores blasphemiasque cujusdam vigere Photii in partibus orientis in Spiritum sanctum, quod non a Filio, nisi a Patre tantum procedat blasphemantis: hortamur vestram fraternitatem una mecum, ut secundum admonitionem Domini Romanae sedis, singuli nostrum, perspectis patrum catholicorum sententiis, de divinae scripturae pharetris acutas proferamus sagittas potentis, ad confodiendam belluam monstri renascentis, et ad conterendum caput nequissimi serpentis*" (can. XIV; MANSI XVIIIA, 304E-305A; cf. MICHEL 1933, 135 Anm. 41a; DVORNIK 1948, 287; HARTMANN 1989, 374-377). Im Kontext geht es allerdings um die Sicherung des Kirchengutes nach dem Tod des amtierenden Bischofs; die Pointe des zitierten Kanons liegt daher im Appell zur Geschlossenheit gegenüber der Habgier der Landesherren. Offensichtlich hatte Papst Sergius III. den Widerstand gegen die wieder auflebende Häresie des Photius als Paradigma der solidarischen Verteidigung der Kirche gegen Angriffe *ab extra* benutzt, ohne dabei spezifischer als einst Nikolaus I. zu werden. Daraus wird man freilich kaum folgern dürfen, das lateinische 10. Jahrhundert habe Photius als „Romfeind" und „Schismatiker" gesehen (so aber MICHEL 1933, 135).

[9] Niketas, cap. inc. (84,6-12 HERGENRÖTHER); danach Kapitel-/Stellenangaben im Text.
[10] Für JUGIE 1936, 316, handelt es sich bei den *Capita* um eine „nova editio correcta et ad usum scholae redacta Mystagogiae photianae"; ähnlich HERGENRÖTHER 1867b, 645-650; cf. auch BECK 1959, 530f.

sage entweder auf alle drei Personen und damit auf die göttliche Natur selbst zutreffe oder aber die hypostatische Eigentümlichkeit einer der drei Personen benenne - unmöglich sei, daß zwei Personen etwas gemeinsam hätten, was der dritten Person fehle: „Fast in allem muß man von einer vollkommenen Gemeinschaft sprechen, in der man nur einen einzigen Unterschied der eigentümlichen Hypostasen findet: Dies sind die Attribute 'ungezeugt', 'gezeugt', 'hervorgegangen' (ἀγέννητον, γεννητόν, ἐκπορευτόν); alles andere aber ist allen gemeinsam" (τὰ δ' ἄλλα πάντα κοινά: cap. 7; 106,9-11).[11] Die Personen stünden zueinander in perichoretischer Gemeinschaft[12], so daß folgende personkonstituierende Proprietäten festzustellen seien:

- Der Vater sei „ohne Ursprung und ungezeugt", „Quelle und Ursache des Sohnes und des Geistes" (ἀναίτιος καὶ ἀγέννητος - πηγὴ καὶ αἰτία υἱοῦ καὶ πνεύματος cap. 2; 90,18f.; 91,1f.);
- der Sohn sei „der Eingeborene, der wesensmäßig und eigenständig existiert" (μονογενὴς... οὐσιωδῶς καὶ ἐνυποστάτως ὑφεστηκώς; 91,3-5);
- der Geist sei „die aus Gott dem Vater, d.h. aus der Tiefe der Gottheit entspringende Kraft, die Kraft, die alles heiligt und vervollkommnet, was ist; sie existiert eigenständig in ihrer eigentümlichen Hypostase, ungetrennt und nicht entfernt von Vater und Sohn, wesensgleich mit Vater und Sohn; sie besitzt alles, was dem Vater und dem Sohn zu eigen ist, außer der Ungezeugtheit und des Gezeugtseins; [der Geist] geht aus dem Vater hervor, durch den Sohn wird er der ganzen Schöpfung mitgeteilt und von ihr empfangen."[13]

Niketas geht darin über Photius hinaus (bzw. greift über diesen hinweg auf Johannes von Damaskus zurück), daß dem Sohn eine Beteiligung an der heilsgeschichtlichen Sendung des Geistes zugesprochen wird.[14] Wenn sich aber die ἐκπόρευσις exklusiv auf den Vater beziehen soll, dann lauert dahinter das Problem, ob dies eine Beziehung zum *Vater* impliziert oder zur *ersten Person der Trinität*. Niketas ist sich des Bedürfnisses nach entspre-

---

[11] Cf. cap. 9 (109,3-13); cap. 11 (114,15f.); Photius, ep. 2 (I; 46,181f. LAOURDAS/WEST.).
[12] Cap. 7 (106,11f.): ἐξαιρέτως δὲ τὴν εἰς ἄλληλα περιχώρησιν ἔχουσιν ἀσυγχύτως.
[13] δύναμις τοῦ θεοῦ καὶ πατρὸς ἐκφαντορικὴ τοῦ κρυφίου τῆς θεότητος καὶ δύναμις ἁγιαστικὴ καὶ τελειωτικὴ πάντων τῶν ὄντων, ἐνυπόστατον ἤγουν ἐν ἰδίᾳ ὑποστάσει ὑπάρχον, ἀχώριστον καὶ ἀνεκφοίτητον πατρὸς καὶ υἱοῦ καὶ ὁμοούσιον τῷ πατρὶ καὶ τῷ υἱῷ καὶ πάντα ἔχον ὅσα ἔχει ὁ πατὴρ καὶ ὁ υἱὸς πλὴν τῆς ἀγεννησίας καὶ τῆς γεννήσεως, ἐκ τοῦ πατρὸς ἐκπορευόμενον, δι' υἱοῦ δὲ διαδιδόμενον καὶ μεταλαμβανόμενον ὑπὸ πάσης τῆς κτίσεως (cap. 2; 91,6-13).
[14] Cf. cap. 4.12 (99,20; 115,5-7). Cap. 2 vergleicht die ökonomische Trinität mit der Triade ἥλιος - ἀκτίς - ἔλλαμψις (92,7-9; dazu s.u. S. 475 Anm. 302); cf. Johannes v. Damaskus, f. o. I 8 (PTS 12, 26,181-183); WENDEBOURG 1980, 95f.

chender Differenzierung durchaus bewußt, wenn er ausführt: ὁ θεὸς καὶ πατὴρ μόνος ἐστὶν αἴτιος τοῦ πνεύματος *ὡς προβολεὺς* καθὼς καὶ γεννήτωρ μόνος τοῦ υἱοῦ (cap. 17; 122,8f.). Der Name „Vater" wird dabei faktisch umgewertet: Hinsichtlich der innertrinitarischen Ursprungsbeziehungen ist die erste Person nicht zunächst Vater, sondern „Ursache" (αἰτία), und was von dieser Ursache herrührt, ist entsprechend nicht erst „Sohn" und „Geist", sondern „Verursachtes durch Geburt" (αἰτιατὸν γεννητόν) bzw. „Verursachtes durch Hervorgang" (αἰτιατὸν ἐκπορευτόν: cap. 2; 92,1-3). Der lateinischen Häresie wird also - wie schon bei Photius - eine *„aitiologisch" formalisierte Trinität* entgegengestellt.[15] „Photianisch" ist auch die Abwehr jeder Beteiligung des Sohnes am Hervorgang des Geistes:

- Im Anschluß an die oben formulierte trinitätstheologische Sprachregel müßte der Geist, wenn sein Hervorgang nicht einer der anderen Personen zuzuschreiben wäre, sondern beiden, auch aus sich selbst hervorgehen (ἐξ ἑαυτοῦ προϊόν) und wäre dann zugleich Ursache und Verursachtes (ἑαυτοῦ αἴτιον καὶ αἰτιατόν), oder er müßte weitere Hypostasen aus sich heraussetzen und so die Dreiheit erweitern (cap. 1; 89,8-10). Man würde mit dem Filioque eine Kontradiktion (ἀντίφασις) aussagen: Der Hervorgang des Geistes wäre innertrinitarisch κοινὸν καὶ οὐ κοινόν, καὶ ἴδιον καὶ οὐκ ἴδιον (cap. 16; 121,7f.).
- Wenn der Geist auch aus dem Sohn hervorginge, wäre der Geist der Enkel des Vaters (cap. 2; 93,1-3). Die biblische Redeweise vom „Geist des Vaters" und „des Sohnes" bezeichne hinsichtlich des Vaters den ewigen Ursprung, hinsichtlich des Sohnes die Mitteilung des Geistes an die Kirche und die perichoretische Einwohnung im Sohn (cap. 4; 99,21).
- Der Hervorgang des Geistes aus dem Vater sei vollkommen und keiner Ergänzung bedürftig (cf. cap. 4; 95,7f.; cap. 8; 108,7-17).
- Jeder Person eigne genau eine Proprietät: dem Vater die ἀγεννησία, dem Sohn die γέννησις, dem Geist die ἐκπόρευσις. Man könnte fragen, wie sich Vater und Sohn *hinsichtlich des Geistes* unterscheiden - dann müßte man ebenso erwägen, wo die Differenz zwischen *Vater und Geist* im Blick auf den Sohn liege (cap. 22; 134,2f.15-19).
- Vor allem aber: Wenn der Sohn am Hervorgang des Geistes in gleicher Weise (πρωταιτίως) wie der Vater beteiligt wäre, dann gäbe es „zwei Ursachen und zwei Ursprünge und ebenso zwei Unverursachte und zwei Anfangslose im Blick auf die Ursache" (δύο αἴτια καὶ δύο ἀρχαὶ

---

[15] Cap. 13 (117,12-14): θεὸν ἐκ θεοῦ τὸν υἱὸν καὶ γεννητῶς ὡς γέννημα προελθόντα καὶ τὸ πνεῦμα ὡσαύτως θεὸν ἐκ θεοῦ ἐκπορευτῶς ὡς πρόβλημα προϊόν. In der Heilsgeschichte wird dagegen die eine αἰτία aspektuell ausdifferenziert in die αἰτία προκαταρκτική - δημιουργική - τελεωτική (cap. 4; 97,16f.).

καὶ δύο ἀναίτια καὶ ἄναρχα κατ' αἰτίαν: cap. 4; 94,14). Wenn dem Sohn eine Beteiligung in nur abgeleiteter Weise zukäme, gälte: μᾶλλον ἔσται ὁ πατὴρ αἴτιος τοῦ πνεύματος, ἧττον δὲ ὁ υἱός (95,1f.).[16] In jedem Fall würde in die *eine* Gottheit eine *Vielzahl* von Ursachen eingetragen und so die Alleinursächlichkeit des Vaters beeinträchtigt.

Der *cantus firmus* der niketianischen Syllogistik wird schon sprachlich angezeigt durch den redundanten Gebrauch des Wortfeldes „allein": „Die erste und vornehmste Eigenschaft Gottes des Vaters ist es aber, daß aus ihm allein und auf einzigartige Weise beide existieren, das Erzeugnis wie die Hervorbringung, und er selbst ist ausgezeichnet als alleiniger Erzeuger und alleiniger Hervorbringer."[17] Hier wird die Entleerung des Vaterbegriffs deutlich: Als Oberbegriff fungiert „Ursache"; erst auf einer sekundären Ebene begegnet die Differenz zwischen „Erzeuger" und „Hervorbringer". Daher begegnet regelmäßig als Fazit der einzelnen *capitula*, ὅτι τὸ πνεῦμα ἐκ τοῦ θεοῦ καὶ πατρὸς μόνου ἀχρόνως καὶ συναϊδίως πρόεισιν (cap. 18; 124,7f.).[18] Wenn allerdings betont wird, der Geist gehe ἐκ τῆς πατρικῆς οὐσίας hervor (cap. 4; 99,17), dann wird hier auf die Sprache von N zur Präzisierung des NC zurückgegriffen: Sollte damit anno 325 die Gleichheit des Wesens von Vater und Sohn festgehalten werden, so impliziert diese Formulierung bei Niketas die *Gleichursprünglichkeit von göttlichem Wesen und innertrinitarischem Relationengeflecht in Gott dem Vater*. Dies gilt für beide hervorgehenden Hypostasen: ὁ μὲν γεννητῶς, τὸ δὲ ἐκπορευτῶς κατὰ φύσιν ἐκ τῆς τοῦ πατρὸς οὐσίας (cap. 18; 122,11f.). Denn der Vater ist zuerst Ursache bzw. „Quelle" der Personen wie des Wesens: „So ist er also Ursache und Ursprung derer, die aus ihm, das heißt aus seinem Wesen gemäß der Natur vor aller Zeit und ohne Beeinträchtigung und gleichewig hervorgegangen sind, und man nennt Gott den Vater ihre Quelle [und sagt], daß von dort aus der Quelle als eigenständige Existenz beide entsprungen sind, nicht auf geschöpfliche Weise (fern sei diese Lästerung!), sondern der eine als Erzeugnis, der andere als Hervorbringung."[19]

---

[16] Dieses Argument wendet sich implizit gegen das augustinische *principaliter*, ebenso cap. 18 (123,14-16): πῶς ἐγχωρεῖ ἓν αἰτιατὸν ἐκ δύο αἰτίων τὸ εἶναι ἔχειν, τοῦ ἑνὸς αἰτίου καὶ αὐτοῦ ἅμα τοῦ ἐξ αὐτοῦ αἰτιατοῦ ἐκ θατέρου αἰτίου τὴν ὕπαρξιν ἔχοντος.

[17] τὸ δέ γε μὲν θεοῦ καὶ πατρὸς πρῶτον καὶ κυριώτατον τὸ ἐξ αὐτοῦ μόνου καὶ μόνως ὑπάρχειν ἄμφω, τὸ μὲν γέννημα, τὸ δὲ πρόβλημα, καὶ εἶναι κυρίως γεννήτωρ καὶ μόνος καὶ προβολεὺς καὶ μόνος (cap. 23; 135,20-136,2).

[18] Cf. die sachidentischen Wendungen in cap. 1 (89,13f.); 2 (93,5); 4 (95,17-96,1); 7 (108,3f.); 17 (122,8f.).

[19] καθὸ δὲ αἰτία καὶ ἀρχὴ τῶν ἐξ αὐτοῦ, τουτέστιν ἐκ τῆς οὐσίας αὐτοῦ κατὰ φύσιν ἀχρόνως καὶ ἀπαθῶς καὶ συναϊδίως προελθόντων, καὶ οἷον εἰπεῖν πηγὴν

Die Reflexion ist von dem Vertrauen getragen, daß die Kirche diese Gestalt des pneumatologischen Dogmas immer schon geglaubt habe und daß in der „photianischen" Lesart nur deren Eigenstes zutagetrete. Tatsächlich aber bedeutet das „photianische μόνος" eine präzisierende Engführung, deren systematische Konsequenzen bei Niketas mehr noch als bei Photius selbst deutlich werden.

1.2. Fragiler Frieden: Byzanz und das Abendland im 10. Jahrhundert

1.2.1. Die Ottonenkaiser als neuer Machtfaktor

Die Beziehungen zwischen Konstantinopel und dem lateinischen Abendland im 10. Jahrhundert standen im Zeichen des „Zweikaiserproblems". Mit der Krönung Karls des Großen und seiner Nachfolger war unabweisbar die Frage nach einer möglichen Anerkennung der Kaiserwürde durch Byzanz gestellt[20]: Konnte hier ein westliches Kaisertum nur im Rahmen des einen *Imperium Romanum* gedacht werden, so verstand hingegen das fränkische Denken dieses *Imperium* als ein *regnum* neben anderen und konnte die Herrschaftsbereiche mehrerer *imperatores* als gleichberechtigt ansehen. Wo daher in westlichen Quellen der byzantinische Potentat, der sich selbst seit 812 in Abgrenzung zum fränkischen Kaiser als βασιλεὺς τῶν Ῥωμαίων bezeichnete, als *imperator Grecorum* auftaucht, war dies zwar polemisch gemeint[21], konzeptionell aber durchaus adäquat.

Von der konkurrierenden *kurialen Kaiseridee* wurde allerdings die zentrale Aufgabe des Kaisers als *defensio ecclesiae* beschrieben. Der Titel *imperator* konnte auf der Basis des *Constitutum Constantini* „vom Papst... einem König (*rex*), als Inhaber eines oder mehrerer Königreiche (*regna*), verliehen [werden] für besondere Verdienste um die Kirche und das Papsttum"[22],

---

ὄντα τὸν θεὸν καὶ πατέρα καὶ ὡς ἐκ πηγῆς ἐκεῖθεν ἐνυποστάτως πηγάζοντα οὐ δημιουργικῶς (ἄπαγε τῆς ἀσεβείας) ἀλλὰ τὸ μὲν ὡς γέννημα, τὸ δὲ ὡς πρόβλημα (cap. 12; 115,12-16). An dieser Hermeneutik orientiert sich auch die Auseinandersetzung mit Joh 15,26, wo die Extension des Verbums ἐκπορεύεσθαι diskutiert wird: ἐπειδὴ δὲ οὐχ οὕτως εἴρηται, ἀλλ᾽ ἢ μόνον „ὃ παρὰ τοῦ πατρὸς ἐκπορεύεται", καὶ οὐ πρόσκειται ἐν τῷ κυριακῷ λόγῳ τὸ „ἐξ αὐτοῦ τοῦ υἱοῦ" (cap. 24; 137,16-18).

20 Cf. bes. GAY 1904, 289-323: HIESTAND 1964; OHNSORGE 1969, 28-36 (Lit.); zu Forschungsgeschichte und -stand cf. DERS. 1966, 92-98.

21 Cf. „*regnum Grecorum*" (lib. pont. II; 183,13.15 DUCHESNE), sowie das Nebeneinander von „*Hludowicus imperator*" und „*rex Grecorum*" in Ann. Bert. a. 869 (MGH.SRG 5, 98,39.41 WAITZ). Auch Anastasius Bibliothecarius (ep. 5; MGH.Epp. VII, 413,34 PERELS/LAEHR) spricht pointiert von den „*Grecorum principes*".

22 OHNSORGE 1966, 100. DERS. 1965, 297, hat für die „Konstantinische Schenkung" ein *griechisches* Original postuliert, das unter Leo III. erstmals an die Öffentlichkeit gelangt

während Byzanz einen sich als Kaiser gerierenden Barbarenfürsten als Usurpator ansehen mußte.[23] Höchstens gab es die Möglichkeit, ihn als subordinierten Partikularkaiser zu assoziieren - darauf richteten sich die Bestrebungen der Franken- und Sachsenherrscher bis zu Otto I., hatte Konstantin VII. Porphyrogennetos doch bereits 952 seinem sächsischen Pendant den Titel ὁ μέγας ῥὴξ Φραγγίας τῆς καὶ Σαξίας konzediert.[24]

Diese konzeptionellen Differenzen traten besonders da in Erscheinung, wo es kontinuierliche Berührungspunkte zwischen West und Ost gab. Dies war vornehmlich in Süditalien der Fall, das der Ikonoklastenkaiser Leon III. in der Frühphase des Bilderstreits kirchenrechtlich dem Patriarchat von Konstantinopel unterstellt hatte.[25] Schon seit dem 9. Jahrhundert war Sizilien jedoch arabisch besetzt und das süditalienische Festland entsprechend bedroht, weswegen Byzanz mit den langobardischen Fürsten zu kooperieren pflegte, um sein militärisches Hauptaugenmerk auf die östlichen Grenzen des Reiches richten zu können.[26] Dies änderte sich schlagartig, als Otto I., der schon seit 951 die Krone der Langobardenkönige trug und damit faktisch zum Prätendenten für das *Regnum Italicum* avanciert war, auf seinem zweiten Italienzug im Jahr 962 in Rom zum Kaiser gekrönt wurde und die traditionell byzanzfreundlichen Herzöge von Spoleto und Benevent auf seine Seite brachte; im März 968 erreichte er Bari und drang damit tief in byzantinisches Gebiet ein.[27] Altes und neues römisches Kaisertum standen einander an einer gemeinsamen Grenze unmittelbar gegenüber.

---

sei und in seiner *lateinischen* Fassung Leos IX. Brief RPR(J) 4302 an Michael Kerullarios (s.u. S. 337-340) zugrundeliege. Diese These ist von FUHRMANN 1966, 103-109, zurückgewiesen worden; cf. summarisch DERS. 1973, 384 Anm. 74.

[23] Cf. HIESTAND 1964, 17: „Rom hieß auch im Mittelalter Weltgeltung und Weltherrschaft. Wer Rom besaß, mußte entweder selbst der byzantinische basileus sein, oder er wurde unausweichlich sein unversöhnlicher, grundsätzlicher Gegner."

[24] Konstantin, de administrando imperio 30 (CFHB 1, 142,73f. MORAVCSIK/JENKINS); cf. HIESTAND 1964, 208 mit Anm. 77. Ähnlich wurde der Bulgarenzar tituliert (de ceremoniis II 48; CSHB I, 690,12-16 REISKE). Nach OHNSORGE 1961, 180, hatte Konstantinopel sogar schon den Titel eines βασιλεὺς τῶν Φράγγων akzeptiert; diesen ausschließlich bei Kedrenos-Skylitzes (CSHB 14, 335,8 BEKKER) behaupteten Sachverhalt bewertet SUTHERLAND 1975, 62 Anm. 20, freilich mit großer Skepsis.

[25] DÖLGER Nr. 301; cf. dazu BECK 1980, 73; zur *Italia graeca* im Frühmittelalter cf. HERDE 1970, 1-4; JACOB/MARTIN 1994, 366-384.

[26] Dazu Liutprand, antapodosis II 45 (CChr.CM 156, 53,725-728 CHIESA), sowie OSTROGORSKY 1963, 238-243; HIESTAND 1964, 175f.; SUTHERLAND 1975, 58f.; TELLENBACH 1988, 18; JACOB/MARTIN 1994, 374.

[27] HIESTAND 1964, 205; BECK 1980, 125; HAENDLER 1994, 49.

1.2.2. „Der Hort aller Häresien": Liutprand von Cremona in Byzanz

Otto strebte jedoch keine militärische Entscheidung, sondern eine diplomatische Verständigung mit Byzanz an und schickte im Frühjahr 968 Bischof Liutprand von Cremona an den Bosporus, um für seinen designierten Nachfolger, Otto II., eine Prinzessin aus der Herrscherfamilie, eine „Porphyrogenneta", zu erlangen.[28] Liutprand war bereits 949 auf Wunsch des byzantinischen Kaisers an den Bosporus gereist, um nach dem Tod König Hugos die freundschaftliche Haltung der Langobarden zum Osten zu bekräftigen; seine Wertschätzung Konstantinopels bezeugt der Kommentar zur Thronbesteigung Konstantins VII. Porphyrogennetos: *„Quod iusto Dei iuditio ita accidisse, non solum Europa, sed et Asia nunc cantat et Africa."*[29] Knapp zwei Jahrzehnte später hatten sich die Vorzeichen freilich umgekehrt - so war dem „sanften" Konstantin VII. (*homo lenis*) der „Krieger" Nikephoros Phokas (*homo ταχύχειρ, id est militiae deditus*) auf dem Thron gefolgt[30]; zudem war Otto nunmehr der unmittelbare Rivale des Kaisers. Liutprands Mission war also von vornherein in dem Dilemma gefangen, daß er einerseits als der Gesandte eines Westkaisers kam, der für Byzanz *a limine* kein gleichgestellter Verhandlungspartner sein konnte, und andererseits von Otto kein Mandat für das besaß, was in Byzanz allein interessierte: ein Rückzug des Sachsenherrschers aus der Einflußsphäre Konstantinopels.[31] Die *„Relatio de legatione Constantinopolitana"* ist somit als Rechtfertigung des eigenen Scheiterns gegenüber dem Auftraggeber zu le-

---

[28] Um die Jahreswende 967/68 war der Venezianer Dominicus mit demselben Auftrag nach Byzanz gereist, allerdings ohne Erfolg (cf. DEÉR 1972, 40f.; SUTHERLAND 1975, 59f.); im selben Zeitraum hatte sich der byzantinische Kaiser - ebenso vergeblich - an Otto gewandt, um von ihm Hilfe gegen den Stützpunkt der Sarazenen im südprovençalischen Fraxinetum zu erhalten (cf. Widukind von Corvey, res gestae Saxonum III 70.75; MGH.SRG 60, 146,4-147,13; 151,21-152,2 HIRSCH). Bereits 944 hatte Byzanz Hugo von Arles als „König von Italien" anerkannt, indem seine (illegitime) Tochter Berta mit Romanos II. verbunden wurde, dem Sohn des Konstantin VII. Porphyrogennetos (913-959); der Preis für die Heirat war die Zusammenarbeit gegen die Sarazenen (cf. HIESTAND 1964, 182-185; OSTROGORSKY 1963, 236). Auf dem Reichstag von Augsburg 952 war (nachdem Berta 949 verstorben war) schon einmal über eine Heirat Romanos' II. mit Hadwig von Schwaben, einer nahen Verwandten Ottos I., verhandelt worden (HIESTAND 1964, 207f.; OHNSORGE 1966, 111f.). Zur Bedeutung der „Purpurgeburt" cf. SCHREINER 1994, 60.

[29] Antapodosis V 22 (CChr.CM 156, 137,488-490 CHIESA). Zu Liutprand cf. BRUNHÖLZL 1992, 378f.; O. ENGELS, in: LThK³ 6 (1997), 1008; zur *relatio* HIESTAND 1964, 195f.; SUTHERLAND 1975; RENTSCHLER 1981, 17-30; KODER 1993, 119-129.

[30] Liutprand, leg. 55 (CChr.CM 156, 205,27; 206,1f. CHIESA; danach die Belege im Text).

[31] RENTSCHLER 1981, 21. Die vergeblichen Bemühungen Liutprands, angesichts dieser aussichtslosen Lage die kaiserliche Erlaubnis zur Heimreise zu erhalten, hat SUTHERLAND 1975, 67-74, nachgezeichnet.

sen, nicht als authentischer Ausdruck sächsischer Ostpolitik; andererseits bietet sie trotz polemischer Überzeichnungen wichtige Aufschlüsse darüber, wo für einen italienischen Bischof die Divergenzen zwischen Ost und West lagen.³²

Die offensichtlichste Differenz bezog sich auf den Titel des sächsischen und langobardischen Herrschers, wie Liutprand seinem Auftraggeber berichtet: *„Ipse* [sc. der Logothet Leo] *vos non imperatorem, id est* βασιλέα *sua lingua, sed ob indignationem* ῥῆγα, *id est regem nostra, vocabat"* (c. 2; 188,37-39). Entsprechend wurde dem Gesandten die Kaisertochter verweigert, da noch niemals die Purpurgeburt mit niederem Volk vermischt worden sei (c. 15; 194,252-254).³³ Zudem wurde eine unerhörte Gegenleistung gefordert: die Übergabe von Ravenna und Rom samt allen zugehörigen Gebieten. Auch sollten die „rebellischen" Fürsten von Capua und Benevent wieder in ihre angestammte Abhängigkeit von Byzanz zurückkehren (cf. c. 15; 194,255-260).³⁴ Liutprand hielt dagegen, daß Otto den Kaisertitel rechtmäßig führe, da er Rom von der Herrschaft niederer italienischer Adelsgeschlechter befreit habe (leg. 17; 194,265-269) und das Kriterium der Kaiserwürde das tatkräftige Verhalten gegenüber Rom sei: „Deine Allgewalt schlief wohl, wie ich meine, und ebenso die Deiner Vorgänger, die nur dem Namen nach, aber nicht aufgrund von Taten römische Kaiser genannt wurden" (c. 5; 189,77-79). Zumindest im innerwestlichen Diskurs macht sich damit der Anspruch bemerkbar, nicht als Kaisertum „zweiter Klasse" zu gelten, gestützt auf das *Constitutum Constantini*:

> „Konstantin, der Kaiser und Augustus, ließ der heiligen und apostolischen römischen Kirche, als er Weltherrscher war, viele Schenkungen zukommen, nicht nur in Italien, sondern in fast allen Ländern des Westens wie auch des Ostens und der Mitte, nämlich in Griechenland, Judäa, Persien, Mesopotamien, Babylonien, Ägypten und Libyen, wie seine Privilegien bezeugen, die sich bei uns befinden. Es ist aber in Italien und auch in Sachsen, Bayern und allen Ländern meines Herrn unbestritten, daß alles, was auf die Kirche der seligen Apostel blickt, dem Stellvertreter der allerheiligsten Apostel zu-

---

32 HAENDLER 1994, 51; der scharfe Ton der *Legatio* ist aufgrund des von Polemik weitgehend freien Verhältnisses zwischen Ost und West im 10. Jh. höchst bemerkenswert (so RENTSCHLER 1981, 17).

33 Der von Liutprand angeführte Präzedenzfall der Heirat des Zaren Peter von Bulgarien mit der Tochter des Kaisers Christophorus (cf. OSTROGORSKY 1963, 222f.) wurde mit einem analogen Argument beschieden: *„Sed Christophorus non porphyrogenitus fuit"* (leg. 16; 194,263f.). Allerdings hatte schon der Porphyrogennetos Konstantin VII. um 952 (wohl anläßlich der Heiratspläne Ottos I.) die Franken für „heiratsfähig" erklärt - als Ausnahme unter den ἔθνη (*gentes*), da schon seit Konstantin dem Großen enge Beziehungen bestünden (de admin. imp. 13; CFHB 1, 70,114-119 MORAVCSIK/JENKINS).

34 Cf. dagegen die kühne These Liutprands in leg. 7 (190,111f.): *„Terram, quam imperii tui esse narras, gens incola et lingua Italici regni esse declarat!"*; dazu SUTHERLAND 1975, 69f.

kommt; und wenn es so wäre, daß mein Herr aus all diesem Städte, Dörfer, Soldaten oder eine Familie unrechtmäßig besäße, hätte ich Gott geleugnet."³⁵

Allerdings brachte Liutprand diese imperiale Legitimation der Herrschaft Ottos gewiß nicht an offiziellem Ort zur Sprache; ein weiterer Verweis auf das *Constitutum Constantini* findet sich bezeichnenderweise in einem Einschub, der sich explizit an Otto I. und seinen Sohn richtet (leg. 62; 216,1064-1067). Daher entging er dem Schicksal einer päpstlichen Delegation, die im Spätsommer als päpstliche Unterstützung für Otto in Konstantinopel eintraf und umgehend eingekerkert wurde: „Sie baten Nikephoros als Kaiser der Griechen [!], daß er eine väterliche und gefestigte Freundschaft mit seinem geliebten geistlichen Sohn Otto, dem Kaiser der Römer, herstelle" (c. 47; 208,763-765). Hier wurde also genau die Leitdifferenz von *imperator Romanorum* und *imperator Grecorum* gebraucht, auf die man in Byzanz allergisch reagierte: Allein Nikephoros habe als *sanctissimus imperator Romanorum* zu gelten (208,778.784)!³⁶ In byzantinischen Augen konnte ein eigenständiges westliches Kaisertum keine Denkmöglichkeit sein; ebenso mußte die - von Liutprand nur als Exkurs vorgebrachte - Behauptung einer Superiorität der römischen über die konstantinopolitanische Kirche als pure Provokation wirken.³⁷

---

³⁵ „*Constantinus imperator augustus... sanctae apostolicae Romanae ecclesiae, ut erat kosmocrator, multa donaria contulit, non in Italia solum, sed in omnibus pene occidentalibus regnis necnon de orientalibus atque meridianis, Grecia scilicet, Iudaea, Perside, Mesopotamia, Babylonia, Aegypto, Libya, ut ipsius testantur privilegia, quae penes nos sunt. Sane quicquid in Italia, sed [et] in Saxonia, Bagoaria, omnibus domini mei regnis est, quod ad apostolorum beatorum ecclesiam respicit, sanctissimorum apostolorum vicario contulit; et si est ut dominus meus ex his omnibus civitates, villas, milites aut familiam obtineat, Deum negavi*" (c. 17; 194,269-195,280). Cf. Const. Const. 13 (MGH.F 10, 85,203-86,206 FUHRMANN). Liutprand bestritt also nicht das *Imperium Romanum* an sich, sondern die „Würdigkeit" des Nikephoros, es zu regieren! Nach chronicon Salernitanum 107 (MGH.SS III, 524,17-22 PERTZ) hatte mit einem ähnlichen Argument schon Ludwig II. gegenüber Basilius I. sein Anrecht auf die Kaiserwürde unterstrichen.

³⁶ Leg. 47 (208,772-775): „*Imperatorem - inquiunt - universalem Romanorum, augustum, magnum, solum Nicephorum scripsisse Grecorum, hominem quendam barbarum, pauperem Romanorum non piguit!*" Zum *imperator augustus*-Titel Ottos bei Liutprand cf. leg. praef. (189,4); historia Ottonis 8.12 (CChr.CM 156, 173,163f.; 177,288 CHIESA); weitere Belege bei OHNSORGE 1966, 110 Anm. 126-128.

³⁷ Leg. 62 (215,1040-1044): „*ipsa Constantinopolitana ecclesia nostrae sanctae catholicae atque apostolicae ecclesiae Romanae merito [est] subiecta. Scimus, immo videmus, Constantinopolitanum episcopum pallio non uti nisi sancti patris nostri permissu.*" Zur Praxis der Pallienverleihung vor der gregorianischen Reform cf. KEMPF 1978, 50-57, bes. 56f. zum Unverständnis der östlichen Patriarchen für die seit Nikolaus I. von den Päpsten erhobenen Konfirmationsansprüche für neugeweihte Metropoliten.

Diesem Anspruch stand freilich ein konkreter Anlaß gegenüber - offensichtlich hatte Patriarch Polyeuktos (956-970) auf Geheiß von Kaiser Nikephoros Phokas in Süditalien kirchenpolitische Maßnahmen ergriffen, die sich gegen die dortigen Kirchen mit lateinischem Ritus wandten: Der Erzbischof von Otranto wurde zum Metropoliten erhoben und empfing die „*licentia episcopos consecrandi*" für Gravina, Matera, Acerenza, Tricarico und Tursi, „die doch offensichtlich zum Weihebereich des apostolischen Herrn gehören" (c. 62; 215,1037-1039)[38]; von Otranto aus sollte durchgesetzt werden, daß in Apulien und Kalabrien fortan nur noch nach griechischem Ritus Gottesdienst gefeiert würde.[39] Die Begründung für diese Maßnahme atmet „photianischen Geist", seien doch die Päpste als pneumatologische Ketzer erwiesen:

> „Er nannte die früheren Päpste Händler, die den Heiligen Geist verkauft hätten - durch den doch alles belebt und beherrscht wird, der den Erdkreis erfüllt, der die Stimme kennt, der mit Gott dem Vater und seinem Sohn Jesus Christus gleichewig und wesensgleich ist, ohne Anfang und Ende, wahrhaft bleibend, der an Wert unschätzbar ist, der aber von den Reinen so im Herzen erworben wird, wie er ist."[40]

Liutprand scheint demnach in Konstantinopel späten Ausläufern der Polemik des Photius gegen die lateinische Filioque-Lehre begegnet zu sein.[41] Analog dazu diffamierte der Patriarch den Glauben der sächsischen Kirche als „ungebildet" und „neu" und konfrontierte Liutprand mit allerlei Fragen über die Heilige Schrift („*quas cum Spiritu sancto afflante eleganter exposui*": c. 21; 196,332f.), sodann nach den im Reich Ottos geltenden Synoden. Nachdem Liutprand Nizäa, Chalkedon, Ephesus, Antiochien, Karthago, Ankyra und Konstantinopel aufgezählt hatte[42], ereiferte sich der Patriarch:

---

[38] GRUMEL Nr. 792; cf. BECK 1966b, 469; VON FALKENHAUSEN 1967, 148; HERDE 1970, 10. JACOB/MARTIN 1994, 377, bezweifeln allerdings (wie bereits GAY 1904, 351f.), daß außer in Tursi tatsächlich griechische Bischöfe in diesen Städten eingesetzt wurden.

[39] Leg. 62 (215,1027-1029): „*ut Hydrontinam ecclesiam in archiepiscopatus honorem dilatet* [was schon vorher geschehen war; cf. GAY 1904, 353; HOLTZMANN 1961, 72] *nec permittat in omni Apulia seu Calabria Latine amplius, sed Grece divina mysteria celebrare.*"

[40] „*Mercatores dicit fuisse praeteritos papas et Spiritum sanctum vendidisse - quo vivificantur et reguntur omnia, qui replet orbem terrarum, qui scientiam habet vocis, qui est cum Deo patre et filio eius Iesu Christo coaeternus et consubstantialis, sine initio, sine fine, permanens verus, qui pretio non aestimatur, sed a mundis corde tanti emitur quanti habetur*" (c. 62; 215,1029-1035).

[41] Nach DVORNIK 1948, 288, besaß für Liutprand die photianische Kontroverse jedoch keine besondere Signifikanz: „His malevolence against the Greeks should have induced him to quote an excellent illustration of Greek astuteness..., if the history of Photius had in fact been what modern historians have made it."

[42] Die Zusammenstellung dieser sieben Synoden ist überaus ungewöhnlich; offensichtlich unterschied der Bischof von Cremona nicht zwischen den zwei nizänischen (325, 787) und drei konstantinopolitanischen Konzilien (381, 553, 680/81). Mit Antiochien

„Die sächsische [Synode] hast du zu nennen vergessen! Und wenn du fragst, warum diese in unseren Schriftstücken nicht enthalten ist, dann sage ich es dir: weil sie so neu ist, daß sie zu uns noch nicht gedrungen ist!" (c. 21; 196,337-339). Wenn auch Liutprands Antwort mit hoher Wahrscheinlichkeit ein späteres Elaborat darstellt[43], so sei sie doch als Votum zitiert, das offensichtlich um 968 am Hof Ottos I. auf positive Resonanz rechnen konnte: „Alle Häresien sind von euch ausgegangen und standen bei euch in voller Lebenskraft; von uns im Westen sind sie vernichtet und abgetötet worden!"[44] Hätten doch gerade die Päpste - paradigmatisch werden Gregor I. und Hormisdas angeführt - mehrfach die Kirche von Konstantinopel aus ihrer stets latenten und oft genug manifesten häretischer Verfallenheit zurück auf den Weg der Orthodoxie gebracht![45] Für die abwertend als „jung" apostrophierte sächsische Kirche solle gelten: „Der sächsische Stamm, der von dort [sc. aus Rom] die heilige Taufe und die Erkenntnis Gottes empfangen hat, ist von keiner Häresie befleckt, so daß es dort noch keine Synode gab, denn wo kein Fehler ist, muß nichts korrigiert werden. 'Neu' nennst du den Glauben, den die Sachsen haben, und das bestätige ich auch. Denn bei ihnen ist der Glaube an Christus immer so jugendfrisch und nicht

---

könnte das „Apostelkonzil" gemeint sein (Apg 15,1-29), aber auch die Synoden von 324 und 328; in Karthago fand u.a. 419 eine für das Abendland wichtige Synode statt. Die einzige Synode in Ankyra, die der Nachwelt im Gedächtnis geblieben ist, war die Sammlung der Homöusianer um den dortigen Bischof Basilius (358).

[43] SUTHERLAND 1975, 70. Nicht zuletzt der Schluß seiner Rede, wo er auf die angesprochene „sächsische Synode" eingeht, ist nur aus der Rückschau verständlich (leg. 22; 197,361-366): „*Sed hanc synodum factam esse in Saxonia certo scio, in qua tractatum est et firmatum, decentius ensibus pugnare quam calamis et prius mortem obire quam hostibus terga dare; quod vel tuus exercitus experiatur'. In corde meo dixi: 'Et quam sint pugnaces, re ipsa experiatur!'*" Als der Friedensvermittler nach Italien zurückkehrte (Anfang 969; cf. DÖLGER Nr. 715), hatte dieser Krieg bereits begonnen (cf. SUTHERLAND 1975, 74)!

[44] „*Haereses omnes a vobis emanarunt, penes vos viguerunt; a nobis, id est occidentalibus, hic sunt iugulatae, hic sunt occisae*" (c. 22; 196,341-343). Dieses Thema wird von Humbert (contrad. 33f.; 149b,34-150a,8 WILL) und Anselm von Havelberg (dial. III 6; PL 188, 1215A-1217C; s.u. S. 520 Anm. 35) aufgegriffen; cf. PELIKAN 1974, 156f.

[45] Leg. 22 (196,344-347): Gregor I. ermahnte den Patriarchen Eutychius (552-565; 577-582), der in seinem zweiten Patriarchat sowohl gegen das monophysitische Trishagion als auch gegen den Aphthartodoketismus Stellung bezogen hatte (cf. BECK 1959, 380). Hormisdas hatte 515 und 517 Ennodius und Fortunatus nach Konstantinopel entsandt „*propter aliam quandam haeresin... quam compressam in catholicam atque orthodoxam reformavit*" (leg. 22; 196,351-354). Damit wird auf den *libellus Hormisdae* (DH 363-365 = Collectio Avellana, ep. 116b; CSEL 35, 520,28-522,8 GÜNTHER) angespielt, der zwar vom Patriarchen Johannes II. unterzeichnet wurde, aber in den christologischen Streitigkeiten des 6. Jh.s letztlich nur eine Episode darstellte (cf. HAUSCHILD 1995, 190). In Konstantinopel erinnerte man sich allerdings gewiß noch an den 869 aufoktroyierten *libellus satisfactionis*, der auf dem *libellus Hormisdae* basierte (s.o. S. 233-236).

alt, daß dem Glauben die Taten folgen; hier dagegen ist der Glaube nicht frisch, sondern alt, so daß die Taten den Glauben nicht begleiten, sondern vor lauter Ehrwürdigkeit gleichsam geringgeschätzt werden" (197,354-361). Diese Begründung des Eingreifens des deutschen Kaisers in Rom und der Verbindung des Papstes mit dem neuen Machthaber mußte in Byzanz nicht nur als befremdlich, sondern sogar als anmaßend empfunden werden. In dieser Zeit, aus der überhaupt nur wenige Zeugnisse gegenseitiger Wahrnehmung von Ost und West erhalten sind, bietet die *Legatio* daher unschätzbare Einblicke in die Dynamik der unaufhaltsamen kulturellen und politischen Entfremdung.[46]

1.3. Unterwegs zum Schisma?

1.3.1. Die Aufnahme des NC in die römische Liturgie

Für die Filioque-Kontroverse des Jahres 1054 ist entscheidend, daß mittlerweile das „karolingische" NC auch in der römischen Liturgie gesungen wurde: Während sich Leo III. anno 810 dezidiert gegen diesen fränkischen Brauch ausgesprochen hatte[47], konnte Humbert beklagen, die Griechen hätten das Filioque aus dem NC gestrichen, *„quod romana mater nunc canit ecclesia"*[48]. Die Nachricht über diese wichtige Modifikation der römischen Liturgie verbindet sich mit dem Romzug des letzten Sachsenkaisers, Heinrich II. (1002-1024), der am 14. Februar 1014 in Rom durch Papst Benedikt VIII. gekrönt wurde.[49] Der neue Kaiser wollte sich als treuer Schutzherr der Kirche erweisen und führte unmittelbar nach der Krönung eine Synode durch, die die Kirche zurück zu ihren eigenen Traditionen leiten sollte:

> Der Kaiser „trug bei Androhung der Exkommunikation Sorge, daß die Satzungen der heiligen Väter über die geistlichen Weihen, welche leider dort und auch bei uns lange vernachlässigt waren, wieder erneuert und befolgt wurden. Die kanonischen Gesetze verbieten nämlich, daß ein Diakon vor dem 25., ein Priester aber und ein Bischof vor

---

[46] Cf. RICHÉ ET AL. 1994, 875: „Die Mißverständnisse zwischen beiden Welten dürften zu keinem Zeitpunkt größer gewesen sein als damals [sc. nach 962]."
[47] Rat. Rom. 26.32 (MGH.Conc. II/Suppl. II, 293,1-11; 294,1-10 WILLJUNG); cf. S. 161f.
[48] Humbert, proc. 4,1 (100,15f. MICHEL); cf. excomm. I (153b,15 WILL); s.u. S. 361f.
[49] Thietmar von Merseburg, chron. VII praef. (MGH.SRG NS IX, 397,15-19 HOLTZMANN); VII 1 (aaO., 397,25-398,3); cf. Annales Quedlinburgenses a. 1014 (MGH.SS III, 82,31 PERTZ); dazu HAUCK 1920, 521; zur Quellenlage BOYE 1930, 74; WOLTER 1988, 257 Anm. 152.

dem 30. Jahre ordiniert werden. Weil wir nun dies nicht beachtet haben, so sind wir elende Übertreter des Gesetzes und der Exkommunikation verfallen."[50]

Aufschlußreich ist vor allem der Bericht Bernos von Reichenau (gest. 1048), der als Abt an dieser Synode teilnahm und sie als Paradigma dafür verwendet, daß das römische Meßformular keineswegs normativ für die lokalen Liturgien sein müsse: Wichtiger sei die Einheit im Glauben als die Uniformität der Meßfeier.[51] Neben dem *Libellus responsionis* Gregors des Großen von 601 zieht Berno zur Begründung die Diskussion zwischen Heinrich und Benedikt samt dessen Synode über den Gesang des Glaubensbekenntnisses heran:

„Wenn wir also etwa jenen engelsgleichen Hymnus an Festtagen zu singen verbieten würden, nur weil ihn die römischen Priester nicht zu singen pflegen, dann müßten wir in ähnlicher Weise auch nach dem Evangelium das Symbol verschweigen, was die Römer bis zur Zeit des Kaisers Heinrich göttlichen Angedenkens ebenfalls nicht gebrauchten. Aber von diesem befragt, warum sie so handelten, da habe ich, der ich selbst anwesend war, sie antworten gehört, daß die römische Kirche niemals von irgendeiner Häresie befallen worden sei, sondern unangefochten gemäß der Lehre des heiligen Petrus auf dem festen Fundament des katholischen Glaubens verblieben sei; häufig das Symbol zu singen sei vielmehr für diejenigen nötig, die früher von einer Häresie befleckt worden seien. Aber der Herr Kaiser ließ nicht ab, bevor er unter Zustimmung aller den apostolischen Herrn Benedikt davon überzeugt hatte, daß auch sie [die römischen Priester] jenes [Symbol] in der öffentlichen Messe singen sollten."[52]

---

50 RI II/5, Nr. 1129 = Thietmar, chron. VII 2 (aaO., 398,19-25); cf. Annalista Saxo a. 1014 (MGH.SS VI, 666,29f. WAITZ); cf. HEFELE/LECLERCQ 1911, 917; HAUCK 1920, 522f.; WOLTER 1988, 263-265.

51 Berno, off. miss. II (PL 142, 1060B): *„Majus est cum una sit fides, cum super missarum celebratione"*; cf. dazu WOLTER 1988, 263; einführend zu Berno cf. H. HÜSCHEN, in: VerLex 1 (1978), 737-743.

52 Berno, ebd. (1060D-1061A): *„Nam si ideo... illum angelicum hymnum prohibemur in festivis diebus canere eo quod Romanorum presbyteri non solent eum canere, possumus simili modo post Evangelium symbolum reticere, quod Romani usque ad haec tempora divae memoriae Henrici imperatoris nullo modo cecinerunt. Sed an eodem interrogati cur ita agerent, me coram assistente, audivi eos hujusmodi responsum reddere, videlicet, quod Romana Ecclesia non fuisset aliquando ulla haereseos faece infecta, sed secundum sancti Petri doctrinam in soliditate catholicae fidei permaneret inconcussa: et ideo magis his necessarium esse illud symbolum saepius cantando frequentare, qui aliquando ulla haeresi potuerunt maculari. At dominus imperator non antea desiit quam omnium consensu id domino Benedicto apostolico persuasit, ut ad publicam missam illud decantarent"*; im folgenden wird zur Unterstützung Gregor I. zitiert (1060BC = reg. XI 56a; MGH.Epp. II, 334,5-12 HARTMANN): *„Novit fraternitas tua Romanae Ecclesiae consuetudo, in qua se meminit enutritum. Sed mihi placet sive in Romana, sive in qualibet Ecclesia aliquid invenisti quod plus omnipotenti Deo placere, sollicite eligas, et Anglorum Ecclesiae, quae adhuc nova est, ad fidem institutione praecipua, quae de multis Ecclesiis colligere potuistis, infundas."*

Es war also die Initiative des jüngst gekrönten Kaisers, die zur Diskussion über die römische Liturgie und zur Modifikation nach deutschem Muster führte.[53] Interesse verdient die Rechtfertigung der römischen Presbyter für ihren Brauch: Es sei nur dort notwendig, das Symbol - als Kompendium des rechten Glaubens - zu singen, wo häretische Meinungen kursierten; Rom dagegen sei niemals von Irrlehren infiziert worden. Trotz der Fragwürdigkeit dieser Behauptung - in Rom pflegte man den als Ketzer verurteilten Papst Honorius I. gerne zu übersehen![54] - ist bemerkenswert, daß hier genau die Funktion des Credo-Gesangs gerechtfertigt wird, die einst Papst Leo III. seinen karolingischen Gesprächspartnern gegenüber nicht hatte zugeben wollen: die Befestigung des Glaubens von Menschen, die soeben einer Irrlehre entrissen worden sind.[55] Neben der Initiation von (erwachsenen) Täuflingen, die das Credo zu lernen hatten, gab es dafür in Rom angeblich keinen Bedarf, wohl aber - so wird man folgern dürfen - im Reich des Sachsenherrschers, womit Liutprands Insistieren auf der makellosen Orthodoxie der sächsischen Kirche faktisch bestritten wurde.

Wie nachhaltig diese Veränderung der Liturgie wirkte, ist schwer festzustellen; selbst Berno als Augenzeuge weiß darüber nichts Sicheres zu berichten.[56] Bernold von Konstanz zufolge, der freilich erst am Ende des Jahrhunderts schrieb, wurde das NC fortan „bei allen sonntäglichen Hochämtern, ebenso an den Festtagen der heiligen Maria und der Apostel und des heiligen Kreuzes und an Allerheiligen" gesungen.[57] Welche Version des NC fortan im römischen Gottesdienst gesungen wurde (die römische Interlinearfassung oder die Formel des Paulinus von Aquileia), geht zwar aus dem Bericht des Berno nicht hervor; auch ist ein Zusammenhang dieser Synode mit der Geschichte der Filioque-Kontroverse nicht herzustellen.[58]

---

[53] KLAUSER 1933, 187, verortet dagegen „den entscheidenden Übergang der römischen Kirche zur fränkisch-deutschen Liturgie in den Jahren 962 bis 964", so daß sich das Widerstreben der römischen Kleriker als Verteidigung einer letzten Bastion ausnehmen würde; ebenso HERGENRÖTHER 1867a, 710f.; JUNGMANN 1958, 601; HERRMANN 1973, 29; COURTH 1988, 129; TELLENBACH 1988, 71. Zur Verbindung der Diskussion mit der Synode in Rom cf. WOLTER 1988, 264f. Anm. 183. JUGIE 1941, 167, nimmt fälschlich an, das NC sei schon bei der Krönungsmesse gesungen worden.

[54] Zum Urteil gegen Honorius auf dem Konzil von 680/81 s.o. S. 232 Anm. 234.

[55] Cf. rat. Rom. 2-7.12 (MGH.Conc II/Suppl. II, 288,5-20; 290,1-16 WILLJUNG).

[56] Berno, off. miss. II (PL 142, 1061A): „*Sed utrum hanc consuetudinem servent adhuc affirmare non possimus, quia certum non tenemus.*"

[57] Bernold von Konstanz, micrologus de ecclesiasticis observationibus c. 46 (PL 151, 1011D-1012A); zur Verbindung mit Bernos Bericht cf. CAPELLE 1951, 1025f.

[58] Gegen WOLTER 1988, 265, der fälschlich schon für das frühe 11. Jh. „das Filioque als die Hauptursache für die Spannungen zwischen der griechischen und der lateinischen Kirche" in Anspruch nimmt.

Daß Anfang des 11. Jahrhunderts in Rom das „karolingische" NC eingeführt wurde, liegt allerdings angesichts der Vehemenz nahe, mit der Humbert 1054 den Griechen vorwerfen konnte, das Filioque aus dem Symbol *gestrichen* zu haben.[59] Vorerst kann in dieser Frage nicht mehr als Wahrscheinlichkeit erreicht werden - die Signifikanz des Jahres 1014 für die Geschichte der römischen Liturgie und mindestens indirekt auch für die Filioque-Kontroverse sollte deutlich geworden sein.

1.3.2. Streichung des Papstes aus den byzantinischen Diptychen?

Bei der Suche nach den Meilensteinen auf dem Weg „von Photius zu Kerullarios" ist schließlich ein Problem aufzugreifen, das für die Bewertung der Ereignisse von 1054 hochbedeutsam ist und für das mindestens drei paradigmatische Positionen unterschieden werden können:

- Gab es bereits zuvor ein förmliches Schisma zwischen Ost- und Westkirche? In diesem Fall reihte sich der Brief des Leon von Achrida, der als Beginn der Ereignisse um Humbert und Kerullarios betrachtet werden kann, in eine bestehende Streittradition ein.[60]
- Oder wurde damit nur eine Zeit der sukzessiven Entfremdung durchbrochen, so daß die angestrebte Verständigung über Differenzen zur gegenseitigen Bezichtigung der Häresie ausarten konnte? Dann wäre ver-

---

[59] Cf. JUGIE 1926, 245f.: „Attamen notandum est summum Pontificem de hoc nullum edidisse praeceptum, verum potius tolerasse, ut romana Ecclesia in hoc aliarum Ecclesiarum usui se conformaret. Neque ulla synodus romana additionem ad symbolum pristinis temporibus adprobasse legitur."

[60] In diese Richtung optierte MICHEL 1924, 7-42; 1930a, 22-40, der allerdings unzutreffenderweise davon ausging, daß die „Pseudosynode [sic!] von 879, die gegen das VIII. allgemeine Konzil sich wandte... bei der zweiten Absetzung des Photius kassiert worden" sei (aaO., 17 Anm. 1), so daß die 995/96 erstmals nachweisbare Nennung des Photius in den konstantinopolitanischen Synaxarien bzw. im Scholion zum *Tomus unionis* von 920, das die endgültige Beilegung der Nachwehen des Tetragamiestreites dokumentierte (cf. JUGIE 1941, 165 Anm. 1; DVORNIK 1948, 389), eine „photianische Umorientierung" der byzantinischen Kirchenpolitik impliziert hätte (aaO., 16-20): Über die Nennung des Photius in der Patriarchenliste hinaus sah die um 1025/28 erfolgte Revision von Scholion und Synodicon für ihn einen speziellen „Schutzbann" vor: ἄπαντα κατὰ τῶν ἁγίων πατριαρχῶν, Ἰγνατίου, Φωτίου, Στεφάνου, Ἀντωνίου καὶ Νικολάου γραφέντα ἢ λαληθέντα, ἀνάθεμα (Cod. Monac. graec. 380, fol. 40; zit. n. MICHEL 1930a, 17 Anm. 1; cf. Conc. Const. a. 879/80, actio IV; MANSI XVII, 492C). Photius kommt hier neben seinem Rivalen Ignatius zu stehen, wie auch im Synodicon selbst: Ἰγνατίου καὶ Φωτίου τῶν ἁγιωτάτων, ὀρθοδόξων καὶ ἀοιδίμων πατριαρχῶν, αἰωνία ἡ μνήμη (PG 120, 729D).

stärkt nach der inneren Dynamik der Jahre 1052/54 zu fragen, als offensichtlich tiefsitzende Unkenntnis zu kategorischer Aversion führte.[61]
- Oder lebten die Kirchen in Rom und Konstantinopel in Frieden und gegenseitiger Anerkennung miteinander, die durch das Auftreten des Michael Kerullarios jäh gestört wurde? Demnach wäre das Schisma ohne vorhergehende Krisensymptome besonders auf dessen Persönlichkeit zurückzuführen und trüge seinen Namen zurecht.[62]

Eine angemessene Beantwortung der Leitfrage hängt von der Bewertung eines Tatbestandes ab, den Petrus von Antiochien gegenüber dem byzantinischen Patriarchen gleichermaßen bestätigte wie kritisierte: die fehlende Nennung des Papstes in den Diptychen der östlichen Patriarchatskirchen, die Anfang des Jahrhunderts noch bestand, im Jahr 1054 aber nicht mehr geübt wurde. Daß schon unter dem Patriarchen Sisinnius (996-999) ein Schisma entstanden sei, ist daraus erschlossen worden, daß sein Name sich in einigen Handschriften der *Epistola encyclica* des Photius findet.[63] Er hätte demnach diese Enzyklika neu herausgegeben und an die Patriarchen des Ostens versandt. Da wenige Jahre später aber noch des Papstes in den Diptychen der Kaiserstadt gedacht wurde, scheint es kaum plausibel, für seine Amtszeit ein Schisma anzunehmen, von dem weder sein Beginn durch ein Zerwürfnis mit Rom belegt noch sein Ende durch eine Versöhnung nachvollzogen werden kann.[64]

Um einiges deutlicher scheint sich ein Schisma unter Sergius II. (999-1019) zu präsentieren - dieser soll ebenso die photianische Enzyklika erneut versandt sowie den römischen Papst aus den byzantinischen Diptychen gestrichen und so die Trennung zwischen Ost und West öffentlich proklamiert haben.[65] Sein Name begegnet in einer Reihe von polemischen Schrif-

---

[61] So etwa GRUMEL 1952, 22, der die Vorgeschichte von 1054 vor allem dadurch gekennzeichnet sieht, daß die schnelle Abfolge von römischen Päpsten in Byzanz nicht mehr wirklich wahrgenommen wurde; die Nichterwähnung der *Päpste* in den Diptychen beweise daher nicht die Nichtanerkennung *Roms* an sich.

[62] Diese Position wurde bereits von ALLATIUS 1648, 606, vertreten.

[63] GRUMEL Nr. 814; entschiedene Kritik übte zuerst DERS. 1935, bes. 135; im Anschluß daran JUGIE 1941, 157 Anm. 1; BECK 1980, 127; DAGRON 1994, 352f.

[64] Dagegen insistiert MICHEL 1930a, 19, auf der Streichung des Papstes aus den Diptychen, obwohl er selbst (1924, 16 Anm. 6) das gänzliche Fehlen von Quellenbelegen notiert hatte. Auch WESSEL 1982, 352, optiert für die Faktizität des Schisma des Sisinnius (und des Sergius); ebenso HEFELE/LECLERCQ 1911, 1084. Dagegen hat schon DVORNIK 1948, 389, hervorgehoben: „The Byzantine Church was, at the time when Photius was canonized, in normal communion with Rome."

[65] GRUMEL Nr. 819. MICHEL 1930a, 23, nennt dies ein „stummes Schisma" - „mit Kerullarios wurde es ein lautes Schisma, insofern das Anathem über die Römer in alle Welt gerufen wurde"; cf. OSTROGORSKY 1963, 277. Für den Versand der Enzyklika

ten, deren Quellenwert freilich unterschiedlich einzuschätzen und - wie etwa bei Niketas von Nizäa - durch das Vorhandensein divergierender Manuskripte schwierig zu rekonstruieren ist.[66] Dieser berichtet von einem Schisma zur Zeit des Sergius und Basilius' II., dessen Grund z.T. in den „Irrtümern der Römer" bzw. präziser in einem Streit „über die Throne", d.h. vielleicht über den Titel des Ökumenischen Patriarchen, vermutet wird[67]; die Münchner Handschrift seines Traktates konstatiert ein Schisma, „weil damals Papst Sergius in seiner Systatika die Hinzufügung zum Symbol notierte; und dieses [Schisma] währt bis heute".[68] Hält man diese Rezension für zuverlässig, so ergibt sich Papst Sergius IV. (1009-1012) als derjenige, dessen Inthronistika die Kirchenspaltung ausgelöst hätte.[69] Bis zu Papst Johannes XVIII. (1003-1009) hatten sich nämlich noch keine Verwerfungen ergeben, wie Petrus von Antiochien in seinem Schreiben an Michael

---

(GRUMEL Nr. 820) ist eine Notiz bei BARONIUS (die bei ALLATIUS erst zögernd und später gar nicht mehr erwähnt wird; cf. GRUMEL 1935, 137f.) der einzige Beleg.- Die Bemerkung des Kedrenos über die Verwandtschaft des Sergius mit Photius (CSHB 14, 449,4f. BEKKER) hat MICHEL 1924, 18 (u.ö.), zur Idee eines quasi-genetischen Fortwirkens der photianischen Romfeindschaft inspiriert.

[66] Zu ihm cf. HERGENRÖTHER 1869, 870-875; MICHEL 1924, 26f.; GRUMEL 1930a, 263; BECK 1959, 619.

[67] So schon BRÉHIER 1899, 6f. Der meistverbreitete Text findet sich in PG 120, 717D (c. 15): καὶ ἐπὶ τοῦ Σεργίου τοῦ ἐπὶ τοῦ Βουλγαροκτόνου πατριαρχούσαντος λέγεται πάλιν σχίσμα γενέσθαι. κατὰ ποίαν δὲ αἰτίαν, ἀγνοῶ. δοκεῖ γὰρ διὰ τοὺς θρόνους. Eine andere Lösung bietet Ms. Vat. graec. 1150, fol. 109[b] (ähnlich Ms. 207, fol. 318 aus der Synodalbibliothek von St. Petersburg; zit. n. HERGENRÖTHER 1869, 873f. Anm. 127): ἐπὶ Σεργίου πατριάρχου τοῦ ἐπὶ τοῦ Βουλγαροκτόνου σχίσμα· εἰ μὲν διὰ τὰ σφάλματα τὰ ῥωμαϊκά, πῶς ἀνεξέστατα ταῦτα παραδραμόντες οἱ πρώην ἥνωντα; εἰ δὲ διὰ τὴν τῶν προνομιῶν καὶ τῶν ῥωμαϊκῶν δικαίων ὑφαρπαγήν, πολυπραγμονείτω ὁ βουλόμενος.

[68] Ms. Monac. graec. 256, fol. 444[a] (zit. n. MICHEL 1924, 20 Anm. 5): διὰ (τὸ) τὸν τότε Πάπαν Σέργιον κἀκεῖνον καλούμενον ἐν τῇ συστατικῇ αὐτοῦ ἐπιστολῇ γράψαι τὴν προσθήκην τοῦ συμβόλου, ὃ [sc. τὸ σχίσμα] καὶ διήρκεσεν ἕως τοῦ νῦν; ähnlich auch opusc. scism. II 9 (168,18f.): [Sergius IV.] τὸ θεῖόν τε παρέφθειρε τῆς πίστεως σύμβολον. NORDEN 1903, 16, sieht einen Zusammenhang mit der Einfügung des Filioque in das römische NC (s.o. S. 314f.): „Die Byzantiner blieben die Antwort auf diese Herausforderung nicht schuldig: der Patriarch Sergius I. [sic!] (999-1019) tilgte den Namen des Papstes aus den Diptychen seiner Kirche"; cf. HERGENRÖTHER 1869, 729. Unhaltbar ist der Versuch MICHELS 1933, 143, das Schisma des Sergius (s.u.) mit der römischen Reaktion zu begründen: „Die römische Seite ließ nun [nach der Expunktion aus den Diptychen] jede Rücksicht auf die Griechen fallen und ließ auf Bitten Kaiser Heinrichs II. im Jahre 1014 das Credo auch in der *römischen* Kirche laut absingen, wohl auch mit dem Filioque"; ebenso TUILIER 1972, 251f. mit Anm. 4.

[69] Dies belegen im 12. Jh. (indirekt) Euthymius Zigabenos (panoplia dogmatica XIII 12; PG 102, 396AB; cf. BECK 1959, 614f.) sowie - ihm folgend - Johannes von Jerusalem (MICHEL 1924, 23 mit Anm. 8; TUILIER 1972, 250f.; HILBERATH 1994, 130).

Kerullarios anno 1054 bezeugt: In seiner Heimatstadt sei der Papst in den Diptychen kommemoriert worden, und ebenso sei dies „noch vor 45 Jahren" - also 1009 - in Konstantinopel unter Sergius II. der Fall gewesen.[70]
Keine dieser Nachrichten über ein Schisma des Patriarchen Sergius II. und des Papstes Sergius IV. hat jedoch eine Spur in der Folgezeit hinterlassen, vor allem nicht in den Texten, die sich um das Datum 1054 gruppieren.[71] Vielmehr beteuert Petrus von Antiochien gegenüber Michael Kerullarios, er wisse nicht, weswegen der Name des Papstes aus den Diptychen getilgt worden sei.[72] Vollends verworren wird die Trennung zwischen Ost und West in einem anonymen *Opusculum de origine scismatis* dargestellt, wonach Papst Christophorus (903-904) eine ὁμολογία mit dem Passus ἐκ τοῦ πατρὸς καὶ ἐκ τοῦ υἱοῦ τὸ πανάγιον πνεῦμα ἐκπορεύεσθαι übersandt habe.[73] Daraufhin sei sein Name von Sergius und den anderen Patriarchen aus den Diptychen entfernt worden. Dieser Bericht setzt aber das Streitpotential des Filioque bereits voraus, so daß hier eher aus der Perspektive eines *bestehenden* Schisma nach dessen „Archäologie" geforscht wird. Nicht schon damals ist das Filioque „zum Schibboleth der byzantinischen oder antibyzantinischen Partei geworden"[74] - das beweist letztlich auch die Unkenntnis des Kerullarios darüber, daß hier ein Kontroverspunkt verborgen sein könnte.[75]
Freilich darf das Zeugnis des Petrus von Antiochien auch in der Gegenrichtung nicht überstrapaziert werden: Ihm zufolge läßt sich die Anaphora des römischen Papstes 1007 in Antiochien und 1009 in Konstantinopel konstatieren, die *danach* ausfiel; wie regelmäßig dieses Gedenken jedoch *zuvor* stattfand, bleibt offen. Immerhin konnte Michael Kerullarios behaupten, schon seit Papst Vigilius, d.h. seit dem VI. [sic!] Ökumenischen Konzil habe es keine Anaphora der Päpste mehr gegeben; demnach wäre schon ein halbes Jahrhundert nach dem angeblichen Schisma der beiden Sergii nicht mehr bekannt gewesen, worin der Grund des Zerwürfnisses

---

[70] Petrus von Antiochien, ep. Cerul. 5 (192,29-193,6 WILL). Als Seitenreferent wird bei HERGENRÖTHER 1869, 728 Anm. 110, eine weitere Niketas-Handschrift herangezogen (Ms. Monac. graec. 28, fol. 213ᵛ), worin Petrus als Zeuge dafür angeführt wird, daß nicht etwa Kerullarios als erster den Papstnamen aus den Diptychen getilgt habe, sondern Sergius. Letzteres *bezeugt* Petrus allerdings nicht, sondern *bestaunt* es!
[71] Daß die byzantinischen Chronisten - mit der allerdings signifikanten Ausnahme des Michael Psellos (s.u. S. 353) - über die Ereignisse von 1054 schweigen, bedeutet keineswegs, daß diese „nur dann bedeutungslos [waren], wenn die Trennung schon vorher bestand" (MICHEL 1930a, 36).
[72] Ep. Cerul. 5 (193,7f. WILL).
[73] Opusc. scism. I 8 (162,3f. HERGENRÖTHER).
[74] MICHEL 1924, 23.
[75] Ep. Petr. I 15 (183,25 WILL); Petrus v. Antiochien, ep. Domin. 7 (214,12); s.u. S. 375.

bestanden habe! Und auch die Synode unter Alexios I. Komnenos, die im Jahr 1089 über die Beziehungen zu Papst Urban II. beriet, war nicht in der Lage, die fehlende Kommemoration zu begründen - ein Zeugnis, das chronologisch wie qualitativ vor Niketas und den obskuren *Opuscula de origine scismatis* anzusiedeln ist.[76] Daß Petrus über die Entfremdung klagt, ohne den Anlaß benennen zu können, darf als Indikator dafür gelten, daß es kein „offizielles" Datum der Trennung gegeben hat.[77] Vorzuliegen scheint vielmehr „un éloignement progressif"[78], das durch die rasche Abfolge der römischen Päpste und durch die spärlichen Kommunikationsmöglichkeiten zur faktischen „suspension des relations entre les deux sièges" führte.[79]

Schließlich notiert der Cluniazensermönch Radulf Glaber zum Jahr 1024, Kaiser Basilius II. und Patriarch Eustathius hätten von Papst Johannes XIX. die Genehmigung erlangen wollen, daß der Inhaber des Stuhles von Konstantinopel sich offiziell als οἰκουμενικὸς πατριάρχης titulieren dürfe.[80] Damit sollte der byzantinische Titel, der seit dem späten 6. Jahrhundert in Gebrauch war[81], mit einem realen Machtgehalt versehen werden - seit der islamischen Expansion waren die orientalischen Patriarchate kirchlich und politisch ohnehin völlig auf Konstantinopel fixiert, so daß nach der Eroberung Antiochiens durch Nikephoros Phokas mit Petrus ein im byzantinischen Klerus verwurzelter Bischof installiert wurde, ebenso in dem seit 1014 von Konstantinopel abhängigen - formell jedoch autokepha-

---

[76] Cf. Conc. Const. a. 1089 (99,9-12 HOLTZMANN; s.u. S. 414-417). Auch die Glaubwürdigkeit der anonymen *Opuscula* (I 8; 162,5f.; II 10; 169,12-15) ist - gegen MICHEL 1924, 23 - stark zu bezweifeln.

[77] Ep. Cerul. 21 (202,23-27): ἐκ τῆς μακρᾶς ταύτης διαστάσεως καὶ διχονοίας καὶ τοῦ τῆς καθ' ἡμᾶς ἁγίας ἐκκλησίας τὸν μέγαν τοῦτον καὶ πρῶτον καὶ ἀποστολικὸν θρόνον ἀπορραγῆναι.

[78] BRÉHIER 1899, 13.

[79] GRUMEL 1952, 21. BECK 1966b, 470, sucht den Grund eines immerhin denkbaren Schismas in der „Unterstützung der normannischen Opposition gegen die byzantinische Herrschaft in Unteritalien durch Papst Benedikt VIII." (so auch H.J. SCHULZ 1984, 96). Nach DAGRON 1994, 353, sei das fragliche Schisma von byzantinischen Polemikern erfunden worden, „um in die Epoche zwischen Photios und Kerullarios künstlich einige Unstimmigkeiten in die Ost-West-Beziehungen einzuführen."

[80] DÖLGER Nr. 817; GRUMEL Nr. 828 = Radulf Glaber, hist. IV 1,2 (172,17-19 FRANCE): „*quatinus cum consensu Romani pontificis liceret Ecclesiam Constantinopolitanam in suo orbe, sicut Romana in universo, universalem dici et haberi*"; cf. dazu HEFELE/LECLERCQ 1911, 1086f.; MICHEL 1924, 37-39; JUGIE 1941, 168f.; GRUMEL 1952, 19; RUNCIMAN 1955, 36; DVORNIK 1966b, 153-155; DAGRON 1994, 353.

[81] Aktenkundig wurde der Titel samt der römischen Kritik daran im Brief Gregors I. an Kaiser Mauricius (reg. V 37; MGH.Epp. I, 320,30-323,30).

len - westbulgarischen Achrida.⁸² Papst Johannes XIX. (1024-1033) schien nicht abgeneigt zu sein, Byzanz den Wunsch zu gewähren, traf jedoch auf den Widerstand der Kleriker, besonders der cluniazensischen Äbte.⁸³ Daß durch deren Intervention (namentlich durch Wilhelm von Volpiano, Abt von St.-Bénigne in Dijon) der Papst gezwungen wurde, seine Schlüsselgewalt nicht mutwillig zu teilen, offenbart erstmals die Haltung der Reformkräfte, die später auch Leo IX. und Humbert von Silva Candida inspirierten, zu Byzanz.⁸⁴ Dabei verlautet auf beiden Seiten nichts von einem *bestehenden* Schisma, das überwunden werden müßte; es geht eindeutig um eine Regelung *innerhalb der vorausgesetzten kirchlichen Einheit*, nicht um das Schließen eines Bruches. Wenn auch gegen Radulf Glaber tendenzkritisch begründete Einwände sowie das Schweigen aller anderen Quellen des 11. Jahrhunderts geltend zu machen sind, kann doch von einem Kommunikationsabbruch oder gar einer formellen Kirchentrennung im Jahr 1024 und in der Folgezeit noch keine Rede sein. Ein Schisma zwischen Ost- und Westkirche hat es daher vor dem Aufeinandertreffen von Michael Kerullarios und Humbert von Silva Candida nicht gegeben.⁸⁵

---

82 Petrus, ein gebürtiger Antiochener, war Skeuophylax an der Hagia Sophia in Konstantinopel gewesen (BECK 1959, 535; KAPLAN 1995, 148); das Amt als Chartophylax hatte einst Leon, geborener Byzantiner und seit 1025 Erzbischof von Achrida, innegehabt (BECK 1959, 534; OSTROGORSKY 1963, 268; TINNEFELD 1989, 104; WESSEL 1982, 353 Anm. 11). Zur Autokephalie des Metropoliten von Achrida cf. OSTROGORSKY 1963, 258; BECK 1966b, 483f.; DERS. 1980, 131, und jetzt PODSKALSKY 2000, 71f.

83 Hugo von Flavigny, chron. a. 1024 (MGH.SS VIII, 392,31-34 PERTZ); Radulf Glaber, hist. IV 1,2 (174,1-3 FRANCE).

84 Wilhelm schrieb mit Entrüstung an Papst Johannes XIX. (Radulf, hist. IV 1,3; 174,23-26 FRANCE = Hugo, chron. a. 1024; MGH.SS VIII, 392,47f. PERTZ), daß die *politische* Diversifizierung des *Imperium Romanum* keinesfalls zu einer Teilung der *päpstlichen* Schlüsselgewalt führen dürfe: „*Quoniam licet potestas Romani imperii, quae olim in orbe terrarum monarches viguit, unus per diversa terrarum innumeris regatur sceptris, ligandi solvendique in terra et in caelo potestas dono inviolabili incumbit magisterio Petri.*"

85 Eine kuriose Notiz bietet das Chronicon minus auctore Minorita Erphordensi (MGH.SS XXIV, 189,8-14 HOLDER-EGGER): „*Anno Domini 1028* [sic!]*, temporibus huius imperatoris Conradi, qui vocabatur Salici, orientis ecclesia in Asia fortitudine regnorum, diversitate linguarum, multitudine episcopatuum, grandi spacio terrarum magna valde recessit ab obediencia sedis apostolice. Aliter enim baptizant, generalia concilia non frequentant, statuta Romanorum pontificum non recipiunt, de fermentato conficiunt, de pane azimo conficere nolunt. Negant Spiritum sanctum procedere a Filio sicut a Patre. Ab ecclesiastica unitate scissi sunt et in statu dampnandorum sunt.*" Die Pointe ist freilich auf dem Hintergrund der ost-westlichen Kontroversen des 13. Jahrhunderts zu verstehen (aaO., 189,15f.): „*Verum occidentalis sancta ecclesia katholica* [sic!] *sacrosancte Romane ecclesie subiecta et obediens*". JUGIE 1941, 169f., vermutet dagegen eine direkte byzantinische Reaktion auf die Kaiserkrönung Konrads II. im Jahr 1027.

2. Rom und Byzanz in den 1050'er Jahren

2.1. Die politische Konstellation

2.1.1. Papst Leo IX. und die Normannen in Süditalien

Die Ereignisse des Sommers 1054 in Konstantinopel haben ihre unmittelbare Vorgeschichte in Europas „foyer d'hellénisme" (Jules GAY), wo seit Jahrhunderten griechische Kultur, Sprache und Liturgie vorherrschten.[86] Entsprechend bildete die Sorge um den Erhalt dieses Brückenkopfes eine Konstante der byzantinischen Außenpolitik. Hatte noch Kaiser Otto I. hier ebenfalls Ansprüche angemeldet, so beschränkten sich Heinrich II., Konrad II. und Heinrich III. bei ihren Italienzügen in den Jahren 1022 und 1027 sowie 1046 darauf, die langobardischen Fürstentümer von Capua, Benevent und Salerno eng an das deutsche Reich zu binden.[87] Als neuer Machtfaktor waren jedoch seit Beginn des 11. Jahrhunderts die Normannen hinzugekommen, die um 1050 nicht nur das ehemals byzantinische Gebiet auf dem süditalienischen Festland beherrschten, sondern auch die Langobardenherzöge in ihre Abhängigkeit gebracht hatten - womit sie faktisch vor der Tür des Kirchenstaates standen.[88] Schon um 999 wird von aus Jerusalem heimkehrenden normannischen Pilgern berichtet, die bei der Befreiung des von den Sarazenen eingeschlossenen Salerno geholfen hätten.[89] Sicher nachweisbar ist eine solche „bande des pèlerins normands"[90] um 1016 als Söldner in Diensten des baresischen Kriegsherrn Meles[91], der sie - im Einvernehmen mit Papst Benedikt VIII. - dafür gewinnen konnte, in ihrer Heimat

---

[86] Nach MICHEL 1952, 148, war das von Nikephoros Phokas eingerichtete und von Basilius II. reorganisierte Katepanat Italia „der vornehmste Mittler, das stärkste Bindeglied zwischen Ost und West"; cf. VON FALKENHAUSEN 1967, 45-50, sowie OSTROGORSKY 1963, 261; SCHREINER 1994, 49.

[87] Dazu K. BÖHMER 1969, 325-331: Schon Karl der Große hatte im Friedensschluß mit Byzanz von 812 die langobardischen Fürstentümer faktisch zur Grenze der fränkischen Einflußsphäre erklärt.

[88] Zur Geschichte der normannischen Eroberungen cf. GAY 1904; CHALANDON 1907, sowie VON FALKENHAUSEN 1967; HOFFMANN 1969; JAHN 1989, 19-69.

[89] Cf. die einschlägigen Zeugnisse bei HOFFMANN 1969, 114, und HOUBEN 1997, 9.

[90] CHALANDON 1907, 48.

[91] Meles hatte bereits zwischen 1009 und 1011 erfolglos versucht, den byzantinischen Einfluß in Apulien zu brechen; zu den beiden von ihm geführten Aufständen cf. GAY 1904, 399-413; CHALANDON 1907, 42-62; JAHN 1989, 21. Meles war 1011 von dem byzantinischen Feldherrn Basilius Mesardonites vernichtend geschlagen worden; seine Frau und Kinder wurden als Geiseln nach Konstantinopel gebracht, darunter der spätere *dux Italiae* und Intimfeind des Michael Kerullarios, Argyros (s.u. S. 328).

weitere Ritter für lukrative militärische Abenteuer anzuwerben.[92] Dieser „zweite apulische Aufstand" (Mai 1017) endete jedoch mit dem triumphalen Sieg des byzantinischen Katepans Basilius Boioannes im Oktober 1018 bei Cannes.[93] Meles flüchtete zu dem deutschen Kaiser Heinrich II., der den geschlagenen Rebellen mit dem faktisch bedeutungslosen Titel „dux Apuliae" bedachte; der Bareser starb jedoch bereits am 23. April 1020 in Bamberg. Papst Benedikt VIII. versuchte erfolglos, den deutschen Kaiser zum Eingreifen zu bewegen und auf diesem Wege - wie schon mit der Anwerbung der Normannen - eine Erweiterung seines Einflußbereiches in Süditalien zu erreichen; möglicherweise war der Tuskulanerpapst gar „le véritable instigateur de la campagne contre les Byzantins".[94] Unter Benedikt VIII. griffen jedenfalls normannische Söldner in die Geschicke Süditaliens ein - und gerade das Papsttum sollte die Geister, die es herbeigerufen hatte, auf lange Zeit nicht mehr loswerden.

Der Übergang „von einer Söldnerschar zur Landeroberung auf eigene Faust"[95] vollzog sich 1041/42. Argyros, der Sohn des Rebellen Meles, wurde im Februar 1042 zum Anführer des Normannenheeres und zum „princeps et dux Italiae"[96] gewählt, lief allerdings schon im August zur byzantinischen Seite über. Sein Nachfolger Wilhelm von Hauteville versuchte daraufhin, eine eigene normannische Herrschaftsstruktur zu etablieren, zunächst in Anlehnung an die einheimische Hierarchie, namentlich an Herzog Waimar IV. von Salerno[97], bald jedoch an einen stärkeren Partner: Wilhelms Bruder Drogo wurde 1047 zum Lehnsmann des deutschen Kaisers Heinrich III., was die Stellung des Herzogs von Salerno gegenüber seinen neuen „Nachbarn" wiederum schwächte.[98] Zugleich begann Robert

---

[92] CHALANDON 1907, 48; DVORNIK 1966c, 161; HOFFMANN 1969, 119. Unabhängig davon sandte Herzog Waimar III. von Salerno um 1015/16 einen Hilferuf in die Normandie, um Unterstützung angesichts der Belagerung seiner Stadt durch die Sarazenen zu erlangen (so GAY 1904, 406; HOFFMANN 1969, 129f.).

[93] GAY 1904, 410; CHALANDON 1907, 56f.; HOFFMANN 1969, 143; JAHN 1989, 22.

[94] GAY 1904, 407, nach Radulf Glaber (hist. III 1,3; 98,9-13 FRANCE): „Tunc uero praedictus papa misit illum [sc. Rodulf Normannus] cum suis ad Beneuentanos primates, ut eum pacifice exciperent, semperque preliaturi pre se haberent, illiusque iussioni unanimes obedirent; egressusque ad Beneuentanos qui eum, ut papa iusserat, susceperunt"); ebenso HOFFMANN 1969, 124f.; HERRMANN 1973, 53f.; DECARREAUX 1974, 24f.; anders votiert HERDE 1970, 5.

[95] Hierzu und im folgenden cf. JAHN 1989, 24-41.

[96] Lupus Protospatharius a. 1042 (MGH.SS V, 58,22 PERTZ); zu seinem Katepanat cf. summarisch VON FALKENHAUSEN 1967, 58-61; DEÉR 1972, 45.

[97] JAHN 1989, 42-47; HOUBEN 1997, 24f. Seit Ende 1042 nannte sich Waimar „dux Apuliae et Calabriae".

[98] CHALANDON 1907, 114; JAHN 1989, 61.

Guiscard, sukzessive die normannische Macht auf Kalabrien auszudehnen - auf Kosten von Byzanz.[99] Als mit der Ermordung Drogos am 10. August 1051 der offene Widerstand der Langobarden gegen die Normannenherrschaft begann, schlug sich Papst Leo IX. auf die Seite der italienischen Bevölkerung. Mittlerweile hatten die Normannen jedoch eine so gefestigte Machtposition aufgebaut, daß sie gleichzeitig mit Byzanz und mit Rom den Kampf aufnehmen konnten - und siegten.[100] Die Niederlage des zum byzantinischen Katepan avancierten Argyros am Monte Gargano und die Gefangennahme des Papstes - der erfolglos den deutschen Kaiser zum Eingreifen zu bewegen versucht hatte - bei Civitate am 18. Juni 1053 markierten einen ersten Höhepunkt normannischer Machtentfaltung in Süditalien.[101]

Seine Gefangenschaft in Benevent überlebte der Papst nur um wenige Wochen; im März 1054 nach Rom zurückgekehrt, starb er am 19. April. Dennoch verbindet sich mit Leo IX. ein Aufbruch von höchster Bedeutsamkeit für die Geschichte der abendländischen Kirche: die Neubegründung und Neugestaltung der päpstlichen Autorität durch das cluniazensisch inspirierte Reformpapsttum. Die Herrschaft der Tuskulanerpäpste hatte auf der Synode von Sutri (1046) mit der Absetzung aller drei Prätendenten geendet (Gregor VI., Silvester III. und Benedikt IX.).[102] Die folgende Synode in Rom wählte - auf Vorschlag Heinrichs III. - Suidger von Bamberg (Clemens II.; 1046/47) zum Papst[103], der aber wie Poppo von Brixen (Damasus II.; 1047/48) zu kurz amtierte, um dauerhafte Akzente setzen zu können. Erst der dritte Kandidat Heinrichs brachte eine wirkliche Wende: Im Februar 1049 wurde Bruno von Egisheim, bislang Bischof von Toul, als Papst Leo IX. inthronisiert - der erste Cluniazenser auf dem Stuhl Petri, dessen Amtszeit durch den Reiseeifer des „pèlerin et réformateur infatigab-

---

[99] JAHN 1989, 65; zu den Eroberungen Robert Guiscards in Süditalien cf. S. 401-403.
[100] GAY 1904, 487-490; JAHN 1989, 66f.
[101] Das Schicksal des päpstlichen Feldzuges hat die Annalisten jener Zeit stark bewegt (so HAENDLER 1994, 117f., mit Verweis auf Hermann von Reichenau, chron. a. 1053; MGH.SS V, 132,37-43 PERTZ); cf. den nüchternen Bericht des Anonymus Barensis, chron. a. 1052 (RIS V, 152A MURATORI): *„Et venit ipse Leo papa cum Alamanni[s], et fecit proelium cum Normanni[s] in [C]ivitate, et cecidit. Comprehenserunt illum, et portaverunt Benevento, tamen cum honoribus"*, mit den Notizen des Lambert von Hersfeld (ann. a. 1053; MGH.SRG 38, 63,25-64,5 HOLDER-EGGER): *„Leo papa profectus contra Nortmannos, conserto cum eis prope Beneventum prelio, et fugientibus statim in prima congressione Longobardis, Teutonici omnes pene ad unum interfecti sunt. Ipse quoque obsessus est in Benevento, et vix tandem post multas tribulationes obsidione liberatus, cunctos dies, quibus supervixit tantae calamitati, in luctu et merore egit."*
[102] Zum Tuskulanerpapsttum cf. ZIMMERMANN 1984, 137f.; HAENDLER 1994, 100-102.
[103] SCHMALE 1984, 141; TELLENBACH 1988, 120f.

le" gekennzeichnet war.[104] Unter der Fülle seiner Reformprojekte kann eine Zielvorstellung als Metaperspektive auf die einzelnen Schritte zur Besserung der Kirche begriffen werden: die Stellung des römischen Papstes als jurisdiktionelles Haupt der gesamten Christenheit.[105] Wie anno 1024 die lothringischen Reformklöster mit Entrüstung auf das Ersuchen Konstantinopels nach einer „Aufteilung" der Ökumene reagiert hatten, so betonte Leo IX. unermüdlich, alle kirchliche Gewalt sei in der Autorität des *vicarius Petri* begründet, der demzufolge (wie schon Nikolaus I. gegenüber Photius behauptet hatte) als normative Instanz anzusehen sei. Eine Synode in Reims erließ dazu am 3. Oktober 1049 ein richtungsweisendes Dekret:

> „Festgesetzt wurde bei Androhung des Anathema durch die apostolische Autorität: Wenn jemand von den Beisitzenden behauptet, es gäbe einen gleichgeordneten Primas der universalen Kirche neben dem Bischof des römischen Sitzes, dann soll er öffentlich dafür Genugtuung leisten. Und weil alle dazu schweigen, wurde - nachdem man die Sentenzen verlesen hatte, die in dieser Angelegenheit einst von den rechtgläubigen Vätern veröffentlicht worden waren - erklärt, daß allein der Bischof des römischen Sitzes der Primas der universalen Kirche und apostolisch [zu nennen] sei" (*quod solus Romanae sedis pontifex universalis Ecclesiae primas esset et apostolicus*).[106]

Zwar richtete sich dies nicht gegen Byzanz, sondern gegen den Bischof Cresonius von Iria-Compostela, der versucht hatte, „beim Zusammentreten des Konzils den ersten Sitz nach dem Vorsteher der römischen Kirche zu ergattern"[107]. Der hier erhobene Anspruch darf aber als programmatisch für das Amtsverständnis Leos gelten; noch im unmittelbaren Vorfeld der Gesandtschaft von 1054 wurde er gegenüber dem afrikanischen Erzbischof Thomas bekräftigt: „Darüber wollen wir euch nicht im Ungewissen lassen, daß ohne einen Erlaß des römischen Bischofs kein ökumenisches Konzil gefeiert werde darf, noch Bischöfe verdammt oder abgesetzt werden dürfen; denn obwohl es auch zusteht, andere Bischöfe zu befragen, ist es nicht erlaubt, ohne Hinzuziehung des römischen Bischofs ein endgültiges Urteil zu fällen;

---

[104] GAY 1904, 478. Zu Leo IX. cf. SCHMALE 1984, 141-145; HAENDLER 1994, 102f.; U.R. BLUMENTHAL, in: TRE 20 (1990), 742-744. Eine instruktive Quelle stellt Wibert von Touls *Vita Leonis* dar (127-170 WATTERICH); unergiebig für die Frage nach dem Schisma ist der Lib. pont. (II; 275,1-15 DUCHESNE).- Zum Reformpapsttum cf. den Überblick bei TELLENBACH 1988, 116-152, sowie HAUSCHILD 1995, 425-431.
[105] BRÉHIER 1899, 83: „Léon IX avait la mission de faire oublier les règnes du Benoît VIII et des Benoît IX; mais, par entreprendre la tâche qu'il rêvait d'accomplir, il devait faire de la papauté une puissance indépendante et universellement respectée. C'est là tout le secret de sa politique."
[106] Anselmus monachus, Historia dedicationis ecclesiae S. Remigii apud Remos (PL 142, 1432C); cf. zu den Quellen BOYE 1930, 84f.; zu Leos frühen Synoden cf. SCHMALE 1976, 90.95-98; TELLENBACH 1988, 155.
[107] Anselmus, ebd. (PL 142, 1430AB); cf. WOLTER 1988, 407f.

und wenn ihr danach sucht, werdet ihr finden, daß es so in den heiligen Kanones festgelegt ist."[108] Denn die Pointe der päpstlichen Schlüsselgewalt sei nach Mt 16,16 darin zu suchen, „daß alle größeren und komplizierteren Angelegenheiten der Kirchen durch den heiligen und vorgeordneten Sitz des heiligen Petrus von dessen Nachfolgern zu entscheiden sind"[109].

Auch Leos militärische Bemühungen um die Zurückdrängung der normannischen Machtposition sind aus diesem Streben nach der Unabhängigkeit der römischen Kirche zu verstehen.[110] Dabei traf er mit disziplinären Maßnahmen in den von den Normannen eroberten Landstrichen Apuliens zugleich auch byzantinische Interessen[111], ebenso mit der Ernennung Humberts von Moyenmoutier, des späteren Kardinals von Silva Candida, zum (nominellen) Erzbischof des arabisch beherrschten Siziliens.[112] Die Tragik seines Pontifikats liegt insofern darin, daß seine Initiative gegen die „*pessima gens Normannorum*"[113] zur Befreiung der Kirche von externen Einflüssen an dem universalistischen *innerkirchlichen* Anspruch scheiterte -

---

[108] RPR(J) 4304 = ep. 83 (17.12.1053; PL 143, 728C): „*Hoc autem nolo vos lateat, non debere praeter sententiam Romani pontificis universale concilium celebrari aut episcopis damnari vel deponi; quia, etsi licet vobis aliquos episcopos examinare, diffinitivam tamen sententiam, absque consultu Romani pontificis... non licet dare; quod in sanctis canonibus statutis, si quaeritis, potestis invenire*"; cf. dazu BRÉHIER 1899, 87; TELLENBACH 1988, 237. Zeitgleich wird auch in Humberts frg. B (130,11-14 SCHRAMM) für die römische Kirche in Anspruch genommen, „*quia actenus sancit catholicam disciplinam et deligit ecclesiasticorum officiorum ordinarias dignitates decernitque generales et speciales uniuersitati christiane leges diuini famulatus ad ueram libertatem glori[a]e filiorum Dei*"; cf. des weiteren Leo IX, ep. Petr. 3 (460,10-13 MICHEL). FUHRMANN 1973, 503f. Anm. 215, hat allerdings MICHELS „sinnentleerte Buchstabenstecherei" und besonders seine Zuweisung der bei SCHRAMM edierten Fragmente an Humbert von Silva Candida scharf kritisiert; auch nach BLUMENTHAL 2001, 6 Anm. 17, bleibt dies „unbeweisbar".

[109] Ep. 83 (PL 143, 728D); cf. GEMEINHARDT 2001b, 31.

[110] Cf. BRÉHIER 1899, 84; KLEWITZ 1933/34, 130; DVORNIK 1966b, 155f.; DEÉR 1972, 94; KRAUSE 1983, 138f.; TELLENBACH 1988, 156f.; zuletzt KAPLAN 1993, 30: „C'est donc la volonté de promouvoir la Réforme qui pousse Léon IX à combattre les Normands et à rechercher une entente avec Byzance."

[111] Wibert, v. Leon. II 6 (158,14-18 WATTERICH): „*Itaque zelo sanctae religionis fervens praesul venerandus, apud Siponto habito concilio, duos deposuit ab officio archiepiscopatus, qui cum mercede sanctum assumserant ministerium, vitia elationis unus ambiens praecellere alterum.*"

[112] RPR(J) 4219 (2. Mai 1050); RPR.IP X, 186 Nr. 73 = Widricus, Miraculi s. Gerardi (MGH.SS IV, 507,36 WAITZ); Lanfranc, adv. Bereng. 2 (PL 150, 409D-410A). SMITH 1978, 91f., hat zwar Recht, daß Leo IX. nicht die östliche Kirche provozieren wollte, er schuf aber Fakten, die Kerullarios scharf kritisierte (cf. ep. Petr. I 5; 175,27 WILL: ὁ δὲ ὄνομα μόνον ἔχει ἀρχιεπισκόπου, πράγματος παντάπασιν ἔρημον).

[113] Wibert, v. Leon. II 11 (165,4 WATTERICH); cf. die Klage in ep. Const. (86a,19-28)

denn in Konstantinopel erwartete seine Legaten 1054 eine kirchenpolitische Konstellation, die für päpstliches Anspruchsdenken keinen Raum bot.

2.1.2. Kaiser Konstantin Monomachos und Patriarch Michael Kerullarios

Die byzantinische Symphonia zwischen Kaisertum und Patriarchenamt war seit jeher in hohem Maße von der Persönlichkeit der jeweiligen Amtsinhaber abhängig. In der Mitte des 11. Jahrhunderts stand nun einem eher schwachen Kaiser ein selbst- und machtbewußter Patriarch gegenüber, „perhaps the most ambitious and strong-willed prelate in Byzantine history".[114] Im folgenden sind - ohne die weit auseinanderklaffenden Urteile der Forschung diskutieren zu können - Grundlinien seiner Biographie aufzuzeigen, die seine Haltung anno 1054 zu erklären vermögen.[115] Michael Kerullarios entstammte einer angesehenen Familie Konstantinopels und widmete sich erst spät dem monastischen Leben, nachdem er als Teilnehmer an einer Verschwörung gegen Kaiser Michael IV. Paphlagonios (1040) in die Verbannung hatte gehen müssen.[116] Als jedoch am 12. Juni 1042 ein anderer vormaliger Verschwörer gegen Michael IV. dessen zweiter Nachfolger wurde - Konstantin IX. Monomachos[117] -, machte dieser Kerullarios zum Synkellos des alten Patriarchen Alexios Studites (1025-1043). Als Alexios starb, folgte ihm Kerullarios am 25. März 1043 auf dem Patriarchenstuhl.[118]

Seine Amtszeit (1043-1058) markierte einen Höhepunkt patriarchaler Machtentfaltung zur Zeit einer gravierenden Schwäche des Kaisertums.

---

[114] DVORNIK 1966c, 165; ähnlich OSTROGORSKY 1963, 278. Schon ALLATIUS 1648, 616.622, bezeichnete Kerullarios als „homo procacissimus" bzw. „impiissimus"; MICHEL 1954, 372, charakterisierte ihn als einen „enge[n], kleinliche[n] Geist, nur mässig gebildet, in manchen Punkten auffallend unwissend, abhold jeder Belehrung, zugänglich aber mythisch-pythischen Offenbarungen im Sinne des Neuplatonismus, ein schwieriger Charakter, herb, schroff, aufbrausend, eine Herrschernatur von unbeugsamer Willenskraft".

[115] Zum Forschungsstand cf. TINNEFELD 1989; daneben MAYNE 1954, 139-141; BECK 1959, 533f. Einen soliden biographischen Überblick ohne polemische Verzeichnungen bietet AMANN 1929, 1677-1680, um einiges tendenziöser MICHEL 1954, 371-375. Die wichtigsten Quellen für die Biographie sind die beiden Reden des Michael Psellos auf Kerullarios: 1058 eine Anklageschrift vor Gericht, 1064 ein *Enkomion* auf den mittlerweile als heilig verehrten Verstorbenen (cf. GEMEINHARDT 2001c, 511 mit Anm. 9).

[116] TINNEFELD 1989, 99f.; cf. auch BRÉHIER 1899, 55-58.

[117] Es handelte sich um einen anderen Anschlag, so daß Konstantin kein Mitwisser des Kerullarios gewesen war (so TINNEFELD 1989, 100 Anm. 36, gegen BECK 1980, 144). Zu ihm cf. BRÉHIER 1899, 35-52.

[118] Cf. AMANN 1929, 1678. Nach TINNEFELD 1989, 100 Anm. 40, bot das Amt des Σύγκελλος die Möglichkeit, ohne vorhergehende Bischofsweihe in den Patriarchenrang aufzusteigen, weswegen die nirgendwo bezeugte Eingliederung des Kerullarios in die kirchliche Hierarchie auch nicht konjiziert werden muß.

Nach der militärischen Expansion unter Basilius II. erlebte Konstantinopel in der Mitte des 11. Jahrhunderts nun eine *kulturelle* Blütezeit, zugleich aber auch eine „Epoche der inneren Erschlaffung".[119] Politische Aktivitäten initiierte allenfalls der Erste Minister Konstantin Lichoudes, ein enger Freund des Michael Psellos und Nachfolger des Kerullarios als Patriarch (1059-1063).[120] Auf seine Initiative hin wurde nach mehr als zwei Jahrzehnten wieder der Kontakt zum deutschen Kaisertum gesucht: Auf der Mainzer Synode am 19. Oktober 1049 tauchten byzantinische Gesandten vor Kaiser und Papst auf.[121] Eine energische Italienpolitik betrieb jedoch vor allem Argyros, nach der Episode bei den Normannen erst Feldherr der Byzantiner gegen den Usurpator Georg Maniakes und seit 1051 Katepan in Italien. Während seines Aufenthaltes in Konstantinopel zwischen 1046 und 1050 hatte er sich großes Vertrauen am Kaiserhof erworben[122], aber auch die Feindschaft des mächtigen Patriarchen. Wenn die o.g. Gesandtschaft nach ihrer Rückkehr von den bislang unbekannten Universalitätsansprüchen des Papstes und von dessen Eingriffen in byzantinisches Gebiet berichtet hatte, muß Kerullarios in Argyros den Erfüllungsgehilfen des neuerstarkten Konkurrenten gesehen haben; wenig überzeugend wirkt die These, daß Kerullarios den Katepan schon aufgrund seines lateinischen Glaubens für verdächtig gehalten habe.[123]

Die relative äußere Sicherheit ließ jedenfalls den inneren Konflikten der Kaiserstadt Raum zur Entfaltung, und dies bot für Kerullarios politische Mitwirkungsmöglichkeiten in einem Maße, wie sie sonst kaum ein Patriarch gekannt hatte[124]: Als Kaiser Michael VI. 1057 von einer Revolte besei-

---

[119] OSTROGORSKY 1963, 265.270f. Nach BRÉHIER 1899, 39, tendierte der Kaiser „à rester dans son palais et à assister, en spectateur indifférent, aux incendies qui éclataient à tous les coins de son empire".

[120] Theodoros Skutariotes (Σύνοψις χρονική; 165,2-4 SATHAS); s.u. S. 370 Anm. 287.

[121] Cf. die Berichte des Jocundus, transl. s. Servatii (MGH.SS XII, 90,33-35 KÖPKE), sowie des Adam von Bremen, gest. Hammab. III 31 (MGH.SRG 2, 174,11-20 SCHMEIDLER); dazu MICHEL 1954, 363f.

[122] Wilhelm von Apulien (Gesta Roberti Wiscardi II; 146,280 MATHIEU) nennt ihn einen „*consilii comes intimus imperialis*"; cf. MICHEL 1954, 367; SMITH 1978, 121-125.

[123] So aber MICHEL 1954, 371. Allerdings will der Patriarch den Argyros mehrfach von der Kommunion ausgeschlossen haben, weil er seinen lateinischen Ritus nicht abzulegen gedacht habe (ep. Petr. I 7 [177,32-35 WILL]): μάλιστα δὲ περὶ τῶν ἀζύμων, δι' ἃ καὶ οὐχ ἅπαξ μόνον, ἀλλὰ καὶ δὶς ἤδη καὶ τρὶς καὶ τετράκις τῆς θείας ἐξώσθη καὶ ἀπεβλήθη παρ' ἡμῶν κοινωνίας καὶ μεταλήψεως. Unabhängig vom Wahrheitsgehalt der Verschwörungstheorie des Kerullarios (s.u. S. 347 Anm. 194) besteht kein Grund, an seinem wiederholten Streit mit Argyros zu zweifeln.

[124] BRÉHIER 1899, 69f.: „Il prit... dans l'État une place à laquelle n'avaient jamais aspiré ses prédécesseurs".

tigt und Isaak I. Komnenos als neuer Herrscher ausgerufen wurde, war der Patriarch (der rechtzeitig die Seiten gewechselt hatte) der Kaisermacher.[125] Sein daraus erwachsenes Selbstbewußtsein illustriert der Ausruf gegenüber dem Kaiser: Ἐγὼ σὲ ἔκτισα, φοῦρνε, καὶ ἐγὼ νὰ σὲ χαλάσω.[126] Angeblich behauptete er, daß zwischen kaiserlicher und priesterlicher Macht kein oder nur ein geringer Unterschied bestehe und daß dem Priestertum der Vorrang zukäme![127] Freilich geht diese Kritik auf die κατηγωρία zurück, in der Psellos „mit erlesener Gehässigkeit"[128] Vorwürfe gegen den schon gestürzten Kerullarios konstruierte: Gott habe schon im Alten Testament Kaisertum und Priesteramt streng voneinander geschieden; Kerullarios dagegen habe das Getrennte in seiner Hand vereinigen wollen.[129] Der Prozeß erübrigte sich allerdings durch Kerullarios' Tod am 21. Januar 1059.

So verschieden also die konkreten Ziele des römischen Reformpapstes und des byzantinischen Kirchenpolitikers waren, es einte sie doch der Wille, sich in kirchlichen Fragen keinem „weltlichen" Einspruch zu beugen. Es einte sie ebenso das Ziel, Süditalien für die jeweilige kirchliche Hemisphäre zu gewinnen bzw. zu behaupten. In dieser paradoxen Koinzidenz sind gleichermaßen Dynamik wie Tragik des „Schisma von 1054" angelegt.

2.2. Der Briefwechsel zwischen Ost und West (1053/54)

Das größte Problem einer Einordnung dieser Episode in die Geschichte des Dialogs zwischen Ost- und Westkirche besteht darin, daß sie in der byzan-

---

[125] TINNEFELD 1989, 120f.; cf. auch AMANN 1929, 1679.
[126] Johannes Skylitzes continuatus (CSHB 14, 643,12f. BEKKER). Ebenso habe er sich angemaßt, wie der Kaiser purpurne Schuhe zu tragen (aaO., 643,13-15).
[127] Johannes Skylitzes cont. (CSHB 14, 643,15-17 BEKKER): ἱερωσύνης γὰρ καὶ βασιλείας τὸ διάφορον οὐδὲν ἢ καὶ ὀλίγον εἶναι ἔλεγεν, ἐν δέ γε τοῖς τιμιωτέροις καὶ τὸ πλέον τάχα καὶ ἐρίτιμον. Nach Theodoros Skutariotes (Σύνοψις χρονική; 164,29f. SATHAS) habe sich Kerullarios dabei am Vorbild des römischen Papstes orientiert: κατὰ τὸν τῆς πρεσβυτέρας Ῥώμης πάπαν ἄγειν καὶ τὰ τῆς βασιλείας παραβιαζομένῳ.
[128] TINNEFELD 1989, 123. BRÉHIER 1899, 296, charakterisiert die Tendenz der Anklagerede: „Michel Cerularius est responsable de tous des crimes qui se sont commis dans les rues de Constantinople ce jour-là."
[129] Psellos, or. for. 1 (61,1643-1645.1648-1650 DENNIS): ἐπειδὴ διεῖλεν ὁ θεὸς ἱερωσύνην καὶ βασιλείαν καὶ τὴν μὲν ἐπὶ τῶν δημοσίων τέθεικε, τῇ δὲ τὴν τῶν ψυχῶν ὑπέθηκεν ἐπιμέλειαν... ὁ δὲ μέγας ἡμῶν δεσπότης αὐτόθεν βασιλεύειν ἐτόλμησε καὶ τὰ διῃρημένα συνάπτειν ἐπικεχείρηκε. Cf. das Zitat von can. App. 6 (61,1657f. = SC 336, 276,20f. METZGER): ἐπίσκοπος ἢ πρεσβύτερος ἢ διάκονος κοσμικὰς φροντίδας μὴ ἀναλαμβανέτω· εἰ δὲ μή, καθαιρείσθω.

tinischen Chronistik praktisch nicht dokumentiert ist.[130] Die okzidentale Annalistik reproduziert durchgehend die Optik der *Brevis et succincta commemoratio*, die Kardinal Humbert nach seiner Rückkehr verfaßte.[131] Ein Bild von den Vorgängen läßt sich daher nur aus den Briefen und Traktaten rekonstruieren, die im Umfeld der Gesandtschaft entstanden sind[132]:

- Die Briefwechsel zwischen 1052 und 1054, namentlich das Schreiben des Leon von Achrida an Johannes von Trani und der *Libellus* des Papstes sowie dessen Briefe an Kaiser und Patriarch in Konstantinopel von Anfang 1054 (Abschnitt 2.2.);
- der im Sommer 1054 in Konstantinopel entstandene *Antidialogus* des Niketas Stethatos und die *contradictio* Humberts, die Exkommunikationsbulle und das Semeioma (2.3.);
- schließlich die Traktate, die sich mit dem Problem des Filioque befassen: die *Rationes de processione Spiritus sancti* des Humbert, wiederum das *Semeioma* des Kerullarios und die Traktate des Niketas Stethatos, schließlich auch der Briefverkehr des Petrus von Antiochien mit Leo IX. sowie mit Dominicus von Grado (3.).[133]

---

[130] Summarisch dazu SCHREINER 1994, 74. Das einzige zeitgenössische Zeugnis bietet das Enkomion des Michael Psellos auf Kerullarios; seine Anklageschrift gegen den abgesetzten Patriarchen schweigt dagegen über die Vorgänge von 1054, zumal Psellos selbst dabei keine rühmliche Rolle spielte, mußte er doch dem Patriarchen die faktische Kapitulation des Kaisers melden (sem.; 166,13f. WILL; cf. MICHEL 1954, 424).

[131] Cf. Wibert, v. Leon. II 9 (161,28-163,10 WATTERICH); Sigebert von Gembloux, chron. a. 1054 (MGH.SS VI, 359,46-360,6 WAITZ); Annalista Saxo a. 1051 (aaO., 688,44-689,9); chron. Casin. II 85 (MGH.SS XXXIV, 333,11-334,11 HOFFMANN); Lambert von Hersfeld, ann. a. 1053 (MGH.SRG 38, 64,6-17 HOLDER-EGGER); Pantaleon von Amalfi (hg. von MICHEL 1939, 52f.).

[132] Wenn nicht anders angegeben, beziehen sich die Seiten- und Zeilenangaben im folgenden auf die Edition von WILL. Kritische Editionen existieren für die *Rationes* des Humbert (MICHEL 1924, 97-111), den Briefwechsel zwischen Petrus von Antiochien und Leo IX. (DERS. 1930a, 432-475), die Dialexis und die Synthesis des Niketas (aaO., 320-342; 371-409) sowie für die Panoplia des Kerullarios (aaO., 207-281) und eine anonyme Anklageschrift gegen die Griechen (DERS. 1930b, 162-171).

[133] Das Jahr 1054 nimmt in Überblicksdarstellungen durchweg einen prominenten Platz ein, so bereits bei HEFELE/LECLERCQ 1911, 1076-1107; OSTROGORSKY 1963, 276-282; BECK 1966b, 472-476; DERS. 1980, 142-147; WESSEL 1982, 352-363; DÖPMANN 1991, 130-134; DAGRON 1994, 354-357; HAUSCHILD 1995, 434f. Einzelstudien bieten BRÉHIER 1899; AMANN 1929, 1680-1702; JUGIE 1941, 187-234; MAYNE 1954; WINOGRADOW 1955, 242-249; RUNCIMAN 1955, 38-54, sowie vor allem CONGAR 1954 und MICHEL 1954. Das Werk MICHELS ist geprägt von einer spezifischen Asymmetrie zwischen dem engstirnigen, ungebildeten Patriarchen von Konstantinopel und dem gleichfalls machtbewußten und aufbrausenden, dabei aber gelehrten und eloquenten Kardinal, „seinem zum universalen Denker und Schriftsteller überhöhten Hum-

2.2.1. Leon von Achrida: Die Eröffnung der Debatte

Anfang 1053 empfing der lateinische Erzbischof der byzantinischen Hafenstadt Trani, Johannes, einen Brief des griechischen Erzbischofs von Achrida in Bulgarien, Leon, der alsbald - von Humbert von Silva Candida übersetzt - dem Papst zugeleitet wurde.[134] Leon warf den lateinischen Christen vor, sie verräten die Tradition der Kirche, indem sie sich „judaisierenden" Bräuchen wie dem Sabbatfasten und dem Gebrauch von ungesäuertem Brot (ἄζυμα) bei der Feier der Eucharistie hingäben. Damit fielen die Lateiner zurück in die Zeit des vorchristlichen Passah, das durch Christus doch abgelöst sei (c. 1; 56a,10f.).[135] Leon rief den Adressaten energisch dazu auf, diese Mißbräuche umgehend abzustellen (c. 6; 60b,9-14).

Johannes von Trani sollte das Schreiben „an alle Bischöfe der Franken und an den verehrungswürdigsten Papst selbst" (56a,4f.) weiterleiten. Die lateinische Fassung nennt im *Incipit* „*Michaël, universalis patriarcha novae Romae, et Leo, archiepiscopus Achridae metropolis Bulgarorum*" (inc. transl.; 61a,1-3).[136] Demzufolge wurde als Verfasser also der Patriarch angesehen, der schon den in Konstantinopel ansässigen lateinischen Klöstern verboten

---

bert" (so BERSCHIN 1980, 247); entsprechend geraten seine Darstellungen der byzantinischen Streitschriften durchweg zu „verspäteten Widerlegungen, die den Charakter konfessioneller Polemik tragen" (WESSEL 1982, 356 Anm. 18). Cf. schließlich die auf die Azymenfrage konzentrierten, aber auch für die Forschungsgeschichte insgesamt nützlichen Beobachtungen bei SMITH 1978, 46-70; 77-83.

[134] GRUMEL Nr. 862 = 56-60 WILL (griech.; danach die Angaben im Text); 61-64 (lat.). Zu Leon selbst cf. BECK 1959, 534f.; zum Schreiben cf. JUGIE 1941, 190-192; SMITH 1978, 114-118; WESSEL 1982, 353f. Humbert als Übersetzer nennt Wibert, v. Leon. II 9 (161,36 WATTERICH); cf. MICHEL 1924, 49 Anm. 7.

[135] Cf. die Antithese der beiden νόμοι (c. 3; 58a,16-18). Die Unangemessenheit der Azymen wird mit einer Fülle von Bibelzitaten und Bildern belegt (cf. 57a,8f.: τὰ δὲ ἄζυμα οὐδὲν διαφέρει λίθου ἀψύχου, sowie den Vergleich der drei Maßeinheiten aus Mt 13,33 mit der Trinität; 57b,13-18: γυναῖκα τὴν ἁγίαν ἐκκλησίαν καλεῖ, σάτα τρία τρεῖς εἰσι μόδιοι πληρέστατοι τὴν χάριν, οἳ κρυφιομύστως τὸν πατέρα καὶ τὸν υἱὸν καὶ τὸ ἅγιον πνεῦμα αἰνίττονται, ἐν οἷς ἡμεῖς πνευματικῶς ἀεὶ ζῶμεν καὶ κινούμεθα καὶ ἐσμέν; zu Humberts Replik cf. unten S. 347). Insofern die Römer zwischen christlichen und jüdischen Riten schwankten, seien sie „einem Leopardenfell vergleichbar" (c. 3; 59a,16f.: ὅμοιοι ὄντες δορᾷ παρδάλεως = Basilius von Caesarea, sermo asceticus; PG 31, 873B); cf. Humbert, dial. 45.47 (117b,41-118a,3; 118b,3-7). MICHEL 1954, 385f., sieht in der Schrift eine „Kriegserklärung an Altrom", „weil sie unzweifelhaft den Primat für die griechische Welt beanspruchte und wild das größte Sakrament den Lateinern absprach". Von einem Primatsanspruch ist freilich gar keine Rede! Cf. aber auch JUGIE 1941, 189f.: „Le moment est venu de faire un éclat et de déclarer la guerre à tous les azymites."

[136] Diese Doppelung findet sich auch in Leo IX., ep. Cerul. inc.; I 5 (65a,2f.; 68a,6f.); ep. Cerul. II (91a,35f.); Humbert, contrad. 2 (137b,23f.); comm. II (151b,11f.); Wibert, v. Leon. II 9 (161,31f. WATTERICH).

hatte, ihren heimatlichen Ritus zu zelebrieren.[137] Allerdings kennt nicht nur die *griechische* handschriftliche Überlieferung allein Leon als Absender, sondern auch die *lateinischen* Annalisten sprechen nur von dem Bischof von Achrida.[138] Dennoch besteht ein enger Bezug zwischen den Restriktionen für lateinische Mönche in Konstantinopel und der harschen Grundsatzkritik an deren heimatlichen Riten: Hier wird eine Gegenstrategie des Patriarchen angesichts der fortschreitenden Bündnisverhandlungen zwischen Papst und Kaiser via Argyros erkennbar[139], um zunächst *ad intra* davor zu warnen, aus dem traditional verankerten Konsens der Kirche auszuscheren. Rituelle Fragen spielten gerade im gemischtkirchlichen Süditalien eine wichtige Rolle, weswegen Johannes von Trani zur Beherzigung der Paränese in seiner eigenen Diözese angehalten wurde. In dieser pastoralen Perspektive bekommt das Schreiben, das keine Kirchenspaltung, wohl aber eine „Trennung... von all den gewachsenen Riten, die in Byzanz mißfielen"[140], intendierte, einen realistischen Hintergrund - die zwischen römischer und byzantinischer Obödienz stehende Christenheit in Süditalien sollte an ihre Zugehörigkeit zu Konstantinopel erinnert werden.[141]

Hierbei wirft ein Detail der Übersetzung Humberts schon ein Licht auf die kommenden Diskussionen. Leon von Achrida hatte am Ende seines Schreibens betont, daß seine Sicht der rituellen Fragen in vollendetem Konsens mit der orthodoxen Lehre stünde:

> „So lehrten Petrus und Paulus und die übrigen Apostel und auch Christus selbst, und sie sieben heiligen und ökumenischen Synoden bestätigten und bekräftigten es, und die heilige und katholische Kirche rezipierte und bewahrte es treu" (c. 6; 59b,18-23).

In der lateinischen Fassung wird dagegen die Erwähnung der Synoden unterdrückt und damit eine für das ostkirchliche Verständnis der ekklesialen Tradition unerläßliche Instanz stillschweigend aus dem Verkehr gezogen.[142] Diese Pointe paßt zu der Proklamation Leos IX., daß alle Fragen von Gewicht nur in Übereinstimmung mit dem Stuhl Petri zu entscheiden seien,

---

[137] GRUMEL Nr. 863; cf. dazu Leo IX., ep. Cerul. I 11.19 (71a,41-71b,3; 76b,7-10); Humbert, dial. 66 (126b,13-16). Zur Schließung der lateinische Klöstern in der Kaiserstadt cf. MICHEL 1952, 154-161.

[138] Ms. Brüssel 1360 (MICHEL 1924, 88-92, bes. 90 Anm. 1); Sigebert von Gembloux, chron. a. 1054 (MGH.SS VII, 360,5f. WAITZ); Annalista Saxo a. 1051 (aaO., 689,7f.); cf. MICHEL 1930a, 282f. Anm. 2.

[139] So MICHEL 1924, 33. Nach SMITH 1978, 124f., ist Argyros für die Nennung des Kerullarios als Verfasser des Briefes verantwortlich; cf. TINNEFELD 1989, 104 Anm. 63.

[140] BECK 1966b, 473.

[141] DVORNIK 1966b, 156; SMITH 1978, 114.

[142] Ep. Joh. (transl.) 6 (64a,5-8): „*Quae vero scripsi, ea sunt, quae Petrus et Paulus et caeteri apostoli et Christus docuit, et sancta atque catholica ecclesia suscepit et custodit religiose.*"

und weist in dieselbe Richtung, die in Leos Antwort mit der *Donatio Constantini* eingeschlagen wird, die sich programmatisch auf die Nachfolge Petri durch die römischen Päpste beruft.[143] Zwar wird die Hoffnung Leons, die Christenheit werde auch weiterhin μία ποίμνη ἑνὸς τοῦ καλοῦ καὶ ἀληθινοῦ ποιμένος Χριστοῦ (60a,4f.) sein, von Humbert zutreffend mit „*unus grex unius pastoris Christi*" übersetzt (64a,13); die irdische Repräsentanz dieses Hirten wird gleichwohl in divergierenden Kategorien konzipiert. Der ekklesiologische Rahmen für die folgende Konfrontation war damit bereits im Sommer 1053 abgesteckt.

2.2.2. Leo IX. und Humbert: *Libellus* und *Dialogus*

Es ist nicht mehr zu rekonstruieren, ob diese byzantinische „Brandfackel" (Anton MICHEL) den Papst schon vor der Schlacht bei Civitate erreichte. Entscheidend ist, daß Leo spätestens nach seiner Niederlage dringend Hilfe benötigte - da die versprochene Unterstützung aus Deutschland ausblieb, war Konstantinopel der letzte greifbare Rettungsanker. Umso befremdlicher mutet die Vehemenz an, mit der sein „*libellus luculentissimus*"[144] das Schreiben des Leon von Achrida attackierte, das im Umfeld des Papstes tatsächlich als Affront gegen alle abendländischen Christen aufgefaßt und als dessen Urheber Michael Kerullarios identifiziert worden war. Offensichtlich ging Leo davon aus, daß er militärische Hilfe in Süditalien nur vom Kaiser - und gegen die Interessen des Patriarchen - zu gewärtigen hatte.

Das päpstliche Schreiben antwortet nur indirekt auf Leons Vorwürfe[145]: Nicht die einzelnen disziplinären Abweichungen werden thematisiert[146],

---

[143] Leo IX., ep. Cerul. I 13 (72b,13-16) = const. Const. 11 (MGH.F 10, 81,160f. FUHRMANN).

[144] Wibert, v. Leon. II 9 (161,38 WATTERICH). Eine gute kursorische Analyse bietet KRAUSE 1983, 134-141.

[145] Im folgenden wird für RPR(J) 4302 die Autorschaft Leos vorausgesetzt, auch wenn möglicherweise Humbert von Silva Candida den Brief formulierte (cf. MICHEL 1924, 44-53.66-73). Die gegenüber Konstantinopel vertretene Position war in jedem Fall päpstlich autorisiert. Daß Michael Kerullarios später behauptete, die Legaten hätten die ihm vorgelegten Papstbriefe selber geschrieben (ep. Petr. I 3 [174,13-17]), ist nicht als historische Information (so MICHEL 1924, 48.63), sondern als zufällig auch sachlich zutreffende Polemik anzusehen.- Zu Humbert von Silva Candida cf. U.R. BLUMENTHAL, in: TRE 15 (1986), 682-685; R. SCHIEFFER, in: LThK³ 5 (1996), 329f.

[146] Hier zeigt sich Leo durchaus konziliant (ep. Cerul. I 29; 81a,15-19; hiernach die Belege im Text): „*nil obsunt saluti credentium diversae pro loco et tempore consuetudines, quando una fides per dilectionem operans bona, quae potest, uni Deo commendat omnes*" (rezipiert bei Ivo von Chartres, decr. IV 223; PL 161, 313A). Cf. Gregor I., reg. I 41 (MGH.Epp I, 57,17f. HARTMANN): „*nil responderi verius potest quam ipsi sensistis, quia in una fide nil officit sanctae ecclesiae consuetudo diversa*" (zur Benutzung von Gregors Briefregister

sondern das Problem der kirchlichen Autorität überhaupt. Was die Einheit der Kirche zu zerreißen drohe, sei nicht der unterschiedliche Gebrauch von Azymen oder gesäuertem Brot, sondern die Anmaßung des Patriarchen von Konstantinopel, sich auf die gleiche Stufe wie der römische Papst stellen zu wollen.[147] Werde doch damit die *cathedra Petri* als Garantin von Orthodoxie und Orthopraxie angegriffen, „wodurch alle Sinne der Christenheit abgestumpft werden, wodurch die kirchliche Disziplin und die Gewalt der heiligen Kanones verwässert und beschimpft werden, weil ihr - du, unser Allergeliebtester, den wir bislang unseren Bruder in Christo und Bischof von Konstantinopel nannten, und du, Leon von Achrida - mit neuartiger Anmaßung und unglaublicher Schärfe, wie sie weder jemals gehört noch überwunden wurde, die apostolische und lateinische Kirche verurteilt" (c. 5; 68a,1-10). Hinter der „*incauta reprehensio vestra*" (68a,12f.) lauere die Häresie der Scheidung inmitten der einen, vollkommenen und unbefleckten Kirche.[148] Dagegen habe sich die römische Kirche stets als Bastion der Rechtgläubigkeit erwiesen:

> „Solcherart ist die Heilige Kirche auf dem Felsen, der Christus ist, und auf Petrus oder Kephas, dem Sohn des Johannes, den man zuvor Simon nannte, erbaut, daß sie von den Pforten der Hölle, das heißt von den Streitreden der Häretiker, die sie vergeblich zu ihrer Vernichtung aufbieten, keineswegs überwunden werden kann... Sind nicht vom Sitz des Apostelfürsten, also der römischen Kirche, durch Petrus selbst wie auch durch seine Nachfolger die Erdichtungen aller Häretiker widerlegt und besiegt und ausgetrieben worden, wie auch die Herzen der Brüder im Glauben des Petrus, der bislang niemals fehlging und auch niemals im Glauben fehlen wird, gestärkt worden?"[149]

---

durch Leo bzw. Humbert cf. MICHEL 1924, 120-130; zur Rezeption einer ähnlichen Aussage Gregors bei Berno von Reichenau cf. S. 314 Anm. 52; zur Synode von Konstantinopel 879/80 s.o. S. 257 mit Anm. 319). Andernorts kann Leo in einem Exkurs zu den Christenverfolgungen in der Alten Kirche die Irrelevanz der angeblich unzulässigen Azymen für das standhafte Erleiden des Martyriums anführen (c. 24; 78b,15-18): „*jam innumerabilis utriusque sexus et diversae aetatis martyrum exercitus nostris azymis saginatus universos idololatriae fregerat impetus*"; dazu DAGRON 1994, 354f. Der Gebrauch von „*panis infermentatum*" wird freilich zuerst von Hrabanus Maurus, de institutione clericorum I 31 (PL 107, 518CD), bezeugt.

[147] In c. 20 (76b,30-37) werden beide Perspektiven verknüpft: „*Quapropter a tanta amentia jam resipiscite et Latinos vere catholicos atque maximi Petri familiariores discipulos institutionisque ejus devotiores sectatores cessate subsannando azymitas vocare, aut ecclesias illis denegare, seu tormenta, sicut coepistis, inferre, si vultis nunc et semper pacem et portionem cum Petro habere.*"

[148] Ep. Cerul. I 3 (68a,42-b,3): „*Verum erubescat et confundatur impia haeresis, impudenter inhians sectioni atque divisioni insecabilis et indivisibilis unitatis, reclamante et repugnante non solum ipsius unitatis natura, sed etiam humanae sapientiae conjectura.*"

[149] „*Taliter sancta ecclesia super petram id est Christum et super Petrum, vel Cepham filium Ioannis, qui prius Simon dicebatur, aedificata, quia inferi portis, disputationibus scilicet haereticorum, quae vanos ad interitum introducunt, nullatenus foret superanda... Nonne a*

Der römische Papst erscheint hier nicht als einer unter vielen Bischöfen, sondern als der *servus servorum Dei* im Sinne desjenigen Dienstes, ohne den die Kirche als Einheit nicht bestehen könnte.[150] So habe er für die Abwehr der „mehr als neunzig bei den Griechen entstandenen Häresien"[151] gesorgt, werde doch etwa von Paulus den Römern kein einziger theologischer Irrtum vorgeworfen, was hingegen im 1. Korintherbrief den *cantus firmus* (cf. c. 21; 77a,35f.) darstelle.[152] Bereits das von den östlichen Bischöfen abgehaltene (Teil-) Konzil von Serdika sei ein „*anathematizandum conventiculum*" gewesen, wohingegen die westlichen Teilnehmer den Glauben der Väter einmütig bekräftigt (c. 31; 81b,20f.25f.) und in Verbindung mit Rom Athanasius und seine Gefolgsleute aufgenommen, verteidigt und in ihre angestammten Würden wieder eingesetzt hätten (c. 36; 83a,41-43). Die Bischöfe Konstantinopels dagegen seien immer wieder zu Häretikern mutiert; ihr eigener Synodalbrief von 382 habe die Kirche der Kaiserstadt als „neu und soeben den Häresien gleichwie dem Maul des Löwen entrissen" beschrieben.[153] Wegen der ungerechten Absetzung des Johannes Chrysostomus habe es eine Aufkündigung der Kommunion mit dem Okzident gegeben, wie auch unter Acacius; Anthimus sei gar von Papst Agapet abgesetzt worden, und Eutychius habe auf Drängen Gregors I. seine eigenen Schriften

---

sede principis apostolorum, Romana videlicet ecclesia, tam per eumdem Petrum quam per successores suos, reprobata et convicta, atque expugnata sunt omnium haereticorum commenta et fratrum corda in fide Petri, quae hactenus nec defecit, nec usque in fidem deficiet, sunt confirmata?" (c. 7; 68b,18-23.35-42).

150 Ep. Cerul. I 32 (81b,29-32): „*Nam Romanae ecclesiae fides per Petrum super petram aedificata nec hactenus deficit, nec deficiet in saecula Christo ejus Domino rogante pro ea*"; mit Lk 22,32 gilt dieser Glaube als „*inconcussa et indeficiente fide Petri velut firmae anchorae subsidio figendam et in fundamento universalis ecclesiae confirmandam*" (81b,37-40).

151 Ep. Cerul. I 8 (68b,44-69a,3): „*nonaginta et eo amplius haereses ab Orientis partibus, vel ab ipsis Graecis, diverso tempore ex diverso errore ad corrumpendam virginitatem catholicae ecclesiae matris emergentes*"; cf. auch oben S. 247f. Hier - wie in der Exkommunikationsbulle (s.u. S. 354 Anm. 225) - wird nach MICHEL 1930a, 410f., auf Praedestinatus (lib. I; PL 53, bes. 587f.) zurückgegriffen, der wiederum auf Augustins *De haeresibus ad Quodvultdeum* beruht (SIEBEN 1999, 39-41).

152 Leo greift hier auf ein Paulus-Florileg zurück, das offensichtlich speziell für die Auseinandersetzung mit dem Osten angelegt wurde (ed. nach Ms. Brüssel 1360 [9706-25] bei MICHEL 1930a, 295-297). Die Beschreibung der spätantiken Häretiker folgt Cassiodor, hist. IV 37f. (CSEL 71, 209,1-211,19 HANSLIK), der auf Socrates, h. e. II 26,3-10; 27,1.7f. (GCS N.F. 1, 135,4-136,12; 136,13-17; 137,8-12 HANSEN) sowie Sozomenus, h. e. IV 2,3f. (SC 418, 194,11-196,7 BIDEZ/FESTUGIÈRE) basiert.

153 Ep. Cerul. I 8 (69a,29-31 = COD³ 29,27-29): „*novellam ecclesiam velut ex ore leonis haereticis blasphemiis suffossam*" (griechisch bei Theodoret, h. e. V 9,15; GCS N.F. 5, 293,17-19 PARMENTIER/HANSEN). Zu den früheren Bischöfen wird auf Socrates, h. e. II 2,1-2 (GCS N.F. 1, 93,3-9 HANSEN) verwiesen, jeweils mit dem Akzent auf „*teste vestro historiographe*" (69a,19.32).

den Flammen übergeben. Die leuchtende Ausnahme, Flavian, sei nur auf Initiative Leos I. von dem Konzil zu Chalkedon rehabilitiert worden.[154]

Schließlich sei aber Eutychius' Nachfolger Johannes zu einem neuen Höhepunkt der Konfrontation vorgestoßen: „Dieser eignete sich nun als erster einen neuen Namen seiner Eitelkeit an, indem er vorschrieb, daß ihn alle als 'ökumenischen', das heißt universalen Patriarchen anreden und anschreiben sollten. Für diese Anmaßung wurde er von den seligen Bischöfen Pelagius und Gregor verdientermaßen mit dem Bann belegt"[155] Diesem Titel wird - im Anschluß an Gregor I. - eine *privative* Bedeutung zugemessen, wonach es nur *einen* universalen Kirchenfürsten geben könne - und dieser zu sein beanspruche der byzantinische Patriarch.[156] Bezeichnenderweise wird Kerullarios durchgehend nur als „*episcopus*" angeredet.[157] Daß

---

[154] Ep. Cerul. I 8 (69a,35-b,29). Zu Anthimus cf. GRUMEL Nr. 237 (Gesta synodi de Anthimo 126-130; ACO III, 178,17-182,5 SCHWARTZ). Die Synode unter Menas (536) machte sich den Brief Agapets zu eigen (aaO., 152,13-153,28 = RPR[J] 897); dazu BECK 1980, 23f.; HAUSCHILD 1995, 191; zu Eutychius cf. GRUMEL Nr. 262f.; BECK 1980, 53.

[155] „*Hic nimie vanitatis novum nomen primus sibi usurpavit, ubi se a cunctis oecumenicum patriarcham, id est universalem, et dici et scribi debere decrevit. Pro qua utique praesumptione a beatis pontificibus Pelagio et Gregorio digna perculsus est excommunicatione*" (c. 9; 69b,33-39). Ein Bannspruch erging freilich nicht; wohl aber kritisierte Gregor diese Anmaßung in scharfem Tonfall; cf. die Belege nach MICHEL 1924, 125, bes. reg. IX 156 (MGH.Epp. II, 157,14f. HARTMANN): „*superbum et pestiferum oecumenici hoc est universalis vocabulum sibi usurpasse*"; ähnlich reg. V 39 (MGH.Epp. I, 327,11); V 44 (339,28); VII 30 (477,12); cf. GEMEINHARDT 2001b, 14f.

[156] Ep. Cerul. I 9 (70a,12-15): „*superbum... vocabulum..., quo videbatur par dignitas subtrahi cunctis per orbem praesulibus, dum uni ex toto arrogaretur*"; zu Gregor I. cf. GEMEINHARDT 2001b, 15 mit Anm. 15; zur nicht-privativen Bedeutung des Titels im Griechischen cf. SMITH 1978, 93 Anm. 54. Leo IX. reklamierte den Titel allerdings nicht für sich selbst: „*Ipse princeps apostolorum non inveniatur dictus universalis apostolus*" (70a,11f.). Schon Leo I. habe das Ansinnen des Konzils von Chalkedon, ihn als Ökumenischen Patriarchen anzureden, abgelehnt (70a,1-7, im Anschluß an Gregor I., reg. V 44; MGH.Epp. I, 340,30f.; 341,6-9 HARTMANN). Tatsächlich hatten die alexandrinischen Gesandten den Papst viermal als ἁγιώτατος καὶ θεοφιλέστατος οἰκουμενικὸς ἀρχιεπίσκοπος καὶ πατριάρχης τῆς μεγάλης Ῥώμης tituliert (actio III; ACO II 1,2, 15,31f.; 17,11f.; 20,17f.; 23,7f. SCHWARTZ). Erst Gregor VII. (dictatus papae 2; MGH.ES II/1, 202,8 CASPAR) postulierte: „*Quod solus Romanus pontifex iure dicatur universalis*"; cf. Radulf Glaber (hist. V 5,26; 252,17f. FRANCE); Bonus von Cervia, vita Leonis IX c. I 7, hg. von A. PONCELET, in: AnBoll 25 (1906), 258-297, hier 283,16; cf. TUILIER 1972, 256f.; TELLENBACH 1988, 241; BLUMENTHAL 2001, 13. Robert Guiscard leistete 1080 seinen Eid „*domino meo Gregorio universali papae*" (liber censuum 164; 422b,27 FABRE/DUCHESNE).

[157] Im gesamten Schriftverkehr der Jahre 1053/54 wird Kerullarios nur bei Humbert, proc. inc. (97,5 MICHEL), als *patriarcha* bezeichnet (daher wohl auch in der *accusatio* [6,4; 166,26 MICHEL]), was in excomm. I (154b,7: „*abusivus patriarcha*") explizit bestrit-

dessen Vorgänger ihre Stellung im Ganzen der Kirche nicht akzeptieren wollten, habe die Neigung der Bischöfe Konstantinopels zur Häresie nur verstärkt, was sich nicht zuletzt an den Monergisten bzw. Monotheleten Sergius, Pyrrhus und Paulus erwiesen habe, welche die Lateransynode 649 unter Martin I. verurteilt habe.[158] Auch zeige das Beispiel Christi selbst die rechte Zuordnung von demütiger Nachfolge und forscher Dialektik: „*Neque enim per rhetores et sophistas collegit piscatores, sed per piscatores et simplices piscatus est sophistas et oratores*" (c. 2; 66a,37-39).[159]

Die Bedeutung dieses Briefes für die Geschichte des römischen Papsttums liegt vor allem in der Neuakzentuierung der kirchlichen Gewaltenhierarchie: Schon das erste Nizänum habe dekretiert, „*ut summa sedes a nemine judicetur*" (c. 10; 70b,30f.).[160] Demzufolge hätte sich Michael Kerullarios mit seinem Angriff auf die römischen Riten schon selbst das Urteil zugezogen![161] Die negative Exemtion wird aber von einer positiven Neudefinition flankiert:

„Der allerweiseste Fürst der irdischen Königsherrschaft, Konstantin, fand nach eingehendem Bedenken ein solches Maß an himmlischer Würde im seligen Petrus und seinen

---

ten und in comm. III (152a,21f.) zu *haeresiarcha* umgebildet wird. Pantaleon von Amalfi vereint beide Titulaturen: „*haeresiarcha potius quam patriarcha*" (53,3 MICHEL).

[158] Ep. Cerul. I 10 (70b,13-18); Conc. Lat. a. 649, can. XVIII (DH 520 = ACO² I, 382,30-384,6 RIEDINGER). Daß auch Papst Honorius verurteilt wurde (Conc. Const. III a. 680/81, actio XIII; DH 552 = ACO² II 2, 580,4-8 [gr.]; 581,4-7 [lat.] RIEDINGER), bleibt unerwähnt (cf. jedoch contrad. 17; 142a,26), obwohl andernorts durchaus kritische Töne gegenüber den jüngeren Päpsten begegnen: „*sancta Romana ecclesia et apostolica sedes nimium diu obsessa fuit mercenariis et non pastoribus*" (ep. Cerul. II; 87b,21-23). Diese Verurteilung war in Byzanz durchaus präsent (cf. Michael Psellos, carmen de dogmate; PG 122, 817B)!

[159] Cf. Petrus Damiani, ep. 117 (MGH.B IV/3, 319,21-23 REINDEL): „*Non miserit philosophos et oratores, sed simplices pocius* [sic!] *idiotas ac piscatores.*"

[160] Cf. das *Constitutum Silvestri* (c. II; 449,19-21 HINSCHIUS): „*Neque praesul summus a quoquam iudicetur, quoniam scriptum est: Non est discipulus super magistrum.*" Zur Erwähnung von Konstantin und Nizäa cf. KRAUSE 1983, 136f. Anm. 30, der darauf verweist, daß Humbert can. VI von Nizäa in der Prisca-Fassung kannte (EOMIA I/2,1, 121,1-10 TURNER = contra Simonistas III 8; MGH.LL I, 207,12-16 THANER; cf. HOESCH 1970, 118), die interpretationsfähiger war als die Dionysius-Version (danach Ps.-Isidor [258f. HINSCHIUS]). Zum päpstlichen Anspruch der Nichtjudizierbarkeit cf. auch c. 11 (71a,25-28); c. 32 (82a,2-5) sowie c. 39 (84b,1-3) im Anschluß an das Bild von Eph 4,15f.: „*caput de omnibus judicans sensibus nullo sensu judicatur utpote solius sui judicio sufficientissimum*"; ebenso Humberts frg. A (129,4-6 SCHRAMM): „*Cuius culpas istic redarguere presumit mortalium nullus, quia cunctos ipse iudicaturus a nemine est iudicandus, nisi forte deprehendatur a fide deuius.*"

[161] Ep. Cerul. I 11 (71a,25-28): „*quia praejudicium faciendo summae sedi, de qua nec judicium licet facere cuiquam hominum anathema accepistis ab universis patribus omnium venerabilium conciliorum.*"

Nachfolgern, daß er alle Nachfolger dieses Apostels auf dem Stuhl des römischen Bischofs bis ans Ende der Welt durch den seligen Silvester nicht nur mit kaiserlicher Macht und Würde, sondern auch mit kaiserlichen Ehrenzeichen und Dienern schmückte, und er erachtete es für überaus unwürdig, daß dem weltlichen Reich unterworfen sein sollten, welche die göttliche Majestät im Himmel voranstellte."[162]

Es wird also zur „Konstantinischen Schenkung" hingeführt, mit der die *„specialis sanctae Romanae ecclesiae dignitas"* (c. 13; 72b,9) begründet werden soll, und zwar – was die Geschichtsmächtigkeit dieses Zitates ausmacht – erstmals mit Passagen aus der eigentlichen *donatio* (nicht aus der narrativ-legendarischen *confessio*)[163]:

- Die kirchliche Macht des Stellvertreters Petri sei der kaiserlichen Macht gleichzuachten, ja sogar noch mehr als diese zu ehren (*politischer Primat*).
- Ebenso habe der Papst die kirchliche Leitung der patriarchalen Sitze von Alexandrien, Antiochien, Jerusalem und Konstantinopel inne (*ekklesiologischer Primat*).
- In Rom sei mit der *cathedra Petri* die Instanz lokalisiert, die in Petri Namen rechtliche Entscheidungen für die ganze Kirche zu fällen habe (*jurisdiktioneller Primat*).[164]

Die Päpste dürften fortan nicht nur den kaiserlichen Lateranpalast bewohnen, sondern auch die Insignien der Macht tragen (73a,20-40 = c. 14; 86,214-88,227). Schließlich sollten sie auch die Herrschaft über Rom und alle Städte und Länder in Italien und im gesamten Abendland ausüben, während der Kaiser selbst nach Byzanz auswanderte: „Denn wo das Fürstentum der Priester und das Haupt der christlichen Religion vom himmlischen Kaiser eingesetzt wurde, ist es nicht recht, daß dort der irdische Kaiser Macht besitzt" (c. 14; 74a,21-25 = c. 18; 94,274-95,276). Damit wird Rom als *„caput mundi"* (c. 17; 75b,34) in kirchlicher wie politischer Hinsicht proklamiert.[165] Vor dem Hintergrund der gegenwärtigen Lage des

---

[162] *„Tantum apicem coelestis dignitatis in beato Petro* [sc. Mt 16,18] *et in ejus vicariis prudentissimus terrenae monarchiae princeps Constantinus intima consideratione reveritus, cunctos usque in finem saeculi successores eidem apostolo in Romana sede pontifices, per beatum Silvestrum non solum imperiali potestate et dignitate, verum etiam infulis et ministris adornavit imperialibus valde indignum fore arbitratus terreno imperio subdi, quos divina majestas praefecit coelesti"* (c. 12; 71b,15-25).

[163] Zitiert wird aus Const. Const. 11f.14-20 (72b,10-74a,44 = MGH.F 10, 80,157-84,187; 86,214-95,279; 97,293-300 FUHRMANN; hiernach die Angaben im Text). Cf. DEÉR 1972, 81-86; KRAUSE 1983, bes. 135; TINNEFELD 1989, 105f., sowie ausführlich FUHRMANN 1966, 100-120; summarisch DERS. 1973, 383-385.

[164] Ep. Cerul. I 13 (72b,13-73a,6) = Const. Const. 11f. (MGH.F 10, 81,160-83,180 F.).

[165] Cf. Humbert, frg. A (128,1-4 SCHRAMM): *„Sancta Romana et apostolica ecclesia priuilegio specialis auctoritatis diuinitus et humanitus caput omnium ecclesiarum post Christum Ihesum effecta secundum antistitis uel rectoris sui qualitatem et ualitudinem afficit totius*

Papstes bedeutet dies nicht nur eine scharfe Zurückweisung der disziplinären Kritik Leons, sondern vor allem den Anspruch, daß der angemessene Gesprächspartner für den Papst der Kaiser sei, insofern mit der Konstantinischen Schenkung „das Recht des päpstlichen Stuhles auf weltliche Herrschaft"[166] begründet werden sollte. Dabei nennt Leo bezeichnenderweise seinen Vorgänger Nikolaus I. als Paradigma für diese päpstliche Machtvollkommenheit, indem er diesem die Ausübung eines unerhörten Druckmittels zuschreibt: „Aufgrund der Absetzung des seligen Bischofs Ignatius und der Einsetzung des Neophyten Photius ließ er die Kirche der heiligen Sophia schließen" (c. 22; 78a,4-6).[167] Ebenso rezipiert er den nikolaischen Grundsatz, daß der römische Papst personelle Entscheidungen in anderen Kirchen treffen bzw. getroffene Entscheidungen kassieren dürfe - nun aber gestützt auf die Konstantinische Schenkung (nicht mehr auf die Kanones von Serdika[168]). Dazu paßt, daß Kerullarios vorgeworfen wird, er sei als Neophyt in sein Amt gelangt (c. 30; 81a,29-32). Und auch daß man auf dem Höhepunkt der Karriere nicht die Demut lernen könne, wenn einem die vorhergehenden Stadien fehlten (81a,41-43), erinnert an die Polemik gegen Photius. Die ekklesiologische Pointe liegt jedoch in der Verhältnisbestimmung von Rom und Konstantinopel als Mutter und Tochter:

> „Es existierte bei euch bis heute eine solche Menge an Schismatikern und Häretikern, die die katholische und apostolische Kirche offen bekämpfen und sie zu spalten sich bemühen, daß die lateinische oder westliche Kirche sich über euch verdientermaßen beklagen kann mit der Stimme der Braut, die im Lied der Lieder spricht: 'Die Söhne meiner Mutter kämpfen gegen mich!' (Hld 1,6). Und wirklich: Ist denn der römische und apostolische Sitz, der durch das Evangelium die lateinische Kirche im Westen zeugte, nicht die Mutter der konstantinopolitanischen Kirche im Osten, welche sie durch

---

Christianitatis membra". Zum Begriffspaar „*divinus - humanus*" cf. ep. Cerul. I 28 (80a,37f.); ep. Petr. 3 (460,13-462,1 MICHEL); zu „*caput omnium ecclesiarum*": frg. A (129,14f. SCHRAMM); excomm. I (153a,7f.); ep. Cerul. I 10f. (70b,35; 71a,7); ep. Const. (86a,16); ep. Petr. 3 (460,11f. MICHEL); dazu MICHEL 1941, 188 Anm. 5. Zum byzantinischen Verständnis des Primats anno 879/80 cf. oben S. 254 mit Anm. 306.

[166] KRAUSE 1983, 140.

[167] Diese Passage findet sich zweimal nahezu wörtlich bei Ivo von Chartres: decr. IV 147; V 44 (PL 161, 299BC; 338A-340A); dazu HOFMANN 1948, 109. DVORNIK 1948, 293, betont, „that the Pope's entourage was still ill-informed about the whole affair; that reformers were too easily carried away by their zeal and that they loved to exaggerate the importance of the pontifical intervention in Constantinople."

[168] Hieran läßt sich das Zurücktreten der synodalen Dimension für die leonisch-humbertische Ekklesiologie illustrieren; zu Nikolaus' Rekurs auf Serdika s. o. S. 169f.

ihren verherrlichten Sohn Konstantin und durch edle und weise Römer nicht nur an Sitten, sondern auch an Mauern wiederherzustellen versuchte?" (c. 23; 78a,22-b,1).[169]

Leo betont, die Päpste hätten sich stets für eine Rangerhöhung der *Nova Roma* eingesetzt, „so daß unbeschadet der althergebrachten Würde der ersten und apostolischen Sitze (*salva principalium et apostolicarum sedium antiqua dignitate*) der konstantinopolitanische Bischof als Bischof der Kaiserstadt geehrt würde" (c. 28; 80b,7-10).[170] Schließlich wolle sich der Papst selbst dem großen Petrus nur gemäß dem Amt, nicht dem Verdienst gleichstellen.[171] Deswegen richte sich die Kritik aus Byzanz auch nicht gegen den Amtsinhaber, sondern letztlich gegen Christus selbst:

> „Denn wer auch immer aus Hochmut etwas an sich reißt und es gegen unseren apostolischen Stuhl und dessen Gesetze für sich beansprucht - das können wir nicht tolerieren, denn wer die Autorität und die Vorrechte der römischen Kirche auszuhöhlen oder zu schmälern sucht, der bewirkt Schaden und Untergang nicht nur für diese eine Kirche, sondern für die ganze Christenheit" (c. 36; 83a,28-35).

Der Brief des Papstes endete mit der Ankündigung, sich in einem weiteren Werk mit der Azymenfrage auseinanderzusetzen; auch wurde eine Sammlung von *„refragantia venerabilium patrum nostrorum aliqua super his scripta"* (c. 40; 84b,22f.) in Aussicht gestellt.[172] Mit ersterem war wohl Humberts *Dialogus* gemeint, der sich auf das gleiche Selbstbewußtsein wie der Papstbrief gründete, insofern er darlegen wollte, „woran offenbar wird, wie wir in der Zucht des höchsten Petrus erzogen wurden"[173], was sich *materialiter* eben in der rechten Beurteilung der Azymenfrage erweise:

---

[169] Cf. ep. Cerul. I 24 (78b,23-28): „*Modo delicata filia in conclavi residans secura deliciis, lascivia et longo otio dissoluta nec ad campum rite agonizantium aliquando progressa pia matre satagente et decertante pro ea non erubescit aut veretur primatum arrogare.*"

[170] Justinian habe dies allerdings überzogen, „*ut post papam Romanum sedeat Constantinopolitanae praesul ecclesiae*" (80b,10-13). Dies verfügte aber schon Valentinian III. (Cod. Iust. I 2,6; CIC II, 12 KRÜGER), später can. XXVIII von Chalkedon, den Leo I. deshalb ablehnte (cf. RPR[JJ] 481; 482 = epp. 54f. vom 22.5.452 an Marcian und Pulcheria; ACO II 4, 56,15-22; 58,34f. SCHWARTZ); dazu CONGAR 1954, 58f. Cf. Humberts frg. B (129,26-29 SCHRAMM): „*Sancta Romana ecclesia et reueranda et amanda est, non quia Roma fundata est super arenam per Romulum et Remum, profana sacerdote et quo nescitur sacrilegio editos, sed quia hedificata est super Christum petram per Petrum et Paulum.*"

[171] Ep. Cerul. I 35 (82b,13-15), im Anschluß an Gregor I., in euang. II 36,2 (CChr.SL 141, 334,57f. ÉTAIX): „*nemo nos propter nos in loco Petri despiciat*" (82b,30f.).

[172] Nach MICHEL 1924, 54, wird hier auf Aeneas von Paris angespielt (dazu S. 221-227), der nicht nur auf die Konstantinische Schenkung zurückgreift, sondern auch in Humberts *Rationes* rezipiert wird.

[173] Humbert, dial. 1 (93b,2f.): „*ut palam sit nos illius summi Petri disciplina eruditos*"; hiernach die Belege im Text. Zum Dialog cf. MICHEL 1924, 44-53; 1954, 392-396. Daß „noch im Herbst 1053 die geharnischte Streitschrift in das bedrohte Unteritalien geworfen" worden sei (DERS. 1930b, 153), wird aus dial. 15 (102a,22-25: „*sciscitantibus no-*

- *Hermeneutisch* gelte, daß Christus den Alten Bund nicht ablösen, sondern erfüllen wollte[174], denn nur so habe er als unschuldig Gekreuzigter die Erlösung erwirken können; einem *transgressor legis* wäre dies nicht möglich gewesen. Nun aber sei das Gesetz *spiritualiter*, nicht mehr *carnaliter* zu verstehen.[175]
- *Theologisch* impliziere die griechische Haltung daher die Nähe zur Häresie des Markion bzw. der Manichäer, d.h. zur dualistischen Abwertung des Alten Testaments.[176]
- *Exegetisch* stehe fest, daß Christus das Abendmahl mit seinen Jüngern am Vorabend des Passahfestes gehalten habe, d.h. an dem Tag, an dem in ganz Israel kein Stückchen gesäuertes Brot mehr zu finden gewesen wäre – daher sei die Verwendung von Azymen bei der Eucharistie eindeutig von Christus selbst sanktioniert worden.[177]

Somit sei tatsächlich eine Abweichung der *Griechen* von der in der lateinischen Kirche treu bewahrten apostolischen Tradition zu konstatieren, die sich menschlichem Klug-Sein-Wollen verdanke: „*O mirabilis Graecorum philosophia! O ars Pelasga! O Atheniensis et Academica perspicacia!*" (c. 48; 118b,8-10). Der Verweis im Papstbrief auf die zahllosen griechischen Häresien wird hier aufgegriffen und die neueste Entwicklung als Klimax dargestellt: „Keine [Irrlehre] hat sich aber bis jetzt zu einem solchen Irrwitz verstiegen, daß sie sich anmaßt, ihre Ansicht dem ersten und apostolischen Sitz unter Androhung des Anathema aufzuzwingen!" (c. 3; 94b,34-37). Es ist also auch hier – ungeachtet der langen Ausführungen zum Wesen der Azymen und zur Etymologie von ἄρτος – wieder die Stellung der römischen Kirche, die letztlich den Streitgegenstand bildet, genauer: die Adäquanz der Behauptung Humberts, „daß wir die althergebrachten Gewohnheiten und Überlieferungen der Vorfahren (*antiquas consuetudines et traditiones majorum*), die nicht dem Glauben widersprechen, als apostoli-

---

bis, unde Dominus Jesus fermentatum in coena habuerit, cum in omnibus finibus Israël non inveniretur, respondent") erschlossen, wo Humbert eine griechische Position referiert, die nicht auf den Brief Leons zurückgeht (102a,25-28): „*Si creditur omnipotens, potuit subito undecunque fermentatum exhibere aut certe ipsum azymum benedicendo fermentare.*" Allerdings kann man hieraus kaum „Disputationen, die ihren Höhepunkt auf dem Konzil von Bari erreichten" (ebd.) herauslesen.

[174] Dial. 42 (114a,10-14, als Auslegung von Röm 10,4): „*Accipiamus necesse est Christum finem legis, consummantem, non consumentem; perficientem, non annihilantem; complentem, non evacuantem.*"
[175] Dial. 36 (110b,13-15); cf. c. 5 (96a,6-9; 96a,38-b,9); c. 15 (102b,3-23); c. 18 (104a,5-10).
[176] Cf. dial. 8 (98a,30-34); 12 (99a,28-32); 20 (104b,18-21); 32 (108b,15-20); 38 (110b,28f.).
[177] Dial. 14 (100b,14-17); c. 16 (103b,26-32); c. 38 (111a,20-23); c. 44 (117a,17-21).

sche Gesetze betrachten" (c. 53; 120b,32-35).[178] Insofern bekunden der *Dialogus* und der Papstbrief gemeinsam den universalen Anspruch Roms, Mutter aller anderen Kirchen zu sein und über diese richten zu dürfen.

2.2.3. Die „Versöhnungsbriefe" aus Konstantinopel und die römische Reaktion

Zu einer Kontroverse auf höchster Ebene kam es freilich im Herbst 1053 gar nicht mehr, denn der Brief Leos wurde aller Wahrscheinlichkeit nach niemals abgesandt. Neben der mangelnden Bezugnahme auf dieses Schreiben in römischen wie in griechischen Quellen - so spielte die *Donatio Constantini* im Fortgang der Diskussion keine Rolle mehr[179] - steht die Bemerkung Leos IX. in seinem Brief an Michael Kerullarios vom Januar 1054, er habe „vieles Unerträgliche, was ihm gerüchteweise schon zu Ohren gekommen sei, *bis jetzt unbesprochen gelassen*"[180]. Auch sei ihm der Patriarch mit seinem Friedensersuchen zuvorgekommen[181] - dagegen war der erste Brief ja gerade als Ruf zur innerkirchlichen Einheit gedacht gewesen. Gegen Ende des Jahres 1053 erhielt der Papst demnach ein - heute verlorenes - Schreiben des Patriarchen, das einen verbindlicheren Ton anschlug als das des Leon von Achrida. Die Doppelniederlage gegen die Normannen hatte auch in Konstantinopel die Hoffnung auf eine baldige Beruhigung dieses Kriegsschauplatzes ernüchtert, und so fiel das durch Johannes von Trani beim Kaiser vorgebrachte Ersuchen des Katepans, sich mit Leo zu einem neuen, stärkeren Bündnis zusammenzuschließen, auf fruchtbaren Boden.[182] Wohl auf kaiserlichen Druck verfaßte Kerullarios einen Brief, der die von

---

[178] In dial. 13 (100a,2-7) zitiert Humbert - als erster Lateiner überhaupt - Johannes von Damaskus (HOFMANN 1950, 178f. Anm. 3)!

[179] Gegen MICHEL 1954, 374 mit Anm. 6f., der die angeblichen imperialen Ansprüche des Kerullarios, die sich im Tragen von Purpurschuhen äußerten (s.o. S. 329 Anm. 126), durch die „Rezeption" des Leo-Briefes erklären wollte, zeigte KRAUSE 1983, 143-155, daß keine der hochmittelalterlichen griechischen Übersetzungen der *Donatio* auf den Leo-Text zurückgeht, so daß eine Bekanntschaft mit der *Donatio* nicht nachgewiesen werden kann (so auch TINNEFELD 1989, 108).

[180] Ep. Cerul. II (90a,21-26). Zur Nichtabsendung cf. bereits HEFELE/LECLERCQ 1911, 1101, sowie MICHEL 1924, 55; AMANN 1929, 1687; NICOL 1962, 9; DVORNIK 1966c, 167f.; KRAUSE 1983, 141f.; DAGRON 1994, 354 mit Anm. 204; KAPLAN 1995, 150.

[181] Ep. Cerul. II (90a,6f.): *„summum desiderium nostrum tua industria anticipasti"*.

[182] Anonymus Barensis, chron. a. 1053 (RIS V, 152A MURATORI): *„Argiro direxit ipso episcopus Tranensem Constantinopoli messatico"*; cf. Kerullarios, ep. Petr. I 8 (178,8-14); Leo, ep. Const. (87a,10-17); dazu BRÉHIER 1899, 103; MICHEL 1924, 56; AMANN 1929, 1686; JUGIE 1941, 194.

Leon erhobenen Vorwürfe überging - wenn auch nicht zurücknahm - und die Wiederherstellung guten Einvernehmens befürwortete.[183]

In den Antworten des Papstes findet sich eine bewußte Asymmetrie, die den Kaiser als Hüter der Orthodoxie und getreuen Sohn der (römischen) Mutter Kirche darstellt und sich andererseits gegenüber dem Patriarchen überaus streng geriert. Das Motivinventar - die Kirche als *mater* und *caput* - ist dasselbe wie zuvor, wird jedoch erweitert, denn nunmehr ist es auch die Kirche, „welche dein Haupt mit den Insignien der irdischen Herrschaft huldvoll krönte... und mit dem Salböl der Adoption salbte, auf daß du in Ewigkeit herrschest" (86a,26-29). Daher beanspruchte der Papst, zum Kaiser nicht nur von gleich zu gleich, sondern sogar von oben herab sprechen zu können![184] Der Herrscher wurde ermahnt, seinen eigenen Patriarchen auf christliche Wege zu lenken, um ein wirkliches Einvernehmen zwischen beiden Kirchen herbeizuführen:

„Deine Hochberühmtheit weiß um dessen zahlreiche und unerträgliche Anmaßungen, die seit langem an unser Ohr gedrungen sind, und auf welche Weise er eine offene Verfolgung der lateinischen Kirche entfacht hat und nicht einmal davor zurückscheute, alle zu verdammen, die das Sakrament aus ungesäuertem Brot empfangen; und daß er die Patriarchen von Alexandrien und Antiochien ihrer althergebrachten Würde zu berauben versucht und sich diese gegen Sitte und Recht zu unterwerfen anstrebte... Wenn er mit all diesem fortfährt - was ferne sei! -, kann er keinen Frieden mit uns haben!"[185]

Nach wie vor wird die Kritik an der Azymenpraxis als Angriff auf die gesamte Kirche des Okzidents verstanden und gegenüber beiden Adressaten klargestellt, daß es mit einem Lippenbekenntnis zur Autorität des Papstes nicht getan sei, wenn dem keine Taten folgten (88b,28-30 = 92b,9-12). So läßt auch der Brief an den Patriarchen keinen Zweifel daran, wer die Schuld an dem allzu langen Zerwürfnis trägt („*te provocantem*": 89b,11f.). Ebenso wird die Verantwortung für die künftige Gestaltung der wechselsei-

---

[183] Dies bezeugt Leo selbst: ep. Const. (88a,32-34; hiernach die folgenden Belege im Text). Die Schriftstücke GRUMEL Nr. 864 (cf. Kerullarios, ep. Petr. I 3.5; 174,20f.; 176,5f.) und DÖLGER Nr. 911 sind aus RPR(J) 4332; 4333 vom Januar 1054 zu erschließen (Datierung nach ep. Cerul. II [92b,31f.]). Cf. dazu MICHEL 1924, 57-63; AMANN 1929, 1688f.; RUNCIMAN 1955, 43f.; DENZLER 1966, 29-31; DAGRON 1994, 355.

[184] So verstand er sich als Moderator einer militärischen Union zwischen dem byzantinischen und dem deutschen Kaiser - „*vobis duobus, velut totidem brachiis, inimicam gentem ab ecclesiae Christi propellentibus et procul effugantibus*" (87b,16-18).

[185] „*Sed noverit tua claritas super praesumptionibus ejus multa et intolerabilia jamdudum pervenisse ad aures nostras, qualiter etiam aperta persecutione in Latinam ecclesiam exardescens, anathematizare non timuit omnes, qui sacramenta attrectant ex azymis: et quod Alexandrinum et Antiochenum patriarchas antiqua dignitas sua privare contendens contra fas et jus sibi subdere nova ambitione appetit... in quibus si, quod absit, pertinax fuerit, pacem nostram nullatenus retinere poterit*" (88b,9-21).

tigen Beziehungen dem Adressaten zugeschoben, „denn wir könnten dich als überaus nützlichen und notwendigen Diener der Kirche ansehen, wenn du dich nicht bemüht hättest, die Grenzen zu überschreiten, welche unsere Väter gezogen haben" (90a,12-15). Dieser Seitenhieb wird mit dem einst gegen Photius erhobenen Vorwurf konkretisiert: „Man nennt dich einen Neophyten, weil du nicht den kirchlichen Weihestufen gemäß zur Bischofswürde emporgestiegen bist" (90a,26-28). Hier werden bestehende Differenzen in einem der Versöhnung dienenden Brief amplifiziert und personalisiert, um den *militärisch-politisch* denkenden Kaiser dem auf der *kirchlichen* Hoheit über Süditalien bestehenden Patriarchen zu entfremden.[186]

Was in Rom gründlich mißverstanden wurde, war das offensichtlich von Michael Kerullarios geäußerte Angebot einer *wechselseitigen* Kommemoration, „so daß, wenn die eine römische Kirche durch uns deinen Namen bewahrte, alle Kirchen auf dem ganzen Erdkreis durch dich unseren Namen bewahrten", wie Leo paraphrasiert (91b,38-40). Kerullarios ging selbstverständlich davon aus, daß eine Kommemoration nur eine wechselseitige Angelegenheit sein könne. Leo dagegen verwarf kurzerhand die Idee, als könne die Gemeinschaft mit dem römischen Papst überhaupt eine Entscheidung einzelner Kirchen darstellen; seine Entgegnung darf als Leitmotiv für die Diskussionen des Sommers 1054 gelten:

> „Die römische Kirche ist nicht eine einzelne oder, wie du meinst, eine unter vielen, denn welches Volk auch immer im ganzen Erdkreis sich hochmütigerweise von ihr trennt, ist überhaupt nicht und niemals Kirche zu nennen oder für eine solche zu halten - vielmehr ist es ein Pseudokonzil der Häretiker und ein Haufen Schismatiker und eine Synagoge des Satans!"[187]

2.3. Das Aufeinandertreffen in Konstantinopel (Juni/Juli 1054)

2.3.1. Die römisch-byzantinischen Verhandlungen und ihre Eskalation

Die Ereignisse, die sich mit dem Datum 1054 verbinden, sind oft und zuverlässig dargestellt worden[188]; es geht im folgenden um einen problemori-

---

[186] Zur Azymenproblematik wird wieder auf „*alia scripta nostra*" (91b,32) verwiesen.

[187] „*Romana ecclesia adeo non est sola, vel sicut tu putas, una, ut in toto orbe terrarum quaecumque natio dissentit superbe ab ea, non sit jam dicenda vel habenda ecclesia aliqua, sed omnino nulla; quin potius conciliabulum haereticorum aut conventiculum scismaticorum et synagoga Satanae!*" (92a,4-9).

[188] Cf. zuletzt KAPLAN 1995, 153-157; weiter hin BRÉHIER 1899, 105-125; AMANN 1929, 1689-1699; JUGIE 1941, 197-215; MICHEL 1954, 405-425; RUNCIMAN 1955, 45-51; NICOL 1962, 9-12; DVORNIK 1966b, 158-161; DENZLER 1966, 31-44; BECK 1980, 145-147; DAGRON 1994, 355-357. Die Hauptquellen sind die humbertische *Brevis et succincta commemoratio* sowie das Σημείωμα der byzantinischen Synode und Kerullarios'

entierten Überblick, dessen spezielles Augenmerk darauf liegen muß, von wem, an welchem Zeitpunkt und mit welchem Ziel die Frage nach dem Hervorgang des Heiligen Geistes in die Diskussionen eingebracht wurde, so daß zu den disziplinären Vorwürfen von griechischer Seite und der römischen Behauptung des universalen Primats als dritte Dimension diese dogmatische Frage hinzukam. In einem weiteren Schritt wird zu klären sein, wie die nun festgestellten Dissenspunkte zusammen zur wechselseitigen Exkommunikation führen konnten.

Humbert von Silva Candida, Petrus von Amalfi und Friedrich von Lothringen verließen Rom wohl im März 1054, jedenfalls vor dem 19. April, an dem Leo IX. starb.[189] Entsprechend kann ab Mai mit ihrer Präsenz in Konstantinopel gerechnet werden. Mit dem Kaiser traten sie alsbald in regen Verkehr; nach Humberts Angaben vermied Kerullarios dagegen jede Kontaktaufnahme.[190] Als fixes Datum *vor* der Niederlegung der Bannbulle in der Hagia Sophia am 16. Juli ist der Johannistag (24. Juni) zu nennen, an dem „im Studion-Kloster ein Mönch namens Niketas, auch 'der Beherzte' (*Pectoratus*) genannt, vor dem erwähnten Kaiser und den Ersten des Reiches in Gegenwart der römischen Gesandten die Verurteilung einer Schrift aus[sprach], die unter seinem Namen gegen den apostolischen Stuhl und die ganze lateinische Kirche erschienen war und den Titel trug: 'Über

---

Briefe an Petrus von Antiochien (gegen AMANN 1929, 1698, und MICHEL 1954, 425 Anm. 2, ist an der Reihenfolge der Briefe bei WILL festzuhalten; so TINNEFELD 1989, 114f.; zustimmend KAPLAN 1995, 151 Anm. 22, was Konsequenzen für die Datierung der Todesnachricht Leos IX. und der Argyroslegende hat); einen tendenziösen Bericht gibt Michael Psellos in seiner posthumen Lobrede auf Kerullarios. Die *vita Leonis* sowie die westlichen Annalisten bieten keine eigenständigen Informationen.

[189] Für Rom (und nicht etwa Benevent) als Ausgangspunkt der Reise spricht die Notiz in chron. Casin. II 85 (MGH.SS XXXIV, 334,2f. HOFFMANN), die Gesandten hätten das Kloster besucht, dessen Abt Friedrich später werden sollte; cf. COWDREY 1983, 114; KAPLAN 1995, 150 Anm. 20. Ob Humbert tatsächlich „zum Haupte der Gesandtschaft gesetzt" war (so MICHEL 1924, 79), ist nicht eindeutig zu beantworten; die Anführerschaft *Friedrichs* bezeugt immerhin Kerullarios selbst (ep. Petr. II 5; 187,6-9); ebenso chron. Casin. (aaO., 333,13). Lambert von Hersfeld, ann. a. 1053 (MGH.SRG 38, 64,6-8 HOLDER-EGGER) erwähnt nur den römischen Kanzler, Pantaleon (53,10-16 MICHEL) auch Petrus von Amalfi, nicht jedoch Humbert. Alle drei Legaten werden in Humberts *Rationes* (inc.; 97,2-5 MICHEL) sowie excomm. I (153a,1-4) genannt.

[190] Comm. III (151b,16-18): „*Michaële praesentiam eorum et colloquium devitante atque in stultitia sua perseverante*"; ähnlich excomm. I (154a,8f.), und Pantaleon von Amalfi (53,19f. MICHEL), dessen Zeugnis auf Augenzeugenschaft beruht: „*cum essem ibi Constantinopoli, ubi hoc actum est*" (aaO., 53,37f.). Cf. BRÉHIER 1899, 106; GAY 1904, 491; JUGIE 1941, 198; RUNCIMAN 1955, 46.

das ungesäuerte Brot, den Sabbat und die Priesterehe'."[191] Bis zu diesem Tag hatten die Verhandlungen bereits einen erstaunlichen Ausstoß an literarischen Erzeugnissen provoziert, denn die erwähnte Schrift des Studitenmönches Niketas Stethatos ist die als *Antidialogus* bekannte Überarbeitung seiner *Dialexis*, der Antwort auf den *Dialogus* Humberts, der selbst schon mit der *Contradictio contra Nicetam* auf die *Dialexis* reagiert hatte.[192]

Bemerkenswert ist, daß ausgerechnet im traditionell ultraorthodoxen Studionkloster ein *griechischer* Disputant seine Schrift dem Feuer übergeben und alle für exkommuniziert erklären mußte, „die nicht der Meinung sind, daß die heilige römische Kirche unter allen Kirchen die erste sei, und die es sich anmaßen, ihren immer orthodoxen Glauben in irgendeinem Punkt zu tadeln"[193]. Offensichtlich war dem Kaiser viel daran gelegen, von den Legaten als *orthodoxus imperator* angesehen zu werden, auch auf die Gefahr einer offenen Konfrontation mit dem Patriarchen hin, dürfte Niketas seine Kritik an der römischen Azymenpraxis doch kaum ohne dessen Billigung vorgetragen haben. Daher erweisen sich die Ereignisse des 24. Juni als Integral der Kräftekonstellation: Mit Unterstützung des Kaisers bemühten sich

---

[191] Comm. I (151a,2-11); Übers.: KTGQ II³, 57 Nr. 23 (hier wird „*de azymo*" irreführend mit „über das Osterfest" übersetzt); cf. Wibert, v. Leon. II 9 (162,13-15 WATTERICH).

[192] Cf. zur Entstehung des prozymitischen und azymitischen Schrifttums die traditionsgeschichtliche Untersuchung von SMITH 1978, bes. 136-160. Er wendet sich damit gegen die Rekonstruktion durch MICHEL, derzufolge a) im Herbst 1053 ein „Unionskonzil" zu Bari stattfand, b) der *Dialogus* Humberts in Süditalien seitdem bekannt war und c) von dort nach Konstantinopel geschickt wurde (1930a, 111f. Anm. 5; 298-300): „Die Dialexis bildete also die Antwort auf den humbertischen Dialog für die unteritalienischen Streiter, der Antidialog aber die Antwort an die römischen Legaten" (aaO., 307; im Original hervorgehoben). Plausibler ist die Annahme, daß erst die Ankunft der Legaten in Konstantinopel Niketas zu einer spezifisch an die Lateiner gerichteten Überarbeitung seines bereits zusammengetragenen Materials (Κατὰ Ἀρμενίων περὶ Ἐνζύμων καὶ Ἀζύμων) motivierte (*Dialexis*), welche dann in Kenntnis der *Contradictio* nochmals in irenischer Absicht revidiert wurde (*Antidialog*). Die Anrede in dial. 1,3 (321,6f. MICHEL: ἄνδρες Ῥωμαῖοι, ὅσοι τε πρὸς ἡμᾶς οἴκατε καὶ ὅσοι ταῖς πόλεσιν ἡμῶν ἐκδημεῖτε) erklärt sich dann als Adresse an die in der Kaiserstadt lebenden Römer, deren liturgische Differenzen mit dem Patriarchen schon erwähnt wurden. Daß Niketas auf Petrus' Schrift an den Patriarchen von Grado zurückgriff (und nicht umgekehrt; so aber MICHEL 1930a, 308f.), wird daran deutlich, daß Petrus nur *einen* Differenzpunkt kennt - die Azymenfrage -, die Lateiner aber sonst für orthodox hält (ep. Domin. 7 [214,5-25]; cf. unten S. 394f.), während die *Dialexis* schon im *Incipit* auch die römische Fastenpraxis und den Zölibat als Themen benennt.

[193] Comm. I (151a,12-15): „*qui ipsam sanctam ecclesiam Romanam negarent primam omnium ecclesiarum esse et qui illius fidem semper orthodoxam praesumerent in aliquo reprehendere*"; Übers.: KTGQ II³, 57 Nr. 23; cf. v. Leon. II 9 (162,18-21 WATTERICH).

die Römer um die Durchsetzung ihres Machtanspruchs gegenüber Kerullarios, der die Legaten wiederum für verkappte Agenten des Argyros hielt.[194]

Die inhaltliche Auseinandersetzung verschärfte sich in der Folgezeit, auch wenn Niketas Stethatos in der revidierten Fassung seines Werkes, dem *Antidialogus*, einen milderen Ton gegen die „Römer" (anstatt - wie noch in der *Dialexis* - gegen die „Franken oder Lateiner") anschlug. Er erweiterte allerdings den Vorwurf des Judaisierens[195] um den des *Theopaschitismus*, den Humbert selbst gegenüber Leon erhoben hatte: Dessen Auslegung von Mt 13,33 (die Herstellung von Brot aus Wasser, Mehl und Feuer) als Zeichen für die heilige Trinität nähere das *corpus Christi* gefährlich einem *corpus Patris et Filii et Spiritus sancti* an; zwar wirke die ganze Trinität bei der Konsekration zusammen, das Brotbrechen symbolisiere jedoch allein den Tod Christi, während das Matthäus-Zitat auf die den menschlichen Körper Christi konstituierenden Substanzen zu beziehen sei: das menschliche Fleisch (= *granum frumenti*), die rationale Seele (= *limpida lympha*) und das Wort Gottes (= *ignis*).[196] Nach Niketas Stethatos konstituieren dagegen

---

[194] Sein erster Brief an Petrus von Antiochien, noch vor dem 16. Juli verfaßt, behauptet, die Briefe vom Herbst 1053 seien niemals bis zum Papst gelangt, sondern von Argyros abgefangen worden (ep. Petr. I 4; 175,3-19); die Gesandten seien somit dessen Kreaturen, zumal Petrus von Amalfi aus seinem Bistum vertrieben worden sei, Humbert nur nominell den Namen eines Erzbischofs (von Sizilien) trage und Friedrich sich betrügerischerweise als Kanzler der römischen Kurie bezeichne (I 5; 175,24-176,5). Diesen Menschen sei ein solcher Betrug zuzutrauen (176,5-12; cf. das *Semeioma*: 160,30-161,1). Daß der Katepan Argyros sich stets zur lateinischen Liturgie gehalten habe (ep. Petr. I 4; 175,9f.), verstärkte den Verdacht der Patriarchen weiter. Schon BRÉHIER 1899, 116, urteilte: „Cette ingénieuse fiction... ne peut tenir debout un seul instant."

[195] Dem lebendigen Leib Christi wurden die seelenlosen Azymen kontrastierend gegenübergestellt (antidial. 2,2; 323,4-6 MICHEL: εἰ δὲ ἔμψυχός ἐστιν ἡ οὐσία τοῦ ἡμετέρου φυράματος, ἣν ὁ Λόγος ἡμπέσχετο, ἆρα οὐ τὸν ἡμῖν ἐπιούσιον καὶ ὁμοούσιον ἄρτον ἐσθίετε ἀζύμων μετέχοντες. τὰ γὰρ ἄζυμα δηλονότι καὶ ἄψυχα. Das Gesetz sei abgetan (5,1; 326,20-327,2); von Azymen wisse die Schrift nichts (6,1; 329,5-8). Schließlich habe es am Todestag Christi - dem 14. Nisan, dem Tag der Schlachtung der Lämmer - und daher auch an dessen Vorabend noch gar keine Azymen gegeben (8,1; 331,8-12).

[196] Humbert, dial. 31 (108a, 7-11.14-20) gegen Leon, ep. Joh. 1 (57b,13-19 = 62b,14-18; dazu S. 331 Anm. 135); cf. die Zusammenfassung des Arguments (dial. 31 fin.; 108a,40-42): „*tota beata Trinitas in consecratione eucharistiae cooperatur, sed sola mors Christi in fractione ejus et in usu annuntiatur.*" Zu der Trias „Mehl - Wasser - Feuer" und ihrem Hintergrund bei Augustin und Isidor von Sevilla cf. MICHEL 1930a, 118f. Anm. 7. Daß „*in una mediatoris Dei et hominum hominis Dei Jesu Christi persona tres perfectas substantias*" (107b,34-37) existieren, wurde einst an den spanischen „Adoptianisten" (cf. Elipandus, ep. Franc.; MGH.Conc. II/1, 114,36-38 WERMINGHOFF) scharf kritisiert (s.o. S. 96f. Anm. 87). Humbert dürfte hier via Ps.-Isidor (407 HINSCHIUS) auf Conc. Tolet. XI (DH 535) zurückgreifen.

„Geist, Wasser und Blut" (1 Joh 5,7f.) das σῶμα τοῦ Χριστοῦ, wobei das entscheidende Element natürlich der belebende Geist sei, der die Gläubigen mit dem fleischgewordenen Christus vereine.[197] Niketas versteht die Position Humberts also dahingehend als „theopaschitisch", daß mit dem dritten Element aus Mt 13,33 („*Verbum Dei Deum*") die Fleischwerdung der *ganzen Trinität*, nämlich der unteilbaren Gottheit Christi, behauptet werde, deren Abbild („Antityp") eben das Azymon sei.[198] Dagegen sei mit dem Logos nur *einer aus der Trinität* Mensch geworden, ohne daß seine Gottheit (geschweige denn Vater und Geist) am Kreuz mitgelitten hätte.[199]

Während Niketas gegen die Azymenpraxis weitgehend auf biblische Argumente baut, wird die Auseinandersetzung um das Samstagsfasten, die tägliche Vollmesse in der Fastenzeit und um den Zölibat vornehmlich auf der Basis der kanonischen Tradition geführt. Schon am Ende der Darlegungen über die Azymen wird dazu übergeleitet:

> „Wäre uns nämlich von den Aposteln überliefert worden, ungesäuertes Brot zu verzehren, dann stünde euer heiliger Papst Agatho wahrlich hervorragend da, der den Vorsitz bei der sechsten heiligen Synode unter Kaiser Konstantin führte, und mit ihm der göttliche Bischof Gregor von Agrigent, da doch die göttlichen Väter der heiligen Synode gegen das ungesäuerte Brot ein Gesetz erließen, daß niemand unter den Gläubigen solches verzehren soll."[200]

Die Berufung auf das Quinisextum wiederholt sich in den drei folgenden Argumentationsgängen, jeweils mit dem Hinweis auf Agatho und dessen Billigung der dort niedergelegten Bestimmungen.[201] Ebenso regelmäßig

---

[197] Niketas, antidial. 4,2 (325,15-326,7 MICHEL); cf. auch 2,3 (323,12): θείας γεγόναμεν κοινωνοὶ φύσεως.
[198] Niketas, antidial. 4,3 (326,8-14 MICHEL); cf. MICHEL 1930a, 302.
[199] Niketas, antidial. 4,3 (326,14-17 MICHEL): ἀλλ' ὁ εἷς τῆς τριάδος, ὁ υἱὸς καὶ Λόγος τοῦ θεοῦ σαρκωθείς, ἐξ ἁγνῶν τῆς ἁγίας παρθένου σαρκῶν ἐνηνθρώπησε, καὶ πάντα τὰ τῆς οἰκονομίας τελέσας αὐτοῦ ἐσταυρώθη σαρκί, μὴ παθούσης αὐτοῦ τῆς θεότητος. Bereits Petrus von Antiochien, ep. Domin. 23 (225,20-28), warf den Lateinern Apollinarismus vor, worauf Niketas hier rekurriert; cf. SMITH 1978, 126f. (gegen MICHEL 1930a, 124f.). Humbert nimmt diese Frage in seiner Antwort an Niketas nicht eigens auf; dazu sei schon alles gesagt (contrad. 8; 139b,38-140a,2).
[200] Niketas, antidial. 10,1 (333,13-18 MICHEL): εἰ γὰρ ἦν παραδεδομένον ὑμῖν παρὰ τῶν ἀποστόλων τὸ ἐσθίειν τὰ ἄζυμα, ἐνέστη ἂν γενναίως ὁ Ἀγάθων ἱερὸς πάπας ὑμῶν, πρόεδρος ὢν τῆς ἱερᾶς ἕκτης συνόδου ἐπὶ Κωνσταντίνου βασιλέως, καὶ ὁ θεῖος Γρηγόριος ὁ Ἀκραγαντίνων ἐπίσκοπος, ὁπηνίκα ταύτης τῆς ἁγίας συνόδου οἱ θεῖοι πατέρες κατὰ τῶν ἀζύμων νόμον ἐξέθεντο, τοῦ μὴ παρά τινος τῶν πιστῶν ταῦτα γίνεσθαι; cf. Conc. Quinisextum, can. XI (106,21-26 LAUCHERT).
[201] Niketas, antidial. 12,1 (335,13-16 MICHEL); 14,1 (337,1-3); 16,1 (339,12-23); zitiert wird Concilium Quinisextum, can. LV (Sabbatfasten: 335,16-20 MICHEL = 124,12-19 LAUCHERT); can. LII (Messe in der Fastenzeit: 337,3-5 = 123,10-13); can. XIII (Priesterehe: 16,2; 339,23-340,14 = 107,13-26; 108,12-18).

wird auf die *Canones Apostolorum* verwiesen, deren Autorität sich mit der päpstlichen wechselseitig bestätige[202], und auf die *Constitutiones Apostolorum* als Schrift des Clemens von Rom, wobei Niketas die differenzierte Beurteilung dieser Kirchenordnung durch das Quinisextum übergeht, demzufolge die von Clemens niedergeschriebenen διατάξεις teilweise von Häretikern verdorben worden seien.[203] Das Ziel der Argumentation des Studitenmönches ist in allen vier Streitfragen deutlich: Die von Humbert verteidigten Traditionen sollen als gefährliche Abweichungen von der apostolischen Lehre erkannt werden.[204]

Diesem Anspruch begegnet Humbert damit, daß die *Constitutiones* im Westen gar nicht rezipiert seien[205]; von den Apostolischen Kanones lagen nur die ersten fünfzig in der Übersetzung des Dionysius Exiguus (und damit in den pseudo-isidorischen Dekretalen) vor.[206] Es werde vielmehr der römischen Kirche „nicht allein von den Aposteln, sondern schon von unserem Herrn Jesus Christus überliefert..., das Azymon nicht nach jüdischer Sitte zu verzehren, sondern gemäß dem christlichen Osterglauben zu empfangen" *(non de Phase Judaico comedere, sed de pascha Christiano percipere*: c. 13; 141a,18-22), weshalb die schon früher zitierten Päpste Silvester und Innozenz keineswegs Agatho widersprächen (c. 16; 141b,32-40). Kaiser Konstantin IV. habe seinerzeit die päpstliche Gesandtschaft nach dem eucharistischen Ritus der römischen Kirche befragt und diesen ausdrücklich approbiert, woraus Humbert folgert: „Siehe, allen heiligen Vätern auf dieser und den anderen sechs Synoden sowie den rechtgläubigen Kaisern gefielen

---

[202] Cf. antidial. 12,2 (335,20-336,2 MICHEL); zitiert werden zum Sabbatfasten can. app. LXIV (antidial. 11,4; 335,11f. = SC 336, 298,297-299 METZGER); zur Fastenmesse c. LXIX (12,3; 336,7-9 = 300,314-317); zum Zölibat c. V (15,3; 338,18-20 = 276,17-19).

[203] Cf. Conc. Quinis., can. II (101,10-19 LAUCHERT); dazu ALTANER/STUIBER 1980, 255f. Zum Sabbatfasten: const. app. V 14,20; 20,19; VII 23,3f. (11,2f.; 334,15-335,6 MICHEL = SC 329, 258,115-121; 284,112f.116; SC 336, 50,7-13 METZGER); zum Zölibat: const. app. VI 17,1 (15,2; 338,13-17 = SC 329, 346,1-6 METZGER); zur Fastenmesse Conc. Gangr., can. XIX (13,1; 336,15-18 MICHEL = 82,31-83,3 LAUCHERT); Conc. Laodic., can. XLIX (LI: 13,2; 336,19-23 MICHEL = 77,16f.21-23 LAUCHERT).

[204] Niketas, antidial. 16,1 (339,19f. MICHEL): ἐπεὶ δὲ νόθας ἐγίνωσκε τὰς παραδόσεις ταύτας καὶ ξένας τῆς τῶν ἀποστόλων διδασκαλίας.

[205] Humbert, contrad. 16 (141b,23-28; hiernach die Angaben im Text): „*Nam Clementis librum, id est, itinerarium Petri apostoli et canones apostolorum numeravere inter apocrypha, exceptis capitulis quinquaginta, quae decreverunt regulis orthodoxis adjungenda.*" Gleich zu Beginn war Niketas der IV. Kanon von Chalkedon entgegengehalten worden (c. 1; 136a,1-137a,5; cf. COD³ 89,5-41 bzw. 285 HINSCHIUS [nach Dionysius Exiguus]), demzufolge sich Mönche von öffentlichen Streitsachen fernhalten sollten.

[206] Cf. Humbert, contrad. 10 (140a,26f.) zu can. 69 (70): „*omnino nesciens, quid loquaris*".

Glaube und Tradition des apostolischen Stuhles" (c. 19; 142b,39-42) - was für die Kanones des Quinisextum nicht gelte:

> „Wir wissen, daß die sechste Synode zur Vernichtung der Häresie der monotheletischen Griechen Kapitel aufstellte, nicht aber um den Römern neue Satzungen vorzuschreiben, weshalb wir gänzlich zurückweisen, was uns unter deren Autorität entgegengehalten wird, denn der erste und apostolische Stuhl hat dies weder irgendwann rezipiert noch bis heute beachtet; und daher gibt es [diese Satzungen] entweder gar nicht, oder sie sind, wie es euch beliebt, gefälscht."[207]

Schließlich gehe aus den römischen Meßbüchern, die der gesamte Okzident verwende, hervor, daß diese Bräuche bereits belegbar seien „zur Zeit der verehrungswürdigen Bischöfe Silvester, dem Initiator der nizänischen Synode, Gelasius, der euren Acacius verdammte, und vor allem Gregor, des Verfassers der 'Dialoge' und geistlichen Vaters des Kaisers Mauritius" (143b,9-13), also zur Zeit der „orthodoxen" Kaiser und der „häretischen" Patriarchen von Konstantinopel. Schließlich wird die Bestreitung des Zölibats mit dem Nikolaïtismus, d.h. mit der Dispensierung von jeglicher Sexual- und Ehemoral, identifiziert[208], „woraus erhellt, daß ihr weder mit verborgenen noch mit echten Schriften eure Albernheiten verteidigen könnt" (c. 26; 147b,11-13).[209] Im Gegensatz zur *orthodoxia perennis* des römischen Stuhles wird Konstantinopel als die Kirche der Häresiarchen schlechthin dargestellt: „Denn jene Kirche ist es, die Arius verdarb, die Makedonius schändete, die auch die Zwillingsschlange, nämlich Nestorius und Eutyches, die Monotheleten und Theopaschiten und die übrige Pest der Häretiker nährte und aufzog und die deshalb auch den Verführungen des Häresiarchen Nikolaus nicht widerstehen konnte, so daß man hier die-

---

[207] *„Unde nos scientes sextam synodum ad destruendam haeresim Graecorum Monothelitarum, non autem ad tradendum Romanis novas institutiones congregatam capitula, quae nobis sub ejus auctoritate opponitis, omnino refutemus, quia prima et apostolica sedes, nec aliquando ea accepit, nec observat hactenus; et quia aut sunt nulla, aut, ut vobis libuit, depravata sunt"* (c. 20; 143a,24-30). Die Griechen hätten sich seinerzeit ja ebensowenig gescheut, die Akten des II. Konstantinopolitanums (553) zu fälschen (c. 17; 142,5-33); dieser Vorwurf stammt aus Conc. Const. a. 680/81, act. III/XIV (ACO² II 1.2; 40,16-42,4; 644,1-648,5 [griech.]; 41,13-43,5; 645,1-649,5 [lat.] RIEDINGER); cf. SIEBEN 1999, 21.

[208] Humbert, contrad. 25 (147a,12-b,5). Der Kardinal greift hier - statt auf *„Epiphanius vester"* (147a,16) - tatsächlich auf Praedestinatus zurück (haer. I 4; PL 53, 589BC), d.h. mittelbar auf Augustin, haer. 5 (CChr.SL 46, 291,1-292,12 VANDER PLAETSE/BEUKERS). Allerdings kann Humbert nur wenige Jahre später die byzantinische Kirche vom Vorwurf des Nikolaitismus freisprechen (contra Simonistas III 8; MGH.LL 1, 206,42f. THANER): *„Quamvis enim multimodis erroribus ecclesiae Constantinopolitani imperii vexentur, ab hoc tamen immunes per omnia noscuntur."*

[209] Niketas gilt als *„severianus"* (c. 9; 140a,4), *„stercorianista"* (c. 22; 144a,18), *„abominabilis cynicus"* (c. 26; 147b,31), gar als neuer Arius (c. 22; 144a,24) und als *„discipulus maligni Muhamed"* (ebd. 148a,1)!

jenigen, die zum Dienst am heiligen Altar ordiniert werden sollen, fragt, ob sie Ehefrauen haben."[210]

Die Diskussion zwischen Niketas und Humbert beschränkte sich auf disziplinäre Fragen und die dafür maßgeblichen Entscheidungsinstanzen. Wann und durch wen kam nun das Filioque ins Spiel? Kerullarios bekennt gegenüber Petrus von Antiochien - nach der Disputation vom 24. Juni, aber noch vor der römischen Bannbulle -, diese Streitfrage bislang gar nicht gekannt zu haben.[211] Daß schon am 24. Juni im Studionkloster zwischen Humbert und Niketas über das Filioque disputiert worden sei[212], widerspricht der *commemoratio*, die lediglich die *disziplinären* Kontroverspunkte als Gegenstand von Diskussion und Anathema kennt. Dort war augenscheinlich ein Sieg für Rom errungen worden - der Kaiser war auf die Linie der Legaten eingeschwenkt und hatte seinen eigenen theologischen Experten zum Widerruf gezwungen. Das änderte aber offenbar nichts am weiterhin ablehnenden Verhalten des Patriarchen, und Konstantin Monomachos wollte einen Bruch mit Kerullarios immer noch nicht riskieren. Dieser bemerkt selbst in seiner Enzyklika an die orientalischen Patriarchate:

> „Als sie nämlich überführt worden waren, in betrügerischer Absicht gekommen zu sein und Briefe gefälscht zu haben, legten sie weitere Schriftstücke voller Geringschätzung und sattem Übermut gegen den rechten Glauben vor: Bei uns sei demnach die Rechtgläubigkeit verdorben worden, neben anderem dadurch, daß wir sagen, der Heilige Geist gehe allein aus dem Vater, nicht aber auch aus dem Sohn hervor; bei ihnen hingegen sei das rein und unverfälscht bewahrt worden."[213]

---

[210] „*Illa tamen ecclesia, quam Arius corrupit, Macedonius prostituit, quae genimina viperarum, id est, Nestorium, Eutychen, Monothelitas et Theupaschitas et reliquas haereticorum pestes peperit et aluit, adhuc a Nicolai haeresiarchae complexibus abstrahi non potuit adeo, ut ad sacri altaris ministerium ordinandos interroget, an habeant uxores*" (c. 34; 149b,43-150a,8). Die römische Orthodoxie wird dabei ausschließlich aus Pseudo-Isidor nachgewiesen; zum Gottesdienst in der Fastenzeit wird Telesphorus zitiert (mit einer Paraphrase von RPR[J] 34, cap. 1f.: c. 24; 146a,1-6 = 109-111 HINSCHIUS); zum Zölibat Clemens, RPR[J] 11, cap. II 45f. (c. 27; 148a,32-b,6 = 47f.); Innozenz I., RPR[J] 293, cap. 31,1; 286, 30,9 (c. 29; 148b,20-149a,29 = 530f.); Siricius, RPR[J] 255, cap. 12 (c. 30; 149a,31-35 = 522); Leo I., RPR[J] 544, cap. 3 (c. 31; 149a,39-b,5 = 616).

[211] Ep. Petr. I 15 (183,23-27): Ταῦτα κατὰ πάροδον διεξήλθομεν, ἵνα εἰδέναι ἔχουσα ἡ τελειότης σου τὰ τούτων τελούμενα μὴ οἴηται, ὡς περὶ μόνα τὰ ἄζυμα σφάλλονται· καθὼς καὶ αὐτοὶ μέχρι τοῦ παρόντος ὑπελαμβάνομεν· ἀλλὰ διαγνοῦσα καὶ τὰ ἐπέκεινα τούτων αὐτῶν ἐλαττώματα συγκαταριθμῇ τούτους μεθ' ὧν εἰσὶν ἄξιοι· cf. dazu auch c. I 3 (174,18-20).

[212] So MICHEL 1924, 81; cf. DERS. 1930b, 171f.; 1954, 416; zustimmend JUGIE 1941, 204.

[213] Ep. Petr. II 3 (185,32-186,4): ὡς γὰρ καὶ τὴν ἄφιξιν δολερὰν ποιησάμενοι καὶ τὰ γράμματα πλαστευσάμενοι ἐφωράθησαν, καὶ ἄλλους δὲ λόγους ὑπεροψίας καὶ θράσους μεστοὺς κατὰ τῆς ὀρθοδόξου πίστεως ὑπηγόρευοντο· παρ' ἡμῖν μὲν διεφθάρθαι τὸ ὀρθόδοξον καὶ τά τε ἄλλα καὶ ὅτι ἐκ τοῦ πατρὸς μόνου, ἀλλὰ μὴ

Nachdem weder die inhaltliche Auseinandersetzung über die kirchlichen Riten noch das Insistieren auf der apostolischen Definitionsgewalt des Papstes den Patriarchen hatten überzeugen können, griffen die Legaten offenbar zum Mittel der häresiologischen Diffamierung des Gegners, indem sie das, was bislang in Rom keineswegs als unhintergehbare Konstituente der Orthodoxie angesehen wurde, zum Schibboleth der Rechtgläubigkeit machten: die zwischen Ost und West divergierende Grundstruktur von Trinitätslehre und Pneumatologie. War bislang Niketas als öffentlicher Protagonist der byzantinischen Position und somit als Adressat der römischen Kritik hervorgetreten, so richten sich die *Rationes de processione Spiritus sancti* im Namen aller drei Legaten nun direkt gegen den Patriarchen.[214]

Zusammenfassend kann also gesagt werden, daß die Verhandlungen zwischen Römern und Byzantinern über eine Beilegung des Azymenstreites und der restlichen disziplinären Differenzpunkte am 24. Juni einen vorläufigen Abschluß erreichten, die ausbleibende Reaktion des Patriarchen aber zugleich deutlich machte, wo das eigentliche Problem lag - nämlich in der Unwilligkeit des Michael Kerullarios, *diese* Römer (die er für Agenten des Argyros hielt) und ihre Forderungen (besonders das Insistieren auf dem römischen Primat) zu akzeptieren. Konfrontiert mit der Anklage, keine rechtmäßigen Vertreter des Papstes zu sein, dessen Tod (am 19. April 1054) mittlerweile auch in Konstantinopel bekannt geworden war[215], brachte

---

καὶ ἐκ τοῦ υἱοῦ τὸ πνεῦμα τὸ ἅγιον ἐκπορεύεσθαι λέγομεν· παρ' ἑαυτοῖς δὲ ὑγιὲς εἶναι διατεινόμενοι τοῦτο καὶ ἀπαράθραυστον. Diese Beschuldigung sei τῇ μὲν τάξει τελευταῖον, τῷ δὲ μεγέθει τῆς κακίας καὶ πονηρίας πρωτεῦον (II 2; 185,28-30); cf. auch ep. Petr. I 12 (181,8-13).

[214] Humbert, proc. inc. (97,1-7 MICHEL); zu seiner pneumatologischen Argumentation s.u. S. 360-367. Analog zu der o.g. Leitdifferenz wird hier Konstantin Monomachos als die Instanz angeredet, die den Patriarchen zur Raison bringen möge; cf. die Wendungen *imperator invictissime* (2,1; 98,4f. MICHEL); *invictissime semper Auguste* (3,1; 99,11); *bone imperator* (5,2; 102,4; 7,3; 105,6f.); *despota summe* (10,2; 111,17).- Die *Synthesis* des Niketas Stethatos hat demgegenüber keinen Einfluß mehr auf die Diskussionen mit den Legaten gehabt (cf. JUGIE 1941, 205 Anm. 3); zur anonymen *accusatio* s.u. S. 367-370. Daß zuerst Humbert (und nicht die griechische Seite) das Filioque thematisierte, konstatieren auch RUNCIMAN 195, 47; DENZLER 1966, 41; BECK 1980, 146.

[215] Daß man in Konstantinopel vom Tod Leos IX. wußte (ep. Petr. I 3; 174,16f.), hat JUGIE 1941, 230, als Argument gegen die „Gültigkeit" der römischen Bannbulle verwendet, wohingegen MICHEL 1933, 53f. mit Anm. 24, die Gültigkeit vehement verteidigte. Diese Diskussion bleibt freilich abstrakt, insofern sie die politischen Gegebenheiten des Sommers 1054 ausblendet. Nach KAPLAN 1995, 153, implizierte der Tod Leos für keine der beteiligten Parteien eine Infragestellung der eigenen Position: „Les légats s'affirment mandatés que le Pape soit mort ou non; Monomaque les traite comme les ambassadeurs d'une personne morale et non d'un individu et Cérulaire les considère de toute façon comme les envoyés d'Argyros."

Humbert das in Süditalien als Kontroversfrage aufgekommene Filioque ins Spiel, um den zögernden Kaiser endgültig seinem Patriarchen zu entfremden.[216] Daß hiermit der Rubikon überschritten war, zeigt die pointierte Hervorhebung dieses Differenzpunktes durch Kerullarios in seiner Enzyklika[217] und bei Michael Psellos: Das alte Rom habe sich gegen das neue erhoben, „nicht hinsichtlich einer Marginalie, die man übersehen könnte, sondern hinsichtlich des Fundamentes der Frömmigkeit und der theologischen Rede von der heiligen Dreiheit überhaupt"[218]. Zwischen dem 24. Juni und dem 16. Juli kam es demnach statt zur greifbar nahen Einigung zur rettungslosen Eskalation.

2.3.2. Die römische Bannbulle und die Gegensynode des Patriarchen

Als letztes Druckmittel setzten die Legaten auf den völligen Abbruch der Beziehungen - aus dem Kalkül heraus, der Kaiser würde unter dem Druck des päpstlichen Bannes den weiterhin unbeugsamen Kerullarios fallenlassen und einen willfährigen Nachfolger bestimmen.[219] Daraus erklärt sich die *öffentliche* Proklamation der Exkommunikation, nachdem die dem Kaiser persönlich übergebenen *Rationes de processione Spiritus sancti* den gewünschten Effekt verfehlt hatten. Daher wurde am Morgen des 16. Juli (Samstag) während der Vorbereitung zur Messe die *„charta excommunicationis"* auf den Altar der Hagia Sophia gelegt, und zwar „unter den Augen des anwesenden Klerus und Volkes"[220]. Danach schüttelten die Legaten symbolisch den Staub von ihren Füßen, riefen: „Gott soll es sehen und richten!" (cf. Mt 10,14) und verließen die Kirche.[221]

Von den beiden überlieferten Exkommunikationsformeln präsentiert die kürzere - unabhängig davon, ob sie tatsächlich *„viva voce"* proklamiert wurde - das zentrale römische Anliegen: „Wer auch immer dem Glauben

---

[216] So auch RUNCIMAN 1955, 47; BECK 1959, 312; DERS. 1980, 146.
[217] Ep. Petr. II 5 (187,15-18): περὶ τοῦ εἰς ὄψιν ἡμῖν ἐλθεῖν καὶ τοῖς τε ἄλλοις τῶν ἐν αὐτῇ καὶ τῇ διαστροφῇ τοῦ ἁγίου συμβόλου ἀποτάξασθαι παραινέσαντες.
[218] Psellos, enkom. (477,1-3 MICHEL); cf. GEMEINHARDT 2001c, 524-527.
[219] Eine genaue chronologische Analyse des Zeitraums vom 16. bis 24. Juli 1054 bietet KAPLAN 1995, 153-157; ähnlich bereits AMANN 1929, 1697; MICHEL 1932/33, 295f.; JUGIE 1941, 203-219; DENZLER 1966, 35-37.
[220] Comm. III (152a,3-5).
[221] Eine originelle Geschichte konstruiert Lambert von Hersfeld (MGH.SRG 38, 64,6-17 HOLDER-EGGER) aus dem matthäischen Motiv: Danach habe Friedrich von Lothringen (von Humbert verlautet nichts) eine Synode einberufen, auf der zu erscheinen sich jedoch Patriarch und Kaiser (sic!) einmütig weigerten; nachdem Friedrich den Staub von den Sandalen geschüttelt und die Stadt verlassen hatte, seien ihm beide Würdenträger in Sack und Asche gefolgt, um sich der apostolischen Autorität zu unterwerfen!

des heiligen römischen und apostolischen Stuhles und dessen Opferpraxis hartnäckig widerspricht, sei verdammt - Maranatha! - und ist nicht als katholischer Christ zu betrachten, sondern als häretischer 'Prozymit'!"[222] Wer sich der römischen Definitionsgewalt in Glaubens- und Ritusfragen widersetzt, werde aus der Gemeinschaft der Kirche ausgeschlossen; nur die Bezeichnung „*prozymita*" verweist auf den konkreten Anlaß des Urteils. Die ausführliche Formel präzisiert den schon öfters geltend gemachten Unterschied zwischen Kirchenvolk und Patriarch:

> „Was nämlich die Säulen des Reiches und ihre ehrenwerten und weisen Bürger anbetrifft, ist diese Stadt sehr christlich und rechtgläubig. Was aber Michael angeht, der nun mißbräuchlich Patriarch genannt wird, und die Anhänger seiner Torheit, so wird täglich eine besonders schlimme Form der Häresie in ihrer Mitte gesät."[223]

Kaiser und Volk seien rechten Glaubens - nur der Patriarch verweigere sich der Einsicht in die einzigartige Stellung des römischen Stuhles, „dem doch wie dem Haupt die Sorge für alle Kirchen in besonderer Weise zukommt" (*ad quam tanquam ad caput sollicitudo omnium ecclesiarum specialius pertinet*"; 153a,7f.). Es sei daher nicht verwunderlich, daß Michael Kerullarios und seine Anhänger zahlreichen längst verurteilten Lehren verfallen seien:

- *Donatisten* seien sie aufgrund der Behauptung, außer ihrer Kirche sei die ganze Kirche zum Untergang am Weltende verdammt;
- wie die *Nikolaïten* erlaubten sie den Priestern die Heirat;
- „wie Pneumatomachen oder 'Theomachen' schneiden sie aus dem Symbol den Hervorgang des Heiligen Geists aus dem Sohn heraus" (*sicut Pneumatomachi vel Theumachi absciderunt a symbolo Spiritus sancti processionem a Filio*: 153b,14-16)[224];
- wie *Manichäer* behaupteten sie, das gesäuerte Brot (Enzymon) sei beseelt;
- wie *Nazarener* befolgten sie die Reinheitsgebote der Juden (153b,3-154a,3).[225]

---

[222] Excomm. II (154,1-3): „*Quicunque fidei sanctae Romanae et apostolicae sedis ejusque sacrificio pertinaciter contradixerit, sit anathema, Maranatha, nec habeatur Christianus catholicus, sed prozymita haereticus.*" Die Authentizität der Formel geht daraus hervor, daß sie im *Semeioma* als Einleitung zum ausführlichen Bannfluch begegnet (161,24-28).

[223] Excomm. I (153a,21-b,3); hiernach die folgenden Stellenangaben im Text.

[224] Dieser Vorwurf geht über Praedestinatus hinaus, der nur berichtet: „*Nam de Patre et Filio recte sentiunt, Spiritum vero sanctum nolunt credere Deum, creaturam eam dicentes*" (haer. I 52; PL 53, 606B).

[225] Nach MICHEL 1930a, 411-414, greift Humbert auf Praedestinatus zurück: haer. 1: Simonisten (PL 53, 587B-588B); 4: Nikolaiten (589BC); 9: Nazarener (590C); 24: Severianer (595A-C); 37: Valesier (598CD); 46: Manichäer (601D-604D); 49: Arianer (bzw. Anabaptisten; 605BC); 52: Pneumatomachen (606AB); 69: Donatisten (610C-612A).

Aus dieser topischen Liste ragt der originäre Vorwurf heraus, das Symbol des gemeinsamen Glaubens gefälscht zu haben, indem der Hervorgang des Geistes aus dem Sohn geradezu „herausgerissen" werde - offenbar war den Legaten die Brisanz der *textlichen Integrität* des Bekenntnistextes klargeworden, während sich die *Rationes* auf die *theologische Angemessenheit* des Filioque konzentriert hatten. Erstmals wird hier in einem römischen Text das Filioque nicht nur als *adäquate pneumatologische Lehre*, sondern auch als *unverzichtbarer Bestandteil des normativen Glaubensbekenntnisses* behauptet.

Diese ausführliche Häresiologie untermauert aber lediglich die eigentliche Beschuldigung - der Patriarch habe sich der Ermahnung durch den Papst widersetzt, die Begegnung mit dessen Gesandten verweigert und ihnen sogar das Feiern der Messe verwehrt, wie er auch schon früher die lateinischen Kirchen habe schließen lassen (154a,3-11). Er habe die Legaten als „Azymiten" bezeichnet und verfolgt; vor allem aber habe er sich den Titel des Ökumenischen Patriarchen angemaßt. Auf diese *„inaudita contumelia"* antworten die Gesandten nunmehr „kraft der Autorität der heiligen und unteilbaren Trinität und des apostolischen Stuhles... und aller rechtgläubigen Väter auf den sieben Konzilien mit dem Bannfluch der ganzen katholischen Kirche" (154a,19-b,4):

> „Michael, mißbräuchlich Patriarch, eigentlich ein Neophyt, der allein aus menschlicher Furcht das Mönchsgewand anzog, nun aber von vielen der schlimmsten Verbrechen beschuldigt, und mit ihm Bischof Leon von Achrida und Konstantin, der Sakellarius jenes Michael, der die Opfergabe der Lateiner mit unreinen Füßen trat, und alle, die diesen in den vorgenannten Irrtümern und Anmaßungen folgen, seien verdammt - Maranatha! ... - mit allen Häretikern, ja mit dem Teufel und seinen Engeln, wenn sie nicht schnellstens wieder zu Verstand kommen!"[226]

Aber auch dieser massive Affront reichte offensichtlich nicht aus, um den Kaiser gegen den Patriarchen aufzubringen. Die Abreise der Legaten am 18. Juli - nachdem sie den lateinischen Christen unter Bannandrohung verboten hatten, mit dem „Griechen, der das römische Sakrament beschimpft", zu kommunizieren[227] - indiziert, daß der Kaiser ihnen nicht weiter entgegenkommen konnte. Humbert, Friedrich und Petrus hatten den Bogen überspannt. Erst jetzt schlug Kerullarios dem Kaiser vor, in der Σύνοδος

---

[226] *„Michaël abusivus patriarcha neophytus, et solo humano timore habitum monachorum adeptus, nunc etiam criminibus pessimis a multis diffamatus, atque cum eo Leo Achridanus episcopus dictus et sacellarius ipsius Michaëlis, Constantinus, qui Latinorum sacrificium profanis conculcavit pedibus et omnes sequaces eorum in praefatis erroribus et praesumptionibus, sint anathema Maranatha... cum omnibus haereticis, imo cum diabolo et angelis ejus, nisi forte resipuerint"* (154b,7-20).

[227] Comm. III (152a,9-16); cf. Lambert von Hersfeld, ann. a. 1054 (MGH.SRG 38, 65,16-18 HOLDER-EGGER); dazu BRÉHIER 1899, 113. KAPLAN 1995, 156, unterstreicht die Selbstüberschätzung der Legaten.

ἐνδημοῦσα über die Exkommunikationsbulle zu diskutieren.²²⁸ Konstantin Monomachos rief die Legaten umgehend aus der Hafenstadt Solembria (Silivri) zurück, die sich jedoch strikt weigerten, vor der Synode in der Hagia Sophia zu erscheinen, und nach dem Zeugnis des *Semeioma* lieber sterben als dort auftreten wollten – Humbert behauptete später, dies alles sei ein Trick des Patriarchen gewesen, „*ut ostensa charta illorum, quam omnino corruperat transferendo, obruerentur ibidem a populo"*²²⁹. Schließlich verabschiedete Monomachos die Legaten endgültig und gestand damit faktisch seine Niederlage ein; nach Humberts Darstellung hatte er sich allerdings von den Legaten ein authentisches Exemplar der Exkommunikationsbulle besorgt und konnte damit den Patriarchen überführen, die Bulle gefälscht zu haben, welche dieser an sich genommen hatte, ἵνα μὴ δημοσιευθῇ τὰ ἐν αὐτῷ βλασφημούμενα. Infolgedessen sei der kaiserliche Palast von Parteigängern des Kerullarios gesäubert worden.²³⁰

Tatsächlich kapitulierte der Kaiser und ließ Unschuldige für das Geschehene leiden – nach der *commemoratio* die zurückgebliebenen Dolmetscher der Lateiner, nach dem *semeioma* auch die Familie des Argyros, die dem in den Synodalbericht inserierten Kaiseredikt entsprechend eingekerkert wurde.²³¹ Demnach hatte der Hof die Anklage des Kerullarios akzeptiert, die Legaten seien als Agenten des süditalienischen Katepans zu betrachten. Das entsprechende Kaiseredikt bietet das Bild einer Demütigung: Die Bannbulle solle öffentlich verbrannt werden, ihre Verfasser und deren Helfer und Sympathisanten möge das Anathem treffen.²³² Schon am 21.

---

²²⁸ GRUMEL Nr. 865 = sem. (165,12-19).
²²⁹ DÖLGER Nr. 917 (Rückruf des Kaisers); cf. comm. III (152a,24-b,2); sem. (165,28-30): αἱρεῖσθαι δὲ θανεῖν μᾶλλον ἢ εἰς ὄψιν ἡμῖν τῇ συνόδῳ ἐλθεῖν; dazu BRÉHIER 1899, 121.
²³⁰ Sem. (161,14f.); cf. comm. III (152b,15-23); diese Darstellung übernehmen - z.T. wörtlich - Wibert, v. Leon. II 9 (163,5-10 WATTERICH); Annalista Saxo a. 1051 (MGH.SS VI, 689,3-6 WAITZ); Sigebert, chron. a. 1054 (aaO., 360,2-4).- MICHEL 1932/33, 303-306, verifiziert den römischen Fälschungsvorwurf an der Wiedergabe der Bannbulle in der „Enzyklika" an die orientalischen Patriarchen (= ep. Petr. II 4; 186,16-32; ähnlich sem.; 157,24-158,14), besonders an der Auswahl und Anordnung der Vorwürfe: das Verbot des Bartscherens; die Darreichung der Hostien durch verheiratete Priester; die Kommunion mit Sauerteigbrot; das fehlende Filioque im Symbol. Dabei wird aber vernachlässigt, daß die Paraphrase der Bannbulle nur die rein topischen Vorwürfe übergeht und sich auf das konzentriert, was als wirklicher Affront gegen die griechische liturgische Praxis angesehen werden mußte (so TINNEFELD 1989, 117f.).
²³¹ Comm. III (152b,11-14); sem. (167,1f.12-17); dazu DENZLER 1966, 37.
²³² DÖLGER Nr. 916 = sem. (167,8-12): Τὸ δὲ χαρτίον μετὰ τὸ ἀναθεματισθῆναι καὶ τοὺς συμβουλευσαμένους καὶ τοὺς ἐκδεδωκότας καὶ γράψαντας καὶ μικρὰν εἴδησιν τῆς τούτων ποιήσεως ἔχοντας καυθήτω ἐνώπιον πάντων. Cf. auch die Darstellung in ep. Petr. II 5; 187,9-22.

Juli verdammte die zusammengetretene Synode die mittlerweile wieder abgereisten Legaten; am Sonntag, dem 24. Juli, wurde dies öffentlich bekräftigt, ohne jedoch den Verbrennungsbefehl zu befolgen.[233] Das Σημείωμα περὶ τοῦ ῥιφέντος πιττακίου schildert die Ereignisse aus der Sicht des Patriarchen als Angriff auf die Orthodoxie überhaupt:

> „Eine Schrift legten sie auf den mystischen Altar der großen Kirche Gottes, in welcher sie uns, vielmehr die rechtgläubige Kirche Gottes und alle Rechtgläubigen, die nicht ihren Freveleien folgen wollen, nur deshalb mit dem Bannfluch belegen, weil wir fromm sein und im rechten Glauben voranschreiten wollten."[234]

Der Duktus des *Semeioma* verdeutlicht, daß Kerullarios sich als Oberhaupt der byzantinischen Kirche, deren Riten und Glauben er zu verantworten und zu verteidigen hatte, angegriffen sah. Nichtsdestotrotz waltet auch hier eine spezifische Vorsicht, in der man eine letzte Einflußnahme des Kaisers erblicken kann: Nur die Verfasser der Exkommunikationsbulle wurden anathematisiert[235] – nicht die römische Kirche an sich oder der (verstorbene) Papst. Das gilt auch für die feierliche Verkündung des Bannes am 24. Juli gegen die, „welche den rechten Glauben verfälschen" (168,7-9), nicht aber gegen Rom oder die westliche Kirche überhaupt.

Im *Semeioma* wird jedoch implizit eine fast zweihundert Jahre alte Anklage wieder aufgegriffen, die – das sei noch einmal hinsichtlich der Frage nach einem Schisma *vor* 1054 betont – für die bisherigen Verhandlungen keinerlei Rolle gespielt hatte: Der einleitende Teil zitiert – unausgewiesen – die *Epistula encyclica* des Photius von 867, in der erstmals die rituellen und dogmatischen Differenzen zwischen Ost und West in polemischem Ton

---

[233] GRUMEL Nr. 867 (20.7.); 868 (24.7.). Nach sem. (167,36-168,6) wurde das Originalexemplar der Bannbulle sorgfältig archiviert; daß Kerullarios das Original zerrissen habe (Psellos, enkom.; 478,4-7 MICHEL), ist demgegenüber unwahrscheinlich (so auch TINNEFELD 1989, 116f.). Aber auch die Nachricht an Petrus von Antiochien: κατακαυθῆναι τὴν ἀσεβῆ ταύτην γραφὴν καὶ μηδ᾿ εἰς ὄψιν ἡμῶν ὅλως ἐλθεῖν (ep. Petr. II 5; 186,33-35) kann schon aufgrund der ausführlichen Zitation der übersetzten Bulle nicht zutreffen.

[234] GRUMEL Nr. 869 = sem. (157,22-28; hiernach die folgenden Belege im Text): γραφὴν ἀποθέσθαι ἐν τῇ μυστικῇ τῆς μεγάλης τοῦ θεοῦ ἐκκλησίας τραπέζῃ, δι᾿ ἧς ἡμᾶς, μᾶλλον δὲ τὴν ὀρθόδοξον τοῦ θεοῦ ἐκκλησίαν καὶ πάντας τοὺς μὴ συνυπαγομένους τοῖς αὐτῶν δυσσεβήμασιν ὀρθοδόξους ἀναθέματι δι᾿ αὐτὸ τοῦτο, ὅτι εὐσεβεῖν καὶ τὸ ὀρθόδοξον προβαίνειν ἐθέλομεν; cf. ep. Petr. II 5 (187,1f.): καθ᾿ ἡμῶν, μᾶλλον δὲ κατὰ τῶν ὀρθοδόξων πάντων.

[235] Sem. (167,22-26): οἱ τοῦτο ἐκθέμενοι καὶ ἣ γνώμην εἰς τὴν τούτου ποίησιν δεδωκότες ἢ αὐτοῖς τοῖς ποιήσασι συναράμενοι ἐπὶ παρουσίᾳ τῶν πρὸς βασιλέως ἀπεσταλμένων ἐν τῷ μεγάλῳ σεκρέτῳ ἀναθέματι ὑπεβλήθησαν. Cf. JUGIE 1941, 212f.; anders AMANN 1929, 1699: „C'est Rome qui est visée, le Siège apostolique qui est mis en cause."

thematisiert wurden.²³⁶ Der römischen Klage, in Konstantinopel lebten alle längst überwundenen Häresien fort, wird entgegengehalten, die Werke des Teufels manifestierten sich gerade darin, daß unfromme Männer aus dem Westen an den Bosporus kämen und den dort angesiedelten Augapfel Gottes zu verführen trachteten.²³⁷ Die Charakterisierung des Auftretens der Eindringlinge („wie ein Blitz oder ein Erdbeben oder ein großer Hagel, oder um es noch passender zu sagen: wie ein einsames bösartiges Tier"; 157,18-20 = 42,60f.) stammt ebenfalls von Photius, wohingegen die Schilderung der Stadt, aus deren Höhen sich die Ströme der Orthodoxie über alle Gläubigen ergössen²³⁸, ein kerullarianischer Einschub ist - motiviert durch das römische Insistieren darauf, daß eben dies die Bedeutung *ihres* Stuhles sei. Die Auseinandersetzung mit den konkreten Vorwürfen der Legaten wird wieder mit photianischem Material geführt²³⁹; auf die Benutzung dieses Vorbildes ist auch die erstaunliche Tatsache zurückzuführen, daß das *Semeioma* von den Azymen schweigt!

Man wird also sagen dürfen, daß mit diesem Schriftstück die Photius-Rezeption in der griechischen Kontroverstheologie und damit der Aufstieg des einst so umstrittenen Patriarchen zur Autorität gegenüber der lateinischen Kirche beginnt. Hierin liegt die geschichtliche Bedeutung dieses Synodaledikts.²⁴⁰ So zeigt sich an beiden Exkommunikationssentenzen, wie weit sich die beiden Teile der Christenheit auseinanderentwickelt hatten und wie schwierig, ja fast unmöglich es war, die eigene Tradition mit ihren spezifischen Gebräuchen *nicht* für die allein richtige und apostolisch be-

---

[236] Dazu oben S. 189-195; cf. AMANN 1929, 1697; JUGIE 1941, 212.

[237] Sem. (157,7-10) = Photius, ep. 2 (42,56-58). Zur Klage über die fortwährenden Machenschaften des Teufels cf. sem. (156,12f.16-21 = 40,5.8f.10-12); Paraphrasen davon finden sich in ep. Petr. II 1 (184,1-3).

[238] Sem. (157,10-17): εἰς τὴν εὐσεβῆ ταύτην ἐλθόντες πόλιν καὶ θεοφύλακτον, ἀφ' ἧς ὥσπερ ἀπό τινος ὑψηλοῦ καὶ μετεώρου χωρίου αἱ τῆς ὀρθοδοξίας πηγαὶ ἀναδύονται καὶ καθαρὰ τῆς εὐσεβείας νάματα ἐν τὰ τῆς οἰκουμένης διαρρέουσι πέρατα καὶ ποταμῶν δίκην τὰς ἐν ἁπάσῃ τῇ ὑφ' ἥλιον ψυχὰς τοῖς εὐσεβέσι δόγμασι καταδεύουσιν.

[239] Cf. sem. (158,20-23) = ep. 2 (48,244-246) = Conc. Gangr. can. IV (81,12-14 LAUCHERT); sem. (158,25-159,25) = ep. 2 (48,247-49,268) = Conc. Quinis. can. XIII (107,13-108,1; 108,12-18 LAUCHERT).

[240] Schon ALLATIUS 1648, 617, bemerkte: „Namque ad haec tempora a nullo, quod Graeci etiam ipsi fatentur, Latini, tanquam haeretici, proscripti aut damnati sunt, etiam post Michaelis Cerularii longissima tempora." Cf. DVORNIK 1948, 392f.; 1966c, 169; NICOL 1962, 11; DÖPMANN 1991, 134.- Das *Semeioma* wurde - ohne die Übersetzung der Bannbulle - auch an die orientalischen Patriarchen verschickt. Erhalten ist nur der Brief nach Antiochien (GRUMEL Nr. 870); die Briefe nach Jerusalem und Alexandrien (ebd. Nr. 871; 872) bezeugen ep. Petr. II 8 (188,19-22); Petrus, ep. Cerul. 23 (204,5-9).

gründete zu halten.²⁴¹ Wenn denn mit der Jahreszahl 1054 ein Schisma verbunden werden soll, dann betrifft dies nicht seinen *Ausbruch*, sondern seine blitzlichtartige *Manifestation* - bezeichnenderweise beim Versuch, die bislang noch kaum reflektierten liturgischen, ekklesialen und theologischen Differenzen zu überbrücken.²⁴²

3. Das Filioque im Epochenjahr 1054

Die Auseinandersetzungen um das Filioque markieren in der Dramaturgie des Jahres 1054 die höchste Eskalationsstufe der Konfrontation, werden aber in den „offiziellen" Dokumenten nur umrißhaft erkennbar. Was stand inhaltlich hinter diesen Diskussionen? Im folgenden soll nach den jeweiligen trinitätstheologischen Denkschemata gefragt werden, zunächst in den *Rationes* Humberts (3.1.1.); ein Streiflicht auf den Kontext der lateinischen Theologie werfen die anonyme *Accusatio contra Graecos* (3.1.2.) sowie ein Brief des Petrus Damiani an Patriarch Konstantin Lichoudes (3.1.3.). In einem weiteren Schritt ist zu analysieren, wie im *Semeioma* die Zurückweisung des Filioque gerechtfertigt wurde (3.2.1.); darüber hinaus verfaßte Niketas Stethatos eine *Synthesis* gegen das lateinische Filioque, die im Fortgang der Kontroverse zur griechischen „Normaltheologie" avancieren sollte (3.2.2.). An Petrus von Antiochien kann schließlich aufgezeigt werden, daß gerade die byzantinischen Theologen den doppelten Ausgang des Heiligen Geistes überhaupt erst als entscheidenden Differenzpunkt zum Westen *wahrnehmen* mußten, bevor sie ihn zum Schibboleth erklärten (3.2.3.).²⁴³

---

[241] HAUSCHILD 1995, 435, konstatiert in summarischer Form „eine längerfristig realisierte politisch-kulturelle Entfremdung als Mentalitätsdifferenz".

[242] DVORNIK 1966c, 168: „Thus it happened that the papal action, meant to conclude an alliance and strenghten the union with Constantinople, ended with a new rupture more fateful than any other in the past." Zu dieser Perspektive setzt die Position von JUGIE 1941, 230, einen bedenkenswerten Kontrapunkt: „Au lieu de parler de schisme définitif, il serait sans doute plus exact de dire que nous sommes en présence de la première tentative de réunion avortée." Die Sicht der älteren Forschung kommt dagegen bei HEFELE/LECLERCQ 1911, 1087f., pointiert zum Ausdruck: „Le patriarche Michel Cérulaire termina l'oeuvre commencée par Photius, et renouvela le schisme qui s'est perpétué jusqu'à nos jours." Cf. aber BECK 1980, 147: „Ein formales Schisma zwischen beiden Kirchen kann kaum konstatiert werden. Aber worauf es im Laufe der Geschichte ankommt, ist, daß hier ein starker Akzent gesetzt wurde: Abkühlung bis zum Nullpunkt, von der sich beide Kirchen bis zum 15. Jahrhundert nicht mehr erholen."

[243] Zu Michael Psellos, an dessen Werk sich die Variationsbreite der byzantinischen Theologie in der Zeit des „Schisma" illustrieren läßt, cf. GEMEINHARDT 2001c, bes. 523-527.

3.1. Die lateinische Behauptung des Filioque

3.1.1. Humbert von Silva Candida, *Rationes de processione Spiritus sancti*

Humberts Darlegungen über den Hervorgang des Heiligen Geistes nehmen eine Scharnierfunktion in der Geschichte der Filioque-Kontroverse ein, insofern damit der erste lateinische Traktat seit fast zwei Jahrhunderten vorgelegt und zugleich das traditionelle Arsenal der filioquistischen Florilegien der Karolingerzeit in unmittelbarer Konfrontation mit der griechischen Theologie gesichtet und revidiert wurde.[244] Der Traktat richtet sich an den byzantinischen Kaiser, der gegen die Uneinsichtigen vorgehen möge, „die - weil sie der Gnade des Geistes nicht teilhaftig sind - behaupten, er ginge nicht wie aus dem Vater, so auch aus dem Sohn hervor"[245]; seine kaiserliche Aufgabe bestehe darin, „die dir durch Gottes Ratschluß anvertrauten Völker mit dir auf den Weg des Heils zu führen" (10,2; 111,21f.). Das Bekenntnis zum Filioque wird als unverzichtbares Heilsgut eingeführt, das Glaubens- wie Erkenntnisinhalt ist, wie das abschließende Gebet betont:

> *„Da ergo, quaeso, illuminator sancte, Paraclite summe, ignis vivifice, spiritus alme, ut per te Patrem et Filium perfecte cognoscere valeam et te utriusque spiritum, utrique consubstantialem, coaeternum et coaequalem atque ab utroque aequaliter procedentem omni tempore cognoscendo credam et credendo cognoscam"* (10,1; 111,12-16).

Die *Rationes* zielen im Anschluß an den augustinischen Grundsatz der irreduziblen *aequalitas* der trinitarischen Personen darauf, das Filioque als notwendiges Implikat der zwischen Ost und West unstrittigen Pneumatologie zu erweisen. Diesem Zweck dient auch die Auswahl von *„sanctorum doctorum exempla"*, wobei diese Väter allerdings eine spezifische Selektion darstellen; sie beschränken sich auf Augustin und Alkuin sowie auf zwei Zitate aus der *Fides Athanasii*.[246] Als mögliches Vorbild für diese Quellen-

---

[244] Zu den *Rationes* cf. bes. MICHEL 1924, 81-94. Die Verfasserschaft Humberts ist m.W. unbestritten.

[245] Proc. 1,1 (97,11f.; hiernach die Angaben im Text). Die Abschwächung bei DENZLER 1966, 42 („Allerdings leugnete die griechische Kirche die hinter dem Filioque stehende theologische Lehre, freilich nur irrtümlicherweise, da sie in der Konzeption des 'ex patre filioque' Vater und Sohn als *zwei* göttliche Prinzipien verstanden") prägt auch noch neuere katholische Positionen (s.o. S. 16-20).

[246] Die *Fides Athanasii* wird ohne Nennung des vorgeblichen Autors in die Zitate aus *De trinitate* eingefügt; cf. proc. 7,1 (104,6f.): *„hoc fateri et credere, quod in catholica fide scriptum reperitur"*. Das Zitat in proc. 5,2 (102,7f. = DH 75,5f.) wird hier erstmals als Beleg für das Filioque verwendet.- Ebenso wird dem Zitat aus Alkuin, fid. trin. II 19 (110,9-111,10 = PL 101, 35D-36A) ein Satz aus trin. IV 20,29 (110,7f. = CChr.SL 50, 199,95-98 MOUNTAIN/GLORIE) vorangestellt; weiterhin wird in das Zitat aus trin. XV 26,47 (6,3; 103,6-104,2 = CChr.SL 50A, 528,103-529,118), eine Paraphrase eingeschoben (103,17-19).

auswahl bietet sich das Florilegium des Aeneas von Paris an, das wiederum weitgehend auf der Sammlung des Theodulf basiert und alle Väterzitate des humbertischen Traktats aufweist[247]; nur Aeneas - nicht auch der zeitgleich schreibende Ratramnus - zitiert Alkuin als Autorität in Sachen Filioque.[248] Allerdings geht der Wortbestand bei Humbert bisweilen signifikant über die zu unterstellende Vorlage hinaus.[249] Demzufolge ließ sich der Kompilator von Aeneas zu den jeweiligen Augustin- und Alkuinstellen leiten, um diese dann aber selbständig zu lesen und - wenn nötig - zu erweitern. Die Kompilation des Kardinals kann demzufolge nicht als epigonal abgestempelt werden, sondern hat als selbständiger Beitrag zur lateinischen Kontroversliteratur zu gelten.

Einleitend wird mit dem Rückgriff auf Augustins Grundsatz, daß die Benennung des Heiligen Geistes als Geist des Vaters *und* des Sohnes nichts anderes als den Hervorgang aus *beiden* impliziere, dargelegt, „daß gewiß alle katholischen Schriftsteller dachten und bewahrten und uns überlieferten, daß in der Tat der Heilige Geist aus Vater und Sohn hervorgeht und daß er der Geist des Vaters und des Sohnes ist" (2,3; 99,5-7). Entscheidend ist dabei die Identifizierung des Hervorgehens des Geistes mit seinem Empfangen vom Sohn (Joh 16,14f.) sowie mit dem Anhauchen der Jünger (Joh 20,22).[250] Dagegen zu verstoßen hieße, in die „*antiqua haeresis*" der Pneumatomachen zurückzufallen.[251] Darum habe sich bereits der römische Kaiser Ludwig (II.) um die Widerlegung der apulischen Griechen bemüht, „*quia recta fide exorbitantes sancti Spiritus processionem a Filio absciderunt*" (3,1;

---

[247] Zur Traditionsgeschichte von Aeneas' Florilegium cf. oben S. 223 mit Anm. 203.

[248] Aeneas und Humbert bieten zudem signifikante Textvarianten gegen Theodulf; cf. das Zitat von Joh 7,16 in proc. 7,2 (104,13 = Aeneas, adv. Graec. 44; PL 121, 709A): „*Mea doctrina non est mea, sed eius qui misit me*" mit Theodulf, proc. 39 (MGH.Conc. II/Suppl. II, 362,2f. WILLJUNG = Augustin, trin. XV 27,48; CChr.SL 50A, 529,12 = in euang. Joh. XCIX 8; CChr.SL 36, 587,4f. WILLEMS): „*... qui me misit*".

[249] Zu proc. 8,1-4 (105,20-108,23 = trin. IV 20,28f.; CChr.SL 50, 198,32-201,152 MOUNTAIN/GLORIE) bieten Aeneas und Theodulf (adv. Graec. 40, PL 121, 708B = proc. 35; MGH.Conc. II/Suppl. II, 356,14-357,8) bzw. Decr. Aquis. 15 und Arn, test. 10 (aaO., 244,14-245,2 = 259,17-260,8), unterschiedliche Ausschnitte, wobei Humbert den größten Textbestand aufweist; cf. MICHEL 1924, 106 Anm. 4.

[250] Proc. 2,2 (98,18-99,1): „*Et quid est de suo accipere nisi a se procedere sicut a Patre?*"; cf. aaO., 99,2-4 (= Augustin, trin. XV 26,45; CChr.SL 50A, 525,15f.).

[251] Cf. proc. 3,1 (99,11-13). Seine Informationen über die Pneumatomachen bezog Humbert von Praedestinatus (I 52; PL 53, 606B), der Augustin, haer. 52 (CChr.SL 46, 322,1-323,9 VANDER PLAETSE/BEUKERS) rezipiert, allerdings über diesen hinaus Philaster als Zeugen anführt: „*Macedonium Spiritum sanctum deitatem Patris et Filii dicere; quo dicto videtur proprietatem suam sancto Spiritui denegare.*" Die kritisierte „mazedonianische" Wendung „*deitas Patris et Filii*" verwendet allerdings auch Augustin, fid. symb. IX 19 (CSEL 41, 23,11-13 ZYCHA)!

99,17f.).²⁵² Diese Formulierung, die fast wortidentisch in der langen Exkommunikationsformel begegnet, bezieht sich hier nicht auf den *Symbolzusatz*, sondern auf die *Lehre* des Filioque; erst in der Bannbulle findet sich der Vorwurf, die Griechen hätten das Filioque aus dem Symboltext gestrichen. Dabei wußte Humbert sehr wohl, daß diese Wendung erst nachträglich dem Textbestand hinzugefügt wurde; die Pointe seiner Argumentation liegt entsprechend darin, daß er die Ergänzung des NC als Entfaltung der darin notwendigerweise implizierten Pneumatologie versteht: „Gewiß haben es jene heiligen Väter nicht deshalb ausgelassen, weil sie nicht glaubten, daß es sich bestimmt und völlig so verhalte, sondern weil sie meinten, daß dies allen Gläubigen offenkundig und bekannt sei, und weil sie jenes Symbol so kurz und knapp wie nur möglich abfassen wollten, damit es nicht nur die Kleriker, sondern auch alle Laien lernen und vortragen könnten" (100,16-101,2).²⁵³ Deswegen würden die Griechen den Glauben verkürzen, wenn sie bestritten, daß der Heilige Geist aus Vater *und* Sohn hervorgehe. Einen Hinweis darauf, daß es um die Lehre, nicht um den Bekenntnistext geht, gibt das Insistieren darauf, daß „gewiß alle katholischen Griechen [die *processio a Filio*] kannten und vollständig glaubten" (4,3; 101,11f.).²⁵⁴

Das Symbol, auf das als flankierende Norm der Rechtgläubigkeit verwiesen wird, ist bezeichnenderweise das *Bekenntnis des Athanasius*, dessen Verfasser die Römer gerade aufgrund des Filioque als rechtgläubig anerkannt hätten.²⁵⁵ Des weiteren verweist Humbert auf Kyrill von Alexandrien, der in Nizäa [sic!] anwesend gewesen sei: „Er war einer von den Vätern, die das heilige Symbol erstellten, und obwohl die Griechen ihn den Rö-

---

252 Nach MICHEL 1924, 113, konjiziert Humbert diese Information aus chron. Salern. 103 (MGH.SS III, 519,34-47 PERTZ), wo von Kontakten zwischen den Kaisern Ludwig II. und Basilius I., nicht jedoch von Diskussionen über die Pneumatologie, die Rede ist.

253 Damit nähert sich Humbert intentional den Darlegungen des Paulinus von Aquileia auf der Synode von Cividale del Friuli (796/97) an (s. dazu S. 129).

254 Das Chrysostomus zugeschriebene Diktum ἐξέρχεται δὲ παρὰ τοῦ πατρὸς καὶ τοῦ υἱοῦ τὸ πνεῦμα τὸ ἅγιον (101,13f.) findet sich in lateinischer Fassung in zwei pseudepigraphen Homilien unter dessen Namen über das Apostolicum (CASPARI 1869, 229.231; zur Erläuterung cf. aaO., 234f. Anm. 87; 237 Anm. 89).- Daß es ursprünglich nicht um Varianten im *Text* des NC ging, zeigt auch die Zustimmung Leos IX. (ep. Petr. 6; 468,1-5 MICHEL) zu der Inthronistika des Petrus von Antiochien (inthr. rom. I 4,3; 450,6 MICHEL): εἰ καὶ ἀρχὴν τὸν πατέρα τῷ αἰτίῳ φαμέν; noch in inthr. rom. II 5f. (454,26-30) nennt Petrus das NC als zentrales Kriterium des rechten Glaubens, und zwar ἀπαραλλάκτως.

255 Cf. proc. 3,2 (99,19-21). Hier wird die fälschliche Zuschreibung der *Fides Athanasii* mit dem historisch zutreffenden Faktum verbunden, daß Rom Athanasius (und Markell von Ankyra) auf einer Synode 341 rehabilitierte; dazu cf. zuletzt VINZENT 1999, 202-212. Gegen MICHEL 1924, 113, ist festzuhalten, daß Athanasius durchaus nicht „das" Filioque lehrte (so LAMINSKI 1969, 154f.).

mern entgegenzuhalten pflegen, zeigt sich, daß er in nichts vom römischen Glauben abweicht" (3,3; 99,25f.).[256] Dies habe er durch folgendes Gleichnis bewiesen: „Ich bekenne den Vater als lebendige Wurzel, den Sohn als unvergänglichen Ast, den Heiligen Geist als unsterbliche Frucht."[257] Sei es

---

[256] MICHEL 1924, 114, stiftet hier einige Verwirrung, indem er zunächst auf Kyrill von *Jerusalem* verweist, dem seinerzeit die Urgestalt des NC zugeschrieben wurde (dazu ausführlich KELLY 1972, 302-327; zur neueren Forschung cf. HANSON 1988, 812-820; STAATS 1996, 157f.; RITTER 1999, 210f.) und rhetorisch fragt, ob Humbert „der Forschung schon um 1000 Jahre vorausgeeilt" sein könne; danach zitiert er jedoch Kyrill von *Alexandrien* als Zeugen dafür, daß das Bild des Vaters als „Wurzel" „ein allgemeiner, namentlich alexandrinischer Gedanke" sei. Zu dieser Verwechslung cf. auch JUGIE 1936, 313 Anm. 1.

[257] „*Fateor Patrem radicem vivam, Filium ramum immarcessibilem, Spiritum sanctum fructum immortalem*" (99,27-100,1). Cf. Kyrill von Alexandrien, thes. 34 (PG 75, 609A): ἐξ αὐτοῦ δηλονότι καὶ ἐν αὐτῷ τὸ πνεῦμα φυσικῶς καρπὸς ὑπάρχον αὐτοῦ καὶ οὐκ ἔξωθεν εἰς ὑπόστασιν ἐνεχθέν, wobei mit καρπός bei Kyrill ansonsten der Sohn bezeichnet wird (cf. dial. trin. III; SC 237, 50,17-23 DE DURAND). Das im Text genannte Zitat identifiziert MICHEL 1924, 114, als Diktum des Eulogius von Alexandrien (fr. trin. II 7, hg. von O. BARDENHEWER, Ungedruckte Exzerpte aus einer Schrift des Patriarchen Eulogius von Alexandrien [580-607] über Trinität und Inkarnation, in: ThQ 78 [1896], 353-401, hier 365); ebenso Ps.-Johannes von Damaskus (haer. epilog.; PG 94, 780B), wo neben der Triade ῥίζα - κλάδος - καρπός der Ternar πηγή - ποταμός - θάλασσα begegnet (ebenso bei Leon VI., or. XIII; PG 107, 136B). Cf. aber bereits Dionysius von Alexandrien, frg. 4 (Athanasius, Dion. 18,2f.; Werke II/2, 59,8-60,5 OPITZ): ῥίζαν νόει τὸν πατέρα, κλάδον τὸν υἱόν, καρπὸν τὸ πνεῦμα τὸ ἅγιον. μία γὰρ ἐν τοῖς τρισὶν ἡ οὐσία. γλῶσσα ὁ πατήρ, λόγος ὁ υἱὸς ὁ ἐκ τῆς γλώττης γεννώμενος, στόμα τὸ πνεῦμα τὸ ἅγιον. βραχίων, δεξιὰ καὶ δάκτυλος. ἀχώριστα γὰρ ἀλλήλων ἀμφότερα.- Bei Kyrill finden sich zwar Stellen, an denen von einem Hervorgang des Geistes aus dem Sohn gesprochen wird, vor allem in thes. 34: (τὸ πνεῦμα) πρόεισι δὲ καὶ ἐκ Πατρὸς καὶ Υἱοῦ bzw. ἐκ τῆς οὐσίας τοῦ υἱοῦ (PG 75, 585A); ἀνάγκη τὸ πνεῦμα τῆς οὐσίας ὁμολογεῖν τοῦ υἱοῦ. Ὡς γὰρ ἐξ αὐτοῦ κατὰ φύσιν ὑπάρχον καὶ ἐπὶ τὴν κτίσιν παρ' αὐτοῦ πεμπόμενον τὸν ἀνακαινισμὸν ἐργάζεται, συμπλήρωμα τῆς ἁγίας ὑπάρχον Τριάδος. Εἰ δὲ τοῦτο, θεὸς ἄρα καὶ ἐκ θεοῦ τὸ Πνεῦμα, καὶ οὐ ποίημα (608B); cf. ebd. (588A; 593C) sowie ador I. (PG 68, 148A); dial. trin. VI (SC 246, 24,13-16 DE DURAND); Pulch. 40 (ACO I 1,5, 56,9 SCHWARTZ). Dennoch kann bei ihm noch nicht von einer Filioque-*Kontroverse* gesprochen werden (cf. BERTHOLD 1989, 147). Wie umstritten Kyrills Autorität zeitweise war, zeigt die ps.-kerullianische Panoplia (12,3; 224,18f. MICHEL): λοιπὸν αἰσχυνέσθωσαν οἱ κενοὶ δογματισταὶ οἱ λέγοντες, ὅτι τὸ πνεῦμα ἐκ τοῦ υἱοῦ ἔχει τὴν ὕπαρξιν, wofür offensichtlich Kyrill mit Belegen aus thes. 34 zitiert wurde, wogegen eine Paraphrase aus Ps.-Kyrill, *De Trinitate*, aufgeboten wird, in der die Unterscheidung zwischen γεννητῶς und ἐκπορευτῶς hervorgehoben wird (aaO., 224,21-23; cf. trin. 8; PG 77, 1136C; ähnlich 1140C; in c. 10 [1144D] ist υἱκῶς der Gegenbegriff), verbunden mit dem Ursprung des Geistes im Wesen des Vaters (aaO., 1137B = Johannes von Damaskus, f. o. I 8; PTS 12, 24,138f. KOTTER). Seine Verbindung zum Sohn beschränkt sich dagegen auf die Heilsökonomie (c. 9; PG 77, 1140B = 26,182f.): ἐκ τοῦ πατρὸς ἐκπορευόμενον καὶ δι' υἱοῦ μεταδιδόμενον καὶ

doch unbezweifelbar, daß die Frucht aus Wurzel *und* Zweig hervorgehe (100,5f.). Und wenn auch die Päpste seit Leo III. das NC *ohne* Filioque öffentlich proklamiert hätten, so hätten sie doch niemals die Orthodoxie des Filioque bestritten oder auch nur verschwiegen.[258] Dieses Interesse Humberts, die Maßgeblichkeit Roms für die Konstituierung der Orthodoxie herauszustellen, verbindet die *Rationes* mit seinem „azymitischen" und ekklesiologischen Schrifttum der Jahre 1053/54.

Dagegen werden die Koryphäen der lateinischen Theologie (Ambrosius, Hieronymus, Augustin, Gregor I. und Isidor von Sevilla) zunächst nur gestreift[259], während sich der Focus dem amtierenden Papst zuwendet. Leo IX. hatte offensichtlich anläßlich einer Synode in Bari im Herbst 1053 mit den dort ansässigen Griechen über das Filioque disputiert[260] und folgendes Interpretament angeboten: „Er sagte, der Vater sei eine lebendige Quelle, der Sohn ein unerschöpflicher Fluß, der Heilige Geist aber ein niemals austrocknender See: ein See, der nicht allein aus der Quelle, sondern aus Quelle und Fluß hervorgeht und den Erdkreis erfüllt."[261] Wie Quelle, Fluß und See aus demselben Wasser bestünden, so seien auch in der Trinität die distinkten Personen geeint nach der Göttlichkeit (5,2; 102,4-8).[262] Es wird also unterstellt, daß die unterscheidbaren Existenzweisen von Quelle und Fluß hinsichtlich des Sees als Einheit angesehen werden müssen - ohne für

---

μεταλαμβανόμενον ὑπὸ πάσης τῆς κτίσεως. Daraus wird gefolgert (c. 10; 1145A): ἐκ τοῦ υἱοῦ δὲ τὸ πνεῦμα οὐ λέγομεν, πνεῦμα δὲ υἱοῦ ὀνομάζομεν.

[258] Proc. 3,4 (100,7-13): *„Prostrepant iam nunc rebelles et infideles Graeculi et obiciant ecclesiarum matri, romanae ecclesiae, symbolum, quod post altare beati Pauli apostoli graecis et latinis litteris in aerea tabula ipsi Romani scriptum habent. Iste* [sc. Leo III.] *certe unus ex illis factoribus fuit, nisi firmiter et veraciter crederet, sancti Spiritus a Patre et Filio processionem nunquam in suis eam libris tam manifestam ascriberet."* Zu Leo cf. S. 163f.; sein Bekenntnis, auf das MICHEL 1924, 115f., hinweist und in dem tatsächlich der doppelte Ausgang des Heiligen Geistes gelehrt wird (PL 129, 1260B), stammt hingegen von Alkuin (s.o. S. 145f.).

[259] Im Anschluß an Isidor (eccl. off. II 24,1; CChr.SL 113, 99,4-11 LAWSON; ord. creat. I 3f.; PL 83, 915B-916A; zit. bei Aeneas, adv. Graec. 68.94; PL 121, 715D-716A; 721BC) werden als trinitarische Proprietäten definiert: *„ingenitum esse - genitum esse - procedere ab utroque"* (5,1; 101,18f.).

[260] Proc. 5,1 (101,21-23): *„sapientissimus... papa Leo tale me audiente in Barensi concilio coram universis, qui aderant, de Sancti Spiritus processione a Patre et Filio dedit exemplum";* cf. MICHEL 1924, 117f.

[261] *„Patrem dixit esse fontem vivum, Filium rivum indeficientem, Spiritum vero sanctum lacum inexsiccabilem: lacum, qui non a solo fonte, sed a fonte et rivo procedit et replet orbem terrarum"* (5,2; 101,23-26).

[262] Das Bild ist inspiriert von Sap 7,25-27 und findet sich schon bei Tertullian (adv. Prax. VIII 7; CChr.SL 2, 1178,42-44 KROYMANN/EVANS) und Praedestinatus (haer. I 80; PL 53, 614D); cf. MICHEL 1924, 118f.

eine wirkliche Klärung zu sorgen: Niketas Stethatos konnte dasselbe Bild umgekehrt verstehen, so daß der Fluß lediglich als Transportmittel des *a fonte solo* hervorgebrachten Wassers (= Wesens) fungiere (s.u. S. 386)!

Im zweiten Teil der *Rationes* werden daher die lateinischen Autoritäten zur Geltung gebracht. Mit Augustin seien innerhalb der Trinität alle Hervorgänge zeitlos zu verstehen, so daß es keinerlei Nachordnung impliziere, wenn der Sohn erst vom Vater die Potentialität erhalten habe, den Heiligen Geist hervorzubringen: „Wie einer verstehen kann, daß dem Sohn jenseits der Zeit die Zeugung aus dem Vater eignet, so möge er verstehen, wie derselbe Sohn vom Vater vor aller Zeit erhält, daß der Heilige Geist aus ihm hervorgeht" (6,1; 102,19-21).[263] Die Präzisierung, wonach der Geist *„de Patre principaliter et ipso [Filio] sine ullo intervallo temporis dante communiter ab utroque procedit"*[264], wird jedoch nicht argumentativ ausgewertet – das ursprüngliche logische *Nacheinander* wird bei Humbert in *Gleichrangigkeit* umgewandelt. Zur Begründung, warum die *processio Spiritus sancti* auch mit dem Sohn in Verbindung zu bringen sei, wenn dies doch in Joh 15,26 nur vom Vater ausgesagt werde, dient ein Analogieschluß, basierend auf Joh 7,16: Wie die Lehre des Vaters dem Sohn nicht fremd sei, so müsse das Hervorgehen-Lassen ebenfalls ihm zukommen, zumal Christus dies nirgendwo explizit bestreite.[265] Als Grundlage dieser These dient die Äquivozität von *missio* und *processio* und damit die reziproke Verweisstruktur von Joh 15,26 und 20,22: Letztere Stelle zeige auf analoge Weise, daß der Geist nicht nur aus dem Vater, sondern auch aus dem Sohn hervorgehe[266], weil nach der erstgenannten Stelle Christus den Geist zu *senden* versprochen habe, dieser Vorgang aber zugleich das *Hervorgehen* sei: „*Mitti est cognosci, quod ab illo [Patre] procedat"*.[267] Mit der Identität von Sendung und Hervor-

---

[263] Zitiert wurde zuvor Augustin, trin. XV 26,47 (102,9-19 = CChr.SL 50A, 528,87-98).

[264] Augustin, trin. XV 26,47 (6,3; 103,15-17 = CChr.SL 50A, 529,113-115 MOUNTAIN/GLORIE; cf. 8,3; 107,14f. = trin. IV 20,29; CChr.SL 50, 200,121f.: *„quod totius divinitatis, vel si melius dicitur deitatis, principium Pater est"*); cf. oben S. 64f.; dazu GEMEINHARDT 1999, 167.

[265] Augustin, trin. XV 27,48 (7,2; 104,9-105,3 = CChr.SL 50A, 529,8-530,19 MOUNTAIN/GLORIE = in euang. Joh. XCIX 8; CChr.SL 36, 587,1-12 WILLEMS).

[266] Mit Augustin, trin. IV 20,29 (8,2; 106,19-107,1 = 200,108-110), sieht Humbert hier eine„*demonstratio per congruam significationem non tantum a Patre, sed etiam Filio procedere Spiritum sanctum"*.

[267] Ebd. (106,13f. = CChr.SL 50, 199,102). Für den Geist gelte (analog zu Joh 10,30 für Vater und Sohn): *„qui misit et qui missus est, unum sunt"* (8,1; 106,9 = 9,3; 110,8f. = ebd.; CChr.SL 50, 199,97f.); cf. S. 137. Das der Sache nach augustinische Axiom *„eius missio est ipsa processio"* findet sich in dieser prägnanten Formulierung zuerst bei Gregor I. (in euang. II 26,2; CChr.SL 141, 220,45f. ÉTAIX), danach bei Beda Venerabilis, hom. II 16 (CChr.SL 122, 291,20f. HURST); Johannes Scotus Eriugena, div. nat. II 32

gang wird daher hermeneutisch unterstellt, daß sich aus den heilsgeschichtlichen Beziehungen trinitätsimmanente Äquivalente erschließen lassen.

Die in c. 9 versammelten Alkuin-Zitate machen deutlich, wie spätere Kompilatoren durch spezifische Selektionen aus den Schriften Augustins das argumentative Arsenal erstellten, das im Kontext der Filioque-Kontroverse aufgeboten werden konnte. Drei Thesen markieren Abschluß und Höhepunkt des humbertischen Autoritätsbeweises:

- Der Geist sei als *donum Dei* die *communio* von Vater und Sohn.[268]
- Zwischen Vater, Sohn und Geist bestehe Konsubstantialität; für letzteren sei der Hervorgang aus den beiden Erstgenannten das spezifisch unterscheidende *proprium*.[269]
- Für den Geist gelte unzweifelhaft die *aequalitas* mit den beiden anderen Personen, und diese impliziere das Filioque: Der Geist „geht aus Vater und Sohn gleichermaßen hervor und wird mit Vater und Sohn verehrt, weil er auf gleiche Weise Gott ist." Das augustinische *principaliter* hat dagegen keinen Raum mehr: „*Proinde totus de Patre procedit et totus de Filio, totus in Patre manet et totus in Filio, quia sic manet, ut procedat, sic procedit, ut maneat.*"[270]

Insgesamt geht Humbert mit der Prägnanz seiner Ausführungen wie auch mit seiner spezifischen Selektion von Autoritäten einen wichtigen Schritt in der Geschichte der Filioque-Kontroverse - aufbauend auf der Kontroverstheologie des 9. Jahrhunderts, aber bereits im Bewußtsein der *doppelten* Problematik von *Lehre* einerseits und Ergänzung des *Textes* andererseits.[271] Daß er den Griechen in der Exkommunikationsbulle vorwerfen konnte, sie hätten das Filioque aus dem Bekenntnis gestrichen, ist angesichts der Ar-

---

(CChr.CM 162, 116,2903f. JEAUNEAU); Anastasius Bibliothecarius, ep. 9 (MGH.Epp. VII, 425,23f. PERELS/LAEHR), und wiederholt bei Ratramnus: c. Graec. I 3; II 3; III 2 (PL 121, 229BC; 252B; 274D); cf. auch accus. 5,8 (164,24f.; s.u. S. 369).

[268] Cf. Alkuin, fid. trin. I 5 (9,1; 109,4-8 = PL 101, 16D).
[269] Cf. Alkuin, fid. trin. I 11 (9,2; 110,1-3 = PL 101, 20A).
[270] Alkuin, fid. trin. II 19 (9,3; 111,1-3.4-6 = PL 101, 35D; 36A).
[271] Das vernichtende Urteil der älteren Forschung wäre demnach zu modifizieren; cf. *pars pro toto* JUGIE 1941, 204: Humbert „n'était pas de nature à faire la lumière sur ce point délicat. L'auteur ignore ou connaît mal les discussions antérieures qui se sont produites au temps de Photius et avant lui. Les écrits de Photius et de ses élèves lui échappent totalement. A plus forte raison n'est-il pas au courant des nuances de la théologie byzantine. Alors qu'il aurait fallu insister sur ce point capital que, d'après les Latins, le Père et le Fils ne constituent qu'un principe unique du Saint-Esprit, il garde là-dessus un silence complet."

gumentation in den *Rationes* als gezielt überzogene Polemik anzusehen.[272] Daß Humbert aber wie in der Azymenfrage diese doppelte Problematik mit der Autorität des Papsttums zu verknüpfen suchte, ist ein folgenreicher Beitrag zur Filioque-Kontroverse an der Schwelle zum Hochmittelalter.

3.1.2. Ein anonymes *fragmentum accusationis contra Graecos*

Im Jahre 1930 edierte Anton MICHEL ein Fragment eines antigriechischen Pamphlets, das er ebenfalls der römischen Gesandtschaft, konkret: dem Kanzler Friedrich von Lothringen, zuweisen wollte.[273] Das lateinische Fragment präsentiert sich als Rede an eine griechische Hörerschaft und schlägt einen heftigen Ton gegenüber den Adressaten an, der darin gipfelt, daß Michael Kerullarios, Leon von Achrida und Niketas Stethatos aus dem Gedächtnis der Kirche gestrichen werden mögen.[274] Jedoch bestehen erhebliche Zweifel an der Korrektheit der Zuweisung. Die Abfassung weiterer Schriften durch die Legaten ist keineswegs so zwingend zu erschließen, wie MICHEL meinte[275]; eine Rede Friedrichs kann aus äußeren Quellen nicht erschlossen werden[276], zumal das Fragment selbst keine Hinweise auf die Identität seines Autors gibt. Auch die *commemoratio* verbietet die Annahme, daß etwa am 24. Juni im Studionkloster eine so emotionsgeladene Rede

---

[272] Der Vorwurf kann also nicht als „unglücklicher Mißgriff" (SIEBEN 1984, 281) gelten! Hinsichtlich der Bedeutung der *Rationes* als Interpretament der Bannbulle ist MICHEL 1954, 410 Anm. 7 (cf. DERS. 1941, 173), zuzustimmen, daß manche Kritik an der „Unwissenheit" Humberts sich dadurch erledigt, so etwa bei JUGIE 1941, 207 Anm. 3, der die entsprechende Passage der Bulle kommentiert: „Ici Humbert se trompe lourdement"; im Anschluß daran DVORNIK 1966b, 160f.; zuletzt DÖPMANN 1991, 133.

[273] Cf. MICHEL 1930b, 162-171 (Text nach der *editio princeps* von 1717 durch E. MARTÈNE); 171-183 (Datierung); 192-201 (Verfasser); summarisch DERS. 1954, 415f. Das Fragment hat in der Literatur nur wenig Beachtung gefunden (Belege bei MICHEL 1941, 177 Anm. 6; zu ergänzen ist DENZLER 1966, 34).

[274] Accus. 6,4 (166,25-29): „*Cur igitur Michaelem patriarcham inter sacra missarum sollempnia commemoratis? Cur Leonem Acridanum episcopum et Nicetam abbatem de Studio de diptychis sacris non deletis?*"

[275] Er verweist auf comm. II (151b,9), wo im Plural von „*dicta et scripta eorundem nuntiorum*" die Rede ist; ebenso bei Kerullarios, ep. Petr. II 3 (185,34: ἄλλους λόγους). Aber da mindestens die *contradictio Nicetae* und die *Rationes* in Konstantinopel entstanden, sind schon damit mehrere Schriften erhalten!

[276] Wibert, v. Leon. II 9 (162,7-11 WATTERICH) schreibt Friedrich die *Contradictio* zu; auf seine Wendung von der „*haeresis fermentaceorum*" (161,28) bezieht sich offensichtlich der Anonymus Mellicensis (de scriptoribus ecclesiasticis 86; PL 213, 978C): „*Fredericus apocrisiarius Leonis IX papae... scribit insignem tractatum contra haeresim fermentaceorum*" (dazu G. GLAUCHE, in: LMA 1 [1980], 673). Petrus Diaconus, im 12. Jh. Archivar in Friedrichs ehemaligem Kloster Monte Cassino, weist sogar *Dialogus* und *Contradictio* fälschlich dem Kanzler zu (de vir. ill. Casin. 17; PL 173, 1027A).

unmittelbar an das Kirchenvolk der Kaiserstadt gerichtet wurde; *nach* diesem Datum ist aber sowohl die erneute Behandlung aller disziplinärer Fragen wie auch die harsche Attacke gegen den reumütigen Niketas unverständlich, ebenso wie die Polemik gegen die griechischen Christen überhaupt, die als Pneumatomachen, Manichäer, Origenisten und gar als Mörder (*homicidas*) attackiert werden.[277] Daß aber Kerullarios aus den Diptychen gestrichen werden solle, kann sich ebenso auf den Rest seiner Amtszeit (bis 1058) oder - wahrscheinlicher - auf die Zeit nach seiner postumen Rehabilitierung 1064 beziehen. Zum Filioque lag mit den *Rationes* Humberts bereits ein deutliches Positionspapier mit den Namen aller drei Legaten vor. Insgesamt kann das Fragment daher nicht als Zeugnis der päpstlichen Gesandtschaft gewertet werden, ist aber aufgrund der thematischen und prosopographischen Koinzidenz in die nähere Nachgeschichte des „Schismas" einzuordnen.[278]

Anders als die *Rationes de processione Spiritus sancti* stellt die *accusatio* keine Autoritäten zusammen und beruft sich nur an wenigen Stellen auf biblische Belege; vielmehr bemüht sie sich, aufgrund einer selbsttragenden Argumentation den Gegnern nachzuweisen, daß sie gegen die Heilige Schrift und den katholischen Glauben sündigten (5,1; 162,12).[279] Inhaltlich steht Ratramnus von Corbie Pate, in dessen Gefolge alle trinitarischen Hervorgänge als *Wesensbeziehungen* charakterisiert werden: „*Processio namque significat essentiam Spiritus sancti*" (5,2; 163,5f.). Ausgehend von der These: „*Spiritus sanctus plenus et perfectus sit deus et aequalis per omnia Patri et Filio*" (5,1; 162,13-15)[280] wird für das Filioque argumentiert:

1. Obgleich der Geist aus dem Vater hervorgehe, von ihm gesandt und ausgegossen werde, bestehe zwischen beiden keine Abstufung - „*maius enim vel minus in deo non est*" (162,20). Denn daß der Heilige Geist Existenz und Essenz vom Vater empfange, identifiziere ihn als *Gott von Gott* - deswegen heiße er „Geist des Vaters"[281], und darin bestehe seine

---

[277] Accus. 5,12 (166,4 MICHEL); 8,1 (168,26); 8,5 (169,15); 14,5 (171,19).

[278] So vermutete bereits HERGENRÖTHER 1869, 781, der Traktat sei „nach dem Tode des Cärularius und seiner Gehilfen verfaßt, als die Polemik noch ganz in dem frühen Stadium fortdauerte."

[279] In c. 4,2 (162,5) wird der griechischerseits geäußerte Verdacht zitiert, die Schriften der lateinischen Väter seien gefälscht worden (so schon bei Photius, myst. 71; PG 102, 352B; dazu oben S. 284).

[280] Der erste Halbsatz stammt von Alkuin (fid. trin. II 19; PL 101, 35D; zit. bei Humbert, proc. 9,3; 110,9f.).

[281] Accus. 5,2 (162,23-162,3): „*Spiritus autem sanctus ideo deus est, quia de deo est. Nihil enim de deo est, nisi quod deus est, qui ob hoc solum Spiritus Patris est, quia de Patre est.*"

essentia, weil die *Vater*beziehung sich auf diesen als *Gott* richte, sei dies nun als Hervorgehen, Sendung oder Ausgießung zu beschreiben.[282]
2. Alle biblischen Begriffe für die Hervorbringung des Geistes *durch* den Sohn implizierten den Hervorgang als Wesensmerkmal (5,5; 164,1). Der hermeneutische Angelpunkt besteht darin, daß der Geist durch das Hervorgehen vom Sohn nichts anderes empfange als vom Vater: „Die einfache Natur der Gottheit hat keine unterschiedlichen Wesenheiten, und er erhält nichts von Vater oder Sohn, außer daß er existiert. Denn ein Akzidens gibt es in Gott nicht."[283] Von Gott könne Gott nichts empfangen als das, was er selbst sei[284] – sonst würden die *propria* der einzelnen Personen durch Akzidentien statt allein durch den Hervorgang definiert.
3. Entsprechend dieser Grundstruktur könne der Hervorgang *durch* den Sohn keine andere Extension haben als *aus* ihm, wie mit Verweis auf Nizäa II (787) betont wird[285]; zwischen *procedere* und *exire* gebe es ebensowenig einen sachhaltigen Unterschied wie zwischen *processio* und *insufflatio* bzw. *effusio* (5,10; 165,14-16). Die *accusatio* endet daher in Übereinstimmung mit den *Rationes* und der Exkommunikationsbulle: „Wenn das, was vom Heiligen Geist auszusagen ist, nicht sein Wesen ist, welches er von Vater und Sohn empfängt, sondern etwas anderes, um dessentwillen ihr ihn für geringer als Vater und Sohn anseht, dann tut ihr dasselbe wie der Pneumatomache Makedonius!" (5,12; 166,2-5).[286]

Auch hier richtet sich das trinitätstheologische Interesse vorrangig auf die innergöttliche Gleichheit (*aequalitas*), wobei sich ein signifikanter Unterschied in der Rezeption der augustinischen Trinitätslehre zeigt: Hatte Humbert im Gefolge Alkuins die *Relationalität* der Trinität betont, so legt der Anonymus den Akzent auf die *Substantialität*, was seine Abhängigkeit von Ratramnus anzeigt: Wenn der Geist in vollem Sinne Gott sei, könne es

---

[282] Accus. 5,3 (163,8-15): „*Igitur sive Spiritus sanctus procedens a Patre dicatur sive missus a Patre sive datus sive effusus sive Spiritus Patris, unum est et unum significat, id est essentiam Spiritus, quia nihil in simplici natura diversum est. Quod ergo Spiritus Patris est, essentia eius est. Quod a Patre procedit, quod datur, quod mittitur, quod effunditur, essentia eius est; et nihil habet a Patre, nisi quod est.*"

[283] „*Non diversas essentias habet simplex divinitatis natura, nec aliquid habet a Patre vel Filio, nisi quod est. Accidens enim in Deo non est*" (5,5; 164,6-9).

[284] Accus. 5,9 (165,21f.): „*Quid enim deus de deo potest accipere, nisi quod est?*" Cf. Ratramnus, c. Graec. II 3; III 6 (PL 121, 248B; 298A); dazu MICHEL 1930b, 188f.

[285] Accus. 5,10 (165,9-12). An dem Diktum des Patriarchen Tarasius, der Geist gehe ἐκ τοῦ πατρὸς δι' υἱοῦ hervor (Conc. Nic. II, actio III; MANSI XII, 1121D), entzündete sich seinerzeit die scharfe Kritik der karolingischen Hoftheologen (S. 108f.; 117-119).

[286] Cf. Humbert, proc. 3,1 (99,11-13); excomm. I (153b,14f.). Demzufolge existierte die Bannbulle bereits!

sich bei dem, was ihn von Gott dem Vater unterscheide, nur um die Art der Übermittlung der göttlichen *essentia* handeln; da diese aber *eine* sei, könne der Geist auch vom Sohn nichts anderes empfangen als das, was ihm immer schon eigne, und die anderen Beziehungsbegriffe zwischen Sohn und Geist verwiesen daher auf diese „essentiell" spezifizierte *processio*.

3.1.3. Petrus Damiani: Auf dem Weg zu einer lateinischen „Normaltheologie"

Die aufgebrochene pneumatologische Lehrdifferenz führte bald zum Versuch einer unaufgeregten theologischen Verständigung. Schon 1062 wandte sich Patriarch Konstantin Lichoudes durch Dominicus von Grado nach Rom, um sich von der lateinischen Seite deren Argumente erläutern zu lassen.[287] Der Gegenseite wurde damit grundsätzlich zugebilligt, eine *wahrheitsfähige* Position zu vertreten, deren tatsächlicher Wahrheitsgehalt sich an der gemeinsamen Heiligen Schrift ausweisen lassen sollte. Die Beantwortung dieser Anfrage unternahm Petrus Damiani (1007-1072), seit 1057 Kardinal und zusammen mit Humbert und Hildebrand die treibende Kraft hinter der Ausweitung der päpstlichen Machtstellung.[288] Damiani zeigte sich erfreut darüber, daß sich Lichoudes nicht an irgendjemanden, sondern an Petrus selbst gewandt habe, sei diesem doch von Christus selbst die „Lehrkanzel" (*cathedra magisterii*) der Christenheit zugewiesen worden, so daß die zentralen Fragen des Glaubens für alle Christen durch die Verkündigung und Lehre der Päpste zu entscheiden seien (cf. 2,23-3,1).[289]

---

[287] GRUMEL Nr. 889 = Petrus Damiani, ep. 91 (MGH.B IV/3, 2,2-5 REINDEL; im folgenden lediglich unter Angabe von Seiten- und Zeilenzahl zitiert): „*ut a sanctissimo papa Alexandro invictis scripturarum testimoniis evidentissime solveretur...: cur videlicet Spiritus sanctus apud Latinos a Patre dicatur Filioque procedere, cum apud Grecos a solo procedere Patre credatur*". Zur Vermittlung des Dominicus cf. MICHEL 1947, 188; zur Identifikation des Adressaten von Damianis Brief, der lediglich mit „*Domno L. beatissimo patriarchae*" (1,11) angeredet wird, cf. GRUMEL 1942, 23-25. Daß Lichoudes am 9. oder 10. August 1063 starb, fixiert den *terminus ad quem*, die Erhebung Alexanders II. zum Papst am 30. September 1061 den *terminus a quo* des Schreibens (aaO., 26). Unter Konstantin Monomachos einer der höchsten staatlichen Würdenträger, mußte Konstantin Lichoudes in den letzten Herrschaftsmonaten des Kaisers seinen Platz räumen, wie auch der Rhetoriker Johannes Mauropus und der „Konsul der Philosophen" Michael Psellos. Kaiser Isaak Komnenos rehabilitierte Lichoudes und machte ihn zum Patriarchen (1059-1063). Zu diesen politischen Umwälzungen cf. MICHEL 1954, 426-430.

[288] Zur Person cf. G. FORNASARI, in: LMA 6 (1993), 1970-1972; K. REINDEL, in: TRE 26 (1996), 294-296.

[289] Damiani stützt sich durchgehend auf die *Epistola de processione Spiritus sancti* des Smaragd von St.-Mihiel, die ihm nicht nur das Material, sondern auch die Struktur für seine Antwort an Konstantinopel lieferte (im folgenden nach MGH.Conc. II/Suppl. II unter Angabe von Seiten- und Zeilenzahlen zitiert). Cf. dazu jetzt WILLJUNG 1998,

Es stehe, so Damianis Ausgangspunkt, beiderseits fest, daß der Heilige Geist aus dem Vater hervorgehe. Woher komme nun aber der bei „fast allen Griechen und manchen Lateinern" anzutreffende Irrglaube, daß der Geist „*a solo Patre*" hervorgehe (4,6-8)? In der Tat spreche die Schrift an manchen Stellen nur vom *spiritus Patris* (Mt 10,20) bzw. vom Geist, den der Vater sendet (Joh 14,26) und der aus dem Vater hervorgeht (Joh 15,26), ebenso manche lateinische Väter wie Hieronymus und Augustin.[290] Die öffentliche Ausstellung des NC durch Leo III. mache die Orthodoxie des „*ex Patre procedentem*" deutlich, ebenso das (angebliche) Votum des Konzils von Nizäa: „*Credimus et in Spiritum sanctum, qui de Patre procedit proprie, et Deus est verus sicut Filius.*"[291] Damit sei aber keine Exklusivität impliziert, denn nirgendwo schließe die Schrift aus, daß der Hervorgang des Geistes auch aus dem Sohn erfolge (cf. 5,10-13). Vielmehr sei gerade die *Inklusivität* hervorzuheben: Der Ausgang von Vater *und* Sohn sei glaubensnotwendig, „weil Vater und Sohn zweifelsohne von ein und demselben Wesen sind" (5,17). Im Anschluß an Joh 10,30 sei zu folgern: „Wie kann der Heilige Geist aus dem, was eines ist, sowohl hervorgehen als auch nicht hervorgehen?"[292] Die Aussage „*ex Patre procedit*" sei daher zutreffend, aber keinesfalls erschöpfend.

Auf der Grundlage der augustinischen Hermeneutik von Joh 14,26 und 15,26 entwickelt Damiani die Äquivozität von Hervorgang und Sendung: „*quia, sicut ab utroque, qui proculdubio unum sunt, mittitur, ita nichilominus et ab utroque procedit*" (6,30f.). Aufgrund dieses Einheitspostulats werden *alle* Hervorgehensweisen als Stützargumente für das Filioque verwendet (z.B. Joh 16,14; Lk 6,19; 8,46), so daß die *heilsgeschichtliche* Beziehung zwischen Sohn und Geist zur Erhellung ihres *ewigen* Wesens anleitet, ohne daß diese Differenz kategorial durchdacht wäre. Mit einem (nicht ausgewiesenen) Augustin-Zitat gibt sich Damiani selbst das Stichwort, um die Unterscheidung zwischen den beiden Ausgängen aus Gott einzuführen:

158-169; zu Smaragd selbst aaO., 139-157, sowie oben S. 157-159.- Im selben Zeitraum entfaltete Damiani die christlichen Dogmen in einem Brief an den Mönch Ambrosius (ep. 81; MGH.B IV/2, 417-441 REINDEL), der im folgenden als Seitenreferent des Schreibens an Konstantin Lichoudes dient. Hier liegen deutliche Anklänge an die *Fides Athanasii* vor (cf. 418,24f.; 420,5f. mit DH 75,1.16).

[290] Ep. 91 (4,24-27): Expositio fidei = Pelagius (Ps.-Hieronymus), libellus fidei (PL 45, 1716 = op. Car. III 1; MGH.Conc. II/Suppl. I, 336,19-21 FREEMAN); Augustin, c. Maxim. II 14,1 (PL 42, 770 = Smaragd, proc. 26; 311,5f.).

[291] Ps.-Hieronymus, ep. 17 (5,4-6 = PL 30, 176D = comm. Nic. II 1; EOMIA I/2,1, 355,18-20 TURNER).

[292] „*Quomodo potest Spiritus sanctus ab eo, quod unum est, et procedere et non procedere?*" (5,18f.).

"Wenn man nun fragt: Da doch der Sohn aus dem Wesen des Vaters ist, der Heilige Geist aber um nichts weniger aus dem Wesen des Vaters - warum ist der eine der Sohn und der andere nicht?, dann sollte die Antwort nicht unangemessen sein: Aus dem Vater ist der Sohn, aus dem Vater ist der Heilige Geist, aber jener wird gezeugt, dieser geht hervor, und ebenso ist jener der Sohn des Vaters, weil er aus ihm gezeugt wird, dieser aber der Geist von beiden, weil er aus beiden hervorgeht."[293]

Damit ist das Problem der Interpretation freilich erst in seiner ganzen Schärfe gestellt: Die Forderung des Konstantin Lichoudes nach „unwiderleglichen Schriftbeweisen" führt unweigerlich auf die *hermeneutischen Kriterien* der Schriftauslegung, d.h. auf die Exegese der Väter[294], wobei zunächst - weitgehend im Anschluß an Smaragd - lateinische Autoritäten zu Wort kommen: So wird mit Ambrosius gezeigt, daß der Geist Gottes „im Vater und im Sohn" sei - *„nec inmerito ab utroque procedit, cum in utroque aequaliter sit"* (9,29-10,1).[295] Unter dem Namen Augustins wird Fulgentius von Ruspe zitiert: „In jener heiligen Trinität gibt es einen Vater, der alleine aus sich selbst dem Wesen nach den einen Sohn zeugt, und einen Sohn, der alleine aus dem einen Vater dem Wesen nach geboren wird, und einen Heiligen Geist, der alleine dem Wesen nach aus Vater und Sohn hervorgeht."[296] Schließlich werden die persönlichen Bekenntnisse von Hieronymus und Gregor I. referiert.[297] Um sich gegen den Einwand zu wappnen, daß es

---

[293] Augustin, c. Maxim. II 14,1 (8,23-28 = PL 42, 770; zit. bei Smaragd, proc. 26; 311,3-7): *„Quod si queritur, cum de substantia Patris sit Filius, de substantia Patris sit nichilominus et Spiritus sanctus, cur unus Filius, et alius non sit Filius, non incongrue respondetur: De Patre est Filius, de Patre est Spiritus sanctus, sed ille genitus est, iste procedens, ideoque ille Filius est Patris, de quo et genitus est, iste autem spiritus utriusque, quoniam de utroque procedit."*

[294] Cf. ep. 91 (9,8-10,14f.): *„Ad quod nos facile respondemus, quia fuere quamplures apostolici et catholici viri, de quorum scilicet approbata pietate et sanctitate per ostensa multarum signa virtutum nil omnino remansit ambiguum... Nobis autem nil aliud restat, nisi praefixis duntaxat eorum diffinitionibus oboedire."* Alle im folgenden zitierten Väter - außer Gregor I. - wurden 553 als orthodox anerkannt; cf. Conc. Const. II, actio I (Forma Justiniani 7; ACO IV 1, 12,39-13,12 STRAUB); actio III (aaO., 37,22-28).

[295] Cf. spir. I 11,119 (CSEL 79, 66,29f. FALLER; ebenso ep. 81; 440,5-7 = Smaragd, proc. 23; 310,6f.); das zweite Zitat paraphrasiert spir. I 11,120 (CSEL 79, 67,44f. = Theodulf, proc. 14; MGH.Conc. II/Suppl. II, 341,21f. WILLJUNG); das dritte (spir. III 1,6; CSEL 79, 151,38-40) hat kein karolingisches Präzedens.

[296] Fulgentius, fid. I 6 (10,6-9 = CChr.SL 91A, 715,138-716,143 FRAIPONT = Smaragd, proc. 25; 310,13-311,2): *„In illa sancta trinitate unus est Pater, qui solus de se ipso essentialiter unum Filium genuit, et unus Filius qui de uno Patre solus est essentialiter natus, et unus Spiritus sanctus, qui solus essentialiter de Patre Filioque procedit."*

[297] Ep. 91 (10,10-18). Zitiert wird nach Smaragd, proc. 24 (310,6-9), das anonyme Credo CPL³ 1752 aus Ms. Clm 19417 (s.o. S. 159 Anm. 281). Die Zuweisung eines Credos an Gregor I. ist unsicher; der zitierte Text findet sich in PL 76, 1327D (= Johannes Diaconus, vita Gregorii II 2; PL 75, 88A; HAHN § 231).

nicht ausreiche, lediglich westliche Autoren als Autoritäten aufzubieten, werden zwei alexandrinische Theologen herangezogen, nämlich Athanasius und Kyrill - wobei das Diktum des ersteren über den „Geist und Tröster, der aus dem Vater hervorgeht und [Geist] des Sohnes und des Vaters ist, weil er auch aus dem Sohn hervorgeht, wie im Evangelium geschrieben steht, daß er durch Anhauchung seinen Jüngern den Heiligen Geist gab" den pseudathanasianischen *De trinitate libri XII* entnommen ist.[298] Das Kyrill-Zitat, wonach der Geist als Geist der Wahrheit, welche Christus sei, auch aus diesem hervorgehe, kommt der lateinischen Pneumatologie hingegen in der Tat nahe.[299] Damit reproduziert Damiani freilich exakt die selektive, „augustinistisch" präfigurierte Rezeption der griechischen Theologie, die bereits zweieinhalb Jahrhunderte zuvor die Florilegien des Aachener Konzils geprägt hatte.

Ein letzter Argumentationsgang begegnet dem möglichen Einwand, es wäre unlogisch, daß der Sohn den Geist als (nur) aus dem Vater hervorgehend bezeichnete, wenn er auch aus ihm selbst hervorginge. Damiani führt dagegen das Prinzip an, daß der Sohn das, was ihm zu eigen sei (also auch den Geist), darauf beziehe, woher er selbst stamme: „Aus dem Vater ist nämlich der Sohn, und von wem er hat, daß er selbst Gott ist, von diesem hat er genauso, daß auch aus ihm der Heilige Geist hervorgeht" (11,14-16). Den klassischen Beleg für dieses Denkkonstrukt liefert Augustin:

> „Nicht vergeblich nennt man in dieser Trinität nichts Wort Gottes außer dem Sohn, und nichts Gabe Gottes außer dem Heiligen Geist, und nichts gibt es, aus dem das Wort gezeugt ist und der Heilige Geist ursprünglich hervorgeht, wenn nicht Gott der Vater. Ich betone aber: 'ursprünglich', weil bekanntlich der Heilige Geist auch aus dem Sohn hervorgeht; aber dies gab ihm auch der Vater, nicht als ob er schon existiert hätte, ohne dies zu besitzen, sondern was auch immer er dem eingeborenen Wort gab, gab er ihm bei der Zeugung."[300]

---

[298] Trin. XI 18 (11,2-4 = CChr.SL 9, 151,118-152,124 BULHART); zit. schon bei Smaragd, proc. 21 (309,11-13) und in ep. 81 (439,23-27).

[299] Ep. 91 (11,6-9) = ep. Nest. III 10 rec. Dionysii Exigui (ACO I 5, 241,26-29 SCHWARTZ); zitiert bei Smaragd, proc. 22 (310,2-5; Parallelstellen: ebd. Anm. 95). In ep. 81 (440,1-5) wird in christologischem Kontext auf Kyrills VIII. Anathematismus verwiesen (431,28; cf. ACO I 5, 271,10-13 SCHWARTZ).

[300] Augustin, trin. XV 17,29 (12,21-27 = CChr.SL 50A, 503,54-504,60 MOUNTAIN/ GLORIE): „*Non frustra in hac trinitate non dicitur verbum Dei, nisi Filius, nec donum Dei, nisi Spiritus sanctus; nec de quo genitum est verbum, et de quo procedit principaliter Spiritus sanctus, nisi Deus Pater. Ideo addidi principaliter, quia et de Filio Spiritus sanctus procedere reperitur; sed hoc quoque illi Pater dedit, non iam existenti et nondum habenti, sed quicquid unigenito verbo dedit, gignendo dedit*"; cf. auch trin. IV 20,29 (CChr.SL 50, 199,99-200,106); XV 26,47 (CChr.SL 50A, 528,94-98; 528,110-529,118); c. Maxim. II 14,1 (PL 42, 770); zur komplexen Traditionsgeschichte dieser Passage, die für die inter-

Damit holt Damiani die eingangs skizzierte Problematik ein, daß bei Schrift- und Väterzeugnissen bisweilen lediglich vom Hervorgang des Geistes aus dem Vater die Rede ist. So sei auch das nizänische Bekenntnis zu verstehen: „Diesen Sachverhalt schreibt man dem Vater nicht so zu, als ob der Heilige Geist ausschließlich aus ihm (*de solo ipso*) hervorginge, sondern so, daß es von ihm dem Sohn verliehen wurde, daß [der Geist] auch aus ihm hervorgeht" (12,19f.).[301] Damit findet das augustinische *principaliter* bei Damiani eine authentischere Aufnahme als bei Humbert, insofern der Hervorgang des Heiligen Geistes an die Zeugung des Sohnes und dadurch an den Vater als Quelle der trinitarischen Beziehungen rückgekoppelt wird: „*absque ulla dubitatione credendum est, quod Spiritus sanctus simul ab utroque procedat, quamvis hoc Filio Pater dederit, ut quemadmodum a se ita nichilominus et ab illo procedat*" (13,9-11).

Die pneumatologische Argumentation des Petrus Damiani bewegt sich im exegetischen und „patrologischen" Rahmen der *epistola Smaragdi*; originell ist allenfalls die Abwehr der „*processio Spiritus sancti ex solo Patre*" durch eine Neubewertung des augustinischen *principaliter*, woran sich der zeitgeschichtliche Kontext des Traktates erweist. Die Schrift bietet so eine unpolemische Darlegung dessen, was man zu diesem Zeitpunkt im Westen vom dogmatischen Gehalt der Filioque-Kontroverse verstanden hatte; mit der Integrität des Bekenntnis*textes* befaßt sich der Autor bezeichnenderweise nicht. Freilich existieren weder eine Reaktion von Papst Alexander II. auf das byzantinische Ansinnen noch ein Urteil des Patriarchen über das ihm vorgelegte Gutachten. Nicht einmal *ob* der Brief am Bosporus eintraf, ist sicher.[302] Als Zwischenschritt auf dem Weg der lateinischen Theologie zu einer tragfähigen Filioque-Position ist er jedoch nicht zu unterschätzen.

3.2. Die griechische Verteidigung des Hervorganges des Geistes ἐκ μόνου τοῦ πατρός

3.2.1. Michael Kerullarios und das Σημείωμα

Die konstantinopolitanischen Quellen zum Jahr 1054 geben sich hinsichtlich des Filioque wortkarg; in der offiziellen Äußerung der Synode vom 24. Juli, dem *Semeioma*, wird vor allem die *Enzyklika* des Photius von 867 zitiert, und auch Kerullarios' Enzyklika an die orientalischen Stühle geht

---

ne Plausibilisierung des Filioque in der lateinischen Theologie von kaum zu überschätzender Bedeutung ist, cf. WILLJUNG 1998, 168f.
[301] Zitiert wurde zuvor comm. Nic. II 1 (EOMIA I/2,1, 355,18f. TURNER = Ps.-Hieronymus, ep. 17,1; PL 30, 176D).
[302] Zu Ost-West-Kontakten im Pontifikat Alexanders II. s.u. S. 407 Anm. 40f.

kaum darüber hinaus. Dem spärlichen Quellenbefund korrespondiert das Urteil des Michael Psellos in seiner Anklagerede gegen Kerullarios:

> „Denn von unseren Dogmen oder davon, was man verehrt, wußte er nichts. Folglich war ihm kaum etwas vom Unterschied zwischen Wesen und Personen bekannt, noch hatte er etwas von Natur und Hypostasen begriffen; er las auch nie in den einschlägigen Büchern oder befragte die Gelehrteren... Niemand weiß, ob er sich jemals mit den synodalen Kanones oder den Satzungen der Väter befaßt hat."[303]

Wenn auch zweifelhaft ist, ob Kerullarios tatsächlich das Auftreten von kenntnisreicheren Personen dadurch unterband, daß er diese „von der Kanzel warf"[304], so gibt doch der Patriarch selbst zu, ihm sei bis zum Aufkommen der Filioque-Diskussion durch Humberts *Rationes* (d.h. bis Anfang Juli 1054) keine *dogmatische* Differenz zu den Lateinern bewußt gewesen.[305] Obwohl sich Kerullarios im selben Schreiben darüber beklagt, daß die Lateiner die griechischen Lehrer nicht als Autoritäten anerkennen wollten, greift das *Semeioma* keineswegs auf diese Größen, sondern auf Photius zurück (ohne ihn freilich beim Namen zu nennen), jedoch nicht auf das Dekret von Ephesus bzw. auf dessen Rezeption anno 880.[306] So wird im *Semeioma* die Auseinandersetzung mit den καινοτέρων δυσσεβημάτων ἐφευρετάς[307] mit fast zwei Jahrhunderte alten Formulierungen geführt:

---

[303] Michael Psellos, or. for. 1 (96,2635-2639.2641f. DENNIS): Οὐδὲν γοῦν τῶν καθ' ἡμᾶς ᾔδει δογμάτων οὐδ' ὅ τι σέβοι ἠπίστατο. οὐσίας γε μὴν καὶ προσώπων πολλοῦ ἄρα αὐτῷ ἔδει εἰδέναι διαφοράν, φύσεως δὲ περὶ καὶ ὑποστάσεως οὐδὲ διειλέχθη ποτὲ οὐδέ τι τῶν περὶ ταῦτα βιβλίων ἀνέπτυξεν οὐδὲ τῶν σοφωτέρων ἐπύθετο... συνοδικοῖς κανόσιν ἢ πατρικαῖς διατάξεσιν οὐδ' εἰδέ τις αὐτὸν προσωμιληκότα ποτέ.

[304] Ebd. (96,2639-2641). Bezeichnenderweise habe Kerullarios das Studium der Schriften Platons und Aristoteles' verurteilt (cf. PODSKALSKY 1977, 75); zu seiner theologischen Urteilsfähigkeit cf. BECK 1959, 312.533.

[305] Ep. Petr. I 15 (183,26f.); dies bezeugt auch Petrus, immerhin der einstige Skeuophylax der Hagia Sophia, demzufolge Kerullarios noch vor dem Eintreffen der Legaten allein vom Differenzpunkt der Azymen wußte und die westliche Kirche als rechtgläubig in den zentralen Dogmen ansah (ep. Domin. 7; 214,12-16). Cf. BRÉHIER 1899, 145: Die Filioque-Kontroverse „ne tint qu'une place accessoire dans les préoccupations de Michel Cerularius." WESSEL 1982, 358, beurteilt das *Semeioma* als „theologisch armselig".

[306] Das Zeugnis des Psellos in seiner Anklagerede verdient daher mehr Vertrauen als sein später verfaßter Panegyricus auf den verstorbenen Patriarchen, wo dieser als tatkräftiger Streiter wider die „Pneumatomachen" geschildert wird (477,27-29 MICHEL).- Von der Μακεδονίου κατὰ τοῦ πνεύματος τόλμα spricht Kerullarios in sem. (160,10f. = Photius, ep. 2; I; 44,129f. LAOURDAS/WESTERINK), ohne zu bemerken, daß derselbe Vorwurf römischerseits erhoben und entsprechend in der Übersetzung der Bannbulle zitiert wird (163,12-14 = excomm. I; 153,15f.).

[307] Sem. (157,2f.) = Photius, ep. 2 (I; 41,21f. LAOURDAS/WESTERINK).

„Das allerheiligste Symbol, welches durch alle synodalen und ökumenischen Beschlüsse unbestrittene Gültigkeit besitzt, wollen wir niemals mit falschen Gedanken und unrechtmäßig hineingeschriebenen Worten und mit einem Übermaß an Kühnheit antasten noch auf gleiche Weise wie jene sagen, daß der Heilige Geist aus dem Vater und dem Sohn hervorgeht (o was für Kunstgriffe des Bösen!), sondern aus dem Vater."[308]

Die nachmalige Kardinalformel der griechischen Polemik, der Ausgang des Geistes vom Vater *allein*, wird allerdings gerade nicht wortgetreu übernommen.[309] Überhaupt begegnet das in der Forschung oftmals topisch verwendete „photianische μόνος" bei Kerullarios nur als Zitat des *lateinischen* Vorwurfs, die byzantinische Kirche beschränke ihr Bekenntnis unzulässigerweise auf den Hervorgang des Geistes allein aus dem Vater, während die römische Kirche den Glauben an den doppelten Hervorgang bei sich rein bewahrt habe.[310] Seine Widerlegung nimmt ihren Ausgang bei Joh 15,26, wonach der Geist lediglich παρὰ τοῦ πατρός, nicht aber auch παρὰ τοῦ υἱοῦ hervorgeht. Mit der ἐκπόρευσις des Geistes aus dem Vater werde daher seine personbildende Proprietät (ἰδιότης) bezeichnet, entsprechend der γέννησις des Sohnes.[311] Wenn nun aber der Geist auch aus dem Sohn hervorginge, wäre er durch mehr Proprietäten vom Vater verschieden als der Sohn[312], was der Symmetrie zwischen Sohn und Geist widerspräche, denen der Ausgang (πρόοδος) aus dem Vater gemeinsam sei, differenziert nach Zeugung und Hervorgang - der Sohn stünde so der väterlichen Wesenheit näher als der Geist.[313] Photianisch ist auch das zentrale trinitätstheologische Axiom:

---

[308] τὸ ἱερὸν καὶ ἅγιον σύμβολον, ὃ πᾶσι τοῖς συνοδικοῖς καὶ οἰκουμενικοῖς ψηφίσμασιν ἄμαχον ἔχει τὴν ἰσχύν, νόθοις λογισμοῖς καὶ παρεγγράπτοις λόγοις καὶ θράσους ὑπερβολῇ μὴ κιβδηλεύειν ἐθέλομεν, μηδὲ παραπλησίως ἐκείνοις ἐκ τοῦ πατρὸς καὶ τοῦ υἱοῦ τὸ πνεῦμα τὸ ἅγιον (ὢ τῶν τοῦ πονηροῦ μηχανημάτων) ἀλλ' ἐκ τοῦ πατρὸς φαμὲν ἐκπορεύεσθαι (158,5-13 = 43,103-107).

[309] Der Vorwurf lautet bei Photius (43,106f.): τὸ πνεῦμα τὸ ἅγιον *οὐκ ἐκ τοῦ πατρὸς μόνον, ἀλλά γε καὶ ἐκ τοῦ υἱοῦ ἐκπορεύεσθαι* καινολογήσαντες (s.o. S. 190f.).

[310] Ep. Petr. II 3 (185,36-186,2): παρ' ἡμῖν μὲν διεφθάρθαι τὸ ὀρθόδοξον καὶ τά τε ἄλλα καὶ ὅτι ἐκ τοῦ πατρὸς μόνου, ἀλλὰ μὴ καὶ ἐκ τοῦ υἱοῦ τὸ πνεῦμα τὸ ἅγιον ἐκπορεύεσθαι λέγομεν· παρ' ἑαυτοῖς δὲ ὑγιὲς εἶναι διατεινόμενοι τοῦτο καὶ ἀπαράθραυστον; cf. auch c. 4 (186,28-31).

[311] Sem. (159,36-160,1) = ep. 2 (44,122-124); cf. myst. 32 (PG 102, 313A); s.o. S. 193f.293f.

[312] Sem. (160,1-4 = ep. 2; 44,124f.): ἐκπορεύεται δέ, ὡς ὁ αὐτῶν λῆρος, καὶ τὸ πνεῦμα ἐκ τοῦ υἱοῦ, πλείοσιν ἄρ' ἰδιότησιν διαστέλλεται τὸ πνεῦμα τοῦ πατρός, ἤπερ ὁ υἱός.

[313] ἐγγυτέρω ἂν εἴη τῆς πατρικῆς οὐσίας (160,9 = 44,128f.)

„Alles, was nicht der allmächtigen und wesensgleichen Dreiheit gemeinsam ist, kommt allein einem von den dreien zu. Wenn jedoch das Hervorbringen (προβολή) des Geistes nicht den dreien gemeinsam ist, kommt es folglich einem von den dreien zu."[314]

Strenggenommen kann also von einer eigenständigen Trinitätslehre des Michael Kerullarios nicht gesprochen werden. Der erste Brief an Petrus von Antiochien (noch vor der römischen Exkommunikationsbulle, aber in Kenntnis der humbertischen *Rationes*) spiegelt eine gewisse Ratlosigkeit, wie mit der Bestreitung der bislang fraglos feststehenden griechischen Pneumatologie umzugehen sei. Referiert wird hier im übrigen nur die Tatsache, daß das Bekenntnis der *Lateiner* einen „Textüberschuß" aufweist - wie Humbert seine Position in der Bannbulle gegenüber den *Rationes* nochmals radikalisierte, so wendet sich erst das *Semeioma* gegen den Vorwurf, das *griechische* Bekenntnis sei textlich defizient. Offensichtlich stieß Kerullarios bei der Suche nach einer qualifizierten Entgegnung auf die *Enzyklika* seines Vorgängers Photius - sein entscheidender Beitrag zur Geschichte der Filioque-Kontroverse besteht demnach nicht in einer positionellen Fortschreibung der griechischen Trinitätslehre, sondern in der Entdeckung des Photius als des antilateinischen „Normalpolemikers".[315]

---

[314] εἰ πᾶν, ὅπερ μή ἐστι κοινὸν τῆς παντοκρατορικῆς καὶ ὁμοουσίου Τριάδος, ἑνός ἐστι μόνου τῶν τριῶν. Οὐκ ἔστι δὲ ἡ τοῦ πνεύματος προβολὴ κοινὸν τῶν τριῶν, ἑνὸς ἄρα ἐστὶ μόνου τῶν τριῶν (160,14-18 = 46,181-184). Das Schreiben an die orientalischen Patriarchen ergibt nichts Neues - es wird vor allem beklagt, daß die Römer nicht zu der Synode erschienen seien, um ihre „Verdrehung des heiligen Bekenntnisses" (ep. Petr. II 5; 187,16-18: τῇ διαστροφῇ τοῦ ἁγίου συμβόλου ἀποτάξασθαι παραινέσαντες) zurückzunehmen.

[315] Nur kurz ist auf die Πανοπλία κατὰ τῶν Λατίνων einzugehen, die MICHEL aus Ms. Vindob. theol. gr. 306 (saec. XIII) edierte und „untrüglich" als Schriftstück des Jahres 1054, näherhin des Michael Kerullarios selbst identifizieren wollte (1930a, 88-109); einen Überblick über die Forschungsgeschichte bietet TINNEFELD 1989, 109-114. Gegen LAURENT und JUGIE, welche die Kompilation im Kontext des innerbyzantinischen Kampfes um die Union von Lyon (1274) verorten wollten, erarbeitete MICHEL ein Arsenal an Kriterien für die Zuweisung der Schrift an Kerullarios (1933, 153-159; 1941 passim; summarisch 1954, 377f. Anm. 4): In der fraglichen Handschrift begegne die *Panoplia* (fol. 67ʳ-80ᵛ) unmittelbar im Anschluß an Kerullarios' ersten Brief an Petrus von Antiochien (fol. 64ᵛ-66ᵛ); Sprache und Stil entsprächen den authentischen Schriften des Patriarchen; die zu erschließende historische Situation unterscheide sich signifikant von 1274; bereits im Jahr 1053 sei die *Panoplia* durch Leon von Achrida, ein Jahrhundert später durch dessen Nachfolger Basilius ausgewertet worden (MICHEL 1930a, 85-88; 123-128) Demnach hätte Kerullarios schon um 1052 seine Kritik an den lateinischen Azymen - motiviert durch die Auseinandersetzungen mit Argyros - an Leon gesandt und dessen Traktat selbst in panopl. 20,4; 236,9-14 (= ep. Joh. 3; 59a,12-17) zitiert, kombiniert mit can. app. 64 (20,5; aaO., 236,14-16 = SC 336, 298,297-299 METZGER) und Conc. Gangr. (fälschlich Ankyra), can. XVIII (aaO., 236,17f. = 82,29f. LAUCHERT). Die *Panoplia* insgesamt sei eine Kompilation aus sukzessive zwischen

3.2.2. Niketas Stethatos, Σύνθεσις κατὰ Λατίνων

Aus der Feder des Niketas Stethatos existiert eine „Zweite Zusammenstellung gegen die Lateiner, wie sie gegen den Heiligen Geist sündigen, indem sie sagen, daß dieser aus dem Sohn hervorgehe" (Ἑτέρα σύνθεσις κατὰ Λατίνων, ἐν οἷς βλασφημοῦσι εἰς τὸ πνεῦμα τὸ ἅγιον λέγοντες ἐκ τοῦ υἱοῦ τοῦτο ἐκπορεύεσθαι), die in ihrer Bedeutsamkeit für die hoch- und spätmittelalterliche Filioque-Kontroverse kaum zu überschätzen ist. Niketas wurde um 1005 geboren und verbrachte sein Leben im wesentlichen im Studion-Kloster, zunächst als einfacher Mönch, dann als Schüler und Biograph Simeons des „Neuen Theologen" und gegen Ende seines Lebens

---

1052 und 1054 entstandenen Schichten, in der sich spätere Glossen fänden, so eine Passage aus dem Brief des Patriarchen Germanos II. an Papst Gregor IX. aus dem Jahr 1232 (panopl. 47,1f.; 262,30-264,7), ebenso das Zitat aus Petrus von Antiochien: panopl. 17,3 (232,6-11 = ep. Cerul. 23; 225,20-30). Diese Zuschreibung führt freilich zu dem paradoxen Ergebnis, daß die *Panoplia* die Kenntnis der Theologie des Kerullarios faktisch kaum erweitert - muß doch die Kongruenz mit dem *Semeioma* und den Briefen nach Antiochien als inhaltliches Kriterium gelten (so zurecht TINNEFELD 1989, 111).- MICHELS Rekonstruktion wurde durch LAURENT/DARROUZÈS 1977, 116-127, schwer erschüttert (zustimmend BECK 1980, 142; WESSEL 1982, 352; DAGRON 1994, 359 mit Anm. 224): Ein aussagekräftiger Vergleich von Sprache, Stil und Argumentation könne nur aufgrund *persönlich* abgefaßter Schriften geführt werden. Die offiziellen Briefe eines Patriarchen würden hingegen von seinem Chartophylax formuliert, dem Petrus von Antiochien bezeichnenderweise das Mißverständnis des Kerullarios hinsichtlich Papst Vigilius zuschrieb (ep. Cerul. 3; 191,8-15). Zudem seien für die Datierung eines Florilegiums, das ja *per definitionem* aus Fragmenten zusammengesetzt sei, keine einzelnen Zitate als Kriterien hinreichend (gegen MICHEL 1930a, 86-88; cf. TINNEFELD 1989, 112), zumal ein von MICHEL als überaus signifikant erachtetes Zitat aus Ps.-Kyrill definitiv erst nach 1276 von dem Unionisten Johannes Bekkos in die Debatte um die Tragfähigkeit der Lyoner Filioque-Theologie geworfen worden sei (LAURENT/DARROUZÈS 1977, 123 mit Anm. 3; zustimmend TINNEFELD 1989, 113f. Anm. 105; es handelt sich um eine Paraphrase von Ps.-Kyrill, trin 8, in: panopl. 12,1f.; 224,8-16 [cf. PG 77, 1136C], zit. bei Johannes Bekkos, proc. 12,7; PG 141, 256BC). Auch präsentiere die *Panoplia* nicht nur eine getreue Skizze der von Repressalien gekennzeichneten Situation, der sich ein Unionsgegner seinerzeit ausgesetzt sah, sondern auch jene Trias von römischen Forderungen, die charakteristisch für die Zeit um 1274 gewesen sei: das Zugeständnis des Primats, der Kommemoration und des Appellationsrechtes an den Papst. Dieser Argumentation wäre m.E. hinzuzufügen, daß in der *Panoplia* die Auseinandersetzung um das Rasieren der Priester und die Klerogamie fehlen (cf. dagegen sem.; 157,29-158,1; 158,3f.; ep. Petr. I 12f.; 180,10; 181,17-20; ep. Petr. II 4; 186,23-27). Daß die Lateiner *pauschal* als Häretiker tituliert werden (panopl. 32,1; 248,16-18), fügt sich ebensowenig in die Situation um die Mitte des 11. Jahrhunderts ein. Die *Panoplia* kann demzufolge für die Entwicklung der Filioque-Kontroverse im 11. Jahrhundert keine neuen Erkenntnisse beitragen.

als Higoumene.³¹⁶ Die Konstante seines theologischen Schaffens liegt im unerbittlichen Eifer für das, was er als rechten Glauben betrachtete, weshalb er zwar entschieden gegen die lateinische Theologie angehen konnte, ohne daß er deswegen als eingeschworener Antilateiner zu gelten hätte.³¹⁷ Die Glaubwürdigkeit des *Lebens* erwies für ihn die Aufrichtigkeit des *Bekenntnisses*.³¹⁸ Entsprechend legt seine προέκθεσις ὁμολογίας καὶ πίστεως in unpolemisch-katechetischer Gestalt die zentralen Glaubensgehalte dar, beginnend mit einem Credo, das sich an das NC anlehnt, allerdings signifikante Variationen aufweist (c. 3; 446,1-12).³¹⁹ Schon das völlige Fehlen des heilsgeschichtlich-christologischen Artikels sowie der abschließenden Sätze zu Kirche, Sünde und Auferstehung verdeutlicht die spezifische Intention: Gehandelt wird allein von der *ewigen* (immanenten) Trinität und ihren Relationen. Durch das Überspringen der heilsökonomischen Passagen konzentriert sich der christologische Abschnitt allein auf die ewige Zeugung des Sohnes aus dem Vater, der über das NC hinaus als *einzige* Quelle prädiziert wird (οὐκ ἄλλην ἀρχὴν ἢ μόνον τὸν πατέρα γινώσκομεν: 446,5f.), womit - ohne Erwähnung einer direkten Gegenposition - jede Ursächlichkeit des Sohnes innerhalb der Trinität *a limine* ausgeschlossen wird; durch die parallele Nennung von Θεὸς καὶ πατήρ als Prinzip des Sohnes wie des Geistes (446,5.9) wird beider Ursprung unmißverständlich in der ersten Person verortet. Dem dient auch die Übertragung der im NC dem Sohn vorbehaltenen Bezeichnungen als „Licht" und „wahrhaftiger Gott" auf den Geist, womit die Gleichrangigkeit beider unterstrichen wird - in Abgrenzung gegen den anfangslosen Vater, dem sie freilich gemäß der Natur, dem Wesen und der Vollmacht gleichgestellt sind (ὁμοούσιον καὶ τῆς αὐτῆς φύσεώς τε καὶ οὐσίας ὁμοῦ καὶ δυνάμεως: 446,11f.). Man wird hinter der katechetischen Gestalt des Bekenntnisses zumindest einen Nachhall der Kontroversen des Jahres 1054 vermuten dür-

---

[316] Den Beinamen verdankte er „seinem beherzten Auftreten gegen die amourösen Abenteuer des Kaisers Konstantinos IX." (BECK 1959, 535; cf. DARROUZÈS 1961, 7-10).

[317] DARROUZÈS 1961, 9: Er sei kein „ennemi des Latins aussi farouche qu'une certaine tradition orthodoxe et même catholique l'a depeint"; cf. dagegen das Urteil von JUGIE 1936, 316, zur *Synthesis*, „in qua Photii exegesim locorum sacrae Scripturae quaestionem spectantium invenies cum quibusdam ejusdem sophisticis deductionibus".

[318] Prof. fid. 1 (SC 61, 444,1-4 DARROUZÈS): Τὸν περὶ θείων καὶ ἀνθρωπίνων πραγμάτων φιλοσοφεῖν ἐγνωκότα χρὴ δόξης μὲν τῆς ὑγιοῦς καὶ ὀρθῆς εἶναι, βίου δὲ σεμνοῦ τε καὶ καθαροῦ, ὡς μὴ τοῦτον ἀντιφθέγγεσθαι τῇ δόξῃ διὰ τῶν προσύλων ἔργων καὶ πραγμάτων (im folgenden mit Seiten- und Zeilenzahl zitiert).

[319] DARROUZÈS 1961, 23, identifiziert „le style habituel des catéchèses prononcées par l'higoumène".

fen.³²⁰ So gewinnt auch die Aussage: „Die Gottheit existiert niemals als Teil, sie, die in den drei Personen in ganzer Fülle und vollkommen ihren Bestand hat" (Θεότης γὰρ μερισμὸν οὐχ ὑφίσταται ἡ ἐν τοῖς τρίσι προσώποις πληρωτικῶς καὶ ἐντελῶς ὑπάρχουσα: c. 6; 450,8-10) aus der historischen Frontstellung heraus häresiologische Signifikanz - hatte doch bereits Photius den Lateinern vorgeworfen, sie würden die unteilbare Trinität auseinanderreißen. Auf diesem Hintergrund ist auch die Beteuerung des „beherzten" Niketas zu verstehen:

> „So bekenne ich also, und so glaube ich; und wer nicht so glaubt oder denkt, den verabscheue ich als einen Feind und Bekämpfer des rechten Glaubens der Christen und der katholischen und apostolischen Kirche und strafe ihn mit dem Anathema."³²¹

Die dialogisch angelegte „Synthesis gegen die Lateiner" entfaltet in polemischem Kontext die skizzierte Engführung der trinitarischen Ursprungsrelationen.³²² Im *Semeioma* findet sich noch keine inhaltliche oder methodische Spur ihrer subtilen Argumentation; der auch für sie prägende Rückgriff auf die Theologie des Photius legt allerdings die Vermutung nahe, daß zumindest der Erarbeitungsprozeß der *Synthesis* als Voraussetzung für die Photius-Rezeption des Kerullarios anzusehen ist. Die Bedeutung des Traktats liegt daher vorrangig in der eigenen Rezeptionsgeschichte - Theophylakt von Achrida und Nikolaos von Methone legten sie ihren eigenen Auseinandersetzungen mit der lateinischen Pneumatologie zugrunde, und Niketas Choniates verschaffte der *Synthesis* schließlich durch die Aufnahme in seine 1204-1210 entstandene *Panoplia* quasi kanonische Geltung.³²³

a) Das Grundaxiom pneumatologischen Redens

Die *Synthesis* beginnt mit der programmatischen Feststellung: „Über den Heiligen Geist zu sprechen heißt, von Gott zu sprechen; denn auch der

---

³²⁰ Cf. DARROUZÈS 1961, 447 Anm. 4. Das Bekenntnis ist der einschlägigen Forschung zum Schisma von 1054 und der dahinterstehenden Theologie durchweg entgangen.
³²¹ Οὕτω τοίνυν ὁμολογῶ καὶ οὕτως πιστεύω καὶ τοὺς μὴ οὕτως πιστεύοντας ἢ φρονοῦντας ὡς ἐχθροὺς τῆς ὀρθοδόξου πίστεως τῶν χριστιανῶν καὶ τῆς καθολικῆς καὶ ἀποστολικῆς ἐκκλησίας πολεμίους ὑπάρχοντας βδελύσσομαί τε καὶ ἀναθέματι καθυποβάλλω (c. 14; 458,1-5).
³²² MICHEL 1930a, 362, kritisiert die Schrift vehement als „bequem zugerichtete Schein-Disputation".
³²³ WESSEL 1982, 361, würdigt den Traktat (im folgenden zitiert unter Angabe von Kapitel-, Seiten- und Zeilenzählung) daher als „eigentliche theologische Leistung" des Jahres 1054. Zur Rezeption cf. MICHEL 1930a, 362-365; BECK 1959, 536; WINKELMANN 1998, 24f.; zu Theophylakt ausführlich unten S. 495-506.

Geist ist Gott" (1,1; 371,4f.).[324] Die Lehrdifferenz bezieht sich also keineswegs auf ein Adiaphoron, sondern auf die Möglichkeit der Rede von Gott überhaupt. Gott aber hat niemand je gesehen (Joh 1,18), und deshalb gilt die hermeneutische Regel: „Die Theologen selbst aber sagten, und auch wir, die wir es von ihnen hören und empfangen, sagen über Gott grundsätzlich allein das, was der eingeborene Sohn, der im Schoß des Vaters war und als eigenständige Person mit uns war, uns lehrte" (ἅπερ ὁ μονογενὴς υἱὸς ὁ ὢν ἐν τοῖς κόλποις τοῦ πατρὸς μεθ' ἡμῶν γεγονὼς αὐτοπροσώπως ἡμῖν ἐξηγήσατο: 1,3; 371,19-22). Niketas zielt mit diesem „Schriftprinzip" darauf, daß die entscheidenden Belege dem Literalsinn nach zu interpretieren seien - vor allem die Kardinalstelle Joh 15,26.

b) Schriftbeweis und eigene trinitätstheologische Positionierung

Die innertrinitarische Stellung des Geistes, d.h. sein besonderer τρόπος τῆς ὑπάρξεως (3,1; 372,15), basiert auf der Unterscheidung von Wesen und Hypostasen nach Mt 28,19: „Die gemeinsame Bezeichnung der drei benennt ihre Vereinigung im Wesen (τὴν κατ' οὐσίαν αὐτῶν ἕνωσιν)... Durch die Aufzählung der Personen (τῇ δὲ τῶν προσώπων ἀπαριθμήσει), die auf unaussprechliche Weise geeint sind, mit ihrer jeweiligen Bezeichnung, Handlungsweise und Namensgebung [erfährt man] den Unterschied, demgemäß jede für sich ihre spezifische Hypostase empfängt, und die Art, wie jede für sich existiert (τὴν δὲ διάκρισιν καθ' ἣν ἕκαστον εἴληχει καθ' ἑαυτὸ τὴν οἰκείαν ὑπόστασιν καὶ τὸ πῶς ἕκαστον ὑφέστηκε), was durch die Personennamen ausgesprochen wird" (3,2; 372,19f.; 373,1-5). Die hypostatischen Spezifika ergeben sich dabei ausschließlich und unzweideutig aus den Ursprungsbeziehungen:

- Der Vater ist αἴτιον καὶ τῶν ἄλλων ἀρχή, seine Proprietät kann als τὸ γεννᾶν τὸν υἱὸν καὶ τὸ πνεῦμα προβάλλεσθαι beschrieben werden;
- der Sohn ist ἀπ' ἐκείνου, und zwar γεννητῶς, so daß für ihn eigentümlich ist, ἐκ τοῦ πατρὸς γεννᾶσθαι;
- der Geist schließlich ist ebenso „vom Vater", jedoch ἐκπορευτῶς, so daß als hypostatische Proprietät gilt: ἐκ τοῦ πατρὸς ἐκπορεύεσθαι (3,2; 373,5-7; 5,2; 376,16-18).

Von einer Verbindung zwischen Sohn und Geist verlautet nichts; stattdessen wird die *Vater-Sohn*-Beziehung analog für die *Vater-Geist*-Beziehung

---

[324] Cf. WENDEBOURG 1980, 92: „Das *filioque* widerspricht nicht irgendeiner beliebigen Lehre, sondern Gott selbst, der hier verbindlich über sein ewiges, übergeschichtliches Sein informiert."

ausgewertet, womit das gesamte Beziehungsgeflecht formalisiert wird[325]: Nicht die „Ungeborenheit" (ἀγεννησία) ist das Merkmal des Vaters, sondern seine (für die Hervorbringung des Geistes offene) „Ursprungshaftigkeit", womit eine nicht zu unterschätzende Verschiebung gegenüber der kappadozischen Trinitätslehre erfolgt.[326] Niketas' Ziel ist es dabei, die subtile Symmetrie zwischen Wesen und Hypostasen zu bewahren: οὐδὲν γὰρ μεριστόν, οὐδὲν ἀτελὲς τῆς τριάδος (4,2; 374,11). Weder ist eine Beteiligung des Sohnes am Ursprung des Geistes zu konstatieren (es zeichnet vielmehr die πατρικὴ ἰδιότης aus, „daß sie als einzige gotterzeugende Ursache den Geist hervorbringt" [ὡς μόνος θεαρχικὸς αἴτιος τὸ πνεῦμα προβάλλει]: 6,3; 378,3f.), noch hält Niketas einen Rückschluß von der heilsgeschichtlichen Herabkunft des Geistes auf Jesus auf innertrinitarische Strukturmomente für möglich (cf. 4,4; 374,21-375,2). Apodiktisch gilt - in eindeutigem Anschluß an Photius - für Trinitätstheologie und Ontologie: ἐπεὶ καὶ καθ' ὅλου μονὰς δυάδος ἀρχή, οὐ δυὰς μονάδος (4,5; 375,14).[327] Die unzerteilbare Einheit des Wesens und die unvermischbare Dreiheit der Hypostasen, zwischen denen eine Vermittlung allein im Kontext der trinitarischen Perichorese denkmöglich ist, unterscheidet Gott von der zusammengesetzten, also dyadisch konstituierten Materie.[328] Die lateinische Meinung, der Geist gehe *ex Patre Filioque* hervor (τὸ ἓν ἐκ τῶν δύο: 6,1; 377,6), erweise sich als θεομαχία, denn wenn neben dem Vater auch dem Sohn die aktive Hervorbringung des Geistes als hypostatische Kennzeichnung zugeschrieben werde, müsse konsequenterweise auch der Geist etwas hervorbringen - dies sei dann entweder ihm selbst wesensgleich, womit sich die Trias zur Tetras erweitere (was weitere Hervorbringungen *ad*

---

[325] In synth. 15,3 (391,12f.) spricht Niketas vom göttlichen Vater als dem τοῦ υἱοῦ πατὴρ καὶ τοῦ πνεύματος καὶ ὢν καὶ λεγόμενος - τοῦ μὲν ὡς γεννήτωρ, τοῦ δὲ ὡς προβλήτωρ, ohne diese Sinnentleerung des Vaterbegriffs zu problematisieren (fast wortidentisch mit Johannes von Damaskus, trisag. 28; PTS 22, 331,16f. KOTTER).

[326] Cf. etwa Gregor von Nazianz, or. 25,16 (SC 284, 198,28-30 MOSSAY); 29,10 (SC 250, 196,1-198,22 GALLAY); 31,8 (SC 250, 290,16-19 GALLAY); 41,9 (SC 358, 336,23-25 MORESCHINI/GALLAY); Johannes von Damaskus, f. o. I 8 (PTS 12, 24,135-139 KOTTER); dazu RITTER 1999, 201; OBERDORFER 2001, 84f.

[327] Zur zeitgenössischen Diskussion über das Zitat des Gregor von Nazianz, or. 29,2 (c. 4,5; 375,15f. = SC 250, 180,13f. GALLAY: μονὰς ἀπ' ἀρχῆς... εἰς δυάδα κινηθεῖσα μέχρι τριάδος ἔστη), cf. Michael Psellos, theol. 20 (76,3-79,103 GAUTIER); dazu GEMEINHARDT 2001c, 520f.

[328] Synth. 5,2 (376,18-21); cf. c. 6,4 (379,3f.): οὐδὲ γὰρ ἄλλως ἓν τὸ ἐκ δυοῖν προϊὸν οὔθ' ἁπλοῦν τὸ ἐκ τοῦ συνθέτου ὁμοτέρου τῶν εἰρημένων; dazu Photius, amph. 181 (V; 237,102-238,115 WESTERINK).

infinitum nach sich ziehe!), oder besitze ein anderes Wesen, was den Geist selbst profanieren würde.[329]

c) Widerlegung der Schriftauslegung der lateinischen Häretiker

Nach Joh 10,30 sind Christus und der Vater eins, wie Niketas den Lateinern zugibt - aber nicht gemäß den Personen, sondern dem göttlichen Wesen, an dem ebenso der Heilige Geist partizipiere.[330] Dies dürfe keinesfalls zu einer Vermischung der personalen trinitarischen Eigentümlichkeiten verleiten, denn sonst ginge der Geist ἐκ τῆς μίας φύσεως (7,2; 380,2f.) hervor - womit Niketas die lateinisch-augustinische Position zutreffend erfaßt, jedoch als Häresie klassifiziert, müßte dann doch der Geist selbst als sein eigener Hervorbringer gelten![331] Niketas' photianisch inspirierte Kritik an den Lateinern richtet sich darauf, daß von ihnen die Idiome der einzelnen Hypostasen nicht angemessen auseinandergehalten würden: „Was wir über eine von diesen sagen, müssen wir nach deiner eigenen Regel notwendigerweise auch über die anderen aussagen."[332] Das aber treffe nur für allgemeine Gottesprädikate wie „Gott" oder „Herr" zu; für die Signifikatoren „Vater", „Sohn" und „Heiliger Geist" gelte dagegen: „Ein jeder hat eigenständig und unvermischt gegenüber den andere seine eigene Bezeichnung, und zwischen diesen tritt in keinem Fall eine Verbindung auf" (μοναδικὸν γὰρ ἔχει ἕκαστον καὶ ἀκοινώνητον πρὸς τἆλλα τὸ ἴδιον ὄνομα καὶ οὐδεὶς ἐκεῖ παρεμπίπτει συνδυασμός: 17,1; 392,18f.). Ansonsten geriete die trinitarische Monarchie in eine Linearität (der Geist würde zum Enkel

---

[329] Synth. 6,5 (379,4-12); cf. Photius, myst. 37 (PG 102, 317AB); ep. 2 (I; 44,169-174 LAOURDAS/WESTERINK); dazu MICHEL 1930a, 344; WENDEBOURG 1980, 119f. Cf. auch synth. 6,2 (377,12-378,1): τῇ δοκούσῃ μικρᾷ προσθήκῃ, ἣν τῇ ὁμολογίᾳ τῆς πίστεως ἐπεισάγουσι, τά τε θεόφθεγκτα ταῦτα ῥητὰ περιγράφοντες καὶ τὴν ὅλην πίστιν τῶν χριστιανῶν ἀνατρέποντες· οὔτε τὸ ἓν ἔτι τοῖν δυοῖν εἶναι ἀρχὴν ἐῶντες, ἀλλ' ἔμπαλιν τὰ δύο τοῦ ἑνὸς ἀνοήτως προτάττοντες καὶ δυαρχίαν ἀντὶ μοναρχίας ἐπὶ τῆς μοναδικῆς καὶ ὑπερηνωμένης τριάδος παραδοξάζοντες.

[330] Synth. 7,2 (379,21-380,1): τῇ μὲν φύσει εἴτ' οὖν οὐσίᾳ - ἢ ὡς ἄν τις ἐθέλοι καλεῖν τὴν ὑπερφυῆ καὶ ὑπερούσιον τῆς θεότητος ὕπαρξιν - ἓν ὁ πατὴρ καὶ ὁ υἱός, πρὸς δὲ καὶ τὸ πνεῦμα· πρόσωπα δὲ εἴτ' οὖν ὑποστασεὶς οὐχ ἕν, ἀλλὰ τρία.

[331] Synth. 7,2 (380,5-9). Genau dies hatte Humbert mit Worten Alkuins (proc. 9,3; 111,9f. = fid. trin. II 19; PL 101, 36A) behauptet! Cf. dagegen bereits Photius, myst. 47 (PG 102, 325A-C).

[332] τὸ περί τινος τούτων λεγόμενον ἀνάγκη πάντως κατὰ τὸν σὸν νόμον, καὶ περὶ τῶν λοιπῶν λέγεσθαι (7,3; 380,13-15).

des Vaters!), oder aber man ordnete die drei nebeneinander an als τρεῖς θεοί bzw. μερικαί τινες τρεῖς οὐσίαι θεότητος.³³³

Dagegen wird gerade die *heilsökonomische* Relation zwischen Sohn und Geist nach Joh 16,14f. von Niketas *linear* rekonstruiert: Was der Geist „nimmt", komme nach Christi Worten nicht „aus mir" (ἐξ ἐμοῦ), sondern „aus dem Meinigen" (ἐκ τοῦ ἐμοῦ), d.h. aus dem, was auch der Sohn bereits vom Vater empfangen habe (cf. 8,2; 381,22-382,3).³³⁴ Der Hervorgang des Geistes sei daher ebenfalls alleine dem Vater zuzuschreiben, denn anders als die Sendungsrelation (ἀποστολή) sei der Hervorgang (ἐκπόρευσις) nicht äquivok aussagbar - da der Sohn selbst gesandt werde, müßten ihn die Lateiner - ihrer eigenen Logik zufolge - auch als hervorgehend prädizieren.³³⁵ In Joh 20,22 sei dagegen in undeterminierter Sprechweise von „heiligem", nicht aber von *dem* Heiligen Geist die Rede (wie z.B. auch in Gen 2,7). Auch werde Gott an sich Geist genannt (Joh 4,24), nicht zu reden von den vielen Geistprädikaten in der Bibel, die doch keinesfalls auf eine Vielzahl von „Heiligen Geistern" im qualifizierten Sinn des αὐτοάγιον πνεῦμα hinausliefen. Die Geistmitteilung an die Geschöpfe unterliege *zeitlichen* Kategorien und erlaube keine Schlüsse auf die Herkunft des *ewigen*, trinitarischen Geistes.³³⁶

---

³³³ Cf. synth. 17,1f. (392,10-18.20f.); zur Großvater-Enkel-Karikatur cf. Photius, myst. 61 (PG 102, 340B); ep. 291,9 (III; 143,132-134 LAOURDAS/WESTERINK); zur μερικὴ οὐσία cf. unten S. 386f. Anm. 342.

³³⁴ Cf. Photius, myst. 20-23 (PG 102, 297C-304C); ep. 291,15 (III; 146,221-226 LAOURDAS/WESTERINK).

³³⁵ Cf. synth. 9,4 (384,18-20): οὐκοῦν οὐδὲ συλλογιστικῶς τε καὶ ἀποδεικτικῶς, ἀλλ' αὐτόθεν λαμβάνεις - ὥσπερ ὁμολογούμενον - τὸ ἐν ἀρχῇ σοι αἰτούμενον, τὸ πνεῦμα ἐκ τοῦ υἱοῦ ἀποστέλλεσθαι εἴτ' οὖν ἐκπορεύεσθαι; weiterhin synth. 9,2 (384,1-5); dazu WENDEBOURG 1980, 86f.

³³⁶ Synth. 12,1 (387,11-15): καὶ εἰ ἡ μετάδοσις αὕτη ἐστὶν ἡ φυσικὴ καὶ οὐσιώδης καὶ ἰδία τοῦ πνεύματος ὕπαρξις εἴτ' οὖν ἐκπόρευσις - ἐπειδὴ τὰ ἴδια ἀντιστρέφει τοῖς, ὧν ἐστιν ἴδια· τῆς ἐκπορεύσεως ὑπὸ χρόνον οὔσης - καὶ αὐτὸ τὸ πνεῦμα, οὗ ἴδιον ἡ ἐκπόρευσις, ὑπὸ χρόνον ἔσται.- Niketas schiebt hier einen knappen Traditionsbeweis ein, der neben Gregor von Nazianz (12,2; 388,1-4 = or. 31,6; SC 250, 286,9-13 GALLAY) auf Kyrill von Alexandrien verweist, der den Geist als ἐνέργειαν φυσικήν τε καὶ οὐσιώδη καὶ ἐνυπόστατον apostrophierte (13,1; 388,10 = thes. 34; PG 75, 580A; ähnlich Ps.-Kyrill, trin. 6; PG 77, 1129B; Johannes von Damaskus, f. o. I 7; PTS 12; 16,18 KOTTER). Offensichtlich wurde Kyrill von lateinischer Seite als Gewährsmann in Anspruch genommen (cf. oben S. 363 Anm. 257), insofern er den Geist als eine Energie beschrieb, die ἐξ αὐτῆς, δηλαδὴ τῆς πατρικῆς οὐσίας, προϊοῦσα καὶ ἐνεργοῦσα καὶ ἐν αὐτῇ μένουσα πάντα ἐργάζεται τὰ τοῦ θεοῦ (13,2; 388,19f. = PG 75, 580A). Niketas interpretiert dies dagegen als Beleg dafür, daß man zwischen der Gabe „von Geist" durch die Hauchung Christi und der Gabe „des Geistes" in den pfingstlichen Feuerzungen zu unterscheiden habe - nur letzterer sei der Heilige Geist, der aus dem väterlichen Wesen hervorgehe (14,3; 390,10-18). Die Bezeichnung πνεῦμα

Gegen die lateinische Argumentation, wonach der Geist als *Geist des Vaters* aus diesem hervorgehe und daher als *Geist des Sohnes* auch in diesem seinen Ursprung haben müsse (Gal 4,6; Röm 8,9), macht Niketas die Leitdifferenz zwischen der durch Ursprungsbeziehungen definierten hypostatischen Existenz und anderen trinitätstheologischen Sprachspielen geltend: Daß der als trinitarische Person existierende Geist als „des Sohnes" bezeichnet werde (τὸ ἐνυπόστατον αὐτὸ πνεῦμα λέγεσθαι τοῦ υἱοῦ), impliziere keineswegs die spezifisch ontologische Relation des Ursprungs (15,3; 391, 3.7f.). Der Geist entstamme - mit Jak 1,17 - dem „Vater der Lichter" (ἐκ τοῦ τῶν φώτων πατρός), in Anspielung auf das NC, das Christus als φῶς ἐκ φωτός prädiziert (18,2; 394,1f.). Zu behaupten, der Geist käme ebenso ἐκ τοῦ υἱοῦ, würde jedoch einen Rückfall in den Nestorianismus bedeuten, denn dann könnte nur die *göttliche* Natur Christi als sendend verstanden werden, nicht aber die menschliche, auf welcher der Geist ja ruhte (Joh 1,32).[337] Allerdings kann Niketas - anders als Photius, aber mit Johannes von Damaskus - dieses heilsgeschichtliche Datum als Interpretament des ewigen göttlichen Seins ansehen: „Höre doch sein [sc. Johannes des Täufers] Zeugnis über den Heiligen Geist, daß er vom Vater auf den Sohn ausgeht und auf diesem bleibt und ruht. Was aber von ihm einmal gesehen wurde, ist die Erscheinung dessen, was ewig gilt. Denn weder Vater noch Sohn existierten jemals ohne den Geist, sondern der Geist bleibt ewig im Vater und kommt ewig aus ihm hervor und bleibt im Sohn."[338] Hier wird durchaus der zeitlichen Offenbarung ein informativer Gehalt hinsichtlich der ewigen Trinität zugemessen, wobei eine Beziehung zwischen Sohn und Geist nur bezüglich der ἐκπόρευσις bestritten wird. Die Hervorbringung des Geistes ist freilich das exklusiv dem Vater zugewiesene

---

wird also nicht von dem Verb πνέω hergeleitet, im Unterschied zur lateinischen Etymologie *spirare - spiritus* nach Joh 20,22. Daher lasse sich von Kyrills Theologie aus keine Brücke zum lateinischen Filioque schlagen noch dem Nazianzener widersprechen - οὐκοῦν ἀλλήλοις οἱ πατέρες ἀντιδοξάζουσιν (13,3; 389,1). WENDEBOURG 1980, 73, vermerkt allerdings zurecht, daß die Begriffe für das ökonomische Engagement des Geistes (ἐνέργεια und ἐνυπόστατος) nicht zureichend spezifiziert sind, ebenso wie ἀπορροή - μετουσία (c. 15,2; 390,28).

[337] Synth. 18,3 (394,6f.): κατὰ Νεστόριον τὸν διπρόσωπον διέλῃς τὸν ἕνα Χριστὸν εἰς δύο. Cf. auch c. 19,5 (395,17-21); MICHEL 1930a, 345f.; WENDEBOURG 1980, 76. Papst Hadrian I. machte dagegen gerade die Taufperikope als Beleg *für* das Filioque *gegen* den als Nestorianismus aufgefaßten spanischen Adoptianismus geltend (cf. oben S. 125).

[338] ἤκουσας καὶ τούτου τὴν περὶ τοῦ πνεύματος μαρτυρίαν, ὅτι ἐκ τοῦ πατρὸς προϊὸν ἐπὶ τὸν υἱὸν ἐν αὐτῷ μένει καὶ ἀναπαύεται. τὸ γὰρ ἅπαξ αὐτῷ θεαθὲν τοῦ ἀεὶ ὄντος ἐστὶ φανέρωσις. οὐ γὰρ ἦν ποτε χωρὶς τοῦ πνεύματος οὔθ᾽ ὁ πατὴρ οὔτε μὴν ὁ υἱός, ἀλλ᾽ ἀεὶ μένον ἐν τῷ πατρὶ τὸ πνεῦμα καὶ ἀεὶ πρόεισιν ἐξ αὐτοῦ καὶ μένει ἐν τῷ υἱῷ (19,2; 394,26-395,3). Cf. Johannes von Damaskus, f. o. I 7f. (PTS 12; 16,19f.; 25,172 KOTTER).

Datum - in photianischen Bahnen: „Wenn doch der eine, ganze und vollkommene Geist aus dem Vater hervorgeht, was bedarf es dann eines weiteren Hervorgehens aus dem Sohn?"[339]

Wenn wir nun aber „aus der Fülle des Sohnes empfangen" haben (Joh 1,16) und von dem „geistlichen Felsen Christus" mit dem Geist „getränkt" worden sind (1 Kor 10,4; 12,13) - ist dann nicht der Geist, den uns Christus *vermittelte*, auch aus ihm selbst *hervorgegangen*? Nach Niketas könne hier zwar in der Tat von einer Geistgabe ἐκ/διὰ τοῦ Χριστοῦ gesprochen werden - „aber dies war nicht der allvollkommene und überfließende Geist, die ganze Fülle Christi", gelte doch für den Geist: „Allein aus dem Vater geht er hervor - er bleibt aber im Sohn, denn die Fülle Christi ist er und wird auch so genannt."[340] Dies begründet Niketas mit einer Analogie, die - mit umgekehrter Pointe - schon bei Humbert begegnet: Der Vater gilt ihm als Quelle (πηγή; cf. Jer 2,13), der Sohn als Fluß (ποταμός) und der Geist als Wasser (ὕδωρ; cf. Ps 65,10). Darin erweise sich die trinitarische Monarchie: „Man sagt also, daß aus der Quelle sowohl der Fluß gezeugt wird als auch das Wasser hervorgeht. Und 'Fülle' nennt man das Wasser des Flusses wie auch der Quelle. Es scheint nun so, daß wir aus dem Fluß einen Teil des Wassers nehmen und trinken; aber dennoch kann man nicht sagen, daß das Wasser wie aus der Quelle, so auch aus dem Fluß entspringe."[341]

Das zentrale pneumatologische Datum der Heilsgeschichte ist für Niketas allerdings die Geistsendung in den pfingstlichen Feuerzungen (19,4; 395,8-17). Zwar sei der Geist schon immer - in energetischer bzw. wesensmäßiger Gemeinschaft (οὐσιώδη παρουσία) mit Vater und Sohn - präsent gewesen; erst die Pfingstoffenbarung habe jedoch den Geist als Person gezeigt (22,2; 400,5-7).[342] Trinitarische Rede sei immer nur analog, denn „aus

---

[339] εἰ μὲν γὰρ ὅλον τὸ ἓν πνεῦμα καὶ τέλειον ἐκ τοῦ πατρὸς ἐκπορεύεται, τίς ἡ χρεία τοῦ τοῦτο καὶ ἐκ τοῦ υἱοῦ ἐκπορεύεσθαι; (19,5; 395,25-396,2). Cf. Photius, ep. 2 (I; 44,115-117); ep. 291,9 (III; 143,124-131).

[340] ἐκ μόνου τοῦ πατρὸς ἐκπορεύεται - μένον δὲ ἐν υἱῷ, εἰκότως καὶ πλήρωμα τοῦ Χριστοῦ ἐστί τε καὶ λέγεται (20,2; 397,7-10). Zum Stichwort πλήρωμα in trinitätstheologischem Kontext cf. Kyrill von Alexandrien, dial. trin. IV (SC 237, 224,36 DE DURAND).

[341] ἐκ μὲν οὖν τῆς πηγῆς καὶ ὁ ποταμὸς γεννᾶσθαι καὶ τὸ ὅλον ὕδωρ ἐκπορεύεσθαι λέγεται. καὶ πλήρωμα δὲ τὸ ὕδωρ τοῦ ποταμοῦ ὡς καὶ τῆς πηγῆς λέγεται. ἐκ δὲ τοῦ ποταμοῦ μέρος μέν τι τοῦ ὕδατος ἀρρύεσθαι καὶ πίνειν φαίνημεν ἄν· ὅλον δὲ τὸ ὕδωρ οὐκ ἂν ῥηθείη ὥσπερ ἐκ τῆς πηγῆς, οὕτω καὶ ἐκ τοῦ ποταμοῦ πορεύεσθαι (20,4; 397,18-22); zu Humbert s.o. S. 364.

[342] Niketas unterscheidet hier (nach Aristoteles, cat. 5; 2a11-3a6) zwischen der zweiten (τὸ καθόλου τε καὶ κοινὸν: 23,1; 400,10) und der ersten Wesenheit (οὐκ ἐπινοίᾳ κατὰ τὴν καθόλου φανταζομένην, ἀλλὰ πραγματικῶς καὶ ὄντως ὑφισταμένην καὶ φανερῶς κατανοουμένην καὶ ὁρωμένην: 400,14-16). Gemäß der zweiten

der Fülle Christi" haben wir empfangen (Joh 1,16), nicht aber die Fülle, d.h. den Geist selbst.[343] Daher darf als hermeneutische Pointe der Auseinandersetzung des Niketas mit seinen lateinischen Adressaten gelten: Die Heilige Schrift spricht vorwiegend von kontingenten Relationen zwischen Sohn und Geist, die auch umkehrbar sind (wie der Taufbericht) - die immanenten Hervorgänge thematisiert einzig das Wort Christi über die ἐκπόρευσις des Geistes aus dem Vater (Joh 15,26), wobei das Adjektiv μόνος als Interpretament konjiziert wird.

d) Traditionsbeweis - das „Verbot eines anderen Glaubens"

Gegenüber der ausführlichen Auseinandersetzung mit dem Schriftbeweis der Lateiner nimmt sich die Reflexion der normativen Tradition fast kümmerlich aus; gleichwohl ist die hier skizzierte Väterhermeneutik für den gesamten Traktat maßgeblich. Niketas benennt für die Weitergabe der Herrenworte als entscheidende Instanzen die Evangelien, die apostolische Verkündigung, die Synode und die Väter (2; 372,7-9). Kein Apostel habe von dem Hervorgang des Geistes aus dem Sohn gesprochen; ebensowenig sei ein Evangelist über Joh 15,26 hinausgegangen. „Aber nun wird eine Neuerung erfunden (καινοτομεῖται) von denen, die an einen anderen Geist glauben als den, von dem wir gehört und aus der Lehre Christi gelernt ha-

---

(allgemeinen) göttlichen Wesenheit war der Geist gemeinsam mit Vater und Sohn schon immer präsent und wirkmächtig, freilich im Körperlichen nicht spezifizierbar, sondern κατὰ τὸ κοινὸν μόνον τῆς οὐσίας, τὸ ἐκ τῆς ἐνεργείας ἐπινοούμενόν τε καὶ θεωρούμενον (23,2; 400,22-401,1); erst an Pfingsten zeigte sich αὐτὴ τοῦ πνεύματος ἡ ὑπόστασις... κατὰ τὸ ἰδικόν (401,2). Mit der Unterscheidung zweier Wesensbegriffe soll also gewährleistet werden, daß trotz der spezifischen Begrenzung der informativen Offenbarung der an Pfingsten als „erste Wesenheit" sichtbare Geist in der Heilsgeschichte immer schon als solcher (und eben nicht als subordinierte „Energie") wirksam war, wenn er auch erst jetzt identifizierbar wurde, so daß von hier aus wiederum Aussagen über die ewige trinitarische Gottheit getroffen werden können, ὁπότε μηδ᾽ ἄλλο τι τῶν θειωδῶς καὶ ὡς αὐτὸ καθ᾽ ἑαυτὸ πέφυκεν ἢ νοηθῆναι ἢ ἐκφρασθῆναι παρ᾽ ἡμῶν δύναται (24,2; 401,14f.). Zur Verwendung dieser Unterscheidung bereits bei Photius cf. amph. 138 (V; 145,1-25; 150,177-208 WESTERINK); dazu SLIPYI 1920, 542f., und oben S. 292 Anm. 439. Nach PODSKALSKY 1977, 118, nimmt die aristotelische Dialektik bei Niketas nur „einen bescheidenen Platz an der Seite der Tradition" ein; doch spiegele sich hier die im 11. Jahrhundert in Byzanz „weitverbreitete Vorliebe für aristotelische Logik" (aaO., 117).

[343] Daß allein Christus den Geist „non ad mensuram" empfangen habe, betonte in Aufnahme von Joh 3,34 bereits Johannes Chrysostomus (exp. in Ps. 44,2; PG 55, 186: οὐ γὰρ ἐν μέτρῳ) und davor schon - anläßlich der Exegese von Num 11,25 - Origenes, hom. in Num. 6,3 (GCS Orig. VII, 32,19-35,26 BAEHRENS); cf. auch Kyrill von Jerusalem, catech. 16,12 (PG 33, 931C-932A), sowie Fulgentius, ep. XIV ad Ferrandum 29 (CChr.SL 91, 420,1181-422,1223 FRAIPONT).

ben" (26,3; 404,21-23) - werde doch damit die ἅπαξ παραδοθεῖσα πίστις bestritten (cf. 26,4; 404,25-405,1), die authentisch auf dem Konzil von Nizäa vorgetragen worden sei.[344] Schon damals habe man nach geschöpflichen Analogien für die ewige Trinität gesucht und folgende Triaden identifiziert: νοῦς - λόγος - πνεῦμα; πῦρ - ἀπαύγασμα - φῶς; πηγή - ποταμός - ὕδωρ (27,2; 405,15-17).[345] Für die Relation zwischen Einheit und Dreiheit gelte jeweils: Zweites und Drittes stammen aus dem Ersten, niemals jedoch das Dritte aus dem Zweiten oder umgekehrt, auch wenn das Dritte als *im* Zweiten befindlich ausgesagt werden kann bzw. als Drittes *des* Ersten und *des* Zweiten (27,3; 406,1-9).[346] Mit dieser „nizänischen" Theologie stimme auch die pneumatologische Explikation des NC überein (28,1; 406,14-16)[347], zumal in Ephesus und Chalkedon jede Veränderung der πίστις unter das Anathem gestellt worden sei.[348] „Glaube" wird von Niketas dezidiert als

---

[344] Niketas greift auf die traditionell Gelasius von Kyzikos (cf. SIEBEN 1999, 29f.) zugeschriebene *Historia concilii Nicaeni* zurück, worin die Diskussion eines Leontius von Caesarea mit einem arianischen „Philosophen" referiert wird, in deren Verlauf gegen die Arianer proklamiert worden sei: δέχου μίαν θεότητα τοῦ πατρὸς τοῦ γεννήσαντος τὸν υἱὸν ἀνεκφράστως, καὶ τοῦ υἱοῦ γεγεννημένου ἐξ αὐτοῦ, καὶ τοῦ ἁγίου πνεύματος ἐκπορευομένου ἐξ αὐτοῦ τοῦ πατρός, ἰδίου δὲ ὄντος τοῦ υἱοῦ (27,1; 405,11-14 = h. e. II 21,23; GCS 28, 88,28-89,1 LOESCHCKE/HEINEMANN).

[345] Ps.-Gelasius, h. e. II 21,31 (GCS 28, 90,8-11); 22,12 (92,18-22); 23,1f. (94,10-19).

[346] Bei „Leontius" wird dieses Bild allerdings einmal signifikant durchbrochen: ἡ πηγὴ πηγὴ καλεῖται καὶ ὁ ποταμὸς ποταμὸς καὶ ἀμφότερα ἓν ὕδωρ (Ps.-Gelasius, h. e. II 23,1; GCS 28, 94,14f.), so daß das „Wasser" als verbindendes Element der anderen zu stehen kommt - tendenziell im Sinne des augustinischen *vinculum caritatis*! Das Ziel der vorgeblich nizänischen Darlegungen ist freilich der Aufweis, daß die trinitarischen Personen trotz ihrer Unterschiedenheit einander nicht „fremd" (ἀλλότριον) sind; cf. dazu Kyrill von Alexandrien, apol. Thdt. 9 (ACO I 5, 274,14-16 SCHWARTZ); ep. Nest. III (ACO I 1,1, 39,20-23 SCHWARTZ).

[347] Als „Wolke der Zeugen" werden Athanasius, Basilius, die drei (sic!) Gregore (von Nazianz, von Nyssa, Thaumaturgos) und Johannes Chrysostomus sowie - wie bei Photius - die σύγχρονοι Ῥώμης πρόεδροι (406,19f.) angerufen.

[348] Synth. 28,2 (407,6-11; das Zitat stammt mit leichten Variationen aus Conc. Chalc., actio VI; ACO II 1,2, 130,5-11 SCHWARTZ): ἑτέραν πίστιν μηδενὶ ἐξεῖναι προφέρειν ἤγουν συγγράφειν ἢ συντιθέναι ἢ φρονεῖν ἢ διδάσκειν ἑτέρως. τοὺς δὲ τολμῶντας ἑτέραν πίστιν παραδιδόναι ἢ ἕτερον ἐκτίθεσθαι σύμβολον, τούτους ἐπισκόπους μὲν ὄντας τῆς ἐπισκοπῆς, κληρικοὺς δὲ τοῦ κλήρου ἀλλοτριοῦσθαι, μονάζοντας δὲ καὶ λαϊκοὺς ἀναθεματίζεσθαι. Cf. auch Conc. Ephes., actio VI (ACO I 1,7, 105,20-106,1 SCHWARTZ), und dazu Photius, myst. 79f. (PG 102, 361A-365A); ep. 291,4 (III; 141,70-75), sowie oben S. 264-266. MARX 1977, 110f., hat darauf hingewiesen, daß die dezidierte Ablehnung jeglicher Verbindung zwischen Sohn und Geist von den Gefolgsleuten des Nestorius stammt, die in Ephesus den Geist bekannten als ἐκ τῆς θεοῦ τυγχάνον οὐσίας, οὐχ υἱόν, θεὸν δὲ ὂν τῇ οὐσίᾳ, ὡς ἐκείνης ὂν τῆς οὐσίας ἧσπερ ἐστὶν ὁ θεὸς καὶ πατήρ, ἐξ οὗπερ κατ' οὐσίαν ἐστίν... καὶ οὔτε υἱὸν νομίζοντες οὔτε δι' υἱοῦ τὴν ὕπαρξιν εἰληφός (ACO I 1,7, 98,3-5.8f.

formuliertes Bekenntnis verstanden, das von den Lateinern mit einem Zusatz versehen worden sei; darin bestehe zuerst ihre Häresie (28,4; 407,16-22).

e) „Aus dem Vater *allein*" - ein Zusatz?

Ist nicht aber auch - so der abschließende Gedankengang - das präzisierende μόνος[349] ein unerlaubter Zusatz zum Bekenntnistext? Geschieht hier nicht dasselbe wie auf lateinischer Seite, dort sogar legitimiert durch die Autorität Petri?[350] Ein Zweifaches wird entgegnet: „Alleine" sei keine *kontingente Explikation* des Glaubensgehaltes, sondern dessen *notwendige Implikation*; modern gesprochen: kein synthetisches, sondern ein analytisches Urteil.[351] An der konkreten Formulierung dieser Ergänzung aber sei allein die lateinische Irrlehre schuld: „Du selbst bist ihr Urheber, der du jenen Zusatz 'aus dem Sohn' eingeführt hast, und das hat mich notwendigerweise veranlaßt, 'alleine' hinzuzusetzen, um den von dir neu erfundenen Zusatz aufzuheben. Wie kann dann die Aufhebung eines Zusatzes selbst ein Zusatz sein?"[352] *Systematisch* hinreichend sei vielmehr, daß Sohn und Geist beide „aus dem Vater" stammten[353] und so als γέννημα und πρόβλημα unterscheidbar seien - „denn sie sind weder gleich noch dasselbe, sondern besitzen jeder auf eigene und einzigartige Weise ihren Hervorgang" (οὐ γὰρ ὁμοία οὐδ' ἡ αὐτή, ἀλλ' ἰδιότροπος ἑκατέρου ἡ πρόοδος καὶ μονότροπος: 30,2; 409,8f.).

Damit sind Pointe und Problem der Trinitätslehre des Niketas bezeichnet: Die Trinität ist als gleichwinkliges Dreieck mit dem Vater an der Spitze zu denken - Sohn und Geist sind durch je genau *eine* Eigentümlichkeit von ihm und voneinander geschieden, ohne daß sich eine Verbindung zwi-

---

SCHWARTZ). Das Sohn-Geist-Verhältnis stellte seither einen Streitpunkt zwischen Antiochien und Alexandrien dar (cf. Kyrills Referat der „Trennungspneumatologie" des Theodoret bei Kyrill, apol. Thdt. 9; ACO I 5, 273,18-20 SCHWARTZ).

[349] Erstmals in Synth. 18,1 (393,9f.): ἓν οὖν καὶ τὸ πνεῦμα, καὶ πνεῦμα μόνον καὶ οὐδέτερον τῶν λοιπῶν, ἐκ τοῦ πατρὸς μόνου μονοτρόπως ἐκπορευόμενον, οὐ χωριζόμενον; cf. c. 20,2 (397,8).

[350] Synth. 29,1 (407,25-408,2); cf. JUGIE 1936, 317 Anm. 1; SIEBEN 1984, 282 Anm. 22.

[351] Cf. synth. 29,3 (408,13): ἢ δὸς σὺ πατέρα δεύτερον, καὶ τότε ἀπὸ τοῦ ἑνὸς ἀφαίρει τὸ μόνου.

[352] σὺ ταύτης αἴτιος, ὁ τὴν ὄντως προσθήκην εἰσαγαγών, τὸ 'ἐκ τοῦ υἱοῦ', κἀμοὶ δεδωκὼς ἐξ ἀνάγκης τὴν πρόφασιν τοῦ προσθεῖναι τὸ 'μόνον', πρὸς ἀναίρεσιν τῆς παρὰ σοῦ καινοτομηθείσης προσθήκης. καὶ πῶς προσθήκη ἡ τῆς προσθήκης ἀναίρεσις; (29,3; 408,14-17). M.E. wird hier die Argumentation des Konzils von 879/80 (dazu oben S. 266f.) ausgewertet, wonach angesichts häretischer Umtriebe eine Symbolerweiterung nicht grundsätzlich auszuschließen ist.

[353] Synth. 30,2 (409,5f.): 'τοῦ πατρὸς' ἄμφω καὶ μέντοι 'ἐκ τοῦ πατρός'· αἴτιος γὰρ ἀμφοῖν ὁ πατήρ.

schen diesen beiden Ursprungsrelationen identifizieren ließe. Die Bezeichnung „Vater" wird dabei allerdings für die Hervorbringung des Geistes inhaltlich irrelevant. Die Exklusivität der Relation zum Geist verdankt sich der zugespitzten Exegese von Joh 15,26, wobei diese Stelle zum hermeneutischen Schlüssel für die Unterscheidung von immanenter und ökonomischer Trinität avanciert. Hierin liegt eine bedeutsame Neuakzentuierung gegenüber der kappadozischen Trinitätslehre, der gleichwohl nicht die Kontinuität abgesprochen werden kann, zumal in der Betonung der Monarchie des Vaters.[354] Allerdings kommt dabei die Denkmöglichkeit einer Beteiligung des Sohnes beim Hervorgang des Geistes zu kurz.[355]

An der *Synthesis* wird deutlich, wie sich in der direkten Konfrontation mit den Vertretern des Filioque die orthodoxe Position in ihrer doppelten Dimension konkretisiert: Erst die *lateinische* Verhältnisbestimmung von Sohn und Geist provoziert die *griechische* Seite zum Schließen einer trinitätstheologischen Lücke. Die Kardinalstelle Joh 15,26, die anno 381 zur Beschreibung der innertrinitarischen Stellung des Geistes in Anspruch genommen wurde, gerät nun zum exklusiven Nadelöhr, von dem aus alle anderen Schriftzitate her beurteilt werden müssen. Von der Vielfalt der biblischen Begriffe für „Ausgang" oder „Hervorgang" bleibt nur das johanneische ἐκπορεύεσθαι als *terminus technicus* für eine innertrinitarische Ursprungsbeziehung, obwohl anders als beim Begriffspaar πατήρ - υἱός mit προβολεύς nur ein nicht-biblisches Pendant zur Verfügung steht, um die Beziehung des Heiligen Geistes zu Gott, dem Vater, der Quelle der Monarchie, zu charakterisieren.[356] Da die Rede vom „Geist Christi" bzw. „Geist des Sohnes" keinerlei Ursprungsbeziehung anzeigen darf, wird die positive Beschreibung der Zusammengehörigkeit weithin ausgeblendet. Mit dieser Hermeneutik verbindet sich deutlicher als bei Photius der Rückgriff auf das ephesinische „Verbot eines anderen Glaubens". In dem Miteinander dieser beiden Dimensionen liegt die paradigmatische Bedeutung der Schrift des Niketas, insofern sich seit der Mitte des 11. Jahrhunderts die photiani-

---

[354] Anders MICHEL 1930a, 355: „Als Ganzes genommen ist also die Synthesis des Niketas trotz der reichen Väterzitate ein *Abfall von dem Scharfsinn der Väter wie von trinitarischen Grundbegriffen*, widerspricht mitunter selbst der Theologie des Photios und verwickelt sich in offensichtliche Widersprüche."

[355] Cf. als „Summe" kappadozischer Theologie den Trinitätstraktat der πηγὴ γνώσεως des Johannes von Damaskus, bes. c. I 8 (PTS 12, 26,182f.; 30,290-31,296 KOTTER); hom. in sabb. 4 (PTS 29, 124,21-23); trisag. 28 (PTS 22, 332,35f.): ἐκ τοῦ πατρὸς γὰρ διὰ τοῦ υἱοῦ καὶ λόγου προϊόν, οὐχ υἱϊκῶς δέ.

[356] In Joh 15,26 liegt ein im NT sogar singulärer Gebrauch von ἐκπορεύεσθαι in bezug auf den Heiligen Geist vor (cf. EWNT² I, 1024); vergleichbar ist pikanterweise nur Apk 16,14, wo es um „Teufelsgeister" geht!

sche Interpretation des trinitarischen und pneumatologischen Dogmas samt der zugespitzten Konzilshermeneutik sukzessive als „Normaltheologie" in Byzanz zu etablieren begann.

3.2.3. Petrus von Antiochien im Dialog mit dem Westen

Der kategorische Bannfluch gegen das Filioque hat allzuoft die Bandbreite der seinerzeit auch im Einflußbereich der byzantinischen Theologie vertretenen Trinitätslehre(n) verdeckt. So wie sorgfältig zwischen der Polemik des Michael Kerullarios und der subtilen Trinitätstheologie des Niketas Stethatos zu unterscheiden ist, so muß auch die Position des Patriarchen Petrus von Antiochien in ihrer spezifischen Dignität beachtet werden - umso mehr, als Petrus als einziger griechischer Zeitgenosse tatsächlich den *Dialog* mit dem Westen suchte.[357] Im Jahr 1052 von Michael Kerullarios zum melkitischen Patriarchen seiner Heimatstadt geweiht, nahm Petrus bald nach Amtsantritt die Tradition der *Inthronistika* wieder auf, die weitgehend in Vergessenheit geraten war, zumal was den Austausch zwischen griechischem und lateinischem Sprachraum anbetraf. Papst Leo IX. wurde selbst erst durch Petrus darauf gebracht, seinen Amtsantritt im Osten entsprechend zu bekunden. Der antiochenische Patriarch wandte sich nach Rom mit der ihn offensichtlich bedrängenden Frage: „Was ist der Grund der kirchlichen Trennung (ἐκκλησιαστικὴ διάστασις), durch die selbst der große Nachfolger des großen Petrus, der Hirte des alten Rom, vom göttlichen Leib der Kirchen getrennt und abgeschnitten sein sollte und keine Gemeinschaft hätte mit den Vorstehern derer, die nach dem Göttlichen streben, und nicht mehr mit ihnen gemeinsam die Sorge für die Kirche trüge und selbst von diesen in apostolischer Weise an der Hand geführt wüprde?"[358] Der Adressat möge den gemeinsamen Glauben bestätigen und dringend den uneindeutigen *status quo* aufklären.[359]

Petrus' eigene Inthronistiken nach Rom, Alexandrien und Jerusalem entfalten zunächst assertorisch den trinitarischen und christologischen Glauben; es folgt eine ausführliche Absage an die „klassischen" Häresien, verbunden mit dem Verweis auf die dafür maßgeblichen sieben Synoden.[360]

---

[357] Cf. MICHEL 1930a, 416: „Wie ein Engel des Friedens steht zwischen den waffenklirrenden Parteien der greise Patriarch Petros III. von Antiochien, der Grieche auf petrinischem Thron, der geborne Mittler... Seine Worte sind wie milder Regen bei dem grollenden Gewitter." Zur Biographie cf. aaO., 417-419; des weiteren AMANN 1929, 1699-1701; JUGIE 1941, 219-229; BECK 1959, 535; DAGRON 1994, 359-362.
[358] Inthr. Rom. I 1,2 (446,36-448,2).
[359] Inthr. Rom. I 3,2 (448,16-18); cf. BECKER 1988, 248f.
[360] Inthr. Alex. 9,3 (438,1-3): καὶ μόνην εὐσέβειαν νομίζω καὶ ὀνομάζω τὴν προφητικὴν ἱερογραφίαν, τὴν ἀποστολικὴν διδασκαλίαν, τὴν πατρικὴν

In den trinitarischen Bekenntnispassagen wird von Gott gesprochen als μία θεότης ἐν τρισὶν ὑποστάσεσιν, die nur mit ὑπέρ-Komposita adäquat zu beschreiben sei: ὑπερούσιος, ὑπεράγαθος, ὑπεράρχιος.[361] Einend sei das Wesen, unterscheidend die Proprietäten[362], die traditionsgemäß als ἀγεννησία, γεννησία und ἐκπόρευσις definiert werden.[363] Wenn auch die Trinität als ganze als „jenseits jeden Anfangs" (ὑπεράρχιος) anzusehen sei, so gebe es doch in ihr nur einen Ursprung: den Vater.[364] Daher wird der Hervorgang des Geistes als „Ausgehen vom Vater" (ἐκ τοῦ πατρὸς προϊόν) präzisiert, und zwar aus dem Vater als trinitarischem Prinzip, aus dem sowohl der Sohn geboren werde als auch der Geist hervorgehe, der somit allein die Quelle des göttlichen Wesens sei.[365] Ἐκπόρευσις bezeichnet terminologisch präzise und theologisch exklusiv den Hervorgang des Geistes aus dem Vater - als Unterbegriff zu dem allgemeineren πρόοδος.

Der Hervorgang des Heiligen Geistes wird ohne polemische Akzentuierung dem Vater als innertrinitarischem Prinzip zugewiesen; eine Mittlerrolle des Sohnes wird nicht erwähnt, allerdings auch nicht das Problem reflektiert, „als was" der *Vater* in seiner Rolle als *Hervorbringer* agiert (als Vater oder als προβολεύς). Überhaupt greift nur die nach Jerusalem adressierte Inthronistika diese Frage auf - gegenüber dem Papst spielt die Pneumatologie keine signifikante Rolle.[366] Das stimmt mit der Feststellung überein, daß keine dogmatische Differenz zwischen Ost und West bekannt sei, so daß die römische Kirche keines Fehltritts und keiner Neuerung (παρατροπή τε καὶ καινισμός) zu zeihen sei.[367] Petrus bezeugt also nicht

---

θεσμοθεσίαν. Darüber hinaus wolle er nichts Neues vortragen oder akzeptieren (c. 10,1; 438,12). Zur Berufung auf die sieben Synoden cf. c. 9,1 (436,34f.); inthr. Hierus. 9,3.6 (444,41-446,1.15-17); inthr. Rom. I 8 (452,7-10).- MICHEL 1930a, 421, notiert, daß die Texte des Petrus der Inthronistika des Photius von 860 (cf. oben S. 191f.) ähneln.

[361] Inthr. Alex. 4,1f. (434,1.5-7); inthr. Hierus. 4,3 (442,7-10); inthr. Rom. I 4,4f. (450,8f.14). Cf. Photius, ep. 288 (III; 117,82-91); ähnlich bereits Johannes von Damaskus, f. o. I 8 (PTS 12; 18,14f. KOTTER).

[362] Inthr. Alex. 4,2 (434,3f.): ἀδιαίρετον τῷ ὁμοουσίῳ, διαιρετὴν ταῖς προσωπικαῖς εἴτ' οὖν χαρακτηριστικαῖς ἰδιότησι; cf. inthr. Hierus. 4,2 (442,7-9); inthr. Rom. I 4,4 (450,8-11).

[363] Inthr. Rom. I 4,3 (450,7f.); cf. inthr. Alex. 4,1 (434,1f.).

[364] Inthr. Hierus. 4,3 (442,11); cf. inthr. Alex. 4,3 (434,8), sowie inthr. Rom. I 4,3 (450,6): ἀρχὴν τὸν πατέρα τῷ αἰτίῳ φαμέν; cf. Photius, ep. 288 (III; 117,84f.).

[365] Inthr. Hierus. 4,3 (442,12f.): ἐξ οὗ γεγέννηται μὲν ὁ υἱός, τὸ δὲ πνεῦμα ἐκπεπόρευται· πάσης οὐσίας πηγαίαν πρόοδον, πάσης χορηγὸν ἀγαθότητος; cf. Photius, ep. 288 (III; 117,90).

[366] Cf. auch die Bemerkungen zu Konstantinopel I (381) in inthr. Rom. II 6,2 (454,35f.): τὴν τὸ πνεῦμα τὸ ἅγιον θεοπνεύστως καὶ πνευματοκινήτως θεὸν διαγγείλασαν. Cf. JUGIE 1941, 221 mit Anm. 2.

[367] Cf. dazu inthr. Rom. I 2,2 (448,5-11).

ein Schisma zwischen den beiden Teilen der Christenheit, sondern einen so weitgehenden Kommunikationsabbruch, daß selbst der frühere Skeuophylax der Hagia Sophia in Unkenntnis darüber lebte, warum die κοινωνία zwischen den Kirchen faktisch nicht mehr bestand, die doch vielleicht schon durch einen klärenden Brief aus Rom zu erreichen wäre.[368]

Im Herbst 1053 - nach dem Eintreffen des Schreibens des Leon von Achrida in Rom, aber noch vor den Versöhnungsbriefen aus Konstantinopel - wandte sich der Patriarch von Grado, Dominicus III. Marango, an seinen Antiochener Kollegen, man darf unterstellen: im Auftrag des Papstes.[369] Offensichtlich wurde auf diesem Umweg versucht, die Azymenproblematik inhaltlich beizulegen, ging doch aus der Inthronistika des Petrus dessen Neigung zur Verständigung deutlich hervor. Das Schreiben des Gradenser Patriarchen, das ursprünglich griechisch abgefaßt wurde[370], ist allerdings kaum unter die theologisch hochstehenden Erzeugnisse dieses Zeitraums zu rechnen. Dominicus rekurrierte auf die „petrinische Patriarchatsidee", wonach Antiochien aufgrund der Einsetzung durch Petrus hinter Alexandrien als dritter Stuhl gezählt werde.[371] Konstantinopel wurde dagegen als nachrangige Instanz angesehen, die es unrechtmäßigerweise unternehme, die lateinische Christenheit hinsichtlich der Azymen zu tadeln, obwohl die römische Praxis der apostolischen Tradition, ja sogar dem Verhalten Christi selbst folge; da man jedoch die Kirche keineswegs spalten wolle, sei man bereit, *beide* liturgische Traditionen als rechtgläubig anzuer-

---

[368] Nach der vorkonziliaren Optik bei JUGIE 1941, 220, zeige Petrus' Schreiben an den Papst, „qu'il a perdu la notion de la primauté romaine. Sa conception de l'Église universelle constitue une véritable hérésie", insofern er überhaupt mit der Möglichkeit (sic!) rechne, Rom habe sich vom „Leib der Kirche" gelöst.

[369] So MICHEL 1947, 169. Leo IX. hatte gerade erst die Würde des Patriarchats Grado wiederhergestellt, nachdem unter seinen Vorgängern im Streit der Nachbarn Aquileia bevorzugt worden war; cf. RPR(J) 4295 (= RPR.IP VII/2, 55 Nr. 90); entsprechend betitelte sich Dominicus selbst als χάριτι θεοῦ τῆς Γραδένσης καὶ Ἀκυλίας ἐκκλησίας πατριάρχης (ep. Petr. inc.; 205,6f.). Gregor VII. sprach in einem Schreiben vom 9. Juni 1077 an denselben Dominicus von der „*singularis cohaerentia*" zwischen Rom und Grado (RPR[J] 5037 = RPR.IP VII/2, 58 Nr. 100; reg. IV 26; MGH.ES II/1, 341,6 CASPAR).

[370] Petrus bedurfte hier keines Übersetzers, anders als beim Brief Leos IX., den er erst zur Übertragung nach Konstantinopel senden mußte (ep. Cerul. 24; 204,18-27).

[371] Cf. MICHEL 1947, 171, zu Dominicus, ep. Petr. 1 (205,10-206,4); ebenso Leo IX., ep. Petr. 4 (462,15f.). Cf. die Grundlage dieser Rangfolge in Conc. Nic. I, can. VI (COD³ 8,38-9,18), sowie die Inanspruchnahme bei Nikolaus I., ep. 88 (MGH.Epp. VI, 475,30f. PERELS); ep. 99 = resp. XCII (aaO., 596,32-35); dazu GEMEINHARDT 2001b, 22f.

kennen.³⁷² Antiochien solle im Orient dafür sorgen, daß die Tradition, die man in Rom und Italien bewahre, nicht mehr bestritten werde.³⁷³

Sowohl die Ausführungen des Dominicus zur kirchlichen Autorität als auch sein Lösungsvorschlag für die Azymenfrage wurden von Petrus als unterkomplex angesehen. Schon dessen Patriarchentitel gab Anlaß zur Kritik, gebe es doch lediglich fünf Patriarchen, nämlich die Bischöfe von Rom, Konstantinopel, Alexandrien, Antiochien und Jerusalem.³⁷⁴ Dominicus habe demnach kein Recht auf die Patriarchenwürde (c. 4; 212,2f.). Die Ausführungen des Petrus über die Azymen bezeugen, daß *in einem einzigen Punkt* Uneinigkeit bestehe, nämlich in der Frage der angemessenen Materie bei der Eucharistie.³⁷⁵ Dies aber ist nur die Einschränkung seiner *positiven* Aussage, die hinsichtlich der Filioque-Frage größte Beachtung verdient:

> „Der überaus heilige Patriarch von Konstantinopel hat eure Ansicht keineswegs so streng getadelt, wie du schreibst, oder euch 'Irrgläubige' genannt und aus der heiligen katholischen Kirche ausgestoßen; vielmehr weiß er sehr gut, daß ihr rechtgläubig seid und mit uns übereinstimmt in der verläßlichen Lehre von der lebenschaffenden und wesensgleichen heiligen Trinität und von dem Heilswerk im Fleische unseres Herrn und Gottes und Erlösers Jesus Christus."³⁷⁶

Dies bestätigt die Rekonstruktion, wonach die Filioque-Frage nicht von Byzanz, sondern von der römischen Legation selbst ins Spiel gebracht worden ist; es gab daher anno 1054 keine Notwendigkeit, über das Filioque zu streiten, wenn selbst gebildete Theologen wie Petrus mit der lateinischen

---

³⁷² Ep. Petr. 3 (207,11-13.20-23): ἡμεῖς τὴν ἑνότητα τῆς καθολικῆς ἐκκλησίας φυλάξαι χωρὶς οἱουδηποτοῦν σχίσματος ἐπιθυμοῦντες... ἑκατέραν συνήθειαν πιστῶς συνιῶμεν καὶ συνέσει πνευματικῇ ὑγιῶς διαβεβαιῶμεν. So bezeichne das Enzymon die τοῦ σαρκωθέντος λόγου οὐσία, das Azymon dagegen symbolisiere die καθαρότης τῆς ἀνθρωπίνης σαρκός (207,24f.27).

³⁷³ Ep. Petr. 4 (207,30-32; 208,1-6).

³⁷⁴ Ep. Domin. 3 (211,3-7; hiernach die Zitate im Text). BRÉHIER 1899, 196-201, schildert Petrus als Vertreter der traditionellen, von den Ereignissen überholten Pentarchietheorie; cf. JUGIE 1941, 222f.; RUNCIMAN 1955, 63f.; WESSEL 1982, 363.

³⁷⁵ Ep. Domin. 7 (214,16f.): ἑνὶ δὲ μόνῳ τούτῳ σκάζοντας, τῇ τῶν ἀζύμων ἀναφορᾷ. Dabei liegt die Schuld für Petrus eindeutig bei dem *einen*, nicht bei den *vier* Patriarchen; cf. c. 12 (218,3-11).

³⁷⁶ οὐχ οὕτως ὁ ἁγιώτατος πατριάρχης Κωνσταντινουπόλεως ἀποτόμως, ὡς ἔγραψας, τῆς ὑμετέρας ὑπολήψεως καταγίνεται καὶ κακοδόξους ὑμᾶς ἀποκαλεῖ, ἐκτέμνων τῆς ἁγίας καθολικῆς ἐκκλησίας, ἀλλ' ὀρθοδόξους καὶ ὁμόφρονας ἡμῖν περί τε τὴν ἀσφαλῆ θεολογίαν τῆς ζωαρχικῆς καὶ ὁμοουσίου ἁγίας τριάδος, καὶ τὴν ἔνσαρκον οἰκονομίαν τοῦ κυρίου καὶ θεοῦ καὶ σωτῆρος ἡμῶν Ἰησοῦ Χριστοῦ καλῶς ἐπιστάμενος (c. 7; 214,7-16).

Kirche keineswegs automatisch ein „photianisches Schisma" assoziierten.[377] Der häresiologische Vorwurf bezieht sich allein darauf, daß die lateinische Azymentheorie in gefährlicher Weise dem Apollinarismus nahekomme, insofern in der Messe „totes, nicht lebendiges Fleisch" (c. 23; 225,27) dargebracht werde. Dagegen gelte: „Unser Herr Jesus Christus, vollkommener Gott und vollkommener Mensch, zweifach der Natur nach, aber nicht der Hypostase, mit beseeltem und verstandesbegabtem Leib aus der Immerjungfräulichen empfangen, übergab uns durch das vollkommene Brot das Geheimnis des neuen Bundes" (διὰ τελείου ἄρτου εἰκότως παρέδωκε τὸ τῆς καινῆς διαθήκης μυστήριον: 225,31-226,5). Nur diese eine Häresie sah Petrus als zu bekämpfen an.

Es ist unwahrscheinlich, daß der Brief an Dominicus von Grado seinen Weg nach Rom fand, denn als Leo IX. selbst nach Antiochien schrieb, bezog er sich ausschließlich auf die erste Inthronistika, nicht aber auf die Azymenfrage. Vielmehr legte er ausführlich seine Sicht der Sonderstellung Roms dar, wonach „in unverbrüchlicher Weise allen Kirchen auf dem ganzen Erdkreis der heilige römische und apostolische Stuhl als Haupt vorgesetzt ist, dem die größeren und schwierigeren Streitsachen aus allen Kirchen zur Entscheidung vorzulegen sind"[378]. Von einem Schisma sprach aber auch Leo nicht, schon gar nicht mit Antiochien, zumal Petrus - man wird konjizieren dürfen: anders als Kerullarios - auf unzweifelhaft kanonische Weise ins Amt gekommen sei, nicht als Neophyt oder Höfling oder durch Bestechung (c. 6; 466,9-468,1).[379] Leo approbierte jedoch nicht nur die Erhebung des Patriarchen, sondern auch sein Glaubensbekenntnis als „*sanam et catholicam atque orthodoxam per omnia*" (c. 6; 468,2f.). Das im Gegenzug mitgeschickte Bekenntnis Leos steht in der Tradition des trinitarischen Aufbaus des NC (und des Apostolicums), indem in drei Artikeln über den Schöpfer, den Inkarnierten und den Geist gehandelt wird; am Schluß finden sich nach Aussagen über Kirche und Taufe einige Ausführungen über die Kohärenz von Altem und Neuem Testament, über die Prädestination

---

[377] Gegen den Kommentar zu Leon von Achrida bei OBERDORFER 2001, 168: „Die photianische Kritik der dogmatischen Formel scheint gar nicht präsent" - hätte sie demzufolge präsent sein *müssen*?

[378] Leo, ep. Petr. 3 (460,10-13; hiernach die Stellenangaben im Text): „*inviolabiliter cunctis in toto orbe terrarum ecclesiis sancta Romana et apostolica sedes caput praeponitur, ad quam maiores et difficiliores causae omnium ecclesiarum definiendae referantur.*"

[379] Cf. ep. Petr. 5 (464,8-13): „*porro quod a nobis causas divisionis universalis ecclesiae compatiendo requiris, fatemur tuae religiosae sollicitudini nos ad huc a domino miserante firmissime retinere vinculum sanctae unitatis: nec videmus nos alicubi incurrisse damnum scismatis, quos integritas concordiae et plenitudo ecclesiasticae disciplinae indesinenter regit. unicuique nostrum debetur honor et sua iura conservantur.*"

und über die menschliche Seele.³⁸⁰ Die sieben Ökumenischen Synoden führt Leo in charakteristischer Zweiteilung auf: Mit Gregor dem Großen vergleicht er die ersten vier Konzile mit den vier Evangelien, aber auch die folgenden drei gelten ihm zweifellos als normativ: „Was auch immer die obengenannten sieben heiligen und allgemeinen Konzilien vertreten und für gut geheißen haben, das vertrete auch ich und heiße es für gut; und wen auch immer sie mit dem Anathema belegt haben, den belege auch ich mit dem Anathema" (c. 13; 472,19-21 = DH 686).³⁸¹

Der Glaube Leos richtet sich auf die *„sancta trinitas"*, die als gleichwesentlich, gleichewig und gleich allmächtig anzusehen sei (c. 7; 468,6-9). Diese Trinität wird differenziert als Schöpfer, menschgewordener Sohn und Heiliger Geist - dieser sei „im Vollsinne und vollständig wahrer Gott, hervorgehend aus Vater und Sohn, diesen in allem gleich, gleichwesentlich und gleich mächtig und gleichewig"; er habe (eine Anspielung auf das NC!) „durch die Propheten gesprochen" (c. 10; 470,8-11). Entsprechend seien die trinitarischen Personen zu definieren als *„patrem ingenitum, filium unigenitum, spiritum sanctum nec genitum nec ingenitum, sed a patre et filio procedentem"* (470,13-15). Die zweifache Betonung des Filioque markierte für Leo also noch im Frühjahr 1054 keineswegs einen Differenzpunkt zum Osten; freilich hatte Petrus in seiner Inthronistika von der ἐκπόρευσις des Geistes gesprochen, ohne diese dezidiert „nur" dem Vater zuzuordnen. Offensichtlich war das Filioque vor Juli 1054 *auf keiner Seite* ein kontroverstheologisches Versatzstück, das unweigerlich thematisiert werden mußte, wenn dogmatische Worte zwischen Ost und West gewechselt wurden.³⁸²

---

³⁸⁰ Leo, ep. Petr. 7-11 (468,6-470,25). Die Grundform dieses Credo findet sich in den *Statuta ecclesiae antiqua*, can. I (CChr.SL 149, 343,8-344,47 MUNIER = DH 325), die dem vierten Konzil von Karthago (398) zugeschrieben werden (so bei MANSI III, 949E-950E), tatsächlich aber im späteren 5. Jahrhundert in Gallien entstanden sein dürften (möglicherweise im Umkreis des Gennadius von Marseille; cf. dazu A. SCHRÖDER, in: LACL² [1999], 572f.). Das angeblich karthaginensische Bekenntnis bietet auch Ps.-Isidor (302f. HINSCHIUS); die beiden Erwähnungen der *processio Spiritus sancti ex Patre et Filio* lassen sich vor Leo jedoch nicht nachweisen und dürften demnach originäre Explikationen sein.

³⁸¹ Cf. schon seine Äußerung zu den *„statuta quatuor synodorum principalium"* in Rom 1049 (Wibert, v. Leon. II 4; 154,15-24 WATTERICH); dazu Gregor I., reg. I 24 (MGH.Epp. I, 36,19f.23f. HARTMANN); LAUDAGE 1997, 295.

³⁸² MAYNE 1954, 144, parallelisiert Leos Toleranz gegenüber dem Bekenntnis des Antiocheners mit seiner ausgleichsbereiten Haltung in der Azymenfrage (cf. Humbert, dial. 29; 106b,15-19).- Nicht zu klären ist, wie in Konstantinopel dieses Credo Leos aufgenommen wurde - die wohl dort angefertigte griechische Übersetzung, die MICHEL nach Ms. Florenz, Laurentianus plut. 57 cod. 40 ediert hat, sagt zweimal unmißverständlich: τὸ πνεῦμα... ἐκ τοῦ πατρὸς καὶ τοῦ υἱοῦ ἐκπορευόμενον (471,10.14)!

In seinem Briefwechsel mit Kerullarios im Spätsommer 1054 blieb zwar die grundsätzlich irenische Haltung des Antiocheners gegenüber dem Westen bestehen - so konnte Petrus zum eucharistischen Brot erklären, gelehrte Männer sollten nicht unnötig um einen nachrangigen Divergenzpunkt „herumhinken" (cf. 1 Kön 18,26).[383] Was nunmehr jedoch zwischen Ost und West als Problem aufgetaucht war, konnte auch der antiochenische Patriarch nicht als partikulare Tradition verbuchen, denn durch den Brief seines Amtskollegen von Anfang Juli hatte seine Unterstellung, daß Lateiner und Griechen denselben orthodoxen Glauben teilten, ihre Selbstverständlichkeit verloren: „Wenn nur der Zusatz in dem heiligen Symbol wieder beseitigt würde, dann müßte daneben weiter nichts anderes an nachrangigen Dingen gefordert werden, auch nicht die Frage nach den Azymen."[384] Die Diskussionsbasis selbst stand durch die Ergänzung des NC in Frage, deren Anlaß und Logik Petrus sich nicht erklären konnte: Die Evangelien als Quellen der Dogmatik seien schließlich in Ost und West identisch, und in Joh 15,26 komme klar zum Ausdruck, daß der Geist aus dem Vater hervorgehe (c. 11; 196,15-18)! In der langen Zeit der Vandalenherrschaft - so seine Deutung *in bonam partem* - seien in Rom wohl die Akten des Konzils von Nizäa verlorengegangen (c. 12; 197,19-22). Bei allem Versöhnungswillen bleibt aber die Sachfrage für Petrus unverhandelbar:

> „Für uns reicht nämlich zur vollkommenen Erkenntnis und Bestärkung der Frömmigkeit das weise und heilvolle Symbol der göttlichen Gnade hin. Über den Vater und den Sohn und den Heiligen Geist und über die Fleischwerdung des Herrn bietet es vollkommen, was die Gläubigen benötigen. Welche aber etwas hinzusetzen oder fortnehmen, die belegen wir mit dem Anathema!"[385]

Bei der Unversehrtheit des Bekenntnisses war also der *status confessionis* gegeben. In seiner Ermutigung an Kerullarios, hinsichtlich dieser entscheidenden Frage nicht nachzulassen und die Lateiner immer wieder zur Rückkehr zur „evangelischen" Botschaft anzuhalten[386], trifft sich Petrus

---

[383] Ep. Cerul. 22 (203,8; hiernach die Nachweise im Text); cf. inthr. Rom. I 2,1 (448,3-5): ἀλλ' εἰ μὲν σχίσμα τὸ τῆς διαστάσεως αἴτιον, ἠξίουν μὴ χρῆναι παρὰ σοφοῖς τὰ θεῖα καὶ λόγου θεραπευταῖς ἀπὸ μικρᾶς ἀφορμῆς οὕτως ἀλόγως σκάζειν περὶ τὰ καίρια.

[384] εἰ τὴν ἐν τῷ ἁγίῳ συμβόλῳ προσθήκην διορθώσαιντο, οὐδὲν ἂν ἕτερον ἐπεζήτουν ἀδιάφορον καταλιπὼν σὺν τοῖς ἄλλοις καὶ τὸ περὶ τὸ ἄζυμα ζήτημα (c. 22; 203,6-9).

[385] ἡμῖν γὰρ ἀρκεῖ εἰς ἐντελῆ τῆς εὐσεβείας ἐπίγνωσίν τε καὶ βεβαίωσιν τὸ σοφὸν καὶ σωτήριον τῆς θείας χάριτος σύμβολον. περί τε γὰρ τοῦ πατρὸς καὶ τοῦ υἱοῦ καὶ τοῦ ἁγίου πνεύματος ἐκδιδάσκει τὸ τέλειον καὶ τοῦ κυρίου τὴν ἐνανθρώπησιν τοῖς πιστῶς δεχομένοις παρίστησι. τοὺς δὲ προστιθέντας τι ἢ ἀφαιροῦντάς τι, ἀναθεματίζομεν (c. 12; 197,25-198,5).

[386] Ep. Cerul. 17 (200,23-201,2); cf. JUGIE 1941, 227f.; DAGRON 1994, 361.

von Antiochien mit Niketas Stethatos. So wird erkennbar, wie mit der Filioque-Frage die anhand der Azymen-Diskussion aufgerissene Kluft zwischen Ost und West erst vertieft wurde, indem nicht nur eine rituelle Differenz betroffen war, die man um der Liebe willen ertragen könnte, sondern die Offenbarung Christi selbst, wie sie im NC ihre konzise Gestalt gefunden hatte. Angegriffen waren damit alle drei Kriterien der Orthodoxie: die Schrift als die Verkündigung Jesu, die getreue Weitergabe dieser Verkündigung durch die Apostel und die gehorsame Aufnahme dieser Verkündigung in der Tradition der Väter. Hier lag nun tatsächlich eine Differenz mit „schismatischer" Valenz - aber erst zwei Jahre *nach* den Inthronistiken an die orientalischen Patriarchen und nach Rom. Ein Kontinuitätsfaktor ist freilich Petrus' Wille, der οἰκονομία Raum zu geben, wenn auch im Bewußtsein kultureller Überlegenheit gegenüber den „Barbaren":

> „Denn diese sind unsere Brüder, auch wenn es bei ihnen oft vorkommt, daß sie aus bäuerlicher Derbheit und Ungelehrsamkeit in gutem Willen des Wandelns das Angemessene verfehlen; und man darf von den Barbarenvölkern nicht dieselbe Exaktheit fordern, welche wir bei uns Redegewandten erwarten dürfen (καὶ μὴ τοσαύτην ἀκρίβειαν ἐπιζητεῖν ἐν βαρβάροις ἔθνεσιν, ἣν αὐτοὶ περὶ λόγους ἀναστρεφόμενοι ἀπαιτούμεθα). Denn die große und lebenschaffende Trinität wird gewiß auch bei ihnen verkündigt, und ebenso wird das Geheimnis des Heilswerkes im Fleische in Übereinstimmung mit der Verherrlichung bei uns bekannt" (c. 14; 198,26-35).

Diese Irenik war im Jahr 1054 in Konstantinopel nicht anschlußfähig; sie sollte freilich einige Jahrzehnte später bei Theophylakt von Achrida in Verbindung mit der polemischen Dogmatik des Niketas Stethatos erneut kontroverstheologische Bedeutung erlangen.[387]

---

[387] Ein weniger subtiler literarischer Nachhall der Kontroverse von 1054 findet sich in der Streitschrift Περὶ τῶν Φράγγων καὶ τῶν λοιπῶν Λατίνων (162-171 HERGENRÖTHER; hiernach im folgenden zitiert); zur hochmittelalterlichen Rezeptionsgeschichte cf. DERS. 1869, 175-181 (*terminus ad quem*: Hugo Etherianus [1110/20-1182], der *Contra Francos* ins Lateinische übersetzte); DARROUZÈS 1963, 55f.; WESSEL 1982, 362 Anm. 32. Bei dem Traktat, der unter dem Namen des Photius umlief, handelt es sich um „eine Flugschrift für die Massen der wenig gebildeten Kleriker, für die es um handfeste rituelle Divergenzen ging" (BECK 1959, 538; cf. JUGIE 1941, 218; RUNCIMAN 1955, 52). Insgesamt 28 Häresien der Lateiner exemplifizieren die These: Ὁ πάπας Ῥώμης καὶ ὅσοι τοῦ μέρους τῆς δύσεως χριστιανοὶ ἔξωθεν τοῦ ἰωνίου κόλπου... ἅπαντες σὺν τῷ πάπᾳ πρὸ πολλῶν χρόνων τῆς καθολικῆς ἐκκλησίας ἐκτός εἰσι καὶ τῶν εὐαγγελικῶν καὶ ἀποστολικῶν καὶ πατρικῶν παραδόσεων ἀλλότριοι δι' ἃ ἔχουσι παράνομα καὶ βαρβαρικὰ ἔθη (praef.; 62,13f.; 63,2-4). Zum Filioque wird festgestellt: τοῦ ἁγίου συμβόλου τῆς πίστεως ἐκ τοῦ εὐαγγελικοῦ ῥητοῦ συντεθέντος τοῦ σαφῶς οὑτωσὶ διεξιόντος περὶ τοῦ ἁγίου πνεύματος· 'καὶ εἰς τὸ πνεῦμα τὸ ἅγιον, τὸ κύριον, τὸ ζωοποιόν, τὸ ἐκ τοῦ πατρὸς ἐκπορευόμενον', οὗτοι προστεθείκασι· 'καὶ ἐκ τοῦ υἱοῦ' κακῶς καὶ ἐπισφαλῶς (c. 1; 63,6-10). Wie bei Petrus wird entschuldigend τὸ στενὸν τῆς αὐτῶν διαλέκτου angeführt (63,10-13).

V. Anselm von Canterbury und das Konzil von Bari (1098)

Die gegenseitigen Verdammungen durch Humbert von Silva Candida und Michael Kerullarios stellen ein trauriges Ergebnis der Bemühungen von römischem Papst und byzantinischem Kaiser um eine politische und kirchliche Verständigung dar, können jedoch keinesfalls als „definitiver Bruch" zwischen Ost und West oder als Beginn eines formellen „Schismas" angesehen werden. Das Jahr 1054 gewann vielmehr erst dann kirchentrennende Bedeutung, als angesichts des *vollzogenen* Bruchs zwischen Abendland und Byzanz theologisch und historisch nach dessen Anfängen gesucht wurde. Allerdings ist ein Datum deutlich benennbar, das mit einem Schlag tiefe Gräben zwischen Orient und Okzident aufriß: der erste Kreuzzug (1096-1099), von dem sich bis zu den antilateinischen Pogromen in Konstantinopel (1182) und der Eroberung der Kaiserstadt selbst (1204) eine Geschichte wachsenden Mißtrauens zieht, das alle künftigen Verständigungsversuche mit einer schweren Hypothek belastete.

Gleichermaßen begann die Filioque-Frage erst *nach* 1054 die Azymenproblematik als zentrales Kontroversthema zu verdrängen. Galt diese als Symbol der rituellen und disziplinären Unterschiedenheit, so absorbierte der Hervorgang des Heiligen Geistes spätestens seit Beginn des 12. Jahrhunderts alle anderen dogmatischen Divergenzen. Der dogmengeschichtliche Blick muß sich bei der Rekonstruktion dieser Entwicklung mehr als bislang auf den Beitrag des Anselm von Canterbury richten, dessen Traktat *De processione Spiritus sancti* (1102) in der Forschung zu selten in seinem besonderen Gepräge gewürdigt wird. Erstmals in der lateinischen Kontroverstheologie werden hier die *systematisch-theologische* und die *symbolhermeneutische* Dimension konsequent zusammengedacht. Die Komplexität „der" Filioque-Frage, die ja gerade darin besteht, daß derselbe Glaube in zwei grundlegend unterschiedlichen sprachlichen, kirchlichen und theologischen Kontexten ausgedrückt werden soll, und zwar vermittels einer im jeweiligen *Wortbestand* differierenden, dennoch in beiden Sprachgestalten *sachidentischen* Formel, wird durch Anselm erstmals von einem westlichen Theologen systematisch durchkonstruiert und einer Lösung zugeführt, die er - im Bewußtsein dieser mehrdimensionalen Problemlage - für prinzipiell konsensfähig hielt - was sie aufgrund ihrer Verwurzelung in der lateinisch-augustinischen Tradition tatsächlich nicht sein konnte.

Anselm von Canterbury formulierte seine Filioque-Theologie im Dialog mit griechischen Theologen auf der Synode von Bari (1098). Im folgenden ist (1.) das historische Spannungsfeld dieser Synode zu klären, das die Eroberung Süditaliens und Siziliens durch die Normannen und deren Stellung zum Reformpapsttum (1.1.), das Verhältnis von römischem Papst und byzantinischem Kaiser (1.2.) und den englischen Investiturstreit (1.3.) umfaßt. Nach einer Verortung Anselms in der Theologiegeschichte des 11. Jahrhunderts und einer Skizze seines trinitätstheologischen Denkens (2.1.) ist der o.g. Traktat in systematischer und symbolhermeneutischer Perspektive zu analysieren (2.2.), um Anselms Ansatz in Sachen Filioque sowohl hinsichtlich seiner „ökumenischen" Methode als auch seiner trinitätstheologischen Position profilieren zu können (2.3.). Zeitnah dazu wurde die Filioque-Problematik auf griechischer Seite durch Theophylakt von Achrida aufgegriffen (3.1.); dies bietet die Möglichkeit, ein Zwischenfazit der Filioque-Kontroverse zu ziehen, wie sie sich um das Jahr 1100 darstellt (3.2.).

1. Das Konzil von Bari in seinem politischen Spannungsfeld

1.1. Papsttum und Normannen: Die kirchliche Lage in Süditalien

Zwischen 1054 und 1059 erfuhren die Kräfteverhältnisse in Unteritalien eine geradezu kopernikanische Wende: Hatte Papst Stephan IX. - als Friedrich von Lothringen selbst Mitglied der Gesandtschaft von 1054 - noch um 1057 neue Verhandlungen mit Byzanz angestrengt, die durch seinen frühen Tod freilich wieder zum Erliegen kamen[1], so verzichtete Papst Nikolaus II. (1059-1061) auf weitere militärische Unternehmungen und wurde zum Lehnsherrn der Normannen, die angesichts des Machtvakuums nach dem Tod Kaiser Heinrichs III. (1056) zur päpstlichen Schutzmacht avancierten.[2] Robert Guiscard gelobte 1059 in Melfi, als *„dux Apuliae et Calabriae et utroque subveniente futurus Siciliae"* sein derzeitiges Herrschaftsgebiet sowie

---

[1] Chron. Casin. III 9 (MGH.SS XXXIV, 370,16-371,8 HOFFMANN); GRUMEL 1942, 27.
[2] Nach Gaufred Malaterra, gest. Rog. I 14 (RIS² V/1, 15,25-27 PONTIERI), habe bereits Leo IX. nach seiner Niederlage bei Civitate dem Normannenherzog Humfred „*omnem terram, quae pervaserant et quam ulterius versus Calabriam et Siciliam lucrari possent, de sancti Petri haereditali feudo sibi et haeredibus suis possidendam*" zugesprochen (so die *Anonymi Vaticani Historia Sicula*; RIS VIII, 753B MURATORI). In dieser Rückprojektion des Belehnungsaktes von 1059 meint CHALANDON 1907, 142, dennoch einen historischen Kern identifizieren zu dürfen.

das noch den Arabern zu entreißende Sizilien der päpstlichen Jurisdiktion zu überantworten.³ Was Leo IX. mit der Ernennung Humberts zum Erzbischof von Sizilien antizipiert hatte, gewann nun durch die Kooperation mit den Normannen reale Aussichten auf Erfolg.⁴ Damit hatte sich das Papsttum eindeutig auf die Seite der Feinde des byzantinischen Kaiserreiches gestellt, wie übrigens auch die Vergabe des Fürstentums Capua an Graf Richard von Aversa einen offensichtlichen Eingriff in die Prärogative des deutschen Kaisertums bedeutete; in einer Zeit der Schwäche beider imperialer Konkurrenten nahm Nikolaus bewußt zwischen den Stühlen Platz.⁵

Robert Guiscard und seinem Bruder Roger gelang es, innerhalb weniger Jahre die letzten byzantinischen Bastionen in Kalabrien und Apulien einzunehmen; 1071 fiel Bari in die Hände der Normannen, im gleichen Jahr, als Kaiser Romanos IV. Diogenes bei Mantzikert eine vernichtende Niederlage gegen die Seldschuken erlitt.⁶ Im Bemühen, im Westen den Rücken freizubekommen, um sich auf den Abwehrkampf in Kleinasien konzentrieren zu können, offerierte Kaiser Michael VII. Dukas (1071-1078) Robert Guiscard sogar eine Heirat zwischen dessen Tochter und einem Angehörigen des Kaiserhauses⁷, was Guiscard zunächst rundheraus ablehnte. Jedoch bezeugt ein Chrysobull aus dem Jahr 1074 tatsächlich die Hochzeit zwischen dem neugeborenen Sohn des Kaisers, Konstantin, und einer Tochter Guiscards, die in Konstantinopel den Namen Helene annahm.⁸ Damit hatte sich fünfzehn Jahre nach Melfi die Kräftekonstellation grundlegend gewandelt: Byzanz und die Normannen näherten sich einander an, während das Papsttum seine Mittelstellung eingebüßt hatte. Unter Gregor VII. war nämlich eine tiefe Entzweiung mit Robert Guiscard eingetreten, die dazu führte, daß der Normanne am 9. März 1074 von der römischen Synode exkommuniziert wurde.⁹ Der neue Papst versuchte den Normannenfürsten

---

³ Vasalleneid des Robert Guiscard an Papst Nikolaus II. (Melfi, August 1059; Liber censuum 163: I; 422a,19f.; 422b,6-10 FABRE/DUCHESNE); cf. CHALANDON 1907, 170f.; DEÉR 1972, 63-78.
⁴ Cf. NORDEN 1903, 43; CASPAR 1904, 597; BECKER 1988, 88f.; s. o. S. 326 Anm. 112.
⁵ HOUBEN 1997, 11.21; cf. RUNCIMAN 1955, 57; HOLTZMANN 1961, 70; BLUMENTHAL 2001, 308f.; zum folgenden: ROBINSON 1990, 367-375.
⁶ OSTROGORSKY 1963, 284; BECK 1980, 148; JAHN 1989, 79 mit Anm. 4. Zur normannischen Eroberung des byzantinischen Gebietes cf. CHALANDON 1907, 173-190.
⁷ DÖLGER Nr. 989 (Ende 1071); 990 (Anf. 1073); cf. CHALANDON 1907, 260-264; CHARANIS 1949, 17-19.
⁸ DÖLGER Nr. 1003 (mit massiven Zweifeln an der Echtheit, wohingegen Anna Komnene, Alex. I 12,2 [CFHB 40/1, 39,70-40,76 REINSCH], die Heirat bezeugt; ebenso Johannes Skylitzes continuatus [CSHB 14; 724,7-13 BEKKER]); cf. CHALANDON 1907, 264; CHARANIS 1949, 19f.; COWDREY 1982, 34.
⁹ Gregor VII., reg. I 85a (Jahresbericht 28.6.1074; MGH.ES II/1, 123,25-28 CASPAR).

daran zu hindern, seine Macht über die lehnsrechtlichen Festlegungen von 1059 hinaus auf Benevent auszudehnen; sein Angriff auf Guiscard im Juni 1074 geriet freilich zu einem grandiosen Fehlschlag.[10] Als jedoch Michael Dukas 1078 zugunsten seines Rivalen Nikephoros III. Botoneiates (1078-1081) abdanken mußte, sah Robert Guiscard darin einen willkommenen Vorwand, um seine Eroberungspläne gegen Byzanz zu revitalisieren; ebenso stand Gregor VII. treu zu dem ins Kloster verbannten Ex-Kaiser - und damit plötzlich wieder an der Seite Guiscards! - und exkommunizierte den Usurpator.[11] Hinter dieser Politik stand vor allem sein dringendes Bedürfnis nach normannischer Waffenhilfe gegen den deutschen König Heinrich IV.; den Lehnseid, den Guiscard am 29. Juni 1080 leistete, wird man kontrafaktisch als Zeugnis der Kapitulation des bedrängten Papstes lesen müssen.[12] Im Gegenzug wandte sich der neue byzantinische Kaiser Alexios I. Komnenos (1081-1118) nach einem vergeblichen Versuch, den Papst als Bundesgenossen gegen Guiscard zu gewinnen[13], an den deutschen König, um ein Bündnis gegen die Normannen abzuschließen[14]; zudem wußte er sich zur Abwehr des normannischen Angriffs auf Dyrrhachion (Durazzo)

---

[10] CHALANDON 1907, 228f.237f.; COWDREY 1982, 31f.; TELLENBACH 1988, 178; cf. unten S. 408f.

[11] Gregor VII., reg. VI 5b (19.11.1078; MGH.ES II/2, 400,28f. CASPAR); cf. CHARANIS 1949, 23; OSTROGORSKY 1963, 288. Im Brief des Basilius von Reggio an den Patriarchen Nikolaos III. Grammatikos von 1090 werden Gregor und Robert Guiscard daher *zusammen* als Feinde der Byzantiner wahrgenommen (Nr. 4; 103,39-41 HOLTZMANN: Γρηγόριος πάπα ὁ τρισκατάρατος... καὶ ὁ κατάρατος Ῥουμπέρτης). Die *Anonymi Vaticani Historia Sicula* (RIS VIII, 768B MURATORI) benennt - einigermaßen anachronistisch - als Grund für den Angriff auf Byzanz, *„quod Graecorum gens infidelissima debitam Romanae Ecclesiae obedientiam exhibere contemnebat"*.

[12] RPR.IP VIII, 18 Nr. 47 (Liber censuum 164: I; 422b,24-30 FABRE/DUCHESNE = reg. VIII 1a; MGH.ES II/2, 514,18-515,22 CASPAR). Der Anspruch des Papstes auf das „vasallistische *auxilium*" (DEÉR 1972, 148) wurde 1084 durch die Vertreibung Heinrichs IV. aus Rom tatkräftig eingelöst (cf. TELLENBACH 1988, 199f.).

[13] DÖLGER Nr. 1067 (Juni 1081: Anna Komnene, Alex. III 10,1 [CFHB 40/1, 112,50-60 REINSCH]).

[14] Nach DÖLGER Nr. 1068 (Juni 1081: Anna Komnene, Alex. III 10,2 [CFHB 40/1, 112,60-66 REINSCH]) schrieb Alexios Komnenos an Heinrich IV., der Anfang 1082 antwortete (DÖLGER Nr. 1077; cf. die Vita Heinrici IV. imperatoris 1; MGH.SRG 58, 12,18-25 EBERHARD; Benzo von Alba, Ad Heinricum IV. imperatorem VI 4; MGH.SRG 65, 548,19-550,6 SEYFFERT; Bernold, chron. a. 1084; MGH.SS V, 440,5-15 PERTZ). Heinrich kam dem Kaiser allerdings keineswegs zu Hilfe, sondern finanzierte mit den ihm übersandten Geschenken seinen Romzug (1084), die Inthronisation Clemens' III. und seine eigene Kaiserkrönung (cf. NORDEN 1903, 45).

der Hilfe Venedigs zu versichern.[15] Der erfolgreiche Abwehrkampf gegen Robert Guiscard, der Dyrrhachion 1081 zwar erobern, jedoch auf Dauer nicht gegen die venezianische Flotte halten konnte und im Jahr 1085 starb, ohne seinem großen Ziel nahegekommen zu sein, brachte Konstantinopel freilich auf lange Sicht in eine folgenschwere Abhängigkeit von Venedig.[16]

Neben Robert Guiscard trat mehr und mehr sein Bruder, Graf Roger I., als Führungspersönlichkeit unter den rivalisierenden Normannenfürsten auf, vor allem als treibende Kraft bei der Eroberung Siziliens.[17] Nominell seinem herzoglichen Bruder unterstellt, baute er seit der Erstürmung Palermos (1072) die *Insula Sicula* bis zu seinem Tod (1101) sukzessive zu einem geschlossenen Herrschaftsterritorium aus. Der militärischen Unterwerfung der sizilischen Muslime (bis 1091) folgte freilich nur allmählich die kulturelle Verdrängung des Islam – weder waren die Normannen im Mittelmeerraum jemals so zahlreich, daß ihre bloße Präsenz einen kulturellen Umbau hätte bewirken können, noch erschien eine gewaltsame Bekehrung der Muslime ratsam.[18] Vielmehr übernahm der Graf sogar islamische Soldaten in sein Heer, ohne deren Konversion zu fordern – ein Sachverhalt, der Anselm von Canterbury überaus bestürzte, als er im Gefolge des Papstes vor Capua auf Rogers Armee traf.[19]

Nächst der Konsolidierung seiner politischen Vormachtstellung auf der Insel galt die Sorge Rogers der Reorganisation der Kirchenstruktur, allerdings weniger aus religiöser Motivation denn aus politischem Kalkül heraus.[20] Das bedeutete nichts Geringeres, als für drei verschiedene Kulturkrei-

---

[15] DÖLGER Nr. 1070 (Juni 1081: Anna Komnene, Alex. IV 2,2 [CFHB 40/1, 122,76-123,86 REINSCH]; Wilhelm von Apulien, gest. Rob. Wisc. IV [218,272-283 MATHIEU]); cf. CHALANDON 1907, 269-271; OSTROGORSKY 1963, 295.

[16] Cf. DÖLGER 1081 (Mai 1082: Anna Komnene, Alex. VI 5,11 [CFHB 40/1, 178,25-179,40 REINSCH]): Der Doge von Venedig (das nominell immer noch zum byzantinischen Reich gehörte; cf. SCHREINER 1994, 22.134) erhielt den gut dotierten Titel eines *protosebastos*, der Patriarch von Grado die Würde eines *hypertimos*; vor allem aber wurden die venezianischen Kaufleute in allen Reichsteilen von Abgaben befreit und dadurch „den einheimischen byzantinischen Kaufleuten gegenüber stärkstens bevorzugt" (OSTROGORSKY 1963, 295f.). Cf. dazu vor allem BECK 1969, 230f.; weiterhin NICOL 1988, 56-58.64; LILIE 1989, 203f.; WINKELMANN 1998, 22.

[17] Cf. CASPAR 1904, 1-6; CHALANDON 1907, 192-211.327-341, BECKER 1964, 117; HOUBEN 1997, 16f.

[18] HOUBEN 1997, 20; zur „numerical weakness of the invaders" cf. LOUD 1988, 222.

[19] Eadmer, v. Ans. II 33 (112,10-15 SOUTHERN); Ordericus Vitalis, h. e. X 3 (V; 206,8-16 CHIBNALL); Johannes von Salisbury, v. Ans. 10 (PL 199, 1027D); HEFELE/LECLERCQ 1912, 458. Eadmers Notiz: „*revera nullum eorum pati volebat Christianum impune fieri*" (aaO., 112,14f.), darf allerdings bezweifelt werden.

[20] HOUBEN 1997, 22; cf. Gaufred Malaterra, gest. Rog. IV 7 (RIS² V/1, 88,30-90,5 PONTIERI). Dabei mißachtete er des öfteren die Grundsätze der päpstlichen Reform, so

se einen tragfähigen *modus vivendi* zu finden.[21] Anders als in Süditalien hatte in Sizilien nach jahrhundertelanger Sarazenenherrschaft das kirchliche Leben weitgehend aufgehört; vom griechischen Christentum waren nur wenige Kirchen und Klöster übriggeblieben, wofür der Fall der Erzbischofs Nikodemus von Palermo symptomatisch ist, den die normannischen Eroberer in einer kleinen Kapelle neben dem zur Moschee umfunktionierten Dom vorfanden. Sowohl Robert Guiscard und Roger I. als auch Alexander II. beließen den Griechen in seinem Amt[22], wie auch generell keine „Latinisierung" oder „Romanisierung" im Sinne einer forcierten kulturellen Umorientierung erfolgte[23]: Die Einlösung des Lehnseides gegenüber dem Papsttum beschränkte sich auf die Durchsetzung der römischen *potestas consecrandi*, worin die päpstliche Suprematie zum Ausdruck kam, ohne daß die bestehende griechische Hierarchie aufgelöst werden mußte.[24] Wenn Robert Guiscard in Süditalien eine aggressivere Politik gegenüber der griechischen Kirche als sein Bruder verfolgte, dann lag das weniger an religiösem Rigorismus als vielmehr an seinen bis nach Konstantinopel ausgreifenden Eroberungsplänen[25]; auf Sizilien fand Roger durch das weitgehende Fehlen einer kirchlichen Organisation eine einfachere Ausgangslage für den Aufbau einer romorientierten Kirche vor. Keine der beiden Verhaltensoptionen gegenüber den orthodoxen Christen kann, wie Peter HERDE zurecht betont hat, als rundheraus „antigriechisch" angesehen werden; die Normannen und in ihrem Gefolge die Päpste setzten eher darauf, daß mit der Zeit die Infiltration des Episkopats durch Lateiner auch auf den niederen Klerus und das Kirchenvolk abfärben würde.[26]

---

etwa bei der eigenmächtigen Gründung des sizilischen Bistums Troina, wogegen freilich selbst Gregor VII. nur sehr vorsichtig zu protestieren wagte (reg. IX 25; MGH.ES II/2, 607,15-608,25 CASPAR); cf. CASPAR 1904, 598-606; LEIB 1924, 136.

[21] Cf. zum folgenden CASPAR 1904, 9-17.597-631; CHALANDON 1907, 341-347; LEIB 1924, 106-142; HOLTZMANN 1961; HERDE 1970, 5-9; LOUD 1988, 215-220.

[22] Das Privileg Alexanders II. für Nikodemus bezeugt sein Nachfolger Calixt II. (RPR[J] 7045 = PL 163, 1279C); cf. auch Gaufred Malaterra, gest. Rog. II 45 (RIS² V/1, 53,21-23 PONTIERI).

[23] LEIB 1924, 134; cf. auch BECKER 1988, 74-77, sowie den Hinweis bei LOUD 1988, 228f., auf das Bistum Gallipoli, das noch bis 1513 [sic!] den griechischen Ritus beibehielt. Die Dynamik der kirchlichen Veränderung lag weniger in „outright hostility" als in „the change in the demographic structure" durch Migranten aus Norditalien (aaO., 232).

[24] HERDE 1970, 6; PATLAGEAN 1995, 378.

[25] HOLTZMANN 1961, 72f. NORDEN 1903, 45, sieht dagegen bei Guiscard „die Politik einer gewaltsamen Unterwerfung der Griechen unter das abendländische Regiment".

[26] HERDE 1970, 12: „Der griechische Episkopat und Klerus wurde in seinen Funktionen und seinem Ritus belassen, wenn er öffentlich oder wenigstens stillschweigend die Weihegewalt des Papstes für alle Bischöfe Italiens und damit den sich in dieser Weihegewalt offenbarenden Primat anerkannte"; cf. LEIB 1924, 121f.; HOLTZMANN 1961, 73.

Wie bei Gregor VII., so war auch die Haltung Urbans II. (1088-1099) zu den Normannen zunächst von der Suche nach Beistand gegen den von Heinrich IV. unterstützten Gegenpapst Clemens III. (Wibert von Ravenna; 1084-1100) geleitet: Mit den „Schismatikern" könne es niemals Gemeinschaft geben, weshalb er mit den „Sündern und Räubern" vorliebnehmen müsse, die bislang immerhin die (gregorianische) Kirche unterstützt hätten.[27] Jedoch wollte Urban - anders als seine Vorgänger - kein normannischer „Landesbischof"[28] sein. So stellt sich die Geschichte seines Pontifikats als ein Balanceakt zwischen der Durchsetzung von Reformansprüchen und der Rücksichtnahme auf die Interessen seines Beschützers dar: Daß Urban im Spätsommer 1089, als Roger I. dem griechisch-basilianischen Mönchtum in Sizilien weitgehende Exemtion von der bischöflichen Jurisdiktion gewährte[29], keine Einwände erhob, zeigt, wie sehr er auf Rogers Hilfe gegen den „Antipapst" angewiesen war - auch für sein Ziel, früher als sein Rivale zu einer Verständigung mit Kaiser Alexios I. Komnenos zu gelangen.[30]

Die ältere These von Erich CASPAR und Ferdinand CHALANDON, wonach auch zur Zeit Urbans II. die kirchliche Reorganisation Siziliens ohne Beteiligung des Papsttum vorgenommen worden sei, ist in der neueren Forschung revidiert worden.[31] Zwar konnte sich Urban dem Grafen gegenüber nicht als Lehnsherr situieren (wie bei Robert Guiscards Nachfolger, Herzog Roger Bursa, der im September 1089 in Melfi vom Papst die Investitur empfing[32]); jedoch hegte Roger - anders als sein verstorbener Bruder - keine

---

Erst unter dem Pontifikat Innozenz' III. (1198-1216) wurde diese „durchaus friedliche Symbiose zwischen der lateinischen und der griechischen Kirche in Unteritalien" (aaO., 76) durch die Übersteigerung der primatialen Ansprüche Roms untergraben und die bislang geübte Toleranz gegenüber dem orthodoxen Ritus aufgegeben.

[27] RPR(J) 5363 an Wimund von Aversa (PL 151, 358A): „*Nos inter duo oppugnantia positi, inter impios videlicet et schismaticos, schismaticis ullo modo communicare non possumus, ut licet; peccatoribus vero et praedonibus dispensative propterea communicavimus, quia et Ecclesiam hactenus sustentaverunt et se fideles in posterum pollicentur*"; cf. CASPAR 1904, 610f.; BECKER 1964, 115; TELLENBACH 1988, 203. Ebenso werden in can. 10 von Piacenza (1095) Restriktionen gegen die Bischöfe ausgesprochen, „*qui vero ab episcopis quondam catholice ordinatis sed in hoc scismate* [sic!] *a Romana Aecclesia separatis consecrati sunt*" (MGH.Const. I, 562,23f. WEILAND).

[28] DEÉR 1972, 137; cf. HOLTZMANN 1924, 58.

[29] HOLTZMANN 1961, 74, bewertet dies als eine „den Prinzipien der gregorianischen Reformzeit geradezu ins Gesicht schlagende Regelung".

[30] HOLTZMANN 1924, 68f.; COWDREY 1988, 161.

[31] Diese Revision ist ein zentrales Anliegen der großen Studie über Urban II. von Alfons BECKER (bes. 1988, 71-77); cf. ebenso bereits KLEWITZ 1933/34, 129f.135, gegen CASPAR 1904, 631, und CHALANDON 1907, 343-346; anders zuletzt DEÉR 1972, 169.

[32] BECKER 1988, 68f.; die Belehnungsurkunde findet sich bei Romuald von Salerno, chron. a. 1090 (MGH.SS XIX, 412,9-12 ARNDT = RIS² VII/1, 199,1-4 GARUFI).

Ambitionen gegen Byzanz selbst, was den Griechen in Süditalien die Anerkennung der „*gratia et communio apostolicae sedis*" erleichterte, so daß der normannische Einflußbereich die erste Region war, in der Urban als rechtmäßiger Inhaber der *cathedra Petri* anerkannt wurde.[33] Die Beziehungen zwischen beiden erhielten 1098 eine bis dahin ungekannte und vom Reformpapsttum gewiß nicht intendierte Grundlage: Am 5. Juli 1098 erhielt Roger I. in Salerno das sogenannte „Legationsprivileg" für Sizilien, d.h. die explizite päpstliche Autorisation für die Durchführung seiner eigenständigen Kirchenpolitik.[34] Der Papst hatte zuvor erfolglos versucht, seinen Einfluß in Sizilien durch die Ernennung Roberts von Troina zum apostolischen Legaten zu institutionalisieren, mußte aber aufgrund Rogers Widerstand diese Funktion letztlich dem Grafen selbst zuzuweisen:

> „Diesem Grafen, der sich in allen kirchlichen Angelegenheiten durch den brennenden Eifer göttlicher Liebe ausgezeichnet hat, übertrug er das Legatenamt des seligen Petrus über ganz Sizilien und Kalabrien, soweit es ihm gehörte, in erblicher Weise."[35]

Das Legationsprivileg bezieht die Erblichkeit auf jeden, „der dir als legitimer Erbe erwächst"; der Papst sagte zu, „daß wir für euer Herrschaftsgebiet gegen euren Willen oder Rat keinen Legaten der römischen Kirche bestellen werden, vielmehr wollen wir alles, was wir durch einen Legaten zu tun beabsichtigen, durch euer Handeln an Stelle eines Legaten geschehen lassen."[36] Dies implizierte eine Handlungsfreiheit in kirchlichen Angelegenheiten, wie sie seit Gregor VII. dem „weltlichen" Bereich gerade nicht mehr zugestanden werden sollte.[37] Daß der Graf in der Folgezeit seine Urkunden als Ῥουκέριος κόμες καὶ λεγάτος Καλαβρίας καὶ Σικελίας, ὁ τῶν χριστιανῶν βοηθός unterzeichnete, bedeutet jedoch keineswegs, daß er hiermit *gegen* den Papst den „glänzendste[n] und krönende[n] Sieg seiner

---

[33] BECKER 1988, 71.89.101f. Entsprechend bezeugt Wibert von Ravenna gegenüber Basilius von Reggio (ep. Bas.; 98,18f. HOLTZMANN) sein gespanntes Verhältnis zu den Normannen, besonders zu Herzog Roger Bursa: ἐχθρωδῶς εἰδότες εἰς ἡμᾶς τούτους διακειμένους.

[34] CASPAR 1904, 630; KLEWITZ 1933/34, 138. BECKER 1964, 118f.; 1988, 190f., geht über diese folgenschwere Tat Urbans allzu flüchtig hinweg.

[35] RPR(J) 5706 = RPR.IP VIII, 25 Nr. 81 (Gaufred Malaterra, gest. Rog. IV 29; 107,9-11 PONTIERI).

[36] Gaufred Malaterra, gest. Rog. IV 29 (RIS² V/1, 108,8-10 PONTIERI): „*nullum in terra potestatis vestrae praeter voluntatem aut consilium vestrum legatum Romanae ecclesiae statuemus, quinimmo quae per legatum acturi sumus, per vestram industriam legati vice exhiberi volumus*" cf. DEÉR 1972, 167f.; ROBINSON 1990, 375f.

[37] Cf. CANTOR 1958, 118; DEÉR 1972, 179; TELLENBACH 1988, 203. Nach HOUBEN 1997, 22, wurde hiermit „die Grundlage für die Errichtung einer vom Herrscher kontrollierten Landeskirche" gelegt.

Kirchenpolitik" erfochten hätte.[38] Vielmehr wird hieran deutlich, daß Graf und Papst bei der Restrukturierung der süditalienischen Kirche Hand in Hand arbeiteten - der erste bedacht auf seine Souveränität, die allererst Toleranz ermöglichte, der letztere konzentriert auf seine Anerkennung als rechtmäßiger *pontifex Dei*, die ihm erst den Rückhalt gab für seine Bemühungen um eine Verständigung mit dem griechischen Teil der Christenheit.

1.2. Ost und West: Papst Urban II. und Kaiser Alexios I. Komnenos

1.2.1. Die Kreuzzugspläne Gregors VII. (1074/75)

Urban II. orientierte sich in seiner Amtsführung weitgehend an Gregor VII., was grundsätzlich auch für seine „Ostpolitik" zutrifft. Der *Liber pontificalis* stellt den Plan zum Kreuzzug sogar als verspätete Durchführung dessen dar, was Gregor nicht hatte verwirklichen können:

> „Dieser hochberühmte und demütige Bischof erfuhr, daß Gregor, sein Vorgänger als Papst, die [Menschen] jenseits der Alpen aufgerufen hatte, zur Verteidigung des christlichen Glaubens nach Jerusalem zu ziehen und das Grab des Herrn aus den Händen der Feinde zu befreien (*Domini sepulchrum e manibus inimicorum liberare*), was er freilich nicht durchführen konnte, da die Verfolgung durch den König Heinrich ihn von allen Seiten sehr bedrängte. Was aber sein Vorgänger nicht zu tun vermochte, das erfüllte dieser von Gott erwählte und hochberühmte Bischof dank der Gnade Gottes."[39]

In der Tat läßt sich bereits bei Gregor VII. der Plan eines militärischen Eingreifens im Osten erkennen, ausgehend von einer Kontaktaufnahme durch Konstantinopel im Frühjahr 1073.[40] Zwei griechische Mönche über-

---

[38] Dies behauptet aber CASPAR 1904, 630; die Titulatur wird zitiert nach aaO., 634,5f.; cf. bereits die Urkunde für die Klöster von Maida vom 6. Mai 1098 (aaO., 632-634, hier 632,7-10) Nach KLEWITZ 1933/34, 140, habe dagegen der von Urban geleistete „Verzicht auf kurialen Einfluß" faktisch „nicht viel mehr als die rechtliche Feststellung eines bestehenden Zustandes" impliziert.

[39] Lib. pont. (II; 293,4-7 DUCHESNE); zum Quellenwert dieser Nachricht und generell zu Urbans Kenntnis des Briefregisters Gregors cf. HOLTZMANN 1924, 75f.; BECKER 1988, 294; ROBINSON 1990, 325.

[40] Zwei Episoden unter dem vorausgehenden Pontifikat Alexanders II. verdienen trotz der unzureichenden Quellenlage Beachtung: Benzo von Alba vermerkt für 1063 ein Hilfsgesuch des Kaisers Konstantin X. Dukas an den (Gegen-) Papst Honorius II. und an den (noch unmündigen) deutschen König (DÖLGER Nr. 952 = Ad Heinricum IV. imperatorem II 12; MGH.SRG 65, 224,12-228,4 SEYFFERT; cf. PATLAGEAN 1995, 376). Der römische Adressat habe jedoch die sich bietende Chance nicht zu nutzen verstanden (III 1; aaO., 270,10-19), obwohl der Kaiser einen weiteren Brief mit der Bitte um Hilfe gesandt habe (DÖLGER Nr. 953 = III 3; aaO., 276,13-278,11). Cf. BECKER 1988, 138f. mit Anm. 256.- Um 1072 sandte dagegen Papst Alexander II. den Bischof Petrus von Anagni nach Konstantinopel, um mit dem neuen Kaiser Michael VII. Dukas u.a. die Frage der Kirchengemeinschaft zu diskutieren; cf. Vita b. Petri Anagniae episcopi I

brachten ein (nicht erhaltenes) Schreiben von Kaiser Michael VII. Dukas, in dem möglicherweise die Beilegung der 1052/53 aufgebrochenen Ritenstreitigkeiten thematisiert wurde.[41] Patriarch Dominicus von Grado sollte vor Ort herausfinden, ob den kaiserlichen Worten auch konkrete Taten entsprächen.[42] Ob diese Reise tatsächlich stattfand, ist unbekannt, zumal sich der Kaiser wohl nur zwischenzeitlich - nach dem anfänglichen Scheitern der Heiratsavancen an Robert Guiscard - nach Rom gewandt hatte. Dessenungeachtet rief Gregor am 2. Februar 1074 Graf Wilhelm von Hochburgund auf, mit seinen Soldaten im Dienste Petri die Freiheit der römischen Kirche zu verteidigen - als erster Schritt einer doppelten Unternehmung, die Gregor mit Unterstützung papsttreuer Fürsten durchführen wollte: „Wir hoffen nämlich, daß daraus vielleicht noch weiterer Nutzen entsteht, indem wir nach der Befriedung der Normannen nach Konstantinopel ziehen als Hilfe für die Christen, die danach dringend verlangen, sind sie doch von häufigen Angriffen der Sarazenen besonders betroffen, so daß wir ihnen unsere helfende Hand reichen sollten."[43] Offensichtlich hielt es Gregor für seine Pflicht als Oberhaupt der Kirche, den bedrängten Glaubensgenossen zu Hilfe zu eilen; von einer *vorher* erforderlichen Einigung in Ritus- oder Glaubensfragen verlautet nichts, wie sein Aufruf vom 1. März 1074 „an alle, die den christlichen Glauben verteidigen wollen" verdeutlicht: Nach Pilgerberichten seien die „Heiden" bis vor die Mauern von Konstantinopel vorgedrungen und hätten die umliegenden Länder verwüstet. Alle Christen sollten jetzt mit ihm dem Osten zur Seite stehen:

„So bitten wir euch durch den Glauben, in dem ihr durch Christus zur Annahme als Kinder Gottes vereint seid, und ermahnen euch mit der Autorität des seligen Apostelfürsten Petrus, daß auch euch die Wunden und das Blut der Brüder und die Gefahr für

---

13 (ActaSS 35, Aug. I, 236E: *„pro concordia fidei et Ecclesiae [negotiis]"*); cf. dazu RUNCIMAN 1955, 57f.; GAUSS 1967, 88. HOLTZMANN 1924, 55, sieht daher eine mit Alexanders Pontifikat anhebende „Kette der Unionsverhandlungen"; cf. dazu GAUTIER 1980, 105-110.

41 RPR(J) 4789 (datiert 9.7.1073) = reg. I 18 (MGH.ES II/1, 29,30-30,1 CASPAR): *„Nos autem non solum inter Romanam, cui licet indigni deservimus, ecclesiam et filiam eius Constantinopolitanam antiquam Deo ordinante concordiam cupimus innovare, sed, si fieri potest, quod ex nobis est, cum omnibus hominibus pacem habere."* Cf. NICOL 1988, 54: „Michael VII was the first Byzantine emperor to tempt the papacy with the bait of a Christian Church reunited under Rome. It was to become a familiar play in Byzantine diplomacy in later years. He should have known that it was an offer that he could never implement without creating uproar among his people."

42 Reg. I 18 (MGH.ES II/1, 29,26-30 CASPAR). Zu Dominicus s.o. S. 393 mit Anm. 369.

43 RPR(J) 4823 = reg. I 46 (MGH.ES II/1, 70,29-71,2 CASPAR). Zum folgenden cf. summarisch BECKER 1988, 294-300; BLUMENTHAL 2001, 151.310.

das vorgenannte Reich zu angemessenem Mitleid bewege und eure Tapferkeit für den Namen Christi ohne Säumen eile, den Brüdern Hilfe zu bringen."⁴⁴

Gregors hochfliegender Plan scheiterte freilich schon am Widerstand des kurz darauf exkommunizierten Robert Guiscard in Süditalien. Die Nachrichten aus dem Osten über schwere Bedrückungen drangen aber offensichtlich so konstant nach Rom, daß Gregor am 7. Dezember 1074 gegenüber König Heinrich IV. die Sorge äußerte, *„ne christiana religio nostris temporibus, quod absit, omnino deperiret"*.⁴⁵ Denn auch die Situation der anderen orientalischen Kirchen sei prekär: „Auch die Armenier sind fast gänzlich vom katholischen Glauben abgekommen und harren wie alle Orientalen, was der Glaube des Apostels Petrus über ihre unterschiedlichen Meinungen entscheidet" (167,2-5). Der militärische Sieg über die Ungläubigen sollte daher „für diesen Glauben und für die Verteidigung der Christen" (167,14f.) errungen werden, wobei die Klage über die Bedrückung durch die „Heiden" erstmals Kritik an den griechischen Christen selbst einschloß: Nicht nur die „monophysitischen" Armenier, auch Byzanz stimme nicht mit dem Glauben Roms überein: *„Constantinopolitana ecclesia de sancto Spiritu a nobis dissidens"* (167,1f.).⁴⁶ Auch wenn den griechischen Christen kein böswilliger Abfall in Häresie unterstellt wird, so wird doch beklagt, daß die Hilfe aus dem Westen von solchen Dissonanzen behindert und faktisch verunmöglicht worden sei (173,12-15).⁴⁷ In ähnlichem Ton schrieb Gregor am 22. Januar 1075 an Hugo von Cluny⁴⁸, bevor das Ori-

---

⁴⁴ RPR(J) 4826 = reg. I 49 (MGH.ES II/1, 75,30-35 CASPAR); cf. COWDREY 1988, 153.
⁴⁵ RPR(J) 4904 = reg. II 31 (MGH.ES II/1, 166,19f. CASPAR; hiernach die folgenden Zitate im Text); zu diesem Brief cf. COWDREY 1982, 34f.; DERS. 1988, 153f.; BLUMENTHAL 2001, 293. Der König sollte als Schutzherr der römischen Kirche gewonnen werden, während der Papst seine Orientpolitik unter persönlicher Teilnahme zu exekutieren gedachte.
⁴⁶ Cf. den Aufruf an die Gläubigen im transalpinen Europa vom 16.12.1074 (RPR[J] 4910 = reg. II 37; MGH.ES II/1, 173,7-12 CASPAR): *„Ad vos iam pervenisse credimus, quae sit nostra voluntas et quid ex parte sancti Petri dixerimus de adiutorio faciendo fratribus nostris, qui ultra mare in Constantinopolitano imperio habitant, quos diabolus per se ipsum a fide catholica non cessat cotidie quasi pecudes crudeliter enecare."*
⁴⁷ Nach BECKER 1988, 21, äußerte sich Gregor VII. über Byzanz bzw. die orientalischen Kirchen „gelegentlich bis an die Definitionsgrenze zum Schisma, aber er hat diese Grenze nicht überschritten und die ecclesia Constantinopolitana oder orientalis nie eindeutig und endgültig als schismatisch bezeichnet oder gar verurteilt."
⁴⁸ RPR(J) 4926 = reg. II 49 (MGH.ES II/1, 189,14-19 CASPAR): *„Circumvalet enim me dolor immanis et tristitia universalis, quia orientalis ecclesia instinctu diaboli a catholica fide deficit et per sua membra ipse antiquus hostis christianos passim occidit, ut, quos caput spiritualiter interficit, eius membra carnaliter puniant, ne quandoque divina gratia resipiscant."* Daher ist GAUSS 1967, 56, zu widersprechen, derzufolge „der Dictatus papae

entprojekt aufgrund des eskalierenden Streits mit Heinrich IV. in den Hintergrund trat. Am Ende stand Verbitterung über das Mißlingen der militärischen Pläne, gepaart mit Enttäuschung über die Adressaten der Hilfe, hatte doch Michael VII. Dukas mittlerweile eine Heiratsverbindung mit dem exkommunizierten Robert Guiscard eingefädelt.[49] Ausgerechnet in diesem Kontext wird die pneumatologische Divergenz ins Spiel gebracht - ohne daß die Differenz „de sancto Spiritu" explizit mit der Erinnerung an einen durch das Filioque bewirkten Bruch von 1054 assoziiert würde.

War Gregor also ein Vorläufer der Kreuzzugspläne Urbans? Nicht zu übersehen ist, daß von dem *sepulchrum Domini*, das seit der Synode von Clermont (1095) das konkrete Ziel darstellte, unter dem sich die abendländische Ritterschaft sammelte, bei Gregor nur beiläufig die Rede ist.[50] Seine Ambitionen richteten sich auf Konstantinopel und auf die dort wiederherzustellende Freiheit des christlichen Glaubens, die dann auch die Übereinstimmung in der *fides christiana* bekräftigen würde. Vor allem aber wurde Urban erst durch die Anfrage des byzantinischen Kaisers auf den Gedanken einer militärischen Befreiung Jerusalems gebracht; Gregor dagegen bezog die Motivation seines Handelns aus den Berichten westlicher Pilger, nicht aus einer Initiative des Kaiserhauses.[51] Jenseits der Perversionen, die Urbans Kreuzzugsidee in der praktischen Durchführung erlitt, begann sein Projekt als eine gemeinschaftliche Unternehmung der Christenheit in Ost und West, während Gregor sich vorrangig von der Notwendigkeit, einen Bündnispartner gegen Robert Guiscard zu gewinnen, leiten ließ. Von einem „Kreuzzugsplan" wird man daher *sensu stricto* nicht sprechen können;

---

vom 4. März 1075... das Konzept der päpstlichen Unionsbedingungen, die Gregor VII. der griechischen Kirche auferlegen wollte" war (ähnlich schon HOFMANN 1947, 172f.).

[49] Diese politische Rekonstruktion des Verhaltens des Kaisers (nach CHARANIS 1949, 20f.) benötigt weniger Zusatzhypothesen als die früher vertretene Position, eine Kirchenunion (sic!) sei am inneren Widerstand in Konstantinopel durch Michael Psellos und Johannes Xiliphinos gescheitert (so JUGIE 1941, 240).

[50] RPR(J) 4904 = reg. II 31 (166,31f. CASPAR); cf. BECKER 1988, 295 Anm. 46; HOFMANN 1947, 178.

[51] Cf. reg. I 49 (MGH.ES II/1, 75,12-15 CASPAR); II 31 (166,14f.); dazu COWDREY 1982, 32: „Everything points to the plan being Gregory's own, devised at his own time and in his own way, and taking its cue from travellers' reports rather than diplomacy with the Byzantine authorities." NORDEN 1903, 38, ging dagegen von einer „Bitte um Waffenhilfe" griechischerseits aus („ein grosser Antrag, einem grossen Geiste gestellt"; aaO., 39); ebenso DVORNIK 1966b, 163f., und WINKELMANN 1998, 45; unentschieden NICOL 1962, 13; entschieden dagegen aber bereits HOLTZMANN 1924, 56.

dennoch ist festzuhalten, daß mit Gregor erstmals ein Papst bereit war, persönlich dem Osten zu Hilfe zu eilen.⁵²

1.2.2. Der erste Kontakt nach dem Amtsantritt Urbans II. (1089)

Der erste Nachfolger Gregors, Victor III. (Desiderius von Monte Cassino, 1086/87), amtierte zu kurz, als daß sich das Profil einer eigenständigen Kirchenpolitik erkennen ließe.⁵³ Ein neuer Ansatz der Verhältnisbestimmung sowohl zu den Normannen als auch zu Byzanz läßt sich erst im Pontifikat Urbans II. erkennen.⁵⁴ Nach dem Tod Robert Guiscards (1085) waren die normannischen Pläne, gegen Byzanz Krieg zu führen, faktisch aufgegeben worden; auch in Konstantinopel war mit der Thronbesteigung des Alexios I. Komnenos (1081-1118) - nach dreizehn Kaisern in einem halben Jahrhundert - eine Phase der Kontinuität und Erholung angebrochen.⁵⁵ Alexios war nicht nur ein hervorragender Feldherr und geschickter Politiker, sondern auch stets bereit, tatkräftig in die Geschicke der byzantinischen Kirche einzugreifen, wenn es seine Ziele erforderten; so zwang er den Patriarchen Kosmas I. (1075-1081) zur Abdankung, der kritisiert hatte, daß Alexios eine intime Beziehung zu Maria, der Gattin des abgesetzten Michael VII. Dukas, unterhielt.⁵⁶ Kosmas' Kampf gegen den Philosophen Johannes Italos nahm Alexios gleichwohl auf und gab damit zu erkennen, daß er sich auf das orthodoxe Mönchtum zu stützen gedachte.⁵⁷ Diese Abgrenzung

---

52 COWDREY 1982, 40: „It is more likely than not that Gregory's plans were powerfully present in Urban's mind when he preached his sermon at Clermont in 1095"; cf. BECKER 1988, 300; HAUSCHILD 1995, 521.
53 Zu seinem Pontifikat cf. COWDREY 1983, 177-213.
54 Zu Urbans Haltung gegenüber Byzanz cf. bes. BECKER 1988, 1-205; weiterhin NORDEN 1903, 46-57; HOLTZMANN 1924, 66-78; DVORNIK 1966b, 166-169; WESSEL 1982, 364-366; TELLENBACH 1988, 201-208; COWDREY 1988, 161-169; PATLAGEAN 1995, 376f.; WINKELMANN 1998, 45-47.
55 Zur Entwicklung des byzantinischen Reiches unter dem ersten Komnenen cf. OSTROGORSKY 1963, 293-310, mit kritischem Tenor (aaO., 294): „Die Großmachtstellung des Komnenenreiches entbehrte der inneren Festigkeit, und deshalb hatten die noch so imposanten Erfolge der sehr geschickten Politik der Komnenenherrscher keine dauerhafte Wirkung"; cf. auch SCHREINER 1994, 22f.
56 LEIB 1952, 204. Bereits Alexios' Vorgänger, Nikephoros Botoneiates, hatte dieselbe Maria geheiratet, während ihr Gatte noch lebte (OSTROGORSKY 1963, 288f.).
57 Italos, der radikaler als sein Lehrer Michael Psellos die kritische philosophische Vernunft auch auf das kirchliche Dogma anwandte, war bereits 1076/77 anonym verurteilt worden; auf Alexios' Initiative nahm der neue Patriarch Eustratios (1081-1084) den Fall wieder auf und ließ diesmal nicht nur die Lehre, sondern auch ihren Urheber explizit verdammen (GRUMEL Nr. 907; 923-927; cf. DÖLGER Nr. 1078/79); cf. GEMEINHARDT 2001c, 527f. Auch den Metropoliten Leon von Chalkedon, der unbeirrbar kritisierte, daß Alexios zu Beginn seiner Regierung die Mittel für die doppelte

gegen eine philosophische Rekonstruktion des kirchlichen Dogmas sollte nicht zuletzt dem theologischen Dialog über das Filioque zwischen Ost und West weitreichende methodologische Probleme bescheren.

Der erste Kontakt zwischen Papst Urban II. und Kaiser Alexios I. Komnenos ergab sich 1089, d.h. in jener bis 1093 währenden Zeit von Urbans stetigem Reisen durch Süditalien auf der Suche nach Verbündeten im kirchlichen Überlebenskampf gegen Wibert von Ravenna (Clemens III.). Vom Briefwechsel aus dem Spätsommer dieses Jahres sind vier griechische Dokumente erhalten, aus denen sich zwei „Hauptverkehrslinien" rekonstruieren lassen, die in der Person des Basilius von Reggio koinzidieren[58]: Dieser hatte sich offensichtlich um die Jahreswende 1089/90 an Wibert gewandt, der ihm wieder zu seinem Sitz in Kalabrien verhelfen sollte, von dem er 1078/79 durch Robert Guiscard vertrieben worden war.[59] Wibert versuchte ihn auf die Ankunft Kaiser Heinrichs IV. in Italien zu vertrösten[60], und

---

Front gegen Normannen und Petschenegen nur durch die Konfiskation von Kirchengut aufzubringen vermocht hatte, ließ der Kaiser im Dezember 1085 von der Synode des neugewählten Patriarchen Nikolaos III. Grammatikos (1084-1111) verdammen (GRUMEL Nr. 939; 940; DÖLGER Nr. 1130; cf. OSTROGORSKY 1963, 308; LEIB 1952, 209-214). Leon wurde allerdings schon 1089 rehabilitiert.

[58] Es handelt sich um ein Schreiben des Gegenpapstes Wibert von Ravenna an den griechischen Metropoliten von Reggio Calabria, Basilius, das Protokoll einer Synode in Konstantinopel unter Vorsitz des Kaisers, einen Brief des Patriarchen Nikolaos III. Grammatikos an Papst Urban II. und einen Bericht des o.g. Basilius an den Patriarchen der Kaiserstadt. Die Texte sind nach Ms. London, Brit. Mus. Add. 34060 ediert bei HOLTZMANN 1928, 98-104; bei BECKER 1988, 206-271, wird die gesamte Korrespondenz einer detaillierten Analyse unterzogen (cf. die Liste der nicht erhaltenen, aber erschließbaren Schriftstücke: aaO., 206f.; zum Zustandekommen des überlieferten Aktendossiers bei Basilius aaO., 211-214).- GRUMEL 1939, 104-117, wollte einen von A. PAVLOV anonym edierten Brief als Schreiben des Patriarchen Nikolaos an Symeon II. von Jerusalem identifizieren (= GRUMEL Nr. 956; ähnlich LEIB 1952, 216f., der einen „influence antilatine" des Michael Psellos aus der Luft greift). DARROUZÈS 1965, 43-51, hat dagegen geltend gemacht, daß das anonyme Schreiben eine differenzierte Auseinandersetzung mit dem römischen Primatsanspruch beinhalte, dem z.B. Johannes von Kiew und Theophylakt von Achrida als Zeugen des „enseignement officiel de l'époque" (aaO., 49) keinen eigenständigen Streitwert beigemessen hätten, wie auch die Synode von 1089 unter Nikolaos selbst! Daher sei der Brief späteren Auseinandersetzungen zuzuweisen, eventuell dem Gespräch von Patriarch Germanos II. und Papst Gregor IX. zwischen 1229 und 1235 (aaO., 50f.; zustimmend BECKER 1988, 270f.).

[59] Basilius, ep. Nik. (103,16-19); cf. dazu HOLTZMANN 1928, 83-86; DERS. 1961, 73. Bereits seit 1080 amtierte ein lateinischer Bischof in Reggio Calabria (so auch LEIB 1924, 129f.; STIERNON 1964, 191-197; HERDE 1970, 11f.; SOMERVILLE 1996, 179f.).

[60] RPR.IP X, 21 Nr. 14 = Wibert, ep. Bas. (98,25-27). Entsprechend drängte Basilius den Patriarchen mit Verweis auf das Bündnis zwischen Alexios I. und Heinrich IV. (1084; s.o. S. 402 mit Anm. 14) zur Parteinahme für Clemens III. (ep. Nik.; 104,56f.): ὁ δὲ τοιοῦτος ῥὴξ Ἀλαμανίας συνθήκας ἔχων μετὰ τοῦ βασιλέως ἡμῶν τοῦ ἁγίου.

forderte Basilius stattdessen auf, die ihm von Patriarch Nikolaos III. übersandten Dokumente zugänglich zu machen.⁶¹ Dabei handelte es sich um ein Aktenkonvolut mit dem Protokoll einer Synode in Konstantinopel und einem Brief des Patriarchen an Urban II. sowie dem Mandat für Basilius, in der Frage seiner Diözese mit Urban persönlich zu verhandeln.⁶² Basilius hatte dies bereits im Herbst auf der Synode von Melfi versucht, war dabei aber heftig mit Urban aneinandergeraten, da er sich nicht wie Erzbischof Romanos von Rossano dem Papst unterwerfen wollte.⁶³ Der Papst habe die Weihe des Basilius rundheraus für ungültig erklärt: „Was für eine Vollmacht zur Einsetzung in Kalabrien wagt dieser Patriarch sich anzumaßen, da doch ich über ganz Italien und Sizilien und selbst bis nach Thessalonike das Amt innehabe, die Bischöfe einzusetzen?"⁶⁴ Offenbar wurde der Papst von den süditalienischen Griechen und der Exulanten in Dyrrhachion als „Kreatur der Normannen" wahrgenommen⁶⁵, weshalb Basilius die Anweisung des Patriarchen ignorierte und dessen Brief nicht an Urban weiterleitete.⁶⁶ So überliefert aber gerade der unversöhnliche Bischof von Reggio den sogenannten „Kompromiß von Melfi", d.h. einen *modus vivendi*, der den griechischen Bischöfen bei Anerkennung der lateinischen Jurisdiktion die Beibehaltung ihres angestammten griechischen Ritus erlaubte.⁶⁷

---

61 Wibert, ep. Bas. (98,28-99,32); cf. dazu HOLTZMANN 1924, 63; COWDREY 1988, 161. Möglicherweise schrieb Wibert auch an den Patriarchen selbst (cf. Basilius, ep. Nik.; 104,57f.) - aber zu spät, um die Diskussionen in Byzanz noch beeinflussen zu können; cf. BECKER 1988, 174.213.

62 BECKER 1988, 213 mit Anm. 25. Dieses Mandat ist in Nikolaos' Schreiben an Urban impliziert (102,57-59): ὁ μὲν γὰρ Καλαβρίας δεῖται τῆς σῆς ῥοπῆς τε καὶ βοηθείας ἐπὶ τῷ ἀποκαταστῆναι εἰς τὴν λαχοῦσαν αὐτὸν κατὰ τὴν τῶν θείων κανόνων δύναμιν; cf. BECKER 1988, 157 mit Anm. 288; anders STIERNON 1964, 203.

63 Urban habe ihn beschworen: ὑποτάγηθί μοι καὶ λήψει τὴν ἐκκλησίαν σου (ep. Nik.; 103,34f.).

64 καὶ ποίαν ἐξουσίαν ἔχων ὁ πατριάρχης τετόλμηκεν ἐν Καλαβρίᾳ σε προχειρίσασθαι, ἐμοῦ ἐφορίαν ἔχοντος εἰς ἅπασαν τὴν Ἰταλίαν καὶ Σικελίαν καὶ ἄχρι καὶ αὐτῆς Θεσσαλονίκης ἀρχιερεῖς προχειρίζεσθαι; (ebd.; 103,26-29). Urban habe sich auf can. app. 35 (34) berufen, wonach kein Bischof außerhalb seiner Diözese Weiheakte vornehmen dürfe (103,29-31 = SC 336, 284,126-130 METZGER), möglicherweise im Anschluß an Nikolaus' I. ep. 82 (= RPR[J] 2682), worin sowohl dieser Kanon zitiert als auch das apostolische Vikariat Thessalonike genannt wurde (s.o. S. 168f.; dazu HOLTZMANN 1928, 93 Anm. 4).

65 Basilius, ep. Nik. (103,41f.): τοῦ νέου πάπα τοῦ παρὰ τῶν Φράγγων προχειρισθέντος.- Zu Dyrrhachion als Refugium italogriechischer Flüchtlinge cf. CHALANDON 1907, 258f.; zu den Ressentiments gegenüber den Normannen DVORNIK 1966b, 168; BECKER 1988, 175f.

66 Daß Urban den Brief des Patriarchen nicht erhalten hat, darf als *communis opinio* gelten; cf. etwa STIERNON 1964, 198; BECKER 1988, 158.214; PATLEGEAN 1995, 377.

67 BECKER 1988, 80-85, bes. 84f.; kritisch dazu allerdings SOMERVILLE 1996, 180.

Möglicherweise war es sogar Berechnung, daß Nikolaos III. Grammatikos ausgerechnet den gegenüber Urban II. so feindlichen Basilius als Unterhändler beauftragte[68], um die Verhandlungen von voneherein zum Scheitern zu bringen. Diese Deutung legt sich vor allem deshalb nahe, weil der Papst mit Kaiser Alexios I. - beide angetrieben von Überlebensfragen - einer Verständigung schnell näherkam, wie Gaufred Malaterra über das Jahr 1089 berichtet:

> „Der Apostolicus mahnte nach einigen Monaten Alexius, den konstantinopolitanischen Kaiser, durch Nikolaus, Abt von Grottaferrata, und den Diakon Roger mit väterlichem Tadel, daß er den lateinischen Christen, die in seiner Provinz lebten, das Darbringen von Azymen untersagt und vorgeschrieben habe, beim eucharistischen Opfer nach griechischem Brauch gesäuertes Brot zu verwenden, was unserer religiösen Sitte widerspricht. Der Kaiser aber nahm seinen Tadel demütig entgegen und lud ihn durch dieselben Legaten mit Briefen aus goldenen Lettern ein, daß er mit im katholischen Glauben bewanderten lateinischen Männern nach Konstantinopel kommen sollte, wo ein Konzil zusammentreten und eine Aussprache unter Griechen und Lateinern stattfinden würde, damit durch einen gemeinsamen Beschluß jenes Schisma in der Kirche Gottes beigelegt werde, indem die Griechen gesäuertes Brot, die Lateiner aber Azymen darbringen, so daß die Kirche Gottes einer Sitte folgen würde; und er beteuerte, daß er willig dieser katholischen Aussprache beipflichten und fortan bewahren wolle, was durch gültige Urteile in Gegenwart von Griechen und Lateinern als verbindlich definiert würde, ob man nun Azymen oder gesäuertes Brot darbringen müsse. Er setzte auch eine Zeit fest, innerhalb derer der Papst kommen müsse: anderthalb Jahre."[69]

Aus den griechischen Quellen lassen sich zusätzliche Details erheben: Die römische Gesandtschaft fand mit ihrem Anliegen beim Kaiser Gehör, der umgehend die σύνοδος ἐνδημοῦσα einberufen ließ.[70] Allerdings erwähnt das Synodalprotokoll nicht explizit die Azymenfrage, sondern spricht all-

---

[68] Basilius, ep. Nik. (103,8-11): Der Patriarch habe ihm aufgetragen, πρὸς Ῥώμην ἀπᾶραι καὶ ἐντυχεῖν τῷ πάπα Οὐρβανῷ τῷ παρὰ τῶν ἀθέων Φράγγων προχειρισθέντι καὶ περὶ τῆς ἑνώσεως τῶν ἁγίων τοῦ θεοῦ ἐκκλησιῶν καθαρῶς διαλεχθῆναι αὐτῷ. Auch Nikolaos benennt gegenüber Urban explizit Basilius sowie den schon erwähnten Romanos von Rossano als Emissäre (ep. Urb.; 102,54-57).

[69] Gaufred Malaterra, gest. Rog. IV 13 (RIS² V/1, 92,31-93,6 PONTIERI). Roger habe dem Papst zugeraten, die Reise anzutreten, „ut tantum schisma ab ecclesia Dei amputaretur" (aaO., 93,7). Cf. NORDEN 1903, 47; HOLTZMANN 1924, 66f.; DUNCALF 1969, 226; BECKER 1988, 151f.163-167.

[70] Conc. Const. a. 1089 (99,13-15; hiernach die Angaben im Text); cf. den ausführlichen Kommentar bei BECKER 1988, 222-249.- RYAN 1967, 13-49, hat ein Instruktionsdossier für die päpstlichen Legaten identifiziert, das Humberts Brevis et succincta commemoratio sowie die Bannbulle von 1054 enthielt, allerdings mit einer neuen Schlußwendung: „Quicunque fidei sanctae Romanae et apostolicae sedis aut eius sacrificio in aliquo contradixerit, anathema sit" (aaO., 22), womit den Gesandten offensichtlich der Ansatz ihrer Argumentation vorgegeben werden sollte. BECKER 1988, 117f. mit Anm. 204, hat dagegen betont, daß in der gegebenen Situation eine Diskussion über die Exkommunikationen von 1054 überaus kontraproduktiv gewesen wäre!

gemein von κανονικὰ μέσον ἑκατέρων τῶν ἐκκλησιῶν ζητήματα (100,29f.). Urban hatte beklagt, daß offensichtlich zwischen beiden Kirchen ein Schisma bestehe, da die Kommemoration des Papstes in den Diptychen der Kaiserstadt seit langem unterblieben sei.[71] Dafür aber liege kein erkennbarer Grund vor: „Denn die Kirche von Rom ist niemals durch synodales Urteil oder Beschluß aus der Gemeinschaft mit euch ausgeschlossen worden; vielmehr wurde der Name des Papstes aus Gedankenlosigkeit nicht bewahrt" (ἀσυντηρήτως τὸ τοῦ πάπα μὴ φέρεσθαι ὄνομα; 99,9-12). Alexios fragte die Synodalen, ob es offizielle Schriftstücke über konkrete Zwiespältigkeiten gebe, die eine Trennung der Kirchen kanonisch rechtfertigen würden; einen solchen Anlaß konnte anscheinend jedoch niemand nennen (cf. 99,26-100,29). Freilich meinten die Kleriker, eine Wiederaufnahme der Anaphora des Papstes könne erst nach Klärung der Situation erfolgen, während der Kaiser argumentierte, ohne zureichenden Hinderungsgrund sei es geradezu kanonisch geboten, die Anaphora des Papstes umgehend zu restituieren (100,39-45). Sein leitendes Motiv lag darin, daß Byzanz 1087/88 schwere äußere Bedrohungen durch Seldschuken und Petschenegen erlebt hatte[72]; nach dem Scheitern des Bündnisses mit dem deutschen König mußten wenigstens die Normannen neutralisiert werden, deren antibyzantinischer Impetus nach dem Tod von Robert Guiscard ohnehin stark reduziert war.[73] Damit war aber zugleich die Entscheidung unter den beiden Prätendenten auf den Papstthron gefallen: Nur Urban II. würde die Normannen zur Neutralität oder gar zu militärischer Unterstützung für Byzanz bewegen können.[74]

Diesem Kalkül wollte sich die Synode aber nicht so leicht beugen. Zwar wurden die gegenseitigen Verwerfungen von 1054 offenbar als das aufgefaßt, was sie auch in der Tat waren, nämlich personenbezogene Exkommunikationen, keine allgemeinen Bannflüche gegen die jeweils andere Kirche - ebenso deutlich ist aber der Wille, die seinerzeit aufgebrochenen Streitfra-

---

[71] Conc. Const. a. 1089 (99,4-6): ἐξ ὅτου ἀνὰ μέσον τῶν ἐκκλησιῶν σχίσμα γέγονε καὶ τὸ τοῦ πάπα ὄνομα μετὰ τῶν ἄλλων οὐκ ἐκφωνεῖται πατριαρχῶν.
[72] Cf. HOLTZMANN 1928, 90f.; OSTROGORSKY 1963, 296f.; DVORNIK 1966b, 166; COWDREY 1988, 161f.
[73] Für dieselbe Zeit wird von einem Ersuchen um westliche Militärhilfe an den Grafen Robert von Flandern berichtet, der 500 Ritter an den Bosporus zu senden versprochen habe; cf. HOLTZMANN 1928, 91 Anm. 2; BECK 1980, 150; BECKER 1988, 179f. Der Brief (DÖLGER Nr. 1152), den Alexios „dem Grafen von Flandern und dem ganzen Westen mit der Bitte um Hilfe geschickt haben soll" (PATLEGEAN 1995, 377), enthält nach CHARANIS 1949, 26f., einen echten Kern (so auch BECK 1980, 150 Anm. 3; WINKELMANN 1998, 45 Anm. 63); skeptisch hinsichtlich der Authentizität votiert BECKER 1988, 182f. Anm. 345.
[74] HOLTZMANN 1928, 91f.; BECKER 1988, 142-144.148.

gen nicht einfach als erledigt zu betrachten, sei es aus Mißtrauen gegenüber dem Papst, sei es aus Opposition gegen den Kaiser. Die Konzilsväter setzten durch, daß von Urban eine *Epistola systatica* angemahnt wurde, die sein Glaubensbekenntnis beinhalten sowie darlegen sollte, daß er die sieben Ökumenischen Konzilien und deren Lehren und Verwerfungen (mitsamt den Bestimmungen des Quinisextums) als rechtmäßig anerkannte; daraufhin sollte die Anaphora wieder aufgenommen werden - wenn auch nur κατ' οἰκονομίαν ἐκκλησιαστικήν, vorbehaltlich der eingehenderen Klärung der existierenden Differenzpunkte (100,45-57).[75] Wenn der Papst bzw. eine von ihm autorisierte Gesandtschaft nicht binnen anderthalb Jahren in Konstantinopel einträfe, solle κατ' ἀκρίβειαν entschieden werden, wie weiter vorzugehen sei (cf. 100,57-62). Das Protokoll der Synodalsitzung indiziert daher keinesfalls einen „völligen Sieg des Kaisers"[76] - es ist vielmehr als streng eingegrenzte Erlaubnis zu lesen, mit dem Westen über die dringend benötigte Militärhilfe zu verhandeln, ohne daß die Klärung der kanonischen Differenzen damit suspendiert wäre. Die Forderung nach einer Systatika weist dabei unzweideutig auf das Selbstverständnis der Pentarchie hin, wonach der Papst nicht über den anderen Patriarchen und den Ökumenischen Synoden stehe, sondern den Amtsbrüdern seinen Glauben darlegen müsse und auf ihre Anerkennung angewiesen sei.[77]

Entsprechend schrieb Patriarch Nikolaos III. Grammatikos an Urban II.: Die Initiative des römischen Amtsbruders wurde begrüßt, auch beeilte sich Nikolaos zu versichern, daß die Nachrichten über das Verbot der Azymen bei der Eucharistie lediglich „lügnerisches Gerücht und dumme Worte, oder eher: Geschwätz übelwollender Leute" sei[78]; wie auch der Papst gewiß nicht die italienischen Griechen unterdrücke (wodurch die *causa Basilii* präludiert wird!), so gelte auch für die Lateiner in Konstantinopel: „Ihre Kirchen wurden gar nicht behindert, wie behauptet wird, noch werden sie je behindert werden" (101,25f.). Die Forderung nach der Systatika wurde mit dem Hinweis verbunden, der Papst hätte von sich aus

---

[75] BECKER 1988, 248f., betont, daß hier eine „Minimalforderung" erhoben wurde, die *de facto* die Inthronistica des Petrus von Antiochien an Leo IX. aufgreift (s.o. S. 391-393).
[76] So HOLTZMANN 1928, 90.
[77] Gegen BECKER 1988, 245, liegt in dieser Anspielung ein beträchtliches Streitpotential verborgen! Zurecht hebt dieser (aaO., 267f.) aber das Pentarchiekonzept als hermeneutische Prämisse des Beschlusses hervor. Cf. dazu auch WESSEL 1982, 365.
[78] Nikolaos, ep. Urb. (101,19f.; hiernach die Belege im Text): φήμη ταῦτα ψευδὴς καὶ ἀνδρῶν χαιρεκάκων λογύδρια ἢ μᾶλλον ἐρεῖν ληρήματα. Eine quellenmäßig nicht belegbare Sicht bietet JUGIE 1941, 241: „Alexis, en effet, avait fait revivre la défense portée par Michel Cérulaire contre l'usage du pain azyme à Constantinople, mais seulement pour les églises appartenant à ses ennemis politiques."

gemäß alter Tradition nach seinem Amtsantritt anzeigen müssen, daß er kanonisch gewählt sei und übereinstimmend mit den patriarchalen Kollegen den Glauben bekenne, und zwar besonders denen, „die im gleichen Rang schon länger amtieren" (101,37).[79] Der prononcierte Anspruch, von Patriarch zu Papst auf der gleichen Ebene zu sprechen, versucht einzuschärfen, daß eine Einigung nicht nur nach imperialen, sondern auch nach ekklesialen Kriterien zu erfolgen habe. Doch ist unübersehbar, daß dem Papst die Tür weit geöffnet wurde:

> „Deswegen ist es unzweifelhaft notwendig, daß deine Seligkeit uns die Systatika schickt, wie es die Schrift festlegt, weil wir nach der allgemeinen Einheit heftig verlangen und sie erstreben und annehmen wollen."[80]

Die Tragik dieser sogenannten „Unionsverhandlungen" - tatsächlich belegen die Dokumente, daß keine „Kirchenspaltung" existierte und somit auch keine Union geschlossen werden konnte! - liegt freilich in der Person des Basilius von Reggio, der das für Urban bestimmte Patriarchenschreiben zurückhielt.[81] Nur ein Brief des Kaisers gelangte zu Urban, der aber nicht das Protokoll der endemischen Synode enthielt, wie vor allem die Hervorhebung der Azymenproblematik durch Gaufred Malaterra belegt, der stattdessen von der Diptychenfrage schweigt. Alexios thematisierte in seiner Botschaft an den Papst den Konzilsplan (als Chance einer zügigen formellen Einigung) samt der dafür notwendigen Inthronistika und wählte aus den im Protokoll nur pauschal genannten κανονικὰ ζητήματα die Azymen als Paradigma aus, das einerseits die griechisch-lateinischen Differenzen plakativ zum Ausdruck zu bringen vermochte und andererseits hinreichende Aussichten auf Verständigung versprach. Allerdings reagierte Urban II. nicht auf das Konzilsangebot.[82] Die byzantinischen Forderungen waren mit dem Selbstverständnis des gregorianischen Reformpapsttums unvereinbar - der durch seine Petrusnachfolge allen anderen ekklesialen Instanzen überlegene Papst konnte sich nicht der Überprüfung durch eine *a*

---

[79] Dagegen betonte Urban in einem Schreiben an den französischen Episkopat (RPR[J] 5637 vom März 1096 = D. LOHRMANN, Papsturkunden für Frankreich, Bd. VII [= AAWG.PH III 95], Göttingen 1976, 253,15-17 Nr. 16): „*constet apostolicae sedis pontifici non solum episcopos et primates, sed ipsos etiam patriarchas divina institutione esse subjectos*"; cf. seinen Brief an Petrus von Grado (RPR.IP VII/2, 59 Nr. 103 vom 29. Januar 1093) sowie BECKER 1988, 259f. mit Anm. 144.

[80] Δι' ὃ δὴ καὶ πάντως καὶ τὴν σὴν μακαριότητα χρεών ἐστιν πρὸς ἡμᾶς ἐκθέσθαι τὴν συστατικὴν ὡς εἴρεται γραφήν, ὅτι γε καὶ τὴν κοινὴν ἕνωσιν καὶ διψῶμεν καὶ ζητοῦμεν καὶ ἀποδεχόμεθα (102,51-53).

[81] Zum folgenden cf. BECKER 1988, 152-154.223-225.

[82] CHARANIS 1969, 218: „The step which was to make this communion permanent was never taken."

priori subalterne Synode aussetzen![83] Die Nichtbeachtung der Tradition der Systatika ist somit als gezielte Wendung gerade gegen diesen (letztmals von Leo IX., aber auch hier nur als Reaktion auf Petrus von Antiochien geübten) Brauch zu interpretieren. Der spätere Streit um den Primatsanspruch warf bereits seine Schatten voraus und hintertrieb subversiv die kirchliche Dimension der von Urban II. selbst initiierten Verständigung mit dem Osten, die freilich in erster Linie als politische Verständigung gedacht war, insofern dem erneuerten Bündnis mit den Normannen der byzantinische Kaiser als Bündnispartner zur Seite gestellt werden sollte.[84] Entsprechend notierte Bernold von Konstanz für 1089: *„Dominus Papa Constantinopolitanum imperatorem ab excommunicationem per legatos suos absolvit."*[85] Bei dem Bann gegen den Kaiser handelt es sich - entgegen einer oft vertretenen Ansicht - nicht um eine *persönliche* Exkommunikation des Alexios I. Komnenos[86]; sie bezog sich vielmehr ursprünglich auf Nikephoros III. Botoneiates und traf Alexios nur als dessen Nachfolger, d.h. als zweiten Usurpator gegen Michael VII. Dukas. Möglicherweise hatte Urban seiner Gesandtschaft nach Byzanz das Mandat mitgegeben, diesen Bann zu lösen, um ein Hindernis für die Verständigung aus der Welt zu schaffen und den Kaiser von Wibert fernzuhalten. Alexios' Bemühungen um ein romfreundliches Synodalvotum würden vor diesem Hintergrund zusammen mit der Notiz bei Bernold den Schluß erlauben, daß im Jahr 1089 auch ohne „Einheitssynode" der Grundstein für ein Jahrzehnt fruchtbarer Kooperation von Kaiser und Papst gelegt wurde.[87]

---

[83] BECKER 1988, 168f., mit Verweis auf Urbans Zustimmung zu den Thesen 19; 22; 23; 26 aus Gregors VII. *Dictatus papae* (= reg. II 55a; MGH.ES II/1, 206,3; 207,1f.3-7.12f. CASPAR); ebenso WESSEL 1982, 365f.

[84] SOMERVILLE 1996, 187: „Both the legation to Constantinople and the Council at Melfi can be seen as ventures undertaken at a critical time to mould policy, alliances, and opinion."

[85] Bernold, chron. a. 1089 (MGH.SS V, 450,12f. PERTZ). Cf. HOLTZMANN 1924, 67.

[86] Cf. aber HOLTZMANN 1924, 59; NICOL 1962, 15; DVORNIK 1966b, 166 Anm. 28; COWDREY 1988, 156f.; BECKER 1988, 20. RYAN 1967, 48, hat hierin die Aufhebung der Exkommunikation von 1054 sehen wollen; jedoch galt der humbertische Bannfluch nicht dem Kaiser, sondern allein Kerullarios (s.o. S. 354f.).

[87] Cf. RUNCIMAN 1955, 62: „As no declaration of faith ever reached Constantinople his name was never added to the diptychs there. But all the same it could be said that any schism that there had been between the two churches was closed. During the next decade there was an atmosphere of peace and friendship."

1.2.3. Die Synode von Piacenza (1095) und Urbans „Kreuzzugsidee"

Im Hinblick auf das Konzil von Bari ist in aller Kürze der „Urimpuls" zum Aufbruch der westlichen Ritter nach Palästina zu skizzieren. Daß die Kreuzzüge, statt die Kirchen in Ost und West einander wieder anzunähern, die schon eingetretene Entfremdung vertieften, ist für die Geschichte der Filioque-Kontroverse im späteren Mittelalter von höchster Bedeutsamkeit; die Entwicklung bis zur Eroberung Konstantinopels anno 1204 schuf auf griechischer Seite ein lange nachwirkendes Klima des Mißtrauens, in dem die römischen Anläufe zu den Unionskonzilien nur als schlechte Tarnung des umfassenden päpstlichen Primatsanspruchs empfunden werden konnten. Am Anfang jedoch stand der Wille zum gemeinsamen Kampf gegen die Unterdrückung der Christenheit im traditionellen Gebiet der Patriarchate Antiochien und Jerusalem. Die Initiative ging dabei - anders als bei Gregor VII. - von Byzanz aus, das sich 1091 im Abwehrkampf gegen die Petschenegen vorerst Luft verschafft hatte.[88] In dieser Position relativer Stärke richtete Alexios I. Komnenos 1095 einen Appell an die westliche Christenheit, der den Papst während einer Synode in Piacenza erreichte:

> „Weiterhin kam eine Gesandtschaft des Kaisers von Konstantinopel zu dieser Synode, die den Herrn Papst und alle Christgläubigen flehentlich baten, ihnen Hilfe gegen die Heiden zur Verteidigung der heiligen Kirche zu gewähren, welche die Heiden in jenen Gebieten schon fast völlig vernichtet und das Land schon bis zu den Mauern der Stadt Konstantinopel besetzt hätten."[89]

Der Westen sollte also Söldnerheere in byzantinische Dienste entsenden.[90] Von einem Kreuzzugsaufruf im Sinne eines geistlich motivierten Unternehmens der ganzen Christenheit gegen die „Ungläubigen" ist keine Rede -

---

[88] Bernolds Bericht von einer Gesandtschaft des Kaisers an Urban II. (DÖLGER Nr. 1156 = chron. a. 1091; MGH.SS V, 450,42f. PERTZ) koinzidiert mit einer Notiz bei Anna Komnene (Alex. VIII 5,1 [CFHB 40/1, 245,17-20 REINSCH]), wonach Alexios 1091 für den Kampf gegen die Petschenegen westliche Söldner erwartete (cf. HOLTZMANN 1924, 71; CHARANIS 1949, 27f.; GAUSS 1967, 89f.; BECKER 1988, 182f.).

[89] Bernold, chron. a. 1095 (DÖLGER Nr. 1176 = MGH.SS V, 462,16-20 PERTZ): „*Item legatio Constantinopolitani imperatoris ad hanc sinodum pervenit, qui domnum papam omnesque Christi fideles suppliciter imploravit, ut aliquod auxilium sibi contra paganos pro defensionem sanctae aecclesiae conferrent, quam pagani iam pene in illis partibus deleverant, qui partes illas usque ad muros Constantinopolitanae civitatis obtinuerant.*" Zu diesem Bericht cf. HOLTZMANN 1924, 71f.; BECKER 1988, 184 Anm. 347; zu den Vorgängen in Piacenza cf. CHARANIS 1949, 29f.; RUNCIMAN 1955, 78f.; DVORNIK 1966b, 172f.; SCHMALE 1976, 98f.; COWDREY 1988, 163.

[90] Dies bestätigen westliche Seitenreferenten: Annalista Saxo a. 1096 (MGH.SS VI, 729,2-6 WAITZ); Otto von Freising, chron. VII 2 (MGH.SRG 45², 310,18-26 HOFMEISTER); Roberti monachi S. Remigii Historia Hierosolymitana I 1 (PL 155, 671A-672C); Wibert, Gesta Dei per Francos seu Historia Hierosolymitana II 1 (PL 156, 697AB).

für Byzanz war der Krieg nicht eschatologisch oder geschichtstheologisch motiviert, sondern als Frage der *Staatserhaltung* zugleich eine Überlebensfrage der *Kirche*.[91] Die Reaktion des Papstes entsprach Alexios' Erwartung:

> „Für diese Hilfsleistung begeisterte der Herr Papst viele, die auch durch einen Schwur versprachen, daß sie mit Gottes Hilfe dorthin gehen und dem Kaiser gegen die Heiden nach Kräften die allertreueste Hilfe bieten würden."[92]

Auch hier war weder von Jerusalem noch vom Heiligen Grab die Rede[93]; insofern kann noch nicht von einem Kreuzzug *proprie dicto* ausgegangen werden.[94] Vielmehr manifestierte sich hier das Konzept der *reconquista* eines einstmals christlichen, nun aber von Heiden okkupierten und daher für das Christentum zurückzuerobernden Landes, das Urban bereits für den Krieg gegen die Sarazenen in Spanien und Sizilien als theologische Rechtfertigung verwendet hatte.[95] Für die auf diesem Weg wiederherzustellende Kircheneinheit oder gar für eine Handel „Union gegen Militärhilfe" findet sich in Piacenza kein Indiz.[96] Der Umgang Urbans mit Byzanz steht in offensichtlicher Kontinuität mit den Verhandlungen von 1089. Der fatale

---

[91] Cf. NORDEN 1903, 47f.; OSTROGORSKY 1963, 297f.; SCHREINER 1994, 22. Theodoros Skutariotes unterscheidet allerdings zwischen den wahren und den vorgeschützten Motiven des Kaisers: Da ohne westliche Hilfe keine Entlastung des Reiches von der Bedrohung durch die Seldschuken möglich gewesen sei, habe Alexios I. Propaganda für die Befreiung Jerusalems von der Herrschaft der Heiden betrieben (Σύνοψις χρονική: VII; 185,1-9 SATHAS): Εὑρὼν γὰρ πρόφασιν ὡς τοῦτο τὸ ἔθνος οὐκ ἀνεκτὸν ἥγηται τὴν ἐν Ἱεροσολύμοις τῶν Περσῶν ἐπικράτησιν, καὶ τοῦ ζωοποιοῦ τάφου τοῦ σωτῆρος ἡμῶν Ἰησοῦ Χριστοῦ [sic!], τοῦτο ὡς ἕρμαιον εὑρηκώς, καὶ ἀποστολαῖς πρέσβεων πρός τε τὸν τῆς πρεσβυτέρας Ῥώμης ὡς ἀρχιερέα προϊστάμενον, καὶ πρὸς τοὺς κατὰ τόπους ὡς ἂν οὗτοι φαῖεν ῥηγάγας καὶ ἄρχοντας, ἀξιολόγων χρησάμενος, οὐκ ὀλίγους ἴσχυσε τούτων τῆς πατρίδος ἀπαναστῆναι καὶ πρὸς τὸ ἔργον ὁλοτρόπως ὑπαγαγεῖν. Gegen CHARANIS 1949, 31-35, hat allerdings SCHREINER 1994, 135, den Quellenwert der Chronik kategorisch bestritten; zum Autor cf. MORAVCSIK 1958, 526-528; HUNGER 1978, 477f.

[92] Bernold, chron. a. 1095 (MGH.SS V, 462,20-23 PERTZ): *„Ad hoc ergo auxilium domnus papa multos incitavit, ut etiam iureiurande promitterent, se illuc Deo annuente ituros, et eidem imperatori contra paganos pro posse suo fidelissimum adiutorium collaturos."*

[93] Urbans Aufruf in Piacenza zielte auf „Söldnertruppen, die in die byzantinische Armee übernommen und nach den strategischen Plänen des Kaisers eingesetzt werden sollten - nichts anderes, vor allem (noch) kein eigenständig im Orient operierendes abendländisches Heer" (BECKER 1988, 185) war damit anvisiert.

[94] CHARANIS 1949, 36, nennt dagegen Alexios „the instigator of the First Crusade".

[95] BECKER 1988, 284; cf. aaO., 305.315 zum Krieg als Möglichkeit der Kirche; WINKELMANN 1998, 50f.

[96] HOLTZMANN 1924, 77f.; BECK 1980, 150f.; BECKER 1988, 186f.; anders DVORNIK 1966b, 173, wonach in der „Vorstellung des Papstes dieser erste Kreuzzug... aufs engste mit der Idee einer Union der beiden Kirchen verbunden" war; ebenso COWDREY 1988, 163f.

Versuch der Kreuzfahrer, im Orient einen eigenen romorientierten Kirchenstaat errichten zu wollen, lag noch in weiter Ferne.[97]

1.3. Anselm von Canterbury und das Reformpapsttum

1.3.1. Aosta - Bec - Canterbury: Biographische Anmerkungen

Neben den Machtverhältnissen in Süditalien und dem Kreuzzugsunternehmen prägte noch ein dritter Problemkomplex die Synode von Bari: der Investiturstreit.[98] Dabei nahm der Kampf um die weltliche Freiheit der Kirche und die Haltung des Papstes in England besondere Schärfe an, wo seit 1066 normannische Könige über Reich und Kirche herrschten. Die eingespielte Zuordnung von geistlicher und weltlicher Gewalt wurde hier in dem Moment prekär, als mit Anselm ein treuer Anhänger Urbans auf den Stuhl von Canterbury gelangte und als Primas der englischen Kirche paradoxerweise durch sein unbeirrbares Festhalten an den gregorianischen Reformzielen das Bemühen des Papstes um Anerkennung durch den englischen König fast zum Scheitern brachte.[99]

Geboren 1033/34 im piemontesischen Aostatal, kam Anselm 1059/60 nach Bec in der Normandie - auf der Suche nach einem Lehrer, der ihn zur Gestaltung eines erfüllten christlichen Lebens anleiten würde.[100] Diesen fand er in Lanfranc, Prior in Bec und Lehrer an der dortigen „offenen" Klosterschule, darüber hinaus einer der Protagonisten im Streit mit Berengar

---

[97] Die Verlaufsgeschichte des ersten Kreuzzuges von Clermont bis Jerusalem berührt nicht mehr unmittelbar das Spannungsfeld des Konzils von Bari; Kontakte zwischen Urban II. und Alexios I. sind für diesen Zeitraum nicht gesichert zu belegen (cf. BECKER 1988, 416f.). Seit Clermont (can. 2 [8]; hg. von SOMERVILLE 1972, 74) darf die Verbindung von Ablaß und Jerusalemfahrt als *differentia specifica* zur - nahe verwandten - *reconquista*-Idee betrachtet werden (BECKER 1988, 383f.).

[98] Zu Urbans Rolle im Investiturstreit cf. BECKER 1964, 113-254; MINNINGER 1978, 84-103; zur Geschichte des Konflikts von Gregor VII. bis zum Wormser Konkordat cf. TELLENBACH 1988, 208-225.

[99] Im folgenden beschränke ich mich auf eine bewußt perspektivische Skizze, zumal SOUTHERN 1990 eine erschöpfende Darstellung von Anselms Lebensweg vorgelegt hat; cf. des weiteren HÖDL 1978, 759-764; M.A. SCHMIDT 1983 passim; EVANS 1989, 1-26. Die *Vita Anselmi* seines Freundes und Schülers Eadmer beruht jedenfalls für den Zeitraum von 1093-1109 auf Augenzeugenschaft, gewinnt freilich nach 1100 zunehmend hagiographischen Charakter (SOUTHERN 1990, 426f.; cf. EVANS 1989, 1-4). Die *Vita* und die *Historia Novorum in Anglia* (die sich komplementär entsprechen: v. Ans. praef.; 1,10-15 SOUTHERN) sowie Anselms Werke werden im folgenden mit Bandnummer, Seiten- und Zeilenzahlen (ohne Nennung der Herausgeber) zitiert.

[100] Eadmer, v. Ans. I 5 (8,3-9); cf. M.A. SCHMIDT 1983, 125f.

von Tours um Methode und Autoritäten in der Theologie.[101] Als Schüler und - nach Lanfrancs Weggang nach Caen 1063 - selbst als Prior und Lehrer der jungen Mönche erwarb sich Anselm einen Ruf sowohl als Vermittler von Bildungswissen als auch als eigenständiger Denker, wobei seine Schriften stets die Lehrsituation widerspiegeln.[102] Das *Monologion*, verfaßt um 1076/77 und erst nach Rückversicherung bei Lanfranc einem weiteren Leserkreis übergeben, machte ihn bekannt, das *Proslogion* samt der Kontroverse mit Gaunilo von Marmoutiers um die Neubegründung der theologischen Rationalität ließ ihn berühmt werden[103] - das hier entwickelte Programm „*fides quaerens intellectum*" sollte ihn später auch in der Trinitätslehre auf neue Argumentationswege führen. Mehr noch als scharfsinniger philosophischer Denker und theologischer Schriftsteller war Anselm aber für seine Schüler und Mitbrüder ein Vorbild monastischer Spiritualität. Die Formulierung des *Proslogion* als Gebet zu Gott, dem Erleuchter des menschlichen Intellekts, bezeugt den spirituellen Ansatz seiner Theologie, der die Tiefengrammatik aller seiner Schriften prägt: Nur die meditative Einsicht in die Wahrheit des Geglaubten erlaubte es ihm, einen erkannten Sachverhalt in präzisen Formulierungen zu fassen, und nur derart eingesehene Glaubensgehalte konnten Gegenstand seiner Lehrtätigkeit werden.[104]

Das monastisch-spirituelle Ideal der betonten Innerlichkeit führte jedoch auch zur weitgehenden Unvertrautheit mit den Gegebenheiten und Zwängen der äußeren Welt. Eadmers Berichte über die Sorgen der Mönche von Bec mit ihrem Abt, der sich mehr der Seelsorge widmete als der materiellen Versorgung seines Klosters[105], lassen Anselm als einen Menschen erscheinen, dessen Interesse an der Welt sich innerhalb der Klostermauern und deren Gesetzmäßigkeiten erschöpfte und der - anders als sein Lehrer Lan-

---

[101] Cf. unten S. 434-439; zu Lanfrancs Biographie cf. GIBSON 1978; zur Klosterschule in Bec: aaO., 34-38. Geboren 1003 in Pavia, gehörte Lanfranc zunächst als Jurist, seit 1040 als Prior in Bec zur ersten Generation der Kirchenreformer und nahm 1049 an Leos IX. Konzil in Reims teil (s.o. S. 325).

[102] Cf. z.B. monol. prol. (I; 7,2-5); prosl. prooem. (I; 93,2-4); c.d.h. praef. (II; 42,2-5).

[103] Der sogenannte „ontologische Gottesbeweis" hat - beginnend mit der Kritik Gaunilos - eine beispiellose Rezeptionsgeschichte erfahren, hinter der allerdings die *intentio auctoris* allzuoft zu verschwinden droht, so auch wieder in der neuesten formallogischen Rekonstruktion des *unum argumentum* durch SCHERB 2000. Hier und bei KAPRIEV 1998 finden sich reichhaltige bibliographische Angaben.

[104] SOUTHERN 1990, 114f.

[105] Anselm habe die besorgten Funktionsträger seines Klosters mit der Empfehlung zu bescheiden gepflegt: „*Sperate in Domino, et spero quia ipse vobis necessaria quaeque ministrabit*" (v. Ans. I 28; 47,18-20); cf. M.A. SCHMIDT 1983, 135, SOUTHERN 1990, 184.

franc - nie nach Höherem strebte.[106] Umso unvermittelter trafen die Anforderungen der „großen" Politik den Mönch und Lehrer, als er im Jahr 1093 unversehens mit einem der wichtigsten Ämter der okzidentalen Christenheit betraut wurde: mit dem erzbischöflichen Sitz von Canterbury.

1.3.2. Der englische Investiturstreit

Am 9. September 1087 starb König Wilhelm I. von England, der „Eroberer" und Sieger in der Schlacht bei Hastings 1066. Das Reich wurde unter seinen Söhnen aufgeteilt: Robert erbte die Herzogswürde der Normandie, Wilhelm II. Rufus die englische Krone.[107] Zwei Jahre später starb auch Lanfranc, seit 1070 Erzbischof von Canterbury und kongenialer Partner Wilhelms I. als Haupt der englischen Kirche.[108] Der Thronfolger nutzte die Vakanz, um die reichen Erträge der Ländereien Canterburys in die eigene Tasche zu leiten, was der englische Episkopat ohne seinen Primas nicht zu verhindern wußte.[109] Auch zur Frage des rechtmäßigen Papstes, die der alte König nach dem Tode Gregors VII. bewußt offengehalten hatte, ließ sich Wilhelm II. mit einer Stellungnahme Zeit, während sein Bruder bereits 1088 Urban anerkannt hatte.[110]

An beiden Vorgängen - der Beendigung der Vakanz in Canterbury und der Entscheidung für Urban II. - war Anselm beteiligt und wurde damit zur Hauptfigur im „englischen Investiturstreit", der vor allem in den Auseinandersetzungen um seine Person und sein ekklesiologisches Denken bestand.[111] Den Anlaß dazu bot eine Reise nach England im September 1092, wie sie zu den Aufgaben des Abtes von Bec gehörte, dem mehrere Priorate

---

[106] Schon als Prior hatte er den Bischof von Rouen flehentlich gebeten, ihn von seinen Amtspflichten zu entbinden (Eadmer, v. Ans. I 12; 21,17-22,16).

[107] H. BÖHMER 1899, 140f.- Die zeitgenössischen Hauptquellen, Eadmers *Historia Novorum* und Wilhelm von Malmesburys *Gesta Pontificum Anglorum*, werden im folgenden ohne Reihe und Herausgeber zitiert.

[108] Zu Lanfranc als Primas der britannischen Kirche cf. GIBSON 1978, 116-161.

[109] Eadmer, h. n. I (26,3-27,14); cf. CANTOR 1958, 43.49-51; BECKER 1964, 170. Urban II. wußte um die Vakanz in Canterbury, unternahm aber von sich aus nichts zur Besserung der Situation (aaO., 177f.).

[110] Councils and Synods I/2, 634f. Nr. 99; Florentius von Worcester, historia a. 1091 (MGH.SS V, 564,13f.16-19 WAITZ); zu Wilhelm I. und Lanfranc, die das Papstschisma als Stärkung der eigenen Unabhängigkeit von Rom begriffen, cf. H. BÖHMER 1899, 137-139; BROOKE 1931, 144f.; CANTOR 1958, 29-34; GIBSON 1978, 137-139.

[111] SOUTHERN 1990, 233. Die Frage der Laieninvestitur wurde dagegen in Großbritannien kaum literarisch reflektiert, auch nicht von Anselm selbst (H. BÖHMER 1899, 170f.); die Traktate des „Anonymus von York" stehen in ihrer Behandlung des Verhältnisses von *imperium* und *sacerdotium* singulär da (cf. BROOKE 1931, 157); zur Gesamtproblematik cf. jetzt BARTLETT 2000, 402-412.

auf der britischen Insel unterstanden. Eine schwere Erkrankung führte den König im März 1093 dazu, vor dem augenscheinlich nahen Tod lang aufgeschobene Verfügungen zu treffen, so auch die Wiederbesetzung des erzbischöflichen Stuhles von Canterbury - und hierfür nominierte er Anselm.[112] Dieser wehrte sich verzweifelt gegen die ihm angetragene Erhebung - aber nicht, weil ihn der König (und nicht der Papst) designiert hatte, sondern weil ihn die Bischofswürde noch weiter von seinem kontemplativen Lebensideal abzubringen drohte als sein Amt als Abt von Bec.[113]

Bereits in dieser Szene zeigt sich die Grundspannung, die seinen Archiepiskopat prägen sollte: „Als Primas von England war Anselm gewissermaßen der Zweite im Königreich geworden, verstand aber die ihm zugefallene Macht von Wert- und Ordnungsmaßstäben her, denen er schon zuvor im Kloster nachgelebt hatte."[114] Daß die englische Kirche weitgehend nach den normannischen *usus atque leges* regiert wurde, hatte Lanfranc nie als Einschränkung der kirchlichen Autorität aufgefaßt, und Wilhelm II. war fest entschlossen, hierin dem Vorbild seines Vaters zu folgen.[115] Maßgeblich für Anselms Handeln waren stattdessen Wahrheit und Gerechtigkeit, also binär strukturierte Handlungsoptionen[116]: Entweder ihm wurde ermöglicht,

---

[112] Eadmer, v. Ans. II 2 (64,19-24): „*Suadetur ei inter alia a principibus, ut de matre totius regni aecclesia videlicet Cantuariensi cogitet, et eam a pristina viduitate et calamitate per institutionem pontificis relevet. Adquiescit ille consilio, et Anselmum in hoc opus dignissimum fore pronunciat.*" In ep. 156 (IV; 18,22-25) weist Anselm den Verdacht zurück, er habe durch die ungewöhnliche Länge dieses Aufenthaltes seine Erhebung provozieren wollen; cf. SOUTHERN 1990, 187: „He can scarcely have supposed that, simply by hanging around in England, the king would have been moved to make him archbishop."

[113] Eadmer, v. Ans. II 2 (65,1-5); cf. incarn. 1 (II; 4,18f.): „*captus et retentus sum*".

[114] M.A. SCHMIDT 1983, 124. Auch SOUTHERN 1990, 190f.266, beschreibt Anselm als einen Mönch in der ihm fremden Welt der kirchlichen und königlichen Politik; SCHNITH 1986, 75, referiert andere Deutungsmuster als „the leader of the gregorian reformation in England" (CANTOR 1958, 68) bzw. als „the most astute politician in the Anglo-Norman state" (VAUGHN 1975, 300).

[115] BROOKE 1931, 151. EVANS 1989, 16, hat auf die Analogie zur westgotischen und fränkischen Kirche in karolingischer Zeit hingewiesen, die sich zugleich als Nationalkirche und als Teil der *una sancta ecclesia* mit dem Papst als Oberhaupt verstanden hatten (cf. auch MINNINGER 1978, 212-214). Die Ansprüche Wilhelms II. umreißt Eadmer in h. n. I (10,1-9): „*Non ergo pati volebat quemquam in omni dominatione sua constitutum Romanae urbis pontificem pro apostolico nisi se jubente recipere, aut ejus litteras si primitus sibi ostensae non fuissent ullo pacto suscipere. Primatem quoque regni sui, archiepiscopum dico Cantuariensem seu Dorobernensem, si coacto generali episcoporum concilio praesideret, non sinebat quicquam statuere aut prohibere, nisi quae suae voluntati accommoda et a se primo essent ordinata.*"

[116] Zu Anselms spezifischer Koordination von Logik, Ethik und Ontologie am Leitfaden der *rectitudo* cf. HEINZMANN 1992, 169. SOUTHERN 1990, 172, verweist auf ver. 11.12

sein Amt nach diesen Kriterien und den sich daraus ergebenden Konsequenzen zu verwalten - oder er würde es aufgeben müssen. So rechnete er bei Reformen für Kleriker und Laien selbstverständlich mit der Unterstützung durch Wilhelm II., ebenso bei der Durchführung des von ihm als notwendig empfundenen Reichskonzils der englischen Kirche.[117] Kirchenreform bedeutete für ihn jedoch zunächst keine streng „gregorianische" Programmatik: Im September leistete er König Wilhelm in Winchester den Treueid und wurde daraufhin am 4. Dezember 1093 von allen englischen Bischöfen feierlich konsekriert.[118] Tatsächlich untersagte Urban II. erst 1095 der Lehnseid von Geistlichen an weltliche Herren[119], und Anselm erfuhr nicht vor 1098 von dem weitgehenden Verbot der Laieninvestitur, das Gregor VII. proklamiert hatte.[120] Königtum und Kirche waren für Anselm - entsprechend den Leitlinien Wilhelms I. - so eng koordiniert, daß er anno 1095 glatt ablehnte, mit dem päpstlichen Legaten über Maßnahmen zur Kirchenreform zu verhandeln, da er während der Abwesenheit des Königs den Schutz des Landes gewährleisten müsse![121]

(I; 191,19f.; 194,26): *„Veritas est rectitudo mente sola perceptibilis.- Iustitia igitur est rectitudo voluntatis propter se servata."*

[117] SCHNITH 1986, 77f.; SOUTHERN 1990, 252.273; cf. Eadmer, h. n. I (48,26-34), sowie ep. 176 an Hugo von Lyon (a. 1094: IV; 58,27-29): *„Petivi ut concilium convocaretur, quod per multos annos in Anglia factum non fuerat, quatenus corrigentur quaedam in eodem regno, quae nullatenus toleranda videbantur."*

[118] Eadmer, h. n. I (41,13-16): *„Ille igitur, more et exemplo praedecessoris sui inductus, pro usu terrae homo regis factus est, et, sicut Lanfrancus suo tempore fuerat, de toto archiepiscopatu seisisi iussus."* Cf. Wilhelm von Malmesbury, gest. pont. I 49 (84,16-19); dazu MOHR 1975, 227f.; MINNINGER 1978, 216.

[119] Conc. Claromontense, can. 15 (SOMERVILLE 1972, 78): *„Ne episcopus vel sacerdos regi vel alicui laico in manibus ligiam fidelitatem faciat."* Cf. MINNINGER 1978, 84f. Anselm kannte nicht einmal die daran anknüpfende Bestimmung in can. 8 der Synode von Rouen (1096; MANSI XX, 925A): *„Nullus presbyter efficiatur homo laici, quia indignum est, ut manus Deo consecratae et per sacram unctionem sanctificatae mittantur inter manus non consecratus"*; cf. HEFELE/LECLERCQ 1912, 445. MINNINGER 1978, 217f., Ep. 223 (IV; 127,46-48) fordert noch im April 1102 (!) von Paschalis II. eine normative Kommentierung dieses Dekrets ein.

[120] Cf. Gregor VII., reg. VI 5b (MGH.ES II/2, 403,11-19 CASPAR); dazu MINNINGER 1978, 80f. Zu Anselms Ignoranz dieser epochemachenden Bestimmung cf. MOHR 1975, 228; SOUTHERN 1990, 191.265.275. Weder in Clermont noch in Piacenza nahmen englische Prälaten teil (Councils and Synods I/2, 648 Nr. 105).

[121] Anselm, ep. 191 (IV; 77,8-10); cf. Councils and Synods I/2, 647 Nr. 104; CANTOR 1958, 93f.; MOHR 1975, 237; SCHNITH 1986, 78 Anm. 21; SOUTHERN 1990, 269. Noch 1101 wurde Anselm in ungewohnter Schärfe bei Paschalis II. vorstellig, um die Funktion des Erzbischofs von Canterbury als päpstlicher Legat in Großbritannien (die der Bischof von Vienne erhalten hatte; cf. Councils and Synods I/2, 655 Nr. 109) zu verteidigen (ep. 214: IV; 112,17-24); cf. VAUGHN 1980, 66f.; SOUTHERN 1990, 335f.

Diese Verbundenheit wurde freilich auf die Probe gestellt, als Anselm vom Papst das Pallium als Zeichen seiner erzbischöflichen Würde erbitten wollte - was für Wilhelm II. bedeutete, sich offen für einen der beiden Prätendenten auf den Stuhl Petri entscheiden zu müssen. Die Haltung des Königs, der vor der Verleihung des Palliums die Unterwerfung Anselms forderte, sowie die ihn darin bestärkende Position der Bischöfe auf der Synode von Rockingham im Februar 1095 zeigen, welche politische Sprengkraft in dieser *sensu stricto* binnenkirchlichen Angelegenheit steckte.[122] Wilhelm lenkte erst ein, als er der Unterstützung Anselms durch die Barone gewahr wurde, wandte sich selbst an Urban II. - der postwendend den Kardinalbischof Walter von Albano nach England schickte - und verzichtete am Ende auch auf die Ablösung Anselms. Ebenso erreichte dieser, daß er das Pallium nicht aus der Hand des Königs empfangen mußte, sondern es vom Altar der Kathedrale in Canterbury nehmen konnte, wo der Legat es abgelegt hatte.[123] Zwar behauptet Hugo von Flavigny, Anselm habe den Bischofseid „*salva fidelitate domini regis*" geleistet, nach Eadmer insistierte Anselm jedoch gerade darauf, daß der Erzbischof von Canterbury alleine dem Papst verantwortlich sei.[124] In der Rückschau betonte Anselm, daß er dem König stets nur soweit Treue gelobt habe, wie es mit Gottes Gebot bzw. mit dem Prinzip der *rectitudo* vereinbar war.[125] Daß Urban II. durch seinen Legaten zuerst mit dem König verhandelte, ohne den betroffenen Erzbischof davon in Kenntnis zu setzen, und dem Herrscher als Gegenleistung für die Anerkennung weitgehende Zugeständnisse versprach, gab dem Erzbischof frei-

---

[122] Die Position des Episkopats skizziert Eadmer (v. Ans. II 16; 86,6-8): „*Anselmus salva fide quam regi debebat, nullatenus posset in regno ipsius Urbanum sedis apostolicae praesulem pro papa tenere.*" Cf. Councils and Synods I/2, 644 Nr. 103; CANTOR 1958, 79-87; BECKER 1964, 179f.; MOHR 1975, 232f. Anselm machte in Rockingham genau die umgekehrte Einschränkung (Eadmer, h. n. I; 66,29-33 RULE): „*concedo suscipere quod domino regi et vobis placet pro pacis custodia secundum Deum statuere, salva semper apud me debita reverentia et oboedientia domini Urbani sedis apostolicae praesulis*".

[123] Eadmer, h. n. II (69,17-70,2; 72,21-73,3); cf. Councils and Synods I/2, 646f. Nr. 104; CANTOR 1958, 90-93; MOHR 1975, 236.

[124] Eadmer, h. n. I (61,14-16): „*archiepiscopum Cantuariensem a nullo hominum, nisi a solo papa, judicari posse vel damnari*" (gegen Hugo, chron. a. 1096; MGH.SS VIII, 475,7 PERTZ). MOHR 1975, 233, verweist diesbezüglich auf „alte kirchliche Grundsätze", konkret auf die Synode von Serdika sowie auf Pseudoisidor in der Rezeption durch Nikolaus I. (RPR[J] 2682); s.o. S. 169.

[125] Eadmer, h. n. II (84,22-27): „*Scio quippe me spopondisse, consuetudines tuas, ipsas videlicet quas per rectitudinem et secundum Deum in regno tuo possides, me secundum Deum servaturum, et eas per justitiam contra omnes homines pro meo posse defensurum.*"

lich einen desillusionierenden Eindruck von den Gepflogenheiten der päpstlichen Diplomatie.[126]

Trotz allem vermochte der Erzbischof im Grundkonflikt der Ordnungsvorstellungen jedoch keinen nachhaltigen Erfolg zu erzielen: Ohne die Zustimmung des Königs war keine Reichssynode abzuhalten; dieser schob dagegen jede Initiative auf die lange Bank und brachte das Faß nach Anselms Ansicht damit zum Überlaufen, daß er sich nach einem Feldzug in Wales (1096/97) bitter über die schlechte Qualität der von Canterbury gestellten Soldaten beschwerte. Auch der Frieden im Reich seit 1097 brachte nicht den für ein Reformkonzil nötigen Frieden zwischen König und Primas. Anselms Konsequenz war rundheraus unpolitisch, nach seinem Maßstab der *rectitudo* aber die einzig mögliche: Er bat den König, ihn nach Rom reisen zu lassen, um den Papst als höhere pastorale Instanz um Rat anzugehen.[127] Im Oktober 1097 verließ er England im Unfrieden mit dem König, aber mit dessen offizieller Erlaubnis.[128] Aus der Reise zum päpstlichen Seelsorger sollte ein dreijähriges Exil in Lyon und Rom werden.

1.3.3. Das Konzil von Bari (1098)

Das Ziel der Reise war klar abgesteckt: Urban II. sollte Anselm von seinem Amt als Erzbischof entbinden.[129] Allerdings konnte die freundliche Aufnahme am päpstlichen Hof[130] nicht verdecken, daß tatsächlich erst einmal nichts geschah, was den englischen König unter Druck hätte setzen kön-

---

[126] Hugo von Flavigny (MGH.SS VIII, 475,4 PERTZ) berichtet, Urban habe die volle Kirchenhoheit des Königs bestätigt und ihm zugesagt, „*ne legatus Romanus ad Angliam mitteretur, nisi quem rex praeciperet.*" Wilhelm von Malmesbury (gest. pont. I 49; 89,28-30) bleibt vage: „*Si Urbanus in Anglia reciperetur ad papam, fore ut quaecunque rex petenda existimasset ille privilegio sedis apostolicae roboraret*"; Eadmer (h. n. II; 69,18) spricht nur von einem Privileg für „*cuncta suae voluntati conniventia*". BECKER 1964, 181f., zieht eine Analogie zum Legationsprivileg für Roger von Sizilien (s.o. S. 406).

[127] VAUGHN 1975, 292, deutet hingegen den Gang ins Exil als „a public display of Rufus' sins against the church".

[128] Nach v. Ans. II 21 (93,15-17) erklärte Anselm gegenüber den Mönchen von Canterbury seinen Weg ins Exil: „*sperans in respectum misericordiae Dei iter meum libertati aecclesiae futuris temporibus nonnichili profuturum.*" Erstmals kommt hier über die persönliche geistliche Freiheit hinaus die Freiheit der *Kirche* ins Spiel (SOUTHERN 1990, 276).- Bald nach Anselms Abreise konfiszierte der König die Güter seines Erzbistums (Eadmer, h. n. II; 88,30-89,6); cf. H. BÖHMER 1899, 155.

[129] Cf. ep. 206 an Urban II. (IV; 101,58-62): „*haec est summa supplicationis meae, propter quam ad vos ire volebam, ut, sicut deum animae meae et animam meam deo desideratis, per paternam et apostolicam pietatem, quae cor vestrum inhabitat, animam meam de vinculo tantae servitutis absolvatis, eique libertatem serviendi deo in tranquillitate reddatis*".

[130] Eadmer, v. Ans. II 29 (106,12f.); cf. Ordericus Vitalis, h. e. X 3 (V; 206,7f. CHIBNALL).

nen; Urban ließ lediglich eine briefliche Aufforderung zur Rückgabe der erzbischöflichen Güter ergehen. Dem Papst allerdings kam der ehemalige Abt von Bec, dem ein Ruf als brillanter theologischer Denker vorauseilte, gelegen, wollte er doch seine abendländische Obödienz durch eine Einigung mit den süditalienischen griechischen Bischöfen über deren Zugehörigkeit zur römischen Jurisdiktion festigen und für die divergierenden Traditionen in Lehre und Liturgie einen binnenkirchlichen *modus vivendi* erreichen; diesem Vorhaben war ein Konzil Anfang Oktober 1098 in Bari gewidmet, zu dem auch Anselm geladen wurde.[131] Die ausführlichste Quelle für Ablauf und Thematik des Konzils stellt die Doppelüberlieferung Eadmers in seiner *Vita Anselmi* und in der *Historia Novorum* dar, zumal der Verfasser Augenzeuge in Bari war.[132] Da das persönliche Auftreten Anselms auf die Diskussion um das Filioque und den Konflikt mit Wilhelm II. begrenzt war, treten die übrigen Verhandlungen hier zurück.[133] Die *Vita* skizziert seine Rolle nur in groben Zügen:

> „Nachdem Anselm sich dem Konzil gezeigt hatte, widerlegte er - dazu vom Papst überrredet - in einer vernunftgemäßen und katholischen Diskussion (*rationabili atque catholica disputatione*) die Griechen, die irrigerweise bezüglich des Hervorganges des Heiligen Geistes behaupteten, dieser gehe aus dem Vater, nicht aber aus dem Sohn hervor. Bei allen erwies er sich damit als groß und der Verehrung überaus würdig."[134]

Nach der *Historia Novorum* sei zunächst Urban selbst durch die von den Griechen aufgeworfene Frage des *Filioque* in arge Bedrängnis gebracht worden und habe sich nicht einmal mit den Argumenten aus Anselms *De incarnatione Verbi* helfen können.[135] So habe er sich schließlich der bislang

---

[131] RPR(J) Bd. I, 694; cf. Anonymus Barensis, chron. a. 1099 (RIS V, 155CD MURATORI). Lupus Protospatharius, chron. a. 1099 (MGH.SS V, 63,9f. PERTZ), spricht gar von einer „*universalis synodus in civitate Bari, in qua fuerunt 185 episcopi*"; entsprechend kommentiert LEIB 1924, 290: „Son désir fut-il plus intense encore de proclamer solennellement dans un concile général l'union complète dans la foi, de l'Église d'Orient et de l'Église d'Occident." BECKER 1988, 191, stellt dagegen Bari als „repräsentatives päpstliches Konzil" in die Reihe „jener regionalen Reformkonzilien, wie sie Urban bisher in Frankreich und Italien gehalten hatte".

[132] SOUTHERN 1990, 409f. Anselm selbst gab Urbans Nachfolger Paschalis II. einen knappen Bericht über die Verhandlungen der Synode (ep. 210: IV; 105,1-107,57).

[133] Eadmer, h. n. II (104,30), subsummiert alle Vorkommnisse bis zur Disputation Anselms mit den Griechen unter „*plurima de fide catholica*" (ebenso Florentius von Worcester, historia a. 1098; MGH.SS V, 564,44f. PERTZ); hiervon ist der Bericht bei Wilhelm von Malmesbury, gest. pont. I 53 (99,10-101,2), literarisch abhängig (BECKER 1988, 192). Cf. zu Themen und Ablauf der Synode von Bari weiterhin LEIB 1924, 291f.; DERS. 1952, 219; GAUSS 1967, 97f.; COWDREY 1988, 166f.

[134] Eadmer, v. Ans. II 34 (113,1-6).

[135] Eadmer, h. n. II (104,29-105,8); cf. v. Ans. II 10 (73,3-9 SOUTHERN), sowie Johannes von Salisbury, v. Ans. 7 (PL 199, 1023B); dazu HEFELE/LECLERCQ 1912, 459. Orde-

unauffälligen Präsenz des Erzbischofs erinnert und ihn als letzte Rettung für die angegriffene „Mutter Kirche" aufgeboten.[136] Daß Anselm sogleich zur Diskussion bereit gewesen sei, steht freilich in bedenkenswertem Widerspruch zur Vorbemerkung in der kurz zuvor abgeschlossenen Schrift *Cur Deus Homo*, wo sich Anselm über die für ihn - selbst in der Abgeschiedenheit von Sclavia - zu gedrängten Abfassungsumstände beklagt.[137] Seit der Vollendung von *De incarnatione* (1094) hatte er sich nicht mehr mit dem Problem der Trinität beschäftigt.[138] Urban hingegen war klar, welche Hindernisse seinem Einfluß im normannischen Herrschaftsgebiet entgegenstanden: einerseits der Konflikt der traditionell griechischen Gemeinden mit einer faktisch aufgezwungenen lateinischen Papstmacht, andererseits die Differenzen in Lehre und Ritus, die zwar auf die praktische Frömmigkeit nur geringen Einfluß hatten[139], in dieser konfliktträchtigen Konstellation jedoch ein beträchtliches symbolisches Potential darstellten. Der Papst wollte offenbar durch die Beilegung des zweiten Hindernisses den Weg zur Lösung des ersten freimachen: Der Konsens in Fragen des Bekenntnisses und der Liturgie sollte sicherstellen, daß die päpstliche Autorität nicht als Bedrohung der griechischen ekklesialen Identität angesehen werden konnte.[140] Daher mußte er die Konfrontation zum Thema Filioque einkalkulieren, war dies doch schon 1053 von Leo IX. mit den ansässigen Griechen diskutiert worden.[141] Dies läßt vermuten, daß Anselm die lateinische Trini-

---

ricus Vitalis, h. e. X 3 (V; 206,17f. CHIBNALL), berichtet gar von einer *"copia perplexarum de fide aliisque misteriis quaestionum a Grecis prolata"*.

[136] Eadmer, h. n. II (105,16-19): *"Ascende usque ad nos, et pugnans pro matre tua et nostra adjuva nos, cui suam integritatem vides Graecos istos conari adimere, et nos in idipsum nefas, si facultas eis tribuitur, praecipitare!"*

[137] C.d.h. praef. (II; 42,5f.): *"Nam plura quae tacui inseruissem et addidissem, si in quiete et congruo spatio illud mihi edere licuisset."*

[138] Eine Ausnahme macht ep. 204 (ca. 1094-97: IV; 95,1-97,51); dazu unten S. 462.

[139] RUNCIMAN 1955, 67; GAUSS 1967, 73.

[140] BECKER 1988, 191: „Urbans 'Griechenpolitik' war seit 1089 festgelegt nach dem Modell des 'Kompromisses von Melfi' und auf die Linie der Mäßigung der normannischen Kirchenpolitik, der Zurückhaltung in der 'Latinisierung', dabei einer allgemeinen stärkeren Konzentrierung der Kirchen Süditaliens und Siziliens auf Rom - unter Wahrung der Eigenständigkeit griechischer Kirchen in ihrem Ritus und ihrer Verbindung mit Konstantinopel"; cf. RUNCIMAN 1955, 76; BECK 1980, 152.

[141] S. o. S. 364. Gegen BECKER 1988, 192, ist damit keineswegs eine fest umrissene Filioque-*Kontroverse* insinuiert, wohl aber kann Urban ein entsprechendes *Problembewußtsein* attestiert werden.- Mit Anselm stand Urban schon seit Beginn seiner Amtszeit in brieflichem Kontakt (cf. ep. 125: III; 265,1-266,28). Nach dem Widmungsbrief von *Cur Deus Homo* betrachtete Anselm den Papst als letzte Instanz für Anerkennung und Widerspruch: *"quoniam nulli rectius possum, vestrae sanctitatis praesento conspectui sub-*

tätslehre keineswegs so spontan vortrug, wie Eadmer suggeriert, sondern daß er durch Urban bereits auf eine solche Diskussion vorbereitet war.[142]

Läßt Eadmer also die Rahmenbedingungen der Diskussion relativ klar erkennen[143], so gilt dies nicht für ihren Gehalt: Der Chronist verweist zur Argumentation Anselms lediglich auf dessen einschlägigen Traktat, dessen Darlegungen die Versammlung einhellig beigestimmt habe. Wilhelm von Malmesbury berichtet darüber hinaus, „daß die Lateiner lärmend ihre Freude bezeugten, während sich die Griechen der Lächerlichkeit preisgegeben sahen"[144]. Eadmer berichtet, daß komplementär zum Lobpreis Anselms alle Andersdenkenden exkommuniziert worden seien.[145] Nur - wem nützte eine solche Exkommunikation? Ein kodifiziertes Schisma in seinem Machtbereich wäre kontraproduktiv für das gewesen, was Urban II. tatsächlich anstrebte; grundsätzliche Übereinstimmung als Grundlage eines allseits akzeptablen *modus vivendi* mußte seine Wünsche vollauf befriedigen.[146] Wenn zudem Anselms Traktat *De processione Spiritus sancti* die Argumentation in Bari strukturell widerspiegelt (s.u. S. 507f.), dann stünde eine Exkommunikation in eklatantem Widerspruch zu seiner Intention, ausgehend von der gemeinsamen Glaubensbasis Übereinstimmung in den

---

ditum opusculum, ut eius auctoritate quae ibi suscipienda sunt approbentur, et quae corrigenda sunt emendentur" (c.d.h. commendatio operis ad Urbanum Papam II.: II; 41,3-5).

[142] Nach SOUTHERN 1990, 279.411, bereitete Anselm die Diskussion über den Hervorgang des Geistes schon im Sommer 1098 während seines Aufenthaltes bei Capua vor.

[143] Anselm selbst gibt allerdings kaum Hinweise auf die konkrete Disputation; lediglich in proc. 2 erwähnt er konkrete Personen (II; 186,7; 188,11-14). EVANS 1989, 63, meint immerhin daraus schließen zu können, „that there had been a good deal of heated theological discussion of an informal sort during the Council"; das widerspricht faktisch ihrer früher geäußerten Einschätzung (1977, 158f.): „It appears more likely that Anselm gave an address, than that he conducted a public debate as Anselm of Havelberg later did."

[144] Wilhelm, gest. pont. I 53 (100,12-14): *„ut Latini clamore testarentur gaudium, Graeci de se praeberi dolerent ridiculum"*. Hier liegt eine traditionsgeschichtliche Überzeichnung vor; cf. dagegen Florentius von Worcester (MGH.SS V, 564,47-49 WAITZ): *„Anselmus sic de negotio tractavit, disseruit, absolvit, ut in ipso conventu nemo existeret, qui non inde sibi satisfactum consentiret."*

[145] Eadmer, h. n. II (106,15-18): *„necnon eorum perfidia, siqui forent, qui ea quae de proposita quaestione docuit suscipere et credere nollent, exprobrata ac perpetuo anathemate percussa atque prostrata."*

[146] BECKER 1988, 196: „Ihr [sc. der Griechen] consensus wird darin bestanden haben, daß sie, von Anselms Beweisführung angetan oder auch überzeugt, sich dahingehend aussprachen, in Zukunft das *filioque* nicht mehr als verwerflich zu bekämpfen!" Ebenso bereits GAUSS 1967, 98; unkritisch dagegen LEIB 1924, 294; BOUCHÉ 1938, 6. Die irenische Intention Urbans kommt eher bei Ordericus Vitalis, h. e. X 3 (V; 206,19-21 CHIBNALL), zur Geltung: *„iussu papae pater Anselmus generalem omnibus sermonem fecit, et ad propositas inquisitiones subtili lucidaque Grecis et Latinis responsione satisfecit."*

verbleibenden Differenzen zu erreichen. Daß die Filioque-Frage den *status confessionis* provozierte, traf für die letzte Phase der römisch-byzantinischen Verhandlungen von 1054 zu, nicht aber für Situation und Zielsetzung des Konzils von Bari 1098.[147] Insofern Anselm keine Alternative zur Entscheidung vorlegte, sondern das Miteinander der Glaubenden und das Nebeneinander der Glaubenstraditionen suchte, ist es unwahrscheinlich, daß er selbst auf die Kanonisierung seiner Ausführungen als exklusivierender Norm gedrungen hätte. Schließlich läßt auch sein Traktat erkennen, daß es zwar eine Verständigung darüber gab, daß die jeweils andere Seite als rechtgläubig zu gelten habe, nicht aber eine positive, ein Anathemas begründende Übereinkunft in der materialen Pneumatologie.[148]

Der eigentlich theologischen Diskussion folgte die Behandlung des Themas, das Anselm eigentlich nach Bari gebracht hatte - die Frage nach seinem weiteren Verhalten im Streit mit dem englischen König. Die Konzilsväter wurden sich einig, Wilhelm II. vor eine unmißverständliche Alternative zu stellen: „Wenn du ihn nämlich einmal, zum zweiten und zum dritten Mal gerufen hast und er zu hören und die kirchliche Disziplin zu akzeptieren sich weigert, dann bleibt nur, daß man ihm gibt, was er verdient, nämlich daß er durch das Schwert des Heiligen Petrus mit der Schärfe des Anathema geschlagen wird, bis er seine Verstocktheit aufgibt."[149] Daß nach Eadmer sich ausgerechnet Anselm selbst dieser Strafandrohung widersetzt und den Papst angefleht habe, Wilhelm nicht sogleich mit dem Bann zu belegen[150], ist mit zwei weiteren Quellenzeugnissen kaum zu vereinbaren: Nach späteren Geheimverhandlungen Urbans mit einem Boten Wilhelms, der einen Aufschub für den König erzielte, sah Anselm keine Chance mehr für seine Sache[151]; außerdem bemerkte er gegenüber Paschalis II., das Anathem gegen Wilhelm sei von Urban selbst hintertrieben wor-

---

[147] BECKER 1988, 196, verweist auf die modifizierte, zur Verständigung freilich völlig ungeeignete Version der Exkommunikationsbulle von 1054 im Legatendossier von 1089 (s.o. S. 414 Anm. 70).

[148] Inwieweit die Beschlüsse von Bari das konkrete kirchliche Leben in Süditalien beeinflußt haben, ist kaum zu erkennen (cf. das vorsichtig positive Urteil bei BECKER 1988, 194f.); überzogen votiert LEIB 1924, 295, Süditalien sei „au point de vue dogmatique le terrain d'entente" gewesen. BOUCHÉ 1938, 88, unterstellt eine dauerhafte „Union", auf deren Grundlage die kalabrischen Griechen nach dem Konzil von Lyon (1274) auch das Filioque akzeptierten.

[149] Eadmer, h. n. II (106,34-107,3): *„Si enim semel, si secundo, si tertio vocasti et renuit audire, renuit disciplinam accipere; restat ut gladio Sancti Petri sub anathematis ictu percussus, quod meruit sentiat, donec a sua pravitate discedat."*

[150] Eadmer, h. n. II (107,4-8); cf. HEFELE/LECLERCQ 1912, 459f.

[151] Cf. CANTOR 1958, 120; Eadmer, h. n. II (111,30-32): *„Quod videntes, vane nos ibi consilium vel auxilium operiri intelleximus, petitaque licentia Lugdunum remeare decrevimus."*

den.¹⁵² Daher wurde wohl die für Anselm dringlichste Angelegenheit in Bari verschleppt, denn wenn der Papst schon hier die Exkommunikation gegen den König hatte aussprechen wollen, ist nicht verständlich, weshalb er dies später zurückstellte - ebensowenig wie Anselms angebliche Enttäuschung über den ausbleibenden Bannstrahl, den er doch selbst verhindert hatte. Angesichts seiner seit 1095 zwar formal geklärten, faktisch aber immer noch kaum konsolidierten Position auf den britischen Inseln konnte Urban wenig daran gelegen sein, seine Akzeptanz in England zu riskieren; außerdem versprach die Exkommunikation durch ein süditalienisches Provinzialkonzil angesichts der Loyalität des britischen Episkopats gegenüber dem König kaum unmittelbare Wirkung. So beschränkte sich das Konzil auf ein allgemein gehaltenes Verbot der Laieninvestur.¹⁵³

In zeitlicher Nähe zu Bari war das Kreuzzugsunternehmen paradoxerweise durch seinen eigenen Erfolg dem Scheitern nahegekommen: Am 3. Juni 1098 wurde Antiochien erobert, jedoch nicht - wie vereinbart - dem griechischen Kaiser übergeben. Stattdessen forderten die Kreuzfahrer Urban auf, selbst in den Orient zu reisen und die eroberten Territorien für die lateinische Kirche in Besitz zu nehmen.¹⁵⁴ Nach dem Tod des päpstlichen Legaten Adhemar von Le Puy konnte somit der Urimpuls des Kreuzzugs - die Hilfe für Byzanz unter Ausklammerung von ekklesiologischen und häresiologischen Fragen - nicht mehr aufrechterhalten werden. Die Synode Urbans II. in Rom (April 1099) stand unter dem Vorzeichen der zunehmenden Animositäten zwischen lateinischen und griechischen Teilnehmern des Kreuzzugs¹⁵⁵ - bereits in oder kurz nach Bari hatte Urban überlegt, zur

---

¹⁵² Ep. 210 (IV; 107,49-55): „*Quaerunt quidam minus intelligentes cur ego regem non excommunico; sed sapientiores et rectum habentes consilium consulunt ne hoc faciam, quia non pertinet ad me utrumque, et querimoniam scilicet et vindictam facere. Denique ab amicis nostris, qui sub eodem rege sunt, mandatum mihi est quia mea excommunicatio, si fieret, ab illo contemneretur et in derisum converteretur. Ad haec omnia auctoritatis vestrae prudentia nostro non eget consilio.*" Die Merkwürdigkeit dieser Episode hat CANTOR 1958, 120f., hervorgehoben; Skepsis zeigt auch SOUTHERN 1990, 279 mit Anm. 3. Nach VAUGHN 1975, 292, habe dagegen der (politisch versierte!) Anselm selbst auf den Bannspruch verzichtet.

¹⁵³ Dies geht aus Paschalis' II. Schreiben an Anselm vom 12.12.1102 hervor (RPR[J] 5929 = ep. 282: IV; 198,5-199,10).

¹⁵⁴ RPR.IP IX, 442 Nr. 4 = Bohemund an Urban II. (11. September 1098; HAGENMEYER, 164 Nr. 16,14): „*Nos enim Turcos et paganos expugnavimus, haereticos autem, Graecos et Armenios, Syros Jacobitasque expugnare nequivimus.*" Der Zweck des Rufs an Urban wurde präzise beschrieben: „*Omnes haereses, cuiuscumque generis sint, tua auctoritate et nostra virtute eradices et destruas.*" Cf. RUNCIMAN 1955, 84-87; BECK 1980, 151f.; BECKER 1988, 196-200.425-427; LILIE 1989, 216; WINKELMANN 1998, 53f.

¹⁵⁵ Lateinischerseits wurden Klagen über die „*haereticos Graecos*" bzw. die „*perfidia Graecorum*" laut (BECK 1980, 151; BECKER 1988, 199); andererseits sorgten die undiszipli-

Rettung seines Projekts selbst Kreuzfahrer zu werden.[156] Sein Tod am 29. Juli 1099 - nur zwei Wochen, nachdem schließlich auch Jerusalem in die Hände der Kreuzfahrer gefallen war - verhinderte die Ausführung dieses Planes; seine Öffnung zum Osten wurde von Paschalis II. nicht fortgeführt.

Dagegen vermochte Urban die Einigung von Bari mit einem eindrucksvollen Konzil in Rom zu demonstrieren.[157] Ein generelles Verbot der Laieninvestitur wurde erlassen und die Huldigung von Geistlichen an weltliche Fürsten nach Clermont (1095) erneut untersagt.[158] Für Anselm bedeutete dies eine vertiefte Einsicht in die konkreten Forderungen der gregorianischen Kirchenreform und in den darin angelegten Grundkonflikt zwischen der Treue zum König und der Gefolgschaft Gottes - seitdem begann er, beim englischen König gegen die Laieninvestitur und die Eidesleistung von Klerikern zu protestieren, und zwar stets mit Bezug auf die Synode von Rom. Zwar hatte sich Urban in der Zwischenzeit über einen Vermittler mit dem König über einen Aufschub verständigt, der faktisch einer Beilegung der Angelegenheit gleichkam; erst der plötzliche Tod Wilhelms II. durch einen Jagdunfall am 2. August 1100 ermöglichte jedoch die Rückkehr des Primas.[159] Die früheren Differenzen waren allerdings nicht ausgeräumt, vielmehr entwickelte sich *sensu stricto* erst jetzt der „englische Investiturstreit": Anselm meinte nach seinen Erfahrungen in Bari und Rom, dem neuen König Heinrich I. gegenüber eine kompromißlose Haltung bezüg-

---

nierten Haufen des Peter von Amiens für eine schwere Erschütterung der Einstellung Konstantinopels zum Westen (RUNCIMAN 1955, 104; SCHREINER 1992, 575f.; WINKELMANN 1998, 118).

[156] BECKER 1988, 427f.; ein gewisser Bruno aus Lucca bemerkte im Oktober 1098 in einem Kreuzzugsrundschreiben (HAGENMEYER, 167 Nr. 17,12): „*Notum quoque vobis facimus, quod Dominus papa Urbanus apud Barum tenet concilium, tractans et disponens cum multis terrae senatoribus ad Jerusalem profecto tendere*"; cf. dazu LEIB 1924, 287.

[157] BECKER 1988, 201 Anm. 384, verweist auf gewisse „*decreta de Latina et Graeca ecclesia*", von denen der Augenzeuge Lambert von Arras berichtet; hiernach sei das Konzil überhaupt „*pro errore et haeresibus Graecorum*" zusammengetreten (De Atrebatensi episcopatu ab Urbano II restituto, in: M. BOUQUET [Hg.], Recueil des Historiens des Gaules et de la France, Bd. 14, Paris 1877, 756A).

[158] Eadmer, h. n. II (114,10-13): „*Eos nihilominus sub ipsius anathematis vinculo colligavit, qui pro ecclesiasticis honoribus laicorum hominum homines fiunt*"; v. Ans. II 38 (115,16-19): „*excommunicationis sententiam tam in laicos qui investituras ecclesiarum dant, quam in eos qui de manibus eorum illas suscipiunt, cum toto concilio papa intorsit*"; cf. Johannes von Salisbury, v. Ans. 10 (PL 199, 1028B); dazu M.A. SCHMIDT 1983, 143; SOUTHERN 1990, 280f.

[159] SCHNITH 1986, 79.

lich der Laieninvestitur einnehmen zu müssen[160], unterstützt von dem neuen Papst Paschalis II., einem strengeren Gregorianer, als es Urban gewesen war, der zeitlebens eine klare Präferenz für die Autoritäts- gegenüber der Investiturfrage an den Tag gelegt hatte.[161] Auf dem Höhepunkt seiner Amtszeit stand Anselm im Herbst 1102, als er in Westminster ein *„generale concilium episcoporum et abbatum totius regni"* mit dem Ziel der Kirchenreform versammeln konnte[162] - im selben Zeitraum, in dem er seine Rede von Bari zu einem theologischen Traktat ausgestaltete.

2. Anselm von Canterbury und die Neubegründung der „filioquistischen" Theologie

2.1. Anselms Stellung in der Theologie des 11. Jahrhunderts

2.1.1. Dialektik und Traditionsbindung: Berengar und Lanfranc

Anselms Traktat über den Heiligen Geist kann als Anwendungsfall des Programms gelten, das seine Theologie durchgehend prägt - das rationale „Nach-Denken" der Inhalte des traditional bewahrten und kirchlich legitimierten Glaubens, kurz: das Verstehen des Glaubens. Obgleich mit Anselm damit erst eine Entwicklung begann, die als „Scholastik" die Geistesgeschichte des hohen und späten Mittelalters prägen sollte, entstanden seine Reflexionen doch im Kontext einer bereits entbrannten Kontroverse. Sein Lehrer in Bec, Lanfranc, war einer der Wortführer in einem Streit, der am Paradigma der christlichen Auffassung vom Abendmahl die fundamentale Frage nach dem Verhältnis von Traditionsbindung und dialektischem Durchdringen des Geglaubten aufwarf.[163] Denn die eucharistische Kontroverse, die erst das IV. Laterankonzil (1215) mit dem Dogma der Transsub-

---

[160] Mit VAUGHN 1980, 67, ist der Beginn des eigentlichen Investiturstreites in der Verweigerung des Handganges gegenüber dem neuen König zu sehen (cf. MOHR 1975, 243; MINNINGER 1978, 219f.; ebenso BARTLETT 2000, 402f.).

[161] Cf. TELLENBACH 1988, 210; ähnlich bereits BECKER 1964, 147f.

[162] SCHNITH 1986, 81f. Zum Fortgang des englischen Investiturstreits bis zum Londoner Konkordat von 1107 cf. aaO., 80-90, sowie H. BÖHMER 1899, 157-162; CANTOR 1958, 131-273; MOHR 1975, 244-274; MINNINGER 1978, 214-237; VAUGHN 1980 passim; TELLENBACH 1988, 214f.; SOUTHERN 1990, 289-307.

[163] Cf. dazu grundlegend HOLOPAINEN 1995, sowie die klassische Studie von GRABMANN 1909, 215-234 (mit z.T. überholter Kritik an einer „Invasion dieser überwuchernden, einen rein profanen Charakter an sich tragenden übertriebenen Dialektik" [218]; ein differenzierteres Urteil bieten HEINZMANN 1992, 137-144; DREYER 2001, 398-400). Zur Frühscholastik cf. aus protestantischer Sicht BEYSCHLAG 2000, 176-186.

stantiation abschloß[164], entspann sich aus der Behauptung Berengars von Tours, der liturgische Satz *„Hoc est corpus meum"* (1 Kor 11,24) dürfe nicht den allgemeinen Regeln kommunikativen Zeichengebrauchs widersprechen, zumal wenn angesichts divergierender biblischer und patristischer Interpretationen eine Entscheidung zu fällen sei.[165] Problematisch war bei der Koordination von *ratio* und *auctoritas* also nicht, *ob* der Glaube der Kirche leitend für die theologische Argumentation sei, sondern *wie* dies zu geschehen habe, damit der menschlichen *ratio*, in der sich die Gottebenbildlichkeit manifestiere, keine Gewalt angetan würde.[166] Daher wollte Berengar keineswegs die Präsenz Christi im Sakrament bezweifeln, sondern deren *Aussagbarkeit* reflektieren - vor dem Forum aristotelisch-boethianischer Sprachlogik, was einen Wechsel der Substanz (Brot in Fleisch) bei gleichbleibenden Akzidentien ausschloß. Stattdessen wurde er 1059 zum öffentlichen Widerruf gezwungen und mußte mit Humberts Worten bekennen, „daß das Brot und der Wein, die auf den Altar gelegt werden, nach der Konsekration nicht nur ein Sakrament, sondern auch der wahre Leib und das wahre Blut unseres Herrn Jesus Christus sind und *sinnenhaft* - nicht nur im Sakrament, sondern in Wahrheit - mit den Händen der Priester berührt und gebrochen und mit den Zähnen der Gläubigen zerrieben werden"[167].

---

[164] Zur eucharistischen Kontroverse cf. SEEBERG 1930, 206-218; MÜHLENBERG 1982, 548-553; SCHRIMPF 1987, 9-11; EVANS 1994, 95-105; HAUSCHILD 1995, 576-581; BEYSCHLAG 2000, 179-184, sowie DE MONTCLOS 1971, bes. 22-245. Die Definition des Lateranense findet sich in DH 802 (dazu BEYSCHLAG 2000, 185f.); zur Streitschriftenliteratur des 11. Jh.s cf. SCHRIMPF 1987, 13f. Anm. 29.

[165] Berengar tadelte seinen früheren Schüler Lanfranc, er mache mit dem Verharren beim wörtlichen Verständnis dieser Aussage seinem gottgegebenen Intellekt Ehre (*„indignum fecisti ingenio, quod tibi Deus non aspernabile contulit, praeproperam ferendo sententiam"*: Berengarius fratri Lanfranco; PL 150, 63CD = HUYGENS 1967, 456,3-7.12-14); cf. GIBSON 1978, 66.

[166] Cf. dazu SCHRIMPF 1987, 13. CANTIN 1974, 156, wiederholt dagegen den alten Vorwurf, Berengar habe die Emanzipation der *ratio* von der *auctoritas* intendiert, auf der Linie von GRABMANN 1909, 219: „Nur wer durch vernünftiges Denken nicht in den Besitz der Wahrheit zu kommen imstande ist, begnügt sich mit der Autorität." Zurecht hat dagegen HOLOPAINEN 1995, 89, die Berufung Berengars auf Ambrosius herausgestellt, etwa in c. Lanfr. II (102,41-48 HUYGENS); III (211,766-769).- Im Hintergrund stand der Abendmahlsstreit im 9. Jh. zwischen Paschasius Radbertus und Ratramnus von Corbie (tatsächlich Johannes Scotus Eriugena); cf. dazu SEEBERG 1930, 73-82; GIBSON 1978, 74-76; MÜHLENBERG 1982, 530-534; HAENDLER 1992, 121f.; BEYSCHLAG 2000, 150f.

[167] Lanfranc, adv. Bereng. 2 (PL 150, 410D = 373,96-101 HUYGENS; Übers.: DH 690): *„panem et vinum, quae in altari ponuntur, post consecrationem non solum sacramentum, sed etiam verum corpus et sanguinem Domini nostri Iesu Christi esse, et sensualiter non solum sacramento, sed in veritate manibus sacerdotum tractari, frangi et fidelium dentibus atteri"*; cf. SEEBERG 1930, 210-214. Die ontologische Dimension des *„sensualiter"* war

Daß durch die Konsekration eine geistliche Qualität zu den Elementen *hinzuträte*, wollte Berengar gerne zugeben[168]; unmöglich, ja unsinnig erschien ihm jedoch, daß Brot und Wein nach der Wandlung trotz sinnlicher Wahrnehmbarkeit *nicht mehr existent* sein sollten.[169]

Die Kontroverse verschärfte sich, als Lanfranc um 1066/68 mit seinem Traktat *De corpore et sanguine Domini* in die Diskussion eingriff, nachdem Berengar dem Urteil von 1059 in einem *Scriptum contra synodum* widersprochen hatte.[170] Lanfranc warf ihm vor, er habe offensichtlich das von Humbert vorgelegte Bekenntnis „*non amore veritatis sed timore mortis*" (c. 1; 408A) akzeptiert. Das zentrale Problem der Theologie Berengars bestehe in seiner Widerwilligkeit, die kirchliche Lehre zu akzeptieren: „Du vernachlässigst die heiligen Autoritäten und nimmst stattdessen deine Zuflucht zur Dialektik" (*relictis sacris auctoritatibus, ad dialecticam confugium facis*: c. 7; 416D). Berengars „Dialektik" basierte dagegen auf dem Grundsatz, eine Aussage könne nicht als ganze bestehenbleiben, wenn einer ihrer Teile fortgenommen werde[171], so daß unmöglich behauptet werden könne, „das Brot und der Wein, die auf den Altar gelegt werden, seien nach der Konsekration nur noch (*solummodo*) wahrer Leib Christi und Blut".[172] Im Rah-

---

freilich schon für Humberts eigene Gefolgsleute eine theologisch kaum einholbare These (cf. GIBSON 1978, 81).- 1079 mußte Berengar die These anerkennen, daß Brot und Wein der Substanz nach verwandelt würden („*substantialiter converti*") und danach als Leib und Blut Christi auf dem Altar „*non tantum per signum et virtutem sacramenti, sed in proprietate naturae et veritate substantiae*" lägen (DH 700 = Gregor VII., reg. VI 17a; MGH.ES II/2, 426,16-427,15 CASPAR); cf. BEYSCHLAG 2000, 182f. mit Anm. 161.

[168] In diesem Sinne hatte er 1054 in Tours der Aussage zugestimmt: „*Panis atque vinum altaris post consecrationem sunt corpus Christi et sanguis*" (c. Lanfr. I; CChr.CM 84, 54,646f. HUYGENS).

[169] Berengar sah hier eine Vernachlässigung der Differenz von *sacramentum* und *res sacramenti* (c. Lanfr. I [94,2102-2105]; iuramentum Berengarii [398,212-216 HUYGENS]); cf. CHADWICK 1990, 34f.38. Es ging allerdings nicht um Nominalismus oder Realismus, auch wenn Guitmund von Aversa Berengar bezichtigt, er habe Leib und Blut in der Eucharistie als „*sola voce sic appellari*", d.h. als bloße „*umbra et figura significativa*" angesehen (De corporis et sanguinis Christi veritate I; PL 149, 1430A); cf. GRABMANN 1909, 219f.; SEEBERG 1930, 208; MÜHLENBERG 1982, 552; EVANS 1994, 101.

[170] Cf. Bernold von Konstanz, chron. a. 1083 (MGH.SS V, 439,4-8 PERTZ); Lanfranc, adv. Bereng. 5 (PL 150, 415C; im folgenden mit Kolumnenangabe im Text zitiert). Zu diesem Traktat cf. DE MONTCLOS 1971, 262-271; GIBSON 1978, 84-91; zu Berengars *Scriptum* cf. CANTIN 1974, 161-167.

[171] „*Non enim constare poterit affirmatio omnis, parte subruta*" (zit. bei Lanfranc, adv. Bereng. 7; PL 150, 416D); cf. c. Lanfr. I (92, 2032-2035 HUYGENS); dazu DE MONTCLOS 1971, 292; MÜHLENBERG 1982, 551.

[172] Zit. bei Lanfranc, adv. Bereng. 8 (PL 150, 419B); cf. das iuramentum Berengarii (396,165-170 HUYGENS): „'*Panis sacratus in altari est substantialiter corpus Christi*', ut qui hunc dixisset, dixisse putaretur panis subiectum de sacrificio Christi per sui corruptio-

men einer *grammatischen Theorie* auf der Grundlage des aristotelisch-boethianischen Kategoriensystems war es für Berengar nicht zulässig, in einer Aussage einfach die Denotate auszutauschen.[173] Gegen den *theologischen* Gedanken der Wandlung wurde also das *sprachphilosophische* Postulat angeführt, die Regeln zeichenhaft vermittelter Kommunikation auch auf die göttlichen Mysterien anzuwenden, freilich nicht uneingeschränkt: „Es kann durchaus die Notwendigkeit eintreten, durch das Heranziehen von Autoritäten zu handeln, obgleich das Handeln durch die Vernunft für die Erkenntnis der Wahrheit unvergleichlich höher steht, denn was offenkundig ist, kann ohne die Blindheit des Wahnsinns niemand bestreiten."[174] Das bedeutet konkret, das Theologumenon von der Gottebenbildlichkeit des Menschen ernstzunehmen:

> „Wenn ich, um die Wahrheit offenzulegen, dialektisch spreche, so bedeutet das nicht, daß ich aus einer Notlage heraus zur Dialektik Zuflucht nehme, der, wie ich sehe, die Weisheit und Kraft Gottes keineswegs fremd ist, sondern daß ich meine Gegner nach allen Regeln der Kunst widerlege. Es ist Zeichen eines großen Verstandes, wenn man in allem zur Dialektik seine Zuflucht nimmt; denn Zuflucht zu ihr bedeutet Zuflucht zur Vernunft; und wer sich nicht dorthin wendet, verläßt, da er in der Vernunft nach Gottes Bild geschaffen worden ist, seine Würde, so daß er nicht mehr täglich nach Gottes Bild erneuert werden kann."[175]

---

nem ablatum deesse, subiectum vero corporis Christi per generationem subiecti sui recens factum adesse, cui falsitati tota ratio, tota contradicit auctoritas"; cf. auch aaO., 397,184-187. Zu Berengars Lehre cf. SEEBERG 1930, 208f.; CANTIN 1974, 164; SOUTHERN 1990, 46f.; HOLOPAINEN 1995, 84-99, bes. 94f.; BEYSCHLAG 2000, 180f.

[173] Augustin, soliloq. II 12,22 (CSEL 89, 75,15-17 HÖRMANN): *„quod in subiecto est inseparabiliter, si subiectum ipsum non maneat, manere non posse".* Das Prinzip stammt aus der Kategorienlehre des Aristoteles (c. 5; 2b5f.): μὴ οὐσῶν οὖν τῶν πρώτων οὐσιῶν ἀδύνατον τῶν ἄλλων τι εἶναι. Gegen DE MONTCLOS 1971, 447f. Anm. 5, ist mit SOUTHERN 1990, 47-50, bes. 49 Anm. 17, auch an Lanfrancs Kenntnis der *Categoriae* festzuhalten, die zur *ontologischen* Rekonstruktion des eucharistischen Mysteriums allerdings erheblich modifiziert wurde.

[174] *„Ubi deducendi sacras auctoritates in medium necessitate inde agendi locus occurrerit, quamquam ratione agere in perceptione veritatis incomparabiliter superius esse, quia in evidenti res est, sine vecordiae cecitate nullus negaverit"* (Berengar, c. Lanfr. I; 85,1776-1780 HUYGENS u.ö.; hiernach die folgenden Zitate im Text). Cf. BEYSCHLAG 2000, 181: „Berengar beabsichtigte also nicht, die dialektische Ratio gegen die kirchliche Auctoritas als solche zu kehren, sondern lediglich, sie innerhalb der Auctoritas zur Geltung zu bringen."

[175] *„Verbis dialecticis ad manifestationem veritatis agere non erat ad dialecticam confugium facere, quamquam si confugium illud accipitur, non me peniteat ad dialecticam confugisse, a qua ipsam Dei sapientiam et Dei virtutem video minime abhorrere, sed suos inimicos arte revincere. Maximi plane cordis est per omnia ad dialecticam confugere, quia confugere ad eam ad rationem est confugere, quo qui non confugit, cum secundum rationem sit factus ad*

Während diese „Dialektik" von Berengar also *grammatisch* begriffen wurde, verstand Lanfranc darunter eine umfassende *philosophische* Theorie, weswegen er Berengar entgegenhielt: „Wenn ich nun vom Geheimnis des Glaubens hören und antworten soll, was dazu zu sagen ist, dann will ich lieber heilige Autoritäten hören und mit ihnen antworten als mit dialektischen Argumenten."[176] Berengar ziehe seine Schlußfolgerungen *„secundum humanam sapientiam, non secundum divinam"* (c. 21; 439C) und lehre *„contra antiquam ecclesiae fidem"* (c. 7; 418C), ohne zwischen einer die Autoritäten *explizierenden* Rationalität und einer diesen *widerstreitenden* Dialektik zu unterscheiden. Alle theologische Reflexion habe jedoch methodisch ihren Ausgang bei den Autoritäten der Kirche zu nehmen:

> „Gott ist mein Zeuge, wie auch mein Gewissen, daß ich bei der Behandlung der göttlichen Schriften weder dialektische Fragen und entsprechende Lösungen vorbringen noch auf solche, die vorgebracht werden, antworten möchte. Und sollte der Gegenstand der Diskussion einmal so beschaffen sein, daß er durch die Regeln dieser Kunst einleuchtender erklärt werden kann, dann ersetze ich - soweit möglich - die Kunst der Propositionen durch gleichwertige Argumente, damit es nicht so aussieht, als würde ich mehr der Kunst als der Wahrheit und der Autorität der heiligen Väter vertrauen."[177]

An der Dichte dieser Grenzziehung ließ Lanfranc, der Lehrer Anselms in den artes liberales, keinen Zweifel: *„Mallem tamen cum vulgo esse rusticus et idiota catholicus quam tecum existere curialis atque facetus haereticus!"* (c. 4; PL 150, 414B). Da allerdings auch Lanfranc sich durchaus dialektischer Argumentationsweisen bediente, nur eben ausgehend von der Subordination der menschlichen Denkfähigkeit unter die Autorität der Schrift und der Väter, ist es irreführend, Berengar und Lanfranc als „Dialektiker" und „Antidialektiker" zu bezeichnen; präziser ist der *„grammaticus"* von Tours vom *„dialecticus"* von Bec bzw. Caen zu unterscheiden.[178] Immerhin konn-

---

imaginem Dei, suum honorem relinquit nec potest renovari de die ad diem ad imaginem Dei" (85,1788-1792.1795-1799; Übers.: KTGQ II³, 73 Nr. 26c).

[176] Lanfranc, adv. Bereng. 7 (PL 150, 416D; hiernach die Zitate im Text): *„Et quidem de mysterio fidei auditurus ac responsurus quae ad rem debeant pertinere, mallem audire ac respondere sacras auctoritates quam dialecticas rationes."*

[177] *„Sed testis mihi Deus est, et conscientia mea, quia in tractatu divinarum litterarum, nec proponere, nec ad propositas respondere cuperem dialecticas quaestiones vel earum solutiones. Etsi quando materia disputandi talis est ut hujus artis regulas valeat enucleatius explicari, in quantum possum, per aequipollentias propositionum tego artem, ne videar magis arte quam veritate sanctorumque patrum auctoritatibus confidere"* (c. 7; 417A). Zum Terminus *aequipollentia* cf. CANTIN 1974, 185 Anm. 83; GIBSON 1978, 57.88 Anm. 2; SOUTHERN 1990, 51f.; HOLOPAINEN 1995, 54-56.

[178] Zur philosophischen Vorbildung der beiden Protagonisten cf. CHADWICK 1990, 25-27, und SOUTHERN 1990, 46; speziell zu Lanfranc GIBSON 1978, 44-47.204; zum Traktat gegen Berengar: CANTIN 1974, 168-186. Lanfranc galt der nächsten Generation als *„dialecticus"* (Wilhelm von Malmesbury, gest. pont. II 74; 150,22f. HAMILTON; Sige-

te auch Lanfranc in unpolemischem Kontext durchaus betonen: „Die Dialektik streitet nicht wider die Sakramente, sondern wenn es erforderlich ist und sie angemessen eingesetzt wird, stützt und bekräftigt sie diese."[179] Daß es insgesamt kein Zurück hinter die menschliche Rationalität und damit hinter die dialektische Reflexion der Glaubensgehalte geben konnte, sollten die folgenden Jahrzehnte zeigen. Der Stoßseufzer des Beda Venerabilis: *„a dialecticis libera nos, Domine"*[180] war am Vorabend der Scholastik keine realistische Möglichkeit mehr; die Zukunft sollte dem Diktum des Boethius gehören: *„fidem si poteris rationemque coniunge"*.[181]

2.1.2. Anselms theologischer Neuansatz: *Fides quaerens intellectum*

Auch wenn Anselm sich selbst nicht an der Diskussion mit Berengar beteiligte[182], waren doch die aufgeworfenen Fragen nach Ziel und Methode

---

bert von Gembloux, script. eccl. 155; PL 160, 582C), Berengar dagegen als Rationalist (c. 154 [ebd.]): *„dialecticis sophismatibus contra simplicitatem apostolicae fidei abutitur"*; cf. GRABMANN 1909, 225f.230. Daß sich beide zur Rechtfertigung ihrer Position auf Augustin beriefen (bes. auf De ordine und De doctrina christiana), wäre ein lohnender Gegenstand einer eigenen Untersuchung.

[179] Lanfranc, commentarius in epistola B. Pauli apostoli ad Corinthios prima, c. 1 (PL 150, 157BC): *„Dialectica sacramenta Dei non impugnat; sed cum res exigit, si rectissime teneatur, astruit et confirmat"*; cf. HOLOPAINEN 1995, 53f. Zwischen Lanfranc und Damiani (s.u. Anm. 181) ist stärker zu unterscheiden als etwa bei GOMBOCZ 1997, 389. Daß ersterer gegen Berengar selbst nicht ohne Dialektik auskam, notiert CANTIN 1974, 172; ihn zum „Sophisten" zu stilisieren (so HOLOPAINEN 1995, 70f.), ist aber überzogen.

[180] Beda Venerabilis, comm. in Boeth. trin. (PL 95, 394B; angeblich ein Ambrosius-Zitat).

[181] Boethius, divin. (32,71 ELSÄSSER). Der Erkenntnisweg weist freilich ein eindeutiges Gefälle auf: *„viam indaginis hinc arbitror esse sumendam, unde rerum omnium manifestum constat exordium, id est ab ipsis catholicae fidei fundamenti"* (aaO., 28,3-5); cf. SEEBERG 1930, 147, und jetzt GRZESIK 1999, 181f.- Im vorliegenden Kontext kann nur darauf hingewiesen - und eine vertiefte Studie in Aussicht gestellt - werden, daß im Umkreis des Reformpapsttums die Skepsis gegenüber aller philosophischen Erkenntnis bei Petrus Damiani radikalisiert wurde; vgl. div. omnip. 7 (SC 191, 414,50-416,62 CANTIN); de perfectione monachorum 11 (PL 145, 307A) sowie die scharfe Invektive in ep. 117 (MGH.B IV/3, 322,4f. REINDEL): *„Ecce daemonibus imperat, quem philosophorum studia non exornant."* Bei Bernold von Konstanz verband sich damit das dezidierte Insistieren auf der Normativität des römischen Stuhles (ver. corp.; 384,145-386,187 HUYGENS). Signifikant ist besonders die Diskussion um die Anwendbarkeit des von Aristoteles formulierten Kontingenzaxioms (de interpretatione 9.13; 19a23f.; 23a21-26) bei Damiani (div. omnip. 12; SC 191, 442,7-17 u.ö.) und Anselm von Canterbury (c.d.h. II 17; II; 123,4-6; 125,20-22); hier wird nach SOUTHERN 1990, 50, erstmals Aristoteles *explizit* von einem Lateiner herangezogen (mit einer Paraphrase von de interpr. 9; 18b5-7, nach Boethius, herm. I; PL 64, 333C); cf. MARENBON 1996, 12f.

[182] Ep. IV 107 (PL 159, 255A-258A), wo die Eucharistie thematisiert wird, ist nach F.S. SCHMITT 1968, 184*, pseudonym (erstaunlicherweise hält BEYSCHLAG 2000, 183 Anm. 161, den Brief noch für authentisch!). Erst 1107 schrieb Anselm *de sacramentis ecclesiae*

theologischer Reflexion von höchster Prägekraft für sein eigenes *opus*, wobei er sukzessive die Skrupel seines Lehrers gegenüber der Leistungsfähigkeit der *ratio* ablegte und von diesem prompt eine reservierte Reaktion auf das *Monologion* erhielt.[183] In dieser umfangreichen Meditation sollte die christliche Lehre von Gott ohne Rekurs auf die Heilige Schrift, dafür aber mit allgemeinverständlichen Beweisen (*vulgaribus argumentis*) rekonstruiert, dadurch die zwingende Binnenrationalität des Glaubens (*rationis necessitas*) aufgezeigt und letztlich die Wahrheit selbst (*veritatis claritas*) erläutert werden - und zwar „*sola ratione*".[184] Wer von Gott nichts wisse, könne „*ratione ducente*" auf vernunftgemäßem Weg zu dieser Kenntnis voranschreiten, die ihm unvernünftigerweise fehle.[185]

Im vorliegenden Kontext soll Anselms theologische Methode in spezifischer Engführung auf seine Trinitätslehre analysiert werden, die mit der 1092/94 entstandenen *Epistola de incarnatione Verbi* den werkgeschichtlichen Kontext bildet, in dem sich Anselms pneumatologische Reflexion in *De processione Spiritus sancti* bewegt. Anders als im *Monologion* besteht in der Inkarnationsschrift eine konkrete Gegnerschaft, die Anselm zu einer ausführlichen Verhältnisbestimmung von *ratio* und *auctoritas* nötigte; sie ist daher sorgfältiger in ihrer zeitgeschichtlichen Bedingtheit wahrzunehmen, als dies in der Forschung bislang geschieht.[186] Dies ist gerade für seinen Beitrag zur Filioque-Kontroverse von fundamentaler Bedeutung.

(II; 239-242) an Walram von Naumburg, wo es aber lediglich um liturgische Vollzugsformen geht, wie auch in der *Epistola de sacrificio azimi et fermentati* (II; 223-231); s.u. S. 487 Anm. 338.

[183] Anselm hatte das Werk seinem Lehrer zur Approbation geschickt (ep. 72: III; 193,3-14), der ihm prompt beschied: „*ubi ratio deficit, divinis auctoritatibus accingenda*" (ep. 77; 199,11.15f.).

[184] Monol. prol. (I; 7,7-11); c. 1 (13,11). Der Ausdruck, der zurecht als typisch für Anselms Methode gilt, begegnet in seinem Werk nur an drei anderen Stellen: c.d.h. I 20 (II; 88,5.8); II 11 (111,28); II 22 (133,8), und bei Eadmer, v. Ans. I 19 (29,3-5 SOUTHERN).

[185] Monol. 1 (I; 13,16-14,1): „... *ad ea quae irrationabiliter ignorat, rationabiliter proficiat*".- In den Literaturangaben zu diesem Abschnitt wird in keiner Hinsicht Vollständigkeit angestrebt; neben der magistralen, aber deutlich zeitgebundenen Darstellung bei GRABMANN 1909, 265-339, sind zu nennen: HOPKINS 1972, 38-66; CHRISTE 1985; SCHRIMPF 1987, 16-19; EVANS 1989, 37-48; HEINZMANN 1992, 166-170; GOMBOCZ 1997, 391-397; THEIS 1997; KAPRIEV 1998, 19-56. Wenig Weiterführendes bieten dagegen die jüngeren Darstellungen von HOLOPAINEN 1995, 123-158, und BEYSCHLAG 2000, 186-190.

[186] Daher bilden im folgenden die methodologischen Einsichten aus *De incarnatione* (hierauf beziehen sich die Belege im Text) das Gerüst, das aus anderen Schriften ergänzt wird. SCHRIMPF 1987, 17, erblickt in *De incarnatione* „ein klärendes Nachwort zur formalen Seite der Auseinandersetzung zwischen Lanfranc und Berengar"; cf. SOUTHERN 1990, 177: „It was the situation of Berengar and Lanfranc all over again,

Anselm bewegte sich bei der Abfassung von *De incarnatione* und von *Cur Deus homo* auf konfliktträchtigerem Grund als im *Proslogion*: Der sachlich bahnbrechende Aufweis der Unmöglichkeit, den geglaubten Gott als nicht-existent denken zu können, war *inhaltlich* weit weniger herausfordernd als die Begründung der Menschwerdung Christi mit notwendigen Vernunftgründen, sei es - mindestens implizit herausgefordert durch jüdischen und islamischen Widerspruch - in ihrer heilsökonomischen, sei es - gegen Roscelin - in ihrer trinitarischen Dimension.[187] Daher wurden beide Werke Papst Urban II. zur wohlwollenden Prüfung und kritischen Korrektur zugesandt; hier begegnet erstmals bei einem antihäretischen Autor eine vorauslaufende Anerkennung des römischen Urteils über die Denkversuche des „*contemptibilis homuncio*" (c. 1; 5,7).[188] Dahinter kommt das Wissen um die Anfechtbarkeit seines theologischen Schaffens zum Vorschein: Anselm will nichts weiter als „nach-denken", d.h. getreu dem ursprünglichen Titel für das *Proslogion* „*Fides quaerens intellectum*" der Rationalität des christlichen Glaubens (*fides*) auf der Spur bleiben (*quaerere*) und dabei von Gott die dem Glauben korrespondierende Einsicht (*intellectus*) empfangen. Diese Hoffnung wird mit der Gottebenbildlichkeit des Menschen begründet, die eine - wenn auch nur analoge - Erkenntnis des göttlichen Seins durch die geschaffene *ratio* ermöglicht.[189]

Diese *interne* Rationalität wurde nun aber aus *außersystemischer* Perspektive bestritten, indem Roscelin behauptete, das System selbst basiere auf

---

but on a doctrine more central, more clearly defined in Creeds and worship, and more difficult to explain." Nach der „klassischen" Sicht (so z.B. GOMBOCZ 1997, 391) sei dagegen „das literarische Werk... von der bewegten Lebensgeschichte des Autors weitgehend unberührt geblieben" (ebenso PLASGER 1993, 43).

[187] Cf. MÜHLENBERG 1982, 562. Die *infideles* von *Cur Deus homo* werden im Schlußkapitel identifiziert: „*non solum Iudaeis sed etiam paganis sola ratione satisfacias*" (II 22: II; 133,8); cf. eine entsprechende Anspielung in incarn. 2 (II; 10,20f.).

[188] Cf. incarn. 1 (3,7-10; 4,3f.): „*Quoniam divina providentia vestram elegit sanctitatem, cui fidem et vitam Christianam custodiendam et ecclesiam suam regendam committeret, ad nullum alium rectius refertur, si quid contra catholicam fidem oritur in ecclesia, ut eius auctoritate corrigatur... Si quid in ea [sc. epistola] corrigendum est, vestra censura castigetur, et quod regulam veritatis tenet, vestra auctoritate roboretur*"; dazu MEWS 1991, 65f. mit Anm. 23; SCHRIMPF 1987, 17; SOUTHERN 1990, 180; THEIS 1997, 177.

[189] Zur Verfaßtheit des Menschen als *imago Dei* cf. monol. 67 (I; 78,2-4); prosl. 1 (I; 98,14f.; 99,4f.18f.; 100,10-13). Gott selbst ist Subjekt des *intellectus fidei* (c. 2: I; 101,3). Entsprechend dankt Anselm Gott, „*quia quod prius credidi te donante, iam sic intelligo te illuminante*" (c. 4: 104,5f.). Auch in c.d.h. II 1 (II; 98,4f.) wird betont: „*homo ergo qui rationalis natura est, factus est iustus ad hoc, ut deo fruendo beatus esset*". Zur Analogizität der Gotteserkenntnis cf. monol. 65 (77,1-3); dazu DALFERTH 1984, 61 Anm. 34: „Sola ratione zu verfahren heißt für Anselm, in geschöpflicher Entsprechung zum dreieinigen Gott trinitarisch-christologisch zu denken"; cf. jetzt auch KAPRIEV 1998, 33f.

widersprüchlichen Prämissen, und zwar hinsichtlich des zentralen Heilsereignisses des Christentums, der Menschwerdung Gottes in Christo.[190] Eine solche „Vogelperspektive" war für Anselm hingegen undenkbar, ging es ihm doch dezidiert darum, das *Geglaubte* zu verstehen: „Wahrlich darf kein Christ darüber streiten, inwiefern das, was die katholische Kirche im Herzen glaubt und mit dem Munde bekennt, nicht so sei; sondern nur indem dieser Glaube ohne Zweifeln bewahrt und geliebt und ihm gemäß gelebt wird, kann demütig nach dem Grund gefragt werden, weshalb dies so ist."[191] Demgegenüber glaubten die „*dialectici moderni*" einen Glaubensgegenstand nur deswegen bestreiten zu müssen, weil ihre intellektuelle Kompetenz ihm nicht gewachsen sei: „Lieber urteilen sie in törichtem Übermut (*insipienti superbia*), daß keinesfalls sein kann, was sie nicht zu verstehen vermögen, als in demütiger Weisheit (*humili sapientia*) zu bekennen, daß es vieles geben mag, was sie selbst nicht verstehen können" (6,8-10). Wer den dreieinigen Gott und den menschgewordenen Christus im *existentiellen* Glaubensakt bekennt, kann also keines von beiden in der *theologischen* Reflexion einfach zur Disposition stellen, insofern dies leichtfertige Hochmütigkeit (cf. c. 4; 18,6f.) und damit ein *ethisches* Fehlverhalten impliziert.[192] Dem literarischen *insipiens* des *Proslogion* steht hier also ein realer „Tor" gegenüber, der zudem Anselms persönliche Orthodoxie anzweifelte.[193] Daher war Anselm der werkgeschichtliche Einschnitt, den *De incarnatione* markiert, bewußt, wenn er warnte, „daß niemand mich für anmaßend halten möge, als ob ich meinte, die Stärke des christlichen Glaubens bedürfe meiner Verteidigung."[194]

Den biblischen Grund für sein Vorhaben, das Geglaubte verstandesmäßig zu durchdringen, sah Anselm in Jes 7,9: „*nisi credideritis, non intelligetis*" (7,11f.), was eine klare Zuordnung implizierte: „*Neque enim quaero in-*

---

[190] Zur inhaltlichen Auseinandersetzung mit Roscelin s.u. S. 454-463.

[191] „*Nullus quippe Christianus debet disputare, quomodo quod catholica ecclesia corde credit et ore confitetur non sit; sed semper eandem fidem indubitanter tenendo, amando et secundum illam vivendo humiliter quantum potest quaerere rationem quomodo sit*" (c. 1; 6,10-7,2). Cf. BARTH 1931, 26: „Der Theologe fragt, *inwiefern* es so ist, wie der Christ glaubt, daß es ist".

[192] DALFERTH 1984, 101: „Man kann nicht zu Gott beten und so tun, als ob man sich auf eine nur problematische Wahrheit bezöge."

[193] Dagegen hatte Gaunilo in seiner Auseinandersetzung mit Anselm nur dessen argumentative Strategie hinterfragt, nicht aber die Frömmigkeit des Argumentierenden selbst (liber pro insipiente 8: I; 129,20-25).

[194] „*Ne putet aliquis me praesumpsisse quasi fortitudinem fidei Christianae meae existimem indigere defensionis auxilio*" (5,4-6).

telligere ut credam, sed credo ut intelligam."[195] Zwar ist der Glaube auf das Verstehen keineswegs angewiesen[196], jedoch bringt er im gleichen Atemzug zum Ausdruck, es sei durchaus eine Nachlässigkeit, *nicht* nach dem Verstehen des Geglaubten zu streben.[197] Theologie wird demzufolge von Menschen getrieben „nicht damit sie durch die Vernunft zum Glauben gelangen, sondern sich an der Einsicht und Beschauung dessen, was sie glauben, erfreuen".[198] Dabei ist der *intellectus fidei* gerade der Zwischenschritt auf dem Weg vom Glauben (*fides*) zur Schau (*species*) Gottes, den der Mensch unter den Bedingungen seines Daseins selbst erreichen kann und soll.[199] Das Ziel theologischer Argumentation ist letztlich Freude an der *„amabilis pulchritudo rationis"*[200], so daß sich wahre Rationalität in der Harmonie von Geglaubtem und Verstandenem erweist, nicht im rechthaberischen Streit des „subjektiven credo" gegen das (kirchliche) „objektive Credo".[201]

Die konkrete Frontstellung bedingte in *De incarnatione* allerdings einen präzise definierten Umgang mit der Heiligen Schrift, insofern es nunmehr auch explizit um deren adäquate Auslegung ging: „Umso üppiger wir von der heiligen Schrift genährt werden, also von dem, was uns durch den Gehorsam weidet, umso tiefer werden wir in das eindringen, was durch den Verstand sättigt" (8,19-9,1). Insofern hier zwei Schriftexegesen konfligierten, die für sich jeweils den Anspruch der Konsistenz erhoben, mußte aber die *ratio* entscheiden: „Diesem Menschen [sc. Roscelin] kann man nicht mit der Autorität der heiligen Schrift antworten, weil er ihr entweder nicht

---

[195] Prosl. 1 (I; 100,18); in incarn. 1 (9,5f.) werden Glaube und Erfahrung verknüpft: *„Nam qui non crediderit, non experietur; et qui expertus non fuerit, non cognoscet."* Jes 7,9 wird weiterhin zitiert in prosl. 1 (I; 100,19); incarn. prior 4 (I; 284,1f.); c.d.h. commendatio operis (II; 40,8).

[196] C.d.h. I 1 (II; 48,20f.): *„etiam si nulla possum quod credo ratione comprehendere, nihil tamen sit quod ab eius firmitate me valeat evellere";* cf. I 25 (96,2f.); incarn. 1 (II; 10,16f.) und bereits monol. 64 (I; 75,6-10); prosl. 9 (I; 108,2-4).

[197] C.d.h. I 1 (II; 48,16-18): *„Sicut rectus ordo exigit ut profunda Christianae fidei prius credamus, quam ea praesumamus ratione discutere, ita negligentia mihi videtur, si, postquam confirmati sumus in fide, non studemus quod credimus intelligere";* cf. II 13 (113,17f.); incarn. 1 (II; 8,14f.); conc. III 6 (II; 271,5-8); dazu PLASGER 1993, 61-64; THEIS 1997, 182. Nach GRZESIK 1999, 183f., zeigen sich hier wichtige Parallelen zu Boethius (cf. etwa cons. II 5,24-26; CCHr.SL 94, 28,62-69 BIELER).

[198] C.d.h. I 1 (II; 47,8f.): *„non ut per rationem ad fidem accedant, sed ut eorum quae credunt intellectu et contemplatione delectentur";* Übers.: F.S. SCHMITT 1986, 11.

[199] C.d.h. commendatio operis (II; 40,10-12); cf. HÖDL 1978, 770f.; CHRISTE 1985, 357f.; KAPRIEV 1998, 35f.

[200] C.d.h. I 1 (II; 48,8f.); cf. incarn. 1 (II; 8,1-4) und Boso in c.d.h. II 15 (II; 116,11f.): *„non ut me in fides confirmes, sed ut confirmatum veritatis ipsius intellectu laetifices".*

[201] Die treffende Unterscheidung stammt von BARTH 1931, 23; cf. HEINZMANN 1992, 167; THEIS 1997, 171.

glaubt oder sie in verdrehtem Sinne auffaßt... Also muß durch die Vernunft, mit der er sich zu verteidigen bemüht, sein Irrtum aufgezeigt werden" (c. 2; 11,5-8). Anselm warf den *„dialectici moderni"* (c. 3; 17,22)[202] vor, sich gegen einzelne, ihnen unverständliche Sätze aufzulehnen, anstatt aus dem Ganzen des Glaubens das Vertrauen zu gewinnen, mit dem sich die Begrenztheiten der eigenen Einsichtsfähigkeit aushalten ließen. Denn ohne die *rectitudo* des Wollens, d.h. konkret: ohne spontane Unterwerfung unter den Primat des kirchlich approbierten Glaubens, sei Verstehen nicht möglich.[203] „Dialektik" ist also wie bei Lanfranc im Sinne einer gegen die Rationalität der Heiligen Schrift nur auf sich selbst vertrauenden Vernünftigkeit negativ konnotiert, während die wahre Segnung des Verstandes die Freude an der rationalen, der *mens humana* strukturell entsprechenden Offenbarung Gottes ist. So werden schon im Monologion *„rationalis consideratio"* und *„impudens imprudentia"* kontrastiert, und so beschließt Anselm mit seinen hermeneutischen Reflexionen in *De concordia* sein Lebenswerk: *„Sic itaque sacra scriptura omnis veritatis quam ratio colligit auctoritatem continet, cum illam aut aperte affirmat aut nullatenus negat."*[204]

Was die „Dialektiker" jedoch ebenso sträflich vernachlässigen, ist die Anerkennung der *kirchlichen Tradition* als komplementärer Bestandteil der Schrift (c. 6; 20,13-16). Schon im *Monologion* und *Proslogion* sollte mit „notwendigen Vernunftgründen" lediglich in neuer Weise ausgesagt sein, was die Kirche immer schon als schriftgemäßen Glauben festgehalten und was somit die Grundlage der theologischen Arbeit der Väter gebildet hatte (20,18f.).[205] Schrift, Bekenntnis und patristische Lehre bilden also ein Kontinuum der Weitergabe der *sacra doctrina*[206], weshalb der *auctoritas patrum* ebensowenig wie dem Zeugnis der Schrift zu widersprechen sei:

---

[202] Cf. c. 1 (9,21f.): *„nostri temporis dialectici, immo dialecticae haeretici"*; ähnlich gramm. 21 (I; 168,8f.).

[203] Cf. dazu conc. III 6 (II; 270,28-30): *„Nullus namque velle potest, quod prius corde non concipit. Velle autem credere quod est credendum, est recte velle. Nemo ergo potest hoc velle, si nescit quod credendum est"*; cf. dazu SEEBERG 1930, 159; HOPKINS 1972, 44; DALFERTH 1984, 65 Anm. 44; CHRISTE 1985, 351; THEIS 1997, 185f.

[204] Monol. 22 (I; 39,26; 40,1); conc. III 6 (II; 272,6f.).

[205] Dazu SCHMAUS 1976, 41; cf. monol. prol. (I; 7,2-5); prosl. prooem. (I; 93,2-10); incarn. 16 (35,12-14). Gegen SCHRIMPF 1987, 17, ist dabei *„auctoritas"* nicht „auf die Artikel des Glaubensbekenntnisses eingeschränkt", obwohl sie hierin ihren präzisen Ausdruck findet. Nur in dieser Mehrdimensionalität ist sie für das rationale Denken „eine normative, regulative und korrektive Kraft" (KAPRIEV 1998, 41).

[206] So bereits GRABMANN 1909, 267; eine formal höhere Autorität der Schrift behaupten dagegen HOPKINS 1972, 48, und GOMBOCZ 1997, 395. BARTH 1931, 22, identifiziert in einer Glosse zu proc. 14 (II; 209,14-16) sogar die denknotwendigen Konsequenzen der Schrift mit dem Credo, den Vätern und dem Papst - „kurzum: die *Kirche* taucht auf".

„In meinen früheren Schriften habe ich eingesetzt, was ich anderswo noch nicht gelesen habe oder mich nicht daran erinnerte, es gelesen zu haben - nicht um zu lehren, was unsere Lehrer nicht gewußt, oder um zu verbessern, was diese nicht angemessen gesagt hätten, sondern um nachzutragen, wovon sie schwiegen, was aber dennoch ihren Worten keinesfalls widerspricht, sondern mit ihnen übereinstimmt -, um zugunsten unseres Glaubens denen zu antworten, die nicht glauben wollten, was sie nicht verstanden, und darum die Glaubenden belächelten, oder als Hilfe für das religiöse Bemühen derer, die demütig zu verstehen suchten, was sie überaus fest glaubten; und ich glaube kaum, daß man mich dafür tadeln kann" (20,21-21,4).

Der *ratio* kommt im anselmischen Denken also *explikative* Funktion zu: Auf der Basis der Schriftinterpretation durch die Väter kann es nötig sein, diese besser zu verstehen, als sie sich selbst verstanden, d.h. angesichts neuer Herausforderungen über sie hinauszugehen - nicht korrektiv, sondern rekonstruktiv.[207] Denn obwohl die *„sancti patres et doctores"* schon vieles über den Glauben geschrieben hätten, seien sie damit nicht zu einem Abschluß gekommen, da das menschliche Leben begrenzt und die göttliche Offenbarung von keinem Einzelnen vollständig zu erfassen sei.[208] Voraussetzung dieser Re-Konstruktion ist die rationale Struktur des zu explizierenden Glaubens, weshalb die vernunftgemäß erschlossenen Einsichten als valide gelten dürfen und müssen, wenn ihnen keine Autorität widerspricht.[209]

Daß gerade in der Kontroverse mit Roscelin das Bedürfnis nach traditionaler Absicherung gestiegen war, zeigt Anselms Brief an Bischof Fulko von Beauvais, der den Erzbischof von Canterbury auf der Synode von Soissons (1092) dagegen verteidigen sollte, daß Roscelin sich auf ihn und Lanfranc als Kronzeugen seiner Lehre berufen zu dürfen meinte. Daher bemühte sich Anselm um einen eindeutigen Aufweis seiner Orthodoxie:

„So halte ich, was wir im Symbol bekennen, wenn wir sagen: '*credo in deum, patrem omnipotentem, creatorem*'; und: '*credo in unum deum, patrem omnipotentem, factorem*'; und: '*quicumque vult salvus esse, ante omnia opus est ut teneat catholicam fidem*' und was jeweils folgt; diese drei Urgestalten des christlichen Bekenntnisses (*Christianae confessionis principia*), die ich hier genannt habe, glaube ich so mit dem Herzen und bekenne sie mit dem Munde, daß ich gewiß bin: Wer auch immer etwas davon leugnen will, und besonders wer eine Gotteslästerung als Wahrheit ausgibt, der sei verdammt; und zur

---

[207] Cf. dazu sacr. 7 (II; 232,4f.): *„Quod autem sine omni auctoritate et ratione fit contra rationem, absque dubio rationabiliter repudiandum indicatur."*
[208] Cf. c.d.h. commendatio operis (II; 39,2-40,7); dazu THEIS 1997, 180.
[209] Cf. conc. III 6 (II; 272,1-4); dazu VAGGAGINI 1959, 106; EVANS 1989, 40; GOMBOCZ 1997, 396.- In monol. 1 (I; 14,3f.) hatte Anselm die Reichweite seiner eigenen Vernunftgründe (bei fehlendem Widerspruch einer Autorität!) noch eingeschränkt: *„non ob hoc tamen omnino necessarium, sed tantum sic interim videri posse dicatur"*; zu dieser Akzentverschiebung in der Werkgeschichte cf. HOPKINS 1972, 47; THEIS 1997, 184f.

Bekräftigung sage ich: Solange er in seiner Verstocktheit verharrt, sei er verdammt. Denn er ist überhaupt kein Christ."[210]

An keiner anderen Stelle identifiziert sich der Theologe Anselm so deutlich über die drei altkirchlichen Symbole. Für die anselmische Trinitätslehre stellt somit die *Fides Athanasii* nicht nur ein *formales* Identifikationskriterium der eigenen Orthodoxie dar, sondern liegt auch *materialiter* der Reflexion von *De incarnatione* zugrunde, was die entscheidende Differenz zum *Monologion* markiert. Die hermeneutische Pointe läßt sich also dahingehend formulieren, daß Anselm mit logischer Vernunftnotwendigkeit die konsistente Struktur des christlichen Glaubens insgesamt und seiner einzelnen Stücke darlegen will - ausgehend vom Glauben, hinführend zur Freude an Gott als dem Geber der Erkenntnis. Kriterien sind dabei die Schrift und die Vätertradition, personifiziert in Augustin sowie - implizit - in Athanasius als dem Autor des *Symbolum quicumque*. Stärker als in früheren Schriften wird in den 1090'er Jahren darauf verwiesen, daß diese Autoritäten allerdings auch der Auslegung bedürftig sein können.[211] Entgegen der beliebten, aber problematischen Optik, derzufolge Anselms philosophische Theologie ein freitragendes rationales Durchdenken des Glaubens sei, bleibt bei ihm wenig von Berengar und viel von Lanfranc.[212] Verstärkt betont wird allerdings in der Auseinandersetzung mit Roscelin, daß Glaube nach Verstehen strebt, darauf aber nicht angewiesen ist.[213] Ebenso hatte Anselm bereits in der weitreichenden trinitarischen Spekulationen im *Monologion* innegehalten, um seinen nie aufgegebenen Vorbehalt gegenüber der menschlichen Geisteskraft zu formulieren:

---

[210] Ep. 136 (III; 280,17-26) = incarn. prior 4 (I; 283,11-15); zu diesem Brief cf. SOUTHERN 1990, 177.

[211] Cf. dazu c.d.h. I 18 (II; 82,8-11.14-16): „*Certus enim sum, si quid dico quod sacrae scripturae absque dubio contradicat, quia falsum est; nec illud tenere volo si cognovero. Sed si in illus rebus in quibus diversa sentiri possunt sine periculo... sic exponimus divina dicta, ut diversiis sententiis favere videantur, nec alicubi invenitur ubi quid indubitanter tenendum sit determinent, non arbitror reprehendi debere*".

[212] Anders zuletzt GOMBOCZ 1997, 391f. Dagegen sah bereits SEEBERG 1930, 156, „Anselms Denken mit bestimmt... durch das apologetische Interesse wider die neue Dialektik"; ebenso SCHRIMPF 1987, 18. Berengar und Anselm hinsichtlich des Gebrauchs der Dialektik in der Theologie differenzlos nebeneinanderzustellen und letzteren gar als den eigentlichen „Rationalisten" zu bezeichnen (HOLOPAINEN 1995, 136.161f.), verkennt die *sachlich konstruktive* Funktion der *ratio* bei Anselm; hier ist nach wie vor GRABMANN 1909, 282f., zu folgen.

[213] Ep. 136 (III; 281,38-41): „*Nam Christianus per fidem debet ad intellectum proficere, non per intellectum ad fidem accedere, aut, si intelligere non valet, a fide recedere. Sed cum ad intellectum valet pertingere, delectatur; cum vero nequit, quod capere non potest veneratur*"; cf. auch c.d.h. II 16 (II; 117,3-6).

„Denn ich meine, es müsse für den, der eine unbegreifliche Sache erforscht, genügen, wenn er durch schlußfolgerndes Denken dazu gelangt, zu erkennen, daß sie ganz sicher existiert, auch wenn er mit dem Verstand nicht zu durchdringen vermag, auf welche Weise sie so ist; und man dürfe jenen Dingen nicht deshalb weniger Glaubensgewißheit schenken, die durch zwingende Beweise, ohne daß ein anderer Vernunftgrund dagegen spricht, behauptet werden, wenn sie sich ob der Unbegreiflichkeit ihrer natürlichen Erhabenheit nicht erklären lassen."[214]

2.1.3. Die Trinitätstheologie im *Monologion* und in *De Incarnatione Verbi*

a) Der trinitätstheologische Rahmen: Das *Monologion*

Anselms Traktat über den Heiligen Geist steht in hermeneutischer Komplementarität zu *De incarnatione*, ist aber darüber hinaus auf das *Monologion* zu beziehen, das den spekulativen Rahmen für die Auseinandersetzung mit dem trinitarischen Credo bereitstellt. Das um 1076 entstandene „Selbstgespräch" unternimmt den Versuch, „das Wesen der Gottheit... in klarer Schreibart und mit gemeinverständlichen Beweisen und in schlichter Erörterung" (*plano stilo et vulgaribus argumentis simpliciqua disputatione*)[215] unter methodischer Suspendierung externer Autoritäten wie Bibel, Bekenntnis und Väter zu rekonstruieren. Als unverzichtbares Interpretament wird Augustins *De trinitate* festgesetzt (prol.; 8,10-14); die Tradition des lateinischen Neunizänismus ist somit das materiale Ziel, auf das hin Anselm die Trinitätslehre entwickeln will.[216] Sein Ausgangspunkt ist dabei die Bezeichnung Gottes als *summus spiritus* i.S. einer Chiffre für die wesenhafte Einheit des überkategorial definierten höchsten Geistes.[217] Dieser Geist ist

---

[214] Monol. 64 (I; 75,1-6): „*Sufficere namque debere existimo rem incomprehensibilem indaganti, si ad hoc ratiocinando pervenerit ut eam certissime esse cognoscat, etiamsi penetrare nequeat intellectu quomodo ita sit; nec idcirco minus iis adhibendam fidei certitudinem, quae probationibus necessariis nulla alia repugnante ratione asseruntur, si suae naturalis altitudinis incomprehensibilitate explicari non patiantur*" (Übers.: F.S. SCHMITT 1964, 187-189); cf. auch c.d.h. II 18 (II; 127,12f.).

[215] Monol. prol. (I; 7,3.9f.); Übers.: F.S. SCHMITT 1964, 27; im folgenden hiernach im Text zitiert. Zur Datierung cf. DERS. 1968, 56*.

[216] SCHMAUS 1975, 30: „Der Glaube öffnet den Horizont, auf den Anselm mit Vernunftbemühungen zugeht und vor dem allein seine Überlegungen verständlich und wirksam sind." - Das *Monologion* wird hier nur auf seine pneumatologischen Komponente hin betrachtet (cf. CONGAR 1982, 392f.; OBERDORFER 2001, 179-182); Ansätze zur Gesamtinterpretation seiner Trinitätstheologie bieten SCHMAUS 1970, 202-217; HOPKINS 1972, 90-100; SIMONIS 1972, 16-34; KOHLENBERGER 1976; COURTH 1985, 17-21.

[217] Monol. 3 (16,26-28): „*Quare est aliquid, quod, sive essentia sive substantia sive natura dicatur, optimum et maximum est et summum omnium quae sunt.*" Mit diesem Ansatz bei der Wesenseinheit schließt sich Anselm konzeptionell eng an Augustin (und Athanasius) an; cf. SCHMAUS 1970, 191. Entsprechend muß die auf der Unterscheidung von

„kreativ" - der schöpferischen *Außenbeziehung* geht dabei eine *selbstreferentielle* Relation (*„mentis sive rationis locutio"*) voraus, in der die geschaffenen Dinge schon „zur Sprache kommen", bevor sie sind.[218] Da es aber weder vor noch neben dem höchsten Geist eine andere Wirkursache der Schöpfung geben kann, ist dieses interne Mit-sich-Sprechen nichts anderes als der höchste Geist selbst, so daß die *summa essentia* in sich dialogisch strukturiert ist (c. 12; 26,26-30). Obgleich also der höchste Geist und sein Sprechen (seine Erkenntnis, sein Wort) voneinander unterschieden sind, sind sie doch als *ein* wesensgleicher Geist zu betrachten (c. 29; 48,2-5). Wie nun der Mensch als *mens rationalis* dadurch ausgezeichnet ist, daß er nicht nur anderes, sondern vor allem sich selbst erkennt, so geht auch beim *summus spiritus* die Selbsterkenntnis der Wendung nach außen voraus - und zwar ewig, d.h. die Zweiheit in der Einheit ist wesenhaft und ursprungslos.[219]

Für Anselm stellt sich nun das Problem, wie man dieser Einheit eine Mehrzahl der Manifestationsweisen zuordnen kann, d.h. wie sich singulares Wesen und plurale Ausdrucksformen vermitteln lassen:

„Es ist auf erstaunliche Weise offenkundig, daß weder der, dessen das Wort ist, sein eigenes Wort sein kann, noch das Wort der sein kann, dessen Wort es ist. So daß sie darin, was sie bezeichnen oder was sie dem Wesen nach sind oder was sie im Verhältnis

---

Substanzen und Akzidentien basierende Definitorik gesprengt werden, weil sonst die *summa essentia* der Veränderlichkeit unterläge (monol. 27; 45,4f.). Bereits Boethius hatte Gott als *„substantia ultra substantiam"*, d.h. jenseits aller akzidentellen Zuschreibungen, bezeichnet (trin. IV; 14,14-16 ELSÄSSER); indem Anselm hier Boethius' Personbegriff operationalisierte (so OBERDORFER 2001, 180 mit Anm. 44), wurde eine zureichende Terminologie für die doppelte Selbstunterscheidung Gottes in Sohn und Geist erforderlich (s.u. S. 452f.). Daher ist gegen SCHMITT 1975, 35, festzuhalten, daß Anselm eben nicht restlos ohne Prämissen auskommt, „die einem ungeschulten Philosophen nicht einleuchten". Hier fällt bereits eine Vorentscheidung für die Auseinandersetzung mit Roscelin, wie auch die Differenz zu Berengars Identifikation von Substanz und (Satz-) Subjekt klar zu Tage tritt.- Wenn im folgenden von „Gott" gesprochen wird, ist zu berücksichtigen, daß die explizite Rückidentifikation der *summa essentia* mit dem christlichen Gott erst am Schluß geschieht (monol. 80; 86,17f.).

[218] Monol. 10 (24,27); der Archetyp dieser Konzeption liegt in der stoischen Unterscheidung von λόγος ἐνδιάθετος und λόγος προφορικός. Cf. c. 33 (53,4-6): *„Verbum autem quo creaturam dicit, nequaquam similiter est verbum creaturae, quia non est eius similitudo, sed principalis essentia"*; zu diesem schon bei Lanfranc wichtigen Terminus cf. HOLOPAINEN 1995, 79; zum „inneren Sprechen" SIMONIS 1972, 21-23.

[219] Monol. 32 (51,12-17): *„Ergo summus ille spiritus sicut est aeternus, ita aeterne sui memor est et intelligit se ad similitudinem mentis rationalis; immo non ad ullius similitudinem, sed ille principaliter et mens rationalis ad eius similitudinem. At si aeterne se intelligit, aeterne se dicit. Si aeterne se dicit, aeterne est verbum eius apud ipsum"*; zu dieser entscheidenden Passage cf. SIMONIS 1972, 24.

zum Geschöpf sind, immer die ungeteilte Einheit bewahren; darin aber, daß jener nicht aus diesem ist, dieses aber aus jenem ist, eine unbenennbare Mehrheit zulassen."[220]

Hier klingt eine Unterscheidung an, die für die Trinitätslehre insgesamt und besonders für die Behandlung des Filioque-Problems von höchster Bedeutsamkeit ist: die Benennung der trinitarischen Personen durch *Relationen* und *Proprietäten*. Denn die Vielzahl wird regelrecht „erzwungen" durch gewisse „Eigentümlichkeiten" (*proprietates*), auch wenn ein treffender Begriff fehlt, um die Zweiheit zu benennen.[221] Nur die wechselseitige Bezogenheit innerhalb der höchsten Wesenheit läßt es zu, die Differenz auf den Punkt zu bringen: „*Etenim proprium est unius esse ex altero, et proprium est alterius alterum esse ex illo*" (56,30f.). Das abstrakte *esse* meint Anselm durch *nasci* präzisieren zu dürfen, so daß als Proprietäten „*nasci ex altero*" bzw. „*nasci alterum ex ipso*" gelten können (c. 39; 57,3-5). Das führt schließlich zu der trinitätstheologischen Spitzenformulierung:

> „Wie die einzelnen Eigentümlichkeiten der einzelnen nicht eine Mehrheit annehmen, weil sie nicht zweien zugehören, so bewahrt ebenso das, was beiden gemeinsam ist, die ungeteilte Einheit, obwohl das Ganze den einzelnen zugehört... Solcherart sind sie durch die Beziehungen entgegengesetzt, daß der eine niemals die Eigentümlichkeit des anderen aufnimmt; solcherart sind sie einträchtig durch die Natur, daß der eine immer die Wesenheit des anderen besitzt."[222]

Auf der Basis der gemeinsamen Wesenheit sind die einzelnen Manifestationen demnach durch das unterschieden, womit sie *als Unterschiedene* zusammenhängen, also durch ihre jeweiligen irreduziblen Relationen, die ihnen proprietär zukommen. Dabei handelt es sich um *Seinsrelationen*: Auf der Basis der gemeinsamen *divina essentia* hat der Sohn aus dem Vater Sein, insofern er *aus der Wesenheit des Vaters* geboren ist.[223] Der Ton liegt auf der

---

[220] „*Miro tamen modo apertissimum est, quia nec ille cuius est verbum, potest esse verbum suum, nec verbum potest esse ille cuius est verbum. Ut in eo quod significat vel quid sint substantialiter, vel quid sint ad creaturam, semper individuam tenent unitatem; in eo vero quod non est ex isto, hoc autem est ex illo, ineffabilem admittant pluralitatem*" (c. 38; 56,11-16); Übers.: F.S. SCHMITT 1964, 143-145.

[221] Monol. 38 (56,28-30): „*Constat igitur quia exprimi non potest, quid duo sint summus spiritus et verbum eius, quamvis quibusdam singulorum proprietatibus cogantur esse duo*"; cf. KIENZLER 1981, 168.

[222] „*Ut sicut singula propria singulorum non recipiunt pluralitatem, quia non sunt duorum, ita id quod commune est amborum, individuam teneat unitatem, quamvis totum sit singulorum... Sic sunt oppositi relationibus, ut alter numquam suscipiat proprium alterius; sic sunt concordes natura, ut alter semper teneat essentiam alterius*" (c. 43; 59,31-60,2.5-7); Übers.: F.S. SCHMITT 1964, 153-155. Zur Bedeutung dieser Passage für die anselmische Trinitätslehre cf. HOPKINS 1972, 95; KIENZLER 1981, 171.

[223] Monol. 44 (60,24-61,1.9-11): „*Non enim idcirco minus perfecta est essentia vel sapientia filius, quia est essentia nata de patris essentia et sapientia de sapientia; sed tunc minus perfecta essentia aut sapientia esset, si non esset per se aut non saperet per se. Nequaquam re-*

Einheit des Wesens: *"filius est non differens essentia de patris essentia, immo de patre essentia"* (c. 45; 62,9f.). Allerdings bahnt sich in dieser Prävalenz des Einheitsgedankens eine Aporie an: Daß der Sohn die Wesenheit des Vaters empfängt (nicht umgekehrt), kann nur als *"convenientius"* gelten, wenn eine bestimmte Zuordnung der Personen schon vorausgesetzt ist![224]

Anselm entdeckt nun eine zweite selbstreferentielle Beziehung innerhalb der *summa essentia*: die Liebe, womit der augustinische Ternar *memoria - intelligentia - amor* aufgegriffen wird.[225] Diese *Liebe* von Vater und Sohn geht sowohl aus *Selbstbewußtsein* als auch aus *Selbsterkenntnis* hervor und besitzt - insofern die einander entgegengebrachte Liebe dieselbe ist - das gleiche Sein wie die Liebenden, gehört also selbst zur *summa essentia*.[226] Daher muß auch für diese Liebe der Relationssatz zutreffen: „Die Liebe geht nicht aus dem hervor, worin Vater und Sohn mehrere sind, sondern aus dem, worin sie *eins* sind. Denn nicht aus ihren Beziehungen, die mehrfach sind - eine andere nämlich ist die Beziehung des Vaters, eine andere die des Sohnes -, sondern aus ihrer Wesenheit selbst, die eine Mehrheit nicht zuläßt, entsenden Vater und Sohn in gleicher Weise ein so großes Gut."[227] Damit nimmt die Liebe gewissermaßen eine Position gegenüber der Einheit von Vater und Sohn ein, insofern sie zwar zu beiden in Relation steht, nicht jedoch zu dem, worin die beiden sich selbst relational unterscheiden, so daß Anselm eine spezifische Inkonsequenz der Trinitätstheologie Augustins einer Lösung zuführt: Hatte dieser - im Anschluß an das Nizänum von 325 - die Zeugung des Sohnes als *ex substantia patris* beschrieben, war

---

pugnant, ut filius et per se subsistat et de patre habeat esse... Quare non repugnat filium et subsistere per se et esse de patre, quia hoc ipsum, id est per seipsum posse subsistere, necesse est illum habere ex patre"; s.o. S. 61-63.

[224] Insofern kritisiert RITSCHL 1981, 38, mit Recht, daß im *Monologion* ein „vollständiges trinitarisches Dreieck" vorliegt. Von *De processione* aus ist dies jedoch zu bestreiten (s.u. S. 493-495).

[225] Monol. 49 (64,23f.): *"Amat ergo seipsum summus spiritus, sicut sui meminit et se intelligit"*; cf. Augustin, trin. XIV 8,11; 12,15 (CChr.SL 50A, 436,14; 442,1-443,4 MOUNTAIN/GLORIE). Nach SCHMAUS 1975, 33, wird bei Anselm erstmals seit Fulgentius die augustinische „Trinitätspsychologie" rezipiert.

[226] Monol. 50 (65,7-10): *"Patet igitur amorem summi spiritus ex eo procedere, quia sui memor est et se intelligit. Quod si in memoria summi spiritus intelligitur pater, in intelligentia filius: manifestum est quia a patre pariter et filio summi spiritus amor procedit"*; cf. auch c. 53 (66,7-9). OBERDORFER 2001, 180, bestimmt die Differenz zur „Trinitätspsychologie" Augustins in einleuchtender Weise dahingehend, daß dort nicht der Ursprungs-, sondern der Gemeinschaftsgedanke im Vordergrund steht.

[227] *„[amor] non ex eo procedit in quo plures sunt pater et filius, sed ex eo in quo unum sunt. Nam non ex relationibus suis, quae plures sunt - alia est enim relatio patris, alia filii -, sed ex ipsa sua essentia, quae pluralitatem non admittit, emittunt pater et filius pariter tantum bonum"* (c. 54; 66,21-25); Übers.: F.S. SCHMITT 1964, 169.

jedoch vor einer analogen Prädikation für den Heiligen Geist zurückgeschreckt[228], so löst Anselm die Rekonstruktion der innertrinitarischen Beziehungen vollends von der Elternschaft-Analogie ab und stützt sich - *sola ratione* - auf die seinem Gegenstand entsprechende „essentielle" Relationenlogik.[229] Daher wird der Hervorgang des Geistes als „*pariter ex patre et filio*" beschrieben, also gerade nicht als „*principaliter ex patre*".[230]

Die proprietäre Relation der Liebe wird durch „*spiratio*" bezeichnet, woraus sich die Bezeichnung „*spiritus*" ergibt, die (wiederum im Anschluß an Augustin) doppelt verwendet wird - als *summus spiritus* im Sinne der göttlichen Wesenheit schlechthin und als *spiritus* im Sinne des verbindenden Gliedes der Vater-Sohn-Beziehung innerhalb der *summa essentia*, was zu einer Ambivalenz führt: Wenn der Geist als *spiritus utriusque* zugleich auch die *communio patris et filii* ist - kann ihm dann Eigenständigkeit zugebilligt werden (c. 57; 69,9-13)? Freilich sind die Relate innerhalb der Dreiheit ausschließlich durch ihre Relationen definiert:

- „*Patrem itaque nullus facit sive creat aut gignit.*"
- „*Filium vero pater solus non facit, sed gignit.*"
- „*Pater autem pariter et filius non faciunt neque gignunt, sed quodam modo sic si dici potest spirant suum amorem*" (c. 57; 68,20-22).[231]

Anselm greift hier implizit auf die *Fides Athanasii* zurück[232], um die Eigenständigkeit aller drei Personen hervorzuheben und die irreduzible Spezifik jedes triadischen Gliedes zu betonen: „Was hindert also zu schließen, daß in der höchsten Wesenheit nur *ein* Vater, *ein* Sohn, *ein* Geist ist, und nicht drei Väter oder Söhne oder Geister?"[233] Der Akzent liegt auf der Gleichheit (*aequalitas*) bzw. auf dem perichoretischen „Ineinandersein" (*esse in se in-*

---

[228] Dazu GEMEINHARDT 1999, 164-166, sowie oben S. 63.

[229] SCHMAUS 1970, 205, verortet „eine Eigentümlichkeit der abendländisch-lateinischen Trinitätskonzeption" darin, daß dem „höchsten Wesen" die „Funktion der Hervorbringung" zugewiesen werde.

[230] OBERDORFER 2001, 181, weist auf das systemimmanente Problem hin, daß „die Trennschärfe der [psychologisch-analogen] Zuordnungen... durch deren Verbindungen mit den Hervorgangs-Bestimmungen gesichert" und daher von der kirchlichen Lehre her interpretiert werden muß; ebenso KOHLENBERGER 1976, 165; COURTH 1985, 18. Die Differenz zum augustinischen *principaliter* betont SCHMAUS 1970, 218 Anm. 27, postuliert allerdings schon für das *Monologion* eine Auseinandersetzung mit der griechischen Pneumatologie (aaO., 208), was aufgrund der Lebens- und Werkgeschichte Anselms auszuschließen ist.

[231] Cf. c. 61 (71,19f.22f.; 72,1); zu den trinitarischen Hervorgängen cf. vor allem VAGGAGINI 1959, 104-112.

[232] DH 75,21-23; cf. Augustin, ep. 170,4 (CSEL 44, 624,20-625,12 GOLDBACHER).

[233] Monol. 61 (72,1-3); Übers.: F.S. SCHMITT 1964, 181.

vicem), das sogar dazu führt, daß die nur analogen (nicht relationalen) Charakteristika austauschbar werden.²³⁴ Der „essentialistische" Grundzug der Trinitätstheologie im *Monologion* wird wiederum deutlich erkennbar, wenn Anselm das Ergebnis seiner rationalen Untersuchung des Glaubensmysteriums zusammenfaßt und dabei auf das Kardinalproblem der lateinischen Trinitätstheologie stößt:

> „Siehe, es leuchtet ein, daß es jedem Menschen frommt, an eine unaussprechliche dreifache Einheit und *eine* Dreiheit zu glauben. Und zwar 'eine' und 'Einheit' wegen der *einen* Wesenheit, 'dreifach' aber und 'Dreiheit' wegen der drei - ich weiß nicht was (*tres nescio quid*). Denn obgleich ich von der Dreiheit sprechen kann wegen des Vaters und des Sohnes und des Geistes beider, die drei sind, so kann ich dennoch nicht mit *einem* Namen aussprechen, weswegen drei, wie wenn ich sagen würde: wegen der drei Personen, wie ich von der Einheit sprechen würde: wegen der *einen* Substanz. Denn man darf sie nicht für drei Personen halten, weil mehrere Personen alle so gesondert voneinander bestehen, daß es notwendig so viele Substanzen gibt, als Personen sind (*non enim putandae sunt tres personae, quia omnes plures personae sic subsistunt separatim ab invicem, ut tot necesse sit esse substantias quot sunt personae*); was man bei mehreren Menschen erkennt, die so viele für sich bestehende Substanzen wie Personen sind. Wie es daher in der höchsten Wesenheit nicht mehrere Substanzen gibt, so auch nicht mehrere Personen" (*quare in summa essentia sicut non sunt plures substantiae, ita nec plures personae*).²³⁵

Im Hintergrund taucht der boethianische Personbegriff im Sinne einer „*naturae rationabilis individua substantia*" (mit *substantia* als Äquivalent zu ὑπόστασις) auf, wohingegen Anselms eigener Substanzbegriff gerade der aristotelischen Definitorik entzogen werden sollte.²³⁶ Anselm begegnet damit wie schon Augustin dem Dilemma, daß der *lateinische* Personbegriff nicht mit der *griechischen* neunizänischen Trinitätsterminologie kompatibel war, so daß zwar die Einheit Gottes in großer Variationsbreite benannt werden konnte (οὐσία = *essentia, natura, substantia*), nicht aber die Vielheit innerhalb der Gottheit. Nur durch eine Neudefinition des Personbegriffes - dahingehend, daß *persona* als äquivalent zu *individua substantia* aufgefaßt, diese jedoch jeglichen Bezugs auf Akzidentien entkleidet wird²³⁷ - läßt sich für Anselm aussagen: „*irreprehensibiliter illa summa et una trinitas sive trina unitas dici una essentia et tres personae sive tres substantiae*" (86,13f.). Mit die-

---

[234] Monol. 59 (70,3f.); c. 60 (71,4f.): „*Singulus enim quisque essentialiter est et memoria et intelligentia et amor et quidquid summae essentiae necesse est inesse*"; cf. KOHLENBERGER 1976, 172.

[235] Monol. 79 (85,12-22); Übers.: F.S. SCHMITT 1964, 213. Zu den terminologischen Aporien cf. SCHMAUS 1970, 215; SIMONIS 1972, 34; KOHLENBERGER 1976, 150.

[236] Boethius, c. Eut. 3 (74,4f. ELSÄSSER); cf. Anselm, monol. 79 (86,5-8).

[237] Monol. 79 (86,8-12): „*Individua namque maxime substant id est subiacent accidentibus, et ideo magis proprie substantiae nomen suscipiunt. Unde iam supra manifestum est summam essentiam quae nullis subiacet accidentibus proprie non posse dici substantia, nisi substantia ponatur pro essentia.*"

ser *sachlichen* Feststellung schließt sich der Kreis zu Anselms *methodologischen* Prolegomena, in denen er seine von Augustin inspirierte Sensibilität für das Problem der Sprachdivergenzen demonstriert hatte:

> „Denn wenn ich behaupte, die höchste Dreifaltigkeit könne drei Substanzen genannt werden, so bin ich den Griechen gefolgt, die drei Substanzen in *einer* Person mit demselben Glauben bekennen, wie wir drei Personen in *einer* Substanz. Denn sie bezeichnen in Gott das mit 'Substanz', was wir 'Person' nennen."[238]

Am Umgang mit dem Personbegriff zeigt sich Größe wie Grenze des anselmischen Entwurfs einer Trinitätslehre *sola ratione*: Die Basis der augustinisch inspirierten Einheitsmetaphysik läßt zwar eine beeindruckend geschlossene Rekonstruktion der trinitätsimmanenten Relationen zu, kann diesen jedoch keine „personale" Identität zubilligen - daß Anselm zuletzt auf die Terminologie der *Fides Athanasii* zurückgreifen muß, die sich gerade nicht der augustinischen Trinitätsspekulation verdankt, ist bezeichnend für die spezifischen Vorentscheidungen, die mit der programmatischen Orientierung an *De Trinitate* getroffen wurden. Die Inanspruchnahme der menschlichen *mens rationalis* als „wahres Abbild jener Wesenheit, die durch Bewußtsein ihrer selbst und Erkenntnis und Liebe in einer unaussprechlichen Dreifaltigkeit besteht"[239], impliziert schon eine bestimmte Engführung des kirchlichen Credo und der in dieser Perspektive gelesenen Heiligen Schrift. Aus den internen „Lebensvollzügen" jener *summa essentia* ergibt sich daher bereits das pneumatologische Konzept der lateinisch-augustinischen Tradition.[240]

---

[238] „*Quod enim dixi summam trinitatem posse dici tres substantias, Graecos secutus sum, qui confitentur tres substantias in una persona eadem fide, qua nos tres personas in una substantia. Nam hoc significant in deo per substantiam, quod nos per personam*" (monol. prol.; 8,14-18); Übers.: F.S. SCHMITT 1964, 29. Diese Problematik begegnet auch in ep. 83 (III; 208,15-20), wonach man „*non proprie*" von drei Personen oder Substanzen rede, Lateiner und Griechen dies gleichwohl täten „*quadam tamen ratione ob indigentiam nominis proprie significantis illam pluralitatem quae in summa trinitate intelligitur*"; das Bekenntnis der Griechen sei trotz der Verständigungsprobleme „*non minus fideliter*"!

[239] „*Vera imago illius essentiae, quae per sui memoriam et intelligentiam et amorem in trinitate ineffabili consistit*" (c. 67; 78,2-4); Übers.: F.S. SCHMITT 1964, 195.

[240] Cf. KOHLENBERGER 1976, 165, sowie OBERDORFER 2001, 182, und SIMONIS 1972, 30: „Gerade in der Frage nach der Proprietät des Hervorganges des Geistes offenbart sich der neuralgische Punkt in Anselms Trinitätsvorstellung.".- Das Filioque wird erstmals in Prosl. 23 (117,11f.) angedeutet: „*Hoc ipsum est Amor unus et communis tibi et Filio tuo, id est Spiritus Sancti ab utroque procedens.*"

b) Relationen und Personen: Die *Epistola de incarnatione Verbi*

Der „Brief über die Fleischwerdung des Wortes" stellt die erste explizite Auseinandersetzung Anselms mit der *kirchlichen* Fassung der Trinitätslehre dar.[241] Was das *Monologion* im Kontext gemeinschaftlichen monastischen Lebens *sola ratione* expliziert hatte, sollte nun als adäquates Interpretament des kirchlichen Bekenntnisses erwiesen und ausdrücklich dessen Autorität unterstellt werden. Allerdings wurde die kirchliche Trinitätstheologie lediglich exemplarisch am Verhältnis von Vater und Sohn entfaltet[242]; die pneumatologischen Probleme blieben *de facto* dem Traktat *De processione Spiritus sancti* vorbehalten.[243]

Die Inkarnationsschrift richtete sich konkret gegen Roscelin von Compiègne. In Frage stand die begrifflich suffiziente Fassung des Verhältnisses von Einheit und Dreiheit in Gott, aber auch die Zulässigkeit dialektischer Reflexion hinsichtlich der kirchlichen Autorität. Anselm war involviert, weil sich Roscelin auf ihn und auf seinen mittlerweile verstorbenen Mentor Lanfranc berufen hatte.[244] Seine Gegenschrift (*Epistola de incarnatione Verbi recensio prior*) war zunächst unvollendet geblieben, nachdem sein Kontrahent 1092 in Soissons zum Widerruf gezwungen worden war, den Roscelin jedoch bald wieder zurückgenommen hatte.[245] So nahm Anselm die Arbeit an *De incarnatione* wieder auf - widerstrebend, wie nicht zuletzt die vielen von ihm selbst als ungenügend verworfenen Versionen bezeugen.[246]

---

[241] Zu Datierung und Einleitungsfragen cf. F.S. SCHMITT 1968, 58*f.; HÖDL 1978, 765.

[242] Incarn. 2 (II; 11,8-13): „*Ut autem facilius et brevius hoc faciam, loquar tantum de patre et filio, quoniam hae duae personae suis propriis vocibus aliae ab invicem aperte designantur. Nam nomen spiritus sancti non est alienum a patre et filio, quia uterque est et spiritus et sanctus. Quod autem in patre et filio de unitate substantiae vel pluralitate personarum invenimus, hoc in tribus absque dubio cognoscemus*"; zur Doppeldeutigkeit von „*spiritus sanctus*" cf. oben S. 451.

[243] Cf. proc. 16 (II; 219,23-26): „*Haec de processione spiritus sancti... pro Latinis contra Graecos scribere et ea occasione de unitate deitatis et de trinitate personarum aliquid addere praesumpsi*".

[244] Cf. ep. 136 (III; 279,4-8): „*Roscelinus clericus dicit in deo tres personas esse tres res ab invicem separata... [et] tres deos vere posse dici, si usus admitteret. In qua sententia asserit venerabilis memoria archiepiscopum Lanfrancum fuisse et me esse*"; cf. incarn. prior 2 (I; 282,9-11).

[245] In ep. 136 (III; 279,8-280,2) versucht Anselm durch Fulko von Beauvais auf das bevorstehende Konzil einzuwirken; in incarn. 1 (II; 4,12f.) blickt er darauf zurück, weiß aber auch bereits (4,19-5,1): „*praefatae novitatis auctorem in sua perseverantem sententia dicere se non ob aliud abiurasse quod dicebat, nisi quia a populo interfici timebat*". Cf. HEFELE/LECLERCQ 1912, 365-367; HOPKINS 1972, 100. Auch Ivo von Chartres (ep. 7 ad Roscelinum; PL 162, 17B) bezeugt den synodalen Widerruf und die spätere Rückkehr zur „*pristina sententia*".

[246] Cf. dazu SCHMITT 1968, 78*-89*; SOUTHERN 1990, 177-180; MEWS 1991, 57f.

Von Roscelin selbst (gest. 1120/25) sind fast keine Schriften erhalten; seine Position wurde der Nachwelt vornehmlich durch die polemische Optik Anselms und Abaelards überliefert.[247] Was wiederum dem Abt von Bec bekannt war, hatte ihm der Mönch Johannes übermittelt:

> „Diese Frage hat nämlich Roscelin von Compiègne aufgeworfen: 'Wenn drei Personen eine spezifische Entität sind und nicht drei durch sich bestehende Dinge, wie drei Engel oder drei Seelen, sondern so, daß sie an Willen und Macht vollkommen dasselbe sind, dann sind also Vater und Heiliger Geist mit dem Sohn Mensch geworden'."[248]

Roscelin hätte demnach die Alternative vertreten, Gott entweder nur als eine „res" oder als drei „res distinctae" benennen zu können; eine Zusammenfassung mehrerer *personae* in einer *substantia* meinte er ablehnen zu müssen. In der Forschung wird dies zumeist als früher Nominalismus interpretiert, im Anschluß an Anselms Klage über die „*haereticae dialectici, qui non nisi flatum vocis putant universales esse substantias*".[249] In letzter Konsequenz habe Roscelin daher von „drei Göttern" sprechen müssen.[250] Demgegenüber hat Constant MEWS aufgrund neuer Handschriftenfunde nicht nur dem Vorwurf widersprochen, Roscelin habe einen Tritheismus proklamiert (was tatsächlich weder bei Anselm noch bei Abaelard so behauptet wird), sondern auch eine unpolemische Rekonstruktion der Trini-

---

[247] Cf. die forschungsgeschichtlichen Hinweise bei MEWS 1991, 55f.; als Beispiele seien GRABMANN 1909, 297-305, und SEEBERG 1930, 150f., genannt. Erhalten ist lediglich Roscelins Brief an seinen ehemaligen Schüler Abaelard, der lange nur als Zeugnis der Polemik Roscelins gegen Abaelard, nicht aber als Darlegung seiner eigenen Theologie interpretiert wurde (so noch BEYSCHLAG 2000, 202 Anm. 205, wonach Roscelin „quellenmäßig nur über Anselm erreichbar" sei). Zustimmung fand Roscelin bei Otto von Freising, gesta Frederici I 48 (MGH.SRG 46³, 69,3-5 WAITZ/SIMSON): „*Habuit [Abaelardus] tamen primo preceptorem Rozelinum quendam, qui primus nostris temporibus in logica sententiam vocum instituit*"; cf. MEWS 1992, 4f..

[248] Ep. 128 (III; 270,8-271,11): „*Hanc enim inde quaestionem Rocelinus de Compendio movet: 'Si tres personae sunt una tantum res et non sunt tres res per se, sicut tres angeli aut tres animae, ita tamen ut voluntate et potentia omnino sint idem: ergo pater et spiritus sanctus cum filio incarnatus est'*"; cf. auch incarn. 1 (II; 4,6-9).

[249] Incarn. 1 (II; 9,21f.). Zu Abaelards Kritik an Roscelin cf. dessen ep. 14 (PL 178, 358D): „*Hic sicut pseudodialecticus, ita et pseudochristianus, cum in Dialectica sua nullam rem sed solam uoces partes astruat, ita et diuinam paginam impudenter peruertit*"; hier wird Roscelin in die Nähe Berengars gerückt (MEWS 1992, 7 Anm. 12); cf. SEEBERG 1930, 150.

[250] So noch SOUTHERN 1990, 176; diese Forschungslegende basiert auf Anselms Schlußfolgerung (incarn. 2: II; 11,2-5): „*Certe aut vult confiteri tres deos, aut non intelligit quod dicit. Sed si tres deos confitetur, Christianus non est. Si autem affirmat quod non intelligit, non illi credendum est*"; cf. auch c. 4 (16,21): „*apertissimum est quia tres deos constituit*"; ebenso Abaelard gegenüber Bischof Gaufred von Paris (ep. 14; PL 178, 356D-357A) über „*electus ille et semper inflatus catholicae fidei hostis antiquus, cujus haeresis detestabilis tres deos confiteri, immo et praedicate Suessionensi concilio a patribus convicta est*"; cf. dagegen MEWS 1992, 6f. Anm. 10.

tätstheologie Roscelins versucht. Demnach negierte dieser keineswegs die Einheit Gottes, bestand aber wie schon Berengar darauf, daß die Konventionen menschlicher Sprache auch auf die Beschreibung Gottes anzuwenden seien, weshalb er im Anschluß an Priscian *persona* mit *substantia* gleichsetzte und die Personen der Trinität als drei Substanzen ansprach:

> „Man muß wissen, daß in der Substanz der heiligen Trinität jedwede Namen nicht eines und ein anderes bezeichnen, weder im Blick auf Teile noch auf Eigenschaften, sondern sie bezeichnen die eine und selbe, nicht in Teile zertrennbare noch durch Eigenschaften veränderbare Substanz. Also bezeichnen wir mit 'Person' nicht irgendetwas anderes als mit 'Substanz', wobei wir aus einer Gewohnheit des Sprechens heraus den Begriff 'Person' dreifach zu gebrauchen pflegen, nicht 'Substanz', während die Griechen gerade 'Substanz' zu verdreifachen pflegen."[251]

Offensichtlich fand Roscelin in dieser *grammatischen* Definition das Äquivalent zu der *theologischen* Aussage Augustins, daß griechischer und lateinischer Sprachgebrauch hinsichtlich der Trinität *sachidentisch* seien.[252] Auch Anselm hatte im *Monologion* diesen augustinischen Gedankengang ausgewertet, freilich mit einer Umwertung des *substantia*-Begriffs gegenüber dem aristotelischen Kategoriensystem. Von seinem Standpunkt aus meinte Roscelin daher folgern zu dürfen: *„nihil enim aliud est substantia patris quam pater, et substantiam filii quam filius"*[253]; konsequenterweise bezeichnete er die drei Personen als *tres res*, was nicht drei Götter, wohl aber drei distinkte referentielle Relationen der *voces* „Vater", „Sohn" und „Heiliger Geist" anzeigte.[254] Die Einheit Gottes bleibt dabei der begrifflichen Explikation un-

---

[251] Ep. ad Abaelardum 9,1f. (72,13-20 REINERS): *„Sciendum est vero, quod in substantia sanctae trinitatis quaelibet nomina non aliud et aliud significant, sive quantum ad partes sive quantum ad qualitates, sed ipsam solam non in partes divisam nec per qualitates mutatam significant substantiam. Non igitur per personam aliud aliquid significamus, quam per substantiam, licet ex quadam loquendi consuetudine triplicare soleamus personam, non substantiam, sicut Graeci triplicare solent substantiam."* Cf. Priscian, gramm. II 18 (II; 55,18 KEIL): *„proprium est nominis substantiam et qualitatem significare"*; cf. II 22 (56,29-57,1): *„nomen est pars orationis, quae unicuique subiectorum corporum seu rerum communem vel proprium qualitatem distribuit"*; ähnlich bereits Donatus, gramm. (CChr.CM 40D, 65,22 CHITTENDEN); Alkuin, grammatica (PL 101, 859B); cf. dazu GILBERT 1990, 246 Anm. 54; MEWS 1992, 10.

[252] Ep. ad Abael. 9,4 (72,23f. REINERS): *„in locutione enim tantum diversitas est, in fide unitas"*; cf. Augustin, trin. V 8,10; VII 4,7 (CChr.SL 50, 216,43-217,47; 259,1-15).

[253] Ep. ad Abaelardum 10,10 (74,22f. REINERS).

[254] Cf. Ms. Clm 4643, fol. 91ᵛ (zit. n. MEWS 1992, 10f. Anm. 22): *„Tres persone uel tres res dici potest. Hoc enim dicit autoritas. Greci dicunt tres usie, id est tres substantie, sed accipiunt substantias pro personis. Quid autem sint ille persone uel ille tres res, explicari non potest. Nam neque sunt substantia neque accidens. Sed in deo non sunt immediata substantia, et accidens."* Roscelin war hier von einer anonymen Priscian-Glosse aus dem 11. Jh. beeinflußt (aaO., 13-23, bes. 17f. Anm. 36; 21 Anm. 43).

zugänglich, insofern drei unterschiedliche Namen nicht *eine* Substanz denotieren können - wenn (und dies war Roscelins These) trinitätstheologische Sprache auf der exakten Anwendung allgemeiner grammatischer Konventionen basiert.²⁵⁵ Anselms Polemik richtete sich demnach gegen eine theologische Sprachregelung, die eine „naturgegebene" Kontinuität von Zeichen (*vox*) und Bezeichnetem (*res*) ablehnte, nicht aber gegen einen unreflektierten „Protonominalismus", der die Existenz der göttlichen *triunitas* überhaupt bestritten hätte.

In Frage stand damit die neunizänische Unterscheidung zwischen *substantia* und *persona*, autoritativ niedergelegt in der *Fides Athanasii*.²⁵⁶ Dann aber - so Roscelins Logik in der Rekonstruktion Anselms - dürfte von Gott als *una substantia* nicht gleichzeitig eine *affirmatio* und eine *negatio* ausgesprochen werden, d.h. die Inkarnation könnte nicht dem Sohn zugewiesen, dem Vater aber vorenthalten werden. Dieses Kalkül identifizierte Anselm wiederum als Sabellianismus:

> „Wenn man aber 'Vater' und 'Sohn' und 'Hervorgehender' so von Gott aussagt, wie von einem Menschen 'weiß', 'gerecht' oder ähnliches, und wenn man meint, daß Vaterschaft und Sohnschaft und Hervorgang in gleicher Weise eine Veränderung der göttlichen Substanz bewirken wie Weißsein und Gerechtigkeit bei einem Menschen, oder daß der Vater deshalb Sohn und Hervorgehender genannt werden darf, weil Vater und Sohn und Heiliger Geist ein Gott sind, insofern man doch auch einen Grammatiker einen Weißen oder Gerechten nennt, weil diese drei von einem Menschen ausgesagt werden: das bestreite und verdamme ich! Wenn man aber sagt: Wie man 'Weißer' und 'Gerechter' und 'Grammatiker' von demselben Menschen aussagt, also etwa von Paulus, es dadurch aber nicht mehrere Paulusse gibt, so ergeben auch Vater, Sohn und Hei-

---

²⁵⁵ Roscelin konnte dafür auf Anselms *De grammatico* rekurrieren, wonach Begriffe wie *albus* und *iustus* oder eben *grammaticus* sowohl Substanzen wie auch Qualitäten bezeichnen konnten; cf. etwa gramm. 10 (I; 154,19-21). Darauf bezieht sich Anselm, wenn er seinen Kontrahenten zitiert, „*se a me audisse ita de deo dici patrem et filium et procedentem a patre et filio spiritum, quomodo albus et iustus et grammaticus et similia de quodam individuo homine dicuntur*" (incarn. prior 2; I; 282,12-15); cf. MEWS 1992, 9; EVANS 1994, 61, und schon DIES. 1976, 54.

²⁵⁶ DH 75,4: „*neque confundentes personas, neque substantiam separantes*"; cf. incarn. 9 (II; 23,13-17) u.ö. Zur hintergründigen Auseinandersetzung um das Athanasianum cf. HOPKINS 1972, 104. Roscelin betrachtete noch in seinem Brief an Abaelard die genannte „athanasianische" Passage als interpretationsfähig (10,7; 74,15f. REINERS: „*Diligenter intendendum est, utrum substantiam sanctae trinitatis omnimodis, an certo modo separari prohibeat*") und löste dieses Problem im Sinne der aristotelischen „ersten Wesenheit" (10,10; 74,22-27): „*Nihil enim aliud est substantia patris quam pater, et substantia filii quam filius, sicut urbs Romae Roma est, et creatura aquae aqua est. Quia ergo pater genuit filium, substantia patris genuit substantiam filii. Quia igitur altera est substantia generantis, altera generata, alia est una ab alia.*"

liger Geist, die von Gott ausgesagt werden, nicht mehrere Götter: das nehme ich an, das glaube ich, das gesagt zu haben leugne ich keineswegs!"[257]

Die Berufung Roscelins auf die grammatischen Reflexionen Anselms schien diesem also bei weitem überzogen, zumal der Entschluß, statt von den trinitarischen *relationes* nur von konkreten *res* zu sprechen und diese nicht in einer *substantia* zusammenzufassen, jede Möglichkeit ausschloß, über das Mysterium der Dreifaltigkeit gehaltvolle Aussagen zu formulieren.[258] Unverzichtbar sei vielmehr die Unterscheidung von *commune* und *proprium* anhand der aus dem *Monologion* bekannten Kategorie der Relation: „Auf diese Weise hindert nichts, die beiden Personen, Vater und Sohn, zwei Dinge zu nennen, wenn man versteht, in welcher Hinsicht sie einzelne Dinge sind. Denn zwei Dinge sind sie nicht so, daß man in der Zweiheit der Dinge ihre Substanzen erkennt, sondern ihre Beziehungen" (c. 2; 12,12-15). Denn andernfalls wäre Gott aus distinkten Dingen zusammengesetzt und damit ein Kompositum, mithin keine *natura simplex* mehr.[259] Das aber unterscheide die drei trinitarischen Personen von drei Engeln oder Seelen, denen andere Sprachregeln angemessen seien als Gott, für den durchaus gelten könne, was Roscelin bestritten habe: „Denn keinesfalls haben Vater und Sohn gemäß ihren Eigentümlichkeiten (*secundum ipsas proprietates*), d.h. Vaterschaft und Sohnschaft, denselben Willen und dieselbe Macht, sondern gemäß der Substanz der Gottheit (*secundum deitatis substantiam*), die ihnen gemeinsam ist" (14,4-6). Seien doch die trinitarischen Personen

---

[257] Incarn. prior 4 (I; 282,28-283,6): „*Quod vero pater et filius et procedens ita dicantur de deo, quomodo de quodam homine albus et iustus et similia: si sic intelligitur ut aliquam faciant circa divinam substantiam mutationem paternitas et filiatio et processio accedendo vel recedendo, quemadmodum circa quendam hominem albedo et iustitia; aut quia ita possit pater dici filius et procedens, quoniam unus deus est pater et filius et spiritus sanctus, quemadmodum grammaticus dicitur et albus et iustus, quoniam de uno homine haec tria dicuntur: hoc nego et anathematizo. Si vero dicitur quia, sicut albus et iustus et grammaticus cum dicuntur de quodam homine, verbi gratia de Paulo, non faciunt quod sint plures Pauli, ita pater et filius et spiritus sanctus qui dicuntur de deo non faciunt esse plures deos: hoc accipio, hoc credo, hoc me dixisse non nego*"; cf. c. 7 (287,24); incarn. 3 (II; 15,8-13); dazu EVANS 1994, 62.

[258] Incarn. 1 (II; 10,4-9; hiernach die folgenden Belege im Text): „*Qui enim nondum intelligit quomodo plures homines in specie sunt unus homo: qualiter in ille secretissima et altissima natura comprehendet quomodo plures personae, quarum singula quaeque perfectus est deus, sint unus deus? Et cuius mens obscura est ad diiudicandum inter equum suum et colorem eius: qualiter discernet inter unum deum et plures relationes eius?*"; cf. schon incarn. prior 4 (I; 285,11-16); SOUTHERN 1990, 179.

[259] Incarn. 4 (II; 17,9-18,7); cf. prosl. 18 (I; 114, 19-22): „*Nam quidquid partibus est iunctum, non est omnino unum, sed quodam modo plura et diversum a seipso, et vel actu vel intellectu dissolvi potest; quae aliena sunt a te quo nihil melius cogitari potest*"; dazu HOPKINS 1972, 102; EVANS 1989, 59.

anders als Menschen oder Engel nicht „*per se separatim*" (12,17), sondern „*alii ab invicem*" (c. 3; 16,11)²⁶⁰, so daß auf der Basis der Relation als „Unterscheidung durch Aufeinander-bezogen-Sein" in deutlicher Abgrenzung zur Logik der *res distinctae* Gemeinsamkeiten und Eigentümlichkeiten definiert werden könnten.²⁶¹

Problematisch bleibt aber, wie innerhalb dieses Relationengeflechts die Inkarnation *einer* trinitarischen Person zu denken sei, ohne sie allen drei Personen zuzuschreiben. Ausgehend von der unbestrittenen These, daß es in Gott keine Akzidentien gebe, verbindet Anselm die göttliche Macht mit seinem Wesen („*deo potestas substantialis est*"), und dies bedeute in zulässiger Verallgemeinerung: „*quidquid est deus, ubique et semper est*" (c. 7; 22,9.13f.). Daher könne Roscelin auch durch die Behauptung von *tres dii* nicht den logischen Schluß auf die Inkarnation aller drei Personen vermeiden (22,18f.). Entgehen könne man diesem Fehlschluß nur durch die Identifikation von *substantia* mit *essentia* bzw. *natura* in strikter Abgrenzung gegen *persona*: „Wer die Menschwerdung [des Sohnes] richtig auffaßt, der glaubt, daß der Mensch nicht in die Einheit der Natur aufgenommen wurde, sondern in die Einheit der Person" (*non in unitatem naturae, sed in unitatem personae*: c. 9; 24,9f.). Damit folgt Anselm nicht nur in trinitätstheologischem, sondern auch in christologischem Kontext implizit dem Athanasianum.²⁶² *Welche* der drei Personen die inkarnierte ist, läßt sich allerdings nicht *sola ratione*, sondern nur durch einen Konvenienzgrund aufweisen: Wäre der Heilige Geist Subjekt der Inkarnation, müßte er als „Menschensohn" betrachtet werden, wodurch es zwei Söhne in der Trinität gäbe und damit eine Asymmetrie, die der Gleichheit der Personen widerstritte (c. 10; 25,13-15). Daher sei zu folgern: „Da nun auch die kleinste Unangemessenheit in Gott unmöglich ist, durfte keine andere Person Gottes Mensch werden als die des Sohnes."²⁶³

---

²⁶⁰ Cf. incarn. 12 (II; 30,27-30): „*Quoniam ergo pater et filius et spiritus sanctus tres sunt et alii ab invicem, nec de invicem dici queunt, sicut de patre et filio in diversis personis hominum ostendimus: ideo dicuntur tres personae, non quia sint tres res separatae.*"

²⁶¹ Incarn. 3 (II; 16,6-8): „*in omnibus tribus personis tanta sequetur confusio, ut quidquid de singulis proprie dicitur, de omnibus communiter dicendum sit.*"

²⁶² DH 76,34-36: „*qui, licet Deus sit et homo, non duo tamen, sed unus est Christus; unus autem non conversione divinitatis in carnem, sed assumptione humanitatis in Deum; unus omnino, non confusione substantiae, sed unitate personae*".

²⁶³ „*Quoniam ergo quamlibet parvum inconveniens in deo est impossibile, non debuit alia dei persona incarnari quam filius*" (c. 10; 26,3-5). EVANS 1989, 65, sieht hierin gerade die große Stärke der Schriften über Inkarnation und Hervorgang des Geistes, speziell in „the force of their appeal to criteria of Anselm's day: a reasonableness conceived in an Aristotelian manner, *convenientia* or fittingness, harmony".

Man könnte nun allerdings fragen, warum nicht in Christus statt von zwei Naturen auch von zwei Personen gesprochen werde - „*alia est persona dei quae fuit ante incarnationem, alia hominis assumpti*" (c. 11; 28,19f.). Dagegen führt Anselm die traditionelle Reziprozität von Natur und Personen an: „Wie nämlich in Gott eine Natur mehrere Personen ist und mehrere Personen eine Natur sind: so ist in Christus eine Person mehrere Naturen, und mehrere Naturen sind eine Person" (28,23-25).[264] Das aber ist nur sinnvoll auf der Grundlage des o.g. Konvenienzarguments, aus dem sich ergibt, daß der *homo assumptus* nicht einfach mit Gott, sondern „mit jener Person, die Wort und Sohn ist" (30,1f.) geeint wird. Die eigentliche Reflexion über die Inkarnation ist - entgegen dem Titel der Schrift - eher als Exkurs zu bewerten[265]; der Schwerpunkt der Argumentation liegt auf der Trinität, allerdings mit einer wichtigen Akzentverschiebung gegenüber dem *Monologion*: In Abkehr von der - augustinisch inspirierten - Suche nach *psychologischen* Analogien zur Trinität wendet sich Anselm einem *erfahrungsorientierten* Bild zur Veranschaulichung der komplexen internen Beziehungen zu:

---

[264] Ein von MEWS 1991, 82-85, publiziertes Fragment einer Vorstufe von *De incarnatione* reflektiert die Frage: „*Cur deus magis assumpserit hominem in unitatem persone filii, quam in unitatem alicuius aliarum personarum*" (82,3f.). Dabei wird deutlich, daß nach Anselms Sicht das Problem mit der Anwendbarkeit des Personbegriffs des Boethius zusammenhing (84,13-20): „*Quamuis enim Boetius probet contra Nestorium Christum non ex duabus personis existere, non tamen michi uidetur Nestorii rationem qua duas uult in Christo asserere personas destruere. Potest itaque aliquis dicere sic: Si persona est rationalis natura indiuidua, sicut Boetius ubi contra Nestorium disputat definit, et in Christo sunt due rationales nature, scilicet diuina et humana, et unaqueque indiuidua est deus, indiuiduus est enim homo ille, et indiuiduus est deus, ergo uidetur due persone in Christo esse, persona scilicet dei, et persona hominis.*" Wie schon im *Monologion* der Substanzbegriff, so erforderte auch der hier zugrundeliegende Begriff des *indiuiduum* im Sinne des Porphyrius (Isagoge 7,21 transl. Boethii; Aristoteles latinus I 6/7, 13,24-14,2 MINIO-PALUELLO: „*Indiuidua ergo dicuntur huiusmodi quoniam ex proprietatibus consistit unumquodque eorum quorum proprietatum collectio numquam in alio eadem erit*") eine Neuinterpretation (85,3-6.18-20): „*At quia tanta est in Christo dei et hominis conexio, ut que dicuntur de deo secundum deitatem et que de homine secundum humanitatem, dicantur communiter et de deo et de homine, secundum coniunctionis indiuisibilem unitatem... Quare si non possumus negare que hominis sunt dici de deo, et que dici sunt de homine quamuis dissimiliter, nullatenus ualemus probare aliud indiuiduum esse hominem et aliud deum.*" Der Bezug auf Porphyrius klingt in der Endfassung von incarn. 11 (II; 29,15f.) noch an: „*Diversarum vero personarum impossibile est eandem esse proprietatum collectionem, aut de invicem esse praedicari*"; cf. zum ganzen MEWS 1991, 63f. Anselm operiert auch in proc. 16 (II; 217,17f.) mit dem Begriff der „*collectio proprietatum*". Ebenso stellt die mathematische Analogie des Punktes, dessen Zahl sich durch einen daraufgesetzten Punkt nicht vermehrt (incarn. 16: II; 34,1-8; ähnlich proc. 16: II; 218,11-14), eine versteckte Anspielung auf Boethius, trin. II (10,10-12 ELSÄSSER), dar.

[265] Anselm kündigte im o.g. Vorentwurf zu *De incarnatione* eine Abhandlung über die Menschwerdung an (MEWS 1991, 83,34-84,2), die faktisch in *Cur Deus homo* vorliegt.

„Drei sind also Quelle, Bach und See, und doch ein Nil, ein Fluß, eine Natur, ein Wasser, und man kann nicht sagen, was für drei sie sind... Hier wird also eins von den dreien gesagt und drei von einem, und dennoch nicht alle drei von jedem einzelnen"[266] Freilich schränkt Anselm die Tragfähigkeit solcher Analogien von vorneherein ein: „Es kann nicht ausgeschlossen werden, daß es in der Natur etwas gibt, was über allem und allem anderen unähnlich ist und dessen Spiegelbild daher in anderen Dingen nicht vollkommen aufgefunden werden kann" (c. 16; 35,3-5). Dennoch meint er daraus nicht nur die Korrespondenz von Einheit und Dreiheit, sondern auch die spezifischen trinitarischen Relationen deduzieren zu können: „Weil auf eine Weise der Bach aus der Quelle ist und auf andere Weise der See aus Quelle und Bach, weshalb der See nicht Bach genannt wird: so ist auf seine bestimmte Weise das Wort aus dem Vater und auf andere Weise der Heilige Geist aus Vater und Wort, so daß der Heilige Geist nicht Wort oder Sohn ist, sondern der Hervorgehende" (c. 13; 32,15-19).[267] Mit dieser Argumentationsfigur, die in *De processione* zum hermeneutischen Schlüssel der Trinitätslehre insgesamt ausgebaut wurde, rekonstruiert Anselm schon in *De incarnatione* die trinitarischen Personen im Vorgriff auf das später dominierende Axiom über den Hervorgang des Heiligen Geistes:

> „Wenn nun Gott von Gott geboren wird und das, was geboren wird, dem nicht äußerlich ist, aus dem es geboren wird - denn der Nachkomme ist in seinen Eltern und die Eltern im Nachkommen -, dann sind Vater und Sohn ein Gott. Und wenn Gott aus Gott Vater und Sohn hervorgeht, verläßt er Gott nicht; Gott, d.h. der Heilige Geist, bleibt in Gott, aus dem er hervorgeht, und Vater, Sohn und Heiliger Geist sind ein Gott. Und weil jenes Gezeugtsein und dieser Hervorgang anfangslos sind - sonst hätten die gezeugte Ewigkeit und die hervorgegangene Ewigkeit einen Anfang, was gewiß falsch ist -, dürfen oder können wir keinesfalls denken, daß Gott einmal angefangen habe, Vater oder Sohn oder Heiliger Geist zu sein."[268]

---

[266] „*Tres igitur sunt fons, rivus, lacus, et unus Nilus, unus fluvius, una natura, una aqua; et dici non potest quid tres... Unum igitur dicitur hic de tribus et tria de uno, nec tamen tria de invicem*" (c. 13; 31,19f.22f.). Dazu cf. EVANS 1976, 51f., sowie oben S. 364f.; 386 zu Leo IX. und Niketas Stethatos; zum patristischen Hintergrund der Analogie cf. unten S. 475 mit Anm. 302. Nach MICHEL 1949, 55 Anm. 102, habe Anselm „teilweise mit den Worten Leo[s]" disputiert!

[267] Der Gegensatz zu Augustin darf allerdings nicht überpointiert werden (cf. MEWS 1991, 65), insofern dieser schon in fid. symb. VIII 17 eine vergleichbare Analogiebildung bietet (CSEL 41, 18,23-20,20 ZYCHA, bes. 18,23-19,1): „*Nec mirum, quod haec de ineffabili natura dicuntur, cum in his etiam rebus, quas corporeis oculis cernimus et corporeo sensu diiudicamus, tale aliquid accidat*"; es folgen die Triaden „*fons - fluvius - potio*" (19,1-19); „*radix - robur - ramus*" (19,19-20,5).

[268] „*Cum itaque deus de deo nascitur: quia quod nascitur non est extra id de quo nascitur, est proles in parente et parens in prole, unus scilicet deus pater et filius. Et cum deus procedit de deo patre et filio nec exit extra deum: manet deus, id est spiritus sanctus, in deo de quo*

In die Zukunft weist schließlich auch das abschließend angesprochene Sprachproblem: *"Haec autem tria Latini dicunt personas, Graeci substantias... nec a nobis aliquatenus in fide discrepantes"* (c. 16; 35,5f.8f.), freilich auf der Basis der „athanasianischen" Sprachregelung: *„nec substantia potest amittere singularitatem nec relatio pluralitatem"* (35,1f.). Diese doppelte Zielsetzung - die Begründung der lateinischen Terminologie und der Ausgleich mit dem griechischen Sprachgebrauch - erweist sich konzise in einem Brief an die Mönche von St. Alban, in dem Anselm darzulegen bemüht ist, wie im Sinne des *lateinischen* Athanasianums die göttliche und die menschliche *substantia* in einer *persona Christi* zusammengefaßt werden, wohingegen die *griechische* Formel von Chalkedon Gott und Mensch in Christus zu einer *persona* (πρόσωπον) und zu einer *substantia* (ὑπόστασις) zusammenkommen läßt; auch hier begründet Anselm die Verwirrung mit der problematischen Äquivalenz von *substantia* und ὑπόστασις, die letztlich darauf beruhe, daß die Heilige Schrift keine Begrifflichkeit für die Pluralität der göttlichen Personen bereitstelle.[269] Der geltende Sprachgebrauch basiere auf diffizilen Unterscheidungen: „Wenn wir in den Schriften der katholischen Väter lesen, daß mehrere Naturen eine Substanz in Christus seien, und wenn wir lesen, daß mehrere Substanzen eine Person seien, dann verstehen wir den Begriff 'Substanz' dabei nicht im selben Sinne. Wenn wir aber von einer Substanz sprechen, verstehen wir darunter dasselbe wie unter dem Begriff 'Person'; wenn wir aber mehrere Substanzen in ihm eine Person nennen, dann bezeichnen wir mit dem Begriff 'Substanz' dasselbe wie mit dem Begriff 'Natur'."[270]

Anselm stellte sich also gegen Roscelin - anders als in seinen in monastischem Kontext entstandenen Schriften - *expressis verbis* auf den Boden der (alt)kirchlichen Bekenntnisse. Erstmals in seiner theologischen Arbeit fungiert hier die kirchliche Tradition als Einschränkung der *ratiocinatio*. Wenn Roscelin glaubte, gegenüber dem kirchlichen *usus loquendi* seinen strikt grammatischen Zugang zur theologischen Sprachlehre mit dem Re-

---

procedit, et est unus deus pater et filius et spiritus sanctus. Et quoniam ista nativitas et ista processio sine principio sunt - alioquin aeternitas nata et aeternitas procedens, quod falsum est, habet principium -: nequaquam deum incepisse esse patrem aut filium aut spiritum sanctum cogitare debemus aut possumus" (c. 15; 34,11-19).

[269] Ep. 204 (IV; 95,1-97,51); der Brief stammt aus dem Zeitraum von 1094 bis 1097.

[270] Ep. 204 (IV; 97,38-43): *„Quando ergo invenimus in catholicorum patrum scriptis plures naturae esse unam substantiam in Christo, et quando invenimus plures substantias esse unam personam: non eundem sensum in nomine substantiae accipimus. Sed cum dicimus unam substantiam, id ipsum intelligimus quod per nomen personae; cum vero dicimus plures esse substantias in eo personam unam, hoc significamus per nomen substantiae quod per nomen naturae."*

kurs auf Anselms Frühschriften (*De grammatico* bzw. *Monologion*) rechtfertigen zu können, hatte er die „Kirchlichkeit" der Theologie Anselms unterschätzt. Die Inkarnationsschrift zeigt damit das generell gewandelte Umfeld an, in dem sich fortan die Theologie des Erzbischofs von Canterbury bewegte - nicht mehr die meditative Ruhe des Klosters, sondern Auseinandersetzungen in der Öffentlichkeit prägten Themen und Zugangsweise, wie nicht zuletzt die Synode von Bari demonstriert.[271]

2.2. Anselms Traktat *De processione Spiritus sancti*

Das Konzil von Bari besitzt für die Geschichte der Filioque-Kontroverse insofern größte Bedeutsamkeit, als Anselm von Canterbury seine dort vorgetragene Position nur wenig später zu einem kompakten Traktat ausarbeitete, der in bemerkenswerter Präzision die lateinische Sicht auf das dogmatische wie auf das bekenntnishermeneutische Problem formuliert. Die Initiative dazu ging zwei Jahre nach Bari von Hildebert, dem Erzbischof von Le Mans, aus: „Von Freunden aus Apulien habe ich erfahren, daß Ihr auf dem Konzil zu Bari eine Rede über den Heiligen Geist gehalten habt, von dem die verleumderische List der Griechen behauptet, er gehe keinesfalls aus dem Sohn hervor. Was Ihr auf dem vorgenannten Konzil gegen deren Betörungen dargelegt habt, bitte ich euch als knappen Traktat niederzuschreiben"[272]; bereits 1102 bedankte sich Hildebert bei Anselm für die Erfüllung dieser Bitte.[273] Daß es sich bei *De processione* um den Niederschlag der Disputation von Bari handelt, impliziert auch die Notiz Eadmers, er erspare sich ein Referat der Rede des Erzbischofs gegen die Griechen, „weil

---

[271] Cf. die Zusammenfassung bei SOUTHERN 1990, 175: „The new sources of these new problems were the secular schools and the new forms of organized ecclesiastical and secular government... In Anselm's experience, Roscelin represented the first of these new forces, the Hildebrandine papacy the second." Daß Anselm sich mit diesen Mächten arrangieren konnte, zeigt die freundliche Aufnahme seines Werkes durch den Papst (Eadmer, v. Ans. II 10; 73,3 SOUTHERN); cf. auch ep. 207 (nach dem 11.11.1097: IV; 101,9-102,11), worin Bischof Malchus von Waterford Anselm bittet, ihm „*illum librum a vobis compositum de sancta trinitate et commendatum apostolica auctoritate*" zuzusenden; cf. dazu auch Wilhelm von Jumièges, hist. Northmann. VI 9 (PL 149, 843C); Johannes von Salisbury, v. Ans. 7 (PL 199, 1023B).

[272] Ep. 239 (IV; 147,23-26). Da Hildebert Anselms Präsenz in England voraussetzt (IV; 146,9-147,10), kann der Brief nicht vor August 1100 geschrieben worden sein (cf. F.S. SCHMITT 1968, 60*f.; HÖDL 1978, 766). Zudem bezieht sich proc. 9 (II; 204,25f.) auf Urban II. als „*venerabilis memoriae papa*", was dessen Tod im Juli 1099 voraussetzt. Die Bitte Hildeberts als Anlaß der Abfassung bezeugen auch Wilhelm von Jumièges (hist. Northmann. VI 9; PL 149, 843D) und Robert von Torigny in seiner Fortsetzung der Chronik Sigeberts von Gembloux (a. 1109; PL 160, 430B).

[273] Ep. 240 (IV; 148,4f.).

Anselm selbst dazu später mit großer Sorgfalt und Scharfsinn ein erlesenes Werk schrieb und dieses auf Bitten seiner Freunde an viele Orte der Erde sandte, wohin das Gerücht von jener Irrlehre gedrungen war".[274] Im folgenden wird hermeneutisch unterstellt, daß die Argumentation des Traktats mit der von Anselm in Bari vorgetragenen, päpstlich approbierten Position übereinstimmt, insofern die an vielen Stellen referierten, nicht namentlich gekennzeichneten Einwände reale Anfragen wiedergeben, auf die Anselm nun aber entlang der Logik seines eigenen Arguments antwortet.[275] In kursorischer Analyse soll zunächst das zentrale Relationsargument dargestellt werden (2.2.1.); im weiteren ist die Diskussion kontroverser Schriftbelege wie auch beiderseits angeführter Analogien zur Trinität aus dem Bereich geschöpflicher Erfahrung nachzuzeichnen (2.2.2.), woraufhin Anselms Folgerungen für das dogmatische wie für das ekklesiologische Problem aufzugreifen sind (2.2.3.).[276]

2.2.1. Die theologische Notwendigkeit des Filioque: Das Relationsargument

Die ersten beiden Kapitel von *De processione* nehmen zentrale systematische Funktion ein. Anselm knüpft an die Kritik der Griechen an der *processio Spiritus ex filio* an - diese (und nur diese!) will er behandeln, und zwar „*rationabiliter*" (c. 1; 177,9). Denn - dies gibt der gesamten Argumentation ihre Berechtigung und Dringlichkeit - diese Frage ist von den normativen Texten der kirchlichen Dogmatik her als *offen* zu beurteilen. Das bedeutet für Anselm, „den Glauben der Griechen und das, was sie unzweifelhaft glauben und bekennen, als überaus sichere Argumente zu verwenden, um zu beweisen, was sie nicht glauben" (177,15-17). D.h. es wird die inhärente Rationalität der *fides christiana* unterstellt, die durch ein methodisch kon-

---

[274] Eadmer, h. n. II (106,7-10 RULE). Merkwürdigerweise fehlt in der *Vita Anselmi* ausgerechnet dieser Traktat (cf. F.S. SCHMITT 1968, 41*f.), entsprechend auch bei dem von Eadmer abhängigen Johannes von Salisbury (v. Ans. 10; PL 199, 1027D); anders Honorius Augustodunensis (De luminaribus ecclesiae IV 15; PL 172, 232A) und Sigebert von Gembloux (script. eccl. 168; PL 160, 586A); cf. auch den Catalogus librorum Abbatiae Beccensis circa saeculum duodecim (PL 150, 775B).

[275] Gegen HOPKINS 1972, 111, der diese Einwände lediglich als methodische Hypothesen gelten lassen will. Auch JUGIE 1926, 361 Anm. 2, ignoriert Anselms konkrete Begegnung mit den Griechen in Bari: „S. Anselmus theologiam Graecorum de Trinitate prorsus ignorat, et conceptum latinum, essentiam divinam in recto considerantem, semper retinet; acuitate tamen ingenii multa conjicit."

[276] Im folgenden wird *De processione* nur mit Kapitel-, Seiten- und Zeilennummer zitiert.

trolliertes Schlußverfahren Eindeutigkeit in strittigen Fragen der Lehre ermöglicht, auch wo diese noch nicht formuliert ist.[277]

In der Dreiheit der Personen hat jede als *„totus et perfectus deus"* zu gelten und ist von den beiden anderen lediglich *„pro relativo"* (178,4.7) unterschieden, wie ja auch die Griechen keineswegs verneinen, daß vom „Geist des Vaters" und vom „Geist des Sohnes" zu sprechen ist (cf. 178,10-12).[278] Ebenso werden bestimmte innertrinitarische Relationen vorausgesetzt:

> „Sie glauben und bekennen auch, daß Gott von Gott durch Geburt ist und Gott von Gott durch Hervorgang, weil der Sohn durch die Geburt aus Gott-Vater Gott ist und der Heilige Geist durch den Hervorgang aus Gott-Vater Gott ist; und keinesfalls meinen sie, daß es ein anderer Gott sei, der geboren wird, als der, aus dem er geboren wird und der hervorgeht; obgleich gemäß den bezeichnenden Namen - d.h. 'der, aus dem jemand geboren wird', und 'der, der aus jemandem geboren wird', und 'der, der aus jemandem hervorgeht' - eine Vielzahl besteht, dergemäß Vater, Sohn und Geist mehrere und voneinander verschieden sind."[279]

---

[277] Zurecht betont OBERDORFER 2001, 172, im Blick auf die karolingischen Florilegien, daß diese Herangehensweise an das Filioque-Problem auch für den Westen eine methodische Innovation bedeutete; cf. auch seine einfühlsame Lektüre von *De processione*: aaO., 172-179; daneben die Interpretationen des Traktats bei LEIB 1924, 292-294; JUGIE 1926, 356-367; GORDILLO 1960, 239-241; HOPKINS 1972, 108-120; EVANS 1989, 60-65; DALEY 2001, 47-50. Die einzige monographische Behandlung stammt von BOUCHÉ 1938, der an Albertus Magnus und Thomas von Aquin das Weiterwirken von Anselms hermeneutischen und theologischen Ansätzen illustriert, freilich in direktem Anschluß an die Enzykliken Pius' X. *„Communium rerum"* (1909) bzw. Pius' XI. *„Rerum orientalium"* (1928): Nach ersterer verdiene Anselm speziell aufgrund dieser Schrift seinen Titel „catholicae veritatis adsertor et sacrorum jurium propugnator acerrimus" (AAS 1 [1909], 333-388, hier 337); nach letzterer stelle Anselms Disputation mit den süditalienischen Griechen („schismatiques"!) den Prototyp der „moyens les plus efficaces pour ramener les orthodoxes à l'unité catholique" dar (BOUCHÉ 1938, I, zu AAS 20 [1928], 277-288). Diese trotz der vorkonziliaren Optik lehrreiche Arbeit ist der Forschung durchweg entgangen, mit Ausnahme von GILBERT 1990, 234, der selbst allerdings eine zu sehr vom *Monologion* her argumentierende Lektüre von *De processione* bietet.

[278] Da sowohl Vater als auch Sohn *spiritus* und *sanctus* genannt werden, ist der Heilige Geist die Personifikation ihrer Gemeinsamkeit; s.o. S. 451 zu monol. 57 (I; 69,1-13); incarn. 2 (II; 11,10-12); cf. auch Augustin, civ. XI 24 (CChr.SL 48, 343,19-23 DOMBART/KALB); ep. 238,2,15 (CSEL 57, 544,22-24); dazu OBERDORFER 2001, 173.

[279] *„Credunt quoque et confitentur deum de deo esse nascendo, et deum esse de deo procedendo, quia filius deus est de patre deo nascendo, et spiritus sanctus deus est de patre deo procedendo; nec putant alium esse deum qui nascitur, quam de quo nascitur et qui procedit; quamvis secundum nomina significantia - quia est de quo aliquis nascitur, et est qui de aliquo nascitur, et est qui de aliquo procedit -, pluralitatem admittat, secundum quam plures et alii sunt ab invicem pater et filius et spiritus sanctus"* (178,13-19). OBERDORFER 2001, 173, sieht durch die Rezeption der Begriffe *nasci* und *procedere* einen Einfluß der kappadozischen Trinitätskonzeption auf das grundsätzlich augustinisch geprägte Denken Anselms: Durch die Verallgemeinerung der konkreten Relationen „bindet [Anselm] in eigen-

Die innergöttlichen Hervorgänge ergeben sich also als Spezifikation der nizänischen Prädikation *deum de deo* - dies impliziert, daß Anselm die „karolingische" Textfassung des NC vor Augen hatte, die nicht nur das Filioque, sondern eben auch diesen christologischen Passus enthielt, der im griechischen *textus receptus* fehlte.[280] Mit der Applikation der Relation *deum de deo* geht Anselm über den bis dahin kongenialsten augustinischen Apologeten des Filioque, Ratramnus von Corbie, hinaus, indem die Hervorgehensweisen in einem solchen Maße formalisiert werden, daß ihm dessen Frage: „*quid sit inter generationem et processionem*"[281] gar nicht in den Sinn kommt. Das hier grundgelegte Relationengefüge beinhaltet eine spezifische Asymmetrie: „Der Sohn ist nämlich aus seinem Vater, d.h. aus Gott, der sein Vater ist; der Heilige Geist ist aber nicht aus seinem Vater und trotzdem aus Gott, der Vater ist" (179,1-3).[282] Der Hervorgang des Geistes aus dem *Vater* wird also nur uneigentlich ausgesagt, im Vordergrund steht vielmehr der Hervorgang aus *Gott*: „Daher ist dies die einzige Ursache der Vielheit in Gott, daß Vater und Sohn und Heiliger Geist nicht wechselseitig ausgesagt werden können, sondern voneinander unterschieden sind, weil nach den beiden vorgenannten Weisen Gott aus Gott ist."[283] Die Differenz der Personen besteht also in ihren Relationen zueinander, und allein diese sind hinreichend zur Unterscheidung der Personen innerhalb der göttlichen Einheit: „Durch die Verschiedenheit von Geburt und Hervorgang sind sie aufeinander bezogen, so daß sie voneinander verschieden und anders sind; und wenn eine Substanz ihr Sein aus einer Substanz hat, so entstehen dort zwei unvereinbare Beziehungen, wenn demgemäß die Na-

---

tümlicher, bei Augustinus so nicht zu findender Weise die augustinische Konzeption an die kappadozische zurück" (aaO., 189). Diese Deutung - ähnlich schon bei HERON 1971, 165 - vermag ich allerdings nicht zu teilen, insofern die Relationsbegriffe ja auch bei Augustin mindestens zur *Strukturierung* der innergöttlichen Gemeinschaft dienen.

[280] Gerade dieses Argument scheint in Bari bestritten worden zu sein, zumal die Prädikation *deus de deo* im (griechischen wie lateinischen) NC nicht auf den Geist angewendet wird (c. 2; 185,30-186,2). Anselm zufolge würde mit der Verneinung dieser Grundrelation einem von beiden das Gott-Sein abgesprochen oder vernachlässigt, daß es sich um eine Seinsrelation handele, die den Geist „*essentialiter*" als „*ex patre*" zu definieren verpflichte. Sonst sei nicht zu verhindern, daß Vater und Sohn als ein und dasselbe ausgesagt würden, da mit den Kennzeichen „*habere filium*" bzw. „*non habere filium*" lediglich bewiesen sei, „*quia alii sunt ab invicem, non tamen haec est causa ut diversae sint personae*" (186,11f.), d.h. beides ist für die Vater-Geist-Relation nicht *personkonstitutiv*.

[281] Ratramnus, c. Graec. III 4 (PL 121, 288C); cf. bereits Augustin, c. Maxim. II 14,1 (PL 42, 770f.).

[282] Cf. Augustin, trin. V 14,15 (CChr.SL 50, 222,7-12 MOUNTAIN/GLORIE).

[283] „*Haec itaque sola causa pluralitatis est in deo, ut pater et filius et spiritus sanctus dici non possint de invicem, sed alii sint ab invicem, quia praedictis duobus modis est deus de deo*" (179,12-14). Cf. Fulgentius, fid. I 6 (CChr.SL 91A, 715,138-716,147 FRAIPONT).

men der Substanzen bestimmt werden."²⁸⁴ Hieran wird auch deutlich, daß es Anselm grundsätzlich nicht um die *konkreten Relationen* der Zeugung und des Hervorgehens geht, sondern um deren *allgemeine Grundstruktur*.

Wie sind nun aber „*indivisibilis unitas*" und „*insociabilis pluralitas*" miteinander zu vereinen? Das die Personen der Trinität zugleich Unterscheidende und aufeinander Beziehende, ihr jeweiliges *proprium*, liegt in dem trinitarischen *Beziehungsgeflecht*:

> „Es folgt nämlich gemäß der Eigentümlichkeit der Einheit Gottes, die keine Teile kennt, daß, was auch immer über den einen Gott, der ganz ist, was auch immer er ist, gesagt wird, von dem ganzen Vater und Sohn und Heiligen Geist gesagt wird, weil jeder von ihnen der einzige und ganze und vollkommene Gott ist. Der obengenannte Gegensatz der Beziehung jedoch, der daraus entsteht, daß auf die beiden erwähnten Weisen Gott von Gott ist, verbietet es, wechselseitig von Vater und Sohn und Heiligem Geist zu sprechen und die Eigentümlichkeit der einzelnen den anderen zuzuschreiben."²⁸⁵

Während also die allgemeinen Gottesprädikate auf alle drei Personen anzuwenden sind, bestehen irreduzible Eigentümlichkeiten, die als Identifikatoren der einzelnen Personen nicht austauschbar sind. In dieser Verhältnis-

---

²⁸⁴ „*Ipsa diversitate nativitatis et processionis referuntur ad invicem, ut diversi et alii ab invicem; et quando substantia habet esse de substantia, duae fiunt ibi relationes insociabiles, si secundum illas nomina ponantur substantiae*" (179,16-19). Hier verwendet Anselm den *substantia*-Begriff in der boethianischen Belegung als Individuum, wie das sich anschließende Beispiel von Abraham, Isaak und Jakob zeigt (180,1-5), demzufolge zwar eine Person zu zwei weiteren Personen „*sine repugnantia*" in zwei Relationen (Vaterschaft und Sohnschaft) stehen kann, daß diese Relationen aber nicht zusammenfallen können; cf. dazu bereits Augustin, trin. VII 4,7 (CChr.SL 50, 255,16-256,55 MOUNTAIN/GLORIE); Johannes Scotus Eriugena, div. nat. II 31 (CChr.CM 162, 114,2813-2819 JEAUNEAU).- Die Unterscheidung von Substanz und Relation innerhalb der Trinität stammt von Augustin; cf. trin. V 5,6 (CChr.SL 50, 210,13-211,22 MOUNTAIN/GLORIE): „*Sed quia et pater non dicitur pater nisi ex eo quod est ei filius et filius non dicitur filius nisi ex eo quod habet patrem, non secundum substantiam haec dicuntur quia non quisque eorum ad se ipsum sed ad inuicem atque ad alterutrum ista dicuntur; nam secundum accidens quia et quod dicitur pater et quod dicitur filius aeternum et incommutabilis est eis. Quamobrem quamuis diuersum sit patrem esse et filium esse, non est tamen diuersa substantia quia hoc non secundum substantiam dicuntur sed secundum relatiuum, quod tamen relatiuum non est accidens quia non est mutabile*"; zum Hintergrund cf. Aristoteles, cat. 7 (6a36-8b24); Ps.-Augustin, categ. 11 (PL 32, 1430); Augustin, civ. XI 10 (CChr.SL 48, 330,12-19 DOMBART/KALB).

²⁸⁵ „*Sequitur enim secundum unitatis dei quae nullas habet partes proprietatem, ut quidquid de uno deo qui totus est quidquid est dicitur, de toto patre dicatur et de filio et de spiritu sancto, quia unusquisque solus et totus et perfectus deus est. Supradicta vero relationis oppositio, quae ex hoc nascitur, quia supradictis duobus modis deus est de deo, prohibet patrem et filium et spiritum sanctum de invicem dici, et propria singulorum aliis attribui*" (180,24-30). Cf. auch 184,3-6, sowie incarn. 2 (II; 12,9-15); Fulgentius, ep. XIV 28 (CChr.SL 91, 420,1162-1177 FRAIPONT = Ratramnus, c. Graec. III 5; PL 121, 295D-296A; cf. ebd., 296C); dazu BOUCHÉ 1938, 15f.

bestimmung ist die systematische Pointe Anselms zu lokalisieren, die in ihrer konzisesten Formulierung lautet: „Weder gibt die Einheit das auf, was aus ihr folgt, wenn nicht ein Gegensatz der Beziehung entgegensteht; noch verliert die Beziehung das Ihre, wenn nicht die unteilbare Einheit entgegensteht" (*quatenus nec unitas amittat aliquando suum consequens, ubi non obviat aliqua relationis oppositio, nec relatio perdat quod suum est, nisi obsistit unitas inseparabilis*; 181,2-4). Alles Reden von göttlicher Substanz und individuellen Personen muß in diese symmetrische Dialektik von Einheit und Vielheit eingezeichnet werden - sonst würde entweder der Monotheismus aufgegeben, so daß man drei distinkte Götter behauptete (181,5-15), oder die Personen erschienen aufeinander reduzierbar (182,4-16). Die relationalen Oppositionen spezifizieren jeweils die Grundrelation *deum de deo*, so daß die trinitarischen Personen entweder *de deo* sein können oder *de quo est deus*. Für die jeweiligen Beziehungen des Sohnes bzw. des Geistes zum Vater leuchtet dies ein, nicht so jedoch für die Relation der beiden untereinander (183,15f.).[286] Auch zwischen diesen beiden muß ein Abkunftsverhältnis bestehen, insofern die Relation zum *Vater* untrennbar mit der zu *Gott* verbunden ist: „Sohn oder Heiliger Geist sind nicht aus dem Vater, wenn nicht aus dem Wesen des Vaters (*nisi de patris essentia*), welche eins ist mit dem Sohn und dem Heiligen Geist" (183,22f.). Wenn Sohn oder Geist *ex patre* ausgehen, so gilt „*secundum unitatem deitatis*" (183,25), daß der Vater jeweils mit Geist respektive Sohn *gemeinsam* Quelle des Ausgangs ist.

Diese Konsequenz war in Bari von den griechischen Gesprächspartnern offensichtlich bestritten worden: Wenn die Einheit Gottes eine derartige *vis consequentiae* besitze, dann müsse der Geist wie der Sohn geboren werden bzw. letzterer wie ersterer hervorgehen (184,16-185,2)! Anselms Antwort ist die unmittelbare Anwendung des gerade begründeten Axioms: Der Einheit steht eben dort die Vielheit entgegen, wo *nativitas* und *processio* nicht aufeinander reduziert oder ineinander überführt werden können (185,10f.). Es wird aber gerade keine Vielheit generiert, der die Einheit entgegengehalten werden müßte, wo zwei Personen gemäß ihrer gemeinsamen Gottheit die dritte aus sich hervorgehen lassen (185,11-15). Daher empfängt entweder der Sohn aus dem Geist sein Sein oder *vice versa*. Die Argumentation *sola ratione* wird freilich genau da durchbrochen, wo die abkunftsmäßige Priorität des Sohnes mit dem Verweis auf den „katholischen Glauben" begründet wird (185,19: „*palam est ex catholica fide*") - womit Anselm auf die anfängliche Feststellung der Übereinstimmung mit den Griechen rekur-

---

[286] Charakteristisch für Anselms Vorgehen ist, daß erst jetzt das anfangs (180,13f.; 182,14-16) aufgeworfene Problem der Sohn-Geist-Beziehung aufgelöst wird; cf. HOPKINS 1972, 109; OBERDORFER 2001, 173.

riert, welche die beiden Ausgangsweisen (*nasci - procedere*) sowie die Unmöglichkeit beinhaltet, daß der Sohn vom Geist geboren würde (denn niemand prädiziert ihn als Sohn des Geistes) oder aus ihm hervorginge (sonst gäbe es einen „Geist des Geistes"): „In keiner Weise stammt der Sohn aus dem Heiligen Geist. Also folgt mit unwiderleglichen Gründen, daß der Heilige Geist wie aus dem Vater, so aus dem Sohn stammt" (185,26-28).

Den positiven Aufweis der Rationalität der lateinischen *fides* unternimmt c. 2: Die Personen sind durch die konkreten Verweisrelationen voneinander unterschieden und gleichzeitig miteinander verbunden, denn die Unterschiedenheit liegt schon im Existieren selbst, nicht etwa in einer Differenz von „Sein" und „So-Sein", von Ausgang und Individuation: „Der Heilige Geist unterscheidet sich durch nichts vom Vater außer dadurch, daß er von ihm hat, was er ist, wenn auch auf andere Weise als der Sohn" (187,17f.). Wenn der Geist demnach sein proprietäres Sein ausschließlich im „Existenzakt" hat, dann hat er es nach Anselm *„ex deo, qui est pater et filius et spiritus sanctus"* (188,4f.).[287] Diese Koinzidenz von Hervorgang und Seinskonstitution des Geistes aus dem Vater eröffnet wiederum zwei Möglichkeiten: Wenn das Hervorgehen für den Heiligen Geist nicht seinskonstitutiv wäre, verstünde man unter „Hervorgehen" dasselbe wie „Gesandt- bzw. Gegeben-Werden" (cf. 188,15-19). In letzterem Fall wäre der doppelte Hervorgang unproblematisch: „Der Heilige Geist geht gleichermaßen aus dem Sohn wie aus dem Vater hervor, weil er vom jenem in ähnlicher Weise gesandt und gegeben wird."[288] Die Sendung verweist selbst aber auf die innertrinitarischen Beziehungen, denn der Geist ist zweifellos *„ante creaturam"* vom Vater unterschieden - ansonsten käme das Gesandt-Werden als Akzidens zu stehen.[289] Daher ist *procedere* stets als Vorgang innerhalb der ewigen Gottheit anzusehen, der deswegen eine Seinsrelation darstellt: *„Est ergo deus de deo et procedit de deo, quia et ipse deus et pater deus, de quo est et procedit"* (188,34f.). Zu diesem *immanenten* Sachverhalt können aber durchaus *ökonomische* Prädikationen wie das Gegeben-Werden des Geistes an die Schöpfung hinzutreten - *„de hac processione potest dici quia idem est*

---

[287] OBERDORFER 2001, 174: „Aus Gott also empfängt der Geist ineins das Sein und das Unterschiedensein." Ebenso betont auch E. MAURER 1999, 190, daß Anselm eine Einheit intendiert, „die sogleich eine Relation aus sich heraussetzt - nicht etwa... eine abstrakte Einheit der drei Personen" (im Original hervorgehoben).

[288] *„Procedit pariter a filio sicut a patre spiritus sanctus, quoniam ab illo similiter mittitur et datur"* (188,19-21).

[289] Cf. 188,23-25: *„Semper enim est alius a patre spiritus sanctus, etiam ante creaturam; non autem datur vel mittitur nisi creaturae. Nec tamen dicendum est quod accidat ei dari vel mitti."*

illi procedere quod mitti" (189,8f.).²⁹⁰ Die Pointe Anselms liegt darin, daß die Differenz von trinitätsimmanenten und heilsökonomischen Bestimmungen durch das Relationsargument aufgehoben wird - was über die Sendung des Geistes an die Gläubigen zu sagen ist, erweist sich als transparent für die Lebensvollzüge der ewigen Trinität, hier: für das Sein des Geistes *ex patre*.

All' dies gilt nun aber auch für das Verhältnis des Geistes zum Sohn: Wenn der Geist Gott von Gott ist *und* wenn er aus dem Vater hervorgeht, dann geht er auch aus dem Sohn hervor: „Allerdings gibt es keine Beziehung des Vaters ohne Beziehung des Sohnes und keine Beziehung des Sohnes ohne Beziehung des Vaters. Wenn also die eine nichts ist ohne die andere, kann nicht etwas aus der Beziehung des Vaters sein ohne die Beziehung des Sohnes. Woraus folgt, daß der Heilige Geist aus beiden ist, wenn er aus einer ist."²⁹¹ Wie der Geist aus dem Vater durch das hervorgeht, was diesen zu Gott macht, so auch aus dem Sohn durch dessen Teilhabe an der *divina essentia*: „Wenn nun der Heilige Geist aus dem Vater ist, weil er aus Gott ist, der Vater ist, dann kann nicht geleugnet werden, daß er auch aus dem Sohn ist, wenn er aus Gott ist, der Sohn ist" (190,17-19).

---

290 Zu Belegen für dieses von Gregor I. formulierte Axiom cf. oben S. 365f. Anm. 267.
291 „*Nempe nulla est relatio patris sine relatione filii, sicut nihil est filii relatio sine patris relatione. Si ergo altera nihil est sine altera, non potest aliquid de relatione patris esse sine relatione filii. Quare sequetur spiritum sanctum esse de utraque, si est de una*" (190,9-13). Das mit dem Wechselverhältnis des Hervorganges aus dem Vater und aus Gott entstehende Problem sieht Anselm durchaus und versucht es zu beheben: „*Licet enim invicem alterum altero probetur - si enim est de patre, est de deo, et si est de deo, est de patre, quoniam nulla praedicta obviat relatio -, non tamen similiter invicem sunt alterum alterius causa*" (189,28-190,2). Die kausale Priorität der *deitas* vor der *paternitas* ist freilich schon durch die Absurdität des Gegenteils erwiesen: „*Erit ergo divina essentia in spiritu sancto non de deitate patris, sed de relatione; quod stultissimum est dicere*" (190,6f.). E. MAURER 1999, 190, betrachtet dies (wohl im Blick auf die thomanische *relatio subsistens*) als „genialen Gedanken", den Anselm freilich konsequenterweise als „absurde Möglichkeit" ablehnen müsse, weil es ihm darum gehe, den Hervorgang des Geistes als „Relation zweiter Ordnung" zu definieren, d.h. als eine Relation, die sich auf die schon bestehende Vater-Sohn-Relation bezieht und (indem sie strukturell von dieser verschieden ist) verhindert, daß die *relationale* Unterschiedenheit von Vater und Sohn eine *substantielle* Zweiheit konstituiert. „Insofern ist der Heilige Geist keineswegs bedeutungslos für die Zeugung!" (ebd.; im Orig. hervorgehoben). Wenn die Einheit Gottes radikalisiert werde, gebe es tatsächlich keine andere Möglichkeit, als daß der Sohn von Vater *und* Geist („*spirituque*") gezeugt werde (ebenso DALFERTH 1994, 279 Anm. 109; cf. HANSON 1985, 292, während OBERDORFER 2001, 582, dies nicht als zwingend betrachtet).

2.2.2. Die exegetische und erfahrungstheologische Rechtfertigung des Filioque

Unter systematischen Gesichtspunkten ist Anselms Argumentation an diesem Punkt vollständig. Sein Traktat spiegelt jedoch insofern das konkrete Gespräch in Bari wider, als in größerem Maße als in jeder anderen seiner Schriften die *sola ratione* gewonnene Erkenntnis auf ihre Verifizierbarkeit durch Schrift und Tradition hin analysiert wird: Die griechischen Bischöfe bestritten ja offensichtlich nicht nur (und nicht einmal vorrangig) die binnenlogische Konsequenz der anselmischen Trinitätslehre, sondern zuallererst deren hermeneutische Angemessenheit. Anselm folgt dieser Herausforderung und diskutiert auf der Grundlage der skizzierten trinitarischen Hermeneutik die *loci classici* der *Filioque*-Debatte: die exegetische Frage nach den Schriftbelegen für die Rede vom Heiligen Geist und die Suche nach Analogien aus dem Bereich sinnenhafter Erfahrung.

a) Das Zeugnis der Heiligen Schrift

Die neutestamentlichen Schriften enthalten keine Trinitätslehre mit hinreichender systematischer Stringenz und terminologischer Präzision; vor allem wird oft nur einer Person zugesprochen, was für Anselm unbestrittenes göttliches Gemeingut ist: Wenn in Joh 17,3 nur *eine* der trinitarischen Personen als „*solus verus deus*" prädiziert wird (Gott der Vater), dann gilt dies nach Anselm natürlich auch für die anderen Personen, soweit die relational bestimmten Eigentümlichkeiten gewahrt bleiben: „Wenn wir also nur den Vater oder den Sohn benennen, verstehen wir darunter nichts anderes - außer bei der Beziehung, die beide miteinander verbindet (*excepta relatione qua referuntur ad invicem*) - als 'den einzigen, wahren Gott', denselben, den wir unter jeder der beiden Bezeichnungen erkennen" (c. 3; 190,32-191,2). Wenn daher der Geist aus dem Vater, und d.h. „*de solo vero deo*" (191,9) hervorgeht, dann ist dies auch vom Sohn auszusagen, der sich hinsichtlich der Göttlichkeit in nichts vom Vater unterscheidet.[292]

Mit Joh 14,26 und 15,26 ist das Problem der ökonomischen Sendung des Geistes angesprochen. Anselm bestreitet eine Differenz der Sendung durch den Vater und den Sohn[293] ebenso wie die grundsätzliche Unterscheidung von *processio* und *missio* hinsichtlich der personalen Zuordnungen; analog zu der in c. 2 entwickelten Argumentation wird konstatiert: „Woher

---

[292] Cf. Augustin, in euang. Joh. XCIX 8 (CChr.SL 36, 587,1-8 WILLEMS).

[293] Anselm faßt beide Stellen in einer Paraphrase zusammen: „*ego mittam tamquam si mittat pater, ut una eademque sit missio mea et patris*" (192,9f.); dazu Augustin, trin. IV 20,29 (CChr.SL 50, 200,216-219).

kommt es denn, daß der Sohn zugleich mit dem Vater den Heiligen Geist sendet und daß dieser beiden zugehört, wenn er nicht auch aus beiden stammt?" (c. 4; 192,16-18).[294] Als Schlüssel zu den innertrinitarischen Beziehungen fungieren demnach die ökonomischen Sendungen wie auch die unbestrittene Zugehörigkeit des Geistes zu Vater und Sohn, „weshalb es besonders schwierig, im Grunde gar unmöglich ist zu zeigen, daß er *nicht* aus beiden hervorgeht" (192,15f.)! Die Transparenz der Heilsgeschichte für die ewigen Relationen ist jedoch spezifisch begrenzt: Daß auch der Geist als Sender auftritt (so in Jes 48,16), wird von Anselm strikt auf die Inkarnation beschränkt: „Dies betrifft den Menschen, den er ankündigte, der durch des Vaters und des Heiligen Geistes einigen Willen und Beschluß in der Welt erschienen ist, um diese Welt zu erlösen."[295] Dagegen wird der Geist bereits innertrinitarisch dem Sohn vom Vater gegeben, wobei es sich nicht um ein Ereignis der Vater-Sohn-Relation handelt, sondern um einen *sensu stricto* „göttlichen" Vorgang: *„Si dat pater spiritum sanctum filio, dat deus deum deo"* (194,3). Und deswegen gilt: „Man nennt also den Heiligen Geist nur deshalb 'Geist des Sohnes', weil er aus ihm stammt" (194,6f.).

Diffiziler gestaltet sich die Exegese von Joh 20,22, für Anselm der Prototyp eines innerweltlichen Vorgangs, dem Transparenz für innergöttliche Vorgänge eignet.[296] Entsprechend der chalkedonensischen Zwei-Naturen-Lehre geht der Geist zugleich aus der Göttlichkeit Jesu (*„de secreto deitatis meae"*) und aus einem Akt seiner menschlichen Seinsweise (*„de intimo corporis mei"*) hervor (194,16.18). Den Einwand, da die geschichtliche Hauchung nicht *„de substantia humana"* erfolgt sei, könne sie analog dazu auch nicht auf die *divina essentia* bezogen werden (cf. 194,21-24), beantwortet Anselm mit dem Verweis auf Ps 32,6 und Jes 11,4: Wenn an der ersten Stelle mit dem *„spiritus oris domini"* der wesenhaft göttliche Geist gemeint ist, dann kann der jesajanische *„spiritus labiorum [Christi]"* nichts anderes sein

---

[294] OBERDORFER 2001, 175, spricht zurecht von einem „strikte[n] Entsprechungsverhältnis [der ökonomischen Sendung] zum innertrinitarischen Ursprung des Geistes".

[295] *„Hoc secundum hominem quem gerebat intelligendum est, qui patris et spiritus sancti una voluntate et dispositione mundum redempturus in mundo apparuit"* (192,25-27). Mit dieser Insistenz steht Anselm in offenkundiger Kontinuität zu Fulgentius, c. Fab. VIII frg. 29,18 (CChr.SL 91A, 823,271-278 FRAIPONT): cf. auch ep. XIV 28 (CChr.SL 91, 420,1174-1177): *„Non ergo accepit Spiritum sanctum diuinitas Filii, cum qua unius naturae est Spiritus sanctus, et ex qua habet quidquid habet, immo de qua est hoc quod est; quia quod naturaliter habet, quod est"* (cf. bereits Ratramnus, c. Graec. III 5; PL 121, 296A); zur Kritik daran cf. HERON 1971, 155; MOLTMANN 1981, 147.

[296] Dabei ist Anselm die bleibende *dissimilitudo* durchaus bewußt, sie ist sogar notwendig (c. 5; 196,3-5): *„Cum scriptura divina significat aliquid secretum per sensibilium similitudines, non per omnia quae significant et quae significantur, similia possunt esse. Non enim hoc esset similitudo, sed identitas."*

als dieser Geist, der aus der Wesenheit des Vaters hervorgeht. Aufgrund der relationalen Identität von väterlicher und sohnesmäßiger Wesenheit ist dann aber zu folgern:

„Und wenn wir in dem Mund des Vaters die Wesenheit des Vaters erkennen - denn dessen Mund ist nichts anderes als seine Wesenheit, so daß, wenn das Wort des Herrn aus seiner Wesenheit ist, auch der Geist seines Mundes nicht ist, außer aus seiner Wesenheit: was ist dann offensichtlicher, wenn der Geist des Mundes des Vaters aus der Wesenheit des Vaters ist und hervorgeht, daß auch der Geist des Mundes und der Lippen des Sohnes aus der Wesenheit des Sohnes ist und hervorgeht?"[297]

Joh 16,13f. wird anhand der These interpretiert, daß es in Gott nichts Akzidentelles geben kann, also auch kein kontingentes, sondern nur wesenhaftes Wissen.[298] Daher ist die Quelle des *Wissens* für den Geist auch der Ursprung seiner *Existenz*: „Deutlich zeigt hier der Sohn, daß der Geist aus ihm, d.h. aus seiner Wesenheit, sein Wesen hat und hervorgeht" (c. 6; 197,21f.).[299] Die Auslegung von Mt 11,27, wonach niemand Gott den Vater kennt außer dem Sohn und außer denen, welchen dieser den Vater offenbart, präsentiert sich als Spezialfall der vorliegenden Argumentation: „Der Sohn offenbart ihm sein und des Vaters Wissen, was nichts anderes ist als die Wesenheit des Heiligen Geistes selbst" (c. 7; 198,12-14). Dabei stellt die *Offenbarungsrelation* wiederum nichts anderes als eine *Seinsrelation* dar (cf. 199,15-17). Der Geist - als wechselseitige Kenntnis von Vater und Sohn - wird in augustinischem Sinne als Band der Gemeinschaft beschrieben: „Da nun [die Griechen] doch sagen: Daraus, daß Vater und Sohn einander kennen, folgt, weil die Wesenheit, durch die sie einander kennen, ebenso auch dem Heiligen Geist zu eigen ist, daß der Heilige Geist Teilhaber ebendieser

---

[297] „*Et si per os patris intelligimus essentiam patris - non enim est aliud os eius quam essentia eius, ut sicut verbum domini est de essentia eius, ita spiritus oris eius non sit nisi de eius essentia -: quid apertius quam, sicut spiritus oris patris est de essentia patris et procedit, ita spiritus oris et labiorum filii, de filii essentia sit et procedat?"* (195,23-28). Bemerkenswert ist, daß Anselm die bereits in c. 4 (191,16f.) zitierte Stelle Joh 15,26 *nicht* mit 20,22 in Verbindung bringt und damit den *locus classicus* der frühmittelalterlichen lateinischen Rechtfertigung des Filioque nicht in Anspruch nimmt (diese Kombination rührt pikanterweise von Markell von Ankyra her; s.o. S. 64 Anm. 82). Zu Joh 20,22 in Verbindung mit dem doppelten Hervorgang des Geistes cf. Augustin, trin. IV 20,29 (CChr.SL 50, 199,102-200,110); gen. ad litt. X 5 (CSEL 28/1, 301,19-23 ZYCHA); in euang. Joh. XCIX 7 (CChr.SL 36, 586,8-12 WILLEMS); CXXI 4 (aaO., 667,19-21); civ. XIII 24 (CChr.SL 48, 409,5-9 DOMBART/KALB); weiterhin Ratramnus, c. Graec. I 3; II 4.6 (PL 121, 231CD; 257D-258A [im Anschluß an Ambrosius, spir. III 7,44; CSEL 79, 167,4-168,8 FALLER]; 267C).

[298] Zum Wissen als Synonym der *divina essentia* cf. monol. 17 (I; 31,32-32,3).

[299] Zu diesem Argumentationsgang cf. Fulgentius, c. Fab. VII 25,3-5 (CChr.SL 91A, 802,43-803,56.65-67 FRAIPONT); Ratramnus, c. Graec. I 3; II 4 (PL 121, 229D; 256B). GILBERT 1990, 237, identifiziert hier und in c. 7 „l'axe qui unifie la réflexion".

Kenntnis ist - wenn sie nun lesen, daß jener aus dem Vater hervorgeht, von dem der Sohn sagt: 'Ich und der Vater sind eins!' [Joh 10,30], dann mögen sie mit uns aufgrund der wesenhaften Identität von Vater und Sohn bekennen, daß jener zweifelsohne auch aus dem Sohn hervorgeht."[300] Auch die Schriftexegese vollzieht sich für Anselm demnach unter der hermeneutischen Prämisse der alleinigen Relevanz der Existenzrelationen. So wird der Geist nach Joh 16,13 die Wahrheit lehren „nicht weil er der Geist von beiden ist, d.h. der Geist des Vaters und des Sohnes, sondern weil er eins ist mit Vater und Sohn, d.h. weil er Gott ist" (c. 11; 207,18-20). Dahinter wird die Tragweite des Relationsprinzips erkennbar:

> „Denn was auch immer von einer Person verkündigt wird, ist auch von den anderen zu verstehen, außer wenn das, wodurch sie unterschieden sind - wie ich sagte -, dem Miteinander entgegensteht. Wenn wir daher glauben, daß der Heilige Geist aus dem Vater hervorgeht, weil er Gott von Gott ist, d.h. daß die Wesenheit des Heiligen Geistes aus der Wesenheit des Vaters ist, die als eine in den dreien begriffen wird, dann ist es auch notwendig zu bekennen, daß er gleichermaßen vom Sohn Sein hat, wenn der Sohn nicht aus ihm Sein hat."[301]

b) Triadische Analogien und trinitarische Reflexion

Schon in patristischer Zeit begegnet ein zweiter Weg zur Begründung der Trinitätslehre: die Analogie zur sinnenhaften Erfahrung. Auch Anselm unternimmt eine Rekonstruktion der Binnenrationalität der göttlichen Dreieinigkeit anhand von triadischen Strukturanalogien in der Natur, da die Heilige Schrift keine zureichende Widerlegung des Vorwurfs bietet, der doppelte Hervorgang des Geistes impliziere eine innergöttliche Abstufung („*quosdam gradus et quaedam intervalla*": c. 8; 199,26). Dennoch muß eine Ursprungsbeziehung trotz einer *logischen* Abfolge nicht zwangsläufig eine *ontologische* Inferiorität einschließen, wie das Beispiel der *Sonne* zeigt, aus der *Wärme* und *Glanz* hervorgehen, ohne „geringer" bzw. zeitlich später als ihr Ursprung zu sein.[302] Freilich fehlt dieser Analogie eine die drei Kom-

---

300 „*Si autem [Graeci] dicunt, cum pater et filius dicuntur se nosse, quia essentia per quam se noscunt eadem est spiritui sancto, consequi spiritum sanctum eiusdem esse consortem notitiae: cum legunt illum a patre procedere, de quo ait filius: 'ego et pater unum sumus'* [Joh 10,30]*, confiteantur nobiscum propter essentialem identitatem patris et filii, illum a filio quoque procul dubio procedere*" (199,18-23).

301 „*Quidquid enim de una pronuntiatur persona, de aliis pariter oportet intelligi, nisi cum hoc unde aliae sunt - ut dixi - ab invicem obviare cognoscitur. Quapropter cum credimus spiritum sanctum de patre procedere, quoniam deus de deo, id est essentia spiritus sancti de essentia patris, quae una est tribus esse intelligitur: necesse est ut de filio eum similiter esse confiteamur, si filius non est de illo*" (207,24-29).

302 Cf. c. 8 (200,7-12): „*Nempe quamvis splendor et calor de sole procedant, nec possint esse nisi sit ille de quo sunt, nihil tamen prius aut posterius in tribus, in sole scilicet et splendore et*

ponenten in sich begreifende Einheit; weder können Wärme noch Glanz als *„sol de sole"* prädiziert werden, noch bilden alle drei *eine* Sonne (cf. 200,19-21). Diesen argumentativen Fortschritt versprachen sich die griechischen Theologen von der Analogie von *Quelle, Strom und See*[303], so daß der Geist (mit Röm 11,36) *per filium* aus dem Vater hervorgehe.[304] Anselm stimmt zu - mit der allerdings entscheidenden Einschränkung, daß der Geist dadurch nicht unter die *per filium* entstehende Schöpfung geraten

---

calore, intelligimus. Multo itaque minus cum haec in rebus temporalibus ita sint, in aeternitate, quae tempore non clauditur, praedictae tres personae in existendo susceptibiles intervalli possunt intelligi." Dieses Beispiel hatten offensichtlich die griechischen Gesprächspartner eingebracht (199,30f.): *„sicut splendor et calor pariter sunt de uno sole, nec splendor a calore est nec calor a splendore";* Anselm kannte es bereits durch das Schreiben des Mönches Johannes (ep. 128: III; 271,13-16), wo ein augustinischer Ursprung der Analogie behauptet wird (so auch bei Wilhelm von Champeaux; cf. EVANS 1976, 50), und rezipierte es in incarn. 10 (II; 28,1). In identischer Gestalt findet sich das Bild in einem pseudo-anselmischen Fragment aus Ms. Brit. Mus. Royal 8. D VIII (hg. von R.W. SOUTHERN/F.S. SCHMITT, Memorials of St. Anselm [= ABMA 1], Oxford 1969, 302,24-32; cf. dazu EVANS 1976, 49). Die Trias *„ignis - calor - splendor"* (monol. 56: I; 67,27) hat ein Vorbild bei Augustin, lib. arb. II 11,32 (CSEL 74, 69,12-16 GREEN; ebenso Ps.-Augustin, symb. IX 9; PL 40, 659; Arnobius iunior, confl. II 7f.; CChr.SL 25A, 95,241-96,270 DAUR; Ratramnus, c. Graec. I 7: PL 121, 239A). Die Form *„ignis - radium - splendor"* bietet Johannes Scotus Eriugena, div. nat. I 10; II 32 (CChr.CM 161, 14,331-340; 162, 114,2824-116,2894 JEAUNEAU) im Rückgriff auf Maximus Confessor, ambigua III; VI 19f. (CChr.SG 18, 25,120-130; 34,390f.; 64,612-626; 66,662-669 JEAUNEAU); ähnlich bereits Ps.-Dionysius Areopagita, c. h. XV 2 (PTS 36, 51,22-53,5 HEIL); Ps.-Anastasios von Antiochien, explicatio fidei orthodoxae (PG 89, 1404C); Ps.-Johannes von Damaskus, haer. epil. (PG 94, 780B; s.o. S. 363 Anm. 257); zu früheren patristischen Vorläufern cf. DÖLGER 1929 passim, und jetzt WALLRAFF 2001, bes. 45-47, der als frühesten Zeugen einer „Sonnenstrahl-Christologie" Tertullian zitiert (adv. Prax. VIII 7; CChr.SL 2, 1168,39-47 KROYMANN), freilich auch auf den latenten subordinatianischen Grundzug hinweist, der die Rezeption dieses Analogats im trinitarischen Streit des 4. Jh.s erheblich problematisierte. Bei Cassiodor, in psalm. 50,14 (CChr.SL 97, 464,458-468 ADRIAEN), wird dieses „Sonnengleichnis" als hermeneutisches Prinzip der triadischen geschöpflichen Analogien pauschal auf die Werke *de trinitate* des Hilarius, Ambrosius und Augustin zurückgeführt (aaO., 464,491-465,493).

[303] Anselm greift damit auf incarn. 13 (II; 31,12-32,19; s.o. S. 461) zurück. Auch die griechische Patristik kannte solche Analogien (cf. BOUCHÉ 1938, 47 Anm. 5): Athanasius, ep. Serap. I 19 (PG 26, 573C), bietet die Dyaden πηγή - ποταμός sowie φῶς - ἀπαύγασμα; Gregor von Nazianz, or. 31,31 (SC 250, 338,6-8 GALLAY) nennt die Triaden ὀφθαλμός - πηγή - ποταμός und ἥλιος - ἀκτίς - φῶς (ebd. c. 32; 338,1).

[304] Cf. 201,11f.: *„Sicut nobis dicitur, ne omnino separent filium a patris communione in hac sancti spiritus processione, asserunt eum de patre per filium procedere."*

dürfe.³⁰⁵ Weil dies aber durch die Terminologie selbst nahegelegt wird, führt seiner Ansicht nach das *per filium* grundsätzlich in die Irre:

> „Denn wenn sich Vater und Sohn in der Einheit der Gottheit nicht unterscheiden, geht der Heilige Geist nicht aus dem Vater hervor, wenn nicht aus der Gottheit. Wenn die Gottheit des Sohnes dieselbe ist, ist nicht zu erkennen, auf welche Weise er aus der Gottheit des Vaters *durch* die Gottheit des Sohnes hervorgeht und nicht *aus* der Gottheit des Sohnes selbst, außer wenn jemand zufällig sagte, daß der Heilige Geist nicht aus der Gottheit des Vaters, sondern aus der Vaterschaft hervorginge, und nicht durch die Gottheit des Sohnes, sondern durch die Sohnschaft; welchselbiger seine eigene Meinung unter offensichtlicher Albernheit erstickte."³⁰⁶

Der folgende Vergleich kann als Pointe der Argumentation *via analogiae* angesehen werden: „*cum fons fluit in rivum et rivus colligitur in lacum, dicitur lacus esse de fonte per rivum*" (203,8f.).³⁰⁷ Anders als bei der Analogie der Sonne kann im Rahmen dieses Bildes das Unterscheidende der Existenzrelationen expliziert werden: „Es kann nicht bestritten werden, daß der Geist aus dem Sohn stammt, obgleich er aus dem Vater durch den Sohn ist, wie man bekennen muß, daß der See aus dem Bach ist, weil er zuerst aus der Quelle durch den Bach ist" (203,12f.). Dabei könne das *esse de aliquo* nicht *per filium* gleichwie durch einen Kanal gedacht werden, der auf dieses Sein keinen Einfluß hätte.³⁰⁸ Seine Gesprächspartner versuchten die Differenz in der Verwendung des Verbs *procedere* offenbar durch die Kompromißformel

---

³⁰⁵ Es darf höchstens eine *Ähnlichkeitsbeziehung* veranschlagt werden: „*Dicamus igitur quia spiritus sanctus, cum procedit a patre per filium, procedit et a filio similiter, sicut quae facta sunt a patre per verbum, facta sunt similiter ab ipso verbo*" (203,4-6).

³⁰⁶ „*Cum enim pater et filius non differant in unitate deitatis, nec spiritus sanctus procedat de patre nisi de deitate: si eadem deitas est filii, nequit intelligi quomodo procedat de deitate patris per deitatem filii et non de eiusdem filii deitate, nisi forte quis dicat spiritum sanctum non procedere de deitate patris sed de paternitate, nec per deitatem filii sed per filiationem; quae opinio sua se patenti fatuitate suffocat*" (202,10-16). Cf. HOPKINS 1972, 117: „Never regarding the terminological question as important for its own sake, he refuses to quibble about verbal distinctions where they involve no conceptual distinction." Eine Extremposition der karolingischen Trinitätstheologie wird bei Anselm faktisch zurückgenommen - die These, der Heilige Geist gehe *ex seipso* hervor (cf. 202,19-21), so vor allem Ratramnus, c. Graec. I 3 (PL 121, 231D); auch Alkuin hatte argumentiert, der Geist, „*qui etiam a Patre et Filio aequaliter datur, imo a seipso datur*" (fid. trin. II 19; PL 101, 36A; s.o. S. 137f.; dazu OBERDORFER 2001, 174 mit Anm. 33). Diese Passage zitierte schon Humbert, proc. 9,3 (111,9 MICHEL).

³⁰⁷ Diesen Vergleich hatte nach Humberts Zeugnis bereits Leo IX. gegenüber griechischen Theologen bei dem 1053 in Bari abgehaltenen Konzil verwendet (s.o. S. 364f.).

³⁰⁸ Anselm bedient sich als Hilfskonstruktion der menschlichen Abstammung Christi: Gelte nicht die grundlegende Seinskonstellation, dann könnte dieser keinesfalls Sein aus Maria haben, auch nicht aus David oder Abraham (was jeweils Lk 1,42; Ps 113,11; Gen 22,18 falsifizieren würde) - „*sed neque de Adam est filius virginis secundum hunc sensum, sed de limo de quo factus est Adam*" (203,22f.).

zu überbrücken, der Sohn (*rivus*) gehe „*quasi de originali principio*" aus dem Vater (*fons*) hervor: „Der See aber geht nicht hervor, sondern sammelt sich aus dem Bach, obgleich er aus jenem Sein hat. Wenn also der Heilige Geist auch Sein aus dem Sohn hat, darf man doch nicht eigentlich sagen, er gehe aus dem Sohn hervor, sondern aus dem Vater gleichwie aus einem Ursprung."[309] Übersetzt man dies in griechische Terminologie, so wäre zu vermuten, daß die süditalienischen Bischöfe dem Sohn eine *Beteiligung* an der Hervorbringung des Geistes im Sinne eines formalen προϊέναι (analog zum heilsgeschichtlichen χορηγεῖσθαι) nicht absprechen wollten, dagegen die *Ursächlichkeit* (ἀρχή) und den entsprechenden *terminus technicus* ἐκπορεύεσθαι strikt dem Vater reservieren wollten.[310] Dagegen wendet Anselm jedoch ein, daß exakt hier die Analogie an ihre Grenzen stößt:

> „Vielleicht wäre dies recht gesagt, wenn der Sohn, indem er geboren wird, aus dem Vater herausginge, und daß der Heilige Geist, da es gewissermaßen ein Mittelstück dazwischen gäbe, eher aus dem Vater als aus dem Sohn Sein hätte, wie der Bach, indem er aus der Quelle fließt, aus der Quelle herauskommt und sich nach einem Zwischenstadium im See sammelt, so daß der See zunächst aus der Quelle und erst dann aus dem Bach Sein hat; und ebenso ist er aus der Quelle durch den Bach, nicht aus dem Bach durch die Quelle. Tatsächlich aber geht der Sohn, wenn er aus dem Vater geboren wird, nicht aus dem Vater heraus, sondern bleibt in ihm und ist weder durch Raum noch durch Zeit noch durch die Wesenheit vom Vater unterschieden; und wenn es für Vater und Sohn ein und dasselbe ist, woraus der Heilige Geist hervorgeht, dann kann weder erkannt noch darf gesagt werden, daß der Heilige Geist aus dem Vater hervorgeht und nicht aus dem Sohn" (204,1-10).[311]

Es müßte also wiederum etwas Unterscheidendes in die Einheit eingetragen werden, um ein solches *principaliter* aussagen zu können.[312] *Vice versa* gilt dies für die Bezeichnung des Ausgangs des Sohnes aus dem Vater als „*magis proprie quam spiritum sanctum de filio*" (204,13f.) - trotz der logischen Nähe des Stromes zur Quelle bleibt es doch die *eine* Quelle, aus der er gemeinsam mit dem See hervorgeht, so daß hier keine Priorität zu suchen ist, sondern nur eine verschränkte Differenz: „Wir leugnen nicht, daß der Geboren-Werdende in gewisser Weise aus jenem hervorgeht, von dem er geboren

---

[309] „*Lacus autem non procedit sed colligitur de rivo, quamvis habeat esse de illo. Ita igitur etiamsi spiritus sanctus habeat esse de filio, non tamen procedere proprie dicitur de filio, sed de patre quasi principio*" (203,27-31).

[310] Zu dieser griechischen Unterscheidung bei Theophylakt von Achrida s.u. S. 499f.

[311] Das Motiv des nicht räumlich zu verstehenden Ausgangs ist in die profilioquistische Kontroversliteratur als Ambrosius-Zitat eingedrungen (spir. I 11,119; CSEL 79, 66,29f. FALLER); zur Vorstellung einer „doppelten Quelle" cf. spir. I 15,152 (aaO., 80,16-19).

[312] Diese Skepsis gegenüber dem „*principaliter a patre*" unterscheidet Anselm signifikant von Petrus Damiani (cf. ep. 91; MGH.B IV/3, 12,14-16.19f. REINDEL; dazu s.o. S. 374; cf. HANSON 1985, 294).

wird, und wir versichern, daß der Heilige Geist auf seine Weise nicht etwa aus zwei Quellen, sondern wahrhaftig aus einer Quelle hervorgeht, dennoch so, daß weder der Hervorgang des Sohnes die Bezeichnung 'Geburt' aufgibt noch der Hervorgang des Heiligen Geistes diese erhält."[313] Hier erscheint ein deutlicher Reflex des griechischen Vorwurfs, die lateinische Filioque-Konzeption impliziere *zwei* Prinzipien des Geistes (δύο ἀρχαί).

Letztlich bietet die Analogie ein adäquates Bild unter raumzeitlichen Bedingungen - nicht mehr, aber auch nicht weniger: Damit kann Anselm den Analogiebeweis vollenden: „Wie also der See nicht daraus ist, worin sich Quelle und Bach voneinander unterscheiden, sondern aus dem Wasser, in dem sie eins sind: so hat auch der Heilige Geist nicht Sein daraus, worin Vater und Sohn voneinander unterschieden sind, sondern aus der göttlichen Wesenheit, in der sie eins sind."[314] Daher kann auch präzise ausgedrückt werden, wie die Mehrdeutigkeit von *principium* und *processio* aufzulösen ist (c. 10): Wie hinsichtlich der Schöpfung alle drei Personen gemeinsam als *unum principium* fungieren, obwohl sie mit Recht auch einzeln jeweils als *principium* angesprochen werden können, „so stammt der Heilige Geist, wenn man sagt, er sei aus Vater und Sohn, nicht aus zwei Ursprüngen, sondern aus einem (*non est de duobus principiis sed de uno*), der Vater und Sohn ist, wie er aus einem Gott stammt, der Vater und Sohn ist" (205,28-30) - unter dem Vorbehalt, daß Begriffe wie *principium* und *causa* nur uneigentlich auf innergöttliche Vorgänge Anwendung finden dürfen (205,30-206,4). Es gilt, die Ausgänge des Sohnes und des Geistes vom Vater jeweils „*quodam singulari et ineffabili modo*" (206,12f.) zu begreifen - unter dieser Prämisse läßt sich sagen: „*pater quodam modo principium filii et pater et filius principium spiritus sancti*" (206,6-8), unter Berücksichtigung der Einzigartigkeit des Gegenstandes: „*quemadmodum non duo dii sunt sed unus, de quo est filius et spiritus sanctus*" (206,17f.).

---

[313] „*Nos non negamus nascentem aliquo modo procedere de illo de quo nascitur, et spiritum sanctum suo modo asserimus non quasi de duobus fontibus, sed vere de uno fonte procedere, ita tamen ut nomen nativitatis nec processio filii amittat nec spiritus sancti processio recipiat*" (204,17-20).

[314] „*Quemadmodum igitur lacus non est de hoc unde diversi sunt ab invicem fons et rivus, sed de aqua in qua unum sunt: ita spiritus sanctus non est de hoc unde alii sunt ab invicem pater et filius, sed de divina essentia in qua unum sunt*" (205,11-14). Die Analogie trägt genau dann, wenn man sich der *dynamischen* Relationen der trinitarischen Personen gegenüber der *statischen* Beziehungen im Wasserkreislauf und gleichzeitig der analogielosen und paradoxen Bezeichnung von *drei* Individualitäten durch *eine* selbst wieder individuell zu denkende Signifikation bewußt bleibt; cf. 205,7-11: „*Sic itaque cum deus dicitur pater aut filius aut spiritus sanctus, una in tribus intelligitur essentia et unus deus, quod nomen est ipsius significativum essentiae; sed in patre intelligitur gignens, in filio genitus, in spiritu sancto singulari quodam et ineffabili modo procedens.*"

2.2.3. Die ekklesiologische Legitimität des Filioque: Ökumenische Bekenntnishermeneutik

Das Gefälle von *De processione Spiritus sancti* bewegt sich von der rationalen Rekonstruktion des fraglichen Glaubensgehaltes über den Erweis dieses Theologumenons als angemessene Interpretation des Schriftzeugnisses zur sich daraus ergebenden Korrektheit des (lateinischen) Bekenntnistextes. Genau dies bildete aber für die Gesprächspartner Anselms das Zentrum ihrer kritischen Anfragen, weshalb sich der Erzbischof sehr vorsichtig auf dem Umweg der Schrift- und Symbolhermeneutik diesem Punkt nähert. Im Anschluß an das Programm einer rational verfahrenden Legitimation des Filioque wird an den erkenntnistheoretischen Grundsatz erinnert, „daß wir besser durch das, was gesagt wird, belehrt werden, das, was in ähnlichen Worten verschwiegen wird, gleichermaßen zu verstehen, zumal wenn sich offensichtlich aus dem, was gesagt ist, ohne widerstreitenden Grund das, was nicht gesagt ist, mit notwendiger Logik ergibt" (*nulla ratione contradicente ea quae non dicuntur rationabili necessitate consequi*: c. 11; 208,8-11). Als Beispiel dafür fungiert das Symbol von 381 selbst:

> „Wo lesen wir schließlich bei einem Propheten oder Evangelisten oder Apostel mit diesen Worten, daß der eine Gott drei Personen oder eine Trinität sei oder daß Gott von Gott sei? Und auch in jenem Symbol, in dem der Hervorgang des Heiligen Geistes aus dem Sohn nicht gelehrt wird, finden wir die Bezeichnung der Personen oder der Dreieinigkeit nicht."[315]

In konsequenter Fortführung dieses Ansatzes stellt Anselm fest, daß sich auch die Existenzrelation nicht in der Schrift findet, obwohl sie das sachgerechte Interpretament der Bezeichnung des Geistes als *„spiritus dei et spiritus patris et spiritus filii"* (c. 12; 209,20f.) bietet. Da aber mit der Zugehörigkeit zum Vater zugleich der Hervorgang und der Seinsempfang aus diesem assoziiert ist, muß geschlossen werden, daß auch hinsichtlich des Sohnes dieselbe Beziehung vorliegt – denn die Schrift sagt nirgendwo, daß bezüglich der Seins- und Sendungsrelationen zwischen Vater und Sohn zu differenzieren sei: „Sie mögen selbst urteilen, was eher anzunehmen ist, obgleich von beidem die Heiligen Schrift schweigt: was wir über den Heiligen Geist sagen,

---

[315] *„Denique ubi legimus in propheta aut evangelista aut apostolo his verbis deum unum esse tres personas, aut unum deum esse trinitatem, aut deum de deo? Sed neque in illo symbolo, in quo non est prolata processio sancti spiritus de filio, invenimus nomen personae vel trinitatis"* (209,9-12). Bereits in c. 2 hatte Anselm ausgeführt: *„Ecce videmus spiritum sanctum esse deum de deo et procedere, quod non est positum in praefato symbolo. Si ergo ideo negant eum esse et procedere de filio, quia ibi tacetur: negent eum similiter esse de deo et procedere, quod ibidem non dicitur. Aut si hoc diffiteri nequeunt, non timeant confiteri nobiscum spiritum sanctum esse et procedere de filio, quoniam hoc in eodem symbolo non inveniunt"* (189,17-22); cf. Ratramnus, c. Graec. I 8; II 2 (PL 121, 242D-244A; 245B).

daß er aus dem Sohn hervorgeht, wovon wir zeigen, daß es aus dem folgt, was wir wahrhaftig glauben; oder was sie selbst sagen, daß der Heilige Geist einmal der Geist des Vaters, ein andermal der Geist des Sohnes sei, was weder durch Autorität noch durch Vernunft noch durch das, was feststeht, gezeigt werden kann."[316] Bezeichnend ist nun aber, daß die strenge Logik der Argumentation da abgemildert wird, wo konkrete Lebensvollzüge der in Bari präsenten Kirchen zur Sprache kommen: „Wenn sie von ihrer Behauptung abrücken, mögen sie gleichermaßen mit uns glauben, daß der Heilige Geist der Geist des Vaters und ebenso der des Sohnes ist, und erkennen, daß er aus dem Sohn wie aus dem Vater hervorgeht. Und wenn sie ablassen, uns zu tadeln, dann mögen sie mit uns das bekennen, woher sie erkennen, daß sie uns nicht tadeln sollen."[317] Ausgehend von der Korrektheit der lateinischen trinitarischen Sprachlogik wird der Weg eines Miteinanders angedeutet, der die existierende Pluralität auszuhalten vermag.

Nicht zufällig präludieren diese Sätze die Behandlung des ekklesiologischen Kernproblems: Durfte die lateinische Kirche den Symboltext eigenmächtig verändern, ohne die griechische Kirche zu konsultieren?[318] Darauf antwortet Anselm mit einem *historischen* und einem *prinzipiellen* Grund:

- Bei dem Filioque handelt es sich nicht um eine Veränderung, sondern um eine *Präzisierung*, die notwendig wurde „wegen einigen weniger Verständigen, die nicht darauf achteten, bei jenem zu bleiben, was die ganze Kirche glaubt" (c. 13; 211,11-13)[319], so daß die *vera fides christiana* vertei-

---

[316] „*Iudicent ergo ipsi quid potius suscipiendum sit, quamvis utrumque in sacra pagina taceatur: an hoc quod nos dicimus spiritum sanctum procedere de filio, quod ostendimus ex iis consequi quae veraciter credimus; an quod ipsi dicunt spiritum sanctum aliter esse spiritum patris, aliter filii, quod nec auctoritate nec ratione nec ex iis quae certa sunt possunt ostendere*" (210,25-29). Cf. dazu OBERDORFER 2001, 176. Schon Ratramnus, c. Graec. II 1 (PL 121, 244D), argumentierte, das lateinische Credo sei durch fehlenden Widerspruch gerechtfertigt: „*Nec est sanctarum paginis repugnans vel disconveniens Scripturarum quod credit, docet, exsequitur.*"

[317] „*Sed si cessant ab hac sua assertione, credant pariter nobiscum spiritum sanctum similiter esse patris et filii spiritum, et intelligant eum a filio sicut a patre procedere. Et si nos reprehendere desinunt, fateantur nobiscum hoc unde cognoscunt nos reprehendi non debere*" (211,1-4).

[318] Cf. 211,8-10: „*Quaerunt [Graeci] cur hoc factum sit et quare prius hoc eorum ecclesiae monstratum non est, ut communiter consideraretur et communi consensu adderetur quod addendum erat*".

[319] Diese Argumentation steht in geradezu diametralem Gegensatz zu Humberts Vorwurf ein knappes halbes Jahrhundert zuvor, die *griechische* Kirche habe das Symbol geändert (excomm. I; 153b,14-16 WILL) - obwohl auch ihm bewußt war, daß der *lateinische* Text des NC Veränderungen erfahren hatte (proc. 4,1; 100,16-101,2 MICHEL; s.o. S. 361f.).- Gegen OBERDORFER 2001, 177, wird hier keinesfalls „offenkundig" auf das photianische Schisma angespielt (auch die literarischen Beziehungen dieses Kapitels zu Ratram-

digt werden mußte: „Weil also sowohl die Notwendigkeit drängte als auch kein Grund es hinderte und der wahre Glaube es zuließ, beschloß die lateinische Kirche im festen Vertrauen, was sie als zu glauben und zu bekennen erkannt hatte" (211,15-18). Zur Rechtfertigung dieses Vorgangs bemerkt Anselm, daß die Väter von Nizäa (respektive Konstantinopel) keinesfalls eine endgültige Formulierung des Glaubens intendiert hätten: „Denn wir wissen, daß nicht alles, was wir glauben und bekennen müssen, dort gesagt ist, und daß jene, die das Symbol formuliert haben, nicht wollten, daß es für den christlichen Glauben genügend sei, dies zu glauben und zu bekennen, was dort niedergelegt wurde."[320] So sei etwa die Höllenfahrt Christi dort nicht verzeichnet, „welche dennoch gleichermaßen wir und die Griechen glauben" (211,21f.).[321] Vor allem aber handelte es sich nicht um eine Veränderung des rezipierten Textes, sondern um eine „regionale" *Neuausgabe* des Bekenntnisses: „Und obgleich wir verteidigen können, daß dieser Zusatz keine Verderbnis ist - wenn jemand dies noch weiterhin behaupten will, antwor-

---

nus [ebd. Anm. 38] stützen diese Vermutung gerade nicht, da dort die Ergänzung des NC durch die *„Ariana repullulans vesania"* [c. Graec. II 2; PL 121, 247A] begründet wird); insofern kann auch nicht von einer „deutlich anti-griechische[n] Stoßrichtung" der anselmischen Filioque-Deutung gesprochen werden, wiewohl seine Interpretation natürlich *faktisch* den garstigen Graben des Unverstehens eher noch vertieft hat! Ebenso wird man die Synode von Bari kaum als „lehramtliche Reaktion auf die Position des Photius" einstufen dürfen (so aber SCHÜTZ 1985, 84; ähnlich JUGIE 1926, 358f.: „Quamquam photianam *Mystagogiam* sanctus Anselmus non legit, praecipue tamen axiomata photiana convellit"). Daß nach BOUCHÉ 1938, 54, damit „la foi *romaine*" verteidigt worden sei (Hervorhebung P.G.), ist eine für dessen Optik bezeichnende Konjektur, denn Anselm selbst spricht durchgehend (212,2.7f.) von *„Latini"*!

[320] *„Scimus enim quod non omnia quae credere et confiteri debemus, ibi dicta sunt, nec illi qui symbolum illud dictaverunt, voluerunt fidem Christianam esse contentam ea tantummodo credere et confiteri quae ibi posuerunt"* (211,18-20).

[321] Dies stellt allerdings eine Konjektur aus der *Fides Athanasii* dar (DH 76,38). Für die orthodoxe Theologie spielt der *descensus ad inferos* damals wie heute faktisch keine Rolle (KELLY 1972, 372f.)! Zurecht weist OBERDORFER 2001, 177, darauf hin, daß Anselm hier tendentiell die Argumentation Leos III. übernimmt (rat. Rom. 13; MGH.Conc. II/Suppl. II, 290,17-21 WILLJUNG; cf. oben S. 161; cf. auch Humbert, proc. 4,1; 100,14-101,2 MICHEL). Die leonische Argumentation wird aber konterkariert, wo Anselm das liturgische Singen des NC als Beweis für die unhinterfragbare Akzeptanz seines Textes beansprucht! Dem entspricht, daß Petrus Damiani bereits 1045/46 die Einführung des Athanasianums in das Stundengebet bezeugt (ep. 17; MGH.B IV/1, 159,8-13): *„Primae autem horae, tertiae, sextae, et nonae ternis aeque psalmis continentus officia, sed a modernis primae horae congruenter catholica fides additur, quam Athanasius videlicet Alexandrinus episcopus divino suggerente spiritu sincerissime tradidisse cognoscitur. Nam quia fides fundamentum est et origo virtutum, recte canticum fidei primae horae coniunctum quodammodo diei totius obtinet principatum."*

ten wir, daß wir jenes [Symbol] nicht verdorben, sondern es anders und neu herausgegeben haben. Denn jenes ist gemäß der Eigentümlichkeit der Redeweise der Griechen übersetzt worden, und wir bewahren und verehren es rein mit ihnen, dieses aber, das wir sehr häufig in der Gegenwart des Volkes benutzen, haben wir nach lateinischer Redeweise formuliert und mit der obengenannten Ergänzung herausgegeben."[322] Offensichtlich war Anselm der Stellenwert der Textgestalt im Zuge der Diskussion in Bari deutlich geworden - sein Traktat versucht daher auch der eigenen Kirche zu verdeutlichen, worin das Problem aus griechischer Perspektive vorrangig besteht.[323] Allerdings schließt dies keineswegs die *prinzipielle* ekklesiologische Komponente aus, da der *ecclesia latina*, die im ganzen römischen Reich verbreitet sei, eine Präzisierung dessen erlaubt sein müsse, „was bei der Zusammekunft des Volkes nützlicherweise verlesen oder gesungen wird" (212,6).[324] Daher sei die Konsultation der byzantinischen Kirche grundsätzlich nicht notwendig gewesen, zumal es sich um einen Glaubensartikel handelte, „in dem alle Völker und alle Reiche, in denen die lateinische Schrift gebraucht wird, völlig übereinstimmen" (212,7f.).[325]

In c. 14 legt Anselm eine ihm adäquat erscheinende Aussageform für das trinitarische Paradoxon vor: „Obgleich Gott hinsichtlich des Namens, der die Einheit bezeichnet, keinerlei Unterschiedenheit zuläßt, so erlaubt er doch gemäß der Namen, die bezeichnen, daß Gott von Gott sei, mit Not-

---

[322] „*Quamvis defendere possumus hanc additionem non esse corruptionem: si quis tamen hoc contentiose voluerit asserere, respondemus nos illud non corrupisse, sed aliud novum edidisse. Illud enim secundum proprietatem Graeci dictaminis translatum, cum illis integrum servamus et veneramur, istud autem quo frequentius in populi audientia utimur, Latino more dictatum cum additamento supradicto edidimus*" (211,25-30).

[323] Anders CONGAR 1982, 394, demzufolge Anselm die kanonische Problematik „rasch und ohne ihrer Bedeutung so recht innezuwerden" behandelt habe.

[324] Cf. HOPKINS 1972, 119: „Anselm thus bears witness to the liturgical nature of the creeds. The Greeks have no grounds for taking offence at the liturgy of the Latin Church or with the dogmas contained in the liturgical forms." Zu c. 13 cf. auch den knappen Kommentar bei SIEBEN 1984, 293f.

[325] Bezeichnend ist, daß Anselm nicht den römischen Primat als argumentative Instanz ins Spiel bringt - den Griechen sollte die Annehmbarkeit dieses Primats in Bari ja erst vermittelt werden, woraus sich diese „mit einem Mal erstaunlich defensive Argumentation" erklärt, die OBERDORFER 2001, 177, konstatiert. Zutreffend wird von einem „kirchenrechtlichen Minimalismus" gesprochen, der freilich dadurch belastet war, daß „im Hintergrund die Maximalpositionen faktisch erhalten blieben" (aaO., 195).

wendigkeit Vielfalt."³²⁶ Dies gilt aber nur dann, wenn die aus dem (lateinischen) NC vertraute Sohnesprädikation *„deum de deo"* in größtmöglicher Konsequenz festgehalten wird: *„eundem ipsum deum de eodem ipso deo"* (213,22f.). Entsprechend ist auch die augustinische Formulierung, der Geist gehe *principaliter a patre* hervor, aufzufassen: „Daß der Heilige Geist ursprünglich aus dem Vater sei, bezeichnet nichts anderes, als daß der Sohn selbst, aus dem der Heilige Geist ist, vom Vater hat, daß der Heilige Geist aus ihm ist" (213,27-29).³²⁷ Freilich liegt hier die fundamentale Einschränkung zugrunde, daß *nasci* und *procedere* im trinitarischen Kontext etwas grundsätzlich anderes bezeichnen als in der sinnenhaften Erfahrung, so daß es letztlich nicht möglich ist, den Ursprung der Trinität selbst angemessen zu erfassen.³²⁸ Dies hindert Anselm allerdings nicht, entschieden auf der

---

³²⁶ *„Quemadmodum deus secundum nomen significans unitatem nullam recipit diversitatem: ita secundum nomina significantia deum esse de deo, necessario admittit pluralitatem"* (213,24-27).

³²⁷ Cf. dazu SCHMAUS 1970, 218 Anm. 27; HERON 1971, 166, und CONGAR 1982, 383, der besonders die Akzentverschiebung zu Augustin hervorhebt, welcher das *principaliter* durchaus als Äquivalent für *per filium* habe gelten lassen können; cf. etwa sermo 71,16,26 (hg. von P. VERBRAKEN [wie oben S. 208 Anm. 159], 94,601-603); trin. XV 17,29; 26,47 (CChr.SL 50A, 503,54-57; 529,113-115 MOUNTAIN/GLORIE); in euang. Joh. XCIX 8 (CChr.SL 36, 587,9-12 WILLEMS); c. Maxim. II 14,1 (PL 42, 770). Gegen CONGAR ist festzuhalten, daß Augustin zwar tatsächlich nicht an jeder Stelle den Hervorgang des Geistes aus Vater *und* Sohn lehrt, nirgendwo jedoch Formulierungen bietet, „die einem gewissen 'a patre solo' Recht geben könnten" (ebd.); dies gilt durchweg für die ebd. Anm. 27 angeführten Belege: trin. IV 20,29 (CChr.SL 50, 200,121f.), wonach zwar *„totius diuinitatis uel si melius dicitur deitatis principium pater est"*, aber nur unter der Voraussetzung (aaO., 199,102f.): *„nec possumus dicere quod spiritus sanctus et a filio non procedat"*; auch in ver. rel. 31,58 (CSEL 77/2, 42,5f. GREEN) ist mit der Existenz des Sohnes *„de primo summoque principio qui 'pater' dicitur"* bereits eine koordinierte Prinzipialität impliziert. Belege für Wendungen wie *„spiritum sanctum de patre procedentem"* finden sich z.B. in sermo 214,10 (PL 38, 1071); enchir. III 9; XII 38 (CChr.SL 46, 23,11-13; 71,12f. EVANS), sowie mit besonderer Pointe in fid. symb. IX 19 (CSEL 41, 23,2-8 ZYCHA), wo über den Geist ausgesagt wird, *„nec tamen id quod est nulli debere, sed Patri, ex quo omnia, ne duo constituamus principia sine principio"*, wobei der Akzent aber darauf liegt, daß der Geist innertrinitarisch zu bestimmen ist als *„ipsa deitas, qua sibi copulantur et ille gignendo filium et ille patri cohaerendo, ei a quo est genitus aequetur"* (aaO., 23,11-13). Die Hervorgänge werden also von Augustin in der Perspektive der Gemeinschaft, nicht der genetischen „Abstammungsverhältnisse", thematisiert (so auch OBERDORFER 2001, 113.126).

³²⁸ Cf. 214,12-15.20-22: *„Sicut essentia dei valde diversa et aliena est a creata essentia, ita cum dicimus deum existere de deo nascendo vel procedendo, longe aliter intelligenda est ista nativitas sive processio, quam cum dicimus in aliis rebus aliquid nasci vel procedere... Sicut igitur intellectus noster non potest transire ultra aeternitatem, ut quasi de principio eius iudicet, sic non potest de hac nativitate vel processione nec debet ad similitudinem creaturae sentire vel iudicare."*

„*veritas et necessitas*" (215,5) seiner Konklusion zu beharren: Jede weitere Bestreitung des Filioque würde die Grundlagen der Argumentation selbst hinterfragen, d.h. den beiderseits anerkannten christlichen Glauben. Dabei wird die eingangs als Basis der Argumentation beanspruchte Übereinstimmung im Glauben nun als Ergebnis deklariert: „Wenn es wahr ist, daß der Heilige Geist aus dem Sohn wie aus dem Vater hervorgeht, dann folgt, daß er der Geist des Sohnes wie des Vaters ist und vom Sohn wie vom Vater gesandt und gegeben wird, was die göttliche Autorität lehrt und woraus absolut keine Falschheit folgt."[329] Nur unter Voraussetzung des Filioque behält auch das seine Sinnhaftigkeit, was unstrittig war - die Glaubensinhalte legitimieren sich also wechselseitig.[330] Schrift- und Bekenntnisautorität einerseits und *ratio* andererseits gelangen damit in die spezifisch anselmische Zuordnung: „Wenn man also entgegnet, weil die göttliche Autorität dies [sc. das Filioque] nirgendwo vortrage, dürfe man es nicht sagen: dann möge man zugleich sagen, daß sie dies nirgendwo leugnet noch etwas sagt, was ihm widerstreitet, so daß es nicht zu leugnen ist" (215,23-25).

2.3. Anselms Rekonstruktion des Filioque im Kontext seiner Trinitätslehre

2.3.1. Die argumentative Methode

An *De processione Spiritus sancti* läßt sich wie an keiner anderen Schrift Anselms zeigen, daß und wie seine theologische Methode auf ihre unterschiedlichen „Sitze im Leben" zu beziehen ist. Wird die *methodische* Suspendierung externer Autoritäten als *inhaltlicher*, quasi ungeschichtlicher „Rationalismus" gedeutet, bleibt der theologische Zirkel Anselms unterbestimmt, für den die Autorität von Schrift und Bekenntnis als Bezugsrahmen konstitutiv ist. Daß in *De processione* eine Berufung auf die „*doctores nostros Latinos*" nicht erfolgt, liegt daran, daß diese Autoritäten den griechischen Gesprächspartner zweifelhaft erscheinen (cf. c. 1; 177,3-5).[331] Das von östlicher wie westlicher Kirche anerkannte Bekenntnis zum dreieinigen Gott stellt dagegen die *ratiocinatio* Anselms auf eine verbindende und verbindliche Grundlage. Problematisch ist dabei die sprachliche Gestaltwer-

---

[329] „*Utique si verum est spiritum sanctum procedere a filio sicut a patre, sequitur quia filii spiritus est sicut patris, et mittitur et datur a filio sicut a patre, quae divina docet auctoritas et nulla penitus sequitur falsitas*" (215,11-14).

[330] Cf. die Beobachtung von BARTH 1931, 61, daß Anselm stets nur einen Glaubenssatz zur Disposition stellt und ihn auf der Basis der anderen Glaubensgehalte rekonstruiert.

[331] Im Hintergrund klingt die Position des Photius an, die lateinischen Väter seien (entsprechend dem II. Konstantinopolitanum von 553) durchaus zu rezipieren, jedoch nicht hinsichtlich dessen, worin sie offensichtlich irrten (s.o. S. 274f.).

dung dieses Bekenntnisses: Ausgehend von der *fides* als grundlegender Glaubenswahrheit wird nach den zwar wahrheits*fähigen*, aber durch ihre menschliche Festlegung nicht *eo ipso* wahren *voces significativae* gefragt, mit denen jene angemessen auszudrücken sei.[332] Dies wiederum führt zum Rekurs auf die Schrift als Quelle und korrektiver Instanz des Bekenntnisses - und erst hier setzt die rationale Reflexion über den Gegenstand des Glaubens ein, denn eine Trinitäts*lehre* ist in der Schrift nicht zu finden, wiewohl das Symbol ihre Möglichkeit und Notwendigkeit voraussetzt. Daher greift die *ratiocinatio* in einen immer schon bestehenden Zirkel von Schriftaussagen und Bekenntnisformulierungen ein, den sie diskursiv erhellen und präzisieren, keinesfalls jedoch übersteigen kann, da sie ihn voraussetzen muß. Nur unter diesem Vorbehalt sieht sich Anselm in der Lage, seine Gedanken über die Trinität und das Filioque darzulegen - auf der gemeinsamen Glaubensbasis will er den Gesprächspartnern Einsicht in die Konsensfähigkeit seiner theologischen Weiterführung der *fides* vermitteln.

Zu dieser Unterstellung aller rationalen Bemühungen unter die Autorität von Schrift und Bekenntnis tritt allerdings der Anspruch, der Glaube sei der vernunftgemäßen Reflexion nicht nur zugänglich, sondern fordere sie auch. Deren Ergebnisse sind dann - logische Korrektheit und Kohärenz mit der Schrift vorausgesetzt - als adäquate und insofern *notwendige* Interpretamente des Glaubens zu betrachten: „Weil wir aber das, was gesagt wurde, gleichermaßen unbezweifelt glauben und bekennen, sowohl wir, die wir sagen, daß der Heilige Geist aus dem Sohn hervorgehe, als auch die Griechen, die mit uns in dieser Frage nicht übereinstimmen: deshalb müssen wir ohne jede Doppeldeutigkeit das, was aus diesen Voraussetzungen mit Notwendigkeit folgt, in Einmütigkeit annehmen."[333] Kennzeichen der rationalen Reflexion ist also die *necessitas* der Folgerungen aus den Prämissen: Wahrheit läßt sich nicht *beweisen*, wohl aber als denknotwendig *rekonstruieren*.[334] Insofern mit dem Filioque-Problem die Aufgabe der schrift- und symbolhermeneutischen Rekonstruktion eines Theologumenons durch den Aufweis seiner inhärenten Logik gestellt ist, wird die Zuordnung von

---

[332] Cf. DALFERTH 1984, 68.

[333] „*Quoniam autem haec quae dicta sunt, pariter credimus indubitanter et confitemur, et nos qui dicimus spiritum sanctum de filio procedere, et Graeci qui nobiscum de hac re non sentiunt: debemus absque ulla ambiguitate quae ex his necessarie consequuntur uno consensu suscipere*" (180,20-24).

[334] Cf. proc. 1 (185,16f.). Freilich bemerkt EVANS 1977, 167, zurecht, daß Anselm „no immediate difficulty in the fact that the Greeks had arrived at their conclusions in Greek" entdeckte; daß es ein *tertium* zwischen einer falschen Konklusion und einer Häresie geben könne (nämlich die irreduzible Dualität zweier Sprachgestalten desselben Glaubens), war für ihn keine Denkmöglichkeit (cf. c. 14; 215,5-10).

fides (als komplexes Kontinuum von Schrift, Bekenntnis und axiomatischen theologischen Sätzen) und *ratio* (als Ideal der Entsprechung von humaner Reflexionsfähigkeit und inhärenter Rationalität des Gegenstandes) manifest:

> „Weil diese [Glaubensgehalte] aus dem, was wir lesen, offensichtlich folgen, glauben wir sie beständig im Herzen und bekennen es mit dem Mund. Weswegen wir nicht alleine mit Sicherheit annehmen müssen, was wir in der Heiligen Schrift lesen, sondern auch das, was daraus mit vernunftgemäßer Notwendigkeit folgt, wenn kein anderer Grund entgegensteht."[335]

2.3.2. Die „ökumenische" Intention

Die Darlegungen Anselms über den Ausgang des Heiligen Geistes orientierten sich in ihrer Ursprungssituation an einem doppelten Ziel: Mittelbar wollte Urban II. einen tragfähigen *modus vivendi* für Lateiner und Griechen in Süditalien erreichen und zu diesem Zweck die Streitfrage des Filioque einer Klärung zuführen; unmittelbar jedoch war Anselm im Diskurs mit den Griechen daran interessiert, die *eine christliche Wahrheit in ihren wechselnden Gestalten* aufzuspüren. Denn die Disputation in Bari, soweit sie sich rekonstruieren läßt, ist geprägt von der Spannung zwischen dem engagierten Eintreten für die eigene Tradition und dem ernsthaften Suchen nach einer Verständigung mit der anderen, auf der gleichen Bekenntnisgrundlage basierenden Position. Entsprechend sind die Griechen gerade *nicht* als Schismatiker zu bekämpfen, sofern sie das lateinische NC als rechtgläubig ansehen.[336] Das Ziel der rationalen Rekonstruktion des Glaubens ist nicht Konfrontation, sondern Konsens.

Daher wurde die Frage nach der wortgetreuen Bewahrung eines Symboltextes nicht bis ins Letzte ausgetragen: Für Anselm genügte es, wenn die Griechen davon abließen, die Lehre und den Bekenntnistext der Lateiner zu tadeln (c. 12; 210,29-211,4).[337] Der Verweis darauf, daß in der römischen

---

[335] „*Quoniam tamen es iis quae legimus haec apertissime sequuntur, constanter ea et corde credimus et ore confitemur. Quare non tantum suscipere cum certitudine debemus quae in sacra scriptura leguntur, sed etiam ea, quae ex his nulla alia contradicente ratione rationabili necessitate sequuntur*" (c. 11; 209,12-16).

[336] Anders die klassische Sicht bei GRABMANN 1909, 327, und BOUCHÉ 1938, 11.88 et passim. Es ist späteren Abschreibern anzulasten, daß die Schrift noch bei GERBERON und MIGNE das Epitheton „*contra Graecos*" im Titel führte (cf. den Apparat zu 177,1 mit PL 188, 285). Wo diese Wendung im Traktat selbst begegnet, ist sie nicht polemisch aufzufassen (c. 16; 219,23-26).

[337] Als zeittypisch, d.h. von einer vorkonziliaren römisch-katholischen Hermeneutik geleitet erweist sich damit der Kommentar von BOUCHÉ 1938, 90: „Saint Anselme établit toute son argumentation à la lumière de ce principe [sc. des Relationsaxioms], poursuivant par une dialectique serrée, selon sa méthode habituelle, ses adversaires jus-

Kirche das griechische NC ohne Filioque in Ehren gehalten wurde, erinnert an die Haltung Leos III. gegenüber Karl dem Großen bzw. Johannes' VIII. gegenüber Photius und ist eingedenk der Humbertischen Bannbulle von 1054 überaus bemerkenswert! Anselms Intention richtete sich daher allein auf die Verteidigung der Adäquanz des Filioque innerhalb *seines* trinitarischen Horizontes, aber eben durch eine Klärung der Rationalität der lateinischen Pneumatologie, die Sensibilität für die griechische Tradition einschloß und den konkret gehaltenen Diskurs fortführte.[338] Damit kann *De processione* als *Dialog* klassifiziert werden[339]; zumindest der erste Adressat - Hildebert von Le Mans - wußte um die Entstehungssituation, die als notwendiger hermeneutischer Rahmen der Interpretation von *De processione* gelten muß. Wenn dieser Dialog auch perspektivisch aufgezeichnet ist, so gewinnt doch dadurch Anselms Intention ihre „ökumenische" Pointe:

> „Weil sie [sc. die Griechen] mit uns die Evangelien verehren und in allem anderen über den dreifachen und einen Gott dasselbe glauben wie wir, die wir in ebendieser Sache sicher sind: so hoffe ich, daß sie durch die Hilfe desselben Heiligen Geistes - wenn sie sich lieber mit einer gewissen Wahrheit zufrieden geben als nach einem nichtigen Sieg stre-

---

> que dans leurs dernieres retranchements, en démasquant leur arguties captieuses et en leur montrant la nécessité d'abandonner leur erreur."

[338] RUNCIMAN 1955, 77: „He emphatically regarded the Greeks as fellow Christians and not as schismatics." Diese Deutung von *De processione* erfährt eine Bestätigung durch Anselms Briefwechsel mit Walram von Naumburg, der nach F.S. SCHMITT 1968, 61*f., auf 1106/1107 zu datieren ist: Offensichtlich hatte Walram von der rituellen Differenz hinsichtlich der Azymen erfahren (FRÖHLICH 1976, 276, unterstellt ein Zusammentreffen mit byzantinischen Gesandten am Hof König Heinrichs IV.) und bei Anselm ein entsprechendes Gutachten eingefordert. Dieser verwies darauf, daß schon „*multis rationabilibus catholicis videtur quia quod [Graeci] agunt non est contra fidem Christianam. Nam et azimum et fermentatum sacrificans panem sacrificat*" (sacr. 1: II; 223,12-14). Es sei freilich aufgrund der Reinheit des Azymums besser, dieses darzubringen, wie es auch Christus selbst getan habe, und deswegen sei den Griechen zu widersprechen, „*quia cum Graeci anathematizant 'azimitas' - sic enim nos vocant -, anathematizant Christum*" (c. 2; 225,11f.). Trotzdem soll den Gegner nicht von seiner eigenen Praxis abgebracht, sondern nur die Anerkennung der Azymenliturgie erreicht werden: „*nihil hic intelligi valet cur nos Graeci anathematizandos aut saltem reprehendendos recte iudicent*" (c. 3; 227,10f.; cf. auch c. 5; 228,24f.). Daher konnte Anselm dem Schluß Walrams von der Einheit Gottes auf die Einheitlichkeit der kirchlichen Praxis (ep. ad Anselmum: II; 233,16f.: „*Individua trinitas deus est, et quotquot sunt in deo, unum sunt in ipso. Diversitas in ecclesia admodum est unitati contraria*") entgegenhalten (sacram. eccl. 1: II; 240,5-10): „*Quoniam tamen sunt multa diversitates, quae non in summa sacramenti neque in virtute eius aut fide discordant, neque omnes in unam consuetudinem colligi possunt: aestimo eas potius in pace concorditer tolerandas, quam discorditer cum scandalo damnandas. Habemus enim a sanctis patribus quia, si unitas servatur caritatis in fide catholica, nihil officit consuetudo diversa*" (s.o. S. 333f. mit Anm. 146 zu Gregor I. und Leo IX.).

[339] Cf. zur „Dialogik" PLASGER 1993, 71f. (beschränkt auf Anselms literarische Dialoge).

ben wollen - durch das, was sie unzweideutig bekennen, zu dem, was sie nicht annehmen, auf vernunftgemäße Weise geführt werden können."³⁴⁰

2.3.3. Anselms Begründung des Filioque im Rahmen seines trinitarischen Entwurfs

„Quatenus nec unitas amittat aliquando suum consequens, ubi non obviat aliqua relationis oppositio, nec relatio perdat quod suum est, nisi ubi obsistit unitas inseparabilis" (c. 1; 181,2-4). Diese erste Formulierung des trinitarischen „Grundgesetzes" präsentiert zugleich seine weitestmögliche Offenheit als vollständiger Zirkel von göttlicher Einheit und personaler Dreiheit, zusammengehalten durch die Leitdifferenz von *unitas* und *relatio*.³⁴¹ Damit

---

³⁴⁰ „*Qui [sc. Graeci] quoniam evangelia nobiscum venerantur et in aliis de trino et uno deo credunt hoc ipsum per omnia quod nos, qui de eadem re certi sumus: spero per auxilium eiusdem sancti spiritus quia - si malunt solidae veritati acquiescere quam pro inani victoria contendere -, per hoc quod absque ambiguitate confitentur, ad hoc quod non recipiunt, rationabiliter duci possunt*" (177,5-10). Der Frage nach der Wirkungsgeschichte der Schrift im Hochmittelalter wäre gesondert nachzugehen, besonders Anselms Einfluß auf Thomas von Aquin; cf. dazu GRABMANN 1909, 327 Anm. 2, der „diesen hauptsächlich mit spekulativen Argumenten operierenden polemischen Traktat des hl. Anselm" den „hauptsächlich patristisches Material verwertenden parallelen Schriften 'Contra errores Graecorum' des hl. Thomas von Aquin und 'De aeterna processione Spiritus sancti' des Kardinals Matthäus von Acquasparta" gegenüberstellt. Cf. dazu neben OBERDORFER 2001, 172, vor allem die ausführliche Untersuchung von BOUCHÉ 1938, 70-87, der durch den Vergleich mit Boethius die Bedeutung Anselms für Thomas herausstellt: „Il le met sur le même pied que Boèce" (aaO., 90; cf. de Pot. 10,5 a. 2 sc. 1-2; I Sent. d. 29 a. 3 sc. [aaO., 73]). Die beste Skizze zu diesem Thema stammt von VAGGAGINI 1959, 112-132, der sich vor allem mit der *methodischen* Nachwirkung Anselms befaßt (aaO., 139): „Il est impossible de comprendre et de juger la théologie du Verbe et de la procession de l'Esprit-Saint chez S. Thomas sans avoir constamment devant les yeux S. Anselme et la hantise que son idéal des *rationes necessariae* exerça sur le Docteur Angélique." Im 13. Jh. wurde Anselms Traktat von Demetrios Kydones sogar ins Griechische übersetzt (JUGIE 1926, 479; BECK 1959, 734; GORDILLO 1960, 241).

³⁴¹ Die prägnante Formel des *Concilium Florentinum* (DH 1330: „*omnia sunt unum, ubi non obviat relationis oppositio*"), die Anselms einzige explizite Spur in offiziellen Lehrverlautbarungen der katholischen Kirche darstellt, bietet eine Engführung auf die *unitas*; die *relatio* begegnet nur restriktiv ohne konstruktives Eigengewicht. Die Reziprozität der Formulierung (der Sache nach schon in incarn. 16: II; 35,1f.) wird in „florentinischer" Optik oft übersehen, so etwa bei HERON 1971, 159: „His [sc. the Spirit's] being is grounded in that divine unity which underlies *and is ontologically prior* to the distinctions between the Persons of the Trinity" (Hervorhebung P.G.). Auch JUGIE 1926, 357, nennt als die beiden fundamentalen Axiome der Trinitätslehre Anselms: „Nomina personarum divinarum esse relativa... In Deo omnia unum esse, ubi non obviat aliqua oppositio relationis." Eine vergleichbare Wahrnehmung des Relationsarguments bietet VAGGAGINI 1959, 109 Anm. 21: „On sait que dans le *De processione Spiritus sancti* S. Anselme perfectionna la preuve de la procession *ab utroque* en se

wird die *pluralitas* als gleichgewichtiger Gegenbegriff zur Einheit aus der fundamentalen Verhältnisbestimmung der Trinität ausgeschlossen; alles Gewicht kommt der Einheit Gottes zu, aber eben in ihrer irreduziblen Relationalität. Im Dienst dieser Betonung der Einheit steht das Bemühen um terminologische Klarheit hinsichtlich der Differenzen der trinitarischen Personen. Denn der Aufweis der Kohärenz des Filioque mit den allgemein anerkannten Aussagen des Bekenntnisses läßt sich genau dann führen, wenn die Prädikate einzelner trinitarischer Personen grundsätzlich auf Gott „insgesamt" übertragen werden können, solange die individuellen Proprietäten gewahrt bleiben, d.h. wenn also alles, was nicht unmittelbar dazu beiträgt, die jeweilige Individualität in ihrer Relationalität unterscheidbar zu machen, der *divina essentia* zurechenbar ist. Das Filioque erläutert Anselm somit durch seine Reduktion auf die grundlegende Ursprungsrelation der innertrinitarischen Relationen: *deus de deo*.

Auf der Basis dieses trinitarischen Grundaxioms legt Anselm eine hochformalisierte Systematik der Relationen der Trinität vor: Die Proprietäten sind irreduzibel, weil - betrachtet man jeweils zwei Personen gemeinsam - je eine Person aus der anderen Sein hat, die andere jedoch nicht aus der ersten (cf. c. 15; 216,14-22).[342] Diese Engführung der personalen Relationen auf die Seinskonstitution impliziert dann notwendigerweise, daß auch der Geist aus dem Sohn Sein hat - unter der impliziten Voraussetzung, daß es sich nicht andersherum verhält! Den entscheidenden systematischen Schritt geht Anselm, indem die *Seins-* als *Ursprungsrelationen* gefaßt werden, woraus sich sechs Unterscheidungsmerkmale der Personen ergeben: *habere/non habere patrem, habere/non habere filium, habere/non habere spiritum de se procedentem* (c. 16; 216,27-29). Jeder Person kommen drei solche Differenzen zu; davon konstituiert je eine Differenz die Eigentümlichkeit der Person sowie eine weitere die Übereinstimmung mit einer zweiten und die

---

basant plus directement sur le principe qu'en Dieu tout est un là où il n'y a pas d'opposition de relation"; ähnlich GRABMANN 1909, 327f. Anm. 3. Zutreffend betont dagegen MÜHLEN 1980, 316f., daß man „vielmehr immer und durchgängig *beide* Aspekte im Auge behalten" müsse: „Anselm führt auf diese Weise den Rationalismus in der Theologie mit rationalen Mitteln ad absurdum." Gegen die „unitarische Schärfe" der florentinischen Formel und die Verkürzung des anselmischen Axioms betont GRESHAKE 1997, 36: „Die im anselmischen Prinzip gemeinte Einheit ist also immer sofort durch den Gesichtspunkt personaler Beziehungen in Gott gegenläufig zu akzentuieren."- Das Prinzip, die innergöttliche Vielheit allein relativ zu bestimmen, stammt bereits von Augustin (civ. XI 10; CChr.SL 48, 330,12-19 DOMBART/KALB); auf Vorläufer dieses Axioms in trin. VIII prooem. (CChr.SL 50, 268,1-22) und bei Boethius, trin. VI (24,7-10 ELSÄSSER), weist BOUCHÉ 1938, 16 hin (cf. auch SCHMAUS 1975, 32).

[342] Cf. 216,13f.: „*necesse est alterum ex altero aut esse, quia ille non est ex se, aut non esse, quia ille est ex se*"; cf. auch schon c. 1 (182,15-183,14).

letzte die gleichzeitige Unterscheidung von der dritten Person.[343] Damit sind die Personen in einer logischen Matrix zu beschreiben (216,31-217,10):

	pater	filius	spiritus sanctus
pater	*habere filium*	habere spiritum sanctum de se procedentem	non habere patrem
filius	habere spiritum sanctum de se procedentem	*habere patrem*	non habere filium
spiritus sanctus	non habere patrem	non habere filium	*non habere spiritum sanctum de se procedentem*

Die systematische Pointe des anselmischen Traktats über den Heiligen Geist liegt also in einer hochformalisierten Beschreibung des innertrinitarischen Relationengeflechts: „Der Vater ist also der einzige, der aus keinem anderen ist und aus dem die beiden anderen sind; dagegen ist der Heilige Geist der einzige, aus dem niemand und der aus beiden anderen ist; der Sohn schließlich ist der einzige, der aus einem und aus dem einer ist. Es ist jedoch den dreien gemeinsam, zu jeweils zweien eine Beziehung zu haben (*est autem tribus commune ad duos habere relationem*). Denn der Vater verhält sich zu Sohn und Heiligem Geist wie zu jenen, die aus ihm sind; der Sohn zum Vater und zum Heiligen Geist, weil er aus dem Vater ist und der Heilige Geist aus ihm selbst; der Heilige Geist zu Vater und Sohn, weil er aus beiden ist" (217,10-16).[344] Allerdings ist der Heilige Geist in dieser Matrix rein negativ bestimmt, insofern er selbst nicht Ursprung einer weiteren Person ist, aber auch keinen Vater hat – hier tritt die auch in diesem augenscheinlich so symmetrischen System ungelöste Problematik zu Tage, wie das Verhältnis des Geistes zur Person des Vaters *positiv* zu bestimmen ist. Im Kontext der *ratio Anselmi* ist dies freilich genau deswegen kein Problem, weil der *doppelten Negation* hinsichtlich des Geistes (der keinen Vater

---

[343] 216,29-31: „*Harum differentiarum singulus quisque habet unam propriam qua differt ab aliis duobus, et duas ita communes et proprias, ut quam communicat uni, ea differat ab altero.*"

[344] Eine Vorstufe zu dem von Anselm entwickelten Schema läßt sich bei Fulgentius, fid. II 7 (CChr.SL 91A, 716,150-161 FRAIPONT) identifizieren (wo es im Kontext freilich um die Inkarnation geht): „*Sicut ergo secundum illam diuinitatem qua unum sunt Pater et Filius et Spiritus sanctus, neque Patrem natum credimus, neque Spiritum sanctum, sed solum Filium, sic etiam secundum carnem solum Filium natum catholica fides et credit et praedicat. Neque enim in illa trinitate proprium esset solius Patris quod non est natus ipse, sed unum Filium genuit (neque proprium solius Filii, quod non genuit ipse, sed de Patris essentia natus est; neque proprium Spiritus sancti, quod nec natus est ipse, nec genuit, sed solus de Patre Filioque incommutabili aeternitate procedit) si secundum diuinam quidem naturam Deus Pater de nullo nasceretur Deo, secundum carnem tamen ipse nasceretur ex uirgine.*"

und keinen Sohn hat) eine *doppelte Position* bei Vater und Sohn (die darin vereint sind, daß der Heilige Geist aus ihnen hervorgeht) entspricht. Die Personen sind demnach - in Analogie zum boethianischen Personbegriff - definiert durch ein Set von Proprietäten[345], wobei im Gegensatz zum Menschen diese Matrix weder eine Vielfalt von Göttern noch Gott allein als die Summe seiner personalen Eigentümlichkeiten impliziert; vielmehr repräsentieren die drei Personen wiederum eine kategorial andere göttliche Entität.[346] Im Rückgriff auf *De incarnatione* erklärt Anselm dieses Problem mit dem Beispiel des mathematischen Punktes oder einer entsprechenden Linie, die durch die Hinzufügung eines weiteren Punktes bzw. einer weiteren Linie mit derselben Lage zugleich Einheit und Vielheit abbilden, sowie mit dem paradoxen Ausdruck „*aeternitas in aeternitate*" (218,15f.), wobei „Ewigkeit" nicht multiplizierbar ist: „Was auch immer auf diese Weise über die Wesenheit Gottes ausgesagt wird, wenn sie in sich entfaltet wird, vermehrt weder die Masse, noch bewirkt es Vielheit" (*eodem modo quaecumque de dei dicuntur essentia, si in se replicentur, nec quantitatem augent nec pluralitatem admittunt*: 218,17f.).[347] In diesem Rahmen ist die innergöttliche Dialektik von Einheit und Vielheit zu verstehen: „Weder ist Gott ohne Person, noch eine Person ohne Gott; einmal schreiben wir den einzelnen Personen die Eigentümlichkeiten der Einzelnen zu, ein andermal dem einen als Eigentümlichkeit, was ihm mit den anderen gemeinsam ist."[348]

Die Pointe des anselmischen Arguments liegt darin, daß die *Seinsrelationen innerhalb der Trinität* von der offenbarungsmäßigen Transparenz der *heilsgeschichtlichen Sendungsrelationen* her interpretiert werden. Zugrunde liegt also nicht eine beschränkte Analogie zur Trinität aus triadischen Strukturen der Erfahrungswelt, sondern eine erkenntnisfähige Analogie der heilsgeschichtlichen Offenbarung Gottes zu seinem binnentrinitarischen Sein. Denn da - der johanneischen Pneumatologie entsprechend - der Geist unbestreitbar vom Sohn in die Welt gesandt und der Schöpfung mitgeteilt wird, insofern also dem Wirken des Sohnes zumindest *logisch* (wenn auch -

---

[345] Cf. 217,17f.: „*Possidet ergo unusquisque suas proprietates, quarum collectio in alio non est eadem, ad similitudinem diversarum hominum personarum*"; dies entspricht der Persondefinition, die Boethius aus Porphyrius entnahm und mit der sich Anselm schon bei der Abfassung von *De incarnatione* auseinandersetzen mußte (s.o. S. 460 Anm. 264).

[346] Cf. 217,25-218,3: „*In hoc itaque quod relative deus ad deum dicitur, sicut plures homines personarum admittit diversitatem; in hoc vero quod per se est, id est in deo, inseparabilem ad similitudinem unius hominis servat singularitatem*"; cf. dazu auch 219,5-10.

[347] Cf. bereits incarn. 15 (II; 34,9-11); Augustin, trin. XV 26,45 (CChr.SL 50A, 524,1-5).

[348] „*Quia nec deus est sine persona, nec persona sine deo; et quia singulis personis attribuimus aliquando propria singularum, aliquando uni quasi proprium quod commune est aliis*" (219,11-13).

erkennbar an der Taufe Jesu - nicht *chronologisch*) nachgeordnet ist, kann Anselm - weil dagegen weder von der Schrift noch vom Bekenntnis her ein relationaler Gegensatz geltend zu machen ist - das Hervorgehen des Geistes aus Gott dem Vater *und* Gott dem Sohn behaupten; und wenn die Schlüsselbeziehung *deus de deo* eine kategoriale Differenz von ewigem und geschichtlichem Hervorgang verbietet, muß diese Beziehungsstruktur auch für die seinskonstitutiven Ausgänge innerhalb der *einen Gottheit* gelten.

Vorausgesetzt ist dabei allerdings, daß biblische Aussagen über die *opera trinitatis ad extra* Einblicke in die ungeschaffene, raumzeitliche Bedingungen transzendierende Gottheit gestatten - eine Prämisse, die von den Disputationspartnern in Bari offensichtlich bestritten wurden, indem sie auf der strikten Differenz zwischen dem χορηγεῖσθαι und dem ἔχειν τὸ εἶναι des Geistes insistierten.[349] Es steht also mit der Verteidigung des *inhaltlichen* Argumentes auch die damit verknüpfte *methodische* Prämisse auf dem Spiel, aus dem in der Schrift Ausgesagten systematische Folgerungen für das dort Ungenannte ziehen zu dürfen. Damit fallen systematische Pointe wie neuralgischer Punkt der anselmischen Pneumatologie in eins: Die Rechtmäßigkeit des Filioque im Blick auf Schrift und Bekenntnis hängt an dem Grundsatz, daß es der Trinitätslehre gerade um den drei*einen* Gott geht, also *sensu stricto* um die *triunitas*, ohne - wie in der Hochscholastik seit dem IV. Laterankonzil (1215) - zwischen den Traktaten *De deo uno* und *De deo trino* zu trennen. In der Reflexion über den einen, dreifach offenbaren Gott setzt Anselm - im Anschluß an die augustinische Tradition und an seine eigenen Darlegungen im *Monologion* - bei der Einheit *Gottes* an und kann dann alles, was die trinitarischen *Personen* angeht, durch die Analyse der Relationen *innerhalb* dieser Gottheit ableiten - also auch das Filioque, das er genau dann lehren *muß*, will er die *deitas* als den Grund der *trinitas* bewahren und nicht wie die griechische Theologie die Dreiheit im *Vater* begründet sehen.[350] Daher ist zwischen Gottheit und göttlichen Seinsweisen eine kategoriale Differenz zu konstatieren, insofern die Individuationen in einem *logischen* Gefälle von der Einheit zur Dreiheit stehen. Daß dies die trinitarische Grundstruktur ist, kann aber letztlich nur *via analogiae* erkannt werden: „Wie also unsere Erkenntnis nicht über die Ewigkeit hinausgehen kann, als ob sie über deren Ursprung urteilte, so kann und darf

---

[349] Theophylakt (s.u. Abschnitt 3.1.) sieht hier die theologische Grunddifferenz beider Positionen (und Traditionen!) schlechthin: Ἃ γε ὅλῳ καὶ παντί, φασί, διαφέρει (prosl. 5; CFHB 16/1, 255,3f. GAUTIER).

[350] Cf. OBERDORFER 2001, 179: „Eine Bi-Prinzipialität [soll] nicht etwa durch die Mono-Prinzipialität des Vaters, sondern durch den Hinweis auf die Vater und Sohn gemeinsame und von diesen gemeinsam dem Geist vermittelte *essentia* ausgeschlossen werden."

sie nicht über dieses Geboren-Werden und Hervorgehen nach der Ähnlichkeit der Schöpfung denken und urteilen."³⁵¹ Anselms Hermeneutik führt also dazu, daß die *konkret-geschichtlichen Relationen* zwar als heuristische Grundlage der innergöttlichen Differenzierungen herangezogen werden dürfen, dies aber nur in einer schon feststehenden Engführung auf „Zeugung" bzw. „Hervorgang". Da aber diese Engführung der kirchlich rezipierten Lehre entnommen ist, deren Sinnhaftigkeit erst aufgewiesen werden soll, ergibt sich ein „aporetischer Zirkel wechselseitiger Begründung"³⁵² - wobei Anselm nichts weiter anstrebte, als diesen Zirkel in größtmöglicher Widerspruchsfreiheit und terminologischer Präzision zu rekonstruieren.

Von hier aus läßt sich auch das werkgeschichtliche Gefälle der Trinitätstheologie Anselms erkennen. Das *Monologion* mit seiner spirituell geprägten und kontemplativ voranschreitenden Argumentation ist in der Forschung stets auf mehr Interesse gestoßen ist als die nüchterne Auseinandersetzung Anselms mit den Griechen.³⁵³ Jedoch bestimmt - wie bei Augustin - nicht die Spekulation, sondern die Konzentration auf die kirchliche Lehre die Endgestalt der anselmischen Trinitätslehre: Nicht die „analytische" trinitarische Entfaltung des *summus spiritus*, sondern die „synthetische" Apologie des Nizäno-Konstantinopolitanums auf der impliziten Basis des Athanasianums steht werkgeschichtlich und systematisch am Ende seines theologischen Denkweges. Die Herausforderung durch die grammatisch orientierte Theologie Roscelins nötigte Anselm dazu, mehr als im *Monologion* die distinkte Existenz der trinitarischen Personen in den Blick zu nehmen und in *De incarnatione Verbi* eine positive Zuordnung von Substanz, Person und Relation zu begründen - in Abkehr von der früher bekundeten Skepsis gegenüber dem Personbegriff, worin sich eine erstaunliche Parallele zu Augustin erweist.³⁵⁴ In *De processione Spiritus sancti* wird schließlich in der konkreten Begegnung mit der griechischen Theologie die spezifisch lateinische Pneumatologie verteidigt und „re-fundamentiert" - hier geht Anselm über Augustin hinaus, indem er zur Absicherung der

---

³⁵¹ „*Sicut igitur intellectus noster non potest transire ultra aeternitatem, ut quasi de principio eius iudicet, sic non potest de hac nativitate vel processione nec debet ad similitudinem creaturae sentire vel iudicare*" (c. 14; 214,20-22).
³⁵² OBERDORFER 2001, 182.
³⁵³ Als repräsentativ darf das Votum bei EVANS 1989, 65, gelten: „The matter and the treatment are dry and limited in scope. We do not discover the Trinity as a wonder"; ähnlich bereits DIES. 1976, 57.
³⁵⁴ Augustin äußerte zwar in trin. V 9,10 (CChr.SL 50, 217,10f. MOUNTAIN/GLORIE) grundsätzliche Zweifel an der Angemessenheit des Personbegriffs, nahm diesen aber in antihomöischem Kontext durchaus unbefangen in Anspruch (c. Maxim. II 10,2; PL 42, 765); cf. dazu GEMEINHARDT 1999, 155 mit Anm. 30.

Monoprinzipialität innerhalb der einen Gottheit den Hervorgang des Geistes nicht *principaliter* auf den Vater zurückführt, sondern auf die Gottheit selbst, d.h. das bei Augustin präfigurierte Modell der relationalen Differenzierung in der einen Substanz dahingehend radikalisiert, daß *nativitas* und *processio* als einzige unterscheidende Merkmale innerhalb der Gottheit verbleiben, die wiederum in der Terminologie des rezipierten kirchlichen Credos zu beschreiben ist, also mit der „athanasianischen" Disjunktion *una substantia - tres personae*.[355] Zugleich tritt die „psychologische" Trinitätslehre in den Hintergrund und wird durch Analogien aus dem Bereich menschlicher Erfahrung substituiert.[356] Damit kann der Fortschritt Anselms gegenüber der Spekulation im *Monologion* aber nicht nur als „technisch" bezeichnet werden[357], sondern ist auch inhaltlich zu klassifizieren: Die neunizänische Trinitäts*theologie* Augustins wird mit dem - diesem selbst noch unbekannten, aber unter den Prämissen seiner Theologie übersetzten - nizäno-konstantinopolitanischen Trinitäts*bekenntnis* in Verbindung gebracht.[358] Damit geht jedoch eine dogmatische Selbstbeschränkung hinsichtlich der Trinitätslehre einher, die sich in der Unterscheidung „zwischen dem Normativ-Essentiellen und dessen (weniger verbindlichen) theologischen Explikation" manifestiert - einer Unterscheidung, „die beachtliche Verhandlungsspielräume eröffnen konnte"[359]. Daß diese Differenz

---

[355] HOPKINS 1972, 120, bietet eine zutreffende Paraphrase der komplexen Kommunikationssituation, in der sich Anselm befindet: „Anselm unfolds Augustine's arguments, remodulates their emphases, and gears them to the problematics of his own intellectual and ecclesiastical situation. In this situation he seeks to do justice to the rational credibility, the historical continuity, and the Scriptural basis of Western orthodoxy."

[356] KOHLENBERGER 1976, 165, nivelliert diese werkgeschichtlichen Differenzen: Mit dem Begriff *procedere* habe Anselm in monol. 49 „schon vor dem Konzil von Bari den Ansatz, der später in *De processione* ausgearbeitet wurde, nämlich das Filioque und damit die herrschende westliche trinitätstheologische Tradition, in der Weise der *ratiocinatio* übernommen." Das „trinitarische Grundgesetz" sei damit schon präfiguriert (aaO., 173). Unzutreffend urteilt COURTH 1988, 133, daß „die Behandlung des Themas auf der Einigungssynode von Bari (1098)... deutlich unter dem Einfluß des frühen Anselm von Canterbury und seiner Trinitätslehre" stehe, so daß der Geist als „innergöttliche Liebe" reflektiert werde - was gerade nicht zutrifft! Jedoch ging Anselms *Nachwirkung* in der Trinitätslehre der Scholastik eher vom *Monologion* aus (SCHMAUS 1975, 44f.).

[357] So EVANS 1989, 66: „Technically, certainly, and in the originality of his arguments and analogies there is a solid advance."

[358] Gegen den Vorwurf eines der gesamten westlichen Tradition latent inhärenten Modalismus (so z.B. MOLTMANN 1981, 151) muß hervorgehoben werden, daß Anselm großen Wert auf die *Personalität* der trinitarischen Seinsweisen legt, worin der entscheidende Schritt über das *Monol.* hinaus zu sehen ist: „*Notandum tamen quia nec deus est sine persona, nec persona sine deo*" (proc. 16; 219,11f.).

[359] OBERDORFER 2001, 178.

wiederum auf einer problematischen Grundannahme beruhte - nämlich der umfassenden Geltung der (abendländischen) *ratio* für die Rekonstruktion theologischer Sachverhalte jenseits sprachlicher Grenzen - und eine ungesicherte inhaltliche Unterstellung vornahm - die Zustimmung der Griechen zu den augustinischen Grundprinzipien der Trinitätslehre -, macht freilich die Grenzen dieser Verhandlungsfähigkeit - und damit der *ratio Anselmi* insgesamt - gleichermaßen offenkundig.[360]

3. Das Filioque zwischen Ost und West am Ende des 11. Jahrhunderts

3.1. Byzantinische „Normaltheologie": Theophylakt von Achrida

3.1.1. Die *Proslalia* - theologische Kritik und Verteidigung der Lateiner

Daß in der Forschung nur selten nach dem konkreten theologischen Hintergrund der Gesprächspartner Anselms gefragt wird[361], mag mit dem klassischen Vorurteil über die Geschichtslosigkeit des *opus Anselmi* zusammenhängen. Es lassen sich jedoch gute Gründe für die Hypothese namhaft machen, daß die griechischen Bischöfe in Bari sich an die Argumentation Theophylakts von Achrida in dessen Προσλαλιά τινι τῶν αὐτῶν ὁμιλητῶν περὶ ὧν ἐγκαλοῦνται Λατῖνοι anlehnten, die somit einen virtuellen Kontext des anselmischen Traktats bildet und dadurch eine vergleichende Standortbestimmung der Filioque-Kontroverse um das Jahr 1100 gestattet (s.u. 3.2.). Theophylakt, geboren um 1055 auf Euböa, war in Konstantinopel Schüler des Michael Psellos; nach dem Sturz seines Lehrers konnte er sich bei Hofe halten und wurde neben seiner Tätigkeit als Diakon an der Hagia Sophia von Michael VII. Dukas zum kaiserlichen Prinzenerzieher berufen. Zwischen 1088 und 1092 wurde er Erzbischof im bulgarischen Achrida, wo er 1125/26 starb.[362] Literarisch trat er als Hagio-

---

[360] EVANS 1991, 46: „Anselm of Canterbury's *De processione Spiritus sancti* illustrates perhaps best of all the sheer problem of mental incomprehension which bedevilled even the most eirenic attempt to arrive at reunion." Dennoch behält trotz der Partikularität des Standpunktes die Würdigung durch JUGIE 1926, 367, ihr Gewicht: „Sine ulla controversia, opus sancti Anselmi, quamquam notitia theologiae Patrum graecorum in eo desideratur, est omnium, quae a Latinis de processione Spiritus sancti ante saeculum XII conscripta fuere, gravissimum atque ad controversiam accommodatissimum."

[361] Cf. immerhin BOUCHÉ 1938, 7-11; RUNCIMAN 1955, 72-74; GAUSS 1967, 83-86.

[362] Zu Theophylakts Lebensdaten cf. BECK 1959, 649f. (mit Todesdatum 1108); C. HANNICK, in: LMA 8 (1997), 671f.; G. PODSKALSKY, in: LThK³ 9 (2000), 1475. Zu Michael Psellos als Lehrer cf. ep. 15 (PG 126, 384D-385A).

graph des Bulgarenbischofs Clemens (Kliment) und als Verfasser von Kommentaren zu neutestamentlichen Schriften (durch extensive Auswertung der Katenentradition)[363] hervor; zur Frage des Hervorgangs des Heiligen Geistes ist die Auslegung des Johannesevangeliums aufschlußreich.[364]

Die Schrift über die „Irrtümer der Lateiner" spricht diese zwar in der 2. Person Plural an, ist aber tatsächlich eine briefliche Antwort an einen Diakon Nikolaos, den nachmaligen Bischof von Malesova.[365] Nikolaos hatte darum gebeten, „so kurz wie möglich die Irrtümer der Lateiner in kirchlichen Dingen zu widerlegen, die zahlreich sind, wie du sagst, und zum Spalten der Kirchen keine geringe Kraft besitzen" (πολλοῖς τε οὖσιν, ὡς ἔφησας, καὶ πρὸς τὸ σχίζειν τὰς ἐκκλησίας οὐ μικρὰν ἰσχὺν ἔχουσιν: c. 1; 247,4-7). Theophylakt war damals schon Erzbischof (247,2), und wenn der Fragesteller sich in Konstantinopel befand, wäre an die synodale Diskussion des Jahres 1089 um die Frage, ob gegen Rom tatsächlich kirchentrennende Vorwürfe zu erheben seien, zu denken. Die Anfrage an Theophylakt wäre dann als Appell klerikaler „Hardliner" zu verstehen, gegen die milde Linie des Kaisers die unterschwellig kolportierten Vorwürfe nicht als *de facto* erledigt, sondern als *de jure* begründet zu erweisen.[366] Dagegen

---

[363] Gerade für die Geschichte Bulgariens gilt Theophylakt als unverzichtbare Quelle, durch die Vita des Methodius-Schülers und -Nachfolgers Clemens (PG 126, 1191-1240) ebenso wie durch die *Historia martyrum Tiberiopoli* (PG 126, 151-222); cf. dazu jetzt PODSKALSKY 2000, 285-288; zur Exegese aaO., 233-235. Die exegetischen Werke Theophylakts liegen bislang nur in PG 123/124 vor (nach der *editio princeps* MINGARELLIS von 1756). Die *Proslalia* wurde jüngst von GAUTIER (CFHB 16/1, 246-285) kritisch ediert (hiernach die Angabe von Seiten- und Zeilennummern im Text). PODSKALSKY 2000, 233 Anm. 992, notiert weitere unpublizierte Traktate περὶ τῆς ἁγίας τριάδος (Rom, Bibl. Anglica 30/43 saec. XIV).

[364] In der *Vita Clementis* wird berichtet, wie sich der Heilige gegen einen gewissen Vichnikon wehren mußte, der von den Methodiusschülern das Bekenntnis forderte: ἐκ πατρὸς υἱὸν γεννηθέντα καὶ ἐξ υἱοῦ τὸ πνεῦμα ἐκπορευόμενον (v. Clem. 8; PG 126, 1208C). Clemens freilich habe standhaft erwidert: τί γοῦν ἁμαρτάνομεν, εἰ τὸν ἐν θεῷ ζῶντα διδάσκαλον ἔχομεν, πνευματικῶς ἡμῖν συνόντα καὶ συλλαλοῦντα καὶ καθ' ὑμῶν συνεπιρρωννύοντα; (aaO., 1208D).

[365] Cf. GAUTIER 1980, 105 mit Anm. 23. Zu Theophylakts Auseinandersetzung mit dem Filioque cf. HERGENRÖTHER 1869, 782-787; DRÄSEKE 1901 passim; LEIB 1924, 41-50; JUGIE 1926, 303-310; DERS. 1941, 243-246.

[366] Cf. JUGIE 1941, 243: „A l'occasion de cette union provisoire, les deux tendances qui divisaient le clergé byzantin, chaque fois qu'il était question de rétablir les relations avec les Latins, se manifestèrent de nouveau." GAUTIER 1980, 102f. mit Anm. 13f., identifiziert diese „Parteien" - wenngleich etwas schematisch - mit der Gefolgschaft des Michael Kerullarios einerseits („sourcilleuse et outrancière": u.a. Leon von Achrida, Niketas Stethatos, Niketas von Nizäa sowie der Verfasser von Περὶ τῶν Φράγγων) und derjenigen des Petrus von Antiochien andererseits („pondérée et compréhensive": z.B. Niketas Seides, Johannes Fournes, Eustratios von Nizäa, Euthymios Zigabenos

setzte Theophylakt allerdings eine eigene Sicht der lateinischen „Irrlehren":
„Denn weder kennen wir viele Irrtümer noch solche, die die Kirchen spalten könnten, weil nicht ein einziger an das Zentrum des Glaubens heranreicht" (οὔτε γὰρ πολλὰ τὰ σφάλματα οἴδαμεν οὔτε σχίζειν ἐκκλησίας δυνάμενα, ὅτι μὴ μόνον ἓν τὸ φέρον πρὸς αὐτὸ τῆς πίστεως ἡμῶν τὸ κεφάλαιον: 247,8-10). Unzweideutig kritisierte er seine Zeitgenossen, sich an Scheingefechten zu erfreuen, ohne sich auf die pauschal als häretisch diffamierte Position überhaupt einzulassen.[367] Daß die Lateiner in manchen rituellen Fragen zu irren schienen, stelle keineswegs eine schwerwiegende Belastung des Miteinanders dar[368]: Dies erfordere keine harsche Kritik, sondern eine milde Ermahnung, von deren Erfolg die Kirche gewiß profitieren, durch deren Nichtbeachtung sie jedoch keinesfalls Schaden erleiden könne.[369] Nur *eine* Frage betrachtete Theophylakt als fundamentales Problem, das in der Tat die kirchliche Gemeinschaft auf die Probe zu stellen vermochte:

> „Ihr größter Irrtum ist nun... die Neuerung im Symbol des Glaubens, die sie eingeführt haben, indem sie verkündigen, daß der Geist aus dem Vater und aus dem Sohn hervorgehe. Das Symbol des Glaubens muß aber ein Symbol ohne jede Verfälschung sein."[370]

---

und Theodoros Prodromos). Daß die Konstantinopel-Reise des Petrus Grossolano (1112) und seine Diskussionen mit griechischen Theologen der Anlaß für die Anfrage des Nikolaos gewesen sein könnte (aaO., 113f.; cf. DARROUZÈS 1965, 57 Anm. 20) ist aufgrund der Korrespondenz mit Anselms Traktat (s.u. S. 507f.) unwahrscheinlich. Angesichts seiner erschütterten Berichte über die ersten Kreuzfahrer und ihren blutigen Weg durch Bulgarien (ep. 52; CFHB 16/2, 303,4-12 GAUTIER) ist kaum anzunehmen, daß Theophylakt nach 1100 noch eine so irenische Position eingenommen hätte.

[367] C. 1 (247,13-18): οὐ γὰρ ἀδελφικῶς δεχόμεθα τὰ παρὰ τῶν ἀδελφῶν εἰσαγόμενα, ἀλλ' ἀντιθετικῶς αὐτοῖς προσφερόμεθα καὶ σπεύδομεν αὐτὸς ἕκαστος δόξαι τις τὸν φθάσαντα παραγκωνισάμενος καὶ κριθήσεσθαι παρὰ τοῖς πολλοῖς τὰ πρῶτα τῶν τὰ θεῖα σοφῶν οἰόμεθα, εἰ τοῖς πλησίον αἵρεσίν τινα ἐπιτρίψαιμεν, καὶ φανήσεσθαι δοκοῦμεν ὄμματα ἔχοντες, εἰ τὸν Ἑωσφόρον μελαναυγῆ παρεισάξομεν. Cf. dazu HERGENRÖTHER 1869, 783.

[368] In c. 2 (249,8-16) wird aufgezählt, was Nikolaos als tadelnswert erachtete: die Azymen, das Samstagsfasten, die unterschiedliche Berechnung der Fastenzeit, der Zölibat, das Bartscheren, der Verzehr von Ersticktem durch die Mönche - ein sukzessive „standardisierter" Katalog an Differenzpunkten, wie der Vergleich mit der Polemik des Konstantin Stilbes ein Jahrhundert später beweist (DARROUZÈS 1963, 94-98).

[369] C. 2 (251,2-5): ἐγὼ δὲ καὶ τούτων τὰ μὲν οὐδεμιᾶς ἐπιστροφῆς δεῖσθαι νομίζω, τὰ δὲ μετρίας καὶ οἴας, εἰ μὲν ἀνύσειέ τι, μικρὰ τῇ ἐκκλησίᾳ χαρίζεσθαι, εἰ δ' οὖν, ἀλλὰ μηδὲ ζημίαν γε τιθέναι τὸ ἀνεξάνυστον.

[370] ἔστιν οὖν τὸ μέγιστον σφάλμα... ἡ ἐν τῷ τῆς πίστεως συμβόλῳ καινοτομία, ἣν ἐποιήσαντο, ἀνακηρύττοντες τὸ πνεῦμα ἐκ τοῦ πατρὸς καὶ τοῦ υἱοῦ ἐκπορευόμενον. δεῖ δὲ σύμβολον εἶναι τοῦ πιστοῦ τὸ σύμβολον πάσης ἀπηλλαγμένον παραποιήσεως (c. 3; 251,10-14).

Mit dieser Voranstellung der Unversehrtheit des Glaubensbekenntnisses vor der Frage nach seiner Interpretation wird deutlich, daß das Credo nicht unter die disziplinären Adiaphora fällt, sondern durch seine liturgische Einbindung als Zeichen für die Gemeinschaft der faktisch existierenden Kirchen fungiert. Entsprechend habe sich die kontroverstheologische Aufmerksamkeit hierauf zu richten, statt ihre Kraft auf Nebenschauplätzen zu vergeuden.[371] Bezeichnend - und den Verfasser sowohl von Anselm von Canterbury als auch von seinem griechischen Zeitgenossen Eustratios von Nizäa unterscheidend - ist die Entfaltung dieser These durch einen ausführlichen Schriftbeweis statt durch den Einsatz dialektischer Argumentationsmuster.[372] Dies entspricht seiner Auslegung des ersten Korintherbriefes, wo „deutliche Vorbehalte gegenüber der Syllogistik"[373] begegnen, die den Exegeten Theophylakt von seinem philosophischen Lehrer Michael Psellos abheben: Die „Torheit des Kreuzes" sei nicht nur gegen die Juden und Heiden der urchristlichen Umwelt proklamiert worden, sondern genauso gegen die „Psychiker" der Gegenwart, die nichts akzeptieren wollten, was nicht mit natürlichen Argumentationsmitteln (φυσικῇ ἀκολουθίᾳ) demonstriert werden könne.[374] Hiergegen sei aber Einspruch zu erheben, da eine Erklärung der Schrift „durch Schlußfolgerungen und ihr äußerliche Weisheit" (ἀπὸ συλλογισμῶν καὶ τῆς ἔξω σοφίας) nur die oberflächliche Torheit, nicht aber die tatsächliche Weisheit Gottes erschließen könne[375], so daß das Verständnis der Schrift faktisch *behindert* werde: „Den Alten wurde nämlich wie in Bildern und Schatten das Kommende beschrieben, damit aus ihnen dies geglaubt werde. Und wir haben keinen Bedarf an Schlußfolgerungen und der logischen Beweisführung der Hellenen. Denn jene erschüttern den schwachen Verstand, verwirren ihn, erfüllen ihn gar

---

[371] PATLAGEAN 1995, 373f., ordnet daher Theophylakts Traktat derjenigen „Gattung der griechischen kirchlichen und ekklesiologischen Literatur" zu, die zwar als „Streitschriften 'gegen die Lateiner'" bezeichnet werden können, aber gegen pure Polemik wie Περὶ τῶν Φράγγων wiederum abzugrenzen sind.

[372] Cf. 251,16-18: πῶς οὖν πρὸς τὴν καινοτομίαν ἀπαντησόμεθα; ἁπλῶς τε καὶ ἀφελῶς καὶ τὸ ὅλον ὡς τοὺς ἁλιέων προσῆκε μαθητάς. Das Motiv der „Einfachheit der Fischer" begegnet pikanterweise schon in der Entgegnung Leos IX. auf die Vorwürfe von Theophylakts Vorgänger Leon! Cf. dazu oben S. 337 mit Anm. 159; zu Eustratios s.u. S. 514-518. In patristischer Zeit bezeugt Gregor von Nazianz die Alternative ἁλιευτικῶς - Ἀριστοτελικῶς (or. 23,12; SC 270, 304,11f. MOSSAY).

[373] PODSKALSKY 1977, 118.

[374] In ep. I Cor. 3,15 (PG 124, 596B). Hier dürfte auf Johannes Italos angespielt werden (s.o. S. 411f. mit Anm. 57); cf. dazu jetzt auch GEMEINHARDT 2001c, 528.

[375] In ep. I Cor. 1,17 (PG 124, 577A).

mit Mutlosigkeit und Finsternis."[376] Denn wie das menschliche Auge nicht ohne die Hilfe des Lichtes sehen könne, so sei das Erkenntnisvermögen auf die Erleuchtung durch den Heiligen Geist hingeordnet. Ebenso kritisiert die *Vita Clementis* die bulgarischen „Pneumatomachen" des 9. Jahrhunderts: „Ohne den Geist lehren sie vom Geist, ja sie flüstern ein, was dem Geist entgegengesetzt ist."[377] Über den Heiligen Geist sei vielmehr auszusagen, was die Apostel von Christus empfangen und den Vätern weitergegeben hätten: „Die von Anfang an Augenzeugen und Begleiter des Wortes waren [Lk 1,2], haben uns diesen Geist überliefert, der die Wahrheit verkündigt und aus dem Vater hervorgeht" (prosl. 3; 251,20-22; cf. Joh 15,26).

Was in Rom bekannt werde, sei demnach als τὸ νέον τοῦτο δόγμα (251,24) zu klassifizieren und dem entgegengesetzt, was Christus über den Geist gelehrt habe, „von wem und wie er das Sein hat" (253,2).[378] Daß in Joh 15,26 ein καὶ [ἐκ] ἐμοῦ impliziert sei, bestreitet Theophylakt kategorisch als καινοτομία (253,4f.), die nicht durch den Verweis auf einzelne lateinische Kirchenväter entkräftet werden könne[379], denn diese bezeugten höchstens das δι' υἱοῦ πεφηνέναι bzw. das δι' υἱοῦ ἐκ θεοῦ εἶναι des Geistes (c. 4; 253,13), jedoch auch nur in apologetischen Schriften gegen verirrte Häretiker, also nicht in positiver systematischer Darlegung.[380] Der Geist sei auf Christus bezogen, „aber nicht als aus ihm hervorgehend (ἐξ ἐκείνου

---

[376] In ep. I Cor. 3,14 (PG 124, 596A): τοῖς γὰρ παλαιοῖς ὡς ἐν τύποις καὶ σκιαῖς διεγράφετο τὰ μέλλοντα, ἵνα ἐξ ἐκείνων ταῦτα πιστεύεται. καὶ οὐκ ἔχομεν χρείαν συλλογισμῶν καὶ τῆς λογικῆς Ἑλλήνων ἀποδείξεως. ἐκεῖνοι γὰρ παρασαλεύουσι τὴν ἀσθενῆ διάνοιαν, ταράττοντες, μᾶλλον δὲ ζόφου πληροῦντες καὶ ἀπορίας; cf. auch ebd. zu 1,20 (PG 124, 580A).
[377] V. Clem. 8 (PG 126, 1212A): χωρὶς τοῦ πνεύματος τὰ περὶ τοῦ πνεύματος δογματίζοντες, μᾶλλον δὲ τῷ ἐναντίῳ ὑποφθεγγόμενοι πνεύματι; cf. in ep. I Cor. 3,15 (PG 124, 596BC).
[378] Eine konzise Zusammenfassung seiner Kritik an der lateinischen Pneumatologie bietet Theophylakt in seinem Kommentar zu Joh 3,32-34 (PG 123, 1224B): οἱ γὰρ Λατῖνοι, κακῶς ταῦτα ἐκδεχόμενοι καὶ παρανοοῦντες, φασίν, ὅτι τὸ πνεῦμα ἐκ τοῦ υἱοῦ ἐκπορεύεται. ἡμεῖς δὲ πρῶτον μὲν τοῦτό φαμεν πρὸς αὐτούς, ὅτι ἄλλο ἐστὶ τὸ εἶναι ἔκ τινος, καὶ ἄλλο τὸ εἶναί τινος· οἷον, τὸ πνεῦμα εἶναι μὲν τοῦ υἱοῦ πνεῦμα, ἀναμφίβολον, καὶ παρὰ τῆς γραφῆς βεβαιούμενον· εἶναι δὲ ἐκ τοῦ υἱοῦ, οὐδεμία γραφὴ μαρτυρεῖ, ἵνα μὴ δύο τοὺς αἰτίους τοῦ πνεύματος εἰσάξωμεν, τόν τε πατέρα καὶ τὸν υἱόν; cf. v. Clem. 8 (PG 126, 1209A); HERGENRÖTHER 1869, 784f.
[379] Unklar ist, ob Theophylakt Kenntnis von Argumentation und Gehalt lateinischer Schriften hatte; das Filioque hielt er für eine Einzelmeinung: ἔπειτα κἂν εἰ τοῦτό σοι δῶμεν, ἀλλ' οὔτι γε τὸ σπάνιον ἑλκύσομεν εἰς ὑπόδειγμα· νόμος καὶ τοῦτο ὑμέτερος (253,10f.); cf. Photius, myst. 68.72 (PG 102, 348AB; 352C-353A); ep. 291,19 (III; 148,295-300 LAOURDAS/WEST.). Hier dient der *disziplinäre* Kanon II der Synode von 879/80 gegen die „Laienpromotion" (s.o. S. 257) als *theologisches* Argument.
[380] Cf. Photius, ep. 291,16.18 (III; 147,250-255; 148, 287-290); dazu oben S. 274f.

προϊόν), sondern als sein Eigen (οἰκεῖον αὐτοῦ), denn er ist ihm naturverwandt und nicht fremd, und als auf ihm ruhend und als der, der von ihm den Würdigen gesandt und mitgeteilt und gegeben wird" (καὶ ὡς αὐτῷ ἐναναπαυόμενον καὶ ὡς παρ' αὐτοῦ τοῖς ἀξίοις πεμπόμενον καὶ χορηγούμενον καὶ μεταδιδόμενον: c. 5; 253,18-21). Die immanente und heilsökonomische Beziehung zu vermischen sei der Irrtum der Lateiner.[381]

Freilich konzediert Theophylakt den Lateinern, daß sie mangels eines begrifflichen Instrumentariums zur trennscharfen Unterscheidung zwischen dem innertrinitarischen Hervorgang und der heilsgeschichtlichen Sendung bzw. Mitteilung nicht in der Lage seien (cf. 253,24-255,3) und daher ihre pneumatologische Lehre guten Glaubens vortrügen. Der entscheidende Unterschied sei darin zu sehen, daß das Hervorgehen exklusiv die *Wesensverfassung* des Geistes und die Konstitution seiner proprietären Seinsweise bezeichne, die Sendung und Mitteilung durch den Sohn jedoch sein *Wirken in der Schöpfung* zum Ausdruck bringe:

> „Das Hervorgehen ist nun die Weise, durch die der Geist das Sein aus dem Vater hat und wodurch er auch in seiner Eigenart erkannt wird. Daß er gesandt, mitgeteilt und gegeben wird, ist jedoch nicht dafür bezeichnend, wie der Geist ist, sondern damit wird eine Vielheit bezeichnet und ein Ausfluß der Güte, die aus dem Vater das Sein hat und vom Sohn über die Würdigen ausgegossen wird, welchen sie auch sozusagen durch den Sohn gegeben wird."[382]

Indem die Lateiner diese beiden Aussageebenen in heillose Verwirrung brächten, verfehlten sie die Pointe der göttlichen Offenbarung über Sein und Wirken des Heiligen Geistes, weshalb Theophylakt an sie appelliert: „Wir wollen daher davon ablassen, das Unvereinbare in eines zu pressen, Mitteilung und Hervorgang, und Unverbundenes zusammenzubringen"[383] - eine Vermischung, die ebenso entstehe, wenn man die ἐμφύσησις aus Joh 20,22 als Information über die innergöttlichen Ursprünge, damit aber den

---

[381] Andernorts bietet Theophylakt eine ausführliche Diskussion dieser Kardinalstelle (in euang. Joh. 15,26; PG 124, 205B-D). Statt ἐκπορεύεσθαι kann er auch das allgemeinere προϊέναι verwenden, solange die Grunddifferenz gewahrt bleibt (v. Clem. 8; PG 126, 1208D-1209A): ἐκ πατρὸς μὲν προϊέναι τὸ πνεῦμα καὶ εἶναι τούτου αἴτιον καὶ προβολέα τὸν τοῦ υἱοῦ γεννήτορα πεπιστεύκαμεν· εἶναι δὲ καὶ τοῦ υἱοῦ οἰκεῖον καὶ δι' αὐτοῦ χορηγεῖσθαι τοῖς ἀξίοις ἑκάστοτε.

[382] τὸ μὲν οὖν ἐκπορεύεσθαι τρόπος ἐστὶ καθ' ὃν ἔχει τὸ πνεῦμα τὸ εἶναι ἐκ τοῦ πατρός, ὅπερ δὴ καὶ ἰδιότης αὐτοῦ γινώσκεται. τὸ δὲ πέμπεσθαι καὶ χορηγεῖσθαι καὶ μεταδίδοσθαι οὐ τοῦ πῶς ἔστι τὸ πνεῦμα δηλωτικόν, ἀλλὰ πλουτισμός τις ἐν τούτοις δηλοῦται καὶ οἷον χύσις τῆς ἀγαθότητος, τῆς ἐκ τοῦ πατρὸς μὲν ἐχούσης τὸ εἶναι, παρὰ τοῦ υἱοῦ δὲ εἰς τοὺς ἀξίους ἐκχεομένης, οἷς καὶ δι' υἱοῦ πεφηνέναι λέγεται (255,8-13).

[383] παυσώμεθα τοίνυν εἰς ταὐτὸν ἄγοντες τὰ ἀσύμβατα, μετάδοσιν καὶ ἐκπόρευσιν, καὶ συγκλώθοντες τὰ ἀσύγκλωστα (255,25-27).

Sohn als προβολεύς des Geistes auffasse (255,19), wohingegen diese Anhauchung keinesfalls als wesenhafte Übermittlung des erst zu Pfingsten gesandten Geistes zu verstehen sei, sondern als Gabe der Fähigkeit zur wirksamen Vergebung der Sünden.[384] Die seinskonstitutiven Proprietäten der trinitarischen Personen bestünden demgegenüber in der traditionellen Trias, wonach der Vater der „Zeugende und Hervorbringende" (γεννῶντα καὶ προβάλλοντα), der Sohn der Gezeugte (γεννώμενον) und der Geist der Hervorgegangenen (ἐκπορευόμενον: c. 6; 257,10f.), und letzteres beziehe sich auf jenen Hervorgang, καθ' ἣν ἐκ τοῦ πατρὸς μόνου τὸ εἶναι τῷ πνεύματι (257,15f.).[385] Daß Theophylakt damit den Vater-Begriff tendentiell entleert, liegt in der „photianischen" Logik seiner Exegese begründet. Über Photius hinaus (bzw. hinter dessen Engführung der Trinitätslehre zurück) geht Theophylakt allerdings dort, wo mit den trinitätsimmanenten zugleich auch die heilsökonomischen Relationen thematisiert werden, d.h. die Sendung des Geistes δι' υἱοῦ, so daß trotz dieser Formalisierung eine Sohn-Geist-Beziehung nicht prinzipiell negiert wird, weshalb Theophylakt keinesfalls als „totus Photianus" zu bezeichnen ist.[386]

Konsequent photianisch ist jedoch die Liste der Folgeirrtümer, die aus der Undifferenziertheit der lateinischen Theologie deduziert werden: Das Hervorgehen des Geistes aus dem Sohn (der dadurch wie der Vater αἴτιος wäre) impliziere einen *doppelten* Ursprung des Geistes (δύο ἀρχαί), damit aber eine interne Abstufung der beiden göttlichen, nicht aus sich selbst

---

[384] 255,19-22: οὐ γὰρ οὐσίωσις, ἵν' οὕτως εἴπω, τοῦ πνεύματος ἡ ἐμφύσησις, ἄλλως τε μηδὲ ὅλου τότε δοθέντος, ἀλλ' ἑνὸς χαρίσματος τοῦ τῆς ἀφέσεως τῶν ἁμαρτιῶν, τὸ γὰρ ὅλον τοῖς τῆς πεντεκοστῆς καιροῖς ὥριστο; cf. auch c. 7; 259,22-261,1; v. Clem. 8 (PG 126, 1209B); in euang. Joh. 3,32-34 (PG 123, 1224C). Ebd. 20,22 (PG 124, 297C) wird λάβετε πνεῦμα ἅγιον paraphrasiert als γίνεσθε ἐπιτήδειοι πρὸς τὸ λαβεῖν πνεῦμα, womit die zeitliche und sachliche Differenz zu Pfingsten gewahrt ist: δεικνὺς ὅτι τοῦτο τὸ εἶδος τῶν πνευματικῶν χαρισμάτων αὐτοῖς δέδωκε, τὸ τῆς ἀφέσεως τῶν ἁμαρτιῶν. μετὰ δὲ τὴν ἀνάληψιν, αὐτὸ τὸ πνεῦμα κατελθόν, καὶ τῶν σημείων καὶ παντὸς ἄλλου χαρίσματος τὰς δυνάμεις αὐτοῖς ἐπεδαψιλεύσατο. Diese Deutung hält WENDEBOURG 1980, 71f.85, allerdings für inkonsequent, da der Geist, der in der byzantinischen Theologie ansonsten vorrangig durch seine heilsökonomische Funktion definiert werde, gerade im Kontext der Filioque-Frage sorgfältig als Person von den geistlichen Charismen abgegrenzt werden solle.

[385] Cf. dazu auch v. Clem. 8 (PG 126, 1209C), wo für die trinitarischen Innenbeziehungen die Analogie von Sonne, Strahl und Licht in Anspruch genommen wird: ἡμῖν δὲ εἷς μὲν θεός, μία δὲ τῶν ἐξ αὐτοῦ ἀρχή, ὁ πατήρ· τοῦ μὲν υἱοῦ πατήρ, τοῦ δὲ πνεύματος προβολεύς· ὥσπερ οὖν καὶ εἷς ἥλιος ἀρχὴ τῆς τε ἀκτῖνος καὶ τῆς λάμψεως εἴτε θάλψεως (zu dieser Analogie s.o. S. 475 mit Anm. 302).

[386] So aber JUGIE 1936, 318 (ebenso HERGENRÖTHER 1869, 785). Zuletzt diagnostizierte MARX 1977, 163, einen „photianischen Standpunkt". GAUTIER 1980, 101, vermerkt die Kontinuität, hebt jedoch den Verzicht auf die Häretisierung der Lateiner hervor.

stammenden Personen. Wenn zwischen Seins- und Sendungsrelation nicht hinreichend differenziert werde, müsse auch der Vater, analog zum biblischen Zeugnis über den Sohn, als bloßer „Geber" und „Mitteiler" des Geistes verstanden werden - mit absurden Folgen: „Entweder wird [der Geist] auch selbst anfangslos (ἄναρχον) sein - und wo ist dann die Würde des Vaters? Wie ist ihm dann seine Eigentümlichkeit mitgeteilt worden? -, oder aber wir suchen eine andere Ursache und erdenken uns eine Vierheit der Personen und eine Zweiheit der Gottheit" (ἢ ἄλλον τούτου ζητήσομεν αἴτιον, καὶ τετρὰς μὲν ἡμῖν εἰσαχθήσεται προσώπων, δυὰς δὲ θεότητος: c. 7; 259,12-14). Damit werde der Begriff ἐκπορεύεσθαι seines exklusiven Sinnes beraubt (259,17f.). Die enge Verschränkung von Einheit und Vielheit, von Existenz- und Sendungsrelationen, wie sie bei Anselm zu finden war, wird von Theophylakt also peinlich genau auseinandergehalten: ταῦτα μὲν οὖν παρ' ἡμῶν εἰς σύστασιν τοῦ ἐκπορεύεσθαι τὸ πνεῦμα ἐκ μόνου τοῦ πατρός, ἀλλὰ μὴ καὶ ἐκ τοῦ υἱοῦ (c. 8; 261,2f.).[387]

Die Behandlung der disziplinären Streitpunkte folgt dem eingangs festgelegten Grundsatz, nicht mit dogmatischem Feuereifer gegen zweitrangige Windmühlen streiten zu wollen - mindestens im Blick auf die Azymen dürfte Theophylakt hier auf seinen Vorgänger Leon von Achrida und dessen harsche Angriffe gegen Rom anspielen (c. 9; 261,16-18; s.o. S. 331-333). Er verteidigt zwar die Eucharistiefeier mit gesäuertem Brot, insofern der Akzent des letzten Mahles Christi nicht auf dem Azymon gelegen habe, sondern auf dem neuen, mystischen Passah (cf. c. 9; 263,20-26). Auch wenn dieser Gebrauch gesäuerten Brotes im ganzen Orient vorherrsche (cf. c. 10; 267,6-15), liege jedoch keine kirchenspaltende Potenz in der Azymenfrage - außer wenn die Lateiner beanspruchen wollten, den Griechen ihre Riten vorschreiben zu wollen (267,20-24)![388] Die Pointe der Ausführungen zu den Azymen, aber auch zum Samstagsfasten liegt darin, daß die byzantinische Seite die Schrift und die Tradition der Väter und Konzilien auf ihrer Seite habe und den Lateinern die Unsicherheit ihrer Sache leicht aufzeigen könnte, „wenn wir das streng (πικρῶς) untersuchen wollten" (c. 11; 269,1f.).[389]

---

[387] Cf. in euang. Joh. 3,32-34 (PG 123, 1224D): πίστευε σὺ τὸ πνεῦμα, ἐκ τοῦ πατρὸς μὲν προϊέναι, δι' υἱοῦ δὲ χορηγεῖσθαι τῇ κτίσει, καὶ οὗτος ἔσται σοι κανὼν ὀρθοδοξίας; cf. SCHÜTZ 1985, 91.

[388] Cf. HERGENRÖTHER 1869, 787: „Keinesfalls, weit weniger noch als Petrus von Antiochien, hielt er die Consecration mit ungesäuertem Brode für ungiltig und einen dogmatischen Irrthum involvirend"; analog begegnet in den *exegetischen* Werken nirgends eine disziplinäre Kritik an der lateinischen Kirche (GAUTIER 1980, 105 Anm. 21).

[389] Freilich zeigt sich hier die spezifische Problematik des Traditionsbeweises, da weder can. app. 66 (cf. 269,3-5 = SC 336, 298,297-299 METZGER) noch can. 49 und 51 der

Das Ziel der Argumentation ist vielmehr eine Paränese an die eigene Partei, die vor lauter polemischer Scharfsinnigkeit nicht die weitgehende Orthodoxie der Lateiner anzuerkennen vermag: „Das ist der Geist der Feindseligkeit: blind gegenüber dem, was ist, nämlich dem Rechten; scharfsichtig gegenüber dem, was nicht ist, nämlich den Fehlern" (c. 12; 271,11f.).[390]

3.1.2. Das Verhältnis von οἰκονομία und ἀκρίβεια hinsichtlich des Filioque

Bereits in seinen einleitenden Bemerkungen hatte Theophylakt keinen Zweifel daran gelassen, daß die Auseinandersetzung mit der lateinischen Kirche auf das wirklich Trennende zu konzentrieren sei, nämlich die textuelle Diskrepanz im Glaubensbekenntnis und die dahinterstehende Pneumatologie. In c. 6 wird eine Präzisierung eingeführt, die belegt, daß sich für Theophylakt die Kommunikation mit lateinischen Theologen auch über den Heiligen Geist keinesfalls unter polemischen oder gar „schismatischen" Konditionen würde abspielen müssen. Denn die Lateiner könnten gar nicht sachlich zutreffend zwischen Hervorgang und Mitteilung des Geistes sowie zwischen den beiden innertrinitarischen τρόποι τῆς ὑπάρξεως unterscheiden, seien sie doch von vornehrein durch ihre unflexible Sprache gehandicapt (πενία λέξεων καὶ Λατίνου γλώττης στενότης: 257,5f.)![391] Daher mag der undifferenzierte Sprachgebrauch im Alltagsgespräch und selbst in der kirchlichen Verkündigung konzediert werden - mit einer Ausnahme: „Im Symbol jedoch [sollst du] den Hervorgang allein aus dem Vater verkündigen; denn darin liegt für uns das Bekenntnis des Glaubens, welches rein und klar und einfach sein muß."[392] Damit sind drei spezifisch byzantinische Kriterien der Orthodoxie eingeführt: Es gibt nur *ein* allgemein ver-

---

Synode von Laodizea (cf. 269,9-16 = 77,16f.21-23 LAUCHERT) oder das Quinisextum von 692 für Rom als rezipierte Autoritäten galten.

[390] Zutreffend beschreibt GAUTIER 1980, 97, die irenische - und gerade darin originelle - Pointe des *materialiter* überaus konventionellen Traktats: „Son originalité consiste dans la sérénité avec laquelle l'auteur aborde les points litigieux et dans la pondération dont il fait preuve dans l'appréciation des divergences théologiques, distinguant ce qui est fondamental de ce qui est secondaires, les dogmes des coutumes."

[391] Dies beklagten schon Basilius von Caesarea, ep. 214,4 (II; 205,1-6 COURTONNE), und Gregor von Nazianz, or. 21,35 (SC 270, 186,14-21 MOSSAY); zu Petrus von Antiochien und Περὶ τῶν Φράγγων s.o. S. 398 mit Anm. 387; dazu MICHEL 1949, 46f.

[392] ἐν δὲ τῷ συμβόλῳ τὴν ἐκπόρευσιν ἀνακηρύττειν ἐκ μόνου τοῦ πατρός, ἐνταῦθα γὰρ ἡμῖν ἡ ὁμολογία τῆς πίστεως, ἣν δεῖ καθαρὰν εἶναι καὶ φωτοειδῆ καὶ ἁπλῆν (257,20-22). Cf. dazu RUNCIMAN 1955, 73f.; GAUSS 1967, 84. GAUTIER 1980, 101 Anm. 8, weist zurecht darauf hin, daß es Theophylakt nur um das photianische *Konzept* des ἐκ μόνου τοῦ πατρός geht, keinesfalls aber um eine *Erweiterung* des NC durch diese griechische Präzisierung.

bindliches Bekenntnis; dessen Wortlaut ist von einem *ökumenischen Konzil* festgelegt worden; und es wird von *allen Kirchen* treu und unverändert bewahrt. Konkret handele es sich um „die Erklärung des Glaubens, gewissermaßen die Verlautbarung des Geistes, der auf dem zweiten Konzil siegreich war, dessen Eingebung (ἔμπνοια) die Übereinstimmung (σύμπνοια) der Väter über ihn bewirkte, die bei allen Kirchen bewahrt wird, denen die Würdigkeit zukommt, nicht Geringeres (μὴ ταπεινότερα) zu verstehen als ihr - denn [die Würdigkeit] ist gleich -, deren Anzahl ihre Argumente aber siegreich (νικητικώτερα) macht, denn [an Zahl] sind sie mehr" (257,24-28). Mit der Integrität des Bekenntnisses steht und fällt die Einheit der dieses sprechenden Kirche; hier findet auch der römische Anspruch, aufgrund primatialer Vollmacht über das kirchliche Credo urteilen zu dürfen, seine Grenze. Dieses *argumentum ex conciliis* ist in seiner Bedeutsamkeit kaum zu überschätzen, wenn man seine Vorgeschichte auf der Synode von Konstantinopel (879/80) oder bei Niketas Stethatos bedenkt.[393] Demgegenüber wird auf ein Väterargument fast vollkommen verzichtet; mehr Gewicht legt Theophylakt auf das *argumentum ex unanimitate ecclesiarum*: So wird zugunsten des gesäuerten eucharistischen Brotes auf die Kirchen Indiens, Äthiopiens, Ägyptens, Libyens und sogar Sardiniens verwiesen (cf. c. 10; 267,6-15), besonders aber auf die Kirche von Jerusalem, „von der sich wie aus einer Quelle der Strom des Glaubens und der apostolischen Überlieferung [ergießt] und die auch gesäuertes Brot darbringt" (267,4-6).

Entscheidend ist also, daß der Kern des Glaubens unter keinen Umständen aufgegeben werden dürfe, obwohl auch durch allzu striktes Insistieren auf einer sekundären Frage großer Schaden entstehen könne[394] - hier das rechte Maß zu behalten, komme einem ἀνὴρ κριτικὸς καὶ τοὺς τῆς πραγματείας εἰδότος νόμους (c. 13; 271,27f.) zu. Wie ein Arzt für jede Krankheit die rechte Therapie auszuwählen habe, so sei auch entsprechend des jeweiligen Streitpunktes zu geeigneten Mitteln zu greifen - Theophy-

---

[393] Cf. zu diesen Vorläufern oben S. 264-267 und S. 387-389. Aufgrund der zeitlichen Nähe, die eine Begegnung von Theophylakt und Niketas in Konstantinopel wahrscheinlich macht, ist der „Standhafte" mit seiner dezidierten Zurückweisung des Filioque als Hintergrund der pointierten Darlegungen Theophylakts im Blick zu behalten; cf. SIEBEN 1984, 282, sowie schon MICHEL 1930a, 362f., und JUGIE 1941, 244 Anm. 4: „La dépendance vis-à-vis de Nicétas est manifeste."

[394] Cf. c. 13 (271,25-27): ὅσα δὲ μήτε τῇ ἀποστηρήσει ζημιοῖ μεγάλα κἂν προσβιασθεῖεν ὥστε κερδανθῆναι ζημιώσει τὰ μέγιστα. Zu denken wäre etwa an die Frage des Bartscherens, deren Erhebung zum ernsthaften Kontroverspunkt Theophylakt schon in seinem einleitenden Referat der angeblichen lateinischen Irrlehren als „lächerlich" bezeichnet hatte (c. 2; 249,12).

lakts vermittelnde Position hindert ihn keineswegs, einem unbekehrbaren Häretiker die Exkommunikation anzudrohen[395], so auch den Lateinern,

> „wenn sie gegen das Dogma sündigen und am Glauben der Väter rütteln, also etwa mit dem Zusatz über den Heiligen Geist im Symbol - darin liegt eine überaus große Gefahr, und es ist unverzeihlich, wenn jemand sich nachgiebig zeigt und eine Ahndung nicht für notwendig hält -, und wenn sie die Worte auch von dem Thron herab verkündigten, den sie hochtrabend als über alles erhaben betrachten, und wenn sie das Bekenntnis des Petrus vorbrächten!"[396]

Hier wird das petrinische Argument zurückgewiesen: Der römische Stuhl und auch dessen erster Inhaber können nicht als Rechtfertigung für die Versündigung am gemeinsamen Glaubensbekenntnis angeführt werden.[397] Daß mit der bildlichen Übergabe der Himmelsschlüssel an Petrus eine bleibende Präponderanz seiner Nachfolger im Ganzen der christlichen Kirche inauguriert worden sei, wird als „Fündlein des eigenen Erfindungsreichtums" (275,14f.: τὰ τῶν οἰκείων λογισμῶν ἀναπλάσματα) kritisiert, womit die Proklamation des Papstes als Adressat von Verehrung (προσκύνησις) sowie das Ziel der Unterwerfung aller Menschen unter seine Autorität impliziert sei (275,15f.). Nach der Auffassung von der Einsetzung des kirchlichen Amtes, die Theophylakt in seinem Matthäuskommentar entwickelt hatte, sei am Petrusbekenntnis (Mt 16,18) prototypisch zu erkennen, wie vergeblich alle menschliche Tugend ohne das rechte Fundament bleiben müsse: „Wir könnten zahllose Tugenden erschaffen, wenn wir aber nicht als Grundstein das rechte Bekenntnis haben, schaffen wir vergebens!"[398] Entsprechend wird Petrus nur als Exponent der Apostel betrachtet, die *insgesamt* als Vorläufer der Bischöfe zu gelten hätten, weshalb bereits im biblischen Zeugnis jede Exklusivität des Schlüsselamtes ausge-

---

[395] C. 12; 273,25-29: τῆς δὲ τοιαύτης θεραπείας μὴ εὐοδουμένης διὰ τὸ τῆς νόσου δυστράπελον καὶ κακόηθες, ἃς ὁ Παῦλος γαγγραίνας καλεῖ [2 Tim 2,17], ἐνταῦθα παραληπτέον τὸν τῆς ἀκοινωνησίας ἢ τοῦ ἀναθέματος σίδηρον ἢ τὴν καῦσιν ἢ τὴν τομὴν ἐνεργήσοντα, ἵνα μὴ νομὴν ὁ πονηρὸς λόγος ἕξει καὶ τῶν τέως ὑγιῶν ἐπιλάβηται. Man könnte hierin eine Rückversicherung gegen den Vorwurf dogmatischer Indifferenz erblicken; immerhin hatte Theophylakt selbst in Konstantinopel den Sturz des Michael Psellos und den Prozeß gegen Johannes Italos erlebt!

[396] εἴ τι μὲν περὶ τὸ δόγμα διαμαρτάνεται τὴν πατρικὴν πίστιν σαλεῦον, οἷον δὴ τὸ ἐν τῷ συμβόλῳ περὶ τοῦ ἁγίου πνεύματος προστιθέμενον, ἔνθα καὶ ὁ κίνδυνος μέγιστος, τοῦτο μὴ διορθώσεως ἀξιούμενον ὁ συγχωρῶν ἀσυγχώρητος, κἂν ἀπὸ τοῦ θρόνου τοὺς λόγους ποιῶνται ὃν ὑψηλὸν ὑψηλοὶ προτιθέασι, κἂν τὴν τοῦ Πέτρου ὁμολογίαν προβάλλωνται (c. 14; 275,1-6).

[397] Gegen DVORNIK 1966b, 171, ist hervorzuheben, daß Theophylakt mit dieser Passage keineswegs „die petrinische These akzeptierte, mit der die Päpste ihren Primatsanspruch verteidigten". Das exakte Gegenteil ist der Fall!

[398] In euang. Matth. 16,18 (PG 123, 320B).

schlossen ist: „Die Vollmacht zu lösen und zu binden haben die, welche gleich Petrus der bischöflichen Gnade gewürdigt wurden; denn wenn [Christus] auch allein zu Petrus sagte: 'Ich gebe dir...', gab er dies doch auch allen Aposteln."[399] Die Berufung auf die Petrusautorität wird von Theophylakt also als Kriterium der dogmatischen Auseinandersetzung ausgeschlossen - hier wirft derjenige Streitpunkt seine Schatten voraus, der im späteren Mittelalter das größte Hindernis einer Verständigung sein sollte (s.u. S. 533f.). Diese „akribische" Haltung gilt aber keineswegs auch für disziplinäre Unterschiede: Wenn die Lateiner das Bekenntnis recht bewahrten, dann sei ihnen „im Geist der Sanftmut" (Gal 6,1) das Festhalten an Azymen und Samstagsfasten zu konzedieren, denn auch Paulus sei „den Juden ein Jude" geworden (1 Kor 9,20; cf. c. 14; 275,17-21). Die Väter hätten um des Seelenheils ihrer Mitchristen willen unzählige Sitten und Gebräuche im Sinne dieses „grand principe conciliaire"[400] toleriert.

So schließt sich der anfangs vorgezeichnete Kreis: Die offensichtlich weitverbreitete Ansicht, daß die Lateiner in unverzeihlicher Weise sündigten (ἀσύγγνωστα σφάλλεσθαι), scheine eher einem stereotypen Feindbild als der verifizierbaren Realität zu entspringen.[401] Dagegen hält Theophylakt fest: „Diesen Worten nicht zuzustimmen kommt, wie ich meine, einem Mann zu, der die Kirchengeschichte studiert und dabei gelernt hat, daß nicht jede Sitte die Kirche spalten kann, sondern nur diejenige, welche das Dogma verfälscht."[402] Denn was griechischerseits als Irrtum der Lateiner bezeichnet werde, erkläre sich einerseits aus ihrer spezifischen Frömmigkeit (ἐξ εὐλαβείας), andererseits aus der Einsicht in die menschliche Schwachheit (ἐξ οἰκονομίας: c. 14; 279,11.14). Grundsätzlich aber könne die griechischen Mitchristen nichts von der lateinischen Kirche trennen (279,19f.). Zwei Jahrhunderte später bedauerte Patriarch Johannes Bekkos, entschiedener Verfechter der Union von Lyon (1274), daß Theophylakt mit dieser irenischen Haltung keine Nachfolger gefunden habe.[403]

---

[399] In euang. Matth. 16,19 (PG 123, 320CD); cf. in euang. Joh. 21,15-23 (PG 124, 308D-312C; 312D-316B): *Alle* Jünger seien durch den Auferstandenen mit dem Geist der Sündenvergebung begabt worden!

[400] GAUTIER 1980, 103; cf. prosl. 15 (279,23f.): μυρία ἐπὶ μυρίοις ἔθη τοῖς παλαιοῖς πατράσι παραχωρηθέντα πρὸς τὴν τῶν ἀδελφικῶν ψυχῶν περιποίησιν.

[401] JUGIE 1941, 245, würdigt Theophylakts „largeur d'esprit" und betont „la façon magistrale dont il a marqué au fer rouge la puérile et détestable polémique sur les rites et les usages différents des Églises, ressuscitée par Cérulaire et ses théologiens".

[402] ὧν μὴ συντίθεσθαι τοῖς λόγοις ἀνδρός ἐστιν, ὡς οἶμαι, ταῖς ἐκκλησιαστικαῖς ἱστορίαις ἐγγυμνασθέντος καὶ μαθόντος ὡς οὐ πᾶν ἔθος ἀποσχίζειν ἐκκλησίαις ἰσχύει, ἀλλὰ τὸ πρὸς διαφθορὰν ἄγον δόγματος (c. 14; 279,6-10).

[403] Johannes Bekkos, De unione ecclesiarum 66 (PG 141, 152D): ἀποδέχομαί σου τὸ τῆς ψυχῆς ἱλαρόν, καὶ διαγινώσκω πολλὴν δοῦναί σε τὴν ἐπὶ τῇ ἑνώσει ῥοπήν, εἴγε

3.2. Ost und West - eine Positionsbestimmung um das Jahr 1100

Abschließend soll die spezifische Korrespondenz der in den vorhergehenden Abschnitten skizzierten Positionen aufgewiesen werden, um auf dieser Basis im folgenden Kapitel einige Streiflichter auf den Fortgang der Kontroverse im 12. Jahrhundert werfen zu können. Eine direkte Bekanntschaft Anselms mit dem Traktat des Bulgarenbischofs kann nicht unterstellt werden; wohl aber ist davon auszugehen, daß die griechischen Bischöfe Süditaliens in beständigem Austausch mit dem Klerus von Konstantinopel standen.[404] Wenn nun der Adressat der *Proslalia*, der Diakon Nikolaos, an der Hagia Sophia tätig war, dann ist es durchaus denkbar, daß jene auch in Süditalien bekannt gewesen sein und die Basis für die griechische Bestreitung des Filioque gebildet haben könnte. So läßt sich aus den Einwänden, gegen die der Erzbischof von Canterbury in *De processione* argumentiert, eine Theophylakt nahekommende theologische Position rekonstruieren[405]:

1. Bezweifelt wird, daß es die *Seinsrelation „Deus de Deo"* sei, die Vater und Geist als Unterschiedene verbinde (cf. 186,5-18). Stattdessen seien Attribute *ohne* ontologische Implikationen (wie *„habere filium vel spiritum de se procedentem"*) unterscheidend (187,4f.). Die Verschiedenheit sei ohne Seinsrelation allein durch den spezifischen Ausgang der Personen zu beschreiben (188,8f.). Gegen Anselms zentrales Argument wird weiterhin eine Unterscheidung von trinitarischer Existenz *ad intra* und heilsgeschichtlichem Hervorgang *ad extra* vorgebracht, mithin eine kategoriale Analogielosigkeit von immanenter und ökonomischer Trinität.[406]
2. Anhand der „klassischen" pneumatologischen Bibelstellen wird darauf verwiesen, daß die Schrift keine *processio spiritus a filio* kenne (208,5-7). Auch sei die Bezeichnung *„spiritus filii"* (193,1-4) rein ökonomisch aufzufassen und auf die Verbindung mit *mitti* bzw. *dari*, d.h. auf die geschichtliche Mitteilung zu reduzieren, so daß daraus kein Ursprungsver-

---

ὀλίγους τινὰς τῶν κατὰ σὲ τότε τὸν ἀρχιερατικὸν κοσμούντων κατάλογον ἐξεγένετό σοι συνηγόρους τῆς οἰκείας προθέσεως ἔχειν. Cf. DRÄSEKE 1901, 525-529; nach BECK 1959, 650, stellte die *Proslalia* „für die späteren Unionsfreunde eine beliebte Quelle für ihre Verteidigung der lateinischen Position" dar und wirkte als „ein harter Schlag gegen die Amplifikationen der byzantinischen Theologen".

[404] Cf. BOUCHÉ 1938, 7f., und die Korrespondenz des Basilius von Reggio (s.o. S. 412-414).
[405] Im folgenden gelten Bemerkungen wie *„dicet aliquis"* oder *„sed dicent forsitan"* als Indizien für konkrete oder hypothetische Einwände. Die Seiten- und Zeilenangaben verweisen auf *De processione*.
[406] BOUCHÉ 1938, 27 Anm. 5, verbindet proc. 2 (188,23-25) explizit mit der *Proslalia*: „Ce passage montre clairement que Saint Anselme ne merite pas le reproche de Théophylacte aux Latins de confondre les deux expressions de mission et de procession."

hältnis folge; sogar gegen die Restriktion der Hauchung nach Joh 20,22 auf eine physische *spiratio* meint Anselm streiten zu müssen (194,21-24).
3. Von den erfahrungsmäßigen Analogien wird das Bild von Sonne, Wärme und Glanz mit dem Vorwurf der innergöttlichen Abstufung durch das Filioque verbunden (199,25-31); mit der Konzession des Hervorganges des Geistes *per filium* (201,11f.) - διὰ τοῦ υἱοῦ - und der dadurch fundierten Analogie von Quelle, Strom und See (203,7-9) kommen die Griechen Anselm ein weites Stück entgegen, wobei das zweite Beispiel schon von Leo IX. in „filioquistischer" Pointierung verwendet wurde.
4. In c. 9 diskutiert Anselm insgesamt drei Möglichkeiten, den Hervorgang des Geistes aus dem Sohn zu lehren und dennoch dem Vater eine exponierte Stellung zuzuweisen:
   - den Ausgang des Geistes *per verbum* (202,31-34) in Analogie zu seinem Gegeben-Werden an die Schöpfung;
   - die Abstufung der Ausgangsrelationen hinsichtlich des Vaters als „*originale principium*" (203,28), wobei der Sohn als „Kanal" fungiert;
   - die eigentümlichere Ausgangsbeziehung des Sohnes zum Vater („*magis proprie procedere*") als des Geistes zum Sohn (204,13-21).
5. An diese Auseinandersetzung schließt sich die zentrale Frage an, ob zwei Ausgänge des Geistes nicht auch zwei Ursprünge implizierten (205,18f.).
6. Schließlich wurde die Reichweite der *ratio* bestritten - in c. 11 verteidigt sich Anselm gegen ein strenges Festhalten am Literalsinn der biblischen Schriften, wonach das, was *einer* trinitarischen Person appliziert werde, nicht für mehrere gelten könne (208,8-11), was gegen die für die lateinische Position entscheidende Einheit Gottes als Ermöglichungsgrund der personspezifischen trinitarischen Aussagen zielt.
7. Schließlich wird als Einwand *sui generis* die eigenmächtige Einfügung des *Filioque* in das Nizäno-Konstantinopolitanum durch die lateinische Kirche vorgebracht - ohne Konsultation der griechischen Kirche (211,6-10). Die textuelle Erweiterung wird sogar als „*corruptio*" (211,24) verstanden. Die Darlegungen Anselms indizieren, daß die Gesprächspartner keineswegs die Auffassung teilten, das Symbol dürfe aufgrund aktueller Häresien „präzisiert" bzw. modifiziert werden (cf. 211,11-14).

In der „Korruption" des NC klingt die von Theophylakt wiederholt vorgebrachte Anklage einer καινοτομία nach - die unterschiedliche Positionierung dieser Diskussion in den beiden Traktaten verweist auf die diametrale Herangehensweise: Während es Anselm um die methodisch kontrollierte und durch das Athanasianum als Seitenreferent inhaltlich abgestützte Entfaltung dessen geht, was im NC immer schon impliziert ist, setzt Theophylakt die textuelle Integrität absolut und rekonstruiert von daher den Weg von der Schrift zum Credo. Es sind also zwei hermeneutische Zirkel, die nicht aufeinander reduzierbar sind, jeweils aber eine intrinsische Logik aufweisen: Läßt man ontische und personale Konstitutionsprozesse in eins fallen (wie Anselm), dann ist die gemeinsame *Gottheit* auch der Ursprung ihrer je personalen Ausdifferenzierungen, so daß die Aussagen der Schrift auf die Einheit hin zu präzisieren sind - was nicht spezifisch einer Person zukommt, muß dann eben für alle drei oder für zwei Personen gegenüber der dritten gelten, ein Denkmodell, das schon Photius radikal verworfen hatte. Liegt die Einheit dagegen in einer *Person* begründet, dann kann durchaus die Göttlichkeit auf zwei unterschiedliche Weisen vermittelt werden, die ihrerseits irreduzibel sind.[407] Indem die Lateiner *procedere* äquivok für den ewigen Hervorgang und die heilsgeschichtliche Sendung gebrauchen, wird die Mannigfaltigkeit der ökonomischen Beziehungen in die invariable immanente Struktur der Trinität eingezeichnet und damit - in griechischer Perspektive - das fragile Modell der differenzierten Einheit zum Einsturz gebracht.

Theophylakt war nicht der erste und nicht der einflußreichste byzantinische Theologe, der sich mit dem Filioque beschäftigte; jedoch war er einer der wenigen, die die Intention verfolgten, sich mit den lateinischen Mitchristen zu verständigen, statt sie überheblich abzukanzeln (wie es etwa in der *Synthesis* des Niketas Stethatos offenkundig ist). Signifikant ist die spürbare Spannung zwischen der wirklich drängenden Sachfrage - die sich vor allem auf die Einfügung ins Symbol konzentriert - und dem Verständnis für die andere sprachliche und trinitätstheologische Tradition der westlichen Kirche, aus der erst die Möglichkeit des Gesprächs erwachsen konnte. Einig waren sich die beiden byzantinischen Theologen allerdings darin, daß die Ablehnung des Filioque die logische Konsequenz der pneumatologischen Lehre der Synoden von Nizäa und Konstantinopel darstelle, die schon in Ephesus und Chalkedon bestätigt worden sei und allen weiteren ökumenischen Synoden als Richtschnur gedient habe. Gerade diese Akzentuierung des formal-konziliaren Arguments gegenüber der materialdogmatischen Argumentation muß als Denkhorizont Theophylakts berücksichtigt werden, wenn nach der Möglichkeit eines Dialogs gefragt

---

[407] JUGIE 1926, 310, folgert mit Recht: „dogma photianum de processione Spiritus sancti a Patre solo jam saeculo XI omnino commune, et, ut ita dicam, classicum, Byzantii evasisse". Das Urteil über die griechischen Theologen: „ad antiquorum Patrum genuinam traditionem non magis animum attendunt" (ebd.) läßt dagegen außer acht, daß Photius zwar eine spezifische Auslegung (und Engführung) der patristischen (neunizänischen) Trinitätslehre vorlegte, sich damit aber in keiner anderen Situation befand als die Lateiner, die beständig die augustinische Trinitätstheologie rekonstruierten. Hermeneutisch gilt für beide Seiten, daß die „genuina traditio Patrum" je neu zu (er)finden war!

wird. Jedoch ist auf seine - gerade im Vergleich mit Niketas - ungewöhnliche *Bereitschaft* zu eben diesem Dialog hinzuweisen, wenn er dessen unaufgebbare Basis ausschließlich auf das gemeinsam verehrte Symbol von Konstantinopel restringieren will, was faktisch die *liturgische* Dimension ganz in den Vordergrund stellt, dergegenüber die *theologische* Frage nach der Adäquanz des Filioque zumindest offengehalten wird. Wenn Anselm in *De processione* bestätigte, daß das alte Symbol der griechischen Tradition und seine revidierte lateinische Fassung *nebeneinander* in der römischen Kirche gebraucht werden, mag dies darauf hinweisen, daß die griechischen Bischöfe der *dogmatischen* Aussagemöglichkeit des Filioque zustimmen konnten, solange ihnen selbst die *liturgische* Freiheit belassen wurde. Schließlich behauptet Anselm selbst, in einem Symbol seien keineswegs alle *credenda* niederzulegen, so daß trotz der Darlegung der *Denkmöglichkeit* des Filioque niemand darauf bestehe, es zur *Bekenntnisnotwendigkeit* zu erheben. Somit standen sich in Anselm und Theophylakt paradigmatisch zwei kirchliche, liturgische und konfessorische Traditionen gegenüber, denen gleichwohl ihre Zusammengehörigkeit bewußt war und zwischen denen - wie erneut deutlich wurde - keinesfalls ein förmliches Schisma bestand.[408]

Gegen Ende des 11. Jahrhunderts waren demnach die Kommunikationskanäle nicht abgebrochen und wurden auch genutzt - nicht mit dem Erfolg einer prinzipiellen Verständigung auf höchster Ebene, wie das Scheitern der Gespräche von 1089 zeigt, aber zu einer pragmatischen Übereinkunft in einer speziellen Konstellation. Möglich wurde dies durch ein Einlenken beider Seiten und durch die Anerkenntnis gewisser sprachlicher und traditioneller Konditionierungen, welche eine *Äquivalenz* der jeweiligen trinitarischen Konzeptionen ausschloß, nicht jedoch eine *Konvergenz*. Daß diese Möglichkeit nur punktuell wirklich wurde, sollte daran hindern, das Konzil von Bari gleich als „weltgeschichtliche Entscheidungsstunde" zu apostrophieren.[409] Für den vorliegenden Zusammenhang ist jedoch festzuhalten, daß sich Anselms Traktat *De processione Spiritus Sancti* nicht im luftleeren Raum bewegte, sondern eine tatsächliche theologische Auseinandersetzung auf kirchenpolitischem Hintergrund widerspiegelt und durch seine Argumentation hindurch erkennen läßt, mit welcher trinitätstheologischen Konzeption er im Dialog gestanden haben könnte.

---

[408] RUNCIMAN 1955, 77: „It is clear that at the close of the eleventh century neither at Rome nor at Constantinople did responsible circles believe that there was a schism between the Western and the Eastern Churches." Aus der vorkonziliaren römischen Optik erklärt sich dagegen das Fazit bei JUGIE 1926, 311: „Sicut in Ecclesia, ita et in Trinitate, Byzantinis schisma jam perfectum est."

[409] So aber GAUSS 1967, 86.

VI. Ausblick: Kontroverstheologie und Dialog im 12. Jahrhundert

Anselm von Canterburys Traktat *De processione Spiritus sancti* entstammt einer Zeit, in der kontroverstheologische Äußerungen zum Filioque selten waren. In den folgenden Jahrzehnten nahm die literarische Produktion zum Thema auf beiden Seiten allerdings rapide zu: Ost- und Westkirche erfuhren durch die Kreuzzüge einen beiderseitigen Zuwachs an Kenntnissen über die Gegenseite, aber auch eine Vertiefung der bestehenden Gegensätze. Zugleich entstanden im Zuge der Verfestigung der Kontroverse neue literarische Formen: So streitet die Πανοπλία δογματική des Euthymius Zigabenos nicht nur gegen historische Häretiker, sondern nun auch gegen die „filioquistischen" Lateiner.[1] Analog dazu wird in den *Libri IV Sententiarum* des Petrus Lombardus (ca. 1152) die Auseinandersetzung mit der griechischen Lehre von konkreten Dialogsituationen gelöst.[2] Mittlerweile wurde auch explizit von einem „Schisma" zwischen Ost- und Westkirche gesprochen; so wandte Niketas von Nizäa bald nach 1100 nicht nur das Wortfeld σχίσμα/σχίζειν auf die römische Kirche an, sondern assoziierte auch die Trennung mit dem Jahr 1054.[3] Um die Jahrhundertmitte sprach schließlich auch Papst Hadrian IV. von einem „Schisma" mit den Griechen.

Im folgenden werden nur einige Streiflichter auf konkrete Dialoge, die aus der anschwellenden Masse von polemischen Traktaten herausragen, geworfen. Dabei handelt es sich zunächst um die Begegnung des Mailänder Erzbischofs Petrus Grossolano mit der „antifilioquistischen" Theologie des

---

[1] Bei Zigabenos (zu ihm BECK 1959, 614f.; WINKELMANN 1998, 74) wird erstmals explizit die Theologie des Photius rezipiert, d.h. die ps.-photianische Epitome zur *Mystagogia* (PG 102, 391-400 = tit. XIII; PG 130, 875f.); die Neuausgabe der *Panoplia* durch Niketas Choniates (gest. um 1212), der Θησαυρὸς τῆς ὀρθοδοξίας, wurde für die spätere innerbyzantinische Diskussion um eine Union mit dem Westen prägend.

[2] Zum typisch westlichen Argument, das Bekenntnis könne um seine logischen Implikate ergänzt werden (I dist. XI 1,4; SpicBon IV, 116,10-12), cf. SIEBEN 1984, 309f. In der Auseinandersetzung mit den Griechen (I dist. XI 2,2-5; 116,25-117,28) entlehnt der *Magister sententiarum* - wie Anselm von Havelberg (s.u. S. 527 Anm. 54) - die zitierten griechischen Autoritäten bei Abaelard; zudem spielt hier erstmals Johannes von Damaskus eine Rolle in der westlichen Theologie (cf. ANASTOS 1961, 150f.).

[3] De schismatibus 16 (PG 120, 720AB); cf. BECK 1959, 619, u. o. S. 317f. m. Anm. 67-68.

Eustratios von Nizäa (1.). Sodann unternahm Anselm von Havelberg 1136 und 1154 zwei Gesandtschaftsreisen nach Konstantinopel bzw. Thessalonike, bei denen es zu Gesprächen mit Nechites von Nikomedien bzw. Basilius von Achrida kam (2.). Schließlich legte der in Konstantinopel lebende Hugo Etherianus eine „Summe" der Diskussion über das Filioque vor, die dieses erstmals systematisch mit dem petrinischen Primat verknüpfte (3.).

1. Petrus Grossolano und Eustratios von Nizäa

Im Jahr 1112 traf der Mailänder Erzbischof Petrus Grossolano auf einer Pilgerreise ins Heilige Land in Konstantinopel mit Kaiser Alexios zusammen, der umgehend die Theologen in seinem Umfeld zusammenrief, um das Filioque-Problem einer Klärung zuzuführen. Obwohl der Erzbischof nicht der offiziellen römischen Delegation angehörte, die zur selben Zeit in der Kaiserstadt weilte, wurde die von ihm vorgetragene Position von seinen Gesprächspartnern als *ipsissima vox romana* aufgefaßt.[4] Der Bericht des Eustratios von Nizäa von diesem Zusammentreffen erachtete folgende lateinische Lehrmeinungen einer Auseinandersetzung für würdig:

- Zwar bezeuge die Schrift nicht explizit den Hervorgang des Geistes aus dem Sohn, jedoch habe Christus nicht schon alles den Jüngern offenbart, sondern manches für spätere Erkenntnis aufgespart[5], zumal die Schrift auch den Hervorgang ἐκ μόνου τοῦ πατρός nicht lehre, womit die Griechen selbst das Symbol ergänzten.[6]
- Wenn man den Ursprung von Sohn und Geist allein auf den Vater beziehe, lasse sich kein Unterschied mehr zwischen zweiter und dritter trinitarischer Person angeben.[7]

---

[4] Allerdings nahm Grossolano durchaus für sich in Anspruch, *die* lateinische Pneumatologie zu rechtfertigen (PG 127, 911A); cf. ALLATIUS 1648, 626; LEIB 1924, 312 Anm. 1; RUSSELL 1978, 90f.; SERVATIUS 1979, 110f.; zu seinem Aufenthalt insgesamt cf. GRUMEL 1932 passim.- Der Dialog wird hier nur ausschnitthaft thematisiert; außer Eustratios von Nizäa verfaßten Johannes Fournes, Johannes von Antiochien, Theodor von Smyrna, Niketas Seides, Theodoros Prodromos, Johannes Zonaras und Euthymios Zigabenos disziplinäre und theologische Kontroversschriften (LEIB 1924, 312f.).

[5] Eustratios, disp. (86,2f.9-11 DEMETRAKOPOULOS; im folgenden ohne Hg. zitiert).

[6] Eustratios, disp. (87,11-14): λεγόντων ὑμῶν ἐκ τοῦ υἱοῦ ἐκπορεύεσθαι, ἡμεῖς ἀντιτιθέαμεν τὸ μὴ ἐκ τοῦ υἱοῦ ἐκπορεύεσθαι· τὸ δὲ οὕτω λέγειν οὐ προσθήκη ἐστὶ μᾶλλον, ἀλλὰ προσθήκης ἀναίρεσις; cf. ebd. (86,23f.; 87,5-7) sowie Niketas Stethatos, synth. 29,3 (408,14-17 MICHEL).

[7] Eustratios, disp. (89,20-24).

- Mit Joh 16,15 sei zu folgern: Wenn der Sohn wie der Vater den Geist hat, der aus dem Vater hervorgeht, muß der Geist auch aus dem Sohn - als ihm zugehörig - hervorgehen.[8]
- Schließlich seien Vater und Sohn hinsichtlich des Geistes nicht als zwei, sondern aufgrund ihrer Wesensgleichheit als eine Ursache anzusehen.[9]

Grossolanos eigene Darlegung nennt mit Phil 2,6 den Sohn dem Vater „gleich" (ἴσος), weshalb der Hervorgang des Geistes nicht nur dem Vater, sondern auch dem Sohn zuzuweisen sei.[10] Denn was alle drei gemeinsam auszeichne, könne nicht in einzelnen Personen unterschiedliche Ausprägungen erfahren, außer durch die personalen Proprietäten:

> „Es ist dieselbe Herrlichkeit in den dreien, einfach in jenen ohne Vermischung der Zeugung und des Hervorganges... so daß es unmöglich anders zu verstehen ist, als daß der Geist aus dem Vater und zugleich aus dem Sohn hervorgeht."[11]

Die personale Identität wird spezifiziert, indem jede Person zu zwei anderen in Beziehung steht - wenn eine solche Relationiertheit nur dem Vater zukäme, würde die Gleichheit innerhalb der Trinität beeinträchtigt (c. 4; 913CD). Die im NC ungeklärte Existenzbeziehung zwischen Sohn und Geist wird von der Schrift her als offene Frage aufgefaßt: „Von den Worten des Evangeliums weicht weder der Grieche noch der Lateiner ab, sondern allein von jenem Zusatz, den der Lateiner hinzugefügt hat, weicht der Grieche ab" (c. 6; 915CD). Die Griechen insistierten zu Unrecht auf der alleinigen Erwähnung des Vaters in Joh 15,26, werde doch in der Schrift oft nur der Vater genannt, wo zweifelsohne auch der Sohn gemeint sei (c. 7; 917B). Grossolano selbst bietet aber nur ein negatives Argument:

> „Wenn nun der Grieche will, daß auch wir dies allein im Blick auf den Vater verstehen, ist es notwendig, daß er einen Beweis dafür vorlegt oder einen hinreichenden Grund nennt, aufgrund dessen wir dies glauben müssen; wenn er aber keinen Beleg oder Zeugnis dafür vorlegen kann, ist zu bekennen, daß wir dies keinesfalls allein im Blick auf den Vater verstehen müssen."[12]

---

[8] Ebd. (91,6-9): ἐπεὶ τοίνυν ἔχει ὁ πατὴρ τὸ πνεῦμα, ἔχει τοῦτο καὶ ὁ υἱός· εἰ δὲ τοῦτο, ὡς [ἐκ] τοῦ πατρός, ὃ ἔχει ὁ πατήρ, ἐκπορεύεται, καὶ ἐκ τοῦ υἱοῦ ἄρα, ὃ ἔχει ὁ υἱός, ἐκπορεύεται.

[9] Ebd. (98,19f.): ἐκ δύο ὡς ἐξ ἑνὸς διὰ τὸ οὐσίαν εἶναι μίαν πατρὸς καὶ υἱοῦ.

[10] Petrus Grossolano, spir. 1 (PG 127, 911B; hiernach die folgenden Stellenangaben im Text); cf. Johannes Fournes, apol. (36,25-37,3).

[11] ἴση δόξα ἐστὶν ἐν τοῖς τρισί, καὶ ἑνικὴ ἐν ἑκάστοις ἄνευ συγχύσεως τῆς γεννήσεως καὶ τῆς ἐκπορεύσεως... ὥστε ἄλλως νοεῖσθαι ἀδύνατόν ἐστιν, εἰ μὴ νοηθῇ τὸ πνεῦμα ἐκ τοῦ πατρὸς ἐκπορεύεσθαι ἅμα καὶ τοῦ υἱοῦ (c. 5; 915AB).

[12] εἰ οὖν ὁ Γραικὸς βούλεται, ὅπως ἡμεῖς ἐκεῖσε ἀπὸ μόνου τοῦ πατρὸς νοήσωμεν, ἀναγκαῖόν ἐστιν, ἵνα τινὰ αὐθεντίαν εἰς τὸ μέσον θήσῃ, ἢ τινὰ εὐδεχόμενον λόγον ἀποδείξῃ, δι' οὗ ὀφείλομεν τοῦτο πιστεύειν, ἐὰν δὲ οὐδεμίαν αὐθεντίαν ἢ

Die profilierteste Antwort erhielt der Mailänder Erzbischof durch Eustratios (ca. 1050-1120), seit ca. 1083 Metropolit von Nizäa.[13] Seine literarische Tätigkeit war geprägt von der Hinwendung zu Aristoteles, die Patriarch Johannes Xiliphinos (gest. 1075) initiiert hatte; den entscheidenden Einfluß hatte Johannes Italos ausgeübt, in dessen Gefolge Eustratios „Nominalismus mit neuplatonischer Emanationslehre" verband.[14] Sein Wirken fiel in eine Zeit, die von einer intensiven Debatte über Sinn und Grenzen der rationalen Durchdringung der kirchlichen Dogmen geprägt war[15]; der Metropolit von Nizäa mußte sich schließlich selbst gegen den Vorwurf der Irrlehre verteidigen: Im Bemühen, armenische Gesprächspartner von ihrer „monophysitischen" Position abzubringen, hatte er die Menschlichkeit Christi pointiert herauszustellen versucht, was als latent „nestorianisch" ausgelegt worden war.[16] Im April 1117 wurde gar die ihm unterstellte Meinung verurteilt, nur mit philosophisch verantworteter Argumentation lasse sich die Inkarnation verstehen, wie auch Christus selbst auf aristotelische Weise Schlüsse gezogen habe![17]

Gegen das lateinische Filioque rekurriert Eustratios allerdings programmatisch auf die Väter, da das gemeinsame Glaubensbekenntnis vor Verfälschungen zu schützen sei - gegenüber dieser „Wolke von Zeugen" könnten lateinische Einzelmeinungen kein eigenständiges Gewicht besitzen (47,8-14). Auch die Päpste werden als Zeugen der von den Ökumenischen Konzilien proklamierten Unversehrtheit des Bekenntnisses aufgerufen (67,31-68,6): So habe Gregor I. in Übereinstimmung mit den griechischen Vätern festgestellt: τὸ παράκλητον Πνεῦμα ἐκ τοῦ Πατρὸς προέρχεται

μαρτυρίαν περὶ τοῦτο δυνήσεται ἀποδεῖξαι, ὁμολογούμενόν ἐστιν, ὡς οὐκ ὀφείλει ἐκεῖσε ἀπὸ μόνου τοῦ πατρὸς νοεῖν (c. 8; 919C).

[13] Cf. Anna Komnene, Alex. XIV 8,9 (CFHB 40/1, 457,28-30 REINSCH); zu seinen Lebensdaten DRÄSEKE 1896, 327f.

[14] PODSKALSKY 1982, 550; zum Einfluß auf die Philosophie im byzantinischen Mittelalter cf. DERS. 1977, 116f., sowie BECK 1959, 618: „Der Syllogismus feiert in diesen Werken seinen Triumph in der Theologie."

[15] Cf. GEMEINHARDT 2001c, 527f. CLASSEN 1955, 137f., nennt als westliche Parallele die Diskussionen Gerhochs von Reichersberg mit den Schülern des Gilbert Porreta (cf. SEEBERG 1930, 263-265; M.A. SCHMIDT 1982, 609 mit Anm. 203).

[16] WINKELMANN 1998, 71; cf. die christologische Definition (JOANNOU 1954, 366,7f.): ὁ γὰρ θεοῦ λόγος μετὰ τοῦ προσλήμματος οὐχ ὡς ἕν ἐστι, εἰ καὶ εἷς ἐστιν· ἄλλο γὰρ θεὸς καὶ ἄλλο ἄνθρωπος. In proc. II (78,3f.) bekennt Eustratios aber durchaus τὴν κατὰ μίαν ὑπόστασιν ἀσύγχυτον ἕνωσιν τῶν δύο φύσεων.

[17] DÖLGER Nr. 1273; cf. JOANNOU 1952, 34,20-23: ὅτι ὁ ἀναιρῶν τῆς τέχνης τοῦ λόγου καὶ τῆς ἐπιστήμης τὴν ἐπιχείρησιν, ὁδῷ προβαίνων μάτην ἐρεῖ καὶ τοῦ θεοῦ γενέσθαι τὴν σάρκωσιν.- ὅτι πανταχοῦ τῶν ἱερῶν καὶ θείων λογίων ὁ Χριστὸς συλλογίζεται ἀριστοτελικῶς; cf. weiterhin SALAVILLE 1930, 147f.150-156; WESSEL 1982, 341; WINKELMANN 1998, 71.

καὶ ἐν τῷ υἱῷ διαμένει.[18] Der lateinische Zusatz erweise schon durch seine Faktizität seine Inadäquanz:

> „Wir aber haben, was wir von alters her empfangen haben, das allerheiligste Symbol des Glaubens, und bewahren es unverändert; wer diesem aber zu widersprechen wagt, richtet selbst durch den Zusatz wieder den Widerspruch auf, weil wie von selbst der Zusatz den Zusatz verurteilt (ὡς αὐτόθεν ὅτι προσθήκη τὴν προσθήκην καταδικάζεσθαι). Denn die Worte der Väter dürfen nicht verändert werden, weder durch Zusätze noch durch Auslassungen" (47,26-48,6).

Der Vorwurf, die Griechen selbst hätten das heilige Bekenntnis geändert, zeige das undifferenzierte Denken der Lateiner: „Selbst wenn eine Auslassung geschah, wie sie sagen, dann wurden nicht unterschiedliche Grundlagen, sondern nur verschiedene Laute und Buchstaben einander angepaßt; notwendig aber ist es, das zu beachten, was von Grund auf gilt."[19]

Die inhaltliche Auseinandersetzung mit der lateinischen Lehrmeinung basiert auf der Leitdifferenz, daß der Heilige Geist ἐκ μόνου τούτου [sc. τοῦ Πατρὸς] ὡς ἐξ αἰτίου ἑνός hervorgeht (49,27f.). Das Streben nach sprachlogischer Präzision erweist sich in der Differenzierung des Hervorgehens: Erfolgt dies aus dem Wesen (οὐσία) des Vaters oder aus seiner Proprietät (ἰδιότης)? Da letztere selbst erst ihr Sein empfange, wäre der Heilige Geist „aus einem, der in anderem sein Sein hat" (ἐξ ἔχοντος ἐν ἑτέρῳ τὸ εἶναι) - aus einem „unselbständig Existierenden" (μὴ αὐθυπόστατον) könne jedoch keine eigenständige Hypostase entstehen (cf. 50,3f.6). Würde freilich der Geist aus dem Wesen hervorgehen, das Vater und Sohn gemeinsam ist, ginge der Geist aus der einen Natur hervor (τῇ φύσει ἐκ μιᾶς φύσεως προερχόμενον; 76,5f.), wodurch ein wechselseitiges Zeugen und Hervorbringen mit absurden Konsequenzen entstünde. Gegen einen Hervorgang „aus der Eigentümlichkeit gemäß dem Wesen" (ἐκ τῆς ἰδιότητος κατὰ τὴν οὐσίαν; 50,27f.) spreche wiederum, daß dasjenige, was selbst *ab extra* ontologisch gegründet sei, nicht Ursprung eines für sich Seienden werden könne. Dann bleibe nur eine Lösung:

> εἴη οὖν ἄρα ἐκ τῆς οὐσίας κατὰ τὴν ἰδιότητα· ἐκ γὰρ τῆς ἑαυτοῦ οὐσίας ἀπαθῶς καὶ ἀρεύστως, ᾗ αἴτιον ὁ Πατήρ, τὸν μὲν Υἱὸν γεννᾷ, τὸ δὲ Πνεῦμα προβάλλεται (51,3-6).

Demnach gehe der Geist aus der *Hypostase des Vaters* hervor, d.h. aus der personalen Differenzierung des göttlichen Wesens, freilich οὐχ ὡς Πατήρ,

---

[18] Proc. I (68,16f.) = PL 66, 204B (lat.: dial. II 38; SC 260, 248,30-32 DE VOGÜÉ/ANTIN); cf. Photius, myst. 84; epit. 11 (PG 102, 369B; 393BC); zur Problematik dieser Übersetzung cf. oben S. 287f.

[19] Εἰ δ' ἀφαίρεσις γέγονεν, ὥς φασιν, οὐκ ἂν οὕτω διαφόροις μὲν ἀρχαῖς, διαφόροις δὲ φωναῖς τε καὶ γράμμασι συμπεφώνητο, ἀλλ' ἦν ἀνάγκη παρατηρῆσαι τὸ ἐξ ἀρχῆς (73,31-74,3).

ἀλλ' ὡς αἴτιος (51,11). Die Differenz von „Vater" und προβολεύς wird also auf einer formalisierten Ebene aufgehoben.

Für die Verhältnisbestimmung von Sohn und Geist gilt, daß letzterer zwar nicht *aus* ersterem, wohl aber *durch* ihn hervorgehe - solange dies nicht zu der fatalen Umkehrung führe, daß der Geist zunächst aus dem Sohn und erst durch diesen aus dem Vater hervorginge (51,18-20). Dabei wird der von Gregor von Nyssa inspirierte Begriff διὰ μέσου „eunomianisch" gedeutet, insofern damit eine Linearität innerhalb der Gottheit und dadurch eine Subordination postuliert werde.[20] Ebensowenig sei aus der Mittelstellung des Sohnes zu schließen, daß der Hervorgang des Geistes aus dem Vater einer Unterstützung durch den Sohn bedürfe.[21] Das aber verweist auf das Prinzip, das der Argumentation zugrundeliegt: μόνος αἴτιος ὁ Πατὴρ ὁμοφυῶν αὐτοῦ ὑποστάσεων (56,27).[22] Damit gibt sich Eustratios ganz „photianisch":

> „Alles, was wir von der heiligen Trinität erkennen, müssen wir entweder als den drei Hypostasen gemeinsam erkennen oder als einer von ihnen eigentümlich; es gibt aber nichts, was zwei von ihnen gemeinsam ist, so daß auch die Ursprungshaftigkeit entweder einem eigentümlich ist oder den dreien gemeinsam. Im Blick auf die Geschöpfe und die Knechte ist [der Ursprung] den dreien gemeinsam, im Blick aufeinander kommt er aber allein dem Vater zu."[23]

Wenn man vom Hervorgang des Geistes auch aus dem Sohn spräche, würde der Geist durch zwei Idiome bestimmt und seiner Homousie beraubt, die für jede Person nur genau *eine* Proprietät erlaube: ἀγεννησία,

---

[20] Proc. I (52,15f.19-23): ἔσται προσεχῶς ὁ Υἱὸς τοῦ Πνεύματος αἴτιος, διὰ δὲ μέσου αὐτοῦ ὁ Πατήρ... Καὶ ἡμᾶς μὲν πρὸς τὸν Πατέρα ὅ τε Υἱὸς τό τε Πνεῦμα ἀνοίσουσι, τὸ Πνεῦμα δὲ ἀνάγων ἔσται πρὸς τὸν Πατέρα ὁ Υἱός, δι' ἑαυτοῦ τὸ ἐξ αὐτοῦ πρὸς τὸν ἑαυτοῦ ἀναφέρων αἴτιον· καὶ οὕτως Εὐνόμιος χώραν ἕξει εἰς κτίσμα κατάγων τὸν ἐν ᾧ πάντα τὰ κτίσματα ἵδρυνται. Nach 54,21-55,2 wäre der Geist letztlich der Enkel des Vaters (als Sohn des Sohnes); so schon Photius, myst. 61f. (PG 102, 340B-341A). Cf. Gregor von Nyssa, tres dii (GNO III/1, 56,5-10 MÜLLER); zur zeitgenössischen Kritik an Eunomius cf. Michael Psellos, theol. 2 (6,29-33.37-40 GAUTIER) u.ö.; dazu ausführlich GEMEINHARDT 2001c, bes. 517f.

[21] Cf. disp. (96,8-14); cf. auch Niketas von Byzanz, cap. 2 (95,7f. HERGENRÖTHER).

[22] Cf. proc. I (57,29f.; 58,13-15). Andernorts spricht Eustratios allerdings von τὸ Πνεῦμα τῆς ἀληθείας, τὸ παρὰ τοῦ Πατρὸς ἐκπορευόμενον καὶ ἐν Υἱῷ ἀναπαυόμενον (zit. n. JOANNOU 1954, 366,10f.; cf. Johannes von Damaskus, f. o. I 7.8; PTS 12, 16,19f.; 25,173 KOTTER, sowie Ps.-Kyrill, trin. 6; PG 77, 1129B).

[23] πᾶν ὁτιοῦν ἐπὶ τῆς ἁγίας Τριάδος λαμβανόμενον, ἢ ὡς κοινὸν τῶν τριῶν ὑποστάσεων λαμβάνεται, ἢ ὡς ἴδιον μιᾶς ἐξ αὐτῶν, οὐδὲν δέ ἐστιν, ὃ τῶν δύο κοινὸν λαμβάνεται, ὥστε καὶ τὸ αἴτιον ἢ ἑνὸς ἔσται ἴδιον ἢ κοινῶς τῶν τριῶν. Πρὸς μὲν οὖν τὰ κτιστὰ καὶ τὰ δοῦλα κοινὸν τῶν τριῶν, πρὸς ἄλληλα δὲ μόνου τοῦ Πατρός (58,1-7). Cf. proc. II (76,11-15); disp. (92,23-29); dazu Photius, myst. 36; 46 (PG 102, 316A-317A; 324A-325A).

γέννησις und ἐκπόρευσις (cf. 76,25-77,4). Entsprechend bemüht sich Eustratios um die Abwehr des lateinischen Schlusses von der Prädikation „Geist des Sohnes" auf den Hervorgang des Geistes aus dem Sohn: So werde mit dem Sohn nur die *Sendung* des Geistes verbunden, nicht der Hervorgang - „wenn das so wäre, würde das 'aus dem Sohn' notwendigerweise mit eigenen Worten ausgesagt" (62,9f.).[24] Theologie und Ökonomie könnten nur differenziert werden, wenn das Filioque vermieden werde: „Wer solches behauptet, bewirkt eine Vermischung der Eigentümlichkeiten und paßt den Hervorgang, der spezifisch für den Geist ist, dem Sohn an" (τοῦ Πνεύματος ὃν ἴδιον τὸ ἐκπορευτὸν τῷ Υἱῷ προσαρμόσουσι; 62,25-27). Daher sei nur der Vater die πηγαία θεότης, aus der Sohn und Geist entstünden, ohne zueinander in einem Ursprungsverhältnis zu stehen.[25]

Hierin liegt auch der hermeneutische Schlüssel zu Joh 20,22, wo - wie schon Theophylakt betonte - die pneumatische Begabung der Jünger, nicht jedoch die personale Gabe des Geistes (die erst an Pfingsten erfolgte) thematisiert werde (65,13-17). Vor allem aber stehe einem Ausgang des Geistes aus dem Sohn entgegen, daß er diesem selbst bei der Taufe mitgeteilt werde (Joh 1,32) - das Filioque impliziere dagegen, daß der Geist aus der herabgestiegenen Hypostase des Logos zunächst wieder zum Vater heraufsteigen müsse, um von diesem erneut dem Sohn gesandt zu werden (66,8-15). Tragend ist hier die *christologische* These, daß die ganze göttliche Hypostase des Logos mit dem Menschen Jesus geeint wurde[26] - sonst würde in „nestorianisierender" Weise behauptet, der Geist ginge aus dem im Himmel verbleibenden Logos hervor und senkte sich auf einen bloßen Menschen nieder:

---

[24] Dem Biblizismus-Vorwurf (cf. Photius, myst. 20; PG 102, 297C-300B) wird mit Ps.-Dionysius Areopagita gewehrt, demzufolge es nicht statthaft sei, ἐννοῆσαι περὶ τῆς ὑπερουσίου καὶ κρυφίας θεότητος παρὰ τὰ θειωδῶς ἡμῖν ἐκ τῶν ἱερῶν λογίων ἐκπεφασμένα (74,28-30 = d. n. I 1; PTS 33, 108,6-8 SUCHLA).

[25] Zur πηγαία θεότης (auch in disp.: 95,12-18) cf. Ps.-Dionysius, d. n. II 7 (66,20-24 = PTS 33, 132,1-3). Wenn der Sohn als „Ursprung" bezeichnet werden solle, dann nur hinsichtlich der Schöpfung - dies teile er jedoch mit dem Heiligen Geist, insofern beide gemeinsam die χεῖρες ἐνεργητικαὶ τοῦ πατρός, δι᾽ ὧν πάντα γίνεται τὰ γινόμενα (Johannes Fournes, apol.; 46,13f.) seien; zu diesem Bild cf. Irenäus von Lyon, haer. IV prooem. 4; 20,1 (SC 100, 390,62-64; 626,15-19 ROUSSEAU) u.ö.; ähnlich schon bei Theophilos von Antiochien, Autol. II 18,1f. (PTS 44, 65,5-10 MARCOVICH).

[26] Proc. I (66,9f.): καὶ μὴν τῷ προσλήμματι ἡ τοῦ Λόγου ὑπόστασις καθ᾽ ὑπόστασιν ἥνωται; proc. II (77,26-78,5, hier 77,26-28): τὸ καθ᾽ ὑπόστασιν ἡνῶσθαι τῇ θεοϋποστάτῳ σαρκὶ τὴν τοῦ Λόγου θεότητα; cf. Niketas Stethatos (synth. 18,3; 394,6f. MICHEL): κατὰ Νεστόριον τὸν διπρόσωπον διέλῃς τὸν ἕνα Χριστὸν εἰς δύο. Daran wird deutlich, daß das Verbot der „nestorianischen" Christologie des Eustratios (S. 514 mit Anm. 16) nichts mit seiner tatsächlichen Theologie zu tun hatte!

„Wenn man nun sagte, was wir für unmöglich halten, nämlich daß aus ihm [sc. Christus] der Geist hervorkommt und zugleich auf ihn herniedersteigt, wie der Täufer bezeugt: da nun der Logos mit dem Fleisch hypostatisch geeint ist, entstünde ein sehr unschönes Gefasel. Denn wir reden nicht so, als würde durch das Fleisch die Gottheit umgrenzt, sondern der Logos existiert durch das Fleisch als Hypostase, und es wird bezeugt, daß auf diese Hypostase des Logos der Geist herabkommt. Daß aber zugleich dasselbe aus ihm und auf ihn käme, ist ausgeschlossen."[27]

Hier werden die Grenzen des Dialogs deutlich: Wenn Grossolano davon ausging, daß die heilsgeschichtlichen Erscheinungen von Sohn und Geist auch über ihr ewiges Verhältnis informierten, dann bedeutete dies für die Taufe Jesu, daß der Geist auch von Christus, genauer: von der *ad extra* gemeinsam wirkenden Trinität gesandt werden mußte. Wenn Eustratios hingegen diese Informationsfunktion auf die im NC rezipierte Stelle Joh 15,26 einschränkte, dann ließ sich mit der Reziprozität der ökonomischen Beziehungen zwischen Sohn und Geist unbefangener umgehen und die pfingstlichen Feuerzungen von der Taube im Taufgeschehen oder dem Hauch des Auferstandenen unterscheiden. Insofern spielte sich anno 1112 ein fundiertes Aneinander-Vorbeireden aufgrund sich verfestigender hermeneutischer und systematischer Grunddifferenzen ab.[28]

2. Die Gesandtschaftsreisen des Anselm von Havelberg

2.1. Die Disputation mit Nechites von Nikomedien (1136)

Der Prämonstratensermönch Anselm (um 1100 bis 1158), Schüler Norberts von Xanten und seit 1129 Bischof von Havelberg, hat mit seinem dialogischen *„Anticimenon id est librum contrapositorum sub dialogo conscriptum ad venerabilem papam Eugenium"* die historische und geschichtsphilosophische

---

[27] Εἰ δ' ὅτι ἡμῖν ὡς ἀδύνατον εἴρηται, ἅμα μὲν ἐξ αὐτοῦ προϊέναι τὸ Πνεῦμα, ἅμα δὲ καὶ ἐπ' αὐτὸν κατιέναι, ὡς ὁ βαπτιστὴς μεμαρτύρηκεν, ἡνωμένου τοῦ Λόγου τῇ σαρκὶ καθ' ὑπόστασιν, τοῦτό σε τεθορύβηκεν, οὐκ ἔστιν οὗτος ὁ θόρυβος εὔλογος. Οὐ γὰρ ὡς τῇ σαρκὶ τὴν θεότητα περιγράφοντες οὕτως εἴπομεν, ἀλλ' ὅτι ἐπειδὴ ὁ Λόγος τῇ σαρκὶ ὑπῆρξεν ὑπόστασις, ἐπὶ τὴν τοῦ Λόγου ἰέναι τὸ Πνεῦμα ὑπόστασιν μεμαρτύρηται. Ἅμα γοῦν τὸ αὐτὸ ἐξ αὐτοῦ καὶ ἐπ' αὐτὸν ἰέναι ἀδύνατον (82,20-29).
[28] Cf. RUNCIMAN 1955, 109: „The debates were inevitably inconclusive. Both Chrysolan and his opponents were accomplished controversialists, whose arguments were logical and well-founded. But the reader who goes through the long reports and treatises soon realizes that in fact neither side answers the other; for their arguments are built upon different premises."

Forschung nachhaltig fasziniert.[29] Auf Anweisung von Papst Eugen III. etwa 1149 abgefaßt, bildeten Diskussionen mit einem griechischen Kleriker am päpstlichen Hof den Anlaß für eine Darlegung der lateinischen Position hinsichtlich des Filioque, der Azymen, des Zölibats, aber auch zur Primatsfrage, literarisch gestaltet als Bericht von einem tatsächlichen Disput (prol.; 1141A): Im Jahr 1136 hatte der Bischof von Havelberg als Legat Kaiser Lothars III. in Byzanz geweilt[30] und dort intensive Gespräche mit dem Metropoliten Nechites von Nikomedien geführt. Die von einem ausgesprochen irenischen Tonfall geprägten *Dialogi* sind immer wieder als idealisierendes Paradigma für spätere (gescheiterte) oder gegenwärtige (noch zu führende) ökumenische Verhandlungen interpretiert worden.[31] Dabei ist auch der Historizität der „Dialoge" lange Zeit erstaunliches Vertrauen entgegengebracht worden.[32] Erst in jüngerer Zeit hat Hermann-Josef SIEBEN aufgrund einer eingehenden Analyse der Quellenbenutzung für die Hypothese einer „globalen Nichthistorizität" plädiert.[33] Wenn auch nicht bezweifelt werden muß, daß 1136 überhaupt eine Diskussion stattgefunden hat, so ist doch SIEBEN zuzustimmen, daß es Anselm nicht primär um die Abbildung eines ost-westlichen Gesprächs ging, sondern vielmehr um einen „west-westlichen" Dialog, der eine „papalistische" und eine „konziliaristische" Auffassung der Kirchenleitung miteinander konfrontiert. Jay T. LEES hat daher methodisch zwischen „Anselm the debater" und „Anselm the writer"

---

[29] Zur Biographie cf. J.W. BRAUN, in: VerLex 1 (1978), 384-391. Die *Dialogi* sind nach PL 188, 1139-1248, zu benutzen; hierauf beziehen sich die Kolumnenangaben sowie die Einteilung in Bücher und Kapitel.

[30] DÖLGER Nr. 1309; der Kaiser beantwortete damit das im Vorjahr auf dem Merseburger Reichstag vorgebrachte Bündnisangebot des Johannes II. Komnenos (1118-1143) gegen Roger II. von Sizilien; cf. RUNCIMAN 1955, 113-115; OSTROGORSKY 1963, 313; BECK 1980, 153; LEES 1998, 40-47.

[31] Zuletzt wurde Anselm von Havelberg bei EVANS 1991, 42, als „ecumenist" apostrophiert; cf. DIES. 1977, 160: „Here is no schoolroom dialogue, no discussion with a hypothetical opponent, but the fruit of actual debate"; ähnlich jetzt DALEY 2001, 211f.

[32] So etwa bei BEUMER 1951, 466; BECK 1959, 314; DARROUZÈS 1965, 60f.; zuletzt RUSSELL 1978, 108.

[33] SIEBEN 1984, 162. Auch DARROUZÈS 1965, 64, hat bereits auf Details hingewiesen, die auf eine grundlegende redaktionelle Überarbeitung hindeuten, z.B. Nechites' Bezugnahme auf Papst Bonifatius III. (III 7; 1218A), die aus dem *Liber pontificalis* stammt (I; 316,2f. DUCHESNE = Paulus Diaconus, historia Langobardorum IV 36; MGH.SRL, 128,9-12 BETHMANN/WAITZ); zu weiteren Entlehnungen cf. SIEBEN 1984, 158 Anm. 24. Sogar die bei Ps.-Isidor überlieferte *Praefatio Nicaeni concilii* (III 5; 1213D-1214C [255,4-14.18-25 HINSCHIUS = EOMIA I/2,1, 156,17-157,43; 157,55-158,73 TURNER]) hätten die Griechen akzeptiert!

unterschieden³⁴, wobei letzterer denjenigen eine Antwort zu geben versuchte, die sich an der Vielgestaltigkeit religiöser Lebensäußerungen störten (I 1; 1141C). Die ökumenische Pointe des Werkes ist darin zu sehen, daß auf der Basis der Legitimität *pluraler* Ausdrucksformen des christlichen Glaubens die thematisierten Differenzpunkte entweder die bestehende (freilich von beiderseitiger Polemik überdeckte) Einheit nicht beeinträchtigen oder durch ein ökumenisches Konzil beigelegt werden können:

> „Es wäre ein allgemeines Konzil der westlichen und östlichen Kirche zu feiern, autorisiert durch den heiligen römischen Bischof, erlaubt von den allerfrömmsten Kaisern, wo all dies und manches andere, dessen die katholische Kirche bedarf, gemäß Gott festzulegen wäre" (II 27; 1210A).³⁵

Für die Geschichtstheologie des Bischofs von Havelberg ist die Koordination von Einheit und Vielgestaltigkeit leitend³⁶: Kirchliche Uniformität sei eine eschatologische Hoffnung, nicht jedoch ein erreichbares oder auch nur anstrebbares Ziel der geschichtlich existierenden Christenheit. Allein der

---

[34] LEES 1992, 230f.; cf. DERS. 1998, 164-172. Nach FINA 1956, 99, habe Anselm dagegen „gleichsam eine 'Summa contra Graecos' verfaßt", nach EVANS 1977, 175, „the complete handbook to the *filioque* controversy"; anders aber schon EBERHARD 1985, 380: „Seine Dialoge sind eben kein apologetisches Lehrbuch für Kontroverstheologen, sondern ein Appell zur Verständigung an beide Seiten."

[35] Cf. III 22 (1248A); dazu BERGES 1956, 45; LEES 1998, 250-254. Obwohl diese Lösung lange als historisch zutreffend und nur aufgrund widriger Umstände nicht realisiert angesehen wurde, gibt es tatsächlich keinen Beleg dafür, daß Johannes Komnenos im Jahr 1136 Unionsverhandlungen führen wollte (so aber HERGENRÖTHER 1869, 804; BEUMER 1951, 465; anders DARROUZÈS 1965, 60; EBERHARD 1985, 380 Anm. 124).- Der „Ökumeniker" Anselm erhebt aber gegen seine Gesprächspartner auch einen Häresievorwurf (III 6; 1216D-1217A): „*Quapropter Constantinopolitana Ecclesia et Alexandrina, et Antiochena, necnon et aliis fere omnibus Ecclesiis per Orientem constitutis, in fide catholica laborantibus, et naufragium patentibus, sola navicula Petri, licet multis persecutionum fluctibus tunderetur, et quantumlibet validus esset ventus; nullum tamen haereticae subversionis passa est naufragium; sed ut expurgaretur fermentum malitiae et nequitiae, quo haeretici corrumpebant Ecclesiam Dei, tam per se, quam per legatos suos, semper laboravit, et hodie laborat.*" Dies widerspricht der Hochschätzung der im Osten abgehaltenen allgemeinen Synoden (I 9; 1151D-1152A) und indiziert die literarische Selbstunterscheidung; zum Gesprächsgang cf. BEUMER 1951, 474f.; DARROUZÈS 1965, 62f. Auch SIEBEN 1984, 167-178, löst die Diskrepanz zwischen dem „Konziliaristen" von Buch I und dem „Papalisten" von Buch III nicht auf.

[36] Kennzeichnend ist die „außerordentliche Wertschätzung des Monastizismus" und die „großzügige Wertung der Ostkirche" (SCHREIBER 1941, 363), wobei das Mönchtum auf seine griechischen Wurzeln zurückgeführt wird (cf. Otto von Freising, chron. IV 14; MGH.SRG 45, 200,30-201,7 HOFMEISTER, der auf Cassiodor und Rufin rekurriert). Das Werk kann daher mit VAN LEE 1938, 8, als „une apologie d'ordre norbertin" gelten; cf. FINA 1958, 13-41; LEES 1998, 172-224; zur Ausdifferenzierung des Ordenswesens als Hintergrund cf. EBERHARD 1985, 369f. mit Anm. 79.

eine Glaube sei entscheidend für die Einheit der Kirchen.³⁷ Schon vor Christi Geburt sei dieser Glaube im Gesetz impliziert gewesen (I 4; 1146CD). Das Gesetz sei durch Christus vom Evangelium abgelöst worden, aber auch mit diesem sei noch nicht die Fülle christlichen Glaubens erschienen:

> „Das Alte Testament verkündigte in offenkundiger Weise Gott den Vater, den Sohn aber nicht ebenso offenkundig, sondern verborgen. Das Neue Testament ließ Gott den Sohn offenbar werden, erwies und bezeugte aber nur verdeckt die Gottheit des Heiligen Geistes. Erst später wurde der Heilige Geist verkündigt und uns ein offenkundigerer Erweis seiner Gottheit zuteil: Es wäre nämlich unangemessen, den Sohn öffentlich zu verkündigen, bevor die Gottheit des Vaters bekannt war, oder uns die Gottheit des Heiligen Geistes zu predigen, solange nicht die Gottheit des Sohnes empfangen war."³⁸

Hinsichtlich des Filioque-Problems ließ sich mit diesem Konzept der „Dogmenentwicklung" der Streit um die Exegese der einschlägigen Schriftstellen unterlaufen, allerdings unter der Prämisse, daß *mittlerweile* der Glaube den Christen vollständig dargelegt sei (I 6; 1148B).³⁹ Zu klären bleibt freilich das Problem der divergierenden Sprachen: Um sich nicht in Streitigkeiten um einzelne Ausdrücke zu verheddern, sollten nicht *einzelne Worte*, sondern nur *ganze Aussagen* übertragen werden.⁴⁰ Dieses Verfahren stieß freilich da an seine Grenzen, wo Nechites das Verb *procedere* (= ἐκπορεύεσθαι) exklusiv für den Hervorgang des Geistes aus dem Vater verstanden wissen wollte und damit die vereinbarte Hermeneutik in einem entscheidenden Punkt einzuschränken versuchte:

---

37 I 2 (1144BC): „*Ecce apparet manifeste unum corpus Ecclesiae uno Spiritu sancto vivificari, qui et unicus est in se, et multiplex in multifaria donorum suorum distributione. Verum hoc corpus Ecclesiae Spiritu sancto vivificatum, et [per] diversa membra diversis temporibus et aetatibus discretum et distinctum, a primo Abel justo incoepit, et in novissimo electo comsummabitur, semper unum una fide, sed multiformiter distinctum multiplici vivendi varietate*"; cf. zu dieser Programmatik EVANS 1991, 44.

38 „*Vetus Testamentum praedicavit manifeste Deum Patrem, Filium autem non adeo manifeste, sed obscure. Novum Testamentum manifestavit Deum Filium, sed submonstravit et subinnuit Deitatem Spiritus sancti. Praedicatur postea Spiritus sanctus, apertiorem nobis tribuens suae Deitatis manifestationem: non enim conveniens erat, nondum confessa Patris Deitate, Filium manifeste praedicari, neque Filii adhuc non suscepta Deitate, Spiritus sancti Deitatem nobis praedicari*" (I 6; 1147D-1148A). Cf. Gregor von Nazianz, or. 31,25f. (SC 250, 322,1-328,30 GALLAY); dazu SIEBEN 1984, 157 Anm. 14.

39 Cf. BERGES 1956, 51; CLASSEN 1980, 369f.; anders EBERHARD 1985, 372 Anm. 93, wonach „die Wahrheit des Heiligen Geistes jetzt erst allmählich zum Durchbruch kommt"; so auch DARROUZÈS 1965, 61.

40 II 1 (1164AB): „*Verum talis interpretatio in medio currat, quae sermonem utrinque continuatum pleno et collecto verborum sensu excipiat et exponat: hoc enim modo locutionis seu interpretationis non videbimur verborum observatores, sed sententiarum investigatores*"; statt eines „*verborum litigium*" intendiert Anselm die „*exquisita veritas sententiarum*" (1164C; cf. EVANS 1977, 166; 1991, 45).

„Sehr gefährlich scheint es mir, wenn jemand es wagt, dem christlichen Glauben, der schon vollkommen dargelegt ist und zum Heil hinreicht (*ad plenum jam conditae, et ad salutem sufficienti*), etwas hinzuzufügen oder wegzunehmen, besonders bei dem Glauben an die heilige Trinität" (II 19; 1194C).

Nechites' Reserve gegenüber einem allzu weiten Gebrauch von *procedere* (wodurch ἐκπορεύεσθαι unter die nicht personspezifischen trinitarischen Begriffe eingereiht würde) akzeptiert Anselm zwar (II 22; 1198A), führt zur Begründung seiner These, mit dem Filioque werde nur die Tradition der altkirchlichen Konzilien fortgesetzt, im Bekenntnis den auf der Schrift ruhenden Glauben zu explizieren[41], jedoch ein Credo an, das weder dem Osten entstammt noch dort jemals offiziell rezipiert wurde, nämlich das Bekenntnis, das Leo IX. in seiner Inthronistika 1054 an Petrus von Antiochien sandte.[42] Daran wird deutlich, daß es tatsächlich nicht um Worte ging, sondern um komplexe theologische Systeme: Gemäß dem griechischen NC war das Filioque *a limine* keine Sprachmöglichkeit, ausgehend vom lateinischen Credo Leos dagegen eine semantische Notwendigkeit.

Im Anschluß an die von Anselm angeführten personalen Proprietäten („*ingenitus - genitus - ab utroque procedens*": I 1; 1164D) präzisiert Nechites, letztere sei als „*a Patre tantum et non a Filio procedentem*" zu bestimmen (1165C). Alleiniges innergöttliches *principium* sei der Vater - in diesem Zusammenhang fällt (m.W. erstmals im Wortlaut) die nachmals ebenso klassische wie umstrittene Formulierung des Konzils von Lyon (1274) „*tanquam ab uno principio*", jedoch bei Nechites als Prädikation des Vaters: „*Ambo enim a Patre tanquam ab uno principio, iste generatione, ille processione, non*

---

[41] II 22 (1198B): „*In omnibus fere generalibus tam multa Christianae fidei necessaria statuta s[u]nt, quae in Evangelio minime reperiuntur.*"- Das Argument, die Restriktion auf den Hervorgang *allein* aus dem Vater stelle eine ebenso inadäquate Interpretation des biblischen Zeugnisses dar (II 20; 1194D-1195A), stammt von Abaelard, theol. christ. IV 126 (CChr.CM 12, 327,1992-328,2001 BUYTAERT). Daß die Ablehnung des ἐκ μόνου τοῦ πατρός aber sogleich das Filioque implizierte (1195C), ist eine Konsequenz, auf die Nechites nur antworten kann: „*In hoc quod tu dicis, procedit a Filio, et in hoc quod tu dicis, procedit a Patre non solo, cogis me dicere, procedit a Patre solo*" (ebd.); cf. dazu schon Niketas Stethatos, synth. 29,3 (408,14-17 MICHEL).

[42] II 22 (1198C-1199B = ep. Petr. 7-11; 468,6-470,25 MICHEL); cf. dazu oben S. 395f., sowie SIEBEN 1984, 159f. Im Abschnitt über den Heiligen Geist (1199B = 470,8-10) fehlt allerdings die Sequenz „*a Patre et Filio procedentem*". Ebenfalls „leonisch" ist das Insistieren auf der niemals verletzten römischen Orthodoxie (II prooem.; 1161CD): „*Ipsa autem sancta Romana Ecclesia, mater omnium Ecclesiarum, hoc a Domino privilegium accepit, quod ita specialiter fundata est super firmam petram, ut a nullo unquam vento haereticae pravitatis impelli potuerit*"; cf. dazu Leo, ep. Cerul. I 7 (68b,18-42 WILL). In dial. II 22 (1198C-1199B) wird die Konzilssynopse dieses Bekenntnisses exzerpiert; eine analoge Aufstellung bietet Paschalis' II. Bekenntnis auf der Lateransynode vom 18.3.1112 (PL 163, 471AB); cf. LAUDAGE 1997, 298.

temporaliter, sed causaliter" (1165D), was Anselm später - in dezidiert lateinischer Prononcierung - wiederholt: „*Spiritus sancti proprium est procedere ab utroque tanquam ab uno principio*" (II 4; 1171C).[43] Dieses „*unum et idem substantiale principium*" meint Anselm mit den ihm geläufigen Begriffen μόναρχον und παντοκρατοῦν identifizieren zu dürfen (II 3; 1169A), so daß Vater und Sohn zwar nicht hinsichtlich ihrer Personalität („*secundum distinctionem personarum*") ein identisches Prinzip sind, wohl aber hinsichtlich ihrer Homousie („*secundum identitatem ejusdem essentiae*": 1169D).[44] Und diese Einheit zu bewahren, ist das Werk des Heiligen Geistes: „Allein durch den Hauch seiner Gottheit verbindet er die beiden und sich selbst zu einer Wesenheit, einer Einheit in Dreiheit und Dreiheit in Einheit, die unaussprechlich unterschieden und wundersam verbunden sind."[45] Auf Nechites' Anfrage (in implizitem Anschluß an Eustratios: II 4; 1171D: „*Verumne videtur tibi quod secundum communem substantiam, an secundum discretam et propriam personam dicendum sit Spiritum sanctum procedere?*") analysiert Anselm die Hervorgehensweisen:

- Gemäß der Substanz könne der Hervorgang nicht geschehen: „Was auch immer über die göttliche Substanz gemäß der Substanz gesagt wird, ist als den dreien gemeinsam aufzufassen" (*quaecunque enim de divina substantia secundum substantiam dicuntur, ea tribus oportet esse communia*: II 10; 1178BC). Daß die *processio* dennoch *substantialiter* aufzufassen sei (1178D), erkläre sich daher, daß *consubstantialis* als „*ex eadem et non alia*

---

[43] Eine vergleichbare Formulierung findet sich schon bei Anselm von Canterbury, proc. 10 (II; 205,28-30 SCHMITT; s.o. S. 478). Anselm von Havelbergs Theologie kann jedoch das Reflexionsniveau seines Namensvetters letztlich nicht erreichen: „[He] appears to have worked out his views on the procession of the Holy Spirit quite independently" (EVANS 1977, 158).

[44] Eine etwas andere Nuancierung bietet Anselm in II 8 (1176D) im Anschluß an Ps 50,14 LXX: „*Spiritum principalem Patrem dixit, qui sibi principium est et principalis causa sive causale principium est Filii et Spiritus sancti*"; von hier aus versucht Anselm (in unmarkierter Aufnahme des augustinischen *principaliter*) eine Brücke zur griechischen Trinitätstheologie zu schlagen (II 17; 1188D): „*A quo autem habet Filius ut sit Deus, est enim de Deo Deus, ab illo habet utique, ut etiam de illo procedat Spiritus sanctus, ac per hoc Spiritus sanctus, ut etiam de Filio procedat, sicut procedit de Patre, ab ipso habet Patre*" (= Augustin, in euang. Joh. XCIX 8; CChr.SL 36, 587,9-12 WILLEMS = trin. XV 27,48; CChr.SL 50A, 529,16-530,19 MOUNTAIN/GLORIE). Auf dieser Basis wird dann der Vater als „*totius divinitatis, vel si melius dici potest, deitatis principium*" sowie als „*auctor generationis et processionis*" angesprochen (ebenso II 19; 1191D), aber eben im Rahmen der lateinische Pneumatologie (1189AB): „*sicut [Spiritus sanctus] non unius eorum, sed amborum est communio, ita non ab uno eorum, sed ab amborum ejus est processio*".

[45] „*solo spiraculo ejusdem Deitatis ambos et seipsum in unam connectit essentiam, unitatem in trinitate, et trinitatem in unitate ineffabiliter distinguendo, mirabiliter conjungendo*" (II 7; 1173A).

substantia esse" (1178B) definiert werde - ein „Hervorgang aus dem Wesen" ist noch herauszuspüren.[46]
- *Persona* wiederum sei als *ad se* definiert, gelte doch: „Die Person ist der Natur unterworfen, und in Absehung von der Natur kann man nicht von der Person sprechen" (*personam subjectam esse naturae, nec praeter naturam personam posse dici*; 1179A). Insofern also sowohl Person als auch Substanz durch ihren jeweiligen Eigenstand definiert seien, führe Nechites' Unterscheidung lediglich in Aporien.
- Den Ausweg biete dagegen die Kategorie der Relation, denn „was nicht für sich ausgesagt wird, betrifft die Beziehung in der Unterscheidung der Personen" (*quae autem non ad se, relative in ipsa personarum distinctione dicuntur*; 1179B). Das bedeutet: „Wie der Vater aufgrund der Beziehung zum Sohn Vater heißt und 'ungezeugt' im Blick auf den Gezeugten, und wie der Sohn aufgrund der Beziehung zum Vater Sohn heißt und Gezeugter, Wort, Bild, Siegel, Zeichen und Glanz, so wird auch der Heilige Geist aufgrund der Beziehung Heiliger Geist und Hervorgehender genannt, Gesandter, weil er von beiden gesandt wird, Gabe, weil er von beiden gegeben wird, und Liebe, weil er von beiden geliebt wird" (ebd.).

Mit der Relationskategorie und der Skepsis gegenüber dem Personbegriff schließt sich Anselm von Havelberg ebenso wie Anselm von Canterbury an Augustin und (implizit) an Abaelard an.[47] Entsprechend wird Joh 20,22 als Hinweis auf den Hervorgang des Geistes *ex Filio* interpretiert: „*ipsius enim donatio sive missio, ipsius est processio*" (II 15; 1185B).[48] Genau dies

---

[46] Zur bleibenden Bedeutung der augustinischen Formulierung „*ex substantia Patris*" an der Schwelle zur Hochscholastik cf. etwa Petrus Damiani, ep. 81 (MGH.B IV/2, 421,34-422,13 REINDEL, hier explizit in Verbindung mit *Deus de Deo*); Hildebert von Le Mans, tract. theol. IV (PL 171, 1077D-1078A); Hugo von St. Viktor, Summa sententiarum I 6 (PL 176, 52A). Entschieden dagegen votierte erst Petrus Lombardus, sent. I dist. V c. 1 a. 6 (SpicBon IV, 82,16-22); cf. dazu neuerdings ROBB 1997, 24-34.

[47] Ein Traditionsbeweis wird allerdings nur angedeutet; die Väterzitate dienen dem Nachweis, daß der Geist tatsächlich die *tertia persona* in der Trinität ist: (Ps.-) Augustin (II 7; 1174AB; 1175A = Ambrosiaster, quaest. test. 113,5; 125,22 [CSEL 50, 301,11-14; 391,26-392,3 SOUTER]; cf. c. 106,9 [aaO., 239,8-26]; Ps.-Augustin, dial. quaest. 22 [PL 40, 740]); Hilarius von Poitiers (1174BC = trin. XII 54; CChr.SL 62A, 624,6-9 SMULDERS).- Die Abhängigkeit von Abaelard (cf. BERGES 1956, 56; SIEBEN 1984, 157 mit Anm. 16) zeigt sich z.B. daran, daß aus dessen *Introductio in theologiam* (II 15; PL 178, 1079D-1080A = theol. christ. IV 136; CChr.CM 12, 334,2170-2177 BUYTAERT) die vorliegende Kombination von drei Hilarius-Zitaten entlehnt wird (1207A = trin. XII 55; 56; 57: CChr.SL 62A, 635,4f.; 626,5f.; 627,6f. SMULDERS).

[48] Zu Anselms Erklärung, wie denn die Gabe des Geistes in Joh 20,22 mit der in Apg 2,4 zu vermitteln sei (II 15; 1186D: Christus habe den Geist auf Erden gegeben „*propter dilectionem proximi*", Gott der Vater habe ihn vom Himmel gesandt „*propter dilectionem Dei*"), cf. Petrus Damiani, ep. 91 (MGH.B IV/3, 7,25-8,2 REINDEL); Niketas Stethatos

wird von Nechites freilich bestritten: „Aus dem Niedrigen dürfen keine Entsprechungen zum Höheren abgeleitet werden" (*nec oportet ex inferioribus superiorum similitudines suscipere*; 1187A), woraufhin Anselm zugibt: Es bestehe immer eine spezifische Unähnlichkeit, niemals Identität - eine unmarkierte Paraphrase aus Anselm von Canterbury.[49] Das hindert jedoch nicht, von Zugehörigkeit auf Abkunft zu schließen: Der Heilige Geist „ist nämlich durch das Hervorgehen aus dem Vater und geht als Existierender aus dem Vater hervor durch einen wesenhaften Hervorgang und aus einer 'hervorgängigen' oder hervorgangsfähigen Substanz (*processiva sive processibili substantia*)... Wenn es nun das gleiche für ihn ist, aus dem Vater zu sein und hervorzugehen, und es für ihn ebenso gleich ist, aus dem Sohn zu sein wie aus dem Vater, dann geht er auch aus dem Sohn wie aus dem Vater hervor" (II 18; 1190AB), was zu der These führt (1190B): „*Par enim vel potius idem est Spiritui sancto a Patre esse, et a Filio esse, et a Patre procedere, et a Filio procedere.*" Dies wird im Geist des Athanasianums als „notwendig für den Glauben" eingestuft (II 19; 1193B). Daher meint Anselm, Nechites eine abgeleitete Prinzipialität des Sohnes in den Mund legen zu dürfen:

> „Diesen Hervorgang des Heiligen Geistes aus dem Vater wie aus dem Sohn differenzierten die Weisesten der Griechen so, daß sie ihn eigentümlich dem Vater zuwiesen als erster Ursache des Hervorgangs, von dem der Sohn in eigener Weise durch die Zeugung ist und der Heilige Geist in eigener Weise durch den Hervorgang; dem Sohn aber schrieben sie denselben Hervorgang des Heiligen Geistes nicht gleichermaßen eigentümlich zu, weil der Sohn selbst nicht aus sich selbst und nicht seine eigene Ursache ist und ebenso nicht in eigentümlicher Weise noch als erste Ursache des Heiligen Geistes ist, so daß er aus ihm eigentümlich wie vom Vater hervorginge."[50]

Hier wird demnach auf augustinischer Basis der für den Westen unverzichtbare doppelte Hervorgang (*ab utroque*) mit der östlicherseits unaufgebbaren Monoprinzipialität des Vaters (*prima causa*) zu vermitteln versucht, ausgehend von der Einsicht, daß der Sohn - wenn überhaupt - ein kategorial vom Vater zu unterscheidender Ursprung ist. Daher beinhaltet Anselms abschließende These das *ab utroque* ebenso wie das *principaliter*:

> „*Ex his verbis beatorum doctorum Hieronymi et Augustini satis concedendum puto, Spiritum sanctum proprie et principaliter ex Patre tanquam a prima causa procedere, quia sic*

(synth. 23,2; 400,22-401,2 MICHEL; s.o. S. 385f.), sowie Theophylakt (prosl. 5.7: CFHB 16/1, 255,19-22; 259,22-261,1 GAUTIER u.ö.; dazu oben S. 500f.).

49 II 16 (1187B); cf. Anselm von Canterbury, proc. 5 (II; 196,3-5 SCHMITT).

50 „*Hanc itaque processionem Spiritus sancti tam a Patre quam a Filio ita distinxerunt sapientissimi Graecorum, ascribentes proprie Patri, primum causam processionis, a quo proprie est et Filius generatione, et a quo Spiritus sanctus est processione, Filio autem ascribentes ejusdem Spiritus sancti processionem, non tam proprie, quia ipse Filius non est a semetipso, nec est causa suimetipsius, ideoque nec proprie, nec prima causa est Spiritus sancti, ut ab eo proprie, sicut a Patre procedat*" (II 24; 1204D-1205A).

> ex Patre procedit quasi primo loco, dum eum Pater ab alio non habeat, sed a seipso. Pater quippe prima causa est, et primae causae causa non est; Filius vero cum a seipso non sit, sed a Patre, hunc ipsum Spiritum sanctum a se quoque procedentem non a se, sed a Patre habet, a quo et ipso per generationem esse habet. Est itaque Pater principalis auctor et causale principium tam generationis ad Filium, quam processionis ad Spiritum sanctum: ideoque tametsi non legatur adeo proprie et principaliter a Filio procedere; tamen sicut verum est eum a Patre procedere, ita quoque sublata omni ambiguitate verum est eum a Filio procedere, et nulla processionis ejus inaequalitas admittitur, cum ab utroque... aequaliter procedere affirmatur" (II 25; 1206AB).[51]

Mit Nechites' Zustimmung (1206CD) ist (auf der Ebene von „Anselm the debater") zwar keine Identität der zu vermittelnden Positionen erreicht, wohl aber eine Hermeneutik, die (im Sinne von „Anselm the writer") den aussichtslosen Streit um Worte in eine konstruktive Verständigung über Aussagezusammenhänge zu überführen erlaubt.[52] Am Ende steht der Kon-

---

[51] Zitiert wurde zuvor (Ps.-) Hieronymus, ep. 17,1.3 (PL 30, 176D; 179CD) = comm. Nic. II 1.3 (EOMIA I/2,1, 355,18f.; 360,1-3.13-15 TURNER); weiterhin Augustin, trin. XV 26, 47 (CChr.SL 50A, 528,103-106; 529,113-115.117f. MOUNTAIN/GLORIE); 27,48 (aaO., 530,32-36 = in euang. Joh. XCIX 9; CChr.SL 36, 587,14-18 WILLEMS). Die Argumentation stammt von Abaelard, der ebenfalls im Anschluß an Pseudo-Hieronymus den Begriff „proprie" fruchtbar zu machen versuchte (intr. II 15; PL 178, 1079A = theol. christ. IV 135; CChr.CM 12, 333,2124-2128 BUYTAERT): „Sed quid est quod dictum est 'proprie' Spiritum ex Patre procedere? Numquid 'proprie' ibi dictum est sicut hoc loco 'principaliter'? Et fortasse eodem modo dici uideri posset, nisi quod ibi interseritur quod et Filius ex Patre natus sit proprie, sicut et Spiritus ex Patre proprie dicitur esse." Von Abaelard übernimmt Anselm auch die Kritik an dem fons-rivus-lacus-Bild bei Anselm von Canterbury (theol. christ. IV 83; aaO., 304,1229-1233): „Immo fortasse haec similitudo illi maxime suffragatur haeresi quae ita per tempora proprietates personarum commiscet, ut eamdem personam dicat quando uult esse Patrem, quando uult Filium uel Spiritum sanctum". Zur Stellung Abaelards zum Filioque (weitere Quellen: Theologia summi boni I 1-11; III 52f.; theol. christ. I 16-36; IV 87f.; theologia scholarium I 21-44) cf. vorerst summarisch KNUUTTILA/SAARINEN 1997, 245f.

[52] Das wird sogleich auf die Frage angewandt, ob nicht auch das per Filium ein angemessenes Interpretament sei, zumal es mit Hilarius ein von den Griechen anerkannter Lehrer vertrete (II 26; 1208B). Unklar ist, ob Nechites diesen Vermittlungsvorschlag so kategorisch bestritt, wie Hugo Etherianus notiert (sanct. imm. II 9; 295BC): „Si autem quosdam tumultuantes audimus non ex Patre et Filio, sed ex Patre per Filium, hoc Latini asserant procedere, prorsus, mediante Filio, ex Patre, Filius autem sine medio, ex ipso est, minor est Spiritus Filio: nam quid per medium aliquod participat, minus est, immediate participante illius. Et hinc rursus habet locum Macedonii dogma diminuentes Spiritum, tollentis aequalem dignitatem ac potentiam. Quomodo autem Filio mediante, dabimus a Patre procedere? Namque si Pater emissor est, Spiritus vero sanctus emissus: haec autem sunt habitudinis nomina, et simul natura: nam emissor emissi, emissor est: et emissus, ab emissore emissus. Nihil autem eorum, quae sunt ad aliquid, per medium aliquid dicitur: quomodo ergo Spiritum sanctum, mediante Filio dicamus procedere?" JUGIE 1933, 306, hält dies für wahrscheinlich: „apud Hugonem, [Nechites] ut Photianus loquitur"; cf. BECK 1959, 313; MARX 1977, 163f. mit Anm. 32.

zilsplan - nicht weil noch trennende Fragen offen geblieben wären, sondern aufgrund der revolutionären Konsequenzen für die byzantinische Kirche, die nach Nechites' Aussage das Filioque nicht nur als rechtgläubig akzeptieren, sondern sogar als verbindlichen Bestandteil des Glaubensbekenntnisses liturgisch in Gebrauch nehmen werde.[53] Nechites ist dabei - als Prototyp „ökumenisch" gesinnter Griechen - von der kategorischen Ablehnung des Filioque zu dessen theologischer, kanonischer und liturgischer Anerkennung vorangeschritten.[54] Komplementär dazu ist deutliche Kritik an allzu selbstsicheren Lateinern herauszuhören, wohingegen dem Autor als idealtypischem Disputanten von Nechites bescheinigt wird, daß man noch keinem anderen Lateiner im Gespräch so weit habe entgegenkommen können (II 21; 1197C). Das fügt sich zu der als direkte Anrede an *beide* Auditorien formulierten, hintergründig aber an die lateinische Leserschaft gerichteten Bemerkung Anselms:

> „Ich verweigere keinem Christen, Griechen oder Lateiner oder aus welchem Volk christlichen Glaubens auch immer, das Geschenk des Heiligen Geistes, ich verdamme keinen, stoße keinen aus oder halte ihn für verdammungswürdig; sondern jeden Menschen, der recht redet und das schreibt, was nicht der apostolischen Lehre widerspricht, den nehme ich an und umarme ich aus vollem Herzen" (II 24; 1204AB).

Nechites' Akklamation: „Mir scheint, wir haben einen wahrhaft katholischen Lateiner gefunden; o daß doch mehr solche Lateiner in dieser Zeit zu uns kämen!" (1204B) spiegelt diese Aufforderung an den Adressaten (d.h. an Papst Eugen III.) zurück: Gegen papalistische Überheblichkeit sollen aufgrund des gemeinsamen Glaubens die verbleibenden Adiaphora in brüderlichem Geist toleriert werden - tatsächlich begegnet bei Anselm erstmals im Mittelalter das Substantiv „*tolerantia*".[55] In diesem Sinne kann das Werk

---

[53] II 27 (1210A): „*Extunc omnes nos qui in partibus orientis Christiani sumus, una cum sancta Romana Ecclesia, et cum caeteris Ecclesiis quae sunt in occidente, communi voto et pari consensu sine aliquo nostrorum scandalo verbum hoc, 'Spiritus sanctus procedit a Filio', libenter susciperemus, et praedicaremus, et doceremus, et scriberemus, et in Ecclesiis orientis publice cantandum institueremus.*" DARROUZÈS 1965, 65, sieht Nechites damit in der Tradition der Synode von 1089 stehen - „mais avec des formes et des intentions aussi ouvertes et aussi iréniques, sinon plus, que Théophylacte".

[54] Als Problem verbleibt nur das *Wort „procedere"*, woraufhin Anselm griechische Väter anführt (II 24; 1202D-1203C), die nicht nur die Sache, sondern auch den Begriff rezipiert hätten: die *Fides Athanasii* (DH 75,23); Didymus von Alexandrien (spir. 36; PL 23, 140C); das sog. Credo des Konzils von Ephesus (= Kyrill von Alexandrien, ep. Nest. III 10 rec. Dionysii Exigui; ACO I 5, 241,26-29 SCHWARTZ; cf. die Fassung des *Codex Veronense*: ACO I 2, 50,1-4); Ps.-Johannes Chrysostomus (s.o. S. 362 Anm. 254). Die Zusammenstellung der Zitate stammt von Abaelard, intr. II 15 (PL 178, 1077A-D; cf. theol. christ. IV 127-130: CChr.CM 12, 328,2002-330,2045 BUYTAERT).

[55] Dial. I 11 (1158A): „*Laboravit Ecclesia in persecutione, et crevit in patientia; laboravit in haereticorum subtili fallacia, et crevit in sapientia; laboravit in falsis fratribus, et crevit in*

Anselms von Havelberg tatsächlich als „ökumenisch" gelten - als Forderung nach einer dialogischen Hermeneutik der unterschiedlichen Traditionen, die im Munde des Nechites von Nikomedien zugleich als Zielvorstellung künftiger Verständigungsversuche formuliert wird:

> „Du weißt, daß ich und alle weisen Griechen - alle diese Argumente vorausgesetzt und alle Autoritäten vorangestellt - mit dir im Urteil über den Hervorgang des Heiligen Geistes übereinstimmen; dennoch möchte ich nicht, daß du meinst, daß wir uns als von dir in dieser Diskussion irgendwie überwunden bekennen, denn die weisen Griechen haben schon immer so geurteilt; und wenn einmal von weisen Lateinern dieselbe Frage demütig erwogen wurde, was sie im Herzen glaubten und mit dem Munde bekannten, und wenn alles, was über diese Frage geschrieben wurde, mit dem Gesetz der Liebe übereinstimmt, dann stimmten weise Lateiner und weise Griechen darin einmütig überein. Und in der Tat steht nichts zwischen uns, worüber törichte Griechen oder hochmütige Lateiner unter sich streiten müßten!"[56]

---

tolerantia"; cf. dazu EBERHARD 1985, 378 mit Anm. 118; zum ganzen PELIKAN 1974, 180f., sowie RUSSELL 1978, 85.

56 „*Proinde noverit charitas tua, praemissis tot rationibus, et suppositis tot auctoribus, me et quoslibet sapientes Graecorum stare tecum in eadem sententia de processione Spiritus sancti: verumtamen nolo ut putes nos modo per te in hac tua disputatione superatos hoc confiteri, quoniam sapientes Graeci semper hanc sententiam tenuerant; et si quando a sapientibus Latinis haec eadem quaestio humiliter mota est, quod corde crediderunt, ore confessi sunt, et omnibus quae de hac quaestione scripta sunt revocatis ad legem charitatis, tam Latini sapientes, quam Graeci sapientes, concorditer in unum consenserunt. At vero nihil nostra interest, quid vel stulti Graeci, vel superbi Latini inter se dicant et contendant*" (II 26; 1208CD). LEES 1992, 230: „The debates are therefore not about showing the Latins to be right, the Greeks wrong. They are about the problem of erasing the line of alienation." Dem sei die vorkonziliare katholische Optik gegenübergestellt (JUGIE 1933, 311f. Anm. 3): „Vides Nicetam inter *stultos Graecos* recensere omnes polemistas qui inde a Photio et cum ipso Photio processionem aeternam Spiritus sancti etiam *a Filio* vel *per Filium* negaverunt. Si illi credas, tota haec controversia ex pessimo spiritu contentionis exorta fuerit. *Sapientes* Graeci dogma catholicum, saltem quantum ad sensum, revera tenuerint."- Jüngst hat STAATS 1998, 7-13 (mit 48 Anm. 17), auf die Parallele zu dem Bericht in der *chronica Slavorum* des Arnold von Lübeck hingewiesen, wonach Heinrich der Löwe auf einer Pilgerfahrt nach Jerusalem am Ostersonntag 1172 in Konstantinopel eine Disputation über das Filioque initiiert habe; Abt Heinrich vom Lübecker Johannniskloster habe argumentiert (I 5; MGH.SRG 14, 19,14-18 PERTZ), „*quia Spiritus procedit a Filio sicut a Patre, quia Spiritus sanctus est Patris et Filii et, cum Spiritus sancti gratia datur hominibus, profecto mittitur a Patre, mittitur et a Filio, procedit a Patre, procedit et a Filio, quia missio est ipsa eius processio*". Nach Joh 15,26 bezeuge Christus zwar den Geist als vom Vater hervorgehend - „*non addidit solo, et ideo etiam a se procedere non negat*" (20,6f.), weshalb Heinrich nach Verweisen auf Athanasius (Fides Athanasii!), Johannes Chrysostomus und Kyrill folgern konnte: „*Omnis igitur lingua confiteatur Spiritum sanctum procedere a Patre et Filio*" (20,26f.), was die „*magistri Grecorum*" bestätigt hätten (20,27-30).

2.2. Die Disputation mit Basilius von Achrida (1154)

Die Darstellung des Gesprächs Anselms von Havelberg mit Nechites von Nikomedien wird in einzigartiger Weise dadurch ergänzt, daß die Aufzeichnung einer Diskussion desselben Lateiners über dasselbe Thema, aber in griechischer Sprache erhalten ist - mit konträrem Ergebnis: Hier beglaubigt Anselm die Korrektheit der griechischen Trinitätstheologie.[57] Dadurch vermittelt der Text des Basilius von Achrida einen Eindruck davon, was ein griechischer Theologe in der Mitte des 12. Jahrhunderts unter lateinischer Pneumatologie verstand (oder verstehen konnte!).[58] Beide Disputanten drücken ihre Hoffnung auf die Einheit der Kirchen aus, im Bewußtsein, diese Einheit selbst zu behindern, wie der Lateiner bekennt: „Wenn die Lateiner ihre Hoffart aufgäben und die Hellenen Hinterlist und Spitzfindigkeit in Worten, dann könnte ohne Mühe Einigkeit entstehen."[59] Komplementär zu Anselms *Dialogi* wird man hier eine innerbyzantinische Selbstkritik konstatieren dürfen.

Basilius gründet seine materialen Darlegungen entsprechend auf die Autorität der Schrift, der Väter und der sieben auch vom Westen rezipierten Synoden, denen weder etwas genommen noch hinzugefügt werden dürfe (41,5-10). Der Lateiner betont dagegen, daß der „sogenannte Zusatz zum rechten Dogma" (43,21f.) zu Unrecht als Häresie angesehen werde, was Basilius bestätigt: „Wir glauben keineswegs, daß eure Männer die Wahrheit

---

[57] Anselm bei Basilius, dial. (48,13-18 SCHMIDT): Εὐλαβοῦμαι δ' ὑπὸ μέμψιν θεῖναι τοὺς ἡμετέρους πατέρας, τοὺς δυτικούς φημι, τοὺς ταύτην ἐφευρηκότας τὴν καινοτομίαν, ὅτι περ οὐ τεθείκασι ταύτην ἐπὶ μέσον, καὶ ἐγυμνάσθη· ἀλλ' αὐθεντικῶς οὕτως τοσοῦτον ταῖς ἐκκλησίαις συνεφόρησαν σκάνδαλα.

[58] Die folgenden Belege im Text beziehen sich auf die Ausgabe von J. SCHMIDT 1901. Cf. die biographische Skizze aaO., 3-15; sehr knapp: BECK 1959, 626. Zum Kontext sei angemerkt, daß der zweite Kreuzzug (1147/48) eine Abkühlung der Beziehungen zwischen Byzanz und dem westlichen Kaisertum brachte (zum literarischen Niederschlag cf. SCHREINER 1992, 569f.). Zwar vereinte der Kampf gegen die Normannen unter Roger II. (1149) erneut die beiden Kaiserreiche, aber mit Friedrich I. Barbarossa trat die Rivalität zu Manuel I. Komnenos in den Vordergrund, spätestens seit der kurzzeitigen Rückeroberung Süditaliens durch Byzanz (1155/56); cf. OSTROGORSKY 1963, 315-319; BECK 1980, 154. Im Herbst 1154 reiste Anselm von Havelberg als Gesandter Friedrichs an den byzantinischen Kaiserhof in Thessalonike; seine Mission gehört in die Vorgeschichte dieses letzten Versuchs einer Rückgewinnung der einstigen Hegemonialstellung in Mitteleuropa (cf. Otto von Freising, gesta Frederici II 11; MGH.SRG 46³, 111,31-12,10 WAITZ/ SIMSON).- Daß es sich bei dem ungenannten Disputanten um Anselm handelt, zeigt sich am Verweis auf das Gespräch mit Nechites (50,13-51,1); cf. DRÄSEKE 1900, 184; J. SCHMIDT 1901, 28-32; LEES 1998, 109f.; zur Datierung auf den 2./3. Oktober 1154 cf. GRUMEL 1930b, 336.

[59] Ἐὰν οἱ Λατῖνοι τὴν ἀλαζονείαν ἀπωθῶνται, καὶ οἱ Ἕλληνες τὸ περισσὸν καὶ πορμώτατον ἐν λόγοις, ἀμογητὶ γενήσεται ἕνωσις (35,5-7).

verdrehen oder dem Evangelium und den Überlieferungen der Väter Widersprechendes denken" (43,24-44,2). Entsprechend versucht Anselm, die Insuffizienz des Schriftzeugnisses dadurch zu erweisen, daß nirgendwo der Geist selbst als Gott bezeichnet werde (41,20-42,2); wenn dies zu konjizieren sei, warum nicht auch der Hervorgang des Geistes aus dem Sohn?[60] Wenn Zeugung und Hervorgang aus dem Vater „wesenhaft" (οὐσιώδης) zu verstehen seien, dann gelte:

> „Wenn der Hervorgang des Geistes nun aus dem Wesen des Vaters erfolgt und aus dessen Wesen auch der Sohn ist, wie könnt ihr dann sagen, der Geist gehe aus dem Vater hervor, nicht aber aus dem Sohn? Denn Vater und Sohn sind von demselben Wesen."[61]

Aus der Entgegnung des Basilius ergibt sich eine umgekehrte Zuordnung von Wesensgleichheit und Hervorgehensweise: Die trinitarischen Ausgänge seien nur insofern wesenhaft, als sie sich auf Gott bezögen (und nicht auf geschöpfliche Vorgänge), aber immer schon spezifiziert durch die jeweilige Beziehung zum Vater, werden also (mit Eustratios von Nizäa) als ἐκ τῆς οὐσίας κατὰ τὴν ἰδιότητα gefaßt.[62] Denn sonst entstehe sabellianische Begriffsverwirrung: „Dann fehlen die Eigentümlichkeiten und Kennzeichen, durch welche die eine Gottheit als drei Hypostasen besteht, und der Geist wäre nicht nur hervorgehend, sondern auch gezeugt!"[63] Stattdessen sei streng auf die Proprietäten zu achten: „'Ungezeugt' und 'gezeugt' und 'hervorgegangen' sind die Eigentümlichkeiten; diese als gemeinsam zu bezeichnen ist gottlos und wahnwitzig" (ταῦτα δοξάσαι κοινά, ἀσεβὲς καὶ φρενόληπτον: 48,5-8).

Am Ende steht ein fast exaktes Spiegelbild zu Anselms Dialog mit Nechites von Nikomedien: Ob der Geist nun *allein* aus dem Vater (50,4f.: ἐκ τοῦ πατρὸς μόνως) oder aus Vater *und* Sohn hervorgehe, wisse nur der dreieinige Gott selbst – der lateinische Disputant begnügt sich damit, seine Orthodoxie hinsichtlich der Alleinursprünglichkeit Gottes des Vaters zu beteuern: „Ich verehre die Monarchie und kenne nur einen Anfang und eine Ursache des Sohnes und des Geistes, den Vater, und keineswegs preise

---

[60] 42,2-4: Ὡς οὖν τὸ πνεῦμα εἰ καὶ μὴ παρελάβομεν, ὅτι θεός, ὅμως φρονοῦμεν οὕτω καὶ περὶ τῆς τοῦ υἱοῦ ἐκπορεύσεως. Zu diesem Argument cf. Anselm von Havelberg, dial. II 22 (PL 188, 1200AB).

[61] Εἰ οὖν ἐκ τοῦ πατρὸς τῆς οὐσίας ἐστὶν ἡ ἐκπόρευσις τοῦ πνεύματος, ἐκ δὲ τῆς αὐτοῦ οὐσίας ἐστὶν καὶ ὁ υἱός, πῶς ἐκ τοῦ πατρὸς τὸ πνεῦμα λέγοντες ἐκπορεύεσθαι, οὐχὶ καὶ ἐκ τοῦ υἱοῦ δίδοατε ἐκπορεύεσθαι; Τῆς αὐτῆς γάρ ἐστιν οὐσίας ὁ πατὴρ καὶ ὁ υἱός (44,19-45,2).

[62] Cf. Eustratios, proc. I (50,25-28); dazu oben S. 515.

[63] οἴχονται τὰ ἴδια καὶ οἱ χαρακτῆρες, δι' ὧν ἡ μία θεότης ἐστὶ τρισυπόστατος, καὶ τὸ πνεῦμα οὐ μόνον ἐκπορευτόν, ἀλλὰ καὶ γεννητὸν ἔσται (45,10-13).

ich zwei Ursachen."⁶⁴ Das habe er auch von den Autoritäten gelernt, die früher von Nechites zur Sprache gebracht worden seien: „In ursprünglicher Weise (ἀρχικῶς) geht der Geist aus dem Vater hervor, wie aus diesem auch der Sohn gezeugt wird" (51,1-3) - dies sei aber faktisch die zu Unrecht von den Griechen bestrittene Lehre des Augustin (51,3-5). Damit wird zugunsten der Harmonie der Väter auf eine terminologische und theologische Klärung verzichtet, wobei eine „photianische" Position - d.h. eine innertrinitarisch triangulierte Symmetrie auf der Grundlage der väterlichen Monarchie - ebenso abgewehrt wird.⁶⁵ Hier haben also die Lateiner vom Osten gelernt - so ist es nur konsequent, wenn sie sich in Formulierung und Gehalt mit dessen Trinitätslehre zufriedengeben.⁶⁶

3. Der Papst als letztgültige Autorität für das Filioque

Daß sich die Hoffnung auf eine Verständigung über den trinitarischen Glauben faktisch nicht erfüllte, lag nicht am ökumenischen guten Willen, sondern in zunehmender Weise am Streben der Päpste nach Sicherung und Ausbau ihrer Macht.⁶⁷ Anselms Hoffnung auf Einheit wurde nur ein Jahr später konterkariert, als Papst Hadrian IV. sich in der Hoffnung auf Basilius' Vermittlungsdienste brieflich nach Thessalonike wandte und dabei die Schuld am gegenwärtigen Zustand des Schisma aus seiner Sicht in aller Deutlichkeit benannte:

---

⁶⁴ ἐγὼ γὰρ τὴν μοναρχίαν προσκυνῶ καὶ μίαν οἶδα ἀρχὴν καὶ αἰτίαν τοῦ υἱοῦ καὶ πνεύματος, τὸν πατέρα, καὶ οὐδέποτε δοξάσω δύο ἀρχάς (50,8-11).
⁶⁵ Erstaunlich ist, daß die Angemessenheit des *per Filium* nicht diskutiert wird, obwohl Basilius ein nicht ausgewiesenes Zitat seines Namensvetters aus dem 4. Jahrhundert bietet, das gerade für ein solches Konzept anschlußfähig wäre (43,9-13): Ἡ τοίνυν ὁδὸς τῆς θεογνωσίας ἀπὸ ἑνός ἐστι πνεύματος διὰ τοῦ ἑνὸς υἱοῦ ἐπὶ τὸν ἕνα πατέρα· καὶ ἀνάπαλιν ἡ φυσικὴ ἀγαθότης καὶ ὁ ἁγιασμὸς καὶ τὸ βασιλικὸν ἀξίωμα ἐκ τοῦ πατρὸς διὰ τοῦ υἱοῦ μονογενοῦς ἐπὶ τὸ πνεῦμα διήκει (Basilius von Caesarea, spir. XVIII 47; SC 17ᵇⁱˢ, 412,17-21 PRUCHE), wobei hier eine rein axiologische Aussage getroffen wird, ohne ein Abkunftsverhältnis διὰ τοῦ υἱοῦ zu thematisieren (cf. dazu HOLL 1904, 140-142).
⁶⁶ Für diese „Symphonia" verweist Basilius auf Hieronymus, der Schüler (φοιτητής) Gregors von Nazianz gewesen sei (51,6-12); tatsächlich dürfte Didymus der Blinde gemeint sein, auf dessen durch Hieronymus übersetzten Traktat *De spiritu sancto* Anselm in dial. II 24 (PL 188, 1203A) zurückgriff (s.o. S. 527 Anm. 54).
⁶⁷ RUNCIMAN 1955, 119: „Once again papal supremacy proved to be the real stumbling block"; cf. zum folgenden auch SCHREIBER 1941, 361; DARROUZÈS 1965, 67f., sowie jetzt W.A. LÖHR, Art. „Schisma", in: TRE 30 (1999), 129-135, hier 133.

„Wegen des uralten Kampfes der Mißgunst hat sich der Stuhl von Konstantinopel selbst von der heiligen römischen und apostolischen Kirche getrennt... Viel Mühe und Arbeit haben die Nachfolger des seligen Petrus vor uns aufgewandt, damit das Schisma beseitigt würde; wer sich aber selbst von ihr trennt, gibt die Einheit der Kirche auf."[68]

Denn der römischen Kirche seien sowohl der universale Primat wie auch die Funktion als Appellationsinstanz verliehen worden; daher könne eine Einheit nur durch die Rückkehr der entlaufenen Schafe zu ihrem Hirten erfolgen, womit Hadrian ein schon 1112 von Paschalis II. gegenüber Alexios I. Komnenos erhobenes Postulat aufgriff.[69] Basilius antwortete entsprechend mit einer Mischung von Devotion, Ironie und kaum verhüllter Kritik: „Wenn wir von dir [sc. dem Papst] als völlig fremde Söhne angesehen oder beschuldigt werden, uns von deiner Herde getrennt zu haben, dann können wir [diesen Ruf] weder als väterliche Stimme erkennen, noch beschämt wie zu einem mahnenden Hirten zurückkehren."[70] Keinesfalls habe die *griechische* Kirche sich mutwillig von Rom getrennt, sei von den Beschlüssen der Väter abgewichen oder habe diese gar durch Neuerungen oder Ergänzungen beeinträchtigt; dies sei vielmehr der *römischen* Kirche vorzuwerfen. Die διιστῶντα σκάνδαλα zu beseitigen, sei daher Aufgabe

---

[68] Hadrian IV. an Basilius (PG 119, 925C; 928A): Ἐξ ὅτου διὰ τοῦ ἀρχαίου πολεμίου τοῦ φθόνου ὁ Κωνσταντινουπόλεως θρόνος ἀπὸ τῆς ἱερᾶς Ῥωμαίας καὶ ἀποστολικῆς ἑαυτὸν Ἐκκλησίας ἐχώρισε... πολὺν κόπον καὶ σπουδὴν οἱ πρὸ ἡμῶν διάδοχοι τοῦ μακαρίου Πέτρου ἀπένειμαν, ἵνα καὶ τὸ σχίσμα ἀρθῇ ἐκ μέσου, καὶ τῇ ἑνότητι τῆς Ἐκκλησίας οἱ ἀπ' αὐτῆς ἑαυτοὺς χωρίσαντες ἀποδῶσι. Das Schreiben des Papstes ist nur in griechischer Übersetzung erhalten.

[69] Ebd. (PG 119, 929A): καὶ οἱ ὁμολογοῦντες ἑαυτοὺς δεσποτικὰ πρόβατα, πρὸς τὸ τοῦ μακαρίου Πέτρου ἐπιστρέφωσι βόσκημα, ὃς τὴν αὐτῶν φροντίδα ἐδέξατο ἐκ τοῦ δεσποτικοῦ προστάγματος.- Alexios I. Komnenos hatte sich 1112 mit einer Initiative „*ad reformandam catholicae Ecclesiae unitatem*" an den Papst gewandt (DÖLGER Nr. 1263; zit. nach RPR[J] 6334 = Liber censuum Nr. 19: II; 126a,12f. FABRE/DUCHESNE). Diesem zufolge gebe es freilich nur einen Weg, um die tiefgreifende Verschiedenheit zu überbrücken: „*Prima igitur unitatis hujus via haec videtur, ut confrater noster Constantinopolitanus patriarcha primatum et reverentiam sedis apostolicae recognoscens, sicut in religiosi principis Constantini sanctionibus institutum et sanctorum conciliorum consensu firmatum est, obstinatiam praeteritam corrigat*" (126a,41-126b,5). Das theologische Modell für die Beziehung zu Byzanz („*Ea enim quae inter Latinos et Graecos fidei vel consuetudinum [diversitatem] faciunt non videntur aliter posse sedari, nisi prius capiti membra cohaerant*"; 126b,12-15) läßt bezweifeln, daß Paschalis an einer Verständigung wirklich interessiert war (cf. DARROUZÈS 1965, 57). Ebenso äußerte sich später Innozenz II. (1130-1143) gegenüber Johannes II. Komnenos (cf. LILIE 1989, 215).

[70] Basilius an Hadrian IV. (PG 119, 929D): Πάντως δὲ εἰ ἀλλοτρίους υἱοὺς ἐλογιζόμεθα ἑαυτούς, ἢ τῆς σῆς ποιμαντικῆς ἀπομακρύνεσθαι προῃρούμεθα, οὐκ ἂν οὔτε ἐπέγνωμεν ὡς πατρικὴν τὴν φωνήν, οὔτε ὡς ποιμένος τὸ ἀνακλητικὸν ᾄδοντος ἐπανεστράφημεν; hiernach die Belege im Text.

Roms.⁷¹ In diesem kurzen, aber signifikanten Briefwechsel taucht die Frage nach der innerkirchlichen Machtverteilung als Metaproblematik auf: Hatte Anselm von Havelberg noch für eine *via concilii* plädiert, so erlaubt das Insistieren Hadrians IV. auf den primatialen Ansprüchen Roms keinen Zweifel daran, daß nunmehr der theologischen Verständigung eine „papalistische" ekklesiologische Schranke vorgeschaltet war.

Die explizite Verbindung zwischen dieser Ekklesiologie und der Legitimität des Filioque zog Hugo Etherianus⁷², der in seinem polemischen Werk *De sancto et immortali Deo* (ca. 1176/77) die traditionelle Position aufgreift, daß es aufgrund grassierender Häresien notwendig gewesen sei, wie 381 in Konstantinopel das Bekenntnis sachgemäß zu ergänzen. Die Pointe liegt aber darin, daß dies dem Papst *ex officio* möglich war und stets möglich sei:

> „Gegen den Bischof den älteren Rom ist keine Anklage, kein Tadel und keine Verleumdung bekannt, weil er aus Gründen der Übersetzung diese eine Redewendung (nämlich daß der Geist aus dem Sohn hervorgeht) in Übereinstimmung mit den meisten heiligen Bischöfen und den überaus weisen Kardinälen hinzufügte; denn es war ihm gestattet und wird immer erlaubt sein, die Brüder zu stärken, Dekrete zu verkünden, Übersetzungen zu bestimmen, wenn irgendwo etwas verhüllt aufgeschrieben ist, und die Intention des Schreibers zu ergründen, wenn ein Hinweis auf dessen Intention vorliegt, der dafür hinreicht."⁷³

---

71 Basilius an Hadrian IV. (PG 119, 932D-933A): "Ἃ πάντως ἐξελεῖν ἐκ τοῦ μέσου, καὶ ὡς λίθους τινὰς ἐκ τῆς ὁδοῦ διαρρίψαι, κατὰ τὸν προφητικὸν λόγον, καὶ ἀπρόσκοπον τὴν ἑνότητα τῶν Ἐκκλησιῶν καταστῆσαι, τῆς σῆς ἔσται ἁγιωσύνης, τῆς χριστομιμήτως ὡς ἐξ οὐρανοῦ διακυπτούσης, καὶ τὰ διεστῶτα συνάγειν καὶ βουλομένης καὶ δυναμένης εἰς ἕν.

72 Zu Hugo Etherianus cf. die umfassende biographische Studie von DONDAINE 1952, 69-97; zur theologischen Sozialisation im Schülerkreis des Gilbert Porreta cf. CLASSEN 1955, 129-141. Hugo und sein Bruder Leo Tuscus spielten über viele Jahre hinweg eine zentrale Rolle am Hof Manuels I. Komnenos, für dessen Unionspläne wie für die christologischen Diskussionen der Synode von 1166 (cf. aaO., 118-122; RUNCIMAN 1955, 120f.; DONDAINE 1958 passim). Das Werk über den Hervorgang des Heiligen Geistes verwertet nicht nur die Kirchenväter des Westens, sondern - ermöglicht durch die exzellenten Griechischkenntnisse des Verfassers - auch diejenigen des Ostens (Athanasius, Basilius, Gregor von Nazianz, Gregor von Nyssa, Epiphanius, Johannes Chrysostomus, Ps.-Dionysius Areopagita, Theodoret von Kyros und Johannes von Damaskus) und erstmals die byzantinischen Polemiker und Ireniker (Photius, Theophylakt, Niketas von Byzanz, Nikolaos von Methone und Nechites von Nikomedien; cf. HERGENRÖTHER 1869, 815, sowie ALLATIUS 1648, 654; WALCH 1751, 69-72; DONDAINE 1952, 98-104; GORDILLO 1960, 235f.). Seine eigene Position hinsichtlich des Filioque wird bei ANASTOS 1961, 140-149, skizziert; eine gesonderte Studie dazu wäre ein dringendes Desiderat der Forschung (cf. aaO., 175f. Anm. 44).

73 Hugo Etherianus, sanct. imm. III 16 (PL 202, 375B): *„nulla insimulatione, nulla reprehensione, nullaque calumnia notandus est antiquioris Romae antistes, quod causa interpretationis dictionem unam, dico autem ex Filio procedere Spiritum sanctorumque plurium*

Dies sei die logische Konsequenz aus dem petrinischen Hirtenamt, das dem Petrusnachfolger übergeben sei, weshalb die Synode von Konstantinopel (381) dem Bischof der östlichen Kaiserstadt dezidiert einen Platz *nach* dem Bischof der *antiquior Roma* zugewiesen habe - die Pointe des entsprechenden Kanons wird dabei umgekehrt![74] Das aber heißt: „Wer dem ersten Stuhl, dem Vorsteher des ganzen Erdkreises, widersteht, stellt sich gegen Christi Anordnung, und wenn er nicht Vernunft annimmt, unterliegt er dem Urteil der Halsstarrigkeit."[75] Der Anspruch, als Haupt der Christenheit auch richtende Funktion auszuüben, präfiguriert also die Diskussion über die Angemessenheit des Filioque:

> „Wer auch immer also das Schifflein Petri verachtet, segelt unvorsichtig, und wenn er nicht die bleierne Schwere des Eigensinns abwirft, überfluten ihn die Wogen. Unziemlich und nicht zuzugeben ist es daher, die Gebote der Mutter aufzulösen: 'Höre, mein Sohn', sagt Salomo [Spr 6,20], 'die Rede deines Vaters, und verwirf nicht die Gebote deiner Mutter!', das ist jene fromme und heilige Mutter, welche nicht irgendwie, sondern indem Christus vorangeht, der Tröster lehrt und Petrus vorspricht, den Geist als aus dem Sohn hervorgehend lehrt; und mit ihr bezeugt dies die Menge der Heiligen."[76]

Mit diesem letzten Streiflicht wird die Filioque-Kontroverse in den Blick genommen, wie sie im Hoch- und Spätmittelalter im Kontext der Unionskonzilien ausgetragen wurde. Neben die Unterschiede im theologischen Ansatz und im Verständnis der Dignität des Bekenntnistextes tritt die Frage, wer in der Kirche das Recht habe, letztgültige Entscheidungen zu treffen, die Lehre in autoritativer Weise zu interpretieren und ihre normative Textgestalt festzusetzen. Kurz: Die Frage nach Amt und Macht schiebt sich als Metakontroverse vor die theologischen und kanonischen Dimensionen. Das Bestreben, diese Hürde zu überwinden, sollte das organisierende Problem der Filioque-Kontroverse in den folgenden Jahrhunderten darstellen.

---

episcoporum, scientissimorum cardinalium consensu habito apposuerit: licuit enim ei, semperque licebit, fratres confirmare, decreta edere, cudere interpretationes, si ubi aliquid obscure scriptum sit, et de voluntate scriptoris argumentari, indicio voluntatis illius relicto facere, hoc persuadente."

74 Ebd. (PL 202, 375C); cf. Conc. Const. I, can. III (COD³, 32,16-20).
75 Ebd. (PL 202, 376B).
76 Sanct. imm. III 17 (PL 202, 378AB): *„Quicunque ergo naviculam Petri spernit, incaute navigat, et nisi plumbeas moles pervicacitatis rejiciat, influent maria. Indecens quippe ac inconsentaneum est legum matris dissolvere: 'Audi', inquit Salomon, 'fili, sermones Patris tui, et ne abjicias legum matris tuae', hoc est illa pia et sancta mater, quae non quomodolibet, sed Christo procedente, instruente Paracleto, atque dictante Petro Spiritum ex Filio procedere asseverat: contestificante hoc idem ei multitudine sanctorum"*; zu seiner Argumentation cf. SIEBEN 1984, 294f. Dies präludiert die Definitionsgewalt des Papstes nach Thomas von Aquin, S.Th. II-II qu. 1 a. 10 sc.: *„ad solam auctoritatem summi Pontificis pertinet nova editio Symboli"*.

C. Systematisierende Zusammenfassung

Die Entstehungsgeschichte der Filioque-Kontroverse, wie sie im vorangehenden rekonstruiert wurde, umfaßt ein halbes Jahrtausend Kirchen-, Dogmen- und Liturgiegeschichte: Sie reicht von der Proklamation des NC als normativem Ausdruck des nizänischen Glaubens in Chalkedon bis zur Entstehung einer spezifisch lateinischen (neu)nizänischen Trinitätstheologie als Rahmentheorie der Übersetzung des NC und seiner sukzessiven Einführung in die Liturgien Spaniens, des Frankenreiches und schließlich Roms; sie reicht von der wechselseitigen Kenntnisnahme der Differenzen in theologischer Formulierung und textlicher Fixierung des gemeinsamen Glaubens im 9. Jahrhundert bis zu der 200 Jahre später unabweisbaren Einsicht, daß damit nicht nur ein irritierender Unterschied angezeigt, sondern ein unvereinbarer Gegensatz aufgerichtet sein könnte. Sie reicht schließlich von der beginnenden Divergenz zwischen griechischem und lateinischem Christentum in der Spätantike bis zu dem - je in sich differenzierten - Gegenüber von „Ost-" und „Westkirche". Die im Vorgriff angedeutete Komplexität der Frage nach „dem" Filioque ist im Nachspüren des Weges hin zu „der" Filioque-Kontroverse zu Tage getreten. Im Rückblick auf die nach Epochen gegliederte Analyse des Materials ist im folgenden nach den übergreifenden Zusammenhängen zu fragen, die sich von einzelnen Dialogen, Synodaldiskussionen und Streitschriften abstrahieren lassen, also nach der Eigendynamik und Binnenlogik der Filioque-Kontroverse als Paradigma der Entfremdung zwischen Ost- und Westkirche im frühen Mittelalter.

Dabei ist den eingangs aufgefächerten Problemfeldern zu folgen, freilich mit einer Modifikation: Während die gegenwärtige *Bekenntnishermeneutik* und die *theologische Entfaltung* der Behauptung bzw. Ablehnung der „filioquistischen" Pneumatologie direkte Vorläufer im Mittelalter haben - was sich nicht zuletzt daran zeigt, daß noch heute mit jahrhundertealten Ketzerhüten operiert wird -, ist die *liturgische* Dimension dort nur am Rande zu finden. Zwar entzündete sich der erste Konflikt um das Filioque 807 in Jerusalem an der gottesdienstlichen Praxis der fränkischen Mönche, jedoch spielte das Problem einer *gemeinsamen* Liturgie im Frühmittelalter gar keine und später nur punktuell eine Rolle.[1] Dafür ist gegenüber der heutigen Diskussionslage die *politische* Dimension einzubeziehen, insofern oftmals überhaupt erst dort ein Disput zwischen Theologen zustandekam, wo politische und militärische Notlagen die Kooperation zwischen Ost und West, Päpsten und Kaisern, erzwangen und damit auch eine Verständigung über das kirchlich und dogmatisch Einende und Trennende erforderten. Daher ist zunächst (1.) das triadische Kräftespiel zwischen dem byzantinischen Kaisertum, dem fränkischen bzw. deutschen Reich und dem römischen Papsttum in den Blick zu nehmen, bevor in einem zweiten Schritt die rechtliche (disziplinäre) Problemstellung aufzugreifen ist, also die Frage nach den formalen und hermeneutischen Konstitutionsfaktoren der gültigen „Orthodoxie" und nach den Instanzen, die über das rechte Bekenntnis zu entscheiden hatten (2.). Schließlich ist die Paradoxie aufzuzeigen, daß gerade durch die beiderseits konsequente Deutung und Formulierung des christlichen Glaubens die theologischen Divergenzen unübersehbar und - in damaliger Sicht - zunehmend unüberbrückbar wurden (3.).[2]

1. Die politische Dimension: ein Theologumenon im „römisch"-triadischen Kräftespiel

1.1. Das Zweikaiserproblem zwischen Ost und West seit Karl dem Großen

Die politische Rahmenkonstellation der werdenden Filioque-Kontroverse bildet zunächst die Dualität „römischer" Reiche seit der zweiten Hälfte des 8. Jahrhunderts. Es ist kein Zufall, daß im lateinischen Mittelalter genau zu dem Zeitpunkt eine Kontroverstheologie entstand, als mit Karl dem Großen erstmals seit dem Untergang des weströmischen Reiches das christliche Abendland weitgehend zu einem zusammenhängenden Herrschaftsbereich vereint wurde. So führte das rasche Anwachsen der karolingischen Machtposition, zumal die Etablierung als *patricius Romanorum* im Machtvakuum des bislang byzantinischen Mittelitalien, zur Ausbildung einer politischen Theologie, deren eindrucksvoller Niederschlag im *Opus Caroli regis contra synodum* vorliegt. Schon vor dem „Zwei-*Kaiser*-Problem" *proprie dictu* war damit die traditionelle Zuordnung von (ost-)römischem Kaiser und

---

[1] Die in Florenz geschlossene Union mit dem Westen wurde erst am 12. Dezember 1452 (d.h. ein halbes Jahr vor dem Ende des byzantinischen Reiches) durch die Einführung der römischen Liturgie in Konstantinopel realisiert - ohne jedoch das *Wort* „Filioque" in das NC einzufügen.

[2] Auf eine Wiederholung der Stellennachweise wird im folgenden der Übersichtlichkeit halber verzichtet.

(pentarchisch strukturiertem) Ökumenischem Konzil als höchster kirchlicher Entscheidungsinstanz in Frage gestellt. Das *Opus Caroli regis* formulierte polemisch und systematisch den Anspruch, daß die politische Bedeutung des Frankenreiches sich auch in der Beteiligung an innerkirchlichen Entscheidungsprozessen niederzuschlagen habe, und begründete damit das Vorgehen der Frankfurter Synode von 794, die in diesem (kirchen-) politischen Sinne als „antibyzantinisch" zu gelten hat.³ Da Karl aber schon 812 eine - die Faktizität spiegelnde - Anerkennung seines Kaisertums durch den Osten erlangen konnte, ist gerade für die ersten Diskussionen über das Filioque keineswegs von einem starren Ost-West-Dualismus auszugehen; noch zur Zeit Ottos des Großen stellte im fränkischen Verständnis eine Mehrzahl von gleichgeordneten *imperia* bzw. *imperatores* kein grundsätzliches Problem dar, während das byzantinische Protokoll immerhin die Möglichkeit bot, einen westlichen Potentaten als subordinierten βασιλεύς (bzw. μέγας ῥήξ) zu integrieren.

Jenseits protokollarischer Übereinkünfte - deren begrenzte Reichweite sich gut an der Mission des Liutprand von Cremona als „Heiratswerber" in Byzanz illustrieren läßt - war aber im politischen Aufstieg Karls des Großen ein fundamentaler ekklesiologischer Konflikt angelegt: Seit Konstantin und Nizäa war der römische Kaiser nicht nur Schutzherr der Kirche Roms, sondern auch persönlich verantwortlich für Konstitution und Bewahrung der Orthodoxie, konkret: für die Einberufung von allgemeinen Synoden zur Klärung unabweisbar aufgebrochener Streitfragen und für die Durchsetzung der dabei erreichten Lösungen per Reichsrecht. Seit der Kaiserkrönung Karls im Jahre 800 gab es aber nicht mehr nur *ein* römisches Reich und *eine* darin angesiedelte Kirche, sondern *zwei* Prätendenten auf die Nachfolge der antiken Kaiser und damit auf die Schutzherrschaft über die Kirche! Zudem war diese nunmehr in doppeltem Sinne als „römisch" ausgezeichnet: Sowohl die Bewohner Roms als auch die von Konstantinopel verstanden sich in einem traditional qualifizierten Sinn als *Romani* bzw. Ῥωμαῖοι. Liutprand und Patriarch Polyeuktos konnten sich daher gegenseitig vorwerfen, der je andere „römisch"-kaiserliche Herr habe seine Schutzpflicht gegenüber Rom vernachlässigt. Beide Parteien sandten Mis-

---

3   Damit fand sie freilich nicht allzuviele Nachfolger: Das Konzil von Aachen 809 richtete sich nicht gegen Byzanz, sondern implizit gegen Papst Leo III.; erst die auf Nikolaus' I. Forderung hin 868 in Worms versammelte Synode verteidigte das westliche Filioque dezidiert gegen byzantinische Kritik. Die römischen Synoden der 860'er Jahre dagegen verurteilten mit Photius nur einen unrechtmäßigen Prätendenten auf dem Patriarchenthron, nicht jedoch Byzanz an sich. Auch die Synode von Trosly (909; s.o. S. 301f. Anm. 8) mit ihrem Verdikt gegen Photius reicht nicht an die systematische Kritik des *Opus Caroli regis* heran.

sionare in das zum Christentum strebende Bulgarien, das - zumindest partiell einst zum *Imperium romanum* gehörig - als genuines Betätigungsfeld für die jeweils „römische" Jurisdiktion angesehen wurde, worin die Verquickung von kirchlichem Handeln und politischer Zielsetzung mit der Dualität von „römischen" Instanzen zutage tritt.

Das Nebeneinander wurde sukzessive zum Faktum; wie im 11. Jahrhundert die byzantinischen Kaiser nicht mehr die Legitimität ihres westlichen Pendants bestritten, so kann auch Heinrichs II. Initiative, das NC in karolingischer, „filioquistischer" Fassung in die römische Liturgie einzuführen, nicht schon *ipso facto* als bewußter Affront gegen Byzanz angesehen werden, wie es einst das *Opus Caroli regis* gewesen war. Diese Programmschrift wiederum (die allerdings niemals gegenüber Byzanz erwähnt und nach 825 auch im Westen nirgendwo mehr argumentativ ausgewertet wurde!) kritisierte zwar, daß die Griechen nicht den doppelten Hervorgang des Heiligen Geistes lehrten, und sah darin ein Symptom von lehrhaften und disziplinären Mißständen; die „Edition" des lateinischen („karolingischen") NC-Textes mitsamt dem Filioque unternahm jedoch Paulinus von Aquileia, um in königlichem Auftrag ein katechetisch verwendbares Bekenntnis zum Kampf gegen den Adoptianismus zu erstellen. Gerade im Blick auf die Konkurrenz zwischen östlichen und westlichen imperialen Ansprüchen ist also streng zu trennen zwischen der karolingischen Kritik an der byzantinischen Bildertheologie und dem (zeitgleichen) innerokzidentalen Kampf gegen den Adoptianismus. Aus der immer wieder verflüssigbaren Dualität ist daher kein starrer Dualismus zu erschließen: Die kirchliche Schutzfunktion des Herrschers konnte und mußte sich im Westen eben auch nach innen richten und dabei paradoxerweise sogar mit dem Papst als dem Garanten der kirchlichen Orthodoxie in Konflikt geraten.

1.2. Das Filioque und die Frage nach dem päpstlichen Primat

Daß zwischen „Ost" und „West" niemals ein starres Gegenüber bestand, liegt zu einem guten Teil an der dritten Komponente des „römisch-triadischen" Kräftespiels - am Papsttum, das über Jahrhunderte hinweg einen flexiblen Kurs zwischen den rivalisierenden Reichen steuerte. Schon Hadrian I. konnte einerseits gegenüber Karls Hoftheologen das zweite Nizänum und auch die Pneumatologie des Tarasius verteidigen, andererseits aber den Griechen mit dem Bann drohen, sofern sie nicht ihre kirchenrechtliche Usurpation Süditaliens und des Illyricums aufgäben. Mit dem Bemühen, diese Machteinbuße gegenüber dem Patriarchen von Konstantinopel zu revidieren, ist eine wichtige Konstante der päpstlichen Politik der kommenden drei Jahrhunderte benannt: das Streben nach der Rückgewinnung alter bzw. nach dem Erwerb neuer jurisdiktioneller Ansprüche, damit aber nach der sichtbaren Realisierung der sukzessive wachsenden und „kanonisch" legitimierten Primatsansprüche. Nikolaus I. stellte sich im Streit der Prätendenten für den byzantinischen Patriarchenthron auf die Seite des Ignatius, da Photius ihm keine Hoffnungen auf eine Restitution der umstrittenen Gebiete machen konnte und zudem nicht gewillt war, Bulgarien den westlichen Missionaren zu überlassen; Hadrian II. erlebte die Wiedereinsetzung des Ignatius, nicht aber die Erfüllung seiner territorialen Hoffnungen, und so verbündete sich Johannes VIII. wieder mit dem verhaßten und verketzerten Photius, letztlich freilich ebenso erfolglos. Zwei Jahrhunderte später versuchte Leo IX. das durch die Normannen in Süditalien entstandene kirchliche Machtvakuum in seinem Sinne zu füllen und die Zustimmung des byzantinischen Kaisers durch die militärische Zusammenarbeit gegen die normannischen Eroberer zu erlangen; nach dem Scheitern dieser Politik verständigten sich seine Nachfolger mit den Normannen und vermochten schließlich mit Urban II. - signifikant eingeschränkt durch das sizilische „Legationsprivileg" - die niemals aufgegebene Forderung Hadrians I. einzulösen. Die Zusammenarbeit von Urban und Alexios I. bei der Vorbereitung des ersten Kreuzzugs kann als Akzeptanz dieser Entwicklung durch den Kaiser gelten - über den Kopf des Patriarchen Nikolaos Grammatikos hinweg, dessen Vorgänger Michael Kerullarios noch versucht hatte, die Anbindung Süditaliens an Konstantinopel durch disziplinäre Maßnahmen, d.h. durch das Entfachen der Azymenkontroverse, zu festigen.

Im Kontext dieser kirchenrechtlichen Streitigkeiten ist nun aber die wechselnde Positionierung der Päpste in Sachen Filioque zu sehen: So konnte Nikolaus I. den entsprechenden Vorwurf aus der Enzyklika des Photius an den Westen weitergeben und zur Verteidigung der dort geltenden Pneumatologie aufrufen, ohne jedoch wenige Jahre zuvor Photius' sachidentische Ausführungen in seiner Systatika getadelt zu haben; ebenso konnte Johannes VIII. die Bekräftigung und Zuspitzung des ephesinischen Verbots eines anderen Glaubens als Verbot eines anderen *Textes* rezipieren, ohne darin einen Widerspruch zur lateinischen *Trinitätstheologie* zu sehen. Schon Leo III. hatte den Glauben an den doppelten Hervorgang des Geistes gegenüber den Gesandten Karls für orthodox erklärt, sich jedoch vehement gegen eine Modifikation des römischen NC-Textes (aus dem *Sacramentarium Gelasianum*) ausgesprochen, womit die erste Filioque-*Kontroverse* faktisch zwischen zwei *westlichen* Instanzen ausgefochten wurde! Erst Humbert von Silva Candida kombinierte - im Bewußtsein, für Leo IX. zu sprechen - die westliche *Theologie* mit dem Insistieren auf dem entsprechenden Bekenntnis*text* - freilich in verschiedenen Kontexten: An den byzantinischen Kaiser richtete Humbert die auf Verständigung zielende theologische Apologie, gegen den Patriarchen erließ er das konfrontative Anathema.

Diese Unterscheidung von Adressaten enthüllt aber eine weitere Konstante päpstlicher Politik: In Byzanz galt nicht der Patriarch, sondern der Kaiser als genuiner Ansprechpartner. Die Aufteilung der staatlichen und kirchlichen Sphären, die in Konstantinopel trotz vielfacher Interferenzen grundsätzlich im Modell der „Symphonia" von Kaiser und Patriarch bestand, war in Rom spätestens seit dem Auseinanderbrechen des karolingischen Reiches, dann wieder nach dem Niedergang der sächsischen und salischen Kaisermacht nicht mehr gegeben. Mit dem Papsttum existierte fortan nicht nur eine geistliche Gewalt in Korrespondenz zum weltlichen Kaisertum, sondern eine dritte Größe mit politischen *und* kirchlichen Ansprüchen, die im 11. Jahrhundert gegenüber Byzanz nicht mehr nur - wie Nikolaus I. - primatiale Jurisdiktionsrechte einklagte, sondern auch und zuerst mit dem Kaiser auf gleicher Augenhöhe zu verhandeln gedachte, wenn nicht gar - theoretisch abgestützt durch die „Konstantinische Schenkung" - von einer spezifischen Superiorität herab. Daraus ergibt sich die dialektische Konstellation, daß im Westen zwar die kirchliche Autorität des Papsttums unwidersprochen galt, seine politischen Ansprüche aber von den „römischen" Kaisern bestritten und schließlich militärisch zu unterdrücken versucht wurden (wobei mit der Einsetzung von Gegenpäpsten wiederum eine geistliche Konkurrenz etabliert und dadurch ein innerwestliches „Schisma" provoziert wurde), während im Osten der Papst als politischer Partner akzeptiert wurde, seine geistliche Autorität und lehrmäßige Orthodoxie dagegen immer wieder anfragen lassen mußte (so etwa von der Synode des Jahres 1089). Für die Filioque-Kontroverse bedeutet dies, daß „Rom" im Streben nach politischer Handlungsfreiheit die Durchsetzung der spezifisch lateinischen trinitarischen Lehre stets der kanonischen Anerkennung durch den Osten unterordnen konnte: Schon für Leo III. stand gerade mit der Frage nach der Unversehrtheit des NC-Textes (die der Patriarch von Jerusalem angemahnt hatte) seine Orthodoxie gegenüber dem Osten in Frage, so daß er die Konsequenzen der karolingischen Theologie für die Gestalt des Bekenntnisses ablehnte; und noch für Urban II. war der *status confessionis* nicht mit der pneumatologischen Fragestellung gegeben, sondern mit der Anerkennung seiner jurisdiktionellen Autorität durch die in Süditalien angesiedelten Griechen. Erst Hugo Etherianus verband systematisch-theologisch den päpstlichen Primat mit der Orthodoxie der Filioque-Theologie; und erst das IV. Laterankonzil von 1215 versah die lateinische Trinitätstheologie explizit mit päpstlichen Weihen - zur theologischen Untermauerung der 1204 zwangsweise herbeigeführten kirchlichen „Union" mit dem Osten. Die politischen Gegebenheiten waren also nicht alleine dafür entscheidend, *daß* und *wann* über das Filioque diskutiert, gestritten und verhandelt wurde; sie beeinflußten auch die jeweilige Positionierung des Papstes *zwischen Ost und West* und damit den jeweiligen Grad der anzustrebenden Verbindlichkeit von Lehre und Text.

2. Die rechtliche Dimension: die Autorität des Textes

2.1. Die rechtliche Fixierung der Tradition und der Fortschritt der theologischen Reflexion

Die Filioque-Kontroverse umfaßte von Anfang an den Doppelaspekt des Bekenntnistextes und seiner theologischen Rechtfertigung. Dahinter stand (und steht noch heute!) nicht nur ein unterschiedliches Verständnis des ephesinischen „Verbot eines anderen Glaubens", sondern vor allem eine Divergenz hinsichtlich der Zuordnung von traditionaler Fixierung der Lehre und theologischem Durch- und Neu-Denken des Glaubens. Dabei wollten sich Ost wie West stets in die geschichtliche „Wolke der Zeugen", d.h. der Synoden und Väter, einreihen, die vor ihnen den Glauben definiert und verteidigt hatten. Daß sich beide Seiten ganz selbstverständlich auch da, wo tatsächlich „neu" gedacht und formuliert wurde, in Übereinstimmung mit Schrift, Konzilien und Vätern sahen, markiert ebenso eine - den zeitgenössischen Beteiligten nicht als hermeneutisch maßgeblich bewußte - Spezifik der Kontroverse wie eine im Zeichen der historisch-kritischen Erforschung der Kirchen- und Dogmengeschichte nicht mehr abzuweisende Denkaufgabe für die heutige Beschäftigung mit der Filioque-Frage.

Von einer *rechtlichen* Fixierung wird hier gesprochen, um anzuzeigen, daß sich auf beiden Seiten im Laufe der Auseinandersetzungen Prinzipien der Schrift- und Traditionsdeutung verfestigten, die die inhaltliche Diskussion präfigurierten. Um 1100 standen sich gegenüber:

- auf östlicher Seite die Siebenzahl der Ökumenischen Konzilien, deren Entscheidungen durch die Beteiligung der fünf Pentarchen und durch die Rezeption der Kirche Verbindlichkeit erlangt hatten, was implizierte, daß jeder „Pentarch" seine persönliche Orthodoxie durch die Übereinstimmung mit den allgemeinen Konzilien auszuweisen hatte;
- auf westlicher Seite der Anspruch der Päpste, an diesen Konzilien nicht nur beteiligt gewesen zu sein, sondern sie qua Rezeption überhaupt erst für gültig erklärt zu haben, was einerseits die Möglichkeit weiterer Definitionen offenhielt, andererseits die Universalität kirchlicher Entscheidungen unhintergehbar an die römische Approbation knüpfte.

Noch 787 hatte Übereinstimmung zwischen Tarasius und Hadrian I. im Konzilsverständnis geherrscht, während die Karolinger die Validität von Nizäa mit einem neuen, nicht auf die traditionellen fünf Patriarchate, sondern auf die gegenwärtige kirchliche Landschaft bezogenen Begriff von Universalität zu bestreiten versucht hatten. Jedoch zeigte sich bereits um 860 eine zunehmende Differenz zwischen den Häuptern der westlichen und östlichen Kirchen: Photius versuchte auf der Linie der altkirchlichen Konzilstheorie und -praxis, die letzten Ausläufer des Bilderstreits durch die Proklamation der Ökumenizität von Nizäa II zu bekämpfen und damit den christologischen Lehrfortschritt durch konziliare Rezeption als allgemein verbindlich zu kanonisieren. Nikolaus I. dagegen erhob - gestützt auf die Kanones von Serdika und auf die pseudoisidorischen Dekretalen - den Anspruch, jede konziliare Entscheidung sei überhaupt erst durch die päpstliche Zustimmung gültig. Mit Photius' Entgegnung, die serdikensischen Kanones seien im Osten niemals rezipiert worden, treten die unterschiedlichen Selektionsprinzipien zutage: Wie 553 in Konstantinopel zahlreiche nachmals umstrittene westliche Väter als Garanten der Orthodoxie festgelegt worden waren, so hatte das Quinisextum von 692 auch Serdika unter die rechtgläubigen Synoden eingereiht; entsprechend legte Photius in der *Mystagogia* nicht nur eine Väterhermeneutik vor, die das Filioque etwa aus der - grundsätzlich ja für korrekt erachteten - Lehre Augustins auszuklammern erlaubte, sondern begründete auch die Zurückweisung von Serdika mit dem Grundsatz, Bestimmungen partikularer Synoden dürften keinesfalls ohne übergreifende synodale Rezeption (und schon gar nicht von einer einzelnen Instanz!) für allgemein verbindlich erklärt werden. Demgegenüber wurden von Nikolaus (aber auch schon von Leo I.) gerade die 451 in Chalkedon formulierte Pentarchie strikt negiert, und zwar unter Berufung auf die Anordnung der Metropolitansitze durch Nizäa 325 - während auf die chalkedonensische Akklamation des *Tomus Leonis* und damit auf die konstitutive Rolle der Päpste für die Orthodoxie schon von den Karolingern und noch von Leo IX. gerne hingewiesen wurde (zumeist unter Vernachlässigung der Verdammung von Papst Honorius anno 681!). Daß die Kanones von Serdika herangezogen wurden, verdankte sich wiederum nicht dem von Rom stets bestrittenen Quinisextum, sondern der pseudoisidorischen Sammlung, die unter Nikolaus erstmals als spezifisch päpstliche Rechtsquelle begegnet. Wiewohl also Rom zwar die Ökumenizität des zweiten Nizänums und damit die Siebenzahl normativer Synoden akzeptierte (die bis zur Zeit Gregors VII. nicht grundsätzlich angezweifelt wurde[4]), standen sich schon im 9. Jahrhundert unterschiedliche Auffassungen

---

4 Aber auch dann wurde im (innerwestlichen) Investiturstreit gerade deshalb auf Kon-

gegenüber, *wie* denn die Entscheidungen dieser Konzilien zu wirklich „ökumenischer" Verbindlichkeit zu erheben seien.

Dabei traten die Gegensätze vor allem an der Frage auf, wo genau die Grenze zwischen Konstitutiva und Adiaphora gezogen werden sollte. Auf byzantinischer Seite lag die Grenze bei der synodal kodifizierten patristischen Tradition, wobei die Einordnung disziplinärer Fragen stets schwankend blieb: Für Photius bezeugten disziplinäre und theologische Monita gleichermaßen die Verirrungen der Lateiner (wiewohl das Filioque die zentrale Stellung in seiner Enzyklika einnahm und sich in seinem Spätwerk wie auch auf der Synode von 879/80 ganz in den Vordergrund schob); in den Jahren 1052/54 stand dagegen fast ausschließlich die Azymenfrage zur Debatte, während das Filioque erst in der letzten Phase der Diskussionen in Konstantinopel (von römischer Seite) ins Spiel gebracht wurde. Theophylakt wiederum konnte - wie zuvor Petrus von Antiochien und zeitgleich Anselm von Canterbury - alle disziplinären Unterschiede für zweitrangig erklären, wenn nur die Übereinstimmung in Gehalt und Ausdruck des trinitarischen Glaubens gewahrt sei. Allerdings stellte er seine systematischen Reflexionen ohne den Druck einer unmittelbaren Konkurrenzsituation an, während sowohl im Zuge der Bulgarienmission als auch im Streit um die kirchliche Obödienz von Süditalien gerade mit rituellen Fragen unmißverständliche Identifikatoren eingeführt werden sollten (wozu auch das Dekret des Polyeuktos von 968 zählt, demzufolge im Einflußbereich von Otranto nur noch der griechische Ritus zugelassen sein sollte). In diesem Zusammenhang konnte eben auch das Filioque zum unterscheidenden Merkmal avancieren, ohne daß damit - etwa in Bulgarien - von den fränkischen Missionaren sogleich ein Häresievorwurf gegen die Griechen intendiert war; von diesen wurde es freilich so verstanden, womit sich gleichermaßen die scharfe Kritik des Photius wie auch seine bemerkenswerte Uninformiertheit über die Grundstrukturen westlicher Theologie erklären.

Eine Pluralität von gottesdienstlichen und alltäglichen Bräuchen konnte aber auch Rom tolerieren, im Rückgriff auf die seit Gregors I. Englandmission bestehende Praxis, allein den rechten Glauben für unverzichtbar zu halten; die Diskussion zwischen Heinrich II. und Benedikt VIII. anno 1014 zeigt ebenso wie Leos IX. Haltung vier Jahrzehnte später, daß den Päpsten des Frühmittelalters nicht an einer Uniformität der Riten gelegen war (eine Politik, mit der auch Urban II. am Ende des Jahrhunderts noch erfolgreich operierte). Gerade an der Azymenfrage trat freilich die Schwierigkeit zuta-

---

stantinopel 869/70 als achte allgemeine Synode zurückgegriffen, um die Beschneidung des laikalen Einflusses mit dem Dekret einer ökumenischen Synode zu untermauern - deren Dignität dadurch also gerade betont wurde!

ge, mit einem Problem umzugehen, für das weder konziliare noch dekretale Entscheidungen vorlagen und das sich faktisch der jeweiligen Gewohnheit verdankte, so daß die biblisch-hermeneutische Fundierung erst *ex post* in der Situation bereits eingetretener Konfrontation entwickelt wurde. Die Strategie Leos IX. bestand dabei vorrangig nicht in der inhaltlichen Bestreitung der griechischen Praxis, sondern in der Deutung derselben als Spezialfall der generellen konstantinopolitanischen Tendenz zur Häresie, die aus der Verweigerung folge, den römischen Jurisdiktionsprimat zu akzeptieren – der sich doch aus dem biblisch bezeugten Petrusamt ergebe und von der *donatio Constantini* unzweideutig bestätigt worden sei. Die schon bei Liutprand zu findende und selbst von dem „Ökumeniker" Anselm von Havelberg bezeugte westliche Meinung, Konstantinopel sei der „Hort aller Häresien", während deren Widerlegung stets von Rom ausgegangen sei, wurde von Leo und Humbert erstmals mit dem petrinischen Primat verbunden, womit die inhaltliche Toleranz hinsichtlich der Azymenpraxis in einem neuen kanonischen Rahmen verortet wurde.

Insofern läßt sich die Ausgangskonstellation für die hochmittelalterliche Filioque-Kontroverse dahingehend spezifizieren, daß auf östlicher Seite der theologischen Reflexion ein *materiales* Kriterium vorgeschaltet war, nämlich die Entscheidungen der sieben Ökumenischen Konzilien, stets ergänzt durch das – von Rom nicht rezipierte – Quinisextum und flankiert durch die „klassischen" Auslegungen und Applikationen dieser Entscheidungen, die schließlich in der *Panoplia dogmatica* des Euthymios Zigabenos selbst kanonisiert wurden – so etwa die *Epitome* zur *Mystagogia* des Photius, d.h. die konzise Zusammenfassung seiner polemischen, spezifisch enggeführten Trinitätstheologie. Dem stand auf westlicher Seite ein *formales* Kriterium gegenüber – der päpstliche Jurisdiktions- und Lehrprimat, der auf die altkirchlichen Synoden durchaus rekurrierte, deren Dekrete in ihrer Gültigkeit aber *ad hoc* auch zu begrenzen bzw. mit westlichen Traditionsinstanzen wie den pseudo-päpstlichen Dekretalen zu harmonisieren beanspruchte. Dieser Differenz entspricht auf der Ebene der theologischen Reflexion der Sachverhalt, daß in Byzanz vor und nach 1100 in mehreren Prozessen Versuche, den christlichen Glauben philosophisch zu durchdringen, verurteilt wurden (Johannes Italos, Eustratios von Nizäa), während im Westen trotz der von Leo IX. und Petrus Damiani aufgerichteten Opposition von *piscatores* und *sophistae* die Zukunft der „Dialektik" gehörte, auf die Frage des Filioque erstmals angewandt bei Anselm von Canterbury. Und dieser Differenz entspricht wiederum auf der Ebene der Bekenntnishermeneutik, daß sich sehr unterschiedliche Sichtweisen auf die textuelle Integrität des NC und ihre Begründung ergaben.

2.2. Die doppelte Rezeptionsgeschichte des NC und das „Verbot eines anderen Glaubens"

Die bisherige Forschung zur Filioque-Kontroverse hat es durchweg versäumt, die Vorgeschichte des seit dem 9. Jahrhundert so umstrittenen NC im lateinischen Sprachraum hinreichend zu klären - d.h. konkret: die vierhundertjährige Traditionsgeschichte zwischen dem Konzil von Konstantinopel (381) und der ersten Bezeugung der noch heute gültigen und mit dem Wort *„filioque"* versehehen Textfassung.[5] Die Analyse hat gezeigt, daß es niemals einen allgemein im Westen akzeptierten Text *ohne* Filioque gegeben hat, wobei die vielfachen Variationen der Textfassungen bereits mit den Übersetzungen der chalkedonensischen Konzilsakten beginnen, genauer: mit Versuchen, die beiden differierenden *griechischen* Textfassungen in adäquater *lateinischer* Sprachgestalt wiederzugeben. Ein *wortidentischer* - d.h. Wort für Wort übersetzter und der griechischen Satzstruktur nachgebildeter - Text existierte lediglich in der römischen Taufliturgie des *Sacramentarium Gelasianum*; diese Fassung hat aber gerade nicht die lateinische Meßliturgie beeinflußt, in die schließlich 1014 auch in Rom die im karolingischen Bereich seit ca. 798 gebräuchliche Version aufgenommen wurde.

Dabei sind die römischen Päpste, zumal Leo III., der Nachwelt gerade durch ihren Widerstand gegen die liturgischen Innovationsbemühungen der Karolinger im Gedächtnis geblieben. So ist festzuhalten, daß der erste Streit um das Filioque als Bestandteil des Glaubensbekenntnisses *innerwestlich* ausgefochten wurde - angestoßen durch griechische Kritik an der liturgischen Praxis der fränkischen Mönche in Jerusalem. Die textgeschichtliche Rekonstruktion verbietet es daher, eine Kontroverse um das Filioque schon für die vorkarolingische Zeit anzunehmen: Nicht nur die angebliche Diskussion auf der Synode von Gentilly 767 dürfte als Forschungslegende entlarvt sein, auch die Verteidigung der lateinischen Orthodoxie durch Maximus Confessor bezog sich jedenfalls nicht auf ein „interpoliertes" NC. Das Konstrukt eines *„consensus septemsaecularis"* - wie ihn jüngst etwa die vatikanische „Klarstellung" behauptete - geht also an der eigentlichen Problematik vorbei, die erst mit der Herstellung und Verbreitung eines

---

[5] Die semantische und sachliche Verwirrung des Redens von „der" Filioque-Kontroverse läßt sich nur auflösen, wenn man berücksichtigt: a) daß eine *Kontroverse* sich erst entspann, als im NC tatsächlich die Wendung *„qui ex Patre Filioque procedit"* begegnete, d.h. erst seit 796/97, während sich zuvor etwa in der spanischen Tradition *„a Patre et Filio"* findet; b) daß diese Kontroverse *gleichursprünglich mit dem karolingischen* (noch heute maßgeblichen) *NC-Text* ist, nicht aber mit dem augustinischen Konzept eines doppelten Hervorgangs des Geistes und ebenso nicht mit den zahlreichen Bekenntnisformulierungen des lateinischen Frühmittelalters, die die innerwestliche Plausibilität dieses Konzeptes dokumentieren.

„filioquistischen" Textes gegeben war. Dieser wiederum richtete sich nicht gegen Byzanz, sondern gegen den spanischen Adoptianismus, so daß nicht das *Opus Caroli regis contra synodum*, sondern die Rede des Paulinus von Aquileia auf der Synode von Cividale 796/97 als eigentlicher Grundstein der karolingischen Bekenntnispraxis zu gelten hat (was die Zeitgenossen, allen voran Alkuin, auch genau so verstanden).

Die in Jerusalem aufflammende Kritik zeigt, daß griechischerseits zuerst die Veränderung des konziliar verabschiedeten und damit „pneumatisch" begründeten Credos beanstandet wurde, auch wenn die explizite Bezugnahme auf das Verbot des Ephesinums (431), eine ἑτέρα πίστις neben oder gar an Stelle des nizänischen Glaubens zu formulieren und zu verkünden, nicht gleichursprünglich war. Wie bereits das Nebeneinander von N und NC in Chalkedon zur Vorsicht gegenüber allzu weitreichenden Interpretationen des 20 Jahre zuvor verkündeten Dekrets mahnen sollte (immerhin war das NC bis 451 ja weder „ökumenisch" in Geltung noch überhaupt weiteren Kreisen bekannt!), so kann auch die langwierige Diskussion auf dem Florentinum ein Jahrtausend später nicht verdecken, daß die Anwendung des Verbots eines „anderen Glaubens" auf das „filioquistische" NC das Ergebnis eines *Rezeptionsprozesses* war, der durch den lateinischen Text erst *provoziert* wurde: Erst die Synode von Konstantinopel 879/80 präzisierte dieses Verbot mit seinem mehrdeutigen, den Glaubens*gehalt* wie seinen textlichen Niederschlag umfassenden Begriff πίστις (bzw. - seit Chalkedon - σύμβολον) in Richtung auf einen *formulierten Text* (ἔκθεσις bzw. ὅρος); erst hier wurde mit expliziter Bezugnahme auf *Textbestandteile* jegliche Hinzufügung wie Auslassung (προσθήκη - ἀφαίρεσις) untersagt. Und erst Photius kritisierte die Lateiner, den ökumenischen Text des NC „mit verfälschenden Gedanken und hinzugefügten Worten" (νόθοι λογισμοὶ καὶ παρέγγραπτοι λόγοι) infiziert zu haben (eine Kritik, die Michael Kerullarios knapp zwei Jahrhunderte später wortidentisch aufgriff). Der in der zweiten Sitzung in Chalkedon aus den Akten zitierte Text des NC war demnach zwar seit dem 6. Jahrhundert im byzantinischen Einflußbereich liturgisch, kanonisch und theologisch in Geltung, erst im 9. Jahrhundert wurde jedoch das Integritätspostulat auf den *Buchstabengehalt* übertragen, womit das seinerzeit *antinestorianisch* ausgerichtete Verbot eine „*antifilioquistische*" Spitze erhielt.

Dabei war den Konzilsvätern anno 880 durchaus bewußt, daß zwischen N und NC ein Unterschied bestand, der zwar die Sachidentität nicht tangierte, dennoch aber einer Begründung bedurfte - daraus erklärt sich die Klausel, das Bekenntnis dürfe nicht verändert werden, „solange keine von den Machenschaften des Teufels motivierte Irrlehre existiert". Schon 808 in Jerusalem war - dogmengeschichtlich durchaus zutreffend - darauf verwiesen worden, daß sich das NC konkret gegen Makedonius (d.h. tatsächlich gegen die Pneumatomachen) richtete, d.h. es war seinerzeit notwendig gewesen, den nizänischen *Glauben* durch eine textuelle Erweiterung des nizänischen *Bekenntnisses* zu verteidigen. Dieses „dogmengeschichtliche" Bewußtsein war aber auch der Ansatzpunkt der karolingischen Theologen, um die Rechtmäßigkeit nicht nur des Filioque, sondern des neu erstellten Textes überhaupt zu rechtfertigen: Paulinus von Aquileia bemerkte zutreffend, daß das ephesinische Dekret gegen Nestorius verbieten wollte, ein *„perversum dogma"* aufzustellen, und bestritt energisch, etwas Vergleichbares zu unternehmen: Gerade das von den Vätern bezeugte und liturgisch gebrauchte Credo sollte Grundlage der Katechese, d.h. der antiadoptianistischen Unterweisung des Kirchenvolkes, sein, um gegen *aktuelle* Perversionen (gegen die „nestorianisierende" Christologie des Elipandus und seiner Gefolgsleute) anzugehen. Daß der nizänische *Text* den nizänischen *Glauben* nicht erschöpfend beinhaltete, zeigte sich für Paulinus an dem pneumatologisch und ekklesiologisch erweiterten NC; ebenso hätten aber die Väter, die seinerzeit gegen die häretische Meinung, der Geist gehe *„a Patre solo"* hervor, den *doppelten* Hervorgang betonten, keinesfalls den Sinn des Credos verändern, sondern vielmehr dessen Implikationen entfalten wollen. Das bedeutet paradoxerweise, daß das nachmals von Photius und seinen Gefolgsleuten betonte ἐκ μόνου τοῦ πατρός erstmals als *innerwestliche* (gotisch-homöische) Häresie eingeführt wird, gegen die das NC zurecht präzisiert worden sei. Und nicht zufällig knüpfte Ratramnus von Corbie genau an diese „theology of interpolation" (Richard HAUGH) an, als ihm das *„tantum ex Patre"* nun östlicherseits (in Nikolaus' I. Photius-Referat) entgegengehalten wurde. Gleichzeitig wurde hier erstmals unterschieden zwischen der Orthodoxie der ursprünglichen Textfassung (wie zuerst Leo III., später Petrus Damiani und Anselm von Canterbury ausführten: nicht alles, was zu glauben sei, könne ja in das Bekenntnis aufgenommen werden) und der griechischen *Bestreitung* des Filioque, die als häretisch einzustufen sei, wie auch Humbert von Silva Candida unterstrich: Die Väter hätten das Filioque 381 nicht in das Glaubensbekenntnis aufgenommen, weil es allen Christen *„planum et manifestum"* gewesen sei, nicht aber aufgrund von Zweifeln oder gar zur Negation seiner Glaubensnotwendigkeit. Angesichts dieser differenzierten Argumentationslinie ist der berüchtigte Vorwurf von 1054, die Griechen hätten das Filioque aus dem Bekenntnis *gestrichen*, nur als überzogene Polemik aufzufassen, die weder ihr argumentatives Ziel erreichte noch die lateinischen Zeitgenossen beeindruckte: Noch Anselm von Canterbury verteidigte ein halbes Jahrhundert nach Humbert nicht mehr als das Recht der lateinischen Kirche, in *ihrem* Bereich auftretenden Häresien mit einer Präzisierung des Credos begegnen zu dürfen.

Genau dieses Recht nahm allerdings auch Niketas Stethatos für die griechische Seite in Anspruch, indem er - in implizitem Anschluß an das Dekret von 880 - das pneumatologische μόνος nicht als kontingente Explikation, sondern als gegen die lateinische „Häresie"notwendige Implikation der neunizänischen, im NC niedergelegten Theologie interpretierte. Die Fortführung dieser Argumentation bei Theophylakt von Achrida zeigt, daß auch auf griechischer Seite dem „Verbot eines anderen Glaubens" mittlerweile eine *inhaltliche* Konkretion des buchstabengetreu zu bewahrenden Bekenntnistextes zur Seite getreten war - nur eben (wie schon oben angedeutet) aufgrund einer *materialdogmatischen* Orientierung an den maßgeblichen altkirchlichen Synoden und daher in expliziter Abgrenzung gegen eine *formale* Begründung der Textveränderung durch die Berufung auf den petrinischen Primat. Die doppelte Rezeptionsgeschichte des NC spiegelt so die Herausbildung divergierender Instanzen der kirchlichen Traditionsanbindung - im beiderseitigen Bewußtsein, nichts anderes als den Glauben der Schrift, der Väter und der Synoden zu bekennen und zu verteidigen.

3. Die theologische Dimension: divergierende Denk-Wege

3.1. Das NC als Grundbaustein lateinischer und griechischer Trinitätslehre

Unabhängig von der umstrittenen Frage, welche Rolle das Nizäno-Konstantinopolitanum auf dem Konzil von 381 konkret spielte, herrscht in der patristischen Forschung darüber Konsens, daß das NC den trinitarischen Glauben zwar zureichend, aber nicht erschöpfend formuliert. Pointierter ausgedrückt: Es sagt zwar genug, aber nicht alles, was theologisch hätte gesagt werden können und - etwa nach dem Urteil Gregors von Nazianz - hätte gesagt werden müssen. So fehlt die systematische Dissoziation μία οὐσία - τρεῖς ὑποστάσεις bzw. der Begriff der ἀσύγχυτος ἕνωσις als Modell der trinitarischen Koordination von Einheit und Dreiheit; der Heilige Geist wird zwar in Analogie zum Vater als „lebenschaffend" (τὸ ζωοποιόν) und in Analogie zum Sohn als „herrschend" (τὸ κύριον), nicht aber explizit als „Gott" bezeichnet; weder sein heilsgeschichtliches noch sein „immanentes" Verhältnis zum Sohn kommt zur Sprache, wie überhaupt die Beziehungen innerhalb der ewigen Gottheit zugunsten der Heilsgeschichte, weitestgehend in biblischer Sprache formuliert, zurücktreten. Man mag dies allgemein als Weisheit der Konzilsväter oder konkret als Rücksicht gegenüber den pneumatomachischen Gesprächspartnern deuten, vielleicht auch auf die Unterscheidung des Basilius von Caesarea zwischen Kerygma und Dogma zurückführen - in jedem Fall bleibt das NC auf seinen (in sich wiederum differenzierten) „kappadozischen" Hintergrund angewiesen, um die benannten Lücken zu füllen. Die Rezeption als orthodoxes Symbol in Chalkedon verkompliziert das Problem noch durch die behauptete Sachidentität mit dem Nizänum.

Diese Interpretationsoffenheit konnte solange als Vorzug statt als Nachteil gelten, als auf den folgenden Ökumenischen Konzilien alle Parteien stets auf das NC als Basis der einander widerstreitenden Theologumena zurückgriffen.[6] Das Bekenntnis des Tarasius auf dem Konzil von Nizäa (787) zeigt, daß das Grundgerüst des NC als Basis für „persönliche", *ad hoc* erstellte Glaubensformulierungen dienen konnte, die die weitergehende Lehrentwicklung integrierten, ohne das ursprüngliche Bekenntnis in seinem normativen, durch den liturgischen Gebrauch der aktuellen Diskussion enthobenen Status anzutasten. Erst die Bekanntschaft mit dem karolingisch-lateinischen NC problematisierte das Bekenntnis selbst, indem durch das Filioque hinter die Diskussion der letzten fünf Jahrhunderte zurückgegangen und die Theologie des Konzils von 381 selbst in Frage gestellt zu werden schien. Hatte noch Johannes von Damaskus die trinitätstheologischen Passagen seiner *Expositio fidei orthodoxae* ganz im Blick auf die Häretiker der Spätantike konzipiert, so deutete Photius (und vor ihm schon Thomas von Jerusalem) das Filioque als *gegenwärtigen* „Makedonianismus redivivus", also als Wiederaufleben der Häresie, gegen die der Hervorgang des Geistes aus dem Vater nach Joh 15,26, besonders aber seine „Homotimie" in das NC aufgenommen worden war.[7] Photius - und in seinem Gefolge Niketas von Byzanz und Niketas Stethatos - entwarfen zur Verteidigung des NC eine „authentische" Interpretation, welche die oben als offen benannten Fragen in zweierlei Hinsicht konkretisierte: a) Die pneumatologische Aussage τὸ ἐκ τοῦ πατρὸς ἐκπορευόμενον beziehe sich nicht auf die heilsgeschichtliche, sondern exklusiv auf die immanente Dimension der Trinität, was durch den Gebrauch des spezifischen Begriffs ἐκπορεύεσθαι statt des allgemeineren προϊέναι angezeigt werde; b) mit Joh 15,26 sei nicht nur eine Information über das Verhältnis von Gott dem Vater zum Heiligen Geist gegeben, sondern zugleich eine analoge Beziehung zwischen Sohn und Geist qua Nichterwähnung *ausgeschlossen*. Dem korrespondiert der oben skizzierte Sachverhalt, daß erst unter Photius das

---

6 Auch der christologische Streit des 5. Jahrhunderts war ja bereits ein *innernizänischer* Streit, dem mit der Rezeption des NC als synodalem Ausdruck des griechisch-kappadozischen Neunizänismus sozusagen erst sein eigener Boden unter die Füße geschoben wurde!

7 Daß Humbert seinen Kontrahenten Kerullarios ebenfalls als „Pneumatomachen" bezeichnete, stellt eine polemische Singularität dar und ist nicht einmal von seiner eigenen Pneumatologie her zu rechtfertigen!

Verbot von Ephesus auf den Buchstabengehalt des NC bezogen wurde, so daß zugleich mit der inhaltlichen Präzisierung auch eine entsprechende Bekenntnishermeneutik festgeschrieben wurde: Das „kappadozische" Verständnis der Trinität wurde dahingehend verengt, daß etwa die tastenden Versuche Gregors von Nyssa, die heilsgeschichtlichen Beziehungen zwischen Sohn und Geist auch für die ewig-göttliche Dimension (im Sinne einer μεσιτεία des Sohnes) auszuwerten, kategorisch unterbunden wurden; zugleich wurde statuiert, daß genau dieses Verständnis als authentischkonziliares Interpretament des NC - und deswegen das ephesinische Verbot als Schutz der buchstabengetreuen Integrität - zu gelten habe. Diese exklusivierende Deutung unterscheidet das „photianische μόνος" von der sachidentischen, aber nicht antilateinisch pointierten Formel des Johannes von Damaskus: μόνος γὰρ αἴτιος ὁ πατήρ.

Diese Differenz zwischen einer unpolemischen Exegese des NC noch um 750 und dessen antilateinischer Zuspitzung ein Jahrhundert später wirft ein Schlaglicht darauf, wie unabhängig voneinander sich die Entwicklung der lateinischen und griechischen Trinitätstheologie vollzog; umso mehr ist zu bedauern, daß in der klassischen Dogmengeschichtsschreibung (und in deren Kielwasser jüngst wieder durch Karlmann BEYSCHLAG) die Trinitätslehre als eigenständiges Thema mittelalterlicher (Kontrovers-) Theologie weitgehend ausgeblendet wird. Denn daß das NC zum „Grundbaustein" nicht nur der östlichen, sondern auch der westlichen Theologie avancierte, läßt sich präzise nur als Ergebnis eines Denkprozesses behaupten, der erst bei Anselm von Canterbury zu einem vorläufigen Abschluß kommt: Nicht nur werden hier die theologische und bekenntnishermeneutische Dimension in einem umfassenden, konsistenten Argumentationsgang zusammengeführt; vor allem avanciert erst hier das NC selbst gleichzeitig zu Gegenstand und Grundlage der Apologie. Damit wird von Anselm eine Problematik aufgelöst, die vor allem die karolingische Kontroverstheologie des 9. Jahrhunderts zutiefst prägte: das weitgehend unverbundene Nebeneinander der Rezeption des NC und der Trinitätstheologie Augustins. Denn die theologische Tiefengrammatik der Filioque-Kontroverse ist nicht in der einseitigen Veränderung eines schon allseits rezipierten Textes begründet, sondern in der gleichzeitigen Entstehung zweier „Neunizänismen", d.h. bestimmter Grundmuster trinitarischer Argumentation, für deren griechische Variante das NC von 381 zum „Symbol" (d.h. zum unhintergehbaren und daher unantastbaren „Erkennungszeichen") wurde, was aber für das lateinische Pendant zunächst gerade nicht galt: Augustin entwickelte seine Trinitätstheologie vielmehr im Anschluß an das *Nizänum* von 325 und unter explizitem Bezug auf dessen Formulierungen, speziell anhand der Zeugung des Sohnes aus dem Wesen des Vaters („*ex substantia Patris*"), aufgrund derer jener als „*Deus de Deo*" zu prädizieren sei. Die im griechischen NC ausgelassene Wendung ἐκ τῆς οὐσίας τοῦ πατρός, θεὸν ἐκ θεοῦ stellt daher keine textgeschichtliche Marginalie dar, sondern eröffnet im Gegenteil durch ihre fundamentale Bedeutung bei Augustin erst einen Zugang zur Spezifik des lateinischen Neunizänismus. Dies bedeutet für die Filioque-Kontroverse, daß sich hiermit präzise der theologische und terminologische Hintergrund angeben läßt, auf dem das NC seit dem 6. Jahrhundert ins Lateinische übersetzt wurde. In das System der augustinischen Trinitätslehre gehört aber als notwendige Konsequenz aus dem nizänischen Ansatz der Hervorgang des Geistes aus Vater und Sohn, begründet in einem Verständnis von Joh 15,26, das von Joh 20,22 herrührt: Der Geist, mit dem der auferstandene Christus seine Jünger anhaucht, ist derselbe, der aus dem Vater hervorgeht - was im Anschluß an die Äquivokation von *missio* und *processio* aber nicht nur einen heilsgeschichtlichen Sachverhalt bezeichnet, sondern auch eine Information über die ewigen Relationen innerhalb der Gottheit darstellt. Denn wenn der Sohn aus dem Wesen des Vater geboren wird und dieses Wesen mit der Gottheit zu identifizieren ist, dann geht auch der Heilige Geist aus der Gottheit des Vaters hervor - die keine andere als die des wesensgleichen Sohnes ist. Auch wenn Augustins Trinitätstheologie damit eine andere Pointe aufweist als die der Kappadozier, ist ihre Grundlage doch gleichermaßen der *nizänische* Glaube.

Diese Trinitätstheologie hatte schon ihren Siegeszug im Westen begonnen, als das NC samt seiner ihm in Chalkedon zugemessenen normativen Stellung nach 500 allmählich publik wurde; das griechische Bekenntnis wurde damit in einen bestehenden Denkrahmen hinein übersetzt. Das Schwanken der Textgestalt über Jahrhunderte hinweg reproduziert nicht nur die Problematik der schon in den *griechischen* Konzilsakten differierenden Versionen, sondern vor allem das Suchen nach einer adäquaten *lateinischen* Terminologie; bezeichnend dafür ist die Tatsache, daß sich nicht die syntaktisch und semantisch getreue römische Interlinearfassung durchsetzte, sondern der Text des Paulinus von Aquileia, der den Sachgehalt der Charakteristik der lateinischen Sprache und der katechetischen Situation anpaßte. Dabei wurde nicht nur die Formel „*Deum de Deo*" aus der spanischen NC-Tradition übernommen, sondern mit „*qui ex Patre Filioque procedit*" eine der oben benannten Interpretationslücken in augustinischem Geist geschlossen. Die exklusivistische Belegung des Begriffs der ἐκπόρευσις konnte für den westlichen Neunizänismus schon deshalb nicht maßgeblich werden, weil die Vulgata etwa in Joh 8,42 der Ursprung des Sohnes („*Ego ex Patre processi et veni*") mit demselben Verb *procedere* umschrieb wie den Hervorgang des Geistes in Joh 15,26 (was Theophylakt von Achrida als sprachliche Armut der Lateiner beklagte und als Entschuldigung für ihre vermeintliche Häresie anführte). Diese Äquivokation verdankt sich aber nicht nur linguistischen Unzulänglichkeiten, sondern der systematischen Grundentscheidung, daß die heilsgeschichtlichen Begegnungsweisen der trinitarischen Personen für ihre ewigen Relationen zueinander transparent seien - im Sinne des von Gregor I. formulierten, dem Sachgehalt nach augustinischen Axioms: *„eius missio est ipsa processio".* Die von Photius später eingeklagte strikte Differenzierung von immanenter und ökonomischer Trinität war für die Theologie Augustins ebensowenig ein notwendiges oder auch nur naheliegendes Implikat wie den Ausschluß des Sohnes von der Hervorbringung des Geistes - wobei gerade hier die augustinische Trinitätslehre durch Anselm von Canterbury eine Zuspitzung erfuhr, der systematisch die Gottheit Gottes als Ursprung der trinitarischen Personen rekonstruierte und auf dieser Basis die Hervorgänge von Sohn und Geist in einer symmetrischen Matrix entfaltete.

Die Filioque-Kontroverse ist also als doppelte Ausdifferenzierung dessen zu verstehen, was in der Forschung als „Neunizänismus" bezeichnet wird - ein Prozeß, der im Westen länger dauerte als im Osten und dessen Ursprünge in einer Zeit liegen, als das NC noch keinen normativen Status als mit N gleichberechtigtes Credo genoß. Seine Durchsetzung im Westen war freilich stets begleitet von anderen Glaubensformulierungen, für die der doppelte Hervorgang des Heiligen Geistes konstitutiv war; dies gilt für alle toletanischen Bekenntnisse ebenso wie für die Symbole aus dem fränkischen Bereich, vor allem das Athanasianum, das als hintergründiger (nur selten explizit benannter) theologischer Kanon des lateinischen Frühmittelalters zu gelten hat und in dem die Zeugung des Sohnes aus dem Wesen des Vaters im christologischen Artikel begegnet. Insofern ist hier von einer wechselseitigen Bestätigung und Beeinflussung von Bekenntnissen auszugehen, weshalb dem NC zwar niemals sein „ökumenischer" Status bestritten, wohl aber die „nizänische" Interpretationslücke „athanasianisch" geschlossen wurde. Die entsprechende Bedeutung des Athanasianums bezeugt schon das Schreiben der fränkischen Mönche aus Jerusalem; vor allem aber wird ansatzweise bei Ratramnus von Corbie und vollends bei Anselm von Canterbury deutlich, daß und wie das NC in die westliche Bekenntnistradition integriert wurde. Derselbe Anselm hatte immerhin die Unterschiede der „Neunizänismen" bzw. der theologischen und konfessorischen Traditionen soweit begriffen, daß er von seinen griechischen Gesprächspartnern nur verlangte, die lateinische Entwicklung der Dogmengeschichte und den entsprechenden Bekenntnistext als binnenlogische Konsequenz der altkirchlichen Trinitätslehre (statt als häretische Deviation) zu verstehen - eine Rezeption des Filioque im *griechischen* Text forderte er nicht (anders als die hochmittelalterlichen Unionskonzilien). Daß er freilich im gleichen Atemzug seine Theologie als *denknotwendig* darzustellen beanspruchte, markiert Tragik wie Logik der Kontroverse, die sich aus dem beiderseits als theologischer Grundbaustein rezipierten NC ergab.

3.2. Das Filioque: „Notwendigkeit" versus „Unmöglichkeit"

Diese *Logik* der Kontroverse ist keinesfalls *teleologisch* zu verstehen - als wäre es nur eine Frage der Zeit gewesen, bis die unterschiedlichen Trinitätstheologien die gegenseitige Verketzerung gleichsam aus sich herausgesetzt hätten. Die vorstehende Skizze der politischen und kulturellen wie der schrift- und bekenntnishermeneutischen Faktoren warnt vor einer dergestalt „theologisierten" Wahrnehmung der Filioque-Frage. Ebensowenig kann freilich die Kontroverse auf rein politische Gründe oder Fragen der innerkirchlichen Machtausübung reduziert werden; die Untersuchung hat vielmehr gezeigt, daß aus der Differenz im gemeinsamen Bekenntnis und in seiner theologischen Interpretation überhaupt erst eine Kontroverse und schließlich auch ein „Schisma" entstehen konnte, weil hier der Grund des Glaubens tangiert war, der jenseits aller Tagespolitik über Sein und Nichtsein der einen Kirche entschied. Daß die eine Kirche, in der der eine Geist Gottes wirkt, ihr Bekenntnis mit einer Stimme sprechen muß, war schon für die Väter der Alten Kirche unhinterfragbar und entspricht der engen Verknüpfung von Pneumatologie und Ekklesiologie im NC (und ebenso im Apostolicum!). Daß aber diese eine Stimme nur die des unveränderten NC von 381 sein durfte und daß der eine Geist allein aus dem Vater hervorgehen mußte, war ein Ergebnis der griechischen Kontroverstheologie des frühen Mittelalters seit Photius - und daß der Geist nicht primär aus Gott dem Vater, sondern aus der Gottheit selbst, d.h. auch aus dem Sohn stammen mußte, und daß sich dies auch im Bekenntnistext niederzuschlagen habe, behauptete die lateinische Kontroverstheologie erst seit Anselm von Canterbury mit hinreichender systematischer Stringenz.

„Unmöglichkeit" und „Notwendigkeit" sind somit die Ergebnisse eines sich wechselseitig beeinflussenden Selektionsprozesses in beiden Traditionen und Sprachen. Noch in der Mitte des 12. Jahrhunderts versuchten Anselm von Havelberg und Basilius von Achrida aus ihrer jeweiligen Perspektive, das Sachanliegen des Gegenübers wahrzunehmen und in der eigenen Terminologie auszudrücken - und scheiterten. Nach Basilius beteuerte sein lateinischer Gesprächspartner, die göttliche Monarchie zu ehren und keinesfalls eine doppelte Ursprünglichkeit (δύο ἀρχαί) in sie eintragen zu wollen; der Geist gehe ἀρχικῶς aus dem Vater hervor, aber aus dessen Wesen, das dasselbe sei wie das des Sohnes - und daher müsse der Geist konsequenterweise auch aus dem Sohn hervorgehen. Hier wurde die Differenzierung unterlaufen, die zuvor Eustratios von Nizäa getroffen hatte: Die innergöttlichen Hervorgänge geschehen durchaus ἐκ τῆς οὐσίας - aber in personaler Spezifikation (κατὰ τὴν ἰδιότητα). Maßgebliches Interpretament ist demnach nicht (wie etwa bei Augustin und Anselm von Canterbury) die Beziehung *Deus ex Deo* als Grundstruktur aller innergöttlicher Relationen, sondern die Vater-Sohn-Beziehung als *Zeugung* (γέννησις) und - in Analogie dazu konstruiert - die Vater-Geist-Beziehung als *Hervorbringung* (ἐκπόρευσις). Ausgeschlossen ist dabei jede Beteiligung des Sohnes, die eine Ko-Prinzipialität implizieren könnte; dies birgt freilich das Problem, inwieweit Gott *als Vater* auch Hervorbringer (προβολεύς) ist, ohne ein weiteres Mal Vater zu sein und damit einen zweiten Sohn zu erzeugen.

Umgekehrt attestierte Anselm von Havelberg seinem Kolloquenten, zutreffend den Vater als *prima causa* zu betrachten, aus dem der Geist *proprie et principaliter* hervorgehe, was für den Sohn nicht gelte, der ja auch nicht sein eigener Ursprung (*causa suimetipsius*) sei, sondern erst vom Vater empfangen habe, daß auch aus ihm der Geist hervorgehe. Da aber - so Anselms kritische Weiterführung - in der Trinität kein Unterschied zwischen Sein und Hervorgehen (bzw. Geboren-Werden) bestehe und die Personen untereinander durch völlige Gleichheit (*aequalitas*) ausgezeichnet seien, würde ein Hervorgang *nur* aus dem Vater eine *inaequalitas* bedeuten - weswegen der Geist *„proprie et principaliter ex Patre tanquam a prima causa"*, aber ebenso *„aequaliter ab utroque"* hervorgehe, und zwar *„tanquam ab uno principio"*.[8] Dies aber ließ sich nur konsistent behaupten, wenn der Ursprung des Geistes in der *Gottheit* des Vaters (also nicht primär in dessen Person, sondern im göttlichen Wesen) verankert wurde; hier läßt sich eine Linie nachzeichnen, die von der Rezeption des Nizänums bei Augustin und dessen Versuch, den Geist mit der Vater-Sohn-Analogie zu vermitteln, bis zu Anselm von Canterbury läuft, der das augustinische (und nizänische!) Postulat der *aequalitas* nicht primär auf die *Gemeinschaft* der göttlichen Personen, sondern auf ihre *Seinsrelationen* bezog - womit er einen Schritt über Augustin hinaus ging, der durch die griechische Kritik an der lateinischen Fassung des Credos bedingt war. Überspitzt gesagt: Wo Augustin vorrangig

---

8   Diese Formel, die seit dem Konzil von Lyon (1274) als paradigmatische Konsequenz des westlichen „Filioquismus" die ökumenischen Gespräche begleitet und belastet, ist allerdings bei Anselm noch nicht mit der fundamentalen Unterscheidung der „Traktate" *De Deo uno* und *De Deo trino* befrachtet, die das vierte Lateranum (1215) im Anschluß an Petrus Lombardus und gegen Joachim von Fiore einführte, indem es Gott als *„una quaedam summa res"* (cap. II; DH 804) von den drei Personen unterschied (und sich prompt gegen den Verdacht, eine *quaternitas* zu behaupten, verteidigen mußte). Diese Trennung erweist ihre systematischen Implikationen z.B. in der Architektonik der thomanischen *Summa theologica*.

an den Beziehungen der Personen *zueinander* interessiert war und die nizänische Wesensgleichheit als *aequalitas* innerhalb der einen, gleichwohl in sich präzise strukturierten Gottheit auffaßte, konzentrierte sich Anselm auf die Hervorgänge der trinitarischen Personen *aus einander*; wo ersterer das triadische Sein Gottes voraussetzte und am Leitfaden des nizänischen Bekenntnisses die inneren Relationen der Trinität zu rekonstruieren trachtete, stellte sich letzterem das Problem, diese Triadizität überhaupt zu begründen, d.h. *Seinsrelationen* als *Ursprungsrelationen* zu bestimmen (und damit hinter Augustins „Trinitätspsychologie" auf die Grundentscheidungen des trinitarischen Dogmas zu rekurrieren). Dabei kam das Sein Gottes mit den einzelnen Personen in *einer* Grundgleichung zu stehen: „Die Einheit reicht soweit, bis sie von einer Relation begrenzt wird, und die Relation behält ihr Eigenstes, solange nicht die unteilbare Einheit entgegensteht."[9]

Genau diese Grundgleichung vermochte jedoch die griechische Theologie nicht nachzuvollziehen; vielmehr wurde hier kategorial zwischen dem „überwesentlichen" Sein Gottes (nach Photius: ὑπερούσιον ἓν καὶ ὑπεράρχιος ἀρχὴ καὶ ὑπεράγαθος ἀγαθότης) und der Dreizahl der Hypostasen unterschieden, bei denen von einem Ursprung nicht wesensmäßig (τῷ λόγῳ τῆς φύσεως), sondern nur hinsichtlich der personalen Existenz gesprochen werden konnte (τῷ λόγῳ τῆς ὑποστάσεως). Was zwischen Photius und Ratramnus, Niketas Stethatos und Humbert von Silva Candida, Theophylakt und Anselm von Canterbury, Basilius von Achrida und Anselm von Havelberg strittig war und sich mit der Opposition von „Unmöglichkeit" und „Notwendigkeit" bezeichnen läßt, ist also der sich ausdifferenzierende Gegensatz von griechischem und lateinischem Neunizänismus in Analogie zu der skizzierten doppelten Rezeptionsgeschichte des NC. Niemals war umstritten, daß es nur einen Gott gibt; niemals wurde angezweifelt, daß dieser Gott ewig und heilsgeschichtlich in drei Personen existiert und den Menschen begegnet. Und dies festzuhalten war das Ziel der Verfasser des NC gewesen, das in diesem Sinne tatsächlich als Grundbaustein beider Trinitätstheologien angesehen werden kann. Auf diesem Fundament ein trinitätstheologisches Gebäude zu bauen, bedeutete aber, die oben skizzierten Interpretationsräume auszufüllen, und dies wiederum erforderte terminologische Klärungen mit weitreichenden theologischen Implikationen: Die doppelte Übersetzbarkeit von ὑπόστασις mit *substantia* im Sinne des göttlichen Wesens bzw. der einzelnen göttlichen Personen (pauschal gesagt: im Sinne der platonischen Wesenheit bzw. des aristotelischen Einzelwesens) plagte schon Augustin, dann wieder Johannes

---

[9] „*Quatenus nec unitas amittat aliquando suum consequens, ubi non obviat aliqua relationis oppositio, nec relatio perdat quod suum est, nisi obsistit unitas inseparabilis*" (s. o. S. 468).

Scotus Eriugena (dessen Dissoziation von *substantia* und *subsistentia* erst in der Hochscholastik Aufnahme finden sollte) und schließlich Anselm von Canterbury, der in der Auseinandersetzung mit Roscelin dafür optierte, daß die *substantia patris* eben nicht der Vater (als distinkte *res*), sondern Gott sei. Damit griff Anselm zur Explikation des NC auf die Unterscheidung von *substantia* und *persona* im Athanasianum zurück, interpretierte diese aber mit dem augustinischen Begriff der *relatio* – im Glauben, mit dieser *terminologischen* Abgrenzung zum griechischen Sprachgebrauch zugleich eine *theologisch* äquivalente Aussageform des trinitarischen Mysteriums gefunden zu haben. Für diese Sprachregel war aber der Hervorgang des Geistes aus Vater *und* Sohn binnenlogisch konsequent und notwendig, jedenfalls am Leitfaden des methodischen, hermeneutischen und theologischen Postulats der *fides quaerens intellectum*, d.h. des Nach-Denkens des Geglaubten, das eben die *lateinische* Fassung des NC als hermeneutische Vorgabe der Reflexion voraussetzte. Zeitgleich wurde in Byzanz das rationale Nach-Denken des Glaubens zwar nicht kategorisch verboten, aber doch strengen Restriktionen unterworfen, erst jetzt wurde zusätzlich zum Text des NC auch seine „photianische" Normalauslegung kanonisiert und damit zum konstitutiven Bestandteil byzantinisch-orthodoxer Identität. Im Fortgang des Mittelalters wurden alle Dialoge über das Filioque daher von dem paradoxen Bemühen dominiert, zu einer Überwindung dieser Kontradiktion von Unmöglichkeit und Notwendigkeit zu gelangen. Ob und wie dies unter den kulturellen, sprachlichen und theologischen Bedingungen des 21. Jahrhunderts möglich sein wird, ist eine Frage, die nun im Bewußtsein der kirchen- und dogmengeschichtlichen Komplexität der Filioque-Kontroverse zwischen Ost- und Westkirche in neuer und präzisierter Weise an die systematische und ökumenische Theologie zu stellen ist.

Anhang

1. Textzeugen des NC im Frühmittelalter (seit 451)

a) Griechische Textfassungen

NC¹ Conc. Chalc. actio II/III (ACO II 1,2, 80,3-16)
     = Conc. Const. III, actio XVIII (ACO² II 2, 770,22-35)
NC² Conc. Chalc. actio V (ACO II 1,2, 128,2-14)

Florilegium antichalcedonense = Collectio Atheniensis 28 (ACO I 1,7, 65,29-66,9)
Conc. Lat. a. 649, secr. V (ACO² I, 218,21-34)

b) Zweisprachige Textfassungen in lateinischen Sakramentarien

G^las Sacramentarium Gelasianum 312.314 (EOMIA II/3, 472 = RED.F IV, 48,31-49,38 [interlinear]; 50,6-22)
G^lon Sacrament. Gellonense n. 546.548 (CChr.SL 159, 68,1-69,19; 69,1-70,18 DUMAS)
G^eng Sacr. Engolismense n. 720.722 (CChr.SL 159C, 104,1-18; 104,1-105,17 SAINT-ROCH)
OR^xi Ordo Romanus de divinis officiis XI 62.65 (PL 78, 997D = II; 434,6; 435,4f. ANDRIEU [abgekürzt])
P^rg   Pontificale romano-germanicum XCIX 146f. (II; 36,2-17; 36,25f.; latein. abgekürzt)
       Ordo Romanus antiquus, hg. von M. HITTORP, Köln 1568, 39
       Symbolum Apostolorum Graece (Cod. Sangall. 338; CASPARI I 240f.; lateinische Umschrift mit Filioque)

c) Lateinische Übersetzungen von griechischen Konzilsakten

A² R² Conc. Chalc. actio II/III (Versio antiqua: EOMIA II/3, 469; versio Rustici diaconi: ACO II 3,2, 265,24-266,6)
A⁵ R⁵ Conc. Chalc. actio V/VI (Antiqua: EOMIA II/3, 471 [= Conc. Const. II a. 553, ACO IV 2, 139,19-30]; Rusticus: ACO II 3,2, 395,3-15 = ACO II 3,2, 413,21-414,4)
Vat   Conc. Chalc. actio VI (Coll. Vaticana: EOMIA II/3, 470 = ACO II 2,2, 104,1-13)
O   Conc. Chalc. actio VI (Collectio Vaticana [Julian von Kos]: EOMIA II/3, 470 = ACO II 2,2, 108,13-24)
K^ii   Conc. Const. II a. 553 (Zitat der *definitio fidei* von Chalkedon: ACO IV 1, 176,2-14)
K^iii Conc. Const. III, actio XVIII (Ausgabe durch Papst Sergius I.: ACO² II 2, 771,21-33)
S^leo Conc. Const. III, actio XVIII (Collectio Hispana: 185,1-186,18 DOSSETTI)

S^{xz}	Conc. Const. III, actio XVIII (Ms. Vossianus lat. Q. 122/Montepessulanus 308: SCHWARTZ 1926, 63,4-17)
CC	Codex Canonum ecclesiasticorum et constitutionum s. s. apostolicae (PL 56, 532AB)
D	Conc. Const. I a. 381 (interpr. Dionysii Exigui: EOMIA II/3, 467 = HAHN § 145)
S	Conc. Const. I a. 381 (interpretatio sylloges Hispanae = Isidor Mercator: EOMIA II/3, 468 = SCHWARTZ 1926, 61,3-18 = ACO II 2,2, 84,17-28)
V	Conc. Const. I a. 381 (Cod.Veron. LX = Theodosius diaconus: EOMIA II/3, 468 = SCHWARTZ 1926, 68,4-17)

d) Lateinische Textfassungen außerhalb von Konzilsakten (Auswahl)

Conc. Tolet. III a. 589 (MHS.C V; 66,187-67,202; 90,464-80)
Conc. Tolet. VIII a. 653 (MHS.C V; 385,229-386,245)
Conc. Merid. a. 666 (326 VIVES)
Conc. Brac. III a. 675 (370f. VIVES)
Conc. Tolet. XIII a. 683 (415 VIVES [abgekürzt])
Conc. Tolet. XV a. 688 (452f. VIVES)
Conc. Tolet. XVII a. 694 (527f. VIVES)
Liturgia Mozarabica (PL 85, 557AB)
Conc. Rom. a. 680; Brief an Kaiser Konstantin Pogonatus (HAHN § 184)
Beatus von Liébana/Heterius von Osma, adv. Elip. I 39 (CChr.CM 59, 27,1006-1022)
Paulinus von Aquileia/Conc. Foroiul. a. 796/97 (MGH Conc. II/1, 187,11-23)
Leo III. (nach Abaelard, Sic et Non IV; PL 178, 1357BC)
Cod. Sangall. 339/340; Inkunabel Göttweih a. 1495 (CASPARI I, 242f.)
Cod. Regii armamentarii Parisiensis (ed. F.F. FLECK, Anecdota sacra, Leipzig 1837, 347f.)

2. Materialien zur Entstehung des „Normtextes" des NC

2.1. Griechische Textfassungen des NC auf dem Konzil von Chalkedon

actio III (ACO II 1,2, 80,3-16)   actio V (ACO II 1,2, 128,2-14)

Πιστεύομεν εἰς ἕνα Θεόν,	Πιστεύομεν εἰς ἕνα Θεόν,
πατέρα παντοκράτορα,	πατέρα παντοκράτορα,
ποιητὴν οὐρανοῦ καὶ γῆς,	ποιητὴν οὐρανοῦ καὶ γῆς,
ὁρατῶν τε πάντων καὶ ἀοράτων·	ὁρατῶν τε πάντων καὶ ἀοράτων·
καὶ εἰς ἕνα κύριον Ἰησοῦν Χριστόν,	καὶ εἰς ἕνα κύριον Ἰησοῦν Χριστόν,
τὸν υἱὸν τοῦ Θεοῦ τὸν μονογενῆ,	τὸν υἱὸν τοῦ Θεοῦ τὸν μονογενῆ,
τὸν ἐκ τοῦ πατρὸς γεννηθέντα	τὸν ἐκ τοῦ πατρὸς γεννηθέντα
πρὸ πάντων τῶν αἰώνων,	πρὸ πάντων τῶν αἰώνων,
φῶς ἐκ φωτός,	
Θεὸν ἀληθινὸν ἐκ Θεοῦ ἀληθινοῦ,	Θεὸν ἀληθινὸν ἐκ Θεοῦ ἀληθινοῦ,
γεννηθέντα οὐ ποιηθέντα,	γεννηθέντα οὐ ποιηθέντα,
ὁμοούσιον τῷ πατρί,	ὁμοούσιον τῷ πατρί,
δι' οὗ τὰ πάντα ἐγένετο·	δι' οὗ τὰ πάντα ἐγένετο·
τὸν δι' ἡμᾶς τοὺς ἀνθρώπους	τὸν δι' ἡμᾶς τοὺς ἀνθρώπους
καὶ διὰ τὴν ἡμετέραν σωτηρίαν	καὶ διὰ τὴν ἡμετέραν σωτηρίαν
κατελθόντα _ἐκ τῶν οὐρανῶν_	κατελθόντα
καὶ σαρκωθέντα ἐκ πνεύματος ἁγίου	καὶ σαρκωθέντα ἐκ πνεύματος ἁγίου
καὶ Μαρίας τῆς παρθένου,	καὶ Μαρίας τῆς παρθένου,
καὶ ἐνανθρωπήσαντα,	καὶ ἐνανθρωπήσαντα,
σταυρωθέντα τε ὑπὲρ ἡμῶν	σταυρωθέντα τε ὑπὲρ ἡμῶν
ἐπὶ Ποντίου Πιλάτου	ἐπὶ Ποντίου Πιλάτου
καὶ παθόντα καὶ ταφέντα	καὶ ταφέντα
καὶ ἀναστάντα τῇ τρίτῃ ἡμέρᾳ	καὶ ἀναστάντα τῇ τρίτῃ ἡμέρᾳ,
κατὰ τὰς γραφάς,	
καὶ ἀνελθόντα εἰς τοὺς οὐρανούς,	καὶ ἀνελθόντα εἰς τοὺς οὐρανούς,
καὶ καθεζόμενον ἐν δεξιᾷ τοῦ πατρός,	καὶ καθεζόμενον ἐν δεξιᾷ τοῦ πατρός,
καὶ πάλιν ἐρχόμενον μετὰ δόξης,	καὶ πάλιν ἐρχόμενον μετὰ δόξης,
κρῖναι ζῶντας καὶ νεκρούς·	κρῖναι ζῶντας καὶ νεκρούς·
οὗ τῆς βασιλείας οὐκ ἔσται τέλος·	οὗ τῆς βασιλείας οὐκ ἔσται τέλος·
καὶ εἰς τὸ πνεῦμα τὸ ἅγιον,	καὶ εἰς τὸ πνεῦμα τὸ ἅγιον,
τὸ κύριον καὶ ζωοποιόν,	τὸ κύριον καὶ ζωοποιόν,
τὸ ἐκ τοῦ πατρὸς ἐκπορευόμενον,	τὸ ἐκ τοῦ πατρὸς ἐκπορευόμενον,
τὸ σὺν πατρὶ καὶ υἱῷ _συμ_προσκυνούμενον καὶ συνδοξαζόμενον,	τὸ σὺν πατρὶ καὶ υἱῷ προσκυνούμενον καὶ συνδοξαζόμενον,
τὸ λαλῆσαν διὰ τῶν προφητῶν.	τὸ λαλῆσαν διὰ τῶν προφητῶν.
Εἰς μίαν _ἁγίαν_ καθολικὴν	Εἰς μίαν καθολικὴν
καὶ ἀποστολικὴν ἐκκλησίαν.	καὶ ἀποστολικὴν ἐκκλησίαν.
Ὁμολογοῦμεν ἓν βάπτισμα	Ὁμολογοῦμεν ἓν βάπτισμα
εἰς ἄφεσιν ἁμαρτιῶν.	εἰς ἄφεσιν ἁμαρτιῶν.
Προσδοκῶμεν ἀνάστασιν νεκρῶν	Προσδοκῶμεν ἀνάστασιν νεκρῶν
καὶ ζωὴν τοῦ μέλλοντος αἰῶνος.	καὶ ζωὴν τοῦ μέλλοντος αἰῶνος.

2.2. Lateinische Textzeugen des NC im Frühmittelalter (Auswahl)

Dionysius Exiguus

Credimus in unum Deum,
Patrem omnipotentem,
factorem caeli et terrae,
uisibilium omnium et inuisibilium:
et in unum dominum Jesum Christum
Filium Dei,
natum ex Patre ante omnia saecula,

Deum uerum de Deo uero,
natum non factum,
consubstantialem Patri,

per quem omnia facta sunt;

qui propter nos homines
et propter salutem nostram
discendit
et incarnatus est de Spiritu sancto
et Maria uirgine et inhumanatus est
et crucifixus est pro nobis
sub Pontio Pilato
et sepultus est,
et resurrexit tertia die,
ascendit ad caelos,
sedet ad dexteram Patris
iterum uenturus cum gloria
iudicare uiuos et mortuos,
cuius regni finis non erit:
et in Spiritum sanctum,
Dominum et uiuificantem,
ex Patre procedentem,
cum Patre et Filio adorandum
et conglorificandum,
qui locutus est per sanctos prophetas;
in unam catholicam
et apostolicam ecclesiam;
confitemur unum baptisma
in remissionem peccatorum,
exspectamus resurrectionem mortuorum
uitam futuri saeculi.

Collectio Hispana

Credimus in unum Deum
Patrem omnipotentem,
factorem caeli et terrae, uisibilium omnium
et inuisibilium conditorem:
et in unum dominum Jesum Christum
Filium Dei unigenitum,
ex Patre natum ante omnia saecula,
Deum ex Deo, lumen ex lumine,
Deum uerum ex Deo uero,
natum non factum,
homousion Patri
(hoc est, eiusdem cum Patre substantiae),
per quem omnia facta sunt,
quae in caelo et quae in terra;
qui propter nos
et propter salutem nostram
discendit
et incarnatus est de Spiritu sancto
ex Maria uirgine,
homo factus passus est
sub Pontio Pilato,
sepultus
tertia die resurrexit
ascendit in caelos,
sedet ad dexteram Patris
inde uenturus cum gloria
iudicare uiuos et mortuos,
cuius regni non erit finis:
credimus in Spiritum sanctum,
Dominum et uiuificatorem,
ex Patre [*et Filio*] procedentem,
cum Patre et Filio adorandum
et conglorificandum,
qui locutus est per prophetas;
in unam catholicam
atque apostolicam ecclesiam;
confitemur unum baptisma
in remissionem peccatorum,
exspectamus resurrectionem mortuorum,
uitam futuri saeculi.

Sacramentarium Gelasianum

Credo in unum Deum,
Patrem omnipotentem,
factorem caeli et terrae,
uisibilium omnium et inuisibilium.
Et in unum dominum Jesum Christum,
Filium Dei unigenitum,
de Patre natum ante omnia saecula,
lumen de lumine,
Deum uerum de Deo uero,
natum non factum,
consubstantialem Patri,

per quem omnia facta sunt;

qui propter nos homines
et propter nostram salutem
descendentem de caelis
et incarnatum est de Spiritu sancto
et Maria uirgine et humanatum,
crucifixum etiam pro nobis
sub Pontio Pilato
et passum et sepultum et resurgentem
tertia die secundum Scripturas,
et ascendentem in caelis
et sedentem ad dexteram Patris
et iterum uenturum cum gloria
iudicare uiuos et mortuos,
cuius regni non erit finis.
Et in Spiritu sancto,
Dominum et uiuificatorem,
ex Patre procedentem,
qui cum Patre et Filio simul adoratum
et conglorificatum,
qui locutus est per prophetas;
in unam sanctam catholicam
et apostolicam ecclesiam,
confiteor unum baptisma
in remissionem peccatorum,
spero resurrectionem mortuorum,
et uitam futuri saeculi.

Paulinus von Aquileia

Credo in unum Deum,
Patrem omnipotentem,
factorem caeli et terrae,
visibilium omnium et invisibilium.
Et in unum dominum Jesum Christum,
Filium Dei unigenitum,
ex Patre natum ante omnia saecula,
Deum de Deo, lumen de lumine,
Deum verum de Deo vero,
genitum non factum,
consubstantialem Patri,

per quem omnia facta sunt;

qui propter nos homines
et propter nostram salutem
descendit de caelis
et incarnatus est de Spiritu sancto
et Maria virgine et homo factus est,
crucifixus etiam pro nobis
sub Pontio Pilato,
passus et sepultus est et resurrexit
tertia die secundum Scripturas,
ascendit in caelum,
sedet ad dexteram Patris
et iterum venturus est cum gloria,
iudicare vivos et mortuos,
cuius regni non erit finis.
Et in Spiritum sanctum,
Dominum et vivificantem,
qui ex Patre *Filioque* procedit,
qui cum Patre et Filio simul adoratur
et conglorificatur,
qui locutus est per prophetas.
Et unam sanctam catholicam
et apostolicam ecclesiam.
Confiteor unum baptisma
in remissionem peccatorum,
et exspecto resurrectionem mortuorum
et vitam futuri saeculi.

562 Materialien zur Entstehung des „Normtextes" des NC

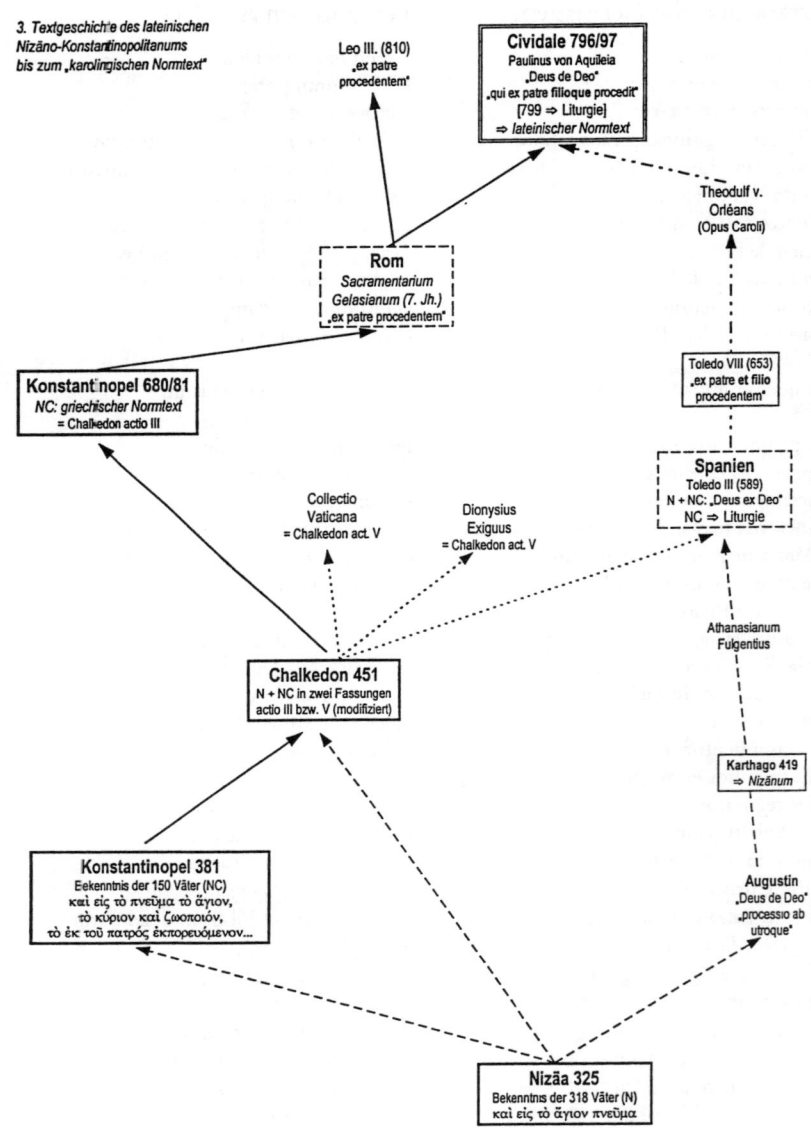

Abkürzungsverzeichnis

Die verwendeten Abkürzungen richten sich grundsätzlich nach S. SCHWERTNER, Internationales Abkürzungsverzeichnis für Theologie und Grenzgebiete, Berlin/New York 1992².

Die *patristischen Quellenschriften* werden nach folgenden Verzeichnissen zitiert:
- lateinische Texte: Thesaurus linguae latinae. Indexband, Leipzig 1990²;
- griechische Texte: G.W.H. LAMPE, A Patristic Greek Lexicon, Oxford 1961;
- Ergänzungen neuerer Editionen nach: S. DÖPP/W. GEERLINGS (Hgg.), Lexikon der antiken christ-lichen Literatur, Freiburg - Basel - Wien 1999².

Für die *mittelalterlichen griechischen und lateinischen Texte* gelten folgende Siglen:

Autor	Schrift	Abkürzung
Abaelard	Introductio in theologiam	intr.
	Theologia christiana	theol. christ.
Adalwin von Regensburg	Testimonia de aequalitate Spiritus sancti cum Patre et Filio seu de processione eius ex ambobus	test.
Ado von Vienne	Chronicon in aetates sex divisum	chron.
Aeneas von Paris	Liber adversus Graecos	adv. Graec.
Alkuin von York	Adversus Elipandum libri IV	adv. Elip.
	Adv. Felicem Urgellitanum episcopum libri VII	adv. Felic.
	Epistola(e)	Ep(p).
	De fide sanctae et individuae Trinitatis	fid. trin.
	De Trinitate ad Fredegisum quaestiones XXVIII	ad Fred.
Anastasius Bibliothecarius	Epistolae et Praefationes	epp.
Anna Komnene	Alexias	Alex.
---	Annales Bertiani	ann. Bert.
---	Annales qui dicuntur Einhardi	ann. Einh.
---	Annales Fuldenses	ann. Fuld.
---	Annales regni Francorum	ann. r. Franc.
Anonymus Barensis	Chronicon	chron.
Anselm von Canterbury	Cur Deus Homo	c.d.h.
	De casu diaboli	cas. diab.
	De concordia praescientiae et praedestinationis et gratiae Dei cum libero arbitrio	conc.
	De grammatico	gramm.
	De libertate arbitrii	lib. arb.
	De processione Spiritus sancti	proc.
	De veritate	ver.
	Epistola de Incarnatione Verbi	incarn.
	Epistolae de Incarnatione Verbi recensio prior	incarn. prior
	Epistola de sacrificio azimi et fermentati	sacr.
	Epistola de sacramentis ecclesiae	sacram. eccl.
	Monologion	monol.
	Proslogion	prosl.
Anselm von Havelberg	Dialogi	dial.
Arn von Salzburg	Testimonia ex sacris voluminibus collecta	test.
Basilius von Achrida	Dialogi	dial.
Basilius von Reggio	Epistola ad Nikolaum patriarcha	ep. Nik.

Autor	Schrift	Abkürzung
Beatus v. Liébana/Heterius	Adversus Elipandum libri II	adv. Elip.
Berengar von Tours	Rescriptum contra Lanfrannum	c. Lanfr.
Berno von Reichenau	De rebus pertinentibus ad missae officium	off. miss.
Bernold von Konstanz	Chronicon	chron.
	De veritate corporis Domini	ver. corp.
---	Chronicon Casinense	chron. Casin.
---	Codex Carolinus	cod. Car.
---	Commentarius in symbolum Nicaenum	comm. Nic. I
---	Commentarius alter in symbolum Nicaenum	comm. Nic. II
---	Constitutum Constantini	const. Const.
---	Decretum Aquisgranense	decr. Aquis.
Deusdedit cardinalis	Collectionis canonum libri IV	can.
Dominicus von Grado	Epistola ad Petrum Antiochenum	ep. Petr.
Eadmer	Historia Novorum in Anglia	h. n.
	Vita S. Anselmi	v. Ans.
Eustratios von Nizäa	Tractatus de processione Spiritus sancti	proc. I
	Tractatus alter de processione Spiritus sancti	proc. II
	Expositio de disputatione cum Petro Grossolano	disp.
Flodoard von Reims	Historia Ecclesiae Remensis	h. e. Rem.
---	Fragmentum accusationis contra Graecos	accus.
Gaufred Malaterra	De reb. gestis Rogerii Calabriae et Siciliae comitis	gest. Rog.
(Ps.-) Gelasius	Decretum Gelasianum de libris recipiendis et non recipiendis	decr. Gelas.
Heito von Basel	Testimonia de processione Spiritus sancti	proc.
Hinkmar von Reims	De una et non trina deitate	una deit.
Hugo Etherianus	De sancto et immortali Deo	sanct. imm.
Hugo von Flavigny	Chronicon	chron.
Humbert v. Silva Candida	Dialogus	dial.
	Responsio sive contradictio c. Nicetae libellum	contrad.
	Brevis et succincta commemoratio	comm.
	Excommunicationes I + II	excomm. I/II
	Rationes de processione Spiritus sancti	proc.
	Fragmenta de sancta Romana Ecclesia	frg. A/B
Johannes Bekkos	Refutatio Photiani libri de Spiritu sancto	ref. spir.
Johannes Fournes	Apologia contra Petrum Grossolanum	apol.
Johannes von Salisbury	Vita sancti Anselmi archiepiscopi Cantuariensis	v. Ans.
Johannes Scotus Eriugena	De divisione naturae	div. nat.
Lanfranc	Liber de corpore et sanguine Domini adversus Berengarius Turonensis	adv. Bereng.
Leo IX.	Epistola ad Petrum Antiochenum	ep. Petr.
	Epistolae ad Michaelem Cerularium	ep. Cerul. I/II
	Epistola ad Constantinum Monomachum	ep. Const.
Leon VI. imperator	Oratio XIII de Spiritu sancto	or. XIII
Leon von Achrida	Epistola ad Ioannem Tranensem	ep. Joh.
---	Liber pontificalis	lib. pont.
Liutprand von Cremona	Relatio de legatione Constantinopolitana	leg.
Michael Kerullarios	Panoplia	pan.
	Semeioma (Edictum synodi Constantinopolitanae)	sem.
	Epistolae ad Petrum Antiochenum	ep. Petr. I/II
Michael Psellos	Enkomiastikon ad Michaelem Cerularium	enkom.
	Orationes forenses et acta	or. for.
	Theologica	theol.
Niketas von Byzanz	Capita syllogistica	cap.

Autor	Schrift	Abkürzung
Niketas von Paphlagonien	Vita Ignatii patriarchae	v. Ign.
Niketas Stethatos	Antidialogus	antidial.
	Dialexis contra Latinos	dial.
	Professio fidei	prof. fid.
	Synthesis contra Latinos	synth.
Nikolaos III. Grammatikos	Epistola ad Urbanum II. papam	ep. Urb.
--	Opus Caroli regis contra synodum (Libri Carolini)	op. Car.
--	Opuscula III de origine scismatis	opusc. scism.
Ordericus Vitalis	Historia ecclesiastica	h. e.
Paulinus von Aquileia	Contra Felicem Urgellitanum episcopum libri III	c. Felic.
Petrus von Antiochien	Inthronisticae ad patriarcham Alexandriae; ad patriarcham Hierusolymae; ad papam Romae (I/II)	inthr. Hierus.; Alex.; Rom.I.II
	Epistola ad Dominicum Gradensem	ep. Domin.
	Epistola ad Michaelem Cerularium	ep. Cerul.
Petrus Damiani	De divina omnipotentia	div. omnip.
Petrus Grossolano	Oratio de Spiritu sancto	spir.
Photius	Amphilochia	amph.
	Bibliotheca	bibl.
	Epistola encyclica ad sedes orientales (= ep. 2)	ep. encycl.
	Epitome mystagogiae de Spiritu sancto	epit.
	Homiliae	hom.
	Mystagogia de Spiritu sancto	myst.
--	Ratio romana de symbolo fidei	rat. Rom.
Radulf Glaber	Historiarum libri quinque	hist.
Ratramnus von Corbie	Contra Graecorum opposita	c. Graec.
Regino von Prüm	Chronicon cum continuatione Treverensi	chron.
Sigebert von Gembloux	Chronicon	chron.
	Liber de scriptoribus ecclesiasticis	script. eccl.
Smaragd von Saint-Mihiel	Epistola de processione Spiritus sancti	proc.
Theodulf von Orléans	Carmina	carm.
	Libellus de processione Spiritus sancti	proc.
	De ordine baptismi	ord. bapt.
Theophylakt von Achrida	Enarratio in evangelium Matthaei	in euang. Matth.
	Enarratio in evangelium Johannis	in euang. Joh.
	Enarratio in ep. prima ad Corinthios	in ep. I Cor.
	Proslalia contra Latinos	prosl.
	Vita Clementis archiepiscopi Bulgarorum	v. Clem.
Thietmar von Merseburg	Chronicon	chron.
Wibert von Ravenna	Epistola ad Basilium episcopum Reggionis	ep. Bas.
Wibert von Toul	Vita Leonis IX papa	v. Leon.
Wilhelm von Jumièges	Historiae Northmannorum libri VIII	hist. Northmann.
Wilhelm von Malmesbury	Gesta pontificum anglorum	gest. pont.

Abkürzungen von Sammel- und Regestenwerken:

CPG	Clavis Patrum Graecorum, hg. von M. GEERARD ET AL.
CPL[3]	Clavis Patrum Latinorum, editio tertia, hg. von E. DEKKERS
DÖLGER	Regesten der Kaiserurkunden des oströmischen Reiches
GRUMEL	Les Regestes des Actes du Patriarcat de Constantinople
HAGENMEYER	Die Kreuzzugsbriefe aus den Jahren 1088-1100
HAHN	Bibliothek der Symbole und Glaubensregeln der Alten Kirche, 3. Aufl.
RI	Regesta Imperii, hg. von J.F. BÖHMER ET AL.
RPR(J)	Regesta Pontificum Romanorum, hg. von P. JAFFÉ ET AL.
RPR.IP	Regesta Pontificum Romanorum. Italia Pontificia. hg. von P.F. KEHR

Abkürzungen der altkirchlichen und mittelalterlichen Synoden:

Conc. Aquis.	Concilium Aquisgranense	Aachen: 799; 809
Conc. Arim.	Concilium Ariminense	Rimini: 359
Conc. Bar.	Concilium Barense	Bari: 1098
Conc. Carthag.	Concilium Carthaginense	Karthago: 411; 419; 424
Conc. Chalc.	Concilium Chalcedonense	Chalkedon: 451
Conc. Const.	Conc. Constantinopolitanum	Konstantinopel: 381; 553; 680/81; 861; 867; 869/70; 879/80; 1054; 1089
Conc. Ephes.	Concilium Ephesinum	Ephesus: 431
Conc. Flor.	Concilium Florentinum	(Ferrara-) Florenz: 1438-1445
Conc. Foroiul.	Concilium Foroiuliense	Cividale del Friuli: 796/97
Conc. Franc.	Concilium Francofortense	Frankfurt a. M.: 794
Conc. Gangr.	Concilium Gangrense	Gangra: ca. 340/343
Conc. Gent.	Concilium Gentiliacense	Gentilly: 767
Conc. Lat.	Concilium Lateranense	Rom (Lateran): 649; 1215
Conc. Nic.	Concilium Nicaenum	Nizäa: 325; 787
Conc. Quinis.	Concilium Quinisextum	Konstantinopel (in Trullo): 692
Conc. Rom.	Concilium Romanum	Rom: 863; 869; 1099
Conc. Sard.	Concilium Sardicense	Serdika: 342/43
Conc. Tolet.	Concilium Toletanum	Toledo: 589; 633; 638; 653; 675; 693
Conc. Trosl.	Concilium Trosleianum	Trosly: 909
Conc. Wormat.	Concilium Wormatiense	Worms: 868

Allgemeine Abkürzungen:

Actio - Actiones	act.
Anathema(ta)	anath.
Annales	ann.
Canon	can.
Capitulum - capitula	cap.
Chronicon - Chronica	chron.
Commentarium	comm.
Concilium - Concilia	conc.
Confessio	conf.
Decretum - Decreta	decr.
Epistola(e)	ep(p).
Expositio	exp.
Fragmentum	frg.
Opus	op.
Opusculum	opusc.
Praefatio	praef.
Professio	prof.
Prooemium	prooem.
Prologus	prol.
Registrum epistolarum	reg.
Responsio	resp.
Sermo(nes)	serm.
Vita	v.

Bibliographie

1. Quellen

a) Sammelwerke und bibliographische Hilfsmittel

Acta Conciliorum Oecumenicorum, hg. von E. SCHWARTZ (fortgeführt von J. STRAUB), 4 Bde., Berlin - Leipzig (- New York) 1914-1984
Acta Conciliorum Oecumenicorum. Series II, hg. von R. RIEDINGER, 2 Bde., Berlin - New York 1984-1995
Clavis Patrum Graecorum, hg. von M. GEERARD ET AL., 5 Bde., Turnhout 1974-1987
Clavis Patrum Latinorum, hg. von E. DEKKERS, Steenbrügge 1995³
La Collección Canónica Hispana, hg. von G. MARTÍNEZ DÍEZ/F. RODRÍGUEZ
    vol. IV: Concilios galos. Concilios hispanos, primera parte (= MHS.C IV), Madrid 1984
    vol. V: Concilios hispanos, segunda parte (= MHS.C V), Madrid 1992
Conciliorum Oecumenicorum Decreta, hg. von J. ALBERIGO ET AL., Freiburg et al. 1973³
Councils and Synods with Other Documents Relating to the English Church, Bd. I/2: 1066-1204, hg. von D. WHITELOCK/M. BRETT/C.N.L. BROOKE, Oxford 1981
DEÉR, J., Das Papsttum und die süditalienischen Normannenstaaten 1053-1212 (= Historische Texte. Mittelalter, Bd.12), Göttingen 1969
DEMETRAKOPOULOS, A.K., Ekklesiastike bibliotheke, Bd. I, Leipzig 1866
DENZINGER, H./HÜNERMANN, P., Enchiridion symbolorum definitionum et declarationum de rebus fidei et morum. Kompendium der Glaubensbekenntnisse und kirchlichen Lehrentscheidungen, Freiburg et al. 1991³⁷
DÖLGER, F., Regesten der Kaiserurkunden des oströmischen Reiches von 565 bis 1453, Bd. I: 565 bis 1025, München 1924; Bd. II: 1025 bis 1204, München 1925
DÖPP, S./GEERLINGS, W. (Hgg.), Lexikon der antiken christlichen Literatur, Freiburg et al. 1999²
GRUMEL, V., Les Regestes des Actes du Patriarcat de Constantinople
    Bd. I/1: Les Regestes de 381 à 715, Chalkedon 1932
    Bd. I/2: Les Regestes de 715 à 1043, Chalkedon 1936
    Bd. I/3: Les Regestes de 1043 à 1206, Chalkedon 1947
HAGENMEYER, H., Die Kreuzzugsbriefe aus den Jahren 1088-1100. Eine Quellensammlung zur Geschichte des ersten Kreuzzugs, Innsbruck 1901
HAHN, A., Bibliothek der Symbole und Glaubensregeln der Alten Kirche, hg. von L. HAHN, Breslau 1897³
HERGENRÖTHER, J., Monumenta graeca ad Photiam ejusque historiam pertinentia, Regensburg 1869
HUYGENS, R.B.C., Bérenger de Tours, Lanfranc et Bernold de Constance, in: SE 16 (1965), 355-403
-, Textes latins du XIᵉ au XIIIᵉ siècle, in: StMed³ 8 (1967), 451-503

LAUCHERT, F., Die Kanones der wichtigsten altkirchlichen Concilien nebst den Apostolischen Kanones (= SQS 12), Freiburg - Leipzig 1896

MANSI, J.D., Sacrorum conciliorum nova et amplissima collectio, 53 Bde., Florenz 1759-1927

MICHEL, A., Humbert und Kerullarios. Quellen und Studien zum Schisma des XI. Jahrhunderts, 2 Bde. (= QFG 21/23), Paderborn 1924/1930

Monumenta Germaniae Historica. Leges II. Concilia:
- II/1 Concilia aevi Karolini, hg. von A. WERMINGHOFF, Bd. I, Hannover 1906
- III Die Konzilien der karolingischen Teilreiche 843-859, hg. von W. HARTMANN, Hannover 1984
- IV Die Konzilien der karolingischen. Teilreiche 860-874, hg. von W. HARTMANN, Hannover 1998

Patrologiae cursus completus, Series graeca, hg. von J.P. MIGNE, Paris 1857-1866

Patrologiae cursus completus, Series latina, hg. von J.P. MIGNE, Paris 1844-1855

Regesta Imperii, begr. von J.F. BÖHMER
- I/1,1 Die Regesten des Kaiserreiches unter den Karolingern 751-918, bearb. von E. MÜHLBACHER, Innsbruck 1908[2]
- II/5 Papstregesten 919-1024, bearb. von H. ZIMMERMANN, Wien et al. 1969

Regesta Pontificum Romanorum ab condita ecclesia ad annum post Christum natum MCXCVIII, hg. von P. JAFFÉ, neubearb. von S. LÖWENFELD/F. KALTENBRUNNER/P. EWALD, Bde. I-II, Leipzig 1885/1888 (ND Graz 1956)

Regesta Pontificum Romanorum. Italia Pontificia, hg. von P.F. KEHR:
- VII/1 Venetiae et Histria. 1: Provincia Aquileiensis, hg. v. P.F. KEHR, Berlin 1923
- VII/2 Venetiae et Histria. 2: Respublica Venetiarum. Provincia Gradensis. Histria, hg. von P.F. KEHR, Berlin 1925
- VIII Regnum Normannorum - Campania, hg. von W. HOLTZMANN, Berlin 1961
- IX Samnium - Apulia - Lucania, hg. von W. HOLTZMANN, Berlin 1962
- X Calabria - Insulae, hg. von D. GIRGENSOHN/W. HOLTZMANN, Zürich 1975

Rerum Britannicarum Medii Aevi Scriptores or: Chronicles and Memorials of Great Britain and Ireland in the Middle Ages [= Rolls Series], 99 Bde., London 1858-1896

Rerum Italicarum Scriptores, hg. von L.A. MURATORI, Bde. V; VIII, Mailand 1724/1726

SCHNEIDER, H. (Hg.), Die Konzilsordines des Früh- und Hochmittelalters (= MGH Ordines de celebrando concilio), Hannover 1996

TURNER, C.H., Ecclesiae Occidentalis Monumenta Iuris Antiquissima, Bde. I/1-II/3, Oxford 1900-1939

VIVES, J. ET AL. (Hgg.), Concilios visigóticos e hispano-romanos (= España Cristiana. Textos 1), Barcelona - Madrid 1963

WERMINGHOFF, A., Verzeichnis der Akten fränkischer Synoden von 742-843, in: NA 24 (1899), 457-502

-, Verzeichnis der Akten fränkischer Synoden von 843-918, in: NA 26 (1901), 607-678

WILL, C. (Hg.), Acta et scripta quae de controversiis ecclesiae graecae et latinae saeculo undecimo composita extant, Leipzig - Marburg 1861

WILLJUNG, H. (Hg.), Das Konzil von Aachen 809 (= MGH.Conc. II/Suppl. II), Hannover 1998

b) Schriften einzelner Autoren

Adalwin von Regensburg, Testimonia de aequalitate Spiritus sancti cum Patre et Filio seu de processione eius ex ambobus, hg. von H. WILLJUNG (= MGH.Conc. II/Suppl. II), Hannover 1998, 399-412
Ado von Vienne, Chronicon in aetates sex divisum, in: PL 123, 23-138
Aeneas von Paris, Liber adversus Graecos, in: PL 121, 685-762
Alkuin von York, Adversus Elipandum libri IV, in: PL 101, 243-300
-, Adversus Felicem Urgellitanum episcopum libri VII, in: PL 101, 119-230
-, Epistolae, hg. von E. DÜMMLER (= MGH.Epp. IV), Berlin 1895, 1-481
-, De fide sanctae et individuae trinitatis, in: PL 101, 11-58
-, De Trinitate ad Fredegisum quaestiones XXVIII, in: PL 101, 57-64
Anastasius Bibliothecarius, Epistolae, hg. von E. PERELS/G. LAEHR (= MGH.Epp. VII), Hannover 1928, 395-442
Annae Comnenae Alexias, hg. von. D.H. REINSCH/A. KAMBYLIS, 2 Bde. (= CFHB 40/1.2), Berlin 2001
Annales Barenses cont. Lupus Protospatharius, hg. von G. PERTZ (= MGH.SS V), Hannover 1844, 52-63
Annales Bertiani, hg. von G. WAITZ (= MGH.SRG 5), Hannover 1883
Annales Fuldenses sive Annales regni Francorum orientalis, hg. von F. KURZE (= MGH.SRG 7), Hannover 1891
Annales regni Francorum qui dicuntur Annales Laurissenses maiores et Einhardi, hg. von F. KURZE (= MGH.SRG 6), Hannover 1895
Annalista Saxo, hg. von G. WAITZ (= MGH.SS VI), Hannover 1844, 542-777
Anonymi Vaticani Historia Sicula, hg. von L.A. MURATORI (= RIS VIII), Mailand 1726, 741-780
Anonymus Barensis, Chronicon, hg. v. L.A. MURATORI (= RIS V), Mailand 1724, 147-156
Sancti Anselmi Cantuariensis Archiepiscopi Opera Omnia, hg. von F.S. SCHMITT, Bde. I-VI, Bad Seckau - Rom - Edinburgh 1938-1961 (ND Stuttgart - Bad Cannstatt 1984²)
-, Cur Deus Homo, in: Opera Omnia, Bd. II, 37-133 (lat.-dt. Ausgabe hg. von F.S. SCHMITT, München 1986⁴)
-, De processione Spiritus Sancti, in: Opera Omnia, Bd. II, 175-219
-, Epistola de incarnatione Verbi prior recensio, in: Opera Omnia, Bd. I, 279-290
-, Epistola de incarnatione Verbi, in: Opera Omnia, Bd. II, 1-35
-, Epistolae de sacrificio azimi et fermentati, in: Opera Omnia, Bd. II, 221-242
-, Epistolarum liber primus, in: Opera Omnia, Bd. III, 93-294
-, Epistolarum liber secundus, in: Opera Omnia, Bd. IV, 1-232
-, Monologion, in: Opera Omnia, Bd. I, 1-87 (lat.-dt. Ausgabe hg. von F.S. SCHMITT, Stuttgart - Bad Cannstatt 1964)
-, Proslogion, in: Opera Omnia, Bd. I, 89-139 (lat.-dt. Ausgabe hg. von F.S. SCHMITT, Stuttgart - Bad Cannstatt 1984²)
Anselm von Havelberg, Dialogi, in: PL 188, 1139-1248
Arn von Salzburg, Testimonia ex sacris voluminibus collecta, hg. von H. WILLJUNG (= MGH.Conc. II/Suppl. II), Hannover 1998, 253-283
(Ps.-) Athanasius, De trinitate libri IX-XIII, hg. von V. BULHART (= CChr.SL 9), Turnhout 1957, 129-205
Augustinus, Contra sermonem Arrianorum liber unus, hg. von M.J. SUDA (= CSEL 92), Wien 2000, 47-113
-, Collatio cum Maximino Arianorum episcopo, in: PL 42, 709-742
-, Contra Maximinum haereticum Arianorum episcopum libri duo, in: PL 42, 743-814

-, De fide et symbolo, hg. von J. ZYCHA (= CSEL 41), Wien 1900, 3-32
-, De trinitate libri XV, 2 Bde., hg. von W.J. MOUNTAIN/F. GLORIE (= CChr.SL 50/50A), Turnhout 1968
-, In Iohannis Evangelium Tractatus CXXIV, hg. von R. WILLEMS (= CChr.SL 36), Turnhout 1954

Des Basilius von Achrida, Erzbischofs von Thessalonich, bisher unedierte Dialoge. Ein Beitrag zur Geschichte des griechischen Schismas, hg. von J. SCHMIDT (= VKHSM 7), München 1901
Basilius von Reggio, Epistola ad Nikolaum patriarcha, in: HOLTZMANN 1928, 102-104
Beati Liebanensis et Eterii Oxomensis adversus Elipandum libri II, hg. von B. LÖFSTEDT (= CChr.CM 59), Turnhout 1984
Beda Venerabilis, Historia ecclesiastica gentis Anglorum. Kirchengeschichte des englischen Volkes, hg. und übers. von G. SPITZBART, Darmstadt 1997[2]
Beringerius Turonensis, Iuramentum de Eucharistia, in: HUYGENS 1965, 388-403
-, Rescriptum contra Lanfrannum, hg. von R.B.C. HUYGENS (= CChr.CM 84), Turnhout 1988
Berno von Reichenau, De rebus pertinentibus ad missae officium, in: PL 142, 1055-1080
Bernold von Konstanz, Chronicon, hg. von G. PERTZ (= MGH.SS V), Hannover 1844, 385-467
-, De veritate corporis Domini, in: HUYGENS 1965, 378-387
The Bobbio Missal. A Gallican Mass-Book (Ms. Paris. lat. 13246), hg. von E.A. LOWE ET AL. (= HBS 58/61), Woodbridge 1920/24 (ND 1991)
Anicius Manlius Severinus Boethius, Die Theologischen Traktate, übers. von M. ELSÄSSER, Hamburg 1988

Canones Apostolorum, in: Les Constitutions Apostoliques, hg. von M. METZGER, Bd. III (= SC 336), Paris 1987, 274-309
Die Chronik von Monte Cassino (Chronica monasterii Casinensis), hg. von H. HOFFMANN (= MGH.SS XXXIV), Hannover 1980
Codex Carolinus, hg. von W. GUNDLACH (= MGH.Epp. III), Berlin 1892, 469-657
Das Constitutum Constantini, hg. von H. FUHRMANN (= MGH.F 10), Hannover 1968

Die Kanonessammlung des Kardinals Deusdedit, hg. von V. WOLF VON GLANWELL, Paderborn 1905
Decretales Pseudo-Isidorianae et Capitula Angilramni, hg. von P. HINSCHIUS, Leipzig 1863
Decretum Gelasianum de libris recipiendis et non recipiendis, hg. von E. VON DOBSCHÜTZ (= TU 38/4), Berlin 1912
Dominicus von Grado, Epistola ad Petrum Antiochenum, in: WILL 1861, 205-208

Eadmeri monachi Cantuariensis Vita Sancti Anselmi, Archiepiscopi Cantuariensis. The Life of St. Anselm, Archbishop of Canterbury, by Eadmer, hg. von R.W. SOUTHERN, London et al. 1962
-, Historia Novorum in Anglia, hg. von M. RULE (= RBMAS 81), London 1884, 1-302
Elipandi opera, hg. von J. GIL (= CSM I), Madrid 1973, 67-111
Eusebius von Vercelli [?], De Trinitate libelli VII, hg. von V. BULHART (= CChr.SL 9), Turnhout 1957, 3-99
Eustratios von Nizäa, Λόγος πρὸς τοὺς λέγοντας, ὅτι ἐκ τοῦ Πατρὸς καὶ ἐκ τοῦ Υἱοῦ τὸ Πνεῦμα τὸ ἅγιον ἐκπορεύεται, in: DEMETRAKOPULOS 1866, 47-71

-, Λόγος δεύτερος περὶ τοῦ ἁγίου Πνεύματος, in: DEMETRAKOPOULOS 1866, 71-84
-, Ἔκθεσις τῆς γεγοννυίας διαλέξεως ἐνώπιον τοῦ Αὐτοκράτορος Κυρίου Ἀλεξίου τοῦ Κομνηνοῦ πρὸς Γροσολάνον Ἀρχιεπίσκοπον Μεδιολάνων περὶ τῆς τοῦ παναγίου Πνεύματος ἐκπορεύσεως, in: DEMETRAKOPOULOS 1866, 84-99

Flodoard von Reims, Die Geschichte der Reimser Kirche. Historia Ecclesiae Remensis, hg. von M. STRATMANN (= MGH.SS XXXVI), Hannover 1998
Fragmentum accusationis contra Graecos, hg. von A. MICHEL, in: RQ 38 (1930), 162-171
Fulgentii Ruspensis Opera, 2 Bde., hg. von J. FRAIPONT (= CChr.SL 91/91A), Turnhout 1968:
-, Contra gesta Fabiani arriani, in: Opera, Bd. II, 763-866
-, De trinitate ad Felicem, in: Opera, Bd. II, 633-646
-, De fide ad Petrum, in: Opera, Bd. II, 711-760
-, Dicta regis Trasamundi et contra ea responsionum liber unus, in: Opera, Bd. I, 67-94
-, Epist. XIV ad Ferrandum diaconum de quinque quaestionibus, in: Opera, Bd. I, 387-444

Gaufred Malaterra, De rebus gestis Rogerii Calabriae et Siciliae comitis et Roberti Guiscardi ducis fratris eius, hg. von E. PONTIERI (= RIS² V/1), Bologna 1925-1928
Godescalc d'Orbais, Oeuvres théologiques et grammaticales, hg. von C. LAMBOT (= SSL 20), Louvain 1945
Gregor I., Dialogorum libri quattuor, hg. von A. DE VOGÜE/P. ANTIN (= SC 251; 260; 265), Paris 1978-1980
-, Homiliae in euangelia, hg. von R. ÉTAIX (= CChr.SL 141), Turnhout 1999
-, Moralium in Iob libri XXXV, hg. von M. ADRIAEN (= CChr.SL 143/143A/143B), Turnhout 1979/1985
-, Registrum epistolarum, hg. von L.M. HARTMANN (= MGH.Epp. I.II), Hann. 1887/1893
Das Register Gregors VII., hg. von E. CASPAR (= MGH.ES II/1.2), Berlin 1920/1923
Gregor von Tours, Historia Francorum, hg. von B. KRUSCH/W. LEVISON (= MGH.SRM I²), Hannover 1951², 1-537

Hadrian I., Epistolae, hg. von E. PERELS (= MGH.Epp. VI), Hannover 1925, 691-765
Heito von Basel, Testimonia de processione Spiritus sancti, hg. von H. WILLJUNG (= MGH.Conc. II/Suppl. II), Hannover 1998, 385-395
Hilarius von Poitiers, De synodis sive de fide orientalium, in: PL 10, 479-546
-, De trinitate libri XII, hg. von P. SMULDERS (= CChr.SL 62/62A), Turnhout 1979/1980
Hugo Etherianus, De sancto et immortali Deo, in: PL 202, 227-396
Hugo von Flavigny, Chronicon, hg. von G. PERTZ (= MGH.SS VIII), Hannover 1848, 280-503
Humbert von Silva Candida, Brevis et succincta commemoratio, in: WILL 1861, 150-152
-, Dialogus, in: WILL 1861, 93-126
-, Fragmenta de sancta Romana Ecclesia, in: P.E. SCHRAMM, Kaiser, Rom und Renovatio. Studien und Texte zur Geschichte des römischen Erneuerungsgedankens vom Ende des karolingischen Reiches bis zum Investiturstreit (= SBW 17/II), Leipzig - Berlin 1929, 128-133
-, Rationes de processione Spiritus sancti, in: MICHEL 1924, 97-111
-, Responsio sive contradictio contra Nicetae libellum, in: WILL 1861, 136-150

Johannes VIII., Registrum epistolarum, hg. von E. CASPAR (= MGH.Epp. VII), Hannover 1928, 1-272

Johannes Bekkos, Refutatio Photiani libri de Spiritu sancto, in: PG 141, 727-864
Die Schriften des Johannes von Damaskus, besorgt von B. KOTTER, hg. vom Byzantinischen Institut der Abtei Scheyern, Bd. II: Ἔκδοσις ἀκριβὴς τῆς ὀρθοδόξου πίστεως. Expositio fidei (= PTS 12), Berlin - New York 1973
Johannes Fournes, Ἀντιρρητικὴ ἀπολογία πρὸς τὰ λεχθέντα παρὰ τοῦ Μεδιολάνων Ἀρχιεπισκόπου Πέτρου, περὶ τῆς τοῦ παναγίου Πνεύματος ἐκπορεύσεως, in: DEMETRAKOPULOS 1866, 36-47
Johannes von Salisbury, Vita s. Anselmi archiepiscopi Cantuariensis, in: PL 199, 1009-1040
Johannes Scotus Eriugena, Periphyseon. Lib. I-III, hg. von E. JEAUNEAU (= CChr.CM 161-163), Turnhout 1996-1999

Kyrill von Alexandrien, Dialogi de Trinitate, hg. von C.M. DE DURAND (= SC 231/237/246), Paris 1976-1978
-, Thesaurus de Trinitate, in: PG 75, 9-656
(Ps.-) Kyrill von Alexandrien, De Trinitate, in: PG 77, 1119-1174

Lambert von Hersfeld, Annales, hg. von O. HOLDER-EGGER (= MGH.SRG 38), Hannover 1894, 1-304
Lanfrancus Cantuariensis, De corpore et sanguine Domini contra Berengarium Turonensem, in: PL 150, 407-442 (z.T. neu hg. von HUYGENS 1965, 370-377)
Leo IX., Epistola ad Petrum Antiochenum, in: MICHEL 1930a, 458-475
-, Epistolae ad Michaelem Cerularium, in: WILL 1861, 65-85; 89-92
-, Epistola ad Constantinum Monomachum, in: WILL 1861, 85-89
Leon VI. imperator, Oratio XIII de Spiritu sancto, in: PG 107, 133-157
Leon von Achrida, Epistola ad Ioannem Tranensem, in: WILL 1861, 56-60
Le Liber censuum de l'Église romaine, hg. von P. FABRE/L. DUCHESNE, Bd. I, Paris 1910
Liber Pontificalis, hg. von L. DUCHESNE, 3 Bde., Paris 1955²
Liber Sacramentorum Augustodunensis, hg. von O. HEIMING (= CChr.SL 159B), Turnhout 1984
Liber Sacramentorum Engolismensis. Manuscrit B.N. Lat. 816. Le Sacramentaire Gélasien d'Angoulême, hg. von P. SAINT-ROCH (= CChr.SL 159C), Turnhout 1987
Liber Sacramentorum Gellonensis, hg. von A. DUMAS (= CChr.SL 159), Turnhout 1981
Liber Sacramentorum Romanae Aecclesiae ordinis anni circuli, hg. von L.C. MOHLBERG (= RED.F IV), Rom 1960
Liutprand von Cremona, Relatio de legatione Constantinopolitana, in: Liudprandi Cremonensis Opera Omnia, hg. v. P. CHIESA (= CChr.CM 156), Turnhout 1998, 185-218

Michael Kerullarios, Edictum pseudosynodi Constantinopolitana, in: WILL 1861, 155-168
(Ps-.) Michael Kerullarios, Πανοπλία κατὰ τῶν Λατίνων, in: MICHEL 1930a, 207-281
Michael Psellos, De omnifaria doctrina, hg. von L.G. WESTERINK, Nijmegen 1948
-, Orationes Forenses et Acta, hg. von G.T. DENNIS, Stuttgart/Leipzig 1994
-, Theologica, Bd. I, hg. von P. GAUTIER, Leipzig 1989
Michael Synkellos, Libellus de orthodoxa fide, in: Bibliotheca coisliniana olim segueriana, hg. von B. DE MONTFAUCON, Paris 1715, 90-93
The Life of Michael the Synkellos. Text, Translation and Commentary by M.B. CUNNINGHAM (= Belfast Byzantine Texts and Translations 1), Belfast 1991

Niketas von Byzanz, Capita syllogistica, in: HERGENRÖTHER 1869, 84-138
Niketas von Nizäa, De schismatibus, in: PG 120, 713-720

Niketas Stethatos, Dialexis contra Latinos cum Antidialogo, in: MICHEL 1930a, 320-342
-, Ἑτέρα σύνθεσις κατὰ Λατίνων, ἐν οἷς βλασφημοῦσι εἰς τὸ πνεῦμα τὸ ἅγιον λέγοντες ἐκ τοῦ υἱοῦ τοῦτο ἐκπορεύεσθαι, in: MICHEL 1930a, 371-409
-, Opuscules et lettres, hg. von J. DARROUZÈS (= SC 81), Paris 1961
Nikolaos III. Grammatikos, Epistola ad Urbanum II. papam, in: HOLTZMANN 1928, 101f.
Nikolaus I., Epistolae, hg. von E. PERELS (= MGH.Epp. VI), Hannover 1925, 257-690

Opus Caroli regis contra synodum, hg. von A. FREEMAN/P. MEYVAERT (= MGH.Conc. II/Suppl. I), Hannover 1998
The Ecclesiastical History of Orderic Vitalis, hg. von M. CHIBNALL, 6 Bde., Oxford 1968-1980

Paulinus von Aquileia, Contra Felicem Urgellitanum episcopum libri III, hg. von D. NORBERG (= CChr.CM 95), Turnhout 1990
Petrus von Antiochien, Inthronistiken, in: MICHEL 1930a, 432-457
-, Epistolae ad Michaelem Cerularium et Dominicum Gradensem, in: WILL 1861, 189-228
Die Briefe des Petrus Damiani, 4 Bde., hg. von K. REINDEL (= MGH.B IV/1-4), Hannover 1983-1993
Petrus Grossolano, Oratio de Spiritu sancto ad Alexium Comnenum, in: PG 127, 911-920
Photius, Bibliotheke, hg. von R. HENRY, 8 Bde., Paris 1959-1977
-, Epistulae et Amphilochia, hg. von B. LAOURDAS/L.G. WESTERINK, Bde. I-VI/2, Leipzig 1983-1988
-, Epitome mystagogiae, in: PG 102, 392-400
-, Liber de Spiritus sancti mystagogia, in: PG 102, 263-391
-, The Homilies of Photius, Patriarch of Constantinople, übers. von C. MANGO (= DOS 3), Cambridge/MA 1958
(Ps.-) Photius, Περὶ τῶν Φράγγων, in: HERGENRÖTHER 1869, 62-71
Le Pontifical romano-germanique du dixième siècle, hg. von C. VOGEL/R. ELZE, 3 Bde. (= Studi e testi 226; 227; 269), Città del Vaticano 1963/1972

Radolfus Glaber, Historiarum libri quinque. Vita Domni Willelmi Abbatis, hg. von J. FRANCE, Oxford 1989
Ratio romana de symbolo fidei, hg. und übersetzt von H. WILLJUNG (= MGH.Conc. II/Suppl. II), Hannover 1998, 287-300
Ratramnus von Corbie, Contra Graecorum opposita Romanam ecclesiam infamantium, in: PL 121, 225-346
Regino von Prüm, Chronicon, hg. von F. KURZE (= MGH.SRG 50), Hannover 1890
Roscelin von Compiègne, Epistola ad Abaelardum, in: J. REINERS, Der Nominalismus in der Frühscholastik. Ein Beitrag zur Geschichte der Universalienfrage im Mittelalter (= BGPhMA VIII/5), Münster 1910, 63-80

Das Sacramentarium Gregorianum nach dem Aachener Urexemplar, hg. v. H. LIETZMANN (= LQ 3), Münster 1921
Sigebert von Gembloux, Chronicon, hg. von L.C. BETHMANN (= MGH.SS VI), Hannover 1844, 300-374
Smaragd von St. Mihiel, Epistola de processione Spiritus sancti, hg. von H. WILLJUNG (= MGH.Conc. II/Suppl. II), Hannover 1998, 303-312
The Synodicon vetus, hg. v. J. DUFFY/J. PARKER (= CFHB.W 15), Washington D.C. 1979

[Theodoros Skutariotes] Σύνοψις χρονική, in: K.N. SATHAS, Μεσαιωνική Βιβλιοθήκη ἢ Συλλογὴ ἀνεκδότων τῆς ἑλληνικῆς ἱστορίας, τόμ. ζ', Venedig - Paris 1894

Theodulf von Orléans, De spiritu sancto, hg. von H. WILLJUNG (= MGH.Conc. II/Suppl. II), Hannover 1998, 315-382

Theophylakt von Achrida, Enarratio in epistola prima ad Corinthios, in: PG 124, 563-794

-, Enarratio in evangelium Johannis, in: PG 123, 1133-1348; PG 124, 9-318

-, Enarratio in evangelium Matthaei, in: PG 123, 134-488

-, Προσλαλιά τινι τῶν αὐτοῦ ὁμιλητῶν περὶ ὧν ἐγκαλοῦνται Λατῖνοι, in: Theophylacti Achridensis orationes, tractatus, carmina, hg. von P. GAUTIER (= CFHB 16/1), Thessalonike 1980, 244-285

-, Vita Clementis archiepiscopi Bulgarorum, in: PG 126, 1191-1240

Die Chronik des Bischofs Thietmar von Merseburg und ihre Korveier Überarbeitung, hg. von R. HOLTZMANN (= MGH.SRG N.S. IX), Berlin 1935

Walafrid Strabo, De rebus ecclesiasticis liber unus, in: PL 114, 919-966

Wibert von Ravenna [Clemens III.], Epistola ad Basilium episcopum Reggionis, in: HOLTZMANN 1928, 98f.

Wibert von Toul, Vita Leonis IX papa, in: I.M. WATTERICH, Romanorum pontificum qui fuerunt inde ab exeunte saeculo IX usque ad finem saeculi XIII vitae ab aequalibus conscriptae, Bd. I, Leipzig 1862, 127-170

Wilhelm von Apulien, La geste de Robert Guiscard, hg. von M. MATHIEU, Palermo 1961

Wilhelm von Jumièges, Historiae Northmannorum libri VIII, in: PL 149, 779-910

Willelmi Malmesbirensis monachi gesta pontificum anglorum, hg. von N.E.S. HAMILTON (= RBMAS 52), London 1870

2. Literatur

ALDENHOVEN, H., Das römische Dokument über den Ausgang des Heiligen Geistes aus altkatholischer Sicht, in: STIRNEMANN/WILFLINGER 1998, 110-120

ALLATIUS, L., De Ecclesiae occidentalis atque orientalis consensione perpetua libri III, Köln 1648

ALLCHIN, A.M., Die Filioque-Formel: Eine anglikanische Perspektive, in: VISCHER 1981, 79-88

ALTANER, B., Augustinus in der griechischen Kirche bis auf Photius (1951), in: DERS, Kleine patristische Schriften, hg. von G. GLOCKMANN (= TU 83), Berlin 1967, 57-98

ALTANER, B./STUIBER, A., Patrologie. Leben, Schriften und Lehre der Kirchenväter, Freiburg et al. 1980[8]

AMANN, É., Art. „Michel Cérulaire", in: DThC X/2 (1929), 1677-1703

-, L'époque carolingienne (= A. FLICHE/V. MARTIN [Hgg.], Histoire de l'Église, Bd. VI), Paris 1941

ANASTOS, M.V., Some Aspects of Byzantine Influence on Latin Thought, in: M. CLAGETT ET AL. (Hgg.), Twelfth-Century Europe and the Foundations of Modern Society, Madison/Wisconsin 1961, 131-187

ANDRESEN, C./RITTER, A.M. (Hgg.), Handbuch der Dogmen- und Theologiegeschichte, Bd. I: Die Lehrentwicklung im Rahmen der Katholizität, Göttingen 1999[2]

ANDRIEU, M., Les ordines romani du haut moyen âge II: ord. I-XIII (= SSL 23), Louvain 1960

ANGENENDT, A., Geschichte der Religiosität im Mittelalter, Darmstadt 1997 (2000²)
ANTON, H.H., Beobachtungen zum fränkisch-byzantinischen Verhältnis in karolingischer Zeit, in: R. SCHIEFFER (Hg.), Beiträge zur Geschichte des Regnum Francorum (= Francia.B 22), Sigmaringen 1990, 97-119
AUZÉPY, M.F., Francfort et Nicée II, in: BERNDT 1997a, 279-300
AYRES, L., „Remember That You Are Catholic" (serm. 52.2): Augustine on the Unity of the Triune God, in: JECS 8 (2000), 39-82

BARTH, K., Fides quaerens intellectum. Anselms Beweis der Existenz Gottes im Zusammenhang seines theologischen Programms (1931), hg. von E. JÜNGEL/I.U. DALFERTH (= GA II/13), Zürich 1986²
-, Die Kirchliche Dogmatik, Bd. I/1: Die Lehre vom Wort Gottes, München 1932
BARTLETT, R., England Under the Norman and Angevin Kings (1075-1225), Oxford 2000
BECK, H.G., Kirche und theologische Literatur im byzantinischen Reich (= HAW XII 2/1), München 1959 (1977²)
-, Die byzantinische Kirche im Zeitalter des photianischen Schismas, in: H. JEDIN (Hg.), Handbuch der Kirchengeschichte, Bd. III/1: Die mittelalterliche Kirche. Vom kirchlichen Frühmittelalter zur gregorianischen Reform, Freiburg et al. 1966, 197-218 (= 1966a)
-, Die Ostkirche vom Anfang des 10. Jahrhunderts bis zu Kerullarios, in: aaO., 462-484 (=1966b)
-, Byzanz und der Westen im 12. Jahrhundert, in: Probleme des 12. Jahrhunderts. Reichenau-Vorträge 1965-1967 (= VKAMAG 12), Konstanz - Stuttgart 1969, 227-241
-, Geschichte der orthodoxen Kirche im byzantinischen Reich (= KiG 1/D1), Göttingen 1980
BECKER, A., Papst Urban II. (1088-1099), Bd. I: Herkunft und kirchliche Laufbahn. Der Papst und die lateinische Christenheit, Stuttgart 1964; Bd. II: Der Papst, die griechische Christenheit und der Kreuzzug, Stuttgart 1988 (= MGH.SRI 19/I-II)
BEIERWALTES, W., Einheit und Dreiheit, in: DERS., Eriugena. Grundzüge seines Denkens, Frankfurt 1994, 204-261
BERGES, W., Anselm von Havelberg in der Geistesgeschichte des 12. Jahrhunderts, in: JGMOD 5 (1956), 39-57
BERNARD, P., Das Werden der Liturgie, in: Die Geschichte des Christentums, Bd. III: Der lateinische Westen und der byzantinische Osten (431-642), hg. von L. PIÉTRI, dt. Freiburg et al. 2001, 1074-1108
BERNDT, R., Das Frankfurter Konzil von 794. Kristallisationspunkt karolingischer Kultur, 2 Bde. (= QAmrhKG 80), Mainz 1997 (= 1997a)
-, Das Frankfurter Konzil von 794. Kristallisationspunkt theologischen Denkens in der frühen Karolingerzeit, in: DERS. 1997a, 519-545 (=1997b)
BERRY, D.L., Filioque and the Church, in: JES 5 (1968), 535-554
BERSCHIN, W., Griechisch-lateinisches Mittelalter. Von Hieronymus zu Nikolaus von Kues, Bern - München 1980
BERTHOLD, G.C., Maximus Confessor and the *Filioque*, in: Studia Patristica, Bd. XVIII/1, hg. von E.A. LIVINGSTON, Kalamazoo 1985, 113-117
-, Cyril of Alexandria and the *Filioque*, in: Studia Patristica, Bd. XIX, hg. v. E.A. LIVINGSTON, Leuven 1989, 143-147
BEUMER, J., Ein Religionsgespräch aus dem 12. Jahrhundert, in: ZKTh 73 (1951), 465-482

BEYSCHLAG, K., Grundriß der Dogmengeschichte, Bd. I: Gott und Welt, Darmstadt 1988²; Bd. II/1: Gott und Mensch. Das christologische Dogma, Darmstadt 1991; Bd. II/2: Gott und Mensch. Die abendländische Epoche, Darmstadt 2000

BIENERT, W.A., Den einen Glauben zur Ehre Gottes bekennen. Die Sektion II in Santiago, in: ÖR 43 (1994), 37-47

-, Die Bedeutung der Kirchenväter im Dialog zwischen der EKD und Orthodoxen Kirchen, in: ÖR 44 (1995), 451-472

-, Dogmengeschichte (= Grundkurs Theologie 5/1), Stuttgart et al. 1997 (=1997a)

-, Wir glauben - wir bekennen - wir erwarten. Eine Einführung in das Gespräch über das Ökumenische Glaubensbekenntnis von 381, für den Deutschen Ökumenischen Studienausschuß hg. von W.A. BIENERT, Eichstätt 1997 (=1997b)

BLUM, G., Oikonomia und Theologia. Der Hintergrund einer konfessionellen Differenz zwischen östlichem und westlichem Christentum, in: OS 33 (1984), 281-301

BLUMENTHAL, U.R., Gregor VII. Papst zwischen Canossa und Kirchenreform, Darmstadt 2001

BOBRINSKOY, B., Das Filioque gestern und heute, in: VISCHER 1981, 107-120

BÖHMER, H., Kirche und Staat in England und in der Normandie im XI. und XII. Jahrhundert, Leipzig 1899

BÖHMER, K., Das Schisma von 1054 im Lichte der byzantinischen und fränkisch-deutschen Reichspolitik, in: F. HOFFMANN/L. SCHEFFCZYK/K. FEIEREIS (Hgg.), Sapienter ordinare. FS E. KLEINEIDAM (= EThSt 24), Leipzig 1969, 317-336

BOESPFLUG, F./LOSSKY, N. (Hgg.), Nicée II 787-1987. Douzes siècles d'images religieuses, Paris 1987

BOLOTOV, V., Thesen über das „Filioque". Von einem russischen Theologen, in: RITh 24 (1898), 681-712

BORGOLTE, M., Der Gesandtenaustausch der Karolinger mit den Abbasiden und mit den Patriarchen von Jerusalem (= MBM 25), München 1976

-, Papst Leo III., Karl der Große und der Filioque-Streit von Jerusalem, in: Byz(T) 10 (1980), 403-427

BOUCHÉ, B., La doctrine du „Filioque" d'après Saint Anselme de Cantorbéry. Son influence sur Saint Albert le Grand et sur Saint Thomas d'Aquin, Diss. theol. Rom 1938

BOUHOT, J.P., Ratramne de Corbie. Histoire littéraire et controverses doctrinales, Paris 1976

BOYE, M., Quellenkatalog der Synoden Deutschlands und Reichsitaliens von 922-1059, in: NA 48 (1930), 45-96

BRÉHIER, L., Le schisme oriental du XIᵉ siècle, Paris 1899

BRENNECKE, H.C., Erwägungen zu den Anfängen des Neunizänismus, in: Oecumenica et Patristica. FS W. SCHNEEMELCHER, hg. von W.A. BIENERT/D. PAPANDREOU/K. SCHÄFERDIEK, Stuttgart et al. 1989, 241-257

BROOKE, Z.N., The English Church and the Papacy from the Conquest to the Reign of John, Cambridge 1931 (= 1952)

BRUNHÖLZL, F., Geschichte der lateinischen Literatur des Mittelalters, Bd. I: Von Cassiodor bis zum Ausklang der karolingischen Erneuerung, München 1975; Bd. II: Die Zwischenzeit vom Ausgang des karolingischen Zeitalters bis zur Mitte des 11. Jahrhunderts, München 1992

BULLOUGH, D.A., Alcuin and the Kingdom of Heaven: liturgy, theology, and the Carolingian age, in: DERS., Carolingian renewal: sources and heritage, Manchester 1991, 161-240 (zuerst veröffentlicht in: Carolingian Essays. Andrew W. Mellon-Lectures in Early Christian Studies, hg. von U.R. BLUMENTHAL, Washington D.C. 1983, 1-69)

CALLAHAN, D.F., The Problem of the 'Filioque' and the Letter from the Pilgrim Monks of the Mount of Olives to Pope Leo III and Charlemagne. Is the Letter another Forgery by Adémar of Chabannes?, in: RBén 102 (1992), 75-134
CANTIN, A., Ratio et auctoritas dans la première phase de la controverse eucharistique entre Bérenger et Lanfranc, in: REAug 20 (1974), 155-186
CANTOR, N.F., Church, Kingship, and Lay Investiture in England 1089-1135 (= Princeton Studies in History 10), Princeton 1958
CAPELLE, B., L'origine antiadoptianiste de notre texte du symbole de la messe, in: RThAM 1 (1929), 7-20
-, Alcuin et l'histoire du Symbole de la messe (1934), in: DERS., Travaux liturgiques de doctrine et d'histoire, Bd. II, Louvain 1962, 211-221
-, L'introduction du symbole à la messe, in: Mélanges Joseph DE GHELLINCK SJ, Bd. II: Moyen Âge - Époques moderne et contemporaine, Paris 1951, 1003-27
-, Le pape Léon III et le Filioque, in: 1054-1954: L'église et les églises - neuf siècles de douloureuse séparation entre l'Orient et l'Occident. Études et travaux sur l'Unité chretienne offerts à Dom Lambert BEAUDUIN, Chevetogne 1954, 309-22
CASPAR, E., Roger II. (1101-1154) und die Gründung der normannisch-sicilischen Monarchie, Innsbruck 1904
CASPARI, C.P., Ungedruckte, unbeachtete und wenig beachtete Quellen zur Geschichte des Taufsymbols und der Glaubensregel, 3 Bde., Christiania 1866/1869/1875
CAVADINI, J.C., The Sources and Theology of Alcuin's „De fide sanctae et individuae Trinitatis", in: Tr. 46 (1991), 123-146
-, The Last Christology of the West. Adoptionism in Spain and Gaul, 785-820, Philadelphia 1993
-, Elipandus and his Critics at the Council of Frankfort, in: BERNDT 1997a, 787-807
CHADWICK, H., Symbol and Reality: Berengar and the Appeal to the Fathers, in: P. GANZ ET AL. 1990, 25-45
-, Theodore of Tarsus and Monotheletism, in: H.C. BRENNECKE ET AL. (Hgg.), Logos. FS L. ABRAMOWSKI (= BZNW 67), Berlin - New York 1993, 534-544
CHALANDON, F., Histoire de la domination normande en Italie et en Sicile, Bd. I, Paris 1907
CHAPMAN, M.E., A Lutheran Proposal for the Neuralgic Question of the Filioque: The L.W.F. at Curitiba, Brazil, 1990, in: JES 28 (1991), 239-259
CHARANIS, P., Byzantium, the West and the Origin of the First Crusade, in: Byz. 19 (1949), 17-36 (= DERS., Social, Economic and Political Life in the Byzantine Empire [= CStS 23], London 1973, Nr. XIV)
-, The Byzantine Empire in the Eleventh Century, in: K.M. SETTON/M.W. BALDWIN (Hgg.), A History of the Crusades, Bd. I, Philadelphia 1969, 177-219 (= Nr. XVI)
CHRISTE, W., Sola ratione. Zur Begründung der Methode des intellectus fidei bei Anselm von Canterbury, in: ThPh 60 (1985), 341-375
CIOBOTEA, D., Das römische Dokument über den Ausgang des Heiligen Geistes aus rumänisch-orthodoxer Sicht, in: STIRNEMANN/WILFLINGER 1998, 150-161
CLASSEN, P., Das Konzil von Konstantinopel 1166 und die Lateiner (1955), in: DERS., Ausgewählte Aufsätze, hg. von J. FLECKENSTEIN (= VKAMAG 28), Sigmaringen, 117-141
-, Res Gestae, Universal History, Apocalypse. Visions of Past and Future (1980), in: aaO., 347-378
-, Italien zwischen Byzanz und dem Frankenreich (1981), in: aaO., 85-115
-, Karl der Große, das Papsttum und Byzanz. Die Begründung des karolingischen Kaisertums, hg. von H. FUHRMANN/C. MÄRTL (= BGQM 9), Sigmaringen 1988²

CLAUDE, D., Adel, Kirche und Königtum im Westgotenreich (= VKAMAG.S 8), Sigmaringen 1971
DEL COLLE, R., Reflections on the *Filioque*, in: JES 34 (1997), 202-217
CONGAR, Y., Neuf cent ans après: Notes sur le „Schisme oriental", in: 1054-1954: L'église et les églises - neuf siècles de douloureuse séparation entre l'Orient et l'Occident. Études et travaux sur l'Unité chretienne offerts à Dom L. BEAUDUIN, Chevetogne 1954, 3-95
-, Unité de foi, diversité de formulation théologique entre Grecs et Latins dans l'appréciation des docteurs occidentaux, in: RevSR 54 (1980), 21-31
-, Der Heilige Geist, dt. Freiburg et al. 1982
COURTH, F., Trinität. In der Scholastik (= HDG II/1b), Freiburg et al. 1985
-, Trinität. In der Schrift und Patristik (= HDG II/1a), Freiburg et al. 1988
COWDREY, H.E.J., Pope Gregory VII's „Crusading" Plans of 1074, in: B.Z. KEDAR ET AL. (Hgg.), Outremer. Studies in the History of the Crusading Kingdom of Jerusalem. FS J. PRAWER, Jerusalem 1982, 27-40
-, The Age of Abbot Desiderius. Montecassino, the Papacy, and the Normans in the Eleventh and Twelfth Centuries, Oxford 1983
-, The Gregorian Papacy, Byzance, and the First Crusade, in: J.D. HOWARD-JOHNSTON (Hg.), Byzantium and the West c. 850 - c. 1200 (= Proceedings of the XVIII Spring Symposion of Byzantine Studies), Amsterdam 1988, 145-169
-, The Papacy and the Berengarian Controversy, in: P. GANZ ET AL. 1990, 109-138
CRAIG, W., Does Omitting the *Filioque* Clause Betray Traditional Anglican Thought?, in: AThR 78 (1996), 420-39
CUNNINGHAM, M.B., Introduction, in: DIES. (Hg.), The Life of Michael the Synkellos. Text, Translation and Commentary (= Belfast Byzantine Texts and Translations 1), Belfast 1991, 1-39

DAGRON, G., Das byzantinische Christentum vom 7. bis zur Mitte des 11. Jahrhunderts, in: DERS./RICHÉ/VAUCHEZ 1994, 3-365
DAGRON, G./RICHÉ, P./VAUCHEZ, A. (Hgg.), Die Geschichte des Christentums, Bd. IV: Bischöfe, Mönche und Kaiser (642-1054), dt. hg. von E. BOSHOF, Freiburg et al. 1994
DAHLHAUS-BERG, E., Nova antiquitas et antiqua novitas. Typologische Exegese und isidorianisches Geschichtsbild bei Theodulf von Orléans (= KHAb 23), Köln - Wien 1975
DALEY, B.E., Revisiting the „Filioque", pt. I: Roots and Branches of an Old Debate, pt. II: Contemporary Catholic Approaches, in: Pro Ecclesia 10 (2001), 31-62; 195-212
DALFERTH, I.U., Fides quaerens intellectum. Theologie als Kunst der Argumentation in Anselms Proslogion, in: ZThK 81 (1984), 54-105
-, Der auferweckte Gekreuzigte. Zur Grammatik der Christologie, Tübingen 1994
DARROUZÈS, J., Introduction, in: DERS. (Hg.), Nicétas Stéthatos. Opuscules et lettres (= SC 81), Paris 1961, 7-54
-, Le mémoire de Constantin Stilbès contre les Latins, in: REByz 21 (1963), 50-100
-, Les documents byzantins du XIIe siècle sur la primauté romain, in: REByz 23 (1965), 42-88
-, Documents inédits d'ecclésiologie byzantine (= AOC 10), Paris 1966
DECARREAUX, J., Normands, papes et moines. Cinquante ans de conquêtes et de politique religieuse en Italie et au Sicile, Paris 1974
DEÉR, J., Papsttum und Normannen. Untersuchungen zu ihren lehnsrechtlichen und kirchenpolitischen Beziehungen, Köln - Wien 1972
DENNIS, G.T., The „Anti-Greek" Character of the *Responsa ad Bulgaros* of Nicholas I ?, in: OCP 24 (1958), 165-174

DENZLER, G., Das sogenannte morgenländische Schisma im Jahre 1054, in: MThZ 17 (1966), 24-46
DEVISSE, J., Hincmar, Archevêque de Reims 845-882, Bde. I/II, Genève 1975/76
DIESNER, H.J., Fulgentius von Ruspe als Theologe und Kirchenpolitiker (= AzTh 1/26), Stuttgart 1966
DÖLGER, F. Sonne und Sonnenstrahl als Gleichnis in der Logostheologie des christlichen Altertums, in: AuC 1 (1929), 271-290
-, Rom in der Gedankenwelt der Byzantiner, in: DERS., Byzanz und die europäische Staatenwelt, Ettal 1953 (ND Darmstadt 1964), 70-115
DÖPMANN, H.D., Probleme der antilateinischen Polemik des Patriarchen Photios im Streit um die Christianisierung Bulgariens, in: J. DUMMER/J. IRMSCHER (Hgg.), Byzanz in der europäischen Staatenwelt (= BBA 49), Berlin 1983, 205-209
-, Die Ostkirchen vom Bilderstreit bis zur Kirchenspaltung von 1054 (= KGiE I/8), Leipzig 1991
DOIGNON, J., Innerer Glaube, Bekenntnis und schriftliche Festlegung des Glaubens im westlichen Römerreich des 4. Jahrhunderts. Der Fall des Hilarius von Poitiers, in: ThPh 65 (1990), 246-254
DONDAINE, A., Hugues Éthérien et Léon Toscan, in: AHDL 19 (1952), 67-134
-, Hugues Éthérien et le concile de Constantinople de 1166, in: HJb 77 (1958), 473-483
DOSSETTI, G.L., Il simbolo di Nicea e di Costantinopoli, Rom et al. 1967
DRÄSEKE, J., Zu Eustratios von Nikäa, in: ByZ 5 (1896), 319-336
-, Bischof Anselm von Havelberg und seine Gesandtschaftsreisen nach Byzanz, in: ZKG 21 (1900), 160-185
-, Theophylaktos' Schrift gegen die Lateiner, in: ByZ 10 (1901), 515-529
-, Ratramnus und Photios, in: ByZ 18 (1909), 396-421
DRAGAS, G.D., The Eighth Ecumenical Council: Constantinople IV (879/880) and the Condemnation of the *Filioque* Addition and Doctrine, in: GOTR 44 (1999), 357-369
DRECOLL, V., Wie nizänisch ist das Nicaeno-Constantinopolitanum? Zur Diskussion der Herkunft von NC durch Staats, Abramowski, Hauschild und Ritter, in: ZKG 107 (1996), 1-18
DREYER, M., Philosophische Methoden im lateinischen Mittelalter, in: ThPh 76 (2001), 397-409
DUNCALF, F., The Councils of Piacenza and Clermont, in: K.M. SETTON/M.W. BALDWIN (Hgg.), A History of the Crusades, Bd. I, Philadelphia 1969, 220-252
DVORNIK, F., The Photian Schism. History and Legend, Cambridge 1948
-, The Patriarch Photius and Iconoclasm, in: DOP 7 (1953), 69-97 (= DERS., Photian and Byzantine Ecclesiastical Studies, London 1974, Nr. V)
-, The Patriarch Photius in the Light of Recent Research, in: Berichte zum XI. Intern. Byzantinisten-Kongreß (München, 1958), Bd. III/2, München 1958, 1-56 (= aaO., Nr. VI)
-, Which councils are ecumenical?, in: JES 3 (1966), 314-328 (= aaO., Nr. XX [= 1966a])
-, Byzanz und der römische Primat, Stuttgart 1966 (= 1966b)
-, Preambles to the Schism of Michael Caerularius, in: Conc 17 (1966), 155-169 (= aaO., Nr. XXII [= 1966c])
-, Photius, Nicholas I and Hadrian II, in: BySl 34 (1973), 33-50 (= aaO., Nr. IX)

EBERHARD, W., Ansätze zur Bewältigung ideologischer Pluralität im 12. Jahrhundert: Pierre Abélard und Anselm von Havelberg, in: HJb 105 (1985), 353-387
ESSER, A., Photios, Patriarch von Konstantinopel, in: OS 9 (1960), 26-46
EVANS, G.R., St. Anselm's Images of Trinity, in: JThS N.S. 27 (1976), 46-57

-, Anselm of Canterbury and Anselm of Havelberg: the Controversy with the Greeks, in: APraem 53 (1977), 158-175
-, Anselm, London 1989
-, Unity and Diversity: Anselm of Havelberg as Ecumenist, in: APraem 67 (1991), 42-52
-, Philosophie und Theologie II: Mittelalter (= ThW 14/5), Stuttgart et al. 1994
EWIG, E., Die Missionsarbeit der lateinischen Kirche, in: H. JEDIN (Hg.), Handbuch der Kirchengeschichte II/2: Die Reichskirche nach Konstantin dem Großen. Die Kirche in Ost und West von Chalkedon bis zum Frühmittelalter, Freiburg et al. 1975, 95-179

FAHEY, M., Sohn und Geist: Theologische Divergenzen zwischen Konstantinopel und dem Westen, in: Conc (D) 15 (1979), 505-509
VON FALKENHAUSEN, V., Untersuchungen über die byzantinische Herrschaft in Süditalien vom 9. bis ins 11. Jahrhundert (= Schriften zur Geistesgeschichte des östlichen Europa 1), Wiesbaden 1967
FEDALTO, G., Il significato politico di Paolino, patriarca di Aquileia, e la sua posizione nella controversia adozionista, in: BERNDT 1997a, 103-123
FELMY, K.C., Die orthodoxe Theologie der Gegenwart. Eine Einführung, Darmstadt 1990
-, Art. „Filioque II. In der orthodoxen Theologie", in: RGG⁴ 3 (2000), 120
FINA, K., Anselm von Havelberg. Untersuchungen zur Kirchen- und Geistesgeschichte des 12. Jahrhunderts, in: APraem 32 (1956), 69-101.193-227; 34 (1958), 13-41
FREEMAN, A., Carolingian Orthodoxy and the Fate of the Libri Carolini, in: Viator 16 (1985), 65-108
-, Additions and Corrections to the *Libri Carolini:* Links with Alcuin and the Adoptianist Controversy, in: S. KRÄMER/M. BERNHARD (Hgg.), Scire litteras. Forschungen zum mittelalterlichen Geistesleben, München 1988, 159-169
-, Scriptures and Images in the Libri Carolini, in: Testo e immagine nell'alto medioevo (= SSCI 41), Spoleto 1994, 163-188
-, Einleitung, in: Opus Caroli regis contra synodum (Libri Carolini), hg. von DERS./P. MEYVAERT (= MGH.Conc. II/Suppl. 1), Hannover 1998, 1-85
FRÖHLICH, W., Bischof Walram von Naumburg, der einzige deutsche Korrespondent Anselms von Canterbury, in: H. KOHLENBERGER (Hg.), Analecta Anselmiana, Bd. V, Frankfurt 1976, 261-282
FÜRST, A., Augustinus im Orient, in: ZKG 110 (1999), 293-314
FUHRMANN, H., Studien zur Geschichte der mittelalterlichen Patriarchate II/III, in: ZSRG.K 40 (1954), 1-84; 41 (1955), 95-183
-, Konstantinische Schenkung und abendländisches Kaisertum. Ein Beitrag zur Überlieferungsgeschichte des Constitutum Constantini, in: DA 22 (1966), 63-178
-, Einfluß und Verbreitung der pseudoisidorischen Fälschungen. Von ihrem Auftauchen bis in die neuere Zeit, Bd. II (= MGH.SRI 24/II), Stuttgart 1973

GAMILLSCHEG, M.H., Die Kontroverse um das Filioque. Möglichkeiten einer Problemlösung auf Grund der Forschungen und Gespräche der letzten hundert Jahre (= ÖC N.F. 45), Würzburg 1996
GANOCZY, A., Formale und inhaltliche Aspekte der mittelalterlichen Konzilien als Zeichen kirchlichen Ringens um ein universales Glaubensbekenntnis, in: LEHMANN/PANNENBERG 1982, 49-79
GANZ, D., Theology and the Organisation of Thought, in: MCKITTERICK 1995, 758-785
GANZ, P./NIEWÖHNER, F./HUYGENS, R.B.C. (Hgg.), Auctoritas et ratio. Studien zu Berengar von Tours (= Wolfenbütteler Mittelalter-Studien 2), Wiesbaden 1990

GARRIGUES, J.M., Procession et ekporèse du Saint-Esprit. Discernement de la tradition et réception oecuménique, in: Ist. 17 (1972), 345-366
-, Le sens de la primauté romaine chèz saint Maxime le Confesseur, in: Ist. 21 (1976), 6-24
-, Katholischer Standpunkt zur gegenwärtigen Situation des Filioque-Problems, in: VISCHER 1981, 121-133
-, La Clarification sur la procession du Saint-Esprit et l'enseignement du Concile de Florence, in: Irén. 68 (1995), 501-506
-, À la suite de la clarification romaine: le Filioque affranchi du „filioquisme", in: Irén. 69 (1996), 189-212
GAUSS, J., Ost und West in der Kirchen- und Papstgeschichte des 11. Jahrhunderts, Zürich 1967
GAUTIER, P., Introduction: Entretien sur les erreurs des Latins, in: DERS. (Hg.), Theophylacti Achridensis orationes, tractatus, carmina (= CFHB 16/1), Thessaloniki 1980, 97-114
GAY, J., L'Italie méridionale et l'empire byzantin depuis l'avènement de Basile Ier jusqu'à la prise de Bari par les Normands (867-1071), Paris 1904
GEANAKOPLOS, D., Some Aspects of the Influence of the Byzantine Maximos the Confessor on the Theology of East and West, in: ChH 38 (1969), 150-163
GEMEINHARDT, P., Gemeinsam den einen Glauben bekennen? Die eine Kirche und der doppelte Ausgang des Heiligen Geistes, in: MdKI 49 (1998), 112-114
-, Lateinischer Neunizänismus bei Augustin, in: ZKG 110 (1999), 149-169
-, „Geboren aus dem Wesen des Vaters...". Das Glaubensbekenntnis von Nizäa und Augustins neunizänische Theologie, in: Studia patristica, Bd. XXXVIII, hg. v. M. WILES/E.J. YARNOLD, Leuven 2001, 153-168 (= 2001a)
-, „Ecclesia Romana semper habuit primatum". Die Entwicklung des päpstlichen Primats im ersten Jahrtausend, in: Papstamt - pro und contra. Geschichtliche Entwicklungen und ökumenische Perspektiven, hg. von W. FLEISCHMANN-BISTEN (= BenshH 97), Göttingen 2001, 9-38 (= 2001b)
-, Die Trinitätslehre des Michael Psellos. Griechischer Neunizänismus als philosophische Theologie im 11. Jahrhundert, in: ThPh 76 (2001), 509-529 (= 2001c)
DE GHELLINCK, J., L'entrée d'essentia, substantia, et autres mots apparentés, dans le latin médiéval, in: ALMA 16 (1942), 77-112
GIANNONI, C., Paulinus II., Patriarch von Aquileia. Ein Beitrag zur Kirchengeschichte Österreichs im Zeitalter Karls des Großen, Wien 1896
GIBSON, M., Lanfranc of Bec, Oxford 1978
GILBERT, P., La confession de la foi dans le *De processione Spiritus Sancti* de Saint Anselme, in: L'attualità filosofica di Anselmo d'Aosta, hg. von M. HOEGEN (= StAns 101), Rom 1990, 229-262
GOMBOCZ, W.L., Die Philosophie der ausgehenden Antike und des frühen Mittelalters (= Geschichte der Philosophie, hg. von W. RÖD, Bd. IV), München 1997
GORDILLO, M., Theologia orientalium cum latinorum comparata. Commentatio historica, Bd. I: Ab ortu Nestorianismi usque ad expugnationem Constantinopoleos, 431-1453 (= OCA 158), Rom 1960
GRABMANN, M., Die Geschichte der scholastischen Methode, Bd. I: Die scholastische Methode von ihren ersten Anfängen in der Väterliteratur bis zum Beginn des 12. Jahrhunderts, München 1909
GRÄB-SCHMIDT, E., Werbeschrift für das Filioque. Anfragen an den Aufsatz von Bernd Oberdorfer: Filioque. Werbeschrift für ein Problem, in: HÄRLE/PREUL 2000, 139-151

-, „Das Mißverstehen ergibt sich von selbst". Reformulierungsversuch als Alternative zur Polemik. Eine Replik auf Bernd Oberdorfers Antwort, in: aaO., 167-186

GRESHAKE, G., Der dreieine Gott. Eine trinitarische Theologie, Freiburg u.a. 1997 (1998³)

GRILLMEIER, A., Vorbereitung des Mittelalters. Eine Studie über das Verhältnis von Chalkedonismus und Neu-Chalkedonismus in der lateinischen Theologie bis Gregor, in: DERS./H. BACHT (Hgg.), Das Konzil von Chalkedon. Geschichte und Gegenwart, Bd. II: Entscheidung um Chalkedon, Würzburg 1953, 791-839

GROTZ, H., Erbe wider Willen. Hadrian II. (867-872) und seine Zeit, Wien et al. 1970

GRUMEL, V., Le Filioque au concile photien de 879-880 et le témoignage de Michel d'Anchialos, in: EOr 29 (1930), 257-264 (= 1930a)

-, Notes d'histoire et de littérature byzantine, in: EOr 29 (1930), 334-338 (=1930b)

-, Autour du voyage de Grossolanus à Constantinople, in: EOr 32 (1933), 22-33

-, L'encyclique de Photius aux Orientaux et les patriarches de Constantinople Sisinnius II et Sergius II, in: EOr 34 (1935), 129-138

-, Le decret du synode photien de 879-880 sur le symbole de foi, in: EOr 37 (1938), 357-372

-, Jérusalem entre Rome et Byzance. Une lettre inconnue du patriarche de Constantinople à son collègue d'Antioche, in: EOr 38 (1939), 104-117

-, Un nouvel ouvrage sur le schisme byzantin, in: EOr 39 (1940), 458-479

-, Le premier contact de Rome avec l'Orient après le schisme de Michel Cérulaire, in: BLE 43 (1942), 21-29

-, Photius et l'addition du Filioque au symbole du Nicée-Constantinople, in: REByz 5 (1947), 218-234

-, Les préliminaires du schisme de Michel Cérulaire ou la question romaine avant 1054, in: REByz 10 (1952), 5-23

GRZESIK, T., What Anselm owes to Boethius and why he may be regarded as the Initiator of the Boethian Age, in: Cur Deus homo. Atti del Congresso Anselmiano Internazionale, Roma, 1998, hg. von P. GILBERT ET AL. (= StAns 128), Rom 1999, 179-190

HADOT, P., Marius Victorinus et Alcuin, in: AHDL 21 (1954), 5-19

HAENDLER, G., Epochen karolingischer Theologie. Eine Untersuchung über die karolingischen Gutachten zum byzantinischen Bilderstreit (= ThA 10), Berlin 1958

-, Die lateinische Kirche im Zeitalter der Karolinger (= KGiE I/7), Leipzig 1992²

-, Von der Reichskirche Ottos I. zur Papstherrschaft Gregors VII. (= KGiE I/9), Leipzig 1994

HÄRLE, W., Dogmatik, Berlin - New York 1995 (2000²)

HÄRLE, W./PREUL, R. (Hgg.), Marburger Jahrbuch Theologie, Bd. X: Trinität (= MThSt 49), Marburg 1998

-, Marburger Jahrbuch Theologie, Bd. XII: Ökumene (= MThSt 64), Marburg 2000

HAINTHALER, T., Von Toledo nach Frankfurt. Dogmengeschichtliche Untersuchungen zur adoptianistischen Kontroverse, in: BERNDT 1997a, 809-860

DE HALLEUX, A., Cyrille, Théodoret et le „Filioque", in: RHE 74 (1979), 597-625 [wieder abgedruckt in: DERS., Patrologie et Oecuménisme. Recueil d'Études (= BETL 93), Leuven 1990, 367-395]

-, Für einen ökumenischen Konsensus über das Hervorgehen des Heiligen Geistes und die Zufügung des Filioque im Glaubensbekenntnis, in: VISCHER 1981, 65-78 [zuerst frz. in: Irén. 51 (1978), 451-469; wieder abgedruckt in: DERS., Patrologie (s.o.), 424-442]

-, La question de la procession du Saint-Esprit. Aspect théologique, in: POC 38 (1988), 6-17

HANSON, R.P.C., The Filioque Clause, in: DERS., Studies in Christian Antiquity, Edinburgh 1985, 279-297

-, The Search for the Christian Doctrine of God. The Arian Controversy, 318-381, Edinburgh 1988
HARING, N.M., The Character and Range of the Influence of St. Cyril of Alexandria on Latin Theology (430-1260), in: MS 12 (1950), 1-19
VON HARNACK, A., Lehrbuch der Dogmengeschichte, Bd. II, Tübingen 1909[4]
-, Dogmengeschichte, Tübingen 1922[6] (= 1991[8])
HARTMANN, W., Das Konzil von Worms 868. Überlieferung und Bedeutung (= AAWG.PH 3, 105), Göttingen 1977
-, Das Konzil von Frankfurt 794 und Nizäa 787, in: AHC 20 (1988), 307-324
-, Die Synoden der Karolingerzeit im Frankenreich und in Italien (= KonGe.A [9]), Paderborn et al. 1989
-, Konzilien und Geschichtsschreibung in karolingischer Zeit, in: A. SCHARER/G. SCHEIBELREITER (Hgg.), Historiographie im frühen Mittelalter (= VIÖG 32), Wien - München 1994, 481-498
-, Zur Autorität des Papsttums im karolingischen Frankenreich, in: D.R. BAUER ET AL. (Hgg.), Mönchtum - Kirche - Herrschaft 750-1000. FS J. SEMMLER, Sigmaringen 1998, 113-132
HAUCK, A., Kirchengeschichte Deutschlands, Bd. II, Leipzig 1912[3.4]; Bd. III, Leipzig 1920[3.4]
HAUGH, R., Photius and the Carolingians. The Trinitarian Controversy, Belmont 1975
HAUSCHILD, W.D., Das trinitarische Dogma von 381 als Ergebnis verbindlicher Konsensusbildung, in: LEHMANN/PANNENBERG 1982, 13-48
-, Art. „Geist/Heiliger Geist/Geistesgaben IV. Dogmengeschichtlich", in: TRE 12 (1984), 196-217
-, Art. „Nicäno-Konstantinopolitanisches Glaubensbekenntnis", in: TRE 24 (1994), 444-456
-, Lehrbuch der Kirchen- und Dogmengeschichte, Bd. I: Alte Kirche und Mittelalter, Gütersloh 1995
HEATH, R.G., The Western Schism of the Franks and the „Filioque", in: JEH 23 (1972), 97-113
HEFELE, C.J. VON/LECLERCQ, H., Histoire des conciles d'après les documents originaux, Bd. IV, Paris 1911; Bd. V, Paris 1912
HEIL, W., Der Adoptianismus, Alkuin und Spanien, in: W. BRAUNFELS (Hg.), Karl der Große. Lebenswerk und Nachleben, Bd. II: Das geistige Leben, hg. von B. BISCHOFF, Düsseldorf 1965, 95-155
-, Alkuinstudien, Bd. I: Zur Chronologie und Bedeutung des Adoptianismusstreites, Düsseldorf 1970
HEINZMANN, R., Philosophie des Mittelalters (= Grundkurs Philosophie 7), Stuttgart 1992
HEISER, L., Die Responsa ad consulta Bulgarorum des Papstes Nikolaus I. (858-867). Ein Zeugnis päpstlicher Hirtensorge und ein Dokument unterschiedlicher Entwicklungen in den Kirchen von Rom und Konstantinopel (= TThSt 36), Trier 1979
HENRY, P., Contre le „Filioque", in: Irén. 47 (1975), 170-177
HERBERS, K., Papst Nikolaus I. und Photios. Das Bild des byzantinischen Gegenübers in lateinischen Quellen, in: O. ENGELS/P. SCHREINER (Hgg.), Die Begegnung des Ostens mit dem Westen, Sigmaringen 1993, 51-74
-, Leo IV. und das Papsttum in der Mitte des 9. Jahrhunderts. Möglichkeiten und Grenzen päpstlicher Herrschaft in der späten Karolingerzeit (= PuP 27), Stuttgart 1996
HERDE, P., Das Papsttum und die griechische Kirche in Süditalien vom 11. bis zum 13. Jahrhundert, in: DA 26 (1970), 1-46

HERGENRÖTHER, J., Photius, Patriarch von Constantinopel. Sein Leben, seine Schriften und das griechische Schisma, Bde. I-II, Regensburg 1867; Bd. III, Regensburg 1869

HERMAN, E., Chalkedon und die Ausgestaltung des konstantinopolitanischen Primats, in: A. GRILLMEIER/H. BACHT (Hgg.), Das Konzil von Chalkedon, Bd. II, Würzburg 1953, 459-490

HERON, A., „Who proceedeth from the Father and the Son": The Problem of the Filioque, in: SJTh 24 (1971), 149-166

-, Das Filioque in der neueren reformierten Theologie, in: VISCHER 1981, 100-106

HERRMANN, K.J., Das Tuskulanerpapsttum (= PuP 4), Stuttgart 1973

HEUBACH, J. (Hg.), Zur Trinitätslehre in der lutherischen Kirche (= LAR 26), Erlangen 1996

HIESTAND, R., Byzanz und das Regnum Italicum im 10. Jahrhundert. Ein Beitrag zur ideologischen und machtpolitischen Auseinandersetzung zwischen Osten und Westen, Diss. phil. Zürich 1964

-, Art. „Byzanz und das Abendland II: Vom Ende des Karolingerreiches bis zum 4. Kreuzzug", in: LMA 2 (1983), 1306-1313

HILBERATH, B.J., Pneumatologie (= Leitfaden Theologie 23), Düsseldorf 1994

HÖDL, L., Art. „Anselm von Canterbury", in: TRE 2 (1978), 759-78

HOESCH, H., Die kanonistischen Quellen im Werk Humberts von Moyenmoutier. Ein Beitrag zur Geschichte der vorgregorianischen Reform (= FKRG 10), Köln - Wien 1970

HOFFMANN, H., Die Anfänge der Normannen in Süditalien, in: QFIAB 49 (1969), 94-144

HOFMANN, G., Papst Gregor VII. und der christliche Osten, in: SGSG 1 (1947), 169-181

-, Ivo von Chartres über Photius, in: OCP 14 (1948), 105-137

-, Johannes Damaskenos, Rom und Byzanz (1054-1500), in: OCP 16 (1950), 177-90

HOFRICHTER, P., Der Ausgang des Heiligen Geistes - Einführung in die Problemlage, in: STIRNEMANN/WILFLINGER 1998, 35-41

HOLL, K., Amphilochius von Ikonium in seinem Verhältnis zu den großen Kappadoziern, Tübingen/Leipzig 1904

HOLOPAINEN, T., Dialectic and Theology in the Eleventh Century, Diss. phil. Helsinki 1995

HOLTZMANN, W., Studien zur Orientpolitik des Reformpapsttums und zur Entstehung des ersten Kreuzzuges (1924), in: DERS., Beiträge zur Reichs- und Papstgeschichte des hohen Mittelalters (= BHF 8), Bonn 1957, 51-78

-, Die Unionsverhandlungen zwischen Kaiser Alexios I. und Papst Urban II. im Jahre 1089 (1928), in: aaO., 79-106

-, Papsttum, Normannen und griechische Kirche, in: Miscellanea Bibliothecae Hertzianae zu Ehren von Leo BRUHNS, Franz GRAF WOLFF METTERNICH und Ludwig SCHUDT (= Veröffentlichungen der Bibliotheca Hertziana 16), München 1961, 69-76

HOPKINS, J., A Companion to the Study of St. Anselm, Minneapolis 1972

HOUBEN, H., Roger II. von Sizilien. Herrscher zwischen Orient und Okzident, Darmstadt 1997

HRYNIEWICZ, W., Versöhnung im Trinitarischen Glauben? Zur römischen Klarstellung über den Ausgang des Heiligen Geistes, in: STIRNEMANN/WILFLINGER 1998, 53-71

HUNGER, H., Die hochsprachliche profane Literatur der Byzantiner, Bd. I (= HAW XII/5,1), München 1978

JACOB, A./MARTIN, J.M., Die griechische Kirche in Italien (650-1050), in: DAGRON ET AL. 1994, 366-387

JAHN, W., Untersuchungen zur normannischen Herrschaft in Süditalien (1040-1100 [= EHS III/401]), Frankfurt et al. 1989
JOANNOU, P.P., Eustrate de Nicée. Trois pièces inédites de son procès (1117), in: REByz 10 (1952), 24-34
-, Die Definition des Seins bei Eustratios von Nikaia. Die Universalienlehre in der byzantinischen Theologie im XI. Jahrhundert, in: ByZ 47 (1954), 358-368
JUGIE, M., Theologia dogmatica Christianorum Orientalium ab Ecclesia Catholica dissidentium, Bd. I: Theologiae dogmaticae Graeco-Russorum origo, historia, fontes, Paris 1926; Bd. II: Theologiae dogmaticae Graeco-Russorum expositio: De theologia simplici - de oeconomia, Paris 1933
-, De processione spiritus sancti ex fontibus revelationis et secundum orientales dissidentes, Rom 1936
-, Origine de la controverse sur l'addition du Filioque au symbole. Photius en a-t-il parlé?, in: RSPhTh 28 (1939), 369-385
-, Le schisme byzantin. Aperçu historique et doctrinal, Paris 1941
JUNGMANN, J.A., Die Abwehr des germanischen Arianismus und der Umbruch der religiösen Kultur im frühen Mittelalter, in: ZKTh 69 (1947), 36-99
-, Missarum sollemnia. Eine genetische Erklärung der römischen Messe, Bd. I, Freiburg 1958⁴

KAPLAN, M., La place du schisme de 1054 dans les relations entre Byzance, Rome et l'Italie, in: BySl 54 (1993), 29-37
-, Le „schisme" de 1054. Quelques éléments de chronologie, in: BySl 56 (1995), 147-157
KAPRIEV, G., ... ipsa vita et veritas. Der „ontologische Gottesbeweis" und die Ideenwelt Anselms von Canterbury (= STGMA 61), Leiden et al. 1998
KARMIRIS, J.N., Abriß der dogmatischen Lehre der Orthodoxen Katholischen Kirche, in: P. BRATSIOTIS (Hg.), Die Orthodoxe Kirche in griechischer Sicht, Bd. I, Stuttgart 1959, 15-120
KATTENBUSCH, F., Das Apostolische Symbol. Seine Entstehung, sein geschichtlicher Sinn, seine ursprüngliche Stellung im Kultus und in der Theologie der Kirche. Ein Beitrag zur Symbolik und Dogmengeschichte, Bd. I: Die Grundgestalt des Taufsymbols, Leipzig 1894; Bd. II: Verbreitung und Bedeutung des Taufsymbols, Leipzig 1900
KELLY, J.N.D., The Athanasian Creed. The Paddock Lectures for 1962-3, New York 1964
-, Altchristliche Glaubensbekenntnisse. Geschichte und Theologie, Göttingen 1972 (1993²)
KEMPF, F., Primatiale und episkopal-synodale Struktur der Kirche vor der gregorianischen Reform, in: AHP 16 (1978), 27-66
KENNEDY, K., The Permanence of an Idea: Three Ninth Century Frankish Ecclesiasts and the Authority of the Roman See, in: MORDEK 1983, 105-116
KIENZLER, K., Glaube und Denken bei Anselm von Canterbury, Freiburg et al. 1981
KINZIG, W., „... natum et passum etc." Zur Geschichte der Tauffragen in der lateinischen Kirche bis zu Luther, in: DERS./C. MARKSCHIES/M. VINZENT, Tauffragen und Bekenntnis. Studien zur sogenannten „Traditio apostolica", zu den „Interrogationes de fide" und zum „Römischen Glaubensbekenntnis" (= AKG 74), Berlin - New York 1999, 75-183
KINZIG, W./VINZENT, M., Recent Research on the Origin of the Creed, in: JThS N.S. 50 (1999), 535-559
KLAUSER, T., Die liturgischen Austauschbeziehungen zwischen der römischen und der fränkisch-deutschen Kirche vom achten bis zum 11. Jhdt., in: HJb 53 (1933), 169-189

KLEWITZ, H.W., Studien über die Wiederherstellung der römischen Kirche in Süditalien durch das Reformpapsttum, in: QFIAB 25 (1933/34), 105-157

KNAUER, P., „Der vom Vater und vom Sohn ausgeht". Zu einer ökumenischen Kontroverse, in: ThPh 76 (2001), 229-237

KNUUTTILA, S./SAARINEN, R., Innertrinitarische Theologie in der Scholastik und bei Luther, in: Caritas Dei. Beiträge zum Verständnis Luthers und der gegenwärtigen Ökumene, FS T. MANNERMAA, hg. von O. BAYER/R.W. JENSON/S. KNUUTTILA (= SLAG 39), Helsinki 1997, 243-264

KODER, J., Die Sicht des „Anderen" in Gesandtenberichten, in: O. ENGELS/P. SCHREINER (Hgg.), Die Begegnung des Ostens mit dem Westen, Sigmaringen 1993, 113-129

KÖRTNER, U.H.J., „Der Herr ist der Geist" - das römische Dokument und sein Beitrag zum ökumenischen Gespräch aus reformierter Sicht, in: STIRNEMANN/WILFLINGER 1998, 81-109

KOHLENBERGER, H., Konsequenzen und Inkonsequenzen der Trinitätslehre in Anselms Monologion, in: DERS. (Hg.), Analecta Anselmiana, Bd. V, Frankfurt 1976, 149-178

KOMMISSION FÜR GLAUBEN UND KIRCHENVERFASSUNG, Das Filioque aus ökumenischer Sicht, in: VISCHER 1981, 9-23

-, Gemeinsam den einen Glauben bekennen. Eine ökumenische Auslegung des apostolischen Glaubens, wie er im Glaubensbekenntnis von Nizäa-Konstantinopel (381) bekannt wird, Frankfurt - Paderborn 1991

-, Santiago de Compostela 1993. Fünfte Weltkonferenz für Glauben und Kirchenverfassung, hg. von G. GAßMANN/D. HELLER (= ÖR.B 67), Frankfurt 1994

KONG, S.C., Gottes Wesen und Wille in den trinitätstheologischen Auseinandersetzungen des 4. Jahrhunderts. Von Nizäa 325 bis Konstantinopel 381, Diss. theol. Marburg 1995

KOTTJE, R., Einheit und Vielfalt des kirchlichen Lebens in der Karolingerzeit, in: ZKG 76 (1965), 323-342

KRAUSE, H.G., Das Constitutum Constantini im Schisma von 1054, in: MORDEK 1983, 131-158

KRIEGBAUM, B., Afrikanische Autonomie und römischer Primat. Kanon 8 der römischen Synode von 386 und seine Geltung in Afrika, in: MORDEK 1983, 11-21

KÜHN, U., Wiederentdeckung der Wirklichkeit des Heiligen Geistes - Ein Votum aus lutherischer Perspektive, in: STIRNEMANN/WILFLINGER 1998, 72-80

LAMINSKI, A., Der Heilige Geist als Geist Christi und Geist der Gläubigen. Der Beitrag des Athanasios von Alexandrien zur Formulierung des trinitarischen Dogmas im vierten Jahrhundert (= EThSt 23), Leipzig 1969

LANGEN, J., Die Trinitarische Lehrdifferenz zwischen der abendländischen und der morgenländischen Kirche. Eine dogmengeschichtliche Untersuchung, Bonn 1876

LANNE, E., Rome et Nicée II, in: BOESPFLUG/LOSSKY 1987, 219-228

LARCHET, J.C., Maxime le Confesseur, médiateur entre l'Orient et l'Occident (= CFi 208), Paris 1998

LAUDAGE, J., Ritual und Recht auf päpstlichen Reformkonzilien (1049-1123), in: AHC 29 (1997), 287-334

LAURENT, V./DARROUZÈS, J., Dossier grec de l'union de Lyon (1273-1277 [= AOC 16]), Paris 1977

LAUSBERG, H., Der Hymnus 'Veni Creator Spiritus' (= ARWAW 64), Opladen 1979

LEBON, J., Les anciens symboles dans la définition de Chalcédoine, in: RHE 32 (1936), 809-876

VAN LEE, M., Les idées d'Anselme de Havelberg sur le développement des dogmes, in: APraem 14 (1938), 5-35
LEES, J.T., Confronting the Otherness of the Greeks: Anselm of Havelberg and the Division between Greeks and Latins, in: APraem 68 (1992), 224-240
-, Anselm of Havelberg. Deeds into Words in the Twelfth Century (= SHCT 79), Leiden et al. 1998
LEHMANN, K./PANNENBERG, W., (Hgg.) Glaubensbekenntnis und Kirchengemeinschaft. Das Modell des Konzils von Konstantinopel (381 [DiKi 1]), Freiburg - Göttingen 1982
LEIB, B., Rome, Kiev et Byzance à la fin du XIe siècle. Rapports religieux des Latins et des Gréco-Russes sous le pontificat d'Urbain II (1088-1099), Paris 1924
-, Les patriarches de Byzance et la politique religieuse d'Alexis Ier Comnène (1081-1118), in: RScR 40 (1952), 201-221
LEONARDI, C., Das 8. Ökumenische Konzil, in: AHC 10 (1978), 53-60
LIES, L., Derzeitige ökumenische Bemühungen um das „Filioque", in: ZKTh 122 (2000), 317-353
LIETZMANN, H., Geschichte der Alten Kirche, Bd. III: Die Reichskirche bis zum Tode Julians, Berlin 1953^2; Bd. IV: Die Zeit der Kirchenväter, Berlin 1953^2 (= 1953a/b)
LILIE, R.J., Die lateinische Kirche in der Romania vor dem 4. Kreuzzug, in: ByZ 82 (1989), 202-220
-, Byzanz unter Eirene und Konstantin VI. (780-802). Mit einem Kapitel über Leon IV. (775-780) von I. ROCHOW (= Berliner Byzantinistische Studien 2), Frankfurt et al. 1996
LINK, H.G. (Hg.), Schritte zur sichtbaren Einheit. Lima 1982 (Sitzung der Kommission für Glauben und Kirchenverfassung [= ÖR.B 45]), Frankfurt 1983
- (Hg.), Gemeinsam glauben und bekennen. Handbuch zum Apostolischen Glauben, Neukirchen-Vluyn - Paderborn 1987
-, Bekennen und Bekenntnis. Ökumenische Studienhefte, Bd. 7 (= BenshH 86), Göttingen 1998
LÖSSL, J., Augustine in Byzantium, in: JEH 51 (2000), 267-295
LOUD, G.A., Byzantine Italy and the Normans, The Gregorian Papacy, Byzance, and the First Crusade, in: J.D. HOWARD-JOHNSTON (Hg.), Byzantium and the West c. 850 - c. 1200 (= Proceedings of the XVIII Spring Symposion of Byzantine Studies), Amsterdam 1988, 215-233
LOUTH, A., St. Maximus the Confessor between East and West, in: Studia Patristica, Bd. XXXII, hg. von E.A. LIVINGSTON, Leuven 1997, 332-345

MADOZ, J., Le symbole du IVe concile de Tolède, in: RHE 34 (1938), 5-20 (= 1938a)
-, Le symbole de XIe concile de Tolède. Ses sources, sa date, sa valeur (= SSL 19), Louvain 1938 (= 1938b)
MAIMBOURG, Louis, Histoire du schisme des Grecs, Paris 1678 (1682^2)
MANGENOT, E., L'origine espagnole du Filioque, in: ROC 11 (1906), 92-101
MANGO, C., Note on Homily XVIII, in: The Homilies of Photius, Patriarch of Constantinople, übers. von C. MANGO (= DOS 3), Cambridge/Mass. 1958, 297-306
MARENBON, J., Anselm and the Early Medieval Aristotle, in: DERS., Aristotle in Britain during the Middle Ages, Turnhout 1996, 1-19
MARKSCHIES, C., Ambrosius von Mailand und die Trinitätstheologie. Kirchen- und theologiegeschichtliche Studien zu Antiarianismus und Neunizänismus bei Ambrosius und im lateinischen Westen (364-381 [= BHTh 90]), Tübingen 1995
-, Was ist lateinischer „Neunizänismus"? Ein Vorschlag für eine Antwort, in: ZAC 1 (1997), 73-95 (wieder abgedruckt in: DERS. 2000, 238-264)

-, Gibt es eine einheitliche „kappadozische Trinitätstheologie"? Vorläufige Erwägungen zu Einheit und Differenzen neunizänischer Theologie, in: HÄRLE/PREUL 1998, 51-94 (= 1998a [wieder abgedruckt in: DERS. 2000, 196-237])

-, „... et tamen non tres Dii, sed unus Deus...". Zum Stand der Erforschung der altkirchlichen Trinitätstheologie, in: HÄRLE/PREUL 1998, 155-179 (=1998b [wieder abgedruckt in: DERS. 2000, 286-309])

-, Alta Trinità Beata. Gesammelte Studien zur altkirchlichen Trinitätstheologie, Tübingen 2000

MARTZELOS, G., Die Anfänge und die Voraussetzungen des Filioque in der theologischen Überlieferung des Abendlandes, in: OFo 13 (1999), 31-45

MARX, H.J., Filioque und Verbot eines anderen Glaubens auf dem Florentinum. Zum Pluralismus in dogmatischen Formeln (= VMStA 26), St. Augustin 1977

MAURER, E., Der lebendige Gott. Texte zur Trinitätslehre (= TB 95), Gütersloh 1999

MAURER, W., Bekenntnis und Sakrament. Ein Beitrag zur Entstehung der christlichen Konfessionen, Teil I: Über die treibenden Kräfte in der Bekenntnisentwicklung der abendländischen Kirche bis zum Ausgang des Mittelalters, Berlin 1939

MAYNE, R., East and West in 1054, in: CHJ 11 (1954), 133-148

MCCLURE, J., Handbooks against Heresy in the West, from the Late Fourth to the Late Sixth Centuries, in: JThS N.S. 30 (1979), 186-197

MCCORMICK, M., Textes, images et iconoclasme dans le cadre des relations entre Byzance et l'Occident Carolingien, in: Testo e immagine nell'alto medioevo (= SSCI 41), Spoleto 1994, 95-158

-, Byzantium and the West, 700-900, in: MCKITTERICK 1995, 349-380

MCKITTERICK, R. (Hg.), The New Cambridge Medieval History, Bd. II: c. 700 - c. 900, Cambridge 1995

MEIJER, J., A Successful Council of Union. A Theological Analysis of the Photian Synod of 879-880 (= Analecta Blatadon 23), Thessalonike 1975

MEWS, C.J., St. Anselm and Roscelin: some new texts and their implications, in: AHDL 58 (1991), 55-97

-, Nominalism and Theology before Abaelard: New Light on Roscelin of Compiègne, in: Vivarium 30 (1992), 4-33

MEYENDORFF, J., Byzantine Theology. Historical Trends and Doctrinal Themes, New York 1975²

MEYER, H., La situation actuelle du dialogue oecuménique sur le Filioque, in: RHPhR 64 (1984), 13-26

MEYER, H. ET AL. (Hgg.), Dokumente wachsender Übereinstimmung. Sämtliche Bericht und Konsenstexte interkonfessioneller Gespräche auf Weltebene, Bd. I: 1931-1982, Paderborn - Frankfurt 1983 (1992²); Bd. II: 1982-1990, Paderborn - Frankfurt 1992

MEYER, H.B., Alkuin zwischen Antike und Mittelalter. Ein Kapitel frühmittelalterlicher Frömmigkeitsgeschichte, in: ZKTh 81 (1959), 306-350; 405-454

MEYVAERT, P., The Authorship of the „Libri Carolini". Observations prompted by a recent book, in: RBén 89 (1979), 29-57

MICHEL, A., Humbert und Kerullarios. Quellen und Studien zum Schisma des XI. Jahrhunderts, Bd. I (= QFG 21), Paderborn 1924

-, Humbert und Kerullarios. Quellen und Studien zum Schisma des XI. Jahrhunderts, Bd. II (= QFG 23), Paderborn 1930 (=1930a)

-, Die „Accusatio" des Kanzlers Friedrich von Lothringen (Papst Stephans IX.) gegen die Griechen, in: RQ 38 (1930), 153-208 (= 1930b)

-, Die Fälschung der römischen Bannbulle durch Michael Kerullarios, in: BNGJ 9 (1932/33), 293-319
-, Von Photios zu Kerullarios. Anmerkungen zu Gg. Metochita und V. Laurent, in: RQ 41 (1933), 125-162
-, Amalfi und Jerusalem im griechischen Kirchenstreit (1054-1090). Kardinal Humbert, Laycus von Amalfi, Niketas Stethatos, Symeon II. von Jerusalem und Bruno von Segni über die Azymen (= OCA 121), Rom 1939
-, Lateinische Aktenstücke und -sammlungen zum griechischen Schisma, in: HJb 60 (1940), 46-64
-, Die Echtheit der Panoplia des Michael Kerullarios, in: OrChr 36 (1941), 168-204
-, Art. „Tolède (Conciles de)", in: DThC XV/1 (1946), 1176-1208
-, Die Friedensbotschaft Grados an Antiochien im Schisma des Kerullarios (1053-54) und ihr Widerhall, in: SGSG 2 (1947), 163-188
-, Sprache und Schisma, in: Festschrift der Freisinger Hochschule für Kardinal Michael VON FAULHABER zum 80. Geburtstag, München 1949, 37-69
-, Art. „Trinité II. La théologie latine du VIe au XXe siècle", in: DThC XV/2 (1950), 1702-1855
-, Der kirchliche Wechselverkehr zwischen West und Ost vor dem verschärften Schisma des Kerullarios (1054), in: OS 1 (1952), 145-173
-, Schisma und Kaiserhof im Jahre 1954. M. Psellos, in: 1054-1954: L'église et les églises - neuf siècles de douloureuse séparation entre l'Orient et l'Occident. Études et travaux sur l'Unité chretienne offerts à Dom L. BEAUDUIN, Chevetogne 1954, 351-440
MINNINGER, M., Von Clermont zum Wormser Konkordat. Die Auseinandersetzungen um den Lehnsnexus zwischen König und Episkopat (= FKPG 2), Köln - Wien 1978
MOHR, W., Anselm von Canterbury als Reformer und seine Auswirkung auf die Entwicklung der Gewaltenfrage in England, in: H. KOHLENBERGER (Hg.), Analecta Anselmiana, Bd. IV/2, Frankfurt 1975, 223-312
MOLTMANN, J., Dogmatische Vorschläge zur Lösung des Filioque-Streites, in: VISCHER 1981, 144-152
-, Der Geist des Lebens. Eine ganzheitliche Pneumatologie, München 1991
DE MONTCLOS, J., Lanfranc et Bérenger. La controverse eucharistique du XIe siècle (= SSL 37), Leuven 1971
MORAVCSIK, G., Byzantinoturcica, Bd. I: Die byzantinischen Quellen der Geschichte der Turkvölker (= BBA 10), Berlin 1958²
MORDEK, H. (Hg.), Aus Kirche und Reich. Studien zu Theologie, Politik und Recht im Mittelalter. FS F. KEMPF, Sigmaringen 1983
-, Rom, Byzanz und die Franken im 8. Jahrhundert, in: Person und Gemeinschaft im Mittelalter. FS K. SCHMID, Sigmaringen 1988, 123-156
-, Aachen, Frankfurt, Reims. Beobachtungen zu Genese und Tradition des „Capitulare Francofurtense" (794), in: BERNDT 1997a, 125-148
MORRISON, K.F., Tradition and Authority in the Western Church (300-1140), Princeton 1969
MÜHLEN, H., Der Heilige Geist als Person. In der Trinität, bei der Inkarnation und im Gnadenbund: Ich - Du - Wir, Münster 1980⁴
MÜHLENBERG, E., Dogma und Lehre im Abendland. Von Augustin bis Anselm von Canterbury, in: ANDRESEN/RITTER 1982 = 1999, 406-566
MÜLLER-RÖMHELD, W. (Hg.), Im Zeichen des Heiligen Geistes. Bericht aus Canberra 1991, Frankfurt 1991

NAGEL, H., Karl der Große und die theologischen Herausforderungen seiner Zeit. Zur Wechselwirkung zwischen Theologie und Politik im Zeitalter des großen Frankenherrschers (= FBMG 12), Frankfurt 1998

NEIL, B., The Western Reaction to the Council of Nicaea II, in: JThS N.S. 51 (2000), 533-552

NEMEC, L., Photius - Saint or Schismatic?, in: JES 3 (1966), 277-313

NICOL, D.M., Byzance and the Papacy in the Eleventh Century, in: JEH 13 (1962), 1-20

-, Byzantium and Venice. A Study in Diplomatic and Cultural Relations, Cambridge 1988

NIKOLAKOPOULOS, K., Grundprinzipien der orthodoxen patristischen Hermeneutik. Dissonanz oder Ergänzung zur historisch-kritischen Methode?, in: OFo 13 (1999), 171-185

NODES, D.J., Dual Processions of the Holy Spirit: Development of a Theological Tradition, in: SJTh 52 (1999), 1-18

NORDEN, W., Das Papsttum und Byzanz. Die Trennung der beiden Mächte und das Problem ihrer Wiedervereinigung bis zum Untergang des byzantinischen Reichs (1453), Berlin 1903

OBERDORFER, B., Filioque. Werbeschrift für ein Problem, in: HÄRLE/PREUL 2000, 117-137 (= 2000a)

-, Ist das Filioque-Problem ein gordischer Knoten? Antwort an Elisabeth Gräb-Schmidt, in: aaO., 153-166 (= 2000b)

-, Art. „Filioque I. In der westlichen Theologie; III. Gegenwärtige ökumenische Diskussion", in: RGG⁴ 3 (2000), 119-121

-, Filioque. Geschichte und Theologie eines ökumenischen Problems (= FSÖTh 96), Göttingen 2001

O'CALLAGHAN, P., The Bangor Antiphonary Creed: Origins and Theology, in: Annales Theologici 6 (1992), 255-287

OHME, H., Das Concilium Quinisextum und seine Bischofsliste. Studien zum Konstantinopeler Konzil von 692 (= AKG 56), Berlin - New York 1990

OHNSORGE, W. Die Anerkennung des Kaisertums Ottos I. durch Byzanz (1961), in: DERS., Konstantinopel und der Okzident, Darmstadt 1966, 176-207

-, Byzanz und das abendländische Kaisertum (1965), in: aaO., 294-300

-, Konstantinopel im politischen Denken der Ottonenzeit (1966), in: DERS., Ost-Rom und der Westen. Gesammelte Aufsätze zur Geschichte der byzantinisch-abendländischen Beziehungen und des Kaisertums, Darmstadt 1983, 91-116

-, Das abendländische Kaisertum (1969), in: aaO., 1-36

ORLANDIS, J./RAMOS-LISSON, D., Die Synoden auf der Iberischen Halbinsel bis zum Einbruch des Islam (= KonGe.A [2]), Paderborn et al. 1981

ORPHANOS, M.A., Der Ausgang des Heiligen Geistes bei einigen späteren griechischen Kirchenvätern, in: VISCHER 1981, 43-64

OSTROGORSKY, G., Rom und Byzanz im Kampfe um die Bilderverehrung, in: Seminarium Kondakovianum 6 (1933), 73-87

-, Geschichte des byzantinischen Staates (= HAW XII 1,2), München 1963³

OTT, L., Das Konzil von Ephesus (431) in der Theologie der Frühscholastik, in: J. AUER/H. VOLK (Hgg.), Theologie in Geschichte und Gegenwart. FS M. SCHMAUS, München 1957, 279-308

VON PADBERG, L.E., Das Paderborner Treffen von 799 im Kontext der Geschichte Karls des Großen, in: W. HENTZE (Hg.), De Karolo rege et Leone papa. Der Bericht über die Zusammenkunft Karls des Großen und Papst Leo III. in Paderborn 799 in einem Epos für Karl den Kaiser (= SQWFG 36), Paderborn 1999, 1-104

PÄPSTLICHER RAT ZUR FÖRDERUNG DER EINHEIT DER CHRISTEN, Die griechische und die lateinische Überlieferung über den Ausgang des Heiligen Geistes. Eine Klarstellung, in: US 50 (1995), 316-324 [frz.: Les traditions grecque et latine concernant la procession du Saint-Esprit, in: Irén. 68 (1995), 356-368]

PALMIERI, A., Art. „Esprit-Saint: II. La procession du Saint-Esprit du Père et du Fils", in: DThC V/1 (1913), 762-829 (= 1913a)

-, Art. „Filioque", in: DThC V/2 (1913), 2309-2343 (=1913b)

PANNENBERG, W., Die Bedeutung des Bekenntnisses von Nicaea-Konstantinopel für den ökumenischen Dialog heute, in: ÖR 31 (1982), 129-140

PARMENTIER, M., Trying to unravel Jacobi's unknown Creed (CPL 1752), in: Bijdragen 52 (1991), 354-378

-, The Catholic Faith found back (CPL³ 1752a), in: J. HALLEBEEK/B. WIRIX (Hgg.), Met het oog op morgen. Ecclesiologische beschouwingen aangeboden aan Jan VISSER, Zoetermeer 1996, 149-163

-, The „Sayings of Bishop Leo" („Dicta Leonis episcopi") as an anti-adoptianist Creed, in: EL 111 (1997), 37-48

PATLAGEAN, E., Die Beziehungen zwischen Konstantinopel und Rom von der Mitte des 11. bis zum Ende des 12. Jahrhunderts, in: VAUCHEZ 1995, 372-387

PELIKAN, J., The Christian Tradition. A History of the Development of Doctrine, Bd. II: The Spirit of Eastern Christendom (600-1700), Chicago - London 1974

-, The Place of Maximus Confessor in the History of Christian Thought, in: F. HEINZER/C. SCHÖNBORN (Hgg.), Maximus Confessor. Actes du Symposium sur Maxime le Confesseur. Fribourg, 2-5 septembre 1980 (= Paradosis 27), Freiburg 1982, 387-402

PERI, V., Leone III e il „Filioque": Ancora un falso e l'autentico simbolo romano, in: RSLR 6 (1970), 268-297

-, La synergie entre le Pape et le Concile oecuménique. Note d'histoire sur l'ecclésiologie traditionnelle de l'Église indivise, in: Irén. 56 (1983), 163-193

-, Il „Filioque" nel magistero di Adriano I e di Leone III. Una plausibile formulazione del dogma, in: RSCI 41 (1987), 5-25

PERRONE, L., Das vierte Konzil von Konstantinopel (869-870), in: Geschichte der Konzilien. Vom Nicaenum bis zum Vaticanum II, hg. von G. ALBERIGO, dt. Düsseldorf 1993, 170-196

PIÉTRI, C., Vom homöischen Arianismus zur neunizänischen Orthodoxie (361-385), in: DERS./L. PIÉTRI (Hgg.), Das Entstehen der einen Christenheit (250-430). Geschichte des Christentums, Bd. II, Freiburg et al. 1996, 417-461

PLASGER, G., Die Not-Wendigkeit der Gerechtigkeit. Eine Interpretation zu „Cur Deus Homo" von Anselm von Canterbury (= BGPhThMA NF 38), Münster 1993

PODSKALSKY, G., Theologie und Philosophie in Byzanz. Der Streit um die theologische Methodik in der spätbyzantinischen Geistesgeschichte (14./15. Jh.), seine systematischen Grundlagen und seine historische Entwicklung (= ByA 15), München 1977

-, Art. „Eustratios von Nikaia", in: TRE 10 (1982), 550f.

-, Theologische Literatur des Mittelalters in Bulgarien und Serbien 865-1459, München 2000

RÄDLE, F., Studien zu Smaragd von Saint-Mihiel (= MAe 29), München 1974

RAMOS-LISSÓN, D., Die synodalen Ursprünge des „Filioque" im römisch-westgotischen Hispanien, in: AHC 16 (1984), 286-299

RENTSCHLER, M., Liudprand von Cremona. Eine Studie zum ost-westlichen Kulturgefälle im Mittelalter, Frankfurt 1981

RICHÉ, P./PARISSE, M./MARTIN, J.M., Die westliche Christenheit im 10. und in der ersten Hälfte des 11. Jahrhunderts, in: DAGRON ET AL. 1994, 778-879

RITSCHL, D., Zur Geschichte der Kontroverse um das Filioque und ihrer theologischen Implikationen, in: VISCHER 1981, 25-42

RITTER, A.M., Das Konzil von Konstantinopel und sein Symbol. Studien zur Geschichte und Theologie des II. Ökumenischen Konzils (= FKDG 15), Göttingen 1965

-, Dogma und Lehre in der Alten Kirche, in: ANDRESEN/RITTER 1999, 99-283

ROBB, F., The Fourth Lateran Council's Definition of Trinitarian Orthodoxy, in: JEH 48 (1997), 22-43

ROBINSON, I.S., The Papacy 1073-1198: Continuity and Innovation, Cambridge 1990

ROCHOW, I., Antihäretische Schriften byzantinischer Autoren aus der Zeit zwischen 843 und 1025, in: H. KÖPSTEIN (Hg.), Besonderheiten der byzantinischen Feudalentwicklung. Eine Sammlung von Beiträgen zu den frühen Jahrhunderten (= BBA 50), Berlin 1983, 96-118

ROMANIDES, J., The Filioque, in: Kl. 7 (1975), 285-312

RORDORF, W., La liturgie et le problème du „Filioque" (1981), in: DERS., Liturgie, foi et vie de premiers chrétiens. Études patristiques (= ThH 75), Paris 1986, 289-301

VAN ROSSUM, J., Athanasius and the *Filioque: Ad Serapionem* I,20 in Nikephoros Blemmydes and Gregory of Cyprus, in: Studia Patristica, Bd. XXXII, hg. von E.A. LIVINGSTON, Leuven 1997, 53-58

RUNCIMAN, S., The Eastern Schism. A Study of the Papacy and the Eastern Churches during the XIth and XIIth Centuries, Oxford 1955

RUSSELL, T.N., Anselm of Havelberg and the Union of the Churches, in: Kl. 10 (1978), 85-120

RYAN, J.J., The Legatine Excommunication of Patriarch Michael Cerularius (1054) and a new Document from the First Crusade Epoch, in: StGra 14 (1967), 13-49

SAARINEN, R., Ostkirche und Ökumene am Ende des 20. Jahrhunderts, in: BThZ 18 (2001), 222-239

SALAVILLE, S., Philosophie et théologie ou Épisodes scolastiques à Byzance de 1059 à 1197, in: EOr 29 (1930), 132-156

SANSTERRE, J.M., Les représentants des patriarcats au concile photien d'août-septembre 867, in: Byz. 43 (1973), 195-228

-, Les missionnaires latins, grecs et orientaux en Bulgarie dans la seconde moitié du IXe siècle, in: Byz. 52 (1982), 375-388

SATTLER, D., Einheit im Ursprung - Einheit im Wesen. Zugänge zum trinitarischen Monotheismus in der östlichen und in der westlichen Christenheit, in: TThZ 106 (1997), 189-207

SCHÄFERDIEK, K., Die Kirche in den Reichen der Westgoten und Suewen bis zur Errichtung der westgotischen katholischen Staatskirche (= AKG 39), Berlin 1967

-, Der adoptianische Streit im Rahmen der spanischen Kirchengeschichte (1969/70), in: DERS., Schwellenzeit. Beiträge zur Geschichte des Christentums in Spätantike und Frühmittelalter, hg. von W.A. LÖHR/H.C. BRENNECKE (= AKG 64), Berlin - New York 1996, 381-416

-, Art. „Germanenmission", in: RAC 10 (1978), 492-548
SCHATZ, K., Oecuménicité du concile et structure de l'Église à Nicée II et dans les Livres Carolins, in: BOESPFLUG/LOSSKY 1987, 263-270
-, Die Rezeption ökumenischer Konzilien im ersten Jahrtausend - Schwierigkeiten, Formen der Bewältigung und verweigerte Rezeption, in: W. BEINERT (Hg.), Glaube als Zustimmung. Zur Interpretation kirchlicher Rezeptionsvorgänge (= QD 131), Freiburg et al. 1991, 93-122
SCHEFFCZYK, L., Der Sinn des Filioque, in: Communio 15 (1986), 23-34
SCHERB, J.L., Anselms philosophische Theologie. Programm - Durchführung - Grundlagen (= MPhSt 15), Stuttgart et al. 2000
SCHIEFFER, R., „Redeamus ad fontem". Rom als Hort authentischer Überlieferung im frühen Mittelalter, in: Roma - Caput et Fons. Zwei Vorträge über das päpstliche Rom zwischen Altertum und Mittelalter, Opladen 1989, 45-70
-, Die Beziehungen karolingischer Synoden zum Papsttum, in: AHC 25/26 (1995/96), 147-164
SCHMALE, F.J., Synodus - synodale concilium - concilium, in: AHC 8 (1976), 80-102
-, Die Anfänge des Reformpapsttums unter den deutschen und lothringisch-tuszischen Päpsten, in: M. GRESCHAT (Hg.), Gestalten der Kirchengeschichte, Bd. 11: Das Papsttum I, Stuttgart et al. 1984, 140-154
SCHMAUS, M., Die psychologische Trinitätslehre des Hl. Augustinus (= MBTh 11), Münster 1927
-, Das Fortwirken der augustinischen Trinitätspsychologie bis zur karolingischen Zeit, in: Vitae et veritati. FS K. ADAM, Düsseldorf 1956, 44-56
-, Die metaphysisch-psychologische Lehre über den Heiligen Geist im Monologion Anselms von Canterbury, in: H. KOHLENBERGER (Hg.), Sola ratione. Anselm-Studien für F.S. SCHMITT, Stuttgart - Bad Cannstatt 1970, 189-219
-, Die theologiegeschichtliche Tragweite der Trinitätslehre des Anselm von Canterbury, in: H. KOHLENBERGER (Hg.), Analecta Anselmiana, Bd. IV/1, Frankfurt 1975, 29-45
-, Die Trinitätslehre des Theodulf von Orléans auf dem Wege zwischen Augustinus und Anselm von Canterbury, in: H. KOHLENBERGER (Hg.), Analecta Anselmiana, Bd. V, Frankfurt 1976, 221-243
SCHMID, K., Aachen und Jerusalem. Ein Beitrag zur historischen Personenforschung in der Karolingerzeit (1974), in: DERS., Gebetsgedenken und adliges Selbstverständnis im Mittelalter, Sigmaringen 1983, 106-126
SCHMIDT, J., Prolegomenen, in: DERS. (Hg.), Des Basilius von Achrida, Erzbischofs von Thessalonich, bisher unedierte Dialoge. Ein Beitrag zur Geschichte des griechischen Schismas (= VKHSM 7), München 1901, 1-33
SCHMIDT, M.A., Dogma und Lehre im Abendland. Die Zeit der Scholastik, in: ANDRESEN/RITTER 1982 = 1999, 567-754
-, Anselm von Canterbury, in: M. GRESCHAT (Hg.), Gestalten der Kirchengeschichte, Bd. 3: Mittelalter I, Stuttgart et al. 1983, 123-147
SCHMITT, F.S., Prolegomena seu ratio editionis, in: DERS. (Hg.), S. Anselmi Cantuariensis Archiepiscopi Opera Omnia, Bd. I, Stuttgart - Bad Cannstatt 1968 (1984²), 1*-244*
-, Die wissenschaftliche Methode bei Anselm von Canterbury und Thomas von Aquin, in: H. KOHLENBERGER (Hg.), Analecta Anselmiana, Bd. IV/2, Frankfurt 1975, 33-38
SCHMITT, J.C., L'Occident, Nicée II et les images du VIIIe au XIIIe siècle, in: BOESPFLUG/LOSSKY 1987, 271-301
SCHNITH, K., Studien zu den Konzilien Anselms von Canterbury, in: AHC 18 (1986), 75-90

[VON] SCHÖNBORN, C., Immanente und ökonomische Trinität. Zur Frage des Funktionsverlustes der Trinitätslehre in der östlichen und westlichen Theologie, in: FZPhTh 27 (1980), 247-264

SCHREIBER, G., Anselm von Havelberg und die Ostkirche, in: ZKG 60 (1941), 354-411

SCHREINER, P., Der byzantinische Bilderstreit: Kritische Analyse der zeitgenössischen Meinungen und das Urteil der Nachwelt bis heute, in: Bisanzio, Roma e l'Italia nell' Alto Medioevo (= SSCI 34), Spoleto 1988, 319-407

-, Byzanz und der Westen. Die gegenseitige Betrachtungsweise in der Literatur des 12. Jahrhunderts, in: A. HAVERKAMP (Hg.), Friedrich Barbarossa. Handlungsspielräume und Wirkungsweisen des staufischen Kaisers (= VKAMAG 40), Sigmaringen 1992, 551-580

-, Byzanz (= OGG 22), München 1994²

SCHRIMPF, G., Bausteine für einen historischen Begriff der scholastischen Philosophie, in: J.P. BECKMANN ET AL. (Hg.), Philosophie im Mittelalter. Entwicklungslinien und Paradigmen, Hamburg 1987 (1996²), 1-25

VON SCHUBERT, H., Geschichte der christlichen Kirche im Frühmittelalter, Tübingen 1921

SCHÜTZ, C., Einführung in die Pneumatologie, Darmstadt 1985

SCHULTZE, B. Die Pneumatologie des Symbols von Konstantinopel als abschließende Formulierung der griechischen Theologie, in: OCP 47 (1981), 5-54

-, Das Glaubensbekenntnis ohne Filioque?, in: OS 33 (1984), 105-120

-, Das Filioque in der Patristik nach V. Rodzianko, in: OS 34 (1985), 300-315

-, Das Filioque bei Epiphanius v. Zypern (im Ancoratus), in: OS 35 (1986), 105-134

SCHULZ, H.J., Die Ausformung der Orthodoxie im byzantinischen Reich, in: W. NYSSEN ET AL. (Hgg.), Handbuch der Ostkirchenkunde, Bd. I, Düsseldorf 1984, 49-132

-, Bekenntnis statt Dogma. Kriterien der Verbindlichkeit kirchlicher Lehre (= QD 163), Freiburg u. a. 1996

-, Wissenschaftlicher Ertrag, in: STIRNEMANN/WILFLINGER 1998, 15-22 (= 1998a)

-, Könnte das römische Dokument über den Ausgang des Heiligen Geistes zum Anlaß einer allgemeinen ökumenischen Klärung werden?, in: STIRNEMANN/WILF-LINGER 1998, 42-52 (= 1998b)

SCHULZ, W., Der Einfluß Augustins in der Theologie und Christologie des VIII. und IX. Jahrhunderts, Halle 1913

SCHWARTZ, E., Das Nicaenum und das Constantinopolitanum auf der Synode von Chalkedon, in: ZNW 25 (1926), 38-88

-, Über die Sammlung des Cod. Veronensis LX, in: ZNW 35 (1936), 1-23

SCHWÖBEL, H., Synode und König im Westgotenreich. Grundlagen und Formen ihrer Beziehung (= Dissertationen zur mittelalterlichen Geschichte 1), Köln - Wien 1982

SEEBERG, R., Lehrbuch der Dogmengeschichte II: Die Dogmenbildung in der Alten Kirche, Leipzig 1923³ (= Darmstadt 1965⁶); Bd. III: Die Dogmengeschichte des Mittelalters, Leipzig 1930⁴ (= Darmstadt 1974⁵)

SERVATIUS, C., Paschalis II. (1099-1118). Studien zu seiner Person und seiner Politik (= PuP 14), Stuttgart 1979

SIEBEN, H.J., Das zweite Nicaenum und die Probleme der Rezeption, in: DERS., Die Konzilsidee der Alten Kirche (= KonGe.U [1]), Paderborn et al. 1979, 306-343

-, Die Konzilsidee des lateinischen Mittelalters (847-1378) (= KonGe.U [2]), Paderborn et al. 1984

-, Konzilsrezeption im Rahmen des altkirchlichen Traditionsverständnisses, in: DERS., Vom Apostelkonzil zum I. Vatikanum. Studien zur Geschichte der Konzilsidee (= KonGe.U [4]), Paderborn 1996, 63-93
-, Von angeblichen oder wirklich gefälschten, von erfundenen und vorfabrizierten Konzilien, in: ThPh 74 (1999), 17-47
SIMONIS, W., Trinität und Vernunft. Untersuchungen zur Möglichkeit einer rationalen Trinitätslehre bei Anselm, Abaelard, den Viktorinern, A. Günther und J. Frohschammer (= FThSt 12), Frankfurt 1972
SLENCZKA, R., Das Ökumenische Konzil von Konstantinopel und seine ökumenische Geltung heute, in: US 36 (1981), 198-209
-, Das Filioque in der neueren ökumenischen Diskussion, in: LEHMANN/PANNENBERG 1982, 80-99
SLIPYI, J., Die Trinitätslehre des byzantinischen Patriarchen Photios (I-III), in: ZKTh 44 (1920), 538-562; 45 (1921), 66-95; 370-404
SMITH, M.H. III, And Taking Bread... Cerularius and the Azyme Controversy of 1054 (= ThH 47), Paris 1978
SOMERVILLE, R., The Councils of Urban II., Bd. I: Decreta Claromontensia (= AHC. Suppl. 1), Amsterdam 1972
-, Pope Urban II, the *Collectio Britannica*, and the Council of Melfi (1089), Oxford 1996
SOUTHERN, R.W., St. Anselm. A Portrait in a Landscape, Cambridge 1990
SPECK, P., Die Interpolationen in den Akten des Konzils von 787 und die Libri Carolini (= Poikila Byzantina 16), Bonn 1998
-, Die griechischen Quellen zur Bekehrung der Bulgaren und die zwei ersten Briefe des Photius, in: ΠΟΛΥΠΛΕΥΡΟΣ ΝΟΥΣ. Miscellanea für P. SCHREINER zum 60. Geburtstag, hg. von C. SCHOLZ/G. MAKRIS (= ByA 19), München - Leipzig 2000, 342-359
STAATS, R., Das Nicaeno-Constantinopolitanum als Fundament für die Einheit der Kirchen? Protestantische Gedanken zum Jubiläumsjahr 1981, in: MdKI 32 (1981), 109-115
-, Das Glaubensbekenntnis von Nizäa-Konstantinopel. Historische und theologische Grundlagen, Darmstadt 1996
-, Heinrich der Löwe und Byzanz (= Quellen und Beiträge zur Geschichte der Ev.-luth. Landeskirche in Braunschweig 5), Wolfenbüttel 1998
STALDER, K., Das „Filioque" in den altkatholischen Kirchen, die Hauptphasen der theologischen Reflexion und der kirchlichen Stellungnahmen, in: VISCHER 1981, 89-99
STANILOAE, D., Der Ausgang des Heiligen Geistes vom Vater und seine Beziehung zum Sohn als Grundlage unserer Vergöttlichung und Kindschaft, in: VISCHER 1981, 153-163
-, Orthodoxe Dogmatik, Bd. I (= ÖTh 12), Zürich - Gütersloh 1985
VON DEN STEINEN, W., Karl der Große und die Libri Carolini. Die tironischen Randnoten zum Codex authenticus, in: NA 49 (1932), 207-280
STÉPHANOU, P., Deux conciles, deux ecclésiologies? Les conciles de Constantinople en 869 et 879, in: OCP 39 (1973), 363-407
-, Art. „Photius, patriarche de Constantinople", in: DSp XII/1 (1984), 1397-1408
STIERNON, D., Basile de Reggio, le dernière metropolite grec de Calabre, in: RSCI 18 (1964), 189-222
-, Autour de Constantinople IV (869-870), in: REByz 25 (1967), 155-188
-, Konstantinopel IV (= GÖK 5), Mainz 1975
-, Interprétation, résistances et oppositions en Orient, in: M. MACCARRONE (Hg.), Il primato del vescovo di Roma nel primo millennio (= Pontificio Comitato di Scienze Storiche. Atti e Documenti 4), Città del Vaticano 1991, 661-705

STIRNEMANN, A./WILFLINGER, G. (Hgg.), Vom Heiligen Geist. Der gemeinsame trinitarische Glaube und das Problem des Filioque (= PRO ORIENTE 21), Innsbruck - Wien 1998

STRATOUDAKI WHITE, D., Patriarch Photios of Constantinople. His Life, Scholarly Contributions, and Correspondence Together with a Translation of 52 of His Letters, Brookline/MA 1981

-, Patriarch Photius and the Conclusion of Iconoclasm, in: GOTR 44 (1999), 341-355

STROHEKER, K.F., Leowigild (1939), in: DERS., Germanentum und Spätantike, hg. von O. GIGON, Zürich - Stuttgart 1965, 134-191

-, Das spanische Westgotenreich und Byzanz (1963), in: aaO., 207-245

STUDER, B., Augustin et la foi de Nicée, in: RechAug 19 (1984), 133-154

-, Anstöße zu einer neuen Trinitätslehre bei Augustinus von Hippo, in: TThZ 108 (1999), 123-138

STYLIANOPOULOS, T., Sohn und Geist: Orthodoxe Stellungnahme, in: Conc (D) 15 (1979), 510-514

-, An Ecumenical Solution to the *Filioque* Question?, in: JES 28 (1991), 260-280

SUTHERLAND, J.N., The Mission to Constantinople in 968 and Liudprand of Cremona, in: Tr. 31 (1975), 55-81

SUTTNER, E.C., Das nizäno-konstantinopeler Glaubensbekenntnis und unser Dialog mit der orthodoxen Kirche, in: ThPQ 129 (1981), 317-327

-, Ist das „Filioque" noch kirchentrennend?, in: ThPQ 137 (1989), 248-258

SWETE, H.B., On the History of the Doctrine of the Procession of the Holy Spirit. From the Apostolic Age to the Death of Charlemagne, Cambridge 1876

TELLENBACH, G., Die westliche Kirche vom 10. bis zum frühen 12. Jahrhundert (= KiG 2/F1), Göttingen 1988

THEIS, R., Die Vernunft innerhalb der Grenzen des Glaubens. Aspekte der anselmischen Methodologie in werkgenetischer Perspektive, in: ThPh 72 (1997), 161-187

THOMPSON, E.A., The Conversion of the Visigoths to Catholicism, in: NMS 4 (1960), 4-35

THÜMMEL, H.G., Bilderlehre und Bilderstreit. Arbeiten zur Auseinandersetzung über die Ikone und ihre Begründung vornehmlich im 8. und 9. Jahrhundert (= ÖC 40), Würzburg 1991

-, Die fränkische Reaktion auf das 2. Nicaenum 787 in den „Libri Carolini", in: BERNDT 1997a, 965-980

TINNEFELD, F., Michael I. Kerullarios: Patriarch von Konstantinopel (1043-1058). Kritische Überlegungen zu einer Biographie, in: JÖB 39 (1989), 95-127

TREADGOLD, W., Photius before his Patriarchate, in: JEH 53 (2002), 1-17

TUILIER, A., Le titre de Patriarche oecuménique à l'époque de Michel Cérulaire et le schisme entre les Eglises, in: Studia Patristica, Bd. XI, hg. von F.L. CROSS (= TU 108), Berlin 1972, 247-258

ULLMANN, W., Das Filioque als Problem ökumenischer Theologie, in: KuD 16 (1970), 58-76

ULRICH, J., Die Anfänge der abendländischen Rezeption des Nizänums (= PTS 39), Berlin - New York 1994

UTHEMANN, K.H., Ein griechisches Florileg zur Verteidigung des Filioque aus dem 7. Jahrhundert? Eine Bemerkung zum Parisinus graecus 1115, in: ByZ 92 (1999), 502-511

VAGGAGINI, C., La hantise des rationes necessariae de saint Anselme dans la théologie des processions trinitaires de saint Thomas, in: Spicilegium Beccense, Bd. I: Congrès international du IXe centenaire de l'arrivée d'Anselme au Bec, Paris 1959, 103-139

VANNIER, M.A., La clarification de la „Filioque", in: RevSR 75 (2001), 97-112

VAUCHEZ, A. (Hg.), Geschichte des Christentums, Bd. 5: Machtfülle des Papsttums (1054-1274), dt. Freiburg et al. 1995

VAUGHN, S.N., St Anselm of Canterbury: The Philosopher-Saint as Politician, in: Journal of Medieval History 1 (1975), 279-305

-, St Anselm and the English Investiture Controversy reconsidered, in: Journal of Medieval History 6 (1980), 61-86

VEREINIGTE EVANGELISCH-LUTHERISCHE KIRCHE DEUTSCHLANDS, Stellungnahme der Kirchenleitung der VELKD zu einigen Fragen des Wortlautes des Nicaeno-Constantinopolitanum, in: ÖR 47 (1998), 265-268

VINZENT, M., Die Entstehung des römischen Glaubensbekenntnisses, in: W. KINZIG/C. MARKSCHIES/M. VINZENT, Tauffragen und Bekenntnis. Studien zur sogenannten „Traditio apostolica", zu den „Interrogationes de fide" und zum „Römischen Glaubensbekenntnis" (= AKG 74), Berlin - New York 1999, 185-409

VISCHER, L. (Hg.), Geist Gottes - Geist Christi. Ökumenische Überlegungen zur Filioque-Kontroverse (= ÖR.B 39), Frankfurt 1981

VOGT, H.J., Das Verbot einer „hetera pistis" auf dem Konzil von Ephesus 431, in: AHC 22 (1990), 234-241

VOLLRATH, H., Die Synoden Englands bis 1066 (= KonGe.A [5]), Paderborn et al. 1985

VORSTER, H., Die römische Klarstellung zum Filioque und ihr ökumenischer Kontext, in: ÖR 46 (1997), 80-87

DE VRIES, W., Die Struktur der Kirche gemäß dem II. Konzil von Nicäa (787), in: OCP 33 (1967), 47-71

-, Die Struktur der Kirche gemäß dem IV. Konzil von Konstantinopel (869/70), in: AHP 6 (1968), 7-42

WALCH, J.G., Historia controversiae Graecorum Latinorumque de processione Spiritus sancti, Jena 1751

WALLACE-HADRILL, J.M., The Frankish Church, Oxford 1983

WALLRAFF, M., Christus Verus Sol. Sonnenverehrung und Christentum in der Spätantike (= JbAC.E 32), Münster 2001

WATTENBACH, W./LÖWE, H., Deutschlands Geschichtsquellen im Mittelalter. Vorzeit und Karolinger, Bd. V: Die Karolinger vom Vertrag von Verdun bis zum Herrschaftsantritt der Herrscher aus dem sächsischen Hause. Das westfränkische Reich, Weimar 1973; Bd. VI: Das ostfränkische Reich, Weimar 1990

WEITMANN, P., Sukzession und Gegenwart. Zu theoretischen Äußerungen über bildende Künste und Musik von Basileios bis Hrabanus Maurus, Wiesbaden 1997

WELKER, M., Gottes Geist. Theologie des Heiligen Geistes, Neukirchen-Vluyn 1992

WENDEBOURG, D., Geist oder Energie. Zur Frage der innergöttlichen Verankerung des christlichen Lebens in der byzantinischen Theologie (= MMHST 4), München 1980

WESSEL, K., Dogma und Lehre in der Orthodoxen Kirche von Byzanz, in: ANDRESEN/RITTER 1982 = 1999, 284-405

WESTRA, L.H., A never tested hypothesis: regional variants of the Apostles' Creed, in: Bijdr. 56 (1995), 369-386; 57 (1996), 62-82

-, The Apostles' Creed. Origin, History, and Some Early Commentaries, Diss. theol. Utrecht 2002

WILES, M., Archetypal Heresy. Arianism through the Centuries, Oxford 1996
WILLJUNG, H. Einleitung, in: DERS. (Hg.), Das Konzil von Aachen 809 (= MGH.Conc. II/Suppl. II), Hannover 1998, 1-232
WINKELMANN, F., Die Kirchen im Zeitalter der Kreuzzüge (11.-13. Jahrhundert [= KGiE I/10]), Leipzig 1998²
WINOGRADOW, W., Die Hauptursache des endgültigen Bruches zwischen der West- und Ostkirche in orthodoxer Schau, in: IKZ 45 (1955), 229-249
WOLTER, H., Die Synoden im Reichsgebiet und in Reichsitalien von 916 bis 1056 (= KonGe.A [8]), Paderborn et al. 1988
WYRWA, D., Drei Etappen der Rezeptionsgeschichte des Konzils von Chalkedon im Westen, in: J. VAN OORT/J. ROLDANUS (Hgg.), Chalkedon: Geschichte und Aktualität. Studien zur Rezeption der christologischen Formel von Chalkedon, Leuven 1997, 147-189

ZACHHUBER, J., The Antiochene Synod of AD 363 and the Beginnings of Neo-Nicenism, in: ZAC 4 (2000), 81-101
ZIMMERMANN, H., Die Päpste des „dunklen Jahrhunderts", in: M. GRESCHAT (Hg.), Gestalten der Kirchengeschichte, Bd. 11: Das Papsttum I, Stuttgart et al. 1984, 129-139
ZIZIOULAS, J., The Doctrine of the Holy Trinity: The Significance of the Cappadocian Contribution, in: Trinitarian Theology Today. Essays on Divine Being and Act, hg. von C. SCHWÖBEL, Edinburgh 1995, 44-60
-, Das Dokument über die griechische und lateinische Überlieferung über den Ausgang des Heiligen Geistes aus griechisch-orthodoxer Sicht, in: STIRNEMANN/WILFLINGER 1998, 141-149

Register

1. Bibelstellen

Genesis

1,2	291
2,7	96; 384
9,22f.	274
22,18	476

Numeri

11,25	387

1. Könige

18,26	397

2. Könige

2,9	93

Hiob

1,8	98
33,4	118
37,2	158

Psalmen (LXX)

8,7f.	99
32,6	118; 154; 158; 215; 472
50,14	523
65,10	386
84,9	118
109,3	214
113,11	476

Sprüche Salomos

6,20	534
18,13	221

Kohelet

1,9	118

Hohelied

1,6	339

Jesaja

6,3	294f.
7,9	442f.
11,3	214
11,4	158; 472
48,12-16	223
48,16	291; 472
53,8	65

Jeremia

1,10	245; 250
2,13	386

Joel

2,28-30	158

Sacharja

7,11f.	118

Weisheit Salomos

7,25-27	364

Matthäus

1,18	118
1,20	118

3,16 139
10,14 353
10,20 .... 116; 371
11,27 473
13,33 .... 331; 347f.
16,16 326
16,18 .... 338; 505
16,19 250
17,5 97
21,13 200
28,19 .... 118; 130; 381

Lukas

1,2 499
1,42 476
6,19 371
8,46 371
22,32 335
24,49 151

Johannes

1,1 65
1,9 53
1,16 .... 386f.
1,18 381
1,32 .... 385; 517
3,32-34 499
3,34 .... 93; 387
4,24 .... 118; 384
7,16 .... 361; 365
8,12 53
8,42 551
10,30 .... 365; 371; 383; 474
14,6 130
14,9 296
14,10 65
14,26 .... 99; 118; 154; 223; 371; 471
15,26 .... 12; 64; 111; 117; 119; 130;
        151; 154; 158; 194; 271f.; 279; 295;
        297; 300; 306; 365; 371; 376; 381;
        387; 390; 397; 471; 473; 499; 513;
        517; 528; 549; 551
16,7 .... 151; 287
16,12-15 151
16,13 474
16,13f. 473
16,14 .... 158; 272f.; 278f.; 282; 371
16,14f. 361; 384

16,15 513
17,3 471
18,36 236
20,21-23 .... 150f.
20,22 .... 64; 111; 117; 133; 212; 214;
        361; 365; 384f.; 472f.; 500; 508; 517;
        524; 551
21,17 254

Apostelgeschichte

1,4f. 151
2,3 139
2,4 .... 151; 524
2,32f. 158
2,37f. 130
5,3f. 118
10,19f. 118
13,2 118
15,1-29 312
18,18 274
21,21-24 274

Römer

2,2 179
4,15 179
8,9 .... 64; 116; 150; 158; 385
8,11 64
8,32 97
10,4 341
10,10 120
12,3 101

1. Korinther

3,2 274
6,19f. 118
9,20 506
10,4 386
11,24 435
12,4-6 118
12,13 386

2. Korinther

1,21f. 158
3,17 118
12,2 95

Galater

4,6 ...... 150; 158; 271; 278; 282f.; 287; 385
6,1 506

Epheser

4,15f. 337

Philipper

2,6 513

1. Thessalonicher

4,7f. 158

2. Thessalonicher

2,8 .... 158; 215

2. Timotheus

2,17 505

Titus

3,4-6 158

1. Petrus

1,9-11 158

1. Johannes

2,1 .... 99; 126
3,2 93
4,13 158
5,7 224
5,7f. 348

Jakobus

1,17 385

Hebräer

10,15f. 118

Offenbarung

5,6 214
22,1 146

2. Quellen

a) Schriftsteller der Antike und des Mittelalters

Abaelard

ep. 14 ad Gaufredum 455
expositio symboli 164
intr. II 14 164
intr. II 15 .... 526f.
Sic et Non IV .... 163f.
theol. christ. IV 83 526
theol. christ. IV 87f. 526
theol. christ. IV 122 164
theol. christ. IV 126 522
theol. christ. IV 127-130 527
theol. christ. IV 135 526
theol. christ. IV 136 524
theologia scholarium I 21-44 526
theol. summi boni I 1-11; III 52f. 526

Adalwin von Regensburg

test. passim .... 159f.
test. 28 146

Adam von Bremen

gest. Hammab. III 31 328

Ado von Vienne

chron. a. 306 222
chron. a. 767 78
chron. a. 809 146

Aeneas von Paris

adv. Graec. praefatio	222f.
adv. Graec. 1	222; 225
adv. Graec. 2f.	224
adv. Graec. 6	224
adv. Graec. 10	224f.
adv. Graec. 13	225
adv. Graec. 19	225
adv. Graec. 40	361
adv. Graec. 44	361
adv. Graec. 68	364
adv. Graec. 75	223
adv. Graec. 79	226
adv. Graec. 88	140; 225
adv. Graec. 89	225
adv. Graec. 93	224f.
adv. Graec. 94	364
adv. Graec. 190	222
adv. Graec. 193f.	222

Agapet von Rom

RPR(J) 897	336

Alkuin

ad Fred. II	225
ad Fred. X	140
ad Fred. XXV	128
adv. Elip. I 16	94
adv. Eip. III 6	128
adv. Elip. IV 14	128
adv. Felic. praef.	97
adv. Felic., ep. ad Felicem 3	128
adv. Felic. I 9	128; 131
adv. Felic. I 13	132
adv. Felic. I 16f.	128
adv. Felic. III 7	132
adv. Felic. VI 6	132
ep. an Beatus von Liébana (ms.)	128
ep. 137	128
ep. 139	103
ep. 199	105
ep. 203	97
ep. 207	105
fid. trin., ep. nunc. (= ep. 257)	134
fid. trin. I 3	136
fid. trin. I 4	136
fid. trin. I 5	136f.; 226; 366
fid. trin. I 9	135
fid. trin. I 11	137; 366
fid. trin. I 12	135
fid. trin. I 14	137
fid. trin. I 15	135
fid. trin. II 3	135
fid. trin. II 9	137
fid. trin. II 11	96; 138
fid. trin. II 13	135
fid. trin. II 18	135
fid. trin. II 19	137f.; 360; 366; 383; 476
fid. trin. II 20	136; 139
fid. trin. III 4	135
fid. trin. III 5	139
fid. trin. III 8	139
fid. trin. III 10	135
fid. trin. III 18	135
fid. trin., invocatio ad s. Trinitatem	135
fid. trin., confessio fidei	135; 140f.; 145f.; 225; 364
grammatica	456
vita Alcuini X	105f.

Amalarius von Metz

liber officialis I 4,4f.	209

Ambrosiaster

quaest. test. 106,9; 113,5; 125,22	524

Ambrosius von Mailand

incarn. VIII 87	93
incarn. IX 104	93
spir. I 3,44	217
spir. I 11,119	372; 477
spir. I 11,119-121	150; 223
spir. I 11,120	65; 218; 372
spir. I 15,152	477
spir. II 12,134	217
spir. III 1,6	372
spir. III 1,7-8	223
spir. III 2,10	154
spir. III 7,44	215; 473
spir. III 20,153	146

Anastasius II. von Rom

RPR(J) 744	186

Ps.-Anastasios von Antiochien

explicatio fidei orthodoxae 475

Anastasius Bibliothecarius

ep. 5 .. 198-201; 228f.; 234; 239f.; 243; 306
ep. 6 .... 195; 234
ep. 9 .... 80; 195; 365

Anna Komnene

Alex. I 12,2 401
Alex. III 10,1f. 402
Alex. IV 2,2 403
Alex. VI 5,11 403
Alex. VIII 5,1 419
Alex. XIV 8,9 514

Annales Barenses cont. Lupus Protospatharius

a. 1042 323
a. 1099 428

Annales Bertiani

a. 866 184
a. 867 204
a. 869 .... 239; 306
a. 872 .... 234; 240

Annales qui dicuntur Einhardi

a. 767 77
a. 792 94
a. 794 .... 88; 91

Annales regni Francorum

a. 767 77
a. 794 88
a. 807 141
a. 809 146
a. 812 141

Annales Fuldenses

a. 866 184
a. 867 184
a. 868 204

Annales Quedlinburgenses

a. 1014 313

Annalen von York

a. 792 87

Annalista Saxo

a. 1014 314
a. 1051 .... 330; 332; 356
a. 1096 419

Anonyma

expositio fidei (CPL³ 190) 67
expositio fidei (CPL³ 1752) 67; 137; 159; 372
fides catholica (CPL³ 1752a) .... 131f.

Anonymi Vaticani Historia Sicula

RIS VIII, 753B 400
RIS VIII, 768B 402

Anonymus Barensis

chron. a. 1052 324
chron. a. 1053 342
chron. a. 1099 428

Anonymus Mellicensis

de scriptoribus ecclesiasticis 86 367

Anselm von Canterbury

c.d.h. commend. operis 430; 443; 445
c.d.h. praefatio 422; 429
c.d.h. I 1 443
c.d.h. I 18 446
c.d.h. I 20 440
c.d.h. I 25 443
c.d.h. II 1 441
c.d.h. II 11 440
c.d.h. II 13 443
c.d.h. II 15 443
c.d.h. II 16 446
c.d.h. II 17 439
c.d.h. II 18 447
c.d.h. II 22 .... 440f.

cur deus magis (ed. MEWS) 460
conc. III 6 443-445
ep. 72 440
ep. 77 440
ep. 83 453
ep. 125 429
ep. 128 .... 455; 475
ep. 136 .... 445f.; 454
ep. 156 424
ep. 176 425
ep. 191 425
ep. 204 .... 429; 462
ep. 206 427
ep. 207 463
ep. 210 .... 428; 432
ep. 214 425
ep. 223 425
ep. 239 463
ep. 240 463
gramm. 10 457
gramm. 21 444
incarn. 1 .... 424; 441-444; 454f.; 458
incarn. 2 ...... 441; 443f.; 454f.; 458f.; 465; 467
incarn. 3 .... 444; 458f.
incarn. 4 .... 442; 455; 458
incarn. 6 444
incarn. 7 459
incarn. 9 .... 457; 459
incarn. 10 .... 459; 475
incarn. 11 460
incarn. 12 459
incarn. 13 .... 461; 475
incarn. 15 .... 461f.; 491
incarn. 16 .... 444; 460-462; 488
incarn. prior 2 .. .. 454; 457
incarn. prior. 4 .... 443; 446; 457f.
incarn. prior. 7 458
monol. prol. 422; 440; 444; 447; 453
monol. 1 .... 440; 445
monol. 3 447
monol. 10 448
monol. 12 448
monol. 17 473
monol. 22 444
monol. 27 .... 447f.
monol. 29 448
monol. 32 448
monol. 33 448
monol. 38 .... 448f.

monol. 39 449
monol. 43 449
monol. 44 .... 449f.
monol. 45 450
monol. 49 450
monol. 50 450
monol. 53 450
monol. 54 450
monol. 56 475
monol. 57 .... 451; 465
monol. 59 452
monol. 60 452
monol. 61 451
monol. 64 .... 443; 447
monol. 65 441
monol. 67 .... 441; 453
monol. 79 .... monol.
monol. 80 448
proc. 1 .... 464-469; 484f.; 487-489
proc. 2 .... 430; 466; 469f.; 479; 507
proc. 3 471
proc. 4 .... 471-473; 507
proc. 5 .... 472; 508; 525
proc. 6 473
proc. 7 .... 473f.
proc. 8 .... 474f.; 508
proc. 9 .... 463; 475-478; 508
proc. 10 .... 478; 508; 523
proc. 11 .... 479; 486; 507f.
proc. 12 .... 479f.; 486
proc. 13 .... 480-482; 508
proc. 14 .... 444; 482-485; 493
proc. 15 489
proc. 16 .... 454; 460; 489-491; 494
prosl. prooem. 422; 444
prosl. 1 441-443
prosl. 2 441
prosl. 4 441
prosl. 9 443
prosl. 18 458
prosl. 23 453
sacr. 1 487
sacr. 2 487
sacr. 3 487
sacr. 5 487
sacr. 7 445
sacram. eccl. 1 487
ver. 11f. 424

Ps.-Anselm von Canterbury

ep. IV 107 439
Ms. Brit. Mus. Royal. 8 D VIII 475

Anselm von Havelberg

dial. prol. 519
dial. I 1 .... 520; 522
dial. I 2 521
dial. I 4 521
dial. I 6 521
dial. I 9 520
dial. I 11 .... 527f.
dial. II prooem. 522
dial. II 1 521
dial. II 3 523
dial. II 4 523
dial. II 7 .... 523f.
dial. II 8 523
dial. II 10 .... 523f.
dial. II 15 524
dial. II 16 525
dial. II 17 523
dial. II 18 525
dial. II 19 .... 522f.; 525
dial. II 20 522
dial. II 21 527
dial. II 22 .... 522; 530
dial. II 24 .... 525; 527; 530
dial. II 25 .... 525f.
dial. II 26 .... 526; 528
dial. II 27 .... 520; 527
dial. III 5 519
dial. III 6 .... 312; 520
dial. III 7 519
dial. III 22 520

Anselmus monachus

hist. dedicationis S. Remigii 325

Aristoteles

categ. c. 5; 2a11-19 292
categ. c. 5; 2a11-3a6 386
categ. c. 5; 2b5f. 437
categ. c. 7; 6a36-8b24 467
de interpr. c. 9; 18b5-7; 19a23f. 439
de interpr. c. 13; 23a21-26 439

Arn von Salzburg

test., ep. nuncupatoria .... 146f.
test. 10 361
test. 16 271
test. 20 276
test. 27 148
test. 29 148
test. 30 .... 148; 151
test. 38 216
test. 49 150
test. 66 114

Arnobius iunior

confl. II 7f. 475

Arnold von Lübeck

chronica Slavorum I 5 .... 528f.

Athanasius von Alexandrien

ep. Serap. I 19 475
ep. Serap. I 20 155
ep. Serap. III 1 296
tom. ad Ant. 5,4 58
tom. ad Ant. 6,2 58
tom. ad Ant. 11,2 59

Ps.-Athanasius

ep. Jov. (CPG 3665) 99
trin. IX 3 66
trin. XI 18 373
trin. XI 18f.22f. 223
trin. XI 74 225
trin. XII 61f. 220
trin. XII 150f. 216; 220; 223
trin. XII 158 153
virg. 1 111

Augustin von Hippo

c. Faust. III 3 131
c. Maxim. I 5 61
c. Maxim. I 10 61
c. Maxim. II 5 65
c. Maxim. II 7 61
c. Maxim. II 10 .... 59; 493
c. Maxim. II 14,1 .... 64f.; 122; 155; 157; 215; 223; 371-374; 466; 483

c. Maxim. II 14,2 61
c. Maxim. II 14,3 121
c. Maxim. II 14,4 61
c. Maxim. II 17,4 223
c. Maxim. II 23,7 62
c. serm. Arian. 4 104
civ. XI 9,10 62
civ. XI 10 .... 467; 489
civ. XI 24 465
civ. XII 2 59
civ. XIII 24 .... 155f.; 473
coll. c. Maxim. 2 60
coll. c. Maxim. 7 61
coll. c. Maxim. 8 61
coll. c. Maxim. 11 61
coll. c. Maxim. 13 61
coll. c. Maxim. 14 .... 61; 63
coll. c. Maxim. 15 61
coll. c. Maxim. 20 61
coll. c. Maxim. 22f. 61
cons. euang. II 3,6 131
divers. quaest. 81 209
doctr. christ. I 5,5 61
doctr. christ. II 7,9-11 214
enchir. III 9 483
enchir. X 35 93
enchir. XI 36 96
enchir. XII 38 .... 104; 483
ep. 36,1,2-14,32 209
ep. 55,15,28 209
ep. 170,4 451
in euang. Joh. II 13 99
in euang. Joh. VII 4 99
in euang. Joh. XIV 11 99
in euang. Joh. XVII 6 61
in euang. Joh. XX 3.7 104
in euang. Joh. XXI 11 104
in euang. Joh. XXIX 8 93
in euang. Joh. XXXIX 1.2.4 112
in euang. Joh. XCV 1 104
in euang. Joh. XCIX 6 .... 150; 155; 223
in euang. Joh. XCIX 7 .... 150; 155; 473
in euang. Joh. XCIX 8 ...... 159; 217; 223;
     361; 365; 471; 483; 523
in euang. Joh XCIX 9 .... 223; 526
in euang. Joh. CXXI 4 473
fid. symb. VIII 16 63
fid. symb. VIII 17 461
fid. symb. IX 19 .... 63; 361; 483
fid. symb. IX 20 122

gen. ad litt. I 6 112
gen. ad litt. X 5 473
gen. ad litt. imperf. 1 63
gest. Pelag. (Photius, bibl. cod. 54) ... 281
haer. 5 350
haer. 49 59
haer. 52 361
lib. arb. II 11,32 475
in psalm. LXVIII 1,5 136
retract. I 18 93
sermo 46,11 61
sermo 71,16,26 483
sermo 71,33 208
sermo 117,9 208
sermo 214,10 483
sermo 236,2 s. Pelagius, libellus fidei
soliloq. II 12,22 437
trin. I 2,4 60
trin. I 4,7 .... 60; 104; 155; 223
trin. I 6,9-10 208
trin. I 6,13 63
trin. I 12,25 217
trin. II 1,3 104
trin. II 3,5 63
trin. II 5,9 104
trin. II 5,10 139
trin. II 7,12 139
trin. II 7,13 59
trin. II 18,35 59
trin. IV 20,28f. 155; 361
trin. IV 20,29 ..... 150; 360; 365; 373; 471;
     473; 483
trin. V 2,3 135
trin. V 5,6 .... 62; 467
trin. V 8,9 135
trin. V 8,10-9,10 .... 59; 493
trin. V 10,11 135
trin. V 11,12 .... 62f.; 136
trin. V 13,14 115
trin. V 14,15 .... 115; 119; 466
trin. V 15,16 136
trin. VI 2,3 112
trin. VI 5,7 63
trin. VI 9,10 208
trin. VII 4,7 467
trin. VII 6,11 113
trin. VIII prooem. 1 .... 113; 489
trin. XIII 17,22 93
trin. XIV 8,11; 12,15 450
trin. XV 14,23 63

2. Quellen

trin. XV 17,29 ..... 156; 217; 223; 373: 483
trin. XV 18,32 208
trin. XV 19,37 63
trin. XV 20,38 62
trin. XV 23,43 .... 59; 216
trin. XV 26,45 .... 111; 117; 150; 223; 361; 491
trin. XV 26,47 .... 117; 151; 155; 217; 223; 360; 365; 373; 483; 526
trin. XV 27,48 .... 155f.; 159; 361; 365; 523; 526
trin. XV 27,49 122
ver. rel. 31,58 483

Ps.-Augustin

categ. 11 467
c. Felician. 7-8 132
coll. c. Pasc. 15 .... 155; 217; 223
dial. quaest. 2 116
dial. quaest. 22 524
symb. IX 9 475

Ps.-Avitus von Vienne

ep. ad Gundobaldum 55

Basilius I.

ep. ad Nicolaum papam 228-230

Basilius von Achrida

dial. 529-531
ep. ad Hadrianum papam .... 532f.

Basilius von Caesarea

ep. 114 29
ep. 214,4 503
ep. 226,3 296
hex. II 6 291
sermo asceticus 331
spir. XVII 27 296
spir. XVIII 45 82
spir. XVIII 47 .... 111; 531
spir. XXVII 66 285

Basilius von Reggio Calabria

ep. ad Nikolaum 402; 412-414

Beatus von Liébana/Heterius von Osma

adv. Elip. I 10 133
adv. Elip. I 23 123
adv. Elip. I 39 .... 52; 123
adv. Elip. I 40f. 92
adv. Elip. II 2.4 132

Beda Venerabilis

comm. in Boeth. trin. 439
h. e. IV 17 80
hom. II 16 365

Benzo von Alba

ad Heinricum IV. imp. II 12 407
ad Heinricum IV. imp. III 1.3 407
ad Heinricum IV. imp. VI 4 402

Berengar von Tours

c. Lanfr. I 436-438
c. Lanfr. II.III 435
ep. ad fratrem Lanfrancum 435
iuramentum Berengarii 436

Berno von Reichenau

off. miss. II .... 314f.

Bernold von Konstanz

chron. a. 1083 436
chron. a. 1084 402
chron. a. 1089 418
chron. a. 1091 419
chron. a. 1095 .... 419f.
micrologus de eccl. observ. 46 315
ver. corp. 439

Boethius

brevis fidei complexio 66
cons. II 5,24-26 443
c. Eut. 3 .... 59; 452
divin. 439
herm. I 439
trin. II 460
trin. IV 448
trin. V 150
trin. VI 489

Bonus von Cervia

vita Leonis IX 336

Calixt II. von Rom

RPR(J) 7045 404

Cassiodor

hist. 213
hist. IV 37f. 335
in psalm. 50,14 .... 157; 475

Chronicon Casinense

II 85 .... 330; 345
III 9 400

Chronicon Salernitanum

c. 103 362
c. 107 310

Chronicon minus auctore Minorita Erphordensi

a. 1028 321

Clemens von Alexandrien

bei Photius, bibl. cod. 109-111 284

Ps.-Clemens von Rom

bei Photius, bibl. cod. 112f. 284

Clemens III. von Rom (Wibert von Ravenna)

ep. ad Basilium .... 406; 412f.

Codex Carolinus

ep. 30 78
ep. 36 78
ep. 37 78
ep. 42 78

Codices Sangallenses (Caspari)

338 74
339/340 74

Commentarii in symb. Nicaenum

II 1 .... 371; 374; 526
II 3 .... 66; 526

Contra Francos

praefatio 398
c. 1 398

Damasus I. von Rom

„Confidimus quidem" 44; 246
„Ea gratia" 44
Tomus Damasi 45

Decretum Gelasianum

III 2 183
IV 1,1-5 45
V 1 121
V 8 86

Dicta Leonis episcopi

n. 14.28 133

Didymus von Alexandrien

spir. 110.114.116 154
spir. 159 .... 154; 527
spir. 170 154
spir. 186-190 223
trin. III 38 297

Dionysius von Alexandrien

bei Athan., decr. syn. Nic. 26,2-7 275
bei Athan., Dion. 18,2f. (frg. 4) 363

Ps.-Dionysius Areopagita

c. h. XV 2 475
d. n. I 1 517
d. n. I 4 290
d. n. II 7 517
e. h. I 4 239
myst. 5 290

Dominicus von Grado

ep. Petr. inc.; 1 393
ep. Petr. 3.4 393

Donatus

gramm. 456

Eadmer

h. n. I 423-426
h. n. II .... 426-431; 433; 463f.
v. Ans. praefatio 421
v. Ans. I 5 421
v. Ans. I 12 423
v. Ans. I 19 440
v. Ans. I 28 422
v. Ans. II 2 424
v. Ans. II 10 .... 428; 463
v. Ans. II 16 426
v. Ans. II 21 427
v. Ans. II 29 427
v. Ans. II 33 403
v. Ans. II 34 428
v. Ans. II 38 433

Elipandus von Toledo

ep. ad Migetium 5 123

Epiphanius von Salamis

haer. 77,21,2.7 59

Erchembert

hist. Langobardorum 52 .... 301f.

Eugenius von Toledo

sent. VII 209

Eulogius von Alexandrien

fr. trin. II 7 363
bei Photius, bibl. cod. 230 .... 265; 294

Euseb von Caesarea

h. e. III 39,13 275

Ps.-Euseb von Caesarea

Vita Silvestri (CPL³ 2235) 213

Euseb von Vercelli

trin. I 25.51f. 224
trin. II 22 .... 220; 223f.

IV 5.7-11 223-225
trin. VI 8-9 225
trin. VII 8f.11f. 220
trin. VII 31 .... 154f.; 220
trin. VIII 9 223
trin. VIII 9-15 220
libellus fidei synodi 220

Eustratios von Nizäa

disp. 512f.; 516
proc. I 514-518; 530
proc. II .... 514; 516f.
bei JOANNOU 1952, 366,7f. 514
bei JOANNOU 1952, 366,10f. 516
bei JOANNOU 1954, 34,20-23 514

Euthymius I. von Konstantinopel

bei DVORNIK 1948, 457,6-10.28-33 ... 262

Euthymius Zigabenos

panoplia dogmatica XIII 511
panoplia dogmatica XIII 12 318

Faustus von Reji

spir. I 13 217

Fides Athanasii

n. 1 371
n. 4 457
n. 5f. 124f.; 360
n. 16 .... 133; 371
n. 21-23 .... 69; 220; 451
n. 23 .... 143; 225; 527
n. 25f. 125
n. 31 67
n. 34-36 459
n. 38 481

Fides Damasi

DH 71f. 66

Flodoard von Reims

h. e. Rem. III 17 204
h. e. Rem. III 23 211

Florentius von Worcester

historia a. 1091 423
historia a. 1098 .... 428; 430

Fragmentum accusationis contra Graecos

accus. 4,2 368
accus. 5,1 368
accus. 5,2 368
accus. 5,3 369
accus. 5,5 369
accus. 5,9 369
accus. 5,10 369
accus. 5,12 .... 368f.
accus. 6,4 367
accus. 8,1 368
accus. 8,5 368
accus. 14,5 368

Fulgentius von Ruspe

ad Ferrand. (ep. XIV) 27-29 138
ad Ferrand. (ep. XIV) 28 ..... 67; 93; 137f.; 467; 472
ad Ferrand. (ep. XIV) 29 387
ad Monim. II 10,1 94
c. Arrian. V 2 67
c. Arrian. X 1.9 67
c. Fab. VII frg. 25,3-5 473
c. Fab. VII frg. 25,4 .... 67; 138; 156
c. Fab. VII frg. 27,7f. 156
c. Fab. VIII frg. 29,8 472
fid. I 4 .... 67; 155
fid. I 6 .... 67; 137; 155; 372; 466
fid. II 7 .... 67; 155; 490
fid. XI 54 155
trin. II 1-3 67

Gaufred Malaterra

gest. Rog. I 14 400
gest. Rog. II 45 404
gest. Rog. IV 7 403
gest. Rog. IV 13 414
gest. Rog. IV 29 406

Gaunilo von Marmoutiers

liber pro insipiente 8 442

Ps.-Gelasius von Kyzikos

h. e. II 21,23 388
h. e. II 21,31 388
h. e. II 22,12 388
h. e. II 23,1f. 388

Gelasius I. von Rom

de anath. vinculo (RPR[J] 700) 254

Gennadius von Marseille

dogm. 1 220
dogm. 2 97
vir. ill. 90 .... vir. ill. 90

Ps.-Gennadius von Marseille

confessio fidei (HAHN § 240) 67

Gregor von Elvira

fid. praef. 1 53

Gregor von Nazianz

ep. 101 99
or. 20,3 112
or. 21,35 503
or. 23,8 112
or. 23,12 498
or. 25,16 382
or. 29,2.10 382
or. 31,6 384
or. 31,8 382
or. 31,25f. 521
or. 31,31 475
or. 38,13 112
or. 39,12 112
or. 41,9-12 .... 220; 382
or. 41,9,2 216
or. 41,11,3f. 150

Gregor von Nyssa

Eun. I 278-280 296
tres dii (GNO III/1, 56,5-10) 296; 516

Gregor I. von Rom

dial. II 38,4 .... 143; 287; 515

dial. III 31,1.7 55
in euang. I 16 209
in euang. II 24,4 139
in euang. II 26,2 .... 65; 143; 151; 195;
    217; 223; 365
in euang. II 26,2-3 111
in euang. II 36,2 340
in Ezech. II 4,11 139
moral. ad Leandrum 95
moral. I 18,26 106
moral. II 23,42 .... 98; 106
moral. II 49,77 214
moral. XXVII 2,3 106
moral. XXVII 17,34 158
moral. XXXII 20,38 96
moral. XXXIII 10,18.20 139
reg. I 24 396
reg. I 41 333
reg. V 37 320
reg. V 39 336
reg. V 44 336
reg. VII 30 336
reg. IX 156 336
reg. XI 10 89
reg. XI 52 98
reg. XI 56a 314
symbolum fidei 66; 372

Gregor VII. von Rom

reg. I 18 408
reg. I 46 408
reg. I 49 408-410
reg. I 85a 401
reg. II 31 .... 409f.
reg. II 37 409
reg. II 49 409
reg. II 55a (dictatus papae 2) 336
reg. II 55a (dictatus papae 16) 183
reg. II 55a (dict. papae 19; 22f.; 26) ... 418
reg. IV 26 393
reg. VI 5b 402; 425
reg. VI 17a 436
reg. VIII 1a 402
reg. IX 25 404

Gregor von Tours

Franc. praef. 67
Franc. VI 18 55

Guitmund von Aversa

de corp. et sang. Christi veritate I 436

Hadrian I. von Rom

RPR(J) 2448 .... 169; 180; 252; 276
ep. 2 (RPR[J] 2483), praefatio .... 110f.
ep. 2, cap. I 107; 111
ep. 2, cap. II 90; 110; 112
ep. 2, cap. III 110; 113
ep. 2, cap. XLVIII 108; 172
ep. 2, cap. LI 55
ep. 2, cap. LX 110; 113
ep. 2, cap. Ia 89
ep. 2, cap. XIXa .... 113f.
ep. 2, cap. XXVa .... 89f.

Hadrian II. von Rom

ep. 3 (RPR[J] 2894) .... 227f.
ep. 37 (RPR[J] 2908) 228-230
ep. 38 (RPR[J] 2909) 228
ep. 39 (RPR[J] 2913) .... 233f.
ep. 40 (RPR[J] 2914) .... 189; 230; 232f.
ep. 41 (RPR[J] 2943) 234; 239; 242;
    244; 246
ep. 42 (RPR[J] 2944) 234; 244

Hadrian IV. von Rom

ep. ad Basilium Achridensem 532

Heito von Basel

expositio fidei 132; 159
proc. 1-14 159
proc. 2 157
proc. 11 271

Hieronymus

ep. 16 s. Pelagius, libellus fidei
ep. 17 s. Comm. in symb. Nicaenum
ep. 120,9,1-4 150

Hilarius von Poitiers

Coll. Antiar. Par. B II 10 .... 45; 53; 225
syn. 77 53
syn. 84 .... 45; 53
trin. I 34 112

trin. II 27 93
trin. II 29 65
trin. VI 23.45 97
trin. VIII 20 .... 150; 154
trin. VIII 28 97
trin. XII 21 112
trin. XII 54 524
trin. XII 55-57 524

Hildebert von Le Mans

tract. theol. IV 524

Hinkmar von Reims

de ord. pal. IV 13 .... 222f.
ep. 1 205
una deit. prol. 210

Hippolyt von Rom

bei Photius, bibl. cod. 121 284

Honorius Augustodunensis

de luminaribus ecclesiae IV 15 464

Hormisdas von Rom

coll. Avell. 116 (RPR[J] 774) 253
coll. Avell. 116b (RPR[J] 788) ... 235; 312
coll. Avell. 236,8f. (RPR[J] 857) .. 54; 156

Hrabanus Maurus

de institutione clericorum II 31 334
de institutione clericorum II 57 147

Hugo Etherianus

sanct. imm. II 9 526
sanct. imm. III 16 .... 533f.
sanct. imm. III 17 534
sanct. imm. III 21 287

Hugo von Flavigny

chron. a. 1024 321
chron. a. 1096 .... 426f.

Hugo von St. Viktor

summa sententiarum I 6 524

Humbert von Silva Candida

comm. I 346
comm. II 367
comm. III .... 337; 353; 355f.
contra Simonistas III 8 .... 337; 350
contrad. 1 349
contrad. 2 331
contrad. 8 348
contrad. 9 350
contrad. 10 349
contrad. 13 349
contrad. 16 349
contrad. 17 .... 337; 350
contrad. 19 .... 349f.
contrad. 20 350
contrad. 22 350
contrad. 24 351
contrad. 25 350
contrad. 26 350
contrad. 27 351
contrad. 29-31 351
contrad. 33 312
contrad. 34 .... 312; 350f.
dial. 1 340
dial. 3 341
dial. 5 341
dial. 8 341
dial. 12 341
dial. 13 342
dial. 14 341
dial. 15 .... 340f.
dial. 16 341
dial. 18 341
dial. 20 341
dial. 29 396
dial. 31 347
dial. 32 341
dial. 36 341
dial. 38 341
dial. 42 341
dial. 44 341
dial. 45.47 331
dial. 48 341
dial. 53 342
dial. 66 332
excomm. I 313; 336; 339; 345; 354f.;
    369; 375; 480
excomm. II 331; 354
frg. de s. Romana Ecclesia A .... 338f.

frg. de s. Romana Ecclesia B 326; 340
proc. inc. 336; 345; 352
proc. 1,1 360
proc. 2,1 352
proc. 2,2 361
proc. 2,3 361
proc. 3,1 .... 352; 361; 369
proc. 3,2 362
proc. 3,3 .... 362f.
proc. 3,4 .... 164; 364
proc. 4,1 .... 313; 480f.
proc. 4,3 362
proc. 5,1 364
proc. 5,2 .... 352; 364
proc. 6,1 365
proc. 6,3 .... 360; 365
proc. 7,1 360
proc. 7,2 .... 361; 365
proc. 8,1 .... 361; 365
proc. 8,2 .... 361; 365
proc. 8,3 361
proc. 8,4 361
proc. 9,1 366
proc. 9,2 366
proc. 9,3 .... 365f.; 368; 383
proc. 10,1 360
proc. 10,2 .... 352; 360

Irenäus von Lyon

haer. IV prooem. 517
haer. IV 20,1 517
bei Photius, bibl. cod. 120 275

Isidor von Sevilla

chron. a. 334 94
chron. a. 393 118
diff. II 3,11 121
diff. II 33,127 93
eccl. off. II 24,1-2 .... 68; 223; 364
Goth. chron. 8 55
ord. creat. I 3-4 .... 223; 364
orig. VII 2,13 93
orig. VII 3,8 157
orig. VII 3,16-20 116
orig. VII 4,4 117
orig. IX 4,7 119
vir. ill. 40 95

Ivo von Chartres

decr. IV 147 339
decr. IV 223 333
decr. V 44 339
ep. 7 ad Roscelinum 454

Jobius monachus

bei Photius, bibl. cod. 222 294

Jocundus

translatio sancti Servatii 328

Johannes Bekkos

de processione Spiritus sancti 12,7 ... 378
refutatio Photiani libri de Spir. s. 32   164
de unione ecclesiarum 66 .... 506f.

Johannes Chrysostomus

exp. in psalm. 44,2 387
in symb. Apost. expositiones II . 362; 527

Johannes Diaconus

vita Gregorii magni II 2 372
vita Gregorii magni II 9 73
vita Gregorii magni IV 75 287

Johannes Fournes

apol. 517

Johannes Scotus Eriugena

div. nat. I 10 475
div. nat. II 31 467
div. nat. II 32 .... 365f.; 475

Johannes Skylitzes (continuatus)
CSHB 14

335,8 307
449,4f. 318
643,12-17 329
724,7-13 401

Johannes von Biclaro

chron. a. 590 n. 1 52

Johannes von Damaskus

f. o. I 7	108; 384f.; 516
f. o. I 8	108; 303; 363; 382; 385; 390; 392; 516
hom. 4 in sanctum sabbatum	108; 390
imag. III 18	296
trisag. 28	108; 382; 390

Ps.-Johannes von Damaskus

haer. epil.	363; 475

Johannes VIII. von Rom

ep. (frg.) 7 (RPR[J] 2962)	247
ep. (frg.) 9 (RPR[J] 2964)	247
ep. (frg.) 21 (RPR[J] 2976)	253
ep. (frg.) 37 (RPR[J] 2996)	179; 246f.
ep. (frg.) 40 (RPR[J] 2999)	247
ep. (frg.) 53 (RPR[J] 3012)	234
ep. 66 (RPR[J] 3130)	247f.
ep. 67 (RPR[J] 3131)	247
ep. 68 (RPR[J] 3133)	246-248
ep. 69 (RPR[J] 3135)	245
ep. 71 (RPR[J] 3134)	246; 248
ep. 182 (RPR[J] 3246)	247
ep. 183 (RPR[J] 3247)	247
ep. 196 (RPR[J] 3262)	246
ep. 198 (RPR[J] 3265)	246f.
ep. 207 (RPR[J] 3271)	246; 250-252; 254; 257
ep. 208 (RPR[J] 3272)	251-253; 276
ep. 209 (RPR[J] 3273)	245; 251
ep. 210 (RPR[J] 3274)	254
ep. 211a (RPR[J] 3276)	253f.; 257f.
ep. 245 (RPR[J] 3303)	249
ep. 258 (RPR[J] 3322)	249; 267f.
ep. 258a ((RPR[J] 3369)	268f.
ep. 259 (RPR[J] 3323)	249; 267

Johannes von Salisbury

v. Ans. 7	428; 463
v. Ans. 10	403; 433; 464

Julian von Eclanum

confessio fidei (HAHN § 211)	67

Konstantin VII. Porphyrogennetos

de administrando imperio 13	309
de administrando imperio 30	307
de ceremoniis II 48	307

Kyrill von Alexandrien

ador. I	111; 363
apol. Thdt. IX 64	154; 388f.
dial. trin. III	363
dial. trin. IV	386
dial. trin. VI	363
ep. ad Eulogium	97
ep. ad mon. Aegypti I 11.20.25f.27	106
ep. III ad Nest. 10	150; 154; 271; 373; 388; 527
ep. III ad Nest., anath. VIII	373
Pulch. 40	363
thes. 34	363; 384

Ps.-Kyrill von Alexandrien

trin. 6	384; 516
trin. 8	378
trin. 8-10	363f.

Kyrill von Jerusalem

catech. 16,12	387

Lambert von Arras

de Atrebatensi episcopatu	433

Lambert von Hersfeld

ann. a. 1052	324
ann. a. 1053	330; 345; 353
ann. a. 1054	355

Lanfranc von Bec

adv. Bereng. 1	436
adv. Bereng. 2	326; 435
adv. Bereng. 4	438
adv. Bereng. 5	436
adv. Bereng. 7	436; 438
adv. Bereng. 8	436
adv. Bereng. 21	438
comm. in ep. ad Corinthios I	439

Leo I. von Rom

ep. 15,1 (RPR[J] 412)	55; 150; 285
ep. 43 (RPR[J] 465)	212
ep. 52 (RPR[J] 473)	212
epp. 54f. (RPR[J] 481; 482)	340
ep. 95,2 (RPR[J] 475)	200
sermo 21,2	96
sermo 22,3	107
sermo 25,3	107
sermo 62,3; 63,2.5; 64,6	286
tom. Flav. (RPR[J] 423)	46; 150; 285
tomus II (458)	46

Leo III. von Rom

ep. 7	142f.
ep. 8 (RPR[J] 2520)	144
ep. 9 (RPR[J] 2522)	160
fides Leonis s. Alkuin, fid.trin. conf. fidei	

Leo IX. von Rom

RPR(J) 4219	326
RPR(J) 4295	393
ep. Petr. 3 (RPR[J] 4297) ...	326; 339; 395
ep. Petr. 4	393
ep. Petr. 5	395
ep. Petr. 6	362; 395
ep. Petr. 7-11	396; 522
ep. Petr. 13	396
ep. Cerul. I 2 (RPR[J] 4302)	337
ep. Cerul. I 3	334
ep. Cerul. I 5	331; 334
ep. Cerul. I 7	334f.; 522
ep. Cerul. I 8	335f.
ep. Cerul. I 9	336
ep. Cerul. I 10	337; 339
ep. Cerul. I 11	332; 337; 339
ep. Cerul. I 12	337f.
ep. Cerul. I 13	241; 333; 338
ep. Cerul. I 14	338
ep. Cerul. I 17	338
ep. Cerul. I 19	332
ep. Cerul. I 20	334
ep. Cerul. I 21	335
ep. Cerul. I 22	339
ep. Cerul. I 23	339f.
ep. Cerul. I 24	334; 340
ep. Cerul. I 28	241; 339f.
ep. Cerul. I 29	333
ep. Cerul. I 30	339
ep. Cerul. I 31	335
ep. Cerul. I 32	335; 337
ep. Cerul. I 35	340
ep. Cerul. I 36	335; 340
ep. Cerul. I 39	337
ep. Cerul. I 40	340
ep. Cerul. II (RPR[J] 4332)	331; 337; 342-344
ep. 83 (RPR[J] 4304)	326
ep. Const. (RPR[J] 4333)	326; 342f.

Leon VI.

or. XIII	300f.; 363

Leon von Achrida

ep. Joh. 1	331; 347
ep. Joh. 3	331; 377
ep. Joh. 6	331-333

Liber de incarnatione Domini

.... 155

Liber pontificalis

Bonifatius III.	519
Hadrian I.	87
Hadrian II.	227-231; 234f.; 239; 243f.; 306
Leo III.	163
Leo IX.	325
Nikolaus I.	168; 174; 177; 184f.; 197-201
Stephan II.	79
Urban II.	407

Liturgia Mozarabica

Missale mixtum I	52

Liutprand von Cremona

antapodosis II 45	307
antapodosis V 22	308
historia Ottonis 8.12	310
leg. praefatio	310
leg. 2	309
leg. 5	309
leg. 7	309

leg. 15f. 309
leg. 17 .... 309f.
leg. 21 311-313
leg. 22 312
leg. 47 310
leg. 55 308
leg. 62 .... 310f.

Lull von Mainz

confessio fidei 67; 132

Marinus von Rom

RPR(J) 3399 278

Marius Victorinus

adv. Arrium II 9 53

Markell von Ankyra

Frg. 49 (VINZENT) 64

Maximus Confessor

ambig. III; VI 19f. 475
ep. ad Marinum 80; 195
expositio rectae confessionis 265
qu. dub. I 34 80
qu. Thal. 63 80
tomus dogmaticus ad Marinum 265

Methodius von Olympus

bei Photius, bibl. cod. 234-237 275

Metrophanes von Smyrna

ep. ad Manuelem logothetam ... 186; 198-200; 274

Michael I. Kerullarios

ep. Petr. I 3 .... 333; 343; 351f.
ep. Petr. I 4 347
ep. Petr. I 5 .... 326; 343; 347
ep. Petr. I 7 328
ep. Petr. I 8 342
ep. Petr. I 12f. 378
ep. Petr. I 15 .... 319; 351; 375
ep. Petr. II 1 358

ep. Petr. II 2 352
ep. Petr. II 3 .... 351f.; 367; 376
ep. Petr. II 4 .... 356; 376; 378
ep. Petr. II 5 .... 345; 353; 356; 377
ep. Petr. II 8 358

Ps.-Michael Kerullarios

panopl. 12,1f. 378
panopl. 12,3 363
panopl. 17,3 378
panopl. 20,4f. 377
panopl. 32,1 378
panopl. 47,1f. 378

Michael III. Anchialos

259,18-20 GRUMEL 261
259,31-34 GRUMEL 261
260,6-12 GRUMEL 261

Michael Psellos

carmen de dogmate 337
enkom. 353; 357; 375
theol. 2 516
theol. 20 382
or. for. 1 .... 329; 375

Missale von Bobbio

n. 184 51
n. 185 67
n. 591 51

Niketas Stethatos

antidial. 2,2 347
antidial. 2,3 348
antidial. 4,3 348
antidial. 5,1 347
antidial. 6,1 347
antidial. 8,1 347
antidial. 10,1 348
antidial. 11,2f. 349
antidial. 12,1 348
antidial. 12,2f. 349
antidial. 13,1f. 349
antidial. 14,1 348
antidial. 15,2 349
antidial. 16,1 .... 348f.

dial. 1,3 346
prof. fid. 1 379
prof. fid. 3 379
prof. fid. 6 380
prof. fid. 14 380
synth. 1,1 .... 380f.
synth. 1,3 381
synth. 2 387
synth. 3,1f. 381
synth. 4,2 382
synth. 4,4f. 382
synth. 5,2 382
synth. 6,1 382
synth. 6,2 383
synth. 6,3f. 382
synth. 6,5 383
synth. 7,2 383
synth. 7,3 383
synth. 8,2 384
synth. 9,2 384
synth. 9,4 384
synth. 12,1f. 384
synth. 13,1f. 384
synth. 13,3 385
synth. 14,3 384
synth. 15,2 385
synth. 15,3 .... 382; 385
synth. 17,1 .... 383f.
synth. 17,2 384
synth. 18,1 389
synth. 18,2 385
synth. 18,3 .... 385; 517
synth. 19,2 385
synth. 19,4 386
synth. 19,5 .... 385f.
synth. 20,2.4 386
synth. 22,2 386
synth. 23,1 386
synth. 23,2 .... 386; 524
synth. 24,2 387
synth. 26,3f. .... 387f.
synth. 27,1-3 388
synth. 28,1f. 388
synth. 28,4 389
synth. 29,1 389
synth. 29,3 .... 389; 512; 522
synth. 30,2 389

Niketas von Byzanz

cap. inc. 302
cap. 1 .... 304f.
cap. 2 .... 303-305; 516
cap. 4 303-305
cap. 7 .... 303; 305
cap. 8 304
cap. 9 303
cap. 11 303
cap. 12 .... 303; 305f.
cap. 13 304
cap. 16 304
cap. 17 .... 304; 305
cap. 18 305
cap. 22 304
cap. 23 305
cap. 24 .... 302; 306

Niketas von Nizäa

De schismatibus 14 261
De schismatibus 15 .... 318f.
De schismatibus 16 511

Niketas von Paphlagonien

vita Ignatii 197-201; 228; 245

Nikolaos III. Grammatikos

ep. ad Urbanum .... 413f.; 416f.

Nikolaus I. von Rom

ep. 82 (RPR[J] 2682) 168f.; 172; 413; 426
ep. 83 (RPR[J] 2683) 171-173
ep. 84 (RPR[J] 2690) 176
ep. 85 (RPR[J] 2692) 174; 176
ep. 86 (RPR[J] 2691) 174-176
ep. 88 (RPR[J] 2796) 180-184; 393
ep. 90 (RPR[J] 2813) 186; 243
ep. 91 (RPR[J] 2819) 177; 179
ep. 92 (RPR[J] 2814) 177; 179; 186
ep. 98 (RPR[J] 2821) 179
ep. 99 (RPR[J] 2812) ... 185-187; 194; 393
ep. 100 (RPR[J] 2879) 185; 195; 202-204; 209; 222
ep. 101 (RPR[J] 2882) 204
ep. 102 (RPR[J] 2883) 204

Opus Caroli regis contra synodum

praefatio 85-87; 114
I 6 86
II 18 88
II 23 89
II 24 121
II 27 88
III 1 .... 96; 114; 152; 371
III 2 .... 115f.; 172
III 3 .... 55; 116-119; 121f.
III 4 .... 110; 115; 119
III 5 .... 119f.
III 8 120
III 9 120
III 11 86
III 12 87
III 17 89
III 30 88
IV 1 114
IV 10 86
IV 13 .... 86f.; 107; 120f.
IV 23 120
IV 28 87

Opuscula de origine scismatis

I 8 .... 319f.
II 9 318
II 10 320
III 13 195

Ordericus Vitalis

h. e. X 3 .... 403; 427-430

Ordines de celebrando concilio

ordo 2 Nr. 8 69
ordo 3 Nr. 16 69

Ordo Romanus antiquus (ed. Hittorp)

p. 39 74

Ordo Romanus de divinis officiis

XI 62 49
XI 65 49

Origenes

hom. in Num. 6,3 387

Otto von Freising

chron. VII 2 419
chron. IV 14 520
gesta Frederici I 48 455
gesta Frederici II 11 529

Pamphilus von Caesarea

bei Photius, bibl. cod. 118 284

Pantänus von Alexandrien

bei Photius, bibl. cod. 110 284

Pantaleon von Amalfi

.... 330; 337; 345

Paschalis II. von Rom

RPR(J) 5929 (= Anselm, ep. 282) 432
RPR(J) ... (18.3.1112) 522

Paulinus von Aquileia

c. Felic. I 2 99
c. Felic. I 8 99
c. Felic. I 14 131
c. Felic. I 16 131
c. Felic. I 17 132
c. Felic. I 24 127
c. Felic. II 1 .... 68; 70; 131
c. Felic. II 8 131
c. Felic. II 17 131
c. Felic. III 25 99
c. Felic. III 27 131

Paulus diaconus

historia Langobardorum IV 36 519

Pelagius

libellus fidei 67; 96; 114f.; 152; 371

Pelagius I. von Rom

confessio fidei (HAHN § 229) 67

Petrus Damiani

de divina omnipotentia 7.12 439
de perfectione monachorum 11 439
ep. 17 481
ep. 81 .... 371-373; 524
ep. 91 .... 164; 370-374; 477; 525
ep. 117 .... 337; 439

Petrus Diaconus

de vir. ill. Casin. 17 367

Petrus Grossolano

spir. 1 .... 512f.
spir. 4 513
spir. 5 513
spir. 6 513
spir. 7 513
spir. 8 .... 513f.

Petrus Lombardus

sent. I dist. V c. 1 a. 6 524
sent. I dist. XI c. 1 a. 3 164
sent. I dist. XI c. 1 a. 4 511
sent. I dist. XI c. 2 a. 2-5 511

Petrus von Antiochien

ep. Cerul. 3 378
ep. Cerul. 5 319
ep. Cerul. 11 397
ep. Cerul. 12 397
ep. Cerul. 14 398
ep. Cerul. 17 397
ep. Cerul. 21 320
ep. Cerul. 22 397
ep. Cerul. 23 .... 358; 378
ep. Cerul. 24 393
ep. Domin. 3 394
ep. Domin. 4 394
ep. Domin. 7 .... 319; 346; 375; 394
ep. Domin. 12 394
ep. Domin. 23 .... 348; 395
inthr. Alex. 4,1-3 392
inthr. Alex. 9,1 392
inthr. Alex. 9,3 391
inthr. Alex. 10,1 392
inthr. Hierus. 4,2f. 392

inthr. Hierus. 9,3.6 392
inthr. Rom. I 1,2 391
inthr. Rom. I 2,1 397
inthr. Rom. I 2,2 392
inthr. Rom. I 3,2 391
inthr. Rom. I 4,3 .... 362; 392
inthr. Rom. I 4,4f. 392
inthr. Rom. I 8 392
inthr. Rom. II 5f. 362
inthr. Rom. II 6,2 392

Pierius von Alexandrien

bei Photius, bibl. cod. 119 284

Photius von Konstantinopel

amph. 16 291
amph. 27 292
amph. 28 .... 192; 293f.; 297
amph. 88 (= ep. 161) 290; 292
amph. 114 (= ep. 228) .... 293f.
amph. 138 .... 292; 387
amph. 173 290
amph. 180 290
amph. 181 .... 291-294; 382
amph. 182 .... 290; 292f.
amph. 183 290
amph. 187 291
amph. 188 .... 291f.; 294f.
amph. 189 290
amph. 190 .... 291f.; 295
amph. 192 291
amph. 235 296
amph. 314 293
amph. 315 .... 290-292; 297
bibl. cod. 54 (Augustin) 281
bibl. cod. 106 (Theognost) 284
bibl. cod. 109-111 (Clemens Alex.) ... 284
bibl. cod. 110 (Pantänus) 284
bibl. cod. 112f. (Ps.-Clemens Rom.) . 284
bibl. cod. 118 (Pamphilus) 284
bibl. cod. 119 (Pierius) 284
bibl. cod. 120 (Irenäus) 275
bibl. cod. 121 (Hippolyt) 284
bibl. cod. 222 (Job) 294; 296
bibl. cod. 230 (Eulogius) 265; 294
bibl. cod. 234-237 (Methodius) 275
c. Manichaeos III 17 291
ep. 1 194

ep. 2 ... 186; 188; 189-197; 199; 271; 279f.; 292f.; 298; 303; 358; 375-377; 386
ep. 18 188
ep. 161 s. amph. 88
ep. 228 s. amph. 114
ep. 288 .... 167; 189-191; 194; 279; 291-293; 392
ep. 290 .... 173f.; 179
ep. 291 .... 164; 262; 269; 270-277; 283; 288; 291f.; 298; 384; 386; 388; 499
hom. XVIII 198f.; 260
myst. 2 279
myst. 4 280
myst. 5 .... 283f.
myst. 6 280
myst. 9f. 280
myst. 11 .... 280; 291
myst. 12 290
myst. 15 .... 280; 292f.
myst. 17 280
myst. 19 280
myst. 20-23 384
myst. 20 .... 279f.; 282; 293; 517
myst. 21 .... 279; 282
myst. 22 .... 282f.
myst. 23 282
myst. 28 .... 279; 283; 294
myst. 30 283
myst. 32 .... 279; 293f.; 297; 376
myst. 33 .... 280; 291
myst. 34 280
myst. 35 292
myst. 36 .... 279-281; 298; 516
myst. 37 .... 281; 383
myst. 38 281
myst. 43 281
myst. 44 279
myst. 46 .... 281; 294; 516
myst. 47 .... 294; 383
myst. 49 283
myst. 51 283
myst. 53 .... 281; 295f.
myst. 57 283
myst. 58 283
myst. 59 283
myst. 61 .... 282; 384; 516
myst. 62 .... 282; 516
myst. 63 .... 282; 298
myst. 64 282
myst. 66 283

myst. 68 .... 283; 499
myst. 69 283
myst. 70 284
myst. 71 .... 284; 368
myst. 72 .... 283; 499
myst. 75 284
myst. 77 285
myst. 78 285
myst. 79 .... 285; 388
myst. 80 .... 286; 388
myst. 81 286
myst. 82 .... 281; 286
myst. 83 286
myst. 84 .... 287; 515
myst. 85 287
myst. 87 .... 276; 288
myst. 88 288
myst. 89 .... 262; 269; 278; 288
myst. 91 292
myst. 94 281

Ps.-Photius

ep. an Zacharias von Armenien ..... 191f.
epit. 1 280
epit. 3 298
epit. 7 280
epit. 9 283
epit. 11 515
epit. 12 288

Pontificale romano-germanicum

XCIX 146f. 49
XCIX 365 51
XCIX 87a 51
XCIX 373 51
CVII 3 51
CX 29 51

Porphyrius

Isagoge 7,21 (transl. Boethii) 460

Praedestinatus

haer. I 1 354
haer. I 4 .... 350; 354
haer. I 9 354
haer. I 24 354
haer. I 37 354

haer. I 46 354
haer. I 49 354
haer. I 52 .... 354; 361
haer. I 69 354
haer. I 80 364

Priscian

gramm. II 18 456
gramm. II 22 456

Proklus von Konstantinopel

tomus ad Armenios 27 .... 154; 223

Prudentius

cath. V 159f. 154
cath. VI 8 154

Quodvultdeus

adv. quinque haereses 8,10 .... 155; 223

Radulf Glaber

hist. III 1,3 323
hist. IV 1,2 .... 320f.
hist. IV 1,3 321
hist. V 5,26 336

Ratio Romana

n. 1 .... 148; 160f.
n. 2-7 315
n. 5 161
n. 10 160
n. 12 .... 161; 315
n. 13 .... 161; 481
n. 20 161
n. 24 .... 161f.
n. 26 .... 162; 313
n. 31 162
n. 32 .... 162; 313

Ratramnus von Corbie

c. Graec. I 1 211
c. Graec. I 2 .... 212f.
c. Graec. I 3 .... 214f.; 366; 473; 476
c. Graec. I 7 .... 214-216; 475
c. Graec. I 8 .... 218f.; 479

c. Graec. II 1 .... 213; 480
c. Graec. II 2 .... 214; 217-219; 479; 481
c. Graec. II 3 .... 216; 220f.; 366; 369
c. Graec. II 4 .... 215-218; 473
c. Graec. II 5 220
c. Graec. II 6 .... 216f.; 473
c. Graec. III 2 .... 216f.; 366
c. Graec. III 3 .... 216f.
c. Graec. III 4 .... 215-217; 466
c. Graec. III 5 .... 216; 220; 467; 472
c. Graec. III 6 .... 214; 216; 220f.; 369
c. Graec. IV 3 212
c. Graec. IV 6 212
c. Graec. IV 8 .... 212f.

Regino von Prüm

chron. a. 767 79
chron. a. 868 184

Robertus monachus S. Remigii

Historia Hierosolymitana I 1 419

Robert von Torigny

auctarium chron. Sigeberti a. 1109 ... 463

Romuald von Salerno

chron. a. 1090 405

Roscelin von Compiègne

ep. ad Abaelardum 9,1f.4 456
ep. ad Abaelardum 10,7 457
ep. ad Abaelardum 10,10 .... 456f.
Ms. Clm 4643, fol. 91^v 456

Sacramentarium Augustodunense

n. 2030 .... 71f.

Sacramentarium Engolismense

n. 720 .... 49f.
n. 722 .... 49f.

Sacramentarium Gelasianum

n. 312 49
n. 314 49

Sacramentarium Gellonense

n. 546 .... 49f.
n. 548 .... 49f.
n. 2281-2283 50

Sacramentarium Gregorianum

n. 74,1 96
n. 76,1 96
n. 108,1 96
n. 159,1 96

Sententiae ss. Patrum (CPL³ 1754)

I 12 67
III 24 67
V 35 67

Sigebert von Gembloux

chron. a. 1054 .... 330; 332; 356
script. eccl. 154f. 439
script. eccl. 168 464

Smaragd von St. Mihiel

proc. passim 157-159;
proc. 21 373
proc. 22 .... 271; 373
proc. 23 372
proc. 24 372
proc. 25 372
proc. 26 .... 371f.

Socrates scholasticus

h. e. II 2,1-2 335
h. e. II 26,3-10; 27,1.7f. 335
h. e. II 43,1-6 195
h. e. IV 9,4 213
h. e. IX 13,7 213

Sozomenos

h. e. III 14,31-36 195
h. e. IV 2,3f. 335

Tarasius von Konstantinopel

professio fidei 109; 192; 369

Tertullian

adv. Prax. VIII 7 .... 364; 475

Theodoret von Kyros

h. e. II 22,3-12 246
h. e. II 22,7 44
h. e. V 9,13 45
h. e. V 9,15 335
h. e. V 11,1 45
qu. 8 in Gen. 291

Theodoros Skutariotes

synopsis chronike 328; 420

Theodulf von Orléans

carm. XXXVI 152
ord. bapt. 6 152
proc. passim 152-157
proc. 1f. 223
proc. 5 223
proc. 9 271
proc. 14 372
proc. 16 146
proc. 35 361
proc. 39 .... 151; 361

Theognost von Alexandrien

bei Photius, bibl. cod. 106 284

Theophilos von Antiochien

Autol. II 18,1f. 517

Theophylakt von Achrida

ep. 15 495
ep. 52 497
in ep. I Cor. 1,17 498
in ep. I Cor. 1,20 499
in ep. I Cor. 3,14 .... 498f.
in ep. I Cor. 3,15 .... 498f.
in euang. Joh. 3,32-34 .... 499; 501f.
in euang. Joh. 15,26 500
in euang. Joh. 20,22 501
in euang. Joh. 21,15-23 506
in euang. Matth. 16,18 505
in euang. Matth. 16,19 506

prosl. 1 .... 496f.
prosl. 2 .... 497; 504
prosl. 3 497-499
prosl. 4 499
prosl. 5 .... 492; 499-501; 525
prosl. 6 .... 501; 503f.
prosl. 7 .... 501f.; 525
prosl. 8 502
prosl. 9 502
prosl. 10 .... 502; 504
prosl. 11 502
prosl. 12 .... 503; 505
prosl. 13 504
prosl. 14 .... 505f.
prosl. 15 506
vita Clementis 8 .... 496; 499-501

Thietmar von Merseburg

chron. VII praef. 313
chron. VII 1 313
chron. VII 2 .... 313f.

Thomas von Aquin

de Pot. 10,5 a. 2 sc. 1-2 488
I sent. d. 29 a. 3 sc. 488
s. th. I 36 a. 1 ad 2 9
s. th. I 36 a. 2 ad 4 19
s. th. II-II 1 a. 10 sc 534

Urban II. von Rom

RPR(J) 5363 405
RPR(J) 5637 417
RPR(J) 5706 406
RPR.IP VII/2, Nr. 103 417
RPR.IP IX, Nr. 4 432

Victor von Vita

hist. III 67

Vigilius von Rom

RPR(J) 931 286
RPR(J) 936 286

Vigilius von Thapsus

c. Arrian. II 12-14 118
c. Arrian. II 35 220

c. Arrian. III 6 132

Vita Heinrici IV. imperatoris

c. 1 402

Vita Michaelis Syncelli

c. 6 .... 143f.

Vita beati Petri Anagniae episcopi

c. I 13 .... 407f.

Walafrid Strabo

de exordiis et incrementis rerum
ecclesiasticarum 103
de rebus ecclesiasticis 128

Walram von Naumburg

ep. ad Anselmum 487

Wibert von S. Maria Novigenti

Historia Hierosolymitana II 1 419

Wibert von Toul

v. Leon. II 4 396
v. Leon. II 6 326
v. Leon. II 9 ...... 330f.; 333; 346; 356; 367
v. Leon. II 11 326

Widricus

miraculi s. Gerardi 326

Wilhelm von Apulien

gesta Roberti Wiscardi II 328
gesta Roberti Wiscardi IV 403

Wilhelm von Jumièges

hist. Northmann. VI 9 463

Wilhelm von Malmesbury

gest. pont. I 49 .... 425; 427
gest. pont. I 53 .... 428; 430
gest. pont. II 74 438

b) Synodaltexte und Rechtsquellen

Aachen (799)
MGH.Conc. II/1, 221-225

passim .... 105f.

Aachen (809)

decr. Aquis. passim 149-152
decr. Aquis. prooem. .... 148f.
decr. Aquis. 4 271
decr. Aquis. 8 276
decr. Aquis. 13 148
decr. Aquis. 15 361
decr. Aquis. 25 148

Admonitio generalis

praefatio 102
cap. XXXII 102

Antiochien (328)

can. IV 178

Arles (813)

cap. I 132

Braga (675)

confessio fidei 52

Breviarium Hipponense

.... 60

Canones Apostolorum

can. app. 5 349
can. app. 6 329
can. app. 30 .... 171; 177
can. app. 34 413
can. app. 64 .... 194; 349; 377
can. app. 66 502
can. app. 69 349

Capit. de presbyteris admonendis

cap. 3 103

Capitula de examinandis ecclesiasticis

.... 103

Capitulare missorum speciale

cap. 29 .... 102f.

Chalkedon (451)
(ACO)

actio I (II 1,1; 91,21-30) 44
actio [II] III (II 1,2 15,31f.; 17,11f.;
    20,17f.; 23,7f.) 336
- (II 1,2; 79,17-19) 44
- (II 1,2; 80,3-16) 43
- (II 1,2; 81,24-30) 275
- (II 2,2; 84,17-24) 47
- (II 2,2; 104,1-13) 47
- (II 2,2; 108,13-24) 47
- (II 3,2; 15,1-6) 276
- (II 3,2; 265,24-266,6) 47
actio V [VI] (II 1,2; 127,11-13) 44
- (II 1,2; 128,2-14) 43
- (II 1,2; 128,15; 129,3f.) 286
- (II 1,2; 129,23-27) 127; 193
- (II 1,2; 130,4-11) 265; 286; 388
- (II 3,2; 395,3-15) 47
- (II 3,2; 413,21-414,4) 47
can. I 239
can. IV 349
can. IX .... 181f.
can. XXVIII 187; 241
coll. epp. B 20 275
epp. ante gesta collectio 27.28 212
Florilegium des Eutyches n. 10 246

Cividale del Friuli (796/97)
MGH.Conc. II/1

passim 103f.; 127-133
182,16f.23 72
187,11-23 70
187,31-35 68

Clermont (1095)

can. 2 [8] 421
can. 15 425

Codex canonum ecclesiasticorum et constitutionum

PL 56, 532AB 47

Codex Iustinianus

I 1,7,11 44
I 2,6 340

Constitutiones Apostolorum

V 14,20; 20,19 349
VII 23,3f. 349
VI 17,1 349

Constitutum Constantini

c. 11 .... 333; 338
c. 12 338
c. 13 310
c. 14-20 338

Decretales Pseudo-Isidoriana

Caelestin, RPR(J) 371 decr. XXI 169
Clemens I., RPR(J) 11 cap. II 45f. 351
Constitutum Silvestri II 337
Gelasius I., RPR(J) 636 decr. III 169; 251
Innozenz I., RPR(J) 286 decr. VIII.... 186
-, RPR(J) 286 cap. IX 351
-, RPR(J) 293 cap. I 351
-, RPR(J) 299 cap. LV 251
Leo I., RPR(J) 411 decr. XXXIII....... 169
-, RPR(J) 425 253
-, RPR(J) 536 cap. III 251
-, RPR(J) 544 cap. III 351
Praefatio Nicaeni concilii 519
Siricius, RPR(J) 255 cap. XII 351
Telesphorus, RPR(J) 34 cap. I-II 351
Zosimus, RPR(J) 339 decr. I 243

Deusdedit cardinalis

can. I 100 246
can. IV 428 .... 171; 187

can. IV 429 171
can. IV 430 171
can. IV 431 .... 168; 171
can. IV 434 .... 251f.
can. IV 436 257
can. IV 437 .... 256; 258

Ephesus (431)
ACO

actio VI (I 1,7; 105,20-22) 29; 265
actio VI (I 1,7; 105,20-106,1) 388
coll. Athen. 28 (I 1,7; 65,29-66,9) 43
coll. Athen. 105 (I 1,7; 146,24f.) 43
ep. ad Caelest. 12 (I 2; 88,2-7) 232
gest. Eph. 19 (I 1,3; 57,24-27) 285
gest. Eph. 76,6 (I 1,7; 98,3-9) 388
gest. Eph. Or. 10 (I 1,5; 121,13-15) 43

Ferrara-Florenz (1438/39)

Bulle „Laetentur caeli" 38; 241
Bulle „Cantate Domino" 18; 38; 488

Frankfurt (794)

cap. I 94
cap. II 89
cap. XXXIII 102
ep. Caroli ad episcopos Hisp. 100-102; 124
ep. episc. Franciae 91; 95-98; 102; 123
ep. episc. Hisp. ad episc. Franciae ... 92f.; 95; 97; 138; 347
ep. episc. Hisp. ad Carolum 94
ep. Hadriani (RPR[J] 2482) 98f.; 125
libellus sacrosyllabus 96f.; 99f.; 126

Gangra (ca. 340/343)

can. IV 195; 358
can. XVII 377
can. XIX 349

Karthago (419)

.... 60

Konstantinopel (381)

can. II 222
can. III 45; 187; 222; 241; 534

can. IV 233
can. VI [eigentlich: 382] 181

Konstantinopel (553)
ACO

actio I (forma Iustiniani 7) 149; 372
actio III (IV 1; 37,22-28) 372
- (IV 1; 164,19-27) 150
actio V (IV 1; 100,32-104,28) 274
IV 1 (176,2-14) 47
IV 1 (209,28-35) 265; 286
IV 2 (139,19-30) 47

Konstantinopel (680/81)
ACO²

actio III (II 1; 40,16-42,4/41,1-43,5) .. 350
actio XI (II 1; 419,6-12; 461,18-20) 111
- (II 1; 419,12-14) 113
- (II 1; 461,18-20) 111
actio XIII (II 2; 580,4-8/581,4-7) 337
actio XIV (II 2; 644,1-648,5 par.) 350
actio XVIII (II 2; 770,22-35) 43
- (II 2; 771,21-33) 47
- (II 2; 773,2f.) 113
- (II 2; 776,20-27) 265; 286

Konstantinopel (692)
„Quinisextum"

can. I 265
can. II 170; 239; 348
can. XI 348
can. XIII 195; 348; 358
can. LII 348
can. LV 194; 348
can. LXXXII 83; 88

Konstantinopel (861)

can. XVI 172
can. XVII 172; 257

Konstantinopel (869/70)
MANSI XVI

actio I (28BC) 235
actio I (31C; 34AB) 236
actio IV (57B) 236
actio V (73B-74A; 77B; 80D) 236

actio VI (87A-C; 348DE) 236
actio VII (98CD; 99A) 236
- (92B-95C; 133B; 381C) 237
actio VIII (136AB; 138BC) 197; 238
- (141C-142D) 241
actio IX (151D) 238
actio X (189E-190A) 251
- (198B) 198f.; 243
- (horos) 242
can. I 239
can. II 239
can. III 240
can. IV 239
can. V 240
can. VI 199; 240
can. IX 240
can. X 240
can. XI 237; 240
can. XVII .... 240f.
can. XXI 241
can. XXV .... 239f.
can. XXVI 240
epistola encyclica 198-200; 241
ep. ad Hadrianum papam 241
terminus synodi 242

Konstantinopel (879/80)
MANSI XVII

actio I (380C) 256
- (380D) 255
- (384A) 255
- (385D) 255
- (385E-388B) 256
- (388E-389A) 256
actio II (397C; 424BC) 245
- (408D) 255
- (409A) 256
- (412BC) 257
- (417E) 255
- (420DE) 256
- (432AB; 436E) 256
- (437E-441A) 256
- (441A) 255
actio III (456B) 255
- (456C) 257
- (460D) 257
- (472D) 257
actio IV (488B) 257
- (489B) 257

- (489E) 258
- (492C) 316
- (492E) 257
actio V (493E-496A; 496C) 259
- (496BC) 258
- (496C-497C) 256
- (500BC) 259
- (501B) .... 255f.
- (505C) 255
- (508BC) .... 259f.
actio VI (513D) .... 262f.
- (Horos: 516AB) 260
- (Horos: 516C) 262; 264; 277
- (Horos: 516E-517A) .... 264f.
actio VII (520D) 263
- (521E) 263
- (524C) 263
can. I 258f.; 262
cap. I 257
cap. II 172; 257
cap. III 257
cap. IV .... 257f.
cap. V 258

Konstantinopel (1054)

semeioma 330; 347; 356-358; 375-378

Konstantinopel (1089)

Protokoll 320; 414-416

Laodizea (343/81)

can. XLIX .... 349; 502f.
can. LI .... 502f.

Lateran (649)
ACO² I

can. XVIII 337
can. XX 238
secretarius V (219,21-32) 48

Lateran IV (1215)

cap. II (DH 804) 554
cap. V (DH 811) 241

Liber censuum Romanae ecclesiae

lib. I, n. 163 401

lib. I, n. 164 .... 336; 402
lib. II, n. 19 532

Lyon II (1274)

DH 850 18

Merida (666)

confessio fidei 52

Neocaesarea (317)

can. I 212

Nizäa (325)

can. II 115; 251
can. III 212
can. VI 183; 222; 337; 393
can. VII 187
Symbolum Nicaenum 57

Nizäa (787)
MANSI XII/XIII

actio III (1119BC) 108
- (1119E-1127A) 109; 192; 369
- (1126AB) 83
- (1136CD) 110
actio VI (208D-209C) 84
actio VII (377CD) 82; 265
- (377E) 82
actio VIII (412E; 416A) 265
can. I 239
can. II 252

Novellae Iustiniani

6,1,3f. 212
131,2 213

Piacenza (1095)

can. 10 405

Registrum ecclesiae Carthaginensis

excerptum 68 .... 251f.
excerptum 70 212

Rimini (359)

Ekthesis (Hieron., c. Lucif. 17) 61; 271

Rom (680)

confessio fidei (RPR[J] 2110) 66; 287

Rom (769)

MGH.Conc. II/1, 87,25-27 89
MGH.Conc. II/1, 89,6-11 112

Rom (798)

MGH.Conc. II/1, 204,7-12.15-17 105

Rom (863)

can. I 177f.; 186
can. IV 178
can. V 178
can. VI 178

Rom (869)

allocutio III pontificis 232
can. I 197f.; 200f.; 232
can. IV 232
responsio concilii I .... 200; 232f.

Rouen (1096)

can. 8 425

Serdika (342/43)

can. 3 .... 170; 222
can. 4 222
can. 7 .... 170; 213
can. 13 .... 169; 172; 209

Sirmium (359)

Ekthesis (Athanasius, syn. 8,4) 271

Sevilla II (619)

can. VII 205

Statuta ecclesiae antiqua

can. I 396

Synodicon vetus

Nr. 158 168
Nr. 159 168
Nr. 160 177
Nr. 161 198-201
Nr. 162 234
Nr. 163 245

Synodicon von 1025/28

Cod. Monac. graec. 380, fol. 40 316
PG 120, 729D 316

Toledo I (400)

can. XX 205
confessio fidei 67

Toledo III (589)

anath. III 54; 160
anath. IV-VI 56
anath. XI 55f.; 97
anath. XVI 118
anath. XVII 55; 121
anath. XXII 55
anath. XXI 97
can. I 55
can. II 52
confessio episcoporum Gothicae ... 52; 54
regis professio fidei .... 54f.
tomus regius 52; 54
tractatus Calcidonensis concilii 97

Toledo IV (633)

praefatio 205
can. I 67; 69

Toledo VI (638)

can. I 67; 69

Toledo VIII (653)

can. I 97
can. II 95
confessio fidei 52; 54

Toledo XI (675)

confessio fidei 67-69; 91; 93; 137;
153; 205; 347

Toledo XII (681)

confessio fidei 52

Toledo XIII (683)

confessio fidei 52

Toledo XIV (684)

can. VII 72; 93
can. X 97

Toledo XV (688)

confessio fidei 52

Toledo XVI (693)

confessio fidei 67-69; 93

Toledo XVII (694)

confessio fidei 52

Trosly (909)

can. XIV 302

Worms (868)

can. XXXII 205
can. XLI 205
praefatio .... 204f.
professio fidei .... 132; 205f.
resp. c. Graecorum haeresim 207-209

3. Namen

Bf.   Bischof
Ebf.   Erzbischof
Kg.   König
Ks(n).   Kaiser(in)
P.   Papst
Pt.   Patriarch

Abaelard 163; 455; 457; 511; 524; 526
Acacius, Pt. 185; 335; 350
Adalhard von Corbie 160
Adalwin von Regensburg 159
Adémar von Chabannes 142
Adhemar von Le Puy 432
Ado von Vienne 78f.; 142; 146; 228
Aeneas von Paris 152; 204; 210f.;
    221-227; 270; 281; 340; 361
Agapet, P. .... 335f.
Agatho, P. .... 286; 348f.
Agnellus von Ravenna 153; 157
Albertus Magnus 465
Alexander II., P. .... 370; 374; 404; 407f.
Alexander von Hales 38
Alexios I. Komnenos, Ks. 320; 402;
    405; 407; 411f.; 414f.; 417-421; 512;
    532; 539

Alexios Studites, Pt. 327
Alkuin 31; 76; 84; 95; 102; 105; 114f.;
    117; 128; 131; *133-140;* 145; 147; 152;
    225f.; 360f.; 364; 366; 369; 383; 476;
    546
Ambrosius von Mailand 45; 65; 94f.;
    122; 148-150; 153f.; 157-160; 173;
    217f.; 224; 273; 364; 372; 435; 439;
    475; 477
Anastasius I., Ks. 253
Anastasius II., P. 185
Anastasius Bibliothecarius 163; 174;
    177; 195; 200; 234; 239f.; 243
Angilbert von St. Riquier 108
Anonymus von York 423
Anselm von Canterbury .. 23; 30f.; 38-40
    59; 399f.; 403; *421-434;* 438; *439-495;*
    498; 502; 507-511; 523-526; 543f.;
    547; 550; 552-556
Anselm von Havelberg 40; 430; 511f.;
    518-531; 533; 544; 553-555
Anthimus, Pt. .... 335f.
Argyros 322-324; 328; 332; 345; 347;
    352; 356; 377
Aristoteles 135; 375; 439; 514
Arius 99; 102; 126; 214; 219; 350

Arn von Salzburg 134; 146; 148; 150-152; 159
Arnold von Lübeck 528
Athanasius von Alexandrien 61; 111; 122; 149; 153; 155; 170; 220; 222f.; 251; 335; 362; 373; 388; 446f.; 528; 533
Ps.-Athanasius .... 111; 149f.; 158f.
Augustin ...... 17; 19; 31; 36; *56-65;* 66-68; 73; 91; 95; 111f.; 116f.; 119; 122; 130f.; 134; 137; 140; 148-150; 153; 156-159; 206-209; 216-218; 225f.; 273; 281; 292; 335; 347; 360f.; 364-366; 371-373; 439; 446f.; 450; 452f.; 456; 461; 466; 475; 483; 493f.; 524f.; 531; 542; 550-552; 554f.
Ps.-Augustin 117; 158

Baanes, Patricius .... 236f.
Bardas, Caesar 166; 168; 185; 188
Basilius I., Ks. 166; 185; 188; 198; 201; 227-232; 237f.; 244; 262; 310; 362
Basilius II., Ks. 318; 320; 322; 328
Basilius, Apokrisiar 200; 229; 233
Basilius, *falsus vicarius* a. 867 189
Basilius Boioannes 323
Basilius Mesardonites 322
Basilius von Achrida 40; 377; 512; *529-531;* 532; 553; 555
Basilius von Ankyra 312
Basilius von Caesarea 17; 44; 58; 82; 94; 284; 295f.; 388; 533; 548
Ps.-Basilius von Caesarea 192
Basilius von Reggio 402; 406; 412-414; 416f.; 507
Beatus von Liébana 93f.; 128
Beda Venerabilis 439
Benedikt III., P. 174; 180; 233; 288
Benedikt VIII., P. 313f.; 320; 322f.; 325; 543
Benedikt IX., P. .... 324f.
Benedikt von Nursia 143
Benzo von Alba 407
Berengar von Tours .... 421f.; *434-439;* 440; 446; 448; 455f.
Bernhard von Worms 160
Berno von Reichenau .... 314f.
Bernold von Konstanz 315; 418
Berta, Ksn. 308
Boethius 149f.; 439; 443; 448: 460; 488; 491
Bonaventura 38
Bonifatius II., P. 519
Boris I. [Michael], Khan .... 180; 184f.; 196; 198; 239; 246f.

Cassiodor 153; 157; 520
Charisios 43
Christophorus, Ks. 309
Christophorus, P. 319
Clemens I., P. 222; 284; 349
Clemens II., P. 324
Clemens III., P. 402; 405f.; 412f.; 418
Clemens (Kliment), Bf. in Bulgarien 496
Clemens von Alexandrien 284
Coelestin I., P. 149; 232; 285
Cresconius 209
Cresonius von Iria-Compostela 325

Damasus I., P. 44f.; 160; 246; 285; 288; 324
Demetrius Kydones 261; 488
Deusdedit, Kardinal 170; 250
Didymus von Alexandrien 153f.; 159; 220; 531
Diogenes von Kyzikos 44
Ps.-Dionysius Areopagita 192; 222; 239; 290; 517; 533
Dionysius Exiguus 46; 72; 182; 212; 250; 349
Dionysius von Alexandrien 275; 284
Dioskur, Pt. 181; 201; 232f.; 237; 241
Domagoi, bulgarischer Optimat 247
Dominicus, Gesandter a. 967/68 308
Dominicus von Grado 330; 370; 393-395; 408
Donatus von Ostia 234
Drogo von Hauteville .... 323f.

Eadmer .... 421-423; 426; 428; 430f.; 463f.
Einhard 81
Elias von Jerusalem 256
Elipandus von Toledo 91-95; 100; 107; 547
Epiphanius von Salamis 533
Erchembert .... 301f.
Ermenrich von Passau 184; 197
Eudoxia, Ksn. 184
Eugen III., P. 518f.; 527
Eugen von Ostia 245; 249

Eugenius von Toledo 93; 209
Eugippius 207
Eulogius von Alexandrien 265; 294
Eunomius von Kyzikos 57f.; 62; 99; 126; 516
Euseb von Caesarea 275
Euseb von Vercelli 153f.; 220; 224
Eustathius, Pt. 320
Eustratios, Pt. 411
Eustratios von Nizäa .. 40; 496; 498; 512; *514-518;* 530; 544; 554
Euthymius, Spatharius 228
Euthymius I., Pt. 262
Euthymius II., Pt. 262
Euthymius Zigabenos 39; 496; 511f.; 544
Eutyches 43; 127f.; 350
Euthychius, Pt. 312; 335

Faustus von Riez 150
Felix von Urgel ...... 91; 94; 102; 105-107; 127f.
Flavian, Pt. 336
Formosus von Porto, P. 196; 243; 268
Fredegisus 225
Friedrich I. Barbarossa, Ks. 529
Friedrich von Lothringen 345; 347; 353; 355; 367; 400
Fulgentius von Ruspe 67; 93; 138; 149f.; 153; 156; 160; 372; 450
Fulko von Beauvais 445; 454

Gaufred Malaterra 414; 417
Gaunilo von Marmoutiers 422; 442
Gelasius I., P. 254; 350
Gelasius von Kyzikos 388
Gennadius v. Marseille 149f.; 220; 396
Georg, Abt von St. Sabas 141
Georg Maniakes 328
Gerhoch von Reichersberg 514
Germanos II., Pt. 378; 412
Gilbert Porreta 514
Gottschalk von Orbais 210
Gratian, Ks. 221
Gregor I., P. 89; 95; 97f.; 105; 111; 122; 143; 149f.; 153; 156; 158f.; 216; 287; 312; 314; 333-335; 350; 364; 372; 396; 470; 514; 543; 552
Gregor II., P. 205
Gregor III., P. 111; 163

Gregor VI., P. 324
Gregor VII., P. 336; 370; 393; 401f.; 404-406; *407-411;* 419; 421; 425; 542
Gregor IX., P. 378; 412
Gregor Asbestas 167; 174; 177f.; 235; 287
Gregor Palamas 37
Gregor Thaumaturgos 388
Gregor von Agrigent 348
Gregor von Nazianz ... 58; 112; 150; 192; 220; 385; 388; 498; 531; 533; 548
Gregor von Nyssa 58; 192; 388; 516; 533; 550
Gregor von Tours 54
Guitmund von Aversa 436

Hadrian I., P. 35; 81; 83f.; 86; 89f.; 94; 98f.; 106; 108; *110-113;* 117; 121; 125; 143; 169; 180; 252; 276; 385; 538; 542
Hadrian II., P. 189; 227; *228-234;* 237; 239; 242-244; 246; 252f.; 256; 258; 288; 539
Hadrian III., P. 268; 270; 278
Hadrian IV., P. 511; 531-533
Hadwig von Schwaben 308
Harun al-Raschid, Kalif 141
Helene, byzantinische Prinzessin 401
Heinrich I., Kg. von England 433
Heinrich II., Ks. 313f.; 318; 322f.; 538; 543
Heinrich III., Ks. 322-324; 400
Heinrich IV., Kg./Ks. 402; 405; 407; 409f.; 412; 487
Heinrich, Abt in Lübeck 528
Heinrich der Löwe 214; 528
Heito von Basel 159
Herard von Tours 204
Hieronymus 67; 95; 114; 122; 153f.; 157; 159f.; 209; 220; 273; 364; 371f.; 525; 531
Ps.-Hieronymus 526
Hilarius von Poitiers 53; 65; 95; 112; 122; 148-150; 153f.; 157; 475; 526
Hildebert von Le Mans 463; 487
Hinkmar von Reims .... 84; 195; 202-205; 210f.
Hippolyt 284
Honorius I., P. 223; 232; 242; 315; 337; 407; 542

Hormisdas, P. 45; 153; 156; 159; 235; 253; 312
Hrabanus Maurus 147
Hugo Etherianus 398; 526; 533f.; 540
Hugo von Arles 308
Hugo von Cluny 409
Hugo von Flavigny 426
Humbert von Silva Candida 93; 223; 313; 316; 321; 326; 330-334; 340-342; 345-353; 355f.; 359; *360-367*; 368f.; 370; 374f.; 383; 386; 399; 401; 414; 435f.; 476; 480; 539f.; 544; 547; 549; 555
Humfred, Herzog der Normannen .. 400

Ignatius, Pt. 166-171; 174-181; 183f.; 187; 202; 222; 227-235; 237-239; 242-244f.; 247-249; 253; 287; 316; 339; 539
Ildefons von Toledo 93; 95
Innozenz I., P. 349
Innozenz II., P. 532
Innozenz III., P. 405
Irenäus von Lyon 275; 284
Irene, Kaiserin 81; 83; 180
Isaak I. Komnenos, Ks. 329; 370
Isidor Mercator 53
Ps.-Isidor 181; 183; 186; 347; 351; 426; 519
Isidor von Sevilla 52; 91; 95f.; 116; 150; 153; 157; 160; 347; 364
Ivo von Chartres 250

Jesse von Amiens 160
Joachim von Fiore 554
Job, Mönch und Theologe 294; 296
Job Jasites 262
Johannes, Mönch 455
Johannes, Mönch, St. Sabas/Jerus. . 142f.
Johannes II. Komnenos, Ks. ... 519f.; 532
Johannes VIII., P. 179; 195; 245f.; 248; *249-255*; 256; 258f.; 267-270; 276f.; 288; 487; 539
Johannes IX., P. 268
Johannes XVIII., P. 318
Johannes XIX., P. .... 320f.
Johannes II., Pt. 312; 336
Johannes VIII. Xiliphinos, Pt. ... 410; 514
Johannes XI. Bekkos, Pt. ... 164; 378; 506
Johannes Chrysostomus ... 251; 335; 362; 388; 528; 533
Johannes Diaconus 287
Johannes Duns Scotus 38
Johannes Fournes 496; 512
Johannes Grammatikos, Pt. 166
Johannes Italos 411; 498; 505; 514; 544
Johannes Mauropos 370
Johannes Scotus Eriugena .... 195; 210; 435; 555f.
Johannes Zonaras 512
Johannes von Antiochien 232; 512
Johannes von Cambrai 204
Johannes von Damaskus .... 17; 19; 80; 82; 109; 192; 296; 303; 342; 385; 511; 533; 549f.
Johannes von Heraklea, Ebf. 255
Johannes von Jerusalem 318
Johannes von Kiew 412
Johannes von Sylaion 229
Johannes von Trani, Ebf. ... 330-332; 342
Julian von Eclanum 67
Julian von Kos 46
Julian von Toledo 93
Julianus Pomerius 157
Julius I., P. 170; 236
Justin I., Ks. 156
Justinian I., Ks. 44; 187; 340

Karl der Große, Kg./Ks. ... 10; 18; 27; 29; 73; 75f.; 79-81; 84; 86f.; 93-95; 100f.; 108; 110; 115; 122; 124; 141-147; 152; 162f.; 200; 204; 223; 306; 322; 487; 536-539
Karl der Kahle, Kg. 184; 204; 210; 221
Konrad II., Ks. .... 321f.
Konstantin, byzantinischer Prinz 401
Konstantin I., Ks. ... 52; 94; 309; 337; 537
Konstantin IV., Ks. .... 348f.
Konstantin V., Ks. 77-79; 81; 111
Konstantin VI., Ks. 81; 180
Konstantin VII. Porphyrogennetos 307-309
Konstantin IX. Monomachos, Ks. .. *327-329*; 351f.; 356; 370
Konstantin X. Dukas, Ks. 407
Konstantin III. Lichoudes, P. ... 152; 328; 359; 370-372
Konstantin, Sakellarius 355
Konstantin Stilbes 497
Konstantin von Konstantia 108

Konstantius II., Ks. 247
Kosmas I., Pt. 411
Kyrill von Alexandrien 97; 105f.; 111;
    127; 149f.; 153f.; 158f.; 232; 251;
    362f.; 373; 384f.; 528
Ps.-Kyrill von Alexandrien 363; 378
Kyrill von Jerusalem 363

Lambert von Arras 433
Lanfranc 421-424; *434-439;* 440;
    444-446; 448; 454
Leander von Sevilla 95
Leo I., P. 46; 105; 133; 149f.; 153;
    156; 159f.; 181; 200f.; 212; 253; 275;
    285f.; 336; 340; 542
Leo II., P. 72
Leo III., P. 18; 30; 35; 39; 70; 72;
    112f.; 141f.; 144-148; *160-164;* 195;
    266; 276; 288; 306; 315; 364; 371;
    481; 487; 537; 539f.; 545; 547
Leo IV., P. .... 167; 174; 180; 276; 287f.
Leo IX., P. 223; 307; 313; 321; *322-327;* 330; 332f.; *333-340;* 342-345;
    352; 364; 391; 393; 395f.; 400f.; 416;
    418; 422; 429; 461; 476; 498; 508;
    522; 539; 542-544
Leo, Logothet 309
Leo Tuscus 533
Leon III., Ks. 81; 90; 111; 307
Leon V., Ks. 145
Leon VI., Ks. 166; *300f.;* 302
Leon von Achrida, Ebf. 316; 321; 330;
    331-333; 334; 339; 341-343; 347; 355;
    367; 377; 393; 395; 496; 498; 502
Leon von Chalkedon .... 411f.
Leontius von Caesarea 388
Leovigild, Kg. 54f.; 118
Liutbert von Mainz, Ebf. 205
Liutprand von Cremona *308-313;*
    315; 537; 544
Lothar III. von Supplinburg, Ks. 519
Ludwig II., Kg. 84; 197; 204; 253
Ludwig II., Ks. 199; 201; 239; 310;
    361f.
Lull von Mainz 143

Makedonius 99; 126; 144; 191; 214;
    247; 350; 361; 369; 547
Malchus von Waterford 463
Manuel I. Komnenos, Ks. .. 263; 529; 533

Maria, Ksn. 411
Marinus, Diakon, P. 234; 243; 268;
    270; 278
Marius Victorinus 134
Markell von Ankyra 236; 362; 473
Markion 341
Markus von Ephesus 269
Martin I., P. 337
Matthäus von Acquasparta 488
Mauritius, Ks. 350
Maximinus .... 60f.
Maximus Confessor 17; 19; 29; 35;
    69; 79f.; 109; 195; 545
Maximus Cynicus 233; 237
Meles .... 322f.
Menas, Pt. 336
Methodius, Pt. 166; 234; 242
Methodius, Missionar in Bulgarien .. 496
Methodius von Olympus 275; 284
Metrophanes von Smyrna 198; 256
Michael III., Ks. 166; 168; 170; 172;
    174f.; 180f.; 188; 198; 229; 231f.; 237
Michael IV. Paphlagonios, Ks. 327
Michael VI., Ks. 328
Michael VII. Dukas, Ks. 401f.; 407f.;
    410f.; 418; 495
Michael I. Kerullarios, Pt. 34; 40; 300;
    307; 316-322; *327-329;* 330f.; 333;
    336f.; 339; 342; 344f.; 347; 351-359;
    367f.; *374-378;* 380; 391; 395; 397;
    399; 416; 418; 496; 539; 546; 549
Michael III. Anchialos, Pt. 261-263
Michael Psellos 319; 327-330; 345;
    353; 359; 370; 375; 410f.; 495; 498;
    505
Michael Synkellos 142-145; 266; 269
Migetius 92; 100; 123

Nechites von Nikomedien 40; 512;
    518-528; 529-531; 533
Nektarius, Pt. 173; 175
Nestorius, Pt. 97; 99; 102; 106; 127f.;
    350; 385; 388; 460; 517; 547
Nikephoros II. Phokas, Ks. ... 308; 310f.;
    320; 322
Nikephoros III. Botoneiates, Ks. 402;
    411; 418
Nikephorus I., Pt. 173
Niketas Choniates 39; 380; 511
Niketas Seides 496

Niketas Stethatos 40; 330; 345-352; 359; 365; 367f.; *378-391;* 398; 461; 496; 504; 509f.; 548f.; 555
Niketas von Byzanz *302-306;* 533; 549
Niketas von Nizäa 318; 320; 496; 511
Niketas von Paphlagonien 167
Nikodemus von Palermo, Ebf. 404
Nikolaos, Diakon 496f.; 507
Nikolaos von Methone 380; 533
Nikolaos III. Grammatikos, Pt. 402; 413f.; 416; 539
Nikolaus, „Häresiarch" 350
Nikolaus I., P. 30; 165; 168-171; 173; *174-179;* 180-182; 184-189; 194f.; 198f.; 201-205; 209; 211; 221; 226f.; 229-231; 233-237; 239f.; 242; 244; 247f.; 256; 258; 260; 274; 302; 310; 325; 339; 426; 537; 539f.; 542; 547
Nikolaus II., P. .... 400f.
Nikolaus von Grottaferrata 414
Norbert von Xanten 518

Odo von Beauvais 204; 210f.; 270
Otto I., Ks. 307-310; 312; 322
Otto II., Ks. 308

Palladius von Grado 270
Pamphilus von Caesarea 284
Pantänus von Alexandrien 284
Papias von Hierapolis 275; 284
Paschalis II., P. 425; 428; 431-434; 522; 532
Paschasius Radbertus 210; 435
Pastor von Palencia 55
Paul I., P. 78
Paul von Ancona 245; 249; 253
Paulinus von Aquileia 39; 51; 59; 68; *69-74; 76;* 95; 99f.; 102f.; 125f.; *127-133;* 151; 219; 224; 315; 362; 538; 546f.; 551
Paulus II., Pt. 337
Paulus von Populonia 196
Pelagius 67; 114
Pelagius II., P. 336
Peter, Zar von Bulgarien 309
Peter von Amiens 433
Petrus, Abt von St. Sabas (Rom) 83
Petrus, bulgarischer Graf 246
Petrus Damiani 31; 152; 359; *370-374;* 439; 477; 481; 544; 547

Petrus Grossolano 40; 497; 511; *512f.;* 518
Petrus Lombardus 38; 511; 554
Petrus von Amalfi 345; 347; 355
Petrus von Anagni 407
Petrus von Antiochien 317-321; 345; 347; 351; 357; 359; 375; 377f.; *391-398;* 416; 418; 496; 502f.; 522; 543
Petrus von S. Crisogono 249; 255; 259
Petrus von Sardes 229
Petrus von Troas 229
Philastrius von Brixen 361
Photius, Pt. 30f.; 34f.; 39f.; 83; 152; 163-186; 188f.; 191f.; 194-201; 203-205; 210f.; 216; 222; 226-242; 244-246; 249-263; 265-269; *270-298;* 299-304; 306; 311; 316f.; 320; 325; 339; 344; 357f.; 366; 374f.; 377; 379f.; 382; 385; 388; 390; 392; 398; 481; 484; 487; 501; 509; 511; 528; 533; 537; 542-544; 546-548; 552f.; 555
Pierius von Alexandrien 284
Pippin III., Kg. 73; 76-78; 80
Platon 375
Polyeuktos, Pt. 311; 537; 543
Porphyrius 460; 491
Praedestinatus 335; 350; 354
Priscian 456
Proklus, Pt. 150; 153; 223
Prokop von Caesarea 256
Prosper von Aquitanien 153; 157; 207
Prudentius 153
Pyrrhus, Pt. 337

Quodvultdeus 159

Radulf Glaber .... 320f.
Ratramnus von Corbie 31; 152; 204f.; *210-221;* 222f.; 226; 270; 281; 361; 368; 435; 466; 480f.; 547; 552; 555
Rekkared, Kg. 51f.; 54
Richard von Aversa 401
Robert, Herzog der Normandie 423
Robert Guiscard 323f.; 336; 400-405; 408-412; 415
Robert von Flandern 415
Robert von Troina 406
Rodoald von Porto 170; 177
Roger, Diakon 414
Roger Bursa .... 405f.

Roger I. von Sizilien 401; 403-406; 414; 427
Roger II. von Sizilien, Kg. 519; 529
Romanos II., Ks. 308
Romanos IV. Diogenes, Ks. 401
Romanos von Rossano, Ebf. .... 413f.
Roscelin von Compiègne 441-444; 446; 448; 454-459; 462f.; 493; 556
Rothad von Soissons 183; 204
Rufin von Aquileia 220; 520
Rusticus diaconus 46

Sedesclavus, bulgarischer Optimat ... 246
Serenus von Marseille 89
Sergius I., Pt. 337
Sergius II., Pt. 317-319
Sergius III., P. 302
Sergius IV., P. .... 318f.
Silvester I., P. .... 338; 349f.
Silvester III., P. 324
Simeon der Neue Theologe 378
Sisinnius, Pt. 317
Smaragd von St. Mihiel 147; 152; *157-159;* 160; 370-372; 374
Sophronius von Jerusalem 111; 113
Stephan II., P. .... 78; 90; 111f.
Stephan V., P. 268
Stephan IX., P. 400
Stephan von Nepi 234
Stephanos Neos, Abt 77
Stylianus von Neocaesarea 245
Symeon II. von Jerusalem 412

Tarasius, Pt. ... 18f.; 35; 80; 82f.; 108-110; 115f.; 119; 125f.; 129; 143; 172f.; 192; 257; 276; 369; 538; 542; 549
Theodor Krithinios 241; 259
Theodor von Canterbury, Ebf. 80
Theodor von Jerusalem 109; 112; 119
Theodor von Patras 245
Theodor von Smyrna 512
Theodora, Ksn. 166; 170; 184
Theodoret von Kyros 127; 389; 533
Theodoros Prodromos 497; 512
Theodoros Skutariotes 420
Theodosius I., Ks. 143f.; 221

Theodulf von Orléans 73; 76; 84; 94; 115; 120; 142; 147; 150f.; *152-157;* 158f.; 223; 225; 281
Theognostus, Higoumene 230
Theognostus von Alexandrien 284
Theophylakt von Achrida 38-40; 380; 398; 400; 412; 477; 492; *495-506;* 507-509; 517; 527; 533; 543; 548; 551; 555
Thomas von Aquin 19; 30f.; 38; 465; 488
Thomas von Jerusalem 144; 227; 549
Thomas von Karthago 325
Thomas von Tyrus 256

Urban II., P. 320; 405-407; 410; *411-418;* 420f.; 423; 425-434; 441; 463; 486; 539f.; 543

Vichnikon 496
Victor III., P. 411
Vigilius, P. 286; 319; 378
Vigilius von Thapsus 150; 153; 157; 220

Waimar III. von Salerno 323
Waimar IV. von Salerno 323
Walpert von Aquileia 270
Walram von Naumburg 440; 487
Walter von Albano 426
Wibert von Ravenna s. Clemens III.
Wibert von Toul 325
Wilhelm I. der Eroberer, Kg. 423; 425
Wilhelm II. Rufus, Kg. 423-427; 428; 431; 433
Wilhelm von Champeaux 475
Wilhelm von Hauteville 323
Wilhelm von Hochburgund 408
Wilhelm von Malmesbury 423; 430
Wilhelm von Volpiano 321
Wulfila 248

Zacharias, Katholikos der Armenier 191
Zacharias, P. 287
Zacharias von Anagni 170; 177
Zacharias von Chalkedon 236; 256

4. Orte

Aachen 75; 105; 107; 140f.; 143f.; 146f.; 163; 199
Acerenza 311
Alexandrien .... 183; 186; 202; 222; 232f.; 337; 343; 358; 389; 391; 393f.
Antiochien 183; 186; 191; 233; 240; 247; 256; 319f.; 337; 343; 358; 389; 393-395; 419; 432
Aosta 421
Aquileia 51; 72; 99; 270f.; 277f.; 283; 288f.; 393

Bamberg 323
Bangalore 13
Bari 10; 307; 401; 428; 430-433; 463f.; 466; 468; 471; 480; 482; 486; 495
Beauvais 211
Bec 421-424; 428; 434; 438; 455
Benevent 307; 309; 322; 324; 345; 402
Bonn 3; 35
Byzanz s. Konstantinopel

Caen 422; 438
Canberra 15
Cannes 323
Canterbury 421; 423-427; 445; 463
Capua 309; 322; 401; 403; 430
Civitate 324; 333; 400
Clermont 421
Corbie 210; 216
Curitiba .... 24f.

Dyrrhachion 402f.; 413

Frankfurt 26; 88; 90; 127
Fraxinetum 308

Gallipoli 404
Gentilly 76-78
Göttweig 74
Grado 393; 403
Gravina 311

Havelberg 518; 520

Jena 34
Jerusalem 76; 107; 140-142; 144-146; 151; 163; 187; 202; 223; 240; 256; 266; 322; 337; 358; 391f.; 394; 407; 410; 419-421; 433; 504; 528; 535; 540; 545f.; 552

Klingenthal 2; *5-8;* 10; 14f.; 19f.; 26
Konstantinopel/Byzanz 31f.; 39f.; 45; 52; 75-78; 81; 83f.; 86f.; 89; 107f.; 112; 146; 165f.; 169; 173; 177; 180-183; 185-188; 196; 199; 203f.; 212f.; 222; 227-229; 233f.; 239-241; 244-247; 249; 251; 253f.; 256-259; 266f.; 270; 276; 287; 299; 306-310; 312f.; 317; 319-322; 324-328; 330; 332-335; 337-340; 342; 344-346; 350; 352f.; 358f.; 367; 370; 387; 391; 393f.; 396; 398-404; 406-411; 413-416; 418-420; 429; 432f.; 496; 504; 509f.; 512; 519; 528; 532f.; 536-540; 543f.; 546; 556

Lausanne 13
Lima .... 13f.
Lyon 107

Maida 407
Malesova 496
Mantzikert 401
Matera 311
Melfi 400f.; 405; 429
Monte Cassino 345; 367
Monte Gargano 324
Moskau 4
Mytilene 167

Neapel 248
Nizäa 514

Odessa 14
Otranto 311; 543

Palermo 403
Paris 211; 221; 223
Pavia 422

Ravenna 77f.; 309
Reggio Calabria .... 412f.
Riva del Garda *11-13*; 14; 26
Rom 2; 18; 20; 34; 38; 40; 46; 50f.;
    66; 69; 74f.; 78; 80; 83; 85-87; 94; 99;
    105; 107; 140; 144-146; 163; 168-172;
    174; 177; 179-181; 183-186; 191; 195;
    203f.; 219; 222f.; 227-230; 234-236;
    238; 240-254; 256f.; 259; 261; 266;
    269; 275-277; 288; 307; 309; 312f.;
    315-317; 322; 324; 331; 335; 338f.;
    342; 344f.; 351-353; 357; 362; 364;
    370; 391; 393-395; 397f.; 405; 408f.;
    415; 423; 427; 429; 433; 502; 510;
    532-535; 537; 542-545
Rotterdam 3
Rouen 423

Salerno 322f.; 406
Santiago de Compostela 16
Sclavia 429
Solembria 356
Spoleto 307

St. Alban 462
St. Gallen 141
St. Petersburg 3

Tarsus 80
Thessalonike 413; 512; 529; 531
Toledo 66; 92; 107
Tours 134; 436; 438
Trani 331
Tricarico 311
Trient 12
Troina 404
Tursi 311

Vancouver 4
Venedig 403
Vienne 425

Wien 1f.; 20; 26
Winchester 425
Würzburg 35
Worms 204

5. Synoden

Aachen 799 .... 103; 105-107; 128
- 802 134
- 809 .... 76; 114; 127; 134; 142; *147-159*;
    160; 223; 271; 276; 373; 537
Alexandrien 362 58
Ankyra 358 .... 311f.
Antiochien 324 312
Antiochien 328 .... 170; 178; 311f.
Aquileia 381 45

Bari 1053 .... 341; 346; 364
Bari 1098 ..... 40; 399f.; 419; 421; *427-432*;
    481; 494; 510
Braga 563 285

Chalkedon 451 .... 39; 42; 44; *46-49*; 56;
    66; 93; 102; 117; 127; 149f.; 181f.;
    187; 212; 265; 286; 311; 336; 340;
    349; 388; 462; 509; 535; 542; 546;
    549; 551
Cividale del Friuli 796/97 .... 70; *102-*
    104; 105; *127-133;* 152; 362; 546
Clermont 1095 .... 410; 421; 433

Ephesus 431 ...... 29; 39; 43; 97; 102; 112;
    127; 148-150; 153; 181; 200; 232;
    261; 265; 285; 311; 375; 388; 390;
    509; 546; 550
- 449 („Räubersynode") .... 201; 231f.

Ferrara-Florenz 1438/39 ..... 18; 33; 37f.;
    269; 488; 536; 546
Frankfurt 794 .... 27; 77; 86; *88-90; 94-*
    102; 105f.; *123-127;* 537

Gangra ca. 343 194
Gentilly 767 .... *76-81;* 228; 545

Hatfield 679 80
Hiereia 754 .... 82; 85; 114; 238

Karthago 398 396

- 419 .... 53; 311f.
Konstantinopel I 381 .... 8; 11; 16; 41f.;
    44-46; 49; 53; 57; 60; 72; 102; 108;
    181; 218f.; 264f.; 285f.; 311; 392;
    479; 481; 509; 534; 545; 547-550
- 382 45
- II 553 .... 46; 51; 55; 91; 93; 149f.; 274;
    286; 311; 319; 350; 372; 484; 542
- III 680/81 .... 43; 46; 48; 70; 72; 80; 93;
    111; 180; 265; 286; 311; 348
- 692 (Quinisextum) 83; 88; 170; 194;
    348-350; 416; 503; 542; 544
- 859 (Irenenkirche) 167
- 859 (Apostelkirche) 167
- 859 (Blachernenkirche) 167; 235
- 861 ..... *168-174;* 176; 197; 232; 235; 238;
    249; 257; 260
- 867 (Lokalsynode) 189; 227
- 867 .... 188f.; *197-201;* 204; 227; 231f.;
    235; 238; 256; 259f.
- IV 869/70 .... 40; 166; 170; 189; 199f.;
    228; 230f.; *234-244;* 246; 249; 251f.;
    254-260; 262; 268; 288; 542f.
- 879/80 .... 10; 40; 83; 195; 234; 244; 249;
    255-265; 270; 275; 277; 316; 375; 389;
    499; 504; 543; 546; 548
- 1054 (Hagia Sophia) .... 356f.
- 1089 .... 413f.; 527; 540
- 1166 533

Lateranum 649 .... 48f.; 80; 238; 337
- IV 1215 .... 18; 29; 434f.; 492; 540; 554
Lyon II 1274 .... 18f.; 21; 25; 29f.; 33;
    261; 377f.; 431; 506; 522; 554

Mainz 1049 328
Melfi 1089 .... 413; 418

Nizäa I 325 ...... 45; 49; 57f.; 60; 102; 115-
    117; 120; 132; 219f.; 240; 264; 305;
    311; 337; 362; 371; 388; 450; 481;
    509; 537; 542; 550

Nizäa II 787 .... 19; 27; *81-84;* 85-87; 89;
    106; 108-110; 113-116; 119-121; 164;
    169; 178; 180; 183; 189f.; 192; 199;
    201; 234; 238; 258-260; 262f.; 311;
    369; 538; 542; 549

Piacenza 1095 .... 405; *419-421*

Regensburg 792 .... 77; 94
Reims 1049 .... 325; 422
Rimini 359 .... 55; 60f.; 121; 200; 232
Rockingham 1095 426
Rom 341 362
- 680 66
- 731 111
- 769 .... 79; 89; 111f.
- 798 .... 103; 105
- 863 .... 173; 177-179; 184f.; 231; 238
- 869 .... *228-234;* 235; 237f.; 252
- 879 249
- 1014 .... 313f.
- 1046 324
- 1099 .... 432f.

Serdika 342/43 .... 169-172; 174; 176;
    179; 182; 195; 209; 222; 335; 339;
    426; 542
Sevilla 619 205
Soissons 1092 .... 445; 454
Sutri 1046 324

Toledo I 400 205
- III 589 .... 51f.; 54-56; 160
- VIII 653 .... 54; 96
- XI 675 .... 68; 91; 153; 205
- XIV 684 72
- XVI 693 56
Troyes 867 .... 227f.
Trosly 909 .... 302; 537
Tyrus 335 170

Worms 868 .... *204-210;* 537

6. Moderne Autoren

Aldenhoven, H. 18; 26
Alexakis, A. 80
Allatius, L. 34; 261; 317f.; 327; 358; 512; 533
Allchin, A.M. 4
Altaner, B. 281; 287; 349
Amann, É. 79; 91; 327; 329f.; 342-345; 353; 357f.; 391
Anastos, M.V. 511; 533
Andrieu, M. 50
Angenendt, A. 30; 75; 140; 163
Anton, H.H. 84
Auzépy, M.F. 78; 82; 86; 89
Ayres, L. 60

Barth, K. 24; 442-444; 484
Bartlett, R. 423; 434
Bastgen, H. 84
Beck, H.G. 37; 78; 82f.; 109; 143; 145; 165; 167; 171; 174; 180; 187f.; 198; 232; 235; 243; 249; 261-263; 266; 268; 276-278; 300; 302; 307; 311; 317f.; 320f.; 327; 330-332; 336; 344; 352f.; 359; 375; 378-380; 391; 398; 401; 403; 415; 420; 429; 432; 488; 495; 507; 511; 514; 519; 526; 529
Becker, A. 391; 401; 403-421; 423; 426-434
Beierwaltes, W. 195
Berges, W. 520f.; 524
Bernard, P. .... 50f.
Berndt, R. 85; 88; 92; 95; 98; 102
Berry, D.L. 22
Berschin, W. 331
Berthold, G.C. 69; 79; 154; 363
Beumer, J. .... 519f.
Beyschlag, K. 36; 48; 75; 91; 97; 105; 200; 210; 275; 434-437; 439f.; 455
Bienert, W.A. 16; 24; 28; 37f.; 54f.; 60; 66; 127f.; 194; 275; 285
Blum, G.G. 37; 133
Blumenthal, U.R. ... 183; 325f.; 333; 336; 401; 408f.
Böhmer, H. 423; 427; 434
Böhmer, K. 322
Bolotov, V. 3; 6; 29

Borgolte, M. 141-145; 163
Bouché, B. 430f.; 465; 467; 475; 481; 486; 488f.; 495; 507
Bouhot, J.P. 210f.; 220
Boye, M. 313
Braun, J.W. 519
Bréhier, L. 78; 318; 320; 325-330; 342; 344f.; 347; 355f.; 375; 394
Brennecke, H.C. 42
Brommer, P. 152
Brooke, Z.N. .... 423f.
Brunhölzl, F. 125; 134; 210; 308
Bullough, D.A. . 84; 86; 90; 115; 131; 134

Callahan, D.F. 142; 146
Camelot, P.T. 182
Cantin, P. .... 435f.; 438f.
Cantor, N.F. 406; 423-426; 431f.; 434
Capelle, B. 72f.; 99; 104; 128; 140-142; 145; 147; 160; 163; 315
Caspar, E. 141; 401; 403-407
Caspari, C.P. 50; 74; 164; 362
Cavadini, J.C. 91-95; 97-99; 102; 134; 140
Chadwick, H. 80; 438
Chalandon, F. 322f.; 400-405; 413
Chapman, M.E. 24; 29; 37
Charanis, P. .... 401f.; 410; 415; 417; 419f.
Christe, W. .... 440; 443f.
Ciobotea, D. .... 20f.
Classen, P. 77; 79; 514; 521; 533
Claude, D. .... 51f.
del Colle, R. .... 25; 28f.
Collins, R.J.H. 69
Congar, Y. .... 4; 9; 17; 27-29; 36; 289; 296; 330; 340; 447; 482f.
Courth, F. 36; 62; 77f.; 315; 447; 451; 494
Cowdrey, H.E.J. 345; 401f.; 405; 409-411; 413; 415; 418-420; 428
Craig, W. 4
Cunningham, M.B. 144

Dagron, G. 81-83; 165; 167f.; 174; 178; 180; 185; 198; 235; 241; 244; 249; 262; 317; 320; 330; 334; 342-344; 378; 391; 397

Dahlhaus-Berg, E. 78; 84f.; 115; 117; 152
Daley, B.E. 5; 27; 36; 56; 465; 519
Dalferth, I.U. 441f.; 444; 470; 485
Darrouzès, J. .... 261; 378-380; 398; 412; 497; 519-521; 527; 531f.
Decarreaux, J. 323
Deér, J. ... 308; 323; 326; 338; 401f.; 405f.
Dennis, G.T. 185; 187
Denzler, G. 343f.; 352f.; 356; 360; 367
Devisse, J. 204; 211
Diesner, H.J. 67
Dölger, F.J. 475
Döpmann, H.D. 81-83; 179f.; 196; 241; 267; 300; 330; 358; 367
Doignon, J. 53
Dondaine, A. 533
Dossetti, G. 46; 48
Dräseke, J. 189; 210; 221; 270; 496; 507; 514; 529
Dragas, G.D. 266
Drecoll, V. .... 42f.
Dreyer, M. 434
Duncalf, F. 414
Dvornik, F. 83; 165-168; 170f.; 174; 180; 182; 185; 188; 190; 196-199; 204; 227-231; 234f.; 240f.; 243f.; 249f.; 253; 255; 260-263; 267f.; 278; 301f.; 311; 316f.; 320; 323; 326f.; 332; 339; 342; 344; 358f.; 367; 410f.; 413; 415; 418-420; 505

Eberhard, W. 520f.; 528
Engels, O. 308
Esser, A. 171; 174; 276
Evans, G.R. 421; 424; 430; 435f.; 440; 445; 457-459; 461; 465; 475; 485; 493-495; 519-521; 523
Ewig, E. 51; 94

Fahey, M. 28
von Falkenhausen, V. .... 311; 322f.
Fedalto, G. 123
Felmy, K.C. 28; 36
Fina, K. 520
Fornasari, G. 370
Freeman, A. 84-87; 90; 94; 108; 114f.; 117; 122
Fröhlich, W. 487
Fürst, A. 281

Fuhrmann, H. 182f.; 186; 222; 307; 326; 338

Gamillscheg, M.H. 3; 6; 27; 30; 33
Ganoczy, A. 9-11; 36
Ganz, D. 74; 78; 81; 91; 96; 128; 210
Garrigues, M. 6; 18; 29f.; 69; 80
Gauss, J. 408f.; 419; 428-430; 495; 503; 510
Gautier, P. 408; 496; 501-503; 506
Gay, J. 306; 311; 322-325; 345
Geanakoplos, D. 80
Gemeinhardt, P. 11; 20; 26; 31; 33; 37; 57-61; 63; 65; 84; 143; 147; 169; 183; 187; 224; 268; 271; 275f.; 292; 326f.; 336; 353; 359; 365; 382; 393; 411; 451; 493; 498; 514; 516
de Ghellinck, J. 59; 195
Giannoni, C. 99; 103
Gibson, M. 422f.; 435; 438
Gilbert, P. 456; 465; 473
Gombocz, W. 439-441; 444-446
Gordillo, M. 36; 278; 465; 488; 533
Grabmann, M. .... 434-436; 439; 444; 446; 455; 486; 488f.
Gräb-Schmidt, E. 26
Greshake, G. 37; 489
Grillmeier, A. 98
Grotz, H. 167; 174; 180-182; 184; 188; 199; 229; 231; 235; 243
Grumel, V. 165; 197; 261-263; 265; 317f.; 320; 370; 400; 412; 512; 529
Grzesik, T. 439; 443
le Guillou, M. 36

Hadot, P. 134
Haendler, G. 78; 84; 88; 91f.; 107; 123; 147; 181; 307; 309; 324f.; 435
Härle, W. 25
Hainthaler, T. 91-93; 95; 98-100
de Halleux, A. ... 6; 8; 19; 28-30; 154; 163
Hannick, C. 495
Hanson, R.P.C. 4; 29; 55; 58; 363; 470; 477
Haring, N.M. 97
von Harnack, A. 36f.; 55; 77; 97
Hartmann, W. 76-79; 81; 84; 86; 88-90; 94; 102f.; 105; 134; 146f.; 152; 175; 200; 204f.; 207; 209; 221; 227f.; 231; 240; 302

6. Moderne Autoren

Hauck, A. .... 76; 78; 86; 91; 93; 102; 105-107; 313f.
Haugh, R. 54; 69; 78-80; 90; 97; 116; 145; 147; 152; 170; 190f.; 207; 210; 215; 219; 221; 223; 266; 269f.; 278f.; 282
Hauschild, W.D. 9; 11; 23; 36; 107; 232; 312; 325; 330; 336; 359; 411; 435
Heath, R.G. 79; 81; 97; 141; 145 163; 266
von Hefele, C.J. 314; 317; 320; 330; 342; 359; 403; 425; 428; 431; 454
Heil, W. .... 91f.; 95; 97; 99; 101f.; 105 124; 131; 134f.
Heinzmann, R. 424; 434; 440; 443
Heiser, L. 185-187
Henry, P. 17; 28; 31
Herbers, K. 167; 176; 183; 185; 203; 243; 288
Herde, P. 311; 323; 404; 412
Hergenröther, J. 35; 165; 189; 191f.; 194; 197f.; 203f.; 210; 221; 247; 249-251; 255; 257f.; 261f.; 265f.; 269f.; 278; 286f.; 289f.; 294; 302; 315; 318f.; 368; 398; 496f.; 499; 501f.; 520; 533
Herman, E. 182
Heron, A. 36; 466; 472; 483; 488
Herrmann, K.J. 315; 323
Heurtebize, B. 221
Heyer, F. 141
Hiestand, R. 200; 306-308
Hilberath, B.J. ... 4; 36; 289; 293; 298; 318
Hödl, L. 421; 443; 454; 463
Hoesch, H. 337
Hoffacker, U. 35
Hoffmann, H. .... 322f.
Hofmann, G. 250; 339; 342; 410
Hofrichter, P. 13; 20; 27
Holl, K. 296; 531
Holopainen, T. . . 434f.; 437-440; 446; 448
Holtzmann, W. 311; 401; 404f.; 407f.; 410-416; 418-420
Hopkins, J. 440; 444f.; 447; 449; 454; 457f.; 464f.; 468; 476; 482; 494
Houben, H. 322f.; 401; 403; 406
Hryniewicz, W. 17; 21; 25; 36
Hüschen, H. 314
Hunger, H. 292; 420

Jacob, A. 307; 311
Jahn, W. 322-324; 401
Joannou, P.P. 514
Jorissen, H. 210
Jugie, M. 35; 78f.; 118; 146f.; 153; 165; 167f.; 187f.; 190; 192; 197; 210; 235; 246; 249f.; 261; 263f.; 266f.; 270; 272; 279; 288f.; 294; 298; 301f.; 315-317; 320f.; 330f.; 342; 344f.; 351-353; 357-359; 363; 366f.; 377; 389; 391-394; 397f.; 410; 416; 464f.; 481; 488; 496; 504; 506; 509f.; 526; 528
Jungmann, J.A. 51; 55; 104; 139; 315

Kaplan, M. 321; 326; 342; 344f.; 352-355
Kapriev, G. .... 422; 440f.; 443f.
Karmiris, J.N. 29; 37
Kattenbusch, F. 46; 50; 69; 71; 73; 80; 163
Kelly, J.N.D. 27; 37; 42; 44; 51; 55; 66; 68f.; 79; 145; 147; 363; 481
Kempf, F. 310
Kennedy, K. 212f.; 222
Kienzler, K. 449
Kinzig, W. 37; 51
Klauser, T. 315
Klewitz, H.W. 326; 405-407
Knauer, P. 27; 147
Knuuttila, S. 526
Koder, J. 308
Körtner, U.H.J. 6
Kohlenberger, H. 447; 451-453; 494
Kong, S.C. 58
Kottje, R. 86
Kränzle, A. 152
Krause, H.G. 326; 333; 337-339; 342
Kriegbaum, B. 252
Kühn, U. 25

Lambot, C. 211
Laminski, A. 155; 296; 362
Langen, J. 35; 78
Lanne, E. 83
Larchet, J.C. 31; 79f.; 285
Laudage, J. 396; 522
Laurent, V. .... 377f.
Lausberg, H. 147
Lebon, J. .... 43f.
Leclercq, H. 314; 317; 320; 330;

342; 359; 403; 425; 428; 431; 454
van Lee, M. 520
Lees, J.T. .... 519f.; 528f.
Leib, B. 404; 411f.; 428; 430f.;
    433; 465; 496; 512
Leonardi, C. 235
Lies, L. 17; 20
Lietzmann, H. 45; 195; 233; 246; 275
Lilie, R.J. 81; 83; 403; 432; 532
Link, H.G. 13; 22; 37
Löhr, W.A. 531
Lössl, J. 62
Löwe, H. .... 78f.
Loud, G.A. .... 403f.
Louth, A. 69; 80

Madoz, J. .... 68; 91; 205f.
Maimbourg, L. 34
Mangenot, E. 55
Mango, C. .... 198f.
Marenbon, J. 439
Markschies, C. 42; 45; 58; 60; 65;
    68; 218; 224; 246; 281; 296
Martin, A.M. 307; 311
Martzelos, G. 31; 57
Marx, H.J. 33; 37; 43; 388; 501; 526
Maurer, E. .... 37; 79; 469f.
Maurer, W. 66; 133; 162
Mayne, R. 327; 330; 396
McClure, J. 66
McCormick, M. 30; 75-77; 79-81; 244
Meijer, J. 199; 244; 246; 249f.;
    254-258; 260; 262f.; 266
Mews, C.J. .... 441; 454-457; 460f.
Meyendorff, J. 82
Meyer, H. 4; 6; 28; 37
Meyer, H.B. 81; 135; 140
Meyvaert, P. 84
Michel, A. 36; 51; 165; 261; 302;
    316-320; 322; 327f.; 330-336; 339f.;
    342-348; 351-354; 356; 360-364; 367;
    369f.; 377f.; 380; 383; 385; 390-393;
    396; 461; 503f.
Minninger, M. 421; 424f.; 434
Mohr, W. 425f.; 434
Moltmann, J. 4; 6; 8; 472; 494
de Montclos, J. .... 435f.
Moravcsik, G. 420
Mordek, H. 101; 163
Morrison, K.F. 88

Mühlen, H. 489
Mühlenberg, E. 37; 91f.; 107; 210;
    435f.; 441
Müßigbrod, A. 103

Nagel, P. 37; 79; 81; 86; 88;
    90-92; 94f.; 98-100; 102; 108; 111f.
Neil, B. 83; 87
Nemec, L. 174; 176; 261
Nicol, D.M. 342; 344; 358; 403;
    408; 410; 418
Nikolakopoulos, K. 37
Nodes, D.J. 57
Norden, W. 318; 401f.; 404; 410f.;
    414; 420

Oberdorfer, B. 3-6; 8; 11f.; 14f.; 20;
    23; 25f.; 31-33; 36; 54; 57; 60; 63; 65;
    79; 116; 235; 271; 278f.; 286; 382;
    395; 447f.; 450f.; 453; 465; 468-470;
    472; 476; 480-483; 488; 492-494
O'Callaghan, P. 69
Ohme, H. 34; 194
Ohnsorge, W. 200; 306; 308; 310
Orlandis, J. 51; 54; 205
Orphanos, M.A. 194; 280; 282; 289;
    296
Ostrogorsky, G. 77; 83; 109; 166; 188;
    300; 307-309; 317; 321f.; 327f.; 330;
    401-403; 411f.; 415; 420; 519; 529
Ott, L. 97

von Padberg, L.E. 75; 84; 88; 141
Palmieri, A. 35; 78; 141; 145; 163;
    188; 269; 279; 282
Pannenberg, W. 10f.; 25
Parmentier, M. 125; 131-133; 137;
    140; 159
Patlagean, E. 404; 407; 411; 413;
    415; 498
Paul VI. 10
Pelikan, J. 37; 78; 80; 133; 145; 197;
    220; 280; 284; 289; 291; 312; 528
Peltier, H. 210
Peri, V. 29; 141; 145f.; 160; 162f.; 286
Perrone, L. 166; 198; 231; 234f.;
    239; 241; 246; 249; 262; 266; 268
Piétri, C. 45
Pius X. 465
Pius XI. 465

Plasger, G. 441; 443; 487
Podskalsky, G. 36; 278; 321; 375;
  387; 495f.; 498; 514

Rädle, F. 147; 158
Ramos-Lissón, D. 51; 54f.; 65; 205
Reindel, K. 370
Rentschler, M. .... 308f.
Riché, P. 313
Ritschl, D. 33; 450
Ritter, A.M. 42; 45; 55; 194; 232f.;
  275; 285; 363; 382
Robb, F. 524
Robinson, I.S. .... 401; 406f.
Rochow, I. 168; 197; 278
Romanides, J. 30f.; 141; 145; 162
Rordorf, W. 94
van Rossum, J. 155
Runciman, S. 320; 330; 343-345; 352f.;
  394; 398; 401; 408; 418f.; 429; 432f.;
  487; 495; 503; 510; 518f.; 531; 533
Russell, T.N. 512; 519; 528
Ryan, J.J. 414; 418

Saarinen, R. 24; 526
Salaville, S. 514
Sansterre, J.M. 180; 184f.; 189; 195;
  197; 199
Sattler, D. .... 10; 29f.; 145; 163f.
Schäferdiek, K. 51; 54; 91-93
Schaller, D. 152
Schatz, K. 45; 83; 86f.; 268
Scheffczyk, L. 17; 29
Scherb, J.L. 422
Schieffer, R. 73; 78; 86; 103; 221; 333
Schmale, F.J. 324f.; 419
Schmaus, M. 57; 60; 135; 152f.;
  156; 216f.; 444; 447; 450-452; 483;
  489; 494
Schmid, K. 142
Schmidt, J. 529
Schmidt, M.A. 421f.; 424; 433; 514
Schmitt, C. 34
Schmitt, F.S. 439; 447f.; 454; 463f.;
  487
Schmitt, J.C. 89; 179
Schnith, K. .... 424f.; 433f.
Schönborn, C. 37
Schreiber, G. 520; 531
Schreiner, P. 77; 81f.; 308; 322;
  330; 403; 411; 420; 433; 529
Schrimpf, G. 435; 440f.; 444; 446
Schröder, A. 396
von Schubert, H. 84
Schütz, C. 4; 36; 289; 481; 502
Schultze, B. 4; 17; 28; 220; 249
Schulz, H.J. 19f.; 28; 83; 85; 128;
  187; 194
Schulz, W. 134f.; 139; 210
Schwartz, E. 43; 45f.; 48
Schwöbel, H. 69
Seeberg, R. 37; 97; 210; 435-437;
  439; 444; 446; 455; 514
Servatius, C. 512
Sieben, H.J. 36; 54f.; 60; 81-85;
  88; 167; 190; 210; 266; 278; 335; 350;
  367; 388f.; 482; 504; 511; 519-522;
  524; 534
Simonis, W. .... 447f.; 452f.
Slenczka, R. 4; 9f.; 28f.; 37
Slipyi, J. 190; 192; 221; 250;
  289; 291f.; 294; 296; 298; 387
Smith, M.H. 328; 331f.; 336; 346; 348
Somerville, R. 412f.; 418; 421
Southern, R. 421-425; 427f.; 430; 432-
  434; 437-441; 446; 454f.; 458; 463
Speck, P. 84; 188
Staats, R. 5; 10; 24; 28; 30;
  37; 42f.; 48; 55; 58; 79; 129; 133; 145;
  147; 163; 214; 233; 363; 528
Stalder, K. 3
Staniloae, D. 6; 12
von den Steinen, W. 79; 84; 118; 122
Stéphanou, P. 165; 167; 171; 176;
  227; 235f.; 243; 249f.
Stiernon, D. 143; 166f.; 169-174;
  176; 184f.; 188; 197; 199f.; 204; 229-
  231; 233; 235-237; 239; 241f.; 249f.;
  255f.; 268; 412f.
Stratoudaki White, D. 166f.; 172; 266;
  270; 274; 289
Stroheker, K.F. 51f.; 54
Studer, B. .... 42; 60f.
Stuiber, A. 349
Stylianopoulos, T. 4f.; 14; 24
Sutherland, J.N. 307-309; 312
Suttner, E.C. 7; 28; 33
Swete, H.B. 34

Tellenbach, G. 307; 315; 324-326;

336; 402; 405f.; 411; 421; 434
Theis, R. 440f.; 443-445
Thompson, E.A. .... 51; 54f.
Thümmel, H.G. 81-83; 86f.; 89; 166
Tinnefeld, F. .... 165; 321; 327; 329; 332; 338; 342; 345; 356f.; 377f.
Treadgold, W. 240
Tuilier, A. 318; 336

Ullmann, W. 28
Ulrich, J. 45; 53
Uthemann, K.H. 80

Vaggagini, C. 445; 451; 488
Vannier, M.A. 17
Vaughn, S.N. 424f.; 427; 432; 434
Vinzent, M. 37; 45; 50; 362
de Vocht, C. 79
Vogt, H.J. 43
Vollrath, H. 80
Vorster, H. 18f.; 23; 28
de Vries, W. ... 83; 235; 237; 241-244; 246

Walch, J.G. 34; 78; 211; 533
Wallace-Hadrill, J. 134

Wallraff, M. 475
Wattenbach, W. .... 78f.
Weitlauff, M. 35
Weitmann, P. 81; 89
Welker, M. 4
Wendebourg, D. 37; 192; 289; 291f.; 294f.; 303; 381; 383-385; 501
Wessel, K. 37; 81f.; 317; 321; 330f.; 375; 378; 380; 394; 398; 411; 416; 418; 514
Wesseling, K. 210
Westra, L.H. 37
Wiles, M. 55
Willjung, H. 37; 141; 143; 145; 147f.; 150; 158-160; 163; 210; 223; 370f.; 374
Winkelmann, F. 380; 403; 410f.; 415; 420; 432f.; 511; 514
Winogradow, W. 330
Wolter, H. 313-315; 325
Wyrwa, D. 46

Zachhuber, J. 59
Zimmermann, H. 324
Zizioulas, J. 8; 21; 58